全唐文

一

〔清〕董　誥等編

中華書局

圖書在版編目(CIP)數據

全唐文/(清)等編. —北京:中華書局,1983.11
(2023.12 重印)
ISBN 978-7-101-00716-9

Ⅰ.全… Ⅱ.董… Ⅲ.古籍-中國-唐代-全集
Ⅳ.Z424.2

中國版本圖書館 CIP 數據核字(2000)第 087206 號

責任印製：陳麗娜

全 唐 文
(全十二册)
〔清〕董 誥等 編
*
中 華 書 局 出 版 發 行
(北京市豐臺區太平橋西里 38 號 100073)
http://www.zhbc.com.cn
E-mail:zhbc@zhbc.com.cn
北京市白帆印務有限公司印刷
*
787×1092 毫米 1/16 · 736 印張
1983 年 11 月第 1 版 2023 年 12 月第 11 次印刷
印數:7901-8100 册 定價:2980.00 元

ISBN 978-7-101-00716-9

出版說明

全唐文是清代繼全唐詩之後官修的又一部唐人總集。全書一千卷，裒輯唐五代文章一萬八千四百八十八篇，作者三千零四十二人，搜採極其浩博，俞樾認爲「有唐一代文苑之美，畢萃於兹。讀唐文者，歎觀止矣」(全唐文拾遺序)。有這樣一部唐文巨帙，爲我們研究唐代的文學和歷史，提供了極大的便利。

全唐文的纂修，經始於嘉慶十三年，編成於嘉慶十九年閏二月。當時曾設置全唐文館，入館參加編校的約一百多人，由董誥領銜，清代知名學者如阮元、徐松等都參預其事。先是嘉慶十二年(一八〇七)清仁宗(顒琰)得内府舊藏繕本唐文一百六十册，認爲體例未協，選擇不精，於是命儒臣重加釐定。舊藏唐文一百六十册便是新修全唐文的憑藉，但其編者爲誰，原帙如何，因史料匱乏，已不得其詳。據全唐文凡例及法式善校全唐文記(存素堂文續集卷二)所述，可知的有：(一)統收唐五代文萬又幾千篇，十六函，每函十册；(二)前無序例，首鈐梅谷二字私印，傳爲海寧陳氏遺書，或云玲瓏山館所藏，或云傳是樓中物；(三)鈔非一手，輯而未成，所採皆人所習見，唐人各集録從近代坊本；(四)制誥别立一門；(五)帝王批答載本文後；(六)唐太宗文内載晉書傳賛；(七)收有會真記、柳毅傳、霍小玉傳等傳奇；(八)誤以唐書兩人問答之詞爲其人之文；(九)誤收唐以前文；(十)見於文苑英華的諸文，據明刻閩本輯録，訛脱極多。

清仁宗所謂「體例未協，選擇不精」，大約卽指這後六項而言，所以全唐文不收唐人說部，編輯體例也有所修改。在一百六十册唐文的基礎上，參校四庫全書中的唐人别集，鈔撮文苑英華、唐文粹、崇古文訣、文章辨體彙選等多種總集，又鈎稽永樂大典中的單篇殘段，廣蒐史子雜家記載和金石碑刻資料，終於編成了這部包羅一代文章、卷帙浩繁的唐文總集。全唐文的體例悉依全唐詩，其序次「首諸帝，次后妃，次宗室諸王，次公主。五代亦依此序次。其十國主附五代後。次臣工，次釋道，次閨秀。至宦官四裔，各文無可類從，附編卷末」，眉目雖稱清晰，但這樣編排終究反映了封建統治階級的等級觀念。

全唐文的甄録取舍，一秉諭旨。由於包羅極廣，加以成于衆手，缺少總的籌劃，因此乖謬疏漏亦自不少。曾入館總校全唐文的唐仲冕，在覆校刻本時，卽已發現三條錯誤，載於陶山文録中。清人勞格著讀書雜識，内有讀全唐文札記一百數十條，匡謬正失，堪稱精當。今人岑仲勉以其治史之縝密態度校理全唐文，復得讀全唐文札記三百十條，多爲勞格所未言，間有申發勞氏語焉不詳者。爲使讀者明了全唐文錯誤的情況，今卽以勞岑二文引證的資料，參以今人考證文章，歸納舉例如下：

一、作者張冠李戴。卷八太宗宣慰劍南將士詔，按舊唐書吐蕃傳，此詔當開元二十六年底所下，應屬玄宗。又卷三五七高適皇甫冉集序，按高適（達夫）較皇甫冉早死，不得在序文中哀歎皇甫夭亡，此序當是高仲武所作，見其所著中興間氣集及計有功所撰唐詩紀事。

二、姓名舛誤。卷五二六竇泰泥雨停朝參奏，當依唐會要二四作竇參，唐書有傳。又卷八一七鄭畧大道頌，唐書無鄭畧，寶刻類編七引大道頌作鄭畋，「畧」字顯誤。

三、題目奪誤。卷二三玄宗贈兗國公陸象先尚書左丞制，按舊唐書陸象先傳謂「贈尚書左丞相」，此奪「相」字。又卷二四六李嶠爲王華暢謝兄授官表，按此文已收入卷二一〇陳子昂下，「華暢」作「美暢」。此承文苑英華之誤，而又分見兩家。

四、正文訛脱。卷一五四上官儀册竇元德司元太常伯文「惟爾大司憲護軍竇元德」，按此卽竇德玄（見新唐書竇威傳），字既互乙，「玄」又諱改。又卷四二〇常袞叔父故禮部員外郎墓誌銘「至上元廣德間，以長子官在清近，加贈工部侍郎客」，按上文云「賓客諱無名」，無名生前歷官未至賓客，是贈官，「客」上脱「太子賓」三字。

五、重出和互見。卷三三〇崔顥薦齊秀才書，據唐文粹八六是令狐楚文，見下五四三，此重出，當删。又卷四一三常袞授李業節度使制，見下七六三沈珣文，此僅六句不全，當删。

六、誤收唐前後文。卷四五三韋皐破吐蕃露布，此宋王應麟博學宏詞所業擬題，見玉海三〇四下，又見四明文獻集三，此當沿全蜀藝文志之誤。又卷九六二闕名元圃園講頌，見英華七七二，是梁簡文帝文。

以上六類屬本文收録之誤，其中第四第五類所佔數量不少。以下第七類，屬於小傳記事中的錯誤，又可分爲五項，各舉一例如下：

甲、時代不合。卷七一三丘元素小傳云：「元素，元和中，拜户部侍郎同中書門下平章事，出爲荆南節度使。」按元和一朝宰相及荆南節度均無元素其人，又所收荆州天王道悟禪師碑謂禪師元和三年十月入滅，時荆南節度乃趙昌，此傳顯誤。

乙、世系淆亂。卷六二二賈晉小傳云：「晉，洛陽人。滑州刺史慶言子。」此本元和姓纂。按新唐書宰相世系表，敬言生令思，令思生晉。疑「慶」字爲後晉及宋時諱改，姓纂脱一代。

丙、職官錯誤。卷七九一趙璘小傳云：「開成三年進士，大中時官祠部員外郎，歷度支、金部郎中，遷左補闕。」按自員外郎、郎中而改補闕則爲降，不得言遷。又據因話録一，大中七年，璘官左補闕；東觀奏記上，十年，璘官祠部員外郎。此傳當改作大中時官左補闕，遷祠部員外郎。

丁、合數人爲一人。卷七九二李景儉小傳云：「景儉，憲宗朝官侍御史，大中時累遷御史大夫。」下收諫宣宗爲鄭光輟朝疏。按此疏見舊唐書李景讓傳，當是景讓所作。小傳誤合景儉、景讓之仕歷爲一，「憲宗朝」句屬景儉，「大中時」句屬景讓。

戊、分一人爲二人。卷三〇四崔涵小傳云：「涵，開元六年官秘書少監。」下收議州縣官月料錢狀，按唐會要九一有此文作崔沔。又按二七三崔沔小傳云：「沔，京兆長安人。應制舉對策爲天下第一，累遷祠部員外郎。睿宗朝轉著作郎。開元中，歷秘書監、太子賓客。二十七年卒，年六十七。」可證崔涵、崔沔爲一人，當以「沔」爲正。以上五項小傳中的錯誤，例證很多，可以參看談全唐文的修訂（文學遺產一九八〇年第一期）、唐五代人物傳記資料綜合索引（中華書局一九八二年版）前言。

除去上述各類問題，全唐文尚有兩個方面的嚴重缺失，一是采輯群書不注出處，二是收文仍有較多的遺漏。不注所出則不便於覆檢，也給唐文的校勘帶來困難。由於全唐文罣漏甚多，清光緒間便有陸心源輯綴的唐文拾遺和唐文續拾兩種續書先後問世。陸心源字剛父，號存齋，晚稱潛園老人，歸安人。家富藏書，精於校讎版本之學。生平篤嗜唐文，於陳編遺籍中掇拾録存，先於光緒十四年（一八八八）刊行唐文拾遺七十二卷，又於二十一年（一八九五）秋刊行唐文續拾十六卷，其時心源已歿，由其子陸純伯監印。唐文拾遺收文三千篇，唐文續拾收文三百十篇。陸氏兩種續書比之全唐文，就其數量而言，猶如「以爝火而擬日月之光」，但誠如俞樾所説：「於大備之後，又能成此巨觀，其涉書獵文之富，觚編豪絡之勤，亦云至矣。」（唐文拾遺序）陸心源盡管涉獵廣博，用心勤苦，然一人之力畢竟有限，所補唐文猶不免有闕遺。如文館詞林（適園叢書本）殘卷末附不詳卷數之殘敕兩頁，載文兩篇，其一上半缺去，其二文首曰「敕商州都督耿國公馮盎」，蓋太宗朝詔敕，陸氏未收。又陸氏所撰作者小傳也有失考之處，如唐文續拾四王璿小傳即是，説見岑仲勉唐史餘瀋卷二三王璿條。

全唐文除了需要訂誤之外，另一個重要的問題是輯補遺文。這不僅指羣籍中的零篇殘句，還應當包括近一二百年出土的大量碑文墓誌。如能將晚近以來出土的唐代石刻彙爲一編，不僅可補全唐文之不足，亦將爲唐代文學、史學及至其他學科的研究，提供大量有用的資料。我們期待着這一工作的開展。

當然此項工程浩大，決非短期内所能完成。所以，儘管全唐文有許多缺點，陸氏所補也不完備，但在彙集有唐一代文獻上究竟功不可没，目前還是没有其他書可以代替的。

全唐文於嘉慶十九年編成之後，即交内府剞劂。我們此次應科學研究和教學工作的急需，即據原刊本縮印，並附印潛園總集本唐文拾遺及唐文續拾。爲了有助閲讀，我們勉力加了斷句，但遺誤在所不免，望讀者隨時指正。書中原有的錯誤，則一仍其舊。原書篇名目録分載各卷之首，今集中彙編爲全唐文篇名目録並編製全唐文作者索引，另册發行，以便檢尋。

中華書局編輯部

一九八二年八月

御製全唐文序

天地大文日月山川萬古昭著者也人受天地之中以生經世載道立言牖民觀乎人文以化成天下文之時義大矣哉我朝右文圖治一道同

風

皇考欽定四庫全書嘉惠士林頒行海宇固已家絃戶誦久道化成無遠弗被矣予近得唐文一百六十冊幾暇披閱覺其體例未協選擇不精乃命

儒臣重加釐定每得數卷親定去留仍從四庫全書及永樂大典古文苑文苑英華唐文粹諸書內蒐羅採取普行甄錄而原書內亦有誤收之文及有關風化之作悉刪除

不載僞周編造之字皆改正之累月經年共成書千卷文萬有八千四百八十八篇命名曰全唐文敬遵

聖祖仁皇帝命名全唐詩之意也夫三代以上典謨訓誥四子

五經皆大文也漢魏兩晉及前五代漸涉浮靡清談亂政至唐起八代之衰彬彬郁郁以文輔治用昭立言極則非徒獵取科名之具也世道人心日流日下舍正趨邪者不

可勝數良可慨也故予之輯斯全唐文示士林之準則正小民之趨向也書內存釋道諸文四十餘卷非二氏之學爭殊不知今世奸惡之徒創為邪書蠱惑癡愚併二氏之不若也文章為政事之大本從身心性命中發出所謂言者心之聲也正人所言皆正所行皆正正文風以端士習端士習以厚風俗相因而至經正民興理不易也有唐一

代人文蔚起書中撰文者三千四十二人亦有言行相符者亦有言與行違者舍短取長不以人廢言也此書敬沿

御定全唐詩例備載五代帝王臣工文所謂述而不作也至釋

道之章咒偈頌等類全行刪去以防流弊以正人心書既成書數語於簡端使天下士庶曉然知予輯全唐文之本意屏斥邪言昌明正學咸歸正道共登右文盛世是予願也

嘉慶十九年閏二月十二日

經筵講官太保文華殿大學士文淵閣領閣事尚書房行走稽察欽奉上諭事件處會典館正總裁管理刑部事務世襲騎都尉臣董誥等跪

奏為奉

勅編輯全唐文告成恭呈

睿覽臣等謹奉

表恭

進者伏以

乾符啟鑰八風賡循道之章

泰英呈萬六寓煥同文之治

引珠光於斗極聯曜台階

揚玉彩於河漢匯流瀛甸華飛沈露鏘鳳吹於琅函奐衍叢雲祕龍威於瓊笈文甄一代錄著千家臣等誠懽誠忭稽首頓首上言竊惟崇山宗海冒緘蕭統之文槪日淩雲凤勒徐陵之序綜逸編於楚漢璧碎璣零標麗句於齊梁花明雪瀁探驪祕閣孫臣源窺宛委之藏檢蠹經龕韓無咎緝瑯嬛之富錄名臣於晉代紀能賦於梁園歐陽類聚之編虞監書鈔之博靡不家提玉尺人擅金鎞淵擊鯨鬐巖遴鶚鷟遠自咸通類表始斷代以成書長慶題名因並時而合集三

百家叔陽之彙纂部次州居五十卷吉甫之編排綺
交繡錯擷羣書之麗藻絳闕瓊華披寶刻之叢章雷
文雲篆豈獨名傳搜玉英靈配河嶽之篇句綴聯珠
伯仲奏壎篪之雅題襟漢上簡牘纚存名集篋中菁
華偶拾然而晏元獻之續蕭選殿唐彥於陰何李康
成之倣徐編冠陳文於盧駱子明已邈誰珍昌谷之
木公武不逢難訂下賢之冊從未有始終條理萃二
十帝而文集大成鉅細包羅統三百年而書薈全帙
廣求舒本重付棗雕如
今日者也欽惟
皇帝陛下
金鑑澄懷
珠囊朗握
炳辰樞而叶緯太乙揚輝
膺甲籙以恢綱先庚涣號交華同穎
鴻章提萬代之文衡紀事編年狐史
正百王之道統光浮綠錯十華編玉之藏蘊闡丹壺四徹
中繩之博素牙朱帶迴

睿照於丁函青玉白銀亶
聖聰於丙夜
攬八代文章之府響震盛唐
嘉千秋柱史之林根盤仙李仰惟
聖祖仁皇帝軒琴協雅宣六義於龍蹲
虞管諧韶播八音於夔拊一十函編周甲榦詩式駢羅九百
卷架列壬籤唐音統貫
纘承
前聖緝詩文而言各一家潤飾
鴻猷合唐虞而書成二典自昔晉陽雲起同時多接武之
賢祇今奎度星明
盛代布右文之教爰
勅蘭臺羣儁同務編摩
特頒芸閣瓌篇俾勤校勘溯自楚天遺珮童蒙拾芳草之
枝漢代留鞶髫譽守繡絲之製鄴中七子較班馬以
風流江左六朝暨陳隋而體澀大抵竽吹一一鳥詠
同同鼓萬竅而共聲錯千逵而合軌嘯能復古返大
輅於椎輪爭事翻新薦雕盤以華實於是紫虹貫斗

白雀栖乎天人開鴻藻之章上下競龍騰之管丹青
帝製作者七人纂組臣篇都為千帙坤闈黼翰光分
圜扇之娥震殿瑤箋彩接翦圭之彥詠霓裳於重陛
臺閣摛華載漁具以扁舟江湖擢秀蕙心蘭質紫芳
緒於旋機象教羽流演靈文於眞籙推之雅陳卷伯
款納車師亦各同分繡虎之才共握靈蛇之珠有石
室縱橫之筆有金閨博麗之英有淩顏轢謝之雄有
演緯摹元之手聳鑾昂霄之節峭拔千尋渡河擘海
之辭雄奇萬狀瓊杯玉斝侑之以元酒大羹靚服銖

衣佩之以純鈎巨闕盧牟祖構孚甲新裁接蕘承跡
春華歸於秋實鈎心鬬角人巧匹乎天工統元會爲
機鈐作古今之綜軸是則不觀解尾無以驗陽冰陰
火之同生不到渭源無以徵内讞外鶴之並育謂柳
韓變燕許詎知伯玉之首鳴謂説頲變王楊未識嘉
謨之前導萃四門之子弟私淑尚有孫劉濬萬古之
江河遥溯非無李段彼崔蘇美錦可方宋沈良金而
小杜雄鋒亦抗中山峻辦别有猗玕洞口名標酒漫
漁聱絳守居中字詫瑤翻碧瀲莫不五家五隊耀金

翠之大觀四正四奇極烏雲之幻態而况鷄林貫去
豐碑照九譯而遥麟罽持來寶翰壓千門而徧百家
騰躍萬手傳鈔乃陶叔獻之所收杳難復識若賀志
同之所採俚又堪譏攬姚氏之一編漏張登之三賦
而且專取古初之格都删偶儷之言翻磨吏部之碑
轉益文昌之碣自淆其例謂談理而體爽正宗徒發
其凡謂論文而訣非崇古蓋必全犧解後千蹠嘗來
而後駢散可别其裁盛衰得提其要開國聚匡劉之
輩議禮即以考文頽風沿宣懿之朝知人因之論世

惟是英華舊帙雍熙之副墨無存冊府遺編欽若之
元刊已替載沿玉格改襲金根欲窺豹於藏山在然
犀而照水所賴恭承
指示
親定體裁
詔廣旁搜
許窺中祕龍賓虎僕儲縑素於
西崑玉躞金題探圖書於
東璧集成萬卷嶽峙淵涵永樂四聲繩聯珠貫輿圖曉

展金壺流翠墨之香簿錄宵陳鐵網貯紅珊之影磬
珠林之三藏貝葉芳搴抽雲笈之七籤芝函潤挹豈
但書儺劉宋憑劉氏以訂全文史校薛歐資薛編以
存遺策共覩豐城之寶氣迥徹層霄始知懸圃之瑤
華遠超羣玉由是聲蜚大筆搜燕國之遺文譽妙輕
縑補曲江之雅製檢嘉祐平原之刻備美吳興訪靈
巖北海之碑拾遺山左權文公絲綸世掌九年之內
制重裒劉賓客珠玉家藏十卷之佚篇復合一品勘
會昌之集增以摭言三縑酬皇甫之本掇諸大典樊

南則表箋總插快乙集之新排江東則掌記久湮幸
讒書之可購他若青茸白腕綴成皆黼大之章黃穀
赤瑛拈出盡圭同之瑞其人總總其旨多多鸞臺鷄
樹之宣鳳口鹿盧之敕內相則蓮藥夕拜中書則薇
省晨趨校自史宬次百卷綸言之集戢從文海補四
篇制草之名上儀壹戎定業之初下泊五季餘分之
末或退入臣行之列或附登帝集之中風會遞遷雲
章彌絢更復詳稽樂石銘徵五鳳之輒博考吉金篆
拓黃龍之鼎剔翠苔而摹岣嶁披金薤而擢琳瑯寶

新出於曹全訂續增於洪适以及藝文全蜀專羅一
郡之賢寰宇太平偏肇九州之記叢殘必拾增採蒸
蘭皮別集於
紫庭種鉄盈百甄逸材於
丹軸數更踰千若夫文似而淆有盈川之附編庚集體
殊而舛如和叔之列表徐箋門櫛雙銘因並登而刪
羅衮盧楊兩傳緣歧出而削李華黜比干碑於翰林
集中登令狐疏於文泉子內蕭穎士泛舟之序無取
陳鴻李子卿張樂之篇必歸錢起記誅茅於邕州亭

上援柳集以汰毗陵賀瑞羽於興慶池頭審權文而
裁穀士顛須畫一名不歧雙乃尋辨體一書遂補闕
名百賦闡微索隱別類分羣劬已化於延津珠仍還
於合浦從此賦成文鹿共知姓屬公孫詩詠牽牛復
使卷題枚叔至滎陽改玉溪生之作猶昌黎效玉川
子之詩盧韓既別卷以分收李鄭亦離文而互載又
或君臣合撰銘鐫后土之靈祠父子繼成碣表邠王
之長史管同宮而異曲花接葉以分棪其他李翺平
賦之書實泉述書之賦譬水經於酈氏注有雙行等

地志於班生文多旁綴則亦體仍其舊義取其詳倒
倣蕭書附彈文以讞牘謫殊戴記混傳說於經言慶
善本之儲藏讀從
渠閣萃羣編而鉤考衡以
瑯函至若劉朝霞獻賦於溫泉李藥師上書於華嶽王
子安之贊傳大士施肩吾之會記羣仙或體襍於俳
優或名疑於依託則必翦榛集翠翠乃蒙茸棼艾留
芝芝方菌蠢晉家宣武列眉御贊之篇唐代褚喬續
尾臣工之傳劉知幾之通羣史羅昭諫之著兩同或

非馬之枝流或良狐之衿裔所貴裁以摯虞之流別
證諸劉勰之品題至於黃石傳書碧騢騰謗侮真靈
於嵩華託行紀於周秦何取摛搐轉傷鉤鈲惟誌怪
搜神之語多涉虛誣與香匳脂盝之詞概從芟汰欽
承
聖訓斗車指昧以旋杓恪稟
天裁尺璧抵瑕而屏櫝若乃出風入雅貞符柳子之言佩
實銜華聖德韓公之表越王樓迴飛奇藻於宗師雲
母泉甘灑清詞於遐叔怨寄湘中之解丹留月下之

題送晁監以浮溟贈瑗公而歸嶽義關比興詞託揄
揚昔曾
載入全函詩有分標之序茲
特垂爲定本文無互見之辭貴別錄以單行慎會函而複
出又若半千名重或疑前代之林長吉詞豪早訂忘
年之契必欲輯通侯之月表繪學士之瀛圖稽名錄
於天隨据姓源於柳氏而後李膺郭泰證以偕仙老
子韓非斥其同傳臺省金鼇之奏存其月以待核其
人科名玉筍之班因同題而進稽其世亦復隱徵梅

里會考蘭亭六逸尋溪三生訪石或題橋畫壁舊字
籠紗或誌水銘山殘題齧蘚枌榆社在詢耆舊於襄
陽榮戟門傳敘搢紳於洛下則且倣統籤之例並紫
色而兼羅比記載之規附金行而共著下車封宋乞
降修表以名家投閣美新勸進題箋而居首開府暮
年之詞賦司徒去國之山河雖史改以名仍竟官同
而代異此則集登騎省斷從開寶之前碑錄鵝池驗
以晉安之掃復有致堯感憤表聖歸休力窮無迴日
之戈身遠有依天之笏斯固留侯挾策未嘗屈節於

祖龍徵士編詩祇可繫年於司馬等詩函之附編餘
閏義寓繩
先俾文譽之得表孫忠理存彰往且夫舜英堯韭周益公所
以參稽裝仗席驪彭叔夏因而辨證元本雜收甲乙
之集其間頗沿丁子之譌宋有王珪乃併制詞於叔
珍唐無徐勉竟收賦句於修仁緣漢章之號亦肅宗
馬嚴疏載取鮑出之傳於魏略魚豢名臚葺馮志亨
黃籙碑銘下侵元代蒐尹義尚與齊書啟上列陳賢
組表韋琳梁才遠借虎圖李翰蜀本重編可頻瑜見

漁仲之書忘爲複姓宇文逌作蘭成之序羼入前朝
毋煚毋嬰廾由形似蔣防蔣訪紊以聲同唐元度校
正九經殷盈孫熟精三禮乃名存而姓佚致眇别而
區分著元翰而復出崔鵬昧文成之即爲張鷟鳳兮
本一豕也譌三原其多誤之由蓋亦未成之本所愧
削除不盡訂譌有俟於
宸衷習俗相承
詔改得袪其燕説偏旁審定庶期糾謬於吳縝同異參詳
共效決疑於王逑以英華爲嚆矢仍訂英華以冊府

爲濫觴更蒐冊府凡此宏綱細目一稟酌於
睿裁史例經凡悉規隨於
聖證貢琛鶴岫約寸寸之朱絲分繭鴛機取純純之錦段
排阜相渥洼之馬流電浮雲披沙揀林邑之螢紫磨
黃籤例則同乎文鑑括一世之宏材源則導自選樓
接千年之墜緒此疆彼界異吳訥之强區翦謬疏蕪
退凝眞之類纂人人繫傳種種分條刻楮葉以多年
成藝林之勝事臣等業疏提槧職在操觚管窺蒼昊
之高錐畫黃神之廣幸得身依

楓陛手校蒲編黼黻
皇猷邁房杜遭逢之盛笙簧
聖籍企常楊著作之朩五辰運啟乎棣通二酉學資其津
逮況復周情孔思道源
談虎觀之經義畫倉鉤文囿
覽鴻都之典探元珠於赤水
甲令星懸掃落葉於青山寅衷冰惕百川宗瀞導萬壑以
增流五緯躔箕拱
三垣而煥彩合二史甄收新舊一千卷輯文苑文藝之遺

與全詩輝映後先億萬年頌
丕顯
丕承之盛臣等無任瞻
天仰
聖踴躍歡忭之至謹奉
表恭
進以
聞

嘉慶十九年閏二月　日

奉
旨開列編校全唐文諸臣職名

正總裁官

經筵講官 太保 文華殿大學士 文淵閣領閣事 尚書房行走稽察欽奉 上諭事件處會典館正總裁管理刑部事務世襲騎都尉 臣董　誥

原任 經筵日講起居注官 太子少師體仁閣大學士管理工部事務世襲雲騎尉 臣戴衢亨

經筵日講起居注官 太子太保體仁閣大學士 文淵閣領閣事稽察欽奉 上諭事件處翰林院掌院學士會典館正總裁管理工部戶部三庫事務 臣曹振鏞

副總裁官

經筵講官 太子少保吏部尚書 文淵閣提舉閣事總管內務府大臣管理 奉宸苑 清漪園等處 咸安宮官學西洋堂事務正藍旗滿洲都統步軍統領 臣英　和

經筵講官戶部尚書 武英殿總裁臣潘世恩

經筵講官工部尚書會典館副總裁臣周兆基

經筵日講起居注官吏部左侍郎管理 咸安宮官學光祿寺事務翰林院掌院學士教習庶吉士 武英殿總裁正紅旗滿洲副都統公中佐領 臣秀　寧

前任 經筵講官吏部右侍郎臣帥承瀛

原任 經筵日講起居注官戶部右侍郎管理錢法堂事務總管內務府大臣翰林院掌院學士 武英殿總裁鑲黃旗滿洲副都統 臣覺羅桂芳

刑部右侍郎臣陳希曾

總閱官

工部右侍郎管理錢法堂事務今任漕運總督臣阮　元

內閣學士兼禮部侍郎今任熱河都統臣文　寧

翰林院編修今任雲南巡撫臣孫玉庭

原任司經局洗馬加三品卿銜臣秦承恩
日講起居注官翰林院侍講學士臣陳嵩慶
提調官
日講起居注官翰林院侍讀今任通政使司通政使臣穆彰阿
翰林院侍講今任陝西按察使臣繼昌
前任翰林院編修臣李恩繹
提調兼總纂官
原任翰林院編修臣徐松
翰林院編修今任福建汀州府知府臣孫爾準

文淵閣校理翰林院編修臣胡敬
總纂官
日講起居注官翰林院侍讀學士臣杜堮
原任日講起居注官詹事府左庶子臣法式善
原任翰林院編修臣席煜
翰林院編修今任浙江寧波府知府臣鄧廷楨
翰林院編修臣謝崧
原任翰林院編修臣陳鴻墀
纂修官

日講起居注官翰林院侍講臣彭邦疇
翰林院編修今任吏科掌印給事中臣潘恭辰
翰林院編修今任刑科掌印給事中臣吳椿
翰林院編修今任河南歸德府知府臣謝學崇
原任翰林院編修臣洪占銓
翰林院編修臣胡開益
翰林院編修臣盛唐
文淵閣校理翰林院編修臣董桂敷
翰林院編修臣何彤然

翰林院編修臣魯垂紳
翰林院編修臣程德楷
翰林院編修今任山東道監察御史臣周壽椿
翰林院編修臣陳官俊
翰林院編修臣陶樑
翰林院編修臣董國華
原任翰林院編修臣陳傳經
翰林院編修臣謝階樹
翰林院編修臣周之琦

翰林院編修臣石承藻
翰林院編修臣劉榮黼
翰林院修撰臣洪瑩
協修官
日講起居注官翰林院侍講學士臣汪潤之
日講起居注官翰林院侍讀臣李宗昉
翰林院侍講臣白鎔
翰林院編修今任雲南曲靖府知府臣宋湘
翰林院編修今任江南道監察御史臣陳用光

翰林院編修揀發直隸候補道府臣葉紹本
文淵閣校理翰林院編修臣沈維鐈
翰林院編修今任福建道監察御史臣孫升長
翰林院編修臣胡承珙
翰林院編修臣翟錦觀
翰林院檢討臣葉申萬
翰林院編修臣劉嗣綰
翰林院編修臣史評
翰林院修撰臣吳信中

翰林院編修臣高翔麟
翰林院編修臣費丙章
翰林院編修臣孔傳綸
翰林院編修臣龔鏜
原任翰林院編修臣黃旭
翰林院庶吉士臣方傑升
收掌官
刑部主事臣春昭
翰林院筆帖式今任盛京戶部主事臣雙寶

翰林院筆帖式今任盛京刑部主事臣桂昌
翰林院筆帖式今任盛京工部主事臣哲麟
翰林院筆帖式今任盛京工部主事臣星額布
理藩院司務臣文路
翰林院典簿臣承恩
翰林院學習待詔臣汪繩熙
翰林院學習待詔臣王爾劬
翰林院筆帖式今任山東沂州府通判臣貴格
翰林院筆帖式臣握爾敦

翰林院筆帖式臣德慶
翰林院筆帖式臣台斐英阿
翰林院筆帖式臣那彥福
翰林院筆帖式臣門裕安
翰林院筆帖式臣福盛泰
原任翰林院筆帖式臣博琳
翰林院學習筆帖式臣福秉泰
翰林院學習筆帖式臣寶桂
翰林院學習筆帖式臣福寧

監刊官
督理兩淮鹽政臣阿克當阿
兩淮都轉鹽運使司鹽運使臣劉澐
原任兩淮都轉鹽運使司鹽運使今候選道臣廖寅
護理兩淮鹽運使淮南監掣同知臣巴彥岱

刊校官
前任都察院左副都御史臣莫晉
前任日講起居注官翰林院侍讀學士臣吳鼒
前任國子監祭酒臣吳錫麒

右春坊右贊善臣程壽齡
翰林院編修臣秦恩復
翰林院編修臣施杓
前任翰林院編修臣石韞玉
禮科給事中臣趙佩湘
前任户部郎中臣江漣
原任刑部郎中臣谷際岐
內閣中書臣黃文輝
原任吏部郎中候選道臣貴徵

前任山東督糧道臣孫星衍
前任山東沂州府知府臣洪梧
原任廣西鎮安府知府臣汪端光

凡例

一全唐文序次首諸帝次后妃次宗室諸王次公主五代亦依此序次其十國主附五代後次臣工次釋道次閨秀悉遵
聖祖仁皇帝御定全唐詩體例至宦官四裔各文無可類從附編卷末

一原書制誥別立一門與全書體例未協今以見各人文集者歸其人本集無撰人姓氏者按世次編入帝王集內

一原書批答即載本文之後體例未協今按世次改歸帝王集內

一開元禮所載祝文及冠昏諸辭雖定自開元實則一朝通制全書具存不復登載

一是書卷帙繁重故變自來總集之體以文從人謹遵全唐詩例各自成卷其文體分類詮次仍依文苑英華以昭畫一

一唐人別集
四庫全書所載多至九十餘種其中專以詩行者不過

十之三四其餘文集悉行甄錄
一文集外總集如古文苑文苑英華唐文粹崇古文訣文章辨體彙選等書凡唐人之文悉行甄錄
一總集外文之散見於史子雜家記載志乘金石碑板者概行蒐緝惟文出譜牒私錄無可徵信者不濫登
一永樂大典為遺書淵藪除
四庫全書所已采外單篇斷簡蒐緝無遺
一釋道兩藏亦概蒐緝其經帙有分章系序者惟取

總序至章咒偈頌及體類文而自成一書者不備載
一文章流別辨體貴嚴唐人著作自成一書者
四庫全書分別史子門中如溫大雅大唐創業起居注王方慶魏鄭公諫錄劉子元史通劉肅大唐新語羅隱兩同書邱光庭兼明書之類既以集即不可概之為文他如薛用弱集異記谷神子博異記搜奇語怪自成小說家言今概從刪其書中有自敘及載唐人序文跋語仍復登載

一表疏聯名同進無可考信為何人作者以首列一人為主陳振孫書錄解題云舊例修書止署官高一人名銜今用其例
一集外之文誤入他人集中如楊炯彭城公夫人爾朱氏墓誌伯母李氏墓誌誤編入庾信開府集之類今俱刊正改入
一文有撰人姓氏歧出如邕州馬退山茅亭記見柳宗元河東集亦見獨孤及毘陵集盧坦之楊烈婦二傳見李翱文公集亦見李華遐叔集今各訂正

歸於一是其無可證據不能確定為何人作者於本文下注明亦見某人以省重複
一文有兩人同撰如宗廟加籩豆議則韋述張均同議定服制議則魏徵令狐德棻同議皆依修書用官高之例歸載他如西嶽太華山碑銘后土神祠銘銘為張說撰序為元宗製邠王府長史陰府君碑銘為張說撰序為其子均作皆各歸本集分載
一文有異同較多如鄭亞改李商隱會昌一品集序文義俱優不能刪彼存此謹遵全唐詩韓愈改盧

全日蝕詩例各載本人集中

一唐文如龍朔時諸臣沙門不應拜俗議及李翺平賦書竇臮述書賦等篇皆有自注今照原文備錄以爲考證之資

一文字異同碑碣以石本爲據餘則擇其文義優者從之若文義兩可則著明一作某字存證

一唐文中有用僞周所造埊乖𤯔圀諸字皆行改正惟避唐時帝諱如丙作景淵作泉之類悉仍其舊以存一朝之制

一金石之文類多剝蝕資考證則據現在搨本以存其眞錄唐文則貴援引足本以還其舊凡石本剝蝕而板本完善足信者即據以登載其無可據則注明闕幾字存證惟殘闕過甚僅留數字無文義可尋者不錄其文非金石單詞隻句見於後人援引無首尾可編次者亦同此例

一原書編載文苑英華諸文所據係明刊閩本其中譌脫極多今以影宋鈔逐篇訂正補出脫字又以元祝堯古賦辨體補出諸賦撰人姓名

一原書唐太宗文內載入晉宣武二帝幷張華陸機王羲之論贊按李上交近事會元言此論贊係太宗作故首題御撰然其文已見正史且梁陳諸書皆唐人所撰若循此例不勝其載今槪刪汰以一體裁惟韓愈順宗實錄附載集中無單行本今仍錄入

一文涉疑僞如李靖上西嶽大王書後加案語以示鑒別其續清涼傳所載王勃觀音大士讚古今事通所載劉朝霞駕幸溫泉賦等篇或出依託或涉俳優今刪

一文有答問體如非有先生論答賓戲之類皆係其人自作原書誤收唐書兩人問答之詞標立名目不知言雖其人之言文則史氏之文與答問之體有別類此者刪

一詩序已見全唐詩者雖鴻章巨製不更複登其詩佚序存爲全唐詩所未收者仍復甄采

一唐人說部最夥原書所載如會眞記之事關風化謹遵

旨削去此外如柳毅傳霍小玉傳之猥瑣周秦行記韋安道傳之誕妄亦概從刪

一原書誤收唐以前文如宇文逌之庾信集序尹義尚之與齊僕射書誤收唐以後文如王珪之除郯賀制馮志亨之普天黃籙大醮碑等篇今刪

一小傳無取繁冗載里居科第後畧序歷官始末其事蹟見史傳及習見之書者概不敘入惟其人事蹟不經見則搜訪遺佚間采瑣事以備掌故

一唐人世次前後最難分晰今謹遵全唐詩例以登

第之年爲主其未登第及雖登第而無可考者以入仕之年爲主處士則以所卒之年爲主若無考則參稽其同時人往來酬酢見於詩文集中者據以定其時代至五季諸人身歷數朝難據登第入仕以定世次今畧依薛史序例以終事之朝爲主十國諸人或著名唐末或遠仕宋初以其文作於偽朝因文敘人概次五季之末其文之作於入宋以後者不錄

一五季歷年僅五十四載朱梁代立唐社雖屋而岐王李茂貞晉王李克用吳王楊渥尚稱天祐至後唐莊宗同光二年李茂貞卒天祐之紀元始絕然南唐之興猶立唐宗廟自附於建王之後至周世宗顯德五年始改奉周正朔其時去宋建隆僅兩年一時諸臣暮晉朝梁殊難限斷其間若羅隱韓偓司空圖雖異土羈棲尚復乃心唐室故

御定全唐詩統收五代始爲全具有唐一代著作原書亦遵此例而挂漏甚多今據新舊五代史五國故事九國志十國春秋南唐書吳越備史三楚新錄江表

志釣磯立談江南野史江南餘載蜀檮杌等書及各家文集詳加補入

欽定全唐文卷一

高祖皇帝

帝姓李氏諱淵字叔德其先隴西成紀人後徙長安祖虎佐周有功爲柱國追封唐公帝生襲封隋大業十二年十二月爲太原留守明年五月舉義兵十一月入長安尊立恭帝自爲大丞相進爵爲王義寧二年戊寅五月受禪建元武德在位九年八月傳位太子年七十一謚曰大武皇帝廟號高祖追尊神堯大聖大光孝皇帝

授老人等官教

乞言將智事屬高年耄耋杖鄉禮宜優異老人等年餘七十匍匐壘壁見我義旗懽踴擊壤筋力之禮知不可爲肉帛之資慮其多闕式加榮秩以賙其養節級並如前授自外當土豪儁以資除授

徒隸等準從本色授官教

義兵取人山藏海納逮乎徒隸亦無棄者及著勳績所司致疑覽其所請可爲太息豈有矢石之間不辨貴賤庸勳之次便有等差以此論功將何以勸黥而爲王亦何妨也賞宜從重吾其與之諸部曲及徒隸征戰有功勳者並從本色勳授

授逸民道士等官教

義旗撥亂庶品來蘇類聚羣分無思不至乃有出自青溪遠辭丹竈就人間而齊物從戎馬以同塵咸願解巾負茲羈紲雖欲勿用重違其請逸民道士等誠有可嘉並依前授

獻嘉禾教

嘉禾爲瑞聞諸往策逮乎唐氏世有茲祥放勳獲之於前叔虞得之於後孤今糾合復逢靈貺出自興平來因善樂

休徵偉兆何其美歟顧循虛薄未堪當此呈形之處須表天休送嘉禾人興平孔善樂宜授朝散大夫以旌嘉應

授三秦豪傑等官教

義旗濟河關中響應轅門輻湊赴者如歸五陵豪傑三輔冠蓋公卿將相之緒餘俠少良家之子弟從吾投刺咸畏後時扼腕連鑣爭求立效縻之好爵以永今朝

罷放櫟陽離宮女教

大業已來巡幸過度宿止之處好依山水經茲勝地每起離宮峻宇雕牆亟成壯麗良家子女充牣其閒怨曠感於

幽明糜費極於民產替否迭進將何糾逖馳道所有宮室悉宜罷之其宮人等並放還親屬

遣師趨鞏洛令

李密趍趄鞏洛自許當塗王城如燬憂心孔棘東都危逼有若倒懸西人之子理本奔命其左右大都督府所統諸軍並宜戒嚴以時式遏有征無戰是謂義師招諭不從勿難還也初年孟月春作方興不奪農時宜知其速

討薛舉令

大業喪亂兵革殷繁天下黔黎手足無措孤所以救焚拯

溺平此亂階蜀道諸郡深思蘇息遠勤王略誠有可嘉方一戎衣靜茲多難而薛舉狂僭吞噬西土隴蜀道途恐相侵暴今使命將授律分道進兵其衝要諸郡縣宜率勵各募部民隨機底定斯則暫勞永逸貽厥子孫守國刑家同享安樂

定戶口令

比年寇盜郡縣饑荒百姓流亡十不存一貿易妻子奔波道路雖加周給無救倒懸京師倉廩軍國資用罄以恤民便闕支擬今岷嶓款服蜀漢沃饒閭里富於猗陶菽粟同於水火曩者儲蓄徵斂實繁帑藏猶殷宜垂拯濟木牛流馬非可轉輸樂土重遷理無從薄則窮通之道將由革變外內戶口見在京者宜依本土置令以下下官部領就食劍南諸郡所有官物隨至糶給明立條格務使穩便秋收豐實更聽進止

秦王太尉陝東行臺制

論道經邦任惟勳德分陝作伯實寄親賢尚書令雍州牧右武候大將軍上柱國秦王世民器宇沖深智謀英果義師云舉首贊奇謀親率熊羆摹旗斬將廓清區夏忠孝克

彰狡寇遄誅虜劉西土總戎薄伐戡翦無遺策尚權遠謀猷沈密宜在鼎司肅清槐路今區宇方緝鞏洛猶蕪鎮俗治戎允資望實可太尉使持節陝東行臺其蒲州河北諸道總管及東討諸府兵並受節度餘官悉如故

秦王兼涼州總管制

京室殷阜鉤陳嚴祕肅遏警巡職務尤重然而玉門遐阻控禦垂荒金城衝要尉候攸屬宣風作牧親賢是寄太尉尚書令雍州牧陝東道行臺右武候大將軍上柱國秦王世民地實藩枝任惟心膂職參三事功著二南識度優閒

性理濟闕典戎數化聲績備舉宜攝九門總司八校撫莅河右允兼望實可左武候大將軍使持節涼甘瓜鄯肅會蘭河廓九州諸軍事涼州總管其太尉尚書令雍州牧陝東道行臺右武候大將軍上柱國王如故

秦王益州道行臺制

蜀郡沃野曰惟井絡控馭邛筰臨制巴渝求瘼宣風朝寄尤重總司岳牧是屬懿親太尉尚書令陝東道行臺雍州牧左武候大將軍使持節涼州總管上柱國秦王世民器宇沖深體識明允專征閫外茂績克宣敷政京畿嘉聲已

著鎮撫岷漢僉論攸宜可益州道行臺尚書令

秦王天策上將制

德懋懋官功懋懋賞經邦盛則哲王彝訓是以華袞龍章允洽希世之勳玉戚朱干實表宗臣之貴太尉尚書令雍州牧左武候大將軍陝東道行臺尚書令涼州總管上柱國秦王世民締構之始元功夙著職兼內外文教聿宣薛舉盜寇秦隴武周擾亂河汾受朕專征屢平妖醜然而世充僭擅伊洛未清建德憑陵趙魏猶梗總戎致討問罪三川馭以長算兇黨窘蹙既而漳濱蟻聚來渡河津同惡相求志圖抗拒三軍爰整一舉克定戎威遠暢九圍靜謐鴻勳盛績朝野具瞻申錫寵章實允僉議宜崇徽命位高羣品文物所加特超恒數建官命職因事紀功肇錫嘉名用標茂實可授天策上將位在王公上領司徒陝東道大行臺尚書令增邑一萬戶通前三萬戶餘官並如故加賜金輅一袞冕之服玉璧一雙黃金六千斤前後鼓吹九部之樂班劍四十人

封汪華越國公制

汪華往因離亂保據州鄉鎮靜一隅以待寧晏識機慕化

遠送款誠宜從褒寵授以方牧可使持節總管歙宣杭睦婺饒等六州諸軍事歙州刺史上柱國封越國公食邑三千戶

秦王領左右十二衞大將軍制

禦侮折衝朝寄尤切任惟勳德實佇親賢天策上將太尉領司徒尚書令陝東道大行臺益州道行臺尚書令雍州牧涼州總管左右武候大將軍上柱國秦王世民宇量凝邈志識明劭爰始締構功參鼎業廓清秦隴茂績以彰戡定周韓戎威遐暢河朔餘寇取若拾遺濟代逋誅克同振

朽宜風都輦綜務朝端政術有聞綱目斯舉宜加褒寵式兼常秩總攝戎機望實惟允可領左右十二衛大將軍餘並如故

皇子元霸智雲追封王制

飾終定謚往代通規追遠增榮前王令典第三子元霸幼挺岐嶷早茂珪璋第五子智雲結髮仁明勝衣敏惠冀其成立訓以義方未被趨庭遽同過隙興言夭枉震悼於懷今王業初隆慶賞伊始旣式遵於利建宜稽古於哀榮元霸可追封衛王謚曰懷智雲可追封楚王謚曰哀

秦王等兼中書令侍中制

絲綸樞祕寄任（字闕二）帷扆獻納職惟顯要望實兼隆親賢斯屬天策上將太尉兼司徒尚書令陝東道大行臺尚書令雍州牧十二衛大將軍秦王世民宇量沖深風神爽悟任兼文武聲績著聞司徒并州大都督稷州刺史左領軍大將軍右武候大將軍上柱國齊王元吉器懷淹密業紹英茂（字闕二）內外政務克舉用加蟬珥朝典攸宜世民可中書令元吉可侍中餘如故

改元大赦詔

舜禹殊時禪代存乎揖讓殷周異世革命事乎干戈至於據龍圖握鳳紀統御皇極撫輯黎民奄有四方朝宗萬國垂法作訓其揆一焉朕以寡薄屬彼澆季大業末年綱維廢弛三光改耀九服移心旣戡定時難輯和庶績一匡海內再造黎元隋氏以天祿永終歷數攸在敬禪厥位授於朕躬顧惟虛德屬當景運懼甚履冰凜乎御朽上答蒼靈之眷俯順億兆之心寶歷初基普天同慶所宜布茲寬惠咸與惟新可大赦天下改隋義寧二年爲武德元年自五月二十日昧爽以前罪無輕重已發露未發露皆赦除之

子殺父奴殺主不在赦限百官及庶人賜爵一級義師所行之處給復三年自餘給復一年孝子順孫義夫節婦旌表門閭孝悌力田鰥寡孤獨量加賑恤

封隋帝爲酅公詔

革命創制禮樂變於三王修廢繼絕德澤隆於二代是以鳴條尅伐杞用夏郊牧野降休宋承殷祀爰及魏晉禪代相仍山陽賜號於當塗陳留受封於典午上天迴眷授歷朕躬隋氏順時遜其寶位敬奉休命敢不對揚永作我賓宜開土宇其以莒之酅邑奉隋帝爲酅公行隋正朔車旗

服色一依舊章仍立周後介公共為二王後

選用前隋蔡王智積等子孫詔

近世以來時運遷革前代親族莫不誅絕歷數有歸實維天命興亡之效豈伊人力前隋蔡王智積等子孫並付所司量才選用

頒示孫伏伽諫書詔

秦以不聞其過而亡典籍豈無先誡臣僕諂諛故弗之覺也漢高祖反正從諫如流洎乎文景繼業宣元承緒不由斯道孰隆景祚周隋之季忠臣結舌一言喪邦良足深誡

永言於此常深歎息朕每惟寡薄恭膺寶命雖不能性與天道庶思勉力常冀弼諧以匡不逮而羣公卿士罕進直言將申虛受之懷物所未諭萬年縣法曹孫伏伽至誠慷慨詞義懇切指陳得失無所迴避非有不次之舉曷貽利行之益伏伽既懷諒直宜處憲司可治書侍御史仍頒示遠近知朕意焉

令陳直言詔

前政多僻人不聊生怨讟如雠嘗無控告黎民易子而食郡縣猶有餘糧遂使聚斂無厭窮兵不已忠良屏跡邪僞當塗慶妖怪為禎祥稱希旨為奉法至於亡滅上莫之知靜言其事可為太息者也朕恭膺寶歷救斯兆庶思革前弊念茲在茲起軍以來於今期月軍書羽檄日有百數一言一事皆親覽焉未明求衣中夜不寐恐一物之失所慮一理之有屈但四方州鎮習俗未懲表疏因循尚多迂誕申請盜賊不肯至言論民疾苦每虧實錄妄引哲王深相佞媚假託符瑞極筆阿諛亂語細書動盈數紙非直乖於體用固亦失於事情千里佇於一言萬機湊於一日表奏如是稽疑處斷不知此者謂我何哉宜頒告遠近知朕至

意

加恩隋公卿民庶詔

隋政不綱行止無度東西奔騁靡歲獲寧遂使父子乖離室家分析親老絕晨昏之養嬰孩無撫育之恩人懷戀本之心家有望鄉之歎朕上膺靈命下字黔黎一物失宜情深軫悼思俾惠澤逮於鰥寡其隋代公卿已下爰及民庶身往江都家口在此不預義軍者所有田宅並勿追收若有窮困糧食交絕具錄名簿速加賑贍

贈高熲等謚爵詔

隋太常卿高熲上柱國賀若弼並抗節不阿矯枉無撓司隸大夫薛道衡刑部尚書宇文㢸左翊衛將軍董純並懷忠抱義以陷極刑宜從褒飾以慰泉壤熲可贈上柱國郯國公弼贈上柱國杞國公各令有司加謚道衡贈上開府臨河縣公㢸贈上開府平昌縣公純贈柱國狄道縣公

贈李金才李敏官爵詔

隋右驍衛大將軍李金才左光祿大夫李敏並鼎族高門元功世胄橫受屠殺朝野稱寃然李氏將興天祚有應冥契深隱妄肆誅夷朕受命君臨志存刷蕩申寃旌善無忘寤寐金才可贈上柱國申國公敏可贈柱國觀國公

褒勳臣詔

朕起義晉陽遂登皇極經綸天下實仗羣材尚書令秦王世民尚書右僕射裴寂等或合契元謀或同心運始並蹈義輕生捐家殉節艱辛備履金石不移論此忠勤特宜優異官爵之榮抑惟舊典勳賢之議宜有別恩其罪非叛逆可聽恕一死其太原元謀勳効者宜以名聞

閱武詔

安人靜俗文教爲先禁暴懲凶武略斯重比以喪亂日久黎庶凋殘是用務本勸耕冀在豐贍而人靈未盡寇盜尚繁欲暢兵威須加練習今農收已畢殺氣方嚴宜順天時申曜威武可依別敕大集諸軍朕將躬自循撫親臨較閱

減用牲牢詔

國初草創日不暇給凡厥禮儀鮮能盡備且生人未乂彫弊日多至於畜產思致蕃息祭祀之本皆以爲身窮極事神有乖正直殺牛不如禴祭明德即是馨香望古推今祭神一揆其祭圜丘方澤宗廟以外並可止用少牢先用少牢者宜用特牲待時和年豐然後克循常禮

許李襲譽合譜宗正詔

安康郡公襲譽我之同姓派別枝分惟厥祖考世敦恭睦襲譽部率宗人協同義舉立功巴蜀誠節頻聞宜有褒榮用超階序特聽合譜宗正恩禮之差同諸服屬

置社倉詔

朕祗膺靈命撫字氓黎方緝隆平躋之仁壽田畝之賦一切蠲除錙銖之律悉皆停斷是以特建農圃本督耕耘思俾齊民既庶且富鍾庾之量冀同水火宜置常平監官以均天下之貨市肆騰踊則減價而出田穡豐羨則增糴而

收觸類長之去其泰甚庶使公私俱濟家給人足抑止兼幷宣通壅滯

遣淮安王神通安撫山東詔

隋德下衰政荒民散九州幅裂四海瓜分元元無辜困豺狼之吻喋喋黔首罹兵革之災朕祗膺寶圖救其危墜一物失所情深納隍今趙魏之人俱承大化海岱之境思稟朝章然而尚迫寇戎受拘凶暴經途遐阻未繇自達宣風布教必佇循良柔服招攜事資明恕右翊衛大將軍上柱國淮安王神通地惟近屬功參運始杖節建旟允當重寄

可山東道安撫大使其山東諸軍事並受節度

罷貢異物詔

逸遊損德昔賢貽訓玩物喪志前典格言西旅獻獒召公於是作誡東齊饋樂尼父所以離心隋末無道肆極奢靡內騁倡優之樂外崇耳目之娛冠蓋相望徵求不息公私擾遽徭費無窮朕受命君臨志在儉約日旰忘食昧爽求衣纂組珠璣皆云屏絕雕琢綺麗久從抑止其侏儒短節小馬庳牛異獸奇禽皆非實用諸有此獻悉宜停斷宣布遠邇咸使聞知

每州置宗師詔

朕受終揖讓君臨四海普天之下同加惠澤宗緒之情義越常品宜有旌異以明等級諸宗姓官宜在同列之上未有職任者不在徭役之限每州置宗師一人以相管攝別爲圖伍所司明立條式

禁行刑屠殺詔

釋典微妙淨業始於慈悲道教沖虛至德去其殘殺四時之禁無伐麛卵三驅之化不取前禽蓋欲敦崇仁惠蕃衍庶物立政經邦咸率茲道朕祗膺靈命撫遂羣生言念亭

育無忘鑒寐殷帝去網庶踵前修齊王捨牛實符本志自今以後每年正月五月九月及每月十齋日並不得行刑所在公私宜斷屠殺

大赦幷浩等州詔

赦過宥罪哲王彝訓錄舊念功有國通典汾晉之地王迹所基勠力齊心夷凶靜亂惟彼士庶義越常倫犯禁陷刑宜從洗滌其幷州浩州石州介州賈胡堡以北自武德二年二月二十四日以前犯辟罪已下已發覺繫囚見徒悉從原放

禁屠酤詔

酒醪之用表節制於懽娛芻豢之滋致甘旨於豐衍然而沈湎之輩絕業忘資惰窳之民騁嗜奔慾方今烽燧尚警兵革未寧年穀不登市肆騰踴趣末者衆浮宂尚多肴羞麴蘖重增其費救弊之術要在權宜關內諸州官民宜斷屠酤

遣太子建成等巡畿甸詔

隋末道消運爲陽九盜賊蜂起饑饉薦臻四海之民墜於塗炭是以上天降鑒爰命朕躬綏靜黎元克定凶醜府庫

倉廩所在開發流宂之民隨加鎮撫言念亭育監寐匪忘然年穀不登民多困乏一物失所有甚納隍宜加存問救其疾苦可令皇太子建成巡京城側近諸縣秦王世民巡京城以東右僕射裴寂巡京城以西詣彼閭閻見其耆老觀省風俗廉察吏民乏絕之徒量加賑給如有冤滯並爲申理高年疾病就致束帛

命行人鎮撫外藩詔

畫野分疆山川限其內外遐荒絕域刑政殊於函夏是以昔王御世懷柔遠人義在羈縻無取臣屬渠搜即敘表夏后之成功越裳重譯美周邦之長算有隋季世黷武耀兵萬乘疲於河源三年伐於遼外搆怨連禍力屈貨殫朕祗膺寶圖撫臨四極悅近來遠追革前弊要荒藩服宜與和親其吐谷渾已修職貢高句麗遠送誠款契丹靺鞨咸求內附因而鎮撫允合機宜分命行人就申好睦靜亂息民於是乎在布告天下明知朕意

曲赦涼甘等九州詔

朕恭膺寶命綏靜氓黎思俾宇內躋於仁壽而河湟之表比罹寇賊勾連凶醜壅隔朝風元元之民匪遑寧宴夙興

軫慮旰食忘疲重勞師旅不令討擊馭以遐算且事招懷而慕化之徒乘機立效兵不血刃費無遺鏃今凶狡即夷西垂克定遠人悅附政道惟新宜播惠澤與之更始可曲赦涼甘瓜鄯肅會蘭河廓九州自武德二年五月十六日以前罪無輕重已發覺未發覺繫囚見徒悉從原免桀犬吠堯非無前喻棄瑕蕩穢列聖通規有惡言不順及邪謀惑計者並從洗滌一無所問

旌表孝友詔

民稟五常仁義斯重士有百行孝敬爲先自古哲王經邦

致治設教垂範莫尚於茲叔世澆訛民多僞薄修身克己事資誘勸朕恭膺靈命臨馭遐荒愍茲弊俗方思遷導雍州萬年縣樂遊鄉民王世貴孝性自天力行無怠喪其所怙哀毁絶倫負土成墳結廬墓側鹽酪之味在口不嘗哭泣之聲感於行路安福鄉民宋興貴立操雍和主情友睦同居合爨累世積年務本力農崇讓履順宏長民教敦睦風俗宜加褒顯以勸將來可並旌表門閭蠲免課役布告天下使明知之

令國子學立周公孔子廟詔

盛德必祀義存方策達人命世流慶後昆建國君人宏風闡教崇賢彰善莫尚於茲自八卦初陳九疇攸敘徽章既革節文不備爰始姬旦匡翊周邦創設禮經大明典憲啟生人之耳目窮法度之本源化起二南業隆八百豐功茂德冠於終古暨乎王道既衰頌聲不作諸侯力爭禮樂陵遲粤若宣父天資睿哲經綸齊魯之內揖讓洙泗之間綜理遺文宏宣舊制四科之教歷代不刊三千之徒風流無歇惟茲二聖道濟羣生尊禮不修孰明褒尚朕君臨區宇興化崇儒永言先達情深紹嗣宜令有司於國子學立周公孔子廟各一所四時致祭仍博求其後具以名聞詳考所宜當加爵土

修武備詔

天生五材司牧資其器用武有七德撥亂所以定功故黃帝垂衣尚有阪泉之戰放勳光宅猶稱丹浦之師禁暴安人率由茲道創業垂統莫此爲先是以周置六軍每習蒐狩漢增八校畢選驍雄故能化行九有威震百蠻姦宄不萌虞劉息志自季葉淩替軍政湮亡行列不修旌旗舛雜部伍符籍空有調發之名逗撓乏興竟無討襲之用遂使

戎狄放命盜賊交侵戰爭多虞黔黎殄瘁朕受天明命撫育萬方爰自義師克成帝業至如超乘之士莫匪百金轂騎之才豈惟七萃今雖關塞寧謐荒裔肅清伊雒猶蕪江湖尚梗役車未息戎馬載馳武備之方尤宜精練所以各因部校序其統屬改授鉦鼓創造徽章取象天官定其名號庶使前茅後勁類別區分玉帳絳宮刑德允備蹈茲湯火譬彼椒蘭大定戎衣止戈斯在

討王世充詔

世充僭逆拘逼黎元向化之徒無繇自達朕惡煩百姓不

欲興戎久戰兵戈未窮征討然而縱溢彌甚暴虐不悛愍彼方隅久遭塗炭賊既糧盡計竭衆叛親離惡稔貫盈亡徵已見今則分命驍勇步騎齊趨直指雒濱衝其巢穴招納降附拯救阽危務在安人豈貪求利兵馬所到有因事立功擒敵制勝者重頒爵命厚加褒賞其金玉府藏分賜將士酬賞之科仍依別格宜明申布咸使知聞

太常樂人蠲除一同民例詔

太常樂人今因罪譴入營署習藝伶官前代以來轉相承襲或有衣冠世緒公卿子孫一沾此色後世不改婚姻絕

於士類名籍異於編甿大恥深疵良可哀愍朕君臨區宇思從寬惠永言淪滯義存刷蕩其大樂鼓吹諸舊人年月已久世代遷易宜得蠲除一同民例但音律之伎積學所成傳授之人不可頓闕仍依舊本司上下若已仕官見入班流勿更追呼各從品秩自武德元年以來配充樂戶者不入此例

燕公羅藝封燕郡王賜姓上籍宗正詔

昭德以爵前王令範功懋懋賞有國遺訓使持節幽州總管上柱國燕公藝早悟機權夙展誠節革運之始立功燕代鎭守邊要馭控遐荒忠績既宣宜加寵賜可賜姓李氏上籍宗正封燕郡王食五千戶

赦逃亡募人詔

朕祗膺靈命君臨區宇承凋弊之餘拯橫流之難雖復蠲除傜賦督課耕農安集黎元與之休息然而鯨鯢未翦四海多虞師旅洊興事不獲已及其士卒浮惰苟求逸樂憚於征役離其營伍因此逃竄潛匿崎嶇盜竊爲資規免朝夕良繇勸勵不明部署失所弛慢之責在於朕躬琴瑟不調已云變革多墜刑網情兼軫悼宜從寬宥許以自新其

義士募人有背軍逃亡者自武德二年十月二十日已前罪無輕重皆赦除之饑寒困弊不能自存者所在官司隨事賑給士非素厲難以應敵設法垂憲期於不犯自今已後有背軍鎭征役者隨即科處必無容貸宜明宣告咸使知聞

欽定全唐文卷二

高祖二

令裴寂等升殿奏事侍立詔

貴爵尚齒列代通規進秩優賢有國彝訓尚書左僕射魏國公寂太子少保新昌縣公綱左武候大將軍陳國公抗太常卿沛國公元璹納言漢東郡公叔達內史令宋國公瑀兵部尚書蔣國公通戶部尚書滎陽郡公善果右武候大將軍羅侯御史大夫滑國公無逸等或歷任前代職位隆顯或耆年夙望德邁老成翊戴經綸功績茂重或險夷

契闊情兼惟舊並職司近侍任兼心膂恩禮所加義從隆渥特宜褒異俾越常倫寂已下奏事及侍立令升殿

遣使安撫益州詔

朕承天明命撫育萬方康俗濟民無忘寢寐西蜀僻遠控接巴夷厥土沃饒山川遐曠往者隋末喪亂盜寇交侵流寓之民遂相雜撓游手墮業其類實繁斂攘矯虔因此而作王業伊始務從草創牧宰庶寮隨事遷易州縣分析權宜廢置然而王道未洽民瘼猶存靜言思之夙夜軫念澄源正本義在更張可令秦州總管酇國公軌御史大夫滑國公無逸爲益州道安撫大使宣揚朝典進擢廉平貶黜苛暴申理寃滯孝弟貞節表其門閭鰥寡孤獨量加贍恤事有便宜並委處分

斷屠詔

有隋失馭喪亂宏多民物凋殘俗化踰侈耽嗜之族競逐旨甘屠宰之家恣行刲殺芻豢之畜靡供肴核之資胎夭之羣莫遂蕃滋之性傷財墮業職此之繇斂攘穿窬因茲未息禮曰君無故不殺牛大夫無故不殺羊士無故不殺犬豕庶人無故不食珍非惟務在仁愛蓋亦示之儉約方

域未寧尤須節制凋弊之後宜先蕃育豈得恣彼貪暴殘殄庶類之生苟循目前不爲經久之慮導民之理有未足乎其關內諸州宜斷屠殺庶六畜滋多而民庶殷贍詳思厥衷更爲條式

楚王杜伏威進封吳王賜姓附屬籍詔

五等列爵茂績超於恒典四嶽分官連帥總其常賦山河之賞義在酬庸方伯之任實資賢哲使持節和州總管和州刺史東南道行臺尚書令上柱國楚王伏威往因喪亂糾合徒旅綏靜淮濟緝寧江介閭閻安堵吏民率職遠稟

朝化具申忠款仍請立功掃除多難誠節既表志識可嘉委以招懷特宜受命寵禮之序式加常秩可使持節總管江淮以南州諸軍事揚州刺史東南道行臺尚書令淮南安撫大使上柱國進封吳王食邑五千户賜姓李氏附屬籍

收葬道殣詔

自隋室不綱政刑荒廢戍役煩重師旅薦興元元無辜墮於塗炭轉死溝壑暴骨中原宗黨淪亡邑居散逸墳隴靡託營魂無歸朕受命君臨爲民父母率土之内情均亭毒

一物失宜寢興軫慮念茲道殣義先弔恤雖復令已須下普遣葬埋猶恐吏不存心收葬未盡宜令州縣官司所在巡行掩骼埋胔必令周悉使郵亭之次無復遊魂窀穸之下各安所厝姬文惠化恩及枯骸庶踵於前此焉非遠

赦晉潞等州詔

朕發跡太原陳師汾澮底定皇室廓清函夏惟彼晉魏事等豐宛近者妖寇憑陵侵斥郊境害虐良善擁逼吏民大軍東討義存拯難芟夷醜類實在弔民凡厥渠魁已就殲殄脅從之輩情有可原宜許自新義深蕩滌其晉州潞州隰州并州等四總管内自武德三年四月二十二日以前被劉武周宋金剛等所詿誤者罪無輕重皆赦除之各令復業一無所問州縣城堡有固守忠節抗禦凶徒者具録聞奏别加褒賞

命秦王征王世充詔

取亂侮亡聖王於是致治民和衆泰湯武所以成功兵革之興義資靖難出軍命將蓋非獲已自隋氏數窮天下鼎沸豺狼交爭黔庶凋殘朕受命君臨志存寧濟率土之内咸思覆育聲教所覃莫不清晏惟彼伊雒尚隔朝風世充

作梗肆行凶暴害虐良善擁迫吏民反道亂常日月滋甚禍盈釁積天亡有徵心腹猜攜黨援孤絶農畝荒廢糧廩内空城隍社稷勢皆殄瘁弔民問罪今實其時可令陝東道行臺上柱國秦王世民總統諸軍東踰崤澠分命驍勇百道俱進救彼塗炭誅其兇渠凡此授律義在拯民府庫貨財一無所利尅敵制勝効策獻功官賞之差並超常典其有背賊歸款因事立勳即加寵授務隆優厚

褒高開道來降詔

褒德敘功有國彝訓任賢賞善列代通規僞燕王高開道

家本海隅志懷慷慨有隋之末州域彫殘招集徒旅自保邊塞繕修斥堠捍禦寇戎民吏肅清倉庫完實既而審達機變遠慕朝風闔境獻誠歸款內屬請申經略輯寧燕代厥功以茂宜從褒寵禮命之差用超常級可使持節蔚州諸軍事蔚州總管加授上柱國賜姓李氏上屬籍宗正封北平郡王食邑五千戶

褒胡大恩來降詔

疇庸旌善哲王彝訓任賢使能有國通典胡大恩往因隋季夷狄交侵繕甲聚徒輯寧邊境既而阻隔戎寇自保方

隅遠慕朝風因機立效摧破凶黨亭徼無虞抗疏闕庭以申誠節忠義克舉宜隆寵命因其所統即加榮秩可使持節代州諸軍事代州總管加授上柱國封定襄郡王食邑五千戶賜姓李氏上屬籍宗正

赦代州總管府內詔

祝網泣辜彰乎舊典赦過宥罪著自前經往者劉武周竊據邊陲擁逼良善石嶺以北皆罹其弊雖復武周奔竄寄命蕃夷而殘黨餘氛尚懷旅拒致使朔漠猶警關塞未寧屢動干戈久違聲教代州總管定襄王大恩勤績允著安輯邊境討擊未賓率其從化朕君臨天下義存撫育念彼彫弊若納諸隍但朔方黎元逆命日久今雖歸附仍懷反側其代州總管府內石嶺以北自從武德四年二月二十九日以前所有愆犯罪無輕重悉從原宥可並令安居復業勿使驚擾

檢校益州夔州獄訟詔

緩刑議獄哲后彝訓解網泣辜前王茂軌朕君臨海內撫育黎元一物乖所納隍興慮其益州道行臺及夔州總管府衆務臻集統攝遐長囚徒禁繫其數不少或控告未申

多有冤屈或注引肆志濫及貞良致使文案稽延獄訟繁擁念彼枉滯情深愍惻其益州總管內諸州委御史大夫無逸檢校夔州管內委趙郡公孝恭檢校所有囚悉令覆察務從寬簡小大以情但有負罪逃亡離棄鄉邑無問輕重悉令歸首明加勸導務修墾植庶使家給人足稱朕意焉

賜秦王獲竇建德手詔

聞獲建德竟如汝所料晝策者雖吾平定者汝也吾聞黃河千年一淸乃當今日汝功一也隋氏分離崤函隔絕兩

雄合勢一朝清蕩汝功二也兵既克捷更無死傷無媿爲臣不憂其父汝功三也吾今開懷抱養蒼生盡其天年心無外慮汝功四也

平竇建德大赦詔

自隋氏失馭政散民流盜賊交侵區宇離析惵惵黔首俱被焚溺之災元元無辜並困豺狼之吻朕受天明命君臨八極克除暴亂大拯黎民聲教所覃無思不服惟彼趙魏尚隔朝風建德往因喪亂連羣結黨竊州據邑擅置官寮叛渙一隅恣行凶虐朕愍彼河朔久遭塗炭納隍軫慮無

忘興寢但以彫弊之後惡煩士衆且事含宏未先討擊然而遊魂放命數稔貫盈驅率犬羊圖爲侵斥與王世充欲相救援輒來舉斧以抗大軍兵威所臨醜徒皆潰生擒建德因致軍門凡厥支黨皆就虜獲歷年逋寇一舉廓清蕩滌遺民與之更始可赦山東諸州舊爲建德詿誤者自武德四年五月八日以前皆赦其罪仍令太子左庶子鄭善果爲山東道撫慰大使考功郎中李觀玉膳部郎中高正表爲副存問民俗宣布朝章其有率衆全城因機立效者量其功績就加職任奇才異行隨事旌擢其亡命山澤仍爲結聚詔書到後三十日不來歸首者復罪如初

令太子建成統軍詔

稽胡部類居近北邊習惡之徒未悉從化潛竄山谷竊懷首鼠寇抄居民侵擾亭堠可令太子建成總統諸軍以時致討分命驍勇方軌齊驅跨谷彌山窮其巢穴元惡大憝即就誅夷驅掠之民復其本業行軍節度期會進止者委建成處分

赦河南諸州詔

朕初膺靈命撫育萬方一物失宜憂責在己是以昧旦丕

顯昃食忘勞思流惠澤被於率土日者世充作梗僭擅一方侵虐士民阻絕聲教鞏洛之地比邑連城受制凶威莫能自勉翹足引領乞師請降朕愍彼黎庶獨爲匪民命將出軍用申撫弔兵威所震醜徒慴伏元惡頓顙面縛軍門殄滅氛祲混同文軌拯彼烝民出乎塗炭宜從蕩滌與之更始可赦河南諸州舊爲世充所詿誤者自武德四年六月四日已前皆赦其罪若有率其部衆保城邑因事立功以歸朝化者量其效績就加職任奇才異行隨事旌擢鰥寡孤獨以時恤理亡命山澤詔書到後三十日不來歸首

者復罪如初

平王世充大赦詔

天生烝民，樹之司牧，光宅區宇，撫字黎庶，日月照臨，文明於是統極，雷雨作解，順時所以布化。往者隋氏代衰，政刑廢缺，九服雲擾，五岳塵坌，率土之民，墜於塗炭，瞻天蹐地，控告無所。朕愍彼橫流，志存拯溺，投袂鞠旅，肇建義旗，伐暴除殘，克寧宇縣，靈祇叶贊，遐邇樂推，景運所集，祗膺寶位，戡翦多難，綏輯遺氓，溥彼萬方，情均覆育。然而世充放命，擾亂周韓，建德遊魂，虔劉趙魏，害虐良善，阻絕朝風，言

念匪民，久罹凶毒，滿堂之樂，猶有向隅，納隍之歎，無忘旦夕。是以出軍命將，伐罪弔民，宗廟威靈，卿士效節，旌旗所拂，醜徒冰泮，二凶授首，萬方廓清，車軌大同，氛祲澄蕩，邊候解柝，烽燧無虞，振旅休徒，凱歌里忭。今既九圍盡謐，八表乂寧，思與吏民，勵精更始。又惟寡德，政道多違，陰陽不調，致茲亢旱，深思惕懼，震悼于懷，解網崇恩，宜流愷澤。可大赦天下。自武德四年七月十二日昧爽已前，大辟罪已下，已發露未發露，悉從原免。自武德二年十二月三十日已前，亡官失爵者，量聽敘用。天下民庶，給復一年。其陝鼎函虢虞芮六州，供轉輸之費，幽州管內，久隔寇戎，給復二年。身死王事，量加褒贈。律令格式，且用開皇舊法。孝子順孫、義夫節婦，所在詳列，旌表門閭。奇才異行，隨狀薦舉。高年惸獨，量加贍恤。

授張鎮周陳知略淮南嶺南行軍總管詔

三楚之地，江山遐阻，五嶺之表，經塗遼夐。自有隋失馭，盜賊交侵，聲教莫通，方隅隔絕。朕受圖膺運，君臨區宇，率土之濱，情均撫字。方今函夏寧乂，文軌大同，尉候無虞，要荒率職。然而江蠡之派，咸阻寇戎，閩禺之鄉，未聞正朔。左武

候將軍黃國公張鎮周、大將軍合浦縣公陳知略，二方首族，早從歷任，思展誠效，輯寧州里。鎮周可淮南道行軍總管，知略可嶺南道行軍總管，以安撫之。

褒授岐平定等詔

今東應義旗，西開幕府，設官分職，本在忠誠。道士岐平定鏟迹求真，銷名離俗，恬淡榮利，無悶幽閒，而能徹損衣資，以供戎服，抽割菽粟，以贍軍糧，忠節丕嘉，理須標授。平定宜授金紫光祿大夫，已下並節級授銀青光祿大夫，以酬其義。

令京官五品以上及諸州總管刺史各舉一人詔

擇善任能救民之要術推賢進士奉上之良規自古哲王宏風闡教設官分職惟才是與然而巖穴幽居草萊僻陋被褐懷珠無因自達實資選衆之舉固藉左右之容義自搜揚理宜精擢是以貢士有適爰致加錫之隆無益於時必貽貶黜之咎末葉澆僞名實相乖取非其人濫居班秩流品所以未穆庶職於是曠廢朕膺圖馭宇寧濟兆民思得賢能用清治本招選之道宜革前弊懲勸之方式加常典苟有才藝所貴適時潔己登朝無嫌自進宜令京官五

品以上及諸州總管刺史舉一人其有志行可錄才用未申亦聽自己具陳藝能當加顯擢授以不次賞罰之科並依別格所司頒下詳加搜訪務在獎納稱朕意焉

賜方亮詔

使持節廬申二州諸軍事本州刺史方亮往因喪亂保據邑土識達事幾蚤歸朝化勳庸克著誠效達彰念此勤勞嘉歎何極今四方平泰九有廓淸宜慰部人修營產業秋漸冷卿比平安好在否

命太子建成討劉黑闥詔

闥罪止凶渠詿誤脅從並無所問其有棄惡思順自拔而來隨即安置給其優賞咸使附業各令安堵雖賊之魁帥久同叛逆必能臨機效節因事立功並即敘勳班賞量才授任如其不從告諭敢懷迷執然後肅正軍法齊以大刑其陝西東道大行臺及山東道行軍元帥河南河北諸州並受建成處分其開經略籌算賞罰科條要在合機皆以便宜從事

修魏周隋梁齊陳史詔

司典序言史官記事考論得失究盡變通所以裁成義類

懲惡勸善多識前古貽鑑將來伏犧以降周秦斯及兩漢傳緒三國受命迄於晉宋載籍備焉自有魏南徙乘機撫運周隋禪代歷世相仍梁氏稱邦跨據淮海齊遷龜鼎陳建宗祊莫不自命正朔緜歷歲祀各殊徽號删定禮儀至於發跡開基受終告代嘉謀善政名臣奇士立言著績無乏於時然而簡牘未編紀傳咸闕炎涼已積謠俗遷訛餘烈遺風泯焉將墜朕握圖馭宇長世字民方立典謨永垂憲則顧彼湮落用深軫悼有懷撰次實資良直中書令蕭瑀給事中王敬業著作郎殷聞禮可修魏史侍中陳叔達

祕書丞令狐德棻太史令庾儉可修周史兼中書令封德彝中書舍人顏師古可修隋史大理卿崔善爲中書舍人孔紹安太子洗馬蕭德言可修梁史太子詹事裴矩兼吏部郎中祖孝孫前祕書丞魏徵可修齊史祕書監竇璡給事中歐陽詢秦王文學姚思廉可修陳史務加詳覈博採舊聞義在不刊書法無隱

罷差科徭役詔

詩不云乎民亦勞止汔可小康自有隋失馭政刑板蕩豺狼競起肆行暴虐徵求無度侵奪任己下民困擾各靡聊

生喪亂之餘百不存一上天降監爰命朕躬廓定凶災乂寧區域念此黎庶凋弊日久新獲安堵衣食未豐所以每給優復蠲減徭賦不許差科輒有勞役義行簡靜使務農桑至如大河南北離亂永久師旅薦興加之饑饉百姓勞弊此焉特甚江淮之間爰及嶺外塗路懸阻土曠民稀流寓者多尤宜存恤此等諸處往隔寇戎自經開泰歲月未久猶恐士民積習不改前弊州縣官人未稱所委迎送往來尚致勞費其河北江淮以南及荆州大總管向西諸州所司宜便班下自今以後非有别勅不得輒差科徭役及迎送供承庶令安逸明加簡約稱朕意焉

申禁差科詔

隋末喪亂豺狼競逐率土之衆百不存一干戈未靜桑農咸廢凋弊之後饑寒重切永言於此悼於厥心今寇賊已平天下無事百姓安堵各務稱職家給人足即事可期所以新附之民特蠲徭賦欲其休息更無煩擾使獲安靜自修產業猶恐所在州縣未稱朕懷道路迎送廨宇營築率意徵求擅相呼召諸如此例悉宜禁斷非有别勅不得差科不如詔者重加推罰布告天下咸知此意

授裴寂蕭瑀左右僕射詔

端揆之職綜理百司任望斯重勳賢攸寄尚書左僕射魏國公寂風格清粹局量宏雅早預經綸元功特著燮諧治本茂績以宣中書令宋國公瑀志懷忠確業履沖素歷居顯要厲精理術獻納惟允周慎有聞宜穆彝章允釐庶政寂可尚書左僕射瑀可尚書右僕射

幸故宅大赦詔

朕恭膺大寶克隆景祚永言孝思聿追罔極肇惟自昔葺宇舊居王迹所基積慶攸在桑梓之敬每懷踐歷日不暇

給以迄於茲今既氛祲廓淸區夏寧謐民休俗泰天成地平爰擇良辰言還邑里禮同過沛事等歸譙故老咸臻族姻相會肅恭薦享感慶兼集思俾歡心逮於衆庶愍茲幽滯有懷寬澤都輦之地宗祏所居祚固萬邦義越常等時惟孟夏方申長育宜順天心宣茲惠澤可曲赦京城內繫囚見徒及被推問應集之人死罪已下並從放免其內有於政切害情理難原者宜降死從流

勸農詔

有隋喪亂區宇分離百姓凋殘弊於兵甲田畝荒廢饑饉

薦臻元元無辜墮於溝壑朕膺圖馭極廓淸四海安輯遺民期於寧濟勸農務本蠲其力役然而邊鄙餘寇向或未除頃年以來戎車屢出所以農功不致倉廩未登永念於茲無忘寤寐今既風雨順節苗稼實繁普天之下咸通茂盛五十年來未嘗有此倉箱之積指日可期時爲溽暑方資耕耨廢而不修歲功將闕宜從優縱肆力千頃其有公私債負及追徵輸送所至處且勿施行尋常營造役使工匠事非急要亦宜停止見在囚繫事未決斷傍引支證未須追攝百司常務並宜且停內外官人行署以上量事分番皆盡九月三十日其軍機急速及盜賊之事不在停限州縣牧宰明加勸導咸使勠力無或失時務從簡靜以稱朕意

討輔公祏詔

禁暴輯兵昔王於是致治亂常干紀有國所以明刑東南道行臺尚書左僕射上柱國輔公祏本自凡伍素無藝用往因擾亂連結徒旅與吳王杜伏威同心協力保據江淮早率數部遠歸朝化錄其功效授以官爵任官方隅榮寵兼至不能勵身奉上克保名節遂乃包藏禍心圖爲不軌

自伏威入朝之後公祏恣行專擅違犯朝憲不顧典章徵斂穀帛掠奪子女肆其殘忍妄行誅戮驅役士民招聚奸盜毒流衆庶怨結遐邇國家務存含養未申刑罰每加徵誡冀其自改今乃稱兵內侮假相署置驅扇蟻徒敢行抄竊惟彼兇逆速宜勦定命將授律義在安人已令天策上將太尉領司徒尚書令陝東道大行臺雍州牧領十二衛大將軍上柱國秦王世民爲江州道行軍元帥統率驍勇風驅電擊靡旆所臨當即奔潰凡此罪惡止在魁渠脅從之徒一無所問縱有已陷賊黨非其本心拔難而來因立

功効此等之類皆從官賞江淮以南比遭毒螫吏民困辱各不聊生平定之後普給優賞即令撫慰各令安堵勲賞之科具如别格宜明宣布咸使聞知

欽定全唐文卷三

高祖　三

令諸州舉送明經詔

六經茂典百王仰則四學崇教千載垂範是以西膠東序春誦夏弦說禮敦詩本仁祖義建邦立極咸必由之自叔世澆訛雅道淪缺爰歷歲紀儒風莫扇隋季以來喪亂滋甚睠言篇籍皆爲煨燼周孔之教闕而不修庠塾之儀泯焉將墜非所以闡揚徽烈敦尚風範訓民調俗垂裕後昆朕受命膺期握圖馭宇思宏至道冀宣德化永言墳素深存講習所以捃摭遺逸招集散亡諸生胄子特加獎勸而凋弊之餘湮替日久學徒尚少經術未隆子衿之歎無忘興寢方今函夏既清干戈漸戢搢紳之業此則可興宜下四方諸州有明一經已上未被升擢者本屬舉送具以名聞有司試策加階敘用其吏民子弟有識性開敏志希學藝亦具名狀申送入京量其差品並即配學明設考課各使勵精琢玉成器庶其非遠州縣及鄉各令置學官僚牧宰或不存意普更須下早遣立修夫安上治民莫善於禮出忠入孝自家刑國揖讓俯仰登降折旋皆有節文咸資

端肅末葉踈惰隨時將廢凡厥生民各宜勉勵又釋奠之禮致敬先師鼓篋之義以明遜志比多闕略更宜詳備仲春釋奠朕將親覽所司具爲條式以時宣下

賜學官胄子詔

自古爲政莫不以學則仁義禮智信五者俱備故能爲利博深朕今欲敦本息末崇尚儒宗開後生之耳目行先王之典訓而三教雖異善歸一揆沙門事佛靈宇相望朝賢宗儒辟雍頓廢王公以下寧得不慚朕今親自觀覽仍徵集四方胄子冀日就月將並得成業禮讓既行風教漸改使期門介士比屋可封橫經庠序皆遵雅俗諸王公子弟並皆率先自相勸勵

平輔公祏大赦詔

自有隋失馭盜賊交侵四海羣飛六合雲擾上天降鑒爰命朕躬戡定凶災廓清宇縣然而江湖之外水鄉僻遠向化之民未能自達逆賊輔公祏驅扇凶醜蟻聚蜂屯侵虐黎民擾動城邑朕憫茲塗炭義在弔撫命彼偏師聊申薄伐沿流而下應機雷赴氛祲清蕩遐邇乂寧文軌大同朝野咸慶今朱明戒節時方長育宜順天心播茲仁惠可大赦天下自武德七年四月一日昧爽已前大辟罪已下已發露未發露繫囚見徒悉原免其犯十惡劫賊官人枉法受財主守自盜及常赦不免流已上道者並不在赦例亡命山澤挾藏軍器百日不首者復罪如初其江州道行軍經途悠遠非無勞倦應供運轉及從軍之內有犯除解官人立勳効者並復官爵仍依本品隨才處分揚越之民新沾大化見在民戶給復一年其與賊同心共爲逆亂非被迫脅情狀難原者不在此例

頒定科律詔

古不云乎萬邦之君有典有則故九疇之敘興於夏世兩觀之法大備隆周所以禁暴懲姦宏風闡化安民立政莫此爲先自戰國紛擾恃詐任力苛制煩刑於茲競起秦并天下隳滅禮教恣行酷烈害虐蒸民宇內騷然遂以顛覆漢氏撥亂思易前軌雖復務從約法蠲削嚴刑尚行葅醢之誅猶設錙銖之禁安民之化實有未宏刑措之風以茲莫致爰及魏晉流弊相沿寬猛乖方綱維失序下陵上替政散民凋皆由法令湮訛條章混謬自斯以後寓縣瓜分戎馬交馳未遑典制有隋之世雖云釐革然而損益不定

疎密無準品式章程罕能甄備加以微文曲致覽者惑其淺深異例同科用者殊其輕重遂使姦吏巧詆任情與奪愚民妄觸動陷羅網屢聞釐革卒以無成朕膺期受籙寧濟區宇永言至治興寐爲勞補千年之墜典拯百王之餘弊思所以正本澄源式清流末永垂憲則貽範後昆爰命羣才修定科律但今古異務文質不同喪亂之後事殊曩代應機適變救弊斯在是以斟酌繁省取合時宜矯正差遺務從體要迄茲歷稔撰次始畢宜下四方即令頒用庶使吏曹簡肅無取懸石之多奏讞平允靡競錐刀之末勝

殘去殺此焉非遠

擢史孝謙詔

自隋以來離亂永久雅道淪缺儒風莫扇朕膺期御宇靜難齊民欽若典謨以資政術思宏德教光振遐軌是以廣設庠序益召學徒旁求俊異務從獎擢寧州羅川縣前兵曹史孝謙守約邱園伏膺道素爰有二子年並幼童講習孝經咸暢厥旨義方之訓實堪勵俗故從優秩賞以不次宜普頒示咸使知聞如此之徒並即申上朕加親覽特將褒異

立社詔

厚地載物社主其祭嘉穀養民稷惟元祀列聖垂範昔王通訓建邦正位莫此爲先爰暨都邑建於州里率土之濱咸極莊敬所以勸農務本修始報功敦序教義整齊風俗末代澆浮祀典虧替時逢喪亂仁惠弛薄壇壝闕昭備之禮鄉閭無糺合之訓朕握圖受歷菲食卑宮奉珪璧以尊嚴潔粢盛而禋燎尚想躬稼勵精治本永言享祀宜存往紀是以吉日維戊親祀大社率從百僚以祈九穀今旣南畝俶載東作方興州縣致祀宜盡祇肅四方之民咸勤殖

藝隨其性類命爲宗社京邑庶士臺省羣官里閈相從共尊社法以時供祀各申祈報兼存宴醑之義用洽鄉黨之歡且立節文明爲典制進退俯仰登降折旋明加誨勵遞相勸獎齊之以禮有耻且格布告天下即宜遵用

授裴寂司空詔

槐路清肅台階重峻經邦論道燮諧是屬然而表德優賢昔王令典庸勳紀績列代通規尚書左僕射魏國公寂地冑清華風神閑悟立志温裕局量宏雅爰自義旗早參締搆冥契所感實資同德譬茲梁棟有若鹽梅翊贊綢繆庶

政惟允歷居端揆彝章緝穆元功懋德膺茲重望可司空

加齊王元吉司徒詔

三台望重仰叶辰暉五教任隆俯安邦國實資懿德式寄親賢侍中并州大都督左衛大將軍上柱國齊王元吉器量凝邈風神爽邁徽猷夙著嘉譽早隆出莅方岳政績兼懋入侍帷扆獻納允屬推轂閫外備展勳庸職司禁旅戎章以緝燮理之任朝典攸宜可司徒餘如故

沙汰佛道詔

門下釋迦闡教清靜爲先遠離塵垢斷除貪欲所以宏宣

勝業修殖善根開導愚迷津梁品庶是以敷演經教檢約學徒調伏身心捨諸染著衣服飲食咸資四輩自覺王遷謝像法流行末代陵遲漸以虧濫乃有猥賤之侶規自尊高浮惰之人苟避徭役妄爲剃度託號出家嗜欲無厭營求不息出入閭里周旋闤闠驅策畜產聚積貨物耕織爲生估販成業事同編戶迹等齊人進違戒律之文退無禮典之訓至乃親行劫掠躬自穿窬造作妖訛交通豪猾每罹憲網自陷重刑黷亂眞如傾毀妙法譬茲稂莠有穢嘉苗類彼淤泥混夫清水又伽藍之地本曰淨居棲心之所理尚幽寂近代已來多立寺舍不求閒曠之境唯趣喧雜之方繕築崎嶇甍宇舛錯招來隱匿誘納姦邪或有接近鄽邸鄰邇屠酤埃塵滿室羶腥盈道徒長輕慢之心有虧崇敬之義且老氏垂化本實沖虛養志無爲遺情物外全眞守一是爲元門驅馳世務尤乖宗旨朕膺期馭宇興隆教法志思利益情在護持欲使玉石區分薰蕕有辨長存妙道永固福田正本澄源宜從沙汰諸僧尼道士女冠等有精勤練行守戒律者並令就大寺觀居住官給衣食勿令乏短其不能精進戒行有闕者不堪供養並令罷退各

還桑梓所司明爲條式務依法教違制之事悉宜停斷京城留寺三所觀二所其餘天下諸州各留一所餘悉罷之

誅建成元吉大赦詔

朕恭膺寶位臨馭萬方綏育黔黎於茲九載欲使仁惠之政達於天下德義之方孚於宇宙豈謂莫大之釁近發蕭牆反噬之惡滅於天性皇太子建成地居嫡長屬當儲貳處以少陽冀克負荷遂昵近羣小聽受邪謀蔑棄君親離阻骨肉密圖悖逆潛爲梟獍司徒齊王元吉寄深盤石任惟翰屏寵樹既厚職位非輕背違天經協同元惡助成隱

憑遞相驅扇醜心逆迹一旦盡彰惟彼二凶罪窮數稔禍不旋踵用取屠戮念玆醜惡慙恨盈懷今禍難旣除氛祲澄蕩國步夷坦政道惟新思與萬民滌除更始可大赦天下自武德九年六月四日申時已前罪無輕重已發露未發露繫囚見徒悉原免凶逆之事止在二人自餘徒黨其被詿誤一無所問各從曠蕩其僧尼道士女冠宜依舊軍國事皆受秦王處分

立秦王爲太子詔

儲貳之重式固宗祧一有元良以貞萬國天策上將太尉

尚書令陝東道大行臺尚書令益州道行臺尚書令雍州牧蒲州都督領十二衛大將軍中書令上柱國秦王世民器質沖遠風猷昭茂宏圖夙著美業日隆孝惟德本周於百行仁爲重任以安萬物王跡初基經營締搆戡翦多難征討不庭嘉謀特舉長算必尅敷政大邦宣風區陜功高四履道冠二南任總機衡庶績惟允職兼內外彝章載敘遐邇屬意朝野具瞻宜乘鼎業允膺守器可立爲皇太子所司具禮以時冊命

令皇太子斷決機務詔

朕君臨率土劬勞庶政昧旦求衣思宏至道而萬機繁委成務殷積當宸日昃實疲聽覽皇太子世民夙稟生知識量明允文德武功平一宇內九官惟敘四門以穆朕付託得人義同釋負遐邇寧泰嘉慰良深自今以後軍機兵仗倉糧凡厥庶政事無大小悉委皇太子斷決然後聞奏旣溥天同慶宜加惠澤爲父後者若有封爵皆令襲繼諸赤牒擬授職事官見任者並即爲真其已得替者參選之日聽依階敘亡官失爵者量加擢用逋租宿賦及先負官錢物悉從蠲免文武官人節級頒賜務存優洽稱朕意焉

禪位皇太子詔

乾道統天文明於是馭歷大寶曰位宸極所以居尊在昔勛華不昌厥緒揖遜之禮旁求歷試三代以降天下爲家繼體承基裔嗣相襲故能孝饗宗廟卜世長遠貽慶後昆克隆鼎祚朕膺期受命握圖闡極大拯橫流載寧區夏然而昧旦丕顯日昃坐朝馭朽兢懷履冰在念憂勤庶政九載於玆今英華已竭耄期倦勤久懷物表高蹈風雲釋累遺塵有同脫屣深求閒逸用保休和皇太子世民久叶祥符夙彰奇表天縱神武智韜機深自雲雷締搆霸業伊始

義旗之舉首創成規京邑克平莫非其力乃皇極已建天步猶艱内發謀猷外清氛祲英圖冠世妙算窮神伐暴除凶無思不服薛舉負西戎之衆武周引北狄之兵蝟起蜂飛假名竊號元戎所指折首傾巢王世充藉府庫之資憑山河之固信臣精卒承閒守險建德因之同惡相濟金鼓纔震一縱兩擒師不踰時戎衣大定夷劉闥於趙魏覆徐朗於譙宛功格穹蒼德孚宇宙雄才宏略振古莫儔造我大唐緊其是賴旣而居中作相任隆列辟百揆時總三階以平地屬元良實維固本萬邦咸正兆庶樂推晷緯呈象

休徵允集華夏載佇謳頌知歸今傳皇帝位於世民所司備禮以時冊授公卿百官四方岳牧及長吏下至士民宜悉祇奉以稱朕意夫政惟通變禮貴從宜利在因民義存適要條章法度不便於時者隨事改易勿有疑滯昔漢祖撥亂身定大功羣臣推奉光宅帝位而事父資敬五日一朝備禮尊崇號稱太上朕方游心恬淡安神元默無爲拱揖憲章往古稱謂之儀一準漢代庶宗社之固申錫無疆天祿之期永安勿替布告天下咸使知聞

封王蘭英爲永壽郡君詔

師仁乳母王氏慈惠有聞撫鞠無倦提攜遺幼背逆歸朝宜有褒隆以賜其號可封永壽郡君

賜蕭瑀手勅

得公之言特存社稷運智者之策以能成人之美納諫者之言以金寶酬其德今賚公黃金一函以報智者勿爲推退也

徙居大安宮誥

書云知人則哲唯帝難之易曰通其變使民不倦故太伯端委周室以隆東海就國漢基方永立權致治不其然乎

朕世襲緇衣家傳鼎業佐魏及周勤勞王室有隋御歷地居戚里嘗以補天在慮納揆爲心大業道喪皇極如綴傾維折柱天下分離塗炭納隍黔黎殆盡顧茲九有鋒鏑縱橫靜念持扶計無所出世民幼懷大度性合天道韞經緯之奇文包湯武之宏略深謀秘策沃朕拯溺之心壯思雄圖起予救焚之志因其感激許以經綸糾合義師投袂而起軍次於平陽之郊劒及於孟津之會元戎所指冰消霧捲曾未浹旬廓清京邑定非常之業建不世之功三古以來未之聞也朱旗西指則仁杲喪元白羽東臨則世充泥

首摧武周如拉朽收建德若拾遺至若黑闥道詠圓朗小醜三捷七擒不可勝計一人之力冠今超古纂之遐邇豈待昌言往以建成嫡長冀其養德日就不謂匿怨友于忌能毀善讒言屢發殆至鑠金賴天啟朕心宗社降福密悟凶邪指麾殲殄朕媿受浸潤深念元功乃敬授帝圖先天傳政懼其溢滿驕上未稱三靈之心縱慾肆情不恤萬方之重朕故仍居紫極處之肅成察其復禮觀其齊政靈往霜來四載於茲矣比聞思我王度克難克艱昧旦丕顯去奢去泰朝夕視膳蒸蒸之性日嚴昃景憂民翼翼之情日

慎南越驟水北狄款關四海晏然五兵偃戢招君瑋之衆只用尺書屠師都之城無虧寸刃公卿輯睦遠邇乂安金鼓絶於疆場玉鏡懸於億兆盡善盡美吾無間然匪天祐之孰能至此令月吉辰風調雨順朕俯觀人事仰鑒穹旻當養性別宮使其正位居極宜令有司具禮務在周備朕得脫屣高蹈擬跡於軒轅授歷傳璽爰屬於啟誦大寶既固卜年惟永付託有所何樂如之百辟卿士等或晉陽從我同披荆棘或秦邸故吏早預腹心並以德舉言揚進忠顯孝保乂社稷天平地成惟當帶礪山河與國休戚可悉心輔弼無黨無偏罔或隳哉替爾丕績善事元首稱朕意焉

答太宗陳讓表手詔

君之於臣尚須採察父之審子豈可同常汝夙懷忠孝吾愛汝亦過於諸子況立功德具如前詔所恨吾受讒言幾至投杼上元降福神器安寧此乃宗廟有靈非獨吾之幸也比察汝布政聽汝德音洋洋盈耳副吾所望昔齊有糺政而致小白晉有艱難而獲重耳今天下慶賴在汝一人頃者寒暑不調水旱乖節止是吾之與汝安處未得其位

乃致承乾所居非少陽之體吾今往西宮方思萬代之福汝何勞撝抑頻此言請且深思大道永保社稷善始令終無或懈怠奉行吾詔勿以小讓爲懷至公之言彼宮此室勢何殊也異姓賢者尚欲權之今汝已克負荷應茲當璧極慰吾意宜絶常辭也

遺誥

嗚呼夫受命終畢人之大倫修短之所共同聖賢之所不免朕往逢喪亂思濟黎元櫛風沐雨東征西伐尅平宇內從此樂推遂膺景命恭承寶歷但蒙犯矢石覊東戎旅久

厭干戈常思閒逸是以拂衣高謝歸老櫟陽爰委萬幾屬之才子所授得人遐邇寧輯四海清晏八表來庭養志怡神於今十載但去秋已來風疾感發自爾彌留至於大漸皓首歸全斯何恨矣洮頮憑几略陳素志朕每覽漢文遺詔慇懃歎焉以爲當今之世咸喜生而惡死厚葬而破業重服以傷生吾甚不取且朕既不德無以佐百姓今崩又使重服久臨以罹寒暑之數以重吾之不德謂天下何吏民令到出臨三日皆釋服無禁嫁娶飲酒食肉此豈非深達天命哀矜百姓者歟又魏文終制亦有可取朕雖德愧

古人豈忘景行屬纊之後三日便殯文武官人三品已下三日朝晡哭臨十五舉音事訖便出四品已上臨於朝堂殿中當臨者非朝夕臨時無得擅哭其方鎮岳牧在任官人各於治所舉哀三日且今王師四討軍機急速小殮既竟嗣子宜於別所視事軍國大事不得停闕尋常閒務任之有司其服輕重悉從漢制以日易月於事爲宜其園陵制度務從儉約斟酌漢魏以爲規矩百辟卿士孝子忠臣送往事居勿違朕意焉

舉義旗誓衆文

夫天地定位否泰迭其盛衰日月著明虧昃貽其貞滿惟神莫測尚乃盈虛矧茲王道能無悔恡古先帝世炎漢爾周撥亂乘乾多歷年所厥嗣墜緒時屬艱危則其股肱宰衡藩屏親戚勠力同獎推心翼戴顛或可扶糺合而奔官守惡不可救廢放而安宗社伊霍桓文並其人也率爾踵武代有其事布在方策可得而言日者蒼精云謝炎運將啟上天眷命屬乎隋室於是我高祖文皇帝以后父之尊周親入相豹變陝左龍飛漢東誅尉迥於韓魏則神鉦遏響勦王謙於巴蜀則靈山斯鏟四罪咸服九有樂推經綸

帷幄之閒揖讓巖廊之內造我區夏不更期月舜禹以來受終未有如斯之易者以故臨朝恭已庶績爲心親覽萬幾平章百姓兢兢慎於馭朽翼翼懼於烹鮮齊六合爲一家等黔黎於赤子有陳不率殄虐政於江湖獯醜相屠降封虜於沙漠其弔民也如彼其和戎也若茲散馬牛於山林鑄劒戟爲農器求瘼恤隱訟息刑清輕徭薄賦家給人足倉庫流衍於里閭職貢委輸於帑藏豈獨水衡貫朽常平粟紅而已哉加以愛民治國節用而敦本深根固蔕因河而踐華肆覲朝宗止於京邑元覽縱觀弗踰岐下遐邇

叶和內外禔福凱澤洋溢休祥紹至一世之氓咸賴仁壽二紀之治可謂隆平揚搉往初歷選前辟詩書所美莫之能尚然聖人千慮失於知子以正萬國輕易元良廢守器之長立不才之庶兆亂之萌於是乎在異哉今上之行已也獨智自賢安忍忌刻拓狂悖爲混沌苟鴆毒爲恣睢飾非好佞拒諫信讒敵怨誠良仇讎骨肉巡幸無度窮兵極武喜怒不恆親離衆叛御河導洛肆舳艫而達江馳道緣邊徑長城而傍海離宮別館之所在車轍馬跡之所向咸塹山而陻谷畢結瑤而搆瓊遂水屢征殲丁壯於億兆伊

谷轉輸斃老幼於百萬禽荒罄於飛走蠶食窮於水陸征稅盡於重斂民力殫於勞止十分天下九爲盜賊荊棘旅於闕廷豺狼充於道路帶牛佩犢輟耕者連孫竹而寇潢池鋤耰棘矜大呼者聚萑苻而起芒澤青羌白狄剽夷道而（闕二字）黃巾赤眉屠閭左而竊號暴骸如莽僵尸若麻敵國滿晝鷁之舟胡越繞和鸞之轂四海波振而冰泮五嶽塵飛而土崩踞積薪以待然鉗衆口而寄坐明明皇祖貽厥無人赫赫宗隋滅爲亡國某以庸虛謬蒙嘉惠承七葉之餘慶資五世之克昌遂得地居戚里家稱公室典驍衛之禁兵守封唐之大宇義無坐觀綴旒之絕不舉勤王之師苟利社稷專之可也廢昏立明敢遵故實今便興甲晉陽奉尊代邸掃定咸雒集寧寓縣放後主於江都復先帝之鴻績固配天於圜寢存司牧於蒼生豈謂一朝言及於此事不獲已追增感歎凡厥士民義旅豪傑敏究時難曉達權謀家怨國恥雪乎今日從我同盟無爲貳志有渝此盟神其殛之

即位告天冊文

皇帝臣某敢用元牡昭告於皇天后帝生人以來樹之司

牧睠命所屬謂之大寶歷數所在罔或偷安故舜禹至公揖讓而興虞夏湯武兼濟干戈以定商周事乃殊途功成一致後之刱業咸取則焉某承家慶世祿降祉曰祖曰考累功載德賜履參墟建侯唐舊地居戚里門號公宮承緒建基足爲榮矣但有隋屬厭大業爽德饑饉師旅民胥怨咨謫見咎徵昭於皇鑒備聞卑聽所不忍言某守晉陽馳心魏闕援手濡足拯溺救焚大舉義兵式寧區宇懲邊荒之辮髮輯兆庶之離心誓以捐軀救茲生命掃除喪亂期之乂安有功繼世無希九五惟身及子竭誠盡力率先鋒

鏑。誓以無二。再蒙宏誘。克濟艱難。電掃風驅。廓清天邑。傳檄而定岷峨。拱手而平關隴。西戎即敍。東夷底定。非啟非贊。孰能茲遠。尊立世嫡。翼奉宗隋。勠力輔政。無虧臣節。值鼎祚云革。天祿將移。謳歌獄訟。聿來唐邸。人神符瑞。輻湊微躬。遠近宅心。華夷請命。少帝知神器有適。大運將去。遜位而禪。若隋之初。讓德不嗣。羣情逼請。六宗闕祀。七政未齊。罪有所歸。恐當天譴。請因吉日。克舉前典。設壇肆類。祇謁上帝。惠茲下人。翼子謀孫。罔敢愆德。則小則大。無或有違。對越鴻休。伏深慚懼。謹遣太尉公裴寂等。用薦告之禮。

瑞冊蒼璧。秬鬯清酌。薌合薌萁。明粢嘉薦。禋祀於皇皇后帝。明靈降享。闕備羽儀法物。臨軒大赦天下。改義寧二年爲武德元年。

冊秦王天策上將文

維武德四年歲次辛巳十一月甲申朔二日乙酉。皇帝若曰。於戲。咨爾太尉尚書令左右武候大將軍陝東道行臺尚書令涼州總管秦王世民。夙標器望。早樹風猷。業創經綸。功高運始。重以廓清秦隴。翦伐鯨鯢。掃蕩河汾。芟夷凶逆。周韓大盜。趙魏逋誅。二寇弗賓。用阻朝化。嚴兵鞏洛。總率戎麾。內運奇謀。外申威略。凶渠攝竄。假命危城。河朔蟻徒。來相赴援。一鼓誓衆。以擒建德。迴戈旋指。遂獲世充。二方克定。師不再舉。武節既宣。朝風遐暢。宏規懿績。獨冠卿尹。宜錫寵章。式加殊號。光備禮物。特超恒典。是用命爾爲天策上將。位王公上。領司徒陝東道大行臺尚書令。增邑二萬戶。通前三萬戶。餘如故。加賜金輅一乘。袞冕之服。玉璧一雙。黃金六千斤。前後二部鼓吹。及九部之樂。班劍四十人。欽哉。恭承寵命。可不慎歟。

命皇太子即皇帝位冊文

夫天生蒸民。樹以司牧。三靈輔德。百姓與能。粵自夏殷。傳業商祚。軌物長世。率繇茲道。朕祇膺靈命。肇開寶歷。聲教所暨。無思不服。然而萬幾填委。九區輻湊。明發不寐。極夜觀書。聽政勞神。經謀損慮。深思閒曠。釋茲重負。咨爾聰明神武。德實天生。君人之量。爰備夙成。王業初基。雲雷伊始。英謀獨斷。祕策潛申。及拓定關隴。澄清河雒。北通元塞。東靜青邱。宏圖遐舉。元功克茂。氛霧廓清。鯨鯢斯盡。澤霑方外。聲暢無垠。總統機衡。百工以乂。敷宏德化。四門允穆。謳歌所屬。宇內宅心。象緯告徵。靈命斯在。朕是用上稽蒼昊。

俯順黔黎推而弗居永垂顯號致皇帝位於爾躬今命司空上柱國魏國公寂尚書左僕射上柱國宋國公瑀齎璽綬授爾其纂承洪緒對揚休命式隆寶祚以康四海

草堂寺爲子祈疾疏

鄭州刺史李淵爲男世民因患先於此寺求佛蒙佛恩力其患得損今爲男敬造石碑像一鋪願此功德資益弟子男及合家大小福德具足永無災鄣弟子李淵一心供養

賜高麗王建武書

朕恭膺寶命君臨率土祇順三靈綏柔萬國普天之下情

均撫字日月所照咸使乂安王既統攝遼左世居藩服思稟正朔遠修職貢故遣使者跋涉山川申布誠懇朕甚嘉焉方今六合寧晏四海清平玉帛既通道路無壅方申輯睦永敦聘好各保疆埸豈非盛美但隋氏季年連兵構難攻戰之所各失其民遂使骨肉乖離室家分析多歷年歲怨曠不申今二國通和義無阻異在此所有高麗人等已令追括尋即遣送彼處有此國人者王可放還務盡撫育之方共宏仁恕之道

論李襲志書

卿昔久在桂州仍屬隋室運終四方圮絕率衆保境未知所統朕撫臨天下志在綏育眷彼幽遐思沾聲教況卿朕之宗姓情異於常一家弟姪並立誠效公又分遣首領申諭諸州情深奉國甚副所望卿之子弟並據州縣俱展誠績每所嘉歎不能已已今並入屬籍著於宗正

賜許紹勅書

昔在青衿同遊庠序博士吳玉其妻姓仇追想此時宛然在目荏苒歲月遂成累紀且在安州之日公家乃莅岳州渡遼之時伯裔又同戎旅安危契闊累葉同之其閒遊之

處觸事可想雖盧綰與劉邦同里吳質共曹丕接席以今方古何足稱焉而公追硯席之舊歡存通家之曩好明鑒去就之理洞識成敗之機爰自荊門馳心絳闕惠懷士庶糺合賓寮踰越江山遠申誠款覽此忠至彌以慰懷

勞涪州刺史劉瞻書

涪州之全卿之力也功績垂成念自勗勵富貴之事非卿而誰

欽定全唐文卷四

太宗皇帝

帝諱世民高祖神堯皇帝次子方四歲有書生謁高祖見帝曰龍鳳之姿天日之表其年幾冠必能濟世安民語畢而去不知所徃因以爲神故採其語名之首創大業平定天下初封趙公進爵秦王武德九年立爲太子八月受內禪明年改元貞觀在位二十三年年五十三謚曰文皇帝廟號太宗追尊文武大聖大廣孝皇帝集四十卷

臨層臺賦

惟萬幾之暇景屏千慮於巖廊元英移其暮節白日顯其斜光鬱金階兮起霧碧玉宇兮流霜延複道於阿閣啟重門於建章爾乃崇基迴構危簷聞出暑結冬臺寒濃夏室望雕軒之拱漢覿鏤檻之擎日柱引桂而圓虛芬舒蓮而倒實霞觀近兮紅遍煙樓遙兮翠密念作者兮爲勞愧居之而有逸於是慨然自思情懷不怡雖移新之建址實從故而裁基鑒前王之御世亦因機而化之換甲宮於穴處改巢樹於茅茨何燥濕之殊致乃澆淳之換時有前前之累改無後後之相師則若阿房初製窮八荒之巧藝甘泉始成極三秦之壯麗工靡日而不勞役無時而暫憩加以長城亘地絕脈遐荒疊鄣崎漢層簷映廊反是中華之弊翻資北狄之強烽纏煙而已備河欲凍而先防玉帛殫於帑藏黎庶殞於風霜噴胡塵於渭水騰朔馬於漁陽罄有限之賦斂給無厭之豺狼既陵轢於千古乃虔思於百王屬虛躬之纂武登皇圖而御宇宏三策於廟堂變千機於狂虜頓王綱於沙漠製雲羅於海浦移種落殄凶渠卷毳帳埽穹廬門無關於地軸戶不納於天樞肆黎元於耕鑿一文軌於車書循今從兮覽前跡俯層城兮臨太液鑑高

深之外固蕩心神而內益有土木之二勞非干戈之兩役雖復重基數仞異細柳之初營疊岸盈丈開上林而玩兵彼露臺之一儉乃延德於蒼生此崇基之漸泰方起謗於黎甿利懷小而忘大害棄重而思輕是猶蜀侯之貪金喪其國於岷峨智伯之縱辯迷自灌於洪波鑒損益而爲寡殊禍福而成多故庸愚之尚志豈賢達之殊智至若膏雨雲飛八紘廣被信觸類而流澤非有求於報施故謂施而不自矜者亦成功之大義受而不知感者乃悖德之深累澄遣心意坐怡情抱一德是珍萬物非寶不避辱於真惡

豈求榮於僞妤旣同德而同心共流芳於王道

感舊賦并序

余將問罪東夷言過洛邑聊因暇景散慮郊畿流盼城闕之閒覩弱齡遊觀之所風雲如故卉木維新少壯不留忽焉白首追思曩日緬成異世感時懷舊撫戀忘歸握管敘情賦之云爾

惟端扆之餘隙屬凝陰於暮年時觀兵於九伐聊息駕於三川登臨原隰悵望郊壥覽綺紈之遊踐覩疇昔而依然地不改其城闕時無異其風煙想飛蓋於河曲思解佩於

芝田挾彈銅駝之右連鑣金谷之前薪指倏其代謝舟壑俄而貿遷屬隋季之分崩遇中原之喪亂濯龍變爲汙池平樂化爲京觀天地兮厭黷人神兮憤惋遂收袂而電舉乃奮衣而雲翔據三秦兮鳳跱出九谷兮龍驤揮寶劒之虹彩迴雕戈於日光掃欃槍兮定六合廓氛沴兮靜八荒昔總戎於藩屏今拱己於巖廊營餘故栁壘有殘牆懷壯齡之慷慨撫虛躬而自傷覩世俗之飄忽鑒存亡於宇宙林何春而不花花非故年之秀水何日而不波波非昔年之溜豈獨人之易新故在物而難舊歲月運兮寒復暑日月流兮夜還晝信造化之常經孰聖賢之可救於是停輿郊郭極眺山川信兹都之壯麗乃卜宅於姬年興亡兮代襲隆替兮相沿惟在德而爲故實棄道而難全仰煙霞兮思子晉俯浩汗兮想張騫歎高蹤之靡覿嘉令譽之空傳聊憑軾而靜慮懷古人而悵焉況復氣結隆冬歲窮餘律對落景之蒼茫聽寒風之蕭瑟雲散葉而無帶雪凝花而不實霧嶺斷兮疑連煙林踈兮似密節物同於前載懽憂殊於曩日扣沈思而多端寄翰墨而何述

小山賦

何四序之交運轉三陽之暮時風辭暄而入暑樹替錦而成帷想蓬瀛兮靡覿望崑閬兮難期抗微山於綺砌横促嶺於丹墀啟一圍而建址崇數尺以成岯旣無秀峙之勢本乏雲霞之資承墜宇之殘露挂低空之斷絲爾乃參差絕巘葳紆短逕風暫下而將飄煙纔高而不暝寸中孤嶂連還斷尺裏重巒欹復正岫帶柳兮合雙眉石澄流兮分兩鏡爾其移芳植秀擢幹抽莖松新翠薄桂小丹輕細影雜兮俱亂弱勢交兮共縈纔有力以勝蝶本無心而引鶯半葉舒而巖暗一花散而峰明何纖微之同景亦卑細以

相成於是換浮歡於沈思賞輕塵於勝地俯蟻垤而有餘仰終南而多愧非爲固於九折庶無虧於一簣聊夕翫而朝臨足攄懷而蕩志

小池賦 并序

許敬宗家有小池作賦賜之

若夫素秋開律碧沼凝光引涇渭之餘潤縈咫尺之方塘竹分叢而合響草異色而同芳徘徊躑躅淹留自足疊風紋兮連復連折回流兮曲復曲映垂蘭而轉翠翻輕苔而動綠牽狹鏡兮數尋泛芥舟而已沈涌菱花於岸腹劈蓮

影於波心減微涓而頓淺足一滴而還深於時景落池濱霧黫踈筠舒卷澄霞彩高低碎月輪露宿鳥之全翮隱游魚之半鱗岸隨年而或故流與日而終新雖有慚於溟渤亦足瑩乎心神

威鳳賦

有一威鳳憩翮朝陽晨遊紫霧夕飲元霜資長風以舉翰戾天衢而遠翔西翥則煙氛閟色東飛則日月騰光化垂鵬於北裔訓羣鳥於南荒弭亂世而方降膺明時而自彰俯翼雲路歸功本樹仰喬枝而見猜俯修條而抱蠹同林之侶俱嫉共幹之儔並忤無恒山之義情有炎州之凶度若巢葦而居安獨懷危而履懼鴟鴞嘯乎側葉燕雀喧乎下枝慙己陋之至鄙害他賢之獨奇或聚咮而交擊乍分羅而見羈戢凌雲之逸羽韜偉世之清儀遂乃蓄情宵影結志晨暉霜殘綺翼露點紅衣嗟憂患之易結歎矰繳之難違期畢命於一死本無情於再飛幸賴君子以依以恃引此風雲濯斯塵滓披蒙翳於葉下發光華於枝裏仙翰屈而還舒靈音摧而復起眄八極以遐翥臨九天而高峙庶廣德於衆禽非崇利於一己是以徘徊感德顧慕懷賢

憑明哲而禍散託英才而福延答惠之情彌結報功之志方宣非知難而行易思令後以終前俾賢德之流慶畢萬葉而芳傳

皇德頌

厥初造化人倫既興乃建君長司牧黎烝肇自文畫爰代結繩軒昊既謝唐虞以外後隋德衰順時革命三季之末干戈是爭赫矣神武經期作聖下括九圍上齊七政業統文武勳邁高光何險不濟何患不攘士女綏悅篚厥元黃斯物之至昭於我玉我王覆育資生懷造配堯登唐方周

在鎬俞受數施明徵定保允迪厥德惟清帝道帝道欽明天下和平三時不害百穀以成我庾斯積如坻如京既富而教訟息刑清明明天子令聞不已百姓爲心萬邦在己家賴寬政朝稱多士齊一華戎混同書軌東池溟渤西苑隅邱八蠻職貢六狄懷柔至德潛洽元化旁流日愼一日雖休勿休先天不違靈物効節丹羽儀韶翠黄承轡甘露零草祥風應律嘉禾醴泉比焉自出符瑞見兮煥圖書壇場設兮望鑾輿至人忘己體沖虛凝神姑射厭宸居厭宸居叶冥契龍駕昇兮邈遐逝垂元範兮光來裔與元象兮長昭晰飛英聲兮越三代永錫祚兮萬億載

賜眞人孫思邈頌

鑿開徑路名魁大醫羽翼三聖調和四時降龍伏虎拯衰救危巍巍堂堂百代之師

答薛收上諫獵書令

覽讀所陳實悟心膽今日成我卿之力也明珠兼乘豈比來言當以誠心書何能盡今賜卿黄金四十鋌以酬雅意

二名不偏諱令

依禮二名義不偏諱尼父達聖非無前指近世以來曲爲節制兩字兼避廢闕已多率意而行有違經語今宜依據禮典務從簡約仰效先哲垂法將來其官號人名及公私文籍有世及民兩字不連讀者並不須避

置文館學士教

昔楚國尊賢崇道光於申穆梁邦接士楷德重於鄒枚咸以著範前修垂芳後烈顧惟菲薄多謝古人高山仰止能無景慕是以芳蘭始被深思冠蓋之遊丹桂初叢庶延髦俊之士既而場苗蓋寡空留皎皎之姿喬木從遷終愧嚶嚶之友所冀通規正訓輔其闕如故側席無倦於齊庭開

筵有待於燕館屬以大行臺司勳郎中杜如晦記室考功郎中房元齡于志寧軍諮祭酒蘇世長天策府記室薛收文學褚亮姚思廉太學博士陸德明孔穎達主簿李道元天策倉曹李守素王府記室參軍虞世南參軍事蔡允恭薛元敬顏相時宋州總管府戶曹許敬宗太學助教蓋文達諮議典籤蘇勗等或背淮而至千里或適趙以欣三見咸能垂裾邸第委質藩維引禮度而成典則暢文詞而詠風雅優游幕府是用嘉焉宜令并以本官兼文館學士

建置二王後國官廟宇制

二王之後禮數宜崇寢廟不修禋祀多闕非所以追崇先代式敬國賓可令所司量置國官營立廟宇

冊封突利可汗制

突利可汗阿史那什鉢苾志懷英果識機能斷情深獨悟實惟先覺往在北蕃位地兼重早知慕化特佈款誠及漠北降災龍荒兆亂潛圖決策棄難歸朝披露膽肝備陳丹赤轉禍爲福厥義可嘉宜有褒隆用彰寵渥錫茲茅土職參戎禁可右衛大將軍封北平郡王食邑千戶

加李靖特進制

高秩厚禮允屬茂勳貴德崇讓用光彝典尚書右僕射代國公靖器識恢宏風度沖邈早申期遇夙投忠款宣力運始効績邊隅南定荊揚北清沙塞皇威遠暢功業有成及參聞政本職重端副綢繆翌贊勤勞寔績知無不爲歲寒彌厲既懷沖挹以疾固辭表疏懇至情理難奪煩以吏職有乖養賢宜加優寵申其雅志可特進勳如故并賜帛一千段尚乘馬兩匹祿賜國官府佐及親事帳內防閣等並依舊給患若小瘳每三兩日至門下中書平章事患若未除任在第攝養

令所司與禮官議宗廟制度制

朕以不造惸惸在疚日月如流星靈浸遠霜露所感觸目殞絕宗廟之制有國大典皇運之始且事因循今山陵有日遷祔非遠宜允舊章永世作則可令所司與禮官等詳議奏聞

授鄶王元裕等官制

門下膏腴之地允屬茂親藩屏之重寄深盤石鄶王元裕譙王元名並器懷韶令業尚明敏望兼梁趙譽冠酆郇並建之議可歸按部之職斯重加茲寵命仰惟國章元裕可

使持節鄧州諸軍事鄧州刺史改封鄧王元名可持節壽州刺史改封舒王食邑並如故

授高士廉左僕射制

司會政本執法任隆歷選攸難惟賢是屬特進尚書申州刺史上柱國申國公高士廉器宇沖邈機神峻遠材稱棟幹望重搢紳地惟姻婭延誠著於疇昔業預經綸嘉庸彰於夷險出總方岳入贊機衡獻替之情譽光八座銓總之美聲洽九流啟沃是寄鹽梅斯在宜貳端右允副式瞻可尚書左僕射特進刺史勳官封如故

授顏師古祕書監制

祕書望華史官任重選衆而舉歷代攸難守祕書監顏師古體業淹和器用詳敏學資流略詞兼典麗職司圖書亟經歲序朱紫既辨著述有成宜正名器允兹望實可祕書監

授長孫無忌太子太師房元齡太子太傅蕭瑀太子太保制

明兩之重實固宗祧輔導之職莫先師保是以呂望召奭騰芳於有周叔孫元成繼美於隆漢司徒趙國公無忌器

範宏邈風鑒秀遠材稱棟幹地兼姻戚佐命之功勒乎鐘鼎論道之譽穆乎台槐股肱是屬邦國攸賴教諭少陽僉望斯在司空梁國公元齡體業忠肅識具宏通誠著霸圖功宜鼎業奉上之節所懷必盡益國之事知無不爲必能屬兹六行審喻三善特進宋國公瑀操行清約識局貞正夙受先遇早升朝右立身之操必在於直道體國之心無忘於忠義輔翼儲貳望實攸歸無忌可太子太師元齡可太子太傅瑀可太子太保

授鄧王元裕等刺史制

門下維翰之寄允屬茂親藩屏之重必資令望鄧州刺史鄧王元裕襟神韶令理識清確壽州刺史舒王元名體業夷雅志尚淹和並夙膺朝寵早莅藩任政令著於謠俗嘉譽洽於搢紳宜加榮命允兹朝典元裕可梁州刺史元名可許州刺史封並如故

授安州刺史吳王恪等官制

門下體國經邦資懿親而作屏設官分職俟方岳以宣風用能式固本枝克隆盤石前安州都督吳王恪等並識量明允體業貞固禮高彝器望重維城學藝之譽日新忠孝

之風早茂分命有典僉議攸歸可依前件

授魏王泰雍州牧制

門下牧伯之重莫先畿甸周衛之職任切巡警詳求今古必俟賢戚揚州大都督魏王泰器業凝遠文藻夙成好學見稱樂善不倦入作卿士抑有前規重司文武允膺僉政可雍州牧

即位大赦詔

惟天爲大七政所以授時惟辟奉天三才於是育物故能彌綸宇宙經緯乾坤大庇生靈闡揚洪烈我大唐誕膺嘉

運載協昌期丕受龍圖肇開鳳紀太上皇徇齊作聖睿哲欽明奄有八荒光宅四表牢籠軒昊跨躡殷周金鏡俯臨玉燭遐被然而至德弗宰成功不居高謝萬邦委茲重器郊禋曠典士民翹屬欽惟宗社義存享獻朕以寡昧實膺統緒辭不獲免式纂洪業靈命既臻用升寶位君臨兆庶繼軌百王若涉大川罔知攸濟方資令哲共康治道今紹祚伊始奉答天休思敷惠澤被於黎獻可大赦天下自武德九年八月九日昧爽以前罪無重輕已發覺未發覺繫囚見徒悉從原免武德元年以來流配者亦幷放還凡厥

庶僚進爵一級其五品已上先無爵邑者封開國男六品已下各加一級關內及蒲芮虞泰陝鼎六州免二年租調自餘率土普給復一年八十已上各賜米二石綿帛五段百歲已上各賜米四石綿帛十段仍加版授以旌尚齒鰥寡孤獨不能自存者量事優恤其有至孝純著達於鄉黨徵詣闕庭厚加褒擢節義之夫貞順之婦州府列上旌表門閭高年碩學直言正諫所在長官隨狀薦舉亡命山澤挾藏軍器百日不首復罪如初敢以赦前事告言者以其罪罪之

加淮安王神通燕郡王藝開府儀同三司詔

褒崇賢戚有國彝典厚秩清階式隆朝望左武衛大將軍上柱國淮安王神通宗室之長德品優宏締構之初早樹勳績右武衛大將軍上柱國燕郡王藝夙著嘉庸志懷強毅久司戎禁見稱貞確宜加榮寵式允具瞻並可開府儀同三司

放宮女詔

爰始正家刑於四海王者內職取象天官上備列宿之序下供掃除之役暨自古昔具有節文末代奢淫搜求無度

朕嗣膺寶歷撫育黔黎克己厲精庶幾至理顧省宮掖其數實多恐茲幽閟久離親族一時減省各從罷散歸其戚屬任從婚娶

備北寇詔

城彼朔方周朝盛典繕治河上漢室宏規所以作固京畿設險邊塞式遏寇虐隔礙華戎自隋氏季年中夏喪亂黔黎凋盡州城空虛突厥因之侵犯疆場乘間伺釁深入長驅寇暴滋盛莫能禦制皇運以來東西征伐兵車屢出未遑北討遂令胡馬再入至於涇渭蹂踐禾稼駭懼居民喪

失既多虧廢生業朕分命師旅挫其鋒銳頻獲名王每更渠帥然而凶狡不息驅侵未已御以長算利在修邊其北道諸州所置城寨粗已周遍未能備悉今約以和通雖云疲寇然蓄情難測更事修葺僉曰宜之朕以版築之功方資力役畚鍤之用興發且多念彼劬勞用深怵惕加以普給優復詔書始下旋即科召有若食言百姓將疑謂予不信但民爲邦本本固邦寧醜虜馮陵實爲民患其城寨鎮戍須有修補審量遠近計度功力所在軍民且共營辦所司具爲條式務使成功宣示閭里明知此意

封吏部尚書長孫無忌等詔

褒賢昭德昔王令典旌善念功有國彝訓吏部尚書上黨縣公長孫無忌中書令臨淄縣侯房元齡右武侯大將軍尉遲敬德兵部尚書建平縣男杜如晦左衛將軍全椒縣子侯君集等或夙參謀謨綢繆幃幄竭心傾懇備申忠益或早從任使契闊戎麾誠著艱難績宣內外義冠終始志堅金石誓以山河實允朝議無忌封齊國公元齡封邢國公敬德封吳國公如晦封萊國公君集封潞國公邑各三千戶

諭崇篤實詔

立人之道曰仁與義爲國之基德歸於厚自有隋馭宇政刻刑煩上懷猜阻之心下無和暢之志遂使朋友遊好慶弔不通鄉土聯官請問斯絕至有里門相接致胡越之乖患難在身忘救恤之義風頹俗弊一至於此化民以德豈斯之謂朕纂歷膺期思宏至道因兆民之所賴求萬國之懽心凡厥庶寮咸使輯睦君臣之際期於無隱永言前失特宜敦勵自今內外官人須相存問勿致疑阻有遇疢疾遞加詢問爲營醫療知其增損不幸物故及遭憂恤隨事慰省以申情好務從篤實各存周厚朝廷無拘忌之節交遊有久要之歡遵道而行率履不越斯則上下交泰品物咸亨惠政所加達於四表布告天下咸知朕意

立中山王承乾爲皇太子詔

尚書奏議以爲少陽作貳元良治本虔奉宗祏式固邦家中山王承乾地居嫡長年姿峻嶷仁孝純深業履昭茂早聞睿哲幼覩詩禮允茲守器養德春宮朕欽承景業嗣膺寶位憲則前王思隆正緒宜依衆請以答僉望可立承乾爲皇太子

封孔德綸爲褒聖侯詔

宣尼以大聖之德天縱多能王道藉以裁成人倫資其教義故孟軻稱生人以來一人而已自漢氏馭歷魏室分區爰及晉朝暨於隋代咸相崇尚用存禋祀朕欽若前王憲章故實親師宗聖是所庶幾存亡繼絕抑惟通典可立孔子後爲褒聖侯以隋故紹聖侯孔嗣悊嫡子德綸爲嗣主者施行

改元貞觀詔

朕遐觀方冊歷選前王大道既隱至公斯革莫不思樹風

聲用隆鼎命太皇膺籙受圖功成治定鄙聖人之餘事顧天下而窅然永言俗累高居物表爰以大寶俯授微躬自肅奉神器亟移灰律屬三正在旦萬國來庭長世之術既宏惟新之命方始體元居正今則其時可改武德十年爲貞觀元年

令有司勸勉民間嫁娶詔

昔周公治定制禮垂裕後昆命媒氏之職以會男女每以仲春之月順時行令蕃育之禮既宏邦家之化攸在及政教淩遲諸侯力爭官失其守人變其風致使謠俗有失時之譏鰥寡無自存之術漢魏作教事非師古道隨世隱義逐時乖重以隋德淪胥數鍾迍剝五都俱覆萬方咸蕩暨參墟奮旅救彼艱危區縣削平總斯圖籍顧瞻禹跡提封尚存乃眷周餘掃地咸盡痛心疾首寤寐無忘蓋惟上元之大德曰生蒸民以最靈爲貴一經喪亂多餌豺狼朕肅奉天命爲之父母平定甫爾劬勞未堪厚生樂業尚多疏簡永言亭育用切於懷若不申之以婚姻明之以顧復便恐中饋之禮斯廢絕嗣之釁方深有懷怨曠之情或致淫奔之辱憲章典故實所庶幾宜令有司所在勸勉其庶人

之男女無室家者並仰州縣官人以禮聘娶皆任其同類相求不得抑取男年二十女年十五已上及妻喪達制之後孀居服紀已除並須申以媒媾令其好合若貧窶之徒將迎匱乏者仰於其親近及鄉里富有之家裒多益寡使得資送以濟其鰥夫年六十寡婦年五十已上及婦人雖尚少而有男女及守志貞潔者並任其情願無勞抑以嫁娶刺史縣令以下官人若能使婚姻及時鰥寡數少量準戶口增多以進考第如其勸導乖方失於配偶准戶減少以附殿失

禁官人違律詔

朕恭膺寶命撫臨率土永鑒前王憲章典故雖文質遞變沿革不同而發號施令殊途一揆皆所以成當世之典謨開生民之耳目納之軌度令行禁止自律令頒下積有歲時內外羣官多不尋究所行之事動乖文旨此乃臣有所隱民不見德與夫不令而誅何以異也斯豈守道履正徇公奉法者乎自今以後官人行事與律乖違者仰所司糾劾具以名聞

授長孫無忌尚書右僕射詔

望隆朝右任重國鈞尚想風猷義惟賢戚吏部尚書齊國公長孫無忌識量宏遠神情警發道照搢紳才資文武樽俎之策電斷風馳干戈所指雲銷霧散幾深之慮彌著忠義之節以彰斯固立德佐時降靈輔闕宜以翼贊授之端揆可尚書右僕射

緩力役詔

周氏設官分掌邦事漢家創制允定章程故使百工咸理五材異用雖沿革有時而此途莫爽但欽明之后役自子來昏亂之朝期盡民力或祁寒隆暑未獲小康或俾夜作明繼之以燭淫費不已凋喪爲期朕祗奉明命撫臨億兆愛育之心發於寤寐每諮謀卿士詢訪芻蕘何嘗不以節儉爲懷憂矜在念自非田疇耘穫軍國資須未嘗別使一人輒求一物每有丁匠之所常申戒作之司令其寬大功程務從閒逸少府僚屬莫不聞知而營造矛鎧催督非理竭人之力以求己功朝夕左右尚乖期約遠方勞役何以克堪雖四海之內無煩經始然繕治器械修葺城隍及隄防浸決橋梁壞毀事不獲已必藉人功須慰彼民心緩其日用宜頒告天下知朕意焉

賑關東等州詔

蟲霜爲害風雨不時政道未康咎徵斯在朕祗奉明命撫育黔黎憂閔之至實切懷抱輕徭薄賦務本勸農必望民殷物阜家給人足而陰陽不和氣候乖舛永言罪己撫心多媿河北燕趙之際山西并潞所管及蒲虞之郊豳延以北或春逢亢旱秋遇霜淫或蟊賊成災嚴凝早降有致饑饉慚惕無忘特宜矜恤救其疾苦可令中書侍郎溫彥博尚書右丞魏徵治書侍御史孫伏伽檢校中書舍人辛諝等分往諸州馳驛檢行其苗稼不熟之處使知損耗多少

戶口乏糧之家存問若爲支計必當細勘速以奏聞待使人還京量行賑濟

襃獎崔季舒等詔

齊故尚書僕射崔季舒給事黃門侍郎郭遵尚書右丞封孝琰昔仕鄴中名位通顯志存忠讜抗疏極言無救社稷之亡遂見龍逢之酷其季舒子剛遵子雲孝琰子君遵並以門遭時譴淫刑濫及宜崇襃獎特異常倫可免內侍量才別敘

允長孫無忌遜位詔

昔東漢功臣莫任機密西京戚里或存退讓故能長守富貴不懼危殆尚書右僕射齊國公無忌神識清舉風彩凝映賢戚之望朝野所推比軒禁不虞釁生慮表倉卒之間厥功以茂自居樞要聲實俄遠然以椒掖之親處權衡之地深知止足有戒滿盈收袨之言情詞懇切宜遂其心以厲貪競可解尚書右僕射仍進散位開府儀同三司

旱蝗大赦詔

宥過肆眚列聖所以垂風一面三驅至人所以被物故知畫冠化俗義在無刑擊磬求情志存疏網然去聖滋遠淳風漸薄上陵下替獄訟繁興罪名日積於筋書深文亟陳於嘉石自非帝堯臨政皋陶作師觀色聽聲哀矜靡失雖復三章兩造能無冤濫自新改過其道何由朕以虛薄恭膺大寶虔對三靈君臨九服昧旦求衣夜分忘寢履薄秉奔未足爲喻兢兢業業懼弗負荷是以詳詢卿宰下及芻蕘務求切直救其不逮推赤心於萬物罄誠言於多士惟以蒼生在念豈矜黃屋之尊嗟四海之未寧慮一物之失所飭躬厲己無忘晷刻率斯道也庶感幽明思與羣辟俱興至治而世教未康元風尚鬱去歲霖雨既損秋場今茲

旱蝗又傷宿麥萬姓嗷然懸磬已甚此皆朕之不德兆庶何辜將由視聽弗明刑罰失度遂使陰陽舛謬時序乖違矜物罪己載懷憂惕若使年穀豐稔天下乂寧移災朕身以存萬國是所願也甘心無吝此言之信有同皦日故披露胸臆義在無隱八方率土想見朕心今東作方興而膏澤不降仰彼雲漢翹心何已宜布寬大之恩以順雷雨之德可大赦天下

收埋骸骨詔

隋運將盡羣凶鼎沸干戈不息鐵鏃相仍流血成川暴骸

滿野朕往因軍旅周覽川原每所臨視用傷心慮自祗膺寶命義切哀矜雖道謝姬文而情深掩骼諸有骸骨暴露者宜令所在官司收斂埋瘞稱朕意焉

貶裴虔通詔

天地定位君臣之義以彰卑高既陳人倫之道斯著是用篤厚風俗化成天下雖復時經治亂主或昏明疾風勁草芬芳無絕剖心焚體赴蹈如歸夫豈不愛七尺之軀重百年之命諒由君臣義重名教所先故能明大節於當時立清風於身後至如趙高之殞二世董卓之鴆宏農人神所

疾異代同憤況凡庸小豎有懷凶悖遐觀典策罔不誅夷辰州刺史長蛇縣男裴虔通昔在隋代委質藩儲煬帝以舊邸之情特相愛幸遂乃忘蔑君親潛圖弑逆密伺間隙招結羣醜長戟流矢一朝竊發天下之惡孰云可忍宜其夷宗焚首以彰大戮但年代異時累逢赦令可特免極刑投之四裔用明逆順之理以奬君臣之義可除名削爵遷配驩州

致仕朝參在見任本品之上詔

尚齒重舊先王以之垂範還章解組朝臣於是克終釋菜合樂之儀東膠西序之制養老之義遺文可覩朕恭膺大寶憲章故實乞言尊事彌切深衷然情存今古世踵澆季而策名就列或乖大體至若筋力將盡桑榆且迫徒竭夙興之勤未悟夜行之罪其有心驚知足行堪激厲謝事公門收骸閭里能以禮讓固可嘉焉內外文武羣臣年高致仕抗表去職者參朝之日宜在見任本品之上

禁奏祥瑞詔

昔自帝王受天明命其有二儀感德百靈效祉莫不君臣動色歌頌相趨朕恭膺大寶情深夕惕每見表奏符瑞慚

恧增懷且安危在乎人事吉凶係於政術若時主肆虐嘉貺未能成其美如治道休明咎徵不能致其惡以此而言未爲可請自今已後麟鳳龜龍大瑞之類依舊表奏自外諸瑞應奏者惟顯在物色目及出見處更不得苟陳虛飾徒事浮詞

爲戰亡人設齋行道詔

門下刑期無刑皇王之令典以戰止戰列聖之通規是以湯武干戈濟時靜亂豈期不愛黔首肆行誅戮禁暴戢兵蓋不獲已朕自隋末創義志存拯溺北征東伐所向平殄

然黃鉞之下金鏃之端凡所傷殪難用勝紀雖復逆命亂常自貽絕殞惻隱之心追以愴憫生靈之重能不哀矜悄然疚懷無忘興寢竊以如來聖教深尚慈仁禁戒之科殺害爲重永言此理彌增悔懼今宜爲自征討以來手所誅翦前後之數將近一千皆爲建齋行道竭誠禮懺朕之所服衣物並充檀捨冀三途之難因斯解脫萬劫之苦藉此宏濟滅怨障之心趣菩提之道

欽定全唐文卷五

太宗二

耕耤詔

周宣在位已墜茲禮近代以來彌多所闕朕祇承大寶憲章典故今將履千畝於近郊復三推於舊制宜令有司式遵典禮二十一日親祭先農耤於千畝之甸

授房元齡杜如晦左右僕射詔

尚書政本端揆任隆自非經國大林莫或斯舉中書令兼太子詹事邢國公房元齡器宇沈邃風度宏遠譽彰遐邇

道冠簪纓兵部尚書檢校侍中蔡國公杜如晦識量清舉神彩凝映德宣內外聲溢廟堂朕自克平宇縣締搆資深叶贊經綸厥功甚茂深謀秘略動合規矩忠議讜言事多啟沃及典司樞要綢繆宸扆開物成務知無不爲可謂神降英靈天資人傑並宜總司衡軸光闡大猷元齡可尚書左僕射如晦可尚書右僕射餘如故

賜孝義高年粟帛詔

百行之本要道惟孝一言終身恕而已矣春生夏長寬仁之令行爲齊禮道德恥格之義斯在朕爰自幼年夙稟庭

訕豈徒學聞詩禮因令匡定家國是以提三尺之劒起一旅之師戮鯨鯢於原野救黎蒸於塗炭雲雷締構備嘗夷險仁發於心義形於色大敵必勇匪爲身謀大憝必誅志安天下太上皇留心姑射尚想軒轅駐蹕太安使朕正居紫極顧惟虛薄辭不獲免祇奉制誥負扆當朝乃眷宮宇載懷冰谷未明求衣乙夜忘寢靜思七政言念九功何以答上元之心稱嚴君之意庶欲勤恤典刑舉直措枉允釐人瘼親賢用能拯濟困窮抑損澆僞開直言之路廣不諱之門聞所未聞日愼一日望人皆見德變於志道若一物

失所一人有惡則朕躬之責訓道不明也朕聞書曰至誠感神況於兆庶乎比聞遠近黔黎耻爲盜賊州縣囹圄多並空虛豈由德敎至此自是人心厭亂因其遷善可以化之朕往因征伐行天下多矣每見村落邱墟未嘗不撫膺太息自登九五不得橫役一人惟冀遐邇休息得相存養長幼有序敬讓興行其孝義之家賜粟五石高年八十以上粟二石九十以上三石百歲加絹二匹婦人正月以來生男者粟一石鰥寡惸獨不能自存逃戶初還家無糧貯州縣長官量加賑恤諸州官人或正直廉平刑清訟簡或貪婪貨賄害政損人宜令都督刺史以名封進白屋之內閭閻之人但有文武材能灼然可取或言行忠信堪理時務或在昏亂而肆情遇太平而克己亦錄名狀與官人同申泣辜愼罰前王所重枉繫一日事等三秋州縣法司特宜存意普告天下知朕意焉

祈雨求直言詔

朕以眇身祗膺大寶託王公之上居兆億之尊勵志克己詳求至治兢兢業業四載於茲矣上不能使陰陽順序風雨以時下不能使禮樂興行家給人足而關輔之地連年

不稔自春及夏亢陽爲虐雖復潔誠祈禱靡愛斯牲膏雨愆應田疇廢業斯乃上元貽譴在予一人元元何辜罹此災害朕是用食不甘味寢不安席瞻西郊而載惕仰雲漢而疚心內顧諸己永懷前載既明不自見德不被物豈賞罰不衷任用失所將奢侈未革苞苴尚行者乎文武百辟宜各上封事極言朕過勿有所隱

爲戰陣處立寺詔

門下至人虛己忘彼我於胸懷釋敎慈心均異同於平等是知上聖惻隱無隔萬方大悲宏濟義猶一子有隋失道

九服沸騰朕親總元戎致茲明罰誓牧登陑曾無寧歲老弱被其桀犬愚惑嬰此湯羅銜鬚義憤捐軀抗節各徇所奉咸有可嘉日往月來逝川斯遠雖復項籍方命封樹紀於邱墳紀信捐生丹青著於圖史猶恐九泉之下尚淪鼎鑊八難之間永纏冰炭愀然疚懷用忘興寢思所以樹其福田濟其營魄可於建義以來交兵之處爲義士凶徒隕身戎陣者各建寺刹招延勝侶望法鼓所震變炎火於青蓮清梵所聞易苦海於甘露所司宜量定處所并立寺名支配僧徒及修造院宇具爲事條以聞稱朕矜愍之意

大赦詔

天生蒸民樹之司牧莫不仰膺靈命克嗣寶圖用能永享鴻名常爲稱首朕君臨八方於今四載夙興夜寐無忘晷刻履薄馭朽思濟黔黎推心至誠庶幾王道上荷蒼昊之眷下藉股肱之力宇內休平遐邇寧泰率此區域致之仁壽憬彼獯戎爲患自昔軒昊以來常罹寇暴是以隆周致涇水之師強漢受白登之辱武夫盡力於關塞謀士竭慮於廟堂征伐和親無聞上策有隋災亂憑陵轉甚疆場之萌曾無寧歲朕韜干鑄戟務在存養自去歲迄今降款相繼不勞衛霍之將無待賈晁之略單于稽首交臂藁街名王面縛歸身夷邸襁負而至前後不絕被髮左衽之鄉狼望龍堆之境蕭條萬里無復王庭惟頡利挺身逃竄林穴天網雲布走伏何所大同之世諒在茲日斯皆上元降祐清廟威靈豈朕虛薄所能致此方欲至仁化物宜存寬惠思與萬邦同享斯福可大赦天下自貞觀四年二月十八日昧爽已前罪無輕重自大辟以下繫囚見徒皆赦除之逋負官物三分免一分其謀反大逆妖言惑衆及殺期親以上尊長奴婢部曲反主官人枉法受財不在赦例鰥寡

孤獨不能自存者州縣量加賑濟賜天下大酺五日敢以赦前事相告言者以其罪罪之

令皇太子承乾聽訟詔

皇太子承乾宜令聽訟在茲恤隱自今以後訴人惟尚書省有不伏者於東宮上啟令承乾斷決令若有固執所見謂理不盡然後聞奏

定服色詔

車服以庸昔王令典貴賤有節禮經彝訓自末代澆浮采章訛雜卿士無高卑之序兆庶行僭侈之儀遂使金玉珠

璣靡隔於工實錦繡綺縠下通於皁隸習俗爲常流遁亡反因循已久莫能懲革朕繼踵百王欽承寶運思宏典制垂範後昆永鑒前失義存釐改其冠冕制度已備令文至於尋常服飾未爲差等今已詳定具如别式宜即頒下咸使聞知

授李靖尚書左僕射詔

端右望隆寄任尤重實資勳德朝難其選左光禄大夫行兵部尚書代國公李靖識度宏遠才略優贍博綜機務兼資文武誠著夷險效彰出納便蕃省闥詳謹有聞宜緝彝倫允兹名器可尚書左僕射

致祭古聖賢陵墓詔

朕丕承先緒積慶累仁上纘鴻基克隆寶祚欽若稽古緬想往冊英聲茂實志深褒尚始兹巡省眺矚中塗漢氏諸陵北阜斯託寂寥千載邈而無祀攬轡興懷慨然遐念開闢以降肇有司牧歷選列辟遺跡可觀良宰名卿清徽不滅宜令所司普加研訪爰自上古洎於隋室諸有名王聖帝盛德寵功定亂弭災安民濟物及賢臣烈士立言顯行緯武經文致君利俗邱壟可識塋兆見在者各隨所在條錄申奏每加巡守簡禁芻牧春秋二時爲其致祭若有隳壞即宜修補務令周盡以稱朕意

收埋突厥暴骸詔

突厥種落往逢災厲病疫饑饉殞喪者多暴骸中野前後相屬幽魂靡託醊奠無所永言矜悼有懷惻隱宜令所司於大業長城以南北分道巡行但有骸骨之所酒脯致祭速爲埋瘞務令周悉以稱朕意焉

赦岐隴二州詔

朕恭膺寶命握圖馭歷屬喪亂之後承凋弊之餘宏宣德化勵精治道遐邇肅清要荒來服聊因務暇觀省民風遵彼岐梁言臻汧渭百年之老俱稱鼓腹五尺之童咸欣擊壤睠言曩昔亟游此地歲月踰邁以迄於兹周覽原隰悵然懷舊延問鄉黨僚吏猶存事異宛譙情均豐沛民和俗阜上下歡洽宜宣愷澤俾同慶幸可特赦岐隴二州管內自貞觀四年十月一日昧爽已前大辟罪以下悉從原免二州戶民無出一年租賦八十以上鰥寡篤疾及舊任二州雜職佐史以上賜物各有差百歲以上就加優恤行經咸陽始平武功三縣見禁之囚徒罪以上各降一等杖罪

以下并宜釋放。年八十以上。及鰥寡篤疾。并武功縣舊軍主帥。亦加賜物。凡此界內名山大川望秩之禮。備加牲幣。孝子順孫義夫節婦。隨事褒顯。旌表門閭。其賜物之差。宜依別勅。務從周厚。以稱朕意。

曲赦武功詔

武功舊居。與岐隴不異。前令減罪。未稱朕心。其武功一縣。曲赦其罪。及賜帛免租賦等。特宜同岐隴二州。

答趙郡王孝恭等請封禪手詔

省表具懷。自有隋失道。四海橫流。百王之弊。於斯爲甚。朕

提劒鞠旅。首啟戎行。扶翼興運。克成鴻業。遂荷慈睠。恭承大寶。每日昃思治。弗敢康寧。兢兢夕惕。用忘興寢。履薄馭朽。不足爲喻。賴三靈顯命。百辟同心。海外無塵。遠夷慕義。但流遁永久。凋殘未復。田疇多曠。倉廩猶虛。家給人足。尚懷多愧。豈可遽追前代。取譏虛美。所望恂恂濟濟。協力盡誠。輔其不逮。致之王道。如得雅頌形於金石。菽粟同於水火。反朴還淳。當如來議。

令諸州劖削京觀詔

甲兵之設。事不獲已。義在止戈。期於去殺。季葉馳競。恃力肆威。鋒刃之下。恣情翦馘。血流漂杵。方稱快意。屍若亂麻。自以爲武。露骸封土。多崇京觀。徒見安忍之心。未宏掩骼之禮。靜言念此。憫歎良深。但是諸州有京觀處。無問新舊。宜悉劖削。加土爲墳。掩蔽枯朽。勿令暴露。仍以酒醽致祭奠焉。

封長孫無忌等子郡縣公詔

惟王建國。厚禮被於元勳。惟帝念功。茂賞隆於延世。是以親賢作屏。著在周經。支庶畢侯。義存漢典。開府儀同三司齊國公無忌尚書左僕射邢國公元齡故尚書右僕射蔡

國公如晦靈州都督吳國公尉遲敬德左光祿大夫吏部尚書許國公高士廉兵部尚書潞國公侯君集右衛大將軍鄖國公宇文士及左武衛大將軍翼國公秦叔寶瀘州都督宿國公程知節等。或宇量凝深。地兼賢戚。或風鑒宏遠。功參帳幙。或志懷強正。便蕃左右。或幹略宏舉。契闊戎旃。或委質藩朝。陳力王室。誠著出納。節表屯夷。經文緯武。忠勤懇至。固已契叶風雲。寄深舟楫。雖褒賢之道。已紀於旂常。而推恩之令。未洽於胄緒。宜賜寵章。式遵故實。無忌元齡如晦敬德各封一子郡公。士廉君集士及叔寶知節

各封一子縣公俾夫拜前拜後比蹤曩烈如帶如礪垂裕後昆

令宗室勳賢作鎮藩牧詔

欽明慎徽之朝稽古爲本體國經野之制利建爲先莫不因可大之功宏可久之德與萬邦同其樂百姓共其安饗祚遐長卜年用永疏爵以五錫壤惟三周監二代煥乎前史魏晉迄今舊章寖廢維城之義缺如建侯之道斯絕王綱暫弛內無拯救之臣國步纔迍外無藩屏之衞致令大盜猖獗動有窺覦蒸庶板蕩屢遭塗炭進乖爲民之策退

失象賢之典寧邦固本其可得乎朕祗膺大寶欽承景命勵精治術安輯夷夏九服同軌六合一家日月所臨無思不服豈伊人力天實賜之既荷殊施休宏大賚疆理都邑褒錫親賢與夫懿戚元功共享其利自我作古不必專依前典允令約古隆基垂統世祿傳家足以載德圖身厚己足以竭誠自然國有常奉民獲其福皇家宗室及勳賢之臣德行可稱忠節顯著者宜令作鎮藩部宜條牧民貽厥子孫嗣守其政非有大故無或黜免酬勤報効仍宜有差宜令所司明爲條例等級具以奏聞

答虞世南上聖德論手詔

卿所論太美但朕德甚寡薄恐有識者窺卿爲後人所笑卿引古昔無爲而治朕未敢擬倫比之近代乍踰之耳卿覩朕之始未見朕之終宜付祕書若朕能慎終如初則可爲也如違此道不用後代笑卿焉

令州縣行鄉飲酒禮詔

比年豐稔閭里無事乃有墮業之人不顧家產朋遊無度酣宴是耽危身敗德咸由於此每覽法司所奏因此致罪實繁有徒靜言思之良增軫歎自非澄源正本何以革茲

弊俗可先錄鄉飲酒禮一卷頒示天下每年令州縣長官親率長幼依禮行之庶乎時識廉恥人知禮節

加楊恭仁特進詔

尊賢尚德義存致治高秩厚禮允屬勳庸左光祿大夫行揚州大都督長史觀國公恭仁識宇凝正風度夷簡器惟瑚璉望重縉紳歷官有聲歲寒若一而志在虛靜固求閒任辭理懇至確乎難奪宜成其美加茲寵命可特進

禁錮亂臣子孫詔

宇文化及弟智及司馬德戡裴虔通孟景元禮楊覽唐奉

義牛方裕元敏薛世良馬舉元武達李孝本李孝質張愷許宏仁令狐行達席德方李覆等大業季年咸居列職或恩結累世任重一時乃包藏凶慝罔思忠義爰在江都遂行弒逆罪百閭趙釁深梟獍雖事是前代歲月已久而天下之惡古今同棄宜從重典以厲臣節其子及孫并宜禁錮勿令齒敘化及既爲魁首又竊名號一門之內凶德尤甚但其兄士及不預逆謀雖云昆季僅免誅戮自委質皇朝勳庸克著彰善癉惡抑有舊章士及一房不在此例布告天下咸使聞知

授長孫無忌司空詔

論道台階實賴明哲丹青神化寄深燮理自非鹽梅是屬棟幹有歸則曠職俟能罔或必備開府儀同三司齊國公無忌器宇凝正風度峻遠才包文武地兼賢戚誠著草昧之辰業預艱難之始功侔十亂聲高三傑亮采銓衡庶僚有序儀形端右彝常以穆自任參鼎司位班槐路撝挹之美形於縉紳翼贊之規彰於帷扆宜崇名器允副具瞻可司空所司具禮以時冊命

報長孫無忌讓司空詔

昔黃帝得力牧而爲五帝先夏禹得咎繇而爲三王祖齊桓得管仲而爲五伯長朕自居藩邸公爲腹心遂得廓清宇內君臨天下以公功績才望允稱具瞻故授此官無宜多讓也

遣使巡省天下詔

昔者明王之御天下也內列公卿允釐庶績外建侯伯司牧黎元惟懼淳化未敷名教或替故有巡狩之典黜陟幽明行人之官存省方俗用能遐邇遂性情僞無遺時雍之化率由茲道朕祇膺寶命臨御帝圖稟過庭之義方荷上

元之嘉祉四荒八表無思不服而夙興夕惕勤躬約己日愼一日雖休勿休欲萬國歡心兆民有賴推誠待物近取諸身實謂羣官受拜賢能自勵乃聞連帥刺舉或乖共理之寄縣司主吏甚多黷貨之罪有一於此責在朕躬是用終夜憮然昃景輟食宜遣大使分行四方申諭朕心延問疾苦觀風俗之得失察政刑之苛弊耆年舊齒孝悌力田義夫節婦之家疾廢惸嫠之室須有旌賞賑贍聽以倉庫物賜之若有鴻材異學留滯末班哲人奇士隱淪屠釣宜精加搜訪進以殊禮務盡使乎之旨俾若朕親覿焉

討吐谷渾詔

朕嗣纂鴻業思恢至道端拱垂衮於兹九載式修文德寧謐區宇徼外君長海表酋渠無遠不庭無思不服而吐谷渾蕞爾小蕃負固河右地不遠千里衆不盈一萬不量其力不恤其人肆情拒命抗衡上國朕每遣行人入蕃曉諭幷引其使者臨軒戒勗示以善道勸以和親欲使境上無虞各安其業訓導積年凶頑未改剽掠邊鄙略無寧息今上書傲很拘我使人內外百僚華夷兆庶同心憤怨咸願誅詐宜乘弔伐之機以展鷹鸇之志長驅尅期窮其巢穴

罪止吐谷渾可汗昏耄之主及天柱王一二邪臣自餘部落皆無所問夷凶息暴稱朕意焉

水潦大赦詔

天地播氣垂生育之德皇王御極宏覆幬之仁故能財成萬類光宅八表朕祗奉慈訓嗣守鴻業承百王之季末屬四海之凋殘夜興夕惕無忘兆庶克己勤躬思隆政道欲使陰陽順序干戈載戢庶幾前烈致兹刑措而山東之地頻年不稔水雨爲災饑饉相屬蠢爾西戎屢擾邊境事不獲已遂勞兵車良由誠未動天德不被物興言念此撫己多慚加以澆僞尚繁典刑仍用雖復留心聽斷明慎庶獄嘗恐縲紲之中含冤靡訴憲網所及無辜致罪一物有怨責深在余今歲惟暮春時屬生長宜順天布澤與物更新可大赦天下自貞觀九年三月十六日昧爽以前大辟罪已下皆赦除之其常赦不免者不在赦例鰥寡惸獨不能自存者所在官司量加賑恤

太上皇康復詔

書不云乎一人有慶兆民賴之朕虔奉太安愛敬崇極日嚴之養祗慄斯在近日聖躬違豫寢膳有虧憂懼在懷不

遑寧處博求醫術備盡蠲療祈告明靈具陳懇篤上元降福遂蒙昭祐應時康愈萬福咸宜慶幸之隆實兼家國思班愷樂洽於卿士然而尚齒興孝德教所先饗餼是加義超常等諸州都督刺史及文武官人老人八十以上并孝子旌表門閭者並宜節級賜物以申饗宴庶使萬國之內同此歡心施於四海皆知朕意

復建吐谷渾詔

伐罪弔人前王高義興亡繼絶有國令典吐谷渾擅相君長竊據荒裔志在凶德政出權門酋渠攜貳種落怨憤長

惡不悛野心彌熾莫顧藩臣之節曾無事上之禮草竊疆埸虐割氓庶積惡既稔天亡有徵朕君臨四海含育萬類一物失所深責在予所以爰命六軍申茲九伐義存活國情非黷武其子大寧王慕容順隋氏之甥志懷明悟長自中土早慕華風爰見時機深識逆順以其父愎懷違衆獨蹈迷途遂誅邪臣存茲大計翻然改轍代父歸罪忠孝之美深有可嘉子能立功足以補過既往之釁特宜原免然其建國西鄙已歷年代即從廢絶情所未忍繼其宗祀允歸令子封順西平郡王食邑四千戶仍授趉胡呂烏甘豆

可汗所司量遣使人備禮册命

命皇太子權知軍國事詔

朕以不天夙罹偏罰假息旦暮分沈苦壤仰賴先皇慈恩鞠育爰自幼年至於成家未及弱冠仍屬亂離翼奉義旗身當矢石克平多難任居藩屏遂復委以萬機膺茲景命祇懼虛薄弗克負荷日夜兢兢不遑寧晏加以氣患屢幸九成晨昏定省廢於朝夕今歲停行盡行養禮不謂殃罰深重大行崩背號天叩地無所逮及伏奉遺詔追跡漢文以日易月降其常期顧命之旨誠不可違然三年之喪自天子達殷周以來罔弗遵用漢文變古有乖前式且慈顏日遠忻謁無由俯就之文理即遵奉然朕之情切不可循前荼毒之心何可堪忍皇太子承乾文過志學秉性聰敏頻年治國理務允諧今欲於東宮平決朕得盡哀廬室終其喪紀望羣公卿士股肱王室興言及此唯增哽絶朝多君子恕朕哀心

度僧於天下詔

門下三乘結轍濟度爲先八正歸依慈悲爲主流智慧之海膏澤羣生翦煩惱之林津梁品物任眞體道理叶至仁

妙果勝因事符積善朕欽若金輪恭膺寶命至德之訓無遠不思大聖之規無幽不察欲使人免蓋纏家登仁壽冥緣顯應大庇含靈五福著於洪範三災終於世界比因喪亂僧徒減少華臺寶塔窺戶無人紺髮青蓮櫛風沐雨眷言凋毀良用憮然其天下諸州有寺之處宜令度人爲僧尼總數以三千爲限其州有大小地有華夷當處所度多少委有司量定務須精誠德業無問年之幼長其往因減省還俗及私度白首之徒若行業可稱通在取限必無人可取亦任其闕數若官人簡練不精宜錄附殿失但戒行

之本惟尚無爲。多有僧徒溺於流俗。或假託神通。妄傳妖怪。或謬稱醫筮。左道求財。或造詣官曹。囑致贓賄。或鑽膚焚指。駭俗驚愚。並自貽伊戚。動挂刑網。有一於此。大虧聖教。朕情深持護。必無寬捨。已令依附內律。參以金科。具陳條制。務使法門清整。所在官司。宜加檢察。其部內有違法僧不舉發者。所司錄狀奏聞。庶善者必採。惡者必斥。伽藍淨土。咸知法味。菩提覺路。絕諸意垢。

錄先朝姻舊臣僚詔

高祖大武皇帝天縱神武。膺籙受圖。可久之德。格乎區宇。

敦睦九族。協和萬邦。賢能必進。德化潛洽。革百王之弊。興三代之風。天平地成。邇安遠肅。至德被於四海。休烈光於千載。巍巍蕩蕩。無得而稱焉。朕嗣膺寶祚。夙夜兢惕。思述先志。被之率土。其內外姻戚。生平故舊。太原元從官人。及歷試之所。文武寮佐。爰及胥吏。往雖每降國恩。恐未周悉。或才用不申。階品屈滯。或家道貧匱。子孫沈淪。須有矜量。咸使得所。先朝憂勞庶政。惟以恤民爲本。諸州都督刺史有政績可稱者。具以名聞。其諸州百姓。奉營山陵者。亦宜量有蠲免。可令所司。詳爲條例聞奏。並務從優厚。稱朕意焉。

議於太原立高祖寢廟詔

昔周監二代。崇文武之典禮。漢紹三王。尊高光之功烈。斯固有國之彝訓。不刊之令範。高祖大武皇帝聰明神武。叡聖徇齊。應天順民。撥亂反正。德侔造化。道濟區夏。靖率土之沸騰。拯黔首之塗炭。一戎大定。四海宅心。制治定之禮。作功成之樂。天地交泰。品物咸寧。聲教遐洎。休徵雜沓。蠻夷戎狄之長。輻湊藁街。麟鳳龜龍之祥。光映圖史。然猶日慎一日。推而弗居。邁邃古之鴻名。踰前王之至治。朕以寡

昧。丕承景業。緬惟永往。攀慕終天。思宏尊親之治。庶展罔極之志。竊惟太原之地。肇基王迹。事均豐沛。義等宛譙。理宜別建寢廟。以彰聖德。詳觀漢典。抑有成規。但先皇遺旨。務存儉約。虔奉訓誡。無忘啟處。宜令禮官與公卿等詳議以聞。

令侯君集等經略吐谷渾詔

近以吐谷渾恃其遐阻。屢擾疆埸。肆行凶虐。種類乖離。爰命將士。申茲弔伐。有征無戰。所向摧殄。渠魁竄迹。自貽滅亡。朝威遠暢。邊庭靖謐。朕君臨寰宇。志在含宏。不欲因彼

危亂絶其宗祀乃立僞主之子大寧王慕容順撫招餘燼守其舊業而順曾不感恩遽懷貳志種落之內人畜怨憤遂創大義即加剿絶雖復權立其子所部又致擾亂競動干戈各行所欲朕憂勞兆庶無隔夷夏廼睠西顧良用矜惕若不星言拯救便恐塗炭未已兵部尚書潞國公侯君集等咸才兼文武寄深內外嘉謀著於廟堂茂績書於王府必能宣風閫外克定遐方可量其事機綏撫經略分遣使人明加曉諭如有不遵明旨敢興異志即合精鋭隨便翦撲盡威懷之道稱朕意焉

節省山陵制度詔

朕既爲子卿等爲臣愛敬罔極義猶一體無容固陳節儉陷朕於不義也今便敬依來議

薦舉賢能詔

朕遐想千載旁覽九流詳求布政之方莫若薦賢之典是以元凱就列仄微可以立帝功管隰爲臣中人可以成霸業朕緬懷曩烈虛己英奇斷斷之士必昇於廊廟九九之術不棄於閭閻猶恐在陰弗和獨善難奪永言髦傑無忘鑒寐是以去夏之中爰動綸墨披露丹腑疇咨海內尺木既樹思覩游露之羣雲羅宏舉佇降翔庭之翼而諸州所舉十有一人朕載懷仄席引入內殿借以溫顏密訪政道莫能對揚相顧結舌朕仍以其未覩闕庭能無戰懼令於內省更以墨對雖搆思彌日終不達問旨理既乖違詞亦庸陋豈可飾丹漆於朽質假風雲於泱起者哉宜並放還各從本色其舉主以舉非其人罪論仍加一等然則今之天下猶古之天下也寧容仲舒伯起之流徧鍾美於往代彥和廣基之侶獨絶響於今辰故其見知也則平津與樂安並進其不用也則敬通與亭伯同悲淮陰所以興言子

長所以貽歎因斯論之良由俊造難進或固栖遲之節牧宰循常未盡搜揚之道撫事長息彌用憮然今州縣依前薦舉皆集今冬奇偉必收浮華勿採無使巴人之謳濫吹於簫韶魏邦之珍沈光於漢水務盡報國之義以副欽賢之懷

九嵕山卜陵詔

夫生者天地之大德壽者修短之常期生有七尺之形壽以百齡爲限含靈稟氣莫不同焉皆得之於自然不可以分外企也雖迴天轉日之力盡妙窮神之智生必有終皆

不能免是以禮記云君即位而爲椑莊周云勞我以形息我以死聖人之至鑒通賢之深識著之典誥貽之話言顯說正詞曾無隱諱末代以來明辟蓋寡靡不矜黃屋之尊慮白駒之過並多拘忌希慕遐年謂雲車易乘羲輪可駐異軌同趨其蔽甚矣有隋之季海內橫流豺狼肆暴吞噬黔首邑里凋殘鞠爲丘墟朕投袂發憤情深拯溺扶翼義師濟斯塗炭賴蒼昊降鑒股肱宣力提劍指揮天下大定氛祲清殄區宇平一反澆弊於淳樸致王道於中和此朕之宿志於斯已畢猶恐身後之日子子孫孫尚習流俗猶

循常禮加四重之櫬伐百祀之木勞擾百姓崇厚園陵今預爲此制務從儉約於九嵕之山足容一棺而已積以歲月漸以備之木馬塗車土桴葦籥事合古典不爲時用又佐命功臣義深舟檝或定謀帷幄或身摧行陣同濟艱危克成鴻業追念在昔何日忘之使逝者無知咸歸寂寞若營魂有識還如疇曩居止相望不亦善乎漢氏使將相陪陵又給以東園祕器篤終之義恩意深厚古人之志豈異我哉自今以後功臣密戚及德業尤著如有薨亡宜賜塋地一所給以祕器使窀穸時喪事無闕所司依此營備稱朕意焉

封慕容諾曷鉢河源郡王詔

文德懷遠列聖之宏規興亡繼絕至仁之通訓吐谷渾發跡東胡竄居西域負險自固擅立君長爰在前代通使中原或爲叛臣不常厥德近者慕容步薩鉢爲主老而不智迷而忘返志懷首鼠虔劉疆埸朕頻命行人殷勤誘諭不納忠信之言惟行蠭蠆之毒及六軍問罪尚令申諭遂無悛革以至滅亡其子順國變事窮歷身無所委命下吏輿櫬轅門故令解網釋俘繼其宗祀乃懷貳志違彼覆車曾

未浹旬自貽屠戮子燕王諾曷鉢弱不好弄幼稱通理纏纂舊業即逢內難故遣旌節遠申安撫遂能率其種類同竭誠款盡其巢落迎謁使者屈膝頓顙遵奉朝化請頒正朔願入提封丹誠內發深可嘉尚宜隆寵章懋茲賞典可封河源郡王食邑四千戶仍授烏地也拔勒豆可汗即遣使人備禮冊命

授溫彥博尚書右僕射詔

文昌治本端副望隆朝綱所屬選衆斯在中書令虞國公溫彥博體業貞固學藝該明器惟瑚璉材稱棟幹任總絲

綸職居近密乃心著於帷幄嘉謀表於獻替寄深啟沃義切鹽梅宜升禮闈允茲彝序可尚書右僕射勳封如故

許魏徵遜位手詔

留侯名相濟北之志已高疏傅人師東都之迹彌著後進仰其遺烈前策以為美談諒可以砥節礪行化俗宏風者也左光祿大夫侍中鄭國公魏徵器量沈敏軌儀詳正文思優贍學業該通自參贊機衡綢繆帷幄知無不為心力備盡格言弗隱正義日聞一德載宣四聰斯達實賴嘉猷用康治道而深執謙損志懷沖退詞誠懇切良用憮然杼

軸於懷屢移氣序而固陳丹款義在難違今使伸其雅志以成厥美可特進封如故仍知門下事朝章國典參議得失自徒流以下罪詳事奏聞其祿賜及國官防閤等並同職事

悼元琬律師詔

元琬律師戒行貞固學業精通方冀宏宣正法利益羣品不幸沒世情深惻悼

欽定全唐文卷六

太宗三

頒示禮樂詔

先王之辨方正位體國經野象天地以制法通神明以施化樂由內作禮自外成可以安上治民可以移風易俗揖讓而天下治者其惟禮樂乎固以同節同和無聲無體非飾玉帛之容豈崇鐘鼓之奏日往月來朴散淳離淫慝以興流湎忘本魯昭所習惟在折旋魏文所重止於鄭衛秦氏縱暴載籍咸亡漢朝循緝典章不備時更戰國多所未

遑雅道淪喪歷茲永久朕恭承明命嗣膺寶歷懼深馭朽情切納隍憑宗廟之靈資股肱之力上下交泰遐邇乂安率土阽危既拯之於塗炭羣生遂性思納之於軌物興言正本夕惕在懷蓋知禮樂之情者能作識禮樂之文者能述作者之謂聖述者之謂明朕雖德謝前王而情深好古傷大道之既隱懼斯文之將墜故廣命賢才旁求遺逸探六經之奧旨採三代之英華古典之廢於今者咸擇善而修復新聲之亂於雅者並隨違而矯正莫不本之人心稽乎物理正情性而節事宜窮高深而歸簡易用之邦國彝

倫以之攸敘施之律度金石於是克諧今修撰既畢可頒天下俾富教之方有符先聖人倫之化貽厥後昆

令河北淮南諸州舉人詔

朕以寡薄嗣守鴻基實資多士共康庶政虛己側席爲日已久投竿捨築罕值其人自親巡東夏觀省風俗興言至治夕惕兢懷然則齊趙魏魯禮義自出江淮吳會英髦斯在山川所感古今寧殊載佇風猷實勞夢想宜令河北淮南諸州長官於所部之內精加訪採其孝悌淳篤兼閑時務儒術該通可爲師範文詞秀美才堪著述明識治體可

委字民并志行修立爲鄉里所推者舉送雒陽宮名給傳乘優禮發遣當隨其器能擢以不次若有老病不堪入朝者具以名聞庶巖穴靡遺俊乂可致務盡搜揚之道稱朕意焉

功臣世襲刺史詔

周武定鼎胙茅土於子弟漢高受命誓帶礪於功臣豈止重親賢之地崇其禮秩抑亦固磐石之基寄以藩翰魏晉已降事不師古建侯之制有乖名實非所謂作屏王室永固無窮者也隋氏之季四海沸騰朕運屬殷憂戡翦多難上憑明靈之祐下賴英賢之輔廓清寓縣嗣膺寶歷豈予一人獨能致此時迍既共資其力世安而專享其利乃睠於斯甚所不取但今之刺史即古之諸侯雖立名不同而監統一也故申命有司斟酌前代宜條委共理之寄象賢存世及之典司空齊國公無忌等或材稱人傑望表國華論道廟堂寄深舟楫用資文武誠著艱難折衝閫外隱如敵國或志力忠烈實爲心膂或氣幹強果是曰爪牙策名運始功參締搆義貫休戚效彰夷險嘉庸懿績簡於朕心宜委以藩鎮改錫土宇無忌可趙州刺史改封趙國公尚

書左僕射魏國公元齡可宋州刺史改封梁國公故司空蔡國公杜如晦可贈密州刺史改封萊國公特進代國公靖可濮州刺史改封魏國公特進吏部尚書許國公士廉可申州刺史改封申國公兵部尚書潞國公侯君集可陳州刺史改封陳國公刑部尚書任城郡王道宗可鄂州刺史改封江夏郡王晉州刺史趙郡王孝恭可觀州刺史改封河間郡王同州刺史吳國公尉遲敬德可宣州刺史改封鄂國公并州都督府長史曹國公李勣可蘄州刺史改封英國公左驍衛大將軍楚國公段志元可金州刺史改

封褒國公左領軍大將軍宿國公程知節可普州刺史改封盧國公太僕卿任國公劉宏基可朗州刺史改封夔國公相州都督府長史鄖國公張亮可澧州刺史改封鄖國公餘官食邑並如故即令子孫奕葉承襲

答魏徵手詔

省頻抗表誠極忠款言窮切至披覽忘倦每達宵分非公體國情深匪躬義重豈能示以良圖救其不及朕在衡門尚惟童幼未漸師保之訓罕聞先達之言值隋祚分離萬邦塗炭慄慄黔黎庇身無所朕自二九之年有懷拯溺發

憤投袂便提干戈蒙犯霜露東西征伐日不暇給居無寧歲降蒼旻之靈稟廟堂之略義旗所指觸向平夷弱水流沙並通輶軒之使被髮左衽化爲冠蓋之域正朔所頒無遠弗屆及恭承寶歷寅奉帝圖垂拱無爲氛埃靜息於茲十有一載矣蓋股肱罄帷幄之謀爪牙竭熊羆之力協德同心以致於此自惟寡薄厚享斯休每以大寶神器憂深責重常懼萬幾多曠四聰不達何嘗不戰戰兢兢坐以待旦詢於公卿以至隸皁推以赤心庶幾刑措但頃年以來禍釁既極又缺嘉偶荼毒未幾悲傷繼及凡在生靈孰勝哀痛歲序屢遷觸目摧感自爾以來心慮恍惚當食忘味中宵廢寢是以三思萬慮或失毫釐刑賞之乖實繇於此昔者徇齊叡知資風牧以致隆平翼善欽明賴稷契以康至道然後文德武功載勒於鐘石淳風至德永傳於竹素克播鴻名永爲稱首朕以虛薄多慚往代若不任舟楫豈能濟彼巨川非藉鹽梅安得調夫鼎味朕聞晉武帝自平吳以後務在驕奢不復留心治政何曾退朝謂其子劭曰吾每見主上不論經國遠圖但說平生常語此非貽厥子孫者也爾身猶可以免指諸孫曰此等必遇亂及孫綏果

爲淫刑所戮前史美之以爲明於先見朕意不然謂曾之不忠其罪大矣夫爲人臣當進思竭誠退思補過將順其美匡救其惡所以爲治也曾位極台司名器隆重當直詞正諫論道佐時今乃退有後言進無廷諫以爲明智不亦謬乎顛而不扶安用彼相公之所諫朕聞過矣當置之几案事等紘韋必望收彼桑榆期之歲暮不亦康哉良哉獨慙於往日若魚若水遂爽於當今遲復嘉謀犯而無隱朕將虛衿靖志敬佇德音

量修雒陽宮詔

雒陽宮室創自有隋朕因其成功無所改作今屋宇湮壞者宜量加修葺使纔充居處自外材木宜分賜雒州郭內貧民因水損居宅者

賜功臣密戚墓地東園秘器詔

乾坤合德爰著易簡之功君臣一體克成中和之治遠取諸物若舟楫之濟巨川近取諸身猶股肱之戴元首同心叶契存歿以之故諸侯列葬周文始創其禮大臣陪陵魏武重申其制去病佐漢還奉茂鄉之塋夷吾相齊終託牛山之墓茲蓋往聖垂範前賢遺則錄曩昔之宿心篤始終

之大義者也皇運之初時逢交喪掃除多難光啟鴻業謀臣武將競進轅門之節明德異才爭趨魏闕之下或雲雷伊始功參締構或光華在旦績著弼諧及密戚懿親舊齒宿德委質先朝特蒙顧遇者自今以後身薨之日所司宜即以聞並於獻陵左側賜以墓地並給東園秘器事從優厚庶敦追遠之義以申罔極之懷

令道士在僧前詔

老君垂範義在清虛釋迦貽則理存因果求其教也汲引之迹殊途窮其宗也宏益之風齊致然大道之興肇於邃古源出無名之始事高有形之外邁兩儀而運行包萬物而亭育故能經邦致治反樸還淳至如佛教之興基於西域逮於後漢方被中華神變之理多方報應之緣匪一洎乎近世崇信滋深人覬當年之福家懼來生之禍由是滯俗者聞元宗而大笑好異者望真諦而爭歸始波涌於閭里終風靡於朝廷遂使殊俗之典鬱爲衆妙之先諸華之教翻居一乘之後流遯忘反於茲累代朕夙夜寅畏緬惟至道思革前弊納諸軌物況朕之本系出於柱史今鼎祚克昌既憑上德之慶天下大定亦賴無爲之功宜有改張

闡茲元化自今以後齋供行立至於稱謂其道士女冠可在僧尼之前庶敦本之俗暢於九有尊祖之風貽諸萬葉告報天下主者施行

荆王元景等子孫代襲刺史詔

皇王受命步驟之迹以殊經籍所紀質文之道匪一雖治亂不同損益或異至於設官司以制海內建藩屏以輔王室莫不明其典章義存於致治崇其賢戚志在於無疆朕以寡昧丕承鴻緒寅畏三靈憂勤百姓考明哲之餘論求經邦之長策帝業之重獨任難以成務天下之曠因人易

以獲安然則侯伯肇於自昔州郡始於中代聖賢異術沿革隨時復古則義難頓從尋今則事不盡理遂規模周漢斟酌曹馬採按部之嘉名參建侯之舊制共治之職重矣分土之實存焉已有制書陳其至理繼世垂範貽厥後昆維城作固同符前烈荊州都督荊王元景梁州都督漢王元昌徐州都督徐王元禮潞州都督韓王元嘉遂州都督彭王元則鄭州刺史鄭王元懿絳州刺史霍王元軌虢州刺史虢王鳳豫州刺史道王元慶鄧州刺史鄧王元裕壽州刺史舒王元名幽州都督燕王靈夔蘇州刺史許王元

祥安州都督吳王恪相州都督魏王泰齊州都督齊王祐益州都督蜀王愔襄州刺史蔣王惲揚州都督越王貞并州都督晉王治秦州都督紀王慎等或地居旦奭或聞詩禮或望及間平早稱才藝並爵隆土宇寵兼車服誠孝之心無忘於造次風政之舉克著於期月宜冠恒冊祚以休命其所任刺史咸令子孫代代承襲有司仍准前詔詳爲條制奏聞俾克本枝之盛隨天地而長久刺舉之榮與山河而無絕

大水求直言詔

暴雨爲災大水泛溢靜思厥咎朕甚懼焉文武百寮各上封事極言朕過無有所諱諸司供進悉令減省凡所力役量事停廢遭水之家賜帛有差

冊封薛延陀二子爲小可汗詔

天地之德平分於四時皇王之道無偏於萬物故能亭育黎庶覆燾區夏聲教咸洎於遐方爵命不遺於殊俗薛延陀眞珠毗伽可汗器宇沈毅識具明允夙見時機早稟正朔忠誠峻節克著於塞外貢獻琛賮不絕於王庭加以訓勗喬嗣輯寧種落俱率藩職咸慕朝風其子沙鉢羅葉護

拔酌達度莫賀咄設頡利苾並志懷敦確氣幹強果或深竭忠款乃心闕廷或遠經朝覲拜首軒陛言念丹誠良以嘉尚宜錫徽號用申褒寵拔酌可肆葉護可汗仍賜狼頭纛四鼓四頡利苾可達度莫賀咄葉護賜狼頭纛二鼓二仍令左領軍大將軍梁方師持節備禮冊命

贈堯君素蒲州刺史詔

隋故鷹擊郎將堯君素往在大業受任河東固守忠義克終臣節雖桀犬吠堯有乖倒戈之志而疾風勁草實表歲寒之心爰踐茲境追懷往事宜錫寵命以申勸獎可追贈

蒲州刺史仍訪其子孫以聞

封懷化郡王李思摩爲可汗詔

天地大德覆載極於八荒日月貞明照臨周於萬物是以哲王撫運聖人垂範經邦立政之道取法於造化興亡繼絶之義靡隔於華夷惟彼北戎代居荒塞養畜牧於天山之外擅勇敢於瀚海之濱逮其末葉狂愚嗣位侵盜之釁禍結於諸華苛暴之風毒被於大漢酋豪攜貳部衆離阻革面者相望於道路請命者塡委於闕廷朕情切納隍志存懷遠乃令上將拯其將溺元戎纔動倒戈相繼既而屠

耆歸命單于反接分地之長解辮而來玉引弓之民盡落而內附龍城既殄狼望遂空朕愍其破亡恕其瑕纍解縛焚櫬賜以再生收電迴霜宥以寬政於是選內外之職分珪組以授之擇肥饒之地設州縣以處之開倉庫以恤其饑寒馳輶軒以問其疾苦恩侔中夏禮均舊臣十載於茲矣朕受命三靈因心百姓爰初薄伐非貪闢土之功洎於克定實宏安民之道久欲存其亡國返其遺萌尚恐瘡痍未瘳衣食不足今歲月已積年穀屢登衆種增多畜牧蕃息繒絮無乏咸棄其氊裘菽粟有餘靡資於狐兔便可復其故庭繼其先緒歸三祠於沮澤旋十角於盧山使復會蹛林弭其依風之思重宴樂水遂其向日之歡然則左方既建右地已設必俟君長一其號令自非釁鞮貴種醢落忠誠何以宣布朝化輯寧蕃服右武候大將軍化州都督懷化郡王李思摩器懷沈毅識用詳明早慕皇風夙效丹款故寵以賜姓榮以高爵內典徼循之重外受連率之寄譽光朝職誠簡朕心錫以藩號紹其宗祀可乙彌泥孰俟利苾可汗並賜之鼓纛仍令就其部備禮冊命突厥及胡在諸州安置者並令渡河還其舊部俾夫世作藩屛同之

帶礪長保邊塞傳諸後昆

討高昌詔

明罰勑法聖人垂懲惡之道命將出軍王者成定亂之德故三苗負固虞帝所以興師鬼方不恭殷宗所以薄伐朕嗣膺景命君臨區夏宏大道於四海推至誠於萬類憑宗社之靈藉股肱之力億兆獲乂尉候無虞建木棘林山經靡紀之域幽都大夏王會不書之君莫不革面內款屈膝請吏襲冠帶於魏闕均征賦於華壤而高昌麴文泰猶爲不軌敢興異圖事上無忠款之節御下逞殘忍之志往經

朝謁備加恩禮谿壑難滿曾無報效禽獸爲心遽懷凶狡詔命之嚴稟承之誠旣闕王人之重祗敬之禮亦虧自隋季道消天下淪喪衣冠之族疆埸之人或寄命諸戎或見拘寇手及中州旣定皇風遠被人懷首邱途經彼境皆被囚縶加之重役忍苦遐外控告無所又伊吾之右波斯以東職貢不絕商旅相繼琛賫遭其寇攘道路由其壅塞又西蕃突厥戰爭已久朕愍其亂離志務安輯乃立咥利始可汗兄弟庶令克復舊土文泰反道敗德幸災好禍間諜酋豪交亂種落遂使氈裘之長亟動干戈引弓之人重罹塗炭又焉耆之地與之臨接文泰疾其盡節輕肆凶威城池有危亡之憂士女嬰劫掠之酷加以虐用其衆毒被所部賞罰無章內外嗟怨繕造宮室勞役日新修營輿輦僭侈無度法令深刻賦斂煩重舉手動足咸罹網羅畜牧園果悉有征秘衆力已盡人財已竭饑寒總至憤歎盈途比屋連甍不勝苛政故老兒童思霑王澤朕受命上元爲人父母禁暴之道無隔內外納隍之慮切於寢興錄其舊款仍懷愍念所以頻遣使人具申朝旨勗以爲善之規示以自新之路庶知感悟無煩師旅而昏迷遂性荒怠不悛貫

盈之釁旣稔天亡之期已及況復文武具僚戎狄君長請傳刃者相屬懷逐雀者比肩宜順夷夏之心以申弔伐之典討凶渠之多罪拯無辜之倒懸今遣交河行軍大總管吏部尚書侯君集副總管兼右屯衛大將軍薛萬均副總管左屯衛將軍薛孤吳兒行軍總管武衛將軍牛進達等董率衆軍宏宣廟略乘驛進路同會虜庭莫不氣奪風雲精貫日月援桴懷憤拔距爭先良將奮建瓴之威銳卒効如貔之勇冀馬燕犀猶迅雷之震擊雲梯地道若至神之變化以此制敵事等摧枯以此屠城易於反掌然朕矜哀之心有懷去殺勝殘之道無忘好生若文泰面縛軍門泥首請罪特宏焚櫬之澤全其將盡之命自餘臣庶棄惡歸誠並加撫慰令各安堵示以順逆之理布茲寬大之德如其同惡相濟敢拒王師便盡大兵之勢以致上天之罰明加曉諭稱朕意焉

答房元齡請解僕射詔

夫選賢之義無私爲本奉上之道當仁是貴列代所以宏風通賢所以協德公忠肅恭懿明允篤誠草昧霸圖綢繆帝道儀則黃閤庶政惟和輔翼春宮實望斯著而忘彼大

體徇茲小節雖恭教諭之職乃辭機衡之務豈所謂弼予一人共安四海者也

答長孫無忌等上河清表詔

嘉瑞爰降必資至德大河効祉是爲希世顧惟寡昧但增慙惕乃天地表祥宗社垂祐欲使四海隆平八荒禔福王公卿士內外庶僚宜勉修正道以副靈貺焉

答荊王元景等請封禪詔

自古明王君臨區宇功齊天下道被生民內外無虞年穀豐稔莫不歸功上元致禮厚地騰茂實於六合飛英聲於

百代今公卿在列屢屬虛心嶽牧具僚固陳僉願理在難奪敬依來請顧循諸己仍懷慚德

官皇侃等子孫詔

梁皇侃褚仲都周熊安生沈重陳沈文阿周宏正張機隋何妥劉炫等並前代名儒經術可紀加以所在學徒多行其蹟宜加優異以勸後生可訪其子孫見在者錄名奏聞當加引擢

詰沙門法琳詔

周之宗盟異姓爲後尊祖重親實由先古何爲追逐其短首鼠兩端廣引形似之言備陳不遜之喻詆毀我祖禰謗讟我先人如此要君罪有不恕

詳定封禪儀詔

肇有烝庶樹之司牧載籍所紀風烈猶存至於道洽品物功成寓縣天眷彰於符瑞人事表於隆平莫不增封岱宗廣禪梁甫榮鏡六合對越三神前聖所以垂其尊名後王所以仰其休烈蓋繇此也自火德既衰三光分裂金行失御九鼎沈淪諸華競逐彝倫大壞雖周室削平趙魏隋氏混一文軌而金革之事未戢於封疆雅頌之音弗聞於朝

廷遂使至教闕如淳風莫反齊郊絕類帝之禮日觀缺升中之儀其已久矣朕丕膺景命嗣守洪基承大亂之餘當率土之責負扆興惕納隍在慮上憑宗社之靈下資士庶之力草昧伊始援干戈以靖亂區夏既平宏禮樂以緯俗尉候無警菑畬有年比屋咸保其歡含氣不違其性殊方異域盡地界而來庭應圖合牒殫天符而表瑞緬懷前載詳求諸己豈伊寡德能致此乎固乃上元所叶贊也而羣公卿士百辟庶僚固陳人祇之意請遵封禪之典推而不居至於數四文武之情彌切內外之議日聞誠請頻繁淹

歷年載朕繼跡百王因心萬物上奉蒼昊義在薦功下撫黎元方祈厚福既迫茲理敢不祇從猥以眇身齊美上代永言夙志凜乎增惕可以來年二月有事泰山所司宜與公卿并諸儒士及朝臣有學業者詳定其儀博考聖賢之旨以允古今之中務盡誠敬稱朕意焉

贈百濟王扶餘璋光祿大夫仍令嫡子義慈襲封詔

懷遠之道莫先於寵命飾終之義無隔於遐方故柱國帶方郡王百濟王扶餘璋棧山航海遠稟正朔獻琛奉貢克

固始終奄致薨殞追遠慜悼宜加常數式表哀榮可贈光祿大夫令其嫡子義慈嗣位授柱國封帶方郡王百濟王使祠部郎中鄭文表持節備禮册命

求訪賢良限來年二月集泰山詔

朕遐觀前載歷選列辟莫不貴此得人崇茲多士猶股肱之佐元首譬舟楫之濟巨川若夫構大廈者採衆材於山岳善爲國者求異人於管庫是以陶唐有虞揖讓之聖帝也非元凱不能成茂功商湯姬發革命之明王也非伊呂無以定禍亂況乎齊桓中人之才器非濬哲漢武嗣業之主志在驕奢猶賴管仲隰朋之相平津博陸之輔既爲五霸之長亦稱萬代之宗是知得士則昌失人則亂朕冕旒夙夜虛心政道雖天地効祉宗社降靈區宇晏如俊乂咸事尚恐山林藪澤藏荆隋之寶卜築屠釣韞蕭張之奇是以躬撫黎庶親觀風俗臨河渭而佇英傑眺箕潁而懷隱淪亟移日月空勞夢寐而驪龍莫兆商歌寂寥豈混跡駑駘未逢良樂之顧將毓德岩穴方追禽向之遊望雲長想增其歎息可令天下諸州搜揚所部士庶之內或識達公方學綜今古廉潔正直可以經國佐時或孝悌淳篤節義

昭顯始終不移可以敦風勵俗或儒術通明學堪師範或文章秀異才足著述並宜薦舉具以名聞限來年二月總集泰山庶獨往之夫不遺於版築藏器之士方升於廊廟務得奇偉稱朕意焉

停封禪詔

自古皇王受天之命建顯號於封禪揚洪名於竹帛者莫不功濟夷夏道叶人祇然後登泰山之高刊梁甫之石未有七德靡記九部寂寥而欲齊聲於聖哲垂美於篆籀者也朕承宗廟之重當區宇之責寅畏三靈憂勤萬姓雖截

翦禍亂克定遐荒而至教猶鬱刑典未措勝殘之化未洽於率土和平之風多慙於往烈是以覽經籍而自失想壇場而增懼亟寢搢紳之奏屢拒公卿之請逡巡大典荏苒歷載近者文武百僚州縣庶尹頻繁抗表殷勤固陳咸以爲兩儀交泰四夷賓服禮讓興行年穀豐稔蒼昊呈符於上靈符不可以久替黎獻協心於下衆欲不可以固拒朕迫茲羣議敢不敬從欲薦功上元大報后土升中之儀已具省方之期有日今太史奏有彗星出於西方朕撫躬自省深以戰慄良繇功業之被六合猶有未著德化之覃八

表尚多所闕遂使神祇垂祐警戒昭然朕畏天之威寢興靡措且曠代盛典禮數非一行途之閒勞費不少東夏凋弊多未克復將送儀仗轉運糧儲雖存節省之儀終煩黎庶之力非唯上虧天意亦恐下失人心解而更張抑有故實前以來年二月有事泰山宜停庶夙夜自修遂其罪己之志勤恤匪懈申其納隍之情儻蒙靈祇迴貺宗社介福朝廷同於大道風俗歸於樸素告成之美更思其宜仍命所司泰山有前代帝王因封禪立碑及石函玉檢之類往遭離亂被賊毀發並修立瘞藏之

賜竇靖詔

北方之務悉以相委以卿爲寧朔大使撫鎮華戎朕無北顧之憂矣

矜宥周隋名臣子孫罪犯詔

朕聽朝之暇覽前史每覽前賢佐時忠臣徇國何嘗不想見其人廢書欽歎至於近代以來年歲非遠然其允緒或當見存縱未能顯加旌表無容棄之遐裔其周隋二代名臣及忠節子孫有貞觀已來犯罪配流者宜令所司具錄奏聞

皇太子用庫物勿限制詔

儲貳不會自古常式近代以來多爲節限求之故實深非事宜自今皇太子出用庫物所司勿爲限制

答皇太子承乾詔

汝家之冢嫡國之儲兩故有斯命以彰有殊入學齒胄則君臣之義也同之府庫實父子一體也是以君子富而不驕謙而受益奢則不孫以約失之者鮮矣勉思守道無煩致謝

刊正氏族詔

氏族之盛實繫於冠冕婚姻之道莫先於仁義自有魏失御齊氏云亡市朝既遷風俗陵替燕趙右姓多失衣冠之緒齊韓舊族或乖德義之風名雖著於州閭身未免於貧賤自號膏粱之冑不敦匹敵之儀問名惟在於竊貲結褵必歸於富室乃有新官之輩豐財之家慕其祖宗競乎婚媾多納財貨有如販鬻或自貶家門受屈辱於姻婭或矜誇舊望行無禮於舅姑積習成俗迄今未已既紊人倫實虧名教朕夙夜兢惕憂勤政道往代蠹害咸已懲革惟此弊風未能盡變自今以後明加告示使識嫁娶之序務合

禮典稱朕意焉

追封巢王元吉詔

有虞受終宏肆赦之典隆周革命篤親親之恩海陵剌王元吉地維藩翰夙承朝寵陷於不軌得罪君親朕嗣膺靈命無忘敦睦同生之重既切於本枝在原之悼實纏於歲月興言泉壤思備寵章可追封巢王謚仍依舊

授長孫無忌司徒詔

古先哲后咸正庶官德優者爵高功多者祿厚是以經邦緯國必俟蕭曹之勳燮理陰陽允歸鍾華之望司空趙公無忌識量宏博風度峻遠地惟親賢才稱梁棟締搆霸業茂勳著於艱難弼成王道匪心竭於寅亮鹽梅是寄丹青攸屬德綜機衡聲猷具舉自升槐鉉歲月亟移固以勸美太常書忠甲令者矣宜陟中台式典邦教可司徒

授房元齡司空詔

惟天爲大資四序以成功惟王建國候三台以宏化故隆漢受命吳鄧飛聲有晉勃興荀何底績開府儀同三司尚書左僕射太子少師上柱國梁國公元齡器範忠肅識具明允才稱王佐望乃時英霸國爰始預經綸之業鼎命維

新贊隆平之化誠固金石勳勒鐘鼎自任總庶尹職重朝端心力盡於翼亮劬勞積於歲序而志在沖退有懷止足固陳衰疴屢上表疏然則變揆禮閣職務實繁論道槐廷望實攸屬宜加寵命平茲水土可司空

禁諱盜詔

盜賊之作爲害實深州縣官人多求虛譽苟有盜發不欲陳告鄉村長正知其此情遽相勸止十不言一假有披論先劾物主爰及鄰伍久嬰縲絏有一於斯甚虧政化自今已後勿使更然所司明加採察隨事繩糾

宥党仁宏答房元齡等手詔

夫爲政之大愼枉刑獄縱捨任心以欺衆庶罪一也知人不明委用貪冒罪二也善善未賞惡惡不誅罪三也若斯三者豈得無過以公固諫且依來請

追復息隱王皇太子禮詔

昔戾園敗德西都表其號謚楚英干紀東漢錫其湯沐斯皆屈邦國之禁申骨肉之恩也息隱王地乃居長守器運初自貽伊戚陷於禍難日月逾邁松檟成行朕嗣守鴻基緬尋遺烈何嘗不陟彼岡而靡瞻同株而疚懷恩備哀榮式加禮命可追復皇太子謚仍依前陵曰隱陵置令以下官并加戶守衛

欽定全唐文卷七

太宗四

圖功臣像於淩烟閣詔

自古皇王褒崇勳德既勒銘於鐘鼎又圖形於丹青是以甘露良佐麟閣著其美建武功臣雲臺紀其迹司徒趙國公無忌故司空揚州都督河間元王孝恭故司空萊國文成公如晦故司空相州都督太子太師鄭國文貞公徵司空梁國公元齡開府儀同三司尚書右僕射申國公士廉開府儀同三司鄂國公敬德特進衛國公靖特進宋國公瑀故輔國大將軍揚州都督褒忠壯公志元輔國大將軍夔國公宏基故尚書左僕射蔣忠公通故陝東道大行臺尚書右僕射鄖節公開山故荊州都督譙襄公柴紹故荊州都督邳襄公順德雒州都督鄖國公張亮光祿大夫吏部尚書陳國公侯君集故左驍衛大將軍郯襄公張公謹左領軍大將軍盧國公程知節故禮部尚書永興文懿公虞世南故戶部尚書渝襄公劉政會光祿大夫戶部尚書莒國公唐儉光祿大夫兵部尚書英國公李勣故徐州都督胡壯公秦叔寶等或材推棟梁謀猷經遠綱紀帷帳經

綸霸圖或學綜經籍德範光煒隱犯同致忠讜日聞或竭力義旗委質藩邸一心表節百戰標奇或受脤廟堂闢土方面重氛載朗王略遐宣並契闊屯夷劬勞師旅贊景業於草昧翼淳化於隆平茂績嘉庸冠冕列辟昌言直道牢籠搢紳固以瞻伊呂而連衡邁方召而長騖者矣宜酌故實宏茲令典可並圖畫於凌烟閣庶念功之懷無謝於前載旌賢之義永貽於後昆

賜魏王泰詔

地記之說緜來尚矣區外具於山經海內陳於夏載職方

王制纔舉淮夷漢志晉圖略記郡國自茲以降著作實繁或學非博通多所遺闕或地分南北雅有短長求其折中無聞盡善左武候大將軍雍州牧相州都督魏王泰體業貞固風鑒凝邈學綜策府文冠詞林樂善表於夙夜好士彰於吐握討論輿地詳延儒雅博采方志得之於舊聞旁求故老考之於傳信內殫九服外極八荒憲章之規條目有序戎夏之域今古無遺簡而能周博而尤要足以度越前載垂之不朽宜加褒錫以申獎勸可賜物一萬段其書宜付祕閣

責齊王祐詔

吾嘗誡汝勿近小人正爲此也汝素乖誠德重惑邪言自延伊禍以取覆滅痛哉何愚之甚也爲梟爲獍忘孝忘忠擾亂齊郊誅夷無罪去維城之固就積薪之危壞盤石之基爲尋戈之釁背禮違義天地所不容棄父無君神人所共怒往是吾子今爲國讎萬紀存爲忠烈死不妨義汝則生爲賊臣死爲逆鬼彼則嘉聲不隕而爾惡跡無窮吾聞鄭叔漢戾並爲猖獗豈期生子乃自爲之吾所以上慚皇天下愧后土惋歎之甚知復何云

久旱簡刑詔

去冬之間雪無盈尺今春之內雨不及時載想田疇恐乖豐稔農爲政本食乃人天百姓嗷然萬箱何冀昔頹城之婦隕霜之臣至誠所通感應天地今州縣獄訟常有冤滯者是以上天降鑒延及兆庶宜令覆囚使至州縣科簡刑獄以申枉屈務從寬宥以布朕懷庶使桑林自責不獨美於殷湯齊郡表墳豈自高於漢代

薄葬詔

朕聞死者終也欲物之反於眞也葬者藏也欲人之不得

見也上古垂風未聞於封樹後聖貽則始備於棺槨譏僭侈者非不愛其厚費美儉薄者實亦貴其無危是以唐堯聖帝也穀林有通樹之說秦穆明君也槖泉無邱隴之處仲尼孝子也防墓不墳延陵慈父也嬴博可隱斯皆懷無窮之慮成獨決之明乃便體於九泉非徇名於百代也洎乎闔閭違禮珠玉爲鳧鴈始皇無度水銀爲江海季孫擅魯斂以璠璵桓魋專宋葬以石槨莫不因多藏以速禍由有利而招辱元廬既發致焚如於夜臺黃腸再開同暴骸於中野詳思曩事豈不悲哉由此觀之奢侈者可以爲戒

節儉者可以爲師矣朕居四海之尊承百王之弊未明思化中宵載惕雖送往之典詳諸儀制失禮之禁著在刑書而勳戚之家多流遁於習俗閭閻之內或侈靡而傷風以厚葬爲奉終以高墳爲行孝遂使衣衾棺槨極雕刻之華靈輀明器窮金玉之飾富者越法度以相尚貧者破資產而不逮徒傷教義無益泉壤爲害既深宜爲懲革其王公以下爰及黎庶自今以後送葬之具有不依令式者仰州府縣官明加檢察隨狀科罪在京五品以上及勳戚之家仍錄奏聞

廢皇太子承乾爲庶人詔

肇有皇王司牧黎庶咸立上嗣以守宗祧固本忘其私愛繼世存乎公道故立季歷而樹姬發隆周享七百之期黜臨江而罪戾園炎漢定兩京之業是知儲副之寄社稷繫以安危廢立之規鼎命由其輕重詳觀歷代安可非其人哉皇太子承乾地惟長嫡位居明兩訓以詩書教以禮樂庶宏日新之德以永無疆之祚而邪僻是蹈仁義蔑聞疎遠正人親昵羣小善無微而不背惡無大而不及酒色極於沈荒土木備於奢侈倡優之技晝夜不息狗馬之娛盤

遊無度金帛散於姦慝捶楚遍於僕妾前後愆過日月滋甚朕永鑒前載無忘正嫡恕其瑕釁倍加訓誘選名德以爲師保擇端士以任宮僚冀中人之性可以上下蟠木之質可以爲容愚心不悛凶德彌著自以久嬰沈痼心憂廢黜納邪說而違朕命懷異端而疑諸弟恩寵雖厚猜懼愈深引姦回以爲腹心聚臺隸而同遊宴鄭聲淫樂好之不離左右兵凶戰危習之以爲戲樂既懷殘忍遂行殺害然其所愛小人往者已從顯戮謂能因茲改悔翻乃更有悲傷行哭承華制服博望立遺形於高殿日有祭祀營窀

穸於禁苑將議加崇贈官以表愚情勒碑以紀凶跡既傷敗於典禮亦驚駭於視聽桀跖不足比其惡竹帛不能載其罪名豈可守器纂統承七廟之重入監出撫當四海之寄承乾宜廢爲庶人朕受命上帝爲人父母凡在蒼生皆存撫育況乎冢嗣寧不鍾心一旦至此深增慙歎

立晉王爲皇太子詔

昔者哲王受圖上聖垂範建儲貳以奉宗廟總監撫以寧邦國既義在於至公亦事兼於權道故以賢而立則王季興周以貴而升則明帝定漢詳諸方冊豈不然乎并州都

督右武候大將軍晉王治地居茂親才惟明哲至性仁孝淑質惠和夙著夢日之祥早流樂善之譽好禮無倦強學不怠令承華虛位率土繫心疇咨文武咸所推戴古人云知子莫若父知臣莫若君朕謂此子實允衆望可以則天作貳可以守器承祧永固百世以貞萬國宜立治爲皇太子可令所司備禮冊命

黜魏王泰詔

朕聞生育品物莫大乎天地愛敬罔極莫重乎君親是故爲臣貴於盡忠虧之者有罰爲子在於行孝違之者必誅大則肆諸市朝小則終貽黜辱雍州牧相州都督左武候大將軍魏王泰朕之愛子實所鍾心幼而聰令頗好文學恩遇極於隆重爵位窮於寵章不思聖哲之戒自構驕僭之咎惑讒諛之言信離間之說以承乾雖居長嫡久纏痾恙潛有代立之望靡遵義方之則承乾懼其淩奪泰亦日增猜阻爭結朝士競引凶人遂使文武之官各有託附親戚之內分爲朋黨朕志存公道義在無偏彰厥巨釁兩從廢黜非惟作則四海亦乃貽範百代可解泰雍州牧相州都督左武候大將軍并削爵土降爲東萊郡王

令州縣舉孝廉茂才詔

朕觀前烈建國君臨未有不藉忠良而能濟其功業者也朕顯承宗祀獲奉鴻基側席求賢有年載矣而山林莫致珍玩必臻豈朕好惡之情未達於下其令州縣舉孝廉茂才好學異能卓犖之士

以旱減膳詔

朕以寡德祇膺寶命而政慚稽古誠闕動天和氣愆於陰陽亢旱涉於春夏靡愛斯牲莫降雲雨之澤詳思厥咎在予一人今避茲正殿以自尅責尚食常膳亦宜量減京官

五品已上各進封事極言無隱朕將親覽以答天譴

命皇太子知左右屯營兵馬事詔

皇太子治忠孝成德志業光茂地惟儲副寄深監撫兼統禁旅實允舊章宜知左右屯營兵馬事其大將以下並受處分

封高麗王嗣子藏詔

懷遠之規前王令典繼世之義列代舊章高麗王嗣子藏器懷韶敏識宇詳正早習禮教德義有聞肇承藩業誠款先著宜加爵命允茲故實可上柱國封遼東郡王高麗王

遣使持節冊命

有事南郊詔

朕聞上靈之應疾於影響茂祉之興積於年代朕嗣膺寶歷君臨區宇憑宗社之介福賴文武之同心時無風塵之警野有京坻之積厚地降祉貞石表祥瑩翠色而流光發素質而成字前紀厥初之德次陳卜年之永後述儲貳之美並名字昭然楷則相次曠代之所未聞故老之所未覩猥以寡德虔奉成命緬惟往載良增兢惕自天之佑豈惟一人無疆之福方覃九土自非大報泰壇稽首上帝則靡申奉天之志寧副臨下之心今年冬至有事南郊所司率繇舊典

賜酺三日詔

朕嗣守宗祧夙夜寅懼憂勤在於政道撫育遍於含生十七載於茲矣上元儲祉貞石表瑞朕式備禋燎躬謝蒼旻逮於儲兩亦申虔奉朔風既切飛雪載零及登泰壇六合開朗神祇介福豈獨在予和樂之慶宜被率土可賜酺三日自漢魏以來或賜牛酒牛之爲用耕稼所資多有宰殺深乖惻隱其男子年七十已上量給酒米麪巢州管内大辟罪已下見禁囚皇太子慮過諸州並遣使人分往唯十

惡不在慮限餘皆量情降宥焉

賜皇太子手詔

吾昨見孽鹿懷孕者多縱有空身其子甚小母亡而子存者未之有也吾與汝雖復不躬無仁心之人得便終無放理昆蟲無知須推己以及也推己之孝於父母以及此類則天下有識者懷之推己之惡死以及蟲豸含生之屬何有不賴所以明日不行

命張儉等征高麗詔

百濟高麗恃其僻遠每動兵甲侵逼新羅新羅日蹙百姓塗炭遣使請援道路相望朕情深愍念爰命使者詔彼兩蕃戢兵敦好而高麗姦惑攻擊未已若不拯救豈濟倒懸宜令營州都督張儉守左宗衛率高履行等率幽營二都督府兵馬及契丹奚靺鞨往遼東問罪

親征高麗手詔

行師用兵古之常道取亂侮亡先哲所貴高麗莫離支蓋蘇文弒逆其主酷害其臣竊據邊隅肆其蜂蠆朕以君臣之義情何可忍若不誅翦遐穢無以澂肅中華今欲巡幸

幽薊問罪遼碣行止之宜務存節儉所過營頓無勞精飾食唯充饑不須珍膳水可涉度者無假造橋路可通行者不勞修理御營非近縣學生老人等無煩迎謁隋室淪亡其源可覩良繇智略乖於遠圖兵士疲於屢戰政令失度上下離心德澤不加於匹夫刻薄彌窮於萬姓當此時也高麗之主仁愛其人故百姓仰之如父母煬帝殘暴其下故衆庶視之如仇讎以思亂之軍擊安樂之卒務其功也不亦難乎何異入水而惡其濡踐雪而求無迹朕緬懷前載撫躬內省昔受鉞專征提戈撥亂師有經年之舉食無盈月之儲至於賞罰之信尚非自決然猶所向風靡前無橫陣蕩氛霧於五嶽翦虎狼於九野定海內拯蒼生然則行軍用兵皆億兆所見豈煩言哉及端拱巖廊定策帷扆身處九重之內謀決萬里之外北殄匈奴種落有若摧枯西滅吐谷渾高昌易於拾芥包絕漠而爲苑跨流沙而爲池黃帝不服之人唐堯不臣之域並皆委質奉貢歸風順軌崇威啟化之道此亦天下所共聞也況今豐稔多年家給人足餘糧栖畝積粟紅倉雖足以爲兵儲猶恐勞於轉運故多驅牛羊以充軍食人無裹糧之費衆有隨身之廩

如斯之事豈不優於曩日加以躬先七萃親決六奇使攻無所守戰無所拒略言必勝之道蓋有五焉一曰以我大而擊其小二曰以我順而討其逆三曰以我安而乘其亂四曰以我逸而敵其勞五曰以我悅而當其怨何憂不尅何慮不摧可布告元元勿爲疑懼耳

命將征高麗詔

觀乎天道鼓雷霆以肅萬物求諸人事陳金革以威四方雖步驟殊時質文異軌其放殘殺禁暴虐戮干紀討未賓莫不扶義而申九伐文德昭於率土因時而董三令武功

成於止戈朕祇膺寶歷君臨寓縣憑宗社之靈藉卿士之力神祇儲祉夷夏宅心故上柱國遼東郡王高麗王高建武夙披丹款早奉朝化忠義之節克著於嵎夷職貢之典不愆於王會而其臣莫離支蓋蘇文包藏凶慝招集不逞潛懷異計奄行弒逆冤酷纏於濊貊痛悼徹於諸華篡彼藩緒權其國政法令無章賞罰失所下陵上替遠怨邇嗟加以好亂滋甚窮兵不息率其羣凶之徒屢侵新羅之地新羅喪土憂危日深遠請救援行李相屬朕愍其倒懸之急爰命輶軒之使備陳至理喻以休兵曾不知改莫遵朝命窺窬亭障首鼠窟穴完聚更切賦斂尤繁丁壯盡於鋒刃羸老斃於版築久廢耕桑咸罹饑饉生肉表異顯其亡徵雨血爲妖彰其數盡比室愁苦闔境哀惶華髮青衿不勝苛政延頸企踵思沾王澤昔有苗弗率勞大禹之駕葛伯仇餉動成湯之師況亂常巨寇棄三綱而肆逆滔天元惡窮五刑而莫大者哉朕所以宵衣興慮日旰忘食討罪之意既深於投袂救人之義彌軫於納隍類上帝而戒途詔夏官而鞠旅可先遣使持節遼東道行軍大總管英國公勣副總管江夏郡王道宗士馬如雲長驅遼左奮夷嶽

之威屠豕虵於險瀆乘建瓴之勢斬鯨鯢於鏤方行軍總管執失思力行軍總管契苾何力率其種落隨機進討契丹蕃長於勾折奚蕃長蘇支燕州刺史李元正等各率其衆絕其走伏使持節平壤道行軍大總管張亮副總管常何總管左難當等舟檝相繼直指平壤新羅王金善德傾其城邑竭其府藏荷不貲之澤復累葉之讎出樂浪而衝腹心臨沃沮而蕩巢穴百濟王扶餘義慈早著丹款深識時機棄歷稔之私交贊順動之公戰贏糧蓄銳唯命是從凡此諸軍萬里齊舉頓天羅於海浦橫地網於遼陽朕然後經塗白狼之右親巡元菟之城執鼙鼓而戒六軍載太常而麾八陣使流湯者魚爛握炭者冰消誅渠魁於惡稔弔黎庶於厥角其或擁衆立功或行間自拔宜宏寬大各復農土有勞者當加其賞懷能者不滯其才如其長惡莫悟迷途遂往斧鉞既下必嬰喪元之悲玉石一焚徒軫噬臍之嘆具宣朕旨咸使知聞

建三師詔

朕比尋討經史明王聖帝曷嘗無師傅哉前所進令遂不覩三師之位黃帝學太顛顓頊學綠圖堯學尹壽舜學務

成昭禹學西王國湯學威子伯文王學子期武王學虢叔前代聖王未遭此師則功業不著乎天下名譽不傳乎載籍況朕揆百王之末智不同聖人其無師傅安可以臨兆民者哉詩不云乎不愆不忘率由舊章夫不學則不明古道而能致太平者未之有也可即著令置三師之位

答劉洎詔

非慮無以臨下非言無以述慮比有談論遂致煩多輕物驕人恐由茲道形神心氣非此爲勞今聞讜言虛懷以改

答元奘還至于闐國進表詔

聞師訪道殊域今得歸還歡喜無量可即速來與朕相見其國僧解梵語及經義者亦任將來朕已勅于闐等道使諸國送師人力鞍乘應不少乏令燉煌官司於流沙迎接鄯善於沮沫迎接

追贈殷太師比干諡詔

昔望諸列國之相漢主尚求其後夷吾霸者之臣魏君猶禮其墓況乎正直之道邁青松而孤絕忠勇之操掩白玉而振彩者哉殷故少師比干貞一表德臣隣成性以明允之量屬無妄之辰玉馬遽馳慼其邦之殄悴寶衣將燎惜其君之覆亡見義不回懷忠蹈節讜言纔發輕百齡之命淫刑既逞碎七尺之軀雖復周王封墓莫救焚原之禍孔聖稱仁寧追剖心之痛固已冤深終古悼結彼蒼朕觀風趙北問罪遼東經途秀麥之墟緬懷梓林之地駐蹕而瞻荒隴願以爲臣撫躬而想幽泉思聞其諫豈可使盡忠之義久闕於往冊揚名之典無聞於後代宜錫寵命以展夙心可追贈太師諡曰忠烈公仍遣三品持節祭告四品爲副封崇其墓修葺祠堂州縣春秋二時祀以少牢給隨近五戶以供祭享及灑掃

命皇太子監國詔

朕以寡薄君臨區夏奉神祇之永命當億兆之重責宵衣旰食憂六宮之未安寒心銷志懼一物之失所濊貊僻遠豺狼縱毒元兇尚稽乎天罰遺黎久陷於坑穽朕是以發自瀍澗言巡遼碣命元戎以先驅播凱澤於遐裔省方之務既勞於躬親監國之重允屬於儲貳皇太子治溫文表德睿哲日躋仁孝之誠彰於溫凊絃誦之美著於膠庠禮義既茂徽猷彌遠委以賞罰之權任以軍國之政詳諸前載實惟令典發定州巡遼左之後宜令太子治監國其宗

廟社稷百神咸令主祭軍國事務並取決斷

答有司請忌日仍理軍務詔

省所奏悲感何言天地運流弓劒渺邈方寸久亂泣血無追憂乃終身豈惟一日哀以內結非假外彰今旣戎旅事大不可失在機速昔周武伐殷載廟在道雖多虧小禮而功成大孝往賢之道可不遵歟所以仰順古風俯從今請臨紙摧心慟焉如割

克高麗遼東城詔

五兵爰始軒皇戰於阪泉七德收基唐帝尅於丹浦莫不

除剪暴逆克濟生靈斥土開疆威加四海朕欽承寶歷削平天下六合之內咸以爲家三光所臨義無偏照緜是環裨之表咸淼淼以航深垓寓之中盡容容而面內而島夷陪隸虐殺其君毒被朝鮮災流濊貊幼孤者不勝苛暴忠槩者仰我來蘇朕言念匪人深懷夕惕親御戎軒躬執金鼓意在以殺止殺仁育被於羣生用刑清刑義征戡於不諫廓滔天而調雨露擒猾夏以正封疆用此佳兵事非獲已仰申天罰遂乃龔行先命行軍大總管英國公勣行軍總管張儉等率領驍銳元戎啟行北狄西戎之酋咸爲將帥奚霫契丹之旅皆充甲卒如貔億計羅馬千羣總萃遼東之城攻其南面副大總管江夏郡王道宗第一軍總管虢國公張士貴等率五陵之勁騎董六郡之良家分麾引道攻其西面申命前軍大總管夔國公宏基等分統猛士塡其濠壍賊據城臨險激梁水以環流聳堞凌雲壓頹山而靡懼於是雲羅四合地道九攻危城倏已復隍湯池俄而失險猶且析骸窮壘壁巢幕以偷安轉骨深溝坐積薪而待燎愍其塗炭申其再造頻加誨誘固執迷塗緜是猛士衝冠壯夫挺劒咸頓首於馬前請因機而電掃難違衆

議爰詔許之乃分命諸軍四面雲合朕登高迴矚授其節度又命檢校太常卿鄂國公敬德領黃門之軍樂奏元雲之雅歌將帥聞而增憤士卒緜其作氣於時凍雨初晴驚風漸急聊命縱火數處熸然焚其樓雉並爲煨燼合城男子面縛軍門取彼渠魁屬之司敗千載逋寇一朝清蕩斯並宗廟威靈上元幽贊忠臣猛將盡節陳謀勁卒勇夫輕身效命協同心力成此大功豈朕一人獨能致此今兹尅捷普天同慶宜令頒下咸使聞知

收瘞征遼士卒詔

日者隋師度遼時非天贊從軍士卒骸骨相望遍於原野良可哀嘆掩骼之義抑惟先典其令並收瘞之

克高麗白巖城詔

上天之道先德而後刑王者之師有征而無戰是以炎農翦暴風沙自縛其君元德一興有苗不固其險朕勞神濟物用百姓而爲心則天宏化環四海而開宇義非獲已繇是舉兵每蓄哀矜深存宥罪自濟遼水先令告喻而蓋牟不革其面遼東猶抗其斧既觸天網遂縱兵鋒未展鷹揚已皆魚爛朕乃鼓行乘勝師次白巖兇徒相率登陴拒守

因山構壘仰切浮雲縈澗疏隍下臨無景妖氛蝟聚如憑劒閣之深同惡鴟張若負洞庭之險乃命行軍大總管英國公勣等統咀鐵冠雞之將率挈黿斬蛟之士石發甚於星霣樓毀同於山壞朕憫彼同焚情深惻隱乃親御八駿幸勅三軍賊既倒懸方思轉禍積甲齊於熊耳獲虜方於海陵建十州之旗各復於桑梓反三韓之士不易於農肆焚櫬錫爵驅馳遼浿之間鑿井耕田編列弁辰之野古人有言曰全國爲上蓋斯之謂焉又燕碣土風素多霖霪軒皇遣召兩之寇晉后苦涌水之災自朕出師上靈幽贊旭日澄霽膚雲輟陰所指未有堅城所向乃無完陣天道人事義等合符窮穴傾巢庶將非遠宜以大慶頒示普天

破高麗賜酺詔

上帝明威鼓雷霆而震曜先王仗順用甲兵而弔伐故能經綸九野清滌八荒二十七征元王創其鴻業五十二戰黃運垂其大名騰有國之英猷光列代之通典朕荷構乾象大庇羣生池濛氾而苑扶桑紐天紘而疆日域蠢茲皮服敢亂天常但折彼螽股何俟五丁之力射其雀目無假萬弩之機然以先聖救焚成言援手自惟己任是用躬親

故知矢石交鋒非勝巖廊之道介胄爲飾不逮旒冕之容若命將以授戈愧奉身而役物爰親征而沐兩務勞形以安衆一義宜鑒所向弗違自涉遼陽受降之城累築曾未期月獻凱之歌日奏傳烽告捷異往昔之照甘泉貢敵爲糧矯向時之挽紅粟復以今日中攻其安市城重圍四布勢同三板之危縣命短晨哀其守陴之哭高麗僞主掃其境內罄茲驍銳咸發從軍爰自平壤長驅影援有徒十五萬連旗三十里烟火稽天若黃虵之吐霧轂騎橫野邁赤蟻之爲羣朕私心計其地形屈指籌其破日分命衆將各

稟新書。臨事設奇。因機制變。行軍大總管李勣。率總管號國公張士貴等馬步軍十四總管。當其西南面。又命趙國公無忌。率馬步軍二十六總管。馳自東谷。合其來道。抵背扼喉。塞其歸路。朕乃潛師偃旆。登於北山。候彼交鋒。於茲聳轡。若處中天之闕。俯周宮於目前。如登太岳之岑。觀魯封於掌內。出其不意。凶徒遂擾。初爲一陣四拒。勣軍及此三分。因而大潰。流血川溢。滄波爲之暫丹。斬級彌山。髑髏以之成岳。蓋由鏑鋒交下。玉石同湮。雖則可哀。理無兼濟。其兵將大耨薩延壽惠眞。率其餘衆。一心輸款。但高麗國政本關二人。今總委僞軍。隻輪不返。大慶允集。益深祗懼。可歸美淸廟。昭告懋功。須示萬邦。賜酺三日。

禁遼東重刑詔

自莫離支爲主。官以賄成。單貧之家。困於稅斂。一馬匹布。隻兔纖鱗。或進域主。或輸耨薩。其有自給。類加箠楚。編戶饑寒。莫知告訴。至斯責罰。即用夷刑。反接鞭笞。下手無數。瘡深快意。然後乃已。所以陳兵伐罪。兼暢皇風。使懷附之徒。同霑聲教。息彼貪殘。除其弊俗。今遼東之野。各置州縣。或有舊法。餘風未殄。宜即禁斷。令遵國憲。

授高延壽高惠眞官爵詔

西戎賢相。寵光秦冊。北夷嗣子。榮珥漢貂。羈以長纓。用表元功之大。掩茲宏綱。式昭天覆之博。高麗位頭大兄理大夫後部軍主高延壽。大兄前部軍主高惠眞等。弁馬韓酋長。鯷海英髦。分羲景於扶桑。數鍾天厭。竊封疆於孤竹。自貽神怒。臨危轉禍。率衆來降。申其膝行之敬。成其面縛之禮。向風舉踵。良足可嘉。咸宜收其俊才。嗣鳥官於郯子。錄其成效。映龜組於梅鋗。延壽可鴻臚卿。惠眞可司農卿。

賞渡遼戰功詔

授以勳級。本據有功。若不優異。無繇勸獎。今討高麗。其從駕爰及水陸諸軍戰陣有功者。並聽從高品上累加。

班師詔

朕聞之。聖人愼罰。觀兵於再駕。明王舉事。制勝於三年。合諸侯以討逆。既擒而且縱。總海內以除殘。臨行而止殺。其故何哉。信繇上天之德曰生。王者之師曰義。是以網開三面。干舞七旬。豈有恣欲稜威。取鯨鯢而竭澤。覆巢探穴。磬麛卵以塗原者乎。慓彼島夷。僻居鯷壑。晉皇淹駕。纔克一城。隋帝頻師。淪兵百萬。朕光承寶歷。司牧普天。陶化紫宸法兩儀而導俗推心黔首徇萬寓以勞神纖介不安終宵輟寢蠻陬未艾日旰忘飡是以遠涉天涯比焦原而未險長驅若木譬平圃以非遥憤角遼陽躬親節度摐金海表震曜威靈尅其元菟橫山蓋牟磨米遼東白巖卑沙麥谷銀山後黄等合一十城凡獲戶六萬口十有八萬覆其新城駐蹕建安合三大陣前後斬首四萬餘級降其大將二人裨將及官人酋帥子弟三千五百兵士十萬人並給程糧放還本土又獲牛馬各五萬館穀十旬不假贏糧之費徒兵累萬咸發兼乘之歌自夏涉秋係虜相次縣燕及雍

襁負不絕緬維湯文取亂嘗懷偃伯之心虞夏勝殘實宏光被之美有懷戢武造次何忘但以賊帥莫離支猶不授首本圖未果志無旋旆忽屬徼外霜嚴海濱寒沍念茲兆衆便命班師朕所向必摧上靈之祐也所攻無敵勇夫之力也方且仰酬元澤展大禮於郊禋賚此勤勞錄摧鋒於將士有勳者別須榮命無勳者並加優恤諸渡遼海人應加賞命及優復者所司宜明爲條例具狀奏聞朕將親爲詳覽以申後命

賜定州宴會詔

皇太子愛敬所覃格於四海仁孝所感周於百姓自春監國既處定州首創德風在乎茲境所以事君養民之道有隱無犯之情爰自中山流於率土地居宣化之本人稟純孝之深有足可嘉特須優異其定州管內以孝行聞者宜與宗姓老人同賜宴會

賜劉洎自盡詔

小人在列爲蠹則深巨猾當樞懷惡必大侍中檢校戶部尚書清苑縣開國男劉洎出自閭伍言行罕稱於國無涓滴之勞在朕匪枌榆之舊但以驅策稍久頗有吏能擢於

凡瑣之間收其鳴吠之用超倫越品使居常伯紆青襲紫攝職文昌冀有葵藿之情知懃雨露之澤茲朕行屨小乖和豫凡百在位忠孝纏心每一引見涕泗交集洎獨容顏自若密圖他志今行御進狀奏洎乃與人竊議窺窬萬一謀執朝衡自處霍光之地窺弄兵甲擅總伊尹之權猜忌大臣擬皆夷戮朕親加臨問初猶不承傍人執證方始具伏此如可恕孰不可容且皇太子治春秋鼎盛聲溢震方異漢昭之童幼非周成之襁褓輒生負圖之望是有無君之心論其此罪合從孥戮但以夙經任遇不忍梟懸宜免

家累賜其自盡

定皇太子與臣工書疏式詔

皇太子地在震方禮絕羣后而令書法式未著彝章近代以來例皆名白謙過逼下書依衆庶無以別貴賤之差將何顯尊卑之序理非通允宜有更張凡處分論事之書皇太子並宜畫令左右庶子以下署名宣奉行書按次畫日其餘與諸親及師傅等書不在此限

諭高履行手詔

古人立孝毀不滅身聞卿絕粒殊乖大體宜抑摧裂之情割傷生之累

欽定全唐文卷八

太宗五

征遼還宴賜父老詔

太原之地興運所階全晉之人義深惟舊自朕恭膺寶歷二紀於茲何嘗不御扆長懷想崤陵之風雨臨軒遠感念大麓之雲雷當於此時乃忘身而拯溺實賴同德並贏糧而樂推役不踰年遂清區域諒縣成都之衆謳訟闡虞帝之功戰牧之徒歌舞興周王之業仗茲協力竟至升平懷彼勤勞何忘晷刻既因垂拱之暇再省創業之方周歷郊原宛如疇昔訪其父老已多長謝不見所識魏后遂以興嗟恤彼故人漢皇因而式宴前王是日哀樂交懷在朕深衷義符於此是用具陳廣樂共申高宴取譬還譙之賞同彼幸代之情仍曲赦并州管內大辟已下繫囚見徒皆赦除之常赦所不免者不在赦例

令皇太子斷決機務詔

朕粤自髫年時逢道喪懷生之類盡塗原野是用痛心疾首攘袂救焚以戰場為俎豆以干戈為章服夕不遑息寧濟四方饑不及餐推移一紀幸賴上元幽贊下土宅心承

天嗣歷勵精求政鑒百王之積弊振千祀之頹綱旰食宵衣百齡行半洎乎至道方泰荼蓼遽侵自十九年以來亟罹哀恤又屬高麗逆亂毒被韓夷微物不安無忘隱惻遂復躬行弔伐遠涉遐荒時歷暄寒體親風雨雖復澄氛海外有慰深衷久倦征途乃多虛弊方今兆庶殷阜六合廓清垂拱無爲允在茲日而皇太子治令德遠彰所有機務可令斷決百辟卿士咸宜受其節度朕當親調五藥暫屏萬機三數月閒且自怡攝

修晉書詔

朕拯溺師旋省方禮畢四海無事百揆多閒遂因暇日詳觀典府考龜文於羲載辨鳥冊於軒年不出巖廊神交千祀之外穆然旒纊臨睨九皇之表是知右史序言繇斯不昧左官詮事歷茲未遠發揮文字之本導達書契之源大矣哉蓋史籍之爲用也自沮誦攝官之後伯陽載筆之前易代史臣皆有刪著仲尼修而採檮杌倚相誦而闡邱墳降自西京班馬騰其茂實逮於東漢范謝振其芳聲蕞爾當塗陳壽敷其國志眇哉有宋沈約裁其帝籍至若梁陳高氏朕命勒成惟周及隋亦同甄錄莫不彰善癉惡振一代之清芬褒德懲凶備百王之令典惟晉氏膺運制有中原上帝啟元石之圖下武代黃星之德及中朝鼎謝江右嗣興並宅寰區累重徽號足以飛英麗筆將美方書但十有八家雖存記注而才非良史書虧實錄縉紳煩而寡要行思勞而少功叔寧課虛滋味同於畫餅子雲學海涓滴堙於涸流處叔不預於中興法盛莫通於創業洎乎干陸曹鄧略紀帝王鸞盛廣松纔編載記其文既野其事罕傳遂使典午清塵韞遺芳於簡策金行曩誌闕繼美於驪騵遐想寂寥深爲歎息宜令修國史所更撰晉書詮次舊文

裁成義類俾夫湮落之誥咸使發明其所須可依修五代史故事若少學士亦量事追取

平薛延陀幸靈州詔

朕聞獯獫強暴歷代憑陵結晦關都凝氛大漢家山宅野時獸聚而禽分幕毳廬穹乍邊屯而蟻集退因利飽進爲財饑前王弊其貪殘中夏憚其荐食然而三策短慮非爲禦寇之方千里長城豈謂靜邊之計故以百王靡服千古不賓種落實繁奸回孔熾武德之際飲馬渭濱貞觀之初敢恣凌逼朕載懷慷慨命將出師旗鼓一臨沙漠大定雪

涇陽之周恥報白登之漢恥截瀚海以開池籠天山而築苑其餘醜類自已羈縻勞我邊甿軫余遐念將奮鈇鉞受命上元延陀惡積禍盈今日夷滅醜徒內潰凶黨外離契苾送款來降其餘相率歸附惟僕骨同羅猶懷假息冰消雹碎匪夕伊朝豈朕威德所懷故乃蒼旻之惠觀賊此勢何能自全今不乘機恐貽後悔故欲暫往靈州親自招撫安邊靜亂下固甿基一軌同文永宏家業使萬里之外不有半烽百郡之中猶無一戍永絕鎮防之役豈非黎元樂見雖復去歲東征士馬勞倦甫旋京邑曾未踰年今秋復

行理多疲頓但以良藥苦口非病者甘焉而必飲之思去膏肓之疾私種弊力豈農夫樂焉而必履之求其倉庫之益斯皆忍小惡而成大美就輕害而得殊功朕積疾累時今尚虛憊必欲牽痾就路以赴天機百辟士庶幸勿辭也遼東從兵皆不差發布告天下悉朕意焉

令天下諸州舉人手詔

高明之天資星辰以麗象博厚之地藉川嶽而成形況於帝王體元立極臨馭萬物字養生靈者乎所以致治之君遠讒佞近忠良屈己以伸人故能成其化爲亂之主親不肖疏賢臣虐下以恣情用能成其亂明君遵彼以興國暗主行此以亡身是以馭朽臨冰銘心自戒宵興旰食側席思賢庶欲博訪邱園搜採英俊弼我王道臻於大化焉可令天下諸州明揚側陋所部之內不限吏人其有服道棲仁澄心礪操出片言而標物範備百行以綜人師質高視於琳瑯人不聞於曾閔潔志邱園揚名里閈或甄明政術曉達公方秉木鐸於孔門受金科於鄭相奇謀間發明略可以佐時識鑒清通偉才長於幹國或含章傑出命世挺生麗藻遒文馳楚澤而方駕鉤深覩奧振梁苑以先鳴業

擅專門詞高載筆或辨雕春圃談瑩秋天發研機於一言起飛電於三寸蓄斯奔箭未遂揚庭並宜推擇咸同舉薦以禮將送具狀表聞限以今冬並與考使同赴庶使棼林之舉咸矯翼於巖廊尺木之階方振鱗於遊霧翹心俊乂稱朕意焉

答元奘法師進西域記書詔

省書具悉來意法師夙標高行早出塵寰泛寶舟而登彼岸搜妙道而闢法門宏闡大猷蕩滌衆罪是故慈雲欲卷舒之而蔭四空慧日將昏朗之而照八極舒朗之者其唯

法師乎朕學淺心拙在物猶迷況佛教幽微豈能仰測請爲經題非己所聞新撰西域記者當自披覽

賜功臣葬地詔

周室姬公陪於畢陌漢庭蕭相附彼高園寵錫墳塋聞諸上代從窆陵邑信有舊章蓋以懿戚宗親類同本之枝幹元功上宰猶在身之股肱哀榮之義實隆始終之契斯允今宜聿遵故實取譬拱辰庶在鳥耘之地無虧魚水之道宜令所司於昭陵南左右廂封境取地仍即標誌疆域擬爲葬所以賜功臣其有父祖陪陵子孫欲來從葬者亦宜聽允

平契苾幸靈州詔

朕勞形育物盡敬承天蠢動不安櫛風而罔倦荒隅未靜救焚而靡息獨運方寸貫徹上元凝想旻旋化行戎狄是知惟天爲大合其德者弗違謂地蓋厚體其仁者光被故能彌綸八極輿蓋兩儀振絕代之英聲畢天下之能事彼匈奴者與開闢以俱生奄有龍庭共上皇而並列僭稱驕子分天街於紫宸仰應旄頭抗大禮於皇極公犯帝座流殃搆禍乃於運初憑陵障塞連年壓境射雕馳騎亟飲灞川逐鹿騰氛頻驚渭汭貽先皇之動色俾黎庶之塗炭社稷爲虞軫情何已自朕御天下二紀於茲曩者聊命偏師遂擒頡利今茲始宏廟略已滅延陁雖則鑾駕出征未踰郊甸前驅所轥纔掩塞垣長策風行已振金微之表揚威電發遠讋沙場之外遂使鴈山之北無復單于龍燭之南大開封域其契苾車必俟斤及鐵勒諸姓迴紇胡祿俟利發等總統百餘萬戶散出北漠遠遣使人委身內屬請同編列並爲州郡引領翹足暴十日而行油雲延首求哀沈九泉而請營魄朕當暫幸靈州親撫歸附宏茲肆赦加以

施生須惠天隅曜威雲朔收其瀚海盡入提封解其辮髮並垂冠帶混元以降殊未前聞無疆之業永貽來裔古人所不能致今既吞之前王所不能屈今咸滅之斯實書契所未有古今之壯觀豈朕一人獨能宣力蓋繇上靈儲祉錫以太康宗廟威靈成茲克定即宜備禮告於清廟仍以大慶須示普天俾與黎元同茲有賴

貶蕭瑀手詔

朕聞物之順也雖異質而成功事之違也亦同形而罕用是以舟浮檝舉可濟千里之川轅引輪停不越一毫之地

故知動靜相循易爲務。曲直相反難爲功。況乎上下之宜。君臣之際者矣。朕以無明於元首。期託德於股肱。思欲去僞歸眞。除澆反樸。至於佛教。非意所遵。雖有國之常經。固弊俗之虛術。何則。求其道者未驗福於將來。修其教者翻受辜於既徃。至若梁武窮心於釋氏。簡文銳意於沙門。傾帑藏以給僧祇。殫人力以供塔廟。及乎三淮沸浪。五嶺騰烟。假餘息於熊蹯。引殘魂於雀鷇。子孫覆亡而不暇。社稷俄頃而爲墟。報施之徵。何其繆也。而太子太保宋國公瑀。踐覆車之餘軌。襲亡國之遺風。棄公就私。未明隱顯之際。

身俗口道。莫辯邪正之心。修累葉之殃源。祈一躬之福本。上以違忤君主。下則扇習浮華。往前朕謂張亮云。卿既事佛。何不出家。瑀乃端然自應。請先入道。朕即許之。尋復不用。一迴一惑。在於瞬息之間。自可自否。變於帷扆之所。乖棟梁之大體。豈具瞻之量乎。朕猶隱忍至今。瑀尚全無悛改。宜即去茲朝闕。出牧小藩。可商州刺史。仍除其封。

絕高麗朝貢詔

高麗餘燼。謂能悔禍。故遣停兵。全其巢穴。而兇頑成性。殊未革心。前後表聞。類多不實。每懷詭誑。罪極難宥。見朕使人。又虧蕃禮。所令每云莫擾新羅。口云從命。侵凌不止。積其姦惡。嘗包禍心。蓋天攸棄。豈宜馴養。自今已後。勿聽朝貢。

令皇太子處分庶務詔

朕因東行憂勞。幸靈州綏撫。冒寒來往。稍覺疲弊。今欲至歲暮以來。怡攝宜暫簡靜。其祭祀及諸方表疏。蕃客兵馬宿衞。應行魚契給驛。授五品以上官及五品以下官降解。斷死罪等事。依常式奏聞。自餘並取皇太子治處分。

答長孫無忌等請封禪詔

朕念遠役初寧。頗須休息。深知所請。甚合機宜。即事省方。恐生勞擾。俟百姓閒逸。可徐議之。

允行封禪詔

朕遐觀哲王。煥在方冊。功既成矣。咸禮備以升中。道既行焉。必奉符而告禪。所以發揮天命。昭報上靈。其有建顯號以創鴻徽。施尊名而騰茂烈者。莫不揚輝於鏤玉。絢景於塗金。昭昭然麗三辰而並運。滔滔焉播四溟而極深。朕誠寡德。良深景慕。曩者氓俗凋弊。國步甫安。勉致隆平。日不暇給。而槐卿守闕。請繼美於云亭。嶽牧叩閽。祈踵武於梁岱自惟菲薄至道未凝抗禮皡穹實懷疑懼緬尋幼齒運鍾交喪忘其家以徇天下委其體以濟寰中翊戴先皇削平諸夏出於萬死首導五橫之源不顧一身先錫兆人之命越自鑪炭獲返營魂拔於鬼錄並登仁壽竊惟天地之大德存於施生朕以徑寸之小心襲於造育降斯休泰諒或緐茲不然者何能致於此也遂得池隍象滿苑囿龍沙量一候於鶴林同六爻於鱗水實賚天貺貴以咸亨豈朕微庸而能及此今茲列辟卿士鴻生碩儒各述靈徵累陳丹款旣迫羣議當事敬從

求直言手詔

朕聞堯舜之君自愚而益智桀紂之主獨智以添愚故異順道於忠言則殊榮辱於帝道朕登踐宇宙字育黔黎恐大德之或虧懼小瑕之有累候忠良之獻替想英傑之謀猷而諫鼓空懸逆耳之言罕進謗木徒設悖心之論無聞唯昔魏徵每顯余過自其逝也雖有莫彰豈可獨非於往時而皆是於茲日故亦庶僚苟順難觸龍鱗者歟所以虛己外求披衷內省言而不用朕所甘心用而不言誰之責也自斯已後各悉乃誠若有是非直言無隱

封禪詔

門下朕聞天大地大首播黎元媧皇燧皇肇恭元籙是知施生爲德處崇高而不言亭毒攸資委欽明以司契洎乎三正迭建五運相遷休烈存乎典墳至道流乎雅頌歷茲十代咸宅九州逖聽風聲抑可知矣其有仰齊七政俯會百神察靈眷於祥符報元功於昭告莫不磬情梁岱繼蹱云亭對越兩儀盡先聖之能事揚蕤三統垂曩哲之尊名懸鏡天衢罔不繇於此也自中陽絕紐堙白水於窮流宮孽紹興阻黃星於天塹永嘉東播化金馬以爲牛道武南

徂飛蒼鵝以登祚周吞嶽裔遠三葉而巢傾隋并舜後及二帝而舟覆莫不以凶易亂譬畏迹而横奔以暴代昏同抱薪而止熛咸資攸斁之道莫及淳化之源各肆巨壑之心規享上靈之佑却行求進其可得乎繇是寂寥千祀無懷之風不嗣泯棄七經子長之言殆絕遂使成山日觀久闕升中之儀汶上明堂曠聞類帝之義顧瞻禮樂深有可嗟朕幼踐危機愍斯窮運上同附翼下靡息肩化感天狼虔劉帝寓鴻波蕩岳淵横流而罔診大浸稽天墊重昏而莫拯惴惴黔夏各垂餌於鯨鯢籍籍僵屍並糜肌於猰貐

上靈慈憫爰啟朕心景命潛通秉其仁育之性陰符煥發導以戡翦之功於是負荷休徵援旗鞠旅肅恭儲祉吟雲躍鱗順朱鳥以行誅騫丹鳳而遐舉射九烏而懸日月區品物以煦陽和練五石以造乾坤濟厥角以全眉壽於是尊奉先帝凝旒於廟堂躬履兵鋒憂勤於燮輔既而仰遹威命俯順樂推越自唐侯言膺下武深惟憂責之重自朂若厲之懷遂致靈貺無涯翦旄頭而降錫遊魂削衽盡窮髮以開疆東苑蟠桃西池昧谷咸覃正朔並充和氣較凝旒於往代窮今古而罕聞考光宅於前皇罄油緗而莫覩

方今六合之表擊壤傳聲四海之隅菑畬歲稔食氣者靡乖其性稟命者相賀其生豈朕眇身勤勞所逮諒繇高明垂鑒祚此隆平今茲三事大夫百僚庶尹各述天人之意請躡封禪之蹤顧惟寡薄推而不有杜絕羣言至於數四中外之情尤切企佇之望逾深朕又詳思荷財成於穹昊自古賢哲並歸功於大帝迫斯至理弗獲固辭展禮上元實增慙懼可以貞觀二十有二載仲春之月式遵故實有事於太山諸內外臣僚岳牧卿士既相敦喻將事告成各罄乃心無虧政道恪居所職務協時邕所司宜與搢紳先生載筆圓冠之士詳求通典裁其折中深加嚴敬稱朕意焉其今年朝集使宜集洛陽宮應朝集依十五年三月八日勅諸王並聽來朝其北蕃自磧以南大首領赴會仍令天下諸州明揚仄陋其有學藝優洽文蔚翰林政術甄明才膺國器者並宜知日申送限以來年二月一日總集太山庶令作賦擲金不韞天庭之拔被褐懷玉無溺屠釣之閒務得英奇當加不次主者施行

左邱明等二十一人配享孔子廟詔

左邱明卜子夏公羊高穀梁赤伏勝高堂生戴聖毛萇孔

安國劉向鄭衆杜子春馬融盧植鄭元服虔何休王肅王弼杜元凱范甯等二十有一人並用其書垂於國冑既行其道理合褒崇自今有事太學可與顏子俱配享孔子廟堂

贖取陷沒蕃內人口詔

隋末喪亂邊疆多被抄掠今鐵勒並歸朝化如聞中國之人先陷在蕃內者流涕南望企踵思歸朕聞之惕然深用惻隱宜遣使往燕然等州知見在沒落人數與都督相計將物往贖遠給程糧送還桑梓其室韋烏羅護靺鞨等三

部被延陀抄失家口者亦令爲其贖取

建玉華宮手詔

朕聞上代無爲簷茅而砌土中季華用肥玉而臺瓊燥濕之致雖同奢儉之情則異朕承皇王之緒執造化之綱包萬類於心端圖八紘於目際夷夏一軌區宇大同雖則德有劣於難名道方參於至義若乃制服垂裳之后服牛羈馬之君弦弧剡矢之奇運車浮舟之制濟時爲美功亦大焉至若浩浩九齡岌岌七載融山坼地滔天襄陵生人之艱勞亦極矣彼數德者功莫高乎吞狄此兩災者勞又甚

乎裁宮今雖菲食卑宮有慙於曩哲安人濟難不愿於前賢然而人皆輕見重聞貴耳賤目德雖微也以其古而爲大功雖巨也以其今而成小不亦謬哉每流鑑於前經嘗披懷而自勗思所以收驕閑逸卷慾除華而頃年已來憂勞頓結暨至茲歲風疾彌時嗟乎濟世之威患攢躬而靡制迴天之力痛沈己而難移重以景熾流金風揚溽暑邅迴几席旭暮增勞俯仰巖廊寢興添弊雖冀廓景延涼蕩茲虛懷近因羣下之志南營翠微本絕丹青之工纔假林泉之勢峯居隘乎蚊睫山逕險乎焦原雖一己之可娛念百僚之有倦所以載懷爽塏爰制玉華故遵意於樸淳本無情於壯麗尺版尺築皆悉折庸寸作寸功故非虛役猶恐遐邇乖聽方興怨咨非其樂勞人而竭力好峻宇而雕牆但以養性全生不獨在私在己怡神祈壽良以爲國爲人此者屢有征行非無疲頓前歲問罪遼左去秋巡幸靈州皆以翦害除凶懷柔服叛豈欲矜轍迹騁盤遊而已哉今復土木頻興營繕屢動永言思此深念人勞一則以爲慚一則以爲愧何則匈奴爲患自古弊之十月防秋人血丹於水脈千里轉戰漢骨皓於塞垣當此之疲人不堪命

尚興未央之役猶起甘泉之功今則毳幙穹廬取爲郡縣天山瀚海分爲苑池去已往之長勞成將來之永逸譬迴一年力役創此新宮想志士哲人不以爲言也布告黎庶明此意焉

停封禪詔

門下朕聞探元賾者先實而後賓體至公者本仁而末禮名歸於己往哲存而弗務德利於人前聖徇而爲急是用範圍天地權輕重以會時宜取則陰陽適通變以從衆欲繇是古之封禪無奪事機所謂奉天咸資務隙朕仰窺前

志歷選哲玉無懷有巢緬逾繩契之表龜文鳳紀越在俎豆之先扣寂寞以傳疑故可略而言也至如三元立統百物正名步驟之軌非遥損益之源可挹雖堯心廣運局疆域於流沙禹跡遐宣限要荒於碣石猶且先宏即敘次展玉帛之儀首創賓門方備云亭之典告成之義罔弗繇茲況朕奄有方輿闔域該於千古仰承靈貺降福超於百王巨海所環莫非臣妾長河攸括並入封疆日者夷夏同文貞符狎至謂可鳴鑾日觀勒牒仙閭許以來春親行告禪而今延陀一姓流竄西陲控弦萬計初歸正朔亡其沙塞

之地游魂戴斗之鄉一物之微猶驚心於夕惕九夷乃陋豈忘懷於施生新就縶維理須安置又以朕往歲躬勤拯溺至於炎月沿比不安公卿庶僚各陳誠請遂有翠微之役非無版築之勞既而山谷阻深朝宗有礙重披丹懇請建玉華朕以寸心經綸億兆冒茲隆熱貽朝野之深憂允乃誠忱副率土之僉望遂復頻有興造恐致勞煩兼聞河北數州頗傷淹澇朕爲人父母思濟黎元順動升中理無兼遂其介邱大禮宜且權停前追諸玉及四方岳牧并蠻夷酋長令以明年二月會泰山者今並宜停其朝集使及選舉人等前令詣洛陽宮可依常年集限並赴京師諸爲封禪事舉人營造轉運等亦宜並詔停其玉華宮所立制度前已下詔務從菲薄今乃庶事減省更令卑陋示免風雨稱朕意焉可分道馳驛散頒天下主者施行

伐龜茲詔

皇天理物蓄嚴厲於積陰大塊厚生騰殺氣於秋序故霆霓震曜聲懾八紘繁霜凝肅威加萬類朕既承茲介福超上皇玉憂責在躬情兼列代昆蟲不理猶且納隍戎羯未寧豈宜安席邊矣西土自古遊魂昔與北場本同根蒂乘

戎致鬭遂爾攜離鷄田戴斗是其祭天之地鴈塞干雲上應分衛之野疆逾瀚海局距塞垣總其銜燭之鄉並爲征賦之俗惟有烏孫舊境罽眾所漏本既先披末豈能全皮尚不存毛將安附侵軼旅獒之壤剽掠巨雀之藩播此凶荒歷年茲久積其愆禍崇凶貫盈凡厥氊裘不勝焦爛龜茲板屋盡苦侵漁膜拜錦車思拯溺以延首重譯蠻邸叫嚴閽而委命裂裳裹足驟請天誅朕乃睠西顧深悼於懷捨此弗圖孰祇靈命是以求衣待旦對懸亡食哀彼綴旒義增投袂雖臨軒而獨斷慮疑謀之罔從乃命鼎司陰籌

遠略言纔出於脣吻應已昭於上元昧旦臨朝太史奏曰昨宵甲夜纖阿蝕昴考靈臺之祕簡徵渾象之舊文月者陰精用刑之兆也星躔胡分數終之效焉是知天道雖高去人非遠至誠仰達應不踰時奉以恭行理當無惑今便躬行推轂制詔夏官禡社出車發明秋令殲斯巨猾救彼蒼黎可遣使持節崑邱道行軍大總管左驍衛大將軍阿史那社爾副大總管左驍衛大將軍契苾何力金紫光祿大夫行安西都護郭孝恪司農卿清河郡公楊宏禮行軍總管左武衛將軍李海崖等總挈黿斬蛟之士帥曳牛佩

豕之曹莫不感義長驅誓探巢穴之志循躬距躍將謝肉骨之恩又發鐵勒兵牧十有三部突厥侯王十餘萬騎沸湧動沙場之地呼吸振廣漢之風道自金微會於葱嶺又遣吐蕃君長踰元菟而北臨步搖酋渠絕昌海而西鶩齊飛白羽周設天羅縱金懸米之源掩河津而電擊沫赭崦山之嶠驅日域以雷奔取彼渠魁委於司寇拯其萌隸賜以營魂俾夫六羸泛駕免覆車而伏皁十角摧鋒與共觝而俱斃豈非有名動衆本爲除殘以義出師貴能懲惡是以倒戈必宥事表於前經輿櫬不誅理昭於往誥其有去危投款悔禍求哀毳幙酋豪宜錫長纓之寵韋鞲種落惠以飲喙之娛且夫察微興事者機也勞已安人者義也天與則取可謂乘機衆欲斯從是名敦義踐機而必作戴義以行之今此一勞永康四表折兵難再或失時宜以朕之懷速頒天下

賜高士廉陪葬詔

昔平仲云亡齊后深股肱之慟太眞既沒晉君悲社稷之臣故悼往飾終義存追遠褒忠錄舊事本因心故開府儀同三司上柱國申國公士廉德範宏深風猷遠著道高廊

廟望重勲賢職在銓衡穆九流而馳譽位居端右總百揆而騰芳班職台儀具瞻允集忠謀令範遇物必彰造膝危詞類多宏益瞻風力以齊軌軼伊呂而長鶩朕爰在弱齡早敦姻戚綢繆眷遇多歷年所方期翊茲景化永贊隆平曾不憖遺忠良奄及感惟永往震動厥心儀形莫追徽音日遠宜崇禮命式表哀榮可贈司徒使持節都督幷汾箕嵐四州諸軍事幷州刺史給班劍四十人及羽葆鼓吹賻絹布二千段米粟二千石陪葬昭陵令攝鴻臚卿監護

玉華宮成曲赦宜君縣詔

昔周武應天尅瑤臺而靡處漢高作極獲賁陽而不居散服桃林革命先於卜雒既遷枌社創制肇於疏龍朕御九成有乖斯義以茲撫事尤須改作何者文營仁壽慨日臨雲觴起乾陽銜珠帶璧比阿房而競爽猶且有加擬傾宮而騁麗全為具體隋德云謝其徽在茲朕悼於懷為日既久故違其侈義顯茲令扆加以心懷濟育事切於肌膚亟犯風霜疾纏於腠理每至隆曦居亭大火搞苦雖對寒泉如外頭痛之疢式居珍簟若涉炎火之林緜是岳牧憂惶公卿駭懼累陳丹懇請建山宮歷載既深竊愛百金之費

詳其至理宜順萬姓之心朕往冒兵凶為黔首而忘己今茲清暑豈勞人而取安但以上奉宗祧下寧兆庶身非己有不可自輕敬思休攝之方兼履古先之道發明二指創此一宮即澗疏隍憑巖構宇土無文繡木不雕鎪矯金鋪以荊扉變綺牕於甕牖負扆協幽貞之賞垂纘嘉遁世之情振此沖規方垂帝範今既成之不日賴洽普天宜順發生宏茲霈澤可曲赦宜君縣官及百姓幷督作官人丁匠等大辟罪已下常赦所不免者不在赦例其營造監當官人量加品秩及衛士以上並節級賜物先在宮苑內住移出外者給復三年

賜蕭瑀陪葬詔

悼往飾終寔惟茂典高班縟禮允屬名臣故特進宋國公瑀稟粹挺生含章秀出慶傳積德道映搢紳登朝膺務多歷年所出綜機揆雅道光於廊廟入司綸綍讜言聞於帷扆行歸恭儉志存靜退輔德無聞逝川奄及緬惟既往震悼良深宜錫寵章式光幽穸可贈司空使持節都督荊峽岳朗澧五州諸軍事荊州刺史官封如故陪葬獻陵宜令使人持節冊命贈絹布五百段幷賜東園祕器

賜房元齡陪葬詔

輟膳流哀悲深棟幹徹懸興感悼切股肱是知縟禮飾終道先彝冊贈章追遠事本因心故司空梁國公元齡蹈義挺生資忠秀出功宣翼贊誠著艱難推轂代藩參六飛之馭沃心皇極均十亂之重恪居端揆亟積暄寒九功縣其日用百辟於焉仰止若乃恭儉周慎之心奉國忘私之志足以抗衡上列獨暎終古方申倚寄永贊隆平曾不憖遺摧梁奄及永惟良輔是用震慟於厥心宜加寵靈式旌泉路可贈太尉使持節都督幷箕嵐勝四州諸軍事守幷州

刺史所司備禮冊命給班劒四十人及羽葆鼓吹賻絹布二千段米粟二千石陪葬昭陵賜東園祕器仍令工部尚書閻立德攝鴻臚卿監護

諸州寺度僧詔

昔隋季失御天下分崩四海塗炭八埏鼎沸朕屬當戡亂躬履兵鋒亟犯風霜宿於馬上比加藥餌猶未痊除近日巳來方就平復豈非福善所感而致此休徵耶京城及天下諸州寺宜各度五人宏福寺宜度五十人

答長孫無忌請誅段志沖手詔

朕聞以德下人者昌以貴高人者亡是以五岳淩霄四海亘地納汙藏疾無損高深志沖欲以匹夫解位天子朕若有罪是其直也若當無罪是其狂也譬尺霧障天不虧於大寸雲遮日何損於明今卿等皆欲致以極刑意所不忍可更詳議任流遠方

降雍州見禁囚徒詔

皇太子治業隆三善道兼四學惟忠孝是資寬仁在處與言獄犴每切於懷以春陽方動請行寬宥惻隱之辭屢聞旒扆宜順其所請曲流恩降雍州長安萬年兩縣及諸司見禁囚徒三年巳下差降杖罪並放免徒罪巳上徵銅未輸者亦從降例

甘雨降大赦詔

昔興殷解網動嘉惠於生靈惟堯肆赦播深仁於四海撫名嶽登甘泉疏長河揖儀鳳惟皇祚惠此爲常範朕夐越前古祗膺寶位雖復十角之寇久變衣冠而乃三韓之野尚興車甲言念艱勤無忘鑒寐兼以去冬無雪獻歲愆陽陳尊俎於四衢免租田於百郡昔成湯七載始聞兢惕朕今三月實懼於懷是以政令除殘商羊繼舞昭回停詠纖

阿衡畢密雨高飛傾河驟瀉至誠無爽天意非遥宜布寰瀛同滋愷澤可大赦天下大辟罪巳下無輕重咸赦常赦所不免者不在赦限其有亡官失爵宜量收敘八十巳上各賜粟帛鰥寡惸獨及篤疾者量加賑貸

賜李靖陪葬詔

昔晉羊公云逝名都爲之罷市鄭子產斯亡在機於焉投杼故開府儀同三司上柱國衛國公李靖蘭畹騰芳鈞川揚佐氣淩關外志溢戎場興言締搆十角將三吳咸偃披勳王府閫禹與渾塞同揮澄妖氛於下瀨闡皇猷於高門

舟檝遐宣台儀近曬官稱載靜休有餘芳蘊兹高志歸乎樂善遊赤松於艾服之年訪黃綺於杖鄉之歲語默之趣儔今罕匹進退之道對古爲朋逝川東馳高舂西靡眷言永往情深哀悼昔帷堂始事荀公有追贈之文郊平既窆祭遵致容車之禮式旌泉壤以備哀榮可贈司徒使持節都督并汾箕嵐四州諸軍事所司備禮冊命給班劒四十人及羽葆鼓吹陪葬昭陵賜東園秘器仍令攝鴻臚寺卿享監護羽儀送至墓所

宣慰劒南將士詔

吐蕃醜類背約孤恩卿等同嫉寇讎爲國展效深入賊境久冒艱危至於勤勞豈不知委頃聞在彼小有喪敗卿等非不盡力自是主將無謀古之用兵在於責帥王昱緣此亦已貶官卿等但須悉心不可因兹阻氣遞相激勵以保功名戰亡之人深可憫惜並申弔祭用慰幽魂其病醫及陣亡之家宜委陳縣與州縣相知優恤

欽定全唐文卷九

太宗六

勞鄧州刺史陳君賓詔

朕以隋末亂離毒被海內率土百姓零落殆盡州里蕭條十不存一寤寐思之心焉若疚是以日昃忘食未明求衣曉夜孜孜惟以安養爲慮每見水旱降災霜雹失所撫躬責己自慚德薄恐貧乏之黎庶不免飢餒傾竭倉廩普加賑恤其有一人絕食若朕奪之分命庶僚盡心營救去年關內六州及蒲虞陝鼎等復遭亢旱禾稼不登糧儲既少遂令分房就食比聞刺史以下及百姓等並識朕懷逐糧戶到遞相安養回還之日各有贏糧乃別賫布帛以申贈遺如此用意嘉嘆良深一則知水旱無常彼此遞相拯贍不慮凶年二則知禮讓興行輕財重義四海士庶皆爲兄弟變澆薄之風敦仁慈之俗政化如此朕復何憂其安置客口官人支配得所並令考司錄爲功最養戶百姓不恡財帛已勑主者免今年調物宜知此意善相勸勉

謹死刑詔

比來有司斷獄多據律文雖情在可矜而不敢違法守文

定罪或恐有冤自今門下省覆有據法當死而情在可矜者錄狀奏聞

冊蘇亶女爲皇太子妃詔

配德元良必侯邦媛作儷儲貳允歸冠族秘書丞蘇亶長女門襲軒冕家傳義方柔順表質幽閑成性訓彰圖史譽流邦國正位儲闈寔惟朝典可皇太子妃所司備禮冊命主者施行

冊荆州都督荆王元景詔

夫建官之道實資明德列爵之義必侯茂親故晉鄭佐周

功宣於寅亮閒平輔漢業崇於藩屏惟爾業尚忠肅器懷恭懿幼稟庭訓早膺朝寵仁恕聞於封畿廉平著於方策荆衡作鎭江漢爲紀包括巴濮之域跨躡吴越之郊褰帷永諧分珪僉屬是用備兹令典錫以休命奄有楚甸代爲唐輔可不愼歟

爲故禮部尚書虞世南齋僧詔

故禮部尚書文懿公虞世南德行純備文爲辭宗夙夜盡心志存忠益奄從物化忽移時序昨因夜夢倏覩斯人兼進讜言有若平生之日追懷遺美良用悲悼宜資冥福申朕思舊之情可即其家齋五百僧造佛像一軀

奬魏徵編注戴氏禮詔

禮經殘缺其來已久漢代戴聖爰記舊聞古今所宗條目雜亂先儒傳授多歷年所咸事因循莫能釐正特進鄭國公魏徵文高翰林學綜冊府服膺典禮有志討論乃依聖所記更事編錄以類相從別爲篇第幷更注解文義粲然遂得先聖微言因兹重闡後之學者多有宏益宜付秘書

答魏徵謝賜殿材起堂詔

覩卿書不如尋常憂惋之情切朕懷意處卿至此堂爲宏

濟黎元經圖達化耳豈爲朕一人而已何事果來相謝

問魏徵病手詔

不見數日憂憤甚深自顧過已多矣言已失矣行已虧矣古人云無鏡無以鑑鬚眉可謂實也比欲自往恐勞卿所以使人來去若有聞知此後可以信來具報

答魏徵上羣書理要手詔

朕少尚威武不精學業先王之道茫若涉海覽所撰書博而且要見所未見聞所未聞使朕致治稽古臨事不惑其爲勞也不亦大哉

重問魏徵病手詔

近來疹病何似漸得可未卿患日久言面已賒理國立家方知難耳比日自爲勞思委頓始驗任人則逸自任則勞非虛言也此懷公想知之可以意得書何盡心略而言耳

答魏徵辭太子太師詔

漢之太子四皓爲助我之賴公即其義也知公疾病可臥護之

答房元齡請解僕射詔

夫選賢之義無私爲本奉上之道當仁是貴列代所以宏

風通賢所以叶力卿忠肅恭懿明允篤誠草昧霸圖綢繆帝道儀刑禮閣庶政惟和輔翼春宮望實斯在而忘彼大體徇茲小節雖恭教諭之職乃辭機衡之務豈所謂弼余一人共安四海者也宜聽此懷無煩固讓

又答房元齡詔

元齡德爲時秀位隆朝右業履恭儉志懷沖退頻表陳誠固辭執法朕旰食思治虛己欽賢方資啟沃共康兆庶豈得申其雅尚用虧彝典便可斷表即令攝職

捨舊宅造興聖寺詔

丹陵啟聖華渚降禎叶德神居克隆鴻業朕丕承大寶奄宅域中遠籍郊禋之慶仰惟樞電之祉思園之禮既宏撫鏡之情徒切而永懷慈訓欲報無從靜言因果思憑冥福通義宮皇家舊宅制度宏敞以崇神祠敬增靈祐宜捨爲尼寺仍以興聖爲名庶神道無方微伸凱風之思主者施行

賜竇誕還第詔

朕聞爲官擇人者治爲人擇官者亂竇誕比來精神衰耗異常時知不肖而任之靦尸祿而不退非唯傷風亂政亦

恐爲君不明考績黜陟古今常典誕可光祿大夫還第

幸遼東賜褚亮詔

昔年師旅卿常入幕今茲遐伐君已懸車倏忽之間移三十載眷言疇昔我勞如何今將遂良東行想公於朕不惜一兒於膝下耳故遣陳離意善居加食

令諸州寺觀轉經行道詔

神道設教慈惠爲先元化潛通亭育資始朕恭膺大寶撫愛黎元矜愍之心觸類而長是用旁求冥貺幽贊明靈所冀九功惟敘五福斯應比嚴霜早降秋實不登靜言寡薄

無忘慚惕今百穀滋茂萬寶將成猶恐風雨失時字養無寄敢藉聖明介兹多祉宜爲普天億兆仰祈嘉祐可於京城及天下諸州寺觀僧尼道士等七日七夜轉經行道每年正月七月例皆準此

賜涼州都督李大亮詔

以卿兼資文武志懷貞確故委藩牧當兹重寄比在州鎮聲績遠彰念此忠勤無忘寤寐使遣獻鷹遂不曲順論今引古遠獻直言披露腹心非常懇到覽用嘉歎不能已已有臣若此朕復何憂宜守此誠始終若一詩云靖共爾位

好是正直神之聽之介爾景福古人稱一言之重侔於千金卿之此言深足貴矣今賜卿金壺瓶金盌各一枚雖無千鎰之重是朕自用之物

賜李大亮荀悅漢紀詔

卿立志方直竭節至公處職當官每副所委方大任使以申重寄公事之閒宜觀典籍賜卿荀悅漢紀一部此書敘致簡要論議深博極爲政之體盡君臣之義今以賜卿宜加尋閱

答有司請討林邑詔

兵者凶器不得已而用之故漢光武云每一發兵不覺頭鬚爲白自古以來窮兵極武未有不亡者也苻堅自恃兵強欲必吞晉室興兵百萬一舉而亡隋主亦欲必取高麗頻年勞役人不勝怨死於匹夫之手至如頡利往歲數來侵我國家部落疲於征役遂至滅亡朕今見此豈得輒即發兵但經歷山險土多瘴癘若我兵士疾疫雖克翦此蠻亦何所補言語之閒何足介意

遺詔

夫天命之重綠錯奉其圖書天子之尊赤縣先其司牧而

功兼造化橋山之樹已陰業致昇平蒼梧之駕方遠至於平寇亂安黎元灑洪災攘大患黃帝之五十三戰商湯之二十七征以此申威曾何足筭昔者亂階斯永禍鐘隋季罄宇凝氛曀昏辰象縣區作梗搖蕩江河朕拂衣於舞象之年抽劒於斬蛇之地雖復妖千王莽戮首軒車凶百蚩尤釁尸軍鼓垂文暢於炎野餘勇澄於斗極前王不闢之土悉請衣冠前史不載之鄉並爲州縣再維地軸更張乾絡禮義溢於寰瀛菽粟同於水火破舟船於靈沼收干戈於武庫辛李衞霍之將咸分土宇縉紳廊廟之材共垂帶

綏至於比屋黎元關河遺老或贏金帛或齎倉儲朕於天下士大夫可謂無負矣朕於天下蒼生可謂安養矣自櫛風沐雨遂成彌沴憂勞庶政更起沈痾況乃漢苦周勤禹胼堯腊以矜百姓之所致也道存物往人理同歸掩乎元泉夫亦何恨矣皇太子治大孝通神自天生德累經監撫熟達機務凡厥百僚羣公卿士送往事居無違朕意屬纊之後七日便殯宗社存焉不可無主皇太子即於柩前即皇帝位依周漢舊制軍國大事不可停闕尋常閒務任之有司文武官人三品已上並三日朝晡哭臨十五舉音事

畢便出四品已下臨於朝堂其殿中當臨者非朝夕臨無得擅哭諸王爲都督刺史任者並來奔喪濮王萊王不在來限其方鎮岳牧在任官人各於任所舉哀三日其服紀輕重宜依漢制以日易月園陵制度務從儉約昔者霸陵不掘則朕意焉遼東行事並停太原元從人見在者各賜勳官一級諸營作土木之功並宜停斷

令虞世南製杜如晦碑手勅

吾與如晦君臣義重不幸物化追念勳舊痛悼於懷卿體吾此意爲之製碑文也

定樂勅

殷薦祖考以崇功德比雖加以誠潔而廟樂未稱宜令所司詳諸故實制定奏聞

命魏王泰祭尚書虞世南手勅

虞世南與我猶一體也拾遺補過無日暫忘當代名臣人倫準的吾有小失必犯顏而諫之今其云亡石渠東觀之中無復人矣痛惜豈可言耶

佛遺教經施行勅

往者如來滅後以末代澆浮付囑國王大臣護持佛法然

僧尼出家戒行須備若縱情淫佚觸塗煩惱關涉人間動違經律既失如來元妙之旨又虧國王受付之義遺教經者是佛臨涅槃所說誡勸弟子甚爲詳要末俗緇素並不崇奉大道將隱微言且絕永懷聖教用思宏闡宜令所司差書手十人多寫經本務在施行所須紙筆墨等有司準給其官宦五品已上及諸州刺史各付一卷若見僧尼行業與經文不同宜公私勸勉必使遵行

答元奘謝御製三藏序勅

朕才謝珪璋言慙博達至於內典尤所未閑昨製序文深

爲鄙拙唯恐穢翰墨於金簡標瓦礫於珠林忽得來書謬承褒讚循躬省慮彌益厚顏善不足稱空勞致謝

斷賣佛像勑

佛道形像事極尊嚴伎巧之家多有造鑄供養之人競來買贖品藻工拙揣量輕重買者不計因果止求賤得賣者本希利潤唯在價高罪累特深福報俱盡違犯經教並宜禁約自今已後工匠皆不得預造佛道形像賣鬻其見成之像亦不得銷除各令分送寺觀令寺觀徒衆酬其價直仍仰所在州縣官司檢校勑到後十日內使盡

答羣臣封禪表勑

卿輩皆以封禪爲帝王盛事朕意不然若天下乂安家給人足雖不封禪庸何傷乎昔秦始皇封禪而漢文帝不封禪後世豈以文帝不及始皇耶且事天掃地而祭何必登泰山之巔封數尺之土然後以展其誠敬乎

手勑

晚來腫勢漸歇肉色如故髖中亦自勝常昨日恐卿等爲憂略此相報勑

冊楊恭道女爲婕妤文

維貞觀某年月日皇帝遣使某官某持節冊命曰於戲惟爾前魏王府諮議參軍楊恭道第三女門襲鍾鼎訓彰禮則幽閒表質柔順爲心備職後庭寔惟通典是用命爾爲婕妤往欽哉其光膺徽命可不愼歟

冊崔宏道女爲才人文

維貞觀某年月日皇帝使某官某副使某官某持節冊命曰於戲惟爾兼徐州都督府司馬崔宏道長女門稱著姓訓有義方婉順爲質柔明表行宜升後庭俻玆內職是用命爾爲才人往欽哉其光膺徽命可不愼歟

冊蕭鏗女爲才人文

維貞觀年月日云云於戲惟蕭鏗第二女幼習禮訓夙表幽閒胄出鼎族譽聞華閫宜遵舊章授以內職是用命爾爲才人往欽哉其光膺徽命可不愼歟

冊蕭鏉女爲美人文

維貞觀年月日云云於戲蕭鏉第二女稟訓冠族著美家聲習禮流譽鏡圖有則宜升後庭允玆令典是用命爾爲美人往欽哉其光膺徽命可不愼歟

冊晉王爲皇太子文

維貞觀十七年歲次甲辰四月某朔日皇帝若曰於戲惟爾幷州都督右武候大將軍晉王治忠肅恭懿宣慈惠和仁孝出於自然信義備於成德禎祥夙著睿哲日新永言少陽匕鬯是寄疇咨朝列卿士協從是用命爾爲皇太子往欽哉爾其思王道之艱難遵聖人之炯戒勤修六德勉行三善無或舉非法度忘恭儉而好驕奢無或理乖彝倫遠忠良而近邪佞非履道無以彰名非任賢無以成德爾身爲善國家以安爾身爲惡天下以殆睦九族而禮庶僚懷萬邦而憂遐裔兢兢業業無怠無荒克念爾祖宗以寧

我宗社可不愼歟

冊徐州都督徐王元禮文

於戲惟王建都惟聖垂範安兆民者實敦親戚固鴻業者必樹藩衛惟爾使持節都督徐譙泗三州諸軍事徐州刺史徐王元禮器能明敏業履詳和幼聞詩禮早膺車服海岱及淮俗兼齊魯胙土按部僉曰爾諧是用斟酌前代率由令典俾屏遐辟傳爾後昆朕聞曰友于兄弟施于有政弗學牆面莅事惟煩緬求大訓茲爲要道往欽哉爾其執心於忠孝踐行於儉約無好逸豫以犯非禮無縱嗜慾以邇宵人明率舊章以保疆土可不愼歟

冊越王泰改封魏王文

維貞觀某年某月某日甲子皇帝若曰於戲在昔哲后受命君臨並建茂親以爲藩衛然則古之列國今之按部循名或異立政實同皆所以共治黎元俱獎王室克隆鼎祚咸悉由之惟爾雍州牧左武候大將軍越王泰生而韶敏幼而好學樂善不倦才藝日新地則維城禮優分器惟彼三魏實號五都非親勿居夾輔攸屬是用命爾爲使持節都督相衛黎魏洺邢貝七州諸軍事相州刺史改封魏王

傳之子孫長爲藩翰古人有言皇天無親惟德是輔民心無常惟惠之懷往欽哉爾其鑒此格言無自驕奢無邇邪佞兢兢業業以保爾茅土可不愼歟

冊蘇亶長女爲皇太子妃文

惟爾祕書丞蘇亶長女族茂冠冕慶成禮訓貞順自然言容有則作合春宮實協三善曰嬪守器式昌萬葉備茲令典抑惟國章是用命爾爲皇太子妃往欽哉其光膺徽命可不愼歟

冊韋挺長女爲齊王妃文

維貞觀年月日冊命曰於戲惟爾兼太常卿扶風郡開國男韋挺長女地胄高華質性柔順訓彰禮教譽表幽閒作儷藩闈實惟朝典是用命爾爲齊王妃往欽哉

冊劉威德次女爲虢王妃文

維貞觀年月日皇帝遣使持節冊命曰於戲惟爾刑部尚書彭城縣開國公劉威德第二女地胄清華志懷婉順訓彰圖史譽聞邦國式遵典禮作儷大藩是用命爾爲虢王妃往欽哉其光膺徽命可不愼歟

冊齊國公無忌爲司空文

維貞觀某年月日甲子皇帝若曰於戲開府儀同三司齊國公無忌設官分職允代天工致治興邦實資台輔永覽前哲咸在得人故能成寅亮之功宏燮理之業惟爾識宇沖邈風範光昭才稱棟幹器惟瑚璉協贊皇基克隆鼎業譬彼舟楫同茲魚水任重禮闈則璣衡以穆位班職袞則風雨不愆固已同軌前烈齊聲往彥褒德美功有國常典經邦論道僉曰爾諧是用命爾爲司空往欽哉其光榮寵命可不愼歟

冊高士廉改封申國公文

維貞觀某年月日甲子皇帝若曰於戲昔周建五等漢班六條經邦之制既宏載祀之祚惟永是以樊侯申伯功成藩翰喬卿叔節績宣剌舉惟爾特進吏部尚書許國公高士廉識宇宏正風鑑秀激地惟姻戚才稱棟幹雲雷在運參霸圖於艱難龜鼎有歸奉王猷於獻替廊廟推重縉紳佇德總方牧之寄勝殘播美綜銓衡之職得人流詠固已聲高多士功書太常桐柏作鎭長淮設險形勝之地允屬勲賢是用命爾爲使持節申州諸軍事申州刺史改封申國公傳之子孫世爲唐輔往欽哉率循典禮勉固誠節垂裕來葉以保黎庶可不愼歟

冊李勣改封英國公文

維貞觀某年月日甲子皇帝使某官持節冊命曰於戲列爵者必俟茂勲設官者咸資懿德所以翼贊王室宏宣帝載惟爾光祿大夫行并州大都督府長史太子左衛率曹國公李勣識量恢宏風略閎遠忠以奉上信以立身獻款西歸邛鄘風美分麾東略虢鄭景從預艱難於藩邸參經綸而方面南定維揚北清大漠威振殊俗勲書冊府及入司禁旅出帥藩鎭勞勤表於夙夜功用成於期月靳黃之

地濱帶江淮鎭捍之重允屬功烈是用命爾爲使持節蘄州諸軍事蘄州刺史改封英國公任重六條地優五等爲朕藩屛傳爾子孫往欽哉其祗膺朝命克固臣節勤恤黎元垂裕後世可不愼歟

冊程知節改封盧國公文

維貞觀某年月日甲子皇帝使某官某副使某官某持節冊命曰於戲蓋宣條作牧胙土建侯共治長寄藩翰斯在惟爾左領軍大將軍檢校原州都督宿國公程知節志懷銳穎氣幹強果業預艱難效宣行陣入司禁衞勤誠著於

軒陛出鎭方隅惠化洽於黎俗疇庸有典式隆寵命是用命爾爲使持節朗州諸軍事朗州刺史改封盧國公傳之子孫長是藩屛往欽哉爾其戒典謨之訓固臣子之節勤修政道以貽爾後可不愼歟

冊侯君集改封陳國公文

維貞觀某年月日甲子皇帝若曰於戲夫經邦之道必資長策利建之義式固無窮是以周之列國祚世藩屛漢之功臣永垂帶礪惟爾兵部尚書潞國公侯君集體業貞固識量恢凱任切腹心寄深文武草昧伊始奉一匡於藩朝光華在運典九伐於禮樂入陪禁中出臨閫外贊嘉謀於樽俎掃逋寇於遐荒誠量歲寒勳勤庸器宛邱之地實惟舊鎭胙土作牧允屬朝望是用命爾爲使持節陳州諸軍事陳州刺史改封陳國公傳之子孫世爲唐輔往欽哉爾其克固臣節思勗王度夙夜匪懈無替典則可不愼歟

冊段志元改封襃國公文

維貞觀某年月日甲子皇帝若曰於戲夫計功裂土量能分職所以光贊王室康乂黎元惟爾左驍衞大將軍樊國公段志元理懷沈毅氣幹強雄蜀漢委質早效忠款頴川

從我備盡心力預艱虞於藩朝陪戎征於閫外勤宣階陛功表旌旗西城之地襟帶巴蜀藩翰之重實俟勳庸是用命爾爲使持節金州諸軍事金州刺史改封襃國公傳之子孫世爲藩輔往欽哉爾其勉固一心勗茲六行克勤政術無斁彝典可不愼歟

冊突厥李思摩爲可汗文

於戲突厥部衆代居沙漠元戎纔舉龍城克定三部種類十角酋渠咸襲冠帶俱爲臣妾朕光宅六合亭育萬品爰降大造存其亡國既復故庭乃樹君長惟爾右武候大將

軍化州都督懷化郡王李思摩器量明遠識用宏通地稱貴種望高賜姓忠孝之節簡於朕心明智之材重於蕃落朕用是命爾爲乙彌泥孰俟利苾可汗傳之子孫爲唐藩屏上鑒自古下觀近代守誠節者咸保其國人爲凶惡者必及於覆敗往欽哉爾其鑒茲往事祇聽朕言奉國以丹赤爲先御下以信義爲本勉正爾身勤恤爾衆無昵邪佞無遠忠良無恣驕奢無趨貪暴兢兢業業以綏爾疆土可不愼歟

陳讓禪位表

臣聞至敬無文至誠不飾地居臣子不以小忠撓志情兼家國不以細行嬰心臣蒙獎屬擢居天策戰必以死寔深慼於黎庶奮不顧命願無忝於宗社規摹指麾皆稟聖筭人心神誘遂得成功安敢貪天自稱己力前以聖人大寶濫鍾愚懦臣謂肅成理務禮通監撫日愼一日不敢推辭今奉茲詔更垂獎予以四海乂安褰裳紫極歸尊軒轅天下幸甚臣自當敬諦不覺厚顏頃者陰陽尚愆嘉穀未稔政治有虧刑典不措恐眇身多罪以及萬方伏願天慈仍安太極待民知堯力玉燭順序網開湯祝金科削編然後降輦西宮於事非晚付臣宣室亦敢當仁臣志在忘私冒陳丹款

欽定全唐文卷十

太宗七

告柏谷塢少林寺上座書

太尉尚書令陝東道益州道行臺雍州牧左右武候大將軍使持節涼州總管上柱國秦王世民告柏谷塢少林寺上座寺主以下徒衆及軍民首領士庶等比者天下喪亂萬方乏主世界傾淪三乘道絶遂使閻浮蕩覆戎馬載馳神州糜沸羣魔競起我國家膺圖受籙護持正諦馭烏飛輪光臨大寶故能德通黎首化闡緇林既沐來蘇之恩俱

承彼岸之惠王世充叨竊非據敢逆天常窺覦法境肆行悖業今仁風遠扇慧炬照臨開八正之途復九㝢之迹法師等并能深悟機變早識妙因克建嘉猷同歸福地擒彼凶孽廓兹淨土奉順輸忠之効方著闕庭證果脩眞之道更宏像觀聞以欣尚不可思議供養優賞理殊恒數今東都危急旦夕殄除并宜勉終茂功以垂令範各安舊業永保休祐故遣上柱國德廣郡開國公安遠往彼指宣所懷可令一二首領立功者來此相見不復多悉

報竇建德書

雲霧不披山河在望企余之歎良用與懷鄭息有違齊楚交絶自遠勞師旅當甚疲敝我國家與彼本非仇隙彼之於我未始猜嫌往者趙魏諸藩皇風久扇恒衛之地素爲我有足下首爲寇亂屢來侵奪但以淮安喪師責躬由己公主飄寓歸寧本朝并得保宥危亡負荷大惠親隣之好昭然著明雖則俘若王官翦同羈馬既懷坦蕩曾無蔕芥庶此冠蓋相望輶軒繼軌引弭兵之義敦方穆之期如何信不由衷翻懷匿怨無名之舉遽發危機背德之蹤遂爲戎首吁可怪也良深歎息王世充滔天猾夏自貽伊慼豐

毒三川腥聞四國皇情軫慮哀彼黎元推轂投柄申兹弔伐走以不武奉遵朝寄自揚旌河洛結壘伊瀍拯敝除凶屢摧羣醜其餘渠魁危蹙獨保孤城重圍已合自知淪敗苟延朝夕之命空爲衔誘之言其濟惡反善雷同寇逆適所以心同霸楚若非國家膺圖受籙翦暴除凶亦當并呑東夏自稱西伯足下豈不屈膝稽首著在前聞飾智詭詞以分謗亂渝盟背惠職此之由又世充與足下舊稱和好中途翻覆罕能結誠遣使頻說匈奴欲令侵伐冀土外欺内忌唯利是圖居安尚不自存處危何力之有況今糧儲

罄竭帑藏空虛析骸煮弩命懸晷刻足下欲以三軍之衆仰哺他人千金之資坐求外費理如畫餅未見其宜足下前者徇地屠城親至東境孟海公歷時抗禦未即從順頻令告急請我師救見逼求和義所不取是以按兵辭使全世充又我國家不違及遠海公援絶方歸執事假我風雲差無負德榮下諸州隣近東鄙以足下風牛罕及亭戍靡戒農居安堵未相猜貳所以曹公兵前並未追足下乘我無虞之城貪冒尋常之地進無投迹之所退有迷據之色誰爲計者良非上策比者漳滏喪湜既往不追河濟傾

淪成事誰咎今乃過相陵侮方深起釁所以故到成臯佇承來旨昨者前茅警路後騎啟行乃與足下中途相遇旌麾未列鋒鏑暫交彼之士馬自相騰踐郊勞之儀遂爽犒師之禮未通雖則爲彼禍先能無懷愧國家夷凶撥亂唯以匡時濟俗不欲窮民極武專任甲兵故蓄銳停師冀聞擇善可否之事幸速圖之若不獲命終爲怨府雄夫奮其智勇猛士發其餘怒諸軍霧合指日風驅屬橐鞬於中野縱矢鏑之餘費燎原覆醢雖悔難追必然繼好息民更敦前好況兵交使往遲覽還音

與薛元敬書

吾與卿叔共事或軍旅多務或文詠從容何嘗不馳驅經略款曲襟抱比雖疾苦日冀痊除何期一朝忽成萬古追尋痛悼彌用傷懷且聞其兒子幼小家徒壁立未知何處安置宜加安撫以慰吾懷

賜鄭元璹書

知公已共可汗結和遂使邊亭息警烽火不燃和戎之功豈唯魏絳金石之錫故當非遠

賜百濟王璋璽書

王世爲君長撫有東蕃海隅遐曠風濤艱阻忠款之至職貢相尋尚想徽猷甚以嘉慰朕自祗承寵命君臨區宇思宏王道愛育黎元舟車所通風雨所及期之遂性咸使乂安新羅王金眞平朕之藩臣王之隣國每聞遣師征討不息阻兵安忍殊乖所望朕已對王姪信福及高麗新羅使令具勅通和咸許輯睦王必須忘彼前怨識朕本懷共篤隣情即停兵革

賜李襲譽進忠孝圖書

卿情深奉國志在忠孝爰錄前烈圖之丹青事兼勸獎足

勵風俗再三循覽朕甚嘉之

賜姜行本璽書

攻戰之重器械爲先將士屬心待以制敵卿星言就路躬事修營干戈纔動梯衝暫臨三軍勇士因斯樹績萬里遒寇用是尅平方之前古豈足相況

存問并州父老璽書

昔隋末喪亂百姓凋殘酷法淫刑役煩賦重農夫釋耒工女下機徵召百端寇盜蜂起人懷怨憤各不聊生水火之切未足爲喻先朝不忍塗炭思濟黎元朕稟承神筭奮劍

南起與彼境英雄同心協力不顧軀命以救蒼生爰自晉陽興兵立義雄鋒接刃櫛風沐雨除凶去暴布德行仁天下乂安戎車止息九夷八狄莫不來庭以至於今二十餘載豈予一人所能致此寔賴天地之靈宗社之福賢人君子爲朕股肱文士盡其才智武夫宣其武力朕端拱無爲庶幾王道然漢祖悲歌嘗思豐沛晉皇吟咏唯在温原此人情也況并部之地創業之基與諸父老首立大事引領北望感慕兼深思與父老一日敘舊懷之在心所不忘也但海内殷曠萬幾事多巡省四方未獲周悉父老宜約勤鄉黨教導後生親踈子弟務在忠孝必使風俗敦厚異於他方副朕此懷光示遠邇使旌表門閭榮寵家國書名竹帛豈不美乎夏序甚熱想各平安善自頤養動靜聞奏故有此勅想見朕心

賜郭孝恪璽書

卿破焉耆虜其僞王功立威行深副所委但焉耆絕域地阻天山恃遠憑深敢懷叛逆卿望崇位重報効情深遠涉沙塲躬行罰罪取其堅壘曾不崇朝再廓遊魂遂無遺寇緬思竭力必大艱辛超險成功深足嘉尚

賜高麗璽書

新羅委命國家朝貢不闕爾與百濟宜即戢兵若更攻之明年當出師擊爾國矣

克高麗報皇太子書

吾初向賊陣心并在戰攻爲憶汝之言所以不執斧鉞如其不爾將大決戰此後必不親行陣勿爲憂慮也

賜王遠知璽書

先生操履夷簡德業沖粹屛棄塵雜棲志元虛吐故納新食芝餌朮念衆妙於三清之表返華髮於百齡之外道邁

前烈聲高自古非夫得秘訣於金壇受幽文於玉笈者其孰能與此乎朕昔在藩朝早獲問道眷言風範無忘寤寐近覽來奏請歸舊山已有別勅不違高志并許置觀用表夙心未知先生早晚已屆江外所營棟宇何當就功佇聞委曲副玆引領近已令太史薛頤等往詣令宣朕意

賜薛延陁璽書

突厥頡利可汗未破已前自恃強盛抄掠中國百姓被其殺者不可勝紀我發兵擊破之諸部落悉歸化我略其舊過嘉其從善并受官爵同我百寮所有部落愛之如子與

我百姓不異但中國禮義不滅爾國前破突厥止爲頡利一人爲百姓之害所以廢而黜之實不貪其土地利其人馬也自黜廢頡利以後恒欲更立可汗是以所降部落等并置河南任其放牧今戶口羊馬日向滋多元許冊立不可失信即欲遣突厥渡河復其田土我策爾延陁日月在前今突厥理是居後後者爲小前者爲大爾居磧北突厥居磧南各守土境鎮撫部落若其踰越故相抄掠我即將兵各問其罪此約既定非但有便爾身貽厥子孫長守富貴也

誡吳王恪書

吾以君臨兆庶表正萬邦汝地居茂親寄惟藩屏勉思橋梓之道善侔間平之德以義制事以禮制心三風十愆不可不慎如此則克固磐石永保維城外爲君臣之忠內有父子之孝宜自勵志以勗日新汝方違膝下悽戀何已欲遺汝珍翫恐益驕奢故誡此一言以爲庭訓

賜韋挺書

所上意見極是讜言辭理可觀甚以爲慰昔齊境之難夷吾有射鉤之罪蒲城之役勃鞮有斬袪之仇而小白不以

爲疑重耳待之若舊豈非各吠非主志在無二卿之深誠見於斯矣若能克全此節則永保令名如其怠之可不惜也勉勵終始垂範將來當思後之視今亦猶今之視古不亦美乎朕比不聞其過未覩其闕賴竭忠懇數進嘉言用沃朕懷一何可道

遺蕭德言書

朕歷觀前代詳覽儒林至於顏閔之才不終其壽游夏之德不遠其學惟卿幼挺珪璋早標美譽下帷閉戶包括六經映雪聚螢牢籠百氏自隋季板蕩庠序無聞儒道墜泥

塗詩書填坑穽眷言墳典每用傷懷頃年已來天下無事方欲建禮作樂偃武修文卿年齒已衰教將何恃所冀才德猶茂臥振高風使濟南伏生重在於茲日關西孔子故顯於當今令聞令望何其美也念卿疲朽何以可言

述聖賦序

朕以二九之年屬天下喪亂毒流區夏禍徧郊畿羣雄則鋒駭雲興猛將則風驅霧合年二十有四慷慨京邑電發中原震蕩三川掃清八荒及至壯年獲臨寶位然乃遠夷委贄萬國歸心致使朝有進善之臣野無行歌之士節義

盈於私室獄訟息於公門一尉候於東西混車書於南北由是偃組練而敦禮樂放牛馬而逸黎元方欲紀石封山握河沈璧功既成矣世既貞矣信可以優游暇豫作樂崇德者歟故因茲餘隙乃修苑囿其勝地則有積翠凝碧其川阜則有濯龍平樂若乃南面雙闕北對芒山引洛浦之通波連郟鄏之餘址叢薄本麗加之以芳節池沼素美瑩之以初陽舞蝶游絲帶清飇而散影分花交柳映碧浪而成文巨樹千尋結輕煙而聳翠危峯萬仞照落景而開紅雲氣縈巖似遊仙於巫峽霓光染溜類濯錦於成都戲羽間關互飛沈於蒙密游鱗瀺灂乍出沒於芰荷翔泳之美盡斯仁智之樂備矣可以遁形匿跡可以養志恬神獨往襄城之中斯可觀也邈然姑射之上何以加茲余每覽巢許之儔松喬之匹未嘗不慨然慕之思可脫屣長辭拂衣高謝歘復以時運見羈因留連於大任徒有輕舉之志而不達者其天意也豈人事乎

大唐三藏聖教序

蓋聞二儀有像顯覆載以含生四時無形潛寒暑以化物是以窺天鑒地庸愚皆識其端明陰洞陽賢哲罕窮其數

然而天地包乎陰陽而易識者以其有像也陰陽處乎天地而難窮者以其無形也故知像顯可徵雖愚不惑形潛莫覩在智猶迷況乎佛道崇虛乘幽控寂宏濟萬品典御十方舉威靈而無上抑神力而無下大之則彌於宇宙細之則攝於毫釐無滅無生歷千劫而不古若隱若顯運百福而長今妙道凝元遵之莫知其際法流湛寂挹之莫測其源故知蠢蠢凡愚區區庸鄙投其旨趣能無疑惑者哉然則大教之興基乎西土騰漢庭而皎夢照東域而流慈昔者分形分跡之時言未馳而成化當常現常隱之世民

仰德而知遵及乎晦影歸眞遷儀越世金容掩色不鏡三千之光麗象開圖空端四八之相於是微言廣被拯含類於三途遺訓遐宣導羣生於十地然而眞教難仰莫能一其指歸曲學易遵邪正於焉紛糺所以空有之論或習俗而是非大小之乘乍沿時而隆替有元奘法師者法門之領袖也幼懷貞敏早悟三空之心長契神情先苞四忍之行松風水月未足比其清華仙露明珠詎能方其朗潤故以智通無累神測未形超六塵而迥出隻千古而無對凝心內境悲正法之陵遲栖慮元門慨深文之訛謬思欲分

條析理廣彼前聞截僞續眞開茲後學是以翹心淨土往遊西域乘危遠邁杖策孤征積雪晨飛途閒失地驚沙夕起空外迷天萬里山川撥煙霞而進影百重寒暑躡霜雨而前蹤誠重勞輕求深願達周遊西宇十有七年窮歷道邦詢求正教雙林八水味道飡風鹿苑鷲峯瞻奇仰異承至言於先聖受眞教於上賢探賾妙門精窮奧業一乘五律之道馳驟於心田八藏三篋之文波濤於口海爰自所歷之國總將三藏要文凡六百五十七部譯布中夏宣揚勝業引慈雲於西極注法雨於東垂聖教缺而復全蒼生罪而還福濕火宅之乾燄共拔迷途朗愛水之昏波同臻彼岸是知惡因業墜善以緣昇昇墜之端惟人所託譬夫桂生高嶺雲露方得泫其花蓮出淥波飛塵不能汙其葉非蓮性自潔而桂質本貞良由所附者高則微物不能累所憑者淨則濁類不能沾夫以卉木無知猶資善而成善況乎人倫有識不緣慶而求慶方冀茲經流施將日月而無窮斯福遐敷與乾坤而永大

帝範序

朕聞大德曰生大寶曰位辨其上下樹之君臣所以撫育

黎元鈞陶庶類自非克明克哲允武允文皇天眷命歷數在躬安可以濫握靈圖叨臨神器是以翠嬀薦唐堯之德元圭錫夏禹之功丹字呈祥周開七百之祚素靈表瑞漢啟重世之基由此觀之帝王之業非可以力爭者矣昔隋季板蕩海內分崩先皇以神武之姿當經綸之會斬靈蛇而定王業啟金鏡而握天樞然猶五嶽含氛三光戢燿豺狼尚梗風塵未寧朕以弱冠之年懷慷慨之志思靖大難以濟蒼生躬擐甲冑親當矢石夕對魚鱗之陣朝臨鶴翼之圍敵無大而不摧兵何堅而不碎剪長鯨而清四海掃

攙槍而廓八紘承慶天潢登暉璇極襲重光之永業繼寶籙之隆基戰戰兢兢若臨深而馭朽日慎一日思善始而令終汝以幼年偏鍾慈愛義方多闕庭訓有乖擢自維城之居屬以少海之任未辨君臣之禮節不知稼穡之艱難朕每思此爲憂未嘗不廢寢忘食自軒昊以降迄至周隋以經天緯地之君纂業承基之主興亡治亂其道煥然所以披鏡前蹤博採史籍聚其要言以爲近誡云爾

帝範後序

此十二條者帝王之綱安危興廢咸在茲焉古人有云非知之難惟行之不易行之可勉惟終實難是以暴亂之君非獨明於惡路聖哲之主非獨見於善途良由大道遠而難遵邪徑近而易踐小人俯從其易不得力行其難故禍敗及之君子勞處其難不肯安居其易故福慶流之故知禍福無門惟人所召欲悔非於既往惟慎禍於將來當擇哲主爲師毋以吾前爲鑒取法乎上僅得乎中取法乎中祇爲其下自非上德不可效焉吾在位已來所缺多矣奇麗服玩錦繡珠玉不絕於前此非防欲也雕楹刻桷高臺深池每興其役此非儉志也犬馬鷹鶻無遠不致此非節

心也數有行幸以亟勞人此非屈己也斯數者吾之深過勿以茲爲是而取法焉但我濟育蒼生其益多平定寰宇其功大益多損少人不怨功大過微德未虧然猶之盡美之蹤於焉多媿盡善之道顧此懷慙況女無纖毫之功直緣機而履慶若崇美以廣德則業泰身安若肆情以從非則業傾身喪且成遲敗速者國基也失易得難者天位也可不惜哉可不慎哉

禁經序

夫工書須從師授必先識勢乃可加功功勢既明則務於遲澀遲澀和矣無繫拘跼拘跼既亡求諸變態變態云者在乎奮研奮研之理資於狀異狀異之變無溺荒僻荒僻黜矣藉於神彩神彩之至機於元微元微則宏逸無方矣設乃一向規模隨其工拙勢以返覆肥瘦體以疎密齊平放則失之於速留乃至之於遲畏懼生疑否臧不決運用迷於筆前震動惑於手下若此欲造於元微則未之有也

大興善寺鐘銘序

皇帝道叶金輪心居黃屋覆燾萬方舟航三界欲使雲和之樂共法鼓而同宣雅頌之聲隨梵音而俱遠乃命鳬氏

範茲金錫響合風雷功侔造化騰驤猛虡負箕業而將飛宛轉盤龍繞乘風而如動希聲旦發犍椎夕震莫不傾耳以證無生入神而登正覺圓海有竭福祚無窮方石易銷願力無盡

諭侍臣絕讒搆論

朕歷觀前代讒佞之徒皆國蟊賊巧令朋比暗主庸君莫不迷惑忠臣孝子泣血銜冤故叢蘭欲茂秋風敗之王者欲明讒人蔽之如齊隋閒事斛律明月齊朝良將威震敵國周家每歲斫汾河冰慮齊兵西度及明月被祖孝徵讒

搆伏誅周人始有吞齊之心高熲有經國大才為隋文帝贊成霸業知國政者二十餘載天下賴以康寧文帝唯婦言是聽特令擯斥及為煬帝所殺刑政由是衰壞又隋太子勇撫軍監國凡二十年早有定分楊素欺主罔上賊害良民使父子道滅逆亂之源自此開矣隋文既淆混嫡庶竟禍及其身社稷尋亦覆敗古人云代亂則讒勝誠非妄言朕每防萌杜漸用絕讒搆之端猶恐心力所不至或不能覺悟前史云猛獸處山林藜藿為之不採直臣立朝廷奸邪為之寢謀此實朕所望於羣公也

諸葛亮高熲為相公直論

朕比見隋代遺老咸稱高熲善為相者遂觀其本傳可謂公平正直尤識治體隋時安危繫其存歿煬帝無道枉見誅夷何嘗不想見其人廢書歔欷又漢魏以來諸葛亮為丞相亦甚平直亮嘗表廢廖立李嚴於南中立聞亮卒泣曰吾其左衽矣嚴聞亮卒發病而死故陳壽稱亮之為政開誠心布公道盡忠益時者雖讎必賞犯法怠慢者雖親必罰卿等豈可不企慕及之朕今每慕前代帝王之善者卿等亦可慕宰相之賢者若如此則榮名高位可以長守

民可畏論

古之帝王有興有衰猶朝之有暮皆為蔽其耳目至於滅亡書云可愛非君可畏非民天子有道則人推而為主無道則人棄而不用誠可畏也

政本論

為政之要務全其本若中國不靜遠夷雖至亦何所益隋煬帝纂祚之初天下強盛棄德窮兵以取顛覆頡利近者足為彊大意既盈滿禍亂斯及喪其大業為臣於朕葉護可汗亦大強盛自恃富貴通使求婚失道怙亂奄至破滅

其子既立便肆猜忌衆叛親離覆基絶嗣朕雖不能遠慕堯舜禹湯之德目覩此輩何得不誠懼乎

筆法論

初書之時收視反聽絶慮怡神心正氣和則契於元妙心神不正字則敧斜志氣不和字則顛仆如魯廟之器也又云爲點必收貴緊而重爲畫必勒貴澀而遲爲擎必掠貴險而勁爲豎必怒貴戰而雄爲戈必潤貴遲疑而右顧爲環必郁貴蹙鋒而總轉爲波必磔貴三折而遺毫

指法論

夫字以神爲精魄神若不和則字無態度也以心毫爲筋骨心若不堅則字無勁健也以副毛爲皮膚副若不圓則字無溫潤也所資心副相參用神氣沖和爲妙今比重明輕用指腕不如鋒芒用鋒芒不如沖和之氣自然手腕虛則鋒含沈靜夫心合於氣氣合於心神心之用也心必靜而已矣虞安吉云未解書意者一點一畫皆求象本乃轉自取拙豈是書耶縱倣類本體樣奪眞可圖其字形未可稱解筆意此乃類乎效顰未入西施之奧室也故其始學得其粗未得其精太緩者滯而無筋太急者病而無骨橫毫側管則鈍慢而肉多豎筆直鋒則乾枯而露骨及其悟也心動而手均圓者中規方者中矩麤而能銳細而能壯長者不爲有餘短者不爲不足思與神會同乎自然不知所以然而然矣

筆意論

夫學書者先須知有王右軍絶妙得意處眞書樂毅論行書蘭亭草書十七帖勿令有死點畫書之道也學書之難神彩爲上形質次之兼之者便到古人以斯言之豈易多得必使心忘於筆手忘於書心手遺情書不妄想要在求

之不見考之即彰

告南郊文

皇帝臣某敢以元牡昭告皇皇后帝太上皇厭居宸極凝情姑射倦此萬幾釋茲重負人神不可以乏主天序不可以無統歷數有歸猥當寡薄神器有奉用集大命懼忝帝位固辭弗克遂膺大禮臨馭兆民敬簡元日告類上帝即皇帝位惟祈數祐萬邦永綏天極

謁太廟陳謝文

臣上蒙穹昊明命中賴宗社餘祉自惟不德濫承寶位既

乏元首之能實乖教子之道遂有承乾不軌君集無君元昌懷逆祐亦好亂臣暗昧既彰誠誘多闕負罪引慝慚懼增深謹造庭陛躬申拜謝

征高麗誓師文

古先帝王爰有征伐堯戰丹浦舜伐有苗文王戡黎成湯征葛此四君者豈樂櫛沐風雨勞師疲衆以爲不誅凶殘化不洽不翦暴亂人不安高麗莫離支虐殺其主盡戮大臣自餘黎庶怨入骨髓此等皆力不能制擁在寇城想望朕師若思膏雨高麗滅亡徵兆人誰不見時不可失天不

可違朕豈厭重帷而安暴露薄華殿而樂風塵且以弱年行師頗識權變今者士卒咸集戈甲如山衝輣雲梯指影可捷夫農夫勤春乃始有秋士卒先力然後受賞若能齊力一心屠城陷敵高官厚秩朕不食言若敢逋逃違棄營伍厥身從戮罪及妻孥此皆邦國之典刑古今之常事記朕誓言誠宜自勉

宏福寺施齋願文

皇帝菩薩戒弟子稽首和南十方諸佛菩薩聖僧天龍大衆若夫至理凝寂道絕名言大慈方便隨機攝誘濟苦海以智舟朗重昏以慧日開曉度脫不可思議弟子夙罹愍凶早嬰偏罰追維撫育之恩每念慈顏之遠泣血崩心永無逮及號天躃地何所厝身歲月不居炎涼亟改荼毒之痛在乎粉骨敬養已絕方恨不追怨酷之深百身何贖惟以丹誠歸依三寶謹於宏福道場奉施齋供并施淨財以充檀捨用斯功德奉爲先靈願心悟無爲神遷妙喜策紺馬以入香城躡金堦而升寶殿遊玩法樂逍遙淨土永蔭法雲嘗飡甘露疾證菩提早登正覺六道四生並同斯願

六馬圖贊

拳毛騧黃馬黑喙平劉黑闥時所乘前中六箭背二箭贊曰月精按轡天駟橫行弧矢載戢氛埃廓淸（其一）

什伐赤純赤色平世充建德時乘前中四箭背中一箭贊曰瀍澗未靜斧鉞伸威朱汗騁足青旌凱歸（其二）

白蹄烏純黑色四蹄俱白平薛仁杲時所乘贊曰倚天長劒追風駿足聳轡平隴回鞍定蜀（其三）

特勒驃黃白色喙微黑色平宋金剛時所乘贊曰應策騰空承聲半漢入險摧敵乘危濟難（其四）

颯露紫紫燕騮平東都時所乘前中一箭贊曰紫燕超躍

骨騰神駿氣讋山川威凌八陣其五

青騅蒼白雜色平竇建德時所乘前中五箭贊曰足輕電影神發天機策茲飛練定我戎衣其六

晉祠銘幷序

夫興邦建國資懿親以作輔分珪錫社實茂德之攸居非親無以隆基非德無以啟化是知功侔分陝奕葉之慶彌彰道洽留棠傳芳之迹斯在惟神誕靈周室降德酆都疏派天潢分枝璇極經仁緯義履順居貞揭日月以為躬麗高明之質括滄溟而為量體宏潤之資德乃民宗望惟國

範故能協隆鼎祚贊七百之宏基光啟維城開一匡之霸業既而今古革運陵壑潛遷雖地盡三分而餘風未泯世移千祀而遺烈猶存元化曠而無名神理幽而靡究故歆祠利禱若存若亡濟世匡民如顯如晦臨汾川而降祉構仁智以棲神金闕九層鄙蓬萊之已陋玉樓千仞恥崑閬之非奇落月低於桂筵流星起於珠樹若夫崇山亘峙巨鎮參嫓襟帶邊亙標臨朔土懸崖百丈蔽日虧紅絕嶺萬尋橫天聳翠霞無機而散錦峯非水而開蓮石鏡流輝孤巖宵朗松蘿曳影重谷晝昏碧霧紫煙鬱古今之色元霜絳雪皎冬夏之光其施惠也則和風溽露是生油雲膏雨斯起其至仁也則霓裳鶴蓋息焉飛禽走獸依焉其剛節也則治亂不改其形寒暑莫移其操其大量也則育萬物而不倦資四方而靡窮故以眾美攸歸明祇是宅豈如羅浮之島拔嶺南遷舞陽之山移基北轉夫以挺秀之質而無居常之資故知靈岳標奇託神威而為固加以飛泉涌砌激石分湍縈氛霧而終清有英俊之貞操任方圓以成像體聖賢之屈伸日注不窮類芳猷之無絕年傾不溢同上德之誠盈陰澗懷冰春留冬鏡陽巖引溜冬結春苔非

踈勒之可方豈瀑布之能擬至如濁涇清渭歲歲同流碧海黃河時時一變夫括地之紀橫天之源不能擇其常莫能殊其操信乃茲泉表異帶仙宇而為珍仰神居之肅清想徽音其如在是以朱輪華轂接軫於壇衢玉帛豐粢連箱於廟闕氤氳靈氣仰之而彌高昭晰神光望之而愈肅潛通元化不爽於錙銖感應明徵有逾於影響惟賢是輔非黍稷之為馨惟德是依豈筐篚之為惠昔有隋昏季綱紀崩淪四海騰波三光戢耀先皇襲千齡之徽號膺八百之先期用竭誠心以祈嘉福爰初鞠旅發迹神祠舉風電

以長驅籠天地而退掩一戎大定六合爲家雖膺籙受圖彰於天命而克昌宏業實賴神功故知茫茫萬頃必俟雲雨之澤巍巍五嶽必延塵壤之資雖九穗登年由乎播種千尋聳日本藉崇基然則不雨不雲則有炎枯之害非塵非壤則有傾覆之憂雖立本於自然亦成功而假助豈大寶之獨運不資靈福者乎故無言不醻無德不報所以巡往跡賽洪恩臨汾水而濯心仰靈壇而肅志若夫照車十二連城三五幣帛雲委珍羞山集此乃庸鄙之享恐非明神所歆正當竭麗水之金勒芳猷於不朽盡荆山之玉鐫

美德於無窮召彼雨師宏茲惠澤命斯風伯揚此清塵使地祇仰德於金門山靈受化於元闕括九仙而警衞擁百神以前驅俾洪威振於六幽令譽光於千載豈若高唐之廟空號朝雲陳倉之祠虛傳夜影式刊芳烈乃作銘云

赫赫宗周明明哲輔誕靈降德承文繼武啟慶留名翦桐頒土逸翮孤映清飈自舉藩屏維寧邦家攸序傳暉竹帛降靈汾晉惟德是輔惟賢是順不罰而威不言而信元化潛流洪恩遐振沈沈清廟肅肅靈壇松低羽蓋雲掛仙冠霧筵宵碧霞幛晨丹戶花冬桂庭芳夏蘭代移神久地古林殘泉涌湍縈瀉砌分庭非撓可濁非澄自清地斜文直澗曲流平翻霞散錦倒日澄明冰開一鏡風激千聲既瞻清潔載想忠貞濯茲塵穢瑩此心靈猗歟勝地偉哉靈異日月有窮英聲不匱天地可極神威靡墜萬代千齡芳猷永嗣

金鏡

朕以萬機暇日遊心前史仰六代之高風觀百王之遺跡興亡之運可得言焉每至軒昊之無爲唐虞之至治未嘗不留連讚詠不能已已及於夏殷末世秦漢暴君使人懍

懍然兢懼如履朽薄然人君在上皆欲永享其萬乘之尊以垂百王之後而得失異趣興滅不常者何也蓋短於自見不聞逆耳之言故至於滅亡終身不悟豈不懼哉觀治亂之本源足爲明鏡之鑒戒亂未嘗不任不肖治未嘗不任忠賢任忠賢則享天下之福用不肖則受天下之禍臨危之主各師其臣若使覺悟社稷安有危亡之覆特由不留心於任使翻屬意於遨遊豈不哀哉若以遨遊爲任使以任使爲遨遊豈不善哉古人言舜禹不愛於聲不貪於色乎謂不然將爲愛也人云桀紂耽於聲色乎將爲

不好也何以知之桀紂命不終於天年樂不終於一世以此爲不好也舜禹壽命於終樂畢於世子謂之愛也夫人有強躁寬弱之志愁樂貪慾之心思情聰哲之才此乃天命其性有善有不善者也由是觀之堯舜禹湯躬行仁義治致隆平此稟其性善也幽厲桀紂乃爲炮烙之刑剖孕婦剖人心斮朝涉脯鬼侯造酒池糟邱爲長夜之飲此其受於天不善之性也夫立身之道在乎折衷不在乎偏躭吳起曰昔有桑氏之君修德廢武以滅其國有扈氏之君恃衆好勇以喪社稷仲尼曰寬以濟猛猛以濟寬仁義之

道猶不得偏何況於左道乎何況於不仁乎爲君之道處至極之尊以億兆爲心以萬邦爲意理人必以文德防邊必以武威孔子曰夫文之所加者深則武之所服者大德之所施者博則威之所制者廣不可以威武安民不可以文德備塞大鯨出水必廢遊波之功鴻鵠沈泥定無淩空之効若使各令遂志不失其能古人云欲搆大厦者先擇匠然後揀材爲國家者先擇佐然後定民大匠搆屋必以大材爲棟梁以小材爲榱橑所有中尺寸之木無棄此善治木者也非獨屋有棟梁國家亦然大德爲宰相亦國家之棟梁也子思三代以來君好仁人必從之在上留心臺榭奇巧之人必至致精遊獵馳騁之人遠臻存意管絃鄭衛多進降懷粉黛燕趙斯來塞切直之路爲忠者必少開諂諛之道爲佞者必多古人云君猶器也民猶水也方圓在於器不在於水以是而言足爲永誡夫玉不琢不成器人不學不知道仲尼師於郯子文王學於虢叔聖人且猶如此何況於凡人者乎治主思賢若農夫之望歲哲后求才若旱苗之思雨亂君疾勝己如讎視不肖如子懷之中心何日蹔忘王莽僞行仁義之道有始無終孫晧權施恩

惠之風有初無末二子猶膠船之泛巨浪毀在不遥若驚馬之奔千里困其將至古人云升不盛石小智不可謀大巧詐不如拙誠信非謬矣有明主有闇主高祖攝衣於酈生比干剖心於辛紂殷湯則留情於伊尹龍逢則被誅於夏桀楚莊暇隙而懷憂武侯罷朝而含喜闇主護短而永愚明主思短而長善觀高祖殷湯仰其德行譬若陰陽調四時會法令均萬民樂則麒麟呈其祥漢祖殷湯豈非麒麟之類乎觀夏桀商辛嗟其悖惡之甚猶時令不行寒暄失序則猛獸肆毒蟲蟆爲害夏桀商辛豈非猛獸之儔乎

予以此觀之豈非天道之數也雖曰天時抑亦人事成湯之世有七年之旱翦爪爲犧千里降雨太戊之時桑穀生朝懼而修德遂使十有六國重譯而來此豈非人事者也或云爲君難或云爲君易人君處尊高之位執賞罰之權用人之才用人之力何爲不成何求不得此言之實易論之實難何者輕陵天地衆精顯其妖忽慢神靈風雨應其暴是以帝乙有震雷之禍殷紂致飛沙之災多營池觀遠求異寶民不得耕耘女不得蠶織田荒業廢兆庶凋殘見其饑寒不爲之哀覩其勞苦不爲之感苦民之君也非治

民之主也薄賦輕徭百姓家給上無暴令之徵下有謳歌之詠屈一身之欲樂四海之民憂國之主也樂民之君也此其所以爲難也且用人之道尤爲未易己之所謂賢未必盡善衆之所謂毀未必全惡知能不舉則爲失材知惡不黜則爲禍始又人才有長短不必兼通是以公綽優於大國之老子產善爲小邦之相絳侯木訥卒安劉氏之宗嗇夫利口不任上林之令捨短取長然後爲美夫人剛柔之情各異曲直之性不同古今奔馳貴賤不等爲上之孝與下豈均上則匡國寧家志存崇禮下則承顔悅色止存敬養虞舜孝也不爲慈親所安曾參仁也不爲宣尼所善孔子曰子從令者不得爲孝臣苟順者不得爲忠如斯之類不可不察也逆主耳而履道戮孔懷以安國周公是也順上心而安身隨君情以殺子易牙是也棄己之命安君之身紀信是也挾國謀事以報私讎袁盎是也亡身而執節孤直而自毀屈原是也外顯和睦之端內懷湯火之慮宰嚭是也忠諂之道以此觀之足爲永鑒白起爲秦平趙乃被昭王所殺亞夫定七國之亂卒爲景帝所誅文種設策滅吳翻遭越王所戮伍胥竭力爲國終罹賜劒之禍乃

是君之過也非臣之罪也至若趙高韓信黥布陳豨之儔此則自貽厥釁非君之濫刑也高祖失於存功之能光武獲於置將之妙臣安君社稷之固君處臣危亡之地豈是相酬之道也爲天下之君處萬民之上安可易乎背道違禮非惟損己乃爲賢人之所笑畢身勵行實爲君子又爲庸夫之所譏越品進官其類必爲深怨偏與人語衆望以爲曲私任使賢良則謂偶得委仗庸夫則言愚闇言數則謂太繁辭寡則講道薄恣情忿怒則朝野戰慄留心寬恕則法令不行民樂則官苦官樂則民勞四海之內莫非王

土要荒爲枝葉畿内乃根本古人云皮之不存毛將安傅當使本固根深委之内相而伊尹傅說人所希逢至如鎭積冰之塞守飛雪之邊而魏尚李牧當今罕遇遣人遠撫則眷戀而不忍愍而不遣則枝葉落而不存二宜之間致心何所是用晨興夕惕無忘斯事爲上猶然何況臣下易云書不盡言言不盡意今略陳梗概以示心之所存耳古語云勞者必歌其事朕非故煩翰墨以見文藻但學以爲己聊書所懷想遠見羣賢不以爲嗤也

自鑑錄

古有胎教世子朕則不暇但近自建立太子遇物必誨諭見其臨食將飯謂曰汝知飯乎對曰不知凡稼穡艱難皆出人力不奪其時常有此飯見其乘馬又謂曰汝知馬乎對曰不知能代人勞苦者也以時消息不盡其力則可以常有馬也見其乘舟又謂曰汝知舟乎對曰不知曰舟所以比人君水所以比黎庶水能載舟亦能覆舟爾方爲人主可不畏懼見其依於曲木之下又謂曰汝知此樹乎對曰不知曰此木雖曲得繩則正爲人君雖無道受諫則聖此傅說所言可以自鑑

爲太穆皇后追福手疏

聖哲之所尚者孝也仁人之所愛者親也朕幼荷鞠育之恩長蒙撫養之訓蓼莪之念何日忘之罔極之情昊天匪報昔子路歎千鍾之無養虞邱嗟二親之不待方寸亂矣信可悲夫朕每痛一月之中再罹艱疚興言永慕哀切深衷欲報靡因唯資冥助敬以絹二百匹奉慈悲大道儻至誠有感冀銷過去之愆爲善有因庶獲後緣之慶

祭征遼戰亡將士文

夫忠烈盡世往賢明軌亡身殉國先哲良規惟爾等心包

鐵石志列風霜勇氣雄圖衝冠裂眥懷忠立節重義輕生奮劍提戈摧城陷陣冒鋒刃而不顧赴湯火而如歸殞命戰場殘形寇壘膏潤原野身喪名存摇落寒關遂非生入蒼茫雪野無復餘蹤涉出塞之前途掩靈櫬而反骨歌陽春之往路黯長夜之歸魂山川宛其不殊存亡颯焉非昔然則身者今之所重名者後之所貴身乃常存而愚夫怯爲功則難立惟烈士成焉若以一生之短期收千載之令譽此聖賢之操也豈直忠勇者乎所以按轡停輿撫膺一慟嘉乃誠節痛爾遺靈酒俎既陳魂其斯享

祭原州瑞石文

嗣天子某祚繼鴻業君臨寓縣夙興旰食無忘於政導德齊禮愧於前修天有成命表瑞貞石文字昭然歷數唯永既旌高廟之業又錫眇身之祚迨於皇太子治亦降貞符紀其姓氏列於石言仰瞻睿漢空銘大造顧惟寡薄彌增寅懼敢因大禮重薦玉帛上謝明靈之貺以申祇慄之誠皇太子治亦恭至泰壇虔拜於蒼昊庶憑眷佑之德永膺無疆之休

祀北嶽恒山文

維大唐貞觀十九年以太牢之奠敬祭於恒嶽之靈次蒼蒼元氣紀三光而成象茫茫后土鎮五嶽以成形衡岱啟東南之地嵩華表西中之固惟靈山之秀峙亘朔野而標奇獸嘯龍騰風雨之所吐納霓裳鶴蓋神仙之所往還疊嶂參差凝煙含翠重岡紛糺照日分紅絕壁千尋孤峯萬仞桂華侵月松蘿挂雲幽澗冬暄飛泉夏冷寶符臨代邦之美靈蛇表陣勢之奇鑠石七年無以虧其大舍波七載不能損其高巍巍乎與乾坤而永固隱隱乎橫古今而不絕屬以授旗趙郊誓師冀土敢薦牲玉惟神饗之

祭高士廉文

朕與卿義重君臣道符冥契鱗波順乎風勢早啟沃乎朕心如何一朝奄成異代眷言疇昔用切深衷自幽明一謝將歷數旬尚同城闕之間想遊魂其如近今既丹旐戒路歸骨窮泉望隔邱野之中思令德而方遠凝哀笳於晨路引噺驂於夜臺嗟爾世之長辭結余心之永恨追懷前賞極宴終娛豈謂樂情迴成悲緒酒有千日之號人無再飲之期昔臨膳以增歡今撫杯而益慟故遣陳茲饗禮以寄曩懷魂如有靈歆我哀饌

祭比干文

道喪時昏姦邪并用暴君虐主正直難居雖識鑒存亡詎遣凶殘之累智周萬物不離顛沛之間然則大廈將崩非一木之能正天道去矣豈一賢之能全奮不顧身有死無二蹈斯節者罕有其人所以悽愴風煙靡尋餘跡瞻涼邱壟空有其名雖古今殊塗年代冥寞式遵故實爰贈太師諡忠烈公清酌少牢以陳薄禮遊魂髣髴昭此嘉誠

祭魏太祖文

夫大德曰生資二儀以成化大寶曰位應五運而遞昌貴

賤廢興莫非天命故龍顏日角顯帝王之符電影虹光表乾坤之瑞不可以智競不可以力爭昔漢室亘分羣雄岳峙夫民離政亂安之者哲人德喪時危定之者賢輔伊尹之臣殷室王道昏而復明霍光之佐漢朝皇綱否而還泰立忠履節爰在於斯帝以雄武之姿當艱難之運棟梁之任同乎曩時匡正之功異於往代觀沈溺而不拯視顛覆而不持乖徇國之情有無君之跡既而三分肇慶黃星之應久彰卜主啟期真人之運斯屬其天意也豈人事乎

數年帖

數年來每有征動雖復事非爲己猶恐下有怨咨所以廢甘泉之遊履燋金之弊寧可違涼忍暑不能適己勞民想汝誠心惟吾是念自非孝情深結孰能以此爲懷省書潸然益增感念善自將愛遣此不多哥哥勑

欽定全唐文卷十一

高宗皇帝

帝諱治太宗第九子貞觀二年生五年封晉王十七年四月冊爲皇太子二十三年六月即位年二十二咸亨五年八月稱天皇在位三十四年年五十六諡曰天皇大帝廟號高宗追尊天皇大聖大宏孝皇帝集八十六卷

大唐紀功頌 并序

若夫元功攸宰丕業光於帝先神用斯沖峻道輝於象外至於炯誡千祀昭訓百王則有彫金揚不朽之基鏤玉啟

無疆之迹而阪泉師律旌德之範未章疇野兵鈐銘徽之典猶闕乘巢革夏惡先覺於丹碑濟鮪戡殷媿生知於翠碣惟睿之先其大者歟自否運辭炎墊寓之災梗槪餘靈泣素稽霄之浸滔天風夏癸以昏初則忠良既逐政殷辛之虐徂則邦國斯悴穀霏黃而霧地下黷方祇繩亂赤而雨天上墋圖象人怨神怒語亡之兆遠彰衆叛親離規存之謀遂爽月弓宵而空柱則蝕屢金流星箭夕而奔榆則妖飛玉弩塵埋五岳見陵谷之遷移水竭百川覩江湖之騰沸鼎已問於輕重裂周網者七雄德遂寢於休明絕秦

綱者幾國天工是代紫庭無享覲之賓神道克恭元冕乏郊禋之辟故以鄒瀛眇眇同結向隅之悲亥跡茫茫共軫推溝之怨妖精紊象寶庫延災萃綠林者煙霏屯黑山者霧合戰龍于野則亂起干戈飛鴻在陸則害生戎馬先文皇帝憫黎元之已燎救焚洪燄之爐悼品物之將淪拯溺橫流之瀣握寶符於代北肇建丹旗剖神珠於漢東方擕白羽運五材而杖順陰陽未測懸雨耀而龔行幽明叶契而武關先入楚猴之暴未誅漸臺雖覆蜀鼁之聲猶振王充盜移鳳扆詿誤伊瀍竇德假署龍官虔劉趙魏同惡相

濟共爲脣齒先帝威闕一字有截思入無方窮幽測神研幾作聖薛公三策明出下科陳相六奇懸符上略親御姬鉞問罪晉帝壘守婁殫般攻益瞻鑿脩闕一字之壤舉覆匱而成山引曲洛之波沃濫觴而爲沼飛衝業業降臨負戶之危長隧悠悠上窺析骸之急奔鯨之穴染鍔非遙封豨之林倒戈斯在建德驅白波之衆濟馬頰之津據青犢之資踐牛口之谷吞沙石而賈勇召風雨而成梟圖解鄭城之圍規降上黨之守蜂飛萬旅猬起千羣竭汜水之洪流襛岯山之崇堵羽書狎至馹遽交馳夕照趙烽晨驚魯柝於

時謀臣鉗口息其請箸之談猛將含矛弭其穿札之氣或請退師函谷以避前鋒或請反斾崤陵以圖後舉先帝乃謂諸將曰本欲先定瀍東次平河朔今既遠投天網自取膏原建德若擒王充必敗虢亡虞滅理有固然韓弁魏從義無或爽天實贊我不可失乎兵道尚奇屬斯舉也牽裾之議踐幕庭而局影斷鞅之規望轅門而闕一字息獨決神衷總排輿誦留偏裨之將分拒王城引趫武之師移和制邑縈波遠派遙蹠官渡之濱廣武斜臨迴據成皋之險巖闉概日巨防陵雲寰中逐鹿之郊寓內闕二字之地與亡之

道楚漢之迹猶存得喪之途曹袁之基未泯以代藩之貴均士伍之勞處唐侯之尊等更徭之賤越酆霑惠赴白刃以求仁楚纊銜恩捐蒼璧而取義迺率數百騎入其境五十餘里觀其部列摩壘而旋於是醜類相奔凶渠競進短兵交戰長圍亟合望柘弧而盡殪類綦布於中原應薾斧而咸摧若星羅於平隰僅而獲反闕一字無一焉闕一字夫趙主入秦昭之關事從權免晉后察王敦之壘道以詐全業蹈往辰功優昔載自是鋒芒遂衂鉦鼓載衰奪林父之心破姜維之膽退歸漳滏恐天討之乘奔遠闕一字轘轅懼王

師之兼弱深溝板渚欽鑾車關數十罪而不黷示三驅而未款乃休牛洛汭蹔息桃林之墟牧馬河陽聊駕襄城之野樵蘇已遠虛月壘以招兵雉堞不修偃日羽而延寇建德深然楚闕不疑秦謀空峭壁以徑前沈輕舟而直進先帝勒兵背水列騎依山光流闞鞏之甲聲振武安之瓦神規嶽鎮未許代御之辭聖略川凝無受致師之請欲戰不可求反無路肇自霞初迄於景晏湯風爛石溽暑流金羸糧不從壺漿莫繼思仇餉於葛野想獨渴於梅林齊侯絕華泉之遊楚將無穀陽之飲窮魚失水望清漢而摧鱗暍

烏傾巢仰曾天而折翮先帝別命旌麾以乘其背親當矢石以擊其心表裏夾攻遠邇同至始見開行跡鴈分彼陣以弱其鋒終乃合勢形蜿離敵衆而孤其力驥馬追風彩桃花而翼路燕犀奪日輝若枝而鏡野擬金憤闢隴之氣淩險若夷浴鐵惋熊羆之心陷堅如朽應龍畫角百川爲之震蕩靈鼉制鼓九鎮所以傾頹投石蒙輪霜暎彫戈之末翹關拔距電流文劍之端舉長鑵以布新卷崩雲以袪穢攻虛匪實塵靡藉於曳柴擊衆以寡火無勞於結燧俘虜十餘萬斬首三千級生擒建德徇於城下醜顏流汗曾

無解揚之言懷德畏威翻有蒯通之說然後操袂闕二字伏鑽旗亭臍燃董卓之膏頭飲智瑤之器王充牽羊請服刑馬求盟開定鼎之郊獻測圭之邑義貞白水信篤丹書赦其縲紲之辜宥其挺埴之命情安共主忘鯁氣於田橫怨切周天忍終凶於魏豹於時沴卷東浸鏡萬里而河清妖歛西氛陣千重而雲散昔高宗鬼方致伐遠克三年周武牧野陳師尚勞再駕未有智吞宇宙掌握乾坤正西北之傾天軸東南之毀地英謀一振功成晷刻之間勍敵雙擒業茂須臾之頃故能基大寶於王業錫祉元珪掃元凶於

天步臻祥綠錯國八紘而績禹功邁敘倫家六合而心勛德超則大犧皇語聖既桀往而堯今農帝方神遂昏前而闕二字奇謀沖秘非假書於黃石雄斷縱橫詎窺符於元女近以五載巡初省方伊洛九冬狩晚講戎許鄭舉鸞旗而遐指飛翠蓋以長驅垣壘肅而未遷山川儼而無改徘徊丹浦事求聞禮之辰顧步青邱情異撫軍之日波瞻舊瀲水變沈沙之奇堞望前墉城餘拔幟之所是以滄哀霜露攀日月而不追茹痛風枝懷天地而莫報金墀在御方九仞以悲深玉案升珍擬萬鍾而闕一字切麟圖闕一字範義百

極書鳳篆留規道千裘洽虔守天位憂轂峻於洪基肅奉帝猷誠虧光於實祚屬辭抽思實無覿於揚名相質披丸庶有裨於紀德乃爲頌曰

乾綱肇絕神鼎初飛妖淩三季兵纏九圍元功孰纂神器無歸瞻烏逐燮即鹿乘機穆穆聖祖桓桓神武電擊河汾雲飛京宇克清龍戰載安鼇柱禮叶禋宗樂諧率舞漳濱猬起洛汭鴟張荐驚權闕一字亟犯封疆裂冠稱帝犯蹕圖玉豈知吳滅未辯虞亡睿后生知謀絕羣彥雲轍西伐霜戈東戰元惡懸首凶渠革面一縱闕一字擒義多昔卞冰銷

日域霧斂星區龍庭受吏鳳穴來蘇虔奉天祿恭膺帝圖陶甄太素亭育尊盧啟光夏政誦恢周道濫以菲躬聿承大寶宅侔宇宙業均犧昊豈闕一字英明實資衡保載省王風順驅月駟津由漂鹵途經絕轡思動則天慕纏因地敬愛攸屬明發奚洎寒移暑謝律變星迴陣雲先滅月壘猶開毀垣殘椰塞井荒苔水侵闕一字石燧掩飛灰泗水詞班濟陽紀蔡式傳經略敢竭虛昧坤紐方輿乾張圓蓋騰實萬古飛英百代

監國求賢令

仰惟聖訓奉以周旋虛想異人共康神化式遵曩軌分鶩翹車企覿英靈欽聞政道宜須下州郡妙簡賢良其有理識清通執心貞固才高位下德重任輕或孝弟力田素行高於州里或鴻筆麗藻美譽陳於天庭或學術該通博聞千載或政事明允才爲時新如斯之倫並堪經務而韜光勿用仕進無階委身蓬蓽深爲可歎所在官僚精加訪採庶使垂綸必察操築無遺一善弓旌咸宜舉送

爲攝太傅高儉設榻令

攝太傅申國公士廉朝望國華儀型攸屬寡人忝膺監守

實資訓導比日聽政常屈同榻庶因諮白少祛蒙滯但據案奉對情所未安近已約束不許更進太傅誨諭深至使遵常式辭不獲免輒復敬從所司亦宜別以一案供太傅

爲文德聖皇后薦福令

寡人不造咎譴所鍾年在未識慈顏棄背終身之憂貫心滋甚風樹之切刻骨冥深每以龍忌之辰歲時興感空懷陟屺之望益疚寒泉之心既而笙歌遂遠瞻奉無逮徒思昊天之報罔寄烏鳥之情竊以覺道洪慈實資冥福冀申孺慕是用歸依宜令所司於京城内舊廢寺妙選一所奉

爲文德聖皇后即營僧寺寺成之日當別度僧仍令映帶林泉務盡形勝仰規忉利之果副此罔極之懷

建大慈恩寺令

營慈恩寺漸冀向功輪奐將成僧徒尚闕伏奉勅旨度三百僧別請五十大德同奉神居降臨行道其新建道場宜名大慈恩寺別造翻經院虹梁藻井丹青雲氣瓊礎銅沓金環花鋪並加殊麗令法師移就翻譯仍綱維寺任

諭普光寺僧衆令

蓋聞正法沒於西域像教被於東華古往今來多歷年所

而難陀迦葉馬鳴龍樹既同瓶寫有若燈傳故得妙旨微言垂文見意是以三十二相遍滿人天十二部經敷揚刹土由其路者則高騁四衢之上迷其途者則輪迴六趣之中理窟法門元宗祕藏非天下之至賾孰能與於此乎皇帝以神道設教利益羣生故普建仁祠紹隆正覺卜玆勝地立此伽藍請赤縣之名僧徵帝城之上首山林之士擁錫來遊朝廷之賓摳衣趨座義筵濟濟法侶詵詵實聚落之福田黔黎之壽域加以叢楹疊栱寶塔華臺洪鐘扣而弗諠清梵唱而逾靜若夫盧毗那佛坐普光法堂靈相葳蕤肸蠁以今方古闇與冥符名器之間豈容虛立然僧徒結集須有綱紀詢諸大衆罕值其人積日搜揚頗有僉議咸云紀國寺上座慧淨自性清淨本來有之風神秀徹非適今也至於龍宮寶藏象力尊經皆挺自生知無師獨悟豈止四諦一乘之說七處八會之談要其指歸得其眞趣而已固亦滌除元覽老氏之至言潔淨精微宣尼之妙義莫不窮理盡性尋根討源其德行也如彼其學業也如此今請爲普光寺主仍知本寺事法師比者逡巡靜退不肯降重殷勤苦請方始克從但菩薩之家體尚和合若得無

諍三昧自然永離十纏亦願合寺諸師共宏此意其迎請之禮任依僧法

答沙門慧淨辭知普光寺任令

忽辱來書甚以傾慰三復之後自覺欣然竊聞如來雖迹起人間而道籠天外神功妙力不可思議寂爾無爲則言語道斷湛然常在則心行處滅但爲衆生煩惱漂沒愛河得不大拯橫流令登彼岸故出入三界昇降六天經營十方良爲於此若夫鹿園福地鷲嶺靈山灑甘露於禪林轉法輪於淨域付囑菩薩濟拔黔黎然後放光面門滅影雙

樹寶船雖沒遺教猶存即是如來法身無有異也然人宏道非道宏人遠有彌勒文殊親承音旨近則圖澄羅什發明經教五百一賢信非徒說千里一遇蓋非虛言法師昔在俗緣門稱通德飛纓東序鳴玉上庠故得垂裕後昆傳芳猶子嘗以詩稱三百不離於苦空曲禮三千未免於生滅故發宏誓願迴向菩提落彼兩髦披茲三服至如大乘小乘之偈廣說略說之文十誦僧祇八部般若天親無著之論法門句義之談皆剖判胷懷激揚清濁至於光臨講座開置法筵精義入神隨類俱解寫懸河之辯動連環之

辭碧雞譽於漢臣白馬稱於傲吏以今倣古彼復何人所以仰請法師爲普光寺主兼知紀國寺上座事又聞若獨善之心有限則濟物之理不宏彼我之意未忘則他自之情不坦且普光紀國俱是道場舊住新居有何差別法師來狀云魚鹿易處失燥濕之宜斯乃意在謙虛假稱珍怪昔聞流水長者遂能救十千之魚曠野獵師豈得害三歸之鹿但使筌蹄不用則言象自忘

答張行成因旱請致仕表手制

密雲不雨遂淹旬月此朕之寡德非宰臣咎實甘萬方之責用陳六事之過策免之科義乖罪己今勅斷表勿復爲辭

加潞王周王上柱國別食實封制

門下維城道峻理恢於邑壤分社寄隆義先於榮秩雍州牧潞王賢潞州牧周王顯瑶坡挺禎璇源發彩令聞彰於詩禮英徽表於岐嶷戎章之寵宜允於具瞻膏腴之恩式遵於故事並可上柱國各加別食實封一千戶餘如故

定樂舞制

國家平定天下革命創制紀功旌德久被樂章今郊祀四

懸猶用干戚之舞先朝作樂韜而未伸其郊廟享宴等所奏宮懸文舞宜用功成慶善之樂皆著履執拂依舊服袴褶童子冠其武舞宜用神功破陣之樂皆被甲持戟其執纛之人亦著金甲人數並依八佾仍量加簫笛歌鼓等並於懸南列坐若舞即與宮懸合奏其宴樂內二色舞者仍依舊別設

改封禪器物制

古今典制文質不同至於制度隨代沿革唯祀天地獨不改張斯乃自處於厚奉天以薄又今封禪即用玉牒金繩

器物之間復有瓦罇秸席一時行禮文質頓乖駁而不倫深爲未愜其封祀降禪壇所設上帝后土位先設槀秸瓦甒瓢杯等物並宜改用裀褥罍爵每事從文其諸郊祀亦宜準此

申理冤屈制

門下大帝降鑒無幽不燭下人上訴在屈必申將使處巖廊者戶牖絕千里之蔽仰億兆者門庭無九重之隔故克推心以撫俗業濟天下湯克己以察冤惠孚海內朕祗膺寶歷寅奉璇圖常居安以戒危每在得而思失慮一夫之

不獲憂萬方之有罪以爲承平既久區宇至曠州邑相望衆庶殷阜事繁則詐起法弊則奸生念茲冤滯深懷惻隱是以頻發詔書庶幾息訟比命申理未副朕懷百姓雖事披論官司不能正斷及於三司陳訴不爲究尋向省告言又卻付州縣至有財物相侵婚田交爭或爲判官受囑有理者不申或以按主取錢合得者被奪或積嫌累載横誣非罪或肆忿一朝枉加殺害或頻經行陣竟無優賞或不當矢石便獲勳庸改換文簿更相替奪或於所部憑倚織作少付絲麻多收絹布或營造器物耕事田疇役即伍功雇無半直又境內市買無所畏憚虛立賤價抑取貴物實貪利以侵人乃據估以防罪或進退丁戶等色多有請求或解補省佐之流專納賄賂或徵科賦役差點兵防無錢則貧弱先行有貨則富強獲免亦有鄉邑豪強容其造請或酒食交往或妻子去還假託威恩公行侵暴凡如此事固非一緒經歷臺省往來州縣動淹年歲曾無與奪欲使元元何所控告見在京訴訟人宜令朝散大夫守御史中丞崔謐朝散大夫守給事中劉景先朝請郎守中書舍人裴敬彝等於南牙門下外省共理冤屈屬戶所有訴訟隨

狀爲其勘當有理者速即奏聞無理亦示語發遣其有虛相搆架浪擾官方若經處分喧訴不絕者宜即科決使知懲厲仍限今年十二月內使了其在外州縣所有訴說冤滯文案見未斷絕者並令當處速爲盡理勘斷務使甘伏勿使淹滯若處斷不平所司糾察得實者所由官人隨即科附可布告遐邇使知朕意主者施行

頒行新令制

門下蓋上帝臨下覆幬之德彰焉聖人在上財成之跡著焉然則統天理運微政令不能通其道經國訓人非渙汗

無以宣其化故羲文演繇后以施命誥四方虞典記言帝乃敷文被九域豈惟迺人振鐸理存乎闡教象闕懸書義在於垂法雖時分步驟必循先甲之規代變驪驊無革達名之軌既而淳源已往澆風漸扇奸宄於是萌生譎詐以之飈起相彼羣俗頗乖於信義顧茲庶尹罕嗣於忠勤尺一交馳徒有書亭之弊五條聞出猶招挂壁之譏非所謂光闡帝圖作爲人極者也由此緑綈爰降尤慎於繁苛黄素所施彌崇於喻曉皇家創業抑揚前古粤在貞觀大啟憲章浹聲教於幽遐燭文明於區宇鴻池衍誥統理詳密

螭鈕騰文規模宏遠固以貽厥將來懸諸日月朕祇肅鴻業恭臨寶位握千載之禎符承百王之末緒凝神閑館託軒夢以憂人採誦康衢用堯心而拯物然以萬機事總恐聽覽之或遺四海務殷慮緝訪之多闕南宮故事綜覈已殫內史舊章搜羅殆盡自御宸扆每懷冰谷身雖處於巖廊情實係於億兆比者在外州府數陳表疏京下諸司亦多奏請朕以爲帝命多緒範圍之旨載宏王言如絲彌綸之道斯洽前後處分因事立文歲序既淹條流遂積覽之者滋惑行之者愈怠但政貴有恆辭務體要道廣則難備事簡則易從故自永徽以來詔勅總令沙汰詳稽得失甄別異同原始要終捐華摭實其有在俗非便事縱省而悉除於時適宜文雖煩而必錄隨義刪定以類區分上稟先規下齊庶政導生靈之耳目闡風化之戶牖俾夫施之萬祀周知訓夏之方布之八埏共識司南之路仍令所司編次具爲卷帙施行此外並停自今以後諸有表奏事非要切並準勅令各申所司可頒示普天使知朕意主者施行

免岐王珍爲庶人制

經國之制貳則有辟爲臣之道將則必誅況親則宗枝義

兼家國敢懷逆節自桎嚴刑銀青光禄大夫宗正卿員外置同正員嗣岐王珍志在傾邪行惟險薄頃以寇逆未殄軍國多虞因集不逞之徒潛爲亂常之計乃欲遠通叛虜搆此兇謀以有上抃備聞其狀猶以戚屬初亦致疑遂令推按具自承伏且王者立法百代所遵稽彼常科罪當殊死以其可諱不忍加刑俾從放黜以申寬典宜免爲庶人仍於溱州安置至彼捉搦勿許東西其同謀左武衛將軍竇如玢試都水使者崔昌右羽林軍使劉從諫蔚州長塞鎮將朱融右衛將軍胡列直司天臺通元院高抱素右衛

率魏兆内侍省内謁者監王道成等九人特宜斬決試太子洗馬兼知司天臺冬官正趙非熊陳王府長史陳闍楚州司馬張昻左武衛兵曹參軍焦自榮前鳳翔府郡縣主簿李㞯國子監館進士張奐等六人特宜決殺駙馬都尉薛履謙同逆謀宜賜自盡

置乾封明堂縣制

東臺元天著象於紫微厚地區域於赤縣外崇四岳伊帝闡其宏規旁別九州元王邵其丕績所以料玆物土畫野分疆相彼人事觀時濟俗開物成務理則由然高祖皇帝

誕膺靈命肇開景業囊括軒頊孕育胥庭太宗文皇帝大聖登期自天縱哲撲崑岑之猛燎拯滄海之飛流巍巍蕩蕩無得而名焉朕以虛薄夙奉瑤圖承累德之鴻猷履會昌之嘉運中外禔福遠邇乂安仰簣成功外禋岱嶽緬維嚴配祇建合宮感事開元聿光先德俾我黎獻永賴隆平寧濟之方實資寬簡鑒寐凝想思致厥塗以爲翼翼上京率土攸仰翦華抗堞貫渭疏瀾城闕崇嚴都邑東敞戶口盈積市獄殷繁東西兩縣官曹尚少在於撫字事或難周至於詞訟綜理時闕須分所職各使兼濟其長安縣宜置乾封縣萬年縣析置明堂縣並於京城內近南安置其戶口即於兩縣逐便割隸應須官寮并公廨等一事以上並準長安萬年兩縣各令所司處分奏聞庶使憂勤之懷獨映於前古建元之慶長垂於後葉

封周王顯制

昔周武垂則汾邑啟維城之固漢文承統雎陽樹磐石之基所以作鎮邦家克隆景業第七子顯毓粹雲峯分輝日觀風儀秀舉神識沖和挺玉質而含章振金聲而發彩夙遵教於詩禮方導德於閒平既表岐嶷之姿宜申珪社之

貺可封周王食邑一萬戶

賜謚皇太子宏孝敬皇帝制

朕肅承鴻緒無忘馭朽之懷虔奉聖謨每切臨深之懼幸以穹昊垂祐宗社降靈公卿盡叶贊之謀黎庶遂懷生之望故得乾坤交泰日月休徵垂衣而晏九瀛端拱而家六合方將迴鑾崆峒體高尚於軒皇脫屣汾川追逸軌於伊后成功弗處思遵象帝之規守器斯傳用申知子之授皇太子宏生知誕質惟幾毓性直城趨駕肅敬著於三朝中寢問安仁孝聞於四海若使負荷宗廟寧濟家邦必能永

保昌圖克延景歷豈謂遽嬰霧露遂至彌留顧惟輝掌之珍特切鍾心之念庶其痊復以禪鴻名及滕理微和將遜於位而宏天資仁厚孝心純確既承朕命掩欷不言因茲感結舊疾增甚億兆攸係方崇下武之基五福無徵俄遂上賓之駕昔周文至愛遂延慶於九齡朕之不慈遽永訣於千古天性之重追懷哽咽宜申往命加以尊名夫謚者行之迹也號者事之表也慈惠愛親曰孝死不忘君曰敬可謚爲孝敬皇帝仍遵典故式備徽章布告遐邇使知朕意

即位大赦詔

大行皇帝奄棄普天痛貫心靈若寘湯火思遵大孝不敢滅身永慕長號將何逮及粤以孤眇屬當元嗣荷攜乾儀若臨冰谷思勵虛薄康濟黎元敬順唯新仰昭先德宜布凱澤被乎億兆可大赦天下內外文武賜勳官一級諸年八十以上賚以粟帛雍州及諸州比年供軍勞役尤甚之處並給復一年

令京司長官上都督府諸州舉人詔

殷宗邁德化致升平周王顯仁政稱刑措太宗文皇帝神明配德靈武兼資掃欃槍而王區夏混陰陽而作天地以此大業留屬微躬雖復琯變星霜而心嬰荼毒州郡之長能修厥職禮義興行姦回自屏刑憲不誖孤惸是賴有司詢訪宜以名聞有一於此當超不次其有經明行修談講精熟具此嚴才堪膺教胄者志節高妙識用清通博聞彊正終堪卿輔者遊情文藻下筆成章援心處事端平可紀者疾惡揚善依忠履義執持典憲終然不移者京司長官上都督府及上州各舉二人中下州刺史各舉一人前代忠鯁身死王門子孫才堪任官而留滯停移者既想遺風尤宜旌舉

改元永徽詔

比者恭膺寶位乃叶天時繼奉休命必因正朔太宗文皇帝龔行天罰寧一區夏宏功無外盛烈難名攀望徽猷哀盈圜寢朕以寡德守茲神器仰憑堂構俯暢生靈酌彼彝倫道兼文武方今孟陬獻歲常儀佇歷三元首事萬國來庭宜遵經國之典以叶陽和之義可改貞觀二十四年爲永徽元年

衛士等聽終制三年詔

通喪下達聖哲彝訓緯俗經邦咸率茲道至於嬰蓼莪之巨痛懷顧復之深慈得自天經含生罔極者也爰自周衰七雄交爭逮乎漢末三方競峙金革亟動鉦鼓日聞先王典章掃地將盡遂令三邊武猛墨絰而匪戎麾七萃驍雄素冠而事巡警亦有內無繼體傍闕同氣几筵安寄奠酹不親迺睠於斯載深驚歎朕膺茲景命君臨九野中區富教外俗永規宜有解張以勵風俗衛士掌閑幕士等遭喪合期年上者宜聽終制三年

補授儒官詔

昔勛華肇政仁義居先殷周創基教學成本朕嗣立鴻基載成丕緒如臨於海罔知攸濟思得學徒用康庶績而頃歲所敦先諸聖教青襟方領未達至懷唯欲思轅固以加珈想高堂以授秩斯文寥落去之彌遠深加發慮稱朕意焉儒官員闕即宜補授其館博士助教節級賜物三館學士有業科高第景行淳良者所司簡試俱以名聞

流蕭齡之嶺南詔

華州刺史蕭齡之早以常才累叨非據入參九列出總六條番禺重鎮控攝遐遠心如谿壑聚斂無厭不憚典章唯利是視豪門富室必與交通受納金銀二千餘兩乞取奴婢一十九人赦後之贓數猶極廣羣僚議罪請處極刑奏決再三即合從戮但人命至重每存審慎又其驅策自久桑榆漸迫諸子號叫伏闕求恩哀矜之心發自懷抱宜免腰領之誅投身瘴癘之地可除名配流嶺南遠處庶存鑒誡頒示天下

賑雍同二州詔

朕寅畏三靈憂勤萬類分宵軫慮昃晷忘飡跡在巖廊心遍天下懼八政之或舛憂一物之未安欲使菽粟積於京

坻禮讓興於萌俗而德不被遠誠未動天政道有虧咎徵斯應去歲三輔之地頗弊蝗螟天下諸州或遭水旱百姓之間致有罄乏此繇朕之不德兆庶何辜矜物罪己載深憂惕今獻歲肇春東作方始糧廩或空事資賑給其遭蟲水處量以義倉賑貸貧乏雍同二州各遣郎中一人充使巡問務盡哀矜之旨副朕纏綿之心

詳定刑名詔

門下朕聞大德曰生肖天地而爲貴大寶曰位體宸極以居尊所以經緯三才彌綸萬物順人心以數化因天討而

立刑易稱明罰哀矜之志愈遠書云肆眚簡惠之道斯崇故能象服畫冠化隆上葉道德齊禮刑清中代暨乎大道既隱淳風已衰元首司契銜轡奢以臨下股肱贊道用深刻爲奉公罪名積於簡書滋章被於率土姬訓夏法峻網備於三千秦革周科深文加於九族漢祖約法後嗣不勝其弊晉武蠲刑末流竟致其酷遂使茫茫區寓囹犴所以實繁蠢蠢黔黎手足爲之無措自斯以降禁網愈密歎深袁準之書事切劉宏之奏太宗文皇帝至道難名元功不測撥亂反正恤獄愼刑杜澆弊之餘源削繁苛之峻法道

臻刑措二十餘年恥格之義斯隆惻隱之懷猶切五几遺訓重令刊改瞻奉隆規興言感咽朕以虛寡夙嗣寶圖寅畏上元憂勤庶類乘奔履薄懼一物之未安旰食宵衣慮萬方之多罪雖解網之德有慙列聖而好生之惠無愧伊心於是仰遵先旨旁求故實詔太尉揚州都督監修國史上柱國趙國公無忌開府儀同三司上柱國英國公勣尚書左僕射監修國史上柱國燕國公志寧尚書右僕射監修國史上護軍北平縣開國公行成光祿大夫侍中監修國史上護軍蓚縣開國公高季輔銀青光祿大夫行黃門侍郎平昌縣開國公宇文節中書侍郎柳奭右丞段寶元太常少卿令狐德棻吏部侍郎高敬言刑部侍郎劉燕客給事中趙文恪中書舍人李友益少府丞張行實大理丞元紹太府丞王文端刑部郎中賈敏行等爰逮朝賢詳定法律酌前王之令典考列辟之舊章適其輕重之宜採其寬猛之要使夫畫一之制簡而易從約法之文（一作章）肆而不漏再移期月方乃撰（一作始勒）成宜班下普天垂之來葉庶設而不犯均被皇恩（一作均彼上皇）凡在羣司（一作臣）逮於列岳其務在審愼稱朕意焉

禁獻鷹犬詔

弋獵畋游素非所好嘗謂此志布於遠近而蕃夷有獻鷹犬者慮阻來遠之情時復爲受示以不違其意其諸州及京官仍有訪求狗馬鷹鶻之類來進深非道理自今後更有進者必加罪責

恩宥囚徒詔

去秋少雨冬來無雪今陽和在辰春作方始膏澤未降良疇廢業或恐獄訟之間尚有淫濫含冤未達弗辜致罪百姓有過責深在予宜順彼發生申茲恩宥在京及天下囚

徒死罪宜降從流流已下放免鰥寡惸獨及篤疾之徒量加賑恤務令得所

流劉大器峯州詔

窺窬圖讖必以亡身滅族斯皆先賢設教歷代舊章今大器乃與妖人往還虛占禍福矯託天命包藏逆心非意自彰已歸嚴憲令屈法免死者繇朕寡德所致故也去春遺愛等逆起於前今冬大器禍彰於後一歲之內再有此釁朕宵興自思非無深愧

幸萬年宮詔

朕恭膺寶命嗣奉瑤圖居萬乘之尊當四海之貴遐觀往烈詳求前古每希蹤於哲后常勞心於庶務兢懼弗寧憂勤若厲屬天下無事區宇有截仰高風於汾射暫清暑於林泉朕昔在震宮侍遊兹壤山川如舊歲月不追今既俗阜年和華夷胥悅緬懷徽範情兼感慰宜遵省方之義且順陽和之序曲申惠澤式彰寬宥行幸所經諸縣及岐州囚徒行人犯罪者流降徒徒已下並免之

旌表楊紹宗妻王氏詔

故楊紹宗妻王氏因心爲孝率性成道年迫桑榆筋力衰謝以往在隋朝父歿遼左招魂遷葬負土成墳又葬其祖父母等竭此老年親加版築痛結晨昏哀感行路永言志行嘉尚良深宜標其門閭用旌敏德賜物三十段粟五十石

曲赦醴泉縣詔

朕恭膺大寶嗣隆景業虔奉成則光闡宏猷昧旦兢懷宵分動慮蒼昊垂祐宗社降靈順黎元之心藉忠賢之力俗登仁壽道暨外平遠肅邇安時康俗阜履端受節陽和肇氣親率庶僚奉謁陵寢遺弓永慕切終身之憂撫鏡纏悲

興寒泉之思敬深如在哀隆罔極薦享既畢精禋獲申式表因心宜宏愷澤可曲赦醴泉縣并行從人大辟罪以下皆赦除之百姓宜免今年租調右監門員外將軍常基在此宿衛進爵一等陵令陵丞各加一階并節級賜物

立武昭儀爲皇后詔

武氏門著勳庸地華纓黻往以才行選入後庭譽重椒闈德光蘭掖朕昔在儲貳特荷先慈常得侍從弗離朝夕宮壼之內恒自飭躬嬪嬙之間未嘗迕目聖情鑒悉每垂賞歎遂以武氏賜朕事同政君可立爲皇后

停進珠玉詔

少府監非軍國所需宗廟之用並不須飾以珠玉諸州常貢珠寶者並宜停進其市肆間不得更爲彫鏤及貨鬻珠寶及金銀等物

禁酷刑及匿名書詔

朕聞小大以情義重前誥哀矜勿喜道光遐冊朕恭膺寶業嗣臨億兆留心聽斷劬勞日昃一物乖方納隍軫慮今旣科格咸備憲制久行鞫訊之法律條具載深文之吏猶未遵奉肆行慘虐曾靡人心在含氣之倫稟柔脆之質乃有懸枷著楛經日不解脫衣迥立連宵忍凍動轉有礙食飲乖節殘酷之事非復一途楚痛切身何求不得言念及此深以矜懷又挾匿名書國有常禁凡厥寮庶咸應具述近遂有人向朝廷之側投書於地隱其姓名誣人之罪朕察其所陳皆極虛妄此風若扇爲蠹方深自今以後內外法司及別勅推事並依律文勿更別爲酷法其匿名書亦宜準律處分庶使泣辜之情遠覃於四海卹刑之旨長垂於萬葉

賜蕭鈞手詔

朕聞防禍未萌先賢所重宮闈之禁其可漸歟昔如姬竊符朕用爲永鑒不欲今玆自彰其過所搦憲章想非濫也但朕翹心紫禁思覿引裾側席朱檻冀旌折檻今乃喜得其言特免四通等死遠處配流

欽定全唐文卷十二

高宗二

禁幻戲詔

如聞在外有婆羅門胡等每於戲處乃將劒刺肚以刀割舌幻惑百姓極非道理宜並發遣還蕃勿令久住仍約束邊州若更有此色並不須遣入朝

放宮人詔

爲國之道必從簡惠正家之義允歸儉約故知興替之本得失之基爰自六宮刑於四海既而西都之后累葉驕奢

東漢之君相繼淫佚魏庭晉室採擇無厭水運倉積選納逾廣節文既廢怨曠滋深糜費極多流弊忘反朕以寡薄嗣奉瑤圖臨馭八紘亭育萬類向隅之念每切於憂勞納隍之心實勞於夙夜率由成訓仰遵先旨即位之初備加寛貸年老宮人已令放出椒掖之内人數猶多久離親屬之歎長供掃除之役永年幽閉良深矜憫又去年霖雨頗傷苗稼在於州縣非無乏少資給後庭有妨國用宜申兹大造更量放出宮人可令官司料簡具録名帳所司依狀散下歸其戚屬若無近親任求配偶所在官府存心安置勿使輕薄之徒輒行欺誘空有竊貲之弊便無偕老之託務加存恤令遂所懷

降太子忠爲梁王詔

昔泰伯高讓載昌姬宗東海之藩克隆漢祚故能業傳端委胙錫龜蒙飛茂實於前英播清虛於遠葉皇太子忠分景扶木稟慶天津早加寵樹禮絶羣后比因朝見屢陳撝挹論嫡庶之分辨貴賤之禮以貴則皇后有子以賢則不敢當仁前後數四情辭懇惻義高曠古道邁前修宜遂雅懷以成厥美可封梁王食邑二萬戶持節都督梁洋集壁

四州諸軍事梁州刺史仍別食二千戶賜物二萬段甲第一區梁州仍置都督府

立代王宏爲皇太子詔

洊雷揚祉承祧之道爰著重離闡曜守器之方斯存故能撫寧軍國永保邦家詳覽瑤圖緬瞻遐冊繼業垂統咸率兹典代王宏道居嫡允天縱英姿器質沖華神鑒昭遠恭謙表志仁孝居心夙彰睿哲之風早通詩書之業朕以虛薄方啟無疆之祚永傳不朽之基取則前王思隆正緒宜升上嗣養德東宮可立爲皇太子仍令所司擇日備禮冊

命

減膳詔

上封人所進食極惡情之憂灼中宵輟寐永言給足取愧良深夫國以人爲本以食爲天百姓不足君孰與足朕臨御天下於今七年每留心庶績軫慮農畝而政道未凝仁風猶缺致令九年無備四氣有乖遂使去秋霖滯便即罄竭所以佇西郊而結念眷東作以勞懷豈下乏農夫上甘珍饌宜令所司常進之食三分減二

令州縣舉人詔

朕受命上元嗣膺下武每肅恭旒扆延想英奇俯振鷺而企貞臣仰飛鴻而慕良輔雲臺側席玉管屢移宣室整衣金壺亟改寂寥靡覿鑒寐興懷比年雖嘗進舉遂無英俊猶恐棲巖穴而韜奇樂邱園而晦影宜令河南河北江淮以南州縣或緯俗之英聲馳管樂或濟時之器價軼蕭張學可帝師材堪棟輔者必當任之不次可明加採訪務盡才傑州縣以禮發遣

令百官各舉所知詔

濟時興國實佇九功禦敵安邊亦資七德朕端拱宣室思宏景化將欲分憂俊乂共逸巖廊而比者貢寂英奇舉非勇傑豈稱居安慮危之志處存思亂之心如不旌賁遠近則爪牙何寄宜令京官五品以上及諸州牧守各舉所知或勇冠三軍翹關拔山之力智兼百勝緯地經天之才蘊奇策於良平馳功績於衛霍蹤二起於吳白軌雙李於牧廣賞纖善而萬衆悅罰片惡而一軍懼如有此色可精加採訪各以奏聞

公主王妃見舅姑父母勿答拜詔

天地之尊人倫已極舅姑之敬禮經攸重苟違斯義有斁

彝則如聞公主出適王妃作嬪舅姑父母皆降禮答拜此乃子道云替婦德不循何以式序家邦儀刑列辟自今以後可明加禁斷使一依禮法若更有以貴加於所尊者令有司隨事糾聞

停諸節進獻詔

朕撫育黎庶思求政道欲儉以訓俗禮以移風菲食卑宮庶幾前軌比至五月五日及寒食等諸節日并有歡慶事諸王妃主及諸親等營造衣物雕鏤雞子競作奇技以將進獻巧麗過度糜費極多皆由不識朕心遂至於此又貞

觀年中已有約束自今以去並宜停斷所司明加禁察隨
事糾聞

僧尼不得受父母及尊者禮拜詔

釋典沖虛有無兼謝正覺凝寂彼我俱忘豈自尊崇然後
爲法聖人之心主於慈孝父子君臣之際長幼仁義之序
與夫周公孔子之教異轍同歸棄禮悖德深所不取僧尼
之徒自云離俗先自貴高父母之親人倫以極整容端坐
受其禮拜自餘尊屬莫不皆然有傷名教實斁彝典自今
以後僧尼不得受父母及尊者禮拜

分立彌射爲興昔亡可汗步真爲繼往絕可汗詔

自西蕃猖亂三十餘年比者賀魯猖狂百姓重被劫掠朕
君臨四海情均養育不可使凶狡之虜恣行侵漁無辜之
甿久遭塗炭故遣右屯衛將軍蘇定方等統率驍勇北路
討逐卿等宣暢皇風南道撫育遂使凶渠畏威夷人慕德
伐叛柔服西域總平賀魯父子既已擒獲諸頭部落須有
統領卿早歸闕庭久參宿衛深感恩義甚知法式所以冊
立卿等各爲一部可汗但諸姓從賀魯非其本情卿等纔
至即降亦是赤心向國卿宜與盧承慶等準其部落大小
位望高下節級授刺史以下官

建東都詔

朕聞踐華固德百二稱乎建瓴卜洛歸仁七百崇乎定鼎
是以控膏腴於天府啟黃圖於渭濱襟沃壤於王城摛綠
字於河澨市朝之城麗皇州之九緯丹紫之原邇神皋之
千里二京之盛其來自昔此都中兹宇宙通賦貢於四方
交乎風雨均朝宗於萬國置槷之規猶勤測圭之地載革
豈得宅帝之鄉獨稱都於四塞來王之邑匪建國於三川
宜改洛陽宮爲東都上棟下宇彼勞昔以難前廣厦高臺

我名今而改後仍兹舊貫式表宸居

禁縣主稱出降詔

古稱釐降唯屬王姬比聞縣主適人皆云出降娶王女者
亦云尚主濫假名器深乖禮經其縣主出嫁宜稱適娶王
女者稱娶仍改令文

禁讓官詔

凡百具僚羣公卿尹除命甫及多存飾讓言勵己以辭榮
未舉能以自代既取當年之誚還愆曩烈之風自兹厥後
須革前事必欲稅駕濠濮褫紱巖廊宜各舉所知自代仍

宜顯述才行送付中書省將隨才敘用

臨文不諱詔

孔宣設教正名爲首戴聖貽範嫌名不諱比見鈔寫古典至於朕名或缺其點畫或隨便改換恐六籍雅言會意多爽九流通義指事全違誠非立書之本意自今以後繕寫舊典文字並宜使成不須隨義改易

禁止臨喪嫁娶及上墓歡樂詔

如聞父母初亡臨喪嫁娶積習日久遂以爲恒亦有送葬之時共爲燕飲遞相酬勸酣醉始歸或寒食上墓復爲歡樂坐對松檟曾無戚容旣黷風猷並宜禁斷仍令州縣捉搦勿使更然

令僧道致拜父母詔

東臺若夫華裔列聖異軫而齊驅中外裁風百慮而同致自周霄隕照漢夢延輝妙化西移慧流東被至於元牝邃旨碧落希聲具開六順之基偕叶五常之本而於愛敬之地忘乎跪拜之儀其來永久罔革兹弊朕席圖登政崇眞導俗凝襟解脫之津陶思常名之境正以尊親之道禮經之格言孝友之義詩人之明準豈可以絕塵峻範而忘恃

怙之敬拔累貞規迺遺溫凊之序前欲令道士女冠僧尼等致拜將恐振駭恒心爰俾詳定有司咸引典據兼陳情理沿革二塗紛綸相半朕商搉羣議沈研幽賾然箕潁之風高尚其事遐想前載故亦有之今於君處勿須致拜其父母之所慈育彌深祇伏斯曠更將安設自今已後即宜跪拜主者施行

停慶賀糜費詔

比每誕育王子公主諸親慶賀多進錦繡纂組金銀雕鏤虛有糜費深乖節儉自今以後即宜並停

禁留獄詔

哀矜折獄義先呂訓明慎用刑事昭姬象朕以寡昧嗣登宸極思闡大猷式隆景運陷冰是懼屢想於懷中御朽彌兢馳襟於裕下虛己待物每從寬政如聞率土州縣留獄尚繁困於囚繫致於病死一歲之中數盈二百蓋繇上愆亭育之化下乖堯舜之心深責在躬興言多媿抑又聞之與我理天下者其惟良二千石今之所任或虧政道未詳欽恤之旨但徇苛刻之情幽縶困滯證逮遐廣寒暑相襲風露交侵淹乎年月成其病苦加以搒笞失度桎梏違法

巧詆深文，去將安適？獄市之寄，何其爽歟！自玆以後，宜革前弊。罪無大小，不得稽留。其囚病患及罪輕并笞杖等，雖法有常規，恐典吏妄生威福，官人不存簡較，或顏面囑請，觸類以之。若仍舊不悛，當加重罰。布告天下，知朕意焉。

停封禪及幸東都詔

海東二蕃，久愆職貢，近者命帥薄伐，軍務事殷，緣河州縣，勞於征役，比雖多有蠲免，庶事優矜，萬邦俱會，恐致煩擾。勞逸二途，理無兼遂。介邱大禮及幸東都，並宜且停。

恤刑詔

天德施行，陽和在節，言念幽圄，載惻分宵，雖復每有哀矜，猶恐未免枉濫。在京繫囚應流死者，每日將二十人過

李義府罷相詔

右相兼行殷王府長史河間郡公李義府，緣玆小技，累升顯地，塵露之益，未表於銓流；公廉之譽，有紊於彝典。漏禁中之語，鬻寵授之朝恩；交占候之人，輕朔望之哀禮。蓄邪黷貨，實玷衣冠；穢惡嫉賢，載虧政道。特以任使多年，未忍加其重罰，宜從遐棄，以肅朝倫。可除名配流巂州。其子太子右司議郎津，專恃權門，罕懷忌憚，奸淫是務，賄賂無厭，交遊非所，潛報機密，亦宜明罰，屏跡荒裔。可除名長流振州。

罷諸州造船安撫百姓詔

朕以寡昧，纂承鴻烈，肅展巖廊之上，凝襟華裔之表，馭奔深於日慎，儲祉存於勿休，勉己勵精，詳求大化，往爲奉成先志，雪恥黎元。是以數年之間，稱兵遼海，雖除凶戡暴，義匪諸身，疲人竭賦，役興於下。泛滄流而遐濟，踐危途而遠襲，風濤競駭，或取淪亡；鋒鏑交揮，非無捐仆。顧惟匪德，事有乖於七旬；在躬延責，情致慙於四海。湯年罪己，鑒寐斯

在；漢載富人，周旋切念。日者翹車聯映，賁帛相輝，庖鼎之前，猶潛秀異；關柝之下，未盡英奇。傳逸翰於西雍，物殊寶於東序。比王師薦發，戎務實繁，州縣官僚，緣玆生過，力役無度，賄賂公行，蠹政傷風，莫斯爲甚。前令三十六州造船已備東行者，即宜並停。凡百在位，宜極言得失，悉陳無隱，以救不逮。仍分遣按察大使，問人疾苦，黜陟官吏。兼司元太常伯竇德元往河南道，並持節分往。其內外官五品以上，各舉巖藪幽素之士，廣加詢訪，旁求謠俗，式企英林，充毗闕政。必使八紘之內，咸得朕心；萬寓之中，同夫親覽。宜

速須賜率土知此意焉

舉行封禪所司集嶽下詔

宜以三年正月式遵故實有事於岱宗所司詳求茂典以從折衷其諸州都督刺史以二年十二月便集嶽下諸王十月集東都緣邊州府襟要之處不在集限天下諸州明揚才彥或銷聲幽藪或藏器下僚並隨嶽牧舉送

加宇文思純朝散大夫詔

周京兆尹左右宮伯大將軍司衞上將軍少冢宰廣陵郡公宇文孝伯忠亮基心貞堅表志淫刑既逞方納諫而求

仁忍忌將加甘捐軀而殉節年祀雖永風烈猶生宜峻徽章式旌華胄其孫左威衞長史思純可加授朝散大夫

遣使慮囚詔

今陽和布氣東作聿興甘澤雖霑猶未周洽睠茲南畝彌用憂勤瞻彼西郊良深兢惕宜順發生之序以申簡恤之恩西京及東都諸司雍雒二州見禁囚徒宜準龍朔元年慮囚例處分其西京令左侍極兼檢校大司憲陸敦信充使東都令右肅機盧承慶充使必令息彼冤滯稱朕意焉

頒行麟德曆詔

夫氣象初分乾坤之位斯定剛柔遞運寒暑之節攸施而晦朔相循炎涼再革歸乎推步方紀歲時顓頊應期重黎司天地之職放勳承統羲和掌日月之官履端之道無睽舉正之典斯在洎乎末代漸至踳闕鄧平之術既已多乖朱浮之言罕能遵用九章五紀莫究精微日次月躔寧循舊度朕御天撫歷君臨萬方眷言茲道將恐淪缺欽若垂化曷爲憑焉爰命所司研窮詳正仰稽七曜傍綜五家去其煩衍裁以要密古所未通今則備載陰陽之數可測盈縮之理無愆改元履初占考此歷歲唯甲子得於天正合

朔之後應以嘉祥五緯若連珠二曜若合璧雖上元致瑞實增祗懼而推測所詳固以精悉氣序恒順分餘弗舛以授農時升平可致昔洛下閎造漢歷云後八百歲當有聖人定之自火德洎我年將八百事合當仁朕亦何讓宜即宣布永爲昭範可名曰麟德歷起來年行用之

安置舞曲詔

舊文舞武舞既不可廢並器服總宜依舊若懸作上元舞日依奏神功破陣樂及功成慶善樂并殿庭用舞並須引出懸外而作其安置舞曲宜更商量作安穩法並錄凱安

六變法象奏聞

贈孔子爲太師詔

朕聞德契機神盛烈光於後代化成天地元功被於庶物魯大司寇宣尼父孔某資大聖之材屬衰周之末思欲屈已濟俗宏道佐時歷聘周流莫能見用想乘桴以永歎因獲麟而興感於是垂素王之雅則正魯史之繁文播鴻業於一時昭景化於千祀朕嗣膺寶歷祇奉睿圖憲章前王規矩先聖崇至公於海內行大道於天下遂得八表乂安兩儀交泰功成化洽禮盛樂和展采東巡回輿西土途經

茲境撫事興懷駐蹕荒區顧爲師友瞻望幽墓思承格言雖宴寢荒蕪餘基尚在靈廟虛寂徽烈猶存孟軻曰自生人以來未有若孔子者也微禹之歎既深褒崇之道宜峻可追贈太師庶年代雖遠式範令圖景業維新儀刑茂實其廟宇制度卑陋宜更加修造仍令三品一人以少牢致祭褒聖侯德倫既承允緒有異常流其子孫並宜免賦役主者施行

上老君元元皇帝尊號詔

大道混成先二儀而立極至人虛已妙萬物以爲言粵若老君朕之本系爰自伏犧之始暨乎姬周之末靈應無象變化多方遊元氣以上昇感日精以下降或從容宇宙吐納風雲或師友帝王丹青妙化譬陰陽而不測與日月而俱懸交喪在辰晦迹柱下大宏雅訓垂範將來雖心齊於太虛而理歸於眞宰若夫絕聖棄智安神寡欲寂寞杳冥之際希夷視聽之表淡爾無爲悠然自得酌之不竭用之不盈執大象以還淳滌元覽而遺累邈乾坤而長久跨陶鈞而亭育至矣哉固無得而名也況乎大聖所資克昌寶祚上德所屬允屬休期朕嗣膺靈命撫臨億兆總三光之

明而夙宵寅畏居四大之重而寢興祇惕盡孝敬於宗祧罄懷柔於幽顯行清靜之化承太平之業登介邱而展采坐明堂而受記飛煙結慶重輪降祥鶴應九歌山呼萬歲越振古而會休徵冠帝先而爲稱首大禮云畢回輿上京肅駕賴鄉躬奠椒醑仰瑞柏而延佇挹神泉而永歎如在之思既深敬始之情彌切宜昭元本之奥以彰元聖之功可追上尊號爲太上元元皇帝聖母爲先天太后祠堂廟宇並令修飾置令丞各一員以供薦饗仍改谷陽縣爲眞源縣

宗廟薦享別奠詔

朕以寡德嗣守宗祧雖明發載懷肅恭禋祀踐霜露而興感奉盥洗以增哀每惟宗廟至敬虔誠裸享而二尊一奠情有未安思革舊章用崇嚴配管子曰禮者因人之情緣禮而爲之節也故三王五帝禮制不同損益隨時期於適便況罔極之恩既展於茲辰終身之慕情深於是日豈可以因循經禮乖違敬誠自今以後宗廟薦享爵及簠簋登鉶各宜別奠其餘牢饌並依常典

仍用開元通寶錢詔

泉布之興其來自久實古今之要重爲公私之寶用年月既深僞濫斯起所以採乾封之號改鑄新錢靜而思之將爲未可高祖撥亂反正爰創軌模太宗立極承天無所改作今廢舊造新恐乖先旨其開元通寶宜依舊施行爲萬代之法乾封新鑄之錢令所司貯納更不須鑄仍令天下置鑄之處并鑄開元通寶錢

宗祀高祖太宗配帝詔

夫受命承天崇至敬於明祀膺圖纂錄昭大孝於嚴配是以薦緐䲔於清廟集振鷺於西雍宣雅頌於太師明肅恭於考室用能紀配天之盛業嗣積德之鴻休永播英聲長爲稱首周京道喪秦室政乖禮樂淪亡典經殘滅遂使漢朝博士空說六宗之文晉代鴻儒爭陳七祀之議或同昊天於五帝或分感帝於五行自茲以降遞相祖述議論紛紜是非莫定朕以寡薄嗣膺丕緒肅承禋祀明發載懷虔奉宗祧寤寐興感每惟宗廟之重尊配之儀思革舊章以申誠敬高祖大武皇帝撫運膺期創業垂統拯庶類於塗炭寘懷生於壽仁太宗文皇帝德光齊聖道極幾神執銳被堅櫛風沐雨勞形以安百姓屈己而濟四方澤被區中

恩覃海外乾坤所以交泰品物於是咸亨掩元闕而開疆指青邱而作鎮巍巍蕩蕩無得名焉禮曰化人之道莫急於禮禮有五經莫重於祭祭者非物自外至也自內生於心也是以惟賢者乃能盡祭之義況祖功宗德道冠百王盡聖窮神業高千古自今以後祭圓丘五方明堂感帝神州等祠高祖大武皇帝太宗文皇帝崇配仍總祭昊天上帝及五帝於明堂庶因心致敬獲展虔誠宗祀配天永光鴻烈

贈顏曾詔

皇太子宏近因釋菜齒胄上庠祗事先師馳心近侍仰崇山而景行眷曩哲以勤懷顯顏曾之特高揚仁義之雙美請申褒贈載甄芳烈朕嘉其進德冀以思齊訓誘之方莫斯爲尚顏回可贈太子少師曾參可贈太子少保並配享

改元總章大赦詔

朕以寡薄忝承丕緒奉二聖之遺訓撫億兆以初臨馭朽兢懷推溝在念而上元垂祐宗社降休歲稔時和人殷俗阜車書混一文軌大同簡玉泥金升中告禪百蠻執贄萬國來庭朝野歡娛華夷胥悅但爲郊禋嚴配未安太室布

政敷化猶闕合宮朕所以日昃忘疲中宵輟寢討論墳籍錯綜羣言採三代之精微探九皇之至賾斟酌前載製造明堂棟宇方圓之規雖兼故實肆筵陳俎之法獨運財成宣諸內外博考詳求度其長短冀廣聞見而鴻生碩儒俱稱盡善縉紳士子並奏該通創此宏模自我作古因心既展情禮獲申永言宗祀良深感懸宜命有司及時赴作務從折中稱朕意焉今陽和在候景風扇物昆蟲草木咸獲康寧朕之百姓尚多勞止思覃惠澤與共更新可大赦天下改乾封二年爲總章元年大辟罪以下皆赦除之

欽定全唐文卷十三

高宗三

授武士彠等子孫官詔

西漢元勳纏禮崇於末嗣東京列將茂賞覃於後昆繼絕興亡同歸一貫皇家受命蒼旻肇膺元籙恢張宇宙蕩一寰區御乾立極之圖諒資天啟撥亂經邦之略實賴人謀緬想初基有足言者或委質唐郊首參一旅勤著荊棘勞宣草創或策名代邸先騁六飛誠備艱虞志踰金石咸以攀鱗上漢捧日登山氣叶風雲情均魚水其太原元從西

府舊僚今親詳覽具爲等級贈司徒并州都督忠孝公士彠贈司空淮安郡王神通贈開府儀同三司并州都督夔國公劉宏基贈并州都督渝國公劉政會贈開府儀同三司并州都督莒國公唐儉贈左衛大將軍特進譙國公竇琮贈荊州都督邳國公長孫順德贈護國大將軍涼州都督竇國公史大柰贈幽州都督濮國公龐卿惲贈左武衛大將軍潭州都督巢國公錢九隴贈華州刺史霍國公柴紹贈潭州都督羅國公張平高贈相州刺史工部尚書河東郡公裴寂贈洪州都督樂安郡公李思行贈洪州都督

廬陵郡公秦行師贈代州都督眞定郡公許緒贈涼州都督江夏郡公李高遷贈齊州刺史劉義節贈太尉申國公士廉贈司空蔣國公通贈太尉并州都督梁國公元齡贈司空蔡國公如晦贈司徒并州都督鄂國公敬德贈輔國大將軍揚州都督褒國公段志元贈驃騎大將軍益州都督宿國公程知節贈徐州刺史胡國公秦叔寶贈左衛大將軍涼州都督郢國公宇文士及贈左驍衛大將軍荆州都督郯國公張公謹贈荆州都督懷寧縣公杜公綽贈荆州都督東萊郡公公孫武達贈荆州都督遂安郡公李安

遠贈代州都督同安郡公鄭仁泰贈荆州都督漢東郡公李孟嘗贈幽州都督歷陽縣公獨孤彥雲故始州刺史襄武郡公劉師立等並立爲第一等功臣其家見在朝無五品巳上官者子孫及曾孫擢一人授五品官若先有四品五品官者加授子孫第一人兩階若三品巳上加爵三等其第二等功臣見在朝無五品巳上官者子孫及曾孫擢一人授從六品巳上官若先有五品巳上官加一階六品官者加兩階三品巳上官者加爵一等

勅建明堂詔

首出萬物實顯崇高之位曾覽八紘無違嚮明之道合宮聽朔闡皇軒之茂範靈符通神敷帝勛之景化殷人陽館青珪備禮姬氏元堂彤璋合獻雖運殊驪翰時變質文至於立大中建皇極軌物施教其歸一揆暨乎西京創歷駁政逾繁東漢開基舊章猶闕考圖汶上僅存公玉之儀度室圭躔纔紀中元之制三方鼎據祚傾於金馬五胡塵起道喪於蒼鵝自此相仍時經板蕩遂使陟配之典久淪於緜載端扆之化允屬於隆平朕恭膺寶命肅奉瑤圖昧旦求衣仄景忘食賴上元垂祐宗社降靈幽明宅心中外禔

福封金岱嶺昭累聖之鴻勳勒石九都成文考之先志功標偃革時會委裘固可以作化明臺顯庸太室備機之歷既表於嘉名布政之宮式崇於美制是用求中測景取則陰陽考廣袤於裁圭定畢高於置槷傍羅八柱周建四墉架序儀天疏基象地窗闥齊布應路並興導辟水以環階應旋衡而結極重阿複道用循測管之樸上圓下方仍準分著之數木工不琢土事無文豐約折衷經始勿亟勾芒候序入春圃而司儀蓐收戒時下秋園而奉職事符神造鉤繩之用畢陳義叶子來虆落之期非遠將以肅禋清祀

展殷薦於皇靈。施號法宮。暢休聲於太帝。百神執贄。咸尊孝饗之風。萬國來庭。共覩太平之政。闕文斯備。大禮聿修。制作之規。可依別勅。宜頒示天下。永垂來葉。

定明堂規制詔

合宮聽朔。闡皇軒之茂範。靈府通和。敷帝勛之景化。殷人陽館。青珪備禮。姬氏元堂。彤璋合獻。雖運殊驪翰。時變質文。至于立天中。建皇極。軌物施教。其歸一揆。考圖汶上。僅存公玉之儀。度室圭躔。才紀中元之制。屬炎精墜緒。瑋宮毀籥。四海淪於沸鼎。九土陷於塗原。高祖大武皇帝仗鉞

唐郊。收鈐雍野。納祥符於蒼水。受靈命於丕山。飛沈泳沫。動植游源。太宗文皇帝盟津光誓。協降火而登壇。豐谷斷蛇。應屯雲而鞠旅。封金岱嶺。昭累聖之鴻勲。勒石九都。成文考之先志。固可以作化明堂。顯庸太室。傍羅八柱。周建四門。木工不琢。土事無文。豐約折衷。經始勿亟。闕文斯備。大禮聿修。其明堂院每面三百六十步。當中置堂。按周易乾之策二百一十有六。坤之策一百四十有四。總成三百六十。故方三百六十步。當中置堂。處二儀之中。定三才之本。構茲一宇。臨此萬方。自降院每面三門。同爲一宇。徘徊五間。按尚書一朞有四時。故四面各一所開門。每時有三月。故每一所開三門。一朞十有二月。故周迴總十二門。所以面別一門。應茲四序。既一時而統三月。故於一舍而置三門。又周易三爲陽數。二爲陰數。合而爲五。所以每門舍五間。院四隅各置重樓。其四墉各依本方色。按淮南子地有四維。故四樓。又按月令水火金木土五方各異色。故其墻各依本方之色。基八面。象八方。按周禮黃琮禮地。鄭元注。琮者八方之玉。以象地形。故以祀地。則知地形八方。又按漢書武帝立八觚壇以祀地。祭地之壇。形象地。故今爲

八方之基。以象地形。基高一丈二尺。徑二百八十尺。按漢書陽爲六律。陰爲六呂。陽與陰合。故高一丈二尺。又按周易三爲陽數。八爲陰數。三八相乘。得二百四十丈。按漢書九會之數有四十。合爲二百八十。所以基徑二百八十尺。故以交通天地之和。錯綜陰陽之數。以明陽不獨運。資陰和以助成。陰不孤行。待陽唱而方應。陰陽兩順。天地咸亨。則百寶斯興。九疇攸序。基每面三階。周迴十二階。每階爲二十五級。按漢書天有三階。故每面三階。地有十二辰。故周迴十二階。又按文子從凡至聖有二十五等。故每階二

十五級所以應符星而設階法台耀以疏陛上擬霄漢之儀下則地辰之數又列茲重級用準聖凡象皇極之高居俯庶類而臨耀基之上爲一堂其宇上圓按道德經天得一以淸地得一以寧侯王得一以爲天下貞又曰道生一一生二二生三三生萬物又按漢書太極元氣函三爲一又曰天子以四海爲家故置一堂以象元氣幷取四海爲家之義又按周禮蒼璧禮天鄭元注璧圓以象天故爲宇上圓堂每面九間各廣一丈九尺按尚書地有九州故立九間又按周易陰數十故間別一丈九尺所以規模厚地

準則陰陽法二氣以通基置九州於一宇堂周迴十二門每門高一丈七尺闊一丈三尺按禮記一歲有十二月所以置十二門又按周易陰數十陽數七故高一丈七尺又曰陽數五陰數八故闊一丈三尺所以調茲玉燭應彼金輝叶二氣以循環逐四序而迎節堂周迴二十四窗高一丈三尺闊一丈一尺二十三櫺二十四明按史記天有二十四氣故置二十四窗又按書一年十二月並象閏故高一丈三尺又按周易天數一地數十故闊一丈一尺又天數九地數十并四時成二十三故二十三櫺又按周易八

純卦之本體合二十四爻故有二十四明列牖疏象風候氣遠周天地之數曲準陰陽之和堂心八柱各長五十五尺按河圖八柱承天故置八柱又按周易大衍之數五十有五故長五十五尺聳茲八柱承彼九間數該大衍之規形符立極之制且柱爲陰數天實陽元柱以陰氣上昇天以陽和下降固陰陽之交泰乃天地之相承堂心之外置四柱爲四輔按漢書天有四輔星故置四柱以象四星內以八柱承天外象四輔明化上交下泰表裏相成叶台耀以分輝契編珠而拱極八柱四輔外第一重二十柱按周

易天數五地數十並五行之數合而爲二十故置二十柱體二儀而立數叶五位以裁規式符立極之功允應剛柔之道八柱四輔外第二重二十八柱按史記天有二十八宿故有二十八柱所以仰則乾圖上符景宿考編珠而紀度觀列宿以迎時八柱四輔外第三重三十二柱按漢書有八節八政八風八音四八三十二柱調風御節萬物資以化成布政流音九區仰而貽則外面周迴三十六柱按漢書一朞三十六旬故法之以置三十六柱所以象歲時而致用順寒暑以通微璿璣之度無愆玉歷之期永契八

柱之外修短總有三等按周易天地人爲三才故置柱長短三等所以擬三才以定位高下相形體萬物以資生長短兼運八柱之外都合一百二十柱按禮記天子置三公九卿二十七大夫八十一元士合爲一百二十是以置一百二十柱分職設官翊化資於多士開物成務構廈藉於羣材其上檻周迴二百四柱按周易坤之策一百四十有四又漢書九會之數有六十故置二百四柱所以採坤策之元妙法甲乙之精微環迴契辰象之規結構準陰陽之數又基以象地故叶策於坤元柱各依方復規模於甲子

重楣二百一十六條按周易乾之策二百一十有六故置二百一十六條所以規模易象擬法乾元應大衍之深元叶神策之至數大小節及栱總六千三百四十五按漢書會月之數六千三百四十五故置六千三百四十五枚所以遠採三統之文傍符會月之數契金儀而調節偶璇歷以和時重幹四百八十九枚按漢書章月二百三十五閏月周迴二百五十四總成四百八十九故置四百八十九枚所以法履端之奧義象舉正之芳猷規模歷象發明章閏下柳七十二枚按易緯有七十二候故置七十二枚所以式模芳節取規貞候契至和於昌歷偶神數於休期上柳八十四枚按漢書九會之數有七十八又按莊子六合之外聖人存而不論司馬彪注天地四方爲六合總成八十四故置八十四枚所以模範二儀包羅六合準會陰陽之數周通氣候之源柎六十枚按漢書推太歲之法有六十故置六十枚所以兼該歷數包括陰陽採甲乙之精微窮辰子之元奧連栱三百六十枚按周易當朞之日三百有六十故置三百六十枚所以叶周天之度準當朞之日順平分而成歲應曆運以循環小梁六十枚按漢書有六

十甲子故置六十枚構此虹梁遐規鳳歷傍踈四宇之數遙符六甲之源椽二百二十八枚按漢書章中二百二十八故置二百二十八枚所以應長歷之規象中月之度廣綜陰陽之數傍通寒暑之和方衡一十五重按尚書五行生數一十有五故置十五重結棟分間法五行而演祕踈極疊構叶生數以成規南北大梁二根按周易太極生兩儀故置二大梁軌範乾坤模擬天地象元黃之合德表覆載以生成陽馬三十六道按易緯有三十六節故置三十六道所以顯茲嘉節契此貞辰分六氣以變陰陽環四象

而調風雨椽二千九百九十根按漢書月法二千三百九十二通法五百九十八共成二千九百九十所以偶推步之規合通法之數是知踈椽構宇則大壯之架斯隆積月成年則會歷之規無爽大梠兩重重别三十六條總七十二按淮南子太平之時五日一風一年有七十二風故置七十二條所以通規瑞歷叶數祥風遥符淳俗之源遠則休徵之契飛檐椽九百二十九枚按漢書從子至午其數九百二十九所以採辰象之宏模法周天之至數且午爲陰本子實陽源子午分時則生成之道自著陰陽合德則

覆載之義兹隆堂檐徑二百八十八尺按周易乾之策二百一十六易緯云年有七十二候合爲二百八十八故徑二百八十八尺所以仰叶乾策遠承貞候順和氣而調序擬圓蓋以照臨堂上棟去基上面九十尺按周易天數九地數十以九乘十數當九十故去基上面九十尺所以上法圓清下儀方載契陰陽之至數叶交泰之貞符又以兹天九乘於地十象陽倡而陰和法乾施而坤成檐去地五十五尺按周易大衍之數五十有五故去地五十五尺所以擬大易之嘉數通惟神之至賾道合萬象理貫三才上以清陽玉葉覆之按淮南子清陽爲天合以清陽之色

簡擇史官詔

修撰國史義在典實自非操履貞白業量該通讜正有聞方堪此任所以承前繼居史官必就中簡擇灼然爲衆所推者方令著述如聞近日以來但居此職即知修撰非唯編緝疎舛亦恐漏泄史事自今以後宜遣史司於史官内簡擇堪任修史人錄名進内自餘雖居史職不得輒令聞見所修史籍及未行用國史等事

命皇太子領諸司啟事詔

東臺貳極之基道光於上嗣貞國之本事表於元良故能創北極之風敬東序之業功少海而逾潤乎前曜而增華皇太子宏寢門標美壽街騰懿三善夙茂瑜珮以之含鏘四學早優班翰以之凝映正以年在幼沖未從監撫雖調護方勤助琢磨之器而稼穡靡喻爽德教之途然爲教之方義資素習宜令皇太子宏每日於光順門内坐諸司有奏事小者並啟皇太子主者施行

營造孔子廟堂及學館詔

諸州縣孔子廟堂及學館有破壞并先來未造者遂使生

徒無肄業之所先師闕奠祭之儀久致飄露深非敬本宜令所司速事營造

令州縣舉明習禮樂詔

禮樂之道其來尚矣朕誕膺明命克光正歷思隆頌聲以康至道而曲臺闕訓猶乖揖讓之容大樂登歌徒紀鏗鏘之韻良以教虧緜蕝學闕瞽宗興言盛業寤歎盈抱然則幽誠所著縱九皐而必聞忠信所存在十室而無棄但慮習俎之彥韞跡於閭閻辨鐸之英韜深於林藪夫良玉無脛求之斯來真龍難覩好之而至其四方士庶及邱園棲

隱有能明習禮樂詳究音律於行無遺在藝可錄者宜令州縣搜揚博訪具以名聞

禁僭服色立私社詔

采章服飾本明貴賤升降有殊用崇勸獎如聞在外官人百姓有不依令式遂於袍衫之內著朱紫青綠等色短小襖子或於閭野公然露服貴賤莫辨有蠹彝倫自今已後衣服上下各依品秩上得通下下不得僭上仍令所司嚴加禁斷勿使更然又春秋二社本以祈農如聞除此之外別立當宗及邑義諸色等社遠集人衆別有聚斂遞相繩糾浪有徵求雖於吉凶之家小有裨助在於百姓非無勞擾自今已後宜令官司嚴加禁斷

改尚書省制勅用黃紙詔

制勅施行既爲永式比用白紙多有蟲蠹自今以後尚書省頒下諸司諸州及下縣宜並用黃紙其承制勅之司量爲卷軸以備披簡

更定選補桂廣交黔等州選士例詔

桂廣交黔等州都督府比來所奏擬士人任官揀選未甚得所宜準舊例至應選補時差內外官五品以上清正官

充使選補仍令御史同往注擬其有應任五品以上官者奏取處分

令山東江左採訪人物詔

山東江左人物甚衆雖每充賓薦而未盡英髦或孝悌通神邈邇惟敬或德行光裕邦邑崇仰或學統九流垂帷覩奧或文高六藝下筆成章或備曉八音洞該七略或射能穿札力可翹關或邱園秀異志存棲隱或將帥子孫素稱勇烈委巡撫大使咸加採訪佇申褒奬亦有婆娑鄉曲負材傲俗爲讒議所抑陷於跅弛之流者亦宜推擇各以名

聞。

幸東都詔

咸京天府地隘人繁百役所歸五方胥萃雖獲登秋之積猶虧荐歲之資眷言于此思緩傜賦夫以交風奧壤測景神州職貢所均水陸輻輳今茲豐熟特倍常時事貴從宜蹇惟權道即以來年正月幸東都關內百姓宜免一年庸調及租并地子稅草其當道諸縣特免二年劍南隴右諸軍每供進一二年且停

京官文武三品以上每年各舉所知詔

京文武職事三品以上宜每年各舉所知或才蘊廊廟器均瑚璉體王佐之嘉猷資公輔之宏量或奇謀異算決勝千里或投石拔距勇冠三軍或謇諤忠亮志存規弼或繩違糾慝不避權豪或威惠仁明堪居牧守之重或公正廉直足膺令長之任咸宜搜訪具錄封進朕當詳覽量加獎擢

令雒州舉人詔

令雒州明揚仄陋或孝弟純至感於神明或文武兼資才堪將相或學藝該博業標儒首或藻思宏贍思擅文宗或洞曉音律識均牙曠或深明歷數妙同京管者咸令薦舉

贈王遠知太中大夫詔

門下故玉清觀道士王遠知性含幾賾跡徇幽元體茲懸解見稱先覺自締構之初迄光華之旦綢繆恩遇事昭綸綍仙化不追英靈寖遠眷言留舄宜有褒崇可贈太中大夫謚曰昇真先生主者施行

賜李延壽家物詔

故符璽郎李延壽藝文該洽材兼良史撰政典一部詞殫直筆雖其人已亡功有可錄宜賜其家絹五十匹仍令詳

正所寫兩本付祕書一本賜皇太子

減貢獻並蠲貸諸州詔

朕聞受上天之命者其道在乎愛人處皇王之位者其功先於濟物然則所修在德池籞可以假貧人所寶惟賢珍玩不足奉諸已自朕臨御天下三十餘年永念黎元情深撫育頻頒制命猶未遵行所有差科尚多勞擾關中地狹衣食難周山東遭澇糧儲或少刺史縣令寄以字人長史司馬職惟毗贊若能恤隱求瘼清直無私則囹圄於是空虛鰥寡自然蘇息而在外官司罕能奉法志存苟且不舉

綱維欲使訟息刑淸家給人足無爲而化其路何繇今當勵精求政先身理物救乏賙無自邇及遠凡在寮庶宜識至懷其殿中太僕寺馬並令減送羣牧諸方貢獻物及供進口味百司支料並宜量事減省雍岐華同四州六等已下戶宜免兩年地稅河北澇損戶常式蠲放之外特免一年調其有屋宇遭水破壞及糧食乏絕者令州縣勸課助修幷加給貸

令雍州長史李義元禁僭侈詔

朕思還淳返樸示天下以質素如聞游手墮業此類極多

時稍不豐便致饑饉其異色綾錦並花閒裙衣等靡費既廣俱害女工天后我之匹敵常著七破閒裙豈不知更有靡麗服飾務遵節儉也其紫服赤衣閭閻公然服用兼商賈富人厚葬越禮卿可嚴加捉搦勿使更然

嚴考試明經進士詔

學者立身之本文者經國之資豈可假以虛名必須徵其實效如聞明經射策不讀正經抄撮義條纔有數卷進士不尋史傳惟誦舊策共相模擬本無實才所司考試之日曾不簡練因循舊例以分數爲限至於不辨章句未涉文詞者以人數未充皆聽及第其中亦有明經學業該深者惟許通六進士文理華贍者竟無科甲銓綜藝能遂無優劣試官又加顏面或容假手更相囑請莫憚糾繩繇是僥倖路開文儒漸廢興廉舉孝因此失人簡賢任能無方可致自今已後考功試人明經試帖取十帖得六已上者進士試雜文兩首識文律者然後並令試策仍嚴加捉搦必材藝灼然合昇高第者並即依令其明法幷書算貢舉人亦量準此例即爲常式

停封中岳詔

朕聞仁者德之本叶亭育之至途禮者道之末乃帝王之餘事歷選往初詳觀曩躅惻隱以孚其化變通以會其神

朕以虛薄祇膺寶位旰食宵衣懼忝於宗社如傷若厲佇濟於黎元每以皇基肇闢範圍覆載遺惠所覃昭格區宇虔荷靈命嘗慮下虧鴻業遍刊羣嶽不足上報元功已升聞於日觀思款謁於天臺志在告成諒非爲己屬今茲豐稔方有事於嵩邱崇累聖之丕績祈兆人之嘉佑頃者分使出巡存問風俗河南河北尚有十餘州旱澇加以朔方寇盜時或侵邊關內流離未能復業一物失所猶甚納隍

數郡不寧豈宜脩禮前欲以來年正月封中嶽者宜停

改元宏道大赦詔

朕以寡昧謬膺丕緒未嘗不孜孜訪道戰戰臨人馭朽懷秋駕之危負重積春冰之懼日愼一日三十四載於今矣何則足寒傷心人勞傷國下安即上逸時弊即君憂所以身處九重而情周萬姓建本之懷遽切抑末之念逾深今雖庶績已寧淳源未洽履素歸厚者遂寂寥而靡聞徇華趨利者尚馳騖而不息朕以薄德有謝移風永念羣方在予多愧況朕之繇系兆自元元固當遠協先規光宣道化

變率土於壽域濟蒼生於福林屬想華胥載勞寤寐所冀內外寮寀各竭乃誠敦惟黎人俱崇簡質舊染薄俗咸與惟新憑大道而開元共普天而更始更申沛澤廣被紘埏可改永淳二年爲宏道元年大赦天下前後責情流人並放還老人年百歲以上者版授下州刺史婦人版授郡君九十已上者版授上州司馬婦人版授縣君八十已上者版授縣令幷婦人幷節級量賜粟帛孝子順孫義夫節婦表其門閭終身勿事鰥寡惸獨篤疾不能自存者量加賑恤仍令天下諸州置道士觀上州三所中州二所下州一所每觀各度七人又比來天后事係深有益於爲政言近而意遠事小而功多務令崇用式遵無怠見任內外官五品以上經四考及守五品經三考六品以下計滿三考政有清勤狀無私犯者各加一階謹按道德眞經廣訓卷二有改元宏道大赦詔文與此異附注於後君崇於道宅紫微以垂衣臣修於德罄丹心而作礪若使上守於義下尊於禮名教所以乖淳忠信由其漸薄在昔胥庭連陸媧燧伏羲不宰而天下化軒項堯舜禹湯文武至公猶行深仁尚積及秦居閏位奢泰之漸聿興漢襲霸圖元默之風巳替遐觀魏晉近鑒周隋代益囂浮人踰僭侈窮百王之弊俗極千年之否運以承大亂之後方開大聖之期旣逾交喪之辰必興交泰之緒我高祖神堯皇帝受鑛宮之景命蕩轡野之妖氛重懸日月一匡宇宙太宗文皇帝披圖汶水杖鉞參墟降斗極之神兵滌懷襄之巨浸張四維而安赤縣勞百戰而徇蒼生聲

教遐覃提封遠亘緬維洪業無得而稱朕以寡昧忝膺丕緒未嘗不孜孜訪道戰戰臨人日愼一日三十四載於今矣況下安則上逸時弊則君憂雖身處九重而情周萬姓建本之懷逾切抑末之念遽深今庶績雖凝而淳源未洽朕之繇系兆自元元常欲遠叶先規光宣道化變率土於壽域濟蒼生於福林屬想華胥載勞寤寐所冀內外寮寀各竭迺誠敦勸黎萌俱崇簡質舊染薄俗咸與惟新憑大道而開元共普天而更始宜申霈澤廣被紘埏可大赦天下改永淳二年爲宏道元年仍令天下諸州置道士觀上州三所中州二所下州一所每觀度道士七人以彰淸淨之風佇洽無爲之化主者施行

赦妄言災異詔

朕聞爲君上者以天下之目而視以天下之耳而聽蓋欲廣聞見也且夫天降災異所以警悟人君其變苟實言之

者何罪其事必慮聞之者足以自戒舜立謗木良有以也欲箝天下之口其可得乎此不足以加罪特令赦之

除劉訥言名詔

劉訥言收其餘藝參侍經史自府入宮久淹歲月朝遊夕處竟無匡贊闕忠孝之良規進詼諧之鄙說儲宮敗德抑有所由情在好生不忍加戮宜從屏棄以勵將來可除名

遺詔

朕聞皇極者天下之至公神器者域中之大寶自非乾坤幽贊歷數在躬則鳳邸不易而臨龍圖難可輒御所以榮

河緣錯彰得一之符溫洛丹書著通三之表緬稽前古其道同歸朕之聖祖神宗降星虹而稟樞電乘時撫運逢渙沸而屬山鳴濡足橫流振蒼生之已溺援手四岳救赤縣之將焚重稱九寰止麟闕而清日月再安八極息龍戰而蕩風波自彼迄今六十六載黎元無烽柝之警區寓恣耕鑿之歡育子長孫擊壤鼓腹遐邇交泰誰之力歟朕以眇身嗣膺鴻緒欽若穹昊肅雍清廟顧諟明命載迪彝倫嘉與賢士大夫勵精爲政朂已想蛟冰之懼爲善慕雞鳴之勤幸戎夏乂安中外禔福亘月窮以覃正朔匝日城而混車書端拱無虞垂衣有截其天意也豈人事乎每導俗匡時既宏之以禮讓恤刑薄罰復躋之於仁壽聞九農之或爽則虧膳以共其憂見一物之有違則撤樂以同其慼斯亦備諸耳目非假一二言也憂勤之至庶有感於明靈亭育之懷謂無負於黔庶永言薄德遘疾彌留往屬先聖初崩遂以哀毀染疾久嬰風瘵疢與年侵近者以來忽焉大漸翌日之瘳難冀賜年之福罕邀但存亡者人之晦明生死者物之朝夕常情所滯唯聖能通脫屣萬方無足多恨皇太子哲握哀履已敦敏徇齊早著天人之範夙表皇帝

之器凡百王公卿佐各竭乃誠敬保元子克隆大業光我七百之基副玆億兆之願既終之後七日便殯天下至大宗社至重執契承祧不可暫曠皇太子可於柩前即皇帝位其服紀輕重宜依漢制以日易月於事爲宜園陵制度務從節儉軍國大事有不決者兼取天后進止諸王各加封一百戶公主加五十戶內外文武九品已上各加一階三品已下賜爵一級永徽以來入軍年五十者並放出軍天下百姓年五十者皆免課役廢萬全芳桂等宮

欽定全唐文卷十四

高宗四

建明堂勅

朕聞上元幽贊處崇高而不言皇王提象代神功而理物是知五精降德爰應帝者之尊九室垂文用紀配天之業且合宮靈符創宏規於上代太室總章標茂範於中葉雖質文殊制奢儉異時然其立天中作人極布政施教歸之一揆朕嗣膺下武丕承上烈思所以答眷上靈聿遵孝享而法宮曠禮明堂寢搆今國家四表無虞人和歲稔作範

垂訓今也其時宜令所司與禮官學士等考覈故事詳議得失務依典禮造立明堂庶曠代闕文獲申於茲日因心展敬永垂於後昆其明堂制度令諸曹尚書及左右丞侍郎太常國子監秘書官宏文館學士同共詳議

擬顏揚庭進父師古匡謬正俗勅

顏師古業綜書林譽高詞苑討論經史多所匡正前件書發明故事諒爲博洽宜令所司錄一本付秘書閣仍賜其子符璽郎揚庭絹五十匹

停勅僧道犯罪同俗法推勘勅

道教清虛釋典微妙庶物藉其津梁三界之所遵仰比爲法末人澆多違制律且權依俗法以伸懲戒冀在止惡勸善非是以人輕法但出家人等具有條制更別推科恐爲勞擾前令道士女道士僧尼有犯依俗法者宜停必有違犯宜依條制

檢閱新譯經論勅

大慈恩寺僧元奘所翻經論既新翻譯文義須精宜令太子太傅尚書左僕射燕國公于志寧中書令兼檢校吏部尚書南陽縣開國男來濟禮部尚書高陽縣開國男許敬

宗守黃門侍郎兼檢校太子左庶子汾陰縣開國男薛元超守中書侍郎兼檢校右庶子廣平縣開國男李義府中書侍郎杜正倫等時爲看閱有不穩便處即隨事潤色若須學士任量遣三兩人

賜薛仁貴手勅

金山大陣兇黨實繁卿身先士卒奮不顧命左衝右擊所向無前諸軍賈勇致斯尅捷宜善建功業全此令名也

命有司議沙門等致拜君親勅

勅旨君親之義在三之訓爲重愛敬之道凡百之行攸先

然釋老二門雖理絕常境恭孝之蹟事叶儒津遂於尊極之地不行拜跪之禮因循日久迄乎茲辰宋朝暫革此風少選還遵舊貫朕稟天經以揚孝資地義而宣禮獎以名教被茲眞俗而瀨鄉之基克成天構連河之化付以國王裁制之由諒歸斯矣今欲令道士女冠僧尼於君皇后及皇太子其父母所致拜或恐爽其恒情宜付有司詳議奏聞

與劉仁軌劉仁願勅

平壤軍迴一城不可獨固宜就拔新羅共其屯守若金法

敏藉卿等留鎭宜且停彼若其不須即宜泛海還也

賜京城父老勅

朕雖居九重之內常以萬姓爲心而誠不動天遂使陰陽錯謬自從去歲關中旱儉禾稼不收多有乏絕百姓不足責在朕躬每自思此深以爲媿今雖口倉廩且復充實更爲轉運於是艱乎理有便宜所以行也故召卿等爲宴別耳

禁帷帽勅

百官家口咸預士流至於衢路之間豈可全無障蔽婦人比來多著帷帽遂棄冪䍦曾不乘車別坐檐子遞相倣效浸成風俗過爲輕率深失禮容前者已令漸改如聞猶未止息又命婦朝謁或將馳駕車既入禁門有虧肅敬此並乖於儀式理須禁斷自今已後勿使更然

誅秦懷恪勅

王者統天理物莫不先安百姓百姓安者止在庶僚朕所以每精簡岳牧及諸州上佐自非至誠清白景行循良者不輒畀此職庶其各申智效以裨政道秦懷恪法司抵罪但合處流朕以刑政之典須越常憲豈不知哀敬折獄情

恤哀矜但以殺止惡義在懲肅又以刑人於市與衆棄之故對公等加其顯戮但法者國之權衡時之準繩也權衡所以定輕重準繩所以定曲直也罪惡難容者雖小必刑情狀可原者雖大必宥此乃彝典非故濫誅公等諸人當識朕意足爲殷鑒各宜勉之

褒皇太子上所注後漢書手勅

皇太子賢自頃監國留心政要撫字之風既盡於哀矜刑網所施務存於審察加以聽覽餘暇專精墳典往聖遺編咸窺壼奧先王策府備討菁華好善載彰作貞斯在國家

之寄深副所懷可賜物五百段

令舉猛士勅

朕君臨宇宙司牧黎元普天之下罔不率服蕞爾吐蕃僻居遐裔吐渾是其隣國遂乃奪其土宇往者暫遣偏裨欲復渾王故地義存拯救事匪稱兵輒肆昏迷潛相掩襲既無備預頗喪師徒因此鴟張每思狼顧除凶伐叛王者所急前歲將發六軍問其罪戾復以小寇無勞大舉按甲息兵庶其改過不思惠愛更起回邪敢縱狂惑專爲寇盜或改圍鎮戍或驅抄羊馬烽燧頻舉煙塵不息候隙乘間倏來忽往比止令鎮遏未能即事翦除莫懷寬大之恩遂長包藏之詐禍盈惡稔當自覆滅今欲分命將帥窮其巢穴尅清荒服必寄英奇但秦雍之部俗稱勁勇汾晉之壤人擅驍雄宜令關內河東諸州廣求猛士在京者令中書門下於廟堂選試外州委使人與州縣相知揀練有膂力雄果弓馬灼然者咸宜甄採即以猛士爲名

父在爲母喪宜依古禮勅

惟周公制禮當歷代不刊況子夏爲傳乃孔門所受格條之內有父在爲母齊縗三年此有爲而爲非尊嚴之義與其改作不如師古諸服紀宜一依喪服文

册代王宏爲皇太子文

維永徽七年歲次景辰正月景寅朔六日辛未於戲夫明兩載象道貫三才元良表德業隆千古是以夏啟作貳光闡高猷姬誦外儲發揮王道詳求典册式贍七鬯固本垂統允歸正緒惟爾代王宏猗蘭毓祉喬桂凝華岐嶷表於天姿符瑞彰於神授器業英遠風鑒昭朗践嘉義而總深仁捨幼志而標成德爰資玉裕早振金聲朕虔奉靈圖肅膺丕業仰惟七廟之重思隆萬葉之慶疇咨列辟欽若前修是用命爾爲皇太子往欽哉爾其祗奉憲章率由軌度盡謙恭於齒胄審方俗於迎郊春禮冬詩趨庭匪懈三善六德勗志無忘絕驕奢之心納忠良之訓播徽猷於外宇申敬奉於中闈允睦周親務殷堯族永隆四術式寧萬類無怠無荒固保我宗基可不愼歟

册張允恭鄯州都督文

維顯慶元年歲次景辰十二月辛卯朔八日戊戌皇帝若曰夫安邊訓俗有國之先猷簡賢任能爲政之常典惟爾蘭州都督安陸縣開國公張允恭器宇詳正識用邁遠夙

著勤誠早延恩遇今方違寔羌戎荐居降節監撫綏懷攸屬是用命爾爲使持節都督鄯蘭河儒廓淳等州諸軍事鄯州刺史封如故爾其鎮靜幽荒式清姦宄憺威稜以肅遠明賞罰以垂信乃無怠庶政率由舊章光膺寵命可不慎歟

冊許王孝秦州都督文

維顯慶元年歲次景辰十二月辛卯朔二十九日己未皇帝若曰於戲先王創業垂統分玉展親所以作固鴻業克隆景祚惟爾并州都督兼同州刺史上柱國許王孝性履

明裕神志清遠資孝敬以立身體温恭以成性舊許是宅藩屏之寄以深全晉剖符維城之任愈切秦隴形要跨躡羌戎撫寧夷夏親賢攸屬是用命爾爲使持節都護秦成武渭四州諸軍事秦州都督勳官封如故爾其祇承典訓審慎刑獄懷遠以德招攜以禮無邇宵人無怠庶政對揚休命可不慎歟

冊趙王福青州刺史文

維顯慶二年歲次丁巳正月庚申朔二十一日庚辰皇帝若曰於戲夫姬周創制任隆方伯炎漢垂範寄重維城所以任固邦基以藩王室惟爾右衛大將軍使持節鄜州諸軍事鄜州刺史趙王福識度夷雅器業沈秀建鳥旟以作牧錫虹珪以命祚蘭錡上將既屬宗英海岱剖符允鍾懿戚是用命爾爲使持節青州刺史其大將軍及封並如故爾其愛人理物慎獄恤刑率由王道以康庶績祇服寵命可不慎歟

冊唐臨吏部尚書文

維顯慶二年歲次丁巳十月丁亥朔十九日乙巳皇帝若曰昔虞舜分司元凱膺機揆之任當塗受命崔盧處銓綜之重故能翊宣景化協贊時雍惟爾度支尚書唐臨器識

沈敏操履貞潔譽滿周行效彰官次益損機務爰著循聲藻鑑流品是資清識是用命爾爲吏部尚書爾其懸衡處物虛心待士求賢審官循名責實祇承朝寵可不慎歟

冊鄧王元裕襄州刺史文

維顯慶三年歲次戊午正月甲申朔二十八日辛亥皇帝若曰於戲自九州命職百部分官闕懿德以宣風固親支而總務歷觀前載罔踰斯道壽州刺史上柱國鄧王元裕志業純深基宇崇峻標情文雅之地植操忠賢之軌壽春

作牧。風教有成。襄陽按部。仁明允屬。是用命爾爲使持節襄州諸軍事襄州刺史。王及勳官如故。往欽哉。其勉思政本。式康氓俗。沔漢舊邦。控帶爲重。變其輕剽之黨。旌其冠冕之望。孤惸者咸恤。正直者必親。威惠並宣。刑禮兼闡。光膺典冊。可不愼歟。

冊虢王鳳宋州刺史文

維顯慶三年歲次戊午正月甲申朔二十九日壬子。皇帝若曰。於戲。永固鴻基。義屬於藩衞。載孚王化。職隆於制舉。歷選前修。茲道無替。豫州刺史上柱國虢王鳳。襟神秀發。

理識淹遠。夙標懿範。早茂清徽。寬恕以表其情。恭遜以成其美。荆河之地。已洽於仁聲。梁宋之郊。佇聞於善政。是用命王爲使持節宋州諸軍事宋州刺史。王及勳官並如故。往欽哉。其克膺顯命。式遵彝典。崇孝義以訓下。踐忠貞而奉上。布廉平之化。垂惠愛之風。居敬而行簡。恤隱而求瘼。惟良丕寄。可不愼歟。

冊紀王愼澤州刺史文

維顯慶三年歲次戊午正月甲申朔三十日癸丑。皇帝若曰。於戲。析壤分珪。寄隆於宗子。罷侯置守。任切於惟良。自古明王。率由茲典。左衞大將軍徐州刺史上柱國紀王愼。稟慶璇源。分華紫極。崇詩書而軌物。敦教義而明道。入典鉤陳。恭肅表於清禁。出膺刺舉。寬簡洽於名藩。高平形勝。太行重阻。地邇王畿。親賢是屬。是用命王爲使持節澤州諸軍事澤州刺史。王及大將軍勳官如故。朕聞之。諸侯之孝。在上不驕。善人爲邦。期月而可。往欽哉。其祗膺顯命。率循典禮。愼刑罰而教學校。尊五美而屛四惡。造次於仁。夙夜無怠。勉追風於往哲。以垂裕於後昆。可不愼歟。

冊段寶元越州都督文

維顯慶三年歲次戊午七月辛巳朔十九日己亥。皇帝若曰。於戲。夫成俗康邦。寄深於岳牧。宣風闡化。任重於循良。惟爾銀青光祿大夫行洛州長史段寶元。體量凝整。理懷貞贍。總務仙臺。能官著於綱紀。分司棘署。令德表於平反。三川之野。允敷聲績。九江之地。爰資鎭撫。是用命爾爲使持節都督越台括婺泉建六州諸軍事越州刺史。爾其勤加恤隱。勉思爲政。審之以刑獄。馭之以公平。革剽悍之風。歸淳質之軌。欽茲寵命。可不愼歟。

冊喬師望涼州刺史文

維顯慶三年歲次戊午十月庚辰朔十一日庚寅皇帝若曰於戲夫恤隱求瘼義裕於循良撫衆懷邊允資於才幹惟爾正議大夫守涼州都督駙馬都尉喬師望風情敏濟志略明遠夙承榮寵早預驅馳仗節秋方功勤克展分符朔野政科伊肅玉門遠控金城遐阻人兼北狄地雜西戎剌舉爲難式遏斯重是用命爾爲使持節八州諸軍事涼州刺史駙馬都尉如故往欽哉祇膺典册勉修爾令德思效爾忠規垂清白之風布廣平之化絕姦宄於亭障徵訟獄於閭里嗣其和氣之美革彼貪頑之化光我王度可不

愼歟

册閻立本工部尚書文

維顯慶四年歲次己未三月戊寅朔十七日甲午皇帝若曰職管納官任參機事上非德而不受下非才而不處咨爾將作大匠上護軍閻立本識局周敏理懷通悟體忠勤而表性資仁恕以立身而思協多能藝兼衆美委質運始策名朝列智効先於課職聲猷布於律絕爰緝水土之官實諧搢紳之論是用命爾爲兼工部尚書勳官如故往欽哉其敬承休命獻善之規攸屬持平之務斯在闕恭惟允可不愼歟

册李寬太子詹事文

維顯慶四年歲次己未三月戊寅朔二十五日壬寅皇帝若曰於戲弼諧儲副必俟才英總務宮端允資忠量故漢朝選德受禮峻於竇卿晉代光闈升崇歸於謝闕咨爾金紫光祿大夫懷州刺史上原縣開國侯李寬識局沈謹理懷詳正勤誠表於內外智効張於文武聲猷載闡齒秩兼優博望斷裁之規與能僉屬承華彈肅之寄任賢在斯是用命爾爲太子詹事封如故往欽哉其祇膺茂典勉修乃

職景前哲之高縱垂後昆之令譽對揚休寵可不愼歟

册杞王上金鄜州刺史文

維顯慶四年歲次己未七月景子朔四日己卯皇帝若曰於戲昔堯分四岳漢總六條所以光闡帝猷式調萌俗者也爰自近古尤爲重任襟帶之地非親不居形勝之藩惟賢是處咨爾益州都督上柱國杞王上金岐嶷幼彰英徽早茂仁慈表性愛敬因心磐石之固攸歸分符之寄斯在是用命爾爲使持節鄜州諸軍事鄜州刺史餘如故夫道德齊禮爲政之良規踐義基忠立身之要道必恭謙而下

士無驕矜以傲法勉務農之關勤恤隱之方往欽哉其祇朕命緝諧令績可不慎哉

册曹王明梁州都督文

維顯慶四年歲次己未九月乙亥朔二十九日癸卯皇帝若曰於戲漢川紀關梁山表鎮南通庸蜀北達褒斜地實要衝人資剛銳式遏之寄親賢攸屬惟爾上柱國曹王明志業沖遠襟神爽濟仁惠之風彌著慈和之美日聞析壤分珪既隆於藩屏褰帷按部允期於政績是用命爾爲使持節都督梁洋壁集等四州諸軍事梁州刺史王及勳官

並如故往欽哉恤隱之任昔人尤重班條之職往哲稱難宜盡公平之心用崇寬恕之道聿遵前典勉修厥德惟良是屬可不慎歟

册郇王素節申州刺史文

維顯慶四年歲次己未九月乙亥朔二十九日癸卯皇帝若曰於戲經邦之術寄宗子而維城御下之方資懿親而調俗緬尋遐載率修斯道咨爾上柱國郇王素節端嶷幼彰清徽早茂夙聞詩禮之訓式光車服之寵邑連鍾武壤接平春合九州之遥塗控三門之險路形勝之地馬牧所在是用命爾爲使持節申州諸軍事申州刺史王及勳官並如故往欽哉夫政化之要禮義爲先臣子之規忠孝爲本爾其慎修刺舉祇服炯戒仰鳴謙以自牧無侈縱而違道荷玆隆委可不慎歟

册潞王賢爲揚州都督仍徙封沛王文

維龍朔元年歲次辛酉十月癸亥朔十七日己卯皇帝若曰於戲夫翦商統歷建侯以崇藩衛纂堯開運分土以光震聞故迺族茂麟趾經國之令圖地利犬牙裁化之明準惟爾雍州牧幽州都督上柱國潞王賢穎擢元樞軸檠紫

極姿儀暎徹占對淹凝機悟韶敏風徽簡令雕鎔信義振英挺於齔年苑囿文詞標秀發於髫日藝優楚沛道駕天人縣蟻層臺舞鶴懸鏡湛清襟於篁沼鼓芳譽於蘋風是用命爾爲沛王使持節都督揚和滁潤常宣歙等七州諸軍事揚州刺史左武候大將軍牧及勳並如故徐方奧壤泗水名區榮耀虞珪賞延漢礪加以作牧淮海式道京畿申大雅而釐風資樂善而揚德必宜靖恭迺位克懋聲猷光被寵重可不祇歟

册贈渤海王文

維龍朔二年歲次壬戌五月十五日皇帝使大司成彭陽郡開國侯令狐德棻副使正議大夫行司宰少卿薛敏恭持節冊命曰咨夫存著嘉猷歿膺褒顯所以甄明景行昭紀勳烈況地居懿戚業茂惟良用式暢情之禮實光追寵之義惟爾故金紫光祿大夫原州都督渤海郡王奉慈器範閑裕風裁淹遠德優時彥望重宗英析瑞名區早荷推恩之澤分符奧壤累藉宣條之任清白聞於朝守威惠暴于甿謳固以功著旂常譽光圖史者矣而仁壽室爽貞徽淹謝永言親懿震悼良深是用贈王爲都督荊硤岳朗四

州諸軍事荊州刺史右衛大將軍餘如故魂而不昧嘉茲榮寵嗚呼哀哉

冊劉伯英左監門衛大將軍文

閶闔任隆周廬禁切闕忠賢之允著實韜略之兼優惟爾冠軍大將軍左驍衛將軍山陽郡開國公劉伯英志力沈濟襟情爽烈早標奇正之術彌光巡警之功偃沙巨海（闕八字）功宣六豹氣壓三韓折衝之效有聞爪牙之任攸屬式疇徽烈擢衛宸闈是用命爾爲左監門衛大將軍勳封如故往欽哉爾其職思無荒朕命不虞之寄可不慎歟

冊許敬宗太子太師文

於戲鳳紀龍名茂績光於鉛槧礪金鈞玉嘉庸絢於緹油蓋以協贊帝圖弼成鼎命矧乃望高咸一超庶尹而馳風道鬱半千冠羣后而宣譽咨爾光祿大夫行右相許敬宗藉敬生德基賢誕秀謀猷經制識度英遠培風逸幹業峻於巨臣滅景宏才器隆於王佐詞源清秘濯色於彫鸞藝苑沖探抽華於繡牒揮汗簡於丹掖矯豐翮於雞棲翊宏詞於青闈影長纓於鶴籥訪溫樹之緘對譽宵燭而題明盛烈輝於西豪茂功表於東第寵翠泉之軒墅掩丹雲之

漢傑可以作訓元儲聳瑤山之瓌搆喻水善貳（疑）激伊水之長瀾是用命爾爲太子太師監修國史等並如故加東臺三品仍知西臺事往欽哉爾其胙土而乘謙牧克己而蹈禮國晨謁金墀事切於忠蹇夜隨銀啟義光於調護靖共朝列可不慎歟

冊隴西郡王博乂特進司宗卿文

維龍朔三年歲次癸亥十二月庚辰朔二十四日癸卯皇帝若曰於戲睦親之訓理鏡於遙圖章戚之規道光於絕簡若乃年者德懋屬重望隆釋鞶綜之勞遂優閒之禮惟

爾光祿大夫司禮太常伯隴西郡王博乂發慶秩宗疏翹靈派資忠竣業襲義揚風懷匪磷之貞心淩後凋之勁節榮兼中外效宣文武至乃彯組文昌外贊清驪頻致由衷之請累申降階之謁雖鎮茲雅俗載佇於芳猷而爰靜澆馳重篤於撝尚是用命爾爲特進行司宗正卿封如故往欽哉秩亞青槐朝請之恩斯切禮華丹棘序錄之任攸歸恩邁前徽齊蹤往哲光膺寵命可不愼歟

冊曹王明虢州刺史文

維麟德元年歲次甲子正月己酉朔二十二日庚午皇帝

若曰於戲金楨璿萼分器先於茂親丹帷阜蓋按部盛於良牧藩條之寄載寔河潤之資斯遠固以聲芳偃桂德秀坐堂惟爾涼州都督上柱國曹王明幼範趨庭闕風識韶悟姿儀挺立豪春靈而馳賞紘秋竹而舒襟詞彩星稱對梁珠而混色情源冰徹帶趙璧而交輝韜兩獻而退驤籠二武而孤峙是用命爾爲使持節虢州諸軍事虢州刺史勳封並如故往欽哉爾其履謙居節念損辭豐置醴以挹儒津錫戉以登文圃敬光喬梓貞返修筠率由舊章永保疆宇可不愼歟

冊冀王輪文

維總章二年歲次己巳十一月景午朔二十二日丁卯皇帝特使銀青光祿大夫守司戎太常伯上騎都府崔餘慶副使中御大監上柱國靈邱縣開國男万俟肅持節冊命曰於戲夫天垂景宿上躔帝子之宮地載兼山下列乾男之域是以聖人之登閎則大哲王之立道開階莫不奠磐石於周親樹良翰於宗懿故黃神命社降若水以疏封蒼精建侯奄中都而錫壤用能克久寶祚式固鴻基茂緒藹乎龍圖盛業光於麟趾惟爾冀州大都督右金吾衛大將

軍上柱國冀王輪曾漢毓靈上枝摛景搖光甫薦允標墜燕之祥玉兔初聞遽叶占熊之兆中和在己仁義爲資洽藝通元驗賁駒之入闕潛機應物見巨象之浮舟識茂髫辰神清綺歲趨庭承訓孝敬極於觀喬金殿傳經敏學踰於括羽擅三雍之雅對韞七步之閎才足以道架河書聲芬鄴頌暨龍荒北鎮鷄水東臨侮食之渠稟稜威而革暴鳴弦之俗感惠化以遷訛製杼垂風含唐流詠若乃西河之地實曰奧區就日分郊闕唐虞之舊國均霜闢野總虞夏之餘盟我圖爾居形勝斯在是用命爾爲冀王餘官勳

如故往欽哉爾其勞謙勉志樂善居心闡丹款之徽章崇緑車之寵秩受茲中壤用保大藩允迪前修無或僭度維城之寄可不慎歟

冊紀王慎邢州刺史文

維總章二年歲次己巳閏月庚寅朔十二日辛丑皇帝若曰於戲昔封唐御極分嶽以鎮寰區宅鎬乘時建侯以隆藩衛用能發輝鼎祚翊贊昌圖制犬牙以廓地基茂麟趾而光天緒懿親啟翰其理則然惟爾使持節澤州諸軍事澤州刺史上柱國紀王慎稟慶星躔分華帝圖器表沖邈

執鑒端凝業蘊珪璋藝包文武振英詞於五際陵桂巘而含芬抗遠議於三雍警蘋風而鼓譽仁孝爲立身之本貞恕存應物之方及疏社上東建旟南服化流江漢道被歌謠中壘訓兵自穆銜珠之序長淮平俗式崇露冕之規冠雅政於羣邦標粹範於賢牧夷儀勝壤地乃邢邊跨全趙之郊畿總常山之襟要維城之寄僉曰爾諧是用命爾爲使持節邢州諸軍事邢州刺史上柱國王如故往欽哉爾其光闡六條敷崇四誡考聞平之令則酌魯衛之嘉猷無以儆從康無以縱敗禮迪於正典聿遵王度祗歷茂闕可不易歟

冊曹王明豫州刺史文

維總章二年歲次己巳三月己卯朔十三日辛卯皇帝若曰於戲夫鄧京統歷疏青社以建侯炎漢握圖剖丹書而分國固以翦桐作屏實寄於周親剖竹開藩允屬於良牧睠言遐載諒迺通規惟爾使持節虢州諸軍事虢州刺史上柱國曹王明濯秀銀潢摛華璇極端潔成性自叶於遊蘭孝敬爲心有踰於訓梓馳精秘象驗封蟻之登辭披翰小山見騰塵之入頌業隆燕館道藹梁闈累播循風薦敷

簡政飛蝗感化不犯漢中之田猛獸懷仁遠避宏農之境若乃荊河奧壤井賦萬家周楚舊郊屬城千里形勝之地非親勿居是用命爾爲使持節豫州諸軍事豫州刺史上柱國王如故往欽哉爾其班條述職務盡於勤誠求瘼庇人事歸於平恕祗服炯誡勉修厥德維城之重可不慎歟

冊趙王福梁州都督文

維總章三年歲次庚午二月甲辰朔九日壬子皇帝若曰於戲夫姬祚斯永分玉瑞以建侯漢歷載融剖銅符而作鎮然則道光宗懿方膺錫社之榮跡著循良實允班條之

寄。惟爾隰州刺史上柱國趙王福。摛祥丹極。毓慶元樞。邁德爲資。體仁成性。趨庭演訓。先承喻梓之恩。樹屏凝規。夙奉栽培之命。樂善無倦。率禮無愆。聳蓋臨藩。振英風於桂嶼。褰帷按部。流惠化於棠陰。固以埒美鄘邶。均聲河楚。若乃華陽舊壤。山抗西傾。導漾名區。地分南鄭。睠言形勝。諒在親賢。是用命爾爲使持節都督梁壁洋集四州諸軍事梁州刺史。上柱國王如故。往欽哉。爾其靖恭迺位。聿遵前典。勖貞恪之心。務廉平之政。茂對休寵。可不慎歟。

冊謚孝敬皇帝文

維上元二年八月五日。天皇若曰。於戲。咨。夫御圖籙者。至聖荷提衡之業。承宗廟者。元良膺受命之期。渺尋千古之外。縱觀百王之表。成功不處。高讓之躅惟崇。在賢斯授。則哲之風逾遠。睠彼勳華。鼎祚傳於有德。洎夫湯武。寶歷歸於孟侯。揖前載之宏謨。成後王之茂範者也。炎精失馭。巨猾挻災。普天陷塗炭之危。區寓墜豺狼之毒。我高祖神堯皇帝應天御物。撥亂反正。斬白蛇而定天下。誓蒼兕而會諸侯。底綏萬邦。乂寧六合。太宗文武聖皇帝循機統極。出震開階。鍊彩石而補乾綱。拯橫流而恢地絡。遠穆邇肅。時清頌平。朕式纂昌基。欽承睿緒。幸憑累聖之福。高居兆人之上。靈符叶贊。天命允集。是以昭報先功。鏤玉於外中之觀。聿崇嚴配。禋珪於布政之宮。俗阜歲豐。化淳刑措。幽明以之郊社。夷夏由其乂安。馭朽逾兢。寢繩多愧。嘗以人之所寶者位。雖處位以思沖。心之所存者道。希察道而求逸。是以載想褰遊。虛襟屣脫。凝神不宰。宣遊汾水之陽。滌厲無爲。訪道襄城之野。咨爾故皇太子宏。克岐克嶷。有德有行。事親以孝。愛敬極於寢門。奉上以忠。恭慎形於馳道。孝慈不犯。惠以及人。載隆三善之規。無俟八繁之誡。發揮弦

誦。遜業之道彌光。黼藻溫文。承祧之望攸重。撫軍監國。大闡良圖。百揆萬幾。佇令居攝。庶幾乾坤交泰。主鬯之業方新。日月重光。繼照之明斯遠。頃炎象戒節。屬爾沈痾。實冀惟痊。釋予重負。粵因瘳降。告以斯懷。爾忠懇特深。孝情天至。聞言哽咽。感絕移時。因此彌留。奄然長逝。伊川可望。泣笙駕之無追。瑤嶺難逢。痛琴風之永絕。循今念往。震悼良深。然事欲必行。禮雖崇而闕二字德闕可尚。身已謝而宜尊。加以尊名。允符心許。是用謚爾爲孝敬皇帝。式昭典冊。俾夫位光一德。叶帝載於將來。名參四大。播天聲於無極。明

靈若存享茲寵命嗚呼哀哉

冊周王顯左衛大將軍文

維儀鳳二年歲次丁丑二月甲午朔十二日乙巳天皇若曰於戲上圖圓極星躔分帝子之象下奠方輿列野宅天孫之鎮緬徵千古尚想百王法靈臺以啟封俾親賢而作輔是以軒邱御歷爰錫蒼林之祚豳室建侯載疏曲阜之邑用能崇寶紱贊昌期盛業茂於本枝鴻基峻於磐石惟爾洛州牧益州大都督兼太子左衛率使持節洮河道行軍元帥蔡州鎮撫上柱國周王顯高禖薦祉甫應瑶篚仙

域啟禎載分金榜迪中和之粹質蘊上德之良規風識俊邁機神爽徹純襟洽地義之方悌性睦天倫之重發揮沛易隱括河書多材之美載光樂善之風逾振泊乎遥臨西鄙控玉宇之全邦近牧東周闢銅衢之奥壤少城故地不變歌廉之俗太室餘萌載陶分陝之化總戎未舉威已讋於三羌作鎮方崇聲遠馳於萬里若乃左軍望重前馳任隆司鷁弁於宸階統熊渠於襟衞實惟心膂之要斯謂爪牙之職廼睠鷹揚寄於麟趾追蹤漢屏外驃騎之班繼美晉藩極領軍之選是用命爾爲左衞大將軍餘官勳封如故惟天道物厥命弗常惟人立躬在心則應性之所近邪正由乎積習事之所通感召同於影響祇畏之道賢哲同歸欽哉往敷乃訓率由前則竭愛敬之情砥温恭之行在參期損据寵思危無耽樂是從非禮義勿踐永保朕命以蕃王室誕綏福祉可不慎歟

冊張延師鎮軍大將軍文

於戲姬歷初沖是資方郡之列漢圖攸永往隆南北之軍故鏤鼎垂勳銘常紀効坐樹之名爲重聞鞞之慮實深惟爾左衞大將軍檢校羽林軍上柱國張延師志局淹凝識

度閑雅當風雷之會遇經綸之日執羈覇席盡忠肅之勤誠聳劒元戎鞶旌旄之茂績有六奇之秘術蘊三略之宏規邁退列於孫吳掩芳聲於闕三字報之迹紀運頻周光華之典賢才攸屬是用命爾爲鎮軍大將軍行左衞大將軍餘如故往欽哉其敬揚休命無忝朝獎勉爾幹慎之規宣明奇正之法連徽往彥可不慎歟

欽定全唐文卷十五

高宗五

請勿親行陣表

伏承聖躬去賊城不踰百步臣魂飛膽戰莫知自處伏願思宗社之重以億兆爲心收雷霆之威駐矢石之外臣之愚誠敢以死請

答元奘謝啟書

治素無才學性不聰敏內典諸文殊未觀覽所作論序鄙拙尤繁忽見來書褒揚讚述撫躬自省慚悚交并勞師等遠臻深以爲愧

答元奘請入少林寺翻經書

省表知欲晦跡巖泉追遁遠而架往託慮禪寂軌澄什以標今仰挹風徽實所欽尚朕業空學寡靡究高深然以淺識薄聞未見其可法師津梁三界汲引四生智皎心燈定凝意水非情塵之所翳豈識浪之能驚道德可居何必太華疊嶺空寂可舍豈獨少室重巒幸戢來言勿復陳請即市朝大隱不獨貴於昔賢見聞宏益更可珍於即代

誡滕王元嬰書

王地在宗枝寄深磐石幼聞詩禮夙承義訓實冀孜孜無怠漸以成德豈謂不遵軌轍踰越典章且城池作固以備不虞關鑰開閉須有常準鳩合散樂並集府僚嚴關夜開非復一度過密之悲尚纏比屋王以此情事何遽紛紜又巡省百姓本觀風問俗遂乃驅率老幼借狗求置志從禽之娛忽黎元之重時方農要屢出畋遊以彈彈人將爲笑樂取適之方亦應多緒何必此事方得爲娛晉靈虐主未可取則趙孝文趨走小人張四又倡優賤隸王親與博戲極爲輕脫一府官僚何所瞻望凝寒方甚以雪埋人虐物

既深何以爲樂家人奴僕侮弄官人至於此事彌不可長朕以王骨肉至親不能致王於法今與王下上考以愧王心人之有過貴在能改國有憲章私恩難再興言及此慚嘆盈懷

與百濟王義慈璽書

海東三國開基日久並列疆界地實犬牙近代以來遂構嫌隙戰爭交起略無寧歲遂令三韓之氓命懸刀俎尋戈肆憤朝夕相仍朕代天理物載深矜愍去歲王及高麗新羅等使並來入朝朕命釋茲讎怨更敦款穆新羅使金法

敏奏書高麗百濟脣齒相依競舉兵戈侵逼交至大城重鎮并爲百濟所併疆宇日蹙威力並謝乞詔百濟令歸所侵之城若不奉詔即自興兵打取但得故地即請交和朕以其言既順不可不許昔齊桓列土諸侯尚存亡國況朕萬國之主豈可不恤危藩王所兼新羅之城並宜還其本國新羅所獲百濟俘虜亦遣還王然後解患釋紛韜戈偃革百姓獲息肩之願三蕃無戰爭之勞比夫流血邊亭積屍疆埸耕織並廢士女無聊豈可同年而語矣王若不從進止朕已依法敏所請任其與王決戰亦令約束高麗不

許遠相救恤高麗若不承命即令契丹諸蕃度遼澤入抄掠王可深思朕言自求多福審圖良策無貽後悔

三藏聖教後序

蓋聞羲皇至賾精粹止於龜文軒后通幽雅奧窮於鳥篆考丹書而索隱殊昧實際之源徵綠錯以研幾蓋非常樂之道猶且事光圖史振虞薰於八埏德洽生靈激堯波於萬代伏惟皇帝陛下轉輪垂拱而化漸雞園勝殿凝旒而神交鷲嶺總調御於徽號匪文思之所窺綜般若於綸言豈繫象之能擬由是教覃溟表咸傳八解之音訓浹寰中皆踐四禪之軌遂使三千法界盡懷生而可期百億須彌入提封而作鎮尼連德水邇帝皇之滄池舍衛庵園接上林之茂苑雖復法性空寂隨感必通眞乘深妙無幽不闡所謂大權御極導法流而靡窮能仁撫運拂劫石而無盡體均具相不可思議校美前王焉可同年而語矣爰自開闢地限流沙震旦未融靈文尚隱漢王精感託夢想於元霄晉后翹誠降修多於白馬有同蠡酌豈達四海之涯取譬管窺寧窮七曜之隩泊乎皇靈遐暢威加鐵圍之表至聖發明德被金剛之際恒沙國土普襲衣冠開解脫門踐

眞實路龍宮梵說之偈必萃清臺猊吼貝葉之文咸歸冊府灑兹甘露普潤芽莖垂此慧雲遍霑翾走豈非歸依之勝業聖政之靈感者乎大菩薩藏經者大覺義宗之要旨也佛修此道以證無生菩薩受持咸登不退六波羅蜜關鍵所資四無量心根力斯備蓋彼岸之津涉正覺之梯航者焉貞觀中年身毒歸化越熱坂而頒朔跨懸度以輸賝文軌既同道路無壅沙門元奘振錫尋眞出自玉關長驅柰苑至於天竺力士生處訪獲者經歸而奏上降詔翻譯於是畢功余以問安之暇澄心妙法之寶奉述天旨微表

贊揚式命有司綴於終卷

述聖記

夫顯揚正教非智無以廣其文崇闡微言非賢莫能定其旨蓋眞如聖教者諸法之元宗衆經之軌躅也綜括宏遠奥旨遐深極空有之精微體生滅之機要詞茂道曠尋之者不究其源文顯義幽履之者莫測其際故知聖慈所被業無善而不臻妙化所敷緣無惡而不翦開法網之綱紀宏六度之正教拯羣有之塗炭啟三藏之祕扃是以名無翼而長飛道無根而永固道名流慶歷遂古而鎮常赴感

應身經塵劫而不朽晨鐘夕梵交二音於鷲峯慧日法流轉雙輪於鹿苑排空寶蓋接翔雲而共飛莊野春林與天華而合彩伏惟皇帝陛下上元資福垂拱而治八荒德被黔黎斂衽而朝萬國恩加朽骨石室歸貝葉之文澤及昆蟲金匱流梵說之偈遂使阿耨達水通神甸之八川耆闍崛山積嵩華之翠嶺竊以法性凝寂靡歸心而不通智地元奥感懇誠而遂顯豈謂重昏之夜燭慧炬之光火宅之朝降法雨之澤於是百川異流同會於海萬區分蓺總成乎實豈與湯武校其優劣堯舜比其聖德者哉元奘法師者夙懷聰令立志夷簡神清齠齔之年體拔浮華之世凝情定室匿迹幽巖栖息三禪巡遊十地超六塵之境獨步迦維會一乘之旨隨機化物以中華之無質尋印度之眞文遠涉恒河終期滿字頻登雪嶺更獲半珠問道往還十有七載備通釋典利物爲心以貞觀十九年二月六日奉敕於宏福寺翻譯聖教要文凡六百五十七部引大海之法流洗塵勞而不竭傳智燈之長燄皎幽闇而恒明自非久植勝緣何以顯揚斯旨所謂法相常住齊三光之明我皇福臻同二儀之固伏見御製衆經論序照古騰今理含

金石之聲文抱風雲之潤治輒以輕塵足嶽墜露添流略舉大綱以爲斯記

德威法師贊

河汾之寶山嶽之英早祛俗累夙解塵纓緇門仰德紺宇馳聲式亞龍樹爰齊馬鳴

玉華宮山銘

順訪峒山鐫芳金石道光軒駕聲流姬迹矧此崇巖介通帝宅峻侔銅柱祥韜金碧飲渭南通鳴岐西格炎生肇授形暑初融高明叶宇卜揆裁宮鳳標銜露烏跂捫空丹谿

繚繞旋（一作堁）樹玲瓏遝分餘雪嶺界斜虹流花縟景清籟嘶風波移控鯉雲飛御鶴沈沈松嶝萋萋蘭幙霧宿重巒寒生洞壑峯高鳥路月對林垂交藤散綵懸鏡成規鷯歸繞蕣鳳下標椅崖依注蘚池涵卷葹廣運堯心式昭夏諺端靈養白申歌祕殿菌閣流霜椒臺凝霰玉榮闕賞瑤池肆宴福壽無雙華封斯薦

隆國寺碑銘

朕聞乾坤締構之初品物權輿之始莫不借形后土藉覆穹蒼然二曜輝天靡測盈虛之象四溟紀地豈究波瀾之

極況乎法門沖寂現生不滅之前聖教牢籠示有無形之外故以道光塵劫化洽含靈者矣緬夫王宮發跡蓮披超步之花神沼騰光樹曲低空之幹演德音於鹿苑會多士於龍宮福巳罪之羣生興將滅之人代能使下愚挹道骨碎寒林之野上哲欽風魂沈雪山之偈絲飄法雨清火宅而辭炎輪昇慧日皎重昏而歸晝朕遜覽緗史詳觀道藝福崇永劫者其惟釋教歟文德皇太后憑柯瓊樹跡派璇源德照塗山道光嬀汭流芬彤管彰懿則於八紘垂訓紫宮扇徽猷於萬古遽而陰精掩月永戢貞輝坤維絕紐長淪茂迹撫奩鏡而增感望陟屺而何追昔仲由興歎於千鍾虞邱致哀於三失朕之罔極實有切於終身故載懷興葺創茲金地却背邠郊點千莊之樹錦前臨終岳吐百仞之峯蓮左面八川水皎地而分鏡右隣九逵羽飛蓋而連雲抑天府之奧區信上京之勝地爾其雕軒架迥綺閣臨虛丹空曉烏煥日宮而泛彩素天初兔鑒月殿而澄輝薰徑秋蘭疎庭佩紫芳巖冬桂密戶叢丹燈皎繁華焰轉煙心之鶴旛標迥刹彩縈天外之虹飛陛參差含文霤而棲玉輕簾舒卷網罨宿而編珠霞班低岫之紅池汎漠煙之

翠鳴佩與宵鐘合韻和風共晨梵分音豈直香積天宮遠慚輪奐閬風仙闕遙愧雕華而已哉有元奘法師者實真如之冠冕也器宇凝邃若清風之肅長松縟思繁蔚如綺霞之輝迥漢騰今照古之智挺自生知蘊寂懷眞之誠發乎齠齔孤標一代邁生遠以照前迥秀千齡架澄什而光後以爲淳風替古澆俗移今悲巨夜之長昏痛微言之永翳遂乃投迹異域廣濱祕教乘杯雲漢之外振錫煙霞之表滔天巨海侵驚浪而羈遊亘地嚴霜犯淒氛而獨逝平郊散綈衣單雪嶺之風曠野低輪肌弊流沙之日遐征月

路影對宵而暫雙遠邁危峯形臨朝而永隻研窮智境探賾至眞心豁元津研幾祕術通昔賢之所不逮悟先典之所未聞遂得金牒東流續將斷之教寶偈西徙補已缺之文於時睠彼靈基棲心此地宏宣奧旨葉方翠於祇林遠闢幽關波再清於定水朕所以虔誠八正肅志雙林將延景福式資冥助奉願皇太后逍遙六度神遊丹闕之前偃息四禪魂昇紫極之境悲夫玉燭易往促四序於炎涼金箭難留駛六龍於晷漏恐波遷樹在東溟海於桑田地是勢非淪高岸爲幽谷於是敬刊貞石式旌眞境其銘曰

三光照象萬品流形人途超忽時代虛盈淳風久謝澆俗潛生愛波滔識業霧昏情猗歟調御迦維騰迹妙道乘幽元源控寂鷲峯退峙龍宮廣闢慧日舒光慈雲吐液睠言聖教載想德音義徵往劫道冠來今騰神九域晦迹雙林漢夢如在周星遽沈悲纏奩鏡哀深棟宇濯龍潛潤椒風韜緒露葉朝侵風枝夕舉雲車一駕悠哉萬古乃興輪奐實構雕華紫棟留月紅梁藻霞雲甍散葉風沼翻花蓋低鳳偃橋側虹斜爰有慧命英氣虛沖孤標千載獨步三空給園味道雪嶺滄風智燈再朗眞筌重宗四運周流六龍馳騖巨夜銷氛函關啓曙茂德徽範微塵表譽勒美彼文遐年永著

萬年宮碑銘　并序

朕聞金臺邃邈超忽崑閬之間玉闕參差縣邈蓬瀛之際是以周王肆轍唯招既往之愆漢帝遐遊空益將來之弊豈如岐陽峻阜鎮茲京甸疏林光之別館建甘泉之離宮東望嵩華千林結影（一作結綵）西瞻隴阪派水分流南俯荼原風雲交映北臨石柱川岳相縈迴迴孤岑秀三襲於霞表斜斜危路環九折於雲心複澗澄陰扇炎風而變冷重巒

潛暑韜夏景而翻寒故知五鎮之基空號神州之地三仙之嶺虛傳靈府之都未若翦石裁宮構飛檐於迴漢騰虛架宇聳紫殿於遙空百仞朱樓月盈虧於青瑣千尋翠閣雲舒卷於丹墀岫綴霞衣點虹梁而散錦巖飛溜帶濆石砌而飛珠浮涼氣於彤闈庭留花而雪夏凝清陰於碧沼池結鏡而冰春泉擊花潭泌雙峯而吐秀波搖錦石皎雨鏡而騰暉幾片斷雲縈松合蓋數莖幽桂插月分香暝壑棲煙籠千崖而散碧朝原吐日輝四野而舒紅笑樹餘花低空落影吟風宿鳥響谷雙嬌鶯不恨而虛啼蟬無情而

散舞朕載懷千古流鑒百王思欲屏逸收驕怡神遺慮崆峒訪道欽往哲之高風姑射尋真挹先賢之宿志所以停軒禁籞駐蹕榆川非欲賞恣盤遊途窮轍迹加以時侵首夏日帶餘春露泣修篁風清邃澗松蘿雲起藤蔦星懸可以陶瑩心靈澄清耳目鏡冰霜則廉潔斯在撫松筠則貞操非遥昔姬后西征猶刊弇石秦王東指尚勒稽峯況勝地淹留何必華胥之國蕭然物外不假元圃之阿故以砌美千齡騰徽萬古景其前躅爰紀兹地其銘曰

靈山作鎮挺秀岐陽遠圖天柱迥儷瑶房鸞嬌淑氣花泛

韶光樹含冬靄巖留夏霜搆宇重巘栽基疊岫石砌披錦山窻黕繡佩小蘭新峯殘蓮舊雪徑如花冰溪恒畫標途天外聳闕雲端煙霾邃谷霧宿危巒闕澗曲迴湍彤闈濳暑翠幌凝寒憩駕離宫淹留禁苑柳初眉細潭深鏡遠蓋逐雲穿苔隨雨卷葉冷帷秋莊濃闕晚泉飛嶺腹景鏤巖心霞踈錦薄草密袍深露荷傾玉風螢散金簷空鸛静山昏日沈邱壑怡神林篁賞性千里眺覽八州澄鏡玉燭調序薰琴動詠仰則高山刊規遠映

攝山栖霞寺明徵君碑銘

朕聞鍾山玉闕羽駕之所巡游崑嶽金臺蜺衣之所翔集雖復真宗窅眇神理希微猶居三界之中未出九天之外唯有乘如廣運妙覺圓明因無生以濟有生就無象而成大象道隔去來之際筌繫靡得其端理忘動寂之機隨迎罕窺其奥得其門者如髻寶之希逢臻其極者似曇花之難遇南齊徵君明僧紹者平原人也仲雍誕其緜允井伯播其靈苗芳源肇於孟明因即以明爲姓曾祖忱晉著作郎祖玩晉建威將軍鳳經流譽雅韻隆於八儒豹略申威香名高於七校父略宋平原太守中書侍郎朱明出撫揚

惠化而傍霑紫誥攸司罄忠規而奉上徵君早植淨因宿苞種智悟真空於綺歲體法性於青襟照與神通心將道合遺榮軒冕少無塵雜之情託志林巖自叶幽貞之趣亭亭秀氣掩璧月而架丹霄皎皎清衿瀲瓊湍而凌碧瀨即相非相指萬象爲虚空無我無人等四流於寂滅加以學窮儒肆該綜典墳論極元津精通老易至若鹿野龍宫之秘猿江鶴樹之文莫不遞貫清衷總持丹府班荆坐樾獨神王於亭皐朗嘯長吟乃情超於宇宙蒲輪每至攀桂之節逾高玉帛屢陳枕石之誠彌固遂乃緬懷飛遁抗迹嶗

山託岫疏臨憑林結棟紉蘭製芰方輕藻火之衣爽籟風松自代管絃之響橫經者四集請益者千餘高鳳愧以韜光張超謝其成市於時南風不競東土搆屯人厭豺狼之毒家充虵豕之餌盜仍有道望境歸仁共結盟誓之言不犯徵君之界豈非至誠攸感木石開心者乎及元歷告終青光啟祚齊高祖希風佇德側席傍求屢下徵書確乎不拔其後又移居鬱洲掩榆山栖雲精舍情親魚鳥志狎煙霞蛻影樊籠蕭然獨往齊建元元年又下詔徵爲散騎侍郎又不就既而濟岱淪胥公私蕩覆稽天之浸將湮蹈海之居燎原之火欲燼藏山之璞乃鴻騫鳳舉騰萬仞以高翔擇木選君相九土而遥集淩江迥憩遂居南京負杖泉邱游睨林壑歷覩勝境行次攝山神谷仙巖特符心賞於是披榛薙草定跡深棲樹槿疏池有終焉之志此山其狀如繖故亦號曰繖山丹穴紅泉共星河而競瀉珠林鏡巘與月桂而交輝鳥哢巖虛猨吟澗靜松門杳靄去來千里之雲花援丰韡含吐十枝之日實息心之勝地乃宴坐之名區爰集法流於焉講肄音容秀澈宇量端凝投論會奇興言入妙若洪鍾之虛受有擊必揚似明鏡之忘疲無來

不應於時元儒兼闡道俗同歸俱號淨名以旌至德先是山多猛噬人罕登臨昇巖有仙谷之危越澗等憑河之險徵君心不忤物總萬類以敷仁故使物乃革心屏三毒而歸惠興風歛暴遽承探鯁之恩游霧含平自埒報珠之感於時齊道方修寤寐求賢永明元年又徵爲國子博士徵君隱居求志義越乎由光不降凝心跡高於園綺鑾坏貞遁漱石忘歸鶴版載臨豹姿逾遠俄有法師僧辯承風景慕翼徒振錫翻然戾止法師業隆三藏道邁四依戒行堅明律軌嚴淨欣然一遇叶契千齡子琴爲莫逆之交溫雪豈容聲之友因即隣巖搆宇别起梵居聳嶠飛柯含風吐霧栖霞之寺由此創名福地栽基肇發初心之誓法門搆邃遽鍾後說之辰安居頃之辯師遷化六年頂拜雖開青石之壇千日威光未建紫金之岳徵君積緣登妙至感入微嘗夢法身冠於曾巘後因垂眺屣步林亭乃有浮磬吟空寫圓音於帷樹飛香散迥騰寶氣於鑪峯又覩真顏於巖之首神光駭矚若登靈鷲之山妙力難思如游瞽龍之邑豈止無垢佛國獨蔭珠雲淨德王家方承珂雪是知不行而至冥通應感之符爲法而來實昭光啟之福非夫慧

因宿植其孰與於此哉於是拜受嘉徵願言經始將於巖壁造大尊儀乃眷爲山未遑初簣遽而西州智士與曉岳而俱傾東國高人隨夜星而共沒瓊瑤落彩峯岫沈暉永明二年奄遷舟壑第二子臨沂公仲璋顧慕曾巒旣崩心於岵望徘徊壟構更泣血於楹書遂琢彼翠屏爰開葉座捨茲碧題式建花宮上憲優塡之區仰鏤能仁之像校美何充之宅遽興崇德之闈逖彼蕭宗大宏釋典文惠太子及竟陵王或澄少海之源派朝宗於法海或茂本枝之穎發萌柢於禪枝咸捨淨財光隆慧業時有沙門法度爲智

殿之棟梁即此舊基更興新製又造尊像十有餘龕及梁運載興銳心迴向大林精舍並事莊嚴臨川王載剖竹符宣化惟揚之境言尋柰苑興想拔茅之義以天監一十五載造無量壽像一區帶地連山合高五丈滿月之瑞湛珠鏡以出雲崖聚日之輝昇璧輪而皎煙路參差四柱周以鳥翅之房迢遰千尋飾以魚鱗之瓦擊鳴乾於爽籟則步影齊歸麗停午於高曦則息心攸萃逾錦城而特建掩銀界而孤標良由積慧所符大士著甚深之業用能遥誠克果永代增希有之緣以曠劫之隆因開舍生之至福偉哉壯觀無得而稱朕肅纂禎圖丕承寶歷澄九溟而有截宴八表而無爲紫塞丹岑接封畿於上苑白門青野款賝贄於仙闈將使率土蒼生鎮昇仁壽之域普天黔首永蹈淳古之源崇慶越於兩儀景運逾於萬劫屬以冕旒多暇物色傍求瞻江海而載懷詠林泉而興想欽風味道恨不同時古往今來撫運化而雖寂德崇業著眷神理而猶存寤寐遺塵有兼前烈瞻言勝軌歎佇唯深今故於彼度人常滿七七各兼衣鉢錢二百貫絹二百匹蘇參拾斛繡像織成像新舊翻譯一切經一藏幷幡華等物憑幽尋之曩跡

光顯德門託嘉遁之名區追崇仁里就福宇而延福即祥基以締禪冀緣金園之庭近叶珠囊之耀所願通因法岸契果禪林九鼎與元極同安七廟與紫微齊固總三千之淨土並沐薰歌罄百億之恆沙長爲壽筭鐵圍之所苞括玉燭之所照臨常滄六氣之和俱藻一音之聽夫象以盡意意非象而不申言以會情情非言而不暢是以發揮二諦宏演四依迴託蓮花之峯遥刻芝英之字庶海桑頻變孤超弇岳之碑城芥屢空獨跨稽岑之篆式陳茂實乃作銘云

悠悠法界摠摠含生輪迴欲海起滅身城俱安大夜共習無明愛塵岳聚毒樹雲平其一邈矣遍知超然獨悟遽乘五演高被六度大空善說中天巧諭引彼迷途歸之覺路其二猗歟淨行育彩昆田家承珪組代著忠賢戒支宿習種智斯圓棟梁三寶薰修四禪其三爰始筮賓薜蘿攸整蹈海沈跡棲巖滅影天地搆屯干戈互警北林罔庇南轅載騁其四翻飛澤國歷考山圖言瞻碧磴自韞元珠憑峯架室枕壑通衢鱣庭廣跨馬帳宏敷其五同氣相求善隣遥託道符久敬心均常樂對闢金園並疏銀閣谷停帝馬藝歸梵鶴其六

空分瑞塔地積香臺珂月霄暎珠雲旦來千光霧起七淨霞開谷邊飛錫澗下乘杯其七桂巘參差松亭隱靄石壇照錦瑶泉瀉籟岫接香鑪峯承寶葢翔鳬演法毒龍銷害其八梵宮既啟福海長深噬虺忘穴飛鴞革音羣生普戴奕祀同欽不有高節寧符宿心其九御扆多閑聞風遯想茂軌遐劭清暉遽徂佇契業於圓明冀崇緣於方廣鏤飛篆於曾岳齊勝基於穹壤其十

孝敬皇帝叡德紀

朕聞乾象上浮南陸啟黃離之耀坤元下闢東明敞碧題之居稽古前王憲兩儀之大則傍求列聖崇貳極之丕緒所以長隆守器永茂承祧膺繼明而闕四闕萬闕藻人文以成務茂實光於載鼎嘉聲表於洊雷匝分四德之規具美八繁之誠其於宏有之矣宏字宣慈高祖神堯皇帝之曾孫太宗文武聖皇帝之孫朕之元子也緬惟聖系崇高極天無以方其峻仙源淼邈浴景無以喻其深如霓表夜月之禎類馬鬱秋雲之瑞闕浮紫氣開闕之闕地闕高祖屬山鳴之標運躡神嘯之屯期受大命於闕宮修闕氛於闕野太宗雲行雨施撲炎岳而救焚架櫂乘舟濡沸海而

匡溺更張天地息龍戰而靜陰陽重懸神象弭麟鬭而清日月細柳盤桃之域總入提封銅標珠闕之鄉並歸正朔闕累聖之崇基纘重光之大業幸休徵再洽景歷維新宇宙無虞環瀛有截揚玉燭而調四選品彙昭蘇握金鏡而朗八荒中外禔福自蒼昊而垂祐闕結本闕由闕而發祥闕承魏雲而毓質戴玉連珠之異相發於髫初注琴銘劒之能道光於丱始年纔一歲立爲代王鳧岳崇封闕景風之典象舟勝智益峻闕人之高朕以主鬯攸闕宰是命闕龜以闕春闈習禮秋籥彈藝宮之奧旨究肅成之宏義一

物載行九教闕允廣延端士納審諭之良箴博採正人佇宣翼之明行略詮其美闕德焉爾其至性純闕道闕承闕五起問竪切非三闕朕及天后攝衛微乖則色不滿容行不正履出青宮而視膳輟寢通宵入紫庭而扇枕纏憂永日豈止衣闕帶藥必親嘗而已哉此其至孝也監國字人務在闕刑慎闕身後闕竊金馬而無尤秖召惟恭出銅龍而載惕此其至仁也承天奉地貽肅雍之大矩迎郊過廟極祗敬之崇儀闕獨不惰其容居暗莫移其檢同輿共帳接闕均闕之風闕橫經闕之禮闕喻其神望景揣情藏往

無以論其智心融道鏡應萬象以含幾器韞元珠苞六合而凝照辨防年之訟義出羣心驗長壽之書事惟獨察此其至明也極柱茅簷闕衣菲食戀闕以爲闕朕每賜以闕佩服以承恩雅淡既隆還委礙而從好此其至儉也不邇聲色符帝乙天性之高載植疎通有顓頊沖年之量馳騁末事弃之而弗爲書劒淺技能之而勿貴西苑闕遊闕林泉闕東闕之娛闕範小道恐泥不留聰於異端此其至正也七門四徹之書互窮泉極蓬府柏臺之祕遞綜眞筌考闕典於叔時採德義於羊傳罷搖嶺之風樂鍾鼓六經輟

闕之闕笙闕此其至闕也柔而能闕匡諷之宜政或是非潛申獻替之益朕所惡者有片善而必揚朕所好者無纖微而不舉父有諍子是之謂歟此其至直也緜䟽葭莩因心之戀已切桂山棣屏闕之愛尤深闕輦闕遊未足闕其孔懷此其至睦也爲而不恃闕柱史之妙門異而能齊體蒙叟之虛室實斯混語默兩忘咸英與林籟同歸袞紱與雲霞一致此其至通也迪闕衆德闕踐闕詔闕洛陳謨淩太山而開辯圖闕紬去俎禮不忘於須臾鈞覽臨座文必申於造次畋遊寢跡不待燔騎之書道德立身無容設

木之諫雖復謳歌未作戴啟之願闕攸歸賛闕之頌斯達朕闕山脫屣褰裳願尋眞於汾水不飾情於外禪無待咨岳之闕逸已於中宸自申知子之授潛圖釋負未述所懷屬炎籥戒辰涼宮避暑闕因扈闕沈闕及其闕愈乃申闕性特隆一聞斯言因便感咽伏枕流欷哽絶移時重致緜留遂成沈痼西山之藥不救東岱之魂吹湯之醫莫返逝川之命以上元闕年闕月廿五日薨於闕之闕既仰謝於姬昌變髮之悲遂俯同於容傳闕不知至人無愛大道忘情雖慕延陵之通終愴卜商之感天后心纏積悼痛結深

慈相鳳闕泣昔周闕言朕之至懷不欲違其心許故申舊命爰贈尊名粤以吉辰乃諡爲孝敬皇帝其葬事威儀及山陵制度皆准天子之禮惟爾識自生性闕合體闕日將月就羣方欽其麗正多士挹其宣猷愛敬極於九重光耀究於四海卑詞降東園之逸高談接南館之賓儲君之德盛焉天子之望隆矣庶其三闕茂方闕徽奄促上賓之駕興言念往震悼良深朕以其孝於承親恭於事上意欲還京卜葬冀得近侍昭陵申以奉先之禮順其既往之志但以農星在候田務方殷重歸關輔恐有勞廢遂割一己之慈闕便兆人之業闕以爲言故賙殮絕於珠璣明器惟資瓦木一從本志無奪宿成即以上元二年八月十九日遷窆於景山之原禮也冀樹闕陽無隔風雲之路鶴歸緱闕合之有遷刊貞珉而垂範式旌往行迺作銘云

震象凝位離景騰輝地浮重海天開少微惟皇取則利建儲闈承祧是寄主鬯攸歸(其一)運啟昌圖祚隆先聖丹霧流闕慶闕正(其二)研幾道闕發慮闕津戈臨春序籥奏秋旻商巖佇逸望苑通賓考藝方遠宣猷日新(其三)禮茂承顏闕融錫類愛敬兼極君親一致闕義重闕情至性闕(其四)闕優游四德績劭撫軍譽宣監國便坐垂範寢門貽則量湛用沖化敷元默(其五)虛佇丞疑崇奉師保望行辯牘臨淵闕藻讓闕宮闕逾闕道闕德斯闕爲寶(其六)闕搖闕靜愈鳴葭締游鵷廚斯啟鮑俎弗羞恭行一物澄汰九流(其七)緬惟釋重載追前懿爰念少陽將推大位純孝深感聞言哽咽闕命未申闕(其八)玉闕彩珠沈夜光未闕泣元闈風悲畫堂感今興悼念昔增傷(其九)崇諡追尊鴻名贈冊伊洛疏兆嵩環卜宅隧擬橋巖塋圖畢陌霧凝平楚煙生竹柏(其十)原隰闕仙殿闕飛鳳碑空篆鶴駕無追(其十一)

大唐故司空太子太師上柱國贈太尉揚州大都督英貞武公李公碑

朕聞四維紀地坤元所以載物八柱承天乾策由其列耀故軒邱御歷資六相以經綸豐水膺圖憑九臣而締構莫不道符金礪契叶鹽梅虎嘯龍騰風翔雲起公名勣字懋功(闕一字)州衛(闕四十一字)祖康齊伏波將軍譙郡太守追贈濟州刺史父蓋散騎常侍陵州刺史上柱國濟陰郡王後固辭(闕一字)改封舒國公贈潭州都督業傳弓冶代列簪裾載德象賢(闕一字)光惇史(闕三十九字)英(闕一字)年甫十七屬隋運分

崩於時率土沸騰羣方競逐黃龍白騎爭動干戈丹浦綠林遞興氛祲家負吞沙之力人懷鍊石之心李密據大洛以稱兵臨一周而（闕一字）濟公權推盟主暫（闕八字）之（闕三字）高祖神堯皇帝應昊穹而撥亂順斗極以龔行四海樂推兆人思戴及密來投附公獨未歸既承其旨方奉皇運誠於所事造次必形風霜之節其在茲矣高祖乃詔公爲黎州總管上柱國萊國公尋改青曹公賜同國氏公臨危守義類文聘之懷忠建策承恩同奉春之得姓武德二年又授右武候大將軍是時國步未夷王塗尚梗太宗文武聖皇帝憖茲交（闕一字）大拯橫流公出贊元戎入參神筭受分麾之重寄沐賜棨之殊榮劉武周率彼犬羊憑陵汾晉先朝躬親矢石公則任屬偏裨蕭斧纔臨朝（闕一字）俄篘（闕一字）充實德潛議合從南瀕控鶴之山北距飛狐之塞擁周韓之銳卒驅趙魏之梟兵自謂力動天關威迴地軸（闕二字）營（闕二字）月（闕十一字）徐員朗虔劉齊地南征北伐並効深功慓彼匈奴自昔爲患乘折膠而犯鄣候滿月而來侵朔騎驃於唐郊胡笳沸於汾隰籔林搖岳噴野騰川烽火照於（闕一字）中羽檄飛於（闕一字）下公出車（闕二十二字）豪之逢巨燎彌山抑

室似危葉之遇衝飆滅跡掃塵追奔逐北乃加食封九百戶參墟奧壤（闕一字）迹所基傍控寶符之鄉近對金庭之域眷言樞要綏撫特難鎮俗威邊（闕三十七字）浮革船而度（闕一字）河窮（闕一字）海而傾巢（闕一字）狼臺以（闕一字）穴遂使地空塞北候靜漢南漢將勒燕然之銘胡騎動陰山之（闕一字）既而頻丁巨罰殆不勝哀累詔寬解敦還（闕二十六字）先聖承閑曲垂談宴緒言之際以朕託公便即齧指流血銘肌爲記忠貞之操振古（闕一字）侔金石之心唯公而已改封英國公授兵部尚書尋授特進太子詹事左衞率（闕三字）九年授（闕二字）道行軍大總管（闕七字）先朝東征大破駐蹕尋授靈州道安撫大使破延陁於烏德鞬山又授太常卿出爲疊州都督尋除特進檢校（闕一字）州刺史朕纂承丕緒延想舊勳又授公開府儀同三司尚書左僕射（闕二十一字）以（闕十字）授職勳賢異宜踐位未淹遽申（闕一字）讓朕成公之美權遂謙光尋拜司空用旌（闕一字）德傍敷九土上穆三台聿膺元武之符載調黃鼎之飪彝倫式敘庶績其凝乃將有事（闕二字）以公爲（闕二十二字）先朝親行弔伐雲衢萬道天兵四臨（闕一字）醜徒於握中置以羣於几上但聖心惻隱不忍坑夷賜以重生返其

歸路猶復收合餘燼背義忘恩莫念解網之仁還興舉斧之逆朕恭惟往志情切授柄思清隧穴之祆誓雪園陵之憤昔王翦舊將方吞南楚之強充國老臣始定西羌之孽立功立事耆德是憑故勞公暮年出征外域乃以公爲遼東道安撫大使行軍大總管韞玉闕一字之宏闕四字之妙闕二十八字壹縱間諜以知窮因鄉導而乘隙殄茲寇壘不藉九攻之勞獲彼凶渠唯恃七擒之術傾源拔奔海磬山空萬代逋誅一朝清蕩及旋拜太子太師闕一字封二百戶公自少及長闕一字身奉國闕三十一字上藥名醫相望道路曰仁必

壽竟爽神期天不慭遺殲我良懿以總章二年十二月三日薨於私第春秋七十有六朕闕一字車軫慟去篇興哀爰命闕一字寮廢朝七日闕一字宜闕三字相鄭闕三十字給以咸亨元年二月六日陪葬昭陵所築之墳一准衛霍故事象烏德鞬山及陰山鐵山等以旌破北狄東夷之功爲其遷葬之晨朕自至橫門投書永訣穿壁候疹不救鶴板之災登城闕一字泣徒深蟻闕一字之感闕三十字朋則虛舟靡逝行已則暗室無欺晦雨不革其音疾風闕一字知其勁奉親思孝遽彰懷橘之誠事上資恭無待觀闕一字之誠孫吳藝術弗學而生知管樂才闕三字而斯闕三十二字替之言外不彰其直入盡弼諧之致出不顯其忠就禮俗而存道因善諱而申諷抵掌宏議庶政咸仗其謀造膝詭詞羣寮莫知其際夷險一致寵辱不驚闕六字之闕六字之闕二十字之懼其爲吏也嚴而不殘其爲將也威而能愛子顏之方敵國在昔多慙道濟之比長城於今爲劣朕以公桑榆昃景力謝年侵欲令諸子仕闕一字得闕三十五字餘生懷此知足加以卜居閒宇唯欣里宅之卑列壤疏封獨尚寢邱之儉豈非業光三傑譽重二南爲社稷之元勳實期運之隆棟公材公望有始有終闕三十七字逝何痛如之徂光倏而不留宰樹森其成列恐枸邑

之地竟淪彩於珥戈庶武昌之原永傳輝於琴玉式旌遺懿乃勒銘云

惟皇建極惟臣佐功吟嘯元感卜夢潛通如鱗縱壑若羽隨風弼諧天構光亨棟隆其一爰有傑人胄承華緒德闕一字殆庶道光性與情希管樂器侔伊呂闕一字物闕六字其二闕三十一字泉其三金石齊貞松筠表勁攝下唯闕一字基身以正賜厚分驂恩隆得姓變和師律抑揚辭令其四營開偃月旆闕一字連雲下江澄霧平林散氛元池妙略黃石崇勳威橫百戰

勇冠三軍。其五闕二十八字慎同温室。其六出車青徼。申謀絳宮。駕狄攻狄。驅戎伐戎。鯨銷海晏。蜃闕一字樓空。永殪逋藪。長清大風。其七締構邦基。經綸國步。戎盈辭滿。鳴謙履素。克壯其猷。闕二字歲暮凜闕一字奇節温温闕二字其八闕二十四字竭誠戴主。傾身奉國。其九負山潛遠。夢瓊輿憯。階裂下台。星沈上將。朝悲野泣。投環輟相。晉原長往。吳閶徒望。其十三河聚騎五校陳兵。旌軒委鬱。笳挽淒清。沈沈闕二字寂寂闕十字其十一闕十四字峴首墳象。闕一字山樹疑營。梛人謡國頌。天長地久。其十二

泰山玉牒文

嗣天子臣治。敢昭告於昊天上帝。有隋位極顛危。天數窮否。生靈塗炭。鼎祚淪亡。高祖仗黃鉞而救黎元。錫元珪而拯沈溺。太宗功宏鍊石。定區宇於再塵。業比斷鼇。飲滄溟而一息。臣忝奉餘緒。承威積慶。遂得崑山寢燎。炎海韜波。雖業茂宗祧。寔降靈穹昊。今謹告成東嶽。歸功上元。大寶克隆。鴻基永固。凝薰萬始。陶化八紘。

祭告孔子廟文

維乾封元年歲次景寅二月戊戌朔二日己亥。皇帝遣司稼正卿扶餘隆以少牢之奠。致祭先聖孔宣父之靈。惟神玉鈞陳貺。靈開四肘之源。金鼎流禎。慶傳三命之範。神資越誕。授山岳以騰英。天縱攸高。蘊河海而標狀。折衷六藝。宣創九流。睿乃生知。靈非外奬。於是考三古。裒一言。刊典謨。定風作。莊敬之容畢備。鍾鼓之音載和。父子爰親。君臣以穆。蕩乎煥乎。樂正雅頌各得其所。可不謂至聖矣夫。朕以涼德嗣膺神器。式崇祇配。展義云亭。感周禮之尚存。悲素王之獨往。杅軸洙泗。如挹清瀾。留連舞雩。似聞金奏。昌門曳練。徒有生芻之疑。漢曲移舟。非復祥蓱之實。慨然不巳。爰贈太師。堂宇卑陋。仍命修造。褒聖子孫。合門勿事。庶

能不遺百代。助損益之可知。永鑑千年。同比肩而爲友。聿陳菲奠。用旌無朽。梅曙霞梁。松春月牖。德音暢而無斁。形神忽其將久。儻弗沫於生前。亦知榮於身後。尚饗。

枇杷子帖

使至。得所進枇杷子。良深慰悅。嘉果珍味。獨冠時新。但川路既遥。無勞更送。今者梅炎藻夏。麥氣迎秋。香飄蘭坂之風。鏡轉桂巖之月。爲善之暇。想足怡神。延望白雲。載深離緒。聊疏綠字。此不多申。諮。

叔藝帖

叔藝韞多材葱深善誨譪夙奉趨庭之訓早擅臨池之工聞其比來復愛飛白昨故戲操翰墨聊以示譪慚六文之麗則異五際之芳詞忽枉來書談飾過實顧惟菲迹非敢當仁披覽循環祇以增愧故斯表意餘不多云諮

欽定全唐文卷十六

中宗皇帝

帝諱顯高宗第七子顯慶元年生二年封周王儀鳳二年徙封英王改名哲永隆元年八月立爲皇太子宏道元年十二月即位嗣聖元年武后廢帝爲廬陵王房州安置聖歷元年復立爲皇太子仍名顯神龍元年正月復辟十一月上尊號應天皇帝三年八月加尊號應天神龍皇帝立二年被廢復位四年年五十五謚曰孝和皇帝廟號中宗追尊太和大聖大昭孝皇帝集四十卷

答邢文偉令

顧以虛庸早向墳典每欲研精政術極意書林但往在幼年未閑將衛竭誠耽誦因即損心比日以來風虛更積中奉恩旨不許重勞加以趨侍含元溫清朝夕承親無自專之道遵禮以色養爲先所以屢闕坐論時乖學緒公潛申雅勗式薦忠規敬尋來請良符宿志自非精思審諭義均弼諧豈能盡此藥言形於簡墨撫躬三省感愧兼深

令官民投匭雪冤制

門下九重嚴邃非閻閭之可聞萬邦遐曠因表疏而方達

朕尊居黄屋心念蒼生微物不安每切納隍之慮一人失業更縈宵旰之懷思欲下情上通無令壅隔所以明四聰者也其官人百姓等有寃滯未申或獄訟失職或賢才不舉或進獻謀猷如此之流任其投匭凡百士庶宜識朕懷

大赦雒州制

朕聞唯天爲大所以上序三宗唯帝爲尊於是宏開七廟故知肇興衡室爰申宗祀之規爲建明堂或廣嚴禋之禮莫不八窻四達分氣候於炎涼複廟重簷定尊卑於昭穆實爲國之洪訓乃經邦之茂典我國家睿祖神宗重光累

葉道軼羲農之上功侔造化之初冠今昔而居尊掩寰區而作大朕承天撫運纘聖開元拔鳳歷而乘時握龍圖而建極春秋變易每增霜露之心日月推移倍切蒸嘗之思然而城臨丹鳳清廟久安水控元龜神基未立金輿往幸空展望於瑶祠玉輦來巡實幸親於碣石三川帝里八水皇州豈都邑之相誇而郊畿之有謝所以交風輿壤還開候鴈之庭揆日明區更置馴龍之室巍巍紫極無虧薦鮪之途奕奕形宫遂得獻羔之所加以總章霧歸重屋煙披懸晦日於梅梁掛晴虹於桂棟是以用斯珪璧奠彼牲牢唱孤竹之簫管奏空桑之琴瑟爰於祔享之日乃至禋宗之辰景色殊常煙雲冠古或凱風南至紫喜氣而分輝或驟雨東來引祥雲而合嚮固可以作樂崇德殷薦上帝而碧海遥澄覽三邊之霧捲丹霄上廓看九野之塵清祖宗之靈既昭然宇宙之神心可見虔誠既展盛禮斯宏宜覃作解之恩以廣奉先之德但赦者小利而大害始泰而終否著小人之幸非君子之幸今歲已來頻數渥命徒長僥倖愈犯憲章非所以宏獎風猷發揮名教深慮無知者因茲獲罪有識者緣此致譏遐思管仲之篇緬想吴漢之說

恐負丕構慨然長想昔孔明相蜀王猛佐秦咸以數赦爲言俱稱肆眚非便朕惟新闡政方事澄源期望古而裁規具修今而布澤伏以禮申崇祔情展泰禋式流曠蕩之恩兼明懲勸之道可大赦雒州境內天下諸州見禁囚徒罪應致死者特宜免死配流者入徒餘並原宥京文武三品以上賜爵一級四品以上各加一階外文武官九品以上賜爵一轉皇親嗣王仍特許佩金魚袋內外職事官三品以上及四品清官並中書門下五品官父已亡者並量加追贈自宏道以前經任相三年以上及秦府晉府僚佐四

品以上。並食實封功臣雖經罪責不至破家。子孫無任京官者特宜優與一官。英府周府舊寮五品以上。子孫亦宜準此。天下百姓爲父後者各賜右爵一級。大酺三日。

加相王實封制

鸞臺。尊王子弟。分裂山河。式優征賦。永固藩屏。并州牧左衞大將軍太子左千牛衞率兼安北大都護相王旦。地惟茂親。躬此明德。性安卑讓。誠切沖謙。頃以所食相州願入天府。章表懇到。至於再三。朕難違固請。曲成美志。然以王國所費。綱類宏多。漢晉已來。寵錫彌盛。或食邑五萬戶。或

連城數十里豈可遂其攬分之情忘其推恩之典宜於相州加實封一萬戶。進號安國相王。主者施行。

加太平公主實封制

鸞臺。睦親之序。誠有節而難踰。褒善之方。諒無和而不洽。太平公主延祥紫極。稟慶彤闈。月至漸宮。下金娥而毓照。星分漢渚。迴寶婺以凝姿。踐素依仁。更緝柔閑之範。聞詩蹈禮。還表婉順之容。毓悟發於天機。聰明協於神授。所以特鍾先愛。偏荷聖慈。動輒承恩。言必中旨。故秦臺下鳳。禮越於常儀。魯館乘龍。榮該於美選。自歷軒即路。登巖闕寢。

途遥千里。時亢九炎。攀從莫由。荒號孰寄。公主親承委屬。代申悲苦。涉履山川。念徒行而彌切。奠奉明夕。哀獨薦而逾勤。宮務畢脩。闈容胥備。中外咸允。情理兼極。朕以其雖有殊貺。蓋是恒途。而凡典樞機。固事奏請。豈可以私親之嫌。累夫公道之分。宜增湯沐之榮。以表肅雍之譽。可加實封五千戶。進號鎮國公主。

封壽昌縣主制

鸞臺。相王旦長女第三女第四女等。毓靈河漢。稟訓天人。慧問清淑。蘭儀婉順。徽章所披。抑有垣　閫之封。式開湯沐

之邑。長女可封壽昌縣主。第三女可封淮陽縣主。第四女可封壽光縣主。

封永年縣主制

鸞臺。某王某第幾女。疏芳桂苑。發艷椒庭。繡袿初笄。已覩於婉淑。瑤筐載弄。更表於柔閑。韶容將寶婺分暉。惠質與瓊娥比秀。承規蹈禮。既漸訓於河洲。延賞推恩。宜加榮於湯沐。可封永年縣主。

封仙源縣主制

鸞臺。相王第五女。資靈桂魄。稟訓蘭宮。六行昭宣。四德淳

備夭桃穠李。既挺淑令之姿。紅綬青綸。宜開湯沐之邑。可封仙源縣主。

贈徐有功越州都督制

忠正之臣。自昔攸尚。褒贈之典。舊章所重。故贈大理卿徐有功。節操貞勁。器懷亮直。洵古人之志業。實一代之賢良。司彼刑書。深存敬慎。周興來俊臣等。性惟殘酷。務在誅夷。不順其情。立加誣害。有功卓然守法。雖死不移。無屈撓之心。有忠烈之議。當其執斷。並遇平反。定國釋之。何以加此。朕惟新庶政。追想前跡。其人既沒。其德可稱。追往贈終。慰

茲泉壤。可贈越州都督。仍遣使就家弔祭。賜物百段。授一子官。

封五王制

門下。建侯之典。豈獨於懿親。茅土之榮。必覃於茂績。侍中上柱國齊國公敬暉。侍中上柱國譙郡開國公桓彥範。銀青光祿大夫守中書令兼修國史上柱國漢陽郡開國公張柬之。銀青光祿大夫中書令博陵郡開國公崔元暐。中書令兼檢校安國相王府長史上柱國南陽郡開國公袁恕己等。早竭忠讜。夙罄腹心。在身喻於股肱。在物均於舟楫。除兇而殄逆。更安社稷之基。策命而褒崇。爰申建侯之寵。敬暉可封為平陽郡王。彥範可封為扶陽郡王。仍賜姓韋。柬之可封為漢陽郡王。兼特進。勳及食實封各如故。元暐可封為博陵郡王。恕己可封為南陽郡王。仍令準例朝朢朔參。便即不須推讓。主者施行。

遣十使巡察風俗制

古之御天下者。以大寶為公器。以崇高為外物。仰則乾行。順性命之理。俯思坤載。成博厚之德。將以財成至道。保邦靜人。用清三微。以齊七政。能臻夫此者。豈一人之力哉。實

賴羣方共康庶績。自季葉淪替。偭棄公道。官匪其人。教無所習。懷才修潔者。則依違以自容。通方宏偉者。則放蕩以求利。繇是淳化日消。澆風歲長。典章訛弊。吪俗凋殘。遂迨陵頹。莫能振理。朕以薄德。丕承寶命。夙夜惟寅。憂勞無怠。昧旦端扆。心被寰瀛。日晏罷朝。念周黎庶。頃者勵精推擇。傍求牧宰。冀聞善政。惠康乃乂。虛己勵勤。美化猶怠。貪官傲吏。屢瀆於爰書。失職流亡。幾淪於版籍。豈刑賞之柄。不協其中。將仁恩之誠。未孚於下。永言國本。良深軫悼。古者天子巡狩。省方觀俗。而錫鑾備駕。或以為煩。故分命輶軒

博採謠頌將以彰善癉惡激濁揚淸散皇明以燭幽揚仁風以被物實資令德允屬通才惟懷永圖式鑒成憲宜於左右臺及內外五品以上官識理通明立性堅白無所詘撓志在澄清者二十人分爲十道巡察使二周年一替以廉按州部俾其董正羣吏觀撫兆人議獄緩刑扶危拯滯若能抗辭直筆不憚權豪仁恕爲懷黜陟咸當別加獎擢優以名器如脂韋苟全籧篨戚施高下在心顧望依附者將遷削屛棄肅以憲章咸竭乃心以副朕意

揀擇郡守制

共理天下者在良二千石宜令中書門下於內外揀擇必取材望兼優公清特著可以宣風導俗具以名聞

拜南郊制

門下朕聞展禮禘祖昊穹著其成命就陰即陽墳典明其大節故豺獺有祭下不隔於微品犧牲畢陳上以光於嚴配軒皇用事則雍旁五祠漢帝潔齋則城南七里用能使敬而不黷求而不匱祈穀則九載可登焚柴則三載無闕是知上靈大德不私於亭毒之仁正直聰明有感於馨香之薦瞻高欲語無易茲道我高祖神堯皇帝開階立極配永循機太宗文武聖皇帝仗金策而清四方運璇璣而齊七政高宗天皇大帝與乾坤合其德與日月合其明則天大聖皇后建補天立極之功受河圖洛書之統五精歸運四葉重光朕虔順樂推欽承睠命紹宏基於累聖日愼斯兢執大象於羣生夙興加勵遠人殊俗占風而集蠻邸美瑞休符繫月而輝史筆故得三邊靜柝五兵銷刃寰宇大寧人神式序而德慚被物誠謝動天水旱尚臻陰陽猶舛永以憂懼無忘鑒寐然則事天事地莫盛乎禋祀弗躬弗親孰申乎誠敬朕自臨四海於今五年幸承祧社之靈未

展郊丘之謁方今朔風候律南至登辰乘上日而恭饗奉高禋而肅事揚宗祖之休命酌壇場之令典百神受職三才合契備殷薦之容行昭報之禮豈惟靈光所燭但驗其徵方冀後先不違實受其福至若五刑之屬十惡爲重自頃恩赦罕聞該及朕以眇身膺乎大寶下人不足每切如子之傷上帝所臨敢逃在予之責閒居三月未弭厥愆靜念終朝載增寅畏佇神伊始與物維新用宏曠蕩之恩以答高明之貺可大赦天下

金城公主出降吐蕃制

聖人布化用百姓爲心王者垂仁以八荒無外故能光宅遐邇財成品物緜是隆周理歷啓柔遠之圖強漢乘時建和親之義斯蓋御寓長策經邦茂範朕受命上靈克纂洪業總三才而統極混六合以爲家聲教所覃建木棗林之外提封爰亘弱水流沙之表悠然至道高詠薰風載戢干戈大張禮樂庶幾前烈克致和平睠彼吐蕃僻在西服皇運之始早申朝貢太宗文武聖皇帝德侔覆載情深億兆思偃兵甲遂通姻好數十年間一方清淨自文成公主往嫁其國因多變革我之邊隅亟興師旅彼之蕃落頗聞彫

弊頃者贊普及祖母可敦酋長等屢披誠款積有歲時思託舊親請崇姻好金城公主朕之少女長自宮闈言適遠方豈不鍾念但朕爲人父母志恤黎元若允誠祈更敦和好則邊土寧晏兵役休息遂割深慈爲國大計受築外館聿膺嘉禮彼吐蕃贊普即以今月二十七日進發朕親自送於郊外

答張說讓起復黃門侍郎制

卿操烈寒松心橫勁草累還臺閣咸播聲猷不屈二兇之威獨全一至之節每念嘉歎無忘寢興但青瑣位隆黃樞寄切爰奪苴麻之禮擢居審省之曹朝命已行即宜斷哀

贈拓跋思泰特進制

念功之典書有明訓贈終之數禮著彝式党項大首領故右監門衛將軍員外置同正員使持節達洫等一十二州諸軍事兼靜邊州都督仍充防禦部落使拓跋思泰頃者戎醜違命爰從討襲躬親矢石奮其忠勇方申翦馘之勳俄軫喪元之痛壯節彌亮美名可嘉宜崇寵章俾慰泉壤可贈特進兼左金吾衛大將軍賜物五百段米粟五百石仍以其子守寂襲其官爵

封長寧公主等制

門下闕宿揚輝爰稱婺女絳河分彩是曰天孫柔德所資乃生淑媛長寧公主等孕靈圓魄稟粹方儀載極幽閒用光婉順皇基再造景命維新凡在懿親咸申禮命肅雍之地未展徽章宜正此銀宮署茲金牓並開湯沐廣宣朝慶可依前件

長寧公主下嫁楊慎交制

駙馬都尉楊慎交分榮戚里藉寵公門恭肅著於立身恪勤効於從政鳳凰樓上宛符琴瑟之歡烏鵲橋前載協松

蘿之契宜覃茅土式廣山河

相王及太平公主不得拜諸王公主制

君臣朝序貴賤之禮斯殊兄弟天倫先後之儀亦異聖人之制率繇斯道朕臨茲寶極位在崇高負扆當陽雖受宗枝之敬退朝私謁仍用家人之禮近代以來罕遵軌度王及公主曲致私情姑叔之尊拜於子姪違法背禮情用惻然自今已後宜從革弊安國相王及鎮國太平公主更不得輒拜衛王重俊兄弟及長寧公主姊妹等宜告宗屬知朕意焉

加長寧安樂公主實封制

門下長寧公主安樂公主等金波毓彩寶婺凝輝蘊詩禮於心臺暢柔明於性府肅雍成德婉娩居懷非弄玉之能方豈修瑤之是美特荷掌中之愛尤鍾膝下之慈宜錫寵榮再崇湯沐可更加食實封一千戶通前滿二千戶

贈李昭德左御史大夫制

故李昭德勤恪在公強直自達立朝正色不吐剛以茹柔當軸厲詞必抗情以歷詆墉隍府寺樹勳良多變更規模歿而不朽道淪福善業虧嫉惡名級不追風流將沫式旌壞樹光被幽明可贈左御史大夫

禁進獻奇巧制

朕凝懷紫宙滌想丹闕考千古之澆淳稽百王之治亂萬宮茅柱實興國之清猷玉席珠衣乃危邦之弊化朕自承天纂運佩日披圖希齊鷇飲之年願躡鶉居之代漢文提鳥少小留心晉武焚裘生平措意頃爲皇符肇建寶曆初登眷彼王公多爲進奉莫不龍歌令節蛟食芳辰椒花獻頌之時菊蘂浮觴之日或雕金鏤玉採六合之珍奇或翦翠裁紅飾三春之草樹上行延納下務徵求鄙閈紛紜公

私逼迫昇平欲濟蠹害非輕言念於茲深無所謂即宜懲革勿至因循

授李承嘉戶部尚書制

門下紫極八座非德勿居丹屏六曹惟賢是擇金紫光祿大夫李承嘉靈襟岐嶷識宇嚴明早聞通德之名夙有大臣之望雄才逐日共騏驥而齊驅迅翼摶風與鵷鴻而並翥柏臺憲府高膺弄印之榮芝甸神州獨著題輿之任暨同白玉直若朱繩臺閣風生權豪氣懾洪材可重茂秩須崇宜加曳履之班式獎從橋之對

授楊再思檢校左臺大夫制

遐車要秩非德靡升專席雄班惟賢是屬侍中楊再思衣冠舊齒廊廟宏才寒暑不易其心始終弗虧其度在明時而有立居暗室以無欺投水陳謨邁漢朝之三傑霑沙作相掩虞日之五臣森乎抱松柏之心凜乎貫冰霜之氣佇因獻替兼肅權豪宜分務於鸞局俾効能於烏署

授韋嗣立黃門侍郎制

絳衣近侍秩亞貂蟬青瑣崇班職參鴛鷺寔神化之有寄信賢才之攸重通議大夫韋嗣立忠規奕葉孝緒蟬聯家

匡元鸞之朝人輔彤雲之代芝蘭並秀見謝砌之階庭麒麟齊驅有劉山之昆季入光振鷺譽滿三臺出據憑熊聲流十部近者命茲鸞渚已擢鴈行纔出芸扃奄歸蒿里永言荊樹坐折連枝眷彼恒山空餘一鳥俾遷榮於阜蓋宜襲寵於黃樞

授張錫工部尚書制

明光畫省務總樞要建禮仙門職惟喉舌尚書左丞張錫白虹良寶紫電雄鋒家傳鵲印之祥世襲貂冠之緒文適吐鳳思縟騰蛟質映南金材逾東箭自提綱左轄執簡中臺奏郭奕而無慙射崔洪而不愧紫樞佇俊彤管須賢宜升賜劍之榮式表委珠之潔

慮囚制

禮防君子自昔通規律禁小人由來共貫朕情存革務志在懲愆欲申作解之恩慮開饒倖之路非所以納人軌物垂裕後昆既屬陽和之辰宜敦耕稼之業三農啓候方陳敬愛之規百姓爲心爰軫泣辜之念將申慮降再釋狴牢庶無滯禁之冤仍示小懲之誡其都城之內見禁囚徒朕特親慮令所司具爲條例聞奏

授蘇珦左臺大夫制

烏臺峻秩望總鐵冠蒼佩崇班威高石室誠副相之榮級實次卿之通任前岐州蘇珦詞吞楚澤量湛黃陂既光大厦之材堪入巨川之用西京展驥道掩題輿右輔憑熊風超露冕朱帷霧撤初停州縣之勞白簡霜凝宜屏權豪之氣

封張仁愿韓國公制

朕聞將帥興功本期於邦國帝王懸賞用答於疇庸持節朔方道大總管右屯衛大將軍張仁愿器宇端雅風神秀

傑謀韜玉帳寄重金壇故得累司文武歷參邊鎮薊州作牧旣紆東顧之憂榆塞總兵方釋北垂之慮而乃躬先士卒負土築城横却月於天街劃長雲於地脈宜列河山之賞式崇帶礪之榮進封韓國公賜物三百段及衣裳一副

邵王贈皇太子制

門下悼往興哀事極於理義飾終追遠禮著於經國故邵王重潤漸履雲霄分輝日月體謙恭之質藴忠順之誠愛敬盡於宮闈仁孝聞於區寓地居長嫡允膺崇樹天不憖留奄隨運往朕丕膺寶命迺眷承祧顧朱邸而無從儀青

方而結歎宜加贈典正位元儲可贈皇太子所司備禮改葬主者施行

集學生制

門下朕聞古之教者家有塾黨有庠術有序國有學蓋立訓之基也故上務之則敦本下由之則成俗豈可使顓門殆絕或乖其義入室將廢莫知其道乎朕承百王之末接千歲之統虛心問政早朝晏罷勵精求古忘寢與食思所以奉前聖之典謨矯茲深弊致後生於軌物導我大猷去歲京畿不稔倉廩未實爰命樂羣暫停課藝遂令子衿罔嗣吾道空歸居無濟濟之業行有憧憧之歎雖日月以莫而歲時迭往今者適治疑嘗麥且周於黎獻永言釋菜寧缺於生徒每用惕然良非所謂其國子監學生等麥熟後並宜追集務盡師資諸州牧宰亦倍加導誘先勤學教必使俊造無濫名實有歸庶博士弟子京邑由斯日兢鴻生鉅儒海內爲之風化有司可即詳下稱朕意焉主者施行

起復上官氏爲婕妤制

門下易著鳴謙禮稱辭貴以崇讓而退滿推心自得其道彌光前昭容上官氏相門積善儒宗雅訓文學冠時柔嘉

順則內守恬淡外防奢侈發於少長持以周旋樂無靡嫚衣必澣濯珠璣不珍墳籍爲寶故能誠切一室功宣兩朝讜議日聞屢授楚筆忠規歲納方輕漢輦惟此邦媛鬱爲宮師遂能德綜十倫孝高百行頃罹創巨爰命權奪秩茂左嬪思被光寵志齊班女懇陳撝挹而賢明之業經濟之才素風逾邁清輝益遠不成厥美將蔽斯言今依表奏以憲圖史可起復婕妤主者施行

贈王遠知金紫光祿大夫詔

門下子喬羽化或留連於故祠康成道存尚延佇於舊邑

矧夫跡膺仙籙名偶聖朝追想遺塵載殷遠念故玉清觀道士贈太中大夫昇眞先生王遠知性與道合神從化游初窮帝解之微自得天倪之理時歷三代韞祕術以韜光年逾十紀屬睿圖之啓運藏往知來察幽鑒遠亟符先渥緬惟贈䘏之恩聿申後命宜峻褒崇之禮可贈金紫光祿大夫昇元先生餘如故主者施行

徵武攸緒詔

朕聞大隱忘情不去朝市至人無迹何所凝滯王高標峻尙雅操孤貞有感一之用宏體二之德學究深遠理詣精

微草芥貂蟬錙銖纓紱蔭松山而辭竹苑去朱邸而就清溪逍遥林壑傲睨箕潁有年歲矣朕虔膺聖鑑重闡皇基保乂邦家輯寧區宇求賢採彥俯谷窺山王之所居接近嵩岳長望高烈思滿風煙將令移蹕具英追尋大隗鳴鑾峒岫詢問廣成機務殷繁有懷莫遂今遣國子司業杜愼盈以禮命徵辟掃夔龍之第虛稷契之筵神化丹青朕之志也豈以黃屋之貴傾彼白雲之心通變之宜希從降志延佇閭闔若在汾陽

崇奬王友貞詔

敦夷齊之行可以激貪尙顏閔之道用能勸俗新除太子中舍人王友貞德義泉藪人倫茂異孝愛始於事親忠信表於行己富有文史廉於財貨久歷官常累聞課績有古人之風保君子之德乃抗志塵外棲情物表深歸解脫之門誓守薰修之戒頃如徵命作護儲闈固在辭榮累陳情懇堅持淨義不登於車服惟悅於禪綿味靡求於珍饌朕方崇奬廉退懲抑澆浮雖思廊廟之賢豈違山林之願宜加優秩仍遂雅懷可太子中舍人員外置給全祿以畢其身任其在家修道仍令所在州縣存問四時送祿至其住

所

東光縣主事跡編入國史詔

故紀王女東光縣主忠性純孝雅操貞烈感興運之方啓痛亡靈之不追休戚是同悲喜交集發言鯁塞因致殂謝聞之傷惋震於予懷忠孝之情深可嘉尙宜命史官編入國史

追贈楊初成官詔

號州人故楊初成往者運屬殷憂志懷忠讜將迎六飛之駕奄罹五刑之罰身既伏誅家又從坐言念誠節深可哀

矜宜有褒榮式旌忠順可贈左騎衛左一府郎將

令張柬之母辭封爵詔

卿履謹尚遜忌盈戒滿詞志勤勤請謝王位然懸爵所以勸善申至公也裂土所以疇庸非徇私也故漢德之盛異姓而王者八人魏祚之隆同功而邑者千戶今卿列爵之貴未越於漢圖食邑之豐纔半於魏制而遠形簡牘一何甚也朕承三代之丕業荷七廟之威靈惟唐據承祧之尊於周保元良之重至於復子休命配天大業雖歷數有歸亦謳歌所繼然狐鼠不掘終貽城社之憂頑兇未除實負朝廷之懼卿誠亮白日忠勵秋霜懷直道以立身固一心而徇國自二兇搆患潛圖不軌惡跡初彰釁萌始露卿之大節義在不虧烈士之首期於必碎及難作宮禁禍生肘腋卿上銜天命外發兵符行正卯之戮既於兩觀磔蚩尤之屍俄成四冢曾不延晷鬱成大功分壤錫珪固其宜矣行當勉以自愛享此耇壽秉几杖之榮極鄉園之樂崇讓小節念勿爲也

貶敬暉等詔

則天大聖皇后往以憂勞不豫兇豎弄權暉等因興甲兵剗除妖孽朕錄其勞效備極寵榮自謂勳高一時遂欲權傾四海擅作威福輕侮國章悖道棄義莫斯之甚然收其薄效猶爲隱忍錫其郡王之重優以特進之榮不謂谿壑之志殊難盈滿既失大權多懷怨望乃與王同皎窺覘內禁潛相謀結更欲稱兵絳闕圖廢椒宮險迹醜詞驚視駭聽屬以帝圖伊始務靜狴牢所以久爲含容未能暴諸遐邇自同皎伏法釁跡彌彰儻若無其發明何以懲茲悖亂迹其巨逆合寘嚴誅緣其昔立微功所以特從寬宥咸宜貶降出佐遐藩暉可崖州司馬柬之可新州司馬恕己可竇州司馬元暐可白州司馬並員外置

賞郭山惲詔

郭山惲業優經史識綜古今入索九丘由來遍覽前言往行實所該詳昨者因有豫遊式延朝彥既乘歡洽咸使詠歌遂能志在輔時雅申諷諭謇謇之誠彌切諤諤之志愈明宜有褒揚美茲鯁直可錫時服一副

褒天竺國使臣詔

中天竺國大首領大野迷地羅梵摩等殊邦慕德重譯來朝是加褒獎用益誠心可果毅都尉賜緋袍銀帶放還蕃

勞契丹李失活詔

卿等累覃邦化多歷年所城池郡邑冠蓋相望往緣邊牧非人遂令卿等失業念彼雄藩鞠爲茂草今卿等削攉異俗歸誠本朝頻獻封章益明忠款克復州鎮宛如平昔失活將尚公主永爲藩臣入拜闕庭良深慰喜卿等涉路遠來得平安好否近屬節假不得早與卿等相見且向曹司安置待後進止

追奪劉光業等官爵詔

國之大綱惟刑與政刑之不中其政乃虧劉光業王德壽

王處貞屈貞筠鮑思恭劉景陽等庸流賤職姦吏險夫以麤暴爲能官以凶殘爲奉法往從按察害虐在心倏忽加刑呼吸就戮暴骨流血其數甚多寃濫之聲盈於海內朕惟新布澤恩被人祇撫事長懷尤深惻隱光業等五人積惡成釁並謝生涯雖其人已殂而其跡可貶所有官爵並宜追奪其枉被殺人各令州縣以禮埋葬還其官蔭劉景陽身今見在情不可矜特以會恩免其嚴罰宜從貶降以雪寃情可棣州樂單縣員外尉自今內外法官各宜敬慎其文深刺骨跡徇凝脂高下任情輕重隨意必置嚴典以彰癉惡其酷吏邱神勣來子珣萬國俊周興來俊臣魚承煜王景昭索元禮傅遊藝王宏義張知默裴籍焦仁亶侯思止郭霸李仁敬皇甫文備陳嘉言等其人已死其垂拱已來枉濫殺人有官者並令削奪唐奉一依前配流李秦授曹仁哲並與嶺南惡處

追復李勣官爵詔

故司空勣往因敬業毀廢墳塋朕追想元勳永懷佐命昔竇憲干紀無累安豐之祠霍禹亂常猶全博陸之祀罪不相及國之通典宜特垂恩禮令所司速爲起墳所有官爵

並宜追復

欽定全唐文卷十七

中宗二

送魏元忠歸鄉勅

臨歧感愴深惻朕懷勉慎行鑣佇足還轡但正直之士爲邪佞所憎慮有不逞之徒知卿在路無備因茲射險忽肆兇狂萬一損卿追悔無及縱加鼎鑊何補於卿朕心口爲憂明發不寐今故遣千騎四人緩急任卿驅使

宴集日本國使臣勅

日本國遠在海外遣使來朝既涉滄波兼獻方物其使眞

人莫問等宜以今月十六日於中書宴集

停親謁乾陵勅

勅昔有獻高寢禮遵於仲月將上原陵昏達於中夜所以銜悲罔極申敬如在鑒於前史抑有舊章朕以寡昧早罹酷罰屬遠安邇肅慶承於七廟霜來露往感積於四時頃迴斾洛師停輿京邑蓋非省風俗希先王徯后之言伏以瞻山園奉聖人因親之教有司已具成命必行渭北衣冠預嚴於法駕陵東松栢傍蔭於清道先陳翼翼之詩後展蒸蒸之慕孟冬届序計日數程義在因心不忘寢寐但以近郊井隧有時水旱賦於納秸未贍圭田取彼盈箱曾微實粟而公卿常自獻書立議咸以爲明察敬事撫臨愛育若萬乘不備其禮固非敬也百姓不勝其勞故非愛也況駿奔執豆夙夜於象居攀戀遺弓載勤於奉邑以眇身之兼顧殊先志之恤隱是則乖於濟物咎必在予所不忍言諒非獲已俯順衆情逾增遠思前以今年十一月二十日親謁乾陵者且停

賜王晙勅

彼州往緣寇盜戶口凋殘委任失材乃令至此卿處事強

濟遠邇寧靜築城務農利益已廣檃栝綏輯復業者多宜須政成安此黎庶況百姓又有表請不須來也

禁化胡經勅

朕叨居寶位惟新闡政再安宗社展恭禋之大禮降雷雨之鴻恩爰及緇黃兼申懲勸如聞天下諸道觀皆畫化胡成佛變相僧寺亦畫元元之形兩教尊容二俱不可勅到後限十日內並須除毀若故留仰當處官吏科違勅罪其化胡經累朝明勅禁斷近知在外仍頗流行自今後其諸部化胡經及諸記錄有化胡事並宜除削若有蓄者準勅

科罪

答張景源請改中興寺勑

朕承天宰物光宅中區嗣祖宗之丕基承聖善之洪業屬明賢展實奉成規往自永淳至於天授奸臣稱亂鼎運不安則天大聖皇后思顧託之隆審變通之數忘己濟物從權御宇四海繇其率順萬姓所以咸寧唐周之號暫殊社稷之祚斯永天保定爾實繇於茲朕所以撫璇璣握金鏡事惟繼體義即纘戎其若文叔之起舂陵少康之因陶正中興之號理異於茲宜革前非以歸事實自今已後更不得言中興其天下大唐中興寺觀宜改爲龍興寺觀諸如此例並即令改

賜崔琬彈宗楚客密狀勑

卿列霜簡忠在觸邪遂能不懼權豪便有彈躬眷言稱職深領乃誠然楚客等大臣須存禮度朕識卿姓名知卿鯁直但守至公勿有迴避

賜成王千里衣物勑

晝巡周衞夜警巖廊既曰爪牙實稱心腹左金吾衞大將軍成王千里聲高沛獻德邁二南以磐石之崇班當執金

之重寄察奸無數討猾若神固以威動千廬勤宣五校近者衞仗之內輒有詐僞之人曾不斯須遽令擒獲能官之目久已馳芳稱職之名從茲著號可賜衣一副兼賜物一百段

答大恒道觀主桓道彥等表勑

朕以匪躬忝承丕業雖撫寧多失而平恕實專矧夫三聖重光元元統序豈忘老教偏意釋宗朕志款還淳情存去僞理乖事舛者雖在親而亦除義符名當者雖有怨而必錄頃以萬幾餘暇略尋三教之文至於道德二篇妙絕希夷之境天竺有空二諦理秘真如之談莫不敷暢元門闡揚至賾何假化胡之僞方盛老君之宗義有差違文無典故成佛則四人不同論弟子則多聞舛互尹喜既稱成佛已甚憑虛復云化作阿難更成烏合鬼谷北郭之輩未踐中天舍利文殊之倫妄彰東土胡漢交雜年代亦乖履冰而說涅槃曾無典據蹈火而談妙法有類俳優誣詐自彰寧煩纏說經非老君所制毀之則匪曰孝虧文是鄙人所談除之則更彰先德來言雖切理實未安宜悉朕懷即斷來表

答敬暉請削武氏王爵表勅

朕嘗因暇景博覽前脩帝籍皇圖略稽其迹至若二靈肇判三才聿興驪連栗陸之辰尊盧大庭之日時猶朴略未著圖書洎乎出震應期畫八卦而成象炎皇御歷播百穀以興農車服創於軒轅之朝歷象建於唐堯之代封建之事闕爾無聞自周漢已來方崇藩屏至於三微更王五運迭興以古揆今事迹有爽比者別宗撫歷異姓興邦伏以則天大聖皇帝内輔外臨將五十載在朕躬則爲慈母於士庶即是明君往者垂拱之中嗣皇臨政當此之際魯衛

並存及乎全節興妖琅琊搆逆災連七國釁結三監旣行大義之懷遂有泣誅之事周唐革命蓋爲從權子姪封王國之常典卿等表云天授之際武家封建唐家藩屏豈得並封者至如千里一房不預逆謀還依姓李無改舊惠豈非善惡區分申明逆順矣今以聖上乖豫高枕怡神委政朕躬纂承丕緖昨者二月之節攸曁等屢請削封朕獨斷襟懷不依來請昔漢祖以布衣取天下猶封異姓爲王況朕以累聖開基豈可削封外族羣公等以天無二日土無二王抗表紫庭用申丹懇者然以賞罰之典經國大綱攸曁三思皆悉預告凶竪雖不親冒白刃而亦早獻丹誠今若卻除舊封更慮有功難勸

令入學行束脩禮勅

學生在學各以長幼爲序初入學皆行束脩之禮禮於師國子太學各絹三匹四門學絹二匹俊士及律書算學州縣各絹一匹皆有酒脯其束脩三分入博士二分助教又每年國子監所管學生國子監試州縣學生當州縣並選藝業優長者爲試官監試

褒盧正道勅

皇帝問洛州滎陽縣令盧正道卿才行早著清白有聞夙夜在公課最居首使車昇奏朕甚嘉之今贈卿祿秩以褒善政勗勉終始無替嘉聲

冊張柬之漢陽郡王文

維神龍元年歲次乙巳五月己卯朔十五日癸巳皇帝若曰咨古者之命官也有德尊以爵有功尊以祿用能百揆時序庶績其凝詳其利建之跡也異姓則鬻熊封之於楚宗子則召奭宅之於燕惟皇作極率由前典咨爾銀青光祿大夫中書令監修國史漢陽郡王張柬之効祉星辰資

靈川嶽負佐時之略有經邦之材以忠孝爲己任以仁義爲事業頃者巨猾未殄常思克清一朝奮臂二兇行戮竟燃臍於東市終掛膽於西州遂得聖祚中興皇運光啟乾坤再闢日月重明刑白馬而書功未足云答指青山之比礪曾何足酬是用命爾爲特進漢陽郡王爾其靖共乃職咸允具瞻使厚秩尊官永全於長代春蘭秋菊無絕於終古往欽哉可不勉歟可不慎歟

冊崔元暐博陵郡王文

維神龍元年歲次乙巳六月己酉朔六日甲寅皇帝若曰

咨德懋懋官功懋懋賞萬古常行之則千載不刊之典故五十一之啟漢三十一之中興或舉代趙如拾遺或取秦隴如偃草結丹青之誓莅白馬之盟祚土包茅與洪河而永固分珪錫社共天壤以俱隆緬考舊章率由此道爾中書令上柱國博陵郡王崔元暐夙負雄圖早懷英毅蘊公輔之量有王佐之才頃者元兇搆姦圖危社稷遂能懷忠抱義奮不顧身重國輕生意全王室艱難既濟國家永清勤亦至矣功亦大矣昔賞及於鬻熊聿封於楚功尊於臧紇乃建於燕異姓封王抑惟前典憲章故事庶載疇功是用命爾爲博陵郡王用旌誠効宣其忠節松竹無渝往欽哉汝諧可不慎歟

冊崔元暐妻爲博陵郡王妃文

維神龍元年歲次乙巳六月己酉朔六日甲寅皇帝若曰咨夫母以子貴妻以夫榮聞諸通古列在方策惟爾博陵郡王崔元暐妻盧氏筮惟福允歸乃慶餘備嫺詩禮夙擅言辭斷織捐金道姆師之雅訓採蘋銘藻遵女史之明規向時王室艱難逆臣放命敬暉等忘家殉國翦暴除凶二曜重朗萬姓相歡爰命疇庸聿孚茂賞大名隆器已錫於

所天徽號寵章宜覃於齊體今遣銀青光祿大夫行尚書右丞上柱國蘇瓌副使通議大夫守太常少卿韋叔夏持節賫冊於是命爾爲博陵郡王妃爾其無違藩守務於和理而使家可長久聖人重之可不美歟敬之哉

冊贈楊再思并州大都督文

維景龍三年歲次己酉九月甲寅朔二十三日丙子應天神龍皇帝若曰昔孔某云歿魯哀由其作誄晏嬰既往齊景爲之行哭且謂陪臣義由存此甫懷良相情則過之咨爾故尚書右僕射同中書門下三品監修國史上柱國鄭

國公楊再思河嶽粹靈廟堂神器率由百行能具九德自弼諧庶績師長羣寮清白所以樹風丹青所以成化有若巫咸之保乂傅說之欽承故能宣慈惠和邁跡垂憲而運同過隙悲深撫几興言軫悼載想謨猷發金滕之舊銘詢幹毫之前訓俾加印綬秩齊於子男式奉園陵志畢於元凱是用增寵命於端揆茂徽章於連帥今贈爾持節并州大都督遣太府少卿韋璿持節備禮冊命方使五公門閥二臣邱壠魂而有靈懿茲榮贈嗚呼哀哉

冊贈豆盧欽望司空并州大都督文

維景龍四年歲次庚戌二月闕二字朔二十二日應天神龍皇帝若曰咨爾故開府儀同三司知軍國重事上柱國芮國公致仕豆盧欽望朕聞古之哲王必有賢佐其存也俾乂謂之奮庸其歿也不朽謂之立德可不然歟爾十紀羽儀三朝冠冕專直爲操非法不言温謙在容非禮勿履故能揆路斯穆台階以平而韋賢罷歸疏廣辭退致虛守靜方密道樞居常待終竟從冥錄是用輟朝增欷趨仰興懷榮以建旗正其服袞今贈司空并州大都督持節備禮冊命則二儀式奉九原可作冀爾魂魄嘉夫寵數嗚呼哀哉

即位赦文

門下聞天地盈虛四時有消息之度皇王興替五運有遷革之期稱號斯殊驪騵亦異受明命者罔不由茲我大唐高祖神堯皇帝聖期首出天與神器有大功於區夏有大造於生靈太宗文武聖皇帝道則繼明業推搆極類商湯之起亳若姬發之承周彈壓九皇牢籠萬古高宗天皇大帝上聖御圖大明司契手調元氣心運洪鑪齊五緯而平太階應三神而登日觀網羅開闢包冠羲胥大猷備闡能事斯畢仙駕不追逆臣開釁敬業挺災於淮甸務挺潛應

於沙場天柱將摇地維方撓非撥亂之神功不能定人之危矣則天大聖皇帝亶聰成德濬哲應期用初九之英謨開太一之宏略振玉鈐而殪封豕授金鉞而斬長鯨受河洛之圖書當昊羲之歷數惠育黎獻並登仁壽既而凝懷問道屬想無爲以大寶爲勞生遂復朕於明辟且有後命俾承先緒光啟大唐之圖用崇興復之基交際在宸情深感慰奉高祖之宗廟遵太宗之社稷不失舊物實在於茲業既惟新事宜更始可改大周爲唐社稷宗廟陵寢郊祀禮樂行運旗幟服色天地等字臺閣官名一事已上並依

永淳已前故事。其神都依舊爲東都。北都依舊爲幷州大都督府。永昌來庭兩縣。並從廢省。其百姓依舊分屬河南洛陽兩縣。周朝宗廟陵寢及官。宜令所司。商量處分。朕之遠系。出自老君。靈佑所資。貽慶長久。宜依舊上尊號爲元元皇帝。省司差使。冊告天下。村落佛堂。並令開門灑掃。不得因茲聚斂。創加修葺。庠序之規。風教之首。京都兩學。尚且闕修。欲令四方。何以取則。其京都學館及先聖廟堂所有破壞未營造者。逐要修葺。速令畢功。不得浪有勞擾。樂府之設。國風所繫。豈惟易俗。抑且和神。至若絲竹繁聲。倡

優雜伎深乖禮則。並宜量事減省。國之禮儀。已經改撰。隨時逐變。務在宏通。宜令禮官重加詳審。於行事有不便者即從損益。制敕刪定。處分已久。宜從易簡。務速施行。設官固須量才稱職。比來委任。稍亦乖方。遂使鞫獄推囚。不專法守。撰文修史。豈任秘書。營造無取於將作。勾勘罕從於比部。多差別使。又著判官。在於本司。便是曠位。並須循名責實。不得越守侵官。皇家親屬籍沒者。則天大聖皇帝雖已溥暢鴻恩。其先有任五品以上官枉遭陷害者。並宜改葬。式遵典禮。若有後嗣。還其資蔭。其別敕安置幷左貶者

亦復其屬籍。量還官爵。仍遣諸流移人。除犯贓賄及畜蠱毒造僞避讎反逆緣坐勘會不免者。餘並放還。天下軍鎮。不要者多。轉輸艱辛。府庫虛耗。事須改弊。不可循常。宜簡內外官人有才識者分遣充使巡邊按覆。須留鎮遏及應減一事以上。並委使人共所管詳慮。還日具利害聞奏。其應支兵。先取當土及側近人。仍隨地配割。分州定數。年滿差替。各出本州。永爲格例。不得踰越。五品以上致仕曾伏事先朝者。賜爵一級。曾任州府幕府及任洛州牧日官人。並勘責奏聞。經任東宮官僚。見任六品官計階應入五品

者。特宜不拘年限。餘依常例。三衛細引主帥直司行署番官七絶等。通前各減二年勞。考滿者各加勳一轉。合得官者稍與處分。中書門下官人計階考入五品者。優量令史番官準羽林例處分。分直省及外司官與二十二日誅賊之時緣祗承在中書省者。各賜勳一轉。諸司有品直司宜加一階。無品直司賜勳一轉。禮官緣即位修執儀注者各賜物二十段。正月當番三衛監門等於武成衙內明福門外南衙及諸門者賜物十段。左右羽林及東宮北門廚供膳及匠準例各賜物二十段。正月量追三衛細引監門細

引直長飛騎雜技飛騎各賜物十段東宮北門官及三衛細引監門直長各賜物二十段仍類例功夫多少奏聞其引玉冊及舉冊讀冊等官人各賜物五十段授冊使人賜物一百段書冊人各賜物十段其舉腰輿官人賜物二十段飛騎各賜物十五段其舉香蹬三衛及舉寶人各賜物二十段頃者戶口逃亡良田差科繁劇非軍國切要者並量事停減若要和市和雇先依時價付錢自非省支勒索不得輒有進送諸貢物皆須任土當處無者不得別求仍於常數每事量減緣百姓閒所有不穩便者並委府州具

狀奏聞朕當親覽即為釐革天下百姓並免今年租及地稅自今以後租庸準符配定更不須徵折腳價錢其已前未徵得者亦即免放天下宗姓並準舊式房州百姓宜給復三年其諸司官員并雜色役掌幕士門役之徒兼音聲人丁匠等非灼然要籍並量事減省所司速為條制廄馬數多皆須秣飼食人之粟日費滋深殿中諸閑廄馬量支留以外抽送外州馬坊及本監牧其東宮諸王公主等馬應官供者亦令隨事減省奢淫伎巧實為蠹弊皆因節日宗屬婚親王公妃主競相賀遺或造珍麗妄為進奉錦綵異飾雕鏤奇文假撰樓臺偽裝禽獸諸如此類深是害時宜明勅格嚴加禁斷衣服采章一準令式夫鄒纓齊服尚且變俗移風朕率先百僚必期化成兆庶東都正月當上番兵年至五十五即放出前赦及今制處分有不盡者並令所司類例續奏布告遐邇咸使知聞主者施行

高宗天皇大帝謚議

竊聞星迴日薄懸象著明之謂天龍躍鳳翔握鏡秉時之謂聖天以不言為德非言無以暢其神聖以無名會道佇名然後筌其用營窟橧巢之代猶昧典章如雲類海之君

方崇號謚所以闡揚功業榮鏡古今伏惟大行皇帝稟樞電以降靈應星虹而延睿以大聖而乘聖克昌寶歷之基由至德而纂德載廣金圖之運對日之歲窮象外之微言弄田之辰盡天下之能事遠入膺儲副養德春闈恒侍禁中問安之道斯極長居膝下候色之誠逾勵因心隆於愛敬率性感於神明此先聖之孝德也洎乎正位旒扆光宅區縣乎俗軫如傷之念負重懷若厲之心求瘼恤隱寒扇渴漿追夏禹之焚甲襲殷湯之解網一物有違則滿堂興慮一夫弗獲則推溝寘懷此先聖之仁德也無幽不察觀

六合於目前無遠不昭視八紘於掌內循機授政則旁燭於九閫命將出師則坐知其萬里此先聖之明德也寅畏上元肅雍清廟以義制事以禮制心提衡均馭朽之危履石同蹈冰之懼雖處泰乘（闕）休而勿休此先聖之恭德也卑宮菲食土簋茅檐身好弋綈之衣手無金玉之玩輩爽必爐牂袂安撤（闕）士星（疑）莫施劫於影而勿馭此先聖之廣德也榮河綠錯授宸鑑而生知溫洛丹書澡璇襟於性奧汾水秋風之唱仰天翰而扶輪嫣汭叢雲之歌欽睿詞而擁篲此先聖之文德也以德敷化無遠而不懷以我伐

戎有征而必伏提封所亘拓地位於鄭瀛正朔所通闢境踰於亥步此先聖之威德也（闕）為於無事鳴鑾訪道敬拜小童之言修道就（闕）載感大庭之夢此先聖之元德也體至道而調一氣舒卷陰陽運沖和而契兩儀發揮風雨將百靈以交際與萬物而通誠珍瑞普彰休徵畢應此先聖之神德也以茲九德上則九元顧連陸於後塵掩胥燧而高視若乃茂育群方之惠財受貺於元符封嶽汲（疑）金復推功於文（疑）帝巍巍蕩蕩無得而名方冀千祥翊聖萬瑞讚德長居北極之尊永契南山之壽豈謂十枝墜景遽淪懸晷之輝八柱傾天奄落闇陽之構雲輿在御仙路方遙攀號無再奉之期摧殞深百年之痛鼎湖弓劍逾增日遠之悲璇寢衣冠空愴月遊之感顧以虛菲夙承乾蔭既忝彰明之地常懷輔佐之誠篤螢燭以助光引鶴露而添海而聖心虛受無來不應每聽覽餘暇侍奉話言論道德則洞啟元樞語忠孝則廣通心極敘軒頊之淳化積若神交述堯禹之清風宛成晤對在位三十五載功超七十二君傳象所莫傳開闢所不覩鑿楚越之竹書善未窮極泉雲之木頌德難盡自賢猷（疑）厭俗緹律亟移禍變相仍荒梗

彌切正惟憑几之命爰及啟攢之際神情湛正顧託殷勤痛道範之既遠懼先聖之無述所以偷延荒息強終彝倫望霄漢以興攀瞻扆筵而永慕今者龜謀既襲蚤燧將臨敬上尊號之儀燕叶大名之典謹按自然覆育曰天明一合道曰皇無所不包曰大謹狀上議曰天皇大帝廟稱高宗

報薛元超書

昨奉嘉命廣開正路翳已燔矣相亦去焉師傅之言實獲我心

賜突厥書

皇帝敬問突厥可汗使人他滿達干至所言堅昆使來及吐蕃使不願入漢並奚契丹等俱知之朕於西東亦信而已來無所拒去無所留可汗好心遠申委曲深知厚意今附銀胡瓶盤及雜綵七十四至可領取

召曹溪惠能入京御札

朕請安秀二師宮中供養萬幾之暇每究一乘二師並推讓云南方有能禪師密受忍大師衣法可就彼問今遣內侍薛簡馳詔迎請願師慈念速赴上京

三藏聖教序

蓋聞蒼蒼者天列星辰而著象茫茫者地奠川嶽以成形仰觀天文既如彼也俯循地理又若斯焉夫以妙旨幽微名言之路攸絕真如湛寂性相之義都捐然則發啟心聾資法雷之激響獎導迷衆俟覺首以司方故知假名不壞於常名樂說乃詮於無說至若象外之象獨稱三界之尊天中之天爰著六通之聖法王利見孕育於七十二君梵帝乘時牢籠於萬八千歲周星閟彩言符誕降之徵漢日流祥載叶通神之夢故能威揚沙劫化彼塵區玉毫舒耀而除昏金口宏宣而遣滯破煩惱之賊詎藉干戈壞生死之軍惟憑慧力闢圓明之界廣納於無邊開常樂之門普該於有識縱使浮天欲浪境風息而俄澄漲日情塵法雨霑而便廓歸依者銷殃而致福迴向者去危而獲安可謂巍巍乎其有成功蕩蕩乎而無能名者矣但四生蠢蠢未悟無常六趣悠悠俱纏有結詎知空華不實水月非堅馳逐於五陰之中播遷於三界之域納諸品彙終俟法門自白馬西來元言東被世尊則隨類敷演衆生乃逐性開迷馬鳴擅美於瓊編龍樹騰芳於寶偈於是遥通震旦遠布

閻浮半滿之教區分大小之乘並騖澄安俊德接武於勝場琳遠高人騈蹤於法宇遂使微言著範歷千古而暢英聲至賾流規周十方而騰茂實項屬後周膺運大扇魔風遂使天下招提咸從毀廢寰中法侶並混編毗嗟乎閒寂禪居空留宴坐之處荒涼慧苑無復經行之蹤爰洎開皇重將修建旋逢大業又遇分崩鬼哭神吟山鳴海沸既遭塗炭寧有伽藍正法消淪邪魔增長於是人迷覺路遭迴於苦集之區俗蔽真宗羈絆於蓋纏之內我大唐之有天下也上凌巢燧俯視羲軒三聖重光萬邦一統威加有截

澤被無垠掩坤絡以還淨亘乾維而獻款再懸佛日重補
梵天龍宮將八柱齊安鷲嶺共五峯爭峻大宏釋教諒屬
皇朝者焉大福先寺翻經三藏法師義淨者范陽人也俗
姓張氏五代相韓之後三台仕晉之前朱紫分輝貂蟬合
彩高祖爲東齊郡守仁風遠扇甘雨隨車化闡六條政行
十部爰祖及父俱厭俗榮放曠一邱逍遥三徑含和體素
養志恬神摘芝秀於東山挹清流於南澗可謂尋幽丹嶠
棲偃白雲皐鶴於是吞聲場駒以之縶影法師幼挺明悟
夙彰聰敏纔踰辯李之歲心樂出家甫過遊洛之年志尋

西國業該經史學洞古今總三藏之元樞明一乘之奧義
既而閒居習靜息慮安禪託彼山林遠茲塵累三十有七
方遂雅懷以咸亨二年行至廣府發蹤結契數乃十人鼓
櫂昇舳惟存一已巡南溟以遐逝指西域以長驅歷巖岫
之千重淩波濤之萬里漸屆天竺次至王城佛說法華靈
峯尚在如來成道聖躅仍留吠奢城中獻蓋之跡不泯給
孤園內布金之地猶存三道寶階居然目覩八大靈塔邈
矣親觀所經三十餘國凡歷二十餘載菩提樹下屢攀折
以淹留阿耨池邊幾濯纓而藻鑑法師慈悲作室忍辱爲

衣長齋則一食自資長坐則六時無倦又古來翻譯之者
莫不先出梵文後資漢譯摭詞方憑於學者銓義別稟於
僧徒今茲法師不如是矣既閑五天竺語又詳二諦幽宗
譯義綴文咸由於已出措詞定理匪假於旁求超漢代之
摩騰跨秦年之羅什所將梵本經僅四百部合五十萬頌
金剛座真容一鋪舍利三百粒以證聖元年夏五月方屆
都焉則天大聖皇帝出震膺期乘乾握紀紹隆爲務宏濟
爲心爰命百寮兼整四衆虹幡𢹂日鳳吹遏雲香散六銖
華飄五色鏘鏘濟濟煒煒煌煌迎於上東之門置於授記

之寺共于闐三藏及大福先寺主沙門復禮西崇福寺主
法藏等翻華嚴經後至大福先寺與天竺三藏寶思末多
及授記寺主惠表沙門勝莊慈訓等譯根本部律其大德
等莫不四禪凝慮六度冥懷懸法鏡於心臺朗戒珠於性
海詞林挺秀將覺樹而聯芳慧炬揚輝澄桂輪而合影渾
金璞玉諒屬其人誠梵宇之棟梁實法門之龍象已翻諸
雜經律二百餘卷繕寫云畢尋並進內其餘戒律諸論方
俟後詮五篇之教俱明八法之因備曉鵝珠尚護蟲命無
傷浮囊必取於不虧油鉢終期於靡覆崇聖教之紀綱啟

含生之耳目伏願上資先聖長隆七廟之基下逮微躬恒佐九天之命遷懷生於壽域致薄俗於淳源歲稔時和遠安邇肅願以萬幾務總四海事殷爰憑乙夜之餘式贊彌天之德課虛扣寂聊題序云

九日登高詩序

粵以景龍三年賓鴻九月乘紫機之餘暇歷翠籞以寅遊爾乃氣肅商郊風驚兌野波收元灞澄霽色於林塘雲歛黃山藹晴暉於原隰銜蘆送響疑傳蘇武之書化草翻光似臨車允之帙於時詔懿戚命朝賢屬重陽之吉辰呈九

皐之嘉瑞萸房薦馥辟邪之術爰彰菊蘂含芬延年之驩攸著人以酒勸喜見覆於金杯文在茲乎盍各飛於玉藻淵明抱菊且浮九醞之觴畢卓持螯須盡一生之興人題四韻同賦五言其最後成罰之引滿

林光宮道岸法師像讚

戒珠皎潔慧流清淨身局五篇心融八定學綜眞典觀通實性維持法務綱統僧政律藏異兮傳芳象教因乎光盛

賢首國師眞讚

宿植明因專求正眞庵園晦迹蓮界分身闡揚釋教拯濟迷津常流一雨恒淨六塵辯圓方闢言泉廣濬護持忍辱勤修精進講集天華徽符地震運斯法力殄茲魔陣爰標十觀用契四禪普斷煩惱遐祛蓋纏心源鑒徹法鏡澂懸慧筏周運慈燈永傳名簡紫宸聲流紺域梵衆綱紀僧徒楷則鎮洽四生曾無懈息播美三千傳芳百億

欽定全唐文卷十八

睿宗皇帝

帝諱旦高宗第八子龍朔二年生封殷王乾封元年徙封豫王總章二年徙封冀王初名旭輪改名輪上元三年徙封相王永淳二年又封豫改今名嗣聖元年二月即位武后臨朝天授元年降爲皇嗣仍名輪聖歷元年又封相復今名神龍二年改封安國相王唐隆元年六月復辟延和元年八月傳位元宗在位三年年五十五謚曰大聖貞皇帝廟號睿宗加尊元眞大聖大興孝皇帝集十卷

受禪制

門下朕聞自古帝王光膺圖籙則尊尊親親之義著於典謨諒在至公蓋非獲已我大唐乘時撫運累聖重光當四海之樂推受三靈之眷命大行皇帝奄棄寓縣痛結仇讎朕志掃巨逆保寧嗣主今皇帝哀煢在疚託於朕躬勤懇再三願成兹意朕以不德猥承丕緒念今追昔載感於懷若涉大川罔知攸濟思荷宗祧之業屬此惟新式揚渙汗之恩與之更始可大赦天下

誡諭天下制

頃屬昊穹降禍雲馭上僊外戚成挾主之謀奸臣起移國之計皇太子隆基見危而起補天立極朕方息肩朱邸拭目清時幸太平之無事期小山之自逸溫王以推崇叔父固禪萬機隆基以克奬帝圖進登儲貳此則明有日月幽有鬼神朕不敢執私而廢公違衆而專意也今君臣既定天下已安欽奉鴻業思臻至理推心兆人之上畢至千秋之下猶望始終一德無有貳心人其視余天實知我如聞在外尚有浮言睥睨朝廷窺測間隙或云朕意欲脫屣宸居或云東宮乃主器非長嗚呼無識曾莫之思昔唐堯帝

摯之弟也昇於帝位王季太伯之少也立爲太子能明俊德光啟邦家（闕四字）屢有流言潛圖廢立止以爲中宗之時吾乃一王耳憂危不暇今靜禍難安社稷天下利之所謂非常之事不可以常禮議之

成王千里還舊官制

地有二南載懷敦睦罪非七國奄隔休明故左金吾衛大將軍兼益州都督上柱國成王千里懿親賢德高才重器強力幹事獨冠等倫保國乂人克成忠義願除凶醜翻陷誅夷永言淪没良深痛悼俾復舊班用加新寵可還舊官

贈甯嘉勗永和縣令制

甯嘉勗能重明節事高藥向幽塗已往生氣凜然靜言忠義追崇褒寵可贈永和縣令

定刑法制

門下朕聞唐虞曆錄畫象而人知禁夏商御圖設刑而罪不息周秦以降沿革罕同漢魏而還條流浸廣雖或輕或重一弛一張義在於訓人事期於肅物然則刑辟勿用見稱於昔典法令滋彰貽譏於前哲朕情在愛育志切哀矜疎網恢恢實素懷之所尚苛政察察良夙心之所鄙方冀

化致無爲業先刑措近見所司進律令格式一一自觀至於經國成務之規訓俗懲違之範萬目咸舉一事無遺但能奉以周旋守而勿失自可懸諸日月播之黎庶何事不理何化不成先聖憂勤萬務省念庶績或慮須有弛張所以迅令刪定今既綱維備舉法制宏通理在不刊義歸無改豈可更有異同别加撰削必年月久遠於時用不便當廣延羣議與公卿等謀之今未有疑無容措筆其先律令格式之本宜早宣布凡厥在職務須遵奉輒造異端妄踰軌躅者咸禁除之庶用刑符於畫一守法在於無二內外寮寀知朕意焉

加鎮國太平公主實封制

門下功定宗社者可以高邁等夷事超縑簡者故能永昭徽烈鎮國太平公主若華分景穠李流芳以同氣之親鍾先朝之愛忠孝行已仁明絶倫才無不周識無不綜頃更國難爰戴朕躬大義動天懇誠貫日氛祲已廓每聽鳴謙之詞井田未優復聞辭貴之請朕方至公被物豈以小節從人宜增土宇更傳帶礪可加實封一千戶

贈太子重俊謚節愍制

朕聞曾氏之孝也慈親惑於疑聽趙虜之族也明主哀而望思歷考前聞率由舊典重俊大行之子元良守器往罹搆間困於讒嫉莫顧鈇鉞輕盜甲兵有此誅夷無不悲惋今四凶咸服十起何追方申赤暈之冤以紓黃泉之痛可贈皇太子謚曰節愍陪葬定陵

贈裴炎益州大都督制

愼終追遠斯乃舊章表德旌賢有光常策故中書令裴炎含和稟粹履信居貞望重國華才稱人秀唯幾成務績宣於代工偶居無猜義深於奉上文明之際王室多虞保乂

朕躬實著誠節而危疑起釁倉卒罹災歲月屢遷邱封莫樹永言先正感悼良多宜追賁於九原俾增榮於萬古可贈益州大都督

以崔日用參知機務制

門下才爲於時以宣可大之業精貫於日以定非常之勳古稱王佐今乃人傑太中大夫守兵部侍郎兼知雍州長史修文館學士騎都尉安平縣開國子崔日用果行育德修辭立誠孝則揚親忠於事主堂堂乎貌暢君子之風諤諤其言蘊大臣之節故能書讀萬卷文窮四始高步登朝

平心待物日者醜孽未殄嘉謀潛斷臨危不顧見義而作是用厎績實所緊賴師兵戢矣京兆晏如宜緝台階之政式拜掖垣之寵可銀青光祿大夫行黃門侍郎參知機務學士勳封如故主者施行

授蘇瓌左僕射制

尚書右僕射同中書門下三品監修國史許國公蘇瓌自周旋近密損益樞機謨猷有成弼贊無怠頃者遺恩顧託先意昭明奸回動搖內外危逼獨申讜議實挫邪謀況藩邸寮屬念殷惟舊無德不報抑惟令典可尚書左僕射

禮葬韋后安樂公主制

皇后公主既尊且親有遷幽之義無戮辱之典倉卒之時亂兵所及致不以禮深用憮然宜矜罪戾且慰泉壤韋氏可一品禮葬悖逆庶人可二品禮葬所司準式

贈薛季昶左御史大夫制

故儋州司馬薛季昶剛幹義烈早承先顧驅策中外績譽昭宣有張湯之推舉同汲黯之強直屬醜正操衡除其異己橫加竄責卒至殂亡言念忠冤有懷嘉悼可贈左御史大夫仍同敬暉等例與一子官

追贈燕欽融諫議大夫制

故許州司戶參軍燕欽融先陳忠讜頗列章奏雖干非其位而進不顧身永言奄亡誠所傷悼方開諫路宜慰窀穸可贈諫議大夫仍令備禮改葬特授一子官

追贈蘇安恒諫議大夫制

故蘇安恒文學基身鯁直成操往年抗疏忠讜可嘉屬回邪擅權奄從非命興言軫悼用惻於懷宜贈寵章式旌徽烈可贈諫議大夫

追贈張柬之中書令制

褒德紀功事華典冊飾終追遠理光名教吏部尚書張柬之翼戴興運謨明帝道經綸謇諤風範猶存往屬回邪搆成釁咎無辜放逐淪沒荒遐言念勲賢良深軫悼宜加寵贈式賁幽泉可贈中書令封漢陽郡公

褒長安令李朝隱制

夫不吐剛而諂上不茹柔而黷下者君子之事也蹊雷必繩登車無屈者正人之務也中大夫行長安縣令李朝隱見義不回強直自遂亟聞嘉政累著能名近者品官入縣有乖儀式遂能責之以禮繩之以愆但閹豎之流多有憑

恃柔寛之代必弄威權每觀載籍常所歎息朕規誡前古勤求典憲能副朕意實賴斯人昔虞延持皇后之客梅陶鞭太子之傅古稱遺直復見於今思欲旌其美行遷以重職爲時屬閱戶政在養人宜加一階用表剛烈可太中大夫特賜中上考兼絹百匹

追復李多祚官制

以忠報國典冊所稱感義捐軀名節斯在故右羽林大將軍上柱國遼陽郡王李多祚三韓貴種百戰餘雄席寵禁營廼心王室仗茲誠信翻陷誅夷賴彼神明重清姦慝永言徽烈深合褒崇宜追殁後之榮以復生前之命可還舊官仍宥其妻子

貶趙彥昭歸州刺史制

潞州刺史趙彥昭交結回邪諂附凶孽輿金輦貨冒寵祈榮可歸州刺史

勘責授官制

建官惟賢典誥丕訓任人以器先王令圖蓋欲庶政和平萬邦祇乂朕以寡昧克纘休業求衣側席無忘寤寐頃屬奸回擅權撓亂綱紀互相引進遞爲比周黷汙清朝實繇

於此遂使玉石無辨涇渭莫分其制勑授官宜令所司勘責不因別功遂越賞擢先有負犯罔冒得官並量事處分彰善癉惡異等區分梟鸞不接羽蕙蘭不同類宣示中外知朕意焉

令西城昌隆公主入道制

元元皇帝朕之始祖無爲所庇不亦遠乎第八女西城公主第九女昌隆公主性安虛白神融皎昧並令入道奉爲天皇天后宜於京城右造觀仍以來年正月令二公主入道

令所司舉人制

才生於代必以經邦官得其人故能理物朕恭膺大寶慎擇庶僚延佇思英無忘終食思欲蕭艾咸採葑菲不遺而商山幽曠渭濱寂寞夫以貴耳賤目殊通方之論捨近謀遠非應務之術今四方選舉羣才輻湊操斧伐柯求之不遠其有能明三經通大義者能綜一史知本末者通三教宗旨究精微者善六書文字辨聲象者度雅曲和六律五音者習韜略學孫吳識天時人事者暢於詞氣聰於受領善敷奏吐納者咸令所司博採明試朕親覽焉

命皇太子監國制

惟天生人牧以元后維皇立國副以儲君將以保綏家邦安固後嗣者也朕纂承洪業欽奉寶圖夜分不寢日昃忘倦茫茫四海懼一人之未周蒸蒸萬姓恐一物之失所雖卿士竭誠守宰宣化緬懷庶域仍未小康是以求下人之瘼風遵先朝之故事皇太子隆基仁孝因心溫恭成德深達理體能辨皇猷宜令監國俾爾為政其六品已下除授及徒罪已下並取太子處分

令僧道並行制

朕聞釋及元宗理均迹異拯人救俗教別功齊豈於中間妄生彼我不遵善下之旨相高無上之法有殊聖教頗失彝章自今每緣法事集會僧尼道士女冠等宜令齊行並進

韋安石等罷相制

自頃以來政教尤闕時或水旱人多困弊府庫益竭寮吏日滋僶俛政途罔然如失雖繇朕之薄德固亦輔佐非才安石可尚書左僕射東都留守元振可吏部尚書懷貞可左御史大夫說可尚書左丞並停知政事

郊禋大赦制

朕以眇身紹膺鴻緒紫機夙讓黃屋非尊屬天衢未亨王室多難載迫公卿之議遂膺歷數之重凜乎馭朽懍若涉泉自臨萬邦斯為三載頃者居遏密之際莫議郊禋之禮霜露之思日月增深今三元告辰萬物伊始假於清廟昇彼圜丘躬耕祈穀率禮斯備太官視膳而牲潔奉常陳樂而邕和爰自降制之始迄於禮畢之際祥風候律瑞日揚光卿雲紛集於壇場甘露傍流於郊甸非常之慶豈獨在予宜因天地之心式覃雷雨之澤可大赦天下

禁請仗下奏事制

設官分職本期致理惟賢是任匪私親昵若使才勝其任望重於時一日累遷固未爲速如或化工無職考績非明十年不調豈應論屈頃者官失其序僥倖路開人不務德惟速是視在職無幾妄希遷陟又每謁見之時多請仗下奏事不聞公議惟乞榮班王爵與能豈縣干請朕雖遠慚聖哲多媿大明自臨寰宇斯焉兩載卿士人材皆所知悉不被昇擢蓋自取之當務責躬何宜往訴且難進而易退君子格言後已而先人往哲明訓周文多士虞舜舉才克

讓滿朝故稱爲理今位參臺省階列通班唯務趨競餘何足紀朕方欲大革澆浮俾歸淳俗自今已後謁見之日若更有干冒祈榮者雖地處親勳才稱俊秀皆當格之清議一從屏黜崇廉恥之節洽昇平之化

褒恤魏元忠制

故左僕射齊國公魏元忠代協人望時稱國良歷事三朝俱展誠效晚年遷謫頗非其罪宜特還其子著作郎晃實封一百戶

訪察官司請託制

王道至公所以承於天地臣心一德所以固於邦家朕紹膺丕業務存簡惠冀有恥且格無侵于刑如聞百司非常寬縱凡是與奪公然囑請及其不遂即生謗鑠御史縱知亦不彈糾文昌會府衆務所歸御史憲司繩劾斯舉自今已後王公朝士有囑請者所繇官密奏聞若苟相容隱御史訪察彈糾

頒新格式制

朕聞措刑由於用刑去殺存乎必殺明罰峻典自古而然立制齊人於是乎在自我朝建國僅將百年天下和平其

來已久往承隋季守法頗專比襲時安持綱日緩況朕薄德甚莫遠先惟人難理遠不如昔粵從守位三載於茲庶務煩勞不損晷景嘗謂自我作則感而成化痛乎迷俗忘返不威罔懲將至純風先歸重典比者贓賄不息偷濫公行放心未寧禁犯無懼此焉暫革期於永平遂割小慈以崇大體自今已後造偽頭首者斬仍沒一房資財同用廢者並停奪非頭首者絞其承前造偽人限十日內首使盡官典主司枉法受贓一匹以上先決杖一百其緣贓及惡狀被解及與替者非選時不得輒入京城縱家貫在京不

得輒至朝堂妄有披訴如有此色並決杖仍加貶斥其先在京城者限三日內勒還上下官僚輒緣私情相囑者其受囑人宜封狀奏聞成器已下朕自決罰其餘王公已下並解見任官三五年間不須齒錄其進狀人別加褒賞御史宜令分察諸司若有罪過不能糾獲者貶與外官

加邠王守禮實封制

門下疇庸懋賞允屬親賢利建疏封式固藩屏光祿勳兼左金吾衛大將軍邠王守禮器資文武節蘊忠貞容範霞軒孝友天至豈如服儒歸美諒以樂善稱仁載叶推恩增

其井賦作夫屏翰誓以山河

加宣城公主實封制

門下敦教睦親事光彝典分形共氣理冠恒倫宣城公主慶聯霄極榮開邸館柔閑應圖婉順爲範義歸從子榮匪求郎國難初平朝獎思及宜加井賦式崇優寵可加實封五百戶

贈吉頊御史大夫詔

故吏部侍郎同中書門下平章事吉頊體識宏遠風規久大嘗以經術之才允膺匡佐之委曩時王命中圮人謀未輯首陳反正之議克創祈天之業永懷忠烈寧忘厥勳可贈御史大夫

立平王爲皇太子詔

門下舜去四凶而功格天地武有七德而戡定黎人故知有大勳者必受神明之福仗高義者必爲匕鬯之主朕恭臨寶位亭育寰區以萬物之心爲心以兆人之命爲命雖承繼之道咸以冢嫡居尊而無私之懷必推功業爲首然後可保安社稷永奉宗祧第三子平王隆基孝而克忠義而能勇比以朕居藩邸虔守國彝貴戚中人都無引接羣

邪害正兇黨實繁利口工言讒說罔極韋温延秀朋徒競起晉卿楚客交搆其間潛結回邪排擠端善居人集木君子阽危惕日視陰朝不保夕擁羽林萬騎率左右屯營先害朕躬并及太平公主中外良士咸擬剿屠隆基密聞其期先難奮發挺身鞠旅衆應如歸呼吸之間凶渠殄滅安七廟於幾墜濟羣生於將殞方舜之功過四比武之德逾七靈祇望德昆弟樂推一人元良萬邦以定爲副君者非此而誰可立爲皇太子有司擇日備禮冊命

葬譙王重福詔

集州刺史譙王重福幼則兇頑長而險詖幸託體於先聖嘗通交於巨逆不臣不予自絕於天有國有家莫容於代往者頗不含忍長令幽縶自大行晏駕韋氏臨朝將肆屠滅尤加防衛洎天有成命集於朕躬永懷猶子之情庶叶先親之義所以開置寮屬任隆剌舉冀其悛改以怙恩榮而詿誤有徒狂狡未息便即私出均州詐乘驛騎至於都下遂逞其謀先犯屯兵次燒左掖計窮力屈投河而斃雖人所共棄邦有常刑我非不慈爾自招咎具聞其故有惻於懷昔劉長既沒楚英遂殞以禮收葬抑惟舊章屈法申恩宜仍舊寵可以三品禮葬

揀擇刺史詔

朕聞彰善癉惡有國之常典糾寬濟猛爲政之通規朕以薄德濫膺明命瞻言賞罰未適時宜至使忠良未進小人未退貪吏未懲流亡未安賢良者未歸懷冤者未理在予之責有愧良深不能致君於堯舜者亦羣公羣士之所恥也卿等將何規補使致咸亨各以狀聞朕當親覽其才望兼優公清特著可以宣風道俗者具以名聞但百司承寬共爲苟且事多愆咎無復紀綱令各本司長官審善惡才識限十日進狀

命皇太子釋奠太學詔

庠序之興教自元子禮經之最奠始先師中古迄今斯道無替皇太子天資聖敬日就文明絃誦之業已高元良之德斯茂自昇儲博望主器承華執經之問雖勤用幣之意未展今仲丁獻吉有事兩塾備禮三尊宜遵舊章俾緝徽典

停修金仙玉眞兩觀詔

營建創造必有所因豈欲勞人蓋不獲已朕頃居諒闇煢疚於懷奉爲則天皇后東都建荷澤寺西都建荷恩寺及金仙玉眞公主出家京中造觀報先慈也豈願廣事營構虛殫力役朕每卑宮菲食夕惕宵衣惟木從繩虛心啟沃所欲修營兩觀外議不識朕心書奏頻繁將爲公主所置其造兩觀並停其地便充金仙玉眞公主邑司令竇懷貞檢校所有錢物瓦木一事以上付公主邑司收掌諸處供兩觀用作調度限日送納邑司朕當別處創造終不勞煩百姓此度修葺公私無損若有干忤當寘于刑

付史館紀皇太子等勸進詔

朕聞御宸極握靈圖爲天下之尊居域中之大者上以奉
宗廟下以育黎元迹宜彰於簡編事須聞於朝野朕高宗
少子特蒙慈愛顧復之至禮絶諸王運屬上仙時遭家難
中宗出藩大聖天后臨朝以權立朕爲嗣朕自惟虚薄固
讓中宗誠願上從用寧社稷比居藩邸深嘉清閑不意景
龍之間先帝暴棄天下凶族潛計謀覆邦家高祖之業幾
墜於地皇太子隆基忠孝天感仗義行誅一夕之間戡定
禍難朕當宿夕初不聞知及見事平且悲且慰方與四海
同奉嗣君子温王幼沖頻屬艱疚因發驚悸日夜啼號因

以先聖立朕爲太弟之意令鎮國太平長公主諫議大夫
薛稷等奉承先旨朕固誠讓至於再三乃使中書舍人蘇
頲奉表陳乞襄王便不肯視事避於別宮中外皇皇莫知
所向隆基鎮國太平長公主成器範業薛稷劉幽求麻嗣
宗等以爲宗廟不可無主萬幾不可暫曠且從人望因定
策禁中朕又固辭僉謀卿士得蕭至忠崔湜韋嗣立趙彦
昭麻嗣宗薛徵鄭萬均唐晙等同辭勸進以爲幼主之心
旣不可奪先聖之旨固不可違事不獲已乃順衆望要盟
之言其文猶在朕纂承洪業於今三年謂宗廟郊天大禮
斯備永惟所以獲奉宗祧臨兆人者蓋非朕之本心實乃
鎮國太平長公主皇太子諸王郡公之意也雖禺禺之誠
四海同望然因時致力在此數人已依西漢舊章各酬其
德董狐執筆闕而未書宜勅左右編於史冊

答皇太子讓禪位表詔

汝爲孝友須遵朕命用陟元后無宜固辭汝爲季俗多虞
淳風未洽欲朕回慮兼理萬幾昔舜之禪禹猶躬行巡狩
況朕授汝豈忘家國其軍國大務及授三品已上并重刑
獄當兼省之

復劉幽求官爵詔

劉幽求風雲元感川嶽粹靈學綜九流文窮三變義以臨
事精能貫日忠以成謀用若投水茂勳立艱難之際嘉謨
盈啟沃之初存讜直以不顧爲姦邪之所忌釁萌頗露譖
端潛發元宰見逐讒人孔多旣殄羣凶方宣大化期問政
於經始載登賢於夢卜可依舊金紫光祿大夫守尚書左
僕射知軍國事監修國史上柱國徐國公仍依舊還封七
百戶并賜錦衣一襲

欽定全唐文卷十九

睿宗二

誡勵風俗勅

勅建立州縣列樹官司所以導俗宣風懲奸息暴頃以承平既久中外晏安人懷弛慢之心官無警覺之意遂使穎宋二州屢奏亂常之黨荆并兩府頻言搆逆之徒發露雖復數州包藏猶慮未絕此等妖釁尋自伏誅旬日之閒驚害良善誠由按察寬縱禁止不明或使無辜陷於非命興言及此深用隱惻自今以後所在州官縣僚各宜用心檢

校或惰於農作專事末游或妄說妖訛潛懷聚結或棄其井邑逋竄外州或自衒醫占誘惑愚昧諸如此色觸類旁求咸須防糾勿許藏匿又屬當首夏務在田蠶雖則各解趨時亦資官府敦勸若能肅清所部人無犯法田疇墾闢家有餘糧所由官人宜加等第功狀尤異者別外加擢若爲政苛濫戶口流移盜發罕能自擒逆謀爲外境所告輕者年終貶考甚者非時解替御史及臺郎出使審加訪察各以狀聞宜宣示諸州各令所在知悉

申勸禮俗勅

門下朕克纘丕業誕膺景命憲章昔典欽若前王克己勵精緬思至道宵衣旰食勤修庶政夙夜寅畏匪遑底寧若涉泉水罔知攸濟頃屬殷憂啓運多難興邦禮章載復品物咸茂思欲致萬姓於仁壽歸六合於昇平永言政途庶幾沿革猶恐學校多闕賢俊罕登牧宰不存政理農桑未加勸導樽俎之儀不習冠婚之禮莫修朕所以當宁興嗟載懷兢惕者矣庠序者風化之本人倫之先仰州縣勸導令知禮節每年貢明經進士不須限數貴在得人先聖廟及州縣學即令修理春秋釋菜使敦講誦之風天下有奇

才異行沈伏不能自達及官人百姓有能諫言時政得失者並令本州責狀封進鄉飲禮廢爲日已久尊德尚齒宏益極深宜令諸州每年遵行鄉飲之禮令有勸慕王公卿士務存訓獎子弟成立則有冠婚婚禮糟粕或存冠禮久爲廢闕自今以後並行冠義責以成人之道使知負荷之難食爲人天農爲邦本綏撫萌庶勸課農桑牧宰之政莫過乎此刺史縣令有課最尤異委廉察使名聞當別加甄擢縣令字人之本明經爲政之先不稍優異無以勸獎縣令考滿考詞使狀有清字無負犯明經及第每至選時量

加優賞若屬停選並聽赴集真如設教理歸清淨黃老垂範道在希微僧尼道士女冠之流並令修習眞寂嚴持誡行不得假託功德擾亂閭閻令州縣嚴加檢察私度之色即宜禁斷諸州縣官有不因選序別犯贓賄非時除授官等皆依倚形勢恣行侵剝如有此色仰州長官錄事參軍速勘責奏聞訖宜停務待進止仍委吏部兵部速勘責處分諸州百姓多有逃亡良由州縣長官撫字失所或住居側近虛作逃在他州橫徵隣保逃人田宅因被賊賣宜令州縣招攜復業其逃人田宅不得輒容賣買其地任依鄉

原例租納州縣倉不得令租地人代出租課寺觀廣占田地及水碾磑侵損百姓宜令本州長官檢括依令式以外及官人百姓將莊田宅舍布施者在京並令司農即收外州給貧下課戶凡此數事或宜區分繫乎風俗義存奬勸刺史縣令等各申明舊章勉思撫輯罷彫弊之務歸淳厚之源訓導黎蒸宣我朝化書不云乎德惟善政政在養民布告天下咸知朕意

簡擇內外文武官勑

寅亮天工弼諧庶績宰臣之任也彰善癉惡激濁揚淸御史之職也政之理亂實繇此焉朕丕膺鴻緒三年於茲日旰而食夜分而寢萬乘非樂四海為憂思欲小康蒸人允答羣望懲勸之詔歲月相仍然耳不聞彈劾之聲目未覩剛正之舉豈內外寮吏咸未循公耶將有司迴避隱惡不聞耶每念於此惄焉如疚言而不行責在薄德知而不奏誰其過歟御史等不樹朝綱合從屏黜但緣未親處分志在含忍宜許自新以圖遠效內外文武官有老弱疾患貪暴侵漁不舉職事材職不相當者三日內各錄狀進外州刺史上佐多不簡擇內外之職出入須均京官中有材幹

堪理人者量與外官有清慎者與京官

賜天師司馬承禎三勑

皇帝敬問天台山司馬鍊師惟彼天台淩於地軸與四明而蔽日均八洞而藏雲珠闕玲瓏琪樹璀璨九芝含秀八桂舒芳赤城之域斯存青溪之人攸處司馬鍊師德超河上道邁浮邱高游碧落之庭獨步青元之境朕初臨寶位久藉徽猷雖堯帝披圖翹心齧缺軒轅御歷緬想崆峒緬維彼懷寧妨此顧夏景漸熱妙履清和思聽眞言用祛蒙蔽朝欽夕佇迹滯心飛欲遣使者專迎或遇鍊師驚懼故

令兄往願與同來披敘不遥先此無恙故勅

鍊師道實徵明德惟虛寂淩姑射之遐軌激具茨之絶風自任鍊藥名山祈真洞壑攀地肺之紅壁坐天台之白雲廣成以來一人而已足可發揮仙圖黼藻元關海嶽爲之增輝風霞由其動色弟子緬懷河上側佇巖幽鶴馭方來鳳京爰降對安期之舃聞稷邱之琴順風訪道諒在兹日所進明鏡規制幽奇隱至道之精含太易之象藏諸寶匣銘佩良深故勅

先生道風獨峻真氣孤標餐霞赤城之表馭風紫霄之上

遁俗無悶逢時有待觀謁蓬萊之府將還桐柏之巖鴻寶少留鳳裝難駐閑居三月方味廣成之言别途萬里空懷子陵之意然行藏異跡聚散恒理今之别也亦何恨哉白雲悠悠杳若天際去德方遠有勞夙心敬遣代懷指不多及故勅

戒諸王皇親勅

朕聞司牧兆人有國彝訓敦敘九族前王令典念此宗枝久遭沈翳近從班命庶展才能或授外藩或居内職留念訪察屬想風謡罕立嘉聲或聞蠹政當官不存於職務處事多陷於偏私禽荒酒德者蓋多樂善敬賢者全少將性之昏昧違此義方豈朕之不明成爾薄德當從戒慎勉遂悛改如迷而不復自速愆尤已實爲之悔之無及即宜遞相告示以副朕懷

復建桐柏觀勅

勅台州始豐縣界天台山廢桐柏觀一所自吴赤烏二年葛僊翁已來至於國初學道壇宇連接者十餘所聞始豐縣人毁壞壇場砍伐松竹耕種及作墳墓於此觸犯家口死亡不敢居住於是出嚢宜令州縣準地數畝酬價仍置

一小觀還其舊額更於當州取道士三五人選擇精進行業者并聽將侍者供養仍令州縣與司馬鍊師相知於天台山中辟封内四十里爲禽獸草木長生之福庭禁斷採捕者

賜岱岳觀勅

景雲二年六月二十三日皇帝敬憑太清觀道士楊太希於名山斫燒香供養惟靈蘊祕凝真含幽綜妙類高旻之亭育同厚載之陶鈞蓄洩煙雲蔽虧日月五芝標秀八桂流芳翠嶺萬尋青溪千仞蜺裳戾止恒爲碧落之庭鶴駕

來遊即是玉京之域百祥畢於遠邇五福被於黎元往帝所以馳心前王由其載想朕恭膺寶位嗣守昌圖恐百姓之不寧慮八方之未泰式陳香薦用表深衷實冀明靈降兹休祉所願從今以後浹寓常安朕躬男女六姻永保如山之壽國朝官僚萬姓長符擊壤之歡魚鳥遂性於飛沈夷狄歸心於邊徼實希靈鑒用副翹誠今因鍊師遣此不悉

賜狄光嗣勑

朕念卿家門忠於王室尊卿情禮以展殊恩屢表固陳詞

理懇至循環省覽有足可矜今遂所請用勸浮薄待卿情理云畢更俟後命

賜武攸緒勑

頃以賊臣結黨后族擅權扇動宮闈肆行鴆毒靈祇所感姦惡伏誅今則宗社乂安天地交泰卿久厭簪紱早慕林泉守道不回見幾而作興言高尚有足嘉稱但恐用不還罪無相及爲善有驗卿之謂與或慮驚疑故令慰諭

命皇帝謁享太廟誥

昔重華嗣德格於文祖高密陟后至於神宗蓋所以敬履端之元申孝享之道皇帝初嗣大寶允膺休命歡洽人靈慶溢宗社宜躬祇祀典用展肅雍可以今月四日謁享太廟所司準式

命皇帝巡邊誥

先王省方所以觀風設教聖人順動所以刑清甿服故叶時同律虞典之常道喬嶽翕河周詩之盛德自王風不競兹禮遂亡兩漢本朝有時於邁三國以降日不暇給我皇家開元首出十代重光寰宇大寧車書無外文祖神宗之德洽於人心考祥展義之規昭於國典朕祗若丕構寅奉

慶靈夙懷箕潁之心取遂汾陽之志皇帝天錫英武神與聰明純孝極於安親大功深於濟代自陟元后實總朕師時政益明彝倫攸敘而邊甿遐阻藩服悠曠式慰來蘇之懷實允卜征之義加以頃年邊將授任或乖師律以虧軍威不振今盛德在水元冥御辰天道成於積陰王制崇於大閱皇帝宜順時巡狩親幸邊陲掌圖修考事之儀典樂具陳詩之禮西泊河塞東踰燕朔望秩名山肆覲羣后休農問老誓師訓卒其有牧州典郡功施於人杖節擁旄隱若敵國者當崇進律之賞加以分麾之命若郡政不舉軍

令莫修聚歛苛細侵削戰士者宜明玆典憲肅以天誅然後七萃騰裝三軍按節合符釜山之典覽軒帝之遺風勒騎單于之臺踐漢皇之故事使陰山罷祲大漠無塵其供帳所資儲擬之費皆令有司支備不得煩人

簡補羽林飛騎詔

往者皇運伊始戎政肇修兩置軍旅初分府衛計戶充兵纔足周事遂使二十一年入募六十出軍旣憚劬勞咸規避匿不有整革將何置理其天下衛士取年二十五以上者充十五年即放出頻經征鎮者十年放出自今已後羽

林飛騎並於衛中簡補

除宥禁囚詔

恤刑緩獄古之通義務本勸農國之常典今陽和布氣膏澤順時凡厥黎萌咸事東作而疲人嬰法自滯圜扉言念於此有軫於懷宜從寬宥使營稼穡其京城內見禁囚除死罪以外並時放免營農天下諸州亦宜準此

遣宣勞使詔

朕恭已無爲留神元默俯順歷數僉謀公卿式命元子祇膺寶位令庶政逌新光華肇啓但恐天下至廣未達朕心故臨遣使臣宣揚朝典宜以膳部郎中蕭瑗爲河南道宣勞使諫議大夫楊虛受爲河北道宣勞使贊善大夫薛植爲淮南道宣勞使殿中丞薛麟爲隴右道宣勞使宗正卿姜晞爲河東道宣勞使司門郎中李誠爲關內道宣勞使工部郎中高紹爲劒南道宣勞使太子右諭德蕭憲爲山南道宣勞使宋王府司馬裴綱爲江南道宣勞使諫議大夫甯悌原爲嶺南道宣勞使

封乳母蔣氏莫氏詔

皇帝乳母蔣氏莫氏等行藉柔良心惟靜順禨祿祗事夙效於勤勞井邑分封宜申於寵命蔣氏可封吳國夫人莫

氏可封燕國夫人

誅竇懷貞等大赦誥

天步時艱王業多難亂常干紀何代無之我國家累聖膺期重光繼統戎纛纂義遐邇無虞朕以寡昧嗣守丕祚嚮明而理昃景忘劬寞寓內之小康庶羣生之遂性又使家知禮讓人盡忠良不謂姦宄潛謀蕭牆作釁逆賊竇懷貞蕭至忠岑羲薛稷李猷常元楷唐晙唐昕李晉李欽賈膺福傅孝忠僧惠範等咸以庸微謬承恩幸未申毫髮之效

遂興梟獍之心共舉北軍突入中禁將欲廢朕及皇帝以行簒逆朕令皇帝率衆討除應時殄盡元惡既戮姦黨畢殲宗社乂安人神胥悅務申寬大之典宜覃肆宥之恩可大赦天下自大辟罪已下無輕重咸赦除之其逆人魁首未捉獲及應緣坐者並不在赦限自餘黨類往還一無所問布告遐邇咸使知聞

命皇帝處分軍國政刑誥

大寶之爭諒非爲己神器之重必在與能自昔興王率繇茲道我國家運光五聖業盛百齡大賚洽於人心淳風偃

於區外而道不常泰時更小屯朕以菲薄屬茲多難仰讓王之宿志順公議於羣情丕業既康天保斯定皇帝神武攸縱睿哲克躋安宗社於綴旒拯生人於在溺用遵內禪令總朕師夙夜在勤政刑益理昨者姦臣搆釁潛發禁闈兇黨布於蕭牆飛變聞於帷扆朕慮深倉卒受命討除皇帝遂與岐王範薛王業等勵茲孝心率彼義勇戮鯨鯢於闕下掃欃槍於天路元惡大憝罔不伏誅人神用康功業彌廣信可總璇衡之大政守國家之鴻緒能事備矣朕又何憂自今已後軍國政刑一事已上宜並取皇帝處分其岐王範薛王業宜各加實封一千戶朕方閑居大庭緬懷汾水無爲養志以遂素心凡百卿士以洎黎庶宜體朕懷各盡誠節布告遐邇咸使聞知

與皇帝誥

昆季恩深歡娛共被汝爲留愛天倫其睦斯乃萬方有慶九族延休言念仁慈固多忻慰

冊皇帝妃王氏爲皇后誥

王者建邦設內輔之職聖人作則崇陰教之道式清四海以正二儀皇帝妃王氏冠蓋盛門幽閒令德藝兼圖史訓

備公宮頃屬艱危克揚功烈聿興昌運實賴贊成正位六宮宜膺盛典可冊爲皇后

冊封皇帝良娣董氏等誥

關雎之化始於國風貫魚之序著於大易用能輔助王道叶宣陰教皇帝良娣董氏良娣楊氏良媛武氏等門襲鐘鼎訓彰禮則器識柔順質性幽閒美譽光於六寢令範成於四教宜升徽號穆茲朝典董氏可貴妃楊氏可淑妃武氏可賢妃

封郯王郢王誥

昔在姬劉。分王子弟。用能本枝碩茂。算祀遐長。皇帝元子嗣直嗣謙等。若木分輝。咸池疏派。孝愛成性。佩服天經。岐嶷誕靈。風儀遐舉。奉聞詩之寶訓。資樂善之芳規。錫命惟崇。巳申緑車之寵。登庸在運。宜開朱邸之藩。嗣直可封爲郯王。嗣謙可封爲鄂王。

封陜王誥

皇孫之寵。禮絶於諸侯。帝王之制。封殊於列國。爰自前代。兹義存焉。皇帝第三子嗣昇。岐嶷夙成。聰明天假。東海壽街之對。昔未云奇。琅琊日遠之談。今可連類。允宜胙兹茅

土。光被磐石。永固鴻業。式繼維寧。可封爲陜王。

遺誥

誥。朕聞古之建皇極。承大序者。雖創業垂統。則至公之器。固不可違。而居常侍終。則必至之期。固不可易。況朕以薄德。累承聖緒。常願致虚守靜。用遂其真。志於崇高富貴。本非所重。故三爲天子。三以天下讓。蓋從人之欲。方御於萬邦。知子既明。復傳於七廟。爰命皇帝。寄之司牧。觀其體自舜禹。以成厥政。則朕窅然汾陽。無負於時。何嘗不問寢以侍膳。候顔而順色。孝已達於神明。愛已兼於君。必成朕之志。何慶如斯。然朕頃感舊病。欻焉大漸。聖賢共爾。修短其分。古無不殁。同謂之歸。付託得人。夫復何恨。屬纊之後。三日便殯。以日易月。行之自久。厚葬傷生。可以深誡。其喪紀及山陵制度。一依漢制故事。社稷務重。皇帝不可諒闇。自居小斂之後。宜即别處視事。軍將及岳牧等所在發哀。並不須來赴。百辟卿士。孝子忠臣。送往事居。無違朕意。主者施行。

册平王爲皇太子文

維唐隆元年歲次庚戌七月庚戌朔二十日己巳。皇帝若曰。天有丕命。集寶位於朕躬。所以奉若天道。建兹元嗣。其

明聽朕言。咨爾平王隆基。幼而聰允。長而寬博。有夙成之量焉。夫禮以修外。樂以修内者。是務於文也。春夏學干戈。秋冬學羽籥者。是兼於武也。繫於百姓。聞於天下者。是由於仁也。一日三朝。嘗藥侍膳者。是資於孝也。爾有文武仁孝之德。以知父子君臣之道。朕甚休之。間者賊臣搆逆。窺竊神器。則我有唐之祚。危若綴旒。爾義寧家邦。忠衛社稷。誅其凶惡。以之康濟。主匕鬯者。非爾而誰。是用命爾爲皇太子。古人有言曰。爾身克正。罔敢不正。爾罔不忠。惟爾之

忠昭昭臨下不可不畏愼簡乃僚允迪端士恭儉惟德遠於憸人則萬邦以貞答揚我四聖之鴻烈敬之哉

節愍太子諡冊文

維景雲元年歲次庚戌十月戊寅朔二十九日景午皇帝若曰咨爾故皇太子重俊業隆繼體才膺守器辨日高視晉儲防年遐吞漢兩撫軍監國皇基攸固齒冑問安聖圖惟永頃以讒邪浸潤恩禮疏薄外迫伊戾之謀中啓驪姬之譖彼則兇計斯甚搖動元良爾乃誠心密運掃除悖德興晉陽之甲以罪荀寅擁漢闕之兵而誅趙虜嗚呼逆首

雖殄凶黨未濟屬投杼生疑亂兵旋及朕代天理物推亡固存近勒四凶緬懷三善言徵備禮以慰冥魂銀牓山門畫堂泉室三年遂遠上賓之馭不留千載猶生全節之名長在存著徽烈歿有餘裕志業若此痛悼良深宜加寵號用旌不朽今冊謚爾曰節愍太子魂而有靈嘉茲茂典嗚呼哀哉

冊桂陽郡王楊妃文

景雲二年歲次辛亥十月庚寅皇帝若曰於戲咨爾故桂陽王妻楊氏誕承華緒光襲懿風性識柔明言容婉嫕觀詩著範蹈禮成規往應高禖作嬪英邸謹環珮之節珊有其章勵蘋藻之誠恭而式序遣使某持節冊命爾爲桂陽郡王妃爾其克保彝訓率由茂則以正於家無替厥命往欽哉

北郊赦文

門下朕聞大事在祀禮極乎郊丘大德曰生道存乎赦宥故至誠斯感允接神明之休盛典聿修必敷雷雨之施古先代帝躬祠后土所以崇兼載之功配博臨之義有虞氏之合禘徧於山川成周氏之從祀逮於林澤西漢汾陰之

脽東洛翠嬀之墠雖制度未備而道有可觀曹魏以還數百餘載蓋設儀而不復或誠信而未孚有其廢之莫得能舉我國家之受命也承百王之季啓三統之元高祖神堯皇帝膺籙受圖繼天立極太宗文皇帝弔人伐罪南征北怨是用拯生靈於塗炭登人物於休和高宗天皇大帝惟睿作聖垂衣而理大聖天后受託從權當宁而化中宗孝和皇帝允恭克讓守文御武能致刑措於變時雍朕以眇身恭荷丕構常恐政理乖中風雨愆期惕慮周於萬戶疚懷心於一物幸乾坤交泰宗社降靈氣無疵癘之災物遂

生成之性呼韓慕化侍子來庭月支請職名王入貢大荒同軌瀛海無波俯循涼德載懷寅畏故以歲首肅事禋宗爰撰令辰親祀方澤採黃圖之舊制定黑畤之前基心謀取則於禮經宥密同規於詩頌三祖登配羣望畢從咸池之舞在列合鍾之管斯應祥風入候當乎八變之殷瑞日揚暉屬乎三獻之始臣工助而胥悅兆庶觀而相趨誠敬克申感慶交集頃緣郊籍已肆眚災貸宥之道未應累降但精享云缺既曠代而方循福釐所被思寰宇之同沐宜因大典式暢洪恩可大赦天下改太極元年為延和元年

五月十三日昧爽以前大辟罪以下咸赦除之其十惡及劉誠之胡太宰徒侶官人受贓並不在赦限文武官預大禮各賜勳一轉桓彥範敬暉崔元暐袁恕己張柬之等特還其子孫實封二百戶大酺五日

讓禪位表

臣以宗社事重家國情深誅鋤巨逆奉戴嗣主今承制旨猥推宸極在臣虛薄不敢祇膺循環震驚無任感哽

與劉仁軌書

昔漢以關中之事專仗蕭何今者託公亦猶於古所希者德敬勗廼誠

勞畢構璽書

我國家創開天地再造黎元四夷來王萬邦會至置州立郡分職設官貞觀永徽之前皇猷惟穆咸亨垂拱之後淳風漸替征賦將急調役頗繁選吏舉人涉於浮濫省閣臺寺罕有公直苟貪祿秩以度歲時中外因循紀綱弛紊且無懲革弊乃滋深為官既不擇人非親即賄為法又不按罪作孽寧逃貪殘放手者相仍清白潔己者斯絕蓋由賞罰不舉生殺莫行更以水旱時乖邊隅未謐日損一日徵

斂不休大東小東杼軸為怨就更割剝何以克堪昔聞當官以留犢還珠為上今之從職以充車聯駟為能或交結富豪抑棄貧弱或矜假典正樹立腹心邑屋之間囊篋俱委或地有椿榦梓漆或家有畜產資財即被暗通並從取奪若有固吝即因事以繩麤杖大枷動傾性命懷冤抱痛無所告陳比差御史委令巡察或有貴要所囑未能不避權豪或有親故在官又罕絕於顏面載馳原隰徒煩出使之名安問狐狸未見埋車之節揚清激濁涇渭不分嫉惡好善蕭蘭莫別官守既且若此下人豈以聊生數年已來

凋殘更甚。卿孤潔獨行，有古人之風。自臨蜀川，弊化頓易。覽卿前後執奏，何異破柱求姦。諸使之中，在卿爲最。並能盡節，似卿如此，百郡何憂乎不理，萬人何慮乎不安。卿當益堅，勿爲後顧。嘉卿直道，今賜袍帶并衣一副。

賜劉幽求璽書

頃者王室不造，中宗厭代。外戚專政，姦臣擅國，將傾社稷，幾遷龜鼎。朕躬與王公，皆將及於禍難。卿見危思奮，在變能通，翊贊儲君，協和義士，殄殲元惡，放殛兇徒。我國家之復存，緊茲是賴。厥庸甚茂，朕用嘉焉。故委卿以衡軸，胙卿

以茅土。然征賦未廣，寵錫猶輕。昔西漢行封，更擇多戶；東京定賞，復增大邑。故加賜卿實封二百戶，兼舊七百戶。使夫高岸爲谷，長河如帶，子子孫孫，與國無絕。又以卿忘軀徇難，宜有恩榮，故特免卿十死罪。並書諸金鐵，俾傳於後。卿其保茲功業，永作國楨，可不美歟。

勞解琬璽書

卿器局堅正，才識高遠，公忠彰其立身，貞固足以幹事。類張騫之出使，同魏絳之和戎。職綰文武，功申方面，勤於王家，是爲國老。頃者顧斯側景，願言勇退，深惜馬援之能，未

遂祁奚之請。然章疏頻上，雅懷難奪。今知脫屣歸閒，拂衣高謝，固可以激勵頹俗，儀刑庶僚。永言終始，良可嘉尚。宜善攝養，以介期頤。

大寶積經序

朕聞天之爲大也，高上下之容；可絕地之爲大也，廣縱橫之數。可推則知無去無來，不生不滅，拯沈淪於沙劫，救焚灼於塵區。毒龍懼其威光，醉象憚其神力。其大則包於宇宙，其小則隱於毫芒。七十二君，先在陶鈞之內；萬八千載，即爲俄頃之閒。漢日載其通暉，周星彰其降誕。鷲頭峯下

演金口之微言，雞足山中，舒玉毫之瑞色。干戈不用，梵志摧鋒；甲冑無施，波旬潰旅。闢圓明之淨域，啓方便之禪門。慧晷耀於昏衢，慈雲清於朽宅。無得而稱者，其惟正覺乎。然則教自西方，法流東夏。馬鳴龍樹，肇闡瓊編；羅什道安，承宣寶偈。關中道俗，雖傳貝葉之文；江左黎元，未極蓮華之旨。又以元魏迷於釋典，宇文扇於魔風。開皇之初，暫爲修建；大業之末，遽即分崩。我大唐之有天下也，睿聖重光，文思御曆，吞沙靜蘡，鍊石稱神，巢燧執鞭，羲農擁篲。懸法王之鏡，轉梵帝之輪，被正朔於蟠桃，混車書於細柳。三藏

沙門菩提流志者南天竺國淨行婆羅門種姓迦葉氏也年十有二外道出家事波羅奢羅學聲明僧法等倫弃歷數咒術及陰陽等年踰耳順遽乃心歸知外法之乖違悟釋教之深妙隱居名嶽積習頭陀初就耶舍瞿沙三藏學經論其後徧遊五天竺國高宗天皇大帝聞其遠譽挹其道風永淳二年遣使迎接天后聖帝應乾司契當宁披圖令住東都居大福先寺譯佛境界寶雨華嚴等經一十一部中宗孝和皇帝循機履運配永登樞神龍二年令住京下於大崇福寺翻譯此經俄屬靈佑虧徵繇區集禍喬嶽

之仙長往茂陵之駕不還朕以庸虛謬膺丕構敬遵前旨勗就斯編法師尋繹故文發揮新句炎涼不懈曉夕忘疲舊翻新翻凡有四十九會總其部帙一百二十卷成以先天二年四月八日畢功進內法師戒珠在握慧炬明心爲法門之棟梁啓僧徒之耳目伏願上資七廟八百之祚長延下及萬方億兆之氓恒逸遠邇寧謐朝野歡娛致澆俗於淳源歸迷生於壽域暫乘紫機之暇聊題緗帙之前所有會名具於其目云爾

景龍觀鐘銘

原夫一氣凝真含紫虛而構極三清韞祕控碧落而崇因雖大道無爲濟物歸於善貸而妙門有教滅咎在於希聲景龍觀者中宗孝和皇帝之所造也曾城寫質閬苑圖形但名在鶱林而韻停鐘簴朕翹情八素締想九元命彼鼓延鑄斯無射考虡倕之懿法得晉曠之宏規廣召鯨工遠徵鳧匠耶溪集寶麗壑收珍警風雨之辰節昏明之候飛

廉扇炭屛翳營鑪翥鶴呈姿蹲熊發狀角而不震侈而克揚庶其曉散靈音鎭入鵷鸞之殿夕騰仙韻恒流鳷鵲之闕聾俗聽而咸痊迷方聞而永悟洪鈞式啓寶字攸鐫其銘曰

紫宸御歷青元樹因傾巖集寶竭府收珍杜夔律應張永規陳形包九乳儀超萬鈞上資七廟傍延兆人風嚴韻急霜重音新自兹千歲從今億春懸玉京而薦福侶銅史而司辰

孔子贊

猗歟夫子實有聖德其道可尊其儀不忒刪詩定禮百王取則吾豈匏瓜東西南北

老子贊

爰有上德生而長年白髮遺象紫氣浮天函關之右經留五千道非常道元之又元

漢高祖贊

天造草昧雄圖糾紛赫赫高祖應若興雲秦原鹿喪沛澤蛇分大風一起南面稱君

晉宣帝贊

仲達猜忌狼顧爲人稱疾迷謬形神不覩辛毗仗節蜀將貽巾委質北面終爲魏臣

梁武帝贊

緬惟梁武九五居尊何爲自屈沈冥釋門災興佛寺兵纏帝闕竟罹凶逼天道寧論

欽定全唐文卷二十

元宗皇帝一

帝諱隆基睿宗第三子垂拱元年生三年封楚王長壽二年降封臨淄郡王韋后矯詔稱制帝定策討亂拜殿中監唐隆元年進封平王睿宗即位立爲皇太子監國延和元年七月即位累加尊號開元天地大寶聖神文武孝德證道皇帝至德元載七月禪位冊爲上皇天帝在位四十五年年七十八謚曰至道大聖大明孝皇帝廟號元宗

喜雨賦

仰重華於齊政步文命之彝倫何天道之云遠亦明徵之在人迄中夏而自春遘愆陽而爲亢雲重結而復解雨纔滴而還障山祠植珪而不答田畯倚耒而怊悵京兆來奏音官撰曲將土龍而矯首請神巫而頓足彼有憑而可舉予何抑而未許恐歲凶之及人寧天譴於我身爾乃潔齋壇墠五精是祠暴立炎赫三日爲期上帝臨我衷誠不欺重泉蒸潤觸石吐滋平雲黷而鋪幕密雨森其散絲無雷無雹不震不睒匪疾匪徐乍合乍疏泛草泊樹垂珠點露過闕入樓含煙雜霧或噴薄而攢集或淋漓而灌注亂積

水之圓文拂微風之斜度寰海浹而康樂畎畝欣而相顧絲管合兮夜將曉芙蓉開兮日未暮原夫雨之爲德也無小大之異情無高卑之不平無華朽之偏潤無臭薰之隔榮喜夫雨之兮應也起一言而不舍經累辰而廣瀉納清陰之浮涼同顥氣之飄灑感作霖於殷命諷其滂於周雅家尚知乎禮節國有望於豐霸小陽臺之神人却大宛之走馬觀雲行而雨施吾何事乎天下

鶺鴒頌 并序

朕之兄弟唯有五人比爲方伯歲一朝見雖載崇藩屏而

有睽談笑是以輟牧人而各守京職每聽政之後延入宮掖申友于之志詠棠棣之詩邕邕如怡怡如展天倫之愛也秋九月辛酉有鶺鴒千數棲集於麟德殿之庭樹竟旬焉飛鳴行搖得在原之趣昆季相樂縱目而觀者久之逼之不懼翔集自若朕以爲常鳥無所志懷左清道率府長史魏光乘才雄白鳳辯壯碧雞以其宏達博識召至軒檻預觀其事以獻其頌夫頌者所以揄揚德業褒讚成功顧循虛昧誠有負矣美其彬蔚俯同頌云

伊我軒宮奇樹青葱藹周廬兮冒霜停雪以茂以悅恣卷舒兮連枝同榮吐綠含英曜春初兮蘗收御節寒露微結氣清虛兮桂宮蘭殿唯所息宴棲雍渠兮行搖飛鳴急難有情情有餘兮顧惟德涼夙夜兢惶慙化踈兮上之所教下之所效實在予兮天倫之性魯衛分政親賢居兮爰遊爰處爰笑爰語巡庭除兮觀此翔禽以悅我心良史書兮

答賈曾令

比嘗聞公正直信亦不虛寡人近日頗尋典籍至於政化偏所留心女樂之徒亦擬禁斷公之所言雅符本志

將行釋奠禮令

夫談講之務貴於名理所以解疑辯惑鑿瞽開聾使聽者聞所未聞視者見所未見爰自近代此道漸微問禮言詩惟以篇章爲主浮詞廣說多以嘲謔爲能遂使講座作俳優之場學堂成調弄之室啻夫利口可以驟首先鳴太元儁才自當俛首垂翅捨玆確實競彼浮華取悅無知見嗤有識假令曹張重出馬鄭再生終亦藏鋒匿銳閉關却掃者矣寡人今既親行齒胄躬詣講筵思聞啟沃之談庶叶温文之德其侍講等有問難釋疑不得別搆虛言用相凌忽如有違者所司量事糾彈

受禪制

門下繼明嗣德王者所以承天尊祖奉先聖人所以崇孝敬上之禮著乎重華月朔之祠襲乎文命猗歟作頌發流濬哲之祥清廟升歌思表配天之業歷選前載可得而言我國家首出開元繼文膺統七代觀德至道洽於生人三后在天垂裕光於後嗣太上皇帝道超寰表功軼帝先名言不測於乾行仁智不知於日用累讓神器非以黃屋爲尊俯膺大寶蓋爲蒼生屈志黎人於變淳化斯登載懷脫屣疇咨菲薄竭讓德之志天眷莫迴陳拜首之誠中襟逾

邈遂以寡昧祇踐宸居循顧紹庭載深寅畏爰撰初吉躬展肅雍虔肆獻之儀申大號之典神保之饗斯洽介福之道攸宣億兆同歡人祇同慶恭承聖訓申茲霈澤可大赦天下

褒魏知古進詩手制

卿所進獵渭濱十韻三復研精良增嘆美夫詩者志之所以寫其心懷實可諷諭君主是故揚雄陳羽獵馬卿賦上林爰自風雅率由茲道予頃向溫泉觀省風俗時因暇景掩渭而畋方開一面之羅式展三驅之禮躬親校獵聊以從禽豈意卿有箴規輔予不逮自非款誠夙著其孰能繼於此耶今賜卿物五十段用申勸獎

賜魏知古手制

卿以宰臣往知大選官人之委情寄尤切遂能端本革弊忘私徇公正色而行厝心不撓鏡已澈則妍媸必鑒衡已舉則輕重罔違朕遠聞之益用嘉歎今賜衣裳一副以示所懷

命張說等與兩省侍臣講讀制

先王務本君子知教化人成俗理國齊家必由於學矣朕

往在儲宮旁求儒雅則張說褚无量等爲朕侍讀詩不云乎如切如磋如琢如磨斯之謂也咸能發揮啟迪執經尊道以微言匡菲德者朕甚休之自虔奉聖訓祇膺大寶冀天下學士靡然向風實獲我心登於近侍復欲勉聽虛佇論思獻納孔子曰德之不修學之不講是吾憂也豈食而不知其旨耕而不知其耨將何以因於義求於善補朕之闕誨人罔倦哉宜令銀青光祿大夫守中書令上柱國燕國公張說銀青光祿大夫右常侍崇文館學士兼國子祭酒上柱國舒國公褚无量等公務之暇於中書與兩省侍

臣講讀其有昌言至誠可體要經遠者仍令銀青光祿大夫行黃門侍郎昭文館學士上柱國中山郡開國公李乂銀青光祿大夫行中書侍郎兼知制誥上柱國成安縣開國男蘇頲與左右起居隨事編錄三兩關進朕將親覽庶施乎海內始自京師鳳沼擅鴻都之遊中書有稷下之事應須紙筆鋪設等令中書檢校供擬

授姚元之兵部尚書同三品制

門下王佐之重師兵之任旁求棟幹實此具瞻同州刺史姚元之宏略冠時偉才生代識精鑒遠正詞強學有忠臣

之操得賢相之風累踐臺衡匡益斯在頃居藩郡循良是屬載懷一德分命六官訏謨允歸文武兼濟式憑帷幄之算宜副韜鈐之委可兵部尚書同中書門下三品

封張暐制

門下疏爵列土是稱王制大功盛德必建侯封銀青光祿大夫大理卿張暐守道恭懿飭躬明哲誠亮邦國實繁於華愛同君親忠出於孝比者潛申翊戴屢挫兇慝故以議存謀始防在慮先披荊之效不渝採葛之讒遂起粵自荒裔升於王朝追朱佑之前言深啟於天命指蕭何之舊事獨高於人傑思宏賞典用載盟書惟鄧樂郡晤京奧壤宜賜茅社永旌采地可封鄧國公賜實封三百戶餘如故主者施行

授張說中書令制

門下殷命百工傳贊審象漢推三傑良屬運籌不有斯人孰齊予弼尚書左丞張說居正合道體直理精朕昔在承華首延博望談經之際欽若讜言摛翰之間潤色鴻業屢陳匡益見嫉姦回頃雖抗迹疎遠而載懷飢渴今羣兇已服大猷伊始永言亮采光朕側席之期俾咨啟沃成朕濟

川之望宜登鼎鉉式綜絲綸可中書令

大赦制

朕承累聖之洪休荷重光之積慶昔因多難時屬遘屯寶位深墜地之憂神器有綴旒之懼事殷家國義感神祇吟嘯風雲龔行雷電致君親於堯舜濟黔首於休和遂以孟秋允升儲貳旋承內禪繼體宸居拜手之請空勤讓立之誠莫展恭臨億兆二載於茲上稟聖謨下凝庶績八荒同軌瀛海無波不謂姦慝潛謀蕭牆竊發逆賊竇懷貞等並以庸妄擢在朝廷毫髮之效未申邱山之釁仍積共成梟

獍將肆姦回太上皇聖斷宏通英謀獨運命朕率岐王範薛王業等躬事誅鋤齊斧一麾凶渠盡殪太陽朗耀澄氛霧於天衢高風順時厲肅殺於秋序神靈叶贊夷夏相歡四族之慝既淸七百之祚方永爰承後命載闡休期總軍國之大猷施雲雨之鴻澤承乾之道既光被於無垠作解之恩思式覃於品物當與億兆同此維新可大赦天下大辟罪已下咸赦除之邠王守禮加實封三百戶宋王成器申王成義各加實封一千戶岐王範薛王業各加實封七百戶文武官三品已上賜爵一級四品已下各加一階內

外官人被諸道按察使及御史所通惡狀咸宜洗滌選日依資敘用

賞定策功臣制

大臣立事夷險不易良相升朝安危所繫兵部尚書同中書門下三品郭元振偉材生代宏量鎮時經綸文章今之王佐出入將相古之人傑夙侍帷扆疇咨廟堂思志堯舜以期管樂朕往在儲闈洎登寶位每觀其人聞義感激願判忠邪立誠慷慨密陳宏益爾其至矣朕實嘉之頃者梟獍興謀干戈作釁太上皇命朕除討元振又馳奉宸極始則賚予爲衛終則寧朕問安可謂格於皇天貫於白日元惡既翦物共爲新昌言是圖朕豈忘舊宜開井邑永誓河山元振可封爲代國公食實封四百戶賜物一千段以前中書侍郎王琚爲戶部尚書封趙國公食實封三百戶殿中監姜皎爲工部尚書封楚國公食實封五百戶太僕少卿王守一爲太常卿封晉國公食實封五百戶殿中少監李令問爲殿中監封宋國公食實封五百戶

遣使宣撫諸道制

昔者明王之御天下也內有公卿允釐庶績外有方伯司

牧羣黎猶懼至道未孚淳風或替故有巡狩之典黜幽陟明行人之官省方察俗用能遐邇咸乂情僞無遺於變時雍率其道也朕祇膺嗣德恭守帝圖上稟過庭之謨下憑衆庶之力竭精思理兩載於茲冀逮小康漸躋至化而區宇遐曠風教未同貧展長懷責深在己近者姦回搆釁竊起蕭牆宗社降靈應時殲殄今又恭承聖訓總統大猷率彼百官齊茲七政恐倉廩不實禮節未興吏靡息於貪殘人或滯於幽枉永言於此明發疚懷今卜征未晉時邁仍遠宜分命輶軒慰撫黎庶畢搆等並操履公淸識見明允

茂績彰於歷試嘉譽滿於周行宜膺行李載光原隰所至之處申諭朕心並令屏絶浮華敦崇仁厚務修孝弟勤事農桑耆老鰥惸征人家口不自存者咸加恤問德舉言揚惟賢是急若有良才異行藏器下僚哲人奇士隱淪屠釣審知才行灼然者各以名聞凡百牧宰洎乎吏人咸悉朕心各敬乃事勤則不匱仁遠乎哉勉矣勗之以副朕意

加封魏知古陸象先制

侍中兼太子左庶子梁國公魏知古中書侍郎同中書門下三品陸象先頃屬艱虞殲殄凶醜咸能倉卒之際志不

顧身訏謨之初邪莫干正有罪斯服抑惟王典無言不酬以勸臣節俾加茅土式寵鹽梅知古賜食實封二百戶物二百段象先封兗國公食實封二百戶賜物五百段

科屠割刑人骨肉者制

凡有刑人國家常法掩骼埋胔王者用心自今已後輒有屠割刑人骨肉者依法科殘害之罪

封張說褚无量制

无量執經傳禮敷暢微言俾予遊夫子之門知先王之道者侍講之功也說又定策監撫謀始危言防萌屯難慮終竭節以身許國其誠動天夫爵有德封有功眷彼茂勳宜宏賞典以桓榮之稽古況蕭何之指蹤是用欽若朝經差其井賦說可封燕國公食實封二百戶无量可左散騎常侍兼國子祭酒封舒國公食實封二百戶

幸東都制

咸雒京師建都惟舊乃眷時邁卜征斯在朕承天纂歷恭已臨人鼎俎雖甘念疲甿之不足宮室信美惕浮戶之未安事內攢於千慮心外周於萬物則知帝業初起崤函乃金湯之地天下大定河雒爲會同之府周公測景寔曰土

中總六氣之所交均萬方之來貢引魚鹽於淮海通秔稌於吳越瞻彼雒汭長無阻饑自中宗入關於今八載省方之典久而莫修遂使水漕陸輓方春不息勞人奪農卒歲何望關東嗟怨朕實聞焉思欲寧人而休轉運館穀而就敖庾加以暑雨作害災沸秦川歲星有福祥歸豫野朕情深救弊身豈懷安博考靈心審聽輿語上奉天以爲孝下利人以爲忠順時而動從衆之願宜以今年十一月行幸東都凡厥有司各恭乃事至於行從兵馬供頓貯積務在撙節勿使煩勞考使選人咸令都集東都宮殿須理量加

補葺不得煩人。朕本爲人而行，非擬勞人。自奉所過州縣無費黎元，亦不得輒有差科，旁求進獻。宣布遐邇，知朕意焉。

封突厥可汗夫人呂氏孫氏制

門下：突厥可汗夫人呂氏孫氏等，彝模來賓，錦車將命，單于侍子，榮已列於漢庭；閼氏貴人，寵宜加於蠻邸。呂氏可封瀚海夫人，孫氏可封納款夫人。主者施行。

加宋王成器等三公制

門下：古有知道於通，精辨於物，可以調陰陽，節風雨者，委

之三事，以康萬人，鼎鉉之謂也。司空兼揚州大都督上柱國宋王成器，益州大都督兼右衞大將軍申王成義，單于大都護兼右金吾衞大將軍邠王守禮等，並明德茂親，崇儒樂善，爲國翰屏，當朝羽儀，豈其朱苐之詩，美則緇衣之詠。寧止愛均花蕚，禮錫苴茅而已哉？必能論道經邦，佐朕爲政，俾允升台之望，宜膺補袞之闕。成器可太尉兼揚州大都督，成義可司徒兼幷州大都督，守禮可司空，勳如故。主者施行。

加劉幽求實封制

門下：忠而獲戾，時所歎息；賞以念勳，邦之懿典。金紫光祿大夫守尚書左僕射知軍國重事監修國史上柱國徐國公劉幽求，長才偉度，博聞強學，周百慮以匡社稷，竭一心而在廟廊，故能見大義，臨大節，智可以不佚，終日誠可以格於皇天。曩者恭參誅呂，款深從代，宏宣王化，保乂朕躬。政方議於調鉉，謗遂興於盈篋。良相非罪，空弔長沙，古人有言，寧恩曲突。自翦元惡，旋居左揆，利更稱於狐偃，勳莫逮於蕭何，兼而有之，義固無賜。宜加土宇，永傳帶礪。可加賜食實封二百戶，餘如故。主者施行。

加宋王成器開府儀同三司制

宋王成器，溫良恭儉，明允篤誠，朕之元昆，人之師表，間者鼎席虛位，臺階佇能，堅守辭讓，願移成命。宜聯華於補職，更參議於論道。可開府儀同三司。

授解琬朔方道後軍大總管張知運副大總管制

門下：鼓旗中軍，是推元帥；熊羆後勁，亦屬武臣。金紫光祿大夫行左散騎常侍上柱國濟南郡開國公解琬，學窮經史，才蘊韜略，握兵之要，克壯其猷。右領軍衞大將軍兼檢校單于大都護鎮守大使上柱國長平郡開國公張知運

久鎮邊庭備詳虜態奪劒之勇隱如敵國並師旅是習獯戎所憚陰陽勝負成誦在心山川向背若指之掌寒膠已拆秋草具肥宜屯細柳之營俾作皐蘭之氣琬可充朔方道後軍大總管知運可充朔方道後軍副大總管並準例發遣主者施行

舉堪充將帥制

將帥之任軍國斯重禦侮干城良才是急頃武臣多闕戎政莫修聆鼓鼙以載懷篮熊羆而未遇古今一也何代無人南仲方叔之儔亦在用之而已宜令京文武官及朝集

使五品以上方舉堪充將帥者一人明敭幽側無限年位務求實用以副予懷

答張說進上黨舊宮述聖頌制

往者中宗違代國步微艱天祚我唐大命集於睿宗大聖貞皇帝朕以寡昧嗣守丕業虔奉遺訓不敢怠遑至天地休徵神人靈貺皆先帝聖德之餘慶朕何力之有焉至若登太行留上黨頌功業建都畿休兵太原爲農雎上並國之典禮朕奉行之何足稱者而羣臣固請紀頌衆心難違卿藻思菁華揚過其實自視虛缺爲媿尤多

斥李嶠制

事君之節危而不變爲臣則忠貳乃無赦特進趙國公李嶠往緣宗韋弑逆朕恭行戡定揖讓之際天命有歸嶠有窺覦不知順逆狀陳詭訐朕親覽焉以其早負辭學累居台輔忍而不言特掩其惡今忠邪既辨具物惟新賞罰儻乖下人安勸雖經赦令猶宜放斥矜其老疾俾遂餘生宜聽隨子虔州刺史暢赴任

授盧懷愼同平章事制

門下宰輔之任謨猷是屬不有大才孰康景化黃門侍郎

盧懷愼貞良敦樸孝悌仁厚度量深於江海堅清邁於冰雪事皆體大詎觀非聖之書心必在公雅契維賢之典故能危言正色直道匪躬比之微管而求得說宜寵瑣闈參乎鼎座可同紫微黃門平章事

授陸象先益州大都督府長史制

入而弼政雖佇忠賢出則分憂更資循理中書侍郎同中書門下平章事三品兗國公陸象先體含清雅識備貞慤早修學行實允蓍明三蜀稱殷一都之會重寄爲邦朝難其選朕光宅四海康惠兆人乃眷所先必自於遠故端寮

載舉重臣攸屬可益州大都督府長史劒南按察使

封葉法善越國公制

道士葉法善德包貞素學究元微預覩豐萌亟申忠款宜加寵命以答懋功仍遂乃懷俾從眞服可授金紫光祿大夫鴻臚卿越國公兼景龍觀主

授崔璩張岦朝散大夫制

崔元暐張柬之等往以神龍之初保乂王室奸臣所忌謫居炎海流落變衰感激忠義元暐嗣子吏部郎中璩清才遠韻謹守專直柬之嫡孫岦祖考繼殁遺孤可傷彼勳業

之下淪佇名賢之必復是得景倩而悲仲宣者也高皇封樂毅之後武帝求蕭何之裔斯不遠哉昭於德音緬懷前烈宜加後命璩岦並可朝散大夫

黜陟內外官制

朕聞天爲大者孰先於育物物最靈者莫甚於愛人故樹之后王以康兆庶緬鑒前烈深爲遠圖懼德之不修化之未偃寅畏夙夜如臨泉壑然則疇咨命於四岳黜陟在乎三載既以百姓爲心明非一人獨理今之牧守古稱侯伯賢者任之則循良之跡著不賢者任之則怨苦之聲作每冀精於所擇委之兪往豈時或頹靡苟且尚多何吏之殊尤寂寞不歸靜言政要朕用憮然間歲水旱周於郡國倉廩不蓄閭閻薦饑加以黜陟頗多冗官增斁至於處置皆憑次舉當於京官內簡宏才通識堪致理興化者量授都督刺史等官在外藩頻有升進狀者量授京官使出入當均永爲常式課最超等必議升遷循默守常必加黜免昭昭賞罰可不愼歟昔子產相鄭以致和平曹參相齊貴於清靜清靜則不擾不擾則和平和平則不爭不爭則知恥愛費而與休息除煩而從簡易自當農者歸隴畝蠶者勤

績紡既富而教乃克有成道德齊禮不遠斯復庶幾在位知朕此心

授王晙朔方道行軍總管制

黃門古者獫狁孔熾匈奴浸驕則設以三策雖屬備胡之典方於五材未聞去兵之義不有行者誰能捍之正議大夫行鴻臚少卿上柱國朔方軍副大總管王晙倜儻多智堅剛竭節每讀前史思齊古人辭家而志滅獯戎報國而躬先將校頃虜南牧城彼朔方蕭關洞開沙漠無事既獲全軍之利則維保塞之勞嘉其善謀必有成績昔北逐虜

者任專而決外西護羌者功遂而條上用明分閫之重式副齊壇之期朝寶僉諧爾其俞往可持節充朔方道行軍大總管仍兼安北大都護豐安定遠三城等軍及側近州軍宜依舊例並受畯節制其安北都護府移於中受降城安置兵須足食理藉加屯今正農時務及耕種并緣邊兵募亦委量事通融苟非切便即關停減總處置訖奏聞即馳驛準例發遣主者施行

封郭虔瓘郭知運制

朕聞賞有功報有德者政之急也若功不賞德不報則人

何謂哉雲麾將軍檢校右驍衛將軍兼北庭都護瀚海軍經略使金山道副大總管招慰營田等使上柱國太原縣開國子郭虔瓘宣威將軍守右驍衛翊府中郎將檢校伊州刺史兼伊吾軍使借紫金魚袋上柱國郭知運等早負名節見稱義勇頃者柳中金滿偏師禦敵蕭條窮漠之外奔迫孤城之下強寇益侵援兵不至既守而戰背秋涉冬櫪馬長嘶戍人遠望謀以十勝成其九拒遂能摧日逐之遺種斬大驕之愛息豈耿恭班超獨高前史將廉頗李牧與朕同時眷言茂勳是所嘉歎信可以疇其井邑昭示遐邇俾勞臣勸而懦夫立焉虔瓘可進封太原郡開國公知運可封介休縣開國公

元宗二

答宋王成器等上表以興慶舊里宅爲宮制

朕昔與弟兄聯居藩邸虔奉聖訓遂膺昌期嘗思鄠杜之遊頗有芒碭之氣王等固陳符瑞取則不遠擬備巡幸推而弗居雖府在京師亦同於譙沛式遵故事宜依今請

禁百官與僧道往還制

如聞百官家多以僧尼道士等爲門徒往還妻子等無所避忌或詭託禪觀妄陳禍福事涉左道深斁大猷自今已

後百官家不得輒容僧尼道士等至家緣吉凶要須設齋皆於州縣陳牒寺觀然後依數聽去仍令御史金吾明加捉搦

薛訥除名爲庶人制

出師不臧本於喪律責帥歸罪聞於記言幷州大都督府長史兼左衞大將軍和戎大武等諸軍州節度大使同紫微黃門三品薛訥頃者總戎禦邊建議爲首暗於料敵輕於接戰張我王師衄之虜境偏裨失節乃斯令之不明中軍靡旗則厥謀之不振況鴈門斬級魏尚豈得論功馬邑亡輪王恢必聞議罪進退之咎典刑攸屬且觀其疇昔頗嘗輸罄每欲資忠效主見義忘身儻曹沫不死於辱終能自奮秦赦孟明之敗漢從李廣之贖古常有矣朕每懷之特緩嚴科俾期來效宜放其罪所有官爵並從除削

授岐王範華州刺史薛王業同州刺史制

黃門周以魯衞之親夾輔王室漢以間平之寵來朝京師勞稽舊章允迪前訓太常卿兼左衞率幷州大都督岐王範荆州大都督兼祕書監薛王業等朕之同氣邦之偉才周旋禮樂佩服儒雅爰職奉常則墜典咸秩是司外史則

羣言罔遺光我舊猷敷於事典日同問安之慶時歸受制之廷出入重於楚元始　闕欽於沛獻家人撫愛雖屬於從梁國史垂聲必期於分陝迺眷畿輔不遠闈闥漆沮既從河華作鎭削桐所寄磐石攸宜遂其至公之請佇聽牧人之術範可使持節華州諸軍事兼華州刺史太常卿勳封如故業可使持節同州諸軍事兼同州刺史祕書監勳封如故至州日須稍優游不可煩以細務自非大事及奏事餘並令上佐知主者施行

命李延昌等屯兵秦州制

朕聞天生五材廢一不可不教人戰是謂棄之我國家光宅天下守在海外後於弔伐之義豈窮兵以黷武先以威德之懷欲安人而和衆將戎不虞諒不獲已突厥比通和好頗負盟約不有金革孰寧疆場不有師徒誰扞牧圉昔者命彼南仲城於朔方軍出隴西勞於渭北此其備也今寒露腓草秋風揚塵必順時以致師方休農以簡卒我圖靖國其在綏邊衛尉卿兼檢校左金吾衛大將軍涼國公李延昌克樹勳庸遍該韜略闢張萬人之敵勇不顧身程李二將之名忠於衛主董司戎事行料兵權可充隴右道

防禦大使左武衛將軍白道恭等居運六奇行謀百勝早聞營平之議思覩票姚之捷可爲之副宜取朔方後軍兵及前年朝堂應募健兒等總十萬人羣牧馬四萬匹於秦州成蘭渭等州界逐便屯集教練仍書報贊普共爲聲援明加偵候勿使失機

親征吐蕃制

朕聞夷不亂華既殊於中外虜或犯塞必興於甲兵我國家一戎定業累聖膺期干戚斯舞梯航畢至小蕃遠寇假息游魂爰自昔年慕我朝化申以婚姻之好結爲甥舅之國歲時往復信使相望繒纊以益其饒衣冠以增其寵鴻恩大造特加於蠻貊狼子野心遂同於梟獍在於亭障頗聞驚擾已命師徒遄往追躡摧凶殄逆今也其時滅迹掃塵期之不日然以問罪之義百王所以龔行戒嚴之典六軍所以親御是用中宵按劒昧曉求衣豈自逸於崇高而不勤於櫛沐眷茲右輔遠在西陲雖駐蹕之暫勞佇觀兵而決勝宜取今月擇日進發其差取後軍四萬人諸色蕃兵二萬人京兆府兵一萬人飛騎二萬人量追三百里內兵留當下人充萬騎五萬一千人涵隴兵各二千人岐州

兵五千人並集本州待進止其馬四萬匹取三百里內諸廄及府馬充所追兵馬及押官委本州精簡赴集衛尉卿兼檢校左金吾大將軍王毛仲爲左一軍總管右金吾將軍康海源爲副左武衛大將軍李昌爲右一軍總管左武衛將軍馬衛爲副左羽林大將軍趙成恩爲左二軍總管右領軍將軍秦義禮爲副右羽林將軍楊敬述爲左三軍總管右領軍將軍鮮于庭誨爲副左羽林將軍馬崇爲右三軍總管右監門將軍執失善光爲副所司準式俾其長驅隴坻深入湟中授以方略掃清氛祲其緣頓支供務從

省約

立郢王嗣謙爲皇太子制

樹之后王所以輯寧黎獻承之儲副所以安固宗祧故能崇四術之科爲萬國之本長幼君臣之序齒胄知歸溫文恭敬之風羣生攸屬古之制也其在茲乎郢王嗣謙聰睿夙成端莊特秀三雍禮樂必也生知五官詞藻居然暗合體道爲器非假於學問資靈授德自符於神解夏絃春誦地義天經立人之道既彰爲子之誠皆著今昇平在運中外咸寧將有事於元良固不踰於三善宜光近日之輝俾

則前星之耀宜以來年正月四日備禮冊爲皇太子所司準式

贈竇希玠尚書左丞相制

存有其榮歿有其贈古之典也希玠有賢戚之美登台階之秩冀其永年俾作元老不幸薨逝用震悼於厥心可贈尚書左丞相

量賞租庸如數制

凡諸郡縣仍令太守縣令課勸農桑先處分太守縣令在任有增減戶口成分者所由司量爲殿最自今以後太守縣令廉能勾當租庸每年加數成分者特賜一中上考如二載之內皆有成分所司錄奏超資與處分

封邠王守禮第二女華亭縣主制

黃門司空兼虢州刺史邠王守禮第二女王門誕秀師氏尚柔婉嫕凝芳閒和順則佇儀青族俾錫脂田可封華亭縣主

禁厚葬制

自古帝王皆以厚葬爲誡以其無益亡者有損生業故也近代以來共行奢靡遞相仿效浸成風俗既竭家產多至

凋弊然則魂魄歸天明精誠之已遠卜宅於地蓋思慕之所存古者不封未爲非達且墓爲眞宅自有便房今乃別造田園名爲下帳又明器等物皆競驕侈失禮違令殊非所宜戮屍暴骸實由於此承前雖有約束所司曾不申明喪葬之家無所依準宜令所司據品令高下明爲節制明器等物仍定色數及長短大小園宅下帳並宜禁絕墳墓塋域務遵簡儉凡諸送終之具並不得以金銀爲飾如有違者先決杖一百州縣長官不能舉察並貶授遠官

贈王海賓左金吾衛大將軍制

盤矛赴敵義光忠壯免冑捐軀情殷悼惜故防禦羣牧使豐安軍使右衛率府率王海賓七萃楨幹萬里長城抱鐵石於胸襟運韜鈐於掌握屬犬羊爲寇牧圉罹災出車徇其征討躍馬先其掩襲挫彼鋒鋭殲厥渠魁充國持邊佇終文略建威臨陣忽喪驍雄興言震懷思有褒美宜加大將之禮兼茂後昆之秩

封宋王成器長女安吉縣主制

黃門宋王長女流芳桂邸稟訓梧宮體自閑和成其婉娩玉筭始茂金燧方嚴爰寵錫於脂粉俾開榮於湯沐可封

安吉縣主主者施行

授盧懷慎黃門監制

古稱納言亦號常伯厥命惟允朕之股肱俾乂成績聿歸良輔黃門侍郎同紫微黃門平章事盧懷慎氣實温厚生於薊北年始英妙出相山東王佐所期人師攸屬考彼揚歷多所獻替學以充其忠識才以運其清明所謂許國忘身立朝正色有仲山甫之節成管夷吾之能故其道彌尊其心益下可以輔我王度弼於朕躬用增輝於侍帷宜拜寵於參乘可檢校黃門監散官黃門如故

禁畜別宅婦人制

帝王之政必厚風俗男女不別深蠹禮經至如別宅婦人久未悛革近令檢括配入掖庭將示小懲使及知禁朕愍其愚惑尚在含宏思屈常憲許其遷善特放出令府縣即配嫁不得影認更爲藏匿畜別宅人容其自新並宜放免自今已後更有犯者並準法科斷五品已上仍貶授遠惡處官婦人配入掖庭縱是媵妾亦不得別處安置即爲常式

春令行赦制

青春式序陽和布氣萬物熙熙莫不遂其性而嘉其生也申念愚人干我王度日陷坑穽置之網羅朕代天理物爲人父母眷言囚繫良增隱惻豈憲章之尚密將教道之不明歟順時行令抑惟常典兩京及天下見禁囚除犯惡逆并造僞關以前宜決一百配流嶺南磧西諸州其餘一切放免

賜高麗莫離支及吐谷渾等大首領爵賞制

高麗莫離支高文簡跌跌都督跌跌思太吐谷渾大首領刺史慕容道奴郁射思大首領鶻屈頡斤大首領刺史苾

悉頡力高麗大首領高拱毅等或遼海貴族或陰山寵裔知則能勇權而善謀從事本藩頡頏高位料順逆之道知變通之節或誓以沈族或翻然庇身共驗郅支之亡遂觀由余之入將軍遇敵永罷射雕使者迎降果聞乘傳棄寒苦之地就陽和之澤爾其誠矣朕實休之宜開土宇之封式盛壇場之制文簡可封遼西郡王食邑三千戶行左衛大將軍員外置同正員賜宅一區馬四匹物六百段跌跌思太可特進行右衛大將軍員外置兼跌跌都督封樓煩郡公食邑三千戶賜宅一區馬三匹物五百段道奴可左

威衛將軍員外置兼刺史封雲中郡開國公食邑二千戶賜宅一區物四百段馬兩匹鶻屈頡斤可左驍衛將軍員外置兼刺史封陰山郡開國公食邑二千戶賜馬兩匹物二百段苾悉頡力可左武衛將軍員外置兼刺史封鴈門郡開國公食邑二千戶賜馬兩匹物四百段宅一區拱毅可左領軍衛將軍員外置兼刺史封平城郡開國公食邑二千戶賜馬兩匹物四百段鶻屈頡斤妻契苾賜物一百五十段手力二人各賜物五十段

授薛訥朔方道行軍大總管呂延祚杜賓客副總

管制

古之命將帥訓甲兵所以宣威武而制戎狄也自非蘗郤之裔孫吳之才何以總中軍而絕大漠矣右羽林軍大將軍上柱國河東郡開國公涼州鎮軍大總管薛訥家代名將國朝元臣智湧泉源氣橫雷電廟堂之上則寬而有謀旗鼓之閒則勇而無撓頃者單于地隔驕子天亡衆已離心魑魅懸首今則須行弔伐用滅逋逃宜憑推轂之權將待覆巢之勢可持節充朔方道行軍大總管太僕卿呂延祚謀慮經遠才明沈斷右威衛將軍兼靈州刺史杜賓客

三軍之雄萬人之敵以之入幕孰不師臧曾謂出車肅茲王命並宜充副總管

命徵辟東宮官屬制

黃門朕聞王者神器天之大業寰百里而崇孟侯照四方而建元子其所由來尚矣我國家參天貳地濟以豐功祖武宗文承於密命顧循菲德寅畏鴻名太上皇命朕以位卿大夫補朕之闕僉謂率先自邇稽古維新國本之大不可以不務皇儲之重不可以不立故宵衣當宁聞義是將朝服升階擇賢而舉皇太子嗣謙生知禮樂性成仁孝字

孫之愛。則敬不絶。馳問豎之安。則恭而至。寢觀其言。精視膳。思敏題鞭。固以覈東序之討論。契南山之調護。今少陽踐位。獻歲發春。草樹自榮。乾坤交泰。副君之勝。已別其宮。太史之書。更藏於府。帝圖斯永。人望所歸。庶符知子之明。豈獨在予之慶。用施寬惠。光於政理。今望苑初開。端僚是切。天下有高才懋德碩學純儒。比迹春卿。齊名夏綺。具以徵辟。

選耆儒侍讀制

朕聽政之暇。常覽史籍。事關理道。實所留心。中有闕疑。時

須質問。宜選耆儒博學一人。每日入內侍讀。

放散圍兵制

昔周有岐陽之蒐。漢有扶風之命。或講師習武。夸胡曜威。故王者狩必以時。虞人招之以禮。時則遠矣。朕自祗膺圖籙。於今四年。每巡幸郊畿。不出百里。且愛力而節用。豈盤遊而好樂。聞者四方無事。百穀有成。因孟冬之月。臨右輔之地。戒茲五校。爰備三驅。非謂獲多。庶以除害。一昨長圍已合。大綏未舉。而夜聞朔風。天降微雪。狝裘且御。未免祁寒。鶉衣不充。寧堪凍露。朕便截狡獸。要輕禽。以此游娛。孰云矜恤。況為之父母。育彼黎元。中宵耿然。明發增惕。其圍兵並放散。各賜布一端。綿一屯。圍將賜物三十段。副使二十段。押官十段。岐州兵馬於此給付。餘兵馬至京請受。

幸鳳泉湯制

詩人賦田。以備蒐狩之義。王者順時。式展畋遊之禮。頃者築場神命。清道子來。經上林之苑囿。指扶風之藪澤。雖獵將提鼓。虞人植旗。仍憫沍寒之節。不行肅殺之命。豈惟虞舜之典。咸秩山川。所冀周文之風。及於鳥獸。繇是罷還士卒。非重盤遊。眷彼吏人。致有煩擾。所謂行者幸也。后來其

蘇。宜申恩惠。用符古者。所經州縣供承頓官百姓。并造營幕橋道等事。宜令所司勘會奏聞。其緣御路及頓場麥苗有損者。亦令實具奏聞。

授薛謙光東都留守元行沖副留守制

周命召奭相宅建邦。漢命蕭何留臺作鎮。眷言斯土。任在其人。太子賓客昭文館學士薛謙光。右散騎常侍元行沖等。國之耆儒。朝之碩彥。舉直錯枉。清心不可容非。殫見洽聞。白首以之。從學。履歷時久。精明日新。必能慎固邦畿。保釐都邑。佇成居守之務。宜叶往俞之委。謙光宜充東都留

守行沖爲副

幸鳳泉降所過地方刑罪制

凡稱原減頗詳故事罪至死刑寬其大戮況聽成有法閱實無冤屬陽和上春積雪未降天地之於庶物正亭之而毒之皇王之撫兆人寧以殺而止殺申念重辟惻然疚懷特布湛恩助兹生氣其犯斯刑者宜決一百配流遠惡處其犯杖配流者宜免杖依前配流已決及流三千里者節級稍移近處二千五百里以下並宜配徒以殿

授邠王守禮襄州刺史制

黃門樹於藩屏莫非親屬居以形勝必任親賢司空兼隴州刺史邠王守禮德比間平賢於魯衞動不忘於仁恕言必備於忠肅入連花萼擁駟來朝出割竹符憑熊往鎭瞻兹樊鄧是稱漢沔惟城池之枕倚乃川陸之雄要故鳴騶戒路建隼爲邦副朕陝東之美更開峴南之政可使持節襄州諸軍事兼襄州刺史司空勳如故至州日須稍優游不可煩以細務自非大事及奏事餘並令上佐知主者施行

授郯王嗣直等都護制

黃門虞放三苗允歸於敷德周稱二陝用切於聞政頃以驕子運微匈奴氣盡願爲臣妾者望塞款門編我氓黎者雲屬波委北窮大漠西被流沙撫而柔之僉曰分命郯王嗣直陝王嗣昇聰察天假英明日新忠肅恭懿寬仁孝友探沛易之彖象自詣精微讀楚詩之比興能傳麗則故可揚威懷之旨宣靜鎭之風昇以藩翰俾清疆場嗣直可安北大都護仍充安撫河東關內隴右諸蕃部落大使嗣昇可安西大都護仍充河西四鎭諸蕃部落大使右衞大將軍兼安北大都護上柱國長平郡開國公張知運右羽林

大將軍兼安西大都護四鎭經略大使上柱國潞國公郭虔瓘等國之老臣朝之宿將鬪長策子房所以運籌安邊遠圖充國所以言事必能寬則得衆惠以養人各綏一方兼委貳佐知運可安北副大都護仍兼郯王府長史及安撫諸蕃副大使虔瓘可安西副大都護仍兼陝王府長史安撫諸蕃副大使餘如故主者施行

封契丹李失活奚李大酺制

混一六合紀綱四海開物所以苞舉華夷列爵所以範圍中外契丹松漠州都督李失活奚饒樂州都督李大酺等

並材雄劒騎家襲簪組翩飛涿鹿之郊高視無閭之地往屬詿惑遂爾攜離海表爲虞在苞桑之厚戒彙征順命乃連茹而同歸柔懷有章寵渥斯在俾侯利建宜膺胙土之榮上將師貞仍允齋壇之拜失活可封松漠郡王食邑三千戶行左金吾衛大將軍大酺可封饒樂郡王食邑三千戶行右金吾衛大將軍並員外置餘如故

授源乾曜黃門侍郎同平章事制

門下軒夢三相舜舉八元咸佇人傑以宣邦政尚書左丞上柱國安陽縣開國男源乾曜博文強學達識周才貞白

可以勵時道義可以宏物虛懷同於抱月懸鏡不疲利器比於成風剸鍾無滯固可充左曹之駁議翊中禁之謀猷用參金鉉之司兼踐玉臺之制可黃門侍郎同紫微黃門平章事勳封如故

授宋璟吏部尚書蘇頲同平章事制

門下虞廷稱盛任於夔龍周邦以寧屬於閎散是知出納惟允必藉英奇啟沃有光實資茂彥銀青光祿大夫守刑部尚書上柱國廣平郡開國公宋璟宇量凝峻執心勁直銀青光祿大夫行紫微侍郎兼知制誥上柱國許國公蘇頲風檢詳密藻思清華或掌憲南宮持平邦典或代言西掖匡輔政途咸竭奉上之心俱盡匪躬之節九流俟其澄序衆務資其弼諧宜委銓衡兼侍帷幄璟可守吏部尚書兼黃門監頲可同紫微黃門平章事散官勳封並各如故

贈王友貞銀青光祿大夫制

貴德尊賢飾終念往此聖人所以理天下厚風俗也王友貞稟氣元精遊心太朴孝惟不匱獨貫於神明道則難名高謝於人代言念錫類方期鎮俗遽爾凋殂良深愍悼生無大位雖隔外臣之儀歿有餘榮宜贈上卿之服可贈銀青光祿大夫仍委州縣長官特加弔祭

命故密王元曉再從孫徽嗣爵制

興滅國繼絕代天下歸心焉況乃仁不遺親德必在祀光復土宇率繇教義者哉故徐州刺史密王元曉望重天人地居藩屏家邦伊賴休戚是均乃者王室多難睿圖中缺凡我宗子咸從殛竄神龍初歲寶運紹興爰命近屬以爲後嗣而冑緒凋翳是非紛雜曇子承襲妄尸茅土神且不歆非類人亦奚祀非族莫享無主永懷惻然其封元曉再從孫銀青光祿大夫行太僕少卿員外置同正員東莞郡

開國公徵爲嗣寗王以奉其祀

并州置天兵軍制

太原薄伐之地句注出屯之所兵戈不可以不習亭障不可以不備黠戛嗚鏑之餘自貽泯滅骨咄祿男小殺覆巢之餘仍敢陸梁九姓等雖類頗親而仇讎久著譬彼西戎已獻郅支之馘同夫東越初雪會稽之恥深憂復怨固請防萌況高秋在律胡風振野正可以揚武功順殺氣扼茲地險張我天威宜於并州集兵八萬衆置天兵軍并州長史上柱國張嘉貞有文武之材勵公忠之操較陳利害頻

奏封章必能料敵於未形臨宜以決勝可充天兵軍大使并州司馬王喬典禮不易其可用也右監門衛中郎將薛徽軍旅之事則嘗聞焉並爲副左拒遼陽之師右連河上之戍車徒列次鼓角傳聲俾其雷斷一方雲橫萬里宏茲廟算稱朕意焉

移蔚州橫野軍於代郡制

戰兵始於威武扼險先於要害以制悍俗用綏遠人九姓等頃立勳庸先除桀驁列在蕃服保其疆宇然而獫狁頗近寇盜時侵雖文德未宏武備素設漢垣通於句注夏屋枕於燕山是稱近胡量藉遮虜固可節其萬部成犄角之形屯我六師示張皇之勢其蔚州橫野軍宜移於山北古代郡大安城南仍置漢兵三萬人以爲九姓之援拔曳固都督頡質略等並望雄蕃緒聲振朔垂戎略既昭兵旅惟緝各陳武列分統軍政頡質略出馬騎三千人充橫野軍討擊大使同羅都督毗伽末啜出馬騎二千人充橫野前軍討擊大使霫都督比言出馬騎二千人充橫野後軍討擊大使回紇都督夷健頡利發出馬騎一千人充大武軍左軍討擊大使僕固都督曳勒哥出馬騎八百人充大武

軍右軍討擊大使左縈右拂先偏後伍作扞雲代指清沙漠宣威料敵度功蔵務咨爾庶士稱朕意焉其五都督討擊大使各量給賜物一百疋領本部落蕃兵取天兵軍節度其兵有事應須討逐探候量宜追集無事並放在部落營生並使本軍存問務使安輯應修築所及支運兵馬糧等所司亦與節度使商量處置

征突厥制

書稱四征不庭綏厥兆人可以覆昏亂執有罪保大定功利物懲惡故高陽有九黎之伐大舜有三苗之征欽若聖

謨是爲殷鑒突厥殺窮漢餘裔大邦逋誅恃其悍俗未遵朝化比爲潛遁幽荒隔閡華壤固聲朔之不被將羈縻以畜之而擾我諸蕃窺我邊境今羣方輯睦重譯會同奉琛執贄者萬數請吏來王者億計咸以爲衆之所加各自統領師徒取其仇怨拔悉密右驍衛大將軍金山道總管處木昆執米啜堅昆都督右武衛大將軍骨篤祿毗伽可汗等弧矢之利所向無前契丹都督左金吾衛大將軍靜析軍經略大使松漠郡王李失活奚都督右金吾衛大將軍保塞軍經略大使饒樂郡王李大酺等士馬之精何往不

克並總戎雲萃賈勇風馳西從沙磧至於德犍山下東發海蒲期乎獨活河上九姓拔曳固都督稽洛郡王左武德大將軍頡質略同羅都督右監門衛大將軍毗伽末啜囊都督右驍衛將軍比言僕固都督左驍衛將軍曳勒哥等種分業異效節輸忠梟彼凶魁掃除遺孽並左犄右角連營合圍故路絶飛走計窮躍噬然我國家以止戈存義賞鼓傷仁方欲先德後刑有征無戰庶番之誨抑而莫從皇天有命將不獲已突厥殺若迷而知復困即能通革面虜庭委身魏闕解其縛焚其櫬有逢伯之前聞大者玉小者係即田橫之故事況默啜之子右金吾衛大將軍右賢王默特勒逾倫自拔於亂頃投於國今不計其先人之僭復加以右賢之寵右威衛將軍左賢王阿史那毗伽特勒左武衛大將軍燕山郡王火拔石失畢左領軍衛大將軍阿婆啜阿史那褐多右驍衛大將軍賀魯窒合眞阿婆屬等或彼貴種應繫人思或彼信臣已歸邦化咸從衆望並錫尊官隨師以籌謀採狄之情狀便立衙帳令居塞垣其首領百姓等有能轉禍爲福去逆效順爵賞之科國朝有典且發單于之使諭其觸網之徒優而柔之五申三令儻覆

巢未悟沸鼎猶安習苦爲甘聞言不信則戈矛所擬玉石同焚勉思良圖用替成命朔方道行軍大總管銀青光祿大夫右散騎常侍攝御史大夫王晙長才多奇大勇不鬭寄用扞城隱當敵國當出閫之寄有辭第之公故可總是中軍以宏上略凡蕃漢三十萬衆並取晙節度大戴禮云王者之征猶時雨也至則人悅之矣俾夫武威外炤仁德內洽用恢天聲以靜邊徼布告遐邇咸使聞知

賜隱士盧鴻一還山制

昔在帝堯全許由之節緬維大禹遂伯成之高則知天子

有所不臣諸侯有所不友遯之時義大矣哉嵩山隱士盧鴻一抗迹幽遠凝情篆素隱居以求其志行義以達其道雲卧林壑多歷年載傳不云乎舉逸民而天下之人歸心焉是乃飛書巖穴備禮徵聘方佇獻替式宏政理而矯然不羣確乎難拔靜已以鎮其操洗心以激其流固辭榮寵將厚風俗不降其志用保厥躬會稽嚴陵未可名屈太原王霸終以疾歸宜以諫議大夫放還山林歲給米百石絹五十匹充其藥物仍令州縣送至隱所欲知朝廷得失具狀以聞

封突騎施蘇祿順國公制

王者懷柔莫不率俾禮其君長必備典章右武衛大將軍員外置突騎施都督車鼻施啜蘇祿中部貴人右賢豪緒族系繁於朔野郊塵拒於陰寒自趨風入覲服義來歸爰奉戎索實司邊衛懋勲可紀忠節是嘉俾外絕席之尊仍茂錫圭之寵可左羽林軍大將軍員外置仍封順國公食邑三千戶餘如故並賜錦袍鈿帶魚袋七事仍充金方道經略大使所司備禮册拜

欽定全唐文卷二十二

元宗　三

命宋璟蘇頲修國史制

古之良臣實難其人掌邦國之事明勸懲之道是以淑駿宏簡茂先博物爰自重臣式膺兼領銀青光祿大夫吏部尚書兼黃門監上柱國廣平郡開國公宋璟明允篤誠有犯無隱銀青光祿大夫行紫微侍郎黃門平章事上柱國許國公蘇頲忠肅恭懿察微知章並光我國禎熙我帝載在公聞山甫之頌抗直有史魚之節王言斯典曾是獻替

君舉必書亦惟褒貶宜崇鼎鉉之任更述盤盂之篇並可修國史餘各如故主者施行

親謁太廟推恩制

朕聞理莫大於孝所以通神明事莫大於祀所以謁宗廟顧此薄德獲承丕緒恭虔夙夜弗敢遑寧去歲爰命有司增營太室尋以匠者功就饗人禮奉雖是儆是則率由舊章而不躬不親曷盡誠敬粤自河洛旋於京師聿修齋祭致用蠲潔屬羣方駿奔庶位咸旅祼奠式受感懷載殷聖靈在天若享精意伊爾王公卿士下逮黎蒸道存念茲惠

乃錫類七廟元皇帝以上三祖枝孫恐有失官序者宜各與五品京官皇祖妣諸家有子孫今在選敘者量加甄擢內外官三品以上有廟者各賜絹三十匹以修祭服俎豆緣謁廟亞獻邠王守禮終獻宋王憲各賜三百匹夾侍岐王範薛王業各賜絹二百五十匹自餘行禮及供奉三品以上賜一百六十匹四品一百四十匹五品一百二十匹六品一百匹七品八十匹八品六十匹九品四十匹鹵簿六引官各減一等押仗官又減一等攝官依本官給有兼充諸使者加一等兩京文武官并朝集使諸方道表一品

七十匹三品六十匹四品五十匹六品七品四十段九品三十段從者加一等皇親諸親準品等禮儀置頓營幕使各賜物一百段副使八十段判官及修定儀注官各減三分之二行所州縣刺史上佐縣令等各準行從官與賜其給賜人應兩處以上者從一多給唯有廟官之賜聽兼給謁廟有所修造專當官及當頓官始末不絕者各賜一半上考知頓州各免一年租及地稅傍州緣頓供承者亦準此行事齋郎及權補充者各賜物十段外階者各賜物十五段三衞飛騎萬騎并仗內無品人等賜五段十月正番衞士等各賜三段緣道路及置營幕損百姓麥苗者宜令州縣檢量優還價直餘應得而制書缺載者所司類例以聞

封懷寧郡王嗣英制

建侯樹藩命賢裂土以惇戚屬乃率典常司徒兼絳州刺史上柱國申王撝玉林分彩銀河疏派厥保慶靈未繁裔緒宋王憲男嗣英魯廷學禮楚館聞詩德輝日盛忠概特立宜其釋猶子之序居承嫡之位廬江大郡形勝攸屬用圖爾居莫如茲地是錫分珪之寶俾承磐石之宗可封懷

寧郡王食邑三千戶

贈王仁皎太尉益州大都督制

在昔王者旌賢睦姻莫不存賁寵光歿加禮册故開府儀同三司王仁皎神仙望族禮樂通材履道純粹執心夷簡自大邦有子中闈作合以外舅之勞參上公之位績宣揚歷誠著始終方保期頤遽從萎落興言震悼用惻於懷宜依常典式慰營魂可贈益州大都督贈物三千段米粟二千石喪葬事並官供務從優厚仍賜東園祕器宜令銀青光祿大夫守工部尚書上柱國彭城郡開國侯劉知柔攝

鴻臚卿監護通議大夫行京兆尹上護軍崔琬爲副銀青光祿大夫守太子詹事上柱國安南縣開國侯麗承宗持節齎書弔祭左庶子上護軍白知愼爲副在京五品以上官吏須就弔官爲立碑

改封宋王憲爲寧王制

爰分寶玉載錫綬章必在親賢致之侯甸開府儀同三司兼涇州刺史上柱國宋王憲儀表碩望忠肅令名藝總經書才推禮樂列上公之位兼大藩之寵瞻彼行圍舊稱茅邑孰如北地今邇西都宜考良日之封用宏景風之命可

改封寧王食邑三千戶餘如故

皇太子加元服制

元良所以主匕鬯奉社稷貞於萬國祝以三加皇太子居長德之地務親仁之道爰就師保克修志業寢門問安而資敬大學齒冑而徵善大猷且敞元服宜申史稱周誦之年傳紀魯襄之禮粤若敬始謂之成人逮茲建正式展嘉事可以來年正月加元服所司擇日奏聞禮官博士詳考故實允符令典

令所司簡閱丈尺立樣制

頃者以庸調無憑好惡須準故遣作樣以頒諸州令其好不得過精惡不得至濫任土作貢防源斯在諸州送物作巧生端苟欲副於斤兩遂則加其丈尺有至五丈爲匹者理甚不然闊尺八寸長四丈同文共軌其事久行立樣之時已載此數若求兩而加尺甚暮四而朝三宜令所司簡閱有踰於比年常例尺丈過多者奏聞

贈葉法善越州都督制

故道士鴻臚卿員外置越國公葉法善天真精密妙理幽暢包括秘要發揮靈符固以冥默難原希夷罕測而情棲

蓬閬迹混朝伍保黃冠而不拔加紫綬以非榮卓爾孤秀冷然獨往勝氣絶俗貞風無塵金骨外聳珠光內映斯乃體應中仙名昇上德朕嘗聽政之暇屢詢至道公以理國之法數奏昌言諫參隱諷事宣宏益歎徵音之未泯悲懸解之俄留何莫慭遺殲良奄及永惟平昔感愴於懷宜申禮命式賁泉壤可贈越州都督

錄京城囚制

五刑之用以禁奸慝三宥之設以矜愚耄朕永康四海憂在兆人俾遵大化爰措庶獄而愚妄之輩抵犯或聞向隅

可哀當宁興軫令天地既肅中嚴在命時分其令罪則無留載懷幽犴思布生德宜崇減死之恩式明宥過之典其京城內犯罪人等時令按覆其中造僞頭首及謀殺人斷死者決一百配流嶺南惡處雜斷罪死者決一頓免死配流遠處雜犯流移者各減一等杖罪已下並免

改公卿子弟京官爲外僚制

源瑀等父在樞近深惟謙挹恐代官之咸列慮時才之未序率先庶僚崇是讓德既請外其職復降官以授傳不云乎晉范宣子讓其下皆讓晉國之人於是大和道之或行

仁豈云遠因令文武百寮父子兄弟三人併任京司者任自通融依資次處分

科禁諸州逃亡制

國家祖武宗文重熙累洽克清寰極大庇生人元德獨化放乾元而資始至道無名合帝先而首出自削平區宇混一車書六合晏然百有餘歲則我文武之業大造於上靈朕嗣守丕運纘承洪緒恐不能誕敷前烈光闡睿圖夙夜祇畏如臨泉谷曷嘗不恭默思道夢寐求政從人之欲每以萬姓爲心屈已之勞嘗矜一物失所但以法久而弊法弊則通制國以立法爲先教人以占著爲事自屬清晏人多偷怠國章或弛甿僞實繁今正朔所及封疆無外雖戶口既增而稅賦不益莫不輕去鄉邑共爲浮惰或豪人成其泉藪或奸吏爲之囊橐逋亡歲積流蠹日滋州縣不以爲矜鄉隣實受其咎雖朕之薄德罪則在予非官無政吏不守法耳若浸以久安而肆之則國之隄防於是踰紊今欲去其末而歸其本閑其邪而正其德使法有所立人知向方是用恤孤窮免逋貸式廣自新之路俾申莫厚之恩諸州背軍逃亡人限制到日百日內各容自首準令式合

所在編戶情願住者即附入簿籍差科賦斂於附入令式仍與本貫計會停徵若情願歸貫及據令式不合附者首訖明立案訖不須差遣先牒本貫知容至秋收後遞還情願即還者聽待本鄉訖免今年賦租課役如滿百戶以上各令本貫差官就戶受領過限不首並即括取遞邊遠附爲百姓家口隨逃者亦便同送若限外州縣公私容在界內居停及事有未盡所司明爲科禁其天下勾徵逋懸及貸糧種子地稅在百姓限內先有追收之文案未納者自開元七年十二月以前並宜放免官典隱欺不在免限將

使百度伊始萬邦在宥人復其業官修其方凡厥庶寮各虔爾職俾率訓典以康政途布告遐邇使知朕意

授張說同中書門下三品制

門下乾坤以陰陽化成后王以輔相興理所以寅亮天工緝熙帝圖非夫大賢孰寄斯任天兵軍節度大使右羽林將軍兼幷州長史攝御史大夫燕國公兼修國史張說挺其公才生我王國體文武之道則出將入相盡忠貞之節亦前疑後丞諒可以宏此大猷總其邦政允釐庶績保乂皇家可守兵部尚書同中書門下三品勳封修國史如故

仍即馳驛赴京

幸幷州制

朕頃自鎬京省方於雒本以息轉輸之費即河瀍之殷今屬宗廟改修禮崇昭事永言配享必在躬親又眷彼晉陽是稱重鎮將陳詩以問俗式安邊而訓武雖來往祇供頗有煩役而國之大事不可云勞宜以明年正月三日發雒幸幷州取便路還京應須支計所留準式緣頓祇承一事已上並用當處官物不許科斂百姓其遞運及從兵馬官寮等務須從減省所在公私幷不得輒有進獻違者所縣州縣官及進獻人各量事貶罰布告遐邇咸使聞知

流姜皎嶺外制

祕書監姜皎往屬艱難頗效誠信功則可錄寵是以加既忘盈滿之誡又虧靜慎之道假說休咎妄談宮掖據其作孽合處極刑念茲舊勳免此殊死宜決一頓配流欽州

誡宗屬制

朕若臨宇內子育黎元內修睦親以敘九族外協庶政以濟兆人勳戚加優厚之恩兄弟盡友于之至務崇敦本克慎明德今小人作孽已伏憲章恐不逞之徒猶未能息凡

在宗屬用申懲誡自今已後諸王公主駙馬外戚家除非至親以外不得出入門庭妄說言語所以共存至公之道永協和平之義克固藩翰以保厥休貴戚懿親宜書座右

贈司馬承禎銀青光祿大夫制

混成不測入寥自化雖獨立有象而至極則冥故王屋山道士司馬子微心依道勝理會元遠遍遊名山密契仙洞存觀其妙逍遙自得之場歸復其根宴息無何之境固以名登真格位在靈官林壑未改遐霄已曠言念高烈有愴於懷宜贈徽章用光丹籙可銀青光祿大夫號真一先生

授鍾紹京郴州別駕制

漳州懷恩縣尉員外置鍾紹京夙負藝能早申誠節錄其殊效賜以崇班未答恩私自招瑕累雷雨作解品物惟新言念舊勞稍加甄敘可郴州別駕

禁百官交結匪人制

百官等祿秩既優勲賢是寄皆合守其正道無宜聽彼異端至如卜祝之流妄陳休咎占候之輩假託徵祥誑惑既生愆違斯作因搆讒慝遂行訕毀取陷網羅良增歎息懲一足以勸百有犯不可無刑姦狡以此累身百僚誠宜飭

已自今已後各宜謹慎並不得與如此等色及無職人交遊來往仍令御史訪察有即彈奏當加嚴罰

皇子納妃制

龍樓內範輔成元良之德鳳邸中闈克諧樂善之美自非門地兼茂容則聿修何以式副好逑允茲華選薛紹第六女寶希瑊第四女戚里承休渭陽傳慶婉順成性柔閒有容言必圖史之規動遵珩珮之節惠問蘭郁清心玉映足以儷青宮之寵伉朱邸之義式昭圖訓用光嬪則紹女可皇太子妃瑊女可慶王妃仍令所司備禮至都冊命

封東光公主制

炎漢盛禮蕃國是和烏孫降公主之親單于聘良家之子永惟前史率由舊章故成安公主女韋氏六行克昭四德聿備漸公宮之訓承內家之則屬林胡拜命扞塞無虞柔遠之恩已歸於上略采楚之慶載睦於和親宜正湯沐之封式崇下嫁之禮可封東光公主出降饒樂郡王魯蘇

封燕郡公主制

漢圖既采蕃國是親公主嫁烏孫之王良家聘氈裘之長欽若前志抑有舊章餘姚縣主長女慕容氏柔懿爲德幽

閒在性蘭儀載美蕙問增芳公宮之教夙成師氏之謀可則今林胡請屬析津闕雖無外之仁已私於上略而由內之德亦資於元女宜光茲寵命睦此蕃服俾遵下嫁之禮以叶大邦之好可封爲燕郡公主出降與松漠郡王李鬱于

并州置北都制

經邦創制建都設險必因時順人統物立極我國家以神武聖德應天受命龍躍晉水鳳翔太原建萬代之模爲億兆之主猶成湯之居亳有周之興岐顧朕眇身纂承昌運

守宗社之大寶恢中原之鴻業叶時卜狩始經此都事本因心情兼惟舊近者嘉祥薦至休瑞屢臻此皆宗祏降靈神祇潛暨豈予匪德獨享厥休昔堯理唐郊式建丹陵之地漢居洛邑更表南陽之都今王業正興宮觀猶在列於邊郡情所未安非所以恢大聖之鴻規展孝思之誠敬其并州宜置北都改州爲太原府刺史爲尹司馬爲少尹太原晉陽爲赤縣諸縣爲畿縣官吏品第視京洛兩府條理

北都巡狩制

朕爰自瀍雒有事省方乘發生之和因豫動之慶將欲恤

鰥寡問老疾陳詩展禮黜幽陟明使滯伏必申微物咸遂其行幸所至處宜令刺史縣令存問百年老病鰥寡惸獨及行人家如有單貧不濟不能存活者量加賑給其侍老仍各賜物三段見禁囚徒除十惡及身犯反逆并造僞頭首以外自餘雜犯流死等罪各減一等徒以下放免百姓有賢良官人有清白並令中書門下採訪名聞其貪濁之吏委御史覺察彈奏

貶張嘉貞幽州刺史制

中書令張嘉貞備位宰相夙承恩命不能勵其公節以訓私門其弟嘉祐頃緣獎變遷在清秩憑寵自肆贓貨有彰豈可仍踐台階儀刑百辟貶居藩守俾肅朝倫可幽州刺史

命張說兼中書令制

中書政本實筦王言咨爾夏部僉曰惟允兵部尚書同中書門下三品燕國公張說道合忠孝文成典禮當朝師表一代詞宗有公輔之材懷大臣之節儲宮侍講早申翼贊台座訏謨備陳匡益入則式是百辟出則賦政四方嘉績簡於朕心茂功著於王室賚予良弼光輔中興迺眷專車是稱樞密宜兼出納之任式副具瞻之舉可兼中書令

祠后土獲符瑞行慶制

自古受天之命作神之主崇德祀地盡孝配親存乎禮經不可闕也朕承累聖之緒仗卿士之力方隅清謐宇宙乂安北狩并都南轅汾上覽漢武故事修其舊祠時惟仲春地氣萌動將先政本爲農祈穀齋戒惟寅粢盛惟潔仲尼曰吾不與祭如不祭豈非躬盡孝敬以致神祇乎而經始壝壇寶鼎出地奠茲玉帛榮光塞河將何以幽答神心上膺靈貺朕又懼焉今大典克舉美祥允洽自天之祐豈予

一人思與百辟同玆嘉慶亞獻邠王守禮終獻寧王憲各賜物七百匹申王撝岐王範薛王業各賜物五百匹餘外壇官三品已上賜爵一等四品已下各加一階應入三品五品現任四品已上官先授三品四品已上階經三十考者六品已上官先授五品六品已上階經十六考者令所司勘責奏聽進止諸緣大禮有職掌官賜勳兩轉餘陪位官賜勳一轉中書門下三品六尚書御史大夫食實封三品以上功臣與各一子官其立功萬騎身亡殁者雖預創業不見盛時念功思舊情有感惻並令所司檢勘亦各與

一子官改汾陰縣爲寶鼎縣官同外壇官例賜一階

授張說中書令王晙同三品制

門下周稱内史以司號令漢曰尚書是主喉舌用平邦典以佐王教兵部尚書兼中書令張說履道體正經邦立言吏部尚書王晙忠肅剛簡博聞宏識並才包王佐望重時英内訓五品外清九服嘉謨必盡庶績允釐宜參五臣之命以正三台之象說可中書令晙可兵部尚書同中書門下三品

授王晙朔方節度使制

周建司馬以申九法漢用丞相兼撫四夷伐畔柔服於是乎在朔方古郡實曰新邦雖夷狄已平河縣無事境隣戎馬地雜垌牧瞻言備豫深仗威謀王晙學綜九流才苞七德武稱敵國文乃時宗憂邊之誠所懷必盡奉上之道知無不爲出則守於四方入則式是百辟辨玆旗物制我封疆賞不失勞舉無遺德俾憑廟堂之策克平邦國之事可持節兼朔方軍節度大使其河西隴右河東河北諸軍征馬並委晙檢察置之

躬享九廟制

崇建宗廟禮之大者聿追孝享德莫至焉今宗以立尊親無遷序永惟嚴配致用蠲潔棟宇式崇祼奠斯受顧玆薄德獲承禋祀不躬不親曷展誠敬宜用八月十九日祗見九室

祀南郊制

帝王承天必崇告類之典文武尊祖是遵嚴訓之義所以克荷成命昭升前烈蓋王者之子道乃聖人之神教朕以寡昧猥承丕緒獲主祭祀一紀於玆輔相之宜下不足以被物馨香之德上不足以動天故歲或不登刑且未恤内

省爲愧大禮猶鬱星晷驟遷夙夜祇懼今四夷內附諸侯率職羣生和洽百物阜蕃猶恐教或未孚求之皇極誠有不逮觀於國風故親巡河東祈穀脽上神歆有答歲物以豐此皆先聖無疆之休上元啟佑之貺冀因報謁式展誠敬宜以迎日之至允備郊天之禮所司詳擇舊典以聞

令舉獻歲舊章制

獻歲之吉迎氣方始敬順天時無違月令所由長吏可舉舊章

授王邱等六人刺史制

昔皋繇與禹言乃曰在知人在安人此皆念在邦本光於帝載乾乾夕惕無忘厥旨而長吏不稱蒼生靡寧深思循良以矯過弊仍重諸侯之選故自朝廷始之王邱等行爲時宗才稱人秀實有懿德著於衣冠加之善政布在臺閣咸以修身之府載深經國之圖朕所明知躬自推擇是有煩卿之寄用彰恤下之心俾牧人宣條無媿於明哲而變風致理可輯於遺黎爾其克沃朕心式欽往命

貶宇文融汝州刺史制

事君之節在於匪躬爲臣則忠期於無隱黃門侍郎同中書門下平章事宇文融幸藉藝能俾承推擇往以封輯田戶漕運邊儲用其籌謀頗有宏益三遷憲府再入禮闈仍仗以訏謨委其密勿雖十旬八拜一日九遷方此超騰彼未爲遠庶達爾弼朕則佇於昌言謀而不臧近頗彰於公論交游非謹舉薦或虧將何以論道三台具瞻百辟宜報中樞之位居外藩之寄可汝州刺史

改封嗣江王禕等爲郡王制

國之宗盟樹以藩屏用親九族以制萬邦朕恭默思道懋勤庶政將欲克復古訓貽範方來頃以王國絕紀旁宗入

繼事非允正奚妨命停而立愛自親推恩由近禮雖云異情所未忘況其嗣侯已積年歲永言主祭因心怵惕宜降殊常之澤俾申敦睦之道再從兄將作大匠嗣江王禕爲信安郡王秘書少監嗣蜀王褕爲廣漢郡王再從叔太子員外率更令嗣密王徹爲濮陽郡王再從兄太子員外家令嗣越王思順爲中山郡王

褒賜尸利佛誓國制

尸利佛誓國三尸利陀羅拔摩遠修職貢載勤忠款嘉其乃誠宜有褒賜可遥授左武衛大將軍賜紫袍金鈿帶

追贈申王撝爲惠莊太子制

德盛者必享休名道高者必膺殊典況人倫之重義切因心天屬之深情殷追遠故司徒申王撝叡哲聰明本乎天性溫恭孝友挺自生知樂善好書清猷邁於兩獻深仁厚義美化侔於二南可謂具瞻百僚儀刑列辟朕將永康兆庶方自友于天不憖遺奄從薨逝永惟仁範哀慟纏懷用表非常之榮少寄天倫之戚可追贈惠莊太子宜令所司備禮就加册命陪葬橋陵

分遣蔣欽緒等往十道疏決囚徒宣慰百姓制

惟刑是恤止殺之深仁寧失不經好生之大德朕躬膺丕業思濟元元下之陷辜上教不至在予之責何咎於人今履端肇緒陽和獻歲思布德澤惠此囹圄將宏愷悌之恩以順發生之氣其天下見禁囚徒死罪宜降至配流巳下罪悉原之都城內委中書門下當日疏決處分京城委留守制到日處分仍令中丞蔣欽緒往河南大理少卿明珪往關內刑部郎中張樽往河東水部郎中崔恂往山南東道右庶子高仲舒往江南西道職方郎中鄭績往劍南道祕書丞張履冰往淮南道殿中侍御史孫濟往隴右道贊善大夫張景幽往河西道右諭德李林甫往山南道主客郎中張烈往江南東道並即馳驛發遣所至之處疏決囚徒宣慰百姓其有窮乏交不存濟及侍老行人之家有疾苦者各令州縣量加醫療及賑恤其嶺南五府磧西四鎮非流配効力等見禁囚徒各委節度使及本管都督府處分布告遐邇知朕意焉

改封契丹松漠郡王李邵固爲廣化王奚饒樂郡王李魯蘇爲奉誠王制

李邵固等輸忠保塞乃誠奉國屬外寰中無遠不屆而華

裔靡隔等數有加宜賜休名俾承慶澤

禁斷矯稱勅使制

如聞在外州多有矯稱勅使詐乘傳驛或託採藥物言將貢獻或妄云追人肆行威福如此等色猶須禁斷若緣別使皆發中使以此參察固易區分宜令州縣嚴加捉搦勿容漏網

追贈岐王範爲惠文太子制

褒崇名器所以尊德也光昭典禮所以飾終也況天倫之愛親親之至乎故太子太傅上柱國岐王範特亶聰明率

由孝友好書不倦樂善無忘固已作則列藩儀型百辟方憑魯衛之政率流雍穆之風豈圖輔德愆期殲良奄及想同氣而莫遂望驂駕而何追言念平生情深震動宜加殊禮之命用寄孔懷之哀可追贈惠文太子

封故澤王男義珣制

先親之義所以敦敘廣封之道所以利建故澤王男義珣漸慶元族分榮帝系早承光寵列在戚藩中因間言久不立嗣既宗英有譽而邦翰用崇宜順景風之典俾宏宅土之命可封嗣澤王

令戶口復業及均役制

天下諸郡逃戶有田宅產業妄被人破除并緣欠負稅庸先以親隣買賣及其歸復無所依投永言至此須加安輯應有復業者宜並却還縱已代出租稅亦不在徵陪之限國之役力合均有無比來應定門夫殊非得所每縣中男多者累載方始一差中男少者一周遂役數過既緣偏併豈可因循自今已後諸郡所載門夫宜於當郡縣通率準式納課分配令得均平

崇祀元元皇帝制

元元皇帝仙聖宗師國家本系昔草昧之始告受命之期高祖應之遂於神降之所置廟改縣曰神山近日廟庭屢彰嘉瑞虔荷靈應祇慶載深宜令本州擇精誠道士七人於龍角山廟中潔齋焚香以崇敬奉

授蕭嵩集賢院學士修國史制

明乎國史所以宏闡大猷觀乎人文所以化成天下自非鉤深學海囊括詞林盛周公之典謨懸仲尼之日月何以纂敘鴻業允諧僉能兵部尚書兼中書令蕭嵩自天生德惟國之楨孝友溫仁稟於性與明密忠謹自然道合禮樂

賁其黼藻風雅由其發揮足以掌書殿之祕文紬史策之徽烈論道而講學司論而記言俾垂作範之規用成不刊之典可兼集賢院學士知院事兼修國史餘並如故主者施行

賜王希夷致仕還山制

徐州處士王希夷絕學棄智抱一居貞久謝囂塵獨往林壑屬封巒展禮側席旌賢賁然來思克應嘉召雖紆綺季之跡已過伏生之年宜命秩以尊儒俾全高於尚齒可朝散大夫守國子博士聽致仕還山每歲春秋州縣致束帛

酒肉仍賜衣一副絹一百匹

授慶王潭等諸州都督制

朕欽承丕緒司牧黎元訟息刑淸遠安邇肅思宏備位式樹藩維列鎭而考其政聲謀帥而訓其戎旅徵皇漢之故事並建親賢採分陝之遺塵化行江汜爰崇磐石永固宗祧慶王潭等並稟秀玉林分華瓊苑夙彰韶譽久踐義方閱禮敦詩好賢樂善履忠肅而無替遵法度而不僭器蘊謀猷才兼文武任茲連帥統彼元戎幹略攸歸賢能是擇分麾作鎭授鉞專征式茂朝章宜恭嘉命以慶王潭爲涼

州都督兼河西節度大使忠王浚爲單于大都護朔方節度大使棣王洽爲太原以北軍州節度大使鄂王涓爲幽州大都督兼河北諸州節度大使榮王滉爲京兆牧兼隴右節度大使光王琚爲廣州都督兼嶺南經略大使儀王濰爲河南牧潁王澐爲安東都護平盧軍節度大使永王澤爲荆州大都督壽王淸爲益州大都督兼劒南節度大使延王洄爲安西大都護兼四鎭節度大使盛王沐爲揚州大都督

幸長安制

朕粤自鎬酆省方瀍洛屬九服寧晏四時順成殊徵麗殿景福紛委遂荷靈貺登於介邱先天成功允答休佑蓋敬天知命不敢以寧也我來於東歲亦數稔而西土耆老傒予多怨況關輔之地頃則有年宜叶卜征之祥式展時巡之義可以今年閏九月十日取北路幸長安所司準式緣頓支供一事已上並用當處官物不須科斂百姓其遞運及行從官僚等物從減省所在公私不得輒有進獻宣布遐邇知朕意焉

改道幸長安制

朕君臨區宇子育黎元每懷勤恤不欲勞煩而鎬京之地陵寢所在自展義河雒已歷歲年所以式遵卜征有事時邁抑惟常典寧敢憚勞將欲西巡元取北路今同州有暴水浸於邑居載懷憂惕無忘鑒寐且從南路幸長安所司準式

錄囚制

朕作人父母爲天下君豈將嚴廊爲逸嘗以億兆爲念何嘗不養之如子視之如傷驅彼代俗躋之仁壽使勝殘之道自我王政好生之德洽於人心皆遷善以遠罪亦有恥

而且格靡然向風以致刑措今秋典戒令理官議獄愍此愚者猶聞抵冒當宁發想興言疚懷宜布惠和之澤用申矜降之典俾率土之內知朕意焉天下見禁囚犯死罪者特宜免死配流者配邊州効力徒已下罪並放免官人犯贓罪不在此例其未有斷結者各處本犯定刑名準此處分

優恤張守潔等制

故益州長史張守潔故桂州都督員嘉靜等並守委藩鎮克著忠勤奄隨化往良深震悼言念旅櫬猶在遐方用加

優恤以慰泉壤宜官造靈轝給傳還鄉所緣葬事並委有司支給

欽定全唐文卷二十三

元宗四

命備吐蕃制

慎守疆埸所以備不虞訓理甲兵所以存禁暴列代通典有國永圖朕以虛薄君臨寓縣上奉天道務在於生育下順人心無隔於夷夏柔服四裔底綏萬邦慕義向風盡爲臣妾納貢述職咸赴闕庭惟吐蕃小醜忘我大德侵軼封域抄掠邊甿言念於茲無忘鑒寐且本設方鎮以防緣邊至於警急宜相救援今故糾合諸軍團結勁卒務令首尾

相衞心力叶同張羅網之形開犄角之勢俾窮寇進不能犯退無所歸秣馬練兵覩釁而動屯田積穀固敵是求殄戎可期戰勝斯在隴右道共團結馬步三萬九千人臨洮軍團八千人河源軍團六千人安人白水軍各團一千五百人積石莫門軍各團二千人河西道蕃漢兵團結二萬六千人赤水軍團一萬人玉門豆盧軍各二千人並依舊統領以候不虞更於關內徵驍兵一萬人以六月下旬集臨洮十月無事放散朔方取健兒弩手一萬人六月下旬集會州下十月無事便赴本道候賊所向賊於河西下即

令隴右兵取閤川過朔方合兵取新泉與赤水軍合勢邀襲令河源積石莫門兵取背掩撲賊於河源下朔方兵從乳漫渡河并臨洮軍兵馬河源軍合勢邀襲赤水軍取背掩撲賊於鳳林關下朔方兵赴臨洮與鄯州兵合勢邀襲河源積石兵取背掩撲所要甲兵遂便支條公私營種且耕且戰各宜訓勗以副朕懷

宣慰河北州縣制

河北遭水處城傍及諸蕃投降人先令安置及州縣被差征行人家口等去年水潦漂損田苗頻遣使人所在巡撫

兼令州縣倍加矜恤不知並得安存與否今舊穀既沒新麥未登丁壯既差遠行老少慮不支濟朕身居黃屋念在蒼生每思優養無忘鑒寐今故遣中使左監門衛將軍李善才重此宣慰宜令州縣簡責有乏絕者準吏給糧俾令安堵以副朕意

順時宥罪制

頃屬初陽肇授移摯新宮因施惠布德用順時令徒已下罪並責保放營農今詳其刑格亦非重罰已釋囹圄不可更收宜許自新特從免放

令隴右河西備邊制

隴右河西地接邊寇雖令團練士卒終須常戒不虞如聞吐蕃尚聚青海宜令蕭嵩張志亮等審察事勢倍加防禦當須蓄銳以逸代勞其當賊路要害軍縣處須量加兵馬任逐便通融處置仍揀擇有幹略人簡較明為探候動靜須知主將已下若挺搦用心事無不理者當加重賞如廢官慢盜式遏乖所者必寘嚴憲仍曉示使各勉職以副所委其管城壘應築未了者並早令畢功無致延緩闕於備守

討吐蕃制

昏迷反道天地所以制罰戎狄亂華帝王所以耀武吐蕃小醜頻年犯塞壞我城鎮虜我邊人言念征夫良深憤惋今北軍羽騎萬弩齊發山西飛將百道爭先掃蕩之期在於晷刻然賞罰必信懲勸在焉號令不明忠勇何望若迴避縱敵則寘國刑如克雋擒兇須懸軍格其河西隴右安西劍南等州節度將士以下有能斬獲吐蕃贊普者封異姓王斬獲大將軍者授大將軍獲次以下者節級授將軍中郎將不限白身官資一例酬賞速令布告咸使聞知

封唐昌公主等制

邦女下嫁義著周經帝子建封制存漢傳朕訓導諸子舊有女師因其婉娩之性進成肅雍之德能鑒圖史頗知法度今選婚華族待禮笄年宜加重綬之典俾開湯沐之賦第四女可封唐昌公主第六女可封常山公主第八女可封寧親公主各食實封五百戶唐昌公主出降張垍俱用八月十九日所司詳備禮物式遵故事

罷杜暹李元紘平章事制

出納王言發揮綸翰宰相之任選衆推賢檢校黃門侍郎

同中書門下平章事杜暹同中書門下平章事李元紘等咸勵忠勤用登樞揆雖清以自牧而道則未宏不能同心勠力以祇帝載而乃肆懷相短以玷朝綸朕緣事醜股肱情惟隱蔽掩其累而不章遂其過而彌彰將何以緝敘三光儀刑百辟宜回中禁俾列專城暹可荊州長史元紘可曹州刺史

停源乾曜侍中制

尚書右丞相兼侍中源乾曜十載持衡一心自牧台鼎斯重管綜維繁雖功力在公而暮年微疾俾司端揆罷劇中樞宜停侍中其尚書左丞相如故

貶齊澣麻察等制

朕聞四時之義信在不言三代之風德以歸厚道可光乎訓俗理必由乎在位有犯無隱名教之攸先上和下睦憲章之惟舊其有辯言亂政實誡殷書僞行登朝深懲魯典朝請大夫守吏部侍郎上護軍齊澣累踐清要誠宜至公承議郎守興州別駕麻察頻經貶逐理合遷善乃交搆將相離閒君臣作謟瀆之筌蹄是德義之蟊賊都水監丞齊敷靈州都督府兵曹參軍郭稟等趨走末品菑議在心左

道與人橫議於下並青蠅可鑒害馬難容或任高星象或名微草芥上恥大夫之辱下羞徒隸之刑特解嚴誅宜從遠逐澣可高州良德縣丞員外置長任察可潯州皇化縣尉員外置長任敷宜量決一百長流崖州稟亦量決一百長流白州仍並差使馳驛領逐雖萬方之過情切在予而四罪以聞刑其自爾且如非賢勿理食祿憂政庶乎文武百辟忠公事主出惟長者之遊言必先王之道光昭雅訓可不務乎如或迹在不經思出其位雖輕勿赦抑有常法布之朝綱知朕意焉

授裴光庭宏文館大學士制

政理鴻業宏之者大賢文儒盛美典之者茂德自非夔龍間出周孔挺生則無以翊贊經綸發揮圖史者矣侍中兼吏部尚書裴光庭忠公性與禮樂天資爲社稷之臣總喉舌之任儀刑百辟則庶績其凝藻鏡九流則具瞻惟允進規獻替明謨每竭絕編蠹簡成誦不忘固可以尚論之餘闡尊儒之義經緯廟堂之略論思祕館之文僉曰爾諧期於予理往膺寵命克昭丕績可充宏文館大學士餘如故

加白履忠朝散大夫制

處士前祕書省校書郎白履忠學優緗簡道貴邱園探賾以見其微隱居能達其志故以汲引洙泗物色夷門素風自高元冕非貴几杖云暮章秩宜加俾承禮命之優式副寵賢之美可朝散大夫

放還白履忠制

卿孝悌立身靜退敦俗年過耆耋不雜風塵盛德早聞通班是錫豈惟旌賁山藪實欲獎勸人倫且遊上京徐還故里

申嚴銅禁制

古者作錢以通有無之鄉以平小大之價以全服用之物以濟單貧之資錢之所利人之所急然絲布財穀人民爲本若本賤末貴則人棄賤而務貴故有盜鑄者冒嚴刑而不悔藏鏹者非倍息而不出今天下泉貨益少幣帛頗輕欲使天下流通焉可得也且銅者餒不可食寒不可衣既不堪於器用復不同於寶物唯以鑄錢使其流布宜令所在加鑄委按察使申明格文禁斷私賣銅錫仍禁造銅器所在採銅鉛官爲市取勿抑其價務利於人

迎氣東郊推恩制

皇王之大化備載於所陳必順時而行政將奉天而育物考古之要莫不由斯朕自膺寶位欽若上元萬物叶心庶務簡易齊七政以察璿璣勸兆庶而勤稼穡日慎一日於今二十年矣何嘗不夙夜祗畏憂勞在懷思致黎元以宏政理屬獻歲初吉乘時布令是用敦本復古將必稽於月令始謀作則先有事於春郊宜因展禮之辰則布惟新之澤其天下見禁囚徒自開元十八年正月五日昧爽已前大辟罪已下罪無輕重已發覺未發覺已結正未結正繫囚見徒常赦所不免者咸赦除之其左降官及流移配隸

安置罰鎭効力之類並宜量移近處其官已復資至敘用之時不須爲累其流人配隸并一房家口者所犯人情非劫害身已亡殁其家口放還流人及左降官考滿載滿丁憂服滿者亦準例稍與量移其亡官失爵放還不齒及諸色被停解免與替人等非犯贓者宜令司存勘責量加收敘其衰老疾病者仍與致仕官天下百姓今年地稅并諸勾徵欠負等色在百姓腹内未納者并一切矜免亞獻太子鴻賜物二千匹終獻寧王憲賜物一千匹文武百官及有司職掌等各賜束帛有差率土之内賜酺三日其海内

五嶽四瀆及諸鎭名山大川及靈跡并自古帝王得道升仙忠臣義士先有祠廟者各令郡縣逐處設祭

立齊太公廟制

乾坤沖用陰陽所以運行帝王大業文武所以垂範故四序在乎平分五材資於並用式稽乾坤之義載明文武之道永言舊章斯典未洽自我而始爰備闕文昔羲皇立弧矢之象黃帝有甲兵之事將以定禍亂濟生靈分二柄而齊設配兩儀而共久至若用之以仁義行之以禮樂龍豹卷舒而莫測星辰應變而無方誰其尸之則齊太公之道也故宣尼大聖立文以化成尚父維師仗武而宏信齊魯之道列親賢之教興鬱爲政源崇我王業遂使金石之奏永播於蹲龍之庭蒸嘗之享不行於非熊之室文武並設斯不然矣豈王風云季禮沒於前修將帥是尊慶彰於今日式崇大典垂裕後昆宜令兩京及天下諸州各置太公尚父廟一所以張良配享春秋二時取仲月上戊日祭諸州賓貢武舉人準明經進士行鄉飲酒禮每出師命將辭訖發日便就廟引辭仍簡取自古爲將功業顯著康濟生人者十人準十哲例配享

幸東都制

三秦九雒咸曰帝京五載一巡時惟邦典上腴多饒衍之美仍勞於轉輸中壤均舟車之湊頗聞於殷積朕所以相時度宜期於利物者也況河汴頻稔江淮屢登二周馳望幸之誠三川勤徯予之請然猶未便順動且念人勞期以來年方議時邁而頃京輔近甸膏澤未均陝雒之交稼穡亦盛固不可俟於今日庶用協乎光天豈肆心於宴安期順人而從幸兩京供帳宿有儲擬十月滌場是因暇隙信可備法駕整勾陳清蹕崤澠觀風河雒宜以今年十月四

日幸東都所司準式

加常芬公主實封制

常芬公主。公宮成訓。歸妹有儀。錫號疏封。雖已洽於前典。推恩食邑。猶未崇於後命。宜書沐賦之榮。式昭築館之義。可食實封五百戶。用今年九月丁巳出降張去奢。所司詳備禮物。式遵故事。

發諸州義倉制

用天之道。分地之利。此庶人之事也。非濟育無以致其功。務在三時。遵其五教。此邦家之典也。非悅勸無以成其業。朕當夜分思理。明發聽朝。惠綏羣元。若保赤子。議獄以緩死。薄征以息人。年穀頗登。時政庶緝。而家給之長。仍或未均。蘊利之徒。猶聞贅聚。靜言其事。應有厥繇。如聞貧下之人。農桑之際。多闕糧種。咸求倍息。致令貧者日削。富者歲滋。非所謂益寡裒多。務穡敦本之方也。思宏惠恤。以拯貧窶。且義倉元置。與衆共之。將以克濟斯人。豈徒蓄我王府。自今已後。天下諸州。每置農桑。令諸縣審責貧戶應糧及種子。據其口糧。貸義倉。至秋熟後。照數徵納。庶耕者成業。嗇人知勸。生厚而德正。時順而物成。國富家肥。於是乎在。

凡厥主守。稱朕意焉。

寬宥天下囚徒制

行慶施惠。所以奉天時。緩刑恤獄。所以愛人命。今陽和布序。草木自榮。而或入於罪隸。嬰於春槁。同被亭育之恩。未暢生成之施。言念於此。深用憫然。思宏時令。以哀黎庶。應天下囚徒罪至死者。特寬宥配隸嶺南遠惡處。其犯十惡及造僞頭首。量決一百。長流遠惡處。流罪罰鎮三年。其徒已下罪。并宜釋放。其有官吏犯贓推未了者。仍推取實收定名訖。然後準降例處分。計贓一匹已上。及與百姓怨讎者。并不須令却上。其上都委中書門下疏理。京城委留守。天下諸州長官當日處理。其責保停務之類。並宜準此。

追封安金藏代國公制

義不辭難。忠爲令德。保祐君主。安固邦家。則必荷寵光之休。膺土宇之錫。安金藏忠義奉國。精誠事君。往屬酷吏肆兇。潛行謀構。當疑懼之際。激忠烈之誠。突刃剖心。保明先聖。見危授命。沮奸邪之慝。轉禍存福。獲明夷之貞。雖鳴玉銜珠。已備於休命。而疇庸疏爵。未洽於殊榮。宜錫寵於珪組。兼勒名於金石。

幸北都制

昔之握皇綱執大象者或省方以肆覲或巡狩以觀風故軒轅至崆峒之野夏禹列塗山之會雖往古遺事先王高迹觀其出豫稍涉遐遠朕自臨馭天下底綏人極法駕罕順動之儀蒼生多傒來之歎每欲時邁因而布和憚於人勞必也中止惟彼堯俗古風猶遠方於譙郡王業是同西漢高皇永懷於沛邑東京數帝每幸於舂陵豈不遠思喬木無忘敬梓況境乃近壤城惟列都既行幸是常亦情禮兼遂又嵩郡天險方位土中而陵寢地邇攀望增感且布

政而行化實展懷於志思宜取今年十月十二日幸北都便還西京所司準式

命貢舉加老子策制

老子道德經宜令士庶家藏一本每年貢舉人量減尚書論語策一兩條準數加老子策俾尊崇道本宏益化源今之此勑亦宜家置一本每須三省以識朕懷

命李暠使吐蕃制

繼好之義雖屬邊鄙受命以出必在親賢事欲重於當時禮故崇於殊俗選衆之舉無出宗英工部尚書李暠體含柔嘉識致明允為公族之領袖是朝廷之羽儀今金城公主既在蕃中漢廷公卿非無專對有懷於遠夫豈能忘宜持節充入吐蕃使所司準式發遣

遣使宣慰江南淮南等州制

去年江南淮南有微遭旱處河南數州亦有水損百姓皇甫翼等咸謂能賢式將朕命其閒乏絕應須賑貸便量事處置回日奏聞

授韓休黃門侍郎同平章事制

思致雍熙事求良輔久勤夢寐近在周行尚書左丞韓休

蘊道宏深秉德經遠清誠可以軌物素行可以律人一自登朝備聞體國志存公亮誠合始終而羽翼朕躬金玉王度人望是在朝選無踰宜拜命於瑣闈俾兼和於鼎實可守黃門侍郎同中書門下平章事

允禮部尚書王邱致仕制

王邱夙負良材累升茂秩比緣疾疹假以優閒聞其家道屢空醫藥靡給久此從宦遂無餘貲持操若斯古人何遠且優賢之義方冊所先周急之宜激功攸在其俸祿一事已上並宜全給式表殊常之澤用旌貞白之吏

加張果封號制

恒州張果先生。遊方之外者也。跡先高尚。深入窈冥。是混光塵。應召城闕。莫詳甲子之數。且謂羲皇上人。問以道樞盡會宗極。今特行朝禮。爰畀寵命。可銀青光祿大夫。號曰通元先生。

授裴耀卿侍中張九齡中書令李林甫禮部尚書制

門下。春秋之義。尚量卿才。王國克楨。莫先相位。用增其命。必正其名。中大夫守黃門侍郎同中書門下平章事宏文

館學士賜紫金魚袋上護軍裴耀卿。正議大夫中書侍郎同中書門下平章事集賢院學士副知院事兼修國史紫金魚袋上柱國曲江縣開國男張九齡。經濟之才。式是百辟。正議大夫檢校黃門侍郎賜紫金魚袋上柱國李林甫。泉源之智。迪惟前人。既樞密載光。而親賢稱首。審能羣會所莅有孚。寧惟是日疇咨。故以多年歷選。國鈞緊賴。邦禮克清。宜命曰鼎臣。置之廊廟。耀卿可銀青光祿大夫守侍中。學士勳如故。九齡可銀青光祿大夫守中書令。集賢院修國史勳如故。林甫可銀青光祿大夫守禮部尚書門下三品。勳如故。主者施行。

授信安郡王禕滑州刺史制

門下。訓俗安人。是資良牧。棄瑕錄用。茲爲令典。使持節衞州刺史信安郡王禕。器能之美。宗室所推。才堪應務。久當於任委。防缺周身。因從於降黜。惟推念舊義。在睦親宜迴傳於方外。俾分符於近服。可滑州刺史。

封李過折北平郡王制

高懸爵秩。以待勳庸。能者得之。固其宜也。契丹兵馬官李過折。蕃中貴種。塞下雄才。其謀慮之深。既能轉禍。當義勇

之發。何異疾雷。故得積年逋誅。一朝蕩滌。使烏竄之衆。復爲戎人。鷹揚之師。且息邊甲。言念誠節。宜超等數。特加象輅之封。仍異龍城之禮。可封北平郡王。同幽州節度副大使。賜帛一千匹。

授李尚隱戶部尚書益州長史劒南節度採訪使制

門下。司徒之職。事殷九賦。連帥之任。寄重十州。兼而統之。其在能者。銀青光祿大夫守太子詹事上柱國高邑縣開國子李尚隱。長才致用。直道爲謀。大任亟登。晚節彌厲。臨

事克斷不敢於煩苛去邪勿疑無避於強禦必能內均上壤外撫華戎保息萬人俾修夏官之典澄清三屬仍總使臣之務可守戶部尚書兼益州大都督府長史持節劍南節度營田副大使兼節度採訪處置使散官勳封如故

贈兗國公陸象先尚書左丞制

象先含和毓粹體道居身迹在區中心遊象外懋昭丕德光輔先朝爰降優恩是爲師保方期承命以配上祥厲疾無瘳徽音遽隔興言念舊震悼於懷宜旌端揆之職用光窀穸之事贈尚書左丞賻物二百段米粟二百石

千秋節宴羣臣制

自古風俗所傳歲時相樂亦合因事大小在人朕生於仲秋厥日惟五遂爲嘉節慶感誠深今屬時和氣淸年穀漸熟中外無事朝野乂安不因此時何云燕喜卿等即宜坐飲相與盡歡

授慶王琮司徒制

門下汝作司徒以親百姓予有禦侮爰整六師中外之寄藩維是屬太子太師兼涼州大都督河西諸軍州節度大使支度營田九姓長行轉運使上柱國慶王琮克勤於躬允協厥訓每有志於敦學常不忘於樂善事上之道忠順在焉舉能之義親疏一也固可委以邦教受之廣謀勉圖乃功勿替朕命可守司徒餘如故

答侍中裴耀卿論服制手制

從服有六此其一也降殺之制禮無明文此皆自身率親用爲制服所有存抑盡是推恩朕情有未安故令詳議非欲苟求變古以示不同卿等以爲外族之親禮無厭降報服之制所引甚疏且姨舅者屬從之至近也以親言之則亦姑伯之匹敵也豈有所引者疏而降所親者服又婦從

夫者也夫以姨舅夫既有服從夫而服尤是睦親實欲令不肖者企及賢者俯就卿等宜熟詳之

罷侍中裴耀卿中書令張九齡爲尚書左右丞相制

門下燮和陰陽儀刑端揆自非人傑孰副僉諧金紫光祿大夫侍中宏文館學士上柱國稷山縣開國男裴耀卿才實國楨望爲人範懷匪躬之節竭奉上之心金紫光祿大夫中書令集賢院學士修國史上柱國始興縣開國男張九齡器識宏遠文詞博贍負經濟之量有謀猷之能自翼

贊台階。彝倫有序。直道之心彌固。謇諤之操逾堅。並可以儀刑百寮。緝熙庶績。宜迴掖垣之任。俾列宮師之表。燿卿可守尚書左丞相。九齡可尚書右丞相。散官勳封如故。主者施行。

遷衛州長史盧見象等制

善為理者。固道在至公。能官人者。俾財無滯用。今之羣吏列於郡國。績有可考。政或可觀。既久於所職。當敘之以位。衛州長史盧見象等頃在條察。克著聲猷。計年有成。以時議進。期乎知勸。且曰無遺。彼欲速者。自衒而至。廉恥之道

喪。干進之責深。悠悠斯人。朕無所取。凡百在位。宜悉乃懷。

恤刑制

朕猥集休運。多謝哲王。然而哀矜之情。小大必慎。自臨寰宇。子育黎烝。未嘗行極刑。起大獄。上元降鑒。應以祥和。思協平邦之典。致之仁壽之域。自今有犯死刑。除十惡罪。宜令中書門下與法官詳所犯輕重。具狀奏聞。

推恩臣庶制

崇德尚齒。三代丕義。敦風勸俗。五教攸先。其曾任五品已上清資官以禮去職者。所司具錄名奏。老疾不堪釐務者與致仕。道士女冠宜隸宗正寺。僧尼令祠部檢校。百司每旬節休假。並不須親職事。任追勝為樂。宣示中外。知朕意焉。

命宇文晏襲封介國公制

夏典有虞賓之位。周書載微子之封。皆所以啟迪前王。發揮後嗣。故介國公宇文超男晏。倬彼茂緒。曰予嘉客。肅雍成性。溫潤合禮。雅有助祭之容。宛是宜邦之具。爰復爾國。以承天休。可襲封介國公。

廢皇太子瑛為庶人制

朕躬承天命。嗣守先業。不敢失墜。將裕後昆。所以擇元良。策奇器。為國之本。豈不謂然。太子瑛幼而鍾愛。爰加訓誘。親之師範。所望日新。年既長成。與之婚冠。而妃之昆弟潛搆異端。頃在東都。頗聞疑議。所以妃兄薛愿流謫海隅。導之誨之。謂其遷善。駙馬都尉薛鏽亦妃之兄也。今又煽惑。謀陷弟兄。朕之形言。愧於天下。教之不改。其如之何。蓋不獲已。歸諸大義。瑛可廢為庶人。鄂王瑤光王琚等自幼及長。爰加撫育。為擇師資。欲其恭順。而不率訓典。潛起異端。及與太子瑛搆彼凶人。同惡相濟。亦既彰露。咸引其咎。孽

由己作義在滅親並降爲庶人駙馬都尉薛鏽離間骨肉惑亂君親潛通宮禁引進朋黨陷元良於不友誤二子於不義險薄之行遂成門風皆惡迹自彰凶慝昭露據其所犯合寘嚴誅言念瑣姻用申寬典捨其兩觀之罰俾就三危之竄可長流瀼州百姓

加樂安郡王瑗等實封制

門下兄弟之子於近屬而特深恩禮之情在諸孤而更切故惠宣太子男守鴻臚卿樂安郡王瑗等咸自砥礪克修名檢纘承先緒休有令聞能榮曲阜之封不忝高陽之族

念往之悵已無追於百身撫存之恩宜受賜於千室可共食實封一千戶主者施行

欽定全唐文卷二十四

元宗五

迎春東郊制

自今已後每年立春之日朕當帥公卿親迎春於東郊其後夏及秋常以孟月朔於正殿讀時令禮官即修撰儀注既爲常式乃是常禮務從省便無使勞煩也

贈武惠妃貞順皇后制

存有懿範沒有寵章豈獨被於朝班故乃亞於施政可以垂裕斯爲通典故惠妃武氏少而婉順長而賢明行合禮

經言應圖史承戚里之華胄昇後庭之峻秩貴而不恃謙而益光以道飭躬以和逮下四德粲其兼備六宮咨而是則法度在己靡資珩珮躬儉化人率先絺紘夙有奇表將加正位前後固讓辭而不受奄至淪殁載深感悼遂使玉衣之慶不及於生前象服之榮徒增於身後可贈貞順皇后宜令所司擇日冊命

封臨晉公主制

湯沐建封古今通典豈獨貴於寵數亦兼崇於美名第二女性與柔和生知法度率以師氏之訓成其天然之質有

行之禮將及於笄年備物之恩俾開於井賦可封臨晉公主食實封一千戶

贈同安郡王瑀太子少保制

猶子之恩特深於情禮睦親之義必備於哀榮同安郡王瑀稟氣淳和執心忠順邦國垣翰宗枝羽儀磐石蹝封將期永固逝川不捨俄歎促齡悼往之懷因心所切宜增寵命用飾幽泉可贈太子少保葬事官給陪葬橋陵

春郊禮成推恩制

皇王之化載籍所陳將奉天而育物必順時而行政雖禮

文則著而親祠蓋闕朕自膺寶歷且踰二紀承宗社之降祉賴公卿之叶心萬物阜成庶務簡易思以黎獻臻夫仁壽是用敦本復古將必稽於月令謀始作則先有事於春郊宜因展禮之辰式布惟新之澤其天下見禁囚應犯死罪者特宜免死配流嶺南已下罪並放免朕每念黎甿弊於征戍親戚多别離之怨關山有往復之勤何嘗不惻隱於懷寤寐增嘆所以别遣召募以實邊軍錫其厚賞便令常住今諸軍所召人數向足在於中夏自可罷兵既無金革之事足保農桑之業自今已後諸軍兵健並宜停遣其見鎮兵並一切放還京畿之內雜役殷繁言念劬勞豈忘優恤頃以櫟陽等縣地多鹹鹵人力不及便至荒廢近者開決皆生稻苗亦旣成功豈專其利京兆府界內應雜開稻田并宜散給貧丁及逃還百姓以爲永業書不云乎不作無益害有益語不云乎奢則不遜儉則固緬懷前古嘗折在心將斲雕以爲樸期上行而下效自今已後王公不得以珍物進獻所司應緣宮室修造務從節儉但蔽風雨勿爲華飾至於金玉器物諸色雕鏤朕緣蕃客所要將充宴賞今流俗之間遞相倣效旣損財於無用仍作巧以相

矜敗俗傷農莫斯爲甚並一切禁斷以絶浮華古者鄉有序黨有塾將以宏長儒教誘進學徒化人成俗率繇於是斯道久廢朕用憫焉宜令天下州縣每一鄉之內别各置學仍擇師資令其教授其諸州鄉貢明經進士每年引見訖并令就國子監謁見先師所司設食學官等爲之開講質問疑義且公侯之裔皆稟義方學禮聞詩不應失墜容其僥倖是瀆化源其於貴冑子孫如聞近來宏文館學士多有不專經業便與及第深謂不然自今已後宜一依令式考試朕之爵位惟待賢能雖選士命官則有常調而安

畢遁跡尚慮遺才其內外八品以下官及草澤間有學業精博蔚爲儒首文詞雅麗通於政術爲衆所推者各委本州本司長官精加搜擇具以聞薦發生之月實在於行仁利物之心莫先於作善先斷捕獵令式有文所繇州縣宜嚴加禁止其每年千秋節日仍不得輒有屠宰道釋二門皆爲聖教義歸宏濟理在尊崇其天下觀寺有絕無道士女冠僧尼者宜量觀寺大小度六七人簡擇灼然有經業戒行爲鄉閭所推仍先取年高者凡百卿士朕之同德宜勉所職以合時令禮有時施惠義兼行賞實爲其時固不

可缺亞獻忠王璵宜賜物一千疋終獻穎王璬賜物五百疋邠王守禮寧王憲各五百疋慶王琮已下及長公主郡縣主二王後京文武官賜帛各有差天下諸州侍老宜令所繇長官量賜酒肉務在優養今朝廷無事天下和平美景良辰百官等任追勝爲樂宜即布告中外咸使聞知

封蒙歸義雲南王制

古之封建誓以山河義在疇庸故無虛授西南蠻都大酋帥特進越國公賜紫袍金鈿帶七事歸義挺秀西南是稱酋傑仁而有勇孝乃兼忠懷馭衆之長材秉事君之勁節瞻言諸部或有姦人潛通犬戎敢肆蜂蠆遂能躬擐甲胄總率驍雄深入長驅左縈右拂凡厥醜類應時誅翦戎功若此朝寵宜加俾膺胙土之榮以勵捍城之士復遣中使李思敬齎冊書往冊焉

貶蕭嵩青州刺史制

王者立法所貴無私有過必懲古之令典太子太師蕭嵩累踐清資嘗居重任身寵茅土家榮姻戚人臣之貴莫二止足之分當知曾不是思乃行非道城南別業地即青腴畝直千金蓋謂於此遂將數頃輒遺仙童名位若斯恩遇

亦甚昵於庸豎更欲何求靜言其情深所未諭但久經任使措在朝廷自不飾躬良用驚聽豈可輔導太子頡頏正人宜從貶出以肅紀綱可青州刺史

貶張守珪括州刺史制

張守珪本自戎行夙承任遇去歲軍務失實乃命謁者監牛仙童宣諭朕意輒便結託凡細令其詭詞賂以百金兼之數口恐懼邊塞或容苟求遺謁軒墀何不早自披露用茲奉國曷以爲顏猶念舊勳俾從寬典可括州刺史

答李林甫賀收安戎城手制

此城儀鳳年中羌引吐蕃遂被固守歲月既久攻伐亦多其城巖險非力所制朝廷羣議不令取之朕以小蕃無知事須處置授以奇計所以行之獲彼戎心歸我城守有足爲慰也

授吐火仙可汗等官爵制

德以柔遠兵以威敵服而捨之古之制也突騎施吐火仙可汗骨啜弟葉護頡阿波等背化乘邊阻兵恃衆雖蟻聚爲梗或擾疆埸而王師所向盡擣巢穴憫其束身就戮歸命而朝宜加宥過之典載洽覃恩之命俾厥弟兄並膺光

寵或分茅土復列鉤陳骨啜可左金吾衞員外大將軍仍封爲循義王頡阿波可右武衞員外大將軍

封皇孫俶等爲郡王制

分命本枝列於庶位博考方冊斯爲大猷皇太子之子俶等觀其器識日以通敏仁和之性自然忠孝之誠克備率由禮度能稟義方學既著於崇儒材可使於從政爰玆拜職宜從紫綬之榮勉爾修身式副綠車之寵可封俶爲廣平郡王僖爲南陽郡王倓爲建寧郡王佖爲西平郡王僅爲新城郡王僩爲潁川郡王又封慶王之子僾爲新平郡王伸爲平原郡王棣王之子僎爲汝南郡王僑爲宜都郡王榮王之子俌新唐書表作俌傳作俯舊唐書傳則又作佩爲濟陰郡王佾爲北平郡王儀王之子侁爲豫章郡王按新書傳作鍾陵郡王世系表作臨川郡王舊書傳作供鍾陵郡王並其名亦復互異矣健新書傳表俱作倢舊書傳作健爲廣陵郡王頲王之子伸與慶王之子同名新舊書皆同爲滎陽郡王永王之子傷新書傳表俱作傷舊書傳作瑒爲襄城郡王壽王之子伾新書表傳俱作伾舊書傳則作俓爲濟陽郡王延王之子倬爲彭城郡王濟王之子傃爲永嘉郡王

贈鄔元崇棣州刺史制

故洪州人鄔元崇往者來應嘉詔次於號略忽睹元元皇帝俾之昇雲空中與言使戒天后表國祚中興之運示寶歷無疆之期遂能不顧其身來傳此旨竟遭幽縶諒可傷嗟自非竭節本朝孰克犯顏玆日宜加追贈用慰幽魂可贈棣州刺史

委刺史縣令勸課制

古之爲理必順時行令獻歲發春仁氣育物直叶陽和之德以勤播種之務天下諸州委刺史縣令加意勸課仍令採訪使勾當非灼然要切事不得妄有追擾其今月諸色

當番人有單貧老弱者所司即揀擇量放營農至春末已來並宜準此

封高陽公主制

用嘉成德將及推恩䟽封錫號禮典攸在第二十女資身淑慎稟訓柔明克備肅雍之儀允彰圖史之德而方營魯館宜啟沁園俾承寵於中闈復增榮於列賦仍食實封一千戶

定大唐樂制

王者作樂古之大猷蓋以殷薦上帝嚴配祖考況順天地

之理開山川之風發揮雅音導達和氣揖讓而理不其盛歟自戰國以來此道隳壞但紀鏗鏘之節寧探述作之深歷代因循莫之改革朕嘗以聽政之暇紬尋前典雖舊制之空存而正聲之多缺將何以列彼祠祀感於靈明斯事體大諒資合應是用躬親有以裁校定六律而爲本遵五行之相尅哀慢淫過去其弊也清濁剛柔適其中也亦既協應頗爲成文或得之於自然乃不知其本故豈上元幽贊俾正缺遺者哉方於六代之作亦各一時之義也乃命奉常陳於祀事用昭誠敬且敦風俗而王公卿士爰及有司頻詣闕上言請以唐樂名斯至公事朕安得而辭焉然則大咸大韶大護大夏皆以大字表其樂章今之所謂宜曰大唐樂

追謚寧王憲爲讓皇帝制

能以位讓爲吳泰伯存則用成其節歿則當表其名非常之稱旌德斯在故太尉寧王憲誕含粹靈允膺大雅孝悌之至本乎中誠仁和之深非因外獎率由禮度雅尚文儒謙以自牧樂於爲善比兩獻而有光與二南而合德自出臨方鎮入配台階逾勵忠勤益聞周慎實謂永爲藩屏以

輔邦家曾不憖遺奄焉殂沒友于之痛震慟良深惟王朕之元昆合昇上嗣以朕奉先朝之睿略定宗社之阽危推而不居請予主鬯又承慈旨焉敢固違不然者則寵極之尊豈歸於薄德茂行若此易名是憑自非大號孰副休烈按謚法推功尚善曰讓德性寬柔曰讓敬追謚曰讓皇帝宜令所司擇日備禮册命

天寶改元制

神之降休禮無不答永言禋祀必在躬親朕粵自君臨載宏道教崇清淨之化暢元元之風庶乎澤及蒼生時臻壽

域積以歲月未嘗懈怠豈謂徵誠感通烈祖降見乃昭靈命是錫寶符因而求之應言而獲亦既至止果表殊徵諒惟祕詞不可詳說然邦家大慶何以過焉是知神仙所緘造化同固爰初有待經韞匱而多時潛應改元若符契之相合景福攸介祇畏良深而羣官宗室抗疏於外元良諸子屢請於中逮夫緇黃兼彼耆老以至懇誠不已前後相仍願加天寶之名用易開元之號顧惟菲薄曷以當之然則元訓在乎欽承人心難以推拒順天從衆義協至公敬依所請實用多愧斯蓋上元厚載爰及百神孚佑効靈協

於睿祖幽贊惟新之歷克彰永代之祥宜遵祀典式陳昭報可以來月十五日祔元元皇帝廟十八日享太廟二十日有事於南郊宜令中書門下與禮官等即詳定禮儀具錄聞奏應緣行事及簡較官等各委有司不須別差人執當其北郊宜差公卿擇日祭五嶽四瀆及名山大川各令所在長官備禮陳祭務申誠敬副朕意焉

令道教及天地乾坤字須半闕制

大道先於兩儀天地生於萬物是以聖哲之後咸竭其誠今後應緣國家致命表疏簿書及所試制策文章一事已上語指道教之詞及天地乾坤之字者並一切半闕宜宣示中外

追尊元元皇帝父母并加謚遠祖制

庇生人者必崇於大道受成命者實賴於前烈恭惟大聖祖元元皇帝道光太極首出混元宏敷妙門廣運眞化雖乘時御氣既超昇於上清而儲祉發祥每孚祐於來裔祚我寶運格於皇天爰自創業迨於茲歲頻彰嘉貺屢覩眞容使夫天清地寧物阜人庶六氣時若四夷來王皆聖祖之感也至道之應也成功不宰豈假於強名降福無疆敢

忘於昭報是用薦徽號增禮冊蠲潔以盡敬躬親以致誠意既昭格良深感慶宜因展事更廣揚名夫聖人之生乃先天地應變無體其德猶龍雖窅冥之初不知誰之子而誕靈之後亦必有先聖祖父母著在圖牒母益壽氏已崇徽號曰先天太后父周正御大夫敬追尊爲先天太皇仍於譙郡置廟自餘一事以上準先天太后廟例昔契敷五教殷以爲祖稷播百穀周以配天況咎繇邁種黎人懷德我之本系千載彌光敬追尊爲德明皇帝涼武昭王朕十一代祖也積德右地炳靈中葉奄有萬國兆先帝功敬追

尊爲興聖皇帝其陵側近仍並禁樵牧春秋二時備禮致祭且聖祖所理本在諸天將欲降靈固宜取象況爲帝號豈可名宮其元元宮宜爲太清宮西京改爲太清宮東京改爲太微宮天下諸郡改爲紫極宮兩京宮内道士宜先擇有道行者一七人自餘於新度人中簡擇取添滿三七人爲定額仍各賜近城莊園各一所並量賜奴婢等其道士女道士先令司封簡較不須更隸宗正寺所置崇元署宜停古人制禮祭用質明義既取於尚幽情實緣於既殁我聖祖湛然常在爲道之宗既殊有盡之期須展事生之

禮自今巳後每聖祖宮有昭告宜改用卯時巳前行禮朕深唯復樸將致無爲嘗恐至理難明元風未暢不有時習焉能化成自今巳後每至三元日宜令崇元館學士講道德南華等諸經羣公百辟咸就觀禮庶使軒冕之士盡宏南郭之風寰海之内咸爲大庭之俗其崇元館大學士宜賜物一百匹學士賜六十匹直學士四十匹宮内先配住道士各二十匹宣布中外令識朕懷

命金憲英襲封新羅王制

故開府儀同三司使持節大都督雞林州諸軍事兼持節寧海軍使新羅王金承慶弟憲英奕葉懷仁率心常禮大賢風教條理尤明中夏軌儀衣冠素襲馳海琛而遣使準雲呂而通朝代爲純臣累效忠節頃者兄承土宇沒而絶嗣弟膺繼及抑惟常經是用賓懷優以册命宜因舊業俾承蕃長之名仍加殊禮載錫漢官之號可襲兄新羅國王開府儀同三司使持節大都督雞林州諸軍事兼充持節寧海軍使

九月薦衣陵寢制

禋祀者所以展誠敬之心薦新者所以申霜露之思是知

先王制禮蓋緣情而感時朕承丕業肅恭祀事至於諸節嘗修薦享自流火屆期商風改律載深追遠感物增懷且詩著授衣令存休澣在於臣子猶及恩私恭事園陵未標典式自今以後每至九月一日薦衣於陵寢貽範千載庶展孝思且仲夏端午事無典實傳之淺俗遂乃移風況乎以孝道人因親設教永游衣於漢紀成獻服於禮文宣示庶寮令知朕意

命孔璲之襲封文宣公制

朕永維聖道思闡儒風故尊崇先聖所以宏至教褒獎後

嗣所以美前烈文宣王三十五代孫通直郎前守邠王府文學褒聖侯孔璲之纂承睿哲克履中庸三命益恭敦素憑於祖業百代必祀光寵被於朝恩積慶之餘既開於土宇盛德不朽宜傳於帶礪可襲封文宣公兗州長史還都水使者食邑一千戶

改年爲載推恩制

履端正名義取垂範體元設教在乎變通雖沿革從宜罔不稽古朕纘復興運恭守睿圖嘗恐至化猶微淳風尚薄未能臻華胥之俗登可封之人故未明求衣日昃忘食勵

精爲理思致雖和歷觀載籍詳求前制而唐虞之際煥乎可述用是欽若舊典以協惟新可改天寶三年爲載今春事將興陽和布澤發號施令之日革故履新之時宜宏在宥之恩以助生成之化其天下見禁囚徒應雜犯罪死者宜各降一等自餘一切放免其十惡及造僞妖妄頭首官吏犯贓並姦盜等害政既深情難容恕不在免限凡諸郡縣仍令太守縣令勸課農桑其先處分太守縣令在任有增減戶口成分者所繇司量爲殿最自今以後太守縣令兼能勾當租庸每載加數成分者特賜以中上考如三載之內皆成分所司錄奏超資與處分其丁戶仍須案實不得取虛挂之名使親隣代納受其奸弊凡在黎獻實資存恤一失生業則流庸不歸每軫於懷深可矜憫諸色當番人應送資課者當郡具申尚書省勾覆如身至上處勿更抑令納資致使往來辛苦從閏二月至六月已來其當上人中有單貧老弱者委郡縣長官與所繇計會便放營農諸軍征鎭及在邊羸疾病者委節度使速擇放還中外庶僚勉修其職各副朕意宜布遐邇咸使知聞

放免囚徒制

王者法天惠人順時行令是惟舊典用致和平朕臨御萬邦於茲三紀宵衣旰食思宏至化尚恐天下郡縣囹圄滯留不即疏決以傷和氣今三農在時宜助生育庶覃寬宥之澤以協上元之心其天下見禁囚徒應合死配流嶺南流已下罪并見徒一切放免其責保在外及追捉未獲者并同見禁例處分其京城內宜令中書門下即分往疏決應合流人便配訖聞奏其東京及北京兼諸郡各委所繇長官準此處分即宣示中外咸使知聞

令詳定九宮壇儀注制

惟神之主必恭禋祀率先之訓義在躬親朕欽若昊穹子育黎庶思通明靈之德以洽和平之理是修闕典咸秩無文如在之誠久陳於郊廟懷柔之至亦徧於山川況九宮所主百神之貴上分天極下統坤維陰騭生靈功深亭育故式昭新典肇建明祠將以爲人載祈孚佑宜叶元辰之吉用申大祭之禮可以今月立春朕親祀九宮壇仍令中書門下與禮官等即詳定儀注奏聞

封和義公主出降寧遠國王制

呼韓來享位列侯王烏孫入和義通姻好懷柔之道今古攸同寧遠國奉化王驃騎大將軍阿悉爛達干志慕朝化誓爲邊扞漸聲教而有孚勤職貢而無闕誠深內附禮異殊隣爰錫嘉偶特申殊澤四從弟前河南府陽城縣令參第四女質稟幽閑性惟純懿承姆師之訓導寔宗人之光儀固可以保合戎庭克諧邦選宜膺遠好以寵名蕃可封和義公主降寧遠國奉化王

封太華公主制

肅邕稟德邦化所崇湯沐疏封古訓斯在第二十一女踐修閨則素承阿保之嚴砥礪嬪儀率由圖史之範璁珩既佩柔愿無違蕙問充昭常華自著肇施綵綬將具禮於輜軿載錫粉田俾申榮於井賦可封太華公主食實封一千戶

封壽光公主樂成公主制

闕之德教始宮闈湯闕皇帝二十二女二十三女誕膺闕發令姿頒沐公宮之訓遵師氏之則顧史瞻圖日將月就華宗叶慶方從下嫁之儀盛典申榮式備開封之制二十二女可封壽光公主二十三女可封樂成公主仍各食實封一千戶

欽定全唐文卷二十五

元宗 六

安養百姓及諸改革制

勅愛人者天地之德育物者陽和之氣朕立極行政體元順時期於緝熙致彼仁壽令永惟春令慶在發生當萬有之遂心虞一物之失所救人恤隱雖已著於成式施惠布德俾更宏於新令其天下百姓有灼然單貧不存濟者緣租庸先立長行每鄉量放十丁猶恐編戶之中懸磬者衆限數既少或未優洽若有此色尚軫於懷特宜每鄉前放

三十丁仍準旨條處分待資產稍成任依恒式其所放丁委縣令對鄉村一一審定務須得實仍令太守子細案覆本道使察訪如有不當者本里正村正先決一百配入軍團縣令解太守本道使不舉者量貶降七德爲武必先禁暴五材並用誰能去兵自古蓋非獲已關山遠戍雖多戀本之情祿位高懸終有懋功之賞若能感激信可優矜其諸征行人家有兼丁如載限向滿情願自相替者宜聽其家內應合更差防及諸雜差科一切放免古者黜陟幽明廉問風俗匪惟察吏亦以恤人今考績之期已過於三載求瘼之意欲觀於四方宜即選擇使臣分往諸道訪察官吏善惡巡問百姓疾苦兼太守縣令老耄者比聞諸郡或有損處尋令賑恤猶慮艱辛須更優矜務使周濟其開元二十九載內外官所舉太守縣令等朕以撫字之任急於用賢特令舉親務欲求實翹車既至頓網無遺不限登科皆令効職既推心而無負期濟理而有成一自守官向已終秩思聞爲政之績以觀推薦之義先有處分必行賞罰尤須審察將復前言迴日並具狀奏聞且量地制邑大小雖殊置吏養人遠近如一比來中下縣令或非精選吏曹

因循徒務塡闕天下大率小縣稍多至於蒼生詎免其弊若無優奬豈致循良既在得人寧拘格限宜令選人內取中外清資是明經進士應制明法並資蔭出身有幹局書判者各於當色內量減一兩選注選擬赴任之日仍令引見朕當察審去就其老弱者更不得輒注考滿之後準畿官等例三選聽集在任有政績尤異者三考外委本道採訪使與通狀應是下下縣仍幷昇爲中下縣又令長字人不可曠闕比來補擬直至選時亦有縣在僻遠多不情願遂虛其位累載闕人既無本官爲政不一戶口逃散莫不

由茲自今已後宜令選司先量才注擬如非時有事故等闕者所有當月牒中書門下於內外官中簡擇進擬遣令所在京員外人數稍衆既無職事頗亦滯才其高品者宜簡擇量授郡守六品以下堪理人者亦授縣令俾其効用冀有成績天下郡縣先有欠公廨本處今既分稅錢並準式依本足例支給使厚其祿以竭其心經國之制省官為本況分司揆務既有常員授職任人須存定限若踰程式實紊紀綱其內外六品以下員外官至考滿後一切並停合依選例自今已後更不得注擬其皇親諸親幼小及諸色承恩授官軍功技術內省左右龍武軍并諸番官等不在此限所司仍具作條件處分且禮經垂訓篇目攸殊或未盡於通體是有乖於大義昔如堯命四子所以授時周分六官曾不繫月先王行令蓋取於斯苟分至之可言何弦望之足舉其禮記月令宜改為時令但五方定位岳鎮總其靈萬物阜成雲雨施其潤上帝攸宅寰宇是仰且岱宗西岳先已崇封其中岳等三方典禮所尊未齊名秩永言光被用叶靈心其中嶽神宜封為中天王南嶽神為司天王北嶽神為安天王應須祭告仍令所司擇日聞奏天

下山水名稱或同義且不經多因於里諺事若仍舊何成於禹別宜令所司各據圖籍改定訖奏聞

南郊推恩制

昭事昊穹必惟殷祀蓋順帝則而成政也肅雍清廟必惟嚴享蓋繼先志而為孝也則累聖之德在人元陽之和在候思所以達明靈之景貺迪皇王之大猷者矣朕夕惕宵衣奉天纘業勉思政道惟懷永圖賴百辟庶官輔予不逮聲朔無遠車書靡殊加以乾符坤珍日來月往感福應之尤盛懼明祠之未殷且資父事天因親設教沿情以達禮廣敬以推尊時享之誠寧宜異數日舉之饋豈忘事生是以疇咨故典率循新禮對越上靈聿追嚴配既而崇牙宿設明德惟馨敬爾臣工駿奔執豆陟降至止樂徧禮成精意上協神休下答宜廣維祺之福以覃作解之恩其天下見禁囚徒除十惡死罪及官典犯贓自餘一切放免自天寶元年已前流人及配隸効力左降官非反逆緣坐其並量移近處其中有年齒衰暮情可哀矜者仍聽致仕朕承大道之訓務好生之德施令約法已去極刑議罪執文猶存舊目既措而不用亦惡聞其名自今以後斷絞斬刑者

宜除削此條仍令法官約近例詳定處分三皇五帝道冠開闢創物垂範功濟生靈繼天之德在墳典而昭著勤人之祀於禮文而尚闕永言龜鏡宜示欽崇其三皇宜置一廟五帝亦置一廟即令所司卜擇吉地營建仍以時致祭其廟令太常寺簡較諸廟之主禮有遵於合祭同等則祔義亦取於旁通惠宣太子等雖官爲立廟比來子孫自祭或時物有闕禮儀不備興言及此良用憮然宜與隱太子及懿德太子列次諸室擇揀一寬處同爲廟一應祭祀及樂饌等並令官供每差祭官宜依常式仍都置廟官及丞

等自餘所廢廟官等並宜減省奠獻既昭感思增遠恭惟陰教以集禎祥自獻祖宣莊皇后張氏已下祖父未有贈官及一房子孫沈翳所司即以名聞將展褒崇以申追慕王業之初羣才佐命中興之後元宰協心且配食廟庭必重勳德循名冊府尚有闕遺緬懷茂功用增禮典自今已後太廟配享功臣高祖室宜加裴寂劉文靜太宗室加長孫無忌李靖杜如晦高宗室加褚遂良高季輔劉仁軌中宗室加狄仁傑魏元忠王同皎文武之道既惟並用宗敬之義不可獨闕其鄉貢武舉人上省先令謁太公廟每拜

大將及行師克捷亦宜告廟今勝殘在運無事爲心顧此朝儀當符至理既時非旰食將至升平而廷設殺刑何成在宥其每日立仗食設杖鍉等並宜停廢立身揚名所以廣孝流根自葉亦在推恩既切因親之心須開議事之制其內外文武官五品已上官父祖無資蔭者其所蔭宜同子孫用蔭之例五服之紀宜所跂及三年之數以報免懷齊斬之殊雖存出母之制顧復之慕何申孝子之心其出嫁母宜終服三載祭祀之典犧牲所備將有達於虔誠蓋不資於廣殺況牛之爲畜人實有賴既功施於播種亦力

被於車輿此比餘生尤可矜憫但前聖有作難爲盡廢明神克享亦在深仁自今已後每大祭祀應用騂犢宜令所司量減其數仍永爲常式崇我祖訓其惟道門將以福助生靈宏拯天下諸觀道士等如聞人數今少修行多闕其欠少人處宜度滿七人並取三十已上灼然有道行經業者充仍令所繇長官精加試練採訪使重覆勿使踰濫度訖挾名奏聞其諸觀有絕無人處亦量度三兩人準此簡試選賢擇能嘗慮不廣三府之辟則惟採於大名四科之薦蓋不通於小學今承平既久仕進多端必欲遠賁弓旌

載空巖穴片善必錄末技無遺天下諸色人中通明一藝已上各任薦舉仍委所在郡縣長官精加試練灼然超絕流輩遠近所推者具名送省仍委尚書及左右丞諸司委御史中丞更加對試務取名實相副一時奏聞四瀆五嶽雖差秩序興雲播潤蓋同利物崇號所及錫命宜均其五嶽既已封王四瀆當升公位遞從加等以答靈心其河瀆宜封靈源公濟瀆封清源公江瀆封廣源公淮瀆封長源公仍令所司擇日差使告祭自古聖帝明王忠臣烈士陵墓有頹毀者先令修葺并禁樵採歲月深久摧壞或多宜

令所繇郡縣申明前勅處分並五嶽及諸名山大川並令所在長官致祭諸郡義倉本防水旱如聞多有費損妄作破除自今已後每郡差一上佐專知除賑給百姓之外更不得輒將雜用天下百姓今載應損郡逋租懸調諸色勾徵變換等物及諸延限者並宜一切放免征行之家每令存恤差科之際或未優矜自今已後並準飛騎例蠲免天下侍老百歲已上賜綿帛五段粟三碩八十已上綿帛三段粟二碩仍令所在長官存問各即分付亞獻太子瑛賜物二千匹終獻慶王琮賜物一千匹京文武官各賜帛有差天下賜酺三日

授陳希烈左相制

門下仲虺相湯言宣雅誥子魚佐魏任總中兵將代天工允憑時傑光祿大夫門下侍郎同中書門下平章事集賢殿宏文館學士崇元館大學士太清太微宮使上柱國臨潁縣開國侯陳希烈逸量宏達英才卓邁既履直而成範亦資忠而炳德學該流略義惟守於經門文麗風騷言必詮於理要自黃樞貳職侍講金華紫府宏眞參謀玉鉉歲月逾久而其道彌光人師有屬於在三王度式歌於畫一

疇咨既久亮采惟熙宜正貂蟬之榮用兼喉舌之寄可行左相兼兵部尚書餘如故

定禮部試帖經制

禮部舉人比來試人頗非允當帖經首尾不出前後復取者也之乎頗相類之處下帖爲弊已久須是釐革禮部起今每帖前後各出一行相類之處並不須帖

授榮王琬安北大都護制

街晝奧壤戎夏所交兵鎮專城藩衛攸重開府儀同三司兼涼州牧單于大都護充持節朔方節度副大使榮王琬

温仁植性孝友因心言必備於忠肅動必循於德義爰就師傅學行可觀載錫珪符名器斯允移郛築壘功存禦要距河臨塞籌切雄邊僉論所歸式遏斯寄宜加外總之名俾授中權之略可兼安北大都護餘如故

上聖祖及諸廟帝后尊號推恩制

握乾圖者必稟於元命宗道本者允屬於強名是知順物承天諒通昭感之德報功尊祖貴叶崇高之義朕祇荷丕業恭臨大寶何嘗不宵衣滌慮菲食齋心奉元聖之垂範爲蒼生以祈福自頊昊穹眷命至道降休玉芝再產眞容

累見嘉應薦來罔知攸答豈謂元記陰隲祕牒混成懸徵造化之源密紀仙靈之洞慶崇眞籙昭錫朕躬初驗神傳竟彰天授幽深累跡既殊於人代朴畧奇象固絕於名言緬覩皇圖欽承道寶微旨有屬寅畏增深思申嚴敬之誠以崇廣大之業謹上元元皇帝號曰聖祖大道元元皇帝仍以來月五日朕親奉冊禮國家文祖神宗重熙累洽無爲之訓垂祐清淨之德在人愼寧後昆累承大業是用欽元符之景命歸清廟之延祥稟慶眞源光昭聖烈謹上高祖神堯皇帝尊謚曰高祖神堯大聖皇帝太穆皇后竇氏尊謚曰太穆順聖皇后太宗文武聖帝尊謚曰太宗文武大聖皇帝文德聖皇后長孫氏尊謚曰文德順聖皇后高宗天皇大帝尊謚曰高宗天皇大聖皇帝大聖則天皇后武氏尊謚曰則天順聖皇后中宗孝和皇帝尊謚曰中宗孝和大聖皇帝和思皇后趙氏尊謚曰和思順聖皇后睿宗元眞皇帝尊謚曰睿宗元眞大聖皇帝昭成皇后竇氏尊謚曰昭成順聖皇后肅明皇后劉氏尊謚曰肅明順聖皇后庶彰祈精之感降貽厥之元符聿修誠闕達孝思於罔極更以來月五日於太清宮前恭禮闕寧王憲薛王業

各賜物八百匹忠王浚棣王洽鄂王滉光王涺等各賜物七百匹中書門下賜物五百匹開府王毛仲賜物三百匹皇親五等已上諸親三等已上及文武百寮各賜物有差自古明王因心以待人由已以施物故休戚共而憂樂同也中書門下丞相尚書開府三司大將軍父贈三品官九卿三監十二衞監門羽林軍五省長官三府尹大都督府長史父各贈四品官五品以上清官父各贈五品官凡所贈官宜兼贈母邑號俾夫羣臣受榮上延父母先帝遺澤下及幽冥與言及此良多感歎羣臣一體榮辱是同龍蛇

之歌古今作誠其唐元年兩營立功官三品以上與一子官其四品以下選日優與進改京兆府供頓免今年地稅諸道戰亡人家仰州縣存恤不支濟者量事賑給諸軍健兒別勑行人各賜勳兩轉

封廣寧公主制

睦親之訓必備恩榮加命之貴是存優寵順成公主誕姿中掖習訓公宮惠心有孚淑問斯著夙蘊柔閒之操克彰婉娩之規式開湯沐雖已申於築館爰擇井田俾有光於改邑可封廣寧公主依前實封一千戶

封安祿山東平郡王制

寄重者位崇勳高者禮厚欽若古訓抑惟舊章開府儀同三司兼右羽林軍大將軍員外置同正員御史大夫范陽大都督府長史柳城郡太守持節充范陽節度經略支度營田陸運押兩蕃渤海黑水等四府節度處置及平盧軍河北海運并管內採訪等事上柱國柳城郡開國公安祿山性合韜鈐氣稟雄武聲威振於絕漠捍禦比於長城戰必克平智能料敵所以擢升臺憲仍仗旌麾既表勤王之誠屢申殄寇之略頃者契丹負德潛有禍心乃能運彼深謀累梟渠帥風塵肅靜斥候無虞不有殊恩孰彰茂績疆埸式遏且薄衛霍之功土宇斯開宜踐韓彭之秩可封東平郡王仍更賜實封二百戶通前五百戶餘如故

改宗廟稱告享制

春秋致享用存昭敬祝史陳信必在正辭苟名位之或乖於上下而非便故經稱崇事易載禺若所以展祇肅明等威朕欽崇道本嗣守丕業每懷如在之誠敢忘奉先之旨禮或未達情實匪寧承前有事宗廟皆稱告享茲乃臨下之辭頗虧尊上之義靜言斯稱殊未爲允自今已後每親

告獻太清宮太微宮改爲朝獻有司行事爲薦獻親告享廟改爲朝享有司行事爲薦享親巡陵改爲朝拜有司行事爲拜陵應緣諸事告宗廟者改爲奏其郊天后土及祀祝云敢昭告者並改爲敢昭薦式崇寧禮庶表因心宣示中外令知朕意

贈汝陽王璡太子太師制

睦親之恩理貫存歿飾終之禮義表哀榮故特進上柱國汝陽郡王璡植性謙和執心恭懿閒詩禮而稟訓用忠信而飭躬修詞立誠不虧於道依仁遊藝克著於名況久踐

崇班彌彰勤勵冀其永固藩翰有光公族奄茲殞殁良多憫念宜加寵贈用旌幽穸可贈太子太師應緣喪葬量事官供仍令京兆尹一人簡較葬事

改置黃帝壇制

王者臨馭萬國莫不尊奉五嶽至於迎氣致祭必在辨方正位朕丕承眷命肅事嚴禋庶有合於乾坤用永垂於典實加以厚德載物莫先於土推誠導氣必叶於時在歷數之有徵諒國家之所感含宏廣大利用豐功隨王雖布於四方歸本且闕於中位朕式明統緒用荅元符爰創新儀

再修墜典頃者每祝黃帝乃就南郊義實有乖禮亦非便稽諸體式理固不然宜於皇城內西南就坤地改置黃帝壇朕當親祀以昭誠敬仍令中書門下與禮官更審參詳奏聞

贈慶王琮靖德太子制

追終悼往諒著於國章考行易名匪私於天屬故司徒兼太原尹持節充河東道諸軍節度大使支度營田等使上柱國慶王琮地居長嫡道茂中和爰在幼沖克光撝挹既著讓賢之美愈聞禮樂之風加之彫琢文藝周旋禮樂固力行以近仁亦因心而爲孝自析圭胙土藩翰式崇授鉞分符權略斯遠年方在壯未虞天喪疾瘵不救憫惜良深宜循加贈之典式寵元儲之位可贈靖德太子應緣喪葬一事已上宜並官供仍令太子少師韋縚充監護使京兆尹裴士淹充副

授楊國忠右相制

先王立政必惟擇賢所以時亮天工叶修人紀總資三事是屬中書審於百工僉曰亞相銀青光祿大夫御史大夫判度支事權知太府卿兼蜀郡長史持節劒南節度使支

度營田等副大使本道兼山南西道採訪處置使兩京太府司農出納監倉祠祭木炭宮市長春九成宮使關內道及京畿採訪處置使上柱國宏農縣開國伯楊國忠純粹精明懸解虛受比之管樂文多體要之詞擬於邴魏武有韜鈐之學直方其道簡易能成往自星郎爰秉天憲軍國大政宏益滋多則造膝沃心已期王佐彌綸經濟同致雍熙況南臺冢宰尤思藻鑑西垣鼎座深佇燮和會予宿心外爾爲相宜兼密啟式總如綸可守右相兼吏部尚書集賢殿學士修國史崇元館大學士太清太微宮使仍判度

支及蜀郡大都督府長史劒南節度支度營田副大使本道兼山南西道採訪處置使兩京出納勾當租庸鑄錢等使並如故。

贈楊珣鄭國公制

褒德紀功前王之令典飾忠追遠有國之能事況乎嗣生大賢爲朕良弼應五百之數該二八之美調元而星辰以理論道而陰陽以和而寵命未崇稱謂猶褊非所以崇推恩之重廣延賞之義也右相兼吏部尚書判度支魏國公楊國忠亡父贈持節魏郡諸軍事守魏郡太守珣赤泉儲

祉白環繼業曆積慶而誕德鍾具美而挺生枝茂者根深流長者源濬是降英裔阜成兆人熙載而百度惟清審衡而九流式序佐我元化格於皇天信爲名賢實稟庭訓雖思人愛樹已有疇庸之策而因條振葉宜益封崇之事俾以建旟之寵仍超曳履之榮旣旌徽烈用光泉壤可贈武部尚書鄭國公母張氏可贈鄭國夫人。

加哥舒翰爵賞制

授鉞登壇所以理兵用武益封命職所以褒德疇庸才傑者建希代之功績茂者有非常之賞哲王令典無或踰之。開府儀同三司兼鴻臚卿員外置同正員西平郡王判武部事攝御史大夫持節充隴右河西節度使支度營田長行轉運九姓等副大使知節度事赤水軍使上柱國涼國公哥舒翰挺生朔陲干城隴外青蛇入筒神發其祥白武銜珠天資我寶美政以公惠著益深畧以果斷能成頃者犬戎包藏禍盈惡稔南援蠻落東窺塞垣特稟廟謀屬八神於金匱長驅戎境歷三軍於玉堂決水奔雷固無前敵屠城拔壘靡有孑遺收九曲之舊疆開千里之沃壤亭障臥鼓旣成禁暴之勳屯田饋軍益以豐財之用則議功行

賞厚禮酬勞俾吳芮之忠不獨光於漢策魏絳之樂無擅美於闕仍兼望苑之榮繫以公田之錫可開府儀同三司太子少保加賜實封二百戶通前滿五百戶賜音聲小兒十人莊園各一所與一子五品官更與兩子官用旌元帥之勞以益三軍之氣也餘並如故。

授韋見素同平章事制

門下緝熙帝載必俟大賢砥礪公才允膺殊獎銀青光祿大夫行尚書吏部侍郞上柱國彭城郡開國公韋見素風度宏遠操履貞固懷王公之節守難奪之誠學富典墳每

思經濟之義文雄搢紳豈獨彫蟲之英薦居東掖顧問有光累拜南宮銓衡式序清素之業惠澤彌彰爾惟不矜朕志先定信可發揮邦政翊贊台階將宏夢卜之感俾協蒼生之望可守武部尚書同中書門下平章事集賢院學士知門下省事散官勳封如故

封葛邏祿葉護頓毗伽金山王制

葛邏祿葉護頓毗伽特稟英姿擅雄荒服威信馭衆智略超羣仗宏義以立節竭至誠而嚮順逆虜阿布思卭山積釁天地匪容未就誅夷仍茲鼠竄遂能率引弓之旅佐轉戰之師生縛兇渠咸殲醜類雖不長元惡顧神理之必誅而與我同仇乃忠勇之斯美疇其茂績寵以殊榮可開府儀同三司封金山王依舊充葉護祿俸於北庭給其葉護妻及母並封爲國夫人

天長節推恩制

朕臨馭萬邦迨今四紀曷嘗不虔誠至道銳心庶政昊穹孚祐俗致升平仁壽之域漸登太和之風斯在比歲小有僭亢頗非豐稔遂使開倉賑乏空囹恤刑蒹獨倦省賦故得家給人足頃者農功正興而霈澤頻阻言念黎獻匪遑底寧是用發於精誠庶乎昭鑒至誠上達膏雨應期俾夏苗如雲秋穫不日周覽原野宛同茨梁豈惟有慰朕懷實亦克符人慶此皆上元垂貺宗社降靈豈曰朕躬所能通感屬天長令節盛德在金爰因歡慶之辰用申雷雨之澤其天下見禁囚徒有犯十惡及謀殺僞造頭首罪至死者特宜免死配流嶺南遠惡處自餘一切釋放聖人積不涸之泉王者用無窮之府支計苟足多賦何爲天下百姓今載租庸並宜放半所運糧儲本資國用太倉今既餘羨江淮轉輸艱勞務在從宜何必舊數其來載水運入京宜並停如聞天下諸郡逃戶有田宅產業妄被人破除並緣欠負租庸親隣貨賣及其歸復無所依投永言此流須加安輯應復業者宜並給還縱已代出租庸不在徵賠之限書云咸秩羣望詩曰懷柔百神永惟明徵豈忘昭報今秋稼穡頗勝常年實賴靈祇福臻稔歲其五嶽四瀆所在山川及得道升仙靈迹之處宜委郡縣長官至秋後各令醮祭務崇嚴潔式展誠享無廣屠宰以蕭牲牢其天下侍老宜各量賜米麥又親人之要令長爲重比雖精選未盡徵求卓魯之才或遺蒲密之化安寄宜令京官五品以上正員

文官三品以上正員武官及郎中御史各舉堪任縣令一人具名申省委有司試擇奏授其有善惡賞罰與舉主並同僚佐限期一時令集王制下士視上農周政庶士倍祿若衣食既足則廉恥乃知至於資用靡充或貪求不已敗名冒法實此之繇輦轂之下尤難取給其在兩京文武九品已上正員既親於職務可謂勤心自今已後每月給俸食雜用防閤庶僕等宜十分爲率加二分其同正員官加一分仍永爲常式其南衙九品已上幷京兆府畿令等宜共賜物二萬匹左右龍武軍各賜一千匹其唐元功臣念

言勳舊宜異常倫兩軍各賜物二千匹餘各有差庶生成之澤自葉而流根慶賞之恩繇衷以暢物宜宣示遐邇知朕意焉

令錢貨兼用制

綾羅絹布雜貨等交易皆合通用如聞市肆必須見錢深非道理自今已後與錢貨兼用違法者準法罪之

置十道勸農判官制

人惟邦本本固邦寧必在安人方能固本永言理道實獲朕心思所以康濟黎庶寵綏華夏上副宗廟乾坤之寄下答寓縣貢獻之勤何嘗不夜分輟寢日旰忘食然以眇眇之身當四海之貴雖則長想遐邇不可家至日見至於宣布政教安輯逋亡言念再三其勤至矣莫副朕命實用恧焉當扆永懷靜言厥緒豈人流自久招諭不還上情靡通於下衆心罔達於上求之明發想見其人當屬括地使宇文融謁見於延英殿朕以人必土著因議逃亡嘉其忠讜堪任以事乃授其田戶紀綱兼委之都縣釐革使令充使奉以安人遂能恤我黎元克將朕命發自夏首及於歲終巡按所及歸首百萬仍聞宣制之日老幼欣躍惟令是從

多流淚以感朕心感吐誠以荷王命猶恐朕之薄德未孚於人撫宇安存更冀良算遂命百司長吏方州岳牧僉議廟堂廣徵異見羣詞盈於札翰環省彌於旬日庶廣朕意豈以爲勞稽衆考言謂斯折衷欲人必信期於令行凡爾司存勉以遵守夫食爲人天富而後教經教彝體前哲至言故平糴行於昔王義倉加於近代所以存九年之蓄收上中之斂穰賤則農不傷時災饉則時無菜色救人活國其利博哉今流戶大來王田載理敦庾之務寤寐所懷其客戶所稅錢宜均充所在常平倉用仍許預付價直任粟

麥兼貯并舊常平錢粟並委本道判官勾當處置使斂散及時務以矜恤且分災恤患州黨之常情損餘濟闕親隣之善貸故木鐸云徇里胥均功夜績相從齊俗以贍今陽和布澤丁壯就田言念鰥惸事資拯助宜委使司與州縣商量勸作農社貧富相恤耕耘以時仍每至雨澤之後種稑忙月州縣常務一切停減使趨時急於備寇尺璧賤於寸陰是則天無虛施人無遺力又政在經遠功惟久著今逃亡初復居業未康循逃戶及籍外剩田猶宜勞徠理資存撫其十道分判官三五年內使就厥功令有終始當道

覆覈及須推効並以委之不須廣差餘使示專其事不擾於人政術有能必行賞罰其已奏復業歸首勾當州縣每季一申不須挾名致有勞擾其歸首戶各令新首處與本貫計會年戶色役勿欺隱及其兩處徵科宣布天下使明知朕意

宣慰湖南制

震澤之南數州之地頃以水潦暴至沱潛潰溢既敗城郭復瀦原田連歲大歉元元重困餒殍相望流庸莫返加之以師旅煩之以賦役哀我矜人何以堪命朕君臨之道猶鬱牧養之政未宏咎之所降諒在於茲雖天災流行則有恒數而夕惕若厲豈忘責躬夫振人育物大易之明義也自漢魏以來水旱之處必遣使巡問以安集之國朝因其制焉亦命近臣慰撫俾喻求瘼之意用紓科斂之急宜令中散大夫給事中賀若察往湖南宣慰處置其百姓遭損不能自存者應須賑給蠲免宜與本道觀察使商量處置訖聞奏仍齎詔書體問周恤宣示郡邑令悉朕懷

賜汴王璥謚制

門下緣情制禮賢聖所不忘以謚易名古今之同貫故右

千牛衛大將軍上柱國汴王璥雖在齠齔頗標嶷岐率以訓典期於老成裂地而封是崇藩屏享年不永俄從夭折秀而不實有以傷嗟宜遵考行之義以備飾終之典可謚曰哀

誅姜慶初等并削裴儆官爵制

不敬之大在於毀犯陵園自擅之重切於矯誣詔令有此亂常之道必貽無赦之責姜慶初自以頑劣得參姻婭錄其先効擢在西臺素無行能已速官謗朕永感霜露式瞻松柏以其職司俾往厎事輒於禁域擅鑿連岡當衣冠之

出遊臨歲月之所建既有犯於神御又不利於王室知其不可固有所專疑　一昨臨遣再三戒勅無君棄命兇蠹尤深書不云乎刑故無小況釋之明陵土之義申屠致廟堧之誅死未云責不忘私眷特緩嚴刑宜賜自盡史忠烈王臣子等忝從所職敢有挾邪事既同科法當均罪亦宜賜自盡其家貲並收沒其駙馬裴依雖不知情合當緣坐且削官爵拘於私第永清公主亦隨在宅仍絕朝參使知警懼朕自君臨每思刑措豈圖戚里干我國章任匪其人有慙所鑒議法難恕撫懷增傷百辟卿士知朕意焉

封新平郡主制

門下惠宣太子第三十一女柔姿婉訓淑德閑和早習組紃備詳圖史移天有禮擇日于歸宜增列郡之封允叶睦親之詁可封新平郡主主者施行

封安定郡主制

門下故惠宣太子第三十女肅雍成性柔婉爲容稟訓女師克嫻嬪則爰占近日用叶初笄申錫美名受封良邑可封安定郡主主者施行

授嗣澤王㻑國子司業制

門下嗣澤王㻑承派咸池分輝扶景錫珪前鉛纂周典之親賢磐石今隆高漢朝之子弟機彩明悟神情峻拔雅量夙成宏才早著儒庠教冑適資於下帷蕃郡理人允求於別乘衣冠就秩宜須列位之榮井賦開疆仍茂承家之業可國子司業

加貴妃豆盧氏等食實封制

有德者位崇有功者秩厚事本關於國體理無偏於邦媛故周母有亂臣之名漢嬪有比侯之爵睿宗貴妃豆盧氏賢妃王氏性質陰禮實毗內政訓行九御響滿六宮歲祀

雖淹徽音未昧宜啟非常之命特賜湯沐之邑可各食實封二百戶

欽定全唐文卷二十六

元宗七

禁屠殺雞犬詔

犬以守禦雞以司晨有用於人不同常畜好生之德徧宜令及自今並不得屠殺

誡勵宗室詔

朕奉天明命虔受睿圖而皇室子弟未能稱職堂姪餘慶承煦紹宗行淹祚洽再從弟璲志謙等不能謹身奉法而乃輕侮國章擯斥邊隅未爲塞責朕憫其愚昧屈法申恩

並追赴京令於國子監安置讀書如悔過自新克復先訓所司條奏當議其官皇宗親更有左貶嶺南邊遠州非惡逆緣坐等色亦宜準此其有見任別駕年齒尚幼未堪理百姓者宜委中書門下及新興郡王晉李思訓等簡擇追赴京其祿俸一事已上並委本州勾當每季附送入京給付其餘慶等本州祿亦準此宗親中有才行灼然爲衆推挹者按察使具名以聞朕當擢以不次自今後有犯贓私違禮經者準法科處刑茲無捨庶敦睦之情必聞於九族自家刑國允洽於羣心宜各勉勵以識朕意

禁州縣嚴酷詔

法憲之設期於無私本以救人蓋非獲已故得情存於勿喜折獄貴於哀矜至如斷決諸罪皆著科條若守而不失自爲良吏如聞近日州縣罕習章程率情嚴酷或致殞殂假令事應重辟固當明啟刑書豈可輒因夏楚輕絕人命太上皇仁覃萬寓澤被羣生子愛黎甿慎恤刑罰予恭承天訓虔奉睿圖旰食載勤納隍兢慮凡厥長吏宜達此懷務遵法式勿仍前弊如或有違當寘嚴法宣示黎庶咸使聞知

緩修大明宮詔

畢宮致美愛人之力靈臺罷營重費之廣景彼前烈吾無間然頃以所居殿院素非宏敞時方暑雨頗有蒸鬱上稟聖慈式遵時令將修別寢順彼高居雖復庀徒所須止於番匠補葺所擬無煩外力然以麥秋爰及農務方勤維夏在辰執役爲弊營之則衆物有勞而一身逸罷之則我躬未泰而萌庶安夫生人樹君將利之也勞人自奉予所不爲其修大明宮宜即待閒月方使畢功宣示具寮使知予意所有先役工匠即優還價值勿令懸欠仍即放散

命諸州舉賢才詔

致化之道必於求賢得人之要在於徵實頃雖屢存責帛無輟翹車而駿骨空珍真龍罕覯豈才之難遇將舉或未精且人匪易知取不求備瑰琦失於俗譽韜晦嘆於後時宜其博詢州里明數幽側使管庫無遺邁軸咸舉其諸州有抱器懷才不求聞達者命所在長官訪名奏聞武勇者具言謀略文學者指陳藝業務求實用以副予懷

復薛崇簡官爵詔

太平公主子薛崇簡執心奉國勵節忘私早辯忠邪每有

規諫因被嫌嫉加以鞭笞事不見從忠實可紀宜甄逆順復其官爵仍賜姓李

賜乳母竇氏俸料準三品詔

燕國夫人竇氏慈慧和順掌執禮經女憲母師獨高柔則朕在孩幼躬勞乳養遠惟恩義寧忘夙昔瞻既往而莫追見如存而永慕撫渭城之事未足爲言視南陽之書益增其感俾錫朝寵微申朕懷俸料祿課等一準職事三品給

宣示亳州瑞木詔

瑞木表靈奇文自現用彰大慶以福洪圖配五德於易經迎萬葉於休運宣誠告謝仍付史官其檜片藏於內庫兼賜諸王宰輔及道衆

答崔日用手詔

夫詩者動天地感鬼神厚於人美於教矣朕志之所尚思與之齊庶乎採詩之官補朕之闕且古者封禪外中告成朕以菲德未明於至道竦然以聽頗壯相如之詞惕然載懷復慙夷吾之語卿洽聞彈見溫故知新建此發揮益彰忠懇豈非討蓬山之籍心不忘於起予因蘭殿之祥言固深於啟沃朕循環覽諷用慰於懷今賜卿衣裳一副物五

十段以示無言不酬之信也

答張說進白烏賦詔

得所進白烏符彩明媚助日揚輝白羽翩翻淩霜比色況乎反哺斯重能仁是高對之有觀情不能已又覽所進放言體物詞藻瀏亮尋繹研味披翫無厭所謂文苑菁華詞場警策也今賞卿金五挺銀十挺

祈雨詔

朕聞諸易曰先天而天不違後天而奉天時天且弗違況於人乎因斯而言則君事於天養於人行月令順時物也

朕以不德恭膺斯運靜言詢政每用憂勞屬獻歲發春東風解凍土膏脉散草樹自樂而天久不雨元元何辜孰可以授農事拯彼饑者豈布德利施慶惠尚不及歟豈掩骼埋胔無麛無卵尚不及歟豈名山大川修祭命祀尚不及歟欽若令典惟增所懼緬懷大猷思補其闕有司可稽春令以稱朕心其有直諫昌言宏益政理者朕將親覽罔或隱避不急之務一切停息見禁囚徒速令處置宜從寬大勿使稱冤本州本軍刺史軍將境內所有名山大川能興雲致雨者並宜祈祭其有僵屍暴骸無主收歛者亦仰埋

掩量致祭訖各具狀奏聞應須酒脯宜用官物古者雪冤婦於東海問刑人於北寺則以旱之故應時如響至於山不童澤不竭使霈然以降興而致之復何遠也將達精誠務修蠲潔俾幽坎遂性飛走從宜則冀天之愛人月離于畢禺禺之望感而遂通布告遐邇令知此意

禁濫借魚袋詔

章服所施貴賤攸別苟容僭越未爲奬勸承前諸軍人多有借緋及魚袋者軍中卑品此色甚多無功賞借深非道理宜勅諸軍鎮但是從京借魚袋及無灼然功軍中權借者並委州軍長官勅到並即收取待立功日據功合得即將已上者委軍將先借後奏其靈武和戎大武幽州鎮軍赤水河源瀚海安西定遠等軍即臨賊衝事藉懸賞量軍大小各封賞金魚袋五十枚並委軍將臨時行賞

貶韋安石等詔

青州刺史韋安石太子賓客韋嗣立刑部尚書趙彥昭等往在先朝曲蒙厚賞因緣幸會久在廟堂朋黨比周聞於行路景龍之末長蛇縱禍倉卒之間人神憤怨未聞捨生取義直道昌言遂削太上皇輔政之辭用韋氏臨朝之策

比常隱忍復以崇班將期愧畏稍懲前惡而尚款回邪苟安榮寵宜從謫官之典以勵事君之節安石可沔州別駕嗣立可岳州別駕彥昭可袁州別駕並員外置

停諸陵供奉鷹狗詔

園陵之地衣冠所遊凡厥有司罔不祗事禮存則先王是訓禮失則後代何觀欽若永圖敢忘舊典頃者別致鷹狗供奉山陵至於料度極多費損況昔誡禽荒既非尋常所用遠惟龍馭每以仁愛爲心彼耕象與耘鳥且增哀慕豈飛蒼而走黃更備畋獵有乖儀式無益崇嚴載懷虧紊良

深悚惕諸陵所有供奉鷹狗等並宜即停

停鷹鴨坊米粟詔

朕聞鷹鴨坊比供米粟恨不早知久令虛費今百姓饑阻未能周給鳥享人食是何理焉其料宜即停并雞坊亦準此

令舉實才詔

古之學士始入小學見小節入大學見大節知父子長幼之序君臣上下之位然後師逸功倍化人成俗莫不由之子不云乎遠而有光者飾也近而逾明者學也故道行於

上祿在其中所謂貴於速成不唯於遲速自頃州里所薦公卿之緒門人衆矣孰嗣子音國冑愕然未臻吾道至使鑽仰之地寂寥厥風貴於責實務於求仕將去聖滋遠尚沿澆薄爲敦儒未宏不行勸沮朕承百王之末居四海之尊惟懷永圖思革前弊何以發後生之智慮垂先王之法則朕甚懼之敢忘於是天下有業擅專門學優重席堪師授者所在具以名聞自今以後貢舉人等宜加勗勉須獲實才如有義疏未詳習讀未遍輒充舉送以希僥倖所由官並寘彝憲有司更申明條例稱朕意焉

量減員外官詔

今歲諸州多非善熟及京師每勞轉運員外等官人數倍廣俸祿之輩何以克周諸色員外試檢校官除皇親諸親及五品以上並戰陣要籍內侍省以外一切總停至冬放選量狀迹書判與正員外官其未經考者先與處分仍不拘選格聽集自今以後除戰功以外非別勅不得輒注擬員外等官

放還諸蕃宿衛子弟詔

我國家統一寰宇歷年滋多九夷同文四隩來暨夫其襲

冠帶奉正朔顒顒然嚮風而慕化列於天朝編於屬國者蓋亦衆矣我則潤之以時雨炤之以春陽淳德以柔之中孚以信之元風既同羣物茲遂莫不自天壤窮海域厥角以請吏執贄以來庭皇唐之德於此爲盛今外蕃侍子久在京國雖威畏之及自遠畢歸而羈旅之志重遷斯在宜命所司勘會諸蕃充質宿衛子弟等量放還國契丹及奚延通質子並即停追前令還蕃首領等至幽州且住交替者即旋去朕欲以鳥獸咸若華戎俱泰來則納其朝謁之禮去則隨其生育之心推我至誠崇彼大順含宏之施德

莫厚焉

飭尚書諸司詔

尚書禮闈國之政本郎官之選實藉良才如聞諸司郎中員外郎怠於理煩業唯養望凡厥案牘每多停擁容縱典吏仍有貨賕欲使四方何以取則事資先令義貴能改宜令當司官長慇懃示諭并委左右丞勾當其有與奪不當及稽滯稍多者各以狀聞

敍錄薛訥等征吐蕃功詔

吐蕃小寇僻處大荒先朝外撫許其内屬結以和戎之好

優以外臣之禮野心易動朝獎遽忘不度德以量力敢窺邊而犯塞薛訥等擁旌爲將按節持兵驅之逐之指期殄滅使芭桑莫繫破竹無遺實賴宗廟之靈兼資將士之力比來酬敍多歷歲年命賞逾時有乖勸善已令衆徵舍人倪若水就軍敍錄即有處分

禁坊市鑄佛寫經詔

佛教者在於清淨存乎利益今兩京城内寺宇相望凡欲歸依足申禮敬下人淺近不悟精微覩菜希金逐欲思水浸以流蕩頗成蠹弊如聞坊巷之内開鋪寫經公然鑄佛口食酒肉手漫羶腥尊敬之道既虧慢狎之心斯起百姓等或緣求福因致饑寒言念愚蒙深用嗟悼殊不知佛非在外法本居心近取諸身道則不遠溺於積習實藉申明自今已後禁坊市等不得輒更鑄佛寫經爲業須瞻仰尊容者任就寺拜禮須經典讀誦者勒於寺取讀如經本少僧爲寫供諸州寺觀並準此

禁用珠玉錦繡詔

雕文刻鏤衣紈履絲習俗相誇殊塗競爽傷風敗俗爲弊良久珠玉錦繡槩令禁斷準式三品以上飾以玉四品以

上飾以金五品以上飾以銀者宜於腰帶及御鐙酒杯杓依式自外悉鑄爲鋌婦人衣服各隨其夫子其已有錦繡衣服聽染爲皁成段者官爲市取天下更不得採取珠玉刻鏤器玩造作錦繡珠繩織成帖縚二色綾綺羅作龍鳳禽獸等異文字及竪欄錦文者決杖一百受雇工匠降一等科之兩京及諸州舊有官織錦坊悉停

褒楚國公姜皎詔

朕聞士之生代始於事親中於事君終於立身此其本也若乃移孝成忠策名委質命有泰山之重義徇則爲輕草

有疾風之力節全則知勁況君臣之相遇而故舊之不遺乎銀青光祿大夫殿中監楚國公姜皎簪紱聯華珪璋特秀寬厚爲量體靜而安仁精微用心理和而專直往居藩邸潛款風雲亦由彭祖之同書子陵之共學朕常遊幸於外至長楊鄠杜之間皎於此時與之累宿私謂朕曰太上皇即登九五王必爲儲副凡如此者數四朕叱而後止寧知非僕雖玩於鄧晨可收護軍遂訶於朱祐皎復言於朕兄弟及諸駙馬等因聞徹太上皇太上皇遽奏於中宗孝和皇帝尋遣嗣虢王邕等鞫問皎保護無怠辭意轉堅李

通之讖記不言田叔之髡鉗罔憚乃爲宗楚客紀處訥等密奏譎皎炎荒中宗特降恩私左遷潤州長史讒邪每構忠懇逾深載於朕躬憂存王室以爲天且有命豫睹成龍之徵人而無禮常懷逐鳥之志游辭枉陷旋罹貶斥嚴憲將及殆見誅夷履危本於初心遭險期於不貳雖禍福之際昭然可圖而艱難之中是所繫賴洎朕祗膺寶位又共翦姦臣拜以寵光不忘撝挹敬愛之極神明所知造膝則曾莫詭隨匪躬則動多規諫補朕之闕斯人孔臧而悠悠之談嗷嗷妄作醜正惡直竊生於謗考言詢事益亮其誠昔漢昭帝之保霍光魏太祖之明程昱朕之不德庶幾於此矧夫否當其悔則滅宗毀族朕負之必深泰至其亨則如山如河朕酬之未補豈流言之足聽而厚德之遂忘謀始有之圖終可也宜告示中外咸令知悉

出宮人詔

古者三夫人九嬪二十七世婦八十一御女以備內職焉朕恭膺大寶頗修舊號而六宮曠位未副於周禮八月算人不行於漢法至於姜后進諫永巷脫簪袁絲有言上林引席此則朕之所慕未曾忘也頃者人頗諠嘩聞於道路

以爲朕求聲色選備掖庭豈予志之未孚何斯言之妄作往緣太平公主輒進人入宮朕以事須順從未能拒抑見不賢莫若內省欲止謗莫若自修改而更張損之可也妃嬪以下朕當簡擇使還其家宜令所司將車牛今月十二日赴崇明門待進止

宴勞勇士詔

朕光宅四海撫御百蠻屬疆場未寧軍國多費每欲指揮方略親率軍師故召募爾等擬從朕行知爾等材力冠羣藝能拔萃但以不教人戰豈知金鼓之聲授以兵律方辨

干戈之勢所以且遣薛訥等於隴右防禦使令教習爾等既練韜鈐須明隊伍使投石拔劍以勵威鋒裹糧坐甲待清逋冦若能因機立效遇敵邀勳酬以官榮必超格例然後陪朕輿駕從戎塞垣俾爾先驅敬聽後命今宴勞爾等并賜錢三千貫可節級領取即宜好去

免崔滌從坐詔

明王垂訓則罪不相及善人懼罰則刑不可濫由是毋嘗有言豈坐趙括魚既從戮寧遺叔向古之道也朕所務焉衛尉少卿崔滌竭誠奉國忘軀事君曾同下杜之遊頗寄

中陽之舊誠表於先覺節全於後凋其兄湜素蓄異圖交結兇黨滌雖懷在原之急深憂闔室之刑動靜則聞始終必盡爲臣無隱惟滌有之言念厥功曷云從坐況老父就殞諸兄繼殁摇落變衰有聞矜憫賞罰勸懲宜判忠邪滌家除兄湜一房外餘並不須爲累

賜高年几杖詔

古之爲政先於尚老居則致養禮傳三代行則就見制問百年蓋皇王之勸人教黎庶之爲子朕寅奉休歷祇膺聖謨因秋歸而歲成屬星見於郊祀念其將至尤重乞言俾伸恩於几杖期布惠於鄉國九十以上宜賜几杖八十以上宜賜鳩杖所司準式天下諸州侍老宜令州縣逐穩便設酒食一準京城賜几杖其婦人則送几杖於其家

收瘞吐蕃戰沒人詔

乞力徐等天迷神怒背義忘恩憫其下人制在凶帥積骸暴露潤草塗原言念於兹豈忘惻隱其吐蕃戰死人等宜令所在州縣速與瘞埋俾有申於弔掩庶無隔於華裔

追賜蘇瓌實封詔

疇庸賞善百王攸先追遠飾終千載同德故尚書左丞相

太子少傅贈司空荊州大都督許國文貞公瓌履正體道外方内直悉心奉上畢身率禮協贊帷幄三朝有鹽梅之任變諧台衮九命爲社稷之臣先朝晏駕釁起宫掖國擅稱制之姦人懷綴旒之懼兇威孔熾宗祀幾傾顧命遺恩太皇輔政逆臣刊削韋氏臨朝遂能首發昌言侃然正色列諸視聽暴於朝野松檟已遠風烈猶存緬懷誠節良深耿歎可賜實封一百户

練兵詔

比來緣邊鎮軍每年更代兵不識將將不識兵豈惟緣路

疲人。蓋是以卒與敵。其以西北軍鎮宜加兵數。先以側近兵人充並精加簡擇。其有勞考等色。所司具以條例奏聞。戰兵別簡爲隊伍。專令教練。不得輒有使役。仍令兵部侍郎裴漼大常少卿姜皎往軍州計會。便簡支配。有見集後軍兵。宜令兵部侍郎韋抗紫微舍人王珽即簡擇以聞。

幸鳳泉湯詔

陳詩展義。問俗觀風。乃王者之所務也。頃屬農事皆隙。歲功有成。近歷鄠鎬。左連岐雍。見江山秀麗。溝塍綺錯。長楊鄠杜之間。竹林園果之富。相望於道。家給人足。謂之時邁。頗慰尋懷。思所以問耆老。恤淹滯。舉逸人。旌賢士。庶協巡遊之典。以符行在之恩。駕所過之縣。見禁囚徒以下咸宜放免。流以上罪具犯狀奏聽進止。古者親問百年。存養耆老。年九十以上并篤疾。各賜物四段。綿布各一束。

宣慰突厥降戶詔

北戎爲患。南牧是膺。叛而伐之。服而捨之。春秋格言。是謂通典。葛邏祿。陰山都督部落。驕天縱毒。候月爲妖。桀驁之心久矣。脅從之禍深矣。而冒其攜阻。思我恩化。來七旬而就格。逾萬里而歸誠。稽顙邊陲。披肝塞下。宜令左散騎常侍解琬攝御史大夫持節往北庭。宣慰突厥部落。緣邊降戶要在便宜處分。

賑河南河北詔

君以人爲本。人以食爲天。雖水旱蟲螟。代則常有。有一於此。胡寧不恤。聞者河北河南災蝗水澇之處。聞其困弊。未獲安存。念之憮然。不忘寤寐。宜令禮部尚書鄭惟忠持節河南道宣撫百姓。工部尚書劉知柔持節河北道安撫百姓。其被蝗水之州。量事賑貸。務安其俗。稱朕意焉。

再賑河南河北詔

河南河北去年不熟。今歲亢旱。全無麥苗。雖令賑給。未能周贍。所在饑弊。特異尋常。如聞至今猶未得雨。事須存問。以慰其心。從此發使。又恐勞擾。宜降恩制。令本道按察使安撫。其有不收麥處。更量賑恤。使及秋收。仍令勸課種黍穄及旱穀等。使得接糧。應有事急要者。宜委使人量停事有不便於人。須有釐革者。準此。

禁私役兵士詔

古者名將。在乎養兵。故疾則吮癰。渴不先飲。撫循慰藉。恩義感激。所以奮不顧身。戰無完陣。如聞諸將總管已下不違師律多役兵士帳中厭粱肉之娛麾下罹勤瘁之色人旣勞力軍亦挫氣豈孫吳養士之方韜鈐用兵之法春秋責帥典憲斯在自今已後總管以下私使兵士計庸以受所監臨財物論須下諸軍咸使知悉

清釐滯獄詔

無知之徒自罹刑憲一遭縲絏坐變星霜長吏依違不時疏決過成滯獄豈曰當官況三陽在辰德澤思布一物失所勤恤是殷惟懷永圖俾申幽枉其所在見禁囚未斷決者令所在長官親加按理仍令御史及按察使訪察隨事

糾繩

賜北庭都護郭虔瓘手詔

默啜殘凶倔強邊徼吐蕃小醜孤負聖恩我國家豫在懷柔未遑弔伐而乃敢肆蜂蠆屢犯疆陲虔瓘心蘊六奇折衝千里追奔邁於三捷受降逾於萬計建功若此朕實嘉之

禁創造寺觀詔

天下寺觀屋宇先成自今已後更不得創造若有破壞事須條理任經所縣陳牒簡驗然後聽許

命薛訥等討吐蕃詔

命彼太師聞乎周頌安得猛士欽若漢圖朕懷柔百蠻茂育萬姓綏之則教人息戰靖之則去兵不用故獯戎是逐前史嘗載夷狄爲亂先王必征所以罰其浸驕徵其即叙朔方軍壘接太原之備胡右地城池控張掖之遮虜是用誠於師旅揚我兵威誰其任之肅此將命右羽林軍大將軍上柱國河東郡開國公薛訥左衞大將軍上柱國太原郡開國公郭虔瓘等旣明且哲緯武經文登壇有大將之容辭第有忠臣之志或斬其愛子掃塵而清北風或俘其名王却地而盡西海故可以率如羆之勇當非熊之寄然

則井陘之間昔不成列河源之路舊多鑿空設險而張遠謀總戎而獻長策俾爾之效在于斯舉固當殲其種落告成于玉豈爲完我甲兵逸而待寇而已訥可持節充涼州鎮軍大總管赤水建康河源及緣邊州軍並受節度仍與郭虔瓘張知運杜賓客相知共爲表裏夙設方畧虔瓘可持節充朔州鎮大總管和戎大武及幷州以北緣邊州軍並受節度仍與張知運甄道一相知共爲犄角勿失權宜訥便特於涼州住涼州都督楊執一爲副大總管虔瓘於

幷州仍幷州長史王晙爲副大總管宜排比兵馬精加教練幽州有事即令虔瓘將和戎兵馬從常山土門與甄道一計會共討凶逆其同華等兵及精騎健兒幷鞍馬等依三月十五日制仍令遠探量事續遣

欽定全唐文卷二十七

元宗 八

減膳省刑詔

司牧生人愛之如子睠茲災旱倍切憂勤將理政不明邪冤囚有滯邪癘疵道長邪陰陽氣隔邪何崇朝密雲布未洽也載加寅畏弗敢荒寧誠不動天歎深罪己思從避減以塞愆尤俾月離有期星退何遠朕今避正殿減常膳仍令諸司長官各言時政得失以輔朕之不逮天下見禁囚徒中或以痛自誣者各令長官審加詳覆疑有冤濫隨事

案理仍告於社稷備展誠祈諸州旱處有山川能興雲致雨者亦委州縣官長速加禱祀

命宰臣省察囚徒詔

惟刑恤哉古之道也朕撫臨四海茂育兆人思致淳風登之壽域期畫冠而不犯故開羅而在宥念茲下愚自抵常法時屬盛夏天其養生在物最靈惟人爲貴朕處臺榭猶有鬱蒸之毒彼居囹圄能無憯怛之憂故令宰臣備加案察省覽所奏用憫於懷爰矜可恕之罪必務惟輕之義將布寬恵俾從原減應合書罪者宜遞降一等論

整飭吏治詔

每年十月委當道按察使較量理行殿最從第一等至五等奏聞較考仍使吏部長官總詳覆諸州亦比類定爲五等奏聞上等爲最下等爲殿中間三等以次定優劣改轉日憑爲升降縣令每年選舉人内準前條訪擇補置在任有術一任申使狀有兩請兼戶口復業帶上考者選日優與内官其使狀有一請兼帶上考者滿日不限選數聽集優與處分刺史第一等量與京官若要在州未可除改者紫微黃門簡勘聞奏當加優賞京官不曾任州縣官者不

得擬爲臺省官吏部銓選委任尤重比雖守職務在循常既限之以選勞或失之於求事選日拔擢一二千人不須限以資次必須究其聲實不得妄相汲引自古鄉舉里選實課人之淑慝其明經進士擢第者每年委州長官訪察行業修謹書判可觀者三選聽集并諸色選人者若有鄉閭無景行及書判全弱選數縱深亦不在選限崇化致理必在得人獎善勸能義資師古皆有煩濫未聞釐革循名責實其道不行爲人擇官人盡猶在既復政理不可因循須加簡勘以正頹弊

緩征詔

古之爲國者藏之於人百姓不足君孰與足比者山東邑郡歷年不稔朕爲之父母欲安黎庶恤彼貧弊拯其流亡靜而思之非不勤矣今者風雨咸若京坻可望若貸糧地稅庸調正租一時併徵必無辦法河北諸州宜委州縣長官勘責灼然不能支濟者稅租且於本州納餘不須徵却待至春中更別處分有貸糧迴簿等亦量事減徵

求言詔

朕以薄德祇膺睿圖曾不能虛己淳源勵精至道將致俗

於仁壽思納人於軌訓幸乾坤交泰風雨咸若中外百寮盡知戒懼華夏萬姓頗亦歡康猶恐人或未安政有不愜令外司置匭側門進狀封章論事靡所不達軒階進規於何不盡曾無忤旨之罰實有推心之期豈朕之不誠何人則未諭如聞朝廷之内噂沓紛然進不昌言退多訕議懸書以謗國僑之患鄧析僞言而辨孔子之誅少正自昔爲蠹罔不在茲求於理政固宜懲絕自今已後制敕有不便於時及除授有不稱於職或内懷姦忒外損公私並聽進狀具陳得失五品已上官乃許其廷爭若輕肆口語潛行

誹謗委御史大夫已下嚴加察訪狀涉疑似推勘奏聞

降大理繫囚罪詔

朕祗膺鴻圖嗣守丕業何曾不馭朽增惕納隍在慮六合之內每勤厎綏五刑之屬尤用欽愼然簡書多窒惕之訟圜扉有幽滯之人淹恤逾時羈縲相對頗異哀矜之義實慚恢疎之網雖刑政之典彼則自貽而在予之責終以多愧其大理禁囚前令詳覆者宜按所犯輕者並放重降一等仍依令式處分

征越巂詔

越巂之地擊羌犯邊孤我大恩敢爲小寇雖螳螂舉斧自開屠滅之辰而蜂蠆有毒仍藉討除之勢右騎衛將軍員外置同正員李元通負衛霍之才蘊孫吳之法決勝千里成誦在心通知四夷若指諸掌故能聞敵思勇好謀而成宜發戎瀘夔巴梁鳳等州羌兵三萬人馬二千匹并舊屯兵士赴州討擊賊縱退散亦須窮其巢穴杜絕飛走使無遺類在此舉焉

命李全確往淮南授捕虎法詔

如聞江淮南諸州大蟲殺人村野百姓頗廢生業行路之人常遭死失州縣不以爲事遂令猛獸滋多泗州漣水縣令李全確前任宣州秋浦縣令界內先多此獸全確作法遮捕掃除略盡迄今人得夜行百姓實賴其力宜令全確馳驛往淮南大蟲爲害州縣指授其教與州縣長官同除其害緣官路兩邊去道各十步草木常令芟伐使行人往來得以防備

誅長孫昕等詔

夫爲令者自近而及遠刑罰者先親而後疎長孫昕楊仙玉等憑持戚屬恣行凶險輕侮常憲損辱大臣情特難容

故令斬決今羣官等累陳表疏故有陳請以陽和之節非肅殺之時援引古今詞義深懇朕志雖從諫情亦惜法宜寬異門之罰從聽枯木之斃即宜決殺以謝百寮

禁僭用服色詔

彰施服色分別貴賤苟容僭濫有乖儀式如聞內外官絕無著碧者皆詐著緋以爲常事又軍將在陣賞借緋紫本是從戎缺胯之服一得以後遂別著長袍遞相倣傚又入蕃使等別敕借緋紫者使回合停或有便著曾無愧恥憲司不能舉劾遂令此弊滋甚自今已後衙內宜專定殿中

侍御史本司官長並量事貶降

更定滿考日例詔

選人既多比銓注過謬了皆不及考遂使每一年選人即虛破一年在於公私俱不便利自今已後官人初上年宜聽通計年終已來滿二百日許其成考仍進遷考例至來年考時併較永爲常式

答倪若水詔

朕先使人取少雜鳥其使不識朕意採鳥稍多卿具奏其事辭誠忠懇深稱朕意卿達識周材義方敬直故輟綱轄

之重委以方面之權果能閑邪存誠守節彌固骨鯁忠烈遇事無隱言念忠讜深用嘉慰使人朕已量事決罰禽鳥並令放訖今賜卿物四十段用答至言

捕蝗詔

今年蝗蟲暴起乃是孳生所繇官司不早除遏任蟲成長閒食田苗不恤人災自爲身計向若信其拘忌不有指麾則山東田苗掃地俱盡使人等至彼催督其中猶有推託以此當委官員責實若有勤勞用命保護田苗須有褒貶以明得失前後使人等審定功過各具所繇州縣長官等姓名聞此蟲若不盡除今年還更生子委使人分州縣會計勿使遺類

令御史檢察差科詔

關中田苗今正成熟若不收刈便恐飄零緣頓差科時日尚遠宜令併功收拾不得妄有科喚致妨農業仍令左右御史檢察奏聞

勸獎縣令詔

撫字之道在於縣令不許出使多不得上考每年選補皆不就此官若不優矜何以勸獎其縣令在任戶口增益界

內豐稔清勤著稱賦役均平者先與上考不在當州考額之限也

賜盧懷慎家帛粟詔

故銀青光祿大夫檢校黃門監上柱國漁陽縣開國伯贈荆州都督盧懷慎衣冠重望廊廟周材訏謨當三傑之一學行總四科之二等平勃之輔漢同季文之相魯質隣於古儉實可師雖清白燕翼籯金非寶然妻孥貧窶擔石屢空言念平昔彌深軫悼宜恤淩統之孤用旌晏嬰之德可賜其家物一百段米粟二百石

更定兩畿縣令考滿詔

比來兩畿縣令經一兩考卽改其行苟且罕在政要百姓弊於迎送典吏因而隱欺自今以後皆令四考滿日聽依京官例選仍不得輒續於前勞

簡察驛路妄索供給詔

如聞兩京間驛家緣使命極繁其中多有妄索供給宜令御史劉昇往南北兩路簡察隨事奏聞

命柳城復置營州詔

朕聞舞干戚者所以懷荒遠固城池者所以款戎夷國家

往有營州茲爲虜障此北狄不敢窺覘東蕃由其輯睦者久矣自趙文翽失於鎭靜部落因此攜離頗見負塗之睽旋聞改邑之歎高墉塡塹故里爲墟言念於此每思開復奚饒樂郡王李大酺賜婚來朝已納呼韓之拜契丹松漠郡王李失活遣子入侍彌嘉秺侯之節咸申懇請朕所難違宜恢遠圖用光舊業其營州都督府宜依舊於柳州置管內州縣鎭戍等並準舊額太子詹事姜師度貝州刺史宋慶禮左饒衛大將軍兼營田都督邵宏鄭州刺史劉嘉言屯田員外郎游子騫等並貞以幹事恪勤在公爰精衆官之選任以一方之役師度可充營田支度及修築使游子騫爲副宏可兼充燕郡經略鎭副使仍兼知修築使事應須人夫糧等一物已上依別勑處分有司仍速支配師度等並馳驛發遣

遣使巡察河南北詔

伊昔明王奉若天道所寶惟穀所使惟賢故能務穡勸農興利除害朕以薄德纂承洪緒政期克己誠不動天頃歲河南河北諸州蝗蟲爲患雖當道遣使除瘞恐今又生育天戒若此朕甚懼焉罪實在予殃豈移歲且牧宰之任朝

廷所委苟得良材式敷惠訓古有壽張飛逝中牟不入者斯其效也刺史縣令等當各竭乃心用攘厥患方考休咎大明黜陟惟爾凡百可不勉哉宜令戶部郎中蔡容往河北道侍御史崔喬往河南道觀察風俗問利害便與州縣籌度隨事處置還日奏聞

徵隱士盧鴻一詔

朕以寡薄忝膺大位嘗恨元風久替淳化未昇每用翹想遺賢冀聞上皇之訓以卿黃中通理鉤深詣微窮太一之道踐中庸之德確乎高尚足侔古人故比下徵書佇諧善

績而每輒託辭拒違不至使朕虛心引領於今數年雖得素履幽人之貞而失考父滋恭之命豈朝廷之政與生殊趣耶將縱欲山林往而不能返乎禮有大倫君臣之義不可廢也今城闕密邇不足爲勞便勅賫束帛之貺重宣斯旨想有以翻然易節副朕意焉

戒諭吏部員外郎褚璆等詔

朕居萬人之上以百姓爲心常恐有冤不申有理見滯憂勤庶績宵旰興懷且六官分事四方取則尚書郎皆是妙選須稱其職焉可尸祿悠悠曾無決斷昨者試令詢問遂

有如此稽遲動即經年是何道理至如行判程限素編令式今便準法科責乃是尋常但爲積習寬踈欲得申明告諭自今已後各宜懲革若有犯者別當處分

量減鎮兵年限詔

王者制五服綏四方申畫郊畿慎固封守是乃選徒興役禦寇備邊欽若前載率繇茲道朕以薄德紹膺丕運奉天明命爲人父母永隔綏養鑒寐以之每念征戍良可矜者其有涉河渡磧冒險乘危多歷年所遠辭親愛壯齡應募華首未歸眷此勞止期於折衷但磧西諸鎮道阻且長數有替易難於煩擾其鎮兵宜以四年爲限散之州縣務取富戶丁多差遣後量免戶納雜科稅其諸軍鎮兵近日遞加年限者各依舊以三年二年爲限仍不得延留其情願留鎮者即稍加賜物得代願往聽令復行爲貴勞逸且均公私咸適宣布遐邇識朕意焉

封永樂縣主出降松漠郡王詔

故東平王外孫正議大夫復州司馬楊元嗣第七女譽叶才明體光柔順葭莩懿戚敦睦有倫舜華靡穨德容兼茂屬賢王慕義於以賜親納采問名茲焉迨吉宜升外館之

寵俾耀邊城之地可封永樂縣主出降契丹松漠郡王李失活婚之夜遣諸親高品及兩蕃太守領觀花燭

改明堂爲乾元殿詔

古之操皇綱執大象者何嘗不上稽天道下順人極或變通以隨時爰損益以成務且衢室創制度堂以筵因之以禮神是光孝德用之以布政蓋稱視朔先王所以厚人倫感天地者也少陽有位上帝斯歆此則神貴於不黷禮殷於至敬今之明堂俯隣宮掖比之嚴祀有異肅恭苟非憲章將何軌物由是禮官博士公卿大夫廣參羣議欽若前

古宜存路寢之式用罷辟雍之號可改爲乾元殿每臨御宜依正殿禮

安置降蕃詔

分命督將保寧疆埸且變無知之俗長爲不叛之臣必也仁明在乎清整若脂膏不潤豪髮無欺開懷納戎張袖延狄彼當愛官吏猶父母安國家如天地欲其亡散庸可得乎若其心不公所視唯利放縱部曲阿容子弟此乃求鷹鸇以馴乳使豺狼以掌牧欲其輯寧庸可得也往年趙文翽在營府總統乖方近日張知運在單于徵調失所遂令

東胡喪亂北虜披猖爰搆征戍之勤頗致瘡痍之酷言念於此可爲深戒今諸蕃歸降色類非一在蕃者則漢官押領入附者或邊陲安置風俗未通言語不達至於蓄養實務綏懷宜令所在軍州牧將等倍加存恤申其冤盡其理問疾苦知饑寒公私不得有侵巨細必令無擾儻處馭多僻恩威不孚龜玉之毀典刑斯及御史出入仍訪察以聞

令奏事仍進先狀詔

君臣之間不當有隱敷納之事必在無私比年百司及諸使奏陳皆待仗下頗乖公道須有革正自今已後非灼然祕密不合彰露者並令封狀奏如文書浩大事理交雜者仍進先狀其史官自依舊例

優禮諸州鄉貢明經進士詔

古有賓獻之禮登於天府揚於王庭重學尊儒興賢造士故能美風俗成教化蓋先王之所繇焉朕以寡德欽若前政思與大夫羣士復臻於理故他日訪道有時忘食乙夜觀書宵分不寐悟專經之義篤知學史之文繁永懷覃思有足尚者不示褒崇孰云獎勸其諸州鄉貢明經進士見訖宜令引就國子監謁先師學官爲之開講質問疑義仍

令所司優厚設食兩館及監府得舉人亦準此其日朝請官五品以上及朝集使往觀禮即爲常式易曰學以聚之問以辯之詩云如切如磋如琢如磨此朕所望於賢才矣

命越王貞從孫琳嗣爵詔

九族以親克敦其教百代必祀允章厥德故蔡州刺史越王貞執心不回臨事能斷粤自藩國勤於王家光宅之後寶圖將缺懷劉章之輔漢追鄭武之翊周遂能奮不顧身率先倡義雖英謀未克而忠節居多嗣絕國除年踰一紀奠享淪廢朕甚憫焉夫存或高功歿有明祀數屯則安衆

罹禍時泰則城陽紹封永言興繼式備典冊其封貞從孫故許王男左監門衛將軍員外置同正員夔國公琳爲嗣越王以奉其祀

令禮官條奏應行事詔

王者欽若天道率繇時令考六官之法修五紀之化故得災害不生休徵洊委朕紹膺洪業於茲六載每惇政理思致和平而陰陽未調蝗水仍集天之垂誡朕甚懼焉夫正月東郊祈春賞士孟冬北陸迎寒恤孤參四序之運行稽五材之動用弗協所尚或罹於咎且事必師古禮重執文

將命有司允迪厥訓自今已後每吉月禮官條奏所行事當斟酌古典用孚於休宣布朝廷使知朕意

定致仕官俸詔

養老乞言人惟求舊尊儒尚齒風化攸先其致仕官所請物宜令所司專定一官勾當送至宅

整飭民風詔

堯屋可封孔門無倨此由淳風攸洽德教宏之在人職歸所屬如聞輦轂之下閭閻之內口無擇言行不近禮則失長幼之序豈儀刑之政宜令府縣長官左右金吾明加訓導捉搦若有犯者隨事科繩

禁屠殺馬牛驢詔

自古見其生不食其肉資其力必報其功馬牛驢皆能任重致遠濟人使用先有處分不令宰殺如聞比來尚未全斷郡牧之內此弊尤多自今以後非祠祭所須更不得進獻牛馬驢肉其王公以下及天下諸州諸軍宴設及監牧皆不得輒有殺害仍令州縣及監牧使諸軍長官切加禁斷兼委御史隨事糾彈

令詳定宗廟社稷嶽瀆祭典詔

國之大事在祀神之所歆惟敬潔誠而齋精意以享則可臻介福致休祥深慮有司未副厥旨所緣宗廟社稷嶽瀆等祭宜令禮官博士斟酌古今務加虔肅合於典禮即詳定奏聞

放遣括獲婦女詔

別宅安婦先施禁令往年括獲特已寬容何得不悛尚多此事國有常法宜寘于理方畫一於後刑故三令以先德俾從輕法以愧其心今所括獲者見任官徵納四季祿前資準見任自餘諸色並準九品官祿數納粟婦女並放出

掖庭。即令京兆尹李朝隱求匹配嫁。行之京都。作戒天下。敢更犯者一依常格。

賜京官等俘獲吐蕃牛馬詔

王者六師。必有止殺。國之二柄。且貴先賞。今吐蕃背盟。我軍獻捷。執訊獲醜。以捨於平人。歸馬休牛。不資於國用。利以和義。思與卿大夫共之。其馬及犛牛等。並賜京文武五品已上清官及朝集使三品者。所繇節級分與。

順時決獄詔

仲春在候。膏雨頻沛。故當法天布和。順時行令。天下諸繫

囚宜令所繇作速疏理斷決。勿有冤滯。

禁策判不切事宜詔

我國家敦古質。斷浮豔。禮樂詩書。是宏文德。綺羅珠翠。深革弊風。必使情見於詞。不用言浮於行。比來選人試判。舉人對策。剖析案牘。敷陳奏議。多不切事宜。廣張華飾。何大雅之不足。而小能之是衒。自今已後。不得更然。

久任二千石詔

與我共理。惟良二千石。久於其政。然後化成。承前已來。頗多僥倖。但因入考。即有改轉。自今以後。非灼然應黜陟者更無遷易。敦此風俗。革其苟且。又舊例別駕。皆是諸親。近年以來。頗多餘色。先授者未能頓黜。已後自循舊制。去冬有因計入朝。不可更令却往。過考事了。並量事敘用。

授潘好禮邠王府長史詔

分命諸王。典於大郡。諒存公道。以鎮淳風。邠王稟性頗寬。馭下不肅。且復簡貴。未詳倫理。故選剛直。任之端寮。王家奴客等。有違法網者。長史潘好禮隨事檢校科決。若王有訶怪。仰好禮具狀聞徹。

授盧鴻一諫議大夫詔

嵩山隱士盧鴻一。應辟而至。訪之至道。有會淳風。爰舉逸

人。用勸天下。特宜與五品官。授諫議大夫。

賑恤河南北詔

德惟善政。政在養人。必將厚生阜俗。利物宏義。朕奉若天命。嗣膺王業。思一物失所。以百姓爲心。聞者河北河南。頗非善熟。人閒糧食。固應乏少。頃雖分遣使臣。已令巡問。猶恐鰥獨不能自存。凡立義倉。用爲歲備。今舊穀向浸。新穀未登。蠶月務殷。田家作苦。不有惠恤。其何以安。宜開彼倉儲。時令貸給。況京坻轉積。歲月滋壞。因而變造。爲利宏多。

將以散滯收贏理財均施所司合作條件俾便公私

申禁滯獄詔

六卿分設諸郡咸理在於下人合免冤滯如聞越局侵務背公向私其傷則多爲政必紊宜令天下州縣百司寮寀俱守乃曹各勤所職或有身名尚屈刑罰不平職役未均徵差無次爰及侵奪亦兼違負凡人所訴大略如斯若縣不爲申州必須理州不能理省必爲裁上下相持冤訟可息自今已後訴事人等先經縣及州並尚書省披理若所縣延滯不爲斷決委御史採訪奏聞長官已下節級量貶

以蘇瓌劉幽求配享睿宗廟庭詔

凡有功者銘書於王之太常祭於大烝司勳詔之允所謂疇庸紀勞須賞旌善藏於天府享於廟庭臣哉鄰哉其道光也故尚書左僕射太子少傅贈司空荆州大都督許文貞公瓌閑邪存誠允迪厥德故尚書右丞相太子少保郴州刺史徐國公幽求聞義盡節克茂乃勳並儀刑羣后左右厥辟直道罔缺危言孔臧景雲末年邦國多難愷悌君子服勞王家或親受顧託以安劉氏或潛圖翼贊願奉唐侯纘乃舊服協於先契宏濟弼亮厥猷茂焉俾台小子嗣守文武之業獲奉宗廟之靈實資元輔是歟末命茲予大享于先王爾祖其從祀以配我有唐之休烈並可配享睿宗大聖貞皇帝廟庭

以桓彥範等配享中宗廟庭詔

皇輿肇建必有輔佐之臣天步多艱爰仗經綸之業故侍中譙國公桓彥範侍中平陽郡公敬暉中書令兼吏部尚書漢陽郡公張柬之特進博陵郡公崔元暐中書令南陽郡公袁恕己等並德惟神降材與運生道協台嶽名書讖緯寅亮帝載勤勞王家參復禹之元謀奉昇唐之景命雖

殂謝既久而勳烈益彰撫彝鼎以念功想旂常而增感緬遵故實用表徽懿俾列在清廟登於明堂克申從祀之儀式茂疇庸之典並可配享中宗孝和皇帝廟庭

慮囚詔

皇天應人必有所謂此月少雨蓋非徒然深慮繫囚或有冤滯京城內諸司見禁囚徒並以來日過朕將親慮所司量準舊典其杖以下情不可恕者速決自餘即放卻

欽定全唐文卷二十八

元宗九

禁刺史進奉詔

兩京來去乃是尋常緣頓所須皆用官物至於百姓縱暫祇承處置有條不合辛苦其中侵擾莫非橫干或漁獵畜養以將進獻觸途使役以徇聲名實由紀綱未樹教令不行去年從京向都嘗亦處分蒲州刺史程行湛同州刺史李朝隱陝州刺史姜師度至其州界咸有進奉惜其能官善政乃屈法收情憶至於今豈能無恡冬中西幸不可踵

前其有輒進送及餉遺從官弁別有煩擾者必科以法御史明加糾察隨事奏聞

禁有司仗下獨奏詔

有司及奏事皆合對仗公言比日已來多仗下獨奏宜申明舊式誥語令知如緣曹吏司細務及有祕密不合對仗奏者聽仗下奏

賜褚无量馬懷素詔

朕於百事考之無如文籍先王要道盡在於斯是欲令經史詳備聽政之暇遊心觀覽

命選官僚詔

修身貴乎慎始篤學在乎自幼朕諸子已各髫丱須聞詩禮宜於儒官中選德行耆宿三五人入閤教授

遣使賑恤河南道詔

朕自臨御天下介於人上萬邦在念百姓爲心慎日以兢因時載惕眷茲茂育寧忘鑒寐今歲河南諸州頗多水潦稼穡不稔閭閻阻饑方屬西巡更深東顧不加存問孰副優軫宜令工部尚書劉知柔馳驛充使往河南道巡歷簡問應免租庸及賑恤並量事便處分兼察人民冤苦官吏

善惡還日奏聞宋亳陳許之間遭澇尤甚其應緣賑恤宜倍優賞

勸選人勤學業詔

明經進階雖著於甲令儒道敦俗宜申於舊章其選人有能仕優則學所業不廢者當在甄收以示勸奬其能舊經外更業者準初出身例加階

遞還張希嶠詔

比每晝至側景夜至分宵期間政要用忘寢食但能會理不責其文貝州張希嶠上表詞義鄙淺有同諧弄據其不

遵理廢固合與罪恐後來正直其謂我何故特矜愚不置於法且令河南府示語遞還本貫

再減牧草稅詔

調斂惡繁差科在簡每思量人賤畜之政輕徭薄賦之宜廢馬略配於諸軍課駒總留於畜牧則應稅之草不假循前今年所支已減舊數可於此數內更三分減一

令孝經參用諸儒解易經兼帖子夏易傳詔

孝經者德教所先自頃以來獨宗鄭氏孔氏遺旨今則無聞又子夏易傳近無習者輔嗣注老子亦甚甄明諸家所

傳互有得失獨據一說能無短長其令儒官詳定所長令明經者習讀若將理等亦可兼行其作易者兼帖子夏易傳共爲一部亦詳其可否奏聞

令諸儒質定孝經尚書古文詔

孝經尚書有古文本孔鄭注其中指趣頗多踳駁精義妙理若無所歸作業用心復何所適宜令諸儒併訪後進達解者質定奏聞

令孝經並行孔鄭帖易停子夏傳詔

朕以全經道喪大義久乖淳感之性浸微流遁之原未息是用旁求廢簡遠及缺文欲使發揮異說同歸善道永惟一致之用以開百行之端間者諸儒所傳頗乖通義敦孔學者冀鄭門之息滅尚今文者指古傳爲誣偽豈朝廷並列書府以廣儒術之心乎況孔鄭大宗固多殊趣諸生會議曾無所申而推求小疵其細已甚聚訟之詭人無則焉其何鄭二家可令仍舊行用王孔所注傳習者希宜存繼絕之典頗加獎飾子夏傳逸篇既廣前令帖易者停

答宋璟論修德緩刑詔

在於朕躬庶事戒慎天下或恐不稱所望卿爲朕耳目焉

上天降眚良有以也深輔朕之不逮

親慮囚詔

朕以匪德嗣膺丕命雖日慎爲誡政期以康而天災流行誠或未感自孟秋在候雨澤愆足永念農畝用懷宵旰在予之責萬方何罪視人如傷一物增怵且夫修政之要恤刑之重雖得情勿喜寧僭無濫將恐此輩猶有冤人或傷於和而作此厲法惟明慎事藉躬親故爰加案省開其幽滯雖士師不冤時稱閱實而愚者自陷朕甚愍焉故屈常法特申寬典

命諸州慮囚詔

爰自春首頗愆甘澤眷茲近甸將損嘉苗人天謂何夙夜增怵豈刑罰莫省罪獄其紛倘致吁嗟是生災亢故京師囚繫親慮原減而郡縣徙牢將何愼恤平分之道載軫於懷天下諸州見繫囚徒宜令所繇長官便慮有司即此類作條件處分

遣官祈雨詔

今月之初雖降時雨自此之後頗愆甘液如聞側近禾豆微致焦萎深用憂勞式資祈請某禱則久常典宜遵即令

禮部侍郎王邱太常少卿李暠分往華嶽河瀆祈求

集書目詔

比來書籍缺亡后多錯亂者良由籍歷不明綱維失序或須披閱難可簡尋今麗正殿寫四庫書各於本庫每部別爲目錄其與四庫目不類者依劉歆七略排爲七志其經史子集及天文以時代爲先後以品秩爲次第其三教珠英既有缺落宜依書目隨次修補朕當披覽無使缺遺

罷請駕詔

東都道俗有來請駕者東西來去雖則爲常每歲來請豈能無擾宜以禮告示仍於朝堂賜食即發遣幷勒陸象先莫令更相倣效

皇太子入學慶賜詔

儒道惟百王之政元良乃萬國之貞屬太學畢賢賓庭貢士當其謁講故行齒冑所以宏風闡教尚德尊師宜有頒賜以承光寵陪位官一品宜賜五十匹二品三品四十匹四品五品三十匹六品七品二十匹八品九品十五匹緣行禮及職掌者各遞加一等六品以下五匹爲等五品以上十匹爲等坐主加二等學生賜物三匹待舉者及諸方

貢人各賜五匹

皇太子加元服慶賜詔

皇太子以守器之重有成人之量屬陽和肇歲甲子惟日加乃元服循於舊章慶因霈洽歡洎雲上王公卿士中外寀寮布以慈惠廣茲頒賜應在會官一品一百匹二品九十匹三品八十匹四品六十匹六品五十段七品四十段八品九品二十段諸州都督刺史上佐諸軍及副使亦同在會例宜以當處物給

給復被災州縣詔

朕臨御寰極永思政理黃屋成屈己之勞紫宸多在予之念常恐微物或失大道未臻私奉睿圖載深寅畏去年諸處並多水旱歲儲不給生業靡安言念下人用增憂恥天下遭損州逋租懸調及勾徵特宜放免

命兩京及諸州簡兵詔

國家偃武教修文德百年於玆矣自運屬清平人忘爭戰俎豆之事嘗聞之矣軍戎之禮我所未暇且五材並用誰能去兵四方雖安不可忘戰故周禮以軍禁糾邦國以蒐狩習戎旅不教人戰是謂棄之宜差使於兩京及諸州且

揀取十萬人務求灼然驍勇不須限以蕃漢皆放番役差科唯令團伍教練辨其旗物簡其車徒習攻取進退之方陳威儀貴賤之等俾夫少長有禮疾徐有節將以伐叛懷服將以保大定功叶於師貞以宏武備應須集期及有蠲免所司明爲條制別作優異法奏聞

褒姜師度詔

昔史起溉漳之策鄭白鑿涇之利自玆厥後聲塵缺然同州刺史姜師度識洞於微智形未兆匪躬之節所懷必罄奉公之道知無不爲頃職大農首開溝洫歲功猶眛物議紛如緣其中款足嘉委任仍舊暫停九列之重假以六條之察舊藏過半績用斯多食乃人天農爲政本朕故玆巡省不憚祁寒將申勸恤之懷特冒風霜之弊今原田彌望畎澮連屬谿來榛棘之所遍爲秔稻之川倉庾有京坻之饒關輔致珠金之潤本營此地欲利平人緣百姓未開恐三農虛棄所以官爲開發冀令遞相教誘功既成矣思與共之其屯田內先有百姓挂籍之地比來召人作主亦量準頃畝割還其官屯熟田如同州有貧下欠地之戶自辦功力能營種者準數給付餘地且依前官取師度以功特

加金紫光祿大夫賜帛三百匹

命張說修國史詔

肇有書契是興簡冊所以彰乎得失示以勸懲非夫詳而有體辨而不華含陽秋之蘊總墳誥之賾豈能光我司典崇其立言右羽林軍將軍攝御史大夫權檢校并州大都督府長史持節天兵軍節度大使燕國公張說多識前志學於舊史文成微婉詞潤金石諒可以昭振風雅光揚軌訓可兼修國史仍齎史本就并州修撰

答蔡孚請宣示御製春雪春臺望詩手詔

朕以聽政之餘因時遊賾觀古人之制度懷先王之畢菲聊遇所覽直書其事雖文詞非麗亦不忘於言卿職在史官君舉必記將以朕之素意須示庶寮循諷表章益深祗勉

按理枉濫詔

庸愚之人自犯疎網至於公憲誠則難容然服念泣辜昔賢懿躅惟刑是恤不可暫忘如聞囚徒或有冤滯久在幽縶情何以堪其外州已有使覆京城內宜令中書門下就禁司按理如有枉濫隨事奏聞

貶蕭執珪盧季恂崔慄等詔

先王制法度立師長將以為理也夫刺史者受方岳之寄為吏人之表以宣法則以樹風教故得人則河潤九里京師蒙其福非材則虐流百城黎庶受其害所以漢宣云與我共理者其惟良二千石歟中大夫前守嵐州刺史蕭執珪通議大夫前守復州刺史盧季恂中散大夫前守銀州刺史崔慄等各藉階資謬居藩牧不率法度情匪在公憑此尸素黷其貨賄豈有奉條察之委居道化之先顧利無厭貪以敗類固上行而下效豈澄源以正本有靦面目實虧風憲雖罪無所漏已置刑章而情頗難容宜從遠謫執珪宜除名配隸營府即差使所在馳驛領送至彼不得東西季恂可恩州司馬慄可施州司馬并員外置同正員即發遣赴任仍須於郡國以勵在官

令州縣舉智勇詔

武有七德所以安人禁暴臣稱三傑所以戰勝攻取蜀乃一方之主尚得孔明齊為九合之君斯繇管仲況宇宙至廣人物至多豈乏英賢無聞韜略蓋用與不用知與不知今邊境未清統邊須將頃林胡蹔擾柳城非捷北虜勿驚

西軍莫振罪繇失律過在無謀曹劌不言寧知登軾之効毛遂緘口豈彰處囊之奇長想古人是思擢士其有雖露簪紱猶晦跡於下流或蘊智謀尚沈名於大澤不加精訪何以甄收其兩京中都及天下諸州官人百姓有智合孫吳可以運籌決勝有勇齊賁育可以斬將搴旗或坐鎮行軍足擬萬人之敵或臨戎却寇堪為一堡之雄各聽自舉務通其實仍令州縣具以名進所司遣立限期隨表赴集

禁差民馬詔

如聞天下有馬之家州縣或因郵遞軍旅即先差遣帖助

兼定戶之次緣被此百姓嫌疑多不養畜遂令騎射之士頓減曩時益國富人何繇可致自今已後諸州百姓不問有蔭無蔭若能每家畜馬十匹已上緣帖驛郵遞及征行並不得偏差遣帖助若要須供擬任臨時率戶出錢市買定戶及差重色役亦不須以馬充財數

加恩征行及當番衛士詔

諸府衛士役重人微既每征行又當番上言念艱辛更無是過不稍優矜何以存濟自今已後征行及當番處衛士除公乘配手力驅事及復身以外官人輒私抽役使宜令

御史金吾按察使嚴加採察

禁逃亡詔

四海清晏百年於茲雖戶口至多而逃亡未息良繇牧宰之伍訓道無方不能綏撫令其浮惰且寰宇一統天下為家去此就彼孰非州縣使其離鄉者則亦無恥成其逋藪者何以居官遂令邦賦不入人偽斯甚政術不理豈過於茲宜令所司商量作一招攜捉搦法奏聞

禁士女施錢佛寺詔

內典幽微惟宗一相大乘妙理寧啟二門聞化度寺及福先寺三階僧創無盡藏每年正月四日天下士女施錢名為護法稱濟貧弱多肆奸欺事非真正即宜禁斷其藏錢付御史臺京兆河南府勾會知數明為文簿待後處分

條制番夷事宜詔

制國立軍以為武備安人和眾諒在師貞必將簡其車徒務其蒐獮不教人戰何以訓兵今寰宇雖寧燧燔時警故設備邊之政更深用武之略其劍南磧西關內隴右河東北通燕薊既接邊隅是防夷狄據山川險要量寇賊多少分置軍旅足成修備有事赴敵可以拉朽摧枯無事養人

可以拔距投石而將吏非謹甲兵不修加之侵暴仍且役使雖則屢提綱領然猶故忽科條豈法有未明將官無所畏永言此弊增歎於懷又諸道軍城例管夷落舊戶久應淳熟新降更佇綏懷如聞頗失於宜蕃情不得其所若非共行割剝何乃相繼離散既往者理宜招詰見在者須加安全熟戶既是王人章程須依國法比來表奏多附漢官或洩其事宜不為聞遠或換其文狀乖違本情自今已後蕃臣應有表奏並令自差蕃使不須更附漢官雖復化染淳風終是情因本性刑罰不中心固不安其有犯法應科

不得便行決罰具狀奏聞然後科繩咨爾軍僚勉我王事兵必須賈勇奮力馬必須芻牧秣養器仗必須磨礪糧儲必須贍積馭蕃夷必須以威以恩誓將士必須以罰以賞辨於旗物稱爾戈矛使有勇而知方將料敵而常勝所謂文武並用國之大經團結十萬衆兵別令訓習分割數萬匹馬皆有供須什物備陳行裝具足候時而動我武惟揚俾夫涼風至白露下將以執有罪覆昏亂宏厥戎略振斯天聲清彼四方期此一舉其諸軍官吏輒更私役兵及侵漁一錢已上兼失偵候仍墮教習倉儲或乏器械莫修番

部不能安窮寇不能制有一違犯國有嚴誅事或未同仍令所司作條件處分

釋放流徒等罪詔

自昔明王恤人爲念朕君臨寓縣子育黎庶一物乖宜常切納隍之慮萬方有罪再軫泣辜之責故勸農務穡國政攸先捨過錄功帝圖惟永況麥風炎序梅律歊辰言念狴牢情深惻隱宜申緩獄之令以布宥刑之澤其天下見禁囚徒犯流已下徒已上特宜免以常科並遣隨軍展效仍令所司明爲年限條例隨便近諸軍分配冀能竭力勉樹勳庸其杖已下即令釋放使務農業

誅康待賓免從坐詔

蘭池胡久從編附皆是淳柔百姓乃同華夏四人康待賓等敢亂天常俱爲禍首驅率羣衆嘯聚沙泉使良善失業而兇渠逞志人祇發怒魁首者並自誅夷鋒刃揮芒陣敵者亦聞梟戮元惡既盡餘黨無多本是脅從初非爾罪今乃潛竄須示其誠朕亭育蒼生皆同赤子每一物之失所寧寸心之得安莫不念切在予情深責己故先之以德亦寬之以恩乃遣常侍趙元通又命御史大夫韋抗附以招

慰俱不稟承儻滋蔓繁多恐邊甿塗炭非願勤於兵馬蓋須申於弔伐朔方軍大總管王晙隴右節度使郭知運等虔奉廟謨恭行天誅所有殺戮爰及俘囚或因戰敵相交灼然好惡無辨驚波縣是共溺烈火所以俱焚自孽誰尤欲逃何去已滅亡者其如咎讁未歸附者是可哀憐或反側懷憂或嫌疑多懼宜開自新之命以矜莫大之罪其胡賊及勾引諸蕃同叛逃在山谷沙藪間疑懼不出者並原其罪宜令夏州都督陽欽明依前處分安慰仍以左監門將軍安慶爲副依理宣慰量加招輯各令復業務使安存

訖奏聞若不順從猶持向背須別處分亦具奏來

分散化度寺無盡藏財物詔

化度寺無盡藏財物田宅六畜並宜散施京城觀寺先用修理破壞尊像堂殿橋梁有餘入常住不得分與私房從貧觀寺給仍令御史張樽與禮部侍郎崔據京兆尹孟溫禮取元奏數揀京城大德戒行灼然者共檢校量事均融處置訖奏聞諸州長官及按察司所察錢物以委州使準此共勾當散配處分訖申所司

安置北州諸蕃詔

國家天覆萬方子育庶彙要荒所列並入提封日月所照俱爲臣妾莫不熙我德澤納之仁壽神人以和鳥獸咸若河曲之地密邇京畿諸蕃所居舊在於此自服王化列爲編甿安其耕鑿積有年序而翻然造謀構此紛孽勞我師旅擾其邊隅不思亭育之愛坐取滅亡之道官軍纔及一鼓而潰雖肇其首謀則有元惡然率以從亂咸爲匪人朕思宏其在宥之恩振以好生之惠伐彼有罪捨其脅從使反側自安胡者靡獲則譸張之黨爾實自取生成之德我則有焉宜令朔方軍大總管兵部尚書王晙宣崇恩命示以柔服諸軍戰士應須酬錄功勳及却投來吐渾党項左右廂降戶雜蕃并胡殘部落或善惡未分或久長取穩若須釐革一事已上並委王晙敘錄處置訖奏聞

遣使宣慰百姓詔

朕身居九重心在萬姓恐情未達下政或乖方頃者故命近臣分道巡撫爲屬農月且停使車今秋稼方收時亦將隙命中書舍人何鸞等宜所到之處宣慰百姓令悉朕懷其有水旱之州或須貸給不可遠更奏聞宜便量事處置征鎮之家各令州縣檢校優賞其中無兼丁存濟者仍加

賑恤

慰問鹽夏兩州百姓詔

如聞鹽夏兩州百姓及六州胡等被胡賊殺掠宜令御史韓朝宗皇甫翼齎書分往慰問便復損數其被損之家務令存恤應須給貸蠲免量事處置訖迴日奏聞

幸東都詔

王者觀俗以賦政考祥以省方必將協於人和而奉若天命朕祗承鴻業用康黎庶思振德以惠物豈勞人以尊己頃年關輔之地轉輸實繁重以河塞之役兵戎屢動千金

有費九載未儲懷此勞軫以增旰昃且夫苟利於物可隨方而變通將適於人故因時以巡幸卜維萬方之奧維嵩五嶽之中風雨之所交舟車之所會流通江汴之漕控引河淇之運利俗阜財於是乎在今欲省其費務以實關中即彼敖庾少留河邑秉歲陽之吉展遊順之儀豈惟龜筮不違故亦詢謀是協修五禮問百年車輿動而不勞玉帛會而胥悅所謂先天以宏道因人以爲利也宜以明年正月十五日幸東都

朝官子弟先與閒散官詔

如聞朝官子弟未曾經歷即坐要司及京畿幷州縣理人官或侍郎受財追遊怠墮或恣行決罰妄作奸非刑憲不可徧矜父兄莫能訓導苟陷於法良軫於懷宜令本司及州府長官按實驗察有此色幷少年未諳時事可移與閒散官

令州軍牒本貫放歸兵募丁防詔

如聞諸道兵募丁防年滿應還或征役處分及在路死者不得所繇牒報本貫無憑破除仍有差科親鄰受弊宜令今年團日勘責同行火隊的知實死即與破除自今以後每有兵募丁防放歸令州軍具存亡夾名牒本貫

禁僧道掩匿詔

釋道二門施其戒律緇黃法服衆亦崇尚苟有踰濫是無憲章如聞道士僧尼多有虛挂名籍或權隸他寺或侍養私門託以爲詞避其所管互相掩匿共成姦詐甚非清淨之意也自今已後更不得於州縣權隸侍養師主父母此色者並宜括還本寺觀

誅王鈞詔

國之設法本以閑邪苟無所施雖立安用朕以寡昧纘承

丕業夙夜怵惕恐不克勝馭朽徒知其所危涉川罔知其所濟是用寤寐永歎常思罪己冕旒不欲見其臧否黈纊不欲聞其是非隱忍含容十載於茲矣不能使令行禁止訟息刑清家習禮讓之教人興廉恥之節此朕之不德也河南府雒陽縣主簿王鈞貪殘其性暴虐其心輕侮我章程殘剝我黎獻處事不遵乎法理贖貨不知其紀極此而可恕孰不可容且輦轂之下事猶如此想於遠處人何以堪然而當發生之時屬陽和之月朕情存惡殺不加殊死且從杖罪以肅朝端可與朝堂集衆決殺自今已後內外

官有犯賄至解免以上縱使逢恩獲免並宜勿齒終身御史憲司職當推劾不存糾舉多有顏情綱紀不施誰任其咎又府縣寮寀上下相承犯法公然無聞按詰若或知而故縱即是職務不舉各自思審何以當官自今已後所進擬御史皆須歷職清白衆所推者不得虛相引進僥倖祈榮凡厥朝臣宜悉朕意

命張說兼領朔方節度詔

朔方之地雍州之域密邇關輔是稱河塞頃者胡孽爲寇擾其居人王師有征戎事斯大戍役之弊邊甿既勤雖妖

醜厎清而政理未洽不有經制曷云昭蘇且和衆爲武者所以詰姦慝總軍命將者所以訓甲兵匪夫大賢孰允茲任兵部尚書中書門下三品燕國公張說天與明秀自然才傑光備九德宏宣七政爰掌邦理實爲國楨謀而必忠言則無隱寅亮之美用熙帝載談笑之餘更陳戎備所謂善行樽俎事立封疆宜以上台之尊遥統中軍之任可持節兼知朔方軍節度大使餘如故

流裴景仙嶺南詔

罪不在大本乎情罰必在行不在重朕垂範作訓庶動植咸若豈嚴刑逞戮使手足無措者哉裴景仙幸藉緒餘超升令宰輕我憲法蠹我風猷不慎畏知之金詎識無貪之寶家盈黷貨身乃逃亡殊不知天孽可違自愆難逭所以不從本法加以殊刑冀懲貪暴之流以塞侵漁之路然以其祖父昔預經綸佐命有功締構斯重緬懷賞延之義俾協寛政之典宜捨其極法以竄遐荒仍決杖一百流嶺南惡處

賑懷州詔

朕以懷州去年偏併不熟宜令刺史崔子源察審問貧下

不支濟者量加賑貸

增置太廟九室詔

朕聞王者乘時以設教因事以制禮沿革以從宜爲本取捨以適會爲先故損益之道有殊質文之用甚異且夫至德之謂孝所以通於神明大事之謂祭所以虔於宗廟國家握紀命歷重光累盛四方繇其繼明七廟可以觀德朕嗣守丕業祇奉睿圖聿懷昭事罔不恤祀嘗覽古典爰詢廟制遠則殷周事異近則漢晉道殊雖禮文之不一固嚴敬之無二朕以爲立愛自親始教人睦立敬自長始教人

順是知政以道存禮從時變特因宜以創制豈法古而限今況恩以降殺而跡廟以遷毀而廢雖式瞻古訓禮則不遠而永言孝思情所未足享嘗則止豈愛崇而禮備有禱而祭非德盛而流永其祧室宜列爲正室將使親而不盡遠而不祧廟以貌存宗由尊立俾四時式薦不間於毀主百代靡遷匪惟於始廟所謂變以合禮動而得中嚴配之典克崇肅雍之美兹在又兄弟繼及古有明文今中宗神主猶居別處詳求故實當宁不安移就正廟用彰大典仍創置九室宜令所司擇日啟告移遷

禁殯葬違法詔

如聞百官及庶人家殯葬頗違古則無復哀戚遞相誇尚富者踰於禮法貧者殫其資產無益於死徒損於生傷風敗化斯數尤甚自今已後送終之儀一依令式至墳墓所仍不得聚飲肉食宜令所繇嚴加禁斷更有違者科違勅罪

欽定全唐文卷二十九

元宗十

北巡祠后土詔

王者承事天地以爲主郊享泰尊以通神蓋燔柴泰壇定天位也瘞埋泰折就陰位也將以昭報靈祇克崇嚴配爰逮秦漢稽諸祀典立甘泉於雍畤祠后土於汾陰遺廟巋然靈光可燭朕觀風唐晉望秩山川肅恭明神思致禋敬將欲爲人求福以輔升平合此神符應於嘉德宜以來年正月北巡狩行幸至汾陰以二月祠后土所司準式

車駕次潞州慶賜詔

朕巡狩晉陽觀風問俗肆覲羣后存問百年諸侯待於境者抑惟故事今停蹕潞州勞以牛酒其外州刺史及迎駕父老道士僧尼等遠來至此頗亦艱辛宜併令預會刺史賜物四十匹父老已下各賜物三匹

遣御史分巡諸道詔

國之三典令于四方歲終則巡聽其獄訟頃因水旱貨食不足或徭稅徵逸多不折衷或租調蠲除事涉欺隱皆吏之不稱政之不修是用命兹使臣委其詳覆徐楚璧等並

清白自立茂有政聲必使事合權宜刑無冤濫不損於物有益於公往數厥休副茲推擇並可攝監察御史勾當租庸地稅兼覆囚

令諸州置醫學博士詔

神農嘗草以療人疾岐伯品藥以輔人命朕銓覽古方永念黎庶或榮衛內壅或寒暑外攻因而不救良可歎息今遠路僻州醫術全少下人疾苦將何恃賴宜令天下諸州各置職事醫學博士一員階品同于錄事每州寫本草及百一集驗方與經史同貯其諸州子錄事各省一員中下州先有一員者省訖仰州補勳散官充

令太史修漏刻詔

近日漏刻失時或早或晚宜令太史謹修盡職勿使更然如有愆違委御史彈奏

幸河東推恩詔

朕君臨宇內子育黎元豈以黃屋爲尊實以蒼生爲念何嘗不日旰忘食未明求衣雖身在九重而情存六合恐至道猶鬱大化未孚昨因展義河東祈穀脽上肆覲羣后親問高年舉滯賑窮旌善黜惡緝其墜典酌于古訓今省方告至禋祀云畢思乂庶官務崇簡易河南河北去歲水損人或竊盜吏或侵抑不防害馬何以安人或令御史分道案行量加賑給諸州府馬闕數稍多既令官填復須私備貧兵力致實以爲難宜令所司即勘會闕數與閑廐使計會取監牧馬充其行過處緣頓及營幕損百姓青苗並令本州勘以正倉酬直懷澤兩州已免地稅潞州太原府亦有給復其汾晉蒲絳同華京兆河南供頓戶並宜免今年地稅鄭衞雒相宜沁慈隰等州佐助夫役雖日不多終是往還辛苦各免戶內今年差科緣頓所築宮牆內今並空閑任本主耕種緣路州縣有表薦官僚及上書獻頌者中書門下審覆奏聞量加進賞發都簡試及諸色召募行從人遠將巡省須收才用並令所司即作條例處分內外官職田恐侵百姓先令官收慮其祿薄家貧所以別給地子去歲緣有水旱遂令總停如聞卑官頗難支濟量事優恤使得自資宜準元敕給其地子朱紫貴品皆豫考勞人臣事君忠無二節至如泛階溥及義取平均豈獨清官偏得減考自今已後如泛階應入五品以十六考爲定入三品以三十考爲定其有名賢宿德及異迹殊狀雖不逢泛階

或因選改之次年考與節限同者咸以名聞仍爲永例今之刺史古之諸侯會王汾脽豫陪祀禮宜令中書門下商量奏聞方今萬類發生春事方起所司宜敬敷五教敦勸三農議緩刑獄禁傷胎卵罷妨農不急之務減額外不要之官各委長官量事處分宣示遠近副朕意焉

禁大酺會人塡溢詔

大酺之會與人同歡或慮遠方觀者來往狼狽其四夜併宜開坊門府縣金吾嚴加捉搦

飭御史刺史縣令詔

如聞在外官人罕遵法式孤弱被抑冤不獲申有理之家翻遭逼迫侵刻之吏務欲加誣州縣有好長官同寮豈敢違法御史執憲綱紀是司多惜人情未聞正色內外同此何致至公宜令刺史縣令嚴加捉搦御史按其有犯彈奏

賜奚契丹等絹綿詔

公主出降蕃王本擬安養部落請入朝謁深慮勞煩朕知割恩抑而未許思加殊惠以慰遠心奚有五部落宜賜物三萬段其中取二萬段先給征行遊奕兵及百姓餘一萬段與東光公主饒樂王衙官刺史縣令契丹有八部落宜賜物五萬段與燕郡公主松漠王衙官刺史縣令其物雜以絹布務令均平給訖奏聞

令御史分巡河南北詔

河南河北去歲雖熟百姓之間頗聞辛苦今農事方起蠶作就功宜令御史分往巡行其有貸糧未納者並停到秋收

置判南曹官詔

文武選人十月下解既逼銓注勘簡難周不能自親並委猾吏恣成姦濫爲蠹尤深自今已後兵吏兩司專定員外

兩人判南曹事每年選畢起五月一日所是文狀即預勘責關節判南曹官親自就覆每色攢作簿書對本司長官連署印記不得委其胥吏勘責畢各具人數奏聞其判南曹官所司即進名朕自簡擇

禁僧道不守戒律詔

緇黃二法殊途一致道存仁濟業尚清虛邇聞道僧不守戒律或公訟私競或飲酒食肉非處行宿出入市廛罔避嫌疑莫遵本教有一塵累深壞法門宜令州縣官嚴加捉搦禁止

置勸農使詔

有國者必以人爲本固本者必以食爲先先王於是務其三時前聖所以分其五土勸農之道實在於斯朕撫圖御歴殆踰一紀旰食宵衣勤乎兆庶故兢兢翼翼不敢荒寧頃歲以來雖稍豐稔猶恐地有遺利人多廢業游食之徒未盡歸生穀之疇未均墾以是軫念臨遣使臣恤編戶之流亡閱大田之衆寡至如百姓逃散良有所繇當天冊神功之時北狄西戎作梗大軍之後必有凶年水旱相仍逋亡滋甚自此成弊於今患之且違親越鄉蓋非獲已暫因規避旋被兼并既冒刑綱復損產業居且常懼歸又無依積此艱危遂成流轉或因人而止或庸力自資懷土之思空盈返本之途莫遂朕虔荷丕搆子育萬姓立德非宜而茲弊未革納隍馭朽實切於心既深在予之責思宏自新之令其先是逋逃並宜自首仍能服勤壟畝肆力耕耘所在閑田勸其開闢逐土任宜收稅勿令州縣差科徵役租庸一皆蠲放若登時不出或因此更逃習俗或然非以爲法且阻我誠信是紊我大綱爰及所繇須加嚴限且天下風壤多有不同地既異宜俗亦殊習固當因利制事不可

違人立法宜令兵部員外郎兼侍御史宇文融兼充勸農使巡按人邑安撫戶口所在與官寮及百姓商量處分乃至賦役差科於人非便者並量事處分續狀奏聞務令安輯勿使勞繁當行賞罰之科各竭忠公之力所到之處宣示百姓達我勸人之心

令河西隴右等處防邊詔

懷遠夷納款附國家常事也邊塞嚴甲兵備軍旅本職也雖萬方和同不可薄其武備百蠻朝貢不可輕其疆埸今年十月東幸雒京西北二邊倍宜嚴警其河西隴右朔方太原幽州平盧諸節度咸宜裹糧坐甲秣馬利兵明教隊伍遠爲偵候使風塵預知邀截有所安我邊鄙威加戎狄賞罰在茲各宜砥礪

賜突厥袍帶詔

可汗慕義向風益以嘉尚我國家金帛子女務通和親然一爲婚姻將傳永久契約須重禮數宜周今來人既輕禮亦未足所以未定日月令其且還如和好不移誠信無曉凡有所請必當不違國家信若四時恩同天地一言則定何誓如之必能結之神明彌表彼之誠契既無猜阻任擇

其宜諸所有商量今已親語哥解更欲遣使恐致勞煩令寄可汗錦袍鈿帶銀盤胡餅至宜領取

令蒲同兩州平糶詔

蒲同兩州自春偏旱慮至來歲貧下少糧宜令太原倉出十五萬担米付蒲州永豐倉出十五萬担米付同州減時價十錢糶與百姓

卹緣邊兵士詔

爲國之道莫不欲家給人足令行禁止而族談者苦邊疆之戍役偶語者傷戸口之凋殘且夫懷土重遷人之常性

離邦去里孰無其情或委非其材或政非其要致令父不保子兄不寧弟井邑有流離之怨道路有吁嗟之聲靜言思之良可嘆息是以晝分不食夜不安寢庶息彼弊政就此涼風故發使車以巡郡縣其承前處置不便不利於人即宜當處商量隨事釐革其緣邊兵士等或遠辭鄉壤久事戎旃饑寒而衣食不充疾病而醫藥不拯邊烽忽警將何以堪宜令使人各親勞苦其有年齒衰暮或抱病羸弱即與軍司選擇給糧放還行人之家委州縣優卹所到宣撫稱朕意焉

答源乾曜等請封禪手詔

夫登封之禮告禪之儀蓋聖人之能事明王之盛業也朕以眇身託王公之上夙夜祇懼恐不克勝幸賴羣公以保宗社至於休徵符瑞皆先帝遺愛朕何賴焉豈可以禮百神覲羣后備岱亭之禮展封祀之儀者哉雖誠請是違而宿心未暇

答源乾曜等重請封禪手詔

夫理定然後制禮功成然後作樂朕承奉宗廟恐不克勝未能使四海乂安此理未定也未能使百蠻效職此功未

成也焉可以揚景化告成功雖欲答於神祇終俟安於兆庶再省誠懇惻怵良深

報裴漼等請封禪手詔

自中朝有故國步艱難天祚我唐大命集於聖真皇帝朕承奉丕業十有餘年德未加於百姓化未覃於四海將何以擬洪烈於先帝報成功於上元至若堯舜禹湯之茂躅軒后周文之懿範非朕之能逮也其有日月之瑞風雲之祥則宗廟社稷之餘慶也天平地成人和歲稔則羣公卿士之任職也撫躬內省朕何有焉難違兆庶之情未議封

崇之禮

允行封禪詔

自古受命而王者曷嘗不封泰山禪梁父答厚德告成功三代之前率繇斯義自魏晉已降迄至周隋帝典闕而大道隱王綱弛而舊章缺千載寂寥封崇莫嗣物極而復天祚我唐武文二后應圖受籙洎于高宗重光累盛承至理登介邱懷百神震六合紹殷周之統接虞夏之風中宗宏懿鑠之休睿宗穆粹清之道巍巍蕩蕩無得而稱者也朕昔戡多難稟略先朝虔奉慈旨嗣膺丕業是用創九廟以

申孝敬禮二郊以展嚴禋寶菽粟於水火捐珠玉於山谷兢兢業業非敢追美前王日慎一日實以奉遵遺訓至於巡狩大典封禪鴻名顧惟寡薄未遑時邁十四載於茲矣今百穀有年五材無眚刑罰不用禮義興行和氣氤氳淳風淡泊蠻夷戎狄殊方異類重譯而至者日月於闕庭奇獸神禽甘露醴泉窮祥極瑞者朝夕於林籞王公卿士罄廼誠於中鴻生碩儒獻其書於外莫不以神祇合契億兆同心斯皆烈祖聖考垂裕餘慶故朕得荷皇天之景祐賴祖廟之介福敢以眇身而顓其讓是以敬承羣議宏此大猷以光我高祖之丕圖以紹我太宗之鴻業永言陟配祇感載深可以開元十三年十一月十日式遵故實有事泰山所司與公卿諸儒詳擇典禮預為備具勿廣勞人務存節約以稱朕意所緣封禪儀注兵馬陪集並皆條奏布告遐邇

將封泰山斷屠詔

自古明王仁及萬物今助天孳育方將告成其緣祀祭及在路供頓犧牲餼牢禮不可闕除此之外天下諸州並令斷屠及漁獵採捕駕迴至京都依常式

禁濫借魚袋詔

朱紫貴服所以分別班品自非有德有功不可輕為賞借自今以後諸軍節度大使灼然有知功勞須權行給賞任量借色及魚袋仍俱狀奏

定犯盜人刑法詔

大德曰生至重曰命緬觀前典惟刑是恤比來犯盜先決一百雖非死刑大半殞斃言念于此良用惻然自今已後抵罪人合杖勑杖者並宜從寬決杖六十一房家口移隸磧西其嶺南人移隸安南江淮南人移隸廣府劍南人移

隷姚巂州其磧西姚巂安南人各依常式布告遐邇使知朕意

賜兵士葬祭詔

陽和布氣庶物萌芽仁者用心無遺枯朽自開元元年以來諸軍兵士殞歿骸骨不歸墳壠者宜令軍使爲造棺遞送本貫委州縣府助其埋殯河曲隴外往歲戰場殂歿無歸陰雨猶哭言念於此良用惻然亦委朔方隴右河西節度使聚斂骸骨就高燥處同葬祭以酒脯高大築墳使久遠標識

量助長征家口營種詔

乘塞守邊義不可輟遠征久戍人亦告勞朕身處九重心在四遠因時遇物無日不思亭障有行役之勤室家無杼軸之用不少優恤何以爲安方春發生須急農事其諸軍長征人家單貧乏無力者宜令本管州縣勸率其家助其營種使有秋望

放免十二年以前積欠詔

元率地稅以置義倉本防儉年賑給百姓頻年不稔逋租頗多言念貧人將何以濟今獻春布澤務叶時和自開元十二年閏十二月以前所有未納懸欠地稅宜放免

戒州縣祇候御史詔

御史出使舉正不法身苟不正焉能正人如聞州縣祇迎相望道路牧宰祇候僮僕不若作此威福其正人何自今以後宜申明格勅不得更爾違者州縣科罪御史貶降

禁訴冤自刑詔

身體髮膚受之父母不合毀傷比來有訴競之人即自刑害耳目自今以後犯者先決四十然後依法

幸孔子宅遣使以太牢祭墓詔

孔宣父誕聖自天垂範百代作王者之師表開生人之耳目朕增封岱岳迴鑾泗濱思闕里之風想雩壇之詠邈矣遺烈慨然永懷式遵祀典用申誠敬宜令禮部尚書蘇頲以太牢致祭仍令州縣以時祀享復近墓五戶長供掃除

巡理滯獄詔

孟夏麥秋尚決小罪況天時漸熱深慜繫囚宜令中書門下巡城內囚徒量事處置畿甸徒囚亦縣縣令疏理斷決勿滯禁人

禁左道詔

如聞道俗之閒妄有占筮誑惑士庶假說災祥兼託符呪遂行左道先令禁斷不合更然仍慮愚下未能悛改宜令所司申明格勑嚴加訪察

順時決獄詔

時屬正陽事殷蠶穡愍彼囹圄或多冤濫宜宏慎恤之恩俾助生育之德其所有囚徒除死囚已外所司長官即䟽決處分

給年滿兵募程糧詔

朕爲人父母撫有海內以百姓爲心恐一夫失所至於兵

募尤令存卹去給行賜還給程糧以此優矜不合辛苦如聞比來兵募年滿者皆食不充腹衣不蔽形馱幕什物散落略盡既不能致使流浪不歸丁壯減耗實繇於此自今已後諸鎮兵募每準額至交替時所司預簡勘兩月前奏聞當差御史分道簡察若涉欺隱委御史彈奏其有衣資盡者量以逃死兵衣給三兩事使得支濟如病患者遞給驢乘令及伴侶

遣官祭五嶽四瀆風伯雨師詔

五嶽視三公之位四瀆當諸侯之秩載於祀典亦爲國章方屬農功頗增旱暵虔誠徒積神道未孚用申靡愛之勤冀通能潤之感宜令工部尚書盧從愿祭東嶽河南尹張敬忠祭中嶽御史中丞兼戶部侍郎宇文融祭西嶽及西海河瀆太常少卿張九齡祭南嶽及南海黃門侍郎李暠祭北嶽右庶子何鸞祭東海宗正少卿鄭繇祭淮瀆少詹事張晤祭江瀆河南少尹李暈祭北海及濟瀆且潤萬物者莫先乎雨動萬物者莫先乎風眷彼靈神是稱師伯雖有常祀今更陳祈宜令光祿卿孟溫祭風伯左庶子吳兢祭雨師各就壇壝務加崇敬但羞蘋藻不假牲牢應緣奠

祭尤宜精潔

遣使宣慰懷鄭許滑衛等州詔

朕撫有天下寅畏上元思保太和用康庶類頃秋夏之際水潦不時懷鄭許滑衛等州皆遭泛溢苗稼潦漬屋宇傾摧有切納隍之憂良深在予之責宜令右監門衛將軍知內侍省事黎敬仁速往宣慰如有遭損之處應須營助賑給並委使與州縣相知量事處置及所在堤堰不穩便者簡行其利害奏聞

遣使宣撫河南北道詔

頃秋夏之閒水潦方降閭閻損壞稼穡漂淪嘗恐一物之違況乃數州之弊故發中使巡于外臺章奏屢聞州鄉稍輯朕視之如予若納諸隍于再于三情猶馭朽審求人瘼更遣信臣中丞兼戶部侍郎宇文融忠文竭誠夙夜匪懈當安人之任有利簡之能眷彼使乎宜膺其選可往河南河北道遭水諸州宣撫仍審察有不支濟者宜更量加賑貸若屋宇損壞牛畜俱盡及征人之家不能自存立者量事助其修葺其有官吏縱捨賑給不均亦須糾正回日奏聞

令都督刺史更訪擇舉人詔

朕夢想賢才咨謀列嶽遂因封祀發詔搜揚昨所臨御道場親加策問不稱所薦其數則多乃聞膏粱之人遞相招致邱園之俊罕見褒升豈朕勞求之意也宜令都督刺史審更訪擇具以名薦

答寧王憲手詔

開府儀同三司兼太常卿寧王憲秉德夷遠體道淳深頃以茂親典司宗祀禮經之文既備鍾律之度已和成而不居謙以自牧固辭兼領情所重違宜遂雅懷俾停劇務

安存流民詔

近聞河南宋沛等州百姓多有沿流逐熟去者須知所詣有以安存宜令本道勸農事與州縣檢責其所去及所到戶數聞奏

貶陳州刺史李樂詔

陳州刺史李樂詐盜受贓其數甚廣法司斷死國有常刑時屬發生特申寬典宜免死貶爲欽州道化縣尉員外置長任

賑給同鄜等州詔

同州鄜州近屬霖雨稍多水潦爲害念彼黎人載懷憂惕宜令侍御史劉彥回乘傳宣慰其有百姓屋宇田苗被漂損者量加賑給

緩逋賦詔

河南河北諸州去年緣遭水澇雖頻加賑貸而恐未小康言念于茲無忘鑒寐爰自春夏雨澤以時兼聞夏苗非常茂好既卽收穫不慮少糧然以產業初營儲積未贍若非寬惠不免艱辛其貸糧麥種穀子迴轉變造諸色欠負等並放候豐年以漸徵納蠶麥事畢及至秋收後並委刺史

縣令專勾當各令貯積勿使妄有費用明加曉諭知朕意焉

遣使宣撫河北詔

河北州縣水災尤甚言念蒸人何以自給朕當宁興想有勞旰昃在予之責用軫于懷宜令所司量支東都租米二十萬担賑給仍令魏州刺史宇文融充宣撫使便巡撫水損應須優恤及合折免并存問舍一事已上與州縣相知逐穩便處置務從簡易勿致勞擾

欽定全唐文卷三十

元宗十一

答張說進渾儀表詔

夫著明莫大乎日月變通莫大乎四時若法象無憑則調理將失朕博考前記稽合舊章有渾天之名無運行之度今故探彼遺意成此渾儀必當晷運無差陰陽有序此並卿所檢校以就厥功所請錄付史館宣示百寮省撫茲多愧敬依來請

禁公私舉放重利詔

養人施惠患在不均裒多益寡務資適中比來公私舉放取利頗深有損貧下事須釐革自今已後天下私舉質宜四分收利官本五分收利

申明存恤從征家口詔

諸軍鎮行人家緣其身在征戍事須優矜比來頻有處分令州縣長官存問簡較如聞每事牽挽不異居人竟不存恤是何道理宜令所司申明前後勅嚴加處分如是侵擾委御史臺採訪奏聞

令諸州祭名山大川詔

爰自首春有愆時雨朕憂勤黎獻精禱靈祇遂蒙九元垂福百神效祉膏澤頻降嘉生繁育睠彼山川能興雲雨報功享德祀典存焉諸州所管名山大川宜令當處長官設祭務盡誠敬以昭典禮

答裴光庭等賀雨詔

政教不修則陰陽隔併精誠有感則風雨順時頃自暮春爰涉初夏甘澤未降農務是憂所以親結壇場用伸祈禱豈神聰意達而應不逾時斯實上元昭鑒之深亦是卿等燮理之效宜加勉勵以答靈心

答宋璟等賀雨手詔

頃自春涉夏雨未流施勤恤之心切憂農務是用寬刑宥過減膳撤懸責己祈天躬親禱祠上元垂鑒甘澤應時嘉夏種之不愆佇秋成之有望爰與羣公卿士同荷休徵各勉其誠敬承天德

答裴光庭賀雨手詔

爰自今春時雨愆序切憂農務無忘寢興陝雒兩郊已聞流霔而咸京近縣尚未霑霈憫禾黍以疚懷仰雲漢而翹首投龍致祭親禱靈池誓移咎於薄躬庶垂祐於黎獻神道昭著鑒此虔誠甘澤應期嘉生遂性亦是卿等同心燮理勠力謀猷上下咸和致茲休應豐年可望慶慰良深麟鳳飛翔未爲瑞也

報祀宗社詔

宗社垂祐陰陽順成甘澤應時庶物繁育祇奉靈慶寅畏載深宜令中書門下肅事昭報仍令所司擇日奏聞

飭州縣承勑宣示百姓詔

凡制令宣布皆所以爲人如聞州縣承勑多不告示百姓咸使閭巷間不知旨意是何道理宜令所繇捉搦應有制

勑處分事等令終始勾當使百姓咸知如施行有違委御史訪察奏聞

戒州縣牧守詔

州縣牧守等並受朕之寄助國爲理實冀其共康庶績俾乂羣甿頻經處分合盡誠節仍有不遵法式自紊紀綱貿遷營利或縱親識侵暴下人或在郵傳規求貨馬諸如此類不可具言豈教之不明而人之多僻當宁遐想深惕於懷各宜徇公以副所委

久雨赦宥詔

古之善爲邦者重人之命執法之中所以和氣洽嘉生茂今秋京城連雨隔月恐耗其糞粒而害於粢盛抑朕之不明何政之闕也永惟久雨者陰氣淩陽冤塞不暢之所致也持獄之吏不有刑罰生於刻薄輕重出於愛憎邪詩曰此宜無罪汝反收之刺壞法也書曰與其殺不辜寧失不經明愼刑也好生之德可不務乎兩京及諸州繫囚應推徒已下罪並宜釋放死罪及流各減一等庶得解吾人之愠結迎上天之福祐布告遐邇知朕意焉

遣使巡問河南詔

河南道宋亳許仙徐鄆濮兗州奏旱損田宜令右監門衛大將軍黎敬仁往彼巡問如有不支濟戸應須賑恤與州縣長官相知量事處置訖回日具狀奏聞

弛陂澤入官詔

所在陂澤元合官收至於編甿不合自占然以爲政之道貴在利人庶宏益下俾無失業前令簡括入官者除昆明池外餘並任百姓佃食

放諸軍兵募更番洗沐詔

邊鄙未淸尚須式遏既加鎭守遂勞力役朕宵衣旰食務在安人求瘼恤隱宜從簡要如聞諸軍兵募處置多乖年滿之日逃亡甚衆自今已後各委本道節度使及兵部侍郎裴光庭同檢校年終類會文奏使健兒長鎭何以克堪可分爲五番每一年放一番洗沐遠取先年人爲第一番周而復始每五年共酬勳五轉

禁妨農詔

獻歲發生陽和在候乃睠甿庶方就農桑其力役及不急之務一切并停百姓間有不穩便事須處置者宜令中書門下與所司喚取朝集使審向商量奏聞

授白知節彭州刺史詔

中大夫守靈州都督關内道支度營田副使檢校渾部落使上柱國白知節器蘊貞亮材推幹理從政著績在公竭誠而分牧得賢元寮碩彥宜膺往命俾諧僉屬可使持節彭州諸軍事守彭州刺史散官勳封如故主者施行

擇堪邊任詔

邊遠判官多有老弱宜令吏部每年於選人内揀擇强幹堪邊任者隨闕補授秩滿量減三兩選與留仍加優獎

答百寮請以八月五日爲千秋節手詔

凡是節日或以天氣推移或因人事表記八月五日當朕生辰感先聖之慶靈荷皇天之眷命卿等請爲令節上獻嘉名勝地良游清秋高興百穀方熟萬寶以成自我作古舉無越禮朝野同歡是爲美事依卿來請宣付所司

括檢僧尼詔

僧尼數多踰濫不少先經磨勘欲令眞僞區分仍慮猶有非違都遣括檢聞奏憑此造籍以爲準繩如聞所繇條例非恆致姦妄轉更滋生因即舉推罪者斯衆宜依開元十六年舊籍爲之更不須造寫自今已後綱維大德侍養權

隷不得輒於外取

春秋二祀及釋奠並停牲牢詔

祭主於敬神歆惟德黍稷非馨蘋藻可薦宣尼闡訓以仁愛爲先句龍業官以生植爲本普天率土崇德報功饗祀惟殷封割滋廣非所以全惠養之道叶靈祇之心其春秋二祀及釋奠天下諸州府縣等並停牲牢唯用酒脯務在修潔足展誠敬自今已後以爲常式

命崔琳使吐蕃詔

吐蕃向化遣使入朝既懷舊恩請繼前好今緣公主在彼又復蕃客欲還使於四方必資德望鴻臚卿崔琳久歷朝序備曉政途好謀而成臨事能斷俾銜國命以赴蕃庭宜令持節引入吐蕃使所司準式發遣

答裴光庭詔

朕虔守宗祧祗膺歷數夙夜兢惕懼不克勝求賢臣而委之謀猷延學者而咨其博洽用扶不逮雅致咸和既內平而外成且刑清而訟息端拱多暇留意典墳以爲道者元妙之宗德爲教化之本講諷微旨稽詳祕文庶無爲而政成不宰而物應豈敢比德堯舜論功禹湯者哉然必先正其心深思遠於遐邇務惟齊俗亦欲申於兆庶必若同歸

清淨共守元默所陳編示良用多慙

贈張說太師詔

宏濟艱難參其功者時傑經緯禮樂贊其道者人師式瞻而百度允釐既往而千載遺範台衡軒鼎垂黼藻於當今徽策寵章播芳藝於後葉故開府儀同三司尚書左丞相集賢院學士知院事上柱國燕國公張說辰象降靈雲龍合契元和體其沖粹妙有釋其至賾挹而莫測仰之彌高精義探繫表之微英辭鼓天下之動昔侍春誦綢繆歲華

含春容之聲叩而盡應蘊泉源之智啟而斯沃授命興國則天衢以通濟用和民則朝政惟允司鈞總六官之紀端揆爲萬方之式方宏風緯俗返本於上古之初而邁德振仁不臻於中壽之福于嗟不憖既喪斯文宣室餘談泠然在耳玉殿遺草宛留其牘言念忠賢良深震悼是使當宁撫几臨樂徹懸罷稱觴之儀遵往襚之禮可贈太師賜物五百段

貶王毛仲詔

開府儀同三司兼殿中監霍國公内外閑廄監牧都使王毛仲是惟微細非有功績擢自家臣升于朝位恩寵莫二委任斯崇無涓塵之益肆驕盈之至往屬艱難遽茲逃匿念深惟舊義在優容仍荷殊榮蔑聞悛悔在公無竭盡之效居常多怨望之詞迹其深愆合從誅殛恕其庸昧宜從遠貶可瀼州別駕員外置長任差使馳驛領送至任勿許東西

放還罰鎮配隸人詔

令式條流科制明具行之已久亦便於人比者天下勳官加資納課又因犯入罪罰鎮配州言念於茲有乖寬恤宜各依令式處分其先罰鎮及配隸人未歸者並即放還

中書門下等官賜錢造食詔

百靈降福庶尹叶心陰陽調而生植以滋政理孚而黎獻咸若由庚知萬物之樂華黍洽三農之慶信可以率禮輔仁式歌且舞者矣況生成式序氤氲致和卉物發榮池籞含麗思順時令以申惠澤咸宜邀歡芳月繼賞春風夙夜在公既同咸一之理休沐式宴俾共昇平之樂中書門下及供奉官嗣王郡王左右丞相少傅賓客諸司三品以上長官侍郎郎官少監少卿少匠司業少尹兩縣令都水使者朝集使上佐已上并雜處未赴任者及東宫諸司長官中舍中允少詹事諭德中郎率蕃官三品以上至春末已來每置暇日宜準去年正月二十九日敕賜錢造食任逐勝賞

疏決囚徒詔

法以閑邪刑以助化因時而用蓋非獲已朕自臨御天下憂勞庶務以至誠感物道既有孚以致理和人仁或繇已豈欲以刑制政期於以化清刑故不用殊絶之誅每施寬大之令而遷善者衆犯法者寡斷獄十數聞諸有司然猶

一夫不獲在予實懷多愧寰宇殷廣京都浩穰繫于徽纆或未聽理逮捕斯擾糧餼爲勞生業或虧何以卒歲言念於此深用惘然況今長嬴在辰耘耔斯切順時立政存於恤人思宏在寬之典庶無留獄之弊其天下囚徒即令疏決其妖說盜賊造僞頭首既深蠹時政須量加懲罰刑名致死者各量決重杖一百長流嶺南自餘支黨被其詿誤矜其至愚量事科罰使示其懲創流已下罪並節級處分令中書門下就大理及府縣詳理

禁僧徒斂財詔

釋迦設教出自外方漢主中年漸於東土說茲因果廣樹筌蹄事涉虛元渺同河漢故三皇作乂五帝乘時未聞方便之門自有雍熙之化朕念彼流俗深迷至理盡軀命以求緣竭資財而作福未來之勝因莫效見在之家業已空事等繫風猶無所悔愚人寡識屢陷刑科近日僧徒此風尤甚因緣講說眩惑州閭谿壑無厭唯財是斂津梁自壞其教安施無益於人有蠹於俗或出入州縣假託威權或巡歷鄉村恣行教化因其聚會便有宿宵左道不常異端斯起自今已後僧尼除講律之外一切禁斷六時禮懺須依律儀午後不行宜守俗制如犯者先斷還俗仍依法科罪所在州縣不能捉搦并官吏輒與往還各量事科貶

澄清佛寺詔

夫釋氏之旨義歸眞寂爰置僧徒以奉法教而趣末忘本摭華棄實假託權便之門以爲利養之府徒蠲賦役積有姦訛至於浮俗奔馳左道穿鑿言念淨域浸成逋藪非所以叶和至理宏振王猷宜有澄淸以正風俗朕先知此弊故預塞其源不度人來尚二十餘載訪聞在外有三十已下小僧尼宜令所司及州府括責處分

禁僧俗往還詔

惟彼釋道同歸凝寂各有寺觀自合住持或寓跡幽閒潛行閭里陷於非僻有足傷嗟如聞遠就山林別爲蘭若兼亦聚衆公然往來或妄託生緣輒有俗家居止即宜一切禁斷

修整街衢坊市詔

京雒兩都是惟帝宅街衢坊市固須修整比聞取土穿掘因作穢汚阬塹四方遠近何以瞻矚頃雖處分仍或有違宜令所司申明前勅更不得於街巷穿坑及取土其舊溝

渠令當界秉閒整頓疏決牆宇橋道亦當界漸修不得廣有勞役

答裴光庭等表賀幽州執奚壽斤詔

奚壽斤往因脅從遂同逆命俘虜而至罪則難容收其悔過之心免其殊死之責推誠待物果獲忠臣此皆卿等輔翊之所致豈朕薄德之能感書之簡冊以示將來當斯美名良用慙惕

嚴禁三考干求詔

設官分職本資共理無隔中外更遞出入比者考官計年

除改緣其任久堪與遷移遂長僥求爭次入考所司情故公然遣來若更因循有損風化今年考使事了並勒還州必政理著聞當別有處分其年齒衰暮疾疢緜積無別僘違者宜聽致仕

宣撫河南詔

天生蒸民樹之司牧將興化濟俗育物阜時朕對越明靈作人父母因地利以觀稼樂歲成而報功期於富庶俾之寧輯故嘗納隍夕惕負扆晨興受一服則思紵績之勤務三時則憂畎畝之害每因水潦方降則使隄防必葺去歲已來頻有處分所縣簡慢或未躬勤河南數州致滋水損州縣牧宰何以自安被損之家何以存濟宜令戶部侍郎張敬輿宣慰簡覆如實有損貧下不支濟百姓量事賑給務令憂恤稱朕意焉

答裴光庭請修續春秋手詔

太上立德其次立言所以稽象緯而垂訓誡也卿博古知今通才達識處弼諧之任則忠讜日聞綜墳籍之司則文儒道長今欲正人倫而美教化因舊史而作春秋斥班馬之紕繆繼經傳之褒貶著述之美當如斯焉將以先朝取

朕裁定雖憲章前烈而事業相懸卿且就功隨了續進

答蕭嵩等請宣示祥瑞手詔

虔奉宗祀昭事天地幸蒙垂祐降此禎祥豈自厥中以彰其外歸之於朕是用多慚宣付史官依卿所請

相州改造廳衙詔

相州往緣親王出牧修造非常宏壯兼之亭榭林木故非臣下所居遂使闕不安穩宜令州司即改造廳衙及刺史宅其無用樹等亦須除伐自餘州縣有不安穩者亦任量事移改仍逐閑月漸修不得勞擾百姓

許士庶寒食上墓詔

寒食上墓禮經無文近代相傳浸以成俗士庶有不合廟享何以用展孝思宜許上墓拜掃申禮於塋南門外奠祭撤饌訖泣辭食饌任於他處不得作樂仍編入五禮永爲常式

令優才異行不限常例詔

古者諸侯舉士必本於鄉曲府庭署吏亦先於行能所以人自柬脩官無敗政及乎魏承漢弊權立九品今之吏部用是因循入仕寖多爲法轉密然於濟理求才未聞深識

持衡取士徒立煩文朕寤寐永懷每以怊悵夫琴瑟不調者改而更張法令不便者義復何異頃者有司限數及拘守循資遂令銓衡不得揀拔天下賢俊屈滯頗多凡人三十始可出身四十乃得從事更造格限分品爲差若如所制之文六十尚不離一尉有才能者始得如此稍敦樸者遂以終身由是取人豈爲明恕自今以後選人每年總令赴集仍舊以三月三十日爲限其中有才優業異操行可明者一委吏部臨時擢用貴於取實何限常科雖遠郡下僚名迹稍著亦須甄拔令其勸勉俾人思爲善之利俗思進取之途朕所責成實在吏部可舉其大略令有所依比者流外奏申乃引過門下簿書堆盈於瑣闥胥吏填委於掖垣豈是事宜過爲煩碎自今以後亦宜依舊

令僧尼無拜父母詔

道教釋教其來一體都忘彼我不自貴高近者道士女冠稱臣子之禮僧尼企踵勤誠請之儀以爲佛初滅度付囑國王猥當負荷願在宣布蓋欲崇其教而先於朕者也自今已後僧尼一依道士女冠例無拜其父母宜增修戒行無違僧律興行至道俾在於此

答李適之祭嶽瀆得雨賀表手詔

道貴以誠神無不應豈朕之先意亦卿之用心川嶽效靈甘霖並洽請行賽禮深得事機宜宜付史館用依來請

答裴耀卿等手詔

尚書雅誥周易精微朕幼奉師資未窮奧義故時令講說耳至乎莊子及道德經遞爲表裏詳其所指觸類繁多既問廣成之道復得方明之相況之今日千載一時故宏斯義以喻卿也編諸簡牘隨卿意焉

答裴光庭詔

元元之教家國是賫匪爲先宗貴申道本所以首歲元日因行春令清淨之政期諸相國乎爲官擇才可以先淳素也

答蕭嵩手詔

爰開集賢引進儒道退朝講讀蓋亦其常歲月周旋頗尋章句其雅誥則稽之於古以質於今其道眞則取之於眞不崇其放理國之要可不然乎宣付史官依卿所請

遣蕭嵩往秦州致祭山川詔

秦州地震譴見后土朕每克念何以臻茲仲尼有云某禱

久矣而精意以告或通神明徐國公蕭嵩地在輔弼朝之端右欲重將命暫爲此行宜往秦州致祭山川凡緣所損百姓閒事皆委嵩隨事處置回日以聞

考試博學多才道術醫藥舉人詔

博學多才道術醫藥舉人等先令所司表薦兼自聞達勅限以滿須加考試博學多才舉人限今來四月内集道術醫藥舉人限閏三月内集其博學科試明經兩史已上帖試稍通者多才科試經國商略大策三道并試雜文三道取其詞氣高者道術醫藥舉取藝業優長試練有效者宜令所繇依節限處分

祭社復用牲牢詔

春秋祈報郡縣常禮比不用牲豈云血祭陰祀貴臭神何以歆自今已後州縣祭社特以牲牢宜依常式

令兩監生徒赴學詔

風化之本其在庠序去秋不熟生徒蹔令就舍講習之地安可久曠其兩監生在外者即宜赴學

報祀九廟岳瀆天下名山大川詔

春來多雨歲事有妨朕自誠祈靈祇降福以時開霽迄用

登成永惟休徵敢忘昭報宜令所司擇日享九廟仍令高品祭五嶽四瀆其天下名山大川各令所在長官致祭務盡誠潔用申精意

刺史不準當年入考詔

朕憂於理人委任牧宰雖已分命仍未盡誠如聞刺史新除所莅不過數月即營入計無心在州政教闕如朝計安在自今已後刺史到任皆不得當年入考若聲績稍著獎拔未遲何遽不安自彰汲汲其縣令差使先亦禁斷比聞在遠猶自故違宜委諸道採訪申明處分勿使如此

舉賢良詔

每渴賢良無忘鑒寢頃雖虛佇未副旁求其或才有王霸之略學究天人之際知勇堪將帥之選政能當牧宰之舉者五品以上清官及軍將都督刺史各舉一人孝弟力田鄉閭推挹者本州刺史長官各以名聞

決斷寃繫詔

農作是時人無棄日所在獄訟或有滯留其都城已令中書門下疏理其京城及北都各委留守天下諸州委本道採訪使及本州長官隨事決斷勿令寃繫徒以下罪並量

決罰便放其官典犯贓宜準常式

緩逋賦詔

如聞關輔蠶麥雖稍勝常年百姓所收纔得自給若無優假還慮艱弊其先欠百司職田及諸色應合至蠶麥時徵巳有處分訖其公私舊債亦宜停徵貧下百姓有傭力買賣與富兒及王公巳下者任依常式

禁買賣口分永業田詔

天下百姓口分永業田頻有處分不許買賣典貼如聞尚未能斷貧人失業豪富兼并宜更申明處分切令禁止若有違犯科違勅罪

答蕭嵩等請封嵩華二岳手詔

升中于天帝王盛禮蓋謂臻茲淳化告厥成功今兆庶雖安尚渴豐年之慶邊疆則靜猶有踐更之勞況自愧於隆周敢追跡於大舜頃年迫於萬方之請難違多士之心東封泰山於今惕厲豈可更議嵩華自貽慚恧雖藉公卿共康庶政永惟菲薄何以克堪朕意必誠宜斷來表也

答張九齡等賀御注金剛經手詔

僧徒固請欲以興教心有所得輒復疏之今請頒行仍慮

未愜

宗廟加籩詔

朕承祖宗福德至於享祀粢盛實思豐潔禮物之具諒在昭忠其非芳潔不應法制者亦不可用

舉孝弟力田詔

文學政事必在考言孝弟力田必須審行頃從一槩何謂四科其孝弟力田舉人宜各自疏比來事迹爲鄉閭所委者朕當案覆別有處分

誅武溫昚等詔

武温眘聚合姦黨託附權要妄搆異端爲其魁傑兼有私穢合當極法宜重杖決一百河南府福昌縣主簿魏萱前睦州桐廬縣尉王延祐相爲黨與朝夕談議旣涉非違宜各決一頓長流賓州

置壽星壇詔

德莫大於生成福莫先於壽考苟有所主得無祀之今有上事者言仲秋日月會於壽星以爲朕生於是月欲以配社而祭於義不倫且壽星角亢也旣爲列宿之長復有福壽之名豈惟朕躬獨享其應天下萬姓寧不是懷蓋秦時

已有壽星祠亦云舊矣宜令所司特置壽星壇嘗以千秋節日修其祀典申勅壽星壇宜祭老人星及角亢七宿著之常式

欽定全唐文卷三十一

元宗十二

放諸鎭兵募詔

王者經略以正區夏武夫干城式固封域將以戢兵禁暴安國庇人朕所以選擇忠良鎭守疆場念踐更之役有傜戍之勤備以武守示之威惠故得夷狄款附靡然順風九有晏如四方無事雖備豫之誡不可暫闕而鰥煢之徒思有矜憫其天下諸州鎭兵募及健兒等或年月已久頗亦辛勤或老疾尫羸或單弱貧窶或親老孤獨致闕晨昏言念於斯深用矜歎宜委節度使及軍州簡擇有如此色一

切放還咸宜精審以稱朕意

條制考試明經進士詔

致理興化必在得賢強識博聞可以從政且今之明經進士則古之孝廉秀才近日以來殊乖本意進士以聲韻爲學多昧古今明經以帖誦爲功罕窮旨趣安得爲敦本復古經明行修以此登科非選士取賢之道也其明經自今已後每經宜帖十取通五已上免舊試一帖仍案問大義十條取通六已上免試經策十條令答時務策三首取粗

有文性者與及第。其進士宜停小經。準明經例帖大經十帖。取通四已上。然後準例試雜文及策。考通與及第。其明經中有明五經以上。試無不通者。進士中兼有精通一史能試策十條得六已上者。委所司奏聽進止。其應試進士等唱第訖。具所試雜文及策送中書門下詳覆。其所問明經大義日。仍須對同舉人考試。庶能否共知。取舍無媿。有功者達。可不勉歟。

貶盧怡詔

宰輔之任。簡在朕心。亦既同德。是爲一體。其有惡直醜正。

以私害公。結搆讒慝。圖議離間。黷我軌度。莫甚於斯。御史中丞盧怡。累登清密。爰委繩準。宜遵國典。以正朝綱。而乃妄起猜嫌。輒爲朋黨。交通小吏。傾側大臣。潛求罔極之言。欲陷無辜之善。雖浸潤之譖。縱盈篋而不疑。而回邪之端。若燎火而難近。宜從遠貶。以戒具寮。可潮州司馬員外置。且清淨者政之本。和平者國之福。朝多君子。可不務乎。如或妄動以干時。矯舉以違道。遞相好惡。便作比周。斯爲亂常。必有明罰。凡厥在位。知朕意焉。

免鄂王瑤妃韋氏罪詔

鄂王瑤妃韋氏。時標令德。作配藩邸。夫義已薄。婦道惟勤。規誡之言無聞。見納輔佐之道。空竭乃誠。但恭肅以奉上。每柔明以撫下。周旋禮度。固所未聞。不有家風。何至於此。今因罪累。例如本族。有善不紀。何以勸下。其韋氏不須爲累。

命諸道節度使募取丁壯詔

自天下一統。方隅底平。交趾西界於庸岷。流沙東泊於遼碣。烽亭既廣。徭戍轉增。朕永念征夫。無忘旰食。是用懷柔悍俗。賓禮戎臣。降子女以通其氈裘。捐繒玉以申其惠好。

二十五年於茲矣。而情周萬寓。信結羣蠻。羌狄爲父子之邦。甌貊成冠帶之國。海内無事。邊方底寧。加以志道而一理。得清心而庶務簡。和氣來應。穰歲以臻。羣生樂業而自怡。有司措刑而不用。今欲小康戎旅。大致昇平。減停征徭。與人休息。諸方將相。三事公卿。宜協朕心。勉成良算。宜令中書門下與諸道節度使。各量軍鎮閒劇。審利害。計兵防健兒等作定額。委節度使放諸色征行人內及客戶中召募取丁壯。情願充健兒長任邊軍者。每歲加於常例。給田地屋宅。務加優恤。便得存濟。每年逐季。本使具數報中書

門下至年終一時錄奏長駕遠馭事藉經久無害始慮之謀以規苟且之利

飭諸軍不得輒賞借緋紫詔

緋紫之服班命所崇以賞有功不得踰濫如聞諸軍賞借人數甚多曾無甄别是何道理自今已後除灼然有戰功餘不得輒賞

簡括諸軍兵募詔

近聞諸軍兵募逃喪者多儻或臨戎如何破敵自今已後每致交兵之時令御史分往諸軍與節度使計議簡括奏

聞隨事褒貶以存勸戒

選宗子授臺省京縣等官詔

至公之用本無偏黨唯善所在豈隔親疏四從叔知政等咸有才名見推公族秉惟清之操兼致遠之資朕每慮同盟不勤於德嘗懸右職以勸其徒先委宗卿精爲内舉量能考行歷載踰時名數則多外聞蓋寡光膺是選諒在得人固可擢以清要遷於臺閣將觀志於七子冀齊名於八人宜各悉行佇聞成績書不云乎九族既睦平章百姓冀繇内而理外必自近而及遠凡今懿戚可不慎歟違道慢常義無私於王法修身效節恩豈薄於他人期於率先勵我風俗深宜自勉以副明言

答李林甫請宣示御製訓誡手詔

周公聖人攝行王政誡伯禽曰無以魯國驕人朕方聖雖慙豈忘誡子聊示廷訓何足以宣布中外耶

諭河南河北租米折留本州詔

大河南北人戶殷繁衣食之原租賦尤廣頃年水旱廢庾尚慮今歲屬和平時遇豐稔而租米所入水陸運漕緣脚錢雜必甚傷農務在優饒惠彼黎庶息其轉輸大實倉儲

今年河南河北應送含嘉太原等倉租米宜折粟留納本州

停今年漕運詔

河東陝運兩使每年常運一百八十萬石米送京近已減八十萬石訖今據太倉米數支計有餘務在息人不欲勞弊其今年所運一百萬石亦宜停

禁取同華人充兵防詔

同華兩州精兵所出地資輦轂不合外支自今已後更不得取同華人充兵防

答李適之手詔

卿文勒石誠爲可重故令兒子題額及隂何所發揮而勞致謝毬場宴樂咸睦深慈豈伊斐然少能申寫卿爲宗子欲名教有歸記之史册亦隨卿意

襃賜鄭少微等詔

官之爲法法有其宜寄以深仁能行禁令日者叢棘之地烏鵲來巢今結諸刑名纔逾五十雖化源自遠亦欽慎使然其鄭少微等一十七人各賜一中上考仍兼賜少物以存勸賞

定屯官敘功詔

屯官敘功以歳豐凶爲上下鎮戍地可耕者人給十畝以供糧方春令屯官巡行謫作不時者

答牛仙客等表賀吐蕃安戎城得泉手詔

城之還我乃復其初天意神心自常幽贊克濟軍旅湧出雙泉不假梅林有過疏勒編諸竹帛任卿意焉

答朝集使蔣欽緒等上尊號詔

禮貴正名法無虛美朕以薄德嗣守丕圖常恐不逮安敢自足今羣岳稱引衆善勞加榮號聞之增惕奚可當仁惟聖與文焉得輕議況太宗睿宗俱稱聖謚予末小子安敢同之宜斷來表

禁卜筮惑人詔

古之聖王先禁左道爲其蠹政犯必加刑至如占相吉凶妄談休咎假託卜筮幻惑閭閻矜彼愚蒙多受欺誑宜申明法令使有懲革自今巳後緣婚禮喪葬卜擇者聽自餘一切禁斷

追謚孔子十哲并升曾子四科詔

宏我王化在乎儒術能發揮此道啟迪含靈則生人以來

未有如夫子者也所謂自天攸縱將聖多能德配乾坤身揭日月故能立天下之大本成天下之大經美政教移風俗君君臣臣父父子子人到於今受其賜不其猗歟於戲楚王莫封魯公不用俾夫大聖才列陪臣棲遲旅人固可知矣年祀寖遠光靈益彰雖代有襃稱而未爲崇峻不副於實人其謂何朕以薄德祇膺寶命思闡文明廣被華夏時則異於今古情每重於師資既行其教合旌厥德爰申盛禮載表徽猷夫子既稱先聖可追謚爲文宣王宜令三公持節册命其文宣王陵並舊宅廟量加人灑掃用展誠

敬其後嗣褒聖侯宜改爲文宣公至如辨方正位著自禮經苟非得所何以示則昔緣周公南面夫子西坐今位既有殊坐豈依舊宜補其墜典永作成式自今巳後兩京國子監夫子皆南面坐十哲等東西列侍天下諸州亦準此且門人三千見稱十哲包夫衆美實越等夷暢元聖之風規發人倫之耳目並宜褒贈以寵賢明顏子既云亞聖須優其秩可贈兖公閔子騫可贈費侯冉伯牛可贈鄆侯冉仲弓可贈薛侯冉子有可贈徐侯仲子路可贈衛侯宰子我可贈齊侯端木子貢可贈黎侯言子游可贈吳侯卜子

夏可贈魏侯又夫子格言參也稱魯雖居七十之數不載四科之目頃雖參於十哲終未殊於等倫允稽先旨俾循舊位庶乎禮得其序人焉式瞻宗洙泗之丕烈重膠庠之雅範布告中外咸使知聞

追贈曾參等六十七人詔

道可褒崇豈限今古追贈之典旌德存焉夫子弟子十哲之外曾參等六十七人同升孔門博習儒術子之四教爾實行之親奉微言式揚大義是稱達者不其盛歟欽若古風載崇元聖至於十哲亦被寵章而曾子之倫未有稱謂宜亞四科之士以疏五等之封俾與先師咸膺盛禮

答牛仙客等請宣付元元皇帝靈應手詔

頃欲渭北近遊夢中有命神不守職事不可行出必有名何容易也賴元聖垂告靈應果然朕夙夜驚懷福慶斯在春秋記異況在此乎所請宜依

爲元元皇帝設像詔

不離於精不離於眞以天爲宗以道爲門兆於變化謂之聖人吾祖也太上元元皇帝嘗從事於斯矣惟穹昊厥初則配神明饗天地育萬物惟皇受命則師列辟熙以大一

利澤施於四海不言所利德教加乎萬姓不稱其德將晦迹也安乎守藏柱下將行道也適乎流沙關賓所謂神無方而道無體沖用可見矣流長者愼其源蔕固者深其根猗歟那歟克開厥後騂我列祖光啟大中豈元元私乎有唐惟元元邁乎種德豈元元式受唐命惟元元存乎其人是以累聖緝熙重光纘茂大化漸被乎八表淳德殷流乎萬國則與天地有與立焉惟小子多於前功夙夜敬止上承祖宗之餘慶下膺侯王之樂推惕然深居凜若馭朽以爲道德者百家之首淸淨者萬化之源務本者立極之要

無爲者太和之門恭承垂裕之業敢忘燕翼之訓故詳延博達講諷精微求所以理國理身思至乎上行下效亦云久矣夫使天下萬姓飲淳德食太和靡然迴心而向道豈予寡薄獨能致此蓋凡百在位所以咸熙書曰元首康哉股肱良哉又曰股肱惟人良臣惟聖斯一德而共理也豈至於今踐鑿乎昔長纓紫衣猶聞慕向廣眉高髻且云變俗何至道之難明而元珠之久喪古人有云王者之於天下猶一堂之上也蓋謂同心同德化流四裔是誠在乎擊家垂踵之感革面向隅之哀故往年布令各家藏道德莫

德立而風靡道存而日用則朕之承祖業尚家書出門同人無媿於天下矣易曰象也者像此者也經曰窈冥中有精則窈冥之精可以尋象求不可以名言得也故考圖史凡聖祖降代出處之迹敢立象以盡其意焉將自家而刑國由中而及外也庶乎知道者盈量而歸迷方者不遠而復云

嚴禁左道詔

蠹政之深左道爲甚所以先王設教犯者必誅去其害羣蓋非獲已自今已後輒有託稱佛法因肆妖言妄談休咎專行誑惑諸如此類法實難容宜令所在長官嚴加捉搦

答牛仙客表賀紫宸殿烏巢手詔

所聞不如所見故引御等觀之須示寰中俯依來請

答牛仙客表賀宣政殿烏巢手詔

兩殿巢禽其義一也但有慙德深謝仁慈須示四方隨御所請

給復徐泗等州詔

如聞徐泗之間絲蠶不熟雖庸課已納慮百姓艱辛今年地稅特宜放免

釋奠令攝三公行禮詔

先聖文宣王春秋釋奠宜令攝三公行禮著之常式

禁喪葬違禮及士人干利詔

古之送終所尚乎儉比來習俗漸至於奢苟炫耀於衢路復何益於泉壤又凡庶之中情理多闕每因送葬或酣飲而歸及寒食上墓之時亦便爲宴樂在於風俗豈成禮教自今已後其緣葬事有不依禮法者委所由州縣并左右街使嚴加捉搦一切禁斷其有犯者官人殿黜白身人所在決一頓凡士庶人不兼二業或有衣冠之內寡於廉隅

專以貨殖爲心商賈爲利須革其弊以清品流有犯者委京都御史臺及諸道採訪使具以狀聞當別處分宣布中外咸使知聞

令內外官薦親伯叔及弟兄子姪堪任刺史縣令詔

朕所求才待之若渴旣旌於巖穴亦賁於邱園片善必收冀無遺逸然士人藏器衆何以知豈若父子之間自相推薦昔祁奚之舉祁午謝安之任謝元良史書之咸以爲美賢彥之士何代無人寧限嫌疑致有拘忌其內外官有親

伯叔及弟兄幷子姪中灼然有才術異能風標節行通閑政理據資歷堪充刺史縣令者各任以名薦其甲官所舉人聽於所縣長官處通狀一時錄奏其考試通人任用之後如後有虧犯典憲名實不相副者所舉之人與其同罰如政績著聞終始廉謹爲衆所知者其所舉人與其同賞

答宰臣賀元元皇帝玉像手詔

夢之正者是謂通神於惟聖容果以誠應豈朕德所及而大道是興再省神靈言猶在耳將貽福業代紀彌多初告以行宮乃置於內殿兼之大慶允屬朕躬稽之道經以茲爲寶當慈育萬姓永答神明卿等宗臣宜同朕意願揚嘉應安敢讓焉

命兩京諸路各置元元皇帝廟詔

三皇之時兆庶淳朴蓋由其上以道化人自茲厥後爲政各異我烈祖元元皇帝稟大聖之德蘊至道之精著五千文用矯時弊可以理國家超夫象繫之表出彼明言之外朕有處分令家習此書庶乎人用向方政成不宰應茲下士未達微言是以重有發明俾之開悟期弱喪而知復宏善貸於無窮兩京及諸州各置元元皇帝廟一所每年依道法齋醮兼置崇元學生徒於當州縣學生數內均融量置令習道德經及莊子文子列子待習業成每年準明經舉送至省置助教一人委所由州長官於諸色人內精加訪擇補授仍稍加優獎

令寫元元皇帝眞容分送諸道幷推恩詔

大道混成乃先於天地聖人至教用明其宗極故能發揮妙品宏濟生靈使秉志者悟往迷方者知復以此救物故無棄人其孰當之莫若我烈祖元元皇帝矣朕纂承寶業重闡元猷自臨御以來罔不夙夜每滌慮凝想齋心服形

禮謁於尊容未明而畢事將三十載矣蓋爲天下蒼生以祈多福不謂微誠上達睿祖垂鑒頃因假寐忽夢眞容既覺之後昭焉以觀瞻奉踰時殊相自然與夢相協誠謂密降仙府永鎮人寰告我以無疆之休德音在聽表我以非常之慶靈貺有期乃昊穹幽贊宗社儲休豈朕虛薄能致茲事若使寢之乃乖祇敬宜令所司即寫眞容分送諸道採訪使令當道州轉送開元觀安置所在道士女冠等皆具威儀法事迎候像到七日夜設齋行道仍各賜錢用充齋慶之費自今已後常令講習道德經以暢微旨所置道

學須倍加敦勸使有成益是知眞理深遠宏之在人不有激揚何由勵俗諸色人等有能明道德經及莊列文子者委所由長官訪擇具以名聞朕當親試別加甄獎至如道有三寶慈居一焉欽若至言爰茲宥過天下見禁囚徒其十惡罪者及造僞頭首幷謀殺故殺祅訛宿宵人等特宜免死配嶺南官人犯贓據情狀輕重事貶降餘一切免且夫愛人之義長之育之務存清淨合於簡易至如州縣造籍之年因團定戶皆據資產以爲升降其有小葺園廬粗致儲蓄多相糾訐便被加等朕情爲敦本義在勸農欲使野絕游人國無曠土安可得也自今歲已後且三五年間未須定戶其中或有家資破散檢覆非虛不可循舊差科須量事與降今者眞容應見古所未聞福雖始於邦家慶宜均於士庶其親王公主郡縣主及內外文武官等並量賜錢至休假之辰宜以素飡用伸慶樂諸道節度使及將士等亦宜準此其兩京及諸州父老亦量賜錢同此歡宴其錢以當處官物充伊爾公卿逮乎黎獻宜勉崇元化共復淳源宣布遐邇明知朕意

遣使分巡天下詔

三載考績以鑒吏能八使觀風因求人瘼茲事體大致理之繇朕受命昊穹臨御寰夏慮乎一物有所不安徧於萬方無忘軫念而宇宙之內官吏至多倘有政失其宜即萬人受弊崔翹等或文學有稱或貞白流譽通於理道勵是公心俾爾澄淸或當委寄至於黜陟之道國之所務苟有不當將何勸人頃年使臣例皆通狀其盡善者以多有請託求選調之資不善者以凡碎見輕責奏課之數若此銜命豈副虛懷卿等所到之州宜具宣朕意其百姓閒事或有須釐革者宜與所縣長官商量處置回日聞奏其官吏

中有貪冒贜私干犯名教或衰老疾病無政理者刺史已下宜停務奏聞其守職公淸爲政尤異事堪激勸遠近知者具以名聞其諸道有遭損下人應須賑給先頻有處分猶慮艱弊豈忘矜恤亦宜審與州縣商量務令周濟又聞河堤穿決致有漂流諒繇州縣寬䟽不時修塞亦便簡行處置勿使更然其天下道學固已有置者并鄉學等此並切於生人比來興置蓋爲教導各宜敦勸使有成益其征鎮之閒或有單貧老弱不自存濟者宜令所繇倍加優賞其浮寄逃戶等亦頻處分頃來招攜未有長策又江淮之

閒有深居山洞多不屬州縣自謂莫徭何得因循致使如此並與州縣商量處置一時錄奏卿等既當巡按受委非輕是宜勉爾良圖以副朝選無或致有迴避不竭公忠朕之責成深宜自效

長流盧暉富州詔

暉素是妄庸幸承資地早升淸列爰典大藩不能勵彼公心少申答效而恣其鄙識莫顧廉隅黷貨無厭蠹政斯甚或增加賦斂或減截官錢入己之贓六百餘貫自外所犯數倍於茲況又役使人工殆三十萬復有何要輒作爲勞慢法徇私觸類非一朕志存撫育情切好生特寬斧鑕之誅俾從放流之典可長流富州爲百姓與朕共理伊爾列城自頃以來每加優異凡在遠近固合周知豈有受恩而不盡節照鑒若此咸宜勉之無或效尤自投於網

停水驛詔

先置陸驛以通使命苟無闕事雅適其宜如聞河南江淮兼有水驛損人之費驛甚覺勞也且使臣受命速赴程期豈有自求閒安故爲勞擾其應置水驛宜並停

放還老病軍士詔

諸軍行人皆遠離鄉貫扞彼疆埸動即逾年言念艱勞豈忘優恤有疾病老弱不堪鬭戰者委節度揀擇放還

合祭天地詔

凡所祭享必在躬親朕不親祭禮將有闕其皇地祇宜就南郊乾坤合祭

令葬埋暴骨詔

移風易俗王化之大猷掩骼埋胔時令之通典如聞江左百姓之閒或家遭疾疫因而致死皆棄之中野無復安葬情理都闕一至於斯習以爲常乃成其弊自今已後宜委

郡縣長吏嚴加誡約。俾其知禁。勿使更然。其先未葬者。即勒本家收葬。如或無親族。及行客身亡者。仰所在村鄰相共埋瘞。無使暴露。庶叶禮經。諸道有此同者。亦宜準此。

分道德爲上下經詔

化之原者曰道。道之用者爲德。其義至大。非聖人孰能章之。昔有周季年。代與道喪。我烈祖元元皇帝乃發明妙本。汲引生靈。遂著元經五千言。用救時弊。義高象繫。理貫希夷。非萬代之能儔。豈六經之所擬。承習前業人等。以其卷數非多。列在小經之目。微言奧旨。稱謂殊乖。自今已後。天

下應舉。除崇元學生外。其餘所試道德經宜並停。仍令所司更詳擇一小經代之。其道經爲上經。德經爲下經。庶乎道尊德貴。是崇是奉。凡在遐邇。知朕意焉。

命李彥允等入宗正籍詔

古之宗盟。異姓爲後。王者設教。莫遺其親。殿中侍御史李彥允等奏稱與朕同承涼武昭王後。請甄敘者。源流實同。譜牒猶著。雖子孫千億。各散於四方。而本枝百代。何殊於近屬。況有陳請。所宜敦敘。自今已後。涼武昭王孫寶已下絳郡姑臧敦煌武陽等四房子孫。並宜隸入宗正編諸屬籍。以明尊本之道。用廣親親之化。

禁止生徒問難不經詔

古之教人。蓋有彝訓。必在勸學。使其知方。故每月釋菜之時。常開講座。用以發明聖旨。啟迪生徒。待問者應而不窮。懷疑者質而無惑。宏益之致。不其然歟。或有凡流。矜於小辯。初雖論難。終雜詼諧。出言不經。積習成弊。自今已後。除問難經典之外。不得輒請。宜令本司長官嚴加禁止。仍委御史糾察。

令天下諸觀仍轉本際經詔

善利萬物。莫先乎大道。孚佑兆庶。實賴於尊經。朕每念黎庶。無忘惠養。嘗冀盡登富壽之域。永無凍餒之虞。所以去年具有處分。令天下諸觀。轉本際仙經。逮至今秋。果聞有歲。自非大聖昭應。孰臻於此。宜令天下道士及女道士等。待至今歲轉經訖。各於當觀設齋慶讚。仍取來年正月一日至年終已來。依前轉本際經。兼令講說。其所設齋度慶亦宜準此。庶使遠近蒙福。知朕意焉。

欽定全唐文卷三十二

元宗十三

飭敬祀社稷詔

社爲九土之尊稷乃五穀之長春祈秋報祀典是尊而天下郡邑所置社稷等如聞祭事或不備禮苟崇敬有虧豈靈祇所降欲望和氣豐年焉可致也朕永惟典故務在潔誠俾官吏盡心庶蒼生蒙福自今已後應祭官等庶事宜倍加精潔以副朕意其社壇側近仍禁樵牧至如百姓私社宜與官社同日致祭

答中書門下表賀河西大破吐蕃詔

坐運奇謀誠難與戰河西捷書相繼謂之伐叛可豫圖之所請者依

頒重注孝經詔

化人成俗率繇於德本移忠教敬實在於孝經朕思暢微言以理天下先爲注釋尋亦頒行猶恐至賾難明羣疑未盡近更探討因而筆削兼爲敘述以究源流將發明於大順庶開悟於來學宜付所司頒示中外

兩京告享各擇吉日詔

朕肅承宗祀不敢怠遑誠有未安夙夜祗惕頃時有事於太廟兩京同日告享雖虔卜吉辰俱遵上日而義深如在禮或有乖自今以後兩京宜各別擇吉日告享

遣使分祀嶽瀆詔

務農勸穡雖因於天道人和歲稔實賴於神庥頃者春夏之交稍愆時雨收穫之際復屬秋霖慮害農功每祈乎祐遂得百神降福羣望效靈既不爲災仍多善熟幽贊之德普洽於生人昭報之儀式遵於祀典宜令太子詹事嗣許王瓘祭東嶽光祿卿嗣鄭王希言祭中嶽宗正卿濮陽郡王徹祭西嶽少府監李知柔祭南嶽衛尉卿嗣吳王祇祭淮瀆光祿少卿彭杲祭河瀆所司擇日錄奏其名山大川

有路近處亦合便祭僻遠處委所縣長官備禮致祭務陳蠲潔以達精誠

誅柳升詔

朕恭守丕業臨照百官冀君臣一心中外勵節長安縣令柳升往因推薦寘彼周行而乃秉性回邪恣情聚斂黷於貨賄紊我紀綱是而可容孰不可赦故令鞫按用致嚴刑豈惟懲息姦源抑欲庶寮知戒況聞朝廷卿士多與交遊

比之匪人門通賂遺用宏寬典咸爲匿瑕且古人以廉恥立名清白貽範苟虧斯節謂忝前修況身荷恩榮家享重祿陳力無紀徇財已彰取愧素餐自投疎網每念於此良用憮然凡在百寮宜爲殷鑒仍宣示中外令知朕懷

以今文繕寫尚書詔

朕欽惟載籍討論墳典以爲先王令範莫越於唐虞上古遺書實稱於訓誥雖百篇奧義前代或亡而六體奇文舊規猶在但以古先所制有異於當今傳寫浸訛轉疑於後學永言刊革必在從宜尚書應是古體文字並依今字繕

寫施行永念典謨無乖於古訓庶遵簡易有益於將來其舊本仍藏之書府

恤彍騎詔

育物者所貴於從宜養人者必資於遂性況加疾苦豈忘哀矜內外廂三衛彍騎等如聞因當上染患者番滿之後既不勝皆致還鄉又不容在職掌將息進退無據何所依投溝壑是憂宜謀朝夕永言及此深軫於懷自今已後如有此色宜移就三衛厨給食料將養各委左右金吾將軍存意檢校所須藥物仍與太常計會量事供擬並差醫人救療其諸門及街鋪職掌人等各移就本衛將養所須食料各委將軍以當衛諸色迴殘官物等且量事支給其醫藥宜準內外廂例自餘諸色當番人等有疢疾者並準此處分其死者各委所由隨事埋瘞當日牒報本貫令家人親族運致還鄉

貶韓朝宗吳興郡別駕員外詔

高平郡太守上柱國長山縣開國伯韓朝宗頃承獎擢在神京輒薦凶人超登赤縣果彰貪穢大獲贓私舉非允當已有比周之責使之交易更涉嫌疑之地頗招物議實紊朝章宜從貶黜用申懲戒可吳興郡別駕員外置

許上柱國外有餘勳迴授周親詔

頃敘功勞累增勳級上柱國外許及周親是謂賞延載榮宗族迴充賜物用厚朝恩其準格上柱國外有餘勳迴授周親

答皇太子等表賀內道場靈異手詔

頃以獻歲親祠百靈豈精至之上昭而禎祥之屢應神言報休徵之慶黃素飛雲漢之間皆宗社降靈福流寰宇豈予微感獨能致之所請宣示朝廷光於史冊者依

答中書門下賀元元皇帝靈應手詔

朕精修道源爲人祈福雖則每多昭應未若此之殊祥豈聖祖授予之無私靈眞貺我之誠感遂得休徵之應出自神言勤請之詞上飛空境永惟虛薄何以當茲然福逮蒼生深爲慰也所請者依

答陳希烈奏道士蕭從一見元元皇帝手詔

纘承丕業遵修元訓精誠之至冀在希夷寡昧之德寧期昭應恭惟聖祖屢降眞容仙衛接於雲閒飈駕迴於天路又賜以無疆之壽且欣以助成之言嚴奉神休良深祗慶所請者依

定祀元元皇帝儀注詔

尊祖奉先必在於崇敬辨儀正禮所貴於緣情伏以大聖祖元元皇帝御氣昇天長生久視體重元而不測與元化以無窮眞容屢現寶符仍集恭惟孚祐實表常存比太清宮行事官皆具冕服爰及奏樂未易舊名幷告獻之時仍陳筮祝既非事生之禮豈是降仙之儀且眞俗殊倫幽明異數理有非便亦在從宜自今後每於太清宮行禮官宜改用朝服兼停祝版其告獻辭及所奏樂章朕當別自修撰仍令所司具儀注奏聞

引見諸州高蹈不仕舉人詔

君子之道所以正心志全貞吉也逸人之學所以勵天下激浮躁也朕每崇先訓以道化人思致棲貞之士用先咸在之列是以頻降束帛冀空巖藪虛懷式竚明發不忘卿等來應辟命遠致城闕周文多士旣叶於旁求虞舜疇咨亦在於僉議爰命臺省詢於道業或善行無跡名實難窺或大器晚成春秋尚富津涯未測輪桷何施事且隔於行藏道以分於出處其馬曽常廣心賀蘭迪等三人宜待後處分崔從一王允貽韓宣胡祭趙元獎等五人年鬢旣高稍宜優異宜各賜緣衣一副物二十段餘幷賜十段不奪隱淪之志以成高尚之美並宜坐食訖好去仍依前給公乘還郡

尊道德南華經詔

王者天其祖學者父其師義有尊崇情歸孝敬況我元宗道要無名象先猶龍莫測昔嘗問禮烹鮮有論歷代攸尊永惟重元衆教之父者也朕纘承聖緒祇服元言乙夜觀書將求於道雖理歸絕學信無取於筌蹄然垂代作程義

必存乎文字俾之大順亦合禮經其墳籍中有載元元皇帝南華等眞人猶稱舊號者並宜改正其餘編錄經義等書亦宜以道德經列諸經之首其南華經等不須編在子書仍即令集賢院審詳改定應舊號并科目記具宣付所司仍須示中外

改波斯寺爲大秦寺詔

波斯經教出自大秦傳習而來久行中國爰初建寺因以爲名將欲示人必修其本其兩京波斯寺宜改爲大秦寺天下諸府郡者亦宜準此

定犯徒配軍詔

刑之所設將以閑邪法不在嚴貴於知禁朕自臨萬國向踰三紀思宏至道之化實務好生之德比者應犯極法皆令免死配流所以市無刑人獄無冤繫哀矜勿喜冀洽於生靈大小以情寧忘於鑒寐至於徒罪雖非重刑力役之外不免拘縶載罹寒暑誠可矜量自今以後其犯罪應合徒者並宜配諸軍効力庶感激之士因以成功寬大之恩叶於在宥且本置杖罪是代肉刑將以矜人非惟重法今官吏決罰或有任情因茲致斃深可哀憫其犯杖罪情非巨蠹者量事亦令効力宜令所司作載限仍立條例處分

答請宣示瑞鹿詔

宮苑之內屢薦嘉祥今又縞質霜毛變林虞之獸族殊姿馴性實雲駕之龍媒允謂休徵用爲慰也所請者依

遣使巡按天下詔

黜幽陟明所以察風俗求瘼恤隱所以慰黎蒸不有其人孰可將命禮部尚書席豫等亮直清節經通大卞多識前言備閑時政或久膺任使嘗參八使之列或夙蘊公忠必副四方之委永懷兆庶用寄澄清豫巡河北道鉷巡京畿

關內及河東道隱之巡東畿及河南道見素巡山南東道江南西道黔中嶺南等道麟巡河西隴西磧西等道翹巡劒南及山南西道光譽巡淮南及江南東道其百姓之閒及官吏之輩如事或未該須有釐革者仍委量事處置回日奏聞其嶺南黔中磧西途路遙遠若使臣一一自到處有稽遲任各精擇判官準舊例分往

禁弋獵詔

永言亭育仁慈爲本況乎春令義叶發生其天下弋獵採捕宜明舉舊章嚴加禁斷宣布中外令知朕意

停不急之務詔

今土青既動農事將興丁壯就功不可妨奪其不急之務一切並停

量減祭祀應用牛牲詔

祭祀之典犧牲所備將有達於虔誠蓋不資於廣殺況牛之爲畜人實有賴既功施播種亦力被車輿自此餘牲尤可矜憫況前聖有作難爲盡廢明神克享亦在深仁自今以後每大祭祀應用騂犢宜令所司量減其數仍永爲常式

增定祀典詔

皇王之典聿循於百代郊祭之義允屬於三靈聖人既因時以制宜王者亦緣情以革禮朕丕承寶運肅邁明禋曷嘗不克己齋心虔恭夙夜猶慮舊章或闕誠敬未孚有一於此良深祇畏且尊莫大於天地祭莫大於祖宗嚴配昭外豈宜異數今蒸嘗之獻既著於常式南北之郊未展於時享粢盛且略對越何申自今已後每載四時孟月先擇吉日祭上帝其以皇地祇合祭以次日祭九宮壇皆令宰臣行禮奠祭務從獨潔稱朕意焉祭神如在傳諸古訓以多爲貴著自禮經膟膋之儀蓋昔賢之尚質甘旨之品亦孝子之盡誠既切因心方資變禮其已後享太廟宜料外每室加常食一牙盤仍令所司務盡豐潔發生振蟄雷爲其始畫卦陳象威物效靈氣實本於陰陽功乃施於動植今雨師風伯久列常祠唯此震雷未登羣望已後每祀雨師宜以雷神同祭朕承宗廟之福爲人神之主事有未暢義在得中庶寅畏之誠上達於郊廟祈禳之典載收於闕遺凡在有司各揚所職倍宜恭肅以叶靈心

許百官旬節休假不入朝詔

百工允釐彰乎奉職五日休澣義在優閑方貴無爲之風以宏多暇之政朕欽崇至道思致和平今寰寓克寧朝廷無事將欲叶於淳古豈惟臻於小康當與羣寮暢茲娛樂頃旬遊宴賞已放入朝節假常參未敷後命公私叶慶千載一時上下同歡自中及外自今已後每至旬節休假中書門下及百官並不須入朝外官等其日亦不須衙集

禁流貶人在路逗留詔

應流貶人皆負罪譴其中或捨其昧死全彼餘生將寬常法亦有懲戒如聞在路多作逗留郡縣阿容許其停滯是

何道理自今已後其左降官量情狀稍重者馳十驛已上赴任流移人令押領綱典畫時遞相分付如更因循尚有寬縱所繇當別有處分

貶韋堅並免從坐詔

書曰無總貨寶生生自庸傳曰官之失德寵賂章也則古先哲王不聞好貨垂以明戒無易紀律然法貴變通罰宜平典罪止其惡過從寬宥庶乎有勸冀乎有懲韋堅是司潭漕妄事興易餉遺朝廷計其積贓數目甚廣朕以衣冠之士豈往求之而姦回之人是爲抑與韋堅已別有處分

所司一切不問咸令自新冀有廉隅成乎德化各思變節無貳過焉宣示中外知朕此意

刊廣濟方詔

朕頃所撰廣濟方救人疾患頒行已久計傳習亦多猶慮單貧之家未能繕寫閭閻之內或有不知倘醫療失時因致橫夭性命之際寧忘惻隱宜令郡縣長官就廣濟方中逐要者於大板上件錄當村坊要路牓示仍委採訪使勾當無令脫錯

黜陟守令詔

朕憂彼黎元寄之牧宰當慮授任非當撫字乖方頃所以設舉親之科廣得賢之路爰初詣闕亦既明試以言及乎從政必欲深考其實懸之賞罰要以始終近日分遣使臣因之巡察善惡之驗事既足明懲勸之端言斯可復其楊懋等七人黜陟使並奏清狀宜與改轉其所舉主六品已下付所司準此處分五品已下各賜一上下考李連等八人既奏善狀除已改官者至選日各減三兩選仍稍優與處分一中上考趙憕等六人俱犯贓私除已流貶者自餘並速準律科斷其舉主各量犯者罪狀輕重咸從貶黜仍宣示中外咸使知悉

貶王琚江華郡司馬詔

琚久經任使歷典藩條恃朝廷之見寬冒憲法而無憚凡所莅職罕著善聲自頃移官益彰喧訟志由貪敗政以賄成所犯贓私動盈千計正名論罪合寘流刑宥過推恩宜從貶任可江華郡司馬員外置

詳定來年廟享及南郊合祀儀注詔

孝享宗廟所以達思誠也格於神祇所以崇嚴敬也則祈穀上帝春祀先王永惟因心敢忘如在朕承累聖之丕業

應上元之福佑聿修柴瘞虔奉蒸嘗常慮備物未豐馨香莫達頃以詳諸舊典創以新儀清廟陳牲特加於常饎昊天冬祭重增以時享庶乎罄齊敬之勤叶殷薦之義況履茲霜露載感惟深瞻彼郊壇有懷昭事念禮歸通變諒期乎達誠教在率先必貴乎親奠宜以來載正月朕親謁太廟便於南郊合祭仍令中書門下即與禮官詳定儀注擇日奏聞興言拜獻先深祗感凡百有司各供爾職

頒示道德經注孝經疏詔

道爲理本孝實天經將闡教以化人必深究於微旨朕欽

承聖訓覃思元宗頃改道德經載字爲哉仍隸屬上句及乎議定衆以爲然遂錯綜眞詮因成注解又孝經舊疏雖粗發明幽晦探賾無遺猶未能備今敷暢以廣闕文且妙本逾元微言久絶或怡然獨得或參以諸家庶宏聖哲之規用叶君親之義仍令集賢院具寫送付所司頒示中外

禁採捕詔

今屬陽和布氣蠢物懷生在於含養必期遂性如聞滎陽僕射陂陳留郡蓬池等採捕極多傷害甚廣因循既久深謂不然自今已後特宜禁斷各委所由長官嚴加捉搦輒有違犯者白身決六十仍罰重役官人具名録奏當別處分其僕射陂仍改爲廣仁陂蓬池改爲福源池庶宏大道之仁以廣中孚之化

流彭果詔

嶺南五府經略採訪使光祿少卿兼南海郡太守攝御史中丞彭果頃者擢以非次鎭彼方隅不能愼守名節克副朝寄而乃貪惏匪極求欲無厭官吏恣其侵漁蒼生受其塗炭醜聲轉露穢迹彌彰及令推窮並自招伏計其贓數十萬有餘議以常科法當殊死但尚寛典免致嚴誅宜從

杖罰俾從荒徼即就大理寺門決六十除名長流溱溪郡仍即差使馳驛領送至彼捉搦勿許東西

令正月夜開坊市門詔

重門夜闢以達陽氣羣司朝晏樂在時和屬此上元當修齋籙其於賞會必備葷羶比來因循稍將非便自今已後每至正月改取十七十八十九日夜開坊市門仍永爲常式

賜楊愼矜等自盡併處置詔

左道亂常邦家所禁兇謀逆節天地不容戸部侍郎兼御

史中丞楊慎矜潛蓄回邪率由艱險猥承門緒得歯朝行爰自卑微謬加超擢寄之帑藏總彼均輸殊不知外矯清廉內懷貪冒趑趄百變以此徇身首鼠萬端專爲罔上觸途苛刻歸怨國家還俗僧史敬忠兇慝逆徒狂愚賤品乃妄陳讖緯別覬異圖密與交通將期委質仍自以亡國之後克復攸歸遂乃手記災祥窺覦時變言肆惡悖心在不臣惡跡既彰款驗咸服戴天履地面目何施梟首夷宗未云塞責但以務宏大體志在寬刑尚免嚴誅容其自斃其楊慎矜宜賜自盡其兄少府少監慎餘弟洛陽令慎名等

不合隨從並爲同惡亦宜令自盡其史敬忠首建逆謀實爲巨蠹宜決重杖一百鮮于賁詐稱敬忠當王附會兇人宜決重杖六十長流其范滔妄說妖言與之昵狎宜決六十長流嶺南臨江郡其王庭耀既爲傭作終不論告宜決四十配隸黔中郡楊慎矜外甥前通事舍人辛景湊引致非類成此禍端宜決四十配流嶺南晉康郡其義陽郡司馬嗣虢王巨雖則不涉凶謀終與敬忠相識宜解却官於南賓郡安置其太府少卿張瑄素以妄庸專行險詖比緣慎矜薦引驟歷班榮因此結交潛爲黨援況犯贓私情逾難恕宜決六十長流嶺南臨封郡其右威衛執戟天馬監副監万俟承暉妄蓄圖書與慎矜解誑潛相黨附爲蠹實深宜決重杖六十其閑廄使殿中監韋衡忝膺重寄不存公道受慎矜囑請爲承暉奏官諂黷愈彰比周斯在宜貶與遠官應配流及安置人等所在即差綱驛領送其楊慎矜及兄弟并史敬忠有莊宅等宜并官收其家口男女等並令所司準法即配流嶺南諸郡其張瑄及万俟承暉鮮于賁等男女并一房家口亦準此配流嶺南其內外近親不可尚列班榮及居京轂宜令三司使即括實奏聞且臣

之事君有死無二匹夫徇義猶或亡軀豈有位亞六卿任兼三獨父子相續俱承重委兄弟不次皆列通班而更陰圖不軌潛覬異望靜言此心良可歎息除惡務本與衆共之令在惟行蓋非獲已中外寮庶咸使聞知

賜故邠王男承宣等緋魚袋詔

故邠王男承宣等地惟戚屬器表温良伯仲輝光温温有裕推恩之典既叶於分官賜服之榮宜崇於寵命

答百僚表請加應道尊號手詔

禎祥者所以合天人鴻名者所以彰德業今封章繼至誠

請甚勤敬膺神休允答人望宜依來請

遣使祭岳瀆四海詔

朕肅恭明祀祈福上元冀敷佑於黎蒸將昭報於靈應頃蠻夷款附萬里廓清稼穡豐穰羣方樂業豈惟菲德以致元和實賴神休永綏景貺思崇望秩用展虔誠宜令宗正卿褒信郡王璆等即分往五嶽四瀆及四海致祭所經道次有名山大川亦便致祭務令精意以稱朕懷

卻王公等請上尊號詔

朕欲使人述日用道遠親饗願行其心永守沖約未允來

請宜識此懷

卻羣臣上尊號手詔

朕觀上古人主惟稱帝王一字秦漢以來乃兼皇帝朕以薄德嗣守寶位乾乾惕厲懼不克勝豈自崇飾以招譴咎雖迫公卿之請終負平生之心所請加尊號甚無謂也

答李林甫等請須示太子仁孝詩詔

詩者志之所之也將以道達性情宣揚教義耳朕承五聖之業萬方之寄主鬯叶於神心元良貞於國本美其克踐仁孝恭修友睦深慰於懷不覺形之諷詠今請具寫六章須示中外兼編諸簡策以傳不朽亦欲自家刑國以訓人倫宜依來請

停封西嶽詔

自春以來頗愆時雨登封告禪情所未遑所封西嶽宜停

敕吏部慎重注擬詔

吏部取人必限書判且文學政事本自異科求備一人百中無一況古來良宰豈必文人又限循資尤難奬擢自今以後簡擇縣令但才堪政理方圓取人不得限以書判及循資格注擬諸畿望緊上中每等為一甲委中書門下察

問選擇堪任者然後奏授大理評事其朝要子弟中庸未歷望畿縣便授此官既不授文又未經事自今以後有此色及朝要至親並不得注擬

致祭涇渭灞滻等水詔

五材並用時表上靈八水分流實稱善利京師奧壤秦甸王畿灞滻通於涇渭澇潏匯於灃鄗蓄洩雷雨滋育稼穡雖惠澤已及於蒸民而虔誠猶闕於祀典聿崇精享庶達明神其涇渭灞滻等分水宜令禮儀使左庶子韋述取今月二十九日一時備禮致祭務陳蠲潔稱朕意焉

答馮紹正賀雨手詔

黍稷垂成實滋甘澤旣屬久旱懷憂匪寧思拯黎元靡神不禱靈心昭鑒降此休徵覩垂穎之可觀佇大穫之爲慶編之青史良有愧焉

禁刈禾充馬藁詔

農爲政本食乃人天必禾稼之及期遂京坻之厚積是以愛人存乎重穀勤政在乎厚生俗之所資何急於此如聞遠近每至秋中穀禾熟時即賣充馬藁苟求規利之心殊害生成之性靜言斯弊實資懲革自今以後不得更然其

三京及天下諸郡並委所繇長官嚴加捉搦如非成熟不得輒刈犯者量決四十仍牓示要路咸使聞知

禁賃店干利詔

南北衛百官等如聞昭應縣兩市及近場處廣造店鋪出賃與人干利商賈莫甚於此自今已後其所賃店鋪每間月估不得過五百文其清資官準法不可置者容其出賣如有違犯具名錄奏

敕冀州刺史原復邊仙觀修齋詔

朕承唐運遠襲元元載宏道流遂有靈應彼之女道丹臺眞人白日上升五雲在御不圖好道遂有明徵深爲喜慰卿舊相之子家上元元能叶心志自玆目視果成朕願雖上清云遠而舊相猶存遼海雖別於千年緱山復期於七日窈冥嚮像故亦依然今因奏使迴便付少物卿可於觀所宜修齋行道以達朕意也卿能至誠必有通感然道之爲政本貴無爲宜用乃心化彼黎庶

欽定全唐文卷三十三

元宗十四

許百官遊宴詔

百辟叶心交修皇極所以天降休命寳祚維新今郊廟精禋大禮克舉萬方無事九有忻心屬獻歲芳春上元望日既當行慶之序式廣在鎬之恩自今後非惟旬休及節假百官等曹務無事之後任追遊宴樂

諸衛隊仗緋色幡改赤黃色詔

三王繼統質文既不相襲五德承時服色遵於所尚至於

旗常改制騂翰異宜所以表軍國之容合聲名之度事之大者安可因循而已焉國家膺樞紐之期纂黃中之歷憲章垂範運既屬於維新旗幟同色義必在於革故頃者俯納羣議式明統緒故得天人致和風雨時若豈朕躬菲德克廣睿圖實累聖鴻休允膺景運稽古之大既有昭明文物所資理宜詳正其諸衛應隊仗所用緋色幡等並改爲赤黃色庶克遵於通變諒有叶於從宜其諸節度使幷管內軍使等亦宜準此

答中書門下賀大同殿鐘鳴手詔

朕齋心大同緬覩真蹟豈精誠遠感而休應薦臻今九華之鐘三清徹響聲聞金石氣含虛無是知紫宸之宮雲軿降集青童之府烟景來遊將合律於雲璈表同和於陰𧵍靈仙坐接福壽昭然永惟嘉祥良深慶慰所請依

答中書門下賀寫道德經五本手詔

朕躬承丕業稟訓元宗霜露永懷感思罔極伏以三清設教五聖在天克奉先靈同心薦福今玉版瓊章傳之洞府雲囊縹帙列在仙宗庶以展永慕之心兼以播淳風之化編於簡冊實用愧焉

答中書門下賀宮內柑子結實詔

枳橘之性惟任土不遷陰陽之和實在感能致且寒谷吹律猶氣變燕郊則中樞化源故物備京邑今黃柑數株丹實盈條裛露迎風香逾江劒金光珠澤秀溢林庭豈斯果之足珍喜元和之必應故合天道信何遠焉所賀已知仍依來請

禮神用真玉詔

禮神以玉者蓋取其精潔表心溫潤合德爲器有象正辭乃信以達馨香其在珪璧頃來禮神六器及宗廟真玉自

馮紹正奏後有司並用珉禮所謂君子貴玉而賤珉不可用也朕精禋郊壇嚴敬宗廟奉惟新之祚庇太平之人則人力普存備物以享安可以珉代玉惜費事神況國家之祈福有萬方之助祭闕典必修無文咸秩豈於天地宗廟奠玉有虧自今已後乾坤六器宗廟奠玉並用眞玉諸祀用珉如以玉難得大者寧小其制度以取其眞

以李林甫兼領朔方節度詔

經邦論道允屬於賢才保大定功聿求於長策不有兼領孰張寵賢開府儀同三司行尚書左僕射兼右相崇元館

大學士集賢院學士太淸太微宮使修國史上柱國晉國公林甫器惟國楨材乃人範文標楷式學究精微沃啟之誠罄嘉猷於造膝淸貞之節盡公心於匪躬自登於三事式是百辟具瞻惟允茂緒居多任總廟堂旣賛雍熙之化智高帷幄更資決勝之謀宜因公輔之重兼受元戎之寄可兼安北副大都督持節朔方節度關內支度營田鹽池押諸蕃部落副大使知節度事六城水運節度管內軍郡採訪處置等使餘並如故

令文武選人對衆留放詔

政理之源實惟選士銓綜之道必在至公比來文武選人調集者及於留放末日引通甄鑒匪周或紀綱不一以資取舍詎免流言須議事以制法亦因時而革弊自今已後吏部選人宜審定格限須示令集銓之日各量官資書判狀迹功優據闕合留對衆便定豈惟免淹時日抑亦共表公平見收者旣無溢外被放者亦當歛分則自近及遠以絶倖求其有宏詞博學或書判特優超越流輩者不過限以選數聽集其武部選人試日較等功優亦對衆便從留放仍永爲常式並作條件處分

禁官奪百姓口分永業田詔

周有均土之宜漢存墾田之法將欲明其經界定其等威食祿之家無廣擅於山澤貿遷之伍罕爭利於農收則歲有豐穰人無胥怨永言致理何莫繇茲如聞王公百官及富豪之家比置莊田恣行吞倂莫懼章程借荒者皆有熟田因之侵奪置牧者惟指山谷不限多少爰及口分永業違法賣買或改籍書或云典貼致令百姓無處安置乃別停客戶使其佃食旣奪居人之業實生浮惰之端遠近皆然因循亦久不有釐革爲弊慮深其王公百官勳蔭等家

應置莊田不得踰於式令仍更從寬典務使宏通其有同籍周朞以上親俱有勳蔭者每人占地頃畝任其累計某蔭外有餘如舊是無勳蔭地合賣者先用錢買得不可官收限勑到百日內容其轉賣其先不合蔭又蔭外請射兼借荒及無馬置牧地之內并從合蔭者並不在占限官還主其口分永業地先合買賣若有主來理者其地雖經除附不限載月近遠宜並却還至於價值準格並不合酬備既緣先已用錢審勘責其有契驗可憑特宜官爲出錢還其買人其地若無主論理不須收奪庶使人皆摭實地悉

無遺百姓知復於田疇蔭家不失其價值此而或隱罪必無容又兩京去城五百里內不合置牧地地內熟田仍不得過五頃已上十頃已下其有餘者仰官收應緣括簡共給授田地等並委郡縣長官及本判官錄事相知勾當並特給復業並無籍貫浮逃人仍據丁口量地好惡均平給授便與編附仍放當載租庸如給未盡明立簿帳且官收租佃不得輒給官人親識工商富豪兼併之家如有妄請受者先決一頓然後準法科罪不在官當蔭贖有能糾告者地入糾人各令採訪使按覆具狀聞奏使司不糾察與

郡縣官同罪自今已後更不得違法買賣口分永業田及諸射兼借公私荒廢地無馬妄請牧田併潛停客戶有官者私營農如輒有違犯無官者決杖四十有官者錄奏取處分又郡縣官人多有任所寄莊言念貧弱慮有侵損先已定者不可改移自今已後一切禁斷今所括地授田務欲優矜百姓不得妨奪致有勞損客戶人無使驚擾緣酬地價值出官錢支科之閒必資總統仍令兩京出納使楊國忠充使都勾當條件處置凡在士庶宜悉朕心

賜王鉷自盡詔

人臣無將有必誅之義王制所禁在難捨之刑銀青光祿大夫御史大夫兼京兆尹殿中監閑廏使隴右羣牧監使及天下戶口色役和市和糴坊作園苑長春宮栽接并京畿及關內採訪等使鉷性本兇愎行惟艱險徒以早膺擢用累踐崇班持憲尹京委重斯大八閑六尚寵寄惟深殊不知外飾公忠干冒非據內懷奸詐包藏不測任海川狂愚不逞妖惑無良而乃潛與通情仍希非望及覺彰露便令滅口韋會聞此事跡話於私庭遽令追掩殞於縣獄邢縡久懷逆謀專搆惡黨其弟銲始終結約常與交通託云

弟職其由已令神明所殛兇黨伏辜縱刑且睞欲逃其罰然天地雖廣何所容身宜賜自盡戶部郎中王銲蓄積梟獍之心包藏狂悖之計與逆人邢縡久託深交供其資糧同爲兇惡自申款曬十載於茲所有逆謀咸供謀畫此而不罰其若法何猶寬殊死之典俾從杖刑之責宜於朝堂集衆杖殺

禁戰功虛冒詔

王者制軍詰禁師旅惟貞歛至勞旋賞罰必信易曰在師中吉承天寵也傳曰賞不失勞俾人勸也若黷前典何以

化成諸軍節度使等委任尤重雖奉謀受律去則捷歸而甄賞敘勳率多非實且爲君者以信御下爲臣者以忠奉上信不可失忠不可虧朕保而行之庶能激勵且往前立功皆令簡覆至於敘錄亦委別人朕以將者國之腹心朝之方嶽舍此不任誰則竭誠所以每一立功咸委錄敘推心之道斯亦極矣近來諸軍滋弊尤甚乃至奏蕃中事意爰及破敵錄功觸類憑虛皆非摭實或久在行陣反被棄遺或不踐軍戎虛霑爵賞銀章紫綬無汗馬之勞厚錄崇班皆親援而致使戰士失望僥倖競馳靜言其繇實在於此且古者士農異處軍國殊容所以國學上庠以教冑子撰車表貉用訓戎師豈有家襲弓裘身參卒伍斯乃假名取進其理昭然皆因主將有私遂乃公行囑託已往之過朕亦不言將來自新必期革弊自今已後朝要並監軍中使子弟一切不得將行先在軍者亦即勒還破敵敘功事歸案實且虛妄事君覩冒行惠不懼於法不畏於神凡在庶僚亦宜自戒宣示中外令知此懷

贈聶師道詔

詢諸贈典繁乃彝章啟有厥由於何不舉淮浙宣歙管內

道門威儀逍遙大師問政先生爲國焚修大德賜紫聶師道早通元理夙契真風野鶴不羣孤雲自在昔太祖創基之際已命焚修及元勳匡國之初早曾瞻敬眷言道行實冠元關雖昇遐屢歷於光陰而遺懿益隆於寰宇況教門一請台輔奏陳且將啟元壇即迴故里是用加之峻秩錫以崇階式表休恩庶昭往行可贈銀青光祿大夫鴻臚卿問政先生

令御史宣撫河東諸郡詔

河東及河淮間諸郡去載微有澇損至於乏絕已令給糧

如聞郡縣尚未賙恤方春在候農事將興或慮百姓艱難未能存濟宜每道各令御史一人即往宣撫應有不支持者與所縣計會隨事賑給如當郡無食及不充聽取比郡者分付務令勝致以副朕懷

削李林甫官秩詔

爲臣之道貳則有辟事君之致將而必誅故左僕射兼右相吏部尚書上柱國晉國公贈太尉廣陵大都督李林甫爰因宗室奬以班序遽履清貫尤持矯飾鄙誠患失狡迹多端朕待以勿疑任當殊重恩私踰分崇高至極秉據樞

衡二十餘載豈知外表廉慎內懷兇險籌謀不軌覬覦非望昵比庸細譖害忠良悖德反經師心蘊慝禍福生於喜怒榮辱由其愛憎使縉紳箝口行路側目淫祀夜禱於神祇厭勝家崇於蠱道尊空養素實繁有徒既畢禬禳旋勸其命阿布思振降塞上委於綏緝敢行交結輸竭深衷嚴室焚香要之誓信指期撤警縱以叛離且肆犬羊之羣侵軼我疆埸方申犄角之契圖危我宗社可隱之狀所不忍言以親黨薦引咸歸 闕 子息蕃多曾無教誨貪叨納賄依倚成奸閱牆屢鬧敗官相次作僞滋久晚節頗彰含垢在予猶示宏蔽罔得誅而溢盡惡布露而難容遽從訊鞫事皆昭著殲夷噍類曷足懲愆鞭斵屍棺未云責塞但以常經任使特寬恒典其在身所有官秩並追除削俾同凡庶許其殯掩男前將作監岫率由下劣不承 闕 勗驕恣越度過失彌深且配流嶺南及黔中延德郡前司儲郎中崿配流蒼梧郡前太常少卿嶼配流臨封郡仍並除名即綱馳驛領送自餘男有官者令所司即勘會亦除名各配流嶺南及黔中送惡郡女在室并男未有官者取其情願任隨兄弟朕念其驅策尚懷仁恕既貸生成之恩赦其殞嗣之

罰仍每房各乞奴婢三兩人并與緣身衣服糧食使其存濟自餘資產一切官收男孫有官者解却無官者勒隨父并家口並續遞途流所至捉搦勿許東西縱會恩赦不在量移之限其林甫男女妻等有罪非妄惟其子壻諫議大夫楊齊瑄覩其不善尋有薄 闕 跡異同惡頗申誠款并自餘至親應合累者續有處分噫堯謂達聰四凶在列周稱盛德三監假擾知人之美誠愧前言明罰斯加非無累歎凡任咸自誡焉

嚴考課詔

循名責實所以激羣吏也懲惡勸善所以務至公也苟黜陟之非當何考課之足徵其內外文武官員外同正員并判試不釐務者既無別效兼有多年比來因循或與進考據額既標節限緣此遂多踰越致令課最者見棄無功者獲升獎勸之門殊非允當自今巳後並不在進考之例其內外官初效亦不在與限臺省官考各委長官比類才能功課褒升不得一例申送俾僥競息心功能勵節

命陳希烈兼領祕書詔

國之載籍政之本源故藏於蓬山緘以芸閣者以爲義府

之代暨三五以還皆率茲道也故每加求購冀補逸遺四部名目悉索而來七略條流兼該頗盡豈直羽陵之蠹簡汲冢之殘編如聞頃者以來不存勾當或詮次失序或鉤校涉疎或擅取借人或潛將入己因循斯久散失遂多思革前弊允資盛德宜令左相兼武部尚書陳希烈充監祕書令省圖書爰假丹青之餘以振鉛黃之美則金華侍講足繼寵於班伯石渠司籍方嗣徽於劉向至公之選可不務乎

授安慶緒衛尉卿詔

王者出師登壇擇將忠臣受任幹蠱成功則君賞其勤父成其訓名教斯在寵秩是崇銀青光祿大夫鴻臚卿員外置同正員兼廣陽郡太守同范陽節度副使上柱國柳城縣開國男安慶緒門傳忠孝之義庭稟韜鈐之略志氣剛決固敵是求遂使榆塞息警柳城罷鋒百勝深謀舉無遺策可旌上將之功用叶中行之吉可特進行衛尉卿兼廣陽太守餘如故

諭嶺南州縣聽應諸色鄉貢舉詔

如聞嶺南州縣近來頗習文儒自今巳後其嶺南五府管

內白身有詞藻可稱者每至選補時任令應諸色鄉貢舉仍委去使準式考試有堪及第者具狀聞奏如有願赴京者亦聽其前資官并常選人等有詞理兼通才堪理務者亦任此選及授此官

禁弋獵採捕詔

陽和布氣庶類滋長助天育物須順發生宜令諸府郡至春末巳後無得弋獵採捕嚴力禁斷必資杜絕

平糶詔

嘉穀不登古今薦有勸分之義皇王善經且豐熟以來歲

時頗久。豈有餘糧棲畝。誠恐極賤傷農。所以積之京坻。用防水旱。爰自二載。稍異有年。粟麥之間。或聞未贍。比開倉賤糶。以濟時須。雖且得支持。而價未全減。餱糧種子。尚慮不充。是用賙恤。俾之寬泰。在於處置。須均有無。今更出倉務令家給。俾其樂業。式副朕心。宜於太倉出糶一百萬石。分付京兆府與諸縣糶。每升減於時價十文。河南府畿縣出三十萬石。太原府出三十萬石。滎陽臨汝等郡各出粟二十萬石。河內郡出米十萬石。陝郡出米二萬石。並每升減時價十文。糶與當處百姓。應緣開場差官分配多少。一

時各委府郡縣長官處置。仍令採訪使各自勾當。其太倉含嘉出粟。兼令監倉使與府縣計會處分。其奉先同官華原等縣。與中部郡地近。宜準諸縣例。數便於中部請受。其餘縣有同者。仰準此。其天下府縣百姓。去載有損。交不支濟者。仰所繇審勘責。除有倉糧之外。仍便據籍地頃畝量與種子。京兆府及華陽馮翊扶風等郡。既是近輔。須別優矜。雖非損戶。或有乏少種子者。亦仰每鄉量宜準給。并委採訪使與府縣長官計會。即與處置使及營農使。其種子既須好粟。仍取新地稅。分付京畿府郡。京草雖已加價。尚聞難辦。宜委度支。各與所繇計會。支料得至今載終已來。用足之外。應未送者。量事停減。賑給糶倉。矜貧濟乏。務從撫實。無使隱欺。如官人及富有之家。典正并僦攬諸色。輒私侵糶。兼有乞取。或虛著人名。詐來請受者。其自五品已上官蔭人等。錄奏。當別有處分。六品已下并白身者。便決一頓。仍準法科繩。所繇等官不能覺察。及自抵犯者。亦與同罪。

遣官祭天地五星詔

關輔郡邑。霈澤屢施。京城在近。時雨未降。是用軫慮。匪寧

於懷。其諸郡壇雖已勤禱。攸資遍祭。庶達誠心。宜令吏部侍郎蔣烈。今月二十五日。祭天皇地祇。給事中王維等。分祭於五星壇。務申虔潔。以副朕懷。

展諸軍士防秋年限詔

踐更之役。固是循常。限約之間。必資通變。雖載滿合替。而處置隨時。況已在軍中。復諳戎務。功名未遂。何必往來。其今載諸軍應文武士等。宜並延留一載。仍準式給賜。式外更加賜物兩段。

遣官祭元冥風伯雨師詔

近日以來時雨未降在於宿麥慮有所傷雖憂勤之心不忘於黎庶而精誠之至冀展於靈祇宜令太子太師陳希烈祭元冥光祿卿李憕祭風伯國子祭酒李麟祭雨師仍取今年二十三日各申誠請務令蠲潔如朕意焉

報祭岳瀆詔

朕永念蒸人祈穀上帝而陰陽式序風雨不愆今獲稼穡阜成允賴神明幽贊也頃者虔心精享已申昭告其五嶽四瀆及天下諸郡山川近令秋後展祭收穫既畢農畝事隙報功咸秩抑惟其時宜令所在郡縣長官即擇良辰以

崇明祀

貶吉溫詔

太中大夫澧陽長史員外置同正員吉溫頃因任使輒肆威福行刻物之法人殆不堪奮自賢之心士無敢忤況徇私傾險公行毀譽飾僞言而售詐崇詭行以釣名離貳朝廷猜攜倫伍近皆發露薄從貶黜而作孽未弭隱慝更彰且縱姦非逼人子女復受賄賂莫懼彝章或侵漁田宅取納口馬尚恐誣謬當令按劾及尋枝葉咸悉根源人之無良乃至於此國有常憲合寘極刑時屬陽生特從寬議宜謫遐裔以戒庶寮可晉康郡端溪縣尉員外置長任所在馳驛發遣

親征安祿山詔

黃軒撫運既統蚩尤之旅炎漢應期亦有陳豨之伐雖德合仁覆或震雷霆之威功侔載物匪容原野之罪蓋所以除殘救暴伐罪恤人聖帝賢君孰能無此朕以菲薄纘承丕構秉時御宇懃繼統於百王旰食宵衣軫納隍於一物多歷年所億兆咸知安祿山本自細微擢之行伍進小忠而自售包巨猾以貪天子每含容冀其遷善列在衣冠之

右授之師旅之權賜予無涯邀求罔極凡經寵任中外畢聞今遂竊我干戈欺我將士妄宣密旨假託妖言人畏兇威苟從逼脅稱兵向闕殺掠無辜此而可原孰不可忍前所出師命將足以除兇去孽仍聞阻兵西路左次南轅朕義在救焚情存拯溺雖螗蜋舉斧自當屠潰而蜂蠆有毒必藉討除今親總六師率衆百萬鋪敦元惡巡幸洛陽將以觀風因之掃殄太山壓卵未可喻其輕重洪波注螢不暇收其光焰宜令所司即擇日進發其河西隴右朔方除先發番漢將士及守軍郡城堡之外自餘馬步軍將兵健

等一切並赴行營各委節度使統領仍限今月二十日齊到既緣剪除兇逆暫赴東京宮掖侍從並令減省至於供擬都無所須其扈從文武官及飛騎閑廄馬家幷諸色人等應食公糧者並以官物支供仍從此身齎鍋幕緣路並不須置頓在於黎庶固免勞煩布告遐邇宜知朕意

命皇太子監國仍親總師徒東討詔

通三立極正維之業大明兩作離繼照之功博是以貞我萬國必在元良弼予一人歸之上嗣將寄丈人之律實資長子之師亦既戒嚴當除羣慝皇太子亨仁明植性孝友

因心稟上德之粹靈宅中和之正氣恭敬之處豈伊橋梓剛柔之適無取韋絃韞公忠而事君總文武而行已既不絕馳之美可稱問膳之勤以三善之明助百揆之務邇安遠肅天平地成屬兇險負恩稱兵向闕人神同憤命爾撫軍將徼福於宗祧以保安於社稷憑天之德何嚮不濟順人之心所戰必尅庶清彼氛沴以寧我國家宜令太子監國仍即親總師徒以誅叛逆取今月二十三日先發所司準式務從省便無使勞煩布告遐邇咸令知悉

命皇太子即皇帝位詔

元子亨睿哲聰明恪慎克孝才備文武量吞海嶽付之神器僉曰宜然今宗社未安國家多難宜令即皇帝位朕稱太上皇且天下兵權宜制在中夏朕據巴蜀應卒則難其四海軍權先取皇帝處分然後奏朕知待克復上京朕將凝神靜慮偃息大庭也

命羣臣輔嗣皇帝詔

皇帝自幼仁孝與諸子有異朕豈不知往十三年已有傳位之意屬其歲水旱左右勸朕且俟豐年爾來便屬祿山搆逆方隅震擾未遂此心昨發馬嵬亦有處分今皇帝受

命朕心頓如釋負勞卿等遠去勉輔佐之多難興王自古皆有卿等乃心王室以宗社為念早定中原吾之望也

欽定全唐文卷三十四

元宗十五

加魏知古實封勅

魏知古去年七月巳前屢申啟沃每竭忠誠奸臣有謀先奏其兆事君之忠良可嘉歎可更賜實封一百戶

受太上皇誥勅

王公文武百官等邇者事出不虞凶邪搆逆賴天地叶德宗社降靈應時誅翦朝野寧謐慶慰之至與卿等同懷太上皇志尚無為捐茲俗務軍國庶政委成朕躬祗奉聖謨

膺斯負重顧惟菲薄何以克堪若臨大川罔知攸濟冀王公卿士百辟庶寮勠力同心輔相休命各盡誠節共洽維新

平戎告廟勅

邊境為患莫甚於林胡朝廷是虞幾煩於將帥車徒屢出芻粟載勞使燕趙黎甿略無寧歲而山戎種落常為匪人近有野心窮而歸我曾是懷附每所綏柔而不變梟聲輒為獸搏幽州節度副大使張守珪等秉閒電發表裏奮誅積年逋誅一朝翦滅則東北之祲便以廓清河朔之人差寬征戍皆上憑九廟之略下仗羣帥之功今其凱旋敢不以獻宜擇吉日告九廟所司準式

賑岐華等州勅

如聞三輔近地豳隴之間頃緣水旱素不儲蓄嗷嗷百姓巳有饑者方春陽和物皆遂性豈可為之君上而令有窮愁靜言思之遂忘寢食宜令兵部員外郎李懷讓主爵員外郎慕容珣分道即馳驛往岐華同豳隴等州指宣朕意灼然乏絕者速以當處義倉量事賑給如不足兼以正倉及永豐倉米充仍令節減務救懸絕者還日奏聞

授徐有功子惀恭陵令勅

徐惀父有功昔為理官時密刑網遂能堅守忠直每抗回邪海內稱其不冤朝廷賴其惟恤永言種德必歸餘慶宜甄嗣子俾勸羣臣

命張知運持節赴軍勅

大漠南守長河北介地險可憑天兵有警夏潦方壯冬冰未合料敵安邊存乎備預靈武道行軍副大總管右領軍衛大將軍張知運神氣雄傑兵謀果斷持軍出塞可使單于喪膽抗敵臨邊足令勇夫增氣宜令先持節赴軍簡行

處置并緣邊州軍兵馬等亦委知運量事均融仍與幽州刺史攝御史中丞強修計議便宜支備事訖聽驛入京奏事姚崇職兼樞劇未要即行副既掌同一依軍令

遣使安撫江東勑

淮海惟揚是稱谿險山川重複水陸殷湊去歲田收稍乖豐稔今茲人庶頗致饑乏朕爲之父母深用惕然近聞雨澤應節秔稻有望目前之困餬口猶切思從蠲省用救荒弊宜令給事中楊虛受往江東道安撫存問觀察疾苦詳理冤滯百姓閒有偉才異行藏鱗戢羽隱淪屠博栖遲閭

閻官人內有貪冒苟得背公徇私或潔己自修養望充位者還日各以名聞所至之州具令宣布求瘼恤隱稱朕意焉

授蘇乂右補闕勑

蘇乂父往處台衡實爲柱石直言正色挫彼凶邪頃者念功錫以眞賦兄頲又遵先誡固辭令賞泣血披誠不忍移奪自家刑國父忠子孝宜有褒崇寵及兄弟諫官之任允屬象賢可右補闕

授薛訥隴右道防禦大使勑

棄瑕錄用有國通典捨罪責功先王舊式薛訥蘊韜鈐之略總文武之任委以分閫冀靜邊塵遽聞喪律實負朝寄準其所犯合寘嚴刑言念老臣寬其小衂即捨孟明之罪佇收馮異之功可隴右道防禦軍大使

召募兵勇勑

戎狄憑陵每勞征戍比興師旅猶未掃除緣邊之人頗有其患朕爲父母實用憂勤今欲親按邊疆躬行弔伐宜令朝廷召募勇夫壯士拔萃逸羣者稱爲屯衛飛騎且各量與賜帛行迴之日簡入羽林自餘之人取爲長行仍令兵

部侍郎韋抗紫微舍人王珽即於朝堂簡募十日內具所得人姓名奏聞

行常平法勑

天下諸州今年稍熟穀價全賤或慮傷農常平之法行之自古宜令諸州加時價三兩錢糴不得抑斂仍交相付領勿許懸欠蠶麥時熟穀米必貴即令減價出糶豆穀等堪貯者熟亦準此以時出入務在利人其常平所須錢物宜令所司支料奏聞

罷親征吐蕃勑

犬戎背恩豕荐爲孽犯塞侵牧乘洮涉渭朕託王公之上居司牧之尊憫彼蒼生情勤整旅戒嚴有日先命偏師前驅進討扼喉拊背拉朽摧枯今諸將追奔相望獻捷遁逃已來邊鄙方寧夫出師天上觀兵塞下所以用威武也念人勞弊與人休息所以暢恩惠也彼戎狄之爲患必在誅夷茍黎元之獲安寧資順動況去有徒費追無所及兼懷供帳之勞宜輟共行之典前取今月十二日親征者宜停

幸新豐蠲復勅

惟此新豐湯泉是出古之順豫義兼巡省頃者觀風數臨

兹地以察冤滯詢於故老閭里歡康田疇墾闢況冬降積雪春期有年且諺王遊果符時邁雖千乘萬騎咸給於主司而累月再來頗勤於除掃宜下復蠲之令慰其望幸之心新豐縣百姓免其一年雜差科縣官及溫泉監官經兩度祗承者與一中上考

優給二王後及隋後勅

二王後每年四時饗廟牲及祭服祭器並官給其帷帳几案有闕亦官給主客司四時省問子孫準同正三品蔭隋後每年給絹三百匹米粟二百石並春秋支給仍準見承襲人親兄無分襲者與三分餘各一分兄弟有得職事官者其物即還見襲人

誅左感意勅

好生之德雖叶於天意止殺之義用勸於先靈仁者因而不犯殺者豈以爲暴前鄜州刺史左感意頃居塞上拔自行閒薄效未輸率情狂鄙輕侮彝憲侵擾公司贓數既多割剝滋甚曾饑狼之不若固害馬之宜除比令按問咸自承伏且緣邊人徭役辛苦朕嘗思惠養特所哀憐寧有作牧宣條恣行非法儻不悛於常典何以塞彼深愆宜其處

置以謝百姓

令蕃客國子監觀禮教勅

夫國學者立教之本故觀文之道可以成化庠序爰作皆分澤於神靈車書是同乃範圍於天下近戎狄納款日歸夕朝慕我華風孰先儒禮由是執於干羽常不討而來賓事於俎豆庶幾知而往學彼蓬麻之自直在桑葚之懷音則仁豈遠哉習相近也自今以後蕃客入朝並引向國子監令觀禮教

許盧懷慎去官養疾勅

留侯多病漢皇許其頤養呂蒙未瘳吳王因而惜歔此則古之義也銀青光祿大夫檢校黃門監兼上柱國漁陽郡開國伯盧懷慎大才宏識貢忠履信學窮墳典文緯邦國朕之倚賴人實具瞻頃者忘身徇公積勞爲癘竭誠抗表固辭在職方欲省其謀慮專於導引且憑針艾之術副朕鹽梅之期宜聽去官許其養病

禁驪山樵採勅

驪山特秀峯巒俯臨郊甸上分艮位每洩雲而作雨下出蒙泉亦蕩邪而蠲瘵乃靈仙之攸宅惟邦國之所瞻可以列於羣望紀在咸秩自今以後宜禁樵採量爲封域稱朕意焉

放姜皎歸田勅

西漢諸將多以權貴不全南陽故人並以優閑自保觀夫先後之迹吉凶之數較然可知良有以也太常卿上柱國楚國公監修國史姜皎衣纓奕代忠讜立誠精識比於橋元密私方於朱祐朕昔在藩邸早申款洽當謂我以不遺亦起予以自愛及膺大位屢錫崇班茅土列爵山河傳誓備蒙光寵特冠等夷朕每欲其戒盈用克終吉未若避榮公府守靖私第自宏高尚之風不涉囂塵之境沐我恩貸庇爾子孫宜放歸田園以恣娛樂散官勳封並如故

進蔬食并斷都城屠宰勅

今在遏密又逼忌辰起今日後至來年正月上旬以來並進蔬食所司準式此限內仍令都城禁屠殺

賜蒲州童子勅

蒲州童子吳豸之薄綴小篇兼記古事不稍優異無申獎勸宜賜其父絹十匹令更習學便有成就

禁惡錢勅

古者聚萬方之貨設九府之法以通天下以便生人若輕重得中則利可和義若眞僞相雜則官失其守頃者用錢不倫此後深恐貧窶日困姦豪歲滋所以申明舊章懸設諸樣欲其人安俗阜禁止令行

度河南參軍鄭詵虢州朱陽縣丞郭仙舟爲道士勅

觀其文理是崇道法至於時用不切事情宜各從所好並罷官度爲道士

賜京畿縣令勅

親百姓之官莫先於邑宰成一年之事特要於春時卿等列在三畿各知人務宜用心處置以副朕懷農功不可奪蠶事須勿擾市獄在簡典正宜肅徭賦須平豪強勿恣凡著賢能必無曠職即宜好去

令考試投匭人勅

諸投匭獻書上策人其中或有懷才抱器者不能自達宜令理匭使料簡隨事採賾仍加考試如有可採具狀奏聞

禁屠勅

五月是齋舊有常式六月緣忌特令斷屠宜令所司進蔬

食府縣捉搦勿令屠宰

復崔日用實封勅

唐元之際逆黨搆兇崔日用當時潛論其事及於戡翦實預元謀而所食之封後以例減功既居多特宜準初食之封與二百戶

流僧人懷照勅

懷照訛言信無憑據量其情狀終合徵懲宜遣播州安置到彼勿許東西馮待徵等事已經恩赦特從釋放

定母服齊衰三年勅

惟周公制禮當歷代不刊況子夏為傳乃孔門所受格條之內有父在為母齊衰三年此有為而為非尊厭之義與其改作不如師古諸服紀宜一依喪服文

賜關內河東河西入朝蕃酋等勅

嘉爾蕃酋慕我朝化相率歸附載變炎涼而忠懇不渝明誠勤勵深宜輯乃戎落捍彼方隅使烽火無驚障塞咸謐必厚賞崇班當取富貴朕比加恩貸爾實安堵恐衣服未盡充災患且未恤永言於此良用憮然其今春不入朝都督衙官弁箭頭將軍在蕃者已令王晙張說楊敬述等取

軍中庫物各賜爾等衣一副部落有疾苦量給藥物無令田隴廢業含養失所遞相勉諭以悉朕懷

遣祠南郊華岳溫湯勅

頃歲未登水旱不節今春事方起農桑是憂祈於上元福茲下土式展郊禋之禮以申誠請之心宜令左常侍元行沖攝侍中祠南郊太常長官分祭華岳溫湯

銓擇內外官勅

刺史古之通侯公卿國之重臣百揆時敘必在得賢萬邦咸寧期於共理郎官出宰仰於前事方伯登台聞之往躅

頃來朝士出牧。例非情願。緣沙汰之色。或受此官。縱使超資。尚多懷恥。亦朝廷勳舊。暫鎮外臺。却任京都。無辭降屈。且希得入衆以爲榮。爲官擇人。豈合如此。自今已後。諸司清望官闕。先於牧守內精擇都督刺史等要人。兼向京官中簡授。其臺郎已下除改。亦於上佐縣令中通取。俾中外迭用。賢良靡遺。庶績其凝。九功惟允。即令銓擇。以副朕懷。

賜朝集使勅

卿等兼承朝委。分職外臺。陳國之法制。爲人之師長。將何宏宣政要。阜安甿俗。熙我淳德。以臻太和。頃年以來。戶口

逃逸。波逝而往。井邑虛弊。州縣不以爲事。逋亡乃是其常。言念下人。豈無懷土之戀。思皇多士。未有移風之術。緝寧政教。仁遠乎哉。提振公方。道存於爾。宜加招撫。咸使安服。又去年諸州申有旱澇流亡。雖聞蠲放。莫能平允。多非清正。守法或以暗慢。順情在於公私。俱不折衷。自今已後。務從於實。卿等職在親人。稍存意於此。宜躬問疾苦。務從簡惠。勸以桑穡。敦其學校。利而勿害。靜則自安。卿等每還之時。朕亦嘗有具誡。及聞至彼。多不遵行。咸以爲朝廷常務。會同常禮。因循既久。罔以爲意。卿宜敷宏朕意。宣慰人心。勉思政途。以奉朝獎。如仍舊相習。當別有處置。事有不便於人者。各與按察使商量奏聞。

令內外臣僚各舉縣令勅

戶口安存。在於撫育。移風易俗。莫先令長。知人不易。此選良難。專委吏曹。或未精審。宜令在京五品以上清官及諸州刺史及四府上佐各舉縣令一人。並限勅到十日內。京官封狀進。外官附狀奏。所舉人得官以來。一任之中。能有善政及不稱所舉。其舉主應須褒貶。

策試貢舉人含元殿勅

卿等知蘊韜略。學綜古今。喬木將遷。虛鍾待扣。既膺旁求之辟。佇聞明試之言。各整爾能。對敭所問。古有三道。朕今減其二策。近無甲科。朕將存其上第。務收賢雋。用寧軍國。並宜即存緩詳思之。

賜貢舉人朝堂坐食勅

興化立理。急於雋賢。呈才效用。屬在文武。朕恭默思道。寤寐勞求。長想幽仄。屢申徵賁。今邊隅未靜。師旅時興。屬聽鼓鼙。載懷屠釣。廣求百夫之特。以作四方之守。總夫戎政。爰詔武臣。宏我風教。諒惟儒林。卿等或謀慮深遠。或學藝

該通來應旌招深副虛佇並宜朝堂坐食訖且歸私第即當有試期也

討康待賓等勅

朕臨御寰極思養黎元一物不安則推溝軫慮萬方未乂則分閫興憂近者蘭池叛胡無端搆孽蠢爾兇醜敢忘恩化再令招諭仍未歸正理絕矜容事資撲滅既從斯而背德不獲已而用兵朕今發隴右諸軍馬騎掩其南徵河東九姓馬騎襲其北三城士卒截其後六郡驍雄擊其前四面齊驅萬全直進飛走無路糜爛待斃其蕃漢軍將以下

戰士以上若生擒及斬獲康待賓等一人白身授五品先是五品以上授三品如臨陣先鋒能破北胡部落所獲資財口馬牛羊並便入立功人等一切不須官收仍別加官賞其叛人內有能自殺獲送者應酬官賞亂常之罪一切並原正是忠臣憤激之時壯士立功之日恭行天罰允叶人謀摧枯拉朽匪朝伊夕布告軍州咸知朕意

禁重徵租庸勅

如聞天下諸州送租庸行綱發州之日依數收領至京都不合有欠或自為停滯因此耗損兼擅將貨易交折遂多妄稱舉債陪填至州重徵百姓或假託貴要肆行逼迫江淮之間此事尤甚所由既下文牒州縣遞相稟承戶口艱辛莫不由此自今以後所有損欠應須陪填一事已上並勒行綱及元受領所由人知其受納司不須為行下文牒州縣亦不得徵打仍委按察使採訪如有此色所由官停却具狀奏

流蔣寵藤州勅

朕以菲德恭承大寶執天下之政奉宗廟之靈於今十載矣何嘗不日慎一日雖休勿休夙夜憂勞無忘鑒寐永惟

萬事之繁恐累三光之明幸天地休和羣生樂業尚且內惟輔弼外咨牧宰徵諫納善舉才任賢佇求瘼以利人思進道以益化宇宙至大軍國事殷慮一物之失所當萬方之重責故設匭鼓以通諫許士庶之進言而政教未孚澆訛日甚獻言者茍求自達論事者多涉於妄國子進士常州人蔣寵學不師古識未知今或離間君臣或非毀骨肉固是異端阿僻之說甚乖輸忠效直之意若寖以成風則姦險道長人而無禮法所宜誅朕志在好生情求進善恐求者未悟儻默而不言思存大猷務設寬典宜決杖一頓

移貫藤州爲百姓自今已後貢舉及陳奏上封者必須景行循謹無使僥倖成名若制令有虧禮刑致紊失於政理責在朕躬則敬佇昌言法當無隱百辟兆庶識朕意焉

停給職田勅

所置職田本非古法爰自近制是以因循事有變通應須删改其內外所給職田從今年九月以後並宜停給

誅裴景仙勅

有善必賞所以勸能有罪必誅所以懲惡代天理物勤憂萬姓求瘼恤人寄之牧宰共理天下實在於兹裴景仙幸

以緒餘素無名節恣行貪冒不憚典刑聚斂之賦向五千匹肆其威虐剝我黎元自作何逃仍更亡命此而將捨罪孰可誅雖法有常科合置投竄而情在難恕用申懲肅宜令集衆決殺仍宣告遐邇

宴朔方軍節度及將士勅

律總戎朔陲經略萬里賦軍籍馬精卒鋭兵自其有虞莫不素練而醜虜背誕偏師致誅謀若有神取如俯拾雖廟略之云遠亦將士之力焉威武載揚頑凶且懾窮寇覆巢以奔北羣師掉鞅而來歸因其凱旋聊加宴樂各宜坐飲相與盡歡

巡幸東都賜賚從官勅

出震奮豫本乎觀風省方展義期於利物朕志惟忘己情在順人爰採謠歌式事巡幸自轉蹕西鎬即宫東周景暖風恬無凜冽之慘煙和氣舒佳晏温之色俾夫軍衛衆庶靡有郊寒之虞豈非龜筮允臧堪獻卜征之吉天人叶應徯予之誠感是休和良以有慰思覃慶澤沃於行所覩王賜物八十匹嗣郡王六十匹一品五十匹三品四十匹四品三十匹六品二十五匹七品二十匹八品九品十匹三

衛引駕細引飛騎各四段彍弩手募士主膳供飯及諸色白身人等各三段知頓使知營幕使各六十匹知頓御史三十匹知驛御史及知頓判官知營幕官賜各加一等入仗突厥吐蕃共賜物五百匹令鴻臚據蕃望高下節級分付供頓州百姓所據緣頓差科及充夫匠雜役供應等人宜放今年地稅餘戶等免今年地稅之半應定名供頓縣官各與一中上考

減東都禁囚等罪勅

獻歲肇春陽和感氣且是發生之日實惟布德之辰朕將

幸秦京言離雒邑既省方以觀俗思宏恩以濟人載念狴牢又惻襟抱宜敷寬大之典用敦祝泣之意其都城內見禁囚徒除身犯十惡及造僞頭首餘雜犯死流等各減一等徒以下並放河南府遭水百姓前令量事賑濟如聞未能存活春作方興恐乏糧用宜令王怡檢問不支濟者更量賑給務使安存

幸并州推恩勅

朕躬承寶位十有餘年荷累聖之昌圖膺三靈之睠命日愼一日雖休勿休今省俗觀風肆覲羣后陳詩納賈親問

百年雖念勞人事資展禮太原舊國王業所興乃眷成周西巡豐鎬因惟嗣漢東至沛鄉皆會彼舊都眷茲枌社況興王始封之地鴻圖創業之初含育生靈大造區宇永惟丕搆顧慙貽厥且稱用武戎役是殷宜錫懷舊之恩以順發生之澤太原府境內見禁囚徒除十惡及造僞頭首餘並放免預宴官共賜物二千匹父老及吏人等共賜物一萬匹百姓宜給復一年九等戶給復三年元從家給復五年其家籍見在終身免征役侍老年八十巳上賜物五段版授上縣令仍賜緋婦人版授上縣君九十巳上賜物七段版授上州長史仍賜緋婦人版授郡君百歲巳上賜物十段版授上州刺史仍賜紫婦人版授郡夫人孝子順孫義夫節婦旌表門閭終身勿事其有沈淪草澤抱德栖遲及武德功臣子孫幷元從子孫才堪文武並委府縣搜揚具以名薦

祠霍山勅

河東冀方其鎮惟霍神爲天吏山有嶽靈在昔皇業初興肇蒙嘉祉今者省方旋軫重獲休徵同受三神之貺獨忘百邑之禮其霍山宜崇飾祠廟秩視諸侯蠲山下十戶以爲灑掃晉州刺史春秋致祠

命王晙檢閱朔方諸軍勅

王者之師有征無戰將以懷柔服叛非欲黷武窮兵犯令淩政則杜之賊賢害人則伐之維其封疆辨其旗物此皆夏官之政也咨爾兵部尚書同中書門下三品朔方軍節度大使上柱國中山郡開國公王晙寅亮天地弼予一人頻總元戎克清河朔師徒效力武威遠振遺甿懷仁以思順殊類望聲而款服勳載王室朕甚嘉焉蓋六月出車周美仲甫古訓是式俾修我戎宜以來月巡朔方兼往河西

隴右河東河北等諸軍簡較兵馬點閱器械各與所管節度處置務令得所備預之道其在茲乎

諸州府馬數闕額以監牧馬充勅

諸州府馬闕數稍多既合官填復須私備貧兵力致實以爲難宜令所司即勘會闕數與閑廄使計會取監牧馬充

貶王同慶贛縣尉勅

朕問俗觀人務存節儉先有處分不許煩勞王同慶違法擾人借斂無紀望鄉科祓率戶出鞋屏風花盤計盈數百徵求既廣般運又勞以此字人豈我良宰宜書刑典以誡

具寮

元宗十六

示節儉勅

朕聞舞者所以節八音而行八風豈徒誇詡時代耽曜耳目而已也自立雲韶內府百有餘年都不出於九重今欲陳於萬姓冀與羣公同樂豈獨娛於一身且珠翠綺羅執非珍玩嘗念百金之費每惜十家之產是以所服之服俱非綺羅所冠之冠亦非珠翠若弋綈之制大帛之衣德雖謝於古人儉不忘於曩哲庶羣公觀此當體朕之不奢

重牧宰資望勅

朕欲妙擇牧宰以崇風化亦欲重其資望以勵衣冠自今已後三省侍郎有闕先求曾任刺史者郎官闕先求曾任縣令者

賜益州長史張敬忠勅

勅益州長史張敬忠頃者西南阻化徭役殷繁山川既接於夷戎縣道有勞於轉輸自卿鎮撫百姓咸安革弊遷訛良多慰沃歲陰寒極比平安好今賜卿衣一副至領之蜀州青城先有常道觀其觀所置元在青城山中聞有飛赴

寺僧奪以爲寺州既在御節度檢校勿令相侵觀還道家寺依山外舊所使道佛兩所各有區分令使內品官毛懷景道士王仙卿往蜀川等州故此遣書指不多及

改丹水爲懷水勅

不息惡木忍渴盜泉行道之人避惡名也朕常覽上黨記稱秦坑趙卒血流丹谷名其水爲丹水者省方此路懷古惻然邑號獲嘉地稱修武前王故事將有所憑宜改丹水爲懷水改丹水府爲懷仁府其鄉里名號亦仰州長官隨事改易

令御史行齋勅

封祀告成爲萬姓祈福必資清潔以副朕心其行事官及齋郎應致齋者宜令御史行齋切勿容踈怠

慎選法官勅

比來所擬法官多不慎擇或以資授或未適才宜令吏部每年先於選人內精加簡試灼然明閑法理者留擬其評事以上仍令大理長官相加簡擇並不得授非其人

令本州長官舉人勅

朕聞以道得人者謂之儒切問近思者謂之學故以陽禮

教讓則下不爭以陰禮教親則遠無怨豈非習無不利教所繇生者乎朕以厚儒林闢書殿討論易象研覈道源冀淳樸大行華胥非遠而承平日久趨競歲積謂儒士爲冗列視之若遺謂吏職爲要津求如不及頃亦開獻書之路觀揚己之人闕下之奏徒盈席上之珍蓋寡豈宏獎之義或有未孚將敦本之人隱而未見天下官人百姓有精於經史道德可尊工於著述文質兼美宜令本司本州長官指陳藝業錄狀奏聞其吏部選人亦令所司銓擇各以名薦朕當明試自觀其能若行業可甄待以不次如妄有褒進必加明罰

以雨澤頻降昭報山川勅

爰自首春有愆時雨朕憂勤祀獻精禱靈祇遂蒙九元垂福百神效祉膏澤頻降嘉生繁育睠彼山川能興雲雨報功享德祀典存焉諸州府所管名山大川宜令當處長官設祭務盡誠敬以昭典禮

禁斷奢侈勅

雕文刻鏤傷農事錦繡纂組害女紅粟帛之本或虧饑寒之患斯及朕故編諸格令且列刑章冀以還淳庶皆知禁

如聞三公以下爰及百姓等罕聞節儉尚縱驕奢器玩猶擅珍華車服未捐珠翠此非法之不著皆由吏之不舉也宜令所司申明格令禁斷

選皇太子諸王妃勅

所選皇太子及諸王等妃既是百官子女禮合避人今追就府縣及過本司未爲得所其應預妃者宜令所司具名錄奏各令女及近親隨使於命婦朝堂待進止

令州郡勾當諸稅勅

諸州稅及地稅等宜令州郡長吏專勾當依限徵納訖具所納數及徵官名品申省如徵納違限及簡覆不實所由

官並先與替仍準法科徵

禁和市反配違格勅

年支和市合出有處官既酬錢無要率戶如聞州縣不配有家率戶散科費損尤甚設令給假亦慮隱藏宜令所司更申明格勅應欲反配須審料度所有和市各就出處

加錢糴常平倉米勅

自今歲普熟穀價至賤必恐傷農加錢收糴以實倉廩縱逢水旱不慮阻飢公私之間或亦爲便宜令所在以常平本錢及當處物各於時價上量加三錢百姓有糶易者爲收糴事須兩和不得限數配糴訖具所用錢物及所糴物數申所司仍令上佐一人專勾當

以元元皇帝眞容應見宣付史館勅

道體無方元宗有應形標柱史名叶新興宗廟垂休生靈蒙福宜付史館宣示四方

戒勉京畿縣令勅

諸縣令等撫綏百姓莫先於寧字煦育黎人須自於厥德卿等日在京畿各親吏理務在用心以安疲瘵庶期成政

以副朕懷

貶責羅希奭張博濟勅

前始安郡太守充當管經略使羅希奭幸此資序叨居牧守地列要荒人多竄殛尤加委任冀絶姦訛翻乃嘯結逋逃羣聚不逞應是流貶公然安置或差攝郡縣割剝黎甿或輙借館宇侵擾人吏不唯輕侮典憲實亦隳壞紀綱擢髮數愆豈多其罪可貶海東郡海康尉員外置張博濟往託回邪跡惟憑恃嘗自抵犯又坐親姻前後貶官歲月頗久逗遛不赴情狀難容及命按舉仍更潛匿亡命逭刑莫

斯爲甚並當切害合峻常刑宜於所在各決重杖六十使夫爲政之士克守章程負罪之人期於悛革凡厥在位宜各悉心

準令王妻爲妃勅

準令王妻爲妃文武官及國公妻爲夫人母加太字一人有官及爵者聽從高敍但王者名器殊恩或須異姓妻合從夫受秩甲令更無別條率循舊章須依往例自今巳後郡嗣及異姓王母妻並宜準令爲妃

編戶籍勅

諸戶籍三年一造起正月上旬縣司責手實計帳赴州依式勘造鄉別爲卷總寫三通其縫皆注某州某縣某年某籍州名用州印縣名用縣印三月三十日納訖並裝潢一通送尚書省州縣各留一通所須紙筆裝潢並皆出當戶戶口內外一錢其戶每以造籍年預定爲九等便注籍脚有折生新附者於舊戶後以次編附

禁隱蔽人戶等第勅

天下戶等第未平昇降須實比來富商大賈多與官吏往還遞相憑囑求居下等自今以後不得更然如有囑請者所由牧宰錄名封進朕當處分京都委御史外州委本道如有隱蔽不言隨事彈奏

戒州縣擾民勅

政在養人人安其業先王所以用明察之長求忠信之師務斯道也朕勤恤庶政保綏羣元濟育之誠不違於終食聽理之慮每軫於宵興將使載其清淨息其勞費如聞輦轂之下政令猶煩或廣修器物將有供偫或差歛人戶以充庖費豈副朕薄賦輕徭息人減費之意其雒陽令韋紹縣尉顏思賓輒有科率擬備祇供雖事未行終是專擅宜

貶出河南尹孟温禮雖不覺察狀異知情宜特寬捨自今巳後府縣宜洗心懲革不得更然其或不悛仍有勞擾仰百姓即詣匭使具狀奏聞輒不得稽壅所犯之人當有處分

頒示箋註道德經勅

昔在元聖強著元言權輿眞宗啟迪來裔遺文誠在精義頗乖撮其旨歸雖蜀嚴而猶病摘其章句自河公而或略其餘浸微固不足數則我元元妙旨豈其將墜朕誠寡薄常感斯文猥承有後之慶恐失無爲之理每因清宴輒扣

元關隨所意得遂爲箋註豈成一家之說但備遺闕之文今茲絕筆是詢於衆公卿臣庶道釋二門有能起予類於卜商鍼疾同於左氏渴於納善朕所虛懷苟副斯言必加厚賞且如諛神自聖幸非此流懸市相矜亦云小道既其不諱咸可宜言勿爲來者所嗤以重朕之不德

破奚契丹告享陵廟勑

誅有罪討不庭去其毒螫登於仁壽固以俯安庶類仰叶靈心頃以兩蕃背恩爰命襲伐精意虔告順天行誅干旌所指不戰而潰山谷遺類盡爲俘馘疾如震霆動若神助

豈非昊穹垂福陵廟降靈故得萬旅安全一隅澄晏永惟昭感之著先洽顧懷之福虔奉明靈載深寅畏宜令所司擇日發使告享諸陵廟

幸潞州勑

朕往在藩邸遊歷潞城歲月頗多人情亦厚今因巡省再過此邦初至歡呼皆有縣衷之感將去停立益知戀主之誠言念此心孰不能變雖天下爲一政有何殊而王者無私議不謂此特宜優異以納羣心其潞府百姓丁壯等免征行令其分番宿衞定名長從仍委長史韋虛心審問父老百姓等如此處置可否奏聞

賜百官九日射勑

大射展禮先王創儀雖沿革或殊而遵習無曠往有陳奏遂從廢寢永鑒大典無忘舊章將射侯以觀德豈愛羊而去禮緬維古訓罔不率由自我而闕何以示後其三元射禮即宜依舊遵行以今年九月九日賜於安福樓下

命錢物兼用勑

貨幣兼通將以利用而布帛爲本錢刀是末賤本貴末爲弊則深法教之間宜有變革自今巳後所有莊宅口馬交

易並先用絹布綾羅絲綿等其餘市買至一千以上亦令錢物兼用違者科罪

禁屠宰勑

道家三元誠有科誡朕嘗精意禱亦久矣而初未蒙福念不在茲今月十四日十五日是下元齋日都内人應有屠宰令河南尹李適之勾當總與贖取其百司諸廚日有肉料亦責數奏來并百姓間是日並停宰殺漁獵等兼肉料食自今巳後兩都及天下諸州每年正月七月十月元日起十三至十五兼宜禁斷

給復京畿關輔勅

百姓屢空朕孰與足言及於此良所疚懷如聞京畿及關輔有損田百姓等屬頻年不稔久乏糧儲雖今歲薄收未免辛苦宜從蠲省勿用虛弊至於州縣不急之務差科徭役并積年欠負等一切並停其今年租八等以下特宜放免

以突厥可汗卒輟朝勅

情義所在禮固隨之豈限華夷惟其人耳突厥毗伽可汗頃者雖處絕域嘗以臣子事朕聞其永逝良用悼懷務廣

宿恩以制權禮宜令所司擇日舉哀

禁資課稅戶徵納見錢勅

天下百姓正丁課輕徭役所入惟納租庸人以安之國用嘗足比緣戶口殷衆色役繁多每歲分番計勞入任因納資課取便公私兼租脚稅戶權宜輕率約錢定數不得不然如聞州縣官僚不能處置凡如此色邀納見錢或非時徵納賤賣布帛既輕蠶織爭務貨泉農桑之閒頗亦爲弊朕每思敦本將以便人期於省約使致通濟自今以後凡是資課稅戶租脚營窖折里等應納官者並不須令出見錢抑遣徵備任以當土所司均融支料當令折衷十道使明加簡察勿使乖宜

遣祭郊廟山川勅

時和年豐神所福也精意備物祭之義也朕每爲蒼生嘗祈稔歲微誠有感丕應乃彰令宗社降靈神祇効祉三時不害百穀用成遂使京坻遍於天下和平之氣既無遠而不通禋祀之典亦有期而必報宜令兵部尚書兼中書令晉國公李林甫工部尚書同中書門下三品邠國公牛仙客即分祭郊廟社稷尚書左丞相裴耀卿祭中嶽禮部尚

書杜暹祭東嶽御史大夫李適之祭西嶽太子賓客王邱祭北嶽國子祭酒張說祭南嶽其四瀆四海四鎭及諸名山靈跡等各委所縣州長官祭仍令所司即擇日聞奏務修蠲潔之禮以致精明之德冀申誠懇如朕意焉

戒牧宰勅

朕本求牧宰務在理人前所策試恐有遺逸載令中書門下銓擇得卿等高科副朕旁求之意然郡縣者國之本牧宰者政之先朕每屬意此官有殊餘職頃來刺史縣令多不得人致令戶口未能安業斯亦朕之不德所以寤寐勞

想觧命旁求搜揚所知親加試擇卿等實爲舉首深副朕懷今故與卿相見卿等到任之日百姓間有不安穩事一一條奏朕別加聽察佇卿政能若一任之內風化有聞當擢以不次有非常賞若不達意苟復因循亦當有非常罰朕此舉可謂求仁得仁何憂郡縣不理卿等且去即與卿處分

賜刺史縣令帛勑

卿等各能用心副朕所委今茲歲會風政有歸是用激揚以勵清操

決殺張瑝等兄弟勑

張瑝等兄弟同殺推問款承律有正條俱合至死近聞士庶頗有諠譁矜其爲父復讎或言本罪冤濫但國家設法事在經久蓋以濟人期於止殺各申爲子之志誰非徇孝之夫展轉相讎相殺何限咎繇作士法在必行曾參殺人亦不可恕不能加以刑戮肆諸市朝宜付河南府告示決殺

與侍臣論服制勑

朕以爲親姨舅既服小功則舅母於舅有三年之服是受我而厚以服制情則舅母之服不得全降於舅也宜服緦麻堂姨舅古今未制服朕思敦睦九族引而親之宜服袒免又鄭元注禮記云同爨緦若比堂姨舅於同爨親則厚矣又喪服傳云外親之服皆緦是亦不隔於堂姨舅也若以所服不得過本而須爲外曾祖父母及外伯叔祖父母制服亦何傷乎是皆親親敦本之意卿等更熟詳之

聽逃戶歸首勑

朕臨御天下二十四載何嘗不孜孜問政業業興憂以一德一心與萬人請命故宗廟降福乾坤致和使匈奴成父子之鄉犬戎爲姻好之國西南邛笮皆曰內臣東北林胡是稱邊扞何奉天之德能遠洽於戎夷而安人之政獨不行於諸夏使黎甿失業戶口凋零忍棄枌榆轉徙他土傭假取給浮窳求生言念於茲良深惻隱豈惟朕德所未及教有未宏歟亦由牧守專城莫能共理令長爲邑多或非才俾猾吏侵漁權豪并奪故貧窶日甚逋逃歲增若不開恩何從遷善天下逃戶所在特聽歸首容至今年十二月三十日內首盡其本貫有產業者一切令還若先無者具戶數聞奏當別有處分其有限外不首潛匿亡歸靡懷率

育之恩仍舊逋亡之計即當分命專使在處搜求散配諸軍以充兵鎮懲其犯命替彼居人仍各委採訪使及刺史縣令明加曉諭使知朕意

幸西京勅

以前議西幸屬歲不登關輔之間且欲無擾今稼漸熟漕運復多而陵寢久違烝嘗永感農隙順動得非其時前取今年十月幸西京者以其月三日發東都取南路應緣頓所要務從節減所司明爲條例勿有煩勞

令諸州年終申報戶口實數勅

朕以百姓爲心固非一人獨理委之牧宰輯寧兆庶若考論政績在戶口存亡不有甄明何憑賞罰自今以後天下諸州戶口或刺史縣令自離任者並宜分明交付州縣仍每至年終各具存亡及增加實數同申並委採訪使重覆報省所司明爲課最具條件奏聞隨事褒貶以旌善惡

疏決禁囚勅

朕每思政本先教後刑而難遷之徒抵罪猶衆幽繫囹圄綿歷歲時今漸向鬱蒸豈忘惻隱仍慮持法者不謹得罪者有冤若無省察何云哀矜天下見禁囚犯十惡死罪及造僞頭首劫殺人先決六十長流嶺南遠惡處自外死罪先決一頓並流嶺南流罪情狀重者決六十輕者決一頓決訖並放徒已下並放其有隱沒詐情官物及盜仍責保立限徵賦準節文處分其官人犯贓合解免仍勿令重上都城內宜令中書門下京城委留守外州委本州長官即疏決處分

度壽王妃爲女道士勅

聖人用心方悟眞宰婦女勤道自昔罕聞壽王瑁妃楊氏素以端懿作嬪藩國雖居榮貴每在精修屬太后忌辰永懷追福以茲求度雅志難違用敦宏道之風特遂由衷之請宜度爲女道士

千秋節賜父老宴飲勅

今茲節日穀稼有成頃年以來不及今歲百姓既足朕實多歡故於此時與父老同宴自朝及野福慶同之並宜坐食食訖樂飲兼賜少物宴訖領取

自東都還至陝州推恩勅

朕永懷西土陵寢在焉至自東都誠慰罔極兼茲巡省且無怨思徯予之望多謝哲王飲至之規豈忘前典其供頓

州應緣夫役差科並免今年地稅行從飛騎萬騎三衛引駕監門各賜物五百段兵獷掌閑及諸色當番人各賜物三段緣路供頓刺史縣令及專知官各賜一中上考從行有職掌武官賜勳一轉京兆及岐同華三州畿輔之間百役所出至於征鎮又倍餘州其今年租并依本州納其腳縱巳支入京亦令所司計折酬還兩京城內及京兆府諸縣囚徒反逆緣坐及十惡故殺人造僞頭首死罪特宜免罪長流嶺南遠惡處其餘雜犯死罪隸配効力五年流罪並放罪人犯贓量罪貶降緣近頓所損麥苗宜令州縣即

簡括量酬價直畿內侍老九十巳上量賜酒麪鰥寡惸獨及征行之家宜令州縣長官親自存問如有疾患量加醫藥使近甸之內咸有賴焉

流宋廷暉周仁公裴裔勑

朕思致時和每矜刑典而貪叨之吏抵犯自多猶冀恥格豈在哀矜宣州溧陽令宋廷暉等各効官榮非無祿利不能砥礪乃黷貨贓使者繩違刑曹定罪並當極法合正嚴科然而發生在時布澤茲始永言惻隱能無惠恤乃期改過且用輕刑宜並配流即差綱領送雖止殺之義頗乖於國體而好生之德冀洽於人心教而不誅庶乎不及何必峻罰然後爲善凡今在位宜副此懷

改太廟官名勑

宗廟所奉尊敬之極因以名署情所未安宜令禮官詳擇所宜奏聞

錄開元以來名臣事迹付史館勑

朕君臨萬邦多歷年所於今行事動必見書循以舊章傳諸實錄豈朕之獨理所賴良臣或詢謀以濟其事或規諷以成其道開元以來勳庸德業者咸宜備敍其身巳沒者

宜令子孫具錄事跡送史館

勒停蒲絳等州兵士勑

今邊隅無事寰宇乂安甸內置烽誠則非要其蒲絳等二十二州置兵士等共一萬八千九十八人宜並停勒還本邑

遷擢宗正少卿崔秀等勑

古者官宿其業吏不數變實欲觀其始終因以別其能否若用捨非當遲速不備是開趨競之門豈曰和均之道宗正少卿崔秀等名行早著朝廷所推各效一官巳經四載

器能有適久次當遷宜副僉諧俾膺茲命且承平日久從任者多必憑考績方爲進轉但須慎守豈滯其能如或躁求是招其累速則不達謙而必通凡今庶寮宜悉朕意

皇太子諸王改名勑

古之名子必由象類人道之大可無慎乎皇太子鴻及慶王潭以下往所製名或亦未當今以德命悉宜更之太子鴻爲瑛慶王潭爲琮忠王浚爲璵棣王洽爲琰鄂王涓爲瑶榮王滉爲琬光王涺爲琚儀王濰爲璲潁王澐爲璬永王澤爲璘壽王清爲瑁延王洇爲玢盛王沭爲琦濟王溢

爲環信王沔爲瑝義王漼爲玭陳王渙爲珪豐王澄爲珙恒王潓爲瑱涼王漎爲璿汴王滔爲璥及惠寧太子惠宣太子之子皆改從玉

改諸廟署隸宗正勑

宗正設官寔司屬籍而陵寢崇敬宗廟惟嚴割隸太常殊乖本系奉先之旨深所未安自今巳後諸廟署並隸宗正寺

定關輔庸調勑

關輔庸調所稅非少既寡蠶桑皆資菽粟常賤糶貴買損費逾深又江淮苦變造之勞河路增轉輸之弊每計其運脚數倍加錢今歲屬和平庶物穰賤南畝有十千之穫京師同水火之饒均其餘以減遠費順其便使農無傷自今巳後關內諸州庸調資課並宜準時價變粟取米送至京逐要支用其路遠處不可運送者宜所在收貯便充隨近軍糧其河南河北有不通水利宜折租造絹以代關中調課所司仍明爲條件稱朕意焉

賜朝集使勑

朕比擇長吏兼分命使臣所冀安人佇彼成績未知去歲

之後至今秋以來郡縣之間如何致理招攜復業何爲處置頃聞諸道路遠近稍熟百姓貯積多少卿等親人之職庶事合知宜以實言用慰虛佇

遣牛仙客往關內諸州安輯六州胡勑

古之降虜皆置邊郡將遂畜牧之性以示柔懷之德河曲之北先有六州羣胡編列積百年餘往緣康待賓等輒搆凶黨自取誅夷詿誤蕃落損害良善因茲移隸令其失業永言戀本寧不懷歸朕每念及昆蟲猶慮失所況於此輩豈忘安輯如聞巳有逃在關內諸州及先招攜在靈慶州

界者宜委侍中牛仙客於鹽夏等州界內選土地良沃之處都置一州量戶多少置縣其有先所隸州未來者一放歸各另據簿籍勘會勿容虛假處置訖聞奏

停孝弟力田舉人考試詞策勅

孝弟力田風化之本苟有其實未必求名比來將此同舉人考試詞策便與及第以爲常科是開僥倖之門殊乖敦勸之意自今已後不得更然其有孝弟聞於郡邑力田推於鄉里兩事兼著狀跡殊尤者委所由長官特以名薦朕當別有處分更不須隨考試例申送

停每年小團勅

天下諸州每歲一團貌既以轉年爲定復有籍書可憑何至勞煩不從簡易於人非便事資釐革自今已後每年小團宜停待至三年定戶日一時團貌仍令所司條件處分

始讀時令推恩勅

朕仰稽古訓思致人和爰發縣衷之旨以行順時之政今孟夏初吉三農在朝禮先決於薄刑義必寬於輕繫既聽其令用軫於懷囹圄之間少聞於冒犯澄清之使咸盡於忠公猶慮吏有煩苛人或冤滯是爽和平之氣殊乖敬授之心其天下見繫囚徒及事發應推身不禁者放即遣使分往諸道量事疏決及宣布時令除犯贓賄名教十惡死罪自餘徒已下特宜放免迴日奏聞務在欽恤以稱朕懷

試文詞舉人賜食勅

古者求士必擇其才考之以文施於有政自非體要何用甄明頃年以來亦嘗親試對策者衆而登科者少蓋緣宿搆之詞不與所問相對所以然也卿等博達古今聿膺推薦朕之所問皆有節目宜指事而對勿措游辭並宜坐食食訖就試

備輅車儀仗勅

古者分命公卿巡謁陵寢率皆乘輅以備其儀雖禮則是常不可廢闕而事有適要亦在變通宜令太僕等司每陵各支輅兩乘并儀仗等送至陵所貯掌既免勞煩無虧肅敬其公卿出城日如常儀至陵所準此

以破奚契丹告廟勅

蔑爾狂胡尚有餘孽近令討襲應時摧敗豈朕菲德能茂厥功此繇宗廟之靈所以然也宜擇日告廟

元宗十七

命祭郊廟社稷嶽瀆勅

感而遂通神之鑒也祈而必報禮之經也今農巳畢功歲則大稔京坻之積寰海攸同用陳蠲潔之薦以答明禋之祉宜令侍中牛仙客等分祭郊廟社稷嶽瀆等其四海四鎮及名山嶽瀆使有道路由過者亦宜便祭

定京畿職田勅

京畿地狹人戶殷繁計丁給田尚猶不足兼充百官苗子

固難周濟其諸司官令分在都者宜令所司具作定額計應受職田並於都畿給付其應退地委採訪使與本州長官給貧下百姓其應給職田亦委採訪使與所縣長官勘會同給仍永為常式

令天下諸觀轉本際經勅

朕每念黎庶無忘餐寐冀其家給人足富而且壽宏濟之方莫如道教大聖垂範微言粲然遵而行之其應何遠況時將獻歲萬物發生既協陽和或存惠養宜令天下諸觀起來年正月一日至年終巳來常轉本際經其四大齋日每百官齋之日常令講誦庶澤及無外稱朕意焉

冀州獻李嘉寵勅

李嘉寵土風所育體幹出羣因其器用之宜俾在人門之次可武衛長上仍配左監門衛番上

賜張九齡勅

贈太師光庭嘗為重任能徇忠節忽隨化往空存遺事其子屢陳誠懇請朕作碑機務之繁是則未暇朝廷詞伯故以屬卿彼之行能卿之述作宛其鴻裁因茲不朽耳

追贈鄔元崇勅

洪州人鄔元崇往在文明年中傳元元皇帝真誥於天后曰我國祚無窮當千萬春遂遭禁錮因茲淪喪自非忠義之士感激過人孰能不避死亡之誅竟達神靈之命宜與追贈以慰泉壤其子瑰亦依資授一官

褒賜韋堅等勅

古之善政者貴於足食欲求富國者必先利人朕思關輔之閒尤資殷贍比來轉輸未免艱辛故置此潭以通漕運萬代之利一朝而成將允叶於永圖豈苟求於縱觀其陜郡太守韋堅始終檢校夙夜勤勞賞以懋功則惟常典宜

特與三品仍改授一子三品京官兼太守判官等並即量與改轉其專知檢校始末不離潭所者並孔目官及至典選日優與處分仍委韋堅具名錄奏應役人夫等雖各酬庸直終使役日多並放今年地稅且啟鑿功畢舟檝已通旣涉遠途又能先至永言勸勵稍宜甄奬其押運綱各賜一中上考準前錄奏船夫等宜共賜錢二千貫以充宴樂

加莊文列庚桑四子爲眞人勅

昊穹眷命烈祖降靈休昭之儀存乎祀典莊子文子列子庚桑子列在眞仙體玆虛白師元元之聖教洪大道於人

寰觀其微言究極精義比夫諸子諒絕等夷其莊子依號曰南華眞人文子號曰通元眞人列子號曰沖虛眞人庚桑子號曰洞靈眞人其四子所著改爲眞經崇元學置博士助教各一員學生一百人

禁地租外徵桑課勅

如聞河東河北官人職田既納地租仍收桑課田樹兼稅人何以堪自今已後官人及公廨職田有桑一切不得更徵私課

賜朝集使勅

今之牧守古之諸侯撫育黎元歲有朝會蓋問之疾苦審以安危必在適時期於不擾洎告辭處分師古前規如聞遥自朝廷初到郡縣便遠追償道廣說滋彰山谷往還日夜疲弊通賢當無此事俗吏誠恐有之朕夙夜在心期之清淨頃聞此說深疚乃懷宜覺前非俾無後悔當道採訪固不得違寮友之間遞相戒勵宜知朕意各守章程並宜好去

賜朝集使勅

古者諸侯歲時朝覲將以陳其政理用申考績今卿等受

委親民遠來會計經途冒涉曾並安好朕每憂勤念玆黎庶憫其傜役未息流寓莫歸是以當宁興嘆中宵忘寢永言共理實冀分憂凡有百姓及鰥寡孤獨並乏絕之戶征鎮之家凡可矜恤卿等此來若何爲養今年稼穡大率少似不豐閭閻之間有貯積否至於百姓間事朕欲委曲盡聞卿等遠來疲勞卒難備對且聽尋親知續當序進以問風化

致祭關內名山大川勅

敬惟明神普存於祀典咸秩羣望式重於邦畿頃者分命

使臣致誠嶽瀆山川便近亦已有處分其關輔之內屢有陳祈王者所都禮亦異數應關內名山大川各委所繇郡長官稍優於常禮致祭於京兆府界宜委蕭炤同與少尹分祭倍崇精潔以副誠祈

以冬至次日受朝勅

王者父事天母事地所以昭孝敬之道通神祇之德朕虔奉明命備稽大猷實在緣情不惟相襲伏以昊天上帝義在尊嚴恭惟祀典每用冬至既於是日有事於圓丘更受朝賀實深兢惕自今以後冬至宜以次日受朝仍永爲恒式

均平戶籍勅

朕聽政之餘精思理本意有所得庶益於人且什一而稅前王令典農桑異宜舊制猶闕今欲審其戶等拯貧乏之人賦彼商賈抑浮惰之業優劣之際有深察之明閭里之間無不均之歎頃以人不欲擾法貴從寬所以比來未全定戶今已經數載産業或成適可因茲平於賦稅自今已後每至定戶之時宜委縣令與鄉村對定審於衆議察以資財不得容有愛憎以爲高下徇其虛妄令不均平使每等之中皆稱允當仍委太守詳覆如有不平縣令錄奏量事貶降其鄉村對定之人便與節級科罪覆定之後明立簿書每有差科先從高等務茲不足庶叶彝倫

迎李含光勅

尊師道德之重仙真所欽是以修齋必有精感況山惟地肺會司命之福庭壇邇天宮則真人之舊館演弟子勤志致蒼生壽域迢遥東望日夕傾心至於開春佇迴風馭以慰渴賢之想來數元妙之教也初秋尚熱尊師平安好遣書指不多及

命李含光建茅山壇宇勅

鍊師李含光道高紫府學總黃庭賁然來思式歎至妙既而屬念茅嶺言訪真經近出咸秦遠遊方外朕載懷仙境延佇勤修將使九有之人同歸元教三清之衆俯鑒遵行豈徒夢寐華胥馳誠碧落而已想尊師建立真儀所修壇宇初至經搆殊用勞心甚寒得平安好遣書指不多及

置茅山修葺戶勅

眷言仙府旁連洞宮青壇舊居緬想靈迹紫臺新宇煥啟真宗式彰崇奉之誠爰置修葺之戶尊師等副朕茲意清

靜寶持也

答李含光進紫陽觀圖勅

昨程元還至得所進圖具規矩矣然崇飾仙觀祈望眞遊若不幽邃清閒豈降霓裳羽蓋且在科儀猶有差降至於仙眞道衆故亦不可同居所置紫陽觀大院內更不須著人居止但作虛廊四合清潔殿堂以修香火用候雲駕其道衆等別院安置今具圖往應所添加亦入支科矣尊師體眞遠識含和內融必能上合靈仙之心下副欽崇之意也甚寒得平安好遣書指不多及

命諸道賀正表隨京官元日同進勅

承前諸道差使賀正十二月早到或有先見或有不見其所賀正表但送省司又不同進因循日久於禮全乖自今已後應賀正使並取元日隨京官例序立便見通事舍人奏知其表直送四方館元日仗下後一時同進

賜李含光號元靜先生勅

道者是萬有之宗法者是九眞之契大聖以垂教後學以進修弟子比欲敬受經法以未詳嚴祕又眞經散逸紕謬處多近訪得天眞遺蹟至於科儀無不條備加以募寫一依戒旨喜夙志之見遂荷眞靈之降恩以今月十八日仰啟三清尊君太師元師眞師潔齋受訖載捧眞文恭披鳳篆將以運心太虛之境以養谷神之壽也其脆信具依經傳造足今並投詞封以附往尊師體道之要含光之和清簡無爲與予合志請爲弟子以前件詞及脆信投茅山華陽洞天金壇靈府以爲明信用證勤精夫有德者尊以美號則葛洪著抱樸之稱陶君有貞白之名永言前修事實不遠今號尊師爲元靜先生以昭懿德彰高行也故令使往甚臨尊師平安好遣書指不多及

答李含光謝賜法號勅

尊師秉德之和探道之要爲弟子親藏脆信以啟靈眞且加號以表精修衣服者所以展誠敬是申崇尚之意式贊仙階之美也所謝知

答李含光進靈芝勅

靈芝者和氣以生眞仙鑒植昔軒轅至道三秀屢芳永惟貞符載瑞茲日黃輝朱采八十一莖色叶金方數應陽吉或連跗並蔕或雙本同枝出天洞以敷榮就藥壇而結秀實曠代嘉貺至感殊祥尊師既陳詞達誠遠致眞錫弟子

敬受元吉當服餌焉甚熱平安好

答李含光賀仙藥靈芝勅

爐開仙藥九眞示傳院合靈芝三茅鑒植徵之元錄蓋未曾聞唯魏伯陽豫兆於前今李越成効之於此朕當齋心以伺尊使往返與尊師同承道錫也所賀知

命李含光投謝茅山勅

尊師所奏靈芝信殊祥也若彩雲繁布比芳蘭芬馥當紫陽之福地叶丹誠之吉徵遠與大同玉芝遥爲合應斯仙眞上祐尊師潔誠是降休徵用深慶慰今令將詞及香投謝天洞式憑高德以達虔心也

賜李含光養疾勅

朕每重清眞親乎有道而覽茲誠請義在難違俾遂廼懷以就醫藥亦既痊損當早來施

答李含光謝賜詩及物勅

尊師抱一守中探微照遠能回眞潔發揮道門遂與太和先生啟是仙宗起予虔奉崇飭靈迹廣求眞經則詩以寵行物將厚意永慰岐路以彰禮賢也所謝知

命李含光奉詞詣壇陳謝勅

尊師遠訪名山精求至教建立壇宇載寫眞經庶事用心殊勞倦也朕志求道要緬想眞仙將憑潔誠以修元妙今以十八日清齋潔壇以受經誥靈仙降祐祈有證明今將詞及香信等往尊師當爲宣揚科儀奉詞陳謝庶上達仙宮下垂昭應甚暄尊師得平安好遣書指不多及

遣使祭嶽瀆勅

朕祗肅羣祀祈在三農冀幽贊之有憑必昭報而無闕宜令工部尚書郭虛己等分祭五嶽四瀆

停親鄰代輸租庸勅

朕永念黎元務宏變育所以惠政頻及善貸相仍亦將克致和平登於仁壽如聞流庸之輩漸亦歸復浮食未還其數非廣靜言此色並見其蹤蓋爲宰牧等授任親人職在安戢稍有逃逸耻言減耗籍帳之間虛存戶口調賦之際旁及親鄰此弊因循其事遂久痌瘝興念良用憮然不有釐革孰致殷阜其承前所有虛掛丁戶應徵租庸課税令近親鄰保代輸者宜一切並停應令除削各委本道採訪使與外州相知審細簡覆申牒所蹤分其逃還復業者務令優恤使得安存縱先爲代輸租庸不在酬還之限

禁採訪使兼理郡縣勅

本置採訪使。令舉天下大綱。若大小必由是一人。兼理數郡。自今已後。採訪使考察善惡。舉其大綱。自餘郡縣所有奏請。並委郡守。不須干及。

放舉人並下第勅

朕祗膺寶歷。殷鑒遠圖。慮草澤之遺賢。降弓旌於屢辟。是以三紀於茲。羣材輻輳。或一言可紀。必適輪轅。一善有經。每加獎進。庶六合之內。靡然同風。四科之門。咸能一貫。何茲意之緬邈。而增修之寂寥。今者舉人。深乖宿望。朕之所問。必正經史。卿等所遠。咸皆少通。所問多否。以獨鑒未周。必資僉議。爰命朝賢三事。精加詳擇。咸以為闕於聚學。莫可登科。至於每歲秀才。有司考試。帖經問策。兼以雜文。假如及第。在階選序。今之將舉。待以榮班。各非異才。孰可超獎。墾鑿經傳。且未精勤。俯拾青紫。豈宜倖覬。其懷才抱器舉人並放。更習學。即好去。其有不對策羅嘉茂。既是白丁。宜於劍南効力。全不答所問崔慎惑劉濟等。勒為本郡充學生之數。勿許東西。其所舉官。各量貶殿。以示懲誡。

答李含光謝賜詩勅

尊師以道樞宏濟。以眞宗啟迪。來致元妙。去還雲山。詩以見懷。用彰惜別也。所謝知。

賜李含光物及香棗等勅

敬問元靜先生。先生稟潔白之節。得黃中通理。學徧九流。逾守元默。心遊八景。益混光塵。則密行高節。良可歎矣。然能屈獨往之心。廣宏濟之道。緬迪眞祐。深啟淳源。知前後所修功德。皆有感應。瞻望東南。馳心日夕。今附物及香棗等。尊師更為九度修功德也。庶使蒼生承日用之福。外化有歸順之心。天下和平。惟道所庇。修功德了。當整迂風馭。一至京來。甚寒。尊師比清暢。唐師回。遣書指不多及。

答李含光謝修齋醮勅

齋醮之儀。顧有模楷。將致誠懇。必仗精修。故屈尊師。敬申妙旨。知已事畢。良多愧也。所謝知。

褒賜李含光勅

尊師思慮熟精。虔心齋潔。致福利物。其功實多。況擇高流。同勤至道。精修不怠。嘉尚彌深。香信之齎。用昭誠意也。

長至日賜李含光勅

尊師以至道妙用。精誠感眞。薦福朕躬。居寧寰宇。俯及長

至來慶休祥履端之吉是與同也遲至來春當共尊師相見

賜李含光物勑

尊師上清眞修下宏仙教爲朕致福以庇蒼生三皇秘文已承嘉應河圖内記祈延福祥虔誠之心遥屬茅嶺所寄少物豈答勤勞春景漸和尊師比加宜也

命李含光修功德勑

敬問元靜先生昨弟子唐若倩至具知去月十一日功德事畢夫以至誠之心精修之感壇在仙境宜按沖科下庇

蒼生上資宗社永求福應元感昭然及知天地至和人神胥慶以降甘露以表休符則視履考祥其旋元吉今歲聿云暮璿璣運行不愧再勞事緣萬姓今附香信往至年下且請尊師於所居修功德以助履新至來載春和復請尊師於茅山上爲宗社下爲黎元修河圖大齋應緣功德之物觸新再造無以多勞所利者廣又道德相親氣味縣合諸山聖迹多有異人若有尋訪尊師當爲弟子招致也甚寒尊師道體安和唐若倩還遣書指不多及

禁茅山採捕漁獵勑

勑江南東道採訪處置使晉陵郡太守董琬山獻上疏分野下鎮方隅降福祐於人施雲雨之惠且茅山神秀華陽洞天法教之所源羣仙之所宅固望秩之禮雖有典常而崇敬之心宜增精潔自今已後茅山中令斷採捕及漁獵四遠百姓有喫葷血者不須令入如有事式申祈禱當以香藥珍羞亦不得以牲牢等物卿與所由存心檢校漸寒卿得平安好

令所司收換惡錢勑

錢貨之用所以通有無輕重之權所以禁踰越故周立九

府之法漢備三官之制永言適便必在從宜如聞京師行用之錢頗多濫惡所資懲革絶其訛謬然安人在於存養化俗期於變通法若從寬事堪持久宜令所司即出錢三數十萬貫分於兩市百姓間應交易所用錢不堪久行用者官爲換取仍限一月日内使盡庶單貧無患商旅必通其過限輒違犯者一事已上並作條件處分

戒縣令勑

唐虞分理命以子男周漢建官委以令宰朕稽古前哲寤寐全才委之銓衡愼擇銅墨至於上數朝政下字淳人親

其農桑均其力役使惸嫠者視之猶父母俾匱乏者賴之以安全然後入使類能六條舉最擢以含香粉署奬以秋簡霜臺是乃立身效官移忠入仕榮家報國豈不美歟若徇己冒私擾人敗政有懷潤屋無懼害公豈惟刑網貽憂抑亦名節驟替蓋士君子之所恥亦名教之罪人鴻漸於磐豈不勉哉今卿等將欲赴官朕之所言提撕之耳所謂聽訟吾猶人也必也使無訟乎況今之人也與古人不殊今之官也與古官無別轂璧銅印其猶昔榮而卓茂魯恭迥然無繼將勸奬之道不至豈淳樸之風未還撫事君臨

載深厲惕今者庶乎卿等能副此心賞既超倫刑必當罪各宜勉勵敷我皇猷無謂天高四聰必達並即於朝堂賜食食訖好去

賽祭畿内名山勅

頃緣少雨遍於致祭旋降甘澤實荷靈祇其先令中使祭者別有昭報京兆府比來應有祈請處並畿内名山靈迹並令府縣長官各申賽祭

聽國子監諸生還鄉習讀勅

國子監諸生等既非舉時又屬暑月在於館學恐漸炎蒸其有欲歸私第及還鄉貫習讀者並聽仍委本司長官具名申牒所由任至舉時赴監東京監亦準此

序定朝儀勅

九族既睦百官有序至於班列宜當分位嗣王實先於主祭國老有貴於乞言比在朝儀尚爲間雜非所謂睦親敦舊之義也嗣王宜與開府儀同三司等致仕官各居本品之上用爲永式

曲宥蘇良嗣勅

蘇良嗣往者頻被言告指驗非虛朕以其年迫桑榆情敦

簪履掩其惡迹竟不發揚洎乎歸壤之辰爰備飾終之禮不謂因子重發逆蹤所司執法論科請申毀柩之罰朕念勞志切惟舊情深是矜因赦之科特降非常之霈式延恩於朽骼俾流渥於幽魂特免斲棺之刑寬其籍沒之典

賜徐堅勅

得所進詩甚有佳妙風雅之道斯焉可觀並據才能略爲贊述具如別紙宜各領之

加襄樂縣主等實封勅

故惠宣太子女襄樂縣主等德稟賢王名高淑女賓其婉

順邁此偏孤念遠之德惟恩是屬宜受賜於湯沐俾承榮於敦敍可各賜實封一百戶

賜司馬承禎勅

司馬鍊師以吐納餘暇琴書自娛瀟灑白雲超馳元圃高德可重夐違蘿薜之情雅志難留敬順松喬之意音塵一間俄歸葛氏之天台道術斯成頃縮長房之地脈善自珍愛以保童顏志之所之略陳鄙什既敍前離之意仍懷别後之資故遺此書指不多及

賜丹陽太守林洋等勅

勅丹陽郡太守林洋及道俗父老百姓等朕遠遵元妙載想靈仙眷兹茅山是爲天洞瑤壇舊觀餘址尚存道要眞經散落將盡永言法寶良用憮然今爲黎元大崇道本故令清修之士建立眞儀訪迹靈山以新觀宇庶使元宗再闡瞻奉知歸降福寰瀛致之仁壽也又比年以來每遵清淨官吏有修良之美農桑屬豐稔之期百姓之閒庶無乏絕也微寒卿及道俗父老百姓等平安好遣書指不多及

欽定全唐文卷三十七

元宗十八

答張說謝賜碑額表批

朕禮賢之志恨不同時旌善之懷何隔今古卿業崇啟迪功濟艱難盡人臣之忠節成天下之美事方接婚姻之禮長榮帶礪之族潤葉流根不足多謝

答張九齡進白羽扇賦批

朕頃賜扇聊以滌暑卿立賦之且見情素詞高理妙朕詳之久矣然佳彼勁翮方資利用與夫棄捐篋笥義不當也

答張九齡讓起復中書侍郎同平章事批

卿去歲禮闈擢授樞密實關政本將倚爲相頃來外用是會宿心雖屬家艱已踰年序不有至孝誰能盡忠若墨縗之義不行蒼生之望安在謂此情難奪豈成命可移比日行在佇卿促戀今既至止無勞固辭朕以非常用賢曷云常禮哀訴即宜斷表今日便上

答張九齡以薛王有疾憂變容髮請宣付史館批

凡曰兄弟豈同他人況有疾疹自成憂迫不辭容髮致貶且喜神心助人雖用靈方猶未痊平顧兹德薄實懷多慮

所請宣示良或未然

答張九齡以薛王業損膳請復膳批

兄弟之喪人倫所重哀慶飲食禮訓有變雖欲自抑有如此情

答張九齡請施行御註道德經批

先聖說經激時立教文理一貫悟之不遠後來注解歧路增多既失本真動生疑誤朕恭承餘烈思有發明推校諸家因之詳釋庶重蒙是訓亦委曲其詞慮有未周故遍示積學竟無損益便請宣行朕之不才甘失旨於先帝卿等

虛美豈不畏於後生循環此情未知所適可廣示朝廷有能正朕之失者具爲條件錄姓名以聞當別加重賞

答張九齡請東北將士刊石紀功德批

事有難易因圖可否小蕃背誕惡貫已盈人神弃之指期可滅今之尅定偶會夙心記以史官銘之樂石頗矜功伐不願爲之伯獻前請朕已不納卿等苦論載用多媿使桓山之頌復在茲乎

答張九齡請御註經內外傳授批

此經宗旨先離諸相解說者衆證以真空僧徒固請欲以宏教心有所得輒復疏之今請頒行慮無所益

答張九齡請西幸改期宣付史館批

初聞三輔之間今歲善熟朕緣陵寢誠欲西行然積虛累年乍得小稔即又聚食所慮重難倘夏麥不登未免匱乏百姓不足朕孰與安所以再三疚懷欲去不忍至於宮苑所樂氣候非宜苟得人安終不以此爲念卿可宣前旨更俟後期所請遍示朝列及宣付史館亦屬煩也任卿等自商量

答張九齡請爲寧王寫經宣付史館批

道由先宗欽承餘慶所祈福力憑以真經歸謹至誠匪存名教所請者依

答張九齡賀康待賓克捷批

狂賊遠來無能支久果自奔北不擾邊人豈朕獨見之明固在大臣良算所請宣付史館者依

答張九齡賀北庭解圍仍有殺獲批

醜虜違方我之有待奔亡相次天實誅之鎭撫四夷故有賢相權宜一策何獨朕躬所賀知

答張九齡賀奚契丹離貳廓清有期批

比未窮巢穴有愼佳兵果自猜攜人神所弃折衝樽俎遥可圖之所賀知

答張九齡賀誅契丹賊可突干批

用兵之上者修政於廟堂折衝千里之外此之謂也小寇適降復爲翻動邊軍除薪有國常刑朕方事藉田而今獻捷當鑄劒戟以爲農器也

答張九齡賀破突厥批

兩蕃歸我因用御邊北虜猖狂欲有親率何則馳騁之驕突厥頗強弓矢之功契丹稱勁彼強也歷遠已弊此勁也

襲近而摧勢自不敵況違天意廟堂良算亭障稜威故合而有成豈朕之獨斷所賀知

答張九齡賀東北屢捷批

東歸兩蕃不孫含育北制強虜且知威信自相攻伐稍警邊陲屢有奔亡非無逆順朕之早預故亦常圖今乃歸功得無同體

答張九齡賀依所料赤山北無賊及突厥要重人死批

朕臨御有年更事多矣天人之際先意後合此亦賊意可量非朕謀之必中將有可紀任付史館

答張九齡賀蓋嘉運破賊批

方隅暫警乃圖其事不出意外且有殺傷雖復嘯聚邊城固應知難而退鼎臣參佐何獨朕躬所賀知

答張九齡賀賊魯蘇遁走批

朕以信撫遠蕃故當順以歸命去順爲惡天何容之力屈計窮果自奔散卿等料其後事亦以當然所賀知

答張九齡賀雪批

藉田勸農勞酒成禮此時降雪神人以和是賴台臣致茲

嘉應

答張九齡賀侍講徧賜衣物批

漢家用儒倚以爲相卿等輔佐朕亦論思侍講說詩用符正道既至匡益特加章綬是先敦奬應會謀猷因斯行諸引進經術也所賀知

答張九齡賀雨批

過月不雨農事或儋是用責躬兼令省獄卿即同體共達乃誠天且不違穀麥皆遂若事關政令動必合符積久冤抑亦宜疎理宜成朕懷也所賀知

答張九齡賀雨晴批

雨以救旱忽致秋霖所慮害農彌深罪己明靈肸蠁遂與開霽實因誠至非謂德先時麥既登百穀有望亦卿等同體之效所賀知

答張九齡賀雨批

時愆膏雨至於節日以此之故初無宴私雖遵所請憂樂相半樂同和氣憂亦爲陰因茲霈然若以誠應方收晚歲有同再熟與卿同慰也

答張九齡賀雪批

歲律方窮久無雨雪頃者信宿落而復收朕用責躬天實降鑒皓然竟夕將遍寰瀛固在卿等寬和所致也

答張九齡賀祈雨有應批

朕每念元元無忘夙夜頃來少雨是用精祈所見徵祥果成其應豈朕之德天實爲之今則滂沱與卿等同慰請付史館者依

答張九齡賀太陽不虧批

一昨有司奏太陽當虧孰云交分亦繫休咎朕之薄德是用責躬應蝕不蝕且符至願昔漢家日蝕之變則舉賢良招直諫蓋思補過以答其咎也曷若勤於未兆預以圖之招諫登賢以先天意當與卿等夙夜爲心所請付史館者依

答張九齡賀祥雲見批

朕欽藉元風緬懷道力上資宗廟下浸元元俾在潛通乃至昭覿愧畏相屬曷用當之願記史臣以彰降鑒豈朕所宜讓也所請者依

答張九齡賀麥登批

朕親耕千畝卿等佐之謂之勤農期於盡力故園苑種麥

別殿築場訓子勸人因之表奏粢盛薦寢是契夙心雲日告休易致昭感欲書諸史策卿實史官任斟酌事宜耳

答張九齡賀御製開元文字音義批

象物成文以行代教傳習寖遠疑誤增多不制其失孰云端本稍變條流因之指撥且以相示竟無可否豈用茲小學而歸美乎餘依所請

答張九齡賀論三教批

頃因節日會以萬方略舉三教未暇盡理復茲一集求之精義不許游詞用服其心以懲習俗況會三歸一初分漸

頓理皆共貫使自求之卿等論道廟堂化源何遠事關風教任付史館

答張九齡賀御註金剛經批

不壞之法真常之性實在此經衆爲難説且用稽合同異疏決源流朕位在國王遠有傳法竟依羣請以道元元與夫孝經道經三教無闕豈茲祕藏能有探詳所賀知

答張九齡賀皇太子製碑批

兒子等服勤師訓匪曰才能初爲此文次令繕寫卿在左右因以呈示曾不箴規乃致推美將簡朝列得無愧乎

答張九齡賀上仙公主靈應批

道有默仙謂之形解古來既爾今亦將然童幼之年傷其夭促靈變之理乃入元眞且與方外爲心不比人間結念所請書諸國史以襃元元卿亦史官任爲凡例兼請宣示者並依

答張九齡賀昭陵徵應批

先帝應期道光文武之業亦既弃代人畏軒轅之臺忝以丕承罔不夙夜每有感悟形於動靜豈茲狂悖勞我神兵保祐實深載賀增惕古之靈應未之前聞所請宣付史官并示朝列固其宜也並依

答張九齡謝加章紱批

卿早踐中書後牧邊郡因加此紱義在優賢今特賜卿猶前命也所謝知

答張九齡謝工部侍郎集賢院學士批

卿學府高標士林貞幹論思之地亦既優閒彌綸之司聊從應務別當獎擢何乃謙撝所謝知

答張九齡謝知制誥批

昔掌王言以宣國命頃來相習多事游詞卿舊在掖垣已

推才識及登書府備探微奧故有新命宜副朕心何所謙抑誰與宣誠

答張九齡謝兩弟移官就養批

卿之忠誠本於孝行亦既許國每懷安親爰請二弟近鄉就養申之孝友遞爲隱卹用嘉此請故遂雅懷所謝知

答張九齡謝中書侍郎批

此職掄材十年虛位以卿達識所以酬庸斟酌朝經動關政本當茲密命宜喻朕懷所謝知

答張九齡謝賜麥麵批

歲比不登朕每勤止宮中間處粟麥兼滋常候嘉苗以近知遠亦既成熟實用慰心所以躬率諸子是芟是刈稼穡艱難取知爲國之本宗廟致敬實謂思於所先既以薦新餘用分錫卿等同體固合共之所請宣付史館任量其宜也

答張九齡謝賜藥批

臘日所惠固其常耶信則微物亦有嘉名與卿共之何足爲謝

答張九齡謝賜尺詩批

尺之爲數陰陽象之宰臣匠物有以似之卿等謀猷非無法度因之比興以喻乃心盡力鈞衡深知雅意

答張九齡謝太子書頌批

大臣作頌以揚休聲銘之琬琰亦資翰墨太子鴻書則非工身爲國本將示於後因以命之無能發揮何所爲謝

答張九齡謝兩弟授官批

卿之昆弟並著才能去歲所論已有處分既終祥縞宜列朝衣豈謂殊私雅符公議所謝知

答張九齡謝賜衣物批

藉卿政事頃在縗麻今禮制已過服用茲始少許衣物何足謝焉

答張九齡觀御製喜雪篇陳誠狀批

復緣講議便與希烈未得付卿今過有稱揚豈成獻替所期勖力保合太和今付一本觀唱和之美也

答張九齡謝賜御書喜雪篇批

比年少雪遂罕秋成恐陰律愆期時無可望孰云禱久每事虔誠雨雪驟盈喜慰初集率爾成作書情而已方示朝廷

答張九齡讓賜宅批

比來官宅隨事借人與卿寧居用加修飾已有處分不煩讓也欲令師儉雖則卿心縱使增修其如國命況聞制度不是宏博大臣所處亦以爲宜可擇日移入

答張九齡讓弟起復授官批

卿移孝於忠自家刑國誠有必盡義實可嘉人之同氣莫不相似念卿才識弟亦可知朕欲登賢俱在朝列而尚居哀絰願留主祭可以理奪用允所求待至縞禫非無後命

答張九齡謝起祥除批

不可復見惟餘孝思情禮所歸遠近無別卿當大任朝夕謀猷欲遂乃懷其如重寄既從奪禮安得顧私宜抑此情也

答張九齡進龍池聖德頌批

天啟元符以贊鴻業朕誠薄德曷用當之旣史冊是書而頌聲復起宗子固請遂及於茲卿之詞旨度越前輩曲成意義多所發揮實靈命之克彰因斯文之不朽

答張九齡謝弟授官批

朕之知卿非在今日君臣之際何有間言故在增榮有以

昭亮況卿令弟尚淪卑秩以公見擬何謂私恩所謝知

答吳筠進元綱論批

尊師跡參洞府心契沖冥故能詞省旨奧義博文精足以宏闡格言發明幽致朕恭承祖業式播元風覽此眞筌深符夢想豈惟披翫無斁將以啟迪虛懷其所進之文用列於篇籍也

答司馬承禎進鑄含象鏡劍圖批

得所進明照寶劍等含兩曜之暉稟八卦之象足使光延仁壽影滅豐城佩服多情慚式四韻

答葉法善乞歸鄉表批

省表具知師羽儀碧落梁棟元門跡雖繫於人間神自超於物累方欲受三清之要宣六氣之和資於朕躬助以爲政且光慶之義衆妙所存江海之心此期難允卽宜斷表深體朕懷

答吳道子進畫鍾馗批

靈祇應夢厥疾全瘳烈士除妖實須稱獎因圖異狀須顯有司歲暮驅除可宜徧識以祛邪魅兼靜妖氛仍告天下悉令知委

答濮陽郡王等請改修龍池聖德頌表批

夫頌者美盛德之形容每省朕躬曷稱奇絕歲月斯積符瑞屢臻欲備敘之復茲誠請實賴人事不遺神明允來意也

答蕭嵩請移家廟疏批

卿立廟之時此地閒僻今傍江修築舉國勝游與卿同之須避喧雜事資改作遂令官司承以拆除終須結搆已有處分無假致辭

答侍中裴光庭等上尊號表批

卿等思致君堯舜欲加號聖文朕內省虛懷安敢當此又太宗睿宗皆有聖謨纂承祖號安敢同稱幸體朕懷宜斷來表

答再請上尊號表批

聖文之名稱號所極卿等致君堯舜亦宜導以沖撝超駕前王彌增夕惕豈朕好譽之心內致自矜之色外形招此假詞以相虛美靜思反照撫事求心詩云我心匪石不可轉也幸悉所守即斷來章

答三請上尊號表批

惟聖與文洪名極稱內省虛缺安敢冒承匪石之心已具前答方與卿等上調元氣下遂蒼生政削浮華化歸敦樸外崇高之號去滿假之端勉建皇極以迎天祐悉此至言宜斷來表

答李齊古石臺孝經表批

孝者德之本教之所由生也故親自訓注垂範將來今石臺畢功亦卿之善職覽所進本深嘉用心

答顏眞卿賀皇帝即位批

兇逆亂常侵侮中夏潼關失守京國不寧朕因涉岐梁至於巴蜀遂命皇帝肇登寶歷爰靖妖氛今官軍益振回紇効款即擬南行共爲翦滅卿忠惟奉國孝則保家懷不二之心秉難奪之操皇帝累申寵命兼以崇班宜有懋於深功（一作宮）且用光於重守

營興慶宮德音

門下朕昔在藩國此維邸第乾坤未泰陰陽尚蒙則有神物效靈祥符肇貺飛嘉氣於在田之際湧瑞池於或躍之時惟此舊居式加新宇周牆僅板於百堵卑宮不階於三尺棟梁之用毀撤所餘聊以紀天地之休徵貽子孫之儉

約耳屬春令變始時惟發生萬國來朝千官入賀旣稱觴以獻壽宜施惠以布德況農桑在候稼穡正興或幽彼囹圄獨隔陽和之澤或迫於徭役不遂農桑之務言及於此軫歎良深其徒已下罪且令責保其應當番兵丁匠等灼然單貧者所由勘會並放營農所在訴訟長官隨事疏理勿使冤滯非軍國所要餘不急之務一切並停仍加勸課循植農穡其河北水損戶既屬春事慮有乏絕不支濟者宜委使與州縣相度量加賑恤諸處行人之家及鰥寡惸獨不能自存者州縣長官親加優撫使得存濟應有差科

量事矜旋且宣風緝化職在令長有司銓藻之次特宜審擇其才惟德與刑爲政之要頃無聞於風化多取威於檟楚理人之道其若是乎愚昧之流或輕抵犯宜加曉諭使識章程其含生之類不敢輒有屠殺天下捕獵亦宜禁斷仍嚴加捉搦百司各遵時令務宏寬大之典使政理無私稱朕意焉

欽定全唐文卷三十八

元宗十九

停潁王等節度詔

鑿門命將授鉞專征仗以方面之威執夫賞罰之柄邦家重任固實在茲潁王永王豐王等朕之諸子早承訓誨琢磨詩書之教佩服仁義之方樂善無厭好學不倦頃之委任咸緝方隅今者皇帝即位親統師旅兵權大略宜有統承庶若振綱惟精惟一潁王以下節度使並停其諸道先有節度等副使並令知事仍並取皇帝處分李峴未到江陵永王且莫離使待交付兵馬了永王豐王赴皇帝行在

降永王璘爲庶人詔

臣子之節君親是奉或志懷干紀當義在滅私蓋前王所以持法割恩垂涕行戮言念及此歎息彌深頃以凶孽亂常關畿暫阻朕乘輿南幸遵古公避狄之仁皇帝受命北征興少康復夏之績猶以藩翰所寄非親莫可永王璘謂能堪事令鎮江陵庶其克保維城有裨王室而乃棄分符之任專用鉞之威擅越淮海公行暴亂違君父之命既自貽殃走蠻貊之邦欲何逃罪據其凶悖理合誅夷尚以骨

肉之間有所未忍皇帝誠深孝友表請哀矜雖解綬全體禮可行於曩制而削土匆玉義亦著於前史昔廣川有罪因廢爲人常山免誅爰將徙地是用矜其萬死屈此九刑宜寬伏鑕之命俾黜析珪之典可悉除爵土降爲庶人仍於房陵郡安置所由郡縣勿許東西朕存訓誘勗之忠孝不虞孱懦遂至昏迷申此典章彌增媿嘆

贈張九齡司徒詔

正大厦者柱石之力昌帝業者輔相之臣生則保其榮名殁乃稱其盛德飾終未允於人望加贈實存乎國章故中書令張九齡維嶽降神濟川作相開元之際寅亮成功讜言定於社稷先覺合於蓍龜永懷賢弼可謂大臣竹帛猶存樵蘇必禁荆州之贈相府未崇爰從八命之秩更進三台之位可贈司徒仍遣令使就韶州致祭者

令郡縣采奏孝弟詔

至和育物大孝安親古之哲王必由斯道朕往在春宮嘗事先后問安靡闕視膳無違及同氣天倫聯華棣蕚居嘗共被食必分甘今皇帝奉而行之未嘗失墜每有銜命而來戒途將發必肅恭拜跪涕泗漣洏左右侍臣罔不感動間者抱戴赤雀白狼之瑞接武薦臻此皆皇帝聖敬之符孝友之感也故能誕敷德教橫於四海信可以光宅寰宇永綏黎元者哉其天下有至孝友弟行著鄉閭堪旌表者郡縣長官採聽聞奏庶孝子順孫沐於元化也

冊元獻楊太后誥

聖人垂範是推顧復之恩王者建極抑有追尊之禮蓋母以子貴德以謚尊故妃宏農楊氏特稟坤靈久釐陰教往以續塗山之慶降華渚之祥誕發異圖載光帝業而冊命猶闕幽靈尚閟夏王繼統方軫陽城之恩漢后褒榮庶協昭靈之稱宜於彼追冊爲元獻太后

答皇帝讓尊號誥

昊穹垂佑宗社發祥爾往在髫年素彰岐嶷洎乎問寢日增孝敬吾久勤庶務常奉至眞特好清虛尋將付託爾以華戎銳士掃定神州功乃格天德惟邁古是用受茲國寶加以大號典章斯集喜慰盈懷實謂道應前玉何以志在讓禮克光丕業以副至公即斷來表

答皇帝上尊號誥

汝孝以奉親明以御宇上從君父之命下順黎元之欲既

宏茂寔爰副崇名千古攸高百王是式載循章奏喜慰可知予志每集虛心嘗遺熖方契眞宗之旨豈云稱號之榮汝就養無違歸尊有裕載獻從龜之吉復當乙巳之辰巳備典章當依來請

再答皇帝上尊號誥

三朝問禮五讓丕圖用殷后之師載戢牧野同周王之步來入鎬京美睠纁緗功侔造化命之守器加以鴻名掃厄運而有融當樂推而難拒予棲神道要養志眞元邦家乂寧自多愉悅

答皇帝上尊號並讓大聖字誥

天地肇啟皇王聿興故三王垂御圖之迹典墳著牧人之要爰立邦家其來尚矣予承百王之遐運繼五聖之丕業亭育區宇寵綏蠻夷罔不率從多歷年祀頃者姦臣煽禍中原搆釁汝睿略懸於兩曜鴻勳格於九天終古莫儔上天是賴故加之大聖建以崇名用膺多福何所與讓予夙達元妙遠寄眞宰凝神澹泊足可自怡至於宗廟陵原常展慶矣郊禋豫動固陳儀焉方期仙於上境巳遺榮於中域汝欲歸尊於父實在因心爰及朝臣亦同懇願且無爲於沖漠又何取於徽名宜悉此懷用全至道耳矣

答皇帝三上尊號並辭大聖字誥

道高者必傳其迹德著者必享其名汝廓淨妖氛載安社稷萬靈式叙豈非大乎兩儀交泰豈非聖乎吾所以親受寶符自題徽號寧惟對於列辟諒巳聞於率土渙汗之出理不可收絲言之行事必有在將固撝謙之道是違億兆之情天地神祇未以爲當宜膺景命即斷來章

賜皇帝進燒丹竈誥

孝感之極通於神明傳於前史迹罕彰灼今日之事不其

效歟吾比年服藥物比爲金竈煮煉石英自經寇戎失其器用前日晚際思欲修營一昨早朝遽聞進奉有同符契若合神明此乃汝之因心測吾之本意豈惟此處前後非一則知惟睿作聖惟德動天再闢寰宇重會父子付託之際古今未聞色養之勤書冊不載寤寐嘉歎深慰於懷宜頒示天下宣付史館

答皇帝表謝宣示進丹竈誥

王者域中之尊孝者天下之本兼而成務厚莫重焉而應物以和奉親以愛由衷而舉有感必通若不動於神明豈

能比於符契且匹夫之績尚銘於鼎彝況天子之孝不列於縑緗故欲昭宣示於中外垂芳於來葉光我國典也

遺誥

惟天鑒下享年有期惟人奉天獲沒爲善予嗣承丕業敬守宗祧中罹憸人幾淪大寶賴皇帝撥亂反正戡難濟時幸以暮年復茲安養常懼有悔以羞先靈今病既彌留殆將不寤其國務之事非予所圖哀制之間茲審遺訓者皇帝不務疑厥疾未瘳禮貴適時或無封疑執宜令天下吏人令到出臨三日皆釋服無禁婚娶祠祀飲酒音樂其殿

中當臨者曉夕各十五舉音禮畢而罷皇帝宜三日而聽政十三日小祥二十五日大祥二十七日而釋服以日易月固有前聞人子之念皆所未忍而艱難之際萬國事殷其葬送之儀尤須儉省特宜裁阤無守常規嗚呼萬方勿乖予志

受禪告南郊文

皇帝臣某敢以元牡昭告於皇皇上帝上皇厭理萬幾凝情太古釋茲重責文粹作負與道優遊宇宙不可以無君宗社不可以無主恭惟歷數猥當虛薄懼忝帝位固辭不免遂膺大禮以馭下人敬擇元日告類上帝惟神歆祐四海永綏天極

聖祖大道元元皇帝加號册文

維天寶八載歲次己丑閏六月癸亥朔四日景寅曾孫嗣皇帝臣隆基奉册大聖高祖元元皇帝臣聞有萬物者必本乎大道稱謂所極乃強名焉通三才者必存乎大寶敬教所厎唯崇號焉伏惟象帝啟元猶龍表聖應代降跡立言垂範沖用之功覆幬於天地救濟之德亭毒於生靈安裕邦家克保丕業顧以眇躬纘承丕緒永惟孚佑以致太

和頃者玉芝再產上記陰陽是用恭膺景命肅事鴻名既刻元辰薦彰佳貺則有卿雲散彩瑞日重輪欽承降鑒載深兢惕謹上加尊號曰聖祖大道元元皇帝伏惟昭膺盛典永貽休烈

高祖神堯大聖皇帝加謚册文

維天寶八載歲次己丑閏六月癸亥朔四日景寅孝曾孫嗣皇帝臣隆基敢昭告於高祖神堯皇帝伏惟乾坤合德歷數在躬俯順人心肇興王業濟生靈於塗炭宏至理於馨香四海樂推百靈稽服故得圖應緯協開國造邦顧以

眇德纘承丕績永惟孚祐以致太和頃者玉芝再產上記陰騭欽承景命肅事鴻名旣刻元辰薦彰嘉應則有卿雲散彩瑞日重輪恭惟降鑒載深兢惕謹上加尊謚曰高祖神堯大聖皇帝伏惟俯鑒虔誠昭升盛烈祗奉典册伏增感慼

太宗文武大聖皇帝加謚册文

維天寶八載歲次己丑閏六月癸亥朔四日景寅孝曾孫嗣皇帝臣隆基敢昭告於太宗文武皇帝伏惟英哲自天應期撥亂翼戴元聖大拯橫流九服載安百蠻俾乂功冠

開闢德被生靈故干戈之動叶於湯武文章之盛懸於日月克昌大業永建皇圖顧以眇身祗膺寶命恭惟孚佑以至和平頃者玉芝再產上記陰騭是用欽承丕祉肅事鴻名旣刻元辰薦彰嘉應則有卿雲散彩瑞日重輪永惟降鑒載深兢惕謹上加尊謚曰太宗文武大聖皇帝伏惟俯睠虔誠昭升盛烈祗奉典册伏增感慼

高宗天皇大聖皇帝加謚册文

維天寶八載歲次己丑閏六月癸亥朔四日景寅孝孫嗣皇帝臣隆基敢昭告於高宗天皇大帝伏惟繼文纘聖嗣武居尊保合太和緝熙庶績萬邦作乂百度惟貞興弔伐之師展對崇之禮無有遠邇罔不率從仁風汪洋德澤滂沛能事超於邃古休聲貫於列辟顧以眇德纘承丕緒永惟孚佑以致太平頃者玉芝再產上記陰騭欽承景命肅事鴻名旣刻元辰薦彰嘉應則有慶雲散彩瑞日重輪恭惟降鑒載深兢惕謹上加尊謚曰高宗天皇大聖皇帝伏惟鑒睠虔誠昭升盛烈祗奉典册伏增感慼

中宗孝和大聖皇帝加謚册文

維天寶八載歲次己丑閏六月癸亥朔四日景寅孝姪嗣

皇帝臣隆基敢昭告於中宗孝和皇帝伏惟睿聖日躋文思天縱重昌大業光啟中興允昭嗣夏之功克荷纘堯之緒武以靖亂文以經邦流愷悌之風布寬和之政故三靈叶贊百姓與能庶績成康彝倫有穆顧以眇德纘承丕緒永惟孚佑以致太和頃者玉芝再產上記陰騭欽承景命肅事鴻名旣刻元辰薦彰嘉應則有慶雲散彩瑞日重輪恭惟降鑒載深兢惕謹上加尊謚曰中宗孝和大聖皇帝伏惟俯鑒虔誠昭升盛烈祗奉典册伏深感慼

睿宗元眞大聖皇帝加謚册文

維天寶八載歲在己丑閏六月癸亥朔四日景寅孝子嗣皇帝臣隆基敢昭告於睿宗大聖貞皇帝伏惟睿哲齊聖文思光澤炳茲龍德潛躍應期靖難安人克昌休運臻於至道惟懷永圖顧以眇身嗣膺寶命恭惟孚佑以致太和頃者玉芝再產上記陰騭是用欽承景貺肅事鴻名既刻元辰薦彰嘉應則有慶雲散彩瑞日重輪恭惟降鑒載深兢惕謹上加尊謚曰睿宗元眞大聖皇帝伏惟俯睠虔誠昭應盛烈祗奉典冊伏增感慰

光天文武大聖孝感皇帝加號冊文

維至德三載歲次己亥正月甲戌朔五日戊寅太上皇若曰古之握乾符建皇極社稷不可無主帝王惟有攸歸則堯禪舜舜禪禹畏天命也啓嗣禹武嗣文從人望也革命易姓舉至公於國纂戎繼統用不私於親斯美大矣朕承五聖之丕業宅萬國而爲君膺時撫運載將四紀夢帝與齡實受多福曷嘗不虔恭至道亭育羣生早厭黃屋之勤每懷紫霄之馭惟父知子我有元良惟君安人久思付託皇帝天縱睿哲日躋孝敬率性之至通於神明財成之道冠於宇宙朕往以蕭牆之難克保宗社故先帝俾予以主鬯頃者中原之禍期輔邦家我於是命爾以仗鉞當經綸雲雷之際櫛沐風雨之時思契宿心累有成命而義不奉詔謙不踰尊至於再三明茲懇讓洎即戎致討觀兵朔漠驅馭豪傑用服乃功於明辟天亦集大命於爾躬推之至公終陟元后夫名以制義器以昭德今羣公卿士咸旅於庭明聽朕言敷厥成訓於戲奄有四海克康兆人光天之業也經綸天地戡定禍亂文武之功也雄圖英算大聖也保國安親孝感也今加徽號於皇帝曰光天文武大聖孝感皇帝授傳國璽受命寶符各一上副於天中契於神下

叶於人三者朕無愧焉永保累聖之鴻緒對揚一人之休命朕將訪道峒山追蹤汾水超然金闕之上終以玉京之遊不其至哉良願畢矣宜令所司擇日即行冊禮

冊謚殤皇帝文

維開元二年歲次甲寅八月景辰朔日皇帝若曰於戲咨爾襄王象月降靈自天生派弱不好弄長而勤書衣冠待明有清河之畏慎狗馬不玩得淮南之恭儉往以中宗晏駕嗣位登皇制於凶逆是膺虛器懼深禍亂 闕 爲掃除推位太皇誠請懇到克遂雅懷宜其受茲多福享彼遐齡而

勝理俄纏膏肓不救感念親懿用隱悼於厥心夫避德與能傳聖永祚承萬方之大福在三讓之高節周之泰伯王則有焉豈可禮均藩臣名齊列國等昌邑之厭毒同營陽之淪棄者哉是用超於舊典享以榮號遠推仁慈之心特傷短折之壽可諡爲殤皇帝仍遣某乙持節授冊宜膺寵靈式慰泉壤嗚呼哀哉

冊諡讓皇帝文

維開元二十九年歲次辛巳十一月戊申朔二十五日壬申皇帝若曰於戲古者崇德考行猶諡大名飾終追遠亦

應徽冊況乃元昆之戚天倫之重豈循常典者哉咨爾故太尉寧王憲純粹稟靈沖和成象孝友之性發乎天然仁義之道彰乎日用加以好學不倦樂善有聞休問掩於閒平清猷光於魯衞實謂儀型邦家保乂藩維景命不融奄從薨逝興言震動哀疚纏懷惟王地居元子合膺主鬯昔朕上稟先訓克清羣凶遂固守撝謙懇讓儲副然則深仁厚德茂行已表於生前寶位尊名盛禮寧忘於沒後是用諡王爲讓皇帝今遣使尚書左丞相裴耀卿副使太常卿韋縚等持節禮冊因心之感備物飾情贈典策而哀深想棣華而望絕所冀幽穸嘉茲寵榮

冊郢王爲皇太子文

維開元三年歲次乙卯正月甲申朔四日丁亥皇帝若曰於戲書不云乎一人元良萬邦以貞易不云乎黃離元吉得中道也將以守監從撫主器承祧執經陳東序之容端冕見南郊之禮本支百代宜哉福祿咨爾郢王嗣謙忠肅恭懿元亨利貞道在鎬之惠慈稟生譙之祥應學能知道孝乃因心書及春卿懸推早秀言窮叔譽遠愧生知當試象之年備成人之敏九元贊命百姓與能正位少陽欽惟

大典是用命爾爲皇太子其在靖恭爾位聿修厥德詩書禮樂敦說爲本父子君臣威儀罔忒寢門問豎必視寒暄望苑招賢用資端直使三靈合契四海係心延我累聖之業積爾重輝之慶必敬必戒無怠無荒欽哉可不愼歟

冊惠莊太子文

維開元十二年十一月甲申皇帝若曰於戲夫縟禮所以飾情崇名所以表德義存追遠愛洽因親惟故司徒申王撝璿極稟靈邦家維翰體孝友以成性用淳和而合道沛獻受易率以鳴謙河閒聚書時其好學加以出爲方伯宏

宣六條入登司徒大敷五教而天則不愆奄薨於行留邸無期同輦遂遠興哀痛震動於厥心夫先王演親親之恩春秋著加等之義上嗣之位飾終在期宜率茂典以永徽猷魂而有靈式昭哀贈

冊惠文太子文

維開元十四年四月二十二日皇帝若曰嗚呼帝室之幹曷降年不永天倫之感而因心有加飾以徽章孔懷之義也咨爾太子太傅上柱國岐王範孝友至性聰達多才樂善爲詞言行俱敏好學流譽經傳悉通德既訓於東宮化

且行於南國而輔仁或爽倚福無稽奄忽遷殂震悼何及夫禮以情爲體欲增追遠之數行以名而尊是圖褒德之軌故擇茲茂典崇以上嗣言念逝者用申友于今遣工部尚書攝太尉盧從愿持節冊王爲惠文太子魂而有靈昭是哀贈

冊忠王爲皇太子文

維開元二十六年歲次戊寅七月戊寅朔二日己卯皇帝若曰於戲受天命者皇王之業大爲國本者儲副之位崇所以上承宗祧下固黎獻咨爾開府儀同三司單于大都護河東河北道行軍元帥朔方軍節度大使兼關內支度營田鹽池押諸蕃部落等使上柱國忠王璵幼而夙成長有宏量佩服仁義周旋禮樂忠孝極於君親友愛聞於兄弟正以率下謙以持盈識洞於微智周於物通刑政之大體備文武之殊能果於積德樂於爲善凡此數美常試皆能豈矜知子之明諒曰至公之義况復仰稽天道俯察人心立長則順天所助也議才則賢人之望焉是用命爾爲皇太子往欽哉爾其敬膺典冊無忘戒愼思創業之艱難知守器之爲重作貞萬國允協重明以揚烈祖之耿光永貽後嗣之成式可不愼歟

冊交河公主文

維開元二十一年歲次癸酉四月丁酉朔十五日辛亥皇帝若曰於戲大邦爲好蕃服維寧豈獨元夫亦資良偶咨爾十姓可汗開府儀同三司濛池都護阿史那昕妻涼國夫人李氏柔懿成性幽閑表儀能修關雎之德克奉蘋蘩之禮自祗率輔佐肅恭言容載茂彤管允諧內則是以崇寵蕃扞懷柔遠人將適遐荒更榮封邑是用冊爾爲交河公主爾其叶化蕃邦竭誠婦道膺茲寵命可不愼歟

册建平公主文

維開元二十五年歲次丁丑九月十一日皇帝若曰於戲修五禮者必本於天秩合二姓者將厚於人倫咨爾建平公主秉質尚柔因心克順默識閨帷之教明徵圖史之言黼藻四德笙簧六行河洲在詠將叶於好逑湯沐疏封式昭於備禮今遣使兵部尚書李林甫副使中書侍郎徐安貞持節禮册爾其受兹光寵慎乃威儀永保無疆之休且為將來之範可不慎歟

册臨晉公主文

維開元二十六年歲次戊寅閏八月丁卯朔十六日壬午皇帝若曰於戲古之帝女下嫁諸侯以正婚姻之懿綱昭肅雍之令德咨爾臨晉公主蹈和成性體順為心頗協生知之敏更承師氏之訓柔明益著淑慎攸彰兼四教而不違勤六行而無斁近日云吉嘉禮有期宜穆彝章載光册命今遣使侍中豳國公牛仙客副使黄門侍郎陳希烈持節禮册爾其克遵法度用廣徽猷發明閨德垂範於後可不慎歟

册眞陽公主文

維開元二十八年歲次庚辰二月戊子朔八日乙未皇帝若曰 闕 德崇婦道也河洲之訓厚人倫也咨爾眞陽公主柔順因心幽閑表質雅著閨闈之則能瞻圖史之誠徽章載茂淑範無違禮將及於有行寵宜循於賦邑今遣使兵部尚書兼侍中牛仙客副使黄門侍郎陳希烈持節禮册爾其敬慎威儀無致失墜用膺寵命克保宜家可不慎歟

册興信公主文

維開元二十九年歲次辛巳閏四月辛巳朔十八日戊戌皇帝若曰於戲先王作則女子有行必開湯沐之封以成

肅雍之美咨爾興信公主自幼及長含和尚柔鑒圖史而思齊勤組紃而無斁能遵法度克茂幽閑教於公宮既昭雅訓歸於外館宜穆彝章今遣使吏部尚書兼中書侍郎徐安貞持節禮册爾其益自修飾不忘誠慎俾昭淑問貽永無窮可不慎歟

册樂成公主文

維天寶五載歲次景戌七月辛亥朔二十二日壬申皇帝若曰於戲三綱以正王化是先二姓之合人倫式叙下嫁之禮厥惟舊章咨爾樂成公主毓質柔明稟性閑婉幼彰

惠問長有令儀教以公宮頗閱於圖史導以安則克勤於纂組瓊笄既襲紺綬斯榮方諧卜鳳之期式叶從人之典今遣特進行尚書右僕射兼左相吏部尚書晉國公李林甫持節冊命往欽哉爾其祇率外禮虔恭中饋順而不違謙而不滿日新其德以正家人可不愼歟

冊壽光公主文

維天寶五載歲次景戌八月辛巳朔十三日癸巳皇帝若曰於戲家人以正易著乎辭女子有行詩載其義王化之本婦道攸先咨爾壽光公主敏質柔閑資性純粹芳衿內

穆淑問外宣能遵阿保之訓頗聞詩書之旨煒茲彤史既稟教於中闈襲以瓊笄斯待年於外館龜謀允叶鸞節方舒率是舊章式茲典禮今遣使光祿大夫行門下侍郎同中書門下平章事陳希烈副使中大夫給事中王壽持節禮冊往欽哉爾其祇勤敬德斧藻令儀履順居中以永終譽可不愼歟

冊平昌公主文

維天寶五載歲次景辰十二月戊申朔九日景辰皇帝若曰於戲婚姻之序人倫爲大家道以正王化乃貞咨爾平昌公主性質閑婉襟靈敏悟柔順外徹和惠內融公宮道訓備聞勤儉之則女史箴規克愼言容之範頗閱圖象既習紘綖方修中饋之儀式從下嫁之禮厥車遵路卺虔在庭歸爾好仇申茲寵典今遣使特進行尚書左僕射右相吏部尚書晉國公李林甫副使朝散大夫守中書舍人李暐持節禮冊往欽哉爾其虔修令德祇服厥訓循於法度宜爾室家可不愼歟

冊廣寧公主文

維天寶九載歲次庚寅四月己未朔二十六日甲申皇帝

若曰於戲本於王化正乃人倫始於國風彰於婦道咨爾廣寧公主柔儀明婉淑性和惠端閑外肅敏悟內昭稟訓公宮法度彰於懿範受教師氏言容順於閨德頗聞圖史能習組紃方遵下嫁之儀式備親迎之禮三星迨吉百兩于歸申以徽章宏茲寵命今遣使特進行左相兼兵部尚書崇元館大學士集賢院宏文館大學士上柱國潁川郡開國公陳希烈副使正議大夫給事中權知刑部侍郎上柱國渭源縣開國男李麟持節禮冊往欽哉爾其祇膺典禮勤修內則宜爾室家叶於雍肅可不愼歟

追冊讓皇帝故妃元氏爲皇后文

維開元二十九年歲次辛巳十一月戊申朔二十五日壬申皇帝若曰於戲尊名備禮所以悲友于也恩親襲號所以申悼往也讓皇帝故妃元氏門承華烈代襲清猷柔範夙著徽音允穆自伉儷天人能修壼訓克茂詩箴之教載修圖史之文豈謂福善無徵遽先殂逝天倫有感追悼兼懷福貴從尊事資飾贈有行梁苑早膺藩幼（疑）之榮將祔壽原允叶椒房之位是用冊妃爲恭皇后今遣使尚書左丞相裴耀卿副使韋縚持節禮冊章服式陳典章攸備永

惟神格嘉是哀榮

冊壽王楊妃文

維開元二十三年歲次乙亥十二月壬子朔二十四日乙亥皇帝若曰於戲樹屏崇化必正閨闈紀德協規允資懿哲爾河南府士曹參軍楊元璬長女公輔之門清白流慶誕鍾粹美含章秀出固能徽範夙成柔明自遠修明內湛淑問外昭是以選極名家儷兹藩國式光典冊俾叶龜謀今遣使戶部尚書同中書門下李林甫副使黃門侍郎陳希烈持節冊爾爲壽王妃爾其敬宣婦道無忘姆訓率由

孝敬永固家邦可不愼歟

冊榮王鄭妃文

維開元二十三年歲次乙亥十二月壬子朔二十七日戊寅皇帝若曰於戲作配藩維以正風訓莫不明愼聘納聿求儀範咨爾前相州鄴縣令鄭慱古第二女素聞淑哲自稟幽閑習玩不華圖史成則宜其發祥茂族高選當代俾因邦媛之求式敍閨闈之化今遣使侍中裴耀卿副使吏部侍郎席豫持節冊爾爲榮王妃爾其勉兹孝敬誠彼滿盈祗率大猷永膺寵數可不愼歟

冊永王侯莫陳妃文

維開元二十六年歲次戊寅正月庚午朔十八日丁亥皇帝若曰於戲燕翼之樹實屬於維城婚姻之禮必求於宜室咨爾右羽林軍長侯莫陳超第五女天資清懿性與賢明衣冠之緒克稟於閨德環珮之容備詳於閫訓是賴尚柔之質以宏樂善之心宜配藩維用膺典冊今遣使金紫光祿大夫兵部尚書兼中書令集賢院學士修國史上柱國晉國公李林甫副使中大夫中書侍郎集賢院學士上柱國徐安貞持節冊爾爲永王妃爾其虔恭所職淑愼其

儀惟德是修以承休命可不愼歟

冊榮王薛妃文

維開元二十九年歲次辛巳三月壬午朔十八日己亥皇帝若曰於戲古人大猷諒在婚禮必資令淑以儷藩維咨爾京兆府新豐縣令薛巘長女地承華族門傳雅範本幽閑之性爲禮教所成循圖覽史蹈和履順固可歸於邸第穆彼嬪風是用命爾爲榮王妃今遣兵部尚書兼侍中牛仙客副使黃門侍郎陳希烈持節禮冊爾其敬佩前規克勤內則式贍清懿垂美無窮可不愼歟

冊濟王崔妃文

維開元二十九年歲次辛巳五月庚戌朔十四日癸亥皇帝若曰於戲乃勝藩王既開邸第必求士女以昭闈則咨爾故絳州司士參軍崔承寵長女家承茂族代襲清和自幼及長素有柔和之性監圖循史夙懋幽閑之德徽猷益著淑問可嘉是以膺茲寵章主彼中饋是用命爾爲濟王妃今遣使兵部尚書兼侍中牛仙客副使黃門侍郎陳希烈持節禮冊爾其敬佩箴訓克愼威儀輔我維城永崇盤石可不愼歟

冊信王盧妃文

維天寶二年歲次癸未七月戊戌朔二十一日戊午皇帝若曰於戲建邦爲屏必勉於閫教嘉耦曰妃是賴於嬪則咨爾前殿中省尚書輦局直長盧季融第三女淑德賢明令儀柔順含和自整備詳環珮之容稟訓有方更出衣冠之族實資女範作配藩維是用命爾爲信王妃今遣使尚書右僕射兼右相晉國公李林甫副使銀青光祿大夫行中書侍郎徐安貞持節禮冊爾其肅穆閨闈虔恭禮度克終婦道以正國風可不愼歟

冊陳王韋妃文

維天寶四載歲次乙酉三月己未朔十九日丁丑皇帝若曰於戲咨爾京兆府新豐縣尉韋釜第八女慶承華族禮冠女師欽若保訓踐修德範遵圖鑒史操尚幽閑內則嬪儀道彰柔順陰教之美國風攸屬允資邦媛作配藩闈是用命爾爲陳王妃今遣使尚書左僕射兼右相使部尚書修國史晉國公李林甫副使中書舍人兼判刑部侍郎孫逖持節禮冊其率循懿行懋昭令德祗膺典冊可不愼歟

冊壽王韋妃文

維天寶四載歲次乙酉七月丁卯朔二十六日壬辰皇帝若曰：於戲，古之建封，式崇垣翰，永言配德，必擇幽閑。咨爾左衛勳二府右郎將韋昭訓第三女，育慶高門，稟柔中闈，動修法度，居玩琴瑟，夙聞師氏之學，素習公宮之禮。聿求貞懿，作儷藩維，爰資輔佐之德，以成樂善之美。是用命爾爲壽王妃。今遣使光祿大夫行左相兼兵部尚書宏文館學士李適之，副使金紫光祿大夫行門下侍郎集賢院學士兼崇文館大學士陳希烈持節禮冊。爾其欽承寵數，率由令則，敬恭婦道，可不慎歟。

冊廣平郡王崔妃文

維天寶五載歲次景戌四月癸未朔十六日戊戌皇帝若曰：於戲，朱邸傳封，爰求嘉耦，瓊笄作合，必擇華宗。咨爾太子宮門郎崔珣長女，冑自軒冕，訓承圖記，柔閑內正，淑問外宣，既連榮於姻戚，且襲吉於龜筮。是用命爾爲廣平郡王妃。今遣使光祿大夫行門下侍郎陳希烈持節禮冊。爾其虔奉儀則，祗膺典禮，克昌祚允，永固宗祧，可不慎歟。

冊涼王張妃文

維天寶九載歲次庚寅四月己未朔十七日乙亥皇帝若曰：於戲，內則之禮，用穆人倫，中饋之義，以正家道。咨爾左衛率府親府左郎將羅國公張安仁第二女，門承軒冕，族著清華，蕙德柔明，蘭儀婉茂，早習組紃之藝，克聞圖史之規，懿範聿修，四德斯備，虔恭蘋藻之訓，式彰珩璜之容，作儷英藩，允資令淑。今遣開府儀同三司行尚書左僕射兼右相吏部尚書崇文館大學士監修國史上柱國晉國公李林甫，副使中大夫行中書舍人權知禮部侍郎事上柱國成紀縣開國男李暐持節冊爾爲涼王妃。爾其祗膺典禮，永綏寵命，可不慎歟。

冊東海神爲廣德王文

維天寶十載歲次辛卯三月甲申朔十七日庚子皇帝若曰：於戲，四瀛宅日，百谷稱王，望祀之禮雖申，崇名之典猶缺。惟東海浴日浮天，納來宏往，善利萬物，以宗以都。朕嗣守睿圖，式存精享，神心允穆，每叶休徵。今五運惟新，百靈咸秩，思崇封建，以展虔誠。是用封神爲廣德王。其光膺典冊，保乂寰宇，永清坤載，敷佑邦家，可不美歟。（此文下有惟南海蕩滌炎州，包括溟漲，涵育庶類，以成厥德；惟西海汜濫疏名，清晏表德，成茲潤澤，奠彼金方；惟北海限靈阻夷，實賁坎德，含奇蘊粹，實曰天池。似非一篇，今從唐大詔令附註篇末。）

欽定全唐文卷三十九

元宗二十

冊勃律國王文

維開元五年歲次丁巳五月庚子朔二十七日景寅皇帝若曰於戲夫象賢種德匪直諸華開國承家無隔殊俗咨爾勃律國王蘇弗舍利支離泥卿歷代酋渠執心忠肅遥申誠款克修職貢謝知信由其遠略郭虔瓘所以足兵行觀郁成授首何止匈奴斷臂是用命爾爲勃律國王爾宜善始令終長奉正朔寧人保國慶及苗裔往欽哉其光膺

典冊祗朕寵命可不慎歟

冊疏勒國王裴安定文

維開元十六年歲次戊辰正月戊戌朔十四日辛亥皇帝若曰萬邦述職無隔華夷五等疏封式固藩屏咨爾疏勒阿摩支知王事左武衛將軍員外置裴安定誕靈蒲海稟秀葱山蘊義以立名蹈仁而成德雖日月所炤莫非王土而烽燧時警猶曰虜庭遂能扞彼邊陲歸我聲教載聞疇庸之義俾宏利建之風今遣大理正攝鴻臚少卿喬夢松冊爾爲疏勒王於戲允迪由庚勿替敬典綏厥戎落永爲漢藩爾往欽哉

冊于闐王尉遲伏師文

踐義立身資忠成性稟崆峒之氣威武可稱慕函夏之風款誠必盡功著沙漠聲聞闕庭宜有褒崇俾膺封建今遣大理正攝鴻臚少卿喬夢松冊爾爲于闐王於戲祗若順訓聿修令德無怠無荒以保土宇爾往欽哉

冊箇失密國王木多筆文

維開元二十一年歲次癸酉四月丁酉朔五日辛丑皇帝若曰咨爾箇失密國王木多筆於戲奕葉歸順遠舒誠節

修職貢之禮受蕃落之寄時有代謝兄亡弟襲保界山川輯率黎庶國有制度俗尚清淨可不勉歟今命爾爲箇失密國王恭膺冊命往欽哉

冊渤海郡王大欽茂文

於戲王者宅中守在海外必立藩長以寧遐荒咨爾故渤海郡王嫡子大欽茂代承緒業早聞才幹昔在爾考忠於國家爰逮爾躬當兹負荷豈惟立嫡亦乃擇賢休問可嘉寵章宜及是用命爾爲渤海郡王爾往欽哉永爲藩屏長保忠信效節本朝作範殊俗可不美歟

冊順義王莫賀咄吐屯文

維開元二十八年歲次庚辰三月丁亥朔二十二日戊申皇帝若曰於戲茂秩攸外疏封有命寵榮斯及必在英賢咨爾石國王莫賀咄吐屯代襲誠節器標果斷盡忠向化作扞蕃陲頃以蘇祿殘妖尚爲邊患乃能納其鄰國授以良圖候彼疆場相爲表裏致令克清邊徼遠輯殊方實賴心膂載宣勳力靜言褒異非爾而誰是用冊爾爲順義王爾宜敬慎王猷撫寧部衆永保藩輔可不慎歟

冊突厥苾伽骨咄祿爲可汗文

維開元二十八年歲次庚辰三月丁亥朔二十六日壬子皇帝若曰於戲乃瞻陰方代有君長至於膺我盛禮榮彼殊鄰必擇其人諒無虛授咨爾突厥苾伽骨咄祿可汗氣稟崆峒材雄朔漢見事無惑執心不渝迄先代以來結好中國自纘承舊業克繼前修遠遣使臣來朝闕下義之所感情實嘉焉不有褒稱孰彰忠順是用冊爾爲可汗今遣從弟右金吾衛將軍質持節禮冊往欽哉可汗其丕承徽章益勵名節永保多福以貽後昆可不慎歟

冊小勃律國王麻來兮文

於戲王澤無偏義宏於遠邇朝榮所厚諒敦於款誠咨爾麻來兮代襲君長家傳忠信地雖限於絕域心每歸於本朝爰遠爾躬足繼前緒素有馭下之略益堅奉上之心是用冊爾爲勃律國王爾其敬膺典冊無忘節義永保土宇以貽子孫可不慎歟

冊突騎施大纛官都摩度闕頡斤文

維天寶元年歲次壬午六月甲戌朔二十二日乙未皇帝詔曰於戲王者無外不隔遐方必擇忠款是加寵命咨爾骨咄祿毗伽都摩度闕頡斤代襲榮望名擅驍騎信義有聞部衆稱美往在蕃任受制兇威元惡已除能革心而向化牙纛既立克輔主以懷歸嘉爾誠心載崇賞秩是用命爾爲三姓葉護往欽哉爾其祗奉典冊懋明忠順善翊君長勉樹勳庸可不慎歟

冊陁拔薩憚國王爲恭化王文

維天寶三年歲次甲申閏二月乙未朔二十二日景辰皇帝詔曰於戲王化所及禮在於懷柔藩部有歸義存於冊命咨爾陁拔薩憚國王阿魯施多志懷恭順深達智謀賓以使臣修其職貢信義昭著深可褒稱是用命爾爲恭化

玉爾其祇奉典册懋遵風教忠勤自勵始終無遠用率於遐邦以宣我朝命可不慎歟

册突騎施伊里底蜜施骨咄禄毗伽爲十姓可汗文

維天寶三載歲次甲申六月癸巳朔十二日甲辰皇帝詔曰於戲覆燾之德豈隔於華夷綏懷之道實貴於忠順咨爾突騎施伊里底蜜施骨咄禄毗伽承其宗緒達於智謀能和衆心以致寧靜載執蕃禮遠效懇誠節義昭明深可嘉尚是用命爾爲十姓可汗往欽哉爾其懋膺典册祇奉

朝化蹈此忠信保於始終用主於遠方以光其寵命可不慎歟

册罽賓國王勃匐準文

維天寶四載歲次乙酉九月乙卯朔二十二日景子皇帝詔曰於戲遠方恭順褒錫宜優累代忠勤寵章斯及咨爾罽賓國王男勃匐準宿承信義早竭款誠寧彼下人二蕃安靜繼其舊業萬里來朝秉節不踰懇懷彌著愿情之至深可嘉焉是用册命襲罽賓國王及烏萇國王仍授右驍衛將軍往欽哉爾其肅恭典册保尚忠義承膺於寵命以率於遐蕃可不慎歟

册十姓突騎施移撥可汗文

爵以酬庸德以懷遠乃建蕃國抑惟舊章十姓突騎施移撥可汗骨咄禄毗伽俱克効款輸誠志稱勇烈克保忠貞之節且兼射御之能信義無愆邊隅是賴加以不從惡黨遠慕華風言念爾勞載懷嘉尚眷兹部伍必仗材雄宜式拜於寵命俾有膺於殊禮可册爲十姓突騎施移撥可汗

册揭帥國王素迦文

於戲賞勞之制必崇名器懷柔之典無替疇庸咨爾揭帥

國王勃特沒兄素迦代竭忠誠僻居遐裔夙懷智識早聞勇義頃以勃特沒於鄉不孝於國不忠而御報屈既深久被淪棄今惡黨已殄兇徒就擒御遂能輸忠赤於朝廷表仁惠於蕃部永言効節宜膺旌賞是用册爾爲揭帥國王爾其丕荷國恩克修蕃禮子孫萬代長保寵榮豈不美歟可不慎歟

册骨咄國王羅金節爲葉護文

維天寶十一載歲次壬辰正月己卯朔二十四日壬寅皇帝詔曰於戲疇賞懋功無隔於中外懷荒卹遠諒歸於典

謨吝爾骨咄國王羅金節夙遵聲教志尚忠節作扞邊疆勤效斯著頃者以羣醜撥動方欲脅從而忠懇不渝始終彌固言念於此嘉尚良深是用授爾驃騎大將軍仍冊爲葉護爾其祇膺典禮慎守封疆貽慶子孫受茲寵錫可不美歟

冊突騎施黑姓可汗文

維天寶十二載歲次癸巳九月己亥朔六日甲辰皇帝若曰咨爾骨咄祿毗伽突騎施黑姓可汗特進登里伊羅密施立國惟信表賢在忠既效信以推誠亦旌忠而懋賞卿

才略備舉知勇兼資強足抗敵威能率下故得甲兵孚訓族類懷仁既嚮順以移風亦事大而知禮是用載加榮秩式崇錫命今授卿特進爲突騎施可汗卿敬勉良圖光昭盛典保我疆場惡我寇讎俾業固山河福綏種落永私恩寵可不慎歟

冊骨咄祿三姓毗方伽頡利發文

維天寶十二載歲次癸巳九月己亥朔六日甲辰皇帝若曰咨爾骨咄祿伊難如三姓毗方伽頡利發夫崇德報功帝王之事講信修睦人臣之禮卿久佐藩部備吏戎落知荐居不可以早賓朝北蕃之俗不能自理遠仗皇威深悟變通克知成敗豈惟款塞之懇常有捍邊之心言念披誠有增嘉歎今授卿左羽林軍大將軍員外置同正員兼賜冊書鐵券永執蕃禮無替華風克終令名常保祿位可不慎歟

賜三姓葉護都摩度闕頡斤鐵券文

於戲善於國者賞必加焉自古哲王率由斯道咨爾三姓葉護左羽林軍大將軍員外置同正員骨咄祿毗伽都摩度闕頡斤素稱驍悍兼蘊智謀當蘇祿之時雖力有所閼

而懇誠之至乃朕則知元惡既除效勤彌亮果能率衆相歸降斯盡節於朝廷且立功於疆場信義若此嘉尚良深是用授卿寵章榮彼蕃部今賜卿丹書鐵券傳之子孫永固河山有如日月可不慎歟

賜護密國王子頡吉里匐鐵券文

咨爾護密王子頡吉里匐夫藩扞所寄惟信是從節義可稱雖遠弗隔卿之先代嘗附國朝通使有常書譯相次自卿父繼立近阻強鄰被制凶威有乖夙志今遂能獻誠款潛託歸懷自非心悟遠圖何以克存先意念此誠懇嘉尚

尤深今賜卿丹書鐵券以旌忠孝長表信義永傳子孫日月同明山河齊久可不美歟可不愼歟

賜突騎施黑姓可汗鐵券文

維天寶十二載歲次癸巳九月己亥朔六日甲辰皇帝若曰咨爾骨咄祿毗伽突騎施黑姓可汗登里伊羅密施惟皇建極聲教及於遐荒惟帝念功禮命加於恭順卿雖擁在沙漠常扞烟塵識進退存亡之端知古今成敗之數久率蕃部歸化朝廷兼拒兇 闕 挫其侵軼精貫白日義光青史績用累著嘉尚良深今授卿特進冊爲突騎施可汗重爵貴號以崇其寵丹書鐵券以表其忠宜保始終永固誠

節山河帶礪福祿長存可不愼歟

賜故石國王男那俱車鼻施進封懷化王并鐵券文

維天寶十二載歲次癸巳十月戊辰朔十四日辛巳皇帝若曰咨爾故石國順義王男那俱車鼻施夫柔遠之道必先文德錄誠之美是加命禮卿之先代累賓朝化列在藩王卿又能效節輸忠克復居宇扞邊率下循職修貢信彰夷落義貫幽明言念懇誠良多嘉尚今授卿特進仍封懷化王并賜丹書鐵券以表忠赤宜執於恭順保於終始每資犄角之用永固山河之寵可不美歟

謁陵大赦文

祀之大者莫尊於嚴享德之至者莫加於孝敬故周廟頌思文之章漢陵躬展事之禮因心斯在敢不肅祗我國家應天受期駿惠丕命繼武宗文之德重熙累洽之盛故以道高系表首冠帝先朕以眇身獲保鴻業往屬多難時逢國屯推戴神宗纂復興運允迪前烈載康兆人此蓋仗卿士之謀叶人祇之贊豈伊薄德敢承天庥露往霜來久積

園陵之思秋嘗夏禘聿思孝饗之誠乃夏朔辰祥芝產於太室及秋吉日珍木瑞於神宮對越上靈拜茲嘉貺頃以秋稼未實民役尚勞每事害農豈惟在予有咎之責因親設教恐違先旨恤隱之方今三時已和百禮斯洽崇牙宿設萬舞在庭敬爾臣工駿奔執豆蠲潔爲禋明德惟馨有來雍雍載懷怵惕之思至止肅肅如聞歎息之聲降格有終纏感罔極瞻弓劍而莫及捧鏡奩而哽咽始自橋嶽終奉梁山紫氣升於壽宫甘露遍於陵樹白兔馴擾瑞草呈祥恭惟昭陵載感王業肆台小子夙奉睿圖及齋戒虔誠

率祇祀典。聖容昭見。靈迹尤彰。每四方多虞。中國有事。雖外龍已遠。而躍馬如神。及配奠壽宮。親聞抃躍。幽明合慶。今古未聞。蓋皇天眷於我唐。神心昌於後嗣。延祚之祉。豈獨在予一人。錫類之恩。宜廣覃於四海。可大赦天下。自開元十七年十一月二十二日昧爽已前大辟罪已下。罪無輕重。已發覺未發覺。已結正未結正。繫囚見徒。常赦所不免者咸赦除之。自先天已來有雜犯經移近處流人。并配隸磧西瓜州者。朕捨其舊惡。咸與惟新。並宜放還。其反逆緣坐長流及城奴。量移近處。編附為百姓。左降官量移近

處。官人有亡官失爵。齒力未衰者。量加收錄。天下百姓無出今年地稅之半。如已徵納。聽折來年。逋租懸調在百姓腹内者一切放免。孝子順孫。義夫節婦。旌表門閭。終身勿事。諸州侍老百歲已上。賜帛十段。九十已上。賜五段。八十已上。賜三段。獻陵昭陵定陵官吏并管陵縣官各別加一階。陵戶並放從良。終身灑掃陵寢。仍每陵側近取百姓六鄉。以供陵寢。永勿傜役。自古帝王賢臣將相陵墓。宜令所在州縣致祭。内外文武官三品已上加爵一等。四品已下各賜一階。亞獻皇太子鴻賜物二千匹。終獻慶王潭賜物一千匹。郯王守禮寧王憲薛王業各賜物八百匹。忠王浚棣王洽鄂王涓榮王滉光王琚等各賜物七百匹。中書門下賜物五百匹。開府王毛仲賜物三百匹。皇親五等已上。諸親三等已上。及文武百寮各賜物有差。自古明王。因心以待人。曲己以施物。故休戚共而憂樂同也。中書門下丞相尚書開府三省大將軍父並賜三品官。九卿三監十二衞監門羽林軍五省長官三府尹大都督長史父各贈四品官。五品已上清官父各贈五品官。凡所贈官。宜兼贈母邑號。俾夫羣臣受榮。上延父母。先帝遺澤。下及幽冥。興言

及此。良多感歎。君臣一體。榮辱是同。龍蛇之歌。古今作戒。其唐元年兩營立功官三品已上與一子官。其四品已下選日優與進敘。京兆府供頓縣免今年地稅。諸道戰亡人家。仰州縣存恤。不支濟者量事賑濟。諸軍健兒別勅行人各賜勳兩轉。

改元大赦文

古先哲王之致理也。皆上順天心。下稽人事。時令贊發生之德。靈符協紀年之稱。考彼前載。斯為大猷。恭惟烈祖元元皇帝天寶錫慶。象帝之先。垂裕後人。重光五聖。自朕嗣

守丕業洎三十年實賴宗社降靈昊穹孚祐萬方無事六府惟修寰宇晏如庶臻於理然則乾元在上仁覆爲德皇王臨下惠化攸先思宏善貸用廣慈育遵道寶而建元暢元風於不宰況屬陽和布氣獻歲發生宜覃在宥之恩式降惟新之澤可大赦天下改開元三十年爲天寶元年正月一日昧爽已前大辟罪已下罪無輕重已發覺未發覺已結正未結正繫囚見徒常赦所不原者咸赦除之諸色左降官並流人未經量移者亦與量移陽春布和鳥獸孳育宜禁麛卵以遂生成自今已後每年春天下宜禁弋獵

如聞百姓之內或有人戶高丁多苟爲規避父母見在乃別籍異居宜令州縣勘會其一家之中有十丁已上者放兩丁征行賦役五丁已上者放一下即令同籍共居以敦風化天下侍老八十已上者宜委州縣官每加存問仍量賜粟帛侍丁者令其養老孝假者矜其在喪比者王政優容俾申情理而官吏不依令式多雜役使自今已後不得更然國之急務莫若求才頃者數遣搜揚士庶尚慮遺逸更宜精訪以副虛懷其前資及白身人中有儒學博通及文詞秀逸或有軍謀越衆或有武藝絕倫者委所在長官具以名薦若乃宏我風化實惟方岳必佇其人以膺共理其京文武官五品已上清資並郎官據資歷人才堪爲刺史者各任封狀自舉但文宣垂訓事必正名而黃鉞古來以金爲飾金者應五行之數有肅殺之威去金稱黃理或未當其黃鉞宜改爲金鉞副威武之義焉內外文武官九品已上各賜勳兩轉前王重典在乎祭祀況屬惟新事宜昭告五嶽四瀆名山大川諸靈迹及自古帝王忠臣義士並令所繇州縣致祭

加應道尊號大赦文

惟天法道惟后奉天既合德以降符必執象以明本則上元眷命有以丕承大寶鴻名斯爲公義朕纘宗社之重揚文武之烈克勤匪懈服道齊心允迪元猷聿求至理日慎一日三紀於茲奄區夏大寧靈祇集貺而公卿宗子耆艾法流僉曰玉芝白魚神言瑞景天之應也敦信興禮務本崇儒人之應也化洽而風俗還淳氣和而疵癘不作天啟道運其何讓焉上答元符願增徽號披誠詣闕累上封章擊請愈勤懇詞難奪以今日敬膺典冊曰開元天寶聖文神武應道皇帝式副人神感懼交集宜廣恩於善貸俾協

慶於惟新可大赦天下自天寶七載五月三十日昧爽已前大辟罪已下罪無輕重已發覺未發覺已結正未結正繫囚見徒當赦除之其左降官及流移配隸安置罰鎮效力之類並稍與量移亡官失爵放歸不齒及諸色被停與替非衰老疾病者宜令所司量加收敘人和年登休運斯屬輕傜省賦惠政攸先將洽小康必宏厚貸其天下百姓來載租庸並宜放免及諸色勾徵等亦一切放免自古帝王建邦受命必敬先代以循舊章周備禮文既存三恪之位漢從損益唯立二王之後自茲已降且復因循將廣繼

絕之恩宏復古之道宜於後魏子孫中簡擇譜屬灼然相承者一人委所司勘責準酅公例定爲三恪陵廟所奉典職惟常事雖更於有司任豈循於常秩其宗正卿宜與大常卿同品其少卿及丞亦宜準此又上古之君存諸號氏雖事先書契而道著皇王緬懷厥初寧忘咸秩其三皇已前帝王宜於京城共置一廟仍與三皇五帝廟相近以時致祭自古受命之主創業之君皆經濟艱難戡定禍亂雖道謝於往古乃功施於生人用率典章亦從禋祀其歷代帝王肇迹之處未有祠宇者宜令所繇郡縣量置一廟以時享祭仍取當時將相德業可稱者二人配祭仍並圖畫立像如先有祠宇霑享祭者亦宜準此式閭表墓追賢紀善事有勸於當時義無隔於異代其忠臣義士孝婦烈女史籍所載德行彌高者所在亦置一祠宇量事致祭古者鄉有塾黨有庠所以明尊卑之義正長幼之序風化之道義在於茲先置鄉學務令敦勸如聞郡縣之間不時訓誘閭巷之內多虧禮節致使言詞鄙褻少長相凌有黷清猷何成雅俗自今已後宜令郡縣長官申明條式切加訓導如有禮義興行及紀綱不立者委採訪使明爲褒貶具狀

聞奏道教之設淳化之源必在宏闡以敦風俗頃列四經之科將冠九流之首雖及門求進頗有其人而覩奧窮微罕聞達者豈專精難就爲勸獎未宏天下諸色人等有通道德經及南華等四經任於所在自舉各委長官考試申送其崇元館生自今已後每至選日宜減於常例次爲留放朕每以道元有屬思竭精誠經教所在豈忘崇奉且宗其道者師其人行其教者尊其禮晉琅琊王公府舍人楊真人護軍長史許真人丹陽上計掾許真人皆道著妙門感通元闕降高真之迹爲上清之宗後漢張天師教達元

和德宗太上正一之道幽贊生靈梁中散大夫貞白陶先生高尚塵表博達元微綜輯眞經傳授後學並令有司審定子孫將有封植以隆眞嗣天師冊爲太師貞白冊贈太保其洞宮山各置壇祠宇每處度道士五人並取近山三十戶蠲免租稅差科永供灑掃諸郡有自古得道昇仙之處雖先令醮祭循慮未周宜每處度道士二人其靈迹殊尤功應遠大者度三人永修香火其茅山紫陽觀取側近二百戶太平崇元二觀各一百戶並蠲免租稅差科長充修葺灑掃應天下靈山仙迹並宜禁斷樵採弋獵如聞山

林學道之士每被搜括且法之防邪本有所以至於宿宵妖訛亡命聚衆誘陷愚人故令禁斷郡縣遂一槩迫逐使志道之士不得安居自今已後審係清潔更不得恐動以廢修行其五嶽四瀆名山大川各令本郡長官致祭朕刻意眞經虔誠至道冀憑元祐永錫黔黎每朝禮三清則宵衣忘寢或齋戒一室則蔬食精專不以勤躬爲倦務以徇物爲心況於宰殺尤加惻隱自今已後每月十齋日不得輒有宰殺又閭閻之間例有私社皆殺生命以資宴集仁者之心有所不忍永宜禁斷且因親設教式本於人倫自葉流根必逮於榮養內外文武職掌官有五品已上其父祖見在無官者宜各授一官仍令致仕其祖母見在準母例處分京官五品已下正員如父母已沒未有官者宜追贈所司勘會即與處分睦親之義因心不忘前開府儀同三司竇瑰頃以容納微人頗虧憲典永懷舅氏追感渭陽宜申國恩再復榮秩可開府儀同三司仍放優閑不須朝會王澤無私豈殊於中外天瑞有慶頻屬於京輦寬大之典則以博覃施惠之恩特申曲被其京城父老宜各賜物十段七十已上仍版授本縣令其妻版授縣君六十已上

版授本縣丞天下侍老百歲已上版授下郡太守婦人版授郡君九十已上版授上郡司馬婦人版授縣君八十已上版授縣令婦人版授鄉君仍並即量賜酒麪內外見任文武官九品已上宜各賜勳兩轉其京文武官見在京及致仕並陪位官諸方通表使及月番官等一品賜物一百匹二品三品八十匹四品五品五十匹六品七品三十匹八品九品二十匹兩京留守各八十匹其節度採訪使並諸充官使未回者並同在京例賜物貴妃楊氏稟性柔和因心忠孝克愼閨壼蹈禮循詩加以勤志元宗協誠嚴奉

率勵宮掖以迪關雎宜賜物三千匹嬪御等賜物有差其太眞觀雖先度人住持尚少宜更度道士七人太子瑛宜更賜物二千匹慶王琮已下各賜物有差率土之內賜酺三日

欽定全唐文卷四十

元宗二十一

加天地大寶尊號大赦文

自昔皇王受命必降於元符天人協心乃彰於大號朕纘承元緒虔奉睿圖何嘗不精意眞宗專心庶政幸以邊隅底定風雨時若人和歲稔且洽於時雍極瑞殊祥薦臻於昭應故得玉芝再產祕牒元通至道降休先聖儲祉顧惟菲德曷以克當是用祗薦崇名永揚洪烈羣公百辟援義比事誠請不已固辭不獲以今日敬膺典冊曰開元天地

大寶聖文神武應道皇帝徽章載茂寅畏增深宜因稽古之典式布惟新之澤可大赦天下自天寶八載閏六月五日昧爽已前大辟罪已下罪無輕重已發覺未發覺已結正未結正繫囚見徒常赦所不免者咸赦除之朕永惟風教漸冀還淳至於宏貸之名亦思復古其天下百姓丈夫戶頭者宜各賜爵一級征鎮之役其來久矣雖存素備諒在變通頃者用兵蓋非獲已今西戎摧殄北虜歸降南蠻東夷咸來稽顙亦可謂四海無事萬里廓清滅戍息人思宏善貸其軍鎮兵非切要可均減者宜令本鎮節度使與

所司商量處置奏聞其百姓有頻經征戍者已後差點之次不在此限高年給侍義存養老因時定式務廣仁恩其天下百姓丈夫七十五已上婦人七十已上宜各給一人充侍任自揀擇至八十已上依常式處分唐虞省刑畫冠不犯秦漢制法密網維煩理亂之源得失斯在朕常想淳古務崇敦朴刑期不濫政協無爲豈惟守於外平庶有臻於大道頃者詳諸條目已從簡易至於結斷尚慮深刻所貴從寬示其知禁宜令中書門下與刑部大理寺法官審更詳定法律之間有所不便者具條目聞奏禘祫之禮以

存序位質文之變蓋取隨時國家系本仙宗業承聖祖重熙累盛既錫無疆之休合享祭神思宏不易之典自今已後每遇禘祫並於太清宮聖祖前設位序正上以明陟配之禮欽若元宗下以盡虔恭之誠無違至道比來每緣禘祫時享則停事雖適於從宜理或虧於必備已後每緣禘祫其常享無廢享以素饌三焚香以代三獻又奉先追遠禮惟昭德崇福展敬義在因心自今已後獻祖宣皇帝宣莊光皇帝光懿皇后忌日宜令京城一日設齋太祖景皇帝景烈皇后代祖元皇帝元貞皇后忌日京城三日行道

元宗妙本實備微言垂範傳策將宏至化朕所以發求道之使遠令搜訪因聽政之餘親加尋繹既判訛謬爰正簡編必有闡揚以敦風教今內出一切道經宜令崇元館即繕寫分送諸道採訪使令管內諸郡轉寫其官本便留採訪郡太一觀持誦聖人垂訓蓋先於道學者宗本必有其師文宣王與聖祖同時俱爲教首雖考言比德理在難名而問禮敘經跡彰親授思廣在三之義用崇得一之尊宜於太微宮聖祖前更立文宣王遺像與四眞人列侍左右且道降眞符天有成命藏之於密則取固名山彰之以類

則發祥星洞況靈仙所集宜表殊休太白山可封爲神應公所縣四時祭祀其金星洞改爲嘉祥洞所管華陽縣改爲眞符縣仍置一祠宇仙人臺下置一觀兩京並十道於一大郡亦宜置一觀並以眞符玉芝爲名每觀度道士七人修持香火戶部侍郎兼御史中丞王鉷以才授委以忠奉上頃命精求元記克協神心宜旌迺誠俾正章綬特與三品其李渾等三人既親傳眞誥因獲元符當有甄明用旌福應宜令中書門下量其所能具狀聞奏當別處分又九州之鎮實著禮經三代之典必崇望秩事既屬於報功

義有符於錫命其九州鎭山除入諸嶽外並宜封公仍各置祠宇先已有祠宇者量更增修其五嶽四瀆雖載常祀儲慶發祥當申昭報宜令所在長官各陳祭禮名山大川亦量事致祭天下侍老並量賜酒麪內外見任文武官職事官三品已上賜爵一級四品已上加一階其京文武官在京及諸色陪位官通表使等賜帛有差率土之內賜酺三日

南郊大赦文

皇天眷命必順於五行哲后馭時實遵於三統考古之道

何莫繇斯朕欽若上元嗣守丕業察璿衡以齊政念稼穡以勸人日愼一日四十載於茲矣何嘗不夙夜祗畏憂勞在懷思致黎元臻夫至理幸以刑清俗阜天成地平萬方底寧羣物咸遂雖慙大化且謂小康此皆至道儲祉宗社敷祐豈予菲薄而克致焉然則上稽歷象傍採輿議爰以土德承漢火行是憑大易之辭用紹前王之烈禎祥累應正閏攸分不改舊章惟新景運屬獻歲初吉乘時布和是用展祀崇禮竭誠昭報庶協發生之序載覃雷雨之澤可大赦天下自天寶十載正月十一日昧爽已前大辟罪已下罪無輕重已發覺未發覺已結正未結正繫囚見徒常赦所不免者咸赦除之其左降官及流移配隸安置罰鎭效力之類並稍量移近處其官已復資至敘用之日不須爲累其流人配隸幷一家往者所犯人情非切害身已亡沒其家口放還流人及左降官考滿載滿丁憂服滿者亦準例稍與量移其亡官失爵放還不齒其諸色放停解考免與替人等非犯贓者宜令所司勘責量加收敘其耆老疾病者仍與致仕官天下百姓今載地租幷諸色勾徵欠負等色在百姓腹內未納者並一切放免且京兆府及三

輔三郡百役殷繁自今已後應差防丁屯丁宜令所繇支出別郡禮者所以訓導人俗昭事明祇所宜增修以會其本況國之大典在於精禋必資備禮以彰尊奉自今已後設祭南郊薦獻太淸薦享太廟其太尉行事前一日於致齋所具羽儀鹵簿公服引入朕親授祝版乃赴淸齋用展誠敬夫孝子奉親生極敬愛歿有思慼霜露之感愈深祭以嚴恭蒸嘗之敬如在且廟者貌也取像存焉是禮繇於情因心則感太廟宜置內官以備嚴奉仍於廟外別造一院安置庶申罔極之思無忘事生之禮嶽瀆山川蘊靈毓

粹雲雨之澤利及生人春秋之義存乎祀典況正其運序式遵咸秩其五嶽四瀆及諸鎮山宜令專使分往致祭其名山大川及諸靈迹并自古帝王及得道昇仙忠臣義士孝婦烈女有祠廟者各令郡縣長官逐便致祭其有陵墓屋宇頹毁者量事修葺合應禁樵採宜申明捉搦四海攸廣百川朝宗德乃靈長道惟善利永言澤潤義在封崇其四海宜並封王仍差使備禮册祭每順時行令奉道施法天心不違靈鑒不遠且去載長至庚子御辰今茲建元辛卯應歷立春初標於歲首上巳更協於清明此氣序和調

乾坤交泰既正東方之位咸歸啓運之祥則政貴宏通上符天意況法以輔德刑以閑邪豈在煩苛必資簡易朕永懷至理思致還淳每軫哀矜之心屢申寬大之詔實欲人皆知禁化洽無爲頃者已令法官每刊刑典猶慮尚乖大體未副朕懷再令中書門下與刑部大理寺審加詳定務從寬典夫共理親人在於郡守縣令今二千石朝廷精擇咸得其人縣令委之選司慮未盡善執若連職同官見有蹤跡宜令天下太守各舉堪任縣令一人善惡賞罰必及所舉所司仍明作條例每搜羅賢俊旌賁邱園猶慮遁跡藏名安卑守位瞻言及此寤寐思焉其諸色人中有懷才抱器未經薦舉者委所在長官審訪具名錄奏禮之王制垂範作程亦既觀德訓人孝敬故天子七廟諸侯五廟大夫三廟士一廟孝享奉先亦各有辨今三品已上乃許立廟永言廣敬載感於懷其京官正員四品清望官及四品五品清官並許立私廟京官五品已上正員清資官階相當並五品已上正員外清官父母先亡歿無官號者並與追贈又父有封爵合傳授子孫或緣申請遲違準式遂停承襲如有此色自開元以來宜令所司審加勘責灼然合

襲者特宜許襲天下侍老百歲已上賜綿帛五段粟五石八十已上綿帛三段粟三石丈夫七十五已上婦人七十已上綿帛二段粟兩石太清宮道士各賜物三十段陪位道士共賜五百段亞獻太子璵賜物二千段終獻榮王琬賜物一千段文武百官及有職掌各賜物有差率土之內賜酺三日

加證道孝德尊號大赦文

王者事天明事地察修身慎行孝德彰矣故風化天下和睦興焉致敬宗廟祖考來格是則禮莫大於嚴享孝莫大

於揚名有以通於神明有以光於四海朕承真之道纘聖之業欽若先訓惟懷永圖寶儉寶慈無爲而理自南自北有截來威五教聿興家服仁孝四靈咸盛物應純誠百辟公卿萬方夷夏僉奉元貺徵長發於眞源屢薦鴻名願昭彰於至德封章守闕於再於三加以聖祖錫符元中啟迪天心垂裕榮光降臨敢不丕承固執沖讓乃展因心之義以宏推尊之典虔上冊禮齋肅思成入室僾然敢忘於目出戸而聽庶幾有聞揚美謚於無疆展永懷於罔極且敬從拜後禮既尊先式副羣心以允成義以今日敬膺典冊

曰開元天地大寶聖文神武證道孝德皇帝大號載崇祇若增懼宜因布和之序式宏在宥之澤可大赦天下自天寶十三載二月九日昧爽已前大辟罪已下罪無輕重已發覺未發覺已結正未結正繫囚見徒常赦所不免者咸赦除之官人犯入己贓不可更令却上後不須爲累其左降官並稍量移近處反逆緣坐流配之色宜與量移其王鉷李林甫柴崇耀阿布思等並寄任非輕包藏特甚原情議法深所難容況日月未淹罪坐尤重即從寛宥何以懲肅應緣親累流配者並不在該及之限左降官承前遺憂皆不得離任孝行之道所未宏通情理之間深可哀恤如有此類宜並放歸仍申省計至服滿之日準法處分自今已後編入常式其中有非反逆緣坐及情理切害有父母年老不任相隨無昆弟養者許停官歸侍及有身已衰老久罹譴責願停官者委本道採訪使簡擇具名牒中書門下然後放還鰥寡惸獨乏絶者量加賑給三載黜陟百王令典殿最之迹廉問攸歸欲更別遣使臣慮有煩擾今載宜委本道採訪使具官人善惡奏聞以申勸沮自臨御以來四十餘年棫樸延想寤寐求賢林藪無遺旌招不絶猶

慮升平已久策業增多至於徵求或遺僻陋其博通墳典洞曉元經清白著聞詞藻宏麗軍謀出衆武藝絶人者任於所在自舉仍委郡縣長官精加銓擇必取才實相副者奏聞朕尊崇先謚霜露增感於以孝思無忘錫類其内外見任官階俱是三品已上父未有五品官及無官已亡歿者宜各贈五品官及母無邑號者亦與追贈其見任四品五品清官官階俱是五品已上者亡父母先無官號亦準此追贈且厚其風俗五教之旨聿興貴於邱園十翼之風斯在其士庶間衆推孝弟異代義居高尚確然隱遁巖穴

者委採訪使博訪閭閻其孝義之人已經旌表雍睦無易純至有終著美鄉閭深可嘉尚各賜勳兩轉以彰德行天下侍老百歲已上版授本郡太守婦人版授郡夫人各賜綿帛五段粟三石八十已上版授本縣令婦人版授縣君各賜綿帛兩段粟兩石太清宮闕聖祖仙居頻降休徵屢貽啟迪不有優異豈表殊常其本宮道士宜各賜物三十段道門威儀王虛真賜物五十段陪位大德各賜物二十段因心推崇增上美諡惟官統職必在正名令以太常尊事宗廟安可別署爲名禮不逼尊情期達敬五陵署改爲

臺其獻陵臺等五令及丞并外一階以彰崇奉五嶽四瀆及名山大川并靈迹之處先賢祠廟各委郡縣長官致祭其有陵墓祠宇頹壞者量情修葺亞獻皇太子璵賜物一千段終獻榮王琬賜物五百段其餘各賜階爵有差其郡守縣令職在親人必務公勤以康黎庶凡所推擇皆竭乃誠寵錫之間須甄異等普恩之外太守等並賜爵一級縣令賜勳兩轉庶期勉勵以表朕心其京文武官一品賜物一百匹二品八十匹三品七十匹四品五品五十匹六品七品各三十匹八品九品各二十匹北京留守節度採訪使並京官準勅出使未迴者所賜物並同見在例左相陳希烈純粹之道載穆朝廷文儒之風式瞻師表且協和時令翊贊升平柔嘉其德克壯元老與一子五品官賜物五百匹攝太尉奠瓚上冊書寶冊讀冊右相楊國忠當朝正色百僚綱紀廉節遺身三階柱石況發揮孝理潤色鴻猷金玉王廷典禮增縟不有殊等何用爲勸宜與一子三品官仍與一子五品官更賜物五百段左僕射安祿山以貞一之心總文武之任出清北落入贊南宮既押登歌又揮寶冊與一子官更賜物四百匹攝太尉張均太清宮祠及

修儀注等使普恩之外又賜物一百匹武德功臣及貞觀初宰輔等緬想忠義感會風雲用集大勳肇興王業其有子孫零落冠冕陵夷無任官宦者宜令所司勘責依資與一人京官唐元勳臣績參締構錄勞念舊每寘於懷普恩之外宜放一子出身如已出身所司依資與一官率土之內賜酺三日

幸蜀郡大赦文

朕以薄德嗣守神器何嘗不乾乾惕厲勤念蒼生至於水旱或愆則禱祠請罪邊鄙微擾則齋戒思過聿來四紀人

亦小康蓋祖宗之靈卿大夫之助也是以推心將相不疑於物而奸臣兇黨負信背恩創剝我黎元暴亂我函夏皆朕不明之過豈復尤人哉楊國忠厚斂害時已肆諸原野安祿山亂常搆禍尚逋其斧鉞朕用巡巴蜀訓勵師徒命元子北略朔方諸王分守重鎮合其兵勢以定中原將盪滌煩苛大革前弊思與億兆約法惟新上以奉宗廟神祇下以寧華夷動植可大赦天下其天寶十五載八月一日昧爽已前大辟罪已下常赦所不免者咸赦除之自兵興已來有破家者一切與雪流人一切放還左降官各還舊

資內外文武官節級賜階爵安祿山脅從官有能改過自新背逆歸順並原其罪優與官賞

封泰山玉牒文

有唐嗣天子臣某敢昭告於昊天上帝天啟李氏運興土德高祖太宗受命立極高宗升中六合殷盛中宗紹復繼體丕定上帝眷祐錫臣忠武底綏內難推戴聖父恭承大寶十有三年欽若天意四海晏然封祀岱嶽謝成於天子孫百祿蒼生受福

祀后土文

恭惟坤元道昭品物廣大茂育暢於生成庶憑休和惠及黎獻博厚之位粵在汾陰肅恭時巡用昭舊典敬以琮幣犧牲粢盛庶品備茲瘞禮式展誠慤

奠讓皇帝文

隆基曰一代兄弟一朝存歿家人之禮是用申情興言感思悲涕交集大哥孝友近古莫儔嘗號五王同開邸第遠自童幼洎乎長成出則同遊學則同業事均形影無不相隨頃以國步艱危義資克定先帝御極日月照臨大哥嫡長合當儲貳以功見讓爰在薄躬既嗣守紫宸萬幾事總

聽朝之暇得展於懷十數年間棣華凋落謂之手足惟有大哥今復淪亡邈然無對以茲感慕何恨如之然以厥初生人孰不殂謝所貴光昭德行以示崇高立德立名斯為不朽大哥事跡身沒讓存故冊曰讓皇帝神之昭格當茲寵榮況庭訓傳家璡等申讓善述先志實有遺風成其美也恭惟緒言悅焉如在寄之翰墨悲不自勝

策道德經及文列莊子問

朕聽政之暇嘗讀道德經文列莊子其書文約而義精詞高而旨遠可以理國可以保身朕敦崇其教以左右人也

子大夫能從事於此甚用嘉之夫古今異宜文質相變若在宥而不理外物而不爲行邃古之化非御今之道適時之術陳其所宜又禮樂刑政所以經邦國聖智仁義所以序人倫使之廢絕未知其旨道德經曰絕學無憂則乖進德修業之教列子力命曰汝奚功於物又違懲惡勸善之文二旨孰非何優何劣文子曰金積折廉壁襲宜申其義莊子曰恬與和交相養明徵其言使一理混同二教兼舉成不易之則副虛佇之懷

讓皇太子表

臣聞立嫡以長古之制也豈以臣有薄效虧失彝章伏願稽古而行臣之願也

讓禪位表

神器者天下之大寶受與者帝王之大節臣義兼隱䘏誠深敬愛凡所上陳理無苟免國家盛德創物垂範雖時始百年而運經厄會陛下振清廟之微光蕩欃槍之氛慝紹膺永命導揚洪休千載一期實仰元造便欲抗心太素獨善鴻元登平之俗未躋於下武卜代之期輒虧於一簣伏願沛然易慮俯順羣心則區宇永寧人神胥悅若命在必

遂誠無所感必將隕越爲期竄伏無地

賜林邑國王建多達摩書

卿國在海南遠通朝貢所獻方物深達款誠今賜卿馬兩匹宜知朕意

賜磧西節度使阿史那獻書

十姓部落比多款附蕞爾都擔敢爲背誕以卿忠果令其討伐遂斬首盡元并兒及妻兼復胡祿屋闕啜等五萬餘帳壺漿塞陌襁負而來自非信著遠蕃何以翕然至此邊陲寧謐緊卿是賴雖鄭吉之護南道班超之臨西域無以過焉言念勤勞豈忘鑒寐

賜突厥書

我與突厥素通婚好和親之道豈自今日頃爲小女且緩其期亦可汗之久無報也今者若眞心誠請來歲未晚任自擇日當遣公主出嫁可汗遣一王子來此宿衞以申兩國之好豈不美耶

賜三姓葛邏祿書

三姓葛邏祿首領散爛俟斤等冒涉遠來並平安好卿等一被驅率多歷歲年遂背逆輸忠間行歸國言念誠節嘉

賞良深緣部落初來已令逐便安置卿等來日大首領及
將士已下並得安穩與否有所事意具狀奏來

慰諭李傑勅書

長孫昕等朕之密戚不能相遵以禮而使凌犯衣冠雖寘以極刑未足謝罪卿志氣忠亮爲國柱臣宜以剛腸疾惡勿以凶人介意

再賜三姓葛邏祿書

三姓葛邏祿大漠都督特進朱斯陰山都督謀錐匐雞元池都督實力胡鼻等卿積代以來爲國藩捍比緣默啜侵

擾中間屢阻款誠遂能改圖不遠而復每思忠節嘉歎實深已頻遣書當達此意然金山安置雖是舊居未知初來並得好否默啜凶忍神怒天亡豈惟不識朕恩亦乃負於卿等復讎雪恥今正其時度卿等忠勇之誠校彼殘遺之孽取之有同拾芥滅之何異摧枯兵威暫臨必自面縛故命鴻臚卿鄭嘉祚賚告身袍帶等馳往宣慰便與卿等計會乘其衰弱早就翦除如或因循更令聚結非直有妨於此亦是不利於卿進退籌量固在於速其能捉獲默啜者已立賞格付嘉祚將往宜各勉思以赴朝委今寄卿等錦袍鈿帶幷刀子礪石至並可領取

賜郭虔瓘等璽書

朕聞師克在和不在於衆懷遠以德不獨以兵卿等或宿將重名或賢王貴種咸負才略受任邊疆當須勠力同心盡誠報國捨嫌窒隙志驅立事近得表狀更相異同又請益兵乃非長算自從開四鎭立諸軍控扼有常置額久定即卿等所統蕃漢相兼以之制邊綽有餘裕在乎善用豈藉所加或云突騎施圍逼石城則緣史獻致寇或云葛邏祿徵集兵馬則被虔瓘沮謀進退遂有兩端讒邪必然三

至若大將不協小人間之自保不遑何功可就卿等去日朕已面諭不謂即今尚猶如此且史獻十姓酋長先拜可汗一方黎庶共知所屬突騎施部落雖云稍衆當應履信思順安可恃力爭高虔瓘頃將嘉言且以忠道此際尤資史獻未可即來入朝蘇祿先是大將軍未經制命今故遣左武衞翊府中郎將王惠充使宣我朝恩冊爲國公令職朝廓並賜物二千段及器物等務於綏懷得所不欲征討示威史獻前擬發兵葛邏祿其時遣衆慮於勞擾當更審思其中權宜屬在卿等王惠迴日一一奏聞昔相如能屈

廉頗竟展功業寇恂不較賈復終承教命率由公道匪徇私情明鏡靈龜各以爲鑒

賜突騎施書

卿遠貢忠信請獻駝馬朕元默爲神淡泊爲德稅彼部落則有勞費已勅有司不令輒受深領厚意宜體至懷

賜突厥璽書

突厥煞省表具知往者默啜狂逆爲人之蠹又詐降遣使於我求婚我國家不違賞賜無數所在軍鎮爲之解嚴遂背信乘虛縱凶深犯損我百姓陷我數州從此之後常行

賊詐近者梟戮實謂天誅卿能舉前事之非有降和之請但能誠實何慮不依且漢日有呼韓邪是卿族類旣率部落來慕中華終保寵榮足爲前鑒今契丹奚等輸款入朝皆封郡王各賜公主放歸所部以息其人卿若能來此是成例官榮重功則授財帛賞善斯行此乃國家所餘亦是卿之所要若懷姦設變口順心違應朝不朝以惡繼惡還學默啜自取殘亡想卿解思不至於此也

賜契丹衙官靜析軍副大使可突于書

自從松漠郡王殂殁已遣使弔祭卿蕃部大臣衆情所望事生送死惟義與忠並敦舊好以副深委近得捍藩使薛泰表云突厥殺兒到大雒揚言萬衆欲抄兩蕃左手有急右手不助旣在一身得其自勉力捍時須覺察審防姦詐自從默啜破敗殘賊困窮非時遠來冒死邀利以卿智勇制彼狂愚拉朽摧枯不足爲喻深思此便以效忠功動靜與宋慶禮等籌度勿失事理

報吳兢書

天子臨書是爲盛業史官秉筆必佇良才著作強記洽聞時議咸許牧州典郡此類何求豈轉要以從閑乃迴難而

就易私願或愜公道若何

賜突厥璽書

國家舊與突厥和好之時蕃漢非常快活甲兵休息互市交通國家買突厥馬羊突厥將國家綵帛彼此豐足皆有便宜自三四十年已來不似舊時法用總緣默啜可汗失信遂令使命不通一口稱和一心即背每將兵馬常抄邊事天嗔地知人怨神怒身被誅滅豈不由茲今可汗承破亡之遺餘驗違負之得失禍福斯在吉凶可見計合早相依附如何久事遲迴仍襲甘涼復行抄劫初聞爲惡不能

無怪賴自遣使至此通和國家如海之容如天之覆不念既往之過以納將來之誠可汗若實好心求爲和好計彼此百姓各得自安斟酌一生更亦何慮若言無準定意有翻覆還似往日可汗又違今時明信不煩更差使命徒再遣往來至於邊疆不任侵掠自當更擬宜審思之

賜新羅王金興光書

卿再承正朔朝貢闕廷言念所懷深可嘉尚又得所進雜物等並踰越滄波跋涉草莽物既精麗深表卿心今賜卿錦袍金帶及彩素共二千匹以答來獻至宜領之

賜新羅王金興光書

卿所進女皆卿之姑姊容儀淑麗德行柔婉自非盡節向風何能割恩忍愛然以辭違本俗離別所親念彼遠貢之勞矜其懷戀之思雖阻來意並不忍留今各加其邑號賜之衣服以達朝恩宜知朕意

賜李光書

朔川兵馬飛狐要害委卿經略隨事防虞比來東夷頗盡誠款如聞突厥常欲侵漁部落漸移向東固亦須有備預野營團練今正其時卿若入朝誰當處置宜識此意且未須來

賜瓜州刺史墨離軍使張守珪沙州刺史賈思順書

吐蕃小寇干我邊鄙頻經喪衂竟不悛懲卿等早懷勇烈久司戎旅各效忠誠暗申計略遠聞決勝嘉慰良深守珪及思順並宜賜紫其立功人敘錄具狀奏聞必要據實勿使踰濫今內出緋紫袍卿等領取量功分賞其被傷人仍給醫藥使得安全陣亡人具名錄奏當加優贈

賜金城公主書

金城公主遠降殊方厎寧蕃落載懷貞順之道深明去就之宜能知其人而獻其款忠節克著歎美良深所進物等並領得今寄公主多少信物至宜領取所請物並一依來奏文

賜吐蕃贊普書

朕君臨寓縣子育黎元因百姓以爲心懼萬方之有罪昔文成遠嫁將以寵光彼國豈無武力蓋取曲成尋以紛紜有侵亭障重以婚姻之故旋師衽席之間又降金城以敦前好所期疆場無壘書軌攸同更聞權在強臣遂復違約

失順干戈未息道路稱艱今有使臣遠來方悉忠誠彌固舅甥之禮萬里如初協和之勤一心逾亮義節可尚情見乎詞朕以公主在蕃親愛之極縱有違負之過詎移骨肉之情深明至懷知得良算至於止戈為武國之大猷懷遠以德朕之本意中外無隔夷夏混齊託聲教於殊方躋含靈於仁壽朕之深旨來使具知劍南去年生羌就戮雖邊將有此舉動是彼使來以前自茲已後更無討襲諸軍所守侵掠並停今故使御史大夫崔琳往申信約所有陳請咸不相違并所進器物並依數領得今寄多少信物至宜領取

賜新羅王金興光書

所進牛黃及金銀等物省表具知卿二明慶祚三韓善鄰時稱仁義之鄉代著勳賢之業文章禮樂闡君子之風納款輸誠效勤王之節固蕃維之鎮衛諒中外之儀表豈殊方悍俗可同年而語耶加以慕義克勤述職愈謹梯山航海無倦於阻修獻幣貢琛有常於歲序守我王度垂諸國章乃眷懇誠深可嘉尚朕每晨興佇念宵衣待賢想見其人以光啟沃俟卿覲止允副所懷今使至知嬰疾苦不遂祇命言念遐闊用增憂勞時候暄和想痊復也今賜綵綾五百匹帛二千五百匹宜即領取

賜小勃律國王難泥書

惟爾代雄荒服為國藩衛居萬里之外竭一心之忠用能潛應王師克翦悖寇葱河失險青海無波使我威靈遠加由爾誠節克著言念功效歎美良深今冊爾為本國王并賜衣帶至宜領取

弔突厥可汗弟闕特勒書

皇帝問突厥苾伽可汗國家惠綏黎蒸保乂函夏無有遠邇思致和平俾有厥休共登仁壽之域既罹於咎豈忘匍匐之救況可汗久率忠順屢通款誠既和好克修固災患是恤今聞可汗闕特勒沒喪良用憮然想友愛情深家國任切追念痛惜何可為懷今申弔賻并遣致祭可喻意旨薦茲禮物

賜康國王烏勒書

卿僻在遐荒久修誠款情深本國志慕欽風節義著於家邦忠孝兼於臣子言念懇到歎美良深所請各依可知朕意

賜杜暹勅書

卿素以清直兼之勤幹自委居守每事多能政肅官寮惠及黎庶城隍宮室隨事修營且有成功不疲人力甚善甚善慰朕懷也

弔渤海郡王大欽茂書

念卿亡父素勵誠節與善無徵奄至殂謝興言求往軫念良深卿是長嫡當襲父位宜全忠孝以繼前蹤今故遣使持節冊命兼申弔祭

賜突騎施可汗書

朕與可汗結為父子恩義所感骨肉何殊可汗乃信彼小子自生疑阻前後使往非不具論自爾已來當所迷也使至省表已變其節過而能改善莫大焉既效忠誠深可嘉尚朕本意相待如初父子之間更敦前好凡為君須守信義不信則身危若外飾甘言內藏奸詐未能有損終必自傷想可汗通明固不至於此巧言似實深宜察也若忠信不易更復何憂千秋萬歲俱享多福故令中使專達少信悉朕意焉

賜三姓葛邏祿書

三姓葛邏祿及拔悉密首領部落等卿等上祖已來忠赤於國往緣默啜背叛遂被脅從非是本心朕深知悉聞卿等首領皆是忠良雖在遠方嘗願歸化具知此意深用嘉之況今突厥天亡事勢如此在於豪傑多被誅夷所有諸蕃各自奔散智者料事不可失時倘或沈吟必招禍患宜即遞相曉諭勸率早來且金山故地水草豐美安置部落還於此處庶事之間倍令優恤務取安泰勝於往時兼有重賞高官以待卿等今故遣賜宜悉朕心

報宋王成器獻牛馬助軍書

塞草具腓秋風已勁張國容會軍實者孰先於此乎國家之情助其費用周旋省覽以慰所懷

與寧王憲等書

昔魏文帝詩云西山一何峻高高殊無極上有兩仙童不飲亦不食賜我一丸藥光耀有五色服藥四五日身輕生羽翼朕每思服藥而求羽翼何如骨肉兄弟天生之羽翼乎陳思有超代之才堪佐經國之務絕其朝謁卒令憂死魏祚未終遭司馬宣王之奪豈神丸之效也虞舜至聖捨傲象之愆以親九族九族既睦平章百姓此為帝王之軌

則於今數千載。天下歸善焉。朕未嘗不廢寢忘食。欽歎者也。頃因餘暇。妙選仙經。得此神效方。古老云。服之必驗。今分此藥。願與兄弟等同享長齡。永無限極。

賜葛邏祿葉護璽書

卿歸心向化。守節安邊。常獻忠誠。無失蕃禮。見不善。如鷹鸇之逐鳥雀。嫉為惡。似農夫之除蔓草。信義若此。嘉歎良多。阿布思負恩至深。為衆所棄。卿能為擒獲。送其形骸。且此賊投卿。本緣窮蹙。苟欲延命。元非好心。卿密察奸謀。俾其就戮。卿之智略。難可比方。又聞數男今見在彼。種類既

惡。留用何為。倘蘊習頑兇。攪擾蕃落。處置不及。追悔無繇。可宜送來。絕其後患。卿今載已前俸祿。並令京軍給付。後慮其遼遠。任於北庭請受。所請印信並譯語人官。並依來表。今則別有少物賜卿。至宜領取。

欽定全唐文卷四十一

元宗二十二

孝經註序

朕聞上古。其風樸略。雖因心之孝已萌。而資敬之禮猶簡。及乎仁義既有。親譽益著。聖人知孝之可以教人也。故因嚴以教敬。因親以教愛。於是以順移忠之道昭矣。立身揚名之義彰矣。子曰。吾志在春秋。行在孝經。是知孝者德之本歟。經曰。昔者明王之以孝理天下也。不敢遺小國之臣。而況於公侯伯子男乎。朕嘗三復斯言。景行先哲。雖無德

教加於百姓。庶幾廣愛刑於四海。嗟夫。夫子沒而微言絕。異端起而大義乖。況泯絕於秦。得之者皆煨燼之末。濫觴於漢。傳之者皆糟粕之餘。故魯史春秋。學開五傳。國風雅頌。分為四詩。去聖愈遠。源流益別。近觀孝經舊註。踳駁尤甚。至於迹相祖述。殆且百家。業擅專門。猶將十室。希升堂者。必自開戶牖。攀逸駕者。必騁殊軌轍。是以道隱小成。言隱浮偽。且傳以通經為義。義以必當為主。至當歸一。精義無二。安得不翦其繁蕪。而撮其樞要也。韋昭王肅。先儒之領袖。虞翻劉邵。抑又次焉。劉炫明安國之本。陸澄譏康成

之詁在理或當何必求人今故特舉六家之異同會五經之旨趣約文敷暢義則昭然分註錯綜理亦條貫寫之琬玉庶有補於將來且夫子談經志取垂訓雖五孝之用則別而百行之源不殊是以一章之中凡有數句一句之內意有兼明具載則文煩略之又義闕今存於疏用廣發揮

起義堂頌序

堯以天下禪舜舜以天下禪禹禹將宅百揆總萬國一讓於稷禼再讓於皋繇稷禼先舉彼商與周以之更盛皋繇後大我國家於茲受命非舜以考天而疇咨審靈命之陰

騭非禹以享天而德讓知歷數之有歸及乎元元閒出光大前慶垂道德而統運依清虛而立法天祚我李厥惟舊哉并州起義堂者皇天造帝之初高祖誓衆之地也隋氏失御國亂無象小道自賢大才胥忌惟宮室陂池之好惟沈湎暴慢是保上帝不歆黎人咸蹙六軍踰海而東敗萬乘過江而南覆豺狼入邑猰貐爭人黔首囂然方將無訴我高祖感之乃龍躍晉水鳳翔太原百神前驅萬姓來奔開咸陽入天門用湯武之兵靜新室之亂遵唐虞之典承太王之基率百官受終于文祖輯五玉班瑞于諸侯類圓禋方之禮備封功爵德之議允約法惟簡代虐以寬子惠困窮懷柔蠻貊金石一變日月重華近古以來未有革命易姓若此之盛者也非天私我有唐惟天祐于積德非唐求于人庶惟人懷于累仁當此之時太宗內啓聖謀外行專斷躬擐甲冑跋履山川駕英雄而爲輿主一區域而定大業周詩曰昊天有成命二后受之信今之謂也若夫修德以降命奉命以造邦源濬者流長根深者葉茂天人報應豈相遠哉觀周之興始於后稷公劉承以太王王季皆勤儉忠厚克廣前烈至於文王成之武王啟之康王安之

故卜代三十卜年八百天所命也我唐之興也始於皋繇元元承以景皇元帝皆立言邁德垂裕後昆至於高祖受之太宗有之高宗守之中宗復舊業睿宗新景福比之周室我何謝焉且如陳德明刑庶其躬稼之績元宗道要小其避狄之仁化流率土狹其江漢之域義寧大朝蓋其牧野之戰故武德中太行出大聲曰唐興理萬年蓋天之所命年代未可涯也仲尼曰惟天爲大惟堯則之又曰韶盡美矣又盡善也非至德其孰能如此其大者乎於戲先后捨元子而立予主鬯煩大位而付予天下自高祖創業百

有六戰欽承丕緒十有四載東西南北無思不服山川鬼神亦莫不寧實惟藝祖儲福之所致豈予幼孫菲德之所及方將運心於元妙之境厲志於造化之鑪發令爲祥符施惠爲霖雨任賢爲兩驂仗能爲四時俾天之下有形者遂全懷生者自足樹鋪野藹田種嘉穀斲雕爲樸捐珠棄玉追大庭而齊風夢華胥而同俗非日能爾願憑宗祏而效焉癸亥之歲獻春正月濟河横汾省方展義存問黎老緬慕本邦城郭巋然桑梓如舊覽風物之憂思尋王業之艱難惟高祖若天地之開闢化成萬類惟太宗若日月之

照臨光於四表舉晉陽之甲除君側之盜由唐侯之封升天子之號肇基發迹實在於茲仙駕無所或顧懷於舊土靈魄無方儻來歸於此堂郡縣之所宜嚴奉前人有言曰禮不忘本樂殊其德如姬詠周原而劉歌沛邑思我烈祖如聞歎息之音嗟爾後人無忘成功之頌

送李含光赴金壇詩序

廣陵李鍊師上清品人也撫志雲霞和光代俗爲予修福靈迹將赴金壇故賦詩寵行以美其志

送李含光還廣陵詩序

元靜先生稟和清眞樂道虛極頃來城闕善利同人緬思林泉洗心外俗予嘉焉重焉式遂其意言念于邁賦詩寵行

送李含光還廣陵詩序

鍊師氣遠江山神清虛白道高八景而學兼九流每發揮元宗啟迪仙籙延我以玉皇之祚保我以金丹之期敬焉重焉深惜此别因賦詩以餞行云耳

后土神祠碑序

古之王者皆受天命禮樂有權神祇是主郊兆所設雖定

於厥居精靈所感則通乎其變大抵歸正旁行不流惟創制者爲能之亦安在守文而已脽上祠者本魏地鄈邱之舊而漢家后土之宫汾水合河梁山對麓地形堆阜天然詭異隆崛岉而特起忽盤紆而斗絶景象相傳肸蠁如在有物不可以終否有典不可以遂廢故推而行之神而明之歲在癸亥始有事於茲焉在昔后王時邁省方柴燎告至幽隱胥洎大舜則五載一巡武帝則三歲一祭古今代變人神禮煩朕就爲損益折以法度一紀再駕亦無間焉二十年冬勒兵三十萬旌旗亘千里校獵上黨至於太原

赫威戎於朔陲沛展義於南夏肆覲羣后道有以大備懷柔百神文無而咸秩先是有司宿設恪敬乃事己未師次於齋宮庚申親祀於后祇聖考在天侑而作主何禮不舉靡神不徧往者漢氏之祠也牲以養牛五歲繭栗所以貴其誠藉以采席六重槀秸所以尚其質事與古反義不經見朕因其地而不因其儀取其得而不取其失凡牲幣法物之事歌舞接神之類咨故實於方澤不遂過於元鼎此皆公卿大夫鴻生鉅儒獻其方聞匡於不逮朕何有也且王者事天明事地察示有本教以孝奈何郊丘之禮猶獨

以祈穀爲名者耶於戲享於至誠錫以繁祉黃雲蓋於神鼎降光燭於靈壇自昔已然乃今復見斯固陰精有所寓寶氣爲不誣雖寂寥而不動亦動之而斯應顧朕之不德靈感何從賴累聖儲祉福流所致乃眚災肆赦與物更始大賚天下有慶兆人山川鬼神鳥獸魚鼈莫不允若莫不咸寧此所以承覆載報生植資元元盡翼翼豈與夫封禪有牒專在求仙祕祝有辭密於移過而已

西嶽太華山碑序

天有四序星辰辨其分地有五方山嶽鎮其域陰陽交暢則品物形矣精氣相射則神祇著矣西嶽太華山者當少陰用事萬物生華故曰華山踞中土西偏當七官正位是稱西嶽披圖以察削成而四方信爲立表以算其高五千仞明焉石壁礫豎而雄崪衆山奔走而傾附其氣肅其勢威其行配金其辰直酉前對華陽之國後壓華陰之郡左抱桃林之塞右產藍田之玉諒少昊之下都卽蓐收之別館也軒帝遊焉以會衆神虞舜柴焉以覲羣后爰自夏氏迄於隋室朝廷五姓載歷三千祀典相因舊章未改壇場廟宇何代不修一禱三祠無歲而缺所以報生殖事靈神

不有怠也故亦祥休明災淫慝未嘗爽也皇天眷祐馨我烈祖奄有萬方逮乎六葉郊天地望山川精意必達墜典咸甄亦命州將四時告虔加視王秩進號金天若是何者抑有由焉予小子之生也歲景戌月仲秋膺少昊之盛德協太華之本命故常寤寐靈嶽肸蠁神交玉帛未陳幽贊必先意而厥椒醑雖薄景福杲應期而集元感昭賽可一二而道邪記云下有方士眞人金鼎石室上有明星玉女仙草瑤池茅龍一去毛女千祀前代帝王多有僊覲朕學犧文之道故非斯人之徒憂在至道之不宏不憂富貴之

無永患在蒼生之不理一不患年壽之若流以功施四海爲長生以業傳百代爲不死焉羨置集靈之宮虛望非福立存仙之殿勞思輕舉者哉於戲維嶽配天上弼予志予欲大康兆人嶽翼予欲定禮樂諧神人嶽聽予思其維嶽降神生此多士無俾申甫專美於嵩語酌古訓心通神境善而不答誠而不應未之有也嶽其念哉十有一載孟冬之月步自京邑幸於洛師停鑾廟下清眺仙掌雲拂石牀霓裳可接風過松嶺仙駕如聞久勤報德之願未暇封崇之禮遲迴刻石梗概銘山萬姓瞻予言可復也

上方大洞眞元妙經品序

朕聞寥廓之際眞宰存焉溟涬之初聖人利見其教善貸而不有其道日用而惟新則煥乎雲篆仙書祕乎瑤篇玉簡非握圖授籙之後不能行其教非棲眞宅元之士不能窺其文明眞有科太上留誡爲務度人歸依大道是者眞元聖主上方開化無極太上靈寶天尊居一氣化均之天九清自然之國翠華闕庭紫眞宮掖外千光雲颷登七珍寶座俯視蒼生崇猷或略於是天尊宣揚教範命眞仙之衆傳經化人誦之者履天尊之域行之者遊太上之鄉故洞元靈寶太上天關經云上方玉虛明皇天尊見輕清之形儀衣蒼穹之冠履運春夏秋冬之動樞主君臣父子之枯榮統三界仙凡修短禍福增減是以圖立形儀欲代人歸命信禮而求長生仍可敬之伏聞稱讚上方天尊儀文欽哉至聖至眞五境出三羅之界無顛無頂八方朝七寶之宮統黃上之天元鎭中央之地極威光奕奕神德巍巍精叩感通至誠善應如人禮念恭信則見存獲福香花供養則已往生天普願歸依同成道果

一切道經音義序

朕聞大道幽深妙門虛寂龜山之文不測龍漢之旨難窺況復記錄漸訛年齡浸遠黃庭妙觴或逢燕蜓之疑縹府眞言多有魯魚之失遂令玉京後進覽祕篆而無從金闕羣遊習靈符而有誤恭惟老氏國之本宗遺述元經朕之夙好詳其乖舛深可吁嗟爰命諸觀大德及兩宮學士討論義理尋繹沖微披珠蘂玉篇之衆書考字林說文之羣籍入其閫閾得其菁華所音見在一切經音義凡有一百四十卷其音義目錄及經目不入此數之中庶以宣闡青元發揮碧落毗助風化訓導甿黎令其託志希夷永絕陶

陰之惑歸心徼妙長袪晉亥之迷云爾

道德眞經疏釋題詞

老子者太上元元皇帝之內號也元元道宗降生伊亳肅肅皇祖命氏我唐垂裕之訓無疆之祉長發遠祥系本瓜瓞其出處之迹方冊備記道家以爲玉晨應號馬遷謂之隱君子而仲尼師之繙經中其太謾問禮歎乎龍德是孔某無閒然矣在周室久之將導西極關令尹喜請著書於是演二篇焉明道德生畜之源罔不盡此而其要在乎理身理國理國則絕矜尚華薄以無爲不言爲教故經曰道

常無爲而無不爲侯王若能守萬物將自化又曰我無爲而人自化我無事而人自富我好靜而人自正我無欲而人自樸理身則少私寡慾以虛心實腹爲務故經曰常無欲以觀其妙又曰不貴難得之貨不見可欲又曰塞其兌閉其門挫其銳解其紛而皆守之以柔弱雌靜故經曰柔勝剛弱勝強又曰知其雄守其雌此其大旨也及乎窮理盡性閉緣息想處實行權坐忘遺照損之又損元之又元此殆不可得而言傳者矣其教圓其文約其旨暢其言邇故遊其廊廡者皆自以爲升堂覩奧及研精覃思然後知其於秋毫之端萬分未得其一也經曰有物混成先天地生吾不知其名字之曰道強爲之名曰大故知大道者虛極妙本之強名名其通生也莊子曰太初有無有無者言有此妙無也又曰無有無名無名者未立強名也故經曰無名天地之始強名通生曰道故經曰有名萬物之母莊子又曰物得以生謂之德德得也言天地萬變旁通品物皆資妙本而以生成得生爲德故經曰道生之德畜之則知道者德之體德者道之用也而經分上下者先明道而德次之也然體用之名可散也體用之實不可散也故經

曰同出而異名同謂之元語其出則分而爲二咨其同則混而爲一故曰可散而不可散也則上經曰是謂元德又曰孔德之容又曰德者同於德又曰常德不離下經曰失道而後德又曰反者道之動又曰道生一又曰大道甚夷是知體用互陳遞明精要不必定名於上下也經徑也言通徑也又常也言通徑常行之道每惟聖祖垂訓貽厥孫謀聽理之餘伏勤講讀今復一二詮疏其要妙者書不盡言粗舉大綱以裨初學者爾

賜源乾曜張說考中上詞

源乾曜審審匪躬謙謙自牧正身率下直道事人無聞伐己之功每立致君之節顧問則出納斯允左右則啟沃居多德行可稱自宜升擢張說以道佐時以忠處事顏雖不犯嘗聞獻替之誠言則不諛自得謀猷之體政令必俟其增損圖書又藉其刊削才望兼著理合褒升並考中上

顏子贊

杏壇槐市儒述三千回也亞聖某也稱賢四科之首百行之先秀而不實得無慟焉

張說獻詩贊

德重和鼎功逾濟川詞林秀發翰苑光鮮

盧奐贊

專城之重分陝之雄人多惠愛性實謙沖亦既利物存乎匪躬爲國之寶不墜家風

葉法善像贊

詞江瀉派義苑含芬别有眞氣青溪出雲卓爾無對超然不羣幽人薊子道士封君

徐堅贊

校文天祿論經上庠華詞宛麗雄辯抑揚

王文郁畫貴妃像贊

萬物去來陰陽反覆百歲光陰宛如轉轂悲樂疾苦橫夭相續盛衰榮悴俱爲不足憶昔宮中爾顏類玉助内躬蠶傾輸素服有是德美獨無五福生平雅容清縑半幅

元元皇帝像贊 幷序

我大聖祖誕敷衆妙光宅上清貽厥孫謀屢彰幽贊晝現殊相空浮瑞色七耀五明之服玉童金媛之儀道釋人天作禮瞻奉昔眞誥傳於羊角寶祚無疆今宸儀炳於龍巖妖氛將殄豈惟歷代師授前王得一斯乃宗社降祥後昆

惟萬申命藻繪示諸郡國若對冥陽之宇如臨太極之庭贊曰

猗我烈祖闡教秉時理身理國曰希曰夷上開仙洞俯視靈姿昭融至道叶贊無爲巖谷增麗丹青罔追神光爍爍淑景遲遲當朝稱慶列郡來斯福祚流衍千齡在茲

張天師贊二首

邈彼炎漢天圖中缺萬彙消殘三靈蕩越惟師應運神威迅發躬侍元元親傳祕訣妖毒雲驅崇山劒裂大布聲教全清蠱孽一振無爲求光有截鸞鶴斯邁丹青是設玉相

眞儀傳芳不歇

邈矣眞仙孤高峻節氣貫穹冥元元示訣落落神儀亭亭皓月誅邪斬精魅驅鬼徵漢代明威流傳不絶

令長新戒

我求令長保乂下人人之所爲必有所因侵漁浸廣賦役不均使夫離散莫保其身徵諸善理寄爾良臣與之革故政在惟新調風變俗背僞歸眞教先爲富惠恤於貧無大無小必躬必親責躬勸農其惟在勤墨綬行令孰不攸遵曷云被之我澤如春

黃道游儀銘

執爲天大此焉取則均以寒暑分諸晷刻盈縮不愆列舍不忒制器垂象永鑒無惑

衡山九眞觀鍾銘

鑄於郡懸於觀天長地久福無算

石橋銘

梁園勝躅碣館佳遊苔深石暗山斜路幽橋非七夕節是三秋爰停弄杼共此淹留

慶唐觀紀聖銘 幷序

神也者妙有物而爲言化也者應無方而成象言豈立神之主象徵宰化之知苟言象之不存焉則神化或幾乎息矣窮神而極化者其唯至聖之人乎我遠祖元元皇帝道家所號太上老君者也建宗於常無有立行於不皦昧知雄守雌爲天下谿知白守辱爲天下谷故能長上古而日新雕衆形而化淳整萬物而不爲戾澤萬代而不爲仁巍乎不覩其頂深乎不測其極復歸無物存教迹以立言奄有太淸感聖期以利見肇我高祖之提劍起晉太宗之仗鉞入秦鵬搏風雲麟鬬日月夏臣醜而已去殷鼎輕而未

徙老君乃洗然華皓白驥朱鬣見此龍角之山示我龍興之兆語絳州大通堡人吉善行曰吾而唐帝之祖也告吾子孫長有天下於是一開赤伏而萬姓宅心一麾白旄而六合大定傳曰有聲之聲不過百里無聲之聲延及四海非夫神唱明德翕叶人祇者歟善行以武德三年二月初奉神教恐無明徵未之敢洩至四月老君又見曰石龜出吾言實於時太宗爲秦王討宋金剛總戎汾絳晉州長史賀若孝義以其狀上啟遽使親信杜昂就山禮謁俯仰之際靈貌察焉昂馳還曰信矣遽遣昂善行乘驛表上比至

長安適會郃州獻瑞石龜有文曰天下安千萬日高祖徵其二異拜善行朝散大夫命舍人柳憲往祠焉玉帛既陳尊儀復見其始覿也杲杲炅炅若紅峯綠嶺吐春日之光景其却隱也蕭蕭條條若雨息雲消視秋天之泬寥來莫知其所自去莫辨其所往出於寂寞入於恍惚蓋不可得而詳諸汾陽之龍角山者天地降福之庭高祖用師之道峯上有華池靈府下有石穴洞宮氣接姑射集神仙之別館脈通霍鎮潤珠玉之鄰家高祖以雲轡頻迴霓裾累變故版廟於行過之所劃壇於受命之場刻飾聖容彩繪眞

衞神光離合殿堂宛轉於空閒雲氣踟躕笙磬往還於天路因改浮山縣名神山焉志靈應也是歲仲秋及五年三月晉州奏老君言我亳廟之中枯柏更生子孫當王又云我神兵助軍伐劉黑闥立夏當平事果如言皆先事之讖也爾後太宗貞觀則裔雲泊於廟宇高宗垂拱則卿雲涌於神座今又祠中柏樹蒲萄裛而託根門端椴木枯枝蓊而還茂疊黛豐本樸翠繁柯聚祥烟青靄黕黕一色散佳氣葱鬱轔轔萬重識者以為太和暢陳朽之徵王會納殊降之象懼彼虛應搖然夕惕朕演靈金根纂命璿辰篤學道詆常味至言是用假塗禮樂託宿仁義尋末以窺本澄羸以詣精為無為於此心事無事於天下而宗社大福寔縣小康實上祖惠無疆之休亦下人率自然之化夫唯幽容昭見偉事也神告帝符瓌瑞也發祥善行吉類也慶雲重作鴻懿也戎果附植合異也橘幹華滋蕃熾也此六者興王之嘉祉曠歷之絕記者已朕不敏頗聞君子之教矣繼其父者天其祖習其訓者父其師揄揚道德情存孝敬商頌美乎成湯周雅尊乎后稷先王之舊典也吾豈墜其文哉夫戴角之類龍為之長羊也定形而不易龍也神化

而無端龍蓋五土之精國家秉土而王故改山號名龍角焉乃銘金石以彰靈變詞曰

思文聖祖元默靈聲混兮無名超兮至清清入神舍名損物假身尊元元後有天下高祖鳳翔雲舉晉陽太宗龍戰風趨秦甸龍角仙都王師戒塗聖形入有神言出無瑤衣玉騎告帝天符神方據我人亦來蘇乃立清室微微謐謐衆仙停蹕乃興慶雲氛氛氳氳再瑞明君庭有柏兮遠果寄秀門有根兮瘣條更茂顧慙菲德蒙神之祐誦我道經介我神聽繼明五聖禋事三靈請從格言天德出寧大道

幽藹湛慈廣攝意路何階言津難涉化有影響神無華藥

紀泰山銘 并序

朕宅帝位十有四載顧惟不德懵於至道任夫難任安夫難安茲朕未知獲戾於上下心之浩盪若涉於大川賴上帝垂休先后儲慶宰衡庶尹交修皇極四海會同五典敷暢歲云嘉熟人用大和百辟僉謀倡予封禪謂孝莫大於嚴父謂禮莫尊於告天天符既至人望既積固請不已固辭不獲肆予與夫二三臣稽虞典繹漢制張皇六師震疊九寓旌旗有列士馬無譁肅肅邕邕翼翼溶溶以至於岱

宗順也爾雅云泰山爲東嶽周官曰兗州之鎮山實惟天帝之孫羣靈之府其方處萬物之始故稱岱焉其位居五嶽之伯故稱宗焉自昔王者受命易姓於是乎啓天地薦成功序圖錄紀氏號朕統承先王茲率厥典實欲報元天之眷命爲蒼生之祈福豈敢高視千古自比九皇哉故設壇場於山下受羣方之助祭躬封燎於山上冀一獻之通神斯亦因高崇天就廣增地之義也乃仲冬庚寅有事東嶽類於上帝配我高祖在天之神罔不畢降粵翌日禪於社首侑我聖考祀於皇祇在地之神罔不咸舉暨壬辰覲羣后上公進曰天子膺天符納介福羣臣拜稽首千萬歲慶答歡同陳誡以德大渾叶度彝倫攸敘三事百揆時乃之功萬物由庚兆人允殖列牧衆宰時乃之功一二兄弟篤行孝友錫類萬國時惟休哉我儒制禮我史作樂天地擾順時惟休哉蠻夷戎狄重譯來貢累聖之化朕何慕焉五靈百寶日來月集會昌之運朕何感焉凡今而後儆乃在位一王度齊象法摧舊章補缺政存易簡去煩苛思立人極乃見天則於戲天生蒸人惟后時乂能以美利利天下事天明矣地德載物惟后時相能以厚生生萬人事地

察矣天地明察鬼神著矣惟我藝祖文考精爽在天其曰懿予幼孫克享上帝惟帝時若馨香其下丕乃曰有唐氏文武之曾孫隆基誕錫新命纘戎舊業永保天祿子孫其承之予小子敢對揚上帝之休命則亦與百執事尚綏兆人將多於前功而毖彼後患一夫不獲萬方其罪予一人有終上天其知我朕惟實行三德曰慈儉謙慈者覆無疆之言儉者崇將來之訓自滿者人損自謙者天益苟如是則軌迹易循基構易守磨石壁刻金記後之人聽詞而見心觀末而知本銘曰

惟天生人。立君以理。惟君受命。奉天爲子。代去不留。人來無已。德涼者滅。道高斯起。赫赫高祖。明明太宗。爰革隋政。奄有萬邦。罄天張宇。盡地開封。武稱有截。文表時邕。高宗稽古。德施周溥。茫茫九夷。剗平一鼓。禮備封禪。功齊舜禹。巖巖岱宗。衎我神主。中宗紹運。舊邦惟新。睿宗繼明。天下歸仁。恭己南面。絪縕化醇。告成之禮。留諸後人。緬予小子。重基五聖。匪功伐高。匪德矜盛。欽若祀典。丕承永命。至誠動天。福我萬姓。古封泰山。七十二君。或禪奕奕。或禪云云。其迹不見。其名可聞。祇遹文祖。光昭舊勳。方士虛誕。儒書

齷齪。佚后求仙。誣神檢玉。秦災風雨。漢汙編錄。德未合天。或承之辱。道在觀政。名非從欲。銘心絕巖。播告羣嶽。

通微道訣碑文

人者道之子。道者人之母。子不知母。謂之不孝。人不識道。謂之至愚。故上士能勤行。下士惟大笑。背道求道。從迷至迷。且魚在水中。水爲魚命。人在道中。道爲人生。道去則人亡。水渴則魚困。不知即身以求道。而乃徇福以喪眞。何其誤歟。遂積不義之財。以爲布施。棄無爲之教。別云修善。豈知善本破惡。不合邀名。施本濟人。不合求報。哉求道者以心爲舟。以信爲車。車用在於運。舟用在於虛。常取不足。勿求有餘。靜心而不繫者。虛舟也。運動而不倦者。信車也。今將告爾以元言之首。施勿求福。而福自至。齋勿貪功。而功自備。心勿向邪。而道自致。施而求福。福必不足。齋而貪功。是謂有欲。向邪求道。是謂聾俗。忠者臣之分。孝者子之心。柔弱爲趨道之津。誠敬乃入眞之驗。不益己。不損物。以不貪爲寶。以知足爲富。內保慈儉。外能和同。念身何來。從道而有。少私寡欲。虛心注元。若然者。可爲勤行之士。爾其勗哉。爾其勗哉。夫大道坦坦。去身不遠。修之於身。其德乃眞。

爾當慎汝身。洗爾心。內養五神。外合一氣。去萬惡。增萬善。長生久視。沐浴元液。眞經之旨。畢於是。不死之方。盡於是。爾其勗哉。

楊珣碑

闕二字 易與天地準。故君子洗心焉。夫出處審乎時。默語存乎道。簡易成其大。勞謙闕一字 於吉闕五字 有人闕七字 公闕四字 右相國忠之父也。純孝足以合禮。移忠足以和義。體仁足以長人。貞固足以幹事。包大易之四德闕六字 莫京闕十二字 以嗣者矣。公諱珣。字仲珣。華陰人也。叔虞翦圭。自周封晉伯

喬食菜受邑君楊氏族之先也黃雀四環闕九字潔白闕五字五公四代乘車輪者兩漢百人門閥之宗也公曾祖㳔隋國子祭酒吏部尚書戴國公探道秉德闕四字大父令本庫部郎中闕一字沂闕一字三郡守講信修睦不隕厥問烈考志謙青城令追贈陳留太守修辭辯學薄遊以取榮沖用晦德積慶以垂裕闕六字有闕一字光公承闕二字之陰騭體積善之陽報氣稟清白生資禮樂故藝能無不總博覽無不該嘗讀書至事親章乃輟卷長歎曰夫子志在春秋闕二字之闕一字行在孝經闕三字也乃闕一字心所至誓不違親然鳴鶴

遠聞招弓屢辟確乎不拔皆以色養懇辭青城府君每加誨誘俾之從政公乃闕五字面承大人庭訓孝乎惟孝友于兄弟施於有政是亦為政也府君乃撫而慰之就成雅志自是三十餘載非躬薦甘旨不以潔闕十一字定非闕一字疾無闕二字之憂致闕一字養極三牲之樂當時君子議以為難及丁家艱哀毀踰制遂結廬墓左手植松楸郡縣以孝聞服滿召闕五字以旌闕一字行遷延不行者久之或曰生極其養不違親以易身孝本乎仁豈懷寶而迷國又太夫人有苦切之誡乃應命為換左衛兵曹以闕四字州司士轉杭州司

士闕四字職及藥棘僅起衰麻外除謂楚祿萬鍾永無及已孔門四教庶有立乎乃息心參調優遊著述尋以親闕七字察使察罪舉能闕二字元武令公闕一字從政也蘊中和以息機推誠信以動物草木無知況人庶乎鬼神知感況豪右也所以堂上鳴琴闕八字所在闕五字用公之道行公之志推以一邑持宰天下亦信然乎神欺輔仁位不充德亭伯勞於郡掾仲躬止於太郎闕六字時宰竊位而闕一字歎命之不偶闕三字猶今享年五十有一開元五載遘疾終於元武之縣廨公始自解褐應召及乎易簀歸闕一字凡六徙闕六字者

三闕一字人者一闕四字之屯闕一字無慍恚於三黜以之造次必周旋於四科傳曰涅而不緇磨而不磷公之謂矣夫人中山張氏僕射闕六字州希闕一字之闕一字女恭儉之德訓於公宮貞信之教行於嬪族命之不造華年早凋以開元二十七年十月十六日合葬於岐陽之安平山南原禮也天寶七載追贈魏郡太守夫人中山郡夫人其孤國忠濟美代業應期王佐則我有社稷爾能衛之我有廊廟爾能宰之叶和九功九功惟序平章百姓百姓昭明俾九流衣冠萬邦黎獻丕乃大言曰咸有一德思皇萬年時惟爾勞時

惟爾弼若然者雖我君臣之（闕二字）契理運亦乃祖（闕二字）之
訓貽厥門風於是美（闕二字）之克家霈春澤以流葉天寶十
二載三月重贈公武部尚書追封鄭國公夫人鄭國夫人
所以彰父教子忠君嘉臣節也俾萬載（闕十一字）希音則鉅鹿
名將空深漢主之懷闕里先師逾愧魯侯之誄銘曰
先王至德訓人惟孝偉哉楊侯獨立名教宏道由己聚學
依仁悾悾勵節諄諄奉親明惟其物暗不欺神（闕十二字）顏冉
其倫君子委和嵩神屬慶挺生王宰精微亞聖光爾前烈
毗予大政延贈夏卿追封舊鄭安平原兮岐之陽（闕三字）兮

（闕二字）鄉（闕三字）兮（闕三字）冥冥歸兮泉路長獨九京之豐石播
終古兮名揚

故金紫光祿大夫鴻臚卿越國公景龍觀主贈越
州都督葉尊師碑銘（并序）

朕聞軒轅三皇之盛者尊廣成唐堯五帝之盛者師尹壽
夫以聖人之道教聖人之本守之七曰又守之九曰朝徹
而後能見獨是道也入水不濡蹈火不爇嘯吒風雨鞭笞
魔魅無方而後能進獨是神也神則惟變道亦旁通苟得
其人抑所謂神道設教者也師諱法善字道元自諸梁食
采是謂葉公邑亦如之因而命氏則昔爲南陽人也曾祖
道興祖國重父慧明贈歙州刺史賁邱園者一貫吾道食
舊德者百代可知故名溢宇宙之中身在江海之上則今
爲古括人也至隋大業歲在景子法師是生凡六百四十
二甲子洎我開元歲在庚申形解升雲則春秋百有七矣
其生也年長而色若孺子其化也委蛻而神則默仙嘗從
朕遊仰之彌高鑽之彌堅藏察無象鉤致不測若言匡國
輔主鼓舞發揮爲朕可推而尊之不可得而臣也其始終
出處之跡可得而言者初師甫七歲涉江而遊迨及三年

人以爲溺及還問其故則曰三青童子引之憩於華堂峻
宇咽靈藥吸雲漿太上鎮之是以留也十五中毒死又見
昔青童曰天台茅君飛印印其腹始殊閼絕良久豁如師
以靈應感通殊尤若此遂乃杖策遊諸名山遠訪茅君而
遇嶽骨上起目瞳正方冰雪綽約嫣焉微笑曰爾來乎爾
名已登仙格身逢魔試故此相救宜勉之當以輔人弼教
爲意無汲汲於去來也由是便於青城趙元陽受遁甲步
元之術於嵩高韋善俊傳八史雲蹻之道宴息於括蒼羅
浮往還於蓬萊方丈靈圖祕訣仙符眞庋寶籙生恭冥感

空傳臨目而萬八千神咽胎而千二百息或潛泳水府或飛步火房或剖腹滌腸勿藥自復或刳腸割膜投符有加或聚合毒味服之自若或徵召鬼物使之立至呵叱羣鬼奔走衆神若陪隸也故海内稱焉千轉萬變先朝寵焉一晝三接朕在藩邸累聞道要及臨寓縣虛佇昌言奸臣寓謀兇醜僭逆未嘗不先事啟沃亟申幽贊故特加紫綬以大公侯之封而確固黄中不乘軒冕之貴可謂德博而施道尊而光者也適來無迹爲夫子之時適去無悕爲夫子之順歲在鶉尾月鶉火是也返眞懸解翊日追贈越州都

督蹁月歸藏於括蒼之山免朝章從夙志也先生幼有奇質長標特操神照體外骨秀形表故萬先生目之曰子書成仙格方自仙宮吾將及爾爲同僚也信哉易曰君子或出或處出者無山林之逸處者無軒冕之貴雖道同則應而迹異難兼先生養神太和觀妙元牝君子或處之盛也金印龔貴紫綬方來君子或出之盛也非夫道臻博大德合神明其孰能與於此也故於王室則承恩者五代當朕時則傳道者數人皆曰宗師無間然矣夫爲文者紀其實稱德者尚其訕先生知余余寧不述訓寓言而無愧可披文而相質銘曰

忽然勃然莫不出焉油然劉然莫不入焉百昌之源萬化之泉於此觀妙實云列仙列仙伊何銷化却老觀妙伊何豈假至道旁通幽贊神變靈造淫祠厲階無隱不討討逆輔順功就佐時藏往察微業與神期章紱加等方來不欺視緣若遺恍然我思大有元吉黄中通理默仙委蛻元達無已葉縣鳧飛遼城鶴止元風盛烈鬱乎千祀開元二十七年歲在己卯十二月己未朔二十六日乘化而徃彼則悠哉不忘舊情紀諸事迹仙山海畔碑石依然

欽定全唐文卷四十二

肅宗皇帝

帝諱亨元宗第三子景雲二年生初名嗣昇先天元年封陝王開元十五年徙封忠王改名浚又改名璵二十六年六月冊爲皇太子改名紹天寶三載改今名十五載七月即位於靈武郡至德三載正月上皇冊帝尊號曰光天文武大聖孝感皇帝乾元二年正月上尊號乾元大聖光天文武孝感皇帝在位七年年五十二謚曰文明武德大聖大宣孝皇帝廟號肅宗

御丹鳳樓大赦制

我國家出震乘乾立極開統謳歌歷數啟聖千齡文物聲名握圖六葉安祿山夷羯賤類頑凶殘愎頃以捍邊有功專制方面同人者貌謂報效恩私異人者心乃包藏逆亂以爲中原無備干戈可動而毒深流禍變起倉卒塗炭萬姓興言痛憤朝市之內忽肆凶殘衣冠之中咸被點污朕作人父母志雪國讎是用中夜奮發提戈問罪自靈武聚一旅之衆至鳳翔合百萬之師親總元戎掃清羣孽出師之日仍下寬令殲厥渠魁餘無所問有能翻然歸順自縛軍門復其官爵仍加優賞將士等以大軍一舉玉石俱焚元惡就誅凶殘並戮僵屍遍野匹馬不遺今西土罷兵咸以寧輯河雒氛穢一朝翦除廣平王俶受委元帥能振天聲左僕射子儀決勝無前克成大業復有回紇葉護及雲南子弟並諸蕃兵馬等皆竭誠向化力戰賈勇事同破竹易若摧枯朕入城之日百姓咸思戴商復喜睹漢煙風雲景皆是祥光里巷懽呼惟聞相慶朕早承聖訓嘗讀禮經義切奉先恐不負荷今復宗廟於函雒迎上皇於巴蜀導鑾輿而反正朝寢門而問安寰宇載寧朕願畢矣且復人

將有主敢當天地之心興豈在予實憑社稷之祐京城僧道耆老百姓等比者時穀翔貴薪芻不給困窮之極朕常繫心緣初收京城倉庫未積待國用稍足豈忘施惠其諸色行人因陣沒并坊市百姓及諸色蕃胡召募并元惡凶黨昨因破敗所在潛藏并仰於府縣及御史臺陳首一切原其罪如有被人言告捉獲者並從軍令其京城內外文武官有受賊補署罄其心腹自祖及父皆承國恩就逆背順頓忘臣節或有守舊官者請俸料爲賊判官或判官之際中間得替並有攝賊僞官兼知職掌其中有京官及私

白身皆受擢用其中有隱迹不出固辭疾病色類既廣人數又多宜令御史臺憲部大理三司據狀勘責條件聞奏其外官充使及先有職掌並事故及隔絕未赴任在京者亦委三司勘責奏聞又賊中臺府坊市所繇人等比與逆賊追捕造事之端損害忠良仍奪財物爲蠹尤甚情不可容宜令崔光遠禁身切加推勘一一狀奏勿令漏網其內侍省及左右龍武羽林軍並閑廄飛龍諸武官應先合從駕人等其中臨行潛避遂受賊驅使並使各委本司使括責量情狀輕重奏聞其隱盜倉庫及偷劫逆賊家錢物或

受賊寄附並與賊請料祿等因此隱没者並限勅到十日内於所繇陳首其物便準數送納本色並還不須科罪慮已有破用徵納艱辛仍十分放三以示宏貸其近日逆人及隔絕人莊宅宜即括責一切官收又聞人家子女多被侵逼且非本情宜一切不須尋問或與逆賊居住隣近及作義故往來情非切害一時之事有殊逆黨亦宜釋放其有受賊僞度人宜令所司括責並勒還俗其僧及道士各收本色所在寺觀勿許居止今兩京無虞三靈通慶何以昭事宜在覃恩待上皇到日當更處分咨爾有衆知朕意焉

封回紇葉護忠義王制

功濟艱難義存邦國萬里絕域一德同心求之古今所未聞也回紇葉護特稟英姿挺生奇略言必忠信行表温良才爲萬人之敵位列諸蕃之長屬凶醜亂常中原未靖以可汗有兄弟之約與國家興父子之軍奮其智謀討彼凶逆一鼓作氣萬里摧鋒二旬之間兩京克定力拔山岳精貫風雲蒙犯冒不辭其勞急難無以踰其分固可懸之日月傳諸子孫豈惟裂土之封誓河之賞而已矣夫位之崇

者司空第一名之大者封王最高可司空仍封忠義王每載送絹二萬匹至朔方軍宜差使受領

寧國公主下降制

朕聞古之聖王臨御天下功懋受賞道無隔於華夷義存有爭信必全於終始故能德被寰宇化延殊俗是以周稱柔遠克著康濟之圖漢結和親式宏長久之策繇來尚矣朕祇若元命永惟稽古内申九命勉膺嗣夏之期外接百蠻庶廣懷荒之澤頃自兇渠作亂宗社阽危回紇特表忠誠載懷奉國所以兵踰絕漢力徇中原亟除青犢之妖實

賴烏孫之助而先有情款固求姻好今兩京底定百度惟貞奉皇輿而載寧纘鴻業而攸重斯言可復厥德難忘爰申降主之禮用答勤王之志且骨肉之愛人情所鍾離遠之懷天屬尤切況將適異域寧忘軫念但上緣社稷下爲黎元遂抑深慈爲國大計是用築茲外館割愛中闈將成萬里之婚冀定四方之業以其誠信所立家國攸寧義以制名式崇寵號宜以幼女封爲寧國公主應緣禮會所司準式其降蕃日仍令堂弟銀青光祿大夫殿中監漢中郡王瑀充冊命英武威遠毗伽可汗使以堂姪正議大夫行

右司郎中上柱國上邽縣公賜紫金魚袋巽爲副特差重臣開府儀同三司尚書左僕射冀國公裴冕送至界首凡百臣庶宜悉朕懷

授郭子儀中書令李光弼侍中制

朕聞古之哲王成功立極莫不旁求賢佐用康帝道由是軒登風力所以戡亂保邦漢用蕭曹所以勤王足國故能上扶王室下濟蒼生爲社稷之寶臣資帝王之大業丕膺鼎位實屬斯人司徒兼尚書右僕射同中書門下平章事兼靈州大都督府長史朔方節度使上柱國代國公子儀道備文武衷懷忠亮表宏才而應運申茂績而經邦司空兼戶部尚書同中書門下平章事太原尹河東節度使上柱國薊國公光弼業盛勳賢材優將相蘊權謀而制敵勵誠節以匡時往屬凶醜亂常雲雷經始咸能外持戎律內翊皇圖披荆棘而有功歷險艱而無易或分麾東討掃昏祲於兩都或仗節北臨備長城於萬里並以掃清寇孽任切股肱永惟締構之勳久著山河之誓今殘妖佇翦介士猶虞將終九伐之功實藉二南之力是用增其秩序寵以樞衡宜正位於台司俾克宣於嘉績子儀可中書令光弼

可侍中

授呂諲同平章事制

出納絲綸是稱喉舌調和鼎飪必在鹽梅況艱難之際擇賢必資於選衆密勿之地論道固期於得人兵部侍郎呂諲間氣挺生宏才迥發訥言敏行強識博聞謀猷出三傑之先德業處五人之上久在朝列尤推審慎復得鈞璜之處宜膺補衮之求可同中書門下平章事

授李峴吏部尚書李揆中書侍郎第五琦戶部侍郎並平章事制

出納帝命經綸王言兆若見於非熊位必登於仲虺行御史大夫兼京兆尹李峴朝廷碩德宗室藎臣中書舍人兼禮部侍郎李揆文房學府命代挺生行戶部侍郎兼御史中丞第五琦武庫智囊應期間出皆中和秀氣維嶽降靈可以宣暢謀猷闡宏體要庶得道光風力名重伊皋俱當入夢之辰共舉從繩之直既用立汝宜其弼予峴可行吏部尚書同中書門下平章事揆可中書侍郎同中書門下平章事琦可戶部侍郎同中書門下平章事

授李光弼副知行營事制

元帥之任實屬於師貞左軍之選諒資於邦傑自非道申啟沃學富韜鈐則何以翊分閫而專征膺鑿門而受律求諸將相允得其人司空兼侍中鄭國公光弼器識宏遠志懷沈毅藴孫吳之略有文武之材往屬艱難備彰忠勇協風雲而經始保宗社於阽危由是出備長城入扶大廈茂功懸於日月嘉績被於巖廊屬殘寇猶虞總戎有命用擇唯賢之佐式宏建親之典必能緝寧邦國協贊天人誓於丹浦之師剿彼綠林之盜載明朝獎爰藉舊勳宜副出車之命仍踐分麾之寵爲天下兵馬元帥趙王係之副知節度行營事

貶第五琦忠州長史制

台庭之位陶甄是屬在和羹而或爽當折足而貽憂由是舜舉二臣叶心者俾乂漢閣三相無能者同免苟虧公議抑有彝章正議大夫行尚書戶部侍郎同中書門下平章事權知門下省事上柱國扶風縣男賜紫金魚袋第五琦夙表材幹累昇要近久專司於國賦常有利於公家往自艱難備經任使以獎其勤効拔在鈞衡比事以來跡每涉私政非近體率情變法且違行古之方封己怙權稍闕在

公之義薄國靡費聚斂尤繁既罔上而取容亦害下而恣怨凡所進拔悉收瑕釁又與賀蘭進明並居權要潛結往來嘗夜會於私第歸必淹於永漏殊乖憲典足表異端頗招黨比之嫌甚失弼諧之望稽諸故事合議刑章但以任在股肱理無按問遂抑情於含匿斯以禮而始終豈可更踐台階尚塵樞禁宜申遠謫之命俾肅懲違之典可忠州長史員外置同正員外官勳封如故

授李光弼太尉中書令制

上公之位寵極人臣中書之本政先綸綍是知應乾成象

用分台鼎之司爲國作楨必藉勳賢之業所以漢庭多難絳侯居太尉之尊晉室未安温嶠掌中書之務至若任兼公相道濟生靈必俟非常之材用膺莫大之寄司空兼侍中幽州大都督府長史河北節度支度營田經略等使副元帥知諸道節度行營上柱國鄭國公光弼器格沈正襟靈邃遠感風雲之密契藴縱横之大材成經綸之功足以静亂懷忠孝之道故能匡國自狂胡構禍寰宇未清義勇竭於忠心勳庸著於王室頃者豺狼餘孽尚稽天誅蚊蚋相依仍侵河外是用仗其深略爲我長城有穰苴之法令

亞夫之威略遂能挫羣兇之銳全百勝之師爲廟堂之寶臣成軍國之重任雖吉甫作憲道可經邦而孫武行兵謀能制敵克壯大業無愧前賢且官惟其人固難虚授業以存善抑聞舊章况經綸之時義參於締構艱難之際功茂於始終不有殊獎寧彰厥德是以載疇嘉績俾允具瞻宜進上台之秩仍兼右弼之寵可太尉兼中書令

流第五琦夷州制

君之使臣期叶心以輔政臣之事主當盡忠以明職苟或冒官罔上黷利崇姦靡懲折鼎之凶載履覆車之轍自貽厚責難捨刑章正議大夫行忠州長史員外置同正員上柱國扶風縣男第五琦素以幹能早膺任使自艱難之際帑藏是司久彰歲月之勞頗申强濟之用所以收其課績擢在台階而行闕由衷任惟過量務容身之計虧許國之誠變法多紊於常經率情每違於直道交惟黨比用匪忠良頗乖秉鈞之體諒乏致君之志頃者遂從貶削爰示典章是以輿議日聞僭違益露引承福於肘腋殖貨於中處宋晦於膏腴竊貲於外懷金暗室曾不慚於四知納賄私家動有踰於萬計比令按問咸伏其辜且國賦邦徭軍儲

歲備朕以戎車屢駕甿俗未康常有戒勅令其節省豈謂陰圖聚斂擅出科條上延謗於公家下益疲於人業徇私封己歸怨稱君忝曰人臣胡寧忍此况又深尤隱慝累干刑書朕亦含垢匿瑕爲之掩惡議以明刑合從秋令顧君臣之義大庶終始而禮全夫除惡務本國家之彝訓申恩念舊王者之深仁屬陽和在辰品物咸遂由是抑從寬典特屈嚴誅宜寬殊死之命俾就投荒之謫可除名長流夷州馳驛發遣仍差綱領送至彼所勿許東西於戲朕臨御以來每更輔弼皆宥以過失存其禄位今者琦之所犯負

國誠深義不可以苟容法不可以頻貸申茲憲令用警庶僚凡百卿士宜知朕意

授彭王僅等節度大使制

古之哲王宅中御寓莫不內封子弟外建藩維故周稱百代抑聞麟趾之美漢命六王亦樹犬牙之制歷考前載率由舊章朕以薄德纘承鴻緒屬豺狼未殄金革猶虞賴文武藎臣協心同德庶克清於元祲期永保於皇圖且授鉞分符義已先於用武維城作翰道方宏於建親咨爾分閫之崇成余磐石之固彭王僅等銀潢育慶璿萼分輝忠孝

稟於天成文武稱其備用今三秦之地萬國來庭誠宜列皇子以建邦崇懿藩而制勝實其固本委以臨戎彭王僅可充河西節度大使兗王僩可充北庭節度大使涇王侹可充隴右節度大使鄧王偲可改封蜀王充邠寧鄜節度大使杞王倕可充陝西節度大使興王佋可充隴右鳳翔節度大使必能輯和戎律慎守封疆外協樽俎之謀中爲社稷之衛是以分麾命社革故取新用叶天地之符俾膺家國之任共蕃王室可不愼歟

授苗晉卿侍中制

宰輔之重陶鎔所寄用諧時望必藉素名是以殷登左相伊尹成乎一德漢命舊臣孔光由其再起蓋以上扶皇極下庇蒼吪永懷寅亮之美實屬股肱之任特進守太子太傅上柱國韓國公苗晉卿衣冠宿望廊廟公才體文雅之宏量負經通之遠識累踐臺閣久彰名器自艱難之際協贊有勞早契風雲之期備陳康濟之術頃以疲痾固辭樞務重違誠懇之志爰假優崇之秩雖訏謨暫閒而夢寐無忘今戎事猶虞蒸人未乂漢將且聞於辭第留侯豈遂於停飧成余社稷之本懿爾勳庸之望固可勉紆新綬載珥

舊貂宜罷輜車之禮俾廣黃閣之政可行侍中

授蕭華中書侍郎同平章事制

弼予之選審象是求天步未平廟謨尤切必資明哲以佐時畫一之才取則不遠正議大夫前河中尹兼御史中丞充本府晉絳等州節度觀察等使上柱國嗣徐國公賜紫金魚袋蕭華公輔成名承家繼業詞標麗則德蘊謨明道開雲物之先節貫嚴凝之序早登臺閣多識舊章再履官坊尤知至行致君望美閱相求能且推伊陟之賢更啟漢臣之閤還依日月佐理陰陽俾參政於紫宸用建中於

皇極可中書侍郎同中書門下平章事集賢殿崇文館大學士監修國史散官勳封如故

授裴遵慶黃門侍郎同平章事制

致君惟善輔德在和必俟三台之明用增九鼎之重彝倫所屬元氣是調乃眷公才作予良弼銀青光祿大夫行尚書吏部侍郎上柱國河東縣侯裴遵慶體凝精粹理暢黃中學與全經詞深大雅行歸於簡節固其貞公輔之望攸先古人之風非遠累階朝序久踐天臺凡所彌綸多爲故事咸有斯在王猷是經庶宏翼善之功克濟艱難之運登

庸瑣闥參政兩闈宜輟山公之啟以光說命之求可行黃門侍郎同中書門下平章事散官勳封如故

授李鼎隴右節度使制

勇而有謀是資兼領有則益便實仗宏才開府儀同三司行鳳翔尹兼御史大夫充本府及秦隴興鳳成等州節度觀察使保定郡開國公李鼎成用通明智略深遠攻守之志不憚勤勞報效之誠無忘夙夜頃以岐陽近甸王業大都爰藉政能委之鎮綏下車未幾克樹奇功寇盜匪寧聲謠載洽眷茲隴外戎馬要衝時屬艱虞尤資式遏制勝千里謀在伊人必當振我師徒展茲籌畫兼弱攻昧在此行焉可持節都督鄯州諸軍事鄯州刺史隴右節度營田等使餘並如故

授李若幽朔方節度使制

保大定功事資於宏量坐籌決勝政總於中軍令在必行寇不可玩欲清小醜須委大臣中大夫守殿中監賜紫金魚袋李若幽宗室英髦士林楨幹出忠入孝抱質懷文包果斷之深謀蘊韜鈐之祕略累登清貫克振休聲名正西京姦豪屏息紀綱三蜀卭僰乂安黎庶賴其強明搢紳推

其利用今河洛之境未殄餘氛晉魏之郊比仍多壘山河襟帶關輔要衝東盡大行南鄰魏汭擁旌亘野精騎成羣必俟元戎以清妖孽靜言其選允謂當仁地官高步於六卿亞相作程於百辟綜斯劇務朝選攸歸宜兼領護之權以副師貞之吉可戶部尚書兼御史大夫持節充朔方鎮西北庭興平陳鄭等州行營兵馬及河東節度都統處置使鎮於絳仍賜名國貞

加令狐彰銀青光祿大夫鴻臚卿制

使持節滑州諸軍事守滑州刺史攝御史大夫充滑亳相

魏德貝六州節度使令狐彰。義勇無倫。忠貞有素。艱危效用。終始不渝。頃陷賊庭。忠誠屢達。來持漢節。壯志彌高。拔城變六月之師。破敵振三軍之氣。疇庸議賞。須越等夷。今淇澳未寧。河朔猶梗。廓清醜類。實屬元戎。宜列職於中司。俾承榮於茂秩。登壇授律。藉爾良謀。獻凱論功。佇聞嘉績。可銀青光祿大夫鴻臚卿使持節滑州諸軍事兼滑州刺史御史大夫充滑亳相魏博貝六州節度使

令諫官言事制

所設諫曹。欲聞諷議。允副從繩之望。須成削藁之書。其諫官令每月一上封事。指陳時政得失。若不舉職事。當別有處分

授元載平章事制

天位惟艱。厥謨是切。委在公輔。正於四方。佇鼎實之能。調補袞章之有闕。眷求勵翼。式允僉諧。朝議大夫行尚書戶部侍郎兼御史中丞上柱國許昌縣子賜紫金魚袋充度支等使元載。清明在躬。貞固幹事。信必可復。文而不華。準繩朝端。金玉王度。不有其善。遍觀厥成。固是生靈之傑。咸推宰輔之器。執茲大政。敘以彝倫。建中於人。莫匪相爾。丹青神化。參議兩闈。宜書一德之篇。俾協賡歌之美。可中書門下平章事。兼集賢殿崇文館大學士。修國史。餘如故

誅張謙奴附子詔

周以五聲聽訟。漢以三章約法。自下訟上。敗俗亂常。矯誣之詞。妄稱不軌。忿意之嫉。圖有誅夷。朕處分中書門下。再令按問。備茲閱實。其妄告張謙奴附子。宜付鳳翔郡集衆決殺

還京減省供頓詔

聖人有作。弧矢爰興。歷代以來。征伐靡廢。自逆胡已死。餘孽猶存。所在蕃人。多以利合。亦有因事便被脅從。朕誓雪國恥。餘無所問。中夜痛憤。志安蒼生。其假息偷生。披城自守。池魚幕燕。何以喻茲。廣平王及諸將分隊夾攻。迎軍破敗。橫屍遍野。積甲如山。二十里內。可知多少。其中逼迫。同被殺傷。言念於茲。良深憫悼。今兵馬乘勝。便取東京。平盧節度使兼領奚契丹五萬。又收河北。天下之事。計日可平。緣京城初收。要在安百姓。又灑掃宮闕。奉迎上皇。以今月十九日還京。應緣供頓。務須減省。豈忘艱弊。當別優賞。宣示百姓。令知朕意

昇龍州爲都督府詔

江油舊壤境帶靈山自狩巴梁屢昭感應眷兹郡邑合有增崇可昇龍州爲都督府賜號應靈郡

答宰臣等請編皇帝奉迎上皇史冊詔

荷社稷之靈賴上皇之感翦除寇盜克復京都浹辰之閒大勳允集掃清宮闕奉迎鑾輿昨自望賢宮得申拜慶重歡侍省深戴君父之恩承順尊嚴固宜臣子之禮卿等訏謨致理翼贊成功方告史臣有慙薄德

答李輔國請編皇帝奉迎上皇史冊詔

朕恭承明命親總兵戎掃欃槍之妖拯生靈之患宗社所祐何往不克雖兆自於艱難而終盛於丕業昨日星動順鑾輿迴京仰戴君父之恩重歡侍省之慶拜迎之日得展孝誠特荷恩慈多慚薄德遂得祥風引旆瑞雪灑途宮闕生光感應昭著卿爲朕心膂夙夜忠勤所請宣付史館宜依

答裴冕等請上尊號詔

朕以眇躬敬承明兩比遭狂寇擾亂宗社不寧稟上皇至聖之謀當仗鉞秉旄之任六師一振殘孽無遺上皇厭彼代紛棄兹人事萬邦之重俾付朕躬傳授寶符乃加徽號朕再三固讓實懷黽勉恭膺典冊感慶良深覽卿等來章倍加祗懼依卿等所請

封魯炅岐國公詔

特進太僕卿南陽郡公兼御史大夫權知襄陽節度事上柱國金鄉縣公魯炅藴是韜略副兹節制竭節保邦悉心陷敵表之旗幟分以土田可開府儀同三司兼御史大夫封岐國公食實封二百戶兼京兆尹

誅受賊僞官達奚珣等詔

人臣之節有死無二爲國之體將而必誅況乎委質賊庭宴安逆命耽受寵祿淹延歲時不顧恩義助其效用此則可寘法將何施達奚珣等或受任台輔位極人臣或累葉寵榮姻聯戚里歷踐臺閣職通中外夫以犬馬微賤之畜猶知戀主龜蛇蠢動之類皆能報恩豈曰人臣曾無感激有靦面目事於寇讎亂臣賊子何以過也自逆賊作亂傾覆邦家凡在黎元皆含憤怒殺身殉國者不可勝數此等黔首獨背國恩豈可列在崇班荷兹祿位不思君親之分唯與凶逆同心受任於梟獍之閒諮謀於豺虺之輩靜言

思此情何可矜朕志在含宏法務寬貸然凶惡之類自招其咎人神所棄天地不容原其本心皆合殊死就中情狀仍有處分達奚珣等一十八人並宜處斬陳希烈等七人並賜自盡前大理卿張均特宜免死長流合浦郡

放宮人詔

國有五典幽閉爲重刑有六宮明章內理所以教之陰禮詔之御服至於衡紞紘綖之美織紝纖纊之事任適於用則有司存爲頃年巳來仍遭寇盜違其情性則謫見天象恣其供億則糜費國儲非以達冤煩振繫滯之義也宜放

內人三千人各任其嫁其年老及疾患如無近親收養散配諸寺安置待有去處一任東西仍各與一房資賄以充糧用並委府縣官勾當勿使侵淩以成朕無爲之化也

安輯京城百姓詔

京城之人久陷凶醜亦旣底定莫非王臣比屋可封唐之人闔境皆戴商之舊復以宗廟之器府庫之資散在閭閻素於綱紀主守者缺以供事竊取者冒其常刑所以遣其撿括必使詳實如聞小臣失所遂使流言寇攘資賄驚擾士庶官吏不修其法豪強橫有縱暴或得一官物則破人家產或捕一奸吏則傍累親鄰仍有不逞之徒因此恐嚇大爲侵暴百姓冤苦永言哀念良深歎息委京兆尹兼御史大夫李峴勾當諸使撿括一切並停妄有欺奪宜即推捕奏聞仍牓坊市務令安輯副朕意焉

追贈顏杲卿太子太保詔

故衛尉卿兼御史中丞恒州刺史顏杲卿任彼專城志梟狂虜艱難之際忠義在心憤羣凶而慷慨臨大節而奮發遂擒元惡成此茂勳屬胡虜憑陵流毒方熾孤城力屈見陷寇讎身歿名存實彰忠烈夫仁者有勇驗之於臨難臣

之報國義存於捐軀嘉其死節之誠未備飾終之禮可贈太子太保

放免被賊逼授僞官詔

朕聞古先哲王愼罰以卹人命脅從罔理罪疑從輕成湯有解網之仁光武有焚書之令蓋惠彼至理受其刑章是以法不濫加刑所以措也間者時遭寇逆患在干戈衣冠之流逼迫者衆事不獲巳情稍輕焉頃者委在三司窮其五聽議重者累申刑典稍輕者猶被勾留況時久淹延人皆窘乏衣食且猶不給家屬又悉乖離艱難之憂無甚於

比。豈朕泣辜宥罪。作人父母之意耶。況恩澤頻加。科條遞減。原其事狀。稍近平人。豈可尚議遷貶。窮其反側。萬方有責。罪實在予。一物失所。憂將誰屬。永言憫念。用惻於懷。而兩京官應被賊逼授偽官。三司所推問未了者。一切放免。其賊中守本官至冬方還。曾受驅馳。既寬刑典。免其貶降。並至來冬放選。合得官時。仍委所司量事輕重注擬。其已貶官者。續有處分。

貶房琯劉秩嚴武詔

崇黨近名。實為害政之本。黜華去薄。方啟至公之路。房琯

素表文學。夙推名器。由是累階清貴。致位台衡。而率性自任。怙氣恃權。虛浮簡傲者進為同人。溫讓謹令者捐於異路。所以輔佐之際。謀猷匪宏。頃者時屬艱難。擢居將相。朕永懷仄席。冀有成功。而喪我師徒。既虧制勝之任。外其親友。悉彰浮誕之迹。曾未逾時。遽從敗績。自合首明軍令。以謝師旅。猶尚矜其萬死。擢以三孤。或云緣其切直。遂見斥退。朕示以堂案。令觀所以。咸知乖舛。曠於政事。誠宜效茲忠懇。以奉國家。而乃多稱疾疹。莫申朝謁。郤輦為政。曾不疾其迂迴。亞夫事君。翻有懷於鬱怏。又與前國子祭酒劉秩。前京兆少尹嚴武等。潛為交結。輕肆言談。有朋黨不公之言。違臣子奉上之體。何以儀刑王國。訓導儲闈。但以嘗踐台司。未忍致之於理。況秩武遽更相尚。同務虛求。不議典章。何成沮勸。宜從貶秩。俾守外藩。琯可邠州刺史。秩可閬州刺史。武可巴州刺史。散官封如故。並即馳驛赴任。庶各增修。朕自臨御寰區。薦延多士。常思聿求賢哲。共致雍熙。深嫉比周之徒。虛偽成俗。今茲所譴。實屬其辜。猶以琯等妄自標持。假延浮稱。雖周行且悉。恐流俗多疑。所以事必纏言。蓋欲人知不濫。凡百卿士。宜悉朕懷。

答郭子儀上天子信寶詔

我國家卜代悠久。歷數無疆。明神降休。靈貺斯格。昌符兆發。寶印呈祥。皇帝之徽號既彰。天子之鴻名又信。斯實累聖致感。上元垂裕。豈朕薄德所敢當。仁卿國之大臣。獲斯嘉瑞。光我盛禮。何慶如之。

鑄一當十錢詔

錢貨之興。其來久矣。代有沿革。時為重輕。周興九府。實啟流泉之利。漢造五銖。亦宏改鑄之法。必令小大兼適。母子相權。事有益於公私。理宜循於通變。但以干戈未息。帑藏

猶虛卜式獻助軍之誠宏羊興富國之算靜言立法諒在便人御史中丞第五琦奏請改錢以一當十别爲新鑄不廢舊錢兾實三官之資用收十倍之利所謂於人不擾從古有經宜聽於諸監别鑄一當十錢文曰乾元重寶其開元通寶者依舊行用所請採鑄捉搦處置即條件聞奏

贈賀知章禮部尚書詔

故越州千秋觀道士賀知章器識夷淡襟懷和雅神清志逸學富才雄挺會稽之美箭藴崑岡之良玉故飛名仙省侍講龍樓常靜默以養閑因談諧而諷諫以暮齒辭祿再見款誠願追二老之蹤克遂四明之客允叶初志脫落朝衣駕青牛而不還狎白衣而長往丹壑非昔人琴兩亡惟舊之懷有深追悼宜加縟禮式展哀榮可贈禮部尚書

禁耤田雕飾農器詔

古之聖王臨御天下莫不務農敦本寶儉爲先蓋用勤身率下也屬東耕啟候爰事耤田將欲勸彼蒸人所以執茲耒耜如聞有司所造農器妄加雕飾殊匪典章况紺轅縹軏固前王有制崇奢尚靡諒爲國所疵靜言思之良用歎息豈朕法堯舜重茅茨之意邪其所造雕飾者宜停仍令有司依農用常式即别改造庶萬方黎獻知朕意焉

命郭子儀充東京畿等道元帥詔

時屬艱難用勤師旅元帥之任必藉廟謀苟非人傑孰允斯寄司徒兼中書令朔方節度副大使子儀風雲有感星象降生秉文武之姿懷經濟之器自凶狂搆禍區宇未寧藴忠貞以立身資義勇而成務加其識度宏遠謀略沖深張飛乃萬人之敵郤縠是三軍之帥故能掃清強寇收復二京建茲大勳成我王業雖少康嗣位夏靡贊其功光武中興鄧禹集其事以今觀古未足多之但以氛祲未清軍戎是急爰求碩德仗以師貞宜承重委克濟多難可充東京畿及山南東道幷河南諸道元帥仍權知東京留守

推恩祈澤詔

古之哲王臨御區夏莫不好生慎罰以理人命故易稱緩死書貴恤刑所以樂時布和奉天育物者也朕恭守丕緒祇膺皇極順時調氣庶欽若於元樞旰食宵衣每憂勤於黃屋頃自獻春之後膏液稍愆言念人時或稽政本雖離畢之應未獲滂沱而滋萌之漸亦頻霑沐是用申茲渥澤助彼發生宜崇寬大之典俾達陽和之氣其天下應合死

罪特降從流流巳下罪放免其事緣反逆造偽頭首情狀難容者所司詳議聞奏其流移左降該恩合量移者宜令所司即類例處分朕為人父母義當亭育時有或愆於令物有不遂其生敢懷自逸之志實受在予之責但以凶徒尚阻戎旅多虞致使黎庶不堪傜役未息雖國家之事休戚當同而君父之誠寧忘愧惕況春農在候田事方興百姓之間固須優恤天下州縣應欠租庸課稅傳馬粟貸糧種子糶糴變稅及營田少作諸色勾徵納未足者一切放免其正義等倉及諸色攤徵亦宜準此其至德二載十二

月三十日巳前和糴和市并負欠官物及諸色官錢欠利常平義倉欠貸五色一切放免州縣百姓頃屬軍興戶口之間不無流散宜令州縣長官審加勘責且立簿書據見在戶徵課稅其逃亡者別立文案設法招輯終年類例以為褒貶如勘責虛望所縣官長並節級科貶其所縣典正等先決六十仍罰効力其百姓先逃散即能還者並每季申省給復三年其逃戶有田宅邸店堪充課稅者宜令所縣即為租賃不得因茲妄有欺隱主到即卻令分付比者不急之務尋已詔停如聞所司未全減省載求人瘼實切朕懷固當革弊息人勵精為理自今已後內外不得別有徵求妄為進奉諸色人力役造作非軍國灼然要急及諸色率稅亦一切並停太常寺音聲除禮用雅樂外並教坊音聲人等並仰所司疏理使敦生業非祠祭大祀及宴蕃客更不得輒有追呼其內將作少監及諸供司丁匠等各仰長官逐要量留餘者並委御史臺專加糾察如有違犯具錄奏彈宣示中外令知朕意

節減常膳服御詔

朕聞古者皇王乘時致理莫不上稽天象下順人心所以

革弊移風推誠布化也朕自纂膺鴻業再復寰區何嘗不勤己勵精兢兢業業一物失所爰軫納隍之憂四方未寧深懷馭朽之懼頃雖沿革之令隨事每下而弛張之要未得其宜遂使人瘼尚繁寇虞猶梗有乖政本諒在朕躬用懷酌損之儀庶叶維新之典自今已後常膳及服御等物悉從節減周身之外一切並停武德中尚作等坊除造賞物賜蕃客將士器物及軍戎祠祭所要餘並停

刪除律令詔

刑獄之典以理人命死無再生之路法有哀矜之門是以

訟必有孚。刑期不用。周窮五聽。天下所以無冤。漢約三章。萬人以之胥悅。言念欽恤。用諧不變。自今已後。諸色律令。殺人反逆姦盜及造僞十惡外。自餘煩冗。一切删除。仍委中書門下與刑部大理法官共詳定具件奏聞。

申明賞罰詔

百姓之間。務在優恤。前詔已有處置訖。其或事妨於政。法害於人。尚有因循。理資改革。前後詔命。非不丁寧。至於頒行。多有擁蔽。蓋緣賞罰未著。所以恩信或稽。自今已後。如有奸吏弄法。割剝黎元。因公徇私。害物傷政。委御史臺訪察具狀彈奏。當議刑章。比緣軍國務殷。或宣口勅處分。諸色取索及決配囚徒。雖務從權。實爲亂政。自今已後。一切並停。如非正宣。並不得行用。中外諸務。各歸有司。英武軍虞候及六軍諸使諸司等。比來或因論競。即行追攝。旣紊綱紀。復擾甿黎。自今已後。一切須經臺府。如所繇處斷不平。即任具狀奏聞。京城諸色所繇。先緣與逆賊追捕。比今招捉。矜其迫脅。一切並放。其受賊僞官人莊宅。不合收納者。一切並還。如有已將借賜。即準估量還價直。仍委所繇勘會處分。賞罰二柄。國之大綱。令在必行。人則無濫。自今已後。朝廷及軍府疇庸議罪。宜各精詳。如舉或因情事有不當。所繇長吏。必寘嚴典。王師所征。爲人除害。必使秋毫不犯。信義俱明。如聞比者諸軍有乖於此。或干戈之下。殺戮無辜。或營壘所經。恣行暴虐。乃貽怨毒。豈曰安人。自今已後。各委本將嚴加訓誓。明申賞罰。儻師徒不攬。則凶醜自平。如有違犯。悉從軍令。其御史臺所欲彈事。不須更進狀。仍服豸冠。所被彈劾。有稱讎嫌者。皆冀遷延。以求苟免。但所舉當罪。則讎亦不嫌。如憲官不舉所職。降資出臺。儻涉阿容。仍重貶責。今殘妖未殄。國步猶艱。共體至公。以康庶政。朕推誠御物。與衆共之。四海之人。皆朕耳目。則何功不就。何化不成。思與蒼生。臻夫至道。下詔之後。百司及諸州府事有非便。文有不該。仰各條件奏聞。即當釐革。宣示中外。知朕意焉。

求言詔

昔公卿面諫。載在簡冊。令僕陛奏。亦惟舊章。所以下竭其忠。上聞其過。君臣同德。豈不盛歟。公卿已下有能論時政之非。箴朕躬之闕。有益於國。有利於人。宜盡昌言。以救時弊。朕必當行。終無諱者。朝廷用一人。摧一職。或有不當。亦

任奏論京文武五品已上正員清資官各舉賢良方正直言極諫一人任自封進兩省官十日一上封事直論得失無假文言冀成殷最用存沮勸

欽定全唐文卷四十三

肅宗二

命趙王係充天下兵馬元帥詔

握兵之要古先爲重命帥之道心膂攸憑是知靖難夷凶必資於金革總戎授律實仗於親賢蓋將底寧邦家保息黎獻者矣朕以薄德纘承鴻緒往屬元凶暴亂中夏不寧上憑宗社之靈下藉熊羆之力由是廓清咸洛拯此生人頃以河朔殘妖尚稽天誅蚍豕竊依於城堡塗炭久被於齊甿朕爲人父母寧忘閔念雖好生息戰每冀其歸降而

餘孽昧愚靡聞於悔禍所以軒后親征於獯鬻周文致役於昆夷古之用兵蓋非獲已趙王係幼稟異操夙懷韜略負東平之文學蘊任城之智勇性惟忠孝持愛敬以立身志尚權謀有經通之遠智知子者父方有屬於維城擇能而授俾克申於戎律且凶徒嘯聚頗歷歲時惡既貫盈理當撲滅君親有命可不敬乎俾展龍豹之韜永清梟獍之類可充天下兵馬元帥仍令司空兼侍中鄭國公光弼副知節度行營事應緣軍司署置所司準式

加恩處分流貶官員詔

刑政之本。皇王大要。政事或失於厥中。帝道則乖於御下。王者持平慎恤。蓋在於此。朕纘服洪緒。躬臨庶政。何嘗不内軫泣辜之念。外覃解網之恩。詔書所下。期於必當。往以衣冠之伍。受職賦中。量其重輕。俾申貶黜。比聞三司處置。未甚均平。或同科之中。升降有異。或謫任之所。風宜不一。頗招情故。殊非至公。是以搢紳之間。不無竊議。有司奉法。其若是邪。又流降量移。久申詔令。省司類例。事亦稽遲。遂使嶺嶂踰時。積流荒之嘆。雨露凝澤。壅如絲之旨。遐聽遐邇。頗聞咨嗟。斯乃主者怠官。甚無謂也。宜令中書門下類

例三司先所貶官。各據科目。均平改擬。仍審勘前後制敕。應合霑恩。并速處分。準制合量移人。亦令吏部速比類聞奏。又緣頃經逆亂。中夏不寧。士子之流。多投江外。或扶老攜幼。久寓他鄉。失職無儲。難歸京邑。眷言憫念。實惻於懷。宜令中書門下牒本道。責取名品。應五品已上官。並即與進取。六品已下官。合序用名品可收者。亦量才敘用。仍據中外員闕均聽授官。其授京官者。仰本道勾當裝束。即令赴京。授外官者。各令之任。餘不合授官是士流者。所在州縣一切安存。無害公私。勿令干擾。

申戒刺史考察縣令詔

朕聞效官者必量力而授任。致理者亦擇才而簡能。況風化之源。本資於長吏。外降之義。用明於朝典。古之建萬國。親諸侯。蓋以撫綏黎民。宣布王化。則今之令長。古稱子男。矜孤恤寡。均徭省賦。皆是職也。朕以薄德。恭膺寶位。屬殘孽猶聚。戎軍未戢。雖憂國之訴。且務於濟時。而恤人之心。每深於惠物。將求厚俗。必在審官。至於刺史治中。皆制命所授。辨其材術。蓋在朝廷。先令中書門下精加擇訪。務德惟良。如非理人之材。並即量宜改授。且諸縣令員數應多。

如聞處理之間。廉平者少。或使司所奏。以功見稱。或主司所擬。循資而授。儻乖任用。空黍親人。或有案牘之間。曾未閑於令式。征賦之際。皆委任於胥徒。縣是吏轉生奸。遂爲蠹政。人不堪命。因而失業。興言及此。良用憮然。夫易柱以調弦。聲之和也。革弊而從理。政之體也。漢宣帝曰。與我共理天下者。其惟良二千石乎。因知方嶽之任。足以委黜陟之權矣。凡諸道節度。皆職備防戎。政在理兵。豈遑廉問。必令郎官御史。分命巡察。則乘驛暫往。難於委知。諒無益於澄濤。反有增於勞擾。其天下縣令。各仰本州府長官審加

詳察如有衰耄暗弱或貪財縱暴不閑時政爲害於人並具名錄奏即與改替其才職相當者並依舊奏定已後有不稱者所繇官長量加殿黜庶理人之職無或謬焉又入仕之流本期展用且無事實豈可徒勞今員外之官所在甚衆既不釐務空致馳驅將適鄉閭復拘職守念其旅寓良可優矜應州縣見任員外官並任其所適計秩滿後各與成資仍於本色內減一兩選與留其先緣罪累貶授者不在此限如員外官中材識幹濟曾經任使州縣所資者亦任量留上州不得過五人中州不得過四人下州不得

過三人上縣已上不得過一人古之任官必寄成政如長吏數易則綱條不恤所以人懷苟進之心俗靡居常之業比者或開此弊實謂未便於時自今已後刺史縣令更不得數有移改善政聞於上則當議擢遷如道失厥中亦自申懲誡黜陟之道固有彝章又比來刺史之任皆先奏州縣官屬苟爲改作孰免頗情自今已後除帶刺史判官外一切不得奏改官吏到任之後察有罪累及不稱職者任具狀奏聞請然後無所與替其刺史非兼節度但有防禦使者副使判官委於本州官中推擇亦不得別奏人並委中書門下著爲常法庶使官無失位政有常經宣示天下宜知朕意

親征史思明詔

昔昆夷作患周宣興薄伐之役陳豨稱亂漢祖發親征之師蓋所以禁暴除凶取威靖難上以保宗社下以拯黎元古者帝王茲道無替頃者祿山稱兵搆逆背義負恩惡既貫盈尋已殄滅而思明殘寇尚敢挺妖聚其蜂蠆之餘邀我雷霆之伐朕以干戈屢動黎庶未康繇是按甲延誅冀其來格而乃竊兵干紀自取滅亡副元帥光弼糾率銳徒

恭行天罰爰啟絳宮之略克摧青犢之師曾未浹辰大破凶黨此皆穹昊垂祐宗社降靈是以戎律用貞禍淫斯在如聞蓬艾之下蚊蚋猶虞故當乘破竹以追奔同燎原而撲滅朕爲人父母深念塗炭是用大整戈矛方申弔伐撫綏河雒以致和平即以今月十七日幸東京率六軍取北路進發但巡幸所過自有行營應緣祇供並有司自辦其路次州縣一切不得別有徵斂亦不得輒有進獻及時新野味等王公以下文武從官每頓主人供蔬飯不得輒置魚肉餅果及鋪設亦不得妄差人夫別有祇承行從官及

州縣所繇有如違犯王公以下五品以上具名錄奏當日貶官餘幷從軍令仍令知頓使左右巡使御史相知糾察具狀彈奏如涉阿容及不能舉奏所繇議在必行毋貽後悔仍令戶部侍郎同中書門下平章事第五琦充置頓使應行幸供擬及兵馬糧料續摶節作條件奏聞其從官委中書門下定名錄奏務從減省不欲勞煩宣示中外宜知朕意

答文武百官表賀河陽陝東破賊詔

朕爲人父母時屬艱虞東夏不康近郊多壘除妖撲燎戎

馬交馳父出夫行征徭未息蓬頭汗甲今已累年憂我人斯寢興誠切達精誠於天地委長策於廟堂宗社假靈王師克勝殘逆窮摶聚而相持造舟橫河樹柵憑岸一鼓齊進應時殲蕩陝東連捷吉語驟來平賊安人指期可待自古王者得神以興城梁不假於人功士馬或稱於幽贊休徵斯在靈應不違凡百具寮相同慶慰

授蕭華魏州刺史詔

蕭華素有材能擢居省闥閒者見迫狂虜陷於艱危遂能徇節本朝乃心王室潛通誠款以表忠純殺身獨難通其不死之理行權有賞道其歸有之心終以見疑妄遭禁錮事則昭著理可甄明今魏郡既收疲甿思乂黔黎載請允叶人心宜更剖符仍思禦侮可魏州刺史

贈李嗣業武威郡王詔

臨難亡身爲臣之大節念功加贈經國之常典故衛尉卿兼懷州刺史充北庭行營節度使虢國公李嗣業植操沈厚秉心忠烈懷幹時之勇略有戡難之遠謀久任邊陲備經任使自兇渠構亂中夏不寧持感激之誠摠驍果之衆親當矢石頻立勳庸壯節可嘉將謀於百勝忠誠未遂空

恨於九泉言念其功良深憫悼死於王事禮有可嘉宜增裂土之封用廣飾終之義可贈武威郡王其賵贈及緣葬事所司倍於常式仍令官給靈轝遞還所在以其子佐國襲其官爵實封二百戶

州縣奏替官具履歷詔

自來諸州府多有奏請官者或先無闕員所司雜擾深紊紀綱自今以後州縣官有灼然衰耄暗弱無政及犯贓私切須與替者仰具事由聞奏如緣軍州文要官吏部任簡擇並具闕由聞奏所奏人皆須具歷任考第甲授日月同

奏

令百官議罷新錢詔

泉府之設其來尚矣或因時改作則制有重輕往以金革是殷邦儲稍闕屬權臣掌賦變法非良遂使貨物相沿穀帛騰踊求之輿誦皎實由斯夫易柱調絃政之要者今欲仍從舊貫漸罷新錢又慮權行轉資艱急如或猶循所務未塞其源實恐物價虛騰黎人失業静言體要用藉良圖且兩漢舊規典章沿革必朝廷會議共體至公蓋明君不獨專法當從衆議庶遵行古之道俾廣無私之論宜令文

武百官九品已上並於尚書省議訖委中書門下詳擇奏聞

追贈興王佋爲恭懿太子詔

厚禮所以飾終易名所以表行況情鍾天屬寵及褒封載疇加等之美式備元儲之贈永懷軫念有惻彝章第十二子故興王佋育慶璿源分華若木天資純孝神假聰明河間聚書幼聞樂善之旨延陵聽樂早得知音之妙頃以暫嬰沈瘵殆積旬時而資敬益彰穎悟逾爽愛親之戀言不間於斯須告訣之辭事先符於夢寐顧惟至性實切深哀將胙土析珪載崇藩翰聞詩對易愛献琢磨方冀成立豈期天喪瑶英始茂遽摧於當春隙駟俄遷忽沈於厚夜興言痛悼惻惜良深宜賁寵於青宮俾哀榮於元穸可贈太子謚曰恭懿應緣喪葬所司準式仍令兼京兆尹劉晏充監護使少尹陶鋭爲副主者施行

命郭子儀充諸道兵馬都統詔

朕聞昆夷作患周王授鉞於方叔大宛不庭漢主委兵於廣利則知昏迷之黨舞干不足以懷柔聖哲之謀伐叛必資於用武事將禁暴蓋非獲已司徒兼中書令朔方鄜坊

邠寧等節度使代國公子儀慶鍾五百運符魚水挺文武之宏才蘊韜鈐之遠略積蒼生之重望有命代之元勳頃鼎和羹已申於啟沃登壇制勝實佇於謀猷萬里長城倚賴攸屬今殘祆未殄戎事猶殷爰資一舉之功以靖四方之難宜令子儀都統諸道兵馬使管崇嗣充副使取邠慶朔方路過往收大同横野清夷便收范陽及河北仍遣射生衙前六軍英武長興寧國左右威遠驍騎等左廂一萬人馬軍三千步軍七千人以開府李光進充都知兵馬使特進烏崇福充都虞候右廂一萬人馬軍三千人步軍七

千人以開府儀同三司李鼎充都知兵馬使特進王犹充都虞候渭北官健一萬人馬軍三千人步軍八千人以開府辛京杲充使朔方留後蕃漢官健八千人馬軍八百人步軍七千二百人以兼御史中丞任敷渾釋之同充使蕃漢部落一萬人馬軍五千人步軍五千人以兼御史中丞慕容兆與新投降首領奴賴同統押充使鄜坊等州官健一萬人馬軍一千人步軍九千人以攝御史中丞杜冕充使寧州官健一萬人馬軍一千人步軍九千人以攝御史中丞桑如珪充使涇原防禦官健二千人馬軍五百人步

軍一千五百人以大将軍閻英奇充使蒐乘練卒籍馬賦車合四海以齊心率九夷而同力金鼓作氣鐵騎爭雄欽野噴山殷天動地以服順之師旅討從逆之凶徒人事天時指期可定今将略高驪出雲中驅蚊蚋於幽燕掃欃槍於輦轂削平天下混一車書然後獻凱清廟策勳盟府剋寧區夏豈不盛歟兵馬既衆恐路次難爲供應仍備六十程糧馱遣發馬畜草料所在量事支供不得妄有煩擾百姓仍委子儀即差人先於諸道計會分般次進發仍與迴紇兵馬犄角相應逐便討除所關軍務應須處置並委子

儀續具狀聞奏

張守節致仕詔

卿父子相從大膺儒術既精且博其道可師出入禁庭勤勞侍讀歲月滋久宏益頗多今以暮年俾令致仕仍加子職用資孝養兼賜紫金魚袋絹三百匹

迎慧忠法師詔

皇帝信問朕聞調御上乘久安中土常懷大士共濟羣生師以法鑑高懸一音演說藏開祕密境入圓明大悲不倦於津梁至善必明於兼濟尊雄付囑實在朕躬思與道安

宣揚妙用廣滋福潤以及大千傳象罔之元珠拔沈迷之毒箭良緣斯在勿以爲勞杖錫而來京師非遠齋心已久副朕虛懷春寒師得平安好遣書指不多及

貶李揆袁州長史詔

持衡當軸體備股肱若鼎餗之不知憂鼓妖之有闕一字台司稍紊王度則乖宜峻彝章以懲不道銀青光祿大夫行中書侍郎同中書門下平章事集賢殿崇文館大學士兼修國史上柱國姑臧縣開國伯李揆本以藝文累階資序周旋近密參掌絲綸庶其翼亮之勤列在訏謨之地任惟

過力誠匪奉公無聞憂國之心不懼曠官之責具瞻何恥進退求容仍懷罔上之謀更漏省中之語端居相府潛構禍胎扇湖南之八州阻江陵之節制將圖不軌傲擾方隅考驗甚明發姦斯在私乘驛傳自越章程式按秋官合從徽纆但以位叨宰輔久侍階墀特寬丹筆之書猶任朱轓之職俾從遠黜以肅朝倫可袁州長史員外置同正員仍即馳驛赴任

罷役興農詔

百司及州縣與工力役不急之務一切並停諸軍兵健應

在行營有羸老病疾不任戰陣者各委節度使速揀擇放還路次州縣量加濟恤諸色番役各令所司減省放其營農

贈李齊物太子太師詔

故金紫光祿大夫太子太傅兼宗正卿齊物宗室珪璋士林楨幹清廉獨斷剛毅不羣歷踐周行備經中外威名益振忠効彌彰三尹神州一登會府擒姦掩鉤距之術恤獄正喉舌之官遂令調護儲闈再登師傅從容賓友師長官寮桑榆之時壯志逾勵松柏之性晚歲常堅天不慭遺奄然殂謝念親感舊深軫於懷宜錫寵章載光營魄可贈太子太師

答郭子儀等表請宣示儉德詔

儉德之恭約失者鮮格言爲重理道在茲朕志復淳源用濟海內振其元化鏡以至淸非謂艱難之時自崇樸素之本無聲之樂庶聞於四方曳地之衣將比於前古且率人而自我亦採木而銷金爲君之難事當乎增惕股肱之義務在乎弼違期於啟沃之勤不在延君之譽爲人上者此道惟常豈可付以史官宣於中外載循來表殊匪朕懷

加李輔國兵部尚書詔

八座位崇是資望實七兵寄重必藉勳賢況見危致命爲臣之大節存舊錄功有國之常典眷茲名器允屬當仁元從開府儀同三司判院帥行軍司馬充閑廄五坊宮院營田栽接總監等使兼隴右羣牧使京畿鑄錢使長春宮使勾當內作少府監及殿中都使上柱國郕國公李輔國精明洞物宏毅冠時鍾河岳之秀氣稟人倫之高識悉心無隱應物推誠潔己不雜於風塵臨事無忘於夙夜義形造次績著始終頃在殿憂備同甘苦身率先於草創功有成

於續服洎大兵之後戎務實繁職統中外事無大小克徇恭敬之節用申協贊之勳比陳利害多所宏益永言忠讜實表公忠未嘗矜伐彌自謙損星霜幾變夷險一心豈有業構經綸任兼軍國尚居散列獨謝崇班宜膺喉舌之寵仍受腹心之託欽乃攸司以副僉望加兵部尚書餘並如故

命有司舉行郊廟大禮詔

皇王俯仰應協於靈祇典禮廢興式存於禋告蓋重成命以崇祗肅朕獲嗣鴻猷敢志虔敬頃以三代正朔所尚不

同百王徽號無聞異稱顧茲薄德思創常規爰因行慶之日將務惟新之典而建元立號制命膺符受於天地祖宗申於百辟卿士今既循諸古法讓彼虛名革故之宜已宣於臣下昭報之道未展於郊廟因時備禮擇日陳誠克明恭己之心庶降庇人之福至誠斯感其在茲乎宜取今月二十八日朝獻太清宮二十九日享太廟元獻廟來月一日祭圓丘及太一壇

收葬遇害王妃詔

禍福之源天不可問報應之道理或難憑遂使積善深仁併罹荼毒元惡大憝得恣凶殘自古以來未免斯咎日者祿山作逆竊據兩都塗炭我生靈傷夷我骨肉於禮院門遇害王妃及男子等或閨闈令德婦道柔閑或藩邸象賢幼年聰慧蒼黃之際陷沒賊中嗟其無辜並遭非命興言及此痛悼良深宜令所司即擇日收葬一事已上並令官供其失骸骨者亦令招魂神而有感庶從改卜之安魂兮來歸將就新營之吉

追謚靖德太子琮爲奉天皇帝詔

聖人立號天下至公膺其美者必歸有德有其德者或無

其位苟徽烈可紀則追崇之典行焉況義貫因心禮優加等稽夫往策抑有前聞盛業鴻猷久不可替故靖德太子琮慶鍾霄極親則朕兄性與天道行高時望宣慈惠和聰明睿哲四科兼綜一以貫之而福壽不遐既隨往運緬惟友愛實軫於心朕昔踐儲宮顧誠非次於君人之命所不敢違以少長而言豈忘其序每思懇讓竟莫獲從遽順聖慈嗣茲寶位安可不申夙志有闕推恩宜加尊異之名載茂哀榮之典敬用追謚曰奉天皇帝

封郭子儀爲汾陽郡王詔

命將之選當仁實難非夫文可經邦不能安人和衆武可禁暴罔以剋敵成功允藉宏才爰申錫命司徒中書令靈州大都督府長史單于鎮北副大都護持節充朔方節度關內支度營田鹽池押諸蕃部落副大使知節度事六城水運使兼邠寧鄜坊等道節度副大使上柱國代國公子儀河嶽閒氣巖廊重寶器量深識寛而有謀術應通方用而無滯自經艱阻實擁旌旄遂能克復二京折衝千里厥戎將殄時乃之功久勤啟沃載竭忠讜人之望也天實賚予今殘寇未寧興師頗廣鎮守經制已有區分而籌畫指

麾必資專制將軍辭第無以家爲丞相憂邊思平國難固以訏謀之用宜申總統之威其將戡定外虞澄清列郡光膺藩屏之寄式崇社稷之勳對揚休命以永終譽可封汾陽郡王知朔方河中北庭潞儀澤沁等州節度行營兼興平定國等兵馬副元帥仍充本管內觀察處置使餘如故

答中書門下表賀崔侁獻定國寶玉詔

太寶禎符時膺昌運皇天不祕紫府降靈敷上帝之耿光悟神祇之有鑒荷斯戩穀宏濟艱難冀與兆人同登壽域股肱奉上宗廟福予豈唯朕躬致此嘉瑞卿咸有一德寅奉休徵將使發揮克諧輔弼所請宣示中外編入史冊者依

命皇太子監國詔

天下之本屬於元良四方之明資其冢嗣是有傳歸之義必膺監撫之重克廣前烈與人守器非君父之獨親俾生靈之同戴朕號慕弓劍寢居纏綿頃以疾苦未能康寧殘寇猶虞中原多壘軍國大務理須參決乃睠匕鬯恭承宗祧皇太子豫天縱聰明日躋聖德中興寰構已有大功問安寢門知九國之夢制勝戎闔高五品之才時方艱難禮

在諒闇且以庶政委之元子宜令權監國

命皇太子即位詔

於戲奉天地者是稱大寶承宗廟者必在元良吾以薄德纂承丕緒今以憂勞所積遘疾彌留用申顧命誡爾元子爾性稟生知幼有明德蒸蒸之孝言必因心溫恭睿哲允文允武往在西土爰討凶渠命爾總戎克宣王略收復中夏唯爾之功遂昇以儲闈將中我鴻業爾有令聞萬方宅心吾大漸之後即宜膺寶位夫天下至廣神器所重丕承累聖之德虔奉大中之道必當任賢勿貳去邪勿疑以慈

惠爲心開諫諍之路兢兢業業無怠無荒嗚呼戒之無替厥命

遺詔

勅帝王享國天命有常大歷傳歸皇綱無易朕幸以涼德繼承宗祀在長樂問安之日屬元凶間釁之初南奉聖皇北集戎事賴將相同德社稷降靈爰發五原成師一旅丕圖克振華夏乂寧旰昃之心每勤思於兆庶晨昏之禮嘗不匱於庭闈而天禍上延神心未悔正當金革罹此凶災遂遘膏肓惟兹大漸及兹理命獲著誓言庶安國以保人

豈嘉生而惡死審以大詐屬於公卿皇太子豫仁孝元良聰明齊聖佐成大業能事神祇朕既彌留可守宗祏宜令所司當日具禮於柩前即皇帝位應緣朕喪事制度並準聖皇遺詔其諸道節度使都督刺史等並不須赴哀又爲兵革未寧郵驛艱弊一切不須專使奉慰朕執喪在疚不食葷羶所設饋奠皆須如在有違本意神亦不歆其祭祀之禮一切不得宰殺且國儲非廣虛費稍多宮掖之閒須有釐革所有三宮內人宜量事減省及至德已來籍沒家口非切要者並與放出諸王院內亦宜準此其文武官僚合須褒贊天下百姓宜在優矜每當變易之時皆下惟新之命並委皇帝節級處分嗚呼股肱勳臣敬保元子事居送往諒在於兹宣示萬邦宜從朕意

欽定全唐文卷四十四

肅宗三

宣慰京城僧道父老勅

勅西京緇黃耆壽百姓頃者逆兵暴至侵逼長安王事西巡修集兵馬遂使卿等陷於賊手不得奔逃或骨肉之閒枉罹屠害子女之輩多遭虜掠朕每念此流涕痛心又比來米鹽匱竭人多餓死道殣相望或賊徒逼脅驅使事窮力屈盡是脅從朕甚憫焉今巳京城再復賊寇殲滅豈獨宗廟之福社稷之靈京師等兆民懇誠感達天地之所致

也方與卿等雪恥辱布維新大棄疵瑕宏宥罪戾恐未達意或惶恐焉各宜寧居勿懷反側各令宣諭與卿等不久相見

宣慰西京官吏勅

勅西京官吏等逆胡搆禍暴犯京邑我國家圖必勝之勢取萬全之功是以避狄而西外飭師旅遂使卿等奔竄無所力屈狂寇旣閉之以師旅又臨之以兵戈或強逼驅馳或僞署官爵事不獲巳皆是脅從朕深悉焉無懷反側今天旣悔禍宗廟垂靈王師東征雷擊電掃逆徒勦絕關輔載清卿等代承國恩家傳祿位乃祖乃父爲我純臣雖陷賊中固深憂憤是用惻隱矜憫於懷宜各自安更勿惶懼朕與人更始豈求錄微瑕哉旬日之閒與卿等相見

禁京城酤酒勅

爲政之本期於節用今農功在務廩食未優如聞京城之中酒價尤貴但以麴糵之費有損國儲游惰之徒益資廢業其京城內酤酒卽宜禁斷麥熟之後任依常式

置司天臺勅

建邦設都必稽元象分列曹局皆應物宜靈臺三星主觀

察雲物天文正位在太微西南今興慶宮上帝庭也考符之所合置靈臺宜取永寧坊張守珪宅以充司天臺所司量事修理仍置五官正五人司天臺內別置一院曰通元院應有術藝之士徵辟至京於崇元院安置

減省服膳勅

寇孽未平務懷撝挹自今巳後朕常膳及服御等物並從節減諸作坊造坊並停比緣軍國務殷或宣口勅處分今後非正宣並不得行用中外諸務各歸有司英武軍及六軍諸使比因論競便行追攝今後須經臺府如處斷不平

具狀聞奏自文武五品已上正官各舉賢良方正直言極諫一人任自封進兩省官十日一上封事御史臺欲彈事不須進狀仍服豸冠殘妖未殄國步猶難共體至公以康庶政朕推誠御物與衆共之思與蒼生臻夫至道宣示中外知朕意焉

行輕重錢勅

九府陳規百王不易或以輕爲重蓋取適時以重爲輕用爲救弊則有形分龍馬勢寫刀龜子母相權變通斯在今國步猶阻帑藏未充重斂乃人困不堪薄征則軍賦未足

是以頃令改鑄務於濟時自開元行用已來頗亦公私宏益今可於絳州諸鑪加樣起鑄更增新郭不變舊文每以一錢用當五十利豐費約實允事宜其錢以二十斤成貫自餘錢監並聽依舊享茲厚利足以富國人安俗阜朕復何憂仍令鑄錢使即勾當起鑄新錢或有奸濫所由奉法勿至寬容仰州縣明示錢樣切須捉搦勿使違越在京官寮比無俸料桂玉之費將何以堪宜取絳州新錢給冬季俸料即仰所由申請計會支給且艱難之際家國當同頃者急在軍戎所以久虧祿俸眷言優恤恒愧於懷今甫及授衣略爲賙給庶資時要宜悉朕懷

重稜錢減價行用勅

因時立制頃議新錢且是從權知非經久如聞官鑪之外私鑄頗多吞併小錢踰濫成弊抵罪雖衆禁奸未絕況物價益起人心不安事藉變通期於折衷其重稜五十價錢宜減作三十文行用其開元舊時錢宜一當十文行用其乾元當十錢宜依前行用仍令中京及畿縣內依此處分諸州待進止

職田準舊式輸送至京勅

京官職田準式並合佃人輸送至京中間楊國忠奏去城五十里外貯納縣倉本官自差人請受緣是暫時寄貯所縣觸途乾沒中閑司尤被抑屈公私不便因循累年自今已後京兆河南府諸縣並令依舊送京輸納本官如邀詰停留并輒受加耗請準所費及剩數計贓以枉法論至死者加役流

大祀用上元舞勅

供祠祭上元舞前令大祠享皆將陳設自今已後圜丘方澤太廟祠享然後用此舞餘祭並停

甄叙皇屬勅

勅五代則遷以尊祖禰三族之別以辨親疎故禮曰祖遷於上宗易於下六代而親屬竭矣先王所以叙昭穆明等夷不可得而變革也應追赴山陵及先在城於西宮陪位同五等親宗子等系自本枝分於天派繫之以姓而無別約之以禮而有差朕天禍所鍾哀纏罔極嗟我公族儼然來斯遠倍七月之期俯就三年之制降殺以等存乎典彝名位不同禮亦異數有司定儀將從籍屬之條天下爲家用廣孝慈之道惇睦九族其在兹乎應追到及在城同五

等親宗子等五品已上各加一階六品已下前資常選并散官至簡中稍優與處分未出身者量才授文武散官其中有才學行藝爲衆所推及嗣郡王嘗經任使灼然著聲績者宜委宗正卿琬漢中王瑀光禄卿涵錄其名實具狀聞薦自天寶以來闕造宗籍宜令宗正等重申舊制昭辨等序即宜勘造圖籍宣示中外知朕意焉

授顔眞卿太子少師勅

勅國儲爲天下之本師導乃元良之教將以本固必由教先非求忠賢何以審論光禄大夫行吏部尚書充禮儀使上柱國魯郡開國公顔眞卿立德踐行當四科之首懿文碩學爲百氏之宗忠讜罄於臣節貞規存乎上範述職中外服勞社稷靜專由其直方動用謂之懸解山公啓事清彼品流叔孫制禮光我王度惟是一有實貞萬國力乃稽古則思其人況太后崇徽外家聯屬顧先勳舊方睦親賢俾其調護以全羽翼一王之制咨爾兼之可太子少師依前充禮儀使散官勳封如故

答御藥師道場念誦僧元皎等表賀瑞李勅

瑞李繁滋國之興兆生在伽藍之内足知覺樹之榮感此

殊祥與師同慶

春令減刑勅

國之用刑兼在於慎恤王者布澤亦貴於乘時所以大易陳規必議緩獄周官設教遵於中典朕躬臨寶位憂念黎元乾乾之心日慎一日況兵戎未息征役尤繁哀此下人無忘夕惕如聞州縣之内多有累囚囹圄之間動淹時序每軫納隍之慮常懷解網之仁屬陽春布和品彙咸達宜覃在宥之澤俾叶生成之化其天下見禁囚徒死罪降流流已下一切放免其十惡反逆及僞造頭首強盜劫殺官

吏犯贓枉法等害政既甚在法難容不在此限其諸供司及作曹非切要外並宜減省京畿諸色和糴一切並停其天下百姓灼然單貧交不存者緣租庸先立限長行每鄉量降十下猶恐編戶之中懸磬者衆限數既少或未優矜其實不支濟者宜令每鄉量更矜放待資產稍成任依常式以天下未寧頻申赦令公私庶務優恤蓋多載覃宥過之恩庶及措刑之美宣示中外知朕意焉

答李含光勑

深通道妙久著名聞昔茅君之山今洞眞之奧以師德行

良景慕之朕頃總干戈掃除凶慝保全萬姓克定兩京上皇聖駕迎還宮闕得此定省慶慰自天仰荷元元之祐再成宗社之業亦師精修願力有以助之必須加意壇塲潔清香火廣上皇之福壽俾六合之康寧靜正道門當在師也所謝知

賜李含光勑書

久契眞要深通元微游逍遙之境得朝徹之道上皇疇曰順風見知今乃鍊質名山良多景慕也況茅君洞穴仙經所稱靈化往來神藥斯祕師當閱金籙之祕訣祈元宮以清修驗消災之方効長年之術尤宜精勵庶表齋功夏熱師得平安好遣書指不多及

答顏眞卿讓憲部尚書御札

卿才推翰苑望重朝廷昆弟成名俱效忠節頃遘蠆縱毒郡邑多虞卿能審事宜捍禦兇盜雖平原不守而功效殊高自遠歸朝深副朕望允膺曳履之命無至免冠之請

答顏眞卿謝兼御史大夫批

卿德重才博久而益彰深竭忠貞克著名節乃今再造區夏藉卿以振朝綱曳履之榮允膺其象弄印之寵無以易

卿既簡朕心不至謙讓所謝知

答顏眞卿謝馮翊太守批

卿夙負名器列在朝廷委弄印之傳兼曳履之寵而乃事乖執法情未滅私朕念以舊勳遂從寬宥今左輔之郡凋敝之餘宜加撫存以申來效所謝知

答顏眞卿謝蒲州刺史批

卿簪紱之端名節素重出鎮藩翰克效忠勤況自同及蒲襟帶相接宣風布化實佇於卿特委股肱尤當勉勵防虞恤隱必應事宜所謝知

答顏眞卿謝浙西節度使批

卿學行有聞謀猷克壯屢經寒歲不改松筠且江寧古之帝都實爲巨防自非宿德其可濫居委卿忠誠俾當連帥宜宏籌略爲朕緝綏所謝知

答顏眞卿謝祖昭甫贈官批

卿之乃祖當爲碩儒旣高倚相之能遂有臧孫之後不墜其業在卿之門式覃追遠之恩俾蒙貽厥之慶加贈方岳以表哀榮所謝知

答顏眞卿乞書天下放生池碑額批

朕以中孚及物亭育爲心凡在覆載之中畢登仁壽之域四靈是畜一氣同和江漢爲池魚鼈咸若卿愼徽盛典潤色大猷能以懿文用刊樂石體含飛動韻合鏗鏘成不朽之立言紀好生之上德唱而必和自古有之情發於中予嘉乃意所請者依

立成王爲皇太子德音

守器爲重擇賢而立萬國繫其永貞百王以之垂範蓋以重社稷而奉粢盛也朕纘承洪緒惟懷永圖丕膺皇極旣符域中之大茂建元儲用崇天下之本皇太子俶植性恭懿因心孝友文武之德克聞於日躋君親之誠實原於天性往以時屬艱阻義扶宗社故能外清元祲內復皇圖繇是肇啟承華懋昭嘉緒今撰辰斯及冊命攸行宜承繼明之慶俾廣洊雷之澤可大赦天下頃者頻興大典累洽殊私率土之間屢經蕩滌猶慮近有冒法或滯狴牢其天下見禁囚徒已下罪一切放免內外文武官三品已上者賜爵一級四品已上各加一階五品已上官子爲父後者賜勳兩轉頃因國用不足須賜未周今所鑄新錢數盈於萬其京官文武五品已上及常參官六軍將士東北京留守

及諸道節度將士等各賜有差其唐元功臣成都元從及朕元從功臣等普恩之外更賜一爵四品已下更加兩階其在靈州及寧州至鳳翔者仰所司類例更遞加一等皇親及諸色陪位人等各賜勳兩轉其鴻臚蕃客賜絹一千匹天下義夫節婦孝子順孫旌表門閭終身不事京官五品已上各舉忠正孝友文儒周愼堪任東宮官者務取實才不得虛薦今餘寇未殄有脅在賊中未歸順者一切不以爲罪其有受賊節制能以兵降者酬其封爵且爲政之要求賢是急比令中外薦舉多非實才所以詢事考言登

科蓋寡猶慮巖穴之內尚有沈淪宜令所在州縣更加搜擇其懷才抱器隱遁邱園以禮徵送如或不赴具以名聞凡與前詔科目相當一切委內外文武五品已上官有所知者不限人數任各薦聞如自舉者亦聽於所在投狀有堪任用不限常資其行人家及羸老單貧鰥寡惸獨已頻有處分宜令州縣長官倍加優恤應緣冊禮職掌要重者及撰冊書舁寶官禮官等普恩之外賜勳兩轉其禮儀使特賜一階副使普恩之外賜爵一級敕文有不該者所司類例奏聞

春令減刑德音

乘時布澤有國之彝訓議獄緩刑前王之茂典繇是洽其麛卵殷湯宏解網之仁順彼陽和漢后有錄囚之詔育物施惠抑惟舊章朕纘服鴻業祗膺寶位何嘗不日旰忘食中夜求衣慮一物之失所憂四方之未乂雖身居黃屋而志在蒼生今寇孽爲虞征輸未息猶恐提戈釋耒未有厚於人時寘棘埋梧或慮盈於幽圄屬三陽啟候萬物遂生宜覃在宥之澤庶叶維新之令其天下見禁囚徒死罪降從流以下並釋放京城宜令中書門下即分往府縣御史臺大理寺即親自按問疏決訖具狀聞奏諸府州各委所繇長官準此處分諸色流人及左降官等所繇類例並與量移仍委中書門下議覆奏取處分其先緣安祿山僞署三司有名應在流貶者原情議罪負國誠深朕已捨其殊死竄於荒徼固當與衆共棄長爲匪人然皆邦家舊臣嘗挂纓冕使其終沒裔土永匿魑魂孰若貸以殊私俾令效節亦準例處分兼委中書門下量輕重類例奏取處分比緣寇盜之內干戈脅從白刃臨頸胡寧忍決所以陷於兇黨苟免者多從前詔書頻已該及其史思明將士及僞署

官屬等有束身歸順并率衆來降官爵如初一無所問以城邑降者仍別加封爵餘兇黨之流亦同此例天寶臨照朕無食言王者設教務農爲首今土膏方起田事將興敦本勸人實爲政要宜令天下刺史縣令各於所部親勸農桑百姓中有勤勞耕耘積其菽粟或贍於閭里或能益軍儲委所繇長吏具狀奏聞當特與甄賞仍令有司第其高下量酬五品以下官員其百司及州縣興工力役不急之務一切並停諸軍兵健應在行營有羸老疾病不任戰陣者各委節度使速揀擇放還路次州縣量加濟恤諸色番

復各令所司減省放其營農且寇孽未平軍戎當備甿庶之內征賦猶繁朕所以親帥公卿躬行節儉而詔書屢下蠲免蓋多國計軍儲取給而已猶欲累加損益以惠黔黎宜委中書門下勾當令度支使與諸供司一切減省應可蠲免每司各條件聞奏當使施行

大赦德音

元首之義以人爲心外有洞傷內懷慘怛罪歸於己情見乎辭伯禹深泣辜之仁漢皇下哀痛之詔與理同道惟刑是恤朕志宏覆載運屬艱難思措大刑俾登壽域風以解

慍時當發生國有舊章已懸書於象魏恩成在宥宜釋縶於犴牢其天下見禁囚徒罪無輕重一切放免其官典犯贓情雖難恕特從寬典許以自新並宜納贓放所犯罪左降官等即與量移近處諸色流人及効力罰鎮人等並即放還其有亡官失爵亦與收敍比來兵革不息年穀未登百姓流離至於困弊戰士暴露頗聞闕乏或先有結聚及有違軍令但宜改過自効前事捨而不論艱虞以來多冒刑辟道存善貸屢有德音庶其最靈咸自改勵宣示中外知朕意焉

即位大赦文

朕聞聖人畏天命帝者奉天時知皇靈眷命不敢違而去之知歷數有歸不獲已而當之在昔帝王靡不繇斯而有天下者也乃者羯胡亂常京闕失守天未悔禍羣兇尚扇聖皇久厭天位思傳眇身軍興之初已有成命予恐不德罔敢祗承今羣公卿士僉曰孝莫大於繼德功莫大於中興朕所以理兵朔方將殄寇逆務以大者本其孝乎須安兆庶之心敬順羣臣之請乃以七月癸丑朔十二日甲子即皇帝位於靈州敬崇徽號上尊聖皇曰上皇天帝所司擇日昭告於上帝朕以薄德謬當重任既展承天之禮宜

覃率土之澤可大赦天下改元曰至德大辟罪已下常赦所不免者咸赦除之其逆賊李林甫王鉷楊國忠近親合累者不在免限百姓官吏能率親屬去逆歸順者有官加其優獎斬得逆賊父子不問首從當錫爵土別有褒崇其直言極諫才堪牧宰文詞博遠武藝絕倫孝悌力田沈淪草澤委所在長官聞薦詣闕自陳者亦聽東宮官屬既會昌期合承寵命量加改轉諸色勾徵逋租懸調及官錢在百姓腹內並宜放免靈州改爲靈武郡大都督府上縣爲

望中縣爲上官寮等一切便授天下耆壽各賜物五段侍老版授太守縣令有差各賜物五段諸道百姓委本道採訪使差郡縣官存問四方將士各賜馬一匹六品已下賜物十段天下寺觀各度七人太守並限三考然後轉御史取曾任郡縣理人官者後可薦用所有彈奏一依貞觀故事官吏犯枉法贓終身勿齒自古聖帝明王忠臣烈士五嶽四瀆名山大川並令所在致祭孝子順孫義夫節婦旌表門閭内外文武官九品已上各賜兩階賜勳兩轉三品已上賜爵一級

收復兩京大赦文

軒轅有版泉之戰堯帝有丹水之師湯有葛伯不祀周有獫狁孔熾古之王者奉若天命違道不敢不正干紀不得不誅日者逆胡猖狂敢行稱亂朕嗣守鴻業欽承睿圖枕戈嘗膽撫劍泣血罔不夙夜若涉春冰賴天地疾威社稷憑怒上皇丕烈萬國永懷因時致討爲人請命由是義夫奮發回紇籍兵邦圻關輔之士汧隴河湟之衆沙朔羌戎之騎徽盧蠻貊之人萬里雲趨四方霧合旣張我伐咸乃一心蠢茲遙蠆之餘尚負螳蜋之力自京南合戰雖北追奔百萬摧鋒一戎而定昔夏以有窮之亂克之者四十年漢以新莽之篡復之者六千日今環周未載氛祲廓淸風振海而波盪雷破山而石裂區宇重歸日月增輝此皆三靈叶贊累聖垂祉豈予小子能集大勳頃以先掃宮室奉迎鑾駕紫宸初正黃屋未歸耆老之望則深庭闈之戀猶積所以自天之澤必奉於承顏作解之恩尚稽於俟命今六飛居止萬姓昭蘇義奉君親慶深家國不失舊物與俗惟新宜宏肆眚之典共喜以康之福可大赦天下常赦所不免者咸赦除之其逆人能自投降率衆欵附及殺獲逆

人以所部郡縣軍城降者並加超賞應與安祿山同謀反逆支黨及李林甫王鉷楊國忠等一房並不在免限武德開元及蜀郡靈武元從功臣有先已歿死王事者並加優贈各與子孫一人官乘輿幸蜀天步多難人心且搖臣節斯見太子太師豳國公韋見素開府儀同三司內侍監齊國公高力士開府儀同三司右龍武大將軍潁川郡公陳元禮開府儀同三司左龍武大將軍田長文開府儀同三司右龍武大將軍張崇俊右龍武大將軍特進杜休祥等勇不顧死危能致命或竭誠羽翼仰北辰而環拱或叶契

心膂聚東井以全歸疇茲錫社之封永以誓河之義見素加開府儀同三司食實封三百戶力士加實封三百戶元禮進封蔡國公實封三百戶長文進封鴈門郡公崇俊進封南陽郡公休祥進封馮翊郡公各實封二百戶朕龔行天罰誓兵朔野幸以一旅之衆遂成九有之師言念經綸豈忘締搆銀青光祿大夫尚書右僕射裴冕識宇沖深體局貞固輸忠佐命肇啟興王加開府儀同三司封冀國公食實封三百戶光祿大夫殿中監同正員判行軍事李輔國志除奸惡忠誠濟危加開府儀同三司殿中監依前判

行軍事封成國公實封五百戶銀青光祿大夫宗正卿兼工部侍郎李遵義切維城勳參定國加特進封鄭國公實封二百戶開府儀同三司兼鴻臚卿同正員中軍都知兵馬副大使管崇嗣能訓戎律以佐兵權進封鉅鹿郡公實封二百戶中軍都虞候特進鴻臚卿同正員李鼎加開府儀同三司進封保定郡公雲麾將軍右武衛大將軍左羽林軍宿衛內供養王犹加特進太原縣侯仍各實封一百戶自寇賊姦宄王師未振瞻言京國尚聚犬羊廣平王俶循學好古令德孝恭志存邦家誓雪讎恥爰鞠其旅元戎啟行可封為楚王實封二千戶銀青光祿大夫尚書左僕射兼武部尚書同中書門下平章事兼靈武大都督府長史單于安北副都護持節充朔方節度使關內支度營田鹽池押諸番部落副大使知節度事六城水運朔方管內採訪處置使郭子儀才光三傑功格十臣克焯皇威載昌大業加司徒兼尚書左僕射進封代國公食實封二千戶平章事已下並如故開府儀同三司兼鴻臚卿同正朔方左廂兵馬使同節度副使姑臧縣伯僕固懷恩進封豐國公實封二百戶開府儀同三司兼右金吾衛大將軍同正

仍充四鎮伊西北庭行軍兵馬使李嗣業履險忘軀破敵定難可兼衛尉卿同正封虢國公食實封二千戶銀青光祿大夫守司徒戶部尚書同中書門下平章事兼御史大夫鴻臚卿太原尹北京留守河東節度副大使薊國公李光弼全德挺生英才間出干城禦侮坐甲安邊可司空兼兵部尚書同中書門下平章事進封魏國公食實封八百戶開府儀同三司御史大夫兼工部尚書持節充招討西京并定武威武興平等軍兼關內節度河西隴右伊西四郡行營兵馬使王思禮養銳先鳴蓄奇後殿可開府儀同

三司行工部尚書兼御史大夫封霍國公實封六百戶光祿大夫太常卿同正兼御史大夫淮南西道節度採訪使潁川太守來瑱可開府儀同三司兼御史大夫封潁國公餘如故特進太僕卿南陽太守兼御史大夫權知襄陽事金鄉縣公魯炅蘊是韜略副兹節制可開府儀同三司兼御史大夫封岐國公仍各食實封二百戶兼京兆尹持節充京畿採訪計會招討宣慰處置事崔光遠戮家成國致命前茅可特進行禮部尚書封鄴國公食實封三百戶開府儀同三司李光進慎固封守克獻殊勳封范陽郡公食

實封三百戶賢非后不享后非賢罔乂社稷之固必在良臣左相苗晉卿忠不忘君才惟濟代弼成大業保乂王家可特進行侍中封韓國公食實封五百戶憲部尚書同中書門下平章事李麟蘊德成務含貞軌物發揮帝業潤色皇猷可金紫光祿大夫刑部尚書同中書門下三品封褒國公銀青光祿大夫中書侍郎同中書門下平章事崔圓允釐庶績康濟多難一正天下大庇生人可特進行中書令封趙國公食實封五百戶朝散大夫守中書侍郎同中書門下平章事河南節度採訪處置使賜紫金魚袋張鎬謀猷惟允綱紀立程總兹戎律繄是謀庥封南陽縣公餘並如故銀青光祿大夫太子少師房琯嘗以經術輔導朕躬加金紫光祿大夫少保嗣虢王巨頃以宗枝居守京邑加光祿大夫御史大夫越國公晅總兼元戎克寧全蜀可金紫光祿大夫戶部尚書郇國公韋陟持衡流品式序百工可金紫光祿大夫吏部尚書銀青光祿大夫守禮部尚書李峴饋運周給開物成務可光祿大夫行御史大夫兼京兆尹封梁國公太中大夫吏部侍郎賜紫金魚袋蘇震供億烝徒臨事益辦可銀青光祿大夫行吏部侍郎其赴

蜀郡靈武元從官及在路扈從官三品已上與一子官四品已下與一子出身六品已下量與進改功臣將士勳業高者別有處分應見任五品已上當別與一品階其陣亡人令所在郡縣收骸骨瘞埋具酒食致祭各與追贈其家給復二載諸郡縣牧或隔絕賊境則困於幽殘或犒宴官軍則弊於賦斂其來載租庸三分放一其天下百姓應諸色人勾徵及欠負官物一切放免宜令中書門下簡使即分道宣慰所至郡縣審問百姓間利害有須釐革處置者一一聞奏其園苑內有閑廐使總監各據所管地界耕種

所牧草粟以備國馬其宮女及狗豹鷄鷹鷂之類宜即停減屋宇車輿衣服器用並宜準式珠玉寶鈿平脫金泥織成刺繡之類一切禁斷學官即宜精選務令講習簡擇郎官有堪任太守縣令者委京清資五品已上及郎官御史聞薦其郡縣官有灼然清白理行尤異百姓中孝悌力田不求聞達者委採訪使聞奏其有文經邦國學究天人博於經史工於詞賦善於著述精於法理軍謀制勝武藝絶倫並任於所在自舉委郡守銓擇奏聞不限人數其律令格式未折中者委中書門下簡擇通明識事官兩三人並

法官兩三人刪定近日所改百司額及郡名官名一切依故事頃以上皇在蜀朕亦居岐蜀郡宜改爲南京鳳翔宜改爲西京西京爲中京蜀郡改爲成都府鳳翔府尹以下官寮並依三京名號吳山爲吳嶽其祠享官屬並準五嶽故事天柱山老君廟改爲啟聖宮五品已上清資官及三品已上官上郡太守父見在無官及官卑並與五品官父母先亡歿者贈一人官祖母亡歿亦賜邑號忠臣事君有死無二烈士徇義雖滅猶存其李憕盧奕顔杲卿袁履謙許遠張巡張介然蔣清龐堅等即與追贈訪其子孫厚其官爵家口深加優賞其內外文武官有枉遭逆賊殺害及身赴朝廷并逃難山谷其父子兄弟伯叔等爲賊捕捉損害及謀反城人言語洩漏因遭殺戮並勘實聞奏當以追贈天下侍老八十已上版授有差並賜緋魚袋太原久遭逼圍給復三載上黨三度被攻給復五載其南陽潁州靈昌睢陽雍邱等郡縣堅壁多時力窮方下絶食尚守情亦可矜各給復三載其好畤奉仙兩縣進退禦寇徵求復多各給復三載蜀郡上皇親幸萬乘久居明年租賦宜依常式起後載給復三載良娣張氏既望氣知歸亦當熊見節

可冊爲淑妃進封南陽王係爲趙王新城王僅爲彭王潁川王僩爲兗王東陽王侹爲涇王第九男僙爲襄王第十男倕爲杞王第十一男偲爲召王第十二男佋爲興王第十三男侗爲定王淑妃以下所司擇日即行冊命雖知人之明慙於則哲而睦親之義蓋所隨時持盈尊師儀王已下各賜五百匹諸長公主各與一子官嗣王及郡縣主各與一子六品官皇五等已下及九廟子孫及親等人見在者並與轉改內外文武官三品已下各加一階應敘三品五品量加減兩考蜀郡鳳翔扈從官九品已上賜勳兩

轉溥天下賜酺五日

冊成王爲皇太子文

維乾元元年歲次戊戌十月庚子朔五日甲辰皇帝若曰於戲自昔聖王咸建儲貳蓋將嗣守神器虔奉宗禋是以禮經著元貞之德易象載重明之義朕纘服鴻緒丕承前烈爰外主鬯之賢實符當璧之命咨爾太尉（唐書作元帥）成王俶道備文武生資睿哲溫文彰於日就孝友稟於天成往以兇醜亂華干戈集事是能出陪戎駕入奉廟謀克符丹水之師實翦綠林之盜所謂功定社稷義寧君親今萬邦

以貞三善斯屬宜膺上嗣之典俾踐少陽之位是用命爾爲皇太子以副朕躬爾其思王業之艱難遵聖人之炯戒非尊賢無以成德非廣孝無以承親遠斥便佞詢謀正直兢兢業業庶保於大猷然後無忝爾祖宗克寧我邦家往欽哉丕膺景命可不愼歟

欽定全唐文卷四十五

肅宗 四

冊太上皇尊號赦文

古者父有天下傳歸於子子有天下尊歸於父有國所以繼統立身莫若揚親其義遠矣我太上至道聖皇天帝惟皇降衷敷祐於上允文允武乃聖乃神道合乎乾坤德明於日月粤若增崇九廟巡謁五陵天子之孝也嚴禋二郊外中東嶽聖人之表也制禮作樂闡學明刑帝皇之業也戡定多難懷柔百蠻霸王之功也於是乎爲而不宰成而

勿居神超象外之先心契合莫之境釋負於小子俾承於丕搆討伐叛逆綏懷四方豈朕所能皆聖皇之訓也頃者親授寶符載錫美稱顧朕不德弗克負荷君父之命若登於天祖宗之緒恐墜於地一昨與羣公百寮庶尹衆士圖惟帝載欽若聖謨自古以來百王垂範文明濬哲孝友寬仁豈有如我開元之盛也乃稽大典上徽號曰太上至道聖皇天帝累日誠請不蒙許納至於數四今茲俯從允膺天休克副人望朕上迫嚴旨曲被殊私迎春之初承奉嘉命聖皇所賜曰光天文武大聖孝感皇帝名以制義亦爲

實資卑不踰尊。是昭物則。恭惟聖造。何敢當仁。頃以鴻業載昌。有虧公議。復以大聖二字。深僭皇猷。讓非飾詞。言必形泣。承順顏色。而寢膳不遑。祇膺寵光。乃夕惕增厲。今惟新景命。禮洽於尊親。誕受徽章。敬在於順上。發生萬物。行慶其時乎。佑兆人。緩刑斯在。宜宏霈澤。以布陽和。可大赦天下。改至德三年爲乾元元年。起二月五日已前。大辟罪無輕重。常赦所不免者。咸赦除之。其兩京文武官。應三司先推勘者。本罪中遞減一等處分。其合放者。三司具條件奏聞。自開元已來將相大臣。非反逆及犯名教枉法贓罪

者。流死。許其家人以禮收葬。其陷在賊境。爲其殺戮。未經追贈者。據本官追贈。公主并郡王嗣王郡主縣主及皇五等已上親。被逆賊殺害者。各與子孫一人官。使其瘞藏。亡失骸骨者。各招魂葬。身死者。三品已上。各與追贈。仍各與一子官。五品已上一子出身。六品已下量事追贈。其元從聖皇天帝至成都府文武官五品已上。宜與一子官。六品已下超資進改。聖皇至成都府後到官及寧州靈州首末扈從。三品已上與一子官。五品已上放一子出身。情愿迴授周親及親近。亦聽。六品已下量與改轉。鳳翔府以歸順前者。普恩外加一階。車駕出城後。任官潛藏。不仕逆賊。即與處分。唐元功臣普恩外賜爵一級。身亡歿者。子孫一人加一階。其諸道節度下將士。三品已上與一子官。五品已上放一子出身。六品已下量與改轉。勳業高者。各委本使聞奏。諸道留後將士。普恩外賜恩三轉。自開元已來宰輔之家。不爲逆賊所汙者。與子孫一人官。賊陷兩京。文武常參官及諸州刺史。絕脰仰藥。不事叛人。爲衆所知者。量加優贈。有脫身賊庭。妻子被屠戮者。委所司勘會聞奏。其天下孝義門。各與一子官。委採訪使具名奏聞。量文武處分。

其左降官非反逆緣坐及犯惡逆名教枉法盜贓。如有親年八十已上。及疾患在牀枕者。不堪扶持。更無兄弟。許其停官終養。其流人亦準此。自今已後。應有以醫術入仕者。同明法例處分。天下百姓今年租庸並放。其百司府縣諸色雜供。各宜減半。其雜徭役非要切者。一切並停。其天下州縣有遭逆賊攻擊。堅守不下。竟以獲全。其官人百姓中有實効灼然。爲衆所知者。宜令本道使案驗奏聞。據狀迹酬其官賞。身亡歿者重加褒贈。有父母存者。仍與一官。及邑號。無父母者。與妻子。有一家丁壯盡被屠害者。其父母

妻子仍令州縣以官物賑恤幷量造舍宇使得安存其州因城陷被賊殺戮殘毀者委本道使勘責取實各量免其二三年租賦自逆賊以來有匹夫匹婦節義可稱者並旌表其閭墓其流亡戶復業者委本道使與刺史勾當賑給幷與種子犂牛仍免三年租賦內外文武官三品以上各賜爵一級四品已下及四方通表使各加一階五品已下各賜勳兩轉其刺史上佐錄事參軍縣令委中書門下速於諸色人中精加訪擇補擬判司丞已下宜令所司先於兩京潛藏不仕逆賊及固託疾病官中簡擇資考深才堪

者銓註續發遣皇五等已上親及九廟子孫有才學政理委宗正寺揀擇聞薦其有任僞官及掌兵馬軍將能即來各還本官仍別優賞其左降官諸色流移配隸安置罰鎭効力之類亡官失爵解退放歸田里及安祿山反黨緣坐不在免限李林甫王鉷楊國忠等一房去年十二月十五日制後所犯並準前制處分

乾元元年南郊赦文

朕聞皇天有命皇王受之命之爲君孝理爲本莫不欽崇前烈聿修禋享之儀對越上元式陳郊禋之薦美其盛德商頌有奏鼓之音告厥成功夏書有錫珪之慶國之大事實在於斯間者孽胡亂常暴殄天物致圖書禮樂或阻於干戈宗廟神祇有虧於享祀朕誕受明命龔行天罰羣妖克殄封鯨鯢以示威王室既寧奉鑾輿而載復太上聖皇天帝功格天地道邁胥庭思凝神於姑射將釋負於宸扆俾予小子纘承大統夙夜祗懼俯盡臣子之心親親尊尊庶極於此是用追崇先后建立中宮永言孝思感徽音於文母俾行婦道想釐降於虞嬪情理於是獲申人倫以之攸敘然後執瓚清廟歌五聖之重光燔柴圓丘覲百神之

受職復修祭禮再備樂章尊祖配天不失舊物今大禮斯舉元符允答行慶施惠尚屬於陽和出繫挺囚必當於時令思與天下更布惟新宜覃肆眚之恩以洽雍熙之化可大赦天下除反逆之黨緣坐謀殺十惡劫盜臨監主掌自餘一切原免其餘逆賊元謀及脅從今但歸投並原其罪仍與官賞其成都元從聖皇功臣及靈武元從功臣並收兩京將士三京留守諸道節度採訪使普恩外三品已上賜爵一級四品已上加一階行人賜勳三轉自寇賊以來官吏百姓中有勞未經酬賞者委所在官長具狀奏聞當

與甄錄天下百姓除正租庸外一切不得別有使役如緣軍務所要自令和市兵士有尫弱羸老並揀擇放其長安萬年兩縣各借錢一萬貫每月收利以充和雇其別勅索物及供諸司弁蕃客等左藏雖給價值奏請每引時月宜先給兩縣各五十貫貯於兩市差官專知旋還價值其州府縣門夫勳官並於舊額數減一半其庸丁殘疾人等不須更差其州縣官上什物並以公廨及官人料錢依時價和雇造買不得分配典正其年支口味宜減一半諸使應進鷹鶻狗豽等一切並停應緣南郊百司張設有損百姓

苗稼者委京兆尹隨損多少賠酬所損錢物便即聞奏百姓中有能行仁義分濟貧窮免填溝壑賴救恤者具名聞奏當寵以官職鰥寡惸獨篤疾不能自存及陣亡人家並捐免戶州縣隨事優恤賑給百姓中有事親不孝別籍異財黷汙風俗虧敗名教先決六十配隸磧西有官品者禁身奏聞京官九品以上許上封事極言時政得失朕將親覽用佇嘉謀才有可觀別當甄錄草澤及卑位之間有不求聞達未經推薦者一藝已上恐遺俊乂令兵部吏部作徵召條目奏聞錄事參軍職司糺舉自今已後宜升判司一政以彰委任國子監學生明經法帖策口試各十並通四已上進士通三與及第鄉貢明經準常式州縣學生放歸營農待賊平之後任從常式二王三恪各與一子官內外文武官三品已上賜爵一級四品已下加一階

改元上元赦文

自古哲王恭承景命莫不執象以御宇歷時以建元必當上稽乾符下立人極者也朕承累聖之鴻業紹大中之寶位胡孽干紀王師尚勞乾乾之心豈忘鑒寐一物失所每軫納隍之憂萬邦未寧深懷馭朽之懼賴上元垂福宗廟

降靈百辟卿士同心勠力方翦干戈載戢區宇乂安每勵躬於帝圖常取則於天道屬天人叶紀景象垂文爰遵革故之典將契惟新之命義存更始庶有應於天心澤被無私宜載覃於率土可大赦天下改乾元三年為上元元年自上元元年閏四月十九日昧爽已前大辟罪已下已發覺未發覺已結正未結正見禁囚徒罪無輕重常赦不免者咸赦除之其與逆賊元謀及脅從受驅使懼法來降幷潛藏不出者已頻處分但能歸順捨罪除元惡之外一無所問其史思明必能改圖束手來款亦當洗其瑕釁議以

勲封內外文武官賜爵各有差六軍及飛龍閑廐加賜物其成都靈武元從扈從遞加有差在外諸軍各加錄賞物陣亡將士優加褒贈行人家口所在賑給定禍亂者必先於武德拯生靈者諒在於師貞周武創業克寧區夏惟師尚父實佐興王況德有可師義當禁暴稽諸古昔爰崇典禮其太公望可追封爲武成王有司依文宣王置廟仍委中書門下擇古今名將配享並置亞聖及十哲等享祭之典一同文宣自古百王欽慎刑法蓋以法者人之命刑者國之權苟或失其科條固難措其手足頃以奸臣擅命中

典不修造次便行哀矜何在自今已後其有犯極刑者宜令本司依舊三覆庶平反之際人謂不冤幽明之間理皆無濫又書稱羣望咸秩詩曰祀事孔明爰自遐代尤崇祭祀朕深惟古義必在至誠苟德之不修則神亦無據故知精誠有感黍稷非馨而況宋景發言固三徙而可驗漢文深誠爲千載之明徵事可遵行理當變革有司所立祕祝之法或移於歲或移於人君人之心寧所忍也自今已後削去此法其中祀下祀并雜祭祀等一切並停其諸應合祭祀列於常典所用祭料一依古制務從減省以副朕心又車服以庸有虞盛典威儀以等周禮舊章往屬承平多歷年所至於公卿列位中外在官多以奢僭爲心流弊成俗宜令所司定王公已下車服產業各詳古制及令式作節限聞奏自頃戎車未息殘孽猶虞軍吏獻功務陳首級且四海之內孰非王人豈以苟從昏迷陷在夷戮一朝授首懸彼藁街朕志在好生憫其驅脅其諸軍所獲首級除元惡之外一切不得傳送又設官分理本在安人遞遷之政務於利用今寰瀛之內兵革未清加以時或不登物皆踴貴軍儲是急廪稍靡供宂官之流固甚勞弊其京閒司

官等有材堪釐務者宜命中書門下即類例量資歷出授外官王者稽古設教擇賢以理廣徵岩穴用副薪槱宜令中外五品已上文武正從員官各舉賢良方正直言極諫各一人武藝文才俱堪濟理者亦任狀舉其或文乏詞策武非騎射但權謀可以集事材力可以臨戎方圓可收亦任通舉並限制到一月內奏畢自古明王聖帝名山大川並委州縣長吏擇日致祭義夫節婦孝子順孫旌表門閭終身勿事

去上元年號大赦文

爲人上者與衆守邦自古哲王懼其滿假聰明濬哲罔不在躬文武聖神乃以爲號顧予菲薄運屬經綸一旅成師復其舊物聖皇納人壽域遊意道源神器之重傳歸於朕獲守丕業若履春冰敢忘謙沖日益招損欲垂範而自我亦去華而就實其乾元大聖光天文武孝感等尊崇之稱何德以當之欽若昊天定時成歲春秋五始義在體元惟以紀年更無潤色至於漢武飾以浮華非昔王之茂典豈永代而爲則三代受命正朔皆殊宗周之王實得天統陽生元氣之本律首黃鍾之尊制度可行叶用斯在自今已

後朕號唯稱皇帝其年但號元年去上元之號其以今年十一月爲天正歲首使建丑建寅每月以所建爲數承天陟后稽古臨人必繇革故之源方合大中之道風行寓縣澤被無涯欽承上帝之心申錫蒼生之慶可大赦天下自二年九月二十一日昧爽已前大辟罪無輕重已發覺未發覺已結正未結正見繫囚徒常赦所不免者咸赦除之其十惡五逆及造僞頭首官典犯贓法實難容刑故無小並不在免限其史朝義若能翻然改圖背逆歸順罪無所問加以勳封自乾元元年已前開元已來應反逆連累赦

處度限所未該及者並宜釋放有官者降資與官無官者依本色例收敍內外官三品已上賜爵一級四品五品各加一階六品已下賜勳兩轉成都府及靈武元從普恩之外三品已上更賜爵一級四五品更加一階六品已下更賜勳一轉眷及勤勞俾其卓敍每以田功在謹農事惟勤不有司存何成重穀諸州等各置司田參軍一人專主農事每縣各置田正二人於當縣揀明閑田種者充務令勸課國之大事郊祀爲先貴其至誠不美多品黍稷雖設猶或非馨牲牢空多未謂能享今以元元孚佑至道爲心將

臻太和不欲多殺禮樂殊制孝敬同歸圜丘方澤任依恒享宗廟諸祠但臨時獻熟用懷明德之馨庶合西鄰之祭唐虞之代肇有九州王者所都文無異制其京兆府河南府太原府三京之號宜停鳳翔先爲西京亦宜準此所設諫曹欲聞諷議允副從繩之望須成削稾之書其諫官令每月一上封事指陳時政得失若不舉職事當別有處分其諸州別駕可依舊却置每除京官五品已上正員清望官及郎官御史諸州刺史皆令推薦一兩人以自代仍具錄行能聞奏觀其所舉以行殿最京文武官等賜物各有

差自今已後有隱欺勾剝者宜勾當年若事連去年亦任通勾其隔年者不在勾限官典隱藏在腹內不在此限其氏姓雖得之久遠有與格諱及隱疾同聲者宜改與本族望所出大姓自逐穩便名山大川明王聖帝所在廟祠各委州縣官長虔誠致祭天下侍老先版授者更改與版授未版授者與版授鰥寡惸獨不能存立者委刺史縣令量加賑恤義夫節婦孝子順孫旌表門閭終身勿事赦書有所未及者各令有司速勘會類例條件聞奏

元年建卯月南郊赦文

惟天爲大事之在明惟聖能享承之在德朕託於人上獲守丕圖思大道之行去鴻名之飾文武徽號存而不稱開統履端建元叶紀美皆有讓言必可陳虔告上元致齋清廟恭行舊典展禮南郊百神允懷上帝臨我升聞之際其亦可言昭事以誠實膺多福高而不遠復見其心乃候發生之時用行鬻勸之道暘谷出日登大明於域中泰山起雲遍膏雨於天下君人臨照德澤周洽布其寬大豈止於茲宜行肆眚之恩益廣萬邦之慶可赦天下自元年建卯月一日昧爽已前大辟罪已下罪無輕重已發覺未發覺

已結正未結正繫囚見徒常赦所不免者咸赦除之其反逆造僞頭首謀殺故殺并十惡死罪官吏及典正犯贓爲蠹既深在法難容並不在赦限其史朝義已下脅從將士及受僞官等棄逆歸順因事立功封賞之外餘無所問其諸色流人及左降官等前後頻有處分並與量移所繇稽遲動歷年數宜令有司即申明前後制勅節文速勘責類例聞奏其中外行業夙著情狀可矜久踐朝班曾經任用者委在朝五品已上清望官及郎官御史於流貶人中素相諳委爲衆所推者各以名薦須當才實其內外文武官三品已上賜爵一級四品已上各加一階成都府靈武元從功臣三品已上更賜爵一級四品已上更加一階朕敬授人時慎徽月令庶無備極以獲休徵自今以後每至四孟月迎氣之日與百辟卿士舉而行之建辰月應番彍騎宜三分量留一分其餘即放歸營農至建巳月任依常式諸州刺史縣令及司田參軍令設法勸課令其耕種不得失時貧不支濟戶仍方圓處置量事借貸務令存立歲終巡按量其功效便申賞罰諸道貢獻除馬畜供軍之外其餘鷹鷂狗豹奇禽異獸並不得輒進五都之號其來自久

宜以京兆府爲上都河南府爲東都鳳翔府爲西都江陵府爲南都太原府爲北都孝本天經禮崇國典横於四海漏及三泉其京資清正員文官五品已上武官三品已上并兩省供奉官御史諸州刺史並諸道節度已下三品已上父母亡没未經追贈者並量與追贈文武不墜道宏於人務在搜揚俾其展效其諸道人中有詞學高深兼通政理軍謀制勝明習韜鈐者委所在刺史揀擇聞薦京四品已上員文武官任各舉一人孝子順孫義夫節婦旌表門閭終身勿事

改元寶應赦文

上天降寶獻自楚州神明告歷數之符合璧定妖災之氣總集瑞命祗承鴻休因以體元叶乎五紀其元年應改爲寶應元年建巳月改爲四月其餘月並爲常數仍舊以正月一日爲歲首受茲福應佇以外平因日月之重光布雨露之渥澤其天下見禁囚徒罪無輕重并已發覺未發覺已結正未結正四月十五日昧爽以前一切放免左降官宜即量移近處流人一切放迴有司更不得輒有類例條件其楚州刺史并出寶縣官及進寶官量與進改隨進寶官典傔等各量與一子官宣示中外宜知朕意

賀内道場靈異表

今月六日伏見陛下昭告上帝陰隲下民勤恤蒼生克成黄素況靈丹神合祕藥天成聿修增壇奉以行事肅恭展禮飛章騰踊而入雲虛空有言聖壽靈長而象岳休祐靈感曠古未聞伏望宣示朝廷錄付史館

辭尊號上太上皇表

陛下顧天位之累己推以付臣臣又畏天命以固辭期不奉詔未蒙詔許以辱四海而今加之徽號錫以洪名既受

寶符又傳神器是重臣以不德私臣以殊寵豈天地之容乎神人之望乎臣聞禮有常尊器不可假名無虛立義然後行頃以寇逆憑陵京闕失守撫軍監國事在一時正位居中尊無二上至于光天之業允文允武聖由天作孝以感通臣何有焉此皆陛下之能事也曲成之惠在慈愛而愈深至公之道將詢謀而未叶伏望寢茲嚴命俯遂勤誠臣下之情不勝至願

辭大聖尊號并上太上皇尊號表

帝王者天所命也稱號者人所奉也惟有德克躋大寶至

聖以享鴻休于是乎人神形容其美行歌詠之不足或爲之名焉伏惟陛下乾坤覆載河海潤澤道達生靈惠懷蠻貊尊九廟以崇孝謁五陵以奉先禮二郊以嚴禋祠九宮以致敬刻石北京以揚祖烈泥金東嶽以告成功自三五以還歷選列辟聰明文武齊聖廣淵丕懿純嘏孰與比議卓哉煌煌眞聖人之表也夫天地至大不能定愆伏之序日月運行不能正薄蝕之氣自狂孽開釁俶擾天紀與時消息爲人請命舞干羽而氛祲永清垂衣裳而衽席無險納萬姓於仁壽之域朝百神於清穆之上窅然姑射之山

思訪襄城之野斯又臣言之不及稽古所未聞羲軒唐虞何足以云今方推而不居爲而不有付臣以宗廟重器錫臣以后王徽章何以克堪辭不獲命臣自奉明詔夙夜於邑以爲名不可假尊不可踰敬承嚴旨得爲孝乎至于所託者深所荷者大不敢悉拒以違天衷而大聖二字得之不易求諸故實布在冊書伏望陛下顧茲當仁期以制義今王公侯伯卿士兆人詢謀僉同稽首闕下臣敢因衆人之議成小子之志上尊號於陛下曰太上至道聖皇天帝即命有司擇日奉行冊禮其錫臣帝號大聖二字伏願許停如臣言可以簡當所希採納如臣誠不足動天伏當待罪將以明授受之道辨上下之分不勝臣子下情懇願之極伏惟陛下俯垂允許以副四海之望

再請上太上皇尊號表

陛下以宗社再安天下交泰付臣以神器授臣以寶符加臣以寵章錫臣以徽號君親之義惠下之道已彰臣子之心奉上之禮未足臣所以與王公卿士百辟兆人思垂裕後昆乃悉數前美仰陛下之行若衆星之拱北辰悅陛下之澤若百川之赴東海繇是累上尊號敢冒宸威陛下以

無爲之心不宰萬物抑而未允至于再三羣情禺禺罔知所措一昨辛卯賜誥命曰頻覽章表懇至難違爾寶命惟新洪名允集用加大聖之字克副昊天之心若成命無渝萬國同歡於翊戴儻固辭不已吾亦未膺乎典冊今不許撝謙令斷來表進迫嚴旨何以克堪退荷殊私無任隕越小子伏受命矣伏惟陛下允臣所請則自下上上日月之光昭從上下下雨露之恩廣臣已詢諸龜筮備其禮物請以來月乙巳奉上冊禮聖恩招納即日付外施行不勝懇願之至

謝進丹竈宣示史館表

臣伏奉恩命以臣所進藥器深合天心伏蒙特垂褒美令頒示天下臣幸以菲才叨膺寶歷聖慈曲眷每事憂兢至於孝養之宜臣子常禮先意承旨務達微誠不期進奉之時偶合聖旨寧謂至誠能感事近前知以臣孝既緜衷物自冥應特加獎飾許載縑緗在臣下情彌增愧悚

張天師贊

德自清虛聖教之實或隱或顯是樸是質靜處瓊臺焚香

玉室道心不二是爲正一

葉法善像贊

昂昂高士瀟灑孤峙却立排煙乘霓控鯉果然不伐爲而不恃馭風泠然與物終始

欽定全唐文卷四十六

代宗皇帝

帝諱豫肅宗長子開元十四年生初名俶年十五封廣平王至德二年進封楚王乾元元年改封成王四月冊爲皇太子改今名寶應元年四月即位二年上尊號寶應元聖文武孝皇帝在位十八年年五十三諡曰睿文孝武皇帝廟號代宗

授奉節郡王适天下兵馬元帥制

門下國之大事戎寄爲先朝有舊章親賢是屬故求諸必當用制於中權存以至公豈慚於內舉特進奉節郡王适

天資淳懿夙表岐嶷深謀祕略可謂生知樂善近仁非由外獎檢身以禮率性惟忠將有事於四方且申爾志俾啟行於十乘式佇其能故可敬慎厥猷勤宣乃力克奉君親之命載清寇孽之餘允副僉諧宜從茲授可天下兵馬元帥餘如故

加李輔國司空兼中書令兵部尚書食實封制

論道之官兼平水土神化之本皆屬陶鈞仗以勳賢執茲大政開府儀同三司行兵部尚書判元帥行軍司馬閑廄

等使上柱國尚父李輔國先聖同德皇家保衛經綸雲雷負揭日月佐命之義格於蒼穹親必造膝言皆投水功高彌損任重不矜芟夷內難義形於色姦邪黜伏宗社獲安大厦再崇九鼎增重肆予小子纘守萬方頃以寡薄賴於管救巖廊是倚舟檝可乘且名冠雲臺未登公輔績參天造猶缺苴茅久遂推挹恐乖彝典朝廷百辟屢進昌言乃申弼亮之謨式副羣公之請主茲空土拜以專車更誓山河用加井賦宜俞往誥之命永叶褒優之禮可司空兼中書令兵部尚書食實封八百戶

終喪制

三年之喪天下達禮苟或變革何以教人朕遘茲閔凶攀號罔極公卿固請俾聽朝務斬焉縗絰痛貫心靈豈可便議公除遽移諒闇昨見所司儀注今月十三日大祥十五日從吉仰憑遺制又欲抑予竊惟哀思深謂未可其百寮並以此釋服朕將繼武丁之道素冠之詩恭默再周不忍權奪凡庶在位宜悉哀懷

加李光弼實封仍與一子官三品制

功崇望重加以服章德厚流光延其懋賞爰益苴茅之典並明幹蠱之才副元帥太尉兼侍中都知河南淮南淮西山南東道諸節度行營事上柱國臨淮郡王李光弼元勳濟代公輔推賢宣大化之神明總專征之師律自出征移鎮距海負河連率百城旌旗千里東郊誓衆雅繼魯侯之功北伐擁旄首稱漢將之略高牙罷設重鼎斯調允知武庫之寶實在雲臺之右疇其眞食美以保家僉議永諧舊章斯舉敬哉有土更載丹書之盟鯉也趨庭宜升紫綬之寵可加食實封二百戶仍與一子官階三品餘並如故

授劉晏吏部尚書平章事制

搆廣厦者審象於宏材經萬邦者注意於良弼自非道符夢卜名冠簪裾何以永副虛求式諧時望銀青光祿大夫國子祭酒兼御史大夫京兆尹判度支充勾當度支等使上柱國彭城縣開國伯劉晏應期生德維嶽降賢文爲君子之儒器蘊通人之量學苞前典志在於直方詞蔚古風義存於比興自兼京劇職總均輸變而能通宏適時之務居難若易多濟物之心頃者戎事方殷軍賦惟錯率皆倚辦每務推誠寇難初夷皇猷咨弼周王佐國必自於天官漢代登台咸由於亞相宜應選衆之舉用成亮采之功可

金紫光祿大夫吏部尚書平章事勳及度支等使並如故

封衞伯玉城陽郡王制

門下建爾茅社所以親諸侯加以金紫所以封異姓蓋章敘之舊制必選功而茂賞開府儀同三司檢校工部尚書兼江陵尹御史大夫充荆南節度觀察處置等使上柱國芮國公衞伯玉性與宏毅識資沖遠公直不撓智謀尤深忠厚可移文武是憲幼讀墳典素知名於國庠晚藉韜鈐因効策於戎幕累膺將帥之重積有艱鉅之勳竭力事邊乃誠王室伏波料敵每合我心司馬理軍差強人意自荆

門作鎮式是南邦九江孔殷三楚之會澄清節制實得專征而謀求政理開示恩信既愛人而省刑將息馬以論道寬而有制令協於師貞簡則易從風行於刺舉疆事寧晏厥功茂焉二等之榮允茲駁貴宜錫褒封之命俾光優異之禮可封城陽郡王食邑三千戶餘並如故

增修學館制

治道同歸師氏爲上化人成俗必務於學俊造之士皆從此途國之貴遊罔不受業修文行忠信之教崇祇庸孝友之德盡其師道乃謂成人然後揚於王庭敷以政事徵之以理任之以官寘於周行莫匪邦彥樂得賢也其在茲乎朕志承理體尤重儒術先王設教敢不虔行頃以戎狄多虞急於經略太學空設諸生蓋寡絃誦之地寂寥無聲函丈之間殆將不掃上庠及此甚用閔焉今寓縣乂寧文武並備方投戈而講藝俾釋菜而爲禮（一作俾釋耒以行禮）使四科咸進六藝復興神人以和風化浸美日用此道將無間然其諸道節度觀察都防禦等使朕之腹心久鎮方面眷其子弟爲奉義方修德立身是資藝業恐干戈之後學校尚微僻居遠方無所咨稟山東寡問質疑必就於馬融關西盛

名尊儒乃稱於楊震負經來學宜集京師其宰相朝官及神策六軍諸將子弟欲得習學者自今已後並令補國子學生欲其業重籯金器成琢玉日新厥德代不乏賢其中身雖有官欲附學讀書者亦聽其學官委中書門下選行業堪爲師範者充其學生員數多少所習經業考試等弁所供糧料及緣學館破壞要量事修理各委本司條件聞奏務須詳悉稱朕意焉

賜劉希暹自盡制

勅合體者君臣之分二心者天地同誅搆茲亂階與衆共

兼開府儀同三司行太僕卿兼御史中丞神策軍兵馬都虞候淄川郡王劉希暹幸以微謬關榮秩典司禁戎作我心膂外雖承命內不盡忠泄漏朕言幾危吾事念常任使冀以自新分委戎柄授之經略而干冒貨賂谿壑無厭恣以苛刻師人積怨輒懷顧望潛蓄異圖假談咎徵上悖天理誘吾忠良之士妄言禍亂之端惡狀已彰情在難恕賴勳賢竭力沮發奸凶遂命公卿兼之法吏再三訊鞫情款昭然戮尸市朝未云塞責氂纓盤水尚許歸全特從寬典宜使自盡朕臨馭萬邦於茲九稔每以外攘夷狄未戢干

戈常亦推食解衣躬撫將校義均休戚期保終始明神所知誠契未負禁綱踈濶小過必遺豈虞奸臣有此干紀罪成惡稔以寘嚴科天下之法不可私也刑其無捨良用憮然文武庶寮宜悉朕意

許巴南賊自新制

巴南諸州仍歲水旱迫於凍餒或至流離因有剽竊苟全性命懼刑網之所及姑嘯聚以相依抑有繇焉蓋非獲已永言其弊用軫於懷如能相率來歸各安生業並無所問咸許自新宣示中外咸使知悉

淮南旱求言制

淮南數州夏秋無雨朕精誠奉天誠懼臨下唯恐明有所不照聽有所不達百辟卿士咸弼予違宣示百姓令知朕意

加馬璘實封制

勑大將在外勤勞有功或未進秩必當加賦吏書侯社益茂朝章四鎮北庭行軍兼涇原等州節度使開府儀同三司檢校工部尚書兼御史大夫上柱國扶風郡王馬璘以牧人御衆之才膺方叔召虎之任理事詰禁以屏西郊撫

和其人一乃心力智謀濬發忠義倜然武能用典師在制命紀遂伐叛服柔示懷懲密人之不恭執戎子以數罪務於禮德以濟威刑關右寧謐賴其鎮定社稷之衛予嘉乃勳厚其田租式寵戎閫可加實封二百戶餘如故

追封華陽公主制

周漢之儀湯沐之制車服次於王后容衛榮於戚藩其淑德竟天於茂年成禮未主於同姓則加其懋榮舉於前典是以東漢追平原之封西晉崇寔獻之命故第五公主天縱柔和性成聰敏爰自辨識秀於人倫仁義切於衷誠怡

順適於師訓先意承旨不待明言省醴適饌每加豐潔送迎匪憚於寒暑溫扇無待於傍人甘去繁奢樂聞禮教將有詞請必候溫顏或遇憂勞輒形焦色周旋六行諷詠七篇齊威怒以拯危伺歡愉而進善常求惠下聚請求賢而齠齔之辰清羸多疾沈綿衽席彌歷紀年針艾嬰身藥餌在口異在殊常之命實有兼愛之慈與之名都假以榮號闕築館之盛乃從受邑之期優典未彰幼齡已謝追懷既往痛悼滋深方展禮於舊章稍申哀於備物叶乎素志厚爾飾終可追封華陽公主

追封玉虛公主制

因親之愛存則均慈緣情之禮歿而逾厚故第六公主敏識沖和韶姿婉秀純孝之性自合於天經柔順之心夙成於閫則動惟中禮言必知微承夙烈之元風悟道家之真籙方開魯館甫往有行未啟漢封遽幽長往念其早夭倍軫哀情用追湯沐之榮載錫靈仙之號可追封玉虛公主

貶王縉括州刺史制

門下侍郎同中書門下平章事王縉附會姦邪阿諛讒佞據茲犯狀罪至難捨矜以耄及未忍加刑俾申屈法之恩貸以岳牧之秩可使持節括州諸軍事守括州刺史宜即赴任於戲朕恭己南面推誠股肱敷求哲人將弼予理昧於任使過在朕躬無曠厥官各慎厥職

授楊綰中書侍郎常袞門下侍郎並同中書門下平章事制

體國經務亮采惠疇以遂萬物之宜以刑四方之禮彌縫袞職金玉王猷平景緯於台階濟鹽梅於鼎飪必先時俊允膺旁求朝議大夫守太常卿兼修國史賜紫金魚袋楊綰贍學懿文崇德廣業表微藏用適務知章朝議郎守尚

書禮部侍郎集賢院學士上柱國賜紫金魚袋常袞志業貞諒理識宏深守正居中確乎難奪頃以戎車未戢方事仍殷永言庶政有乖彝敘今將本俗刑教澄源振綱宜九德以阜成張四維而翼贊洽於僉論咨爾具瞻往副審象之誠懋緝時雍之化綰可中書侍郎同中書門下平章事集賢殿崇文館大學士修國史散官勳賜如故袞可門下侍郎同中書門下平章事太清太微宮使崇文宏文館大學士散官勳賜如故

贈李進禮部尚書制

朕在藩邸理兵西夏建於元子受律東郊時更否泰再同休戚可贈禮部尚書

封辛京杲晉昌郡王制

門下關內河東副元帥左廂兵馬使同朔方節度副使開府儀同三司試太常卿兼御史中丞上柱國肅國公京杲文武成器公忠立節副旌麾於戎閫戒士馬於轅門縱橫有謀沈毅多勇守能重固戰必先登宏變通以制用崇取勝之嘉績勤王憂國歷險不渝奉職在公始終無替封建之制率由舊章以功詔爵議賞從重宜分茅於二等俾有

國於千乘可封晉昌郡王食邑三千戶

答郭子儀進詔勅詔

朕不德不明俾大臣憂疑朕之過也朕甚自愧公勿以為慮

命僕固懷恩充朔方行營節度使詔

工部尚書兼御史大夫隴右節度觀察等使大寧郡王僕固懷恩經武大才濟時良具今以寇害河雒思用討除宜輟務於西陲俾廓清於東夏可充朔方行營節度使本官封如故

嚴薦舉詔

推薦之道必務於至公賞罰之間亦資於不濫其諸色舉人等須有處分令薦所知實佇才能用施政理自宜慎擇以副虛懷古者效官三歲考績善惡既著褒貶斯存舉之得人必受旌能之賞舉之失選亦加懲過之罰賞罰之典期於必行凡百具僚宜知朕意

流裴茙費州詔

前襄州刺史裴茙性本頑疎行惟狂悖頃因試用爰委軍戎守在要衝無聞方略所以申命來瑱重撫漢南即宜奔

赴闕廷謝其曠職而乃顧惜名位輕圖異端誣構忠良妄興兵甲違令追召敢欲逗留是有無君之心不唯罔上之罪又轉輸之物軍國所資擅為費用其數甚廣據其抵犯合寘嚴誅但自朕登極已來屢施恩宥肆諸朝市所未忍為宜寬殊死之刑俾就投荒之謫宜除名長流費州

削除來瑱官爵詔

春秋之義貴在於必書君臣之間法存於無赦沮勸式遵於前典進退莫非於至公惡稔既彰明罰難貸開府儀同三司行兵部尚書中書門下平章事充山南東道節度觀

察處置等使上柱國穎國公來瑱謬當任用素乏器能亟懸班榮累經節制莅職蔑聞於成績登朝虛美於崇名頃者分閫須倏久淹江漢或頻徵不至或移鎮遲留實乖堂陛之儀妄及干戈之忿朕以舊臣宿將道在含宏會其來庭用甄後效超登宰輔光拜夏卿列在三台掩其一眚山陵先遠事委近臣謀謨素闕於大猷卜祝頗聞於私議實虧周愼且聞樞言何以輔弼鼎司儀刑籓紱據其所犯合寘殊科以嘗侍軒闈用存寬免之事緬範舊章兼膺黜削之議其身官爵一切削除

禁僧尼道士往來聚會詔

教宗清淨禮避嫌疑其僧尼道士非本師教主及齋會禮謁不得妄託事故輒有往來非時聚會並委所縣官長句當所有犯者準法處分亦不得因茲攪擾分明告示咸使知悉

禁斷公私借寺觀居止詔

道釋二教用存善誘至於像設必在尊崇如聞州縣公私多借寺觀居止因茲褻黷切宜禁斷務令清肅其寺觀除三綱并老病不能支持者餘並仰每日二時行道禮拜如有弛慢並量加科罰

令舉堪任刺史縣令判司丞尉詔

知人則哲堯舜猶難類能而舉古今常式自頃中原多故汔未小康州縣屢空守宰多闕攝官承乏者頗無舉職之能懷才抱器者或有後時之歎朕所以宵夜不寐側席未遑思宏政理之規冀及大中之道而庶尹卿士列於朝廷豈無協贊之心以助旁求之義其內外文武官中如有堪任刺史縣令及出身前資人中有堪任判司丞尉者宜令京常參官各愼擇所知具狀奏聞諸州刺史縣令既藉寮屬亦宜準此古者得人受賞曾不踰時增秩賜金有國通典其或任非稱職舉不當才顧多附下之心非無不適之罰其所舉人授官後如政能尤異清白著聞三兩考後仰本道觀察使具狀奏聞其舉主及所舉官人並量加進改如懦弱不舉及暴政處置乖宜並冒犯贓私等議罪論刑當亦連坐宣示中外知朕意焉

令京兆府收埋骸骨詔

凡在生靈合登仁壽自逢艱阻多致傷殘或寇盜爲災斃於鋒鏑或歲時不稔道殣相望枯骨轉屍多未埋瘞朕爲

人父母良深惘惻將何以示掩骼之禮昭葬骨之仁永念前修豈忘古訓其京城內外應有舊骸骨宜令京兆府即勾當收拾埋瘞仍令中使與所由計會致祭

答宰臣等請立皇太子手詔

卿等謨明廟堂夾輔王室請正長嫡以崇儲副稱元良之貞固天下之本此謂主鬯誠哉是言但以黎庶不康甲兵久頓憂勞旰昃姑務息人與衆共守斯為急務冊命之禮輟而未行方俟有年用申盛典高秋元月平秩不遥因其萬物之成繼以重離之照子孫逢吉是謂大同佇至此時

依卿所請宜悉朕懷

答郭子儀等表請改元立號手詔

朕嗣守洪名欽承丕構克清多難奄甸四方聖靈在天元德敷佑南面恭己朕何有焉巨猾削平非予之武言念海內生人至艱兵鋒猶虞暴骨未掩日旰忘食宵分疚懷遽稱成功良謂虛美元宮甫畢豈宜即及改元寶位至尊何以更言加號宰臣之任職在輔弼勸進之詞深所不取

答郭子儀等表請改元立號第二手詔

朕內省德薄在於人上紹高祖太宗之天下承上皇先聖之丕業惕然南面常懼君難豈因樂推亦自光大況山陵甫爾濡露增懷寓縣凋殘薰風未暢遠行古制虛受鴻名是用繹思未宜獻可五始之義誠在體元三年之道取其無改所陳徽號亦有舊章若更尊崇得非自聖股肱輔弼惟欲致君空勤誠請之詞未副昌言之理

答郭子儀等表請改元立號第三手詔

年叶五紀成歲以授時君臨萬邦向明而聽政體元不潤其色處實不為其賓朕若昔大猷允懷恭己務於簡易豈曰崇高常深負荷之憂敢忘祖宗之烈卿等總括羣議昭升舊章周爰典籍之文鉤校天人之理對揚耿命進勸皇

圖請踰年而改元益正位以加號敢廢春秋之義用諧啟沃之心敬允乃誠良多慚德

令行在側近府州搜舉遺逸詔

理道同歸求賢是急非人不乂辟士是勤招以弓車設其壇席且優邁軸如待神明朕臨御多方誕敷至化慮遺巖穴載佇雲津知白珩之非寶降元纁於下體一自鳴鑾關外駐驛陝郊每念明敭深勞寤寐聽正言以蘇國瘼思碩德以定人訛而猶高士鴻冥幽人豹隱將朕之不德而禮

或有遺望干旌之忠告仰少徵以嘆息眇然惕厲顧覽河山藿食薇歌往而不返永懷賢者朕甚愿焉今將意達巢居誠通卜兆一麾必起四皓爰來敦其素風成我王道宜令行在側近府州長官搜舉遺逸其有懷才抱器高蹈不仕精加訪擇必以名薦仍須以禮資遣送赴行在負於邱園待以郎署務令申勸悉朕意焉

長流程元振詔

族談錯立法尚不容同惡陰謀議當從重有一於此情實難原程元振性惟凶愎質本庸愚蕞爾之身合當萬死頃

以寬其嚴典念以微勞屈法伸恩放歸田里仍乖克己尚未知非既忘含煦之仁別貯覬覦之望敢爲嘯聚仍欲動搖不令之臣共爲睥睨妄談休咎仍懷怨望束兵裹甲變服潛行罔顧君親將圖不軌按驗皆是無所逃刑首足異門未云塞責朕猶不忘薄效再捨罪人特寬斧鉞之誅俾正投荒之典宜長流溱州百姓委京兆府差綱遞送路次州縣差人防援至彼捉搦勿許東西縱有非常之赦不在會恩之限凡百寮庶宜體朕懷

答雍王讓皇太子詔

立嫡以長繼統惟賢三代成規百王令典惟爾元子敬而溫文孝叶天經學深義府克奉趨庭之訓遂成麟趾之本頃總元戎式平巨猾外蕃受律羣帥叶謀咸推兔苑之賢允副龍樓之拜宜膺德舉勿用勞謙

答王縉進王維集表詔

卿之伯氏天下文宗位歷先朝名高希代抗行周雅長揖楚詞調六氣於終篇正五音於逸韻泉飛藻思雲散襟情詩家者流時論歸美誦於人口久鬱文房謌以國風宜登樂府旰朝之後乙夜將觀石室所藏殁而不朽柏梁之會

今也則亡乃眷棣華克成編錄聲猷益茂歎息良深

遣劉晏宣慰諸道詔

歲之不易征賦繁興河南蕭然江外尤劇供上都之國用給諸道之軍須庶務徵求未遑小息火耕水耨夏葛冬裘充饋運而屢空支戎衣而不足農人少而轉困編戶流而罕歸自北之化未淳大東之詞方切君爲心也朕甚痛焉今區宇漸寧凋殘已甚惕然恭己姑務息人懼惸嫠之無告思省方以親問時邁未可日昃增勞載懷鴻鴈之詩用解吾人之慍必資循行悉以周爰皇皇者華申諭朕志宜

令太子賓客兼御史大夫劉晏往諸道宣慰應百姓有徵科煩重人戶逃亡及水旱所損不能支濟者並與本道節度使計會蠲削安存逐便處置訖具狀聞奏官吏之政在邦必聞知無不爲公道斯在其租庸使及刺史縣令錄事參軍有精於政理及賦役均平州縣之閒稱爲良吏者具名聞奏別有甄異如或殘忍慢法貪汙敗官有害於人不應時務者亦具狀以聞仍與本道觀察節度使會計舉按四海至廣九重至深思使下情上通當令上旨下達務以審慎稱朕意焉

求言詔

爲政者宣之使言作事者稽之於衆切於求道務以從人將明目而達聰亦理煩而去惑經國之體庶無闕言文武百官及諸色人等有論時政得失上封事者狀出後宜令左右僕射尚書及左右丞諸司侍郎御史大夫中丞等於尚書省詳議可否具狀聞奏其所上封事除常參官外有時辭理可觀或幹能堪用者亦宜具言詳議官中或見不同者即任別狀奏聞

諭僕固懷恩詔

佐命大臣自天所授納於將相委以腹心休戚實同始終無易太保兼中書令靈州大都督府長史單于鎮北副大都護充朔方節度關內支度營田鹽池押諸蕃部落副大使知節度事六城水運使兼河北副元帥上柱國大寧郡王懷恩朕之元輔上帝賚予道備五才能包三傑長策制敵精誠感神夙奉先朝志平多難援旗朔野扈蹕岐山前驅啓行所指皆克收關河之襟帶復都邑之衣冠以義斷恩毀家徇國躬擐甲胄驅馳十年遇戰則酣逢堅必脆總統戎旅通和夷狄決策東向殲厥渠魁掃清妖氛芟薙逋

梗海隅萬里一舉蕩平遂欲息馬投戈坐而論道當朝大政並以咨之聽賡載之歌爲千古之式移軍汾上方欲凱旋疑隙之端搆於羣小浮言初起且以強大自嫌邪說又生或謂功高不賞以玆淹恤因而沈猜撫之若驚諭之未解朕以白日旌信明神鑒心若有負功臣是大欺天下爲人君者豈有此乎尋聞聚族而謀知欲垂橐入覲其子猶懷反側更有遷延少年輕佻操履非正私庭跋扈違背君親朔方義師心如父子怒其懷貳遂共梟懸凶子既誅大軍方擾倉皇奔竄遠在邊州察其深衷本無他志蓋緣憂

慴遂至於斯眷念之下無忘鑒寐況勳書盟府像列雲臺錄功念勞豈以小而累大君臣之義情實如初厚祿榮班固宜仍舊但以河北諸將自竭忠誠朔方三軍已有管屬不可更置統領復爲節制其先任靈州都督府長史單于鎭北副大都護及河北副元帥朔方節度等使宜並停其太保兼中書令上柱國大寧郡王並如故但當詣闕更復何疑再三言提庶早牽復欲令方寸懸示萬邦爾無我虞朕言不再久勞於外終必無成收之桑榆殊未爲晚甘言之誘王者不爲危而悔之將何及矣切令宣示遠副朕懷

答李光弼讓實封詔

爵土之封以酬勳德故受之者適當其分使賞在必行而得之者不讓其餘使人有可繼國之彝憲在乎至公往者寇逆亂常京闕失守太尉兼侍中充河南副元帥都知河南淮西山南東道諸節度行營事上柱國臨淮郡王光弼首奉師律翊佐先朝克殄氛祲底寧宗社自朕纘承丕緒又置大功扶顚履危勤恤於外可謂忠存王室道濟生人則食邑所加抑惟常典小因疾故遽有懇詞不伐茂勳請歸實食覽其章奏增用憫然且福壽之理期於勿藥井賦之錫傳於無窮豈宜暫以微痾便思獨善將使在其下者何顔受封用阻深誠蓋存大體然謙撝有素志義可嘉足以激厲名節光昭退讓宜示中外咸使聞知

答郭子儀陳讓太尉手詔

卿秉德資忠懿文經武內凝庶績外定羣凶爲社稷之元勳實台階之良輔爰昇太尉以冠百寮六府益明九鼎增重而懇守沖讓至於再三確乎丹誠貫彼白日范宣辭位馮異不言雖成功而勿居固時望而無易用旌懇至俯遂乃懷所讓者依

答郭子儀讓尚書令手詔

優崇之命所以報功總領之司期於賦政卿入居台鉉出統戎旃爰自先朝累匡多難靖羣氛於海表凝庶績於天階敏事而寡言居敬而行簡人難其易爾易其難所以命掌六聯首茲百辟顧循時議僉謂允諧而累拜封章懇懷讓挹守淳素之道語政理之源無待禮成曲從德讓宜宣示於外編之史冊

答王縉讓侍中郡公第一表手詔

卿道高王佐才茂國楨敘百揆於中台調四時於元氣乃

眷東夏至於海隅爰咨相府之謀出總兵車之會受彼師律主其載書禮有優崇昭兹寵命黃樞受秩元社加封咸重分麾俾光推轂用申彝典何至勞謙即斷來表

答王縉讓侍中郡公第二表手詔

常伯之任元戎之權自非大臣孰允僉望齊梁郡國淮楚方隅必資相府之賢式統軍司之務爰從益邑懋厥官常朝典已行何至固讓即斷來表

許王縉讓侍中郡公手詔

以卿叶宣廟謨綱統戎律軍國大務咸以咨之禮命優崇

古今通制爰進珥貂之秩用加書社之封累表陳情固辭寵數言多激切志益堅貞雖尚德任賢務於褒進而勞謙退讓宜有允從暫紓所懷俯順誠情所讓侍中郡公者宜依

贈李氏裴氏縣君詔

鄭州原武尉盧甫亡妻李氏汴州尉氏尉王泛妻裴氏等懿範傳家柔明植性頃因寇難克彰義烈或請代父死表因心之孝或誓逐夫亡標難奪之節宜膺贈飾俾光休美李氏可贈孝昌縣君裴氏贈河南縣君仍編入史冊瀾渤亦贈官秩

緣汴河置防援詔

如聞自東都至淮泗緣汴河州縣自經寇難百姓彫殘地闊人稀多有盜賊漕運商旅不免艱虞宜委王縉各與本道節度計會商量夾河兩岸每兩驛置防援三百人給側近良沃田令其營種分界捉搦

答魚朝恩獻苑內白鹿白兔手詔

白鹿白兔王者嘉瑞和平之應朕以寡德詎敢當焉卿及將士等務切軍儲克勤農畝上元眷祐爰獲禎符所請付

史館者依

贈韋陟尚書左僕射詔

竭忠之臣歿不廢命奉上之節行固無私言念飾終抑惟恒典故金紫光祿大夫吏部尚書兼御史大夫充東京留守兼判留司尚書省事東京畿觀察處置使上柱國郇國公韋陟敦敏直方端嚴峻整宏敷典禮表正人倫學冠通儒文合大雅頃者詢謀舊德保釐成周眷彼郊圻賓其慎固而兇胡殘醜密邇河洛命居陝虢時俟翦除纔加喉舌之榮遽嬰霜露之疾方期克享眉壽冀其有瘳奄此殂殁

良深震悼升車而復以申三禭之恩在牖加紳宜崇八座之寵可贈尚書左僕射

答劉晏讓官手詔

卿蘊經國之文懷濟時之略軍儲是切轉運攸難勵以公勤適於通變遠跡溝洫績顯京坻爰獎勤勞是明賞勸俾遷六職兼綜九流益用撝謙切陳懇讓宜從雅旨所請者依

減租稅詔

古者量其國用而立稅典必於經費由之重輕公田之籍

可謂通制履畝而稅斯誠弊法所期折中以便於時億兆不康君孰與足故愛人之體先以博施富國之源必均節用朕自臨宸極比屬艱難嘗欲闡淳樸之風守沖儉之道每念黎庶思致和平而邊事猶殷戎車屢駕軍興取給皆出邦畿九伐之師尚勤王略千金之費重困吾人乃者遵冉有之言守周公之制什而稅一務於行古今則編戶流亡而墾田減稅計量入之數甚倍征之法納隍之懼當宁軫懷慮失三農憂深萬姓務從省約稍冀蠲除用申勤卹之懷以救惸嫠之弊京兆府今年合徵八十二萬五千石數內宜減放一十七萬五千石青苗地頭錢宜三分取一在京諸司官員久不請俸頗聞艱辛其諸州府縣官及折衝府官職田據苗子多少三分取一隨處糶貨市輕貨以送上都納青苗錢庫以助均給百官

均濟職田俸料詔

京諸司官等自艱難已來不請祿料職田苗子又充軍糧頗聞艱辛須使均濟其諸州府縣官及折衝府官職田據苗子多少三分每年宜取一分依當處時價迴市輕貨數內破腳差綱部領送上都納青苗錢庫其闕官職田據數

盡送仍青苗錢與本道節度觀察都防禦等使會切勾當從今年職田並依此數徵收發遣其送物綱典計數準輕貨綱典例處分

給復同華兩州詔

求瘼卹隱諒在憂勤罷賦省傜與之休息況因師旅供億頗繁故孝武悔征伐之事魏文隆田租之復同華兩州百姓等頃以賊臣背叛制在兇威淫刑以逞厚斂無厭閭閻之內杼軸其空朕旰食增懷納隍自咎將問干紀之罪遂興無戰之師哀我斯人困於日費有牛酒壺漿之犒有資

糧屝屨之供凋殘之餘何以堪此言念彫弊豈忘優矜宜給復二年一切蠲免放仍委刺史縣令勞倈安集庶可小康宣示百姓使知朕意

升侍中中書令入正二品門下中書侍郎入正三品詔

春秋以九命作上公而謂之宰臣者三公之職漢制中書令出納詔命典司樞密侍中上殿稱制參議政事魏晉以還益重其任職有關於公府事不係於尚書雖陳啟沃之謀未專宰臣之稱所以委遇斯大品秩非崇至於國朝實

執其政當左輔右弼之寄總代天理物之名典領百僚陶鎔景化豈可具瞻之命恩數不加固當進以等威副其僉屬其侍中中書令宜升入正二品門下中書侍郎升入正三品

欽定全唐文卷四十七

代宗二

答宰臣等賀雙鵲補乾陵觀殿隙缺手詔

聖祖仙都高宗園寢希夷清淨之所肅穆哀敬之地二鵲翔集以月繫時常銜墼莢用補缺壞顧政禮之多闕而先靈之幽助祇奉既祐感切良深卿等道備梓材任當構廈覩兹符應庶洽康寧實賴嘉謨弼予不逮所請編諸史冊者依

追諡齊王爲承天皇帝詔

故齊王倓承天祚之慶保鴻名之光降志尊賢高才好學藝文博洽智略宏通斷必知來謀皆先事識無不達理至適精乃者寇盜橫流鑾輿南幸先聖以宸扆之戀將侍君親惟王以宗廟之重誓寧家國克協朕志載符天時立辨羣議之非同獻五原之計中興之盛實藉奇功景命不融早從厚穸天倫之愛震惕良深流涕追封胙於東海頃加表飾未極哀榮夫以參舊邦再造之勤成天下一家之業而存未峻其等歿未尊其稱非所以旌徽烈明至公也朕以眇身纘膺大寶不及讓王之禮莫申太弟之嗣所懷靡

殫邈想逾切非常之命寵錫攸宜敬用追謚曰承天皇帝與興信公主第十四女張氏冥婚謚曰恭順皇后有司準式擇日冊命改葬於順陵仍祔於奉天皇帝廟同殿異室焉

給復京兆府詔

夏后氏五十而貢殷人七十而助周人百畝而徹其稅皆什一也故謂之天下中正而頌聲作矣乃者因三代之制定其稅典務於行古庶以便人屬以外攘四夷歲會戎事軍國用度公儲匱乏役費薦至近於倍征而吏或奉法不

謹失我字人之意孤惸者資有厚斂豪富者貸以輕徭動而生姦浸而流弊稅之什一其實大半致有去父母之邦供庸保之役流離逋蕩靡室可依阽於死亡而莫之省每一念至良深憫惻頃以釐改從其便安置沃墝之差寬賦斂之重今邦畿之內宿麥非稔去秋墾田又減常歲昨者徵稅其數頗多朕以萬姓不安三農將廢憂勤鬱切中夜以興思以康濟庶臻其道每欲悉免量入將惠其困而未解兵嚴猶資日費用蠲常數以卹疲人其京兆府於今年所率夏麥宜於七萬石內五萬石放不徵二萬石容至晚田就後以雜色斛斗續納仍委京兆府尹崔昭差少尹李椅于頎等分縣巡撫必躬必親宣示朝章令悉朕意

答張獻誠讓官手詔

獻誠早分戎閫屢建茂勳出靜漢川入司版籍傷和致疹寢疾經時深執謙沖屢陳章表願辭右職冀及痊平嘉茲懇誠曲遂勤請佇聞痊復當有褒昇所請者依

賜李岵自盡詔

恃衆專殺謂之亂常合族併命謂之不道按以春秋重其責帥況自悖人理實生厲階合從棄市之論尚就議親之

典夷州流人前頼州刺史李岵幸以宗屬列於藩伍政之不修亂是用長輕侮法令動搖軍州御史姚奭巡至所部其弟參於佐理諸將素有猜嫌欲加之罪不可無狀遂言使者之來事在不測俾其完聚甲兵變更將守潛疏其意以搆禍萌而岵親自黜竄詐云奭之遣譴以此疑衆因而合謀兄弟同誅宗黨咸淪胥而斃又陷數家勤兵抗威以拒所統人不堪命一方騷然頃發近臣審令按理醜圖既露姦狀甚明薄示戒懲已從流斥詢於羣議頗屈常典朕思以道德在宥天下庶使一代之人登於仁壽之域風俗

猶薄政教不明致令長吏專此威暴無罪無辜橫分身首寃氣慘結有傷元和惕然增懷良亦自咎期於止殺不可措刑寬其斧鑕之誅降從盤水之禮宜賜自盡雖恩不掩義道在無私而禮有緣情誠亦多愧王者之法敢忘至公凡百卿士宜知朕意

罷張增叔孫勝詔

蓋議獄之道期於無刑有明罰以校其犯者有立訓以導其迷者有捨過以舉其才者有諭旨以愧其心者在於聽理必參而用之朝奉郎守京兆府奉先縣令賜緋魚袋張

增忝為奉法之吏不具獄論而自專威命雖義形嫉惡而情近深文鄜坊都防禦使衙前將右驍衛大將軍員外置同正員賜紫金魚袋叔孫勝不率戒訓自抵彝章恣其奮猛以至凌犯豈非惠姦縱暴者歟凡人之情各於其黨皆不能屈心引義同合至公過用此生刑用此作詢於卿士咸引正議朕以增之宰邑頗有政能惠於疲人可謂良吏勝亦久服戎事備經戰守艱虞已來累有勳績並寬以常憲惜其所長俾從罷黜用佇來效宜各解見任其叔孫勝仍付抱玉軍前驅使

裁減丞尉詔

夫計人而置官度事而賦任因時立制損益在焉吏足以理人人足以奉吏則官稱其祿祿當其秩然後上下相樂公私不匱昔漢光武時及魏太和中並減吏員兼省鄉邑致理之道此其一隅今連歲治戎天下凋瘵京師近甸煩苦尤重比屋流散念之惻然人寡吏多困於供費欲其蘇息不可得也設令廉恥守分以奉科條猶有祿廩之煩役使之弊而況貪猾縱欲而動踰典章作威以虐下厚斂以潤己者乎古者縣置大夫一員足以為治奚必貳佐分掌

而後治耶且京畿戶口減耗大半職員如舊何以堪之豈可以重困之人供不給之費使人不倦其在變通制事之宜式從省便其京兆府長安萬年宜各減丞一員尉兩員餘縣各減丞尉一員餘委吏部條件處分

答裴冕等表賀佛見光相手詔

朕嗣守鴻業恭臨寶位夕惕若厲蹈乎春冰啟三乘之真如為萬姓以作福大雄感應示現毫光茂對禎祥多慚薄德卿等百辟勤修庶政休徵薦集慶慰當深所請編之史冊宣示中外者依

減來年夏稅詔

比屬秋霖頗傷苗稼百姓種麥其數非多如聞村閭不免流散其大歷五年夏麥所稅特宜與減常年稅

答杜鴻漸辭官手詔

卿公輔朕躬協全大化頃緣軍國務總陽和致乖涉於旬時藥弗瞑眩屢薦章表固求歸閑謙沖再三辭志懇苦冀遂全攝重違厥誠康復之日且有後命

令州府觀察等表薦賢才詔

內外文武官及前資官六品已下並草澤中有碩德專門

茂才異等知謀經武諷諫主文者仰所在州府觀察牧宰精求表薦如所懸搜揚未盡遺逸林閭者即宜詣闕自舉親當策試量能擢用

禁斷織造淫巧詔

王制命市納價以觀民之好惡布帛精粗不中數廣狹不中量不鬻於市漢詔亦云纂組文繡害女工也朕思以恭儉克己惇樸化人每尚素元之服庶齊金土之價而風俗不一踰侈相高浸弊於時其來自久耗縑繒之本資錦綺之奢異彩奇文恣其誇競今師旅未戢黎元不康豈使淫巧之工更虧常制在外所織造大張錦硬軟瑞錦透背及大繝錦竭鑿六破已上錦獨窠文紗四尺幅及獨窠吳綾獨窠司馬綾等並宜禁斷其常行高麗白錦雜色錦及常行小文字綾錦等任依舊例造其綾錦花文所織蟠龍對鳳麒麟獅子天馬辟邪孔雀仙鶴芝草萬字雙勝及諸織造差樣文字等亦宜禁斷兩都委御史臺諸州府委本道節度觀察使切加覺察如違犯具狀奏聞

答宰臣等賀文單國進象手詔

文單遠國自古未賓能瞻八律之風來申重譯之貢君臣

入覲嬪御偕朝越海踰山輸琛獻象顧慚薄德有邁前王此皆宗社効靈上元幽贊卿等寅亮台鼎燮和神人翼致感通無遠不屆永言輔弼慶賀良深所請付史官者依

授文單國副王婆彌開府儀同三司詔

周有越裳重譯漢有槃木獻詩遠方來儀從古所記文單國副王婆彌慕我中朝之化方通南極之風義在撫柔禮當加等可開府儀同三司試殿中監

允李抱玉讓官優詔

卿位重台衡勳崇師律爰加倚任兼總漢中庶展謀猷遠

寧郡邑而卿情殷退讓辭統巴岷志戀闕庭兼鎮河隴高謝玉宇務更分憂言念至忠益堅大節永懷誠願深用慨然覽卿表章曲遂來請

追贈不空和尚詔

大道之行同合於異相王者至理總歸於正法方化成之齊致何儒釋之殊途故前代帝王罔不崇信法教宏闡與時偕行特進試鴻臚卿大興善寺三藏沙門大廣智不空我之宗師人之舟楫超詣三學坐離於見聞修持萬行常示於化滅執律捨縛護戒爲儀繼明善教之志來受人王

之請朕在先朝早聞道要及當付囑常所歸依每執經內殿開法前席凭几同膠序之禮順風比崆峒之問而妙音圓演密行內持待扣如流自涯皆悟滌除昏妄調伏魔冤天人洗心於度門龍鬼受職於神印固以氣消災厲福致吉祥實惟宏我之多寧止利吾之美當有命秩用伸優禮而得師爲盛味道滋深思復強名載明前志夫妙界有莊嚴之士內品有果地之儀本乎尚德敬順時典可開府儀同三司仍封肅國公贈司空謚曰大辯正廣智不空三藏和尚

禁苑一發連二兔答宰臣等請付史官手詔

帝王之制禮有三驅弧矢之威財成理道朕方欲清靜流化無爲軌俗射御之藝闕而不書卿等援據禮經博求良典舉聖祖岐陽之狩徵漢皇郊廟之歌再陳表章頻志簡冊式遵彝訓宜依所請

停揚洪宣三州作坊詔

淮南數州秋夏無雨揚洪宣等三州作坊往以軍興是資戎器既屬時歲大歉慮乎人不寧居徵夫役工損費尤甚務從省約以息疲人亦宜並停

委觀察使安輯流亡詔

如聞巴南道州自頃年以來其有結聚或攻陷城邑者申明朝旨曉諭令歸各許自新一切不問庶亦隨材敘用俾效誠勤各復其居勉從所務展歲時伏臘之祀洽宗黨鄰里之懽人之常情當所思慕必在長吏敦率設法安存勸其農耕恤其疾苦如刺史縣令有能政字人民使流亡日還戶口歲益宜委觀察使錄狀奏聞當別加超獎宣示士庶令知朕意

命諸道入錢備和糴詔

四海之內方協大寧西戎無厭獨阻王命不可忘戰尚勞邊事朕頃以兵革之後軍國空耗躬率節儉務勤農桑上元儲休仍歲大稔益用多愧不知其然雖屬此人和近於家給而邊穀未實戎備猶虛因其天時思致豐積將設平糴以之餽軍然以中都所供內府不足粗充常入之數豈齊倍餘之收其在方面蓋臣成茲大計共佐公家之急以資塞下之儲每道歲有防秋兵馬其淮南四千人浙西三千人魏博四千人昭義二千人成德三千人山南東道三千人荊南二千人湖南三千人山南西道二千人劍南西

川三千人東川二千人鄂岳一千五百人宣歙三千人福建一千五百人其嶺南江南浙東亦合準例恐遠路往來增費各委本道節度觀察都團練等使每年取當使諸色雜錢及迴易利酒贓贖錢等每人計二十貫每道據合配防秋人數多少都計錢數市輕貨送納上都左藏庫貯以納充別勅和糴用幷不得剋當軍將士衣糧充數仍以秋收送畢

答郭子儀論吐蕃書手詔

卿憂深慮遠殊沃朕心始終倚賴未可執辭也

分封諸王子詔

虞夏之制諸子疏封漢魏以還十連授律是用錫珪班瑞磐石開疆信通邑之紀綱爲中都之屏翰然則旌鉞之寄推擇攸難因親之任各膺其命第四子述第五子逾第六子連第七子迴第八子遘第十三子造第十四子暹第十五子運第十六子遇第十七子適第十八子通第十九子逵第二十子逸等並敏茂純懿稟於衷誠溫良孝恭形於進退動皆合義居必有常可以理衆靖人撫封宣化而總列城之賦縉分閫之謀克勤公家允輔王室今則均茅社

之寵盛槐庭之儀授鉞登車副茲朝典維城之固爾其懋哉述可封睦王充嶺南節度支度營田五府經略觀察處置等大使逾可封郴王充渭北鄜坊等州節度大使連可封恩王韓王迴可汴宋等州節度觀察處置等大使遘可封鄜王造可封忻王充昭義軍節度觀察處置等大使暹可封韶王運可封嘉王遇可封端王適可封循王通可封恭王逵可封原王逸可封雅王仍並可開府儀同三司

貶田承嗣永州刺史詔

自古屈法申恩與之更始者爲君之道也務善改過期於

自新者為臣之節也其或棄瑕含垢宏貸之澤已深而挾僞藏奸干紀之情轉露則亦中外同棄刑憲不容西漢伏信越之誅東京齊萌寵之罰此皆前王典式也魏博節度支度營田觀察處置等使開府儀同三司太尉檢校尚書左僕射同中書門下平章事兼魏州大都督長史上柱國鴈門郡王田承嗣出自行閒策名邊戍早參戎秩效用無庸嘗輔凶渠驅馳有素洎再平河朔歸命轅門朝廷俯念遺黎久罹兵革自祿山肇禍瀛博流離思明繼釁趙魏堙厄枌榆井邑靡獲安居骨肉室家不能相保念其彫瘵思

用撫寧以其先布款誠寄之為理所以委授旄鉞之任假以方面之榮期爾知恩庶能自效崇資茂賞首冠朝倫列異姓之苴茅登上公之禮命子弟童稚皆聯臺閣之華妻妾僕媵並授國邑之號人臣之寵舉集其門將相之權兼領其職夫宰相者所以匡輔王室休庇生靈獻可替否救災恤患而乃據國家之封壤仗國家之兵戈虐國家之黎人調國家之征賦掩其資實憑竊威靈內包凶邪外示歸順陷誤良善賊害平人騁其樂禍之心俾叶同惡之體且相衛之略所管素殊而逼脅軍人使之翻潰因其驚擾便進軍師事跡暴彰奸邪可見不然者豈志清之亂曾未崇朝子期光朝會於明日足知先有成約指期而來是為幾棄典刑擅興戈甲既云相州騷擾隣境救災旋即更并磁州重行威虐此實自相矛盾不究始終三州既空遠邇驚陷更移兵馬又赴洺州實為暴殄不仁窮極殘忍又薛雄乃衛州刺史固守本藩忿其不附橫加淩虐門盡屠戮無復噍類酷烈無狀人神所冤又四州之地皆列屯營長吏屬官擅請補署精甲利器良馬勁兵全軍之資裝農藏之積實盡收魏府迥無孑遺更復收管將士闕其本部劫質

妻子給我資糧觀其所為蓋在無赦且藏庚者平人之膏血恣行貪竊甲兵者干城之腹心輒為舉動欲行討問正厥刑書猶示含容冀其遷善俾予東夏之人終免無辜之酷抑於典憲務使慰安遂遣知古遠奉詔書諭以深旨乃命承昭副兹麾鉞撫彼舊封而承昭又遣親將劉渾先傳詔命承嗣逡巡磁相仍劫知古偕行先令姪悅潛扇軍吏至使引刀自割抑令騰口相稽當衆諠囂請歸承嗣論其奸狀足以為憑此而可容何者為罪今尚全其首領更授藩條貸以朝章用遵時令其承嗣宜貶授永州刺史兼許

十歲以下一男一女隨身便路赴任委河東節度使兼御史大夫薛兼訓簡練馬步一萬五千人即赴邢州取承昭處分逐便招撫應變權宜成德軍節度使檢校左僕射寶臣精選驍雄馬步三萬二千人屯集深冀貝州等路進取幽州節度使留後兼御史大夫朱滔舉馬步軍二萬五千人進逼滄瀛權宜招討淄青等節度使檢校左僕射正己率所管馬步三萬人北臨德博淮西節度使檢校右僕射忠臣永平軍節度使兼御史大夫李勉汴宋節度使留後兼御史大夫中丞田神玉並河陽澤潞等道兵馬共六萬

五千人直據淇園皆擐甲整戈犄角相應如承嗣不時就職尚在執迷則所在進師按於軍法今數郡之地迫受其兵深哀士人重遭剽掠丁壯離於農畝女工廢於蠶桑胡寧忍之蓋非獲已緬思塗炭過在朕躬其昭義軍管內五州宜給復二年仍委承昭撫慰務使蘇息且聖人之教必也勝殘王者之師存於止殺其魏博磁相等將士並懷忠義皆被脅從但恐玉石俱焚當宜各思自拔除其首惡咸與維新事定之時罪止元凶一身並其姪悅其餘官吏將士爰及弟姪等能自歸順者皆無所問如有擒執渠魁下其城邑便以承嗣在身官爵資財田宅一切迴賜自餘立功者節級酬賞夫軍行除害本以安人將吏所經薪芻必禁秋毫之犯律有常刑凡在師人各宜深誡於戲天地之大德時或降霜皇王之至仁亦聞用鉞顧維寡薄之理昧於授任之明以至興戎多慚黎庶布告天下令知朕懷

許田承嗣自新詔

臣子之義違而必懲春秋之辭服而先捨故武威以制其不恪文德以懷其自新田承嗣悞惑姦邪輒干紀律朝有彝憲當奉典刑猶示含容薄令降黜冀其遷悔全彼平人

不赴所貶之官再任造端之將遲迴師旅綿引旬時朕猶憫脅從悞茲併命其人何罪顧悼增懷深思改過之期以救無辜之禍而承嗣果能剋責頻獻誠辭泥首束身請歸庭闕輸心瀝懇備在封章而正己地邇蕃隣具昭誠款遂屢有陳奏達其深衷故宜宥以悔非之誠全其改往之志翻然効順頗用嘉之即宜與子姪家口等同赴上都當待以殊恩永守終吉豈不美歟其魏博所管官吏將士僧道耆壽百姓等初因迫脅曾受驅馳或久抗官軍辭不獲已或徵科郡邑出入門庭皆懼於不全蓋素非元惡既往之

咎並與維新一無所問或先在昭義軍管內諸州者並宜却還本貫各安舊業其昭義所管官吏將士載耳軍健身及家口先在魏博等州妄有驅追各被質留原其初心本非巨惡旣因詿誤先合錮除仰即歸本州亦一切莫問各守所務無相奪倫王典無私信存賞罰脅從罔理前聖嘉謨歸命者必全知過者必宥今旣納承嗣之懇請亦已虛懷捨脅從之前非悉命原免如其譎詭時日猶事逗留國有常刑法難屢屈過期不至獲罪如初其諸道兵馬即宜同力恊心大軍尅期不可追悔轉禍爲福惟在此時至於再三非不深切想及官吏將士已下奉而行之知朕懷也

復田承嗣官爵詔

昔在虞舜舞干羽于兩階而苗人服洎漢高帝遣陸賈宣赦南越光武亦下璽書招附竇融然則太上以德撫人其次因時制宜其或有阻兵梗化未從紀律將畏刑以紓禍俟文誥而斯懷則明恕之道宥過爲大其來久矣永州刺史前魏博等七州節度觀察處置管內支度營田等使開府儀同三司太尉檢校尚書左僕射同中書門下平章事兼魏州大都督府長史上柱國鴈門郡王食實封一千戶田承嗣頃因封壤之外或收郡邑是以下尺一之詔徵縣道之師貶刺零陵式彰典憲而國家十連將帥千里旌旗車騎繼屬於山河樓船鏁結於淮海而承嗣轅門宿將方面舊臣授鉞持衡素經委遇乃繕甲修備越河應敵然未離魏郡嬰壘自固頻遣章奏申聞款誠懇祈革心永用遷善又聞聚族興歎常思更新廢食遺寢沈憂成疾夫爲君上者承天子人兼宥廣覆一夫不獲則曰時予之辜今河南河北之人皆朕之人也豈不可念隱恤求遑其心令其父兄乘城子弟攻取矢石之下骨肉相殘邑里之閒敵讎

交釁而又兵連禍結廩餼取資暴賦急徵井閭殫竭男釋耒耜女廢蠶桑流離凍餒擠於溝壑而欲勞師黷武必舉彝章終夕惟慮誠所未忍且使蒼生罹此塗炭皆繇朕司牧無方非朕不德誰之過也今將損膳撤懸內省歸咎以寬承嗣宜並復承嗣本官爵仍委在彼勾當軍州事不須入朝弟庭琳及子姪等凡所連坐貶降者一切釋放並還本官仍各依舊職掌驅使其魏博相衛等管內諸州各判官兵馬使以下及州縣將吏百姓及汴宋過河將袁奉珪祝舜弁將士等並從原宥一無所問於戲以欲從人必求

諸道澤渚時禁仁有被於泉流麛卵不傷德可懷於鳥獸今則偃戈務全兆庶以茲明誡上答天睠公卿百辟悉朕意焉

復田悅等官爵詔

播州帶水縣百姓田悅等王者之於典刑也舉違是族聞義則歸雖審而有常亦宥而不過況本於黜免各從親累今與之更始宜復官常當思遷善之規載勤事上之命田悅可依舊魏博節度中軍兵馬使銀青光祿大夫檢校右散騎常侍兼魏州大都督府左司馬御史中丞潮州程鄉

縣尉田綰可依舊檢校尚書駕部郎中兼御史中丞柳州義章縣尉田緒可依舊試京兆府參軍萬州南浦縣尉田淪可依舊試大理評事

條件內外遺闕詔

自頃軍嚴未解政或隨時多逐權宜未歸理本宜委中書門下郎與諸司長官各舉所司內外遺闕商量釐革處置作條件聞奏俾昭宣軌度永備彝倫便俗安人典章式敘宣示中外咸使知聞

授南霽雲子承嗣歙州別駕詔

往者大盜亂華梁宋偏罹其害危城絕援析骸累月南霽雲貞心壯節淩邁臧洪殞命敵場凜然生氣宜以其子爲歙州別駕

求言詔

昔予太祖太宗之御天下也功格二儀不私於己化覃萬宇猶問於人外與公卿大夫討論政典內與鴻生碩老演暢儒風日旰忘勞時稱至理猶復旁求諫諍俯察謳謠廣延不諱之書載建登聞之鼓於時中朝無闕政四海無疲人歷代是遵列聖相軌朕承天序祇奉睿圖戰戰兢兢日

慎一日於茲十六年矣何嘗不勵精理道欲得忠賢虛己清心日有所待直詞讜議時或罕聞五諫七臣人其安在眷懷於此耿歎良深頃以任非其人凡事壅蔽今則已懲厥罪正乃惟心式佇嘉猷庶裨不德自今已後諫官所獻封事不限早晚任進狀來所繇門司不得輒有停滯如須側門論事亦任隨狀面奏即便令引對如有除拜不稱於職詔令不便於時法禁乖宜刑賞未當征求無節冤濫在人並宜極論得失無所迴避以稱朕意其常朝官六品已上亦宜準此其擊登聞鼓者金吾將軍收狀爲進不得輒

有損傷亦不須令人遮擁禁止其理匭使但任投匭人投表狀於匭中依常進不須勒留副本並接時妄有盤問方便止遏欲使萬邦之事無隔於九重獻替之謨不遺於聽覽又自頃軍嚴未解政或隨時多逐權宜未歸理本宜委中書門下即與諸司長官各舉所司遺闕商量釐革處置作條件聞奏俾昭宣軌度永備彝倫便俗安人典章式敘宣示中外咸使知聞

贈楊綰司徒詔

王者之於大臣也存則寄其腹心均於支體參於軍國之

重敘以陰陽之和亡則誄其事功加之命數告於宗廟之祭禮以紱冕之章則九原可歸百辟知勸故朝議大夫守中書侍郎同中書門下平章事集賢殿崇文館大學士修國史上柱國賜紫金魚袋楊綰性含元和身齊律度道光雅俗器重宗彝寬柔敬恭協於九德文行忠信宏於四教内無耳目之役以孝悌傳於家外無車服之容以貞實形於代西掖專宥密之地南宮領選舉之源以儒術首於國庠以禮度掌於郊廟簡廉其節奉職同休頃以任非其才毒流於政爰登清靜之輔庶諧至理之期道化既穆於朝班儉德已行於海内雖賢人之業著於可久而夫子之命末如之何方有憑依遽此淪謝屏予之歎震悼良深所懷莫從長想何及況歷官有素絲之節庀家無尺帛之餘故飾以華袞增其法賻備膺典策載賁朝經可贈司徒

賜楊綰謚詔

褒德勸善春秋之舊章考行易名禮經之通典垂範作則存乎格言朝議大夫中書侍郎同中書門下平章事集賢殿崇文館大學士修國史上柱國賜紫金魚袋贈司徒楊綰履道居貞含和毓德行爲人紀文合典謨清而晦名無

自伐之善約以師儉有不矜之謙方冊直書秩宗相禮辭稱良史學茂醇儒委在樞衡掌茲密命彌契沃心之道累陳造膝之誠將以布天下五行之和同君臣一德之運遽軫藏舟之歎未展濟川之才素業久而彌彰清風歿而可尚自古飾終之義皆錫以美名謚法曰忠信愛人曰文平易不懈曰簡宜謚曰文簡

追贈張自勉實封詔

頃者逆豎靈耀阻兵大梁淮西都虞候試太常卿贈揚州大都督張自勉往觀釁焉奉議正詞無所屈撓賊臣肆忿

爨於鈇鑕朕用憫焉雖錫命之恩已旌窀穸而賞延之典爰及子孫可追贈實封五十戶

給復巴蓬等州詔

朕以黎元者君之肢體傷之則慘怛賦稅者國之衣食均之則贍濟然特圖其本先假貧人之獲安所謂富國所以厎慎財用蠲省征徭期致理於太寧庶自邇而及遠如聞巴南諸州自頃年以來西有蕃夷之寇南有羌戎之聚歲會戎事城出革車子弟困於征徭父兄疲於餽餉賦益煩重人轉流亡荒田既多頻歲仍儉戶口凋耗居民蕭然去

桑梓之重遷保山林以自活念性命於俄頃或逡巡於斂攘傳不云乎窮斯濫矣顧其閭井夫豈不懷哀哉矜人蓋非獲已朕之不德自咎良深其巴蓬渠集壁充通開等州宜放二年租庸及諸色徵科亦宜蠲免仍委本道觀察使及刺史縣令切加招撫

褒穆贊詔

令子申父之冤憲臣奉君之命楚劒不衡於牛斗秦臺自洗於塵埃

欽定全唐文卷四十八

代宗三

答釋良賁表進疏通經詔

法師智炬高明辭峯迥秀親憑梵夾宣闡微言幽賾眞宗演成章疏開如來之祕藏示羣有之迷津貫玉聯珠鉤深致遠再三披閱頗謂精詳傳之招提永爲法寶也

答天長寺沙門曇邃等表定新舊兩疏詔

師等道著依經功超自覺承雪宮之旨奧爲火宅之涼飈四分律儀三乘扃鍵須歸總會永息多門一國三公誰執

其咎初機眩曜迷復孔多爰命有司俾供資費所煩筆削竚見裁成所謝知悉

褒令狐彰詔

中衛社稷外修疆事合於一體以靖庶邦其在有終謂之不朽觀前代文武通賢有匡時戡難迫於大化不忘時君未嘗不嘉尚而流歎也今有忠烈之臣彰剛直形外純和積中本於孝敬輔以才略統制藩閫服勞王家往以母老躬於孝養豈不戀闕以茲曠年及苴麻在艱優諭權奪踴絕傷足淚盡喪明入覲之期良願莫遂想其風彩久軫顧

懷遠見淪沒用深追悼嗟乎方疾之時以情自跡無所有隱見之於詞復節守常倏上軍簿請擇良帥命於中朝乃令遺允爰歸東洛教忠以報國約禮以居喪古人所謂生不交利死不屬其子夫豈遠哉節槩誠亮高絕無隣喟然感傷寤寐增慟有以見東州士大夫勤王尊主之志用嘉其休可以垂範宜付史館式昭名臣

授李泌澧朗硤團練使詔

今荆南都會粤在澧陽俾人歸厚惟賢是牧以泌文可以化成風俗政可以全活惸嫠爰命頒條期乎共理無薄淮

陽之守勉思渤海之功可檢校御史中丞充澧朗硤團練使

宥李忠臣詔

納忠引過人臣之大節錄用念功帝王之彝典雖藩鎮之守秉律或虧而股肱之良懋勳斯在不忘求舊特用優賢淮西節度觀察處置使開府儀同三司檢校司空同中書門下平章事汴州刺史上柱國西平郡王李忠臣純性直方深衷厚實自然文武之器雅有將帥之才勇則本仁謀常制勝頃者王室多故戎事方殷奮不顧私義形於色遠自遼海首拔全軍擁義勇之師徇邦家之急出入百戰勤勞兩河委以旌麾寄在淮右不俟駕而赴命每先期而即戎俾鎮大梁實參元輔倚賴之重中外式瞻戎部之間政刑或撓雖在危難能竭公忠懋闕勤誠載馳道路降服請罪至於再三言念勞臣良深憫歎酌於軍志失政有懲舉以朝經議勳可恕罷其方面之務省其臺閣之煩論道之司仍處三公之列分土之錫尚居五等之封用示優崇服我嘉命可檢校司空同中書門下平章事散官勳封如故朕與功臣本同休戚其於任遇豈易始終庶將傳慶子孫

寧止保其祿秩凡百卿士宜悉朕懷

遺詔

朕以眇身祗奉鴻業不能光宣大訓嘉靖萬邦奉祖宗重熙之德答公卿寅亮之勤旰食宵衣痛心疾首嗚呼天地之理死生常數疾既大漸彌留日增惟懷永圖嗣守丕業皇太子元良繼明睿哲齊聖宜陟元后保守宗祧宜令所司當日具禮於柩前即皇帝位仍以司徒兼中書令汾陽郡王子儀攝冢宰其喪儀及山陵制度務從儉約並不得以金銀錦綵爲飾天下節度觀察團練等使刺史等並不

須赴哀祭祀之禮亦從節儉其三宮內人並宜量事減省諸王院亦宜準此其天下人吏敕到後出臨三日皆釋服無禁婚娶祠祀肉酒其宮殿中當臨者朝夕各十五舉音禮固從宜喪不可久皇帝宜三日而聽政十三日小祥二十五日大祥二十七日而釋服獲奉宗廟之靈永終天祿所痛不得與佐命勳賢庶尹卿士顧命永訣以託萬方內外腹心之臣文武忠良之士敬保元子以安家邦嗚呼其聽朕命，

禁富戶吞併敕

百姓田地比者多被殷富之家官吏吞併所以逃散莫不繇茲宜委縣令切加禁止若界內自有違法當倍科責

卹民敕

浙江東西去歲旱損所出租賦頗甚艱辛今秋以來復聞遭水百姓重困何以克堪朕所以未明求衣日旰忘食思宏理道良用疚懷今所徵收惟正租庸而已其餘差役咸使矜量頗亦申明冀稍安緝如聞諸道節度使不承正敕妄有徵科州縣望風便行文牒務爲逼迫自應誅求事宜因循轉用生弊不有懲革何以息人自今已後宜令本道觀察及租庸使嚴加訪察其州縣除正敕支遣外不得轉承諸使文牒徵率一物已上如或有犯便仰停務具名彈奏又聞杭越間疾疫頗甚戶有死絕未削版圖至於稅賦或無舊業田宅延及親鄰言念疲人豈堪兼役致令逃散誠可哀矜亦委租庸使與本州審細勘責據實戶差遣處置訖具狀聞奏仍委刺史縣令設法招攜課最之間褒貶斯在其有死絕家無人收葬仍令州縣埋瘞朕臨御寰瀛爲人父母一物失所每勤罪己之心四方未寧彌軫納隍之慮庶尹卿士友邦冢君宜悉朕懷共敷至理

滿限不到任處分敕

諸州府及縣令今後每有闕官宜委本州府當日牒報本道觀察節度及租庸使使司具闕由附便使牒中書門下送吏部依闕準式處分其所闕官有職務重者委本府長官於見任及比司官中簡擇權令勾當正官到日停不得更差前資及白身等攝吏部及制敕所授官委中書門下及吏部甲制敕出後三日內下本州準令式計程外一月不到任本州報中書門下吏部用闕如灼然事故準敕勒留不在此限其違程人六品以下本色內殿一兩選同會

闕不成例五品以上停一二年其殿選人諸州諸使不得奏用

祭霍山勅

三代之初皆有神降監其德也天實啓之恭惟王業之初師及霍邑堅城未下大將阻兵連雨積旬糧儲不給有白衣老父忽詣軍門稱霍山之神謁大唐皇帝云東南取路八日雨止助帝破敵盡如其言巖巖霍山九州之鎮興雲致雨功已洽於生人親道輔德力更宣於王室朕纘承大寶膺受鴻休肸蠁之間誠明可接永言幽贊茲謂有孚惟天命神據我斯意宜令禮儀使判官司封員外郎薛頎即往霍山致祭正詞以薦稱朕意焉

罷河中節度并耀德軍勅

國中有事海內不康殲厥渠魁人自爲戰其死亡者可勝紀乎非其父兄即其子弟責實繇朕禍非自天念茲惻惻痛入骨髓明神散亂元惡就誅四胡既平罔不相賀遂欲衣裳爲會天下偃兵備七德之武同五星之色成朕之志實惟良臣關內河東副元帥朔方河東節度使兼侍中中書令汾陽郡王子儀邁德濟時盡忠憂國切勤王之義急偃伯之期思拯生人免其湯火善陳利害屢進封章以艱阻既寧務於清靜地非要害不可猶開幕府事無防遏不可更置轅門請停河中節度并耀德軍宜依罷茲凶器姑欲息人離散可要瘡痍可復率是道也仁遠乎哉朕心所嘉期於至理宜示中外明政體焉

準太學生徒支給厨米勅

古者設太學教冑子所以延俊造揚王庭雖年穀不登兵甲或動而俎豆之事未嘗廢焉頃年已來戎車屢駕天下轉輸公私匱竭帶甲之士所務贏糧鼓篋之徒未能仰給由是諸生輟講經誦蔑聞宣父有言是吾憂也投戈息馬論道尊師用宏庠序之風俾有簞瓢之樂宜令所司量追集賢學士精加選擇使在館習業仍委度支準給厨米敦茲儒術庶有大成甲科高懸好學者中敷求茂異稱朕意焉

授裴冕等集賢待制勅

惟政之難非賢勿乂必稽於衆允執其中實使羣材用宏庶績朕以國步未康朝經或闕思與文武藎臣咨謀善道尚書左僕射裴冕右僕射郭英乂太子少傅裴遵慶太子

少保兼御史大夫白志貞太子詹事兼御史大夫臧希讓左散騎常侍暢璀檢校刑部尚書王昂高昂檢校工部尚書崔渙吏部侍郎李季卿王延昌禮部侍郎賈至涇王傅吳令瑤等並集賢待制

遣送六祖衣鉢諭刺史楊瑊勅

朕夢感禪師請傳法袈裟卻歸曹溪今遣鎮國大將軍劉崇景頂戴而送朕謂之國寶卿可於本寺如法安置專令僧衆親承宗旨者嚴加守護勿令遺墜

命魚朝恩判國子監事勅

古者設官分土所以崇德報功總內署之綱事密於清禁宏上庠之教德潤於鴻業賦開千乘禮序九賓必資兼濟之能用協至公之選開府儀同三司兼右監門衛大將軍仍知觀軍容宣慰處置使知內侍省事內飛龍閑廄使內弓箭庫使知神策軍兵馬使上柱國馮翊郡開國公魚朝恩溫良恭儉寬柔簡廉長才博達敏識高妙學究儒元之祕謀窮遁甲之精百行資身一心奉上自王室多故雲雷經始五原之北宏先啟行三河之表爰整其旅成師必勝每合於韜鈐料敵無遺可徵於蓍蔡關洛既定幽燕復歸海外有截厥功惟茂歷事三聖始終竭力頃東都厄蹕釋位勤王時當綴旒節見披棘下江助我甲令先書社稷之衞邦家是賴及邊陲罷警戎務解嚴方獎勵於易象才兼文武所謂勳賢亦既任能斯焉命賞宜膺朝典式副公議可行內侍監判國子監事充鴻臚禮賓等使封鄭國公食邑三千戶

誅周元幹等勅

大逆不道抵夷族之誅同惡相濟當棄市之法以懲干紀式按彝章周元幹賊臣之子兇悖成性與父階亂厥罪惟均邵賁敢有包藏恣其悖虐怙侈滅義寇攘矯虔戮及無

辜罪浮於帥宜並處極法其周元耀蔣羅漢尹元經毛崇彬李尚林等共肆醜圖同惡相濟猶捨斧鑕俾全要領其劉憲周封崔勸等同附姦邪俱行扇惑以私情蠹國議法從寬周元清年在幼沖法當配沒並準法處分朕自臨萬國思措五刑不虞兇殘有此冒犯寘以明憲期於止殺凡百卿士知朕意焉

迎大覺禪師勅

朕聞江左有蘊道禪人德性冰霜淨行林野朕虛心瞻企

渴仰懸懸有感必通國亦大慶願和尚遠降中天盡朕皈向不違願力應物現形今遣內侍黃鳳宣旨特到詔迎速副朕心春臨師得安否遣此不多及勅令本州供送凡到州縣開淨院安置官吏不許謁見疲師心力弟子不算多少聽其隨侍

停度支鹽鐵奉常使勅

唐虞之際內有百揆庶政惟和至於宗周六卿分職以倡九牧書曰龍作納言帝命惟允詩云維仲山甫王之喉舌皆尚書之任也雖西漢以二府分理東京以三公總務至

於領錄天下之綱綜覈萬事之要邦國善否出納之由其不處正於會府也令僕以綜詳朝政丞郎以彌綸國典法天地而分四序配星辰而統五行元本於是乎在九卿之職亦中臺之輔助小大之政多所關決自王室多難一紀於茲東征西伐略無寧歲內外荐費徵求調發皆迫於國計切於軍期率於權便裁之新書從事且救當時之急殊非致理之道今外虞既平罔不率俾天時人事表裏相符將明畫一之法大布維新之命陶甄化原去末歸本魏晉有度支尚書校計軍國之用國朝但以郎官署領辦集有餘時艱之後方立使額參佐既衆簿書轉煩終無宏益又失事體其度支使及關內河東山南西道劍南西川轉運常平鹽鐵等使宜停禮儀之本職在奉常往年置使因循未改有乖舊制實曠司存委太常卿自舉本職其使宜停漢朝丞相與公卿已下三日一決事帝親斷可否且國之安危不獨注於將相政之理亂固亦在於庶官尚書侍郎左右丞及九卿參領要重朕所親倚固當朝夕進見以之匡益也並宜詳校所掌具陳損益如非時宜須有奏議亦聽詣閤請對當親覽其意擇善而從朕受昊天之成命承

累聖之鴻業齊心滌慮夙夜憂勞顧以不敏不明薄於德化致使舊章多廢至理未宏其心愧恥終食三嘆雖詔書屢下以申振卹且朝典未舉猶深鬱悼思與百辟卿士勵精於理俾國經王道可舉而行各宜承式以恭爾位諸州置屯亦宜停

減次年麥稅勅

比屬秋霖頗傷苗稼百姓種麥其數非多如聞村閭不免流散來年税麥須有優矜其大歷五年夏麥所税特宜與減常年稅其地總分爲兩等上等每畝稅一斗下等每畝

稅五升其荒田如能開佃者一切每畝稅二升令在必行用明大信仍委令長宣示百姓并錄勅牓示村坊要路令知朕意

減次年秋稅勅

頃以蕃寇猶虞王師未戢所資軍費皆出邦畿征調薦興日加煩重念流亡之役減歲入之租務於惠養冀有蘇息尚聞告病終未安居深用愧悼更思愛恤今關輔諸州墾田漸廣江淮轉漕常數又加計一年之儲有大半之助其餘他稅固可從輕其京兆來年秋稅宜分作兩等上下各

半上等每畝稅一斗下等每畝稅六升其荒田如能佃者宜準今年十月二十九日勅一切每畝稅二升仍委京兆尹及令長一一存撫令知朕意

諭諸道州考察所屬官勅

弛張刑政興化阜俗使吏無貪汙之跡下無愁恨之聲不惟良二千石亦在郡主簿縣大夫親其教訓舉其綱目條察善惡惠養困窮方伯得以考求殿最故漢置刺史臨課郡國周制官刑糾繩邦理其義明矣朕思舉舊典以清時俗頻詔長吏精擇此官如聞近日猶有姦濫或未習政事素無令問因依請託尸曠祿位邪枉附法懦弱廢官人弊於下怨歸於上閭井減耗賄賂日聞豈所謂建明職守共副憂勤者也又別駕秩位頗崇若郡守廢闕掌同其任舊例補署或匪其才既不稱職則多傷害自今後別駕縣令錄事參軍有犯贓私並暗弱老耄疾患不稱其職戶口流散者並委觀察節度等使與本州刺史計會訪察聞奏與替其犯贓私者並禁身推問具狀聞奏其疾患者準式解所職老耄暗弱及無贓私才不稱職者量資考改與員外官餘官準前後勅處分其刺史不能覺察觀察節度使具

刺史名品聞奏如觀察節度管內不能勾當郎官御史出入訪察聞奏

決杖李少良等勅

李少良韋頌等兇險悖戾反常逆理恣其讒說將搆禍階離間君臣矯誣中外醜圖姦狀按驗皆明殿中侍御史陸珽幸忝清憲之職仍參儒館之侍交結非類包藏不測豈有周行之列容此二兇跡既同惡法當均罪並宜付京兆府各決重杖一頓朕每以君子小人貌同心異必先觀行然後察言豈茲譖譎能迴聽斷夫招賢納諫君之體也猷

直盡規臣之節也朕仄席思理佇聞政道豈謂姦邪兇慝紊我彝倫須別是非用分涇渭再加詳覈能正刑典凡百在位宜悉朕懷

申約葬祭式勅

葬祭之儀古有彝範頃來或踰法度侈費尤多自今以後宜儉約悉依令不得於街衢致祭及假造花果禽獸並金銀平脫寶鈿等物並宜禁斷

贈孀婆元氏潁川郡太夫人勅

古者緣情立禮著慈母之制蓋聖人示德無不報之禮而

漢宣帝亦追錄掖庭郡邸嘗有阿保之勤以功深淺並授封賞記於前典歷代是之故孀婆元氏朕在襁褓受其撫育推乾就濕慈愛特深可謂仁人厚惠茂德者矣可贈潁川郡太夫人

命郭子儀等備邊勅

自古聖帝明王之臨御也莫不法乾坤之覆載體山川之受納立德於太上還淳於至道清淨無事保合太和濟於羣生洽於四海豈垂意兵革勞心戰爭也蓋有德化之所不綏招懷之所未諭不式王命毒流生人故有除暴禁淫之師安人止戈之武則神農黃帝堯舜禹湯之所不免也朕君臨萬邦十有三載薄德內愧中夜再興至如易簡寬仁恭默元淡素懷所慕終食豈忘然自承統已來屬當多難伊川有盜國之孽朔野有叛君之將江湖海島伏戎數輩其在右武安能解嚴所以請於宗廟親授經略誅詰姦宄摧殄暴強三年之間方內厎定此皆皇天佑我烈祖羣后戴予一人是用集大勳於國家保萬姓於區夏豈伊寡薄能及此耶每思偃兵姑務柔遠將息馬以論道期舞干而修德而西戎負約閒歲犯邊朕嘗棄細過庶宏大體疆

臣兵吏亟請長驅屢有誠勅不令掩襲兼約游騎不許擒生或誤得之亦使還遣固以亭育之義豈隔華戎綏撫之恩寧殊遠邇故布文告以訓之敍舅甥以睦之彼亦嘗遣聘臣來修舊好玉帛之禮纔至於上國烽燧之候已及於近郊長其無厭昧於事大去冬踰我關隴入我郇邠驅人之馬牛掠人之士女朕許其通好本在安人乘此不虞飜貽我詐每一興念悼於厥心豈朕不叶於親鄰豈朕有負於恩信猶期懲艾未忍討除今大閱甲兵以增扞禦且宏不戰之道用舉備邊之常所以然者念其載勤款蹏求繼

嘉姻事或由衷義從割愛因之寧遠豈復顧私當罷四方之師永全二國之好儻更侵軼必示威刑宜令子儀以上郡北地四塞五原義渠稽胡鮮卑雜種馬步五萬衆嚴會栒邑克壯舊軍抱玉以晉之高都韓之上黨河湟義從汧隴少年凡三萬衆橫絶高壁斜界連營馬璘以西域前庭車師後部兼廣武之戍下蔡之徭凡三萬衆據於朝那遏當路之塞忠臣以盧龍柳城泊右北平漢東諸鎮江黃申息之師凡三萬衆屯於回中張大軍之援忠誠以武落別校右地寄鋒凡三萬衆出岐陽而北會希讓以三輔大常

之徒六郡良家之子自渭上而西合汴宋淄青河陽幽薊總四萬衆分列前後魏博成德昭義永平總六萬衆大舒左右朕內整禁旅親誓諸將賚以千金之費錫以六牧之馬戎裝戰器軍用邊儲各有司存素皆精辦咨爾將相文武宣力之臣夫師克在和善戰不陣各宜保據經界屯處要衝斥堠惟明首尾相應若能悔過何必勞人如或不然自當伐罪然後眷求統一以制諸部進取之宜俟於後命各敬爾守無黷武經賞罰之科國有明典宣示中外知朕意焉

賜元載自盡勑

任直去邪懸於帝典獎善懲惡急於時政和鼎之寄匪易其人中書侍郎同中書門下平章事元載性頗姦回跡非正直寵待踰分早踐鈞衡亮弼之功未能經邦成務挾邪之志常以罔上面欺陰託妖巫夜行解禱用圖非望庶遵典章納受贓私貿鬻官秩兇妻忍害暴子侵牟曾不隄防恣其凌虐行僻辭矯心狠貌恭使沈抑之流無因自達賞罰差謬罔不由茲頃以君臣之間重於去就冀其遷善掩而不言曾無悔非彌益兇戾年序滋遠釁惡貫盈將肅政

於朝班俾申明於憲網宜賜自盡朕涉道猶淺知人不明理績未彰遺闕斯衆致茲刑辟憫媿良深僶勉行之務申沮勸凡在中外悉朕懷焉

宥京城禁囚勑

頃屬煩暑差候愆陽命處於高明之中猶有鬱蒸之歎而況幽閉獄戶辨對官曹俯臨秋期將正時憲重修欽恤之道載宏全宥之仁其京城見禁囚犯流已下罪並宜釋放

誅裴昕勑

自古制刑殺人者死法不可緩斷之則行裴昕頃在軍幕遂知留務內懷私忿敢蓄兇謀曾無罪名專殺良將憲司鞫問款占明白密邇京師擅行威戮宜付京兆府集衆決殺

戒壇勅

戒分律儀釋門宏範用申獎導俾廣勝因允在嚴持煩於申謝

欽定全唐文卷四十九

代宗　四

答顏眞卿謝戶部侍郎批

卿門傳儒行代挹公才忠義在躬幹蠱從政頃外八座式昭水鏡之規往鎮兩河能鳴風雨之晦比雖因事見貶今則念舊錄功然以地官務殷惟才是屬周行所舉殊愜朕懷所謝知

答顏眞卿謝吏部侍郎批

卿鬱然詞宗雅有朝望高標勁節歷霜霰而不渝握鏡懸

衡鑒人倫而式敘是用特加命數光乃純臣復銀青之舊階鳴水蒼之雜佩佇聞密啟以定九流舉其朝綱僉曰惟允所謝知

答顏眞卿謝荊南節度使批

卿明邁偉才忠貞壯節夙推公器累踐周行專城高魏尚之勛會府著山濤之績而七澤交帶三江要衝式資統尹之方雅屬旌旄之寄人存政舉其在茲乎所謝知

冊和回紇公主文

維大歷二年歲次丁未五月己酉朔十三日辛酉皇帝若

曰帝乙歸妹表於易象魯侯築館列在春秋咨爾第某妹雲漢之姿聯華宸極河洲之德著美公宮整玉笄於錦車題銀牓於毳幙善修嬪則載叶蕃情實資輔佐之功廣我懷柔之道烏孫下嫁已申飾配之儀紅綬增榮爰寵疏封之命是用冊曰某公主敬承徽禮可不慎歟

冊新羅王太妃文

維大歷三年歲在戊申二月景子朔十日乙酉皇帝使某官某持節冊命曰於戲子承家嗣作藩輔之臣母加尊號蓋春秋之義咨爾新羅王金乾運母素推勳閥雅有華風

其德可尚其儀可則鑒於圖史式是禮容儷東方君子之國處中壼貴人之位事上以敬接下以仁睦我親隣亦資內助有教子之明訓膺繼代之新命固可以崇峻徽章光昭盛禮是用冊爲新羅王太妃修乃慈範撫其嗣君永懷前人無改其道欽承典冊可不慎歟

冊獨孤穎長女爲貴妃文

維大歷三年歲次戊申月日皇帝遣使某官某冊命曰於戲位亞長秋坐論婦道聽天下之內治厚人倫之大端御于邦家式是風化惟爾贈禮部尚書獨孤穎長女祥會鼎族行高邦媛體仁則厚履禮維純有沖敏之識不資姆訓有淑慎之行自成嬪則蘊此貞懿灼其芳華選躬之初奉承先命肅恭之儀克稱尊旨譽輿比幸侍從勤誠祗事壽宮備申哀敬能盡其節實同我心久奉椒塗載揚蕙問勤於道藝每鑒圖書動有箴規必脫簪珥進賢才以輔佐知臣下之勤勞謙讓益勤記功惟最聲流彤管道洽紫庭克副宮教敬修壼職眷求賢淑用峻等威百辟抗辭六宮歸美宜崇禮冊俾舉彝章是用冊曰貴妃往欽哉無或居上而驕無或處貴而逸降情以逮下誠事以防微潔其粢盛

服其澣濯敬循禮節以率嬪御膺茲嘉命可不慎歟

冊華陽公主文

維大歷四年歲次己酉三月壬申朔五日景子皇帝若曰漢家舊制諸女皆封儀服比於藩王膏腴封其井賦咨爾第某女承徽自遠誕秀增華仁孝才明夙有天資之慶言容法度成於壼教之慈敏達知微周旋中節肅雍是憲婉靜流芳雖僅在齠年禮未主於同姓而載揚淑問德已冠於成人宜錫典章用疏國邑是用冊曰某公主欽承徽命可不慎歟

冊親王出將文

維大歷五年歲次庚戌三月丁巳朔十六日壬申皇帝使某官乙持節冊命曰於戲昔武德貞觀之際親賢兼欽中外大寧多以藩王委之方面元宗震耀威武外攘夷狄亦選建明德時維鷹揚予之珪瑞並賜旌鉞祇奉前訓敢忘夙夜爰命小子統茲元戎某英茂有才寛簡彰信豈孝恭之外至亦禮讓而中發能辨雅樂尤精善書言表於微獨有所得事迫於悔未嘗復行時因講義之餘兼達理戎之要固可總以文武屏於家邦屬河外名都方缺上將難於

大任歷選中朝雖慙知子之明不忝安邊之寄錫以戎輅分以兵符撫其四封式是羣帥仍求素望俾副新軍爾其保靖疆土惠安氓俗服我明訓永孚于休

冊鄭王邈爲天下兵馬元帥文

維大歷六年歲次辛亥五月壬辰朔十六日丁未皇帝使某官某乙持節冊命曰於戲周之藩翰選用宗盟則懷德惟寧大邦惟屏也漢之郡國分建子弟則燕代邊邈齊趙漸海也莫不賦兼千乘土過數圻賜鈇鉞以專征參卿士而夾輔拜之於廟命之於庭俾其外合羣后同奬王室是用師古率由至公鄭王邈幼奉君親之訓兼承保傅之戒罔敢失墜勤而行之忠肅孝恭資其令德溫良聰達輔以多才辨正五經之儒采述三雍之樂不自矜尚過於謙沖周旋體仁恒久其道懿此休問流於四方朕往統藩維嘗親戎略諸子侍從或有所聞時與之言頗詳其旨必能當我朝制叶乎師貞仍選輔車委闕留府錫以彤弓之寵稱其綠車之尊爾其大訓六師以率諸夏敬茲厥服無廢朕命

冊普寧公主文

維大歷七年歲次壬子七月庚辰朔十六日乙未皇帝若曰於戲春秋之義下嫁之禮主于同姓送以上卿克明大倫協用彝典咨爾普寧公主孝敬閑婉朗然夙成法度言容資於内訓詞禮是則令淑增華封魯之榮已開湯沐適齊之美更洽肅雍寵爾有行舉茲成命今遣使金紫光祿大夫門下侍郎同中書門下平章兼宏文館大學士知館事充太清宮使上柱國齊國公王縉持節禮冊爾其奉公宮之教和邦族之姻載揚夙徽永作來範敬承明誡可不慎歟

傳位皇太子冊文

維大歷十四年歲次己未五月辛丑朔二十三日癸亥皇帝若曰於戲昊天有命皇王受之立嫡以賢春秋之義傳歸於子漢氏成規宗廟社稷實賴其慶咨爾皇太子适稟天地之仁合日月之耀道光三善孝著十倫頃者國步多艱委以戎律理軍靖難保大定功克復帝圖廓清妖孽既表建侯之業俾承守器之重仁孝之德夙夜惟寅朕天命有終弗興弗瘳非至公無以主天下非至德無以臨四海是用命汝陟於元后嗣守皇業上繼宗祧下安羣望其令

門下侍郎同中書門下平章事常袞奉冊即皇帝位於戲宜遵太宗之法度肅宗之儉約任賢勿貳去邪勿疑與衆守邦祗敬予訓

即位赦文

高宗嗣興諒闇成受終之禮康王承統翌日奉顧命之書況萬事尚殷藩牆有釁蒼生佇理社稷謀安教雖達於通喪禮有變於金革順人聽政僶勉從權朕頃侍鑾輿率彼西夏佐成草昧俾掌戎車國步艱難睿圖廣運再清寓縣崇復宗祧稟成命以受律敢貪天以為功聖慈宏深冊踐明兩奉若庭訓敢有怠心嗚呼不弔昊天殃咎荐至皇祖之哀未釋閔凶之罰奄鍾攀號罔極若無天地誓終喪紀企及前王百辟抑予俾恭遺訓俯遂衆望嗣膺丕烈欽茲大寶懼不勝任若蹈春冰如集喬木邇日者先聖哀損朕在問安而鬩牆搆災陵長成禍閭閻作孽閹寺滔天職為亂階潛置巫蠱將行竊弄覆我邦家賴良弼翊戴爪牙同德天道助順神理害盈昭此共工之心終貽管蔡之辱舍彼有罪咸伏其辜廢於離宮寘於城潁今天衢雖泰率土未康式協公卿之心仰遵易月之命奉時斯在先甲未孚

宜允人神覃茲渙汗可大赦天下自寶應元年五月十七日昧爽已前大辟罪已下已發覺未發覺已結正未結正繫囚見徒常赦所不免者罪無輕重咸赦除之自開元已來所有諸色犯累者並宜雪免左降官並諸色流人及罰鎮効力配軍團練等一切即放還其中有見任刺史縣令及正員者並依本任其四月十五日已後諸色流貶者與量移近處逆賊史朝義已下有能投降及率衆歸附者當超與封賞天下禁囚不得過五日所有推劾不得分外拷掠亦不得信支證便結罪名諸色文武官應在淩霄門內

謁見者并飛龍射生等並宜以實應功臣爲名諸州刺史與一子官刺史縣令入五品減兩考內外文武官三品已上賜爵一級四品已下各加一階諸州刺史父母在無官者與致仕官及父母邑號已亡歿者追贈諸州防禦使并停天下子爲父後者各賜勳一轉州縣官自今已後宜令三考一替太官饔膳等特宜減省有涉奢侈一切宜停天下百姓逋租懸調貸糧種子諸色欠負官物一切放免開元乾元等錢並宜準一文用不須計以虛數益昌郡王邈進封鄭王延慶郡王迥進封韓王故庶人皇后王氏故庶

人太子瑛鄂王瑤光王琚宜並復封號棣王琰永王璘及應安祿山註誤反狀人等並宜昭雪建昌王追封爲齊王崇恩王追封爲衛王靈昌王追封爲鄆王其有明於政理博綜典墳文可經邦謀能制勝及孝悌力田諸州刺史並宜搜揚聞薦投匭者不須勘以停處姓名務招直言以副朕意

冊尊號赦文

惟高祖太宗敷大德於天下覆載之內湛恩茂育累聖同道用康兆人寶位重光深其德澤被服漸漬洽於生靈者百有五十年之閒兵不作而刑將措矣自寇虐橫厲山東不開釁起渠魁毒流區宇三軍七萃之士豪傑忠良之徒制在風波遭其驅劫繇是干戈不息征賦寔煩哀我人斯並罹災患憫茲有犯無罪萬方朕上戴皇天下臨黔首奉先聖之成命集一切之大勳元惡既誅羣生思乂是欲鏡清六合網決八紘庶齊大道之時克復太平之理至化猶鬱兵嚴初解百辟卿士中外衆臣並進昌言請上徽號曰寶應元聖文武孝皇帝朕涉道日寡慚德良多恐沮樂推之心自增神器之重俯膺典冊敬受鴻名便欲謁報昊天

展事郊廟又以孟秋多稼垂及西戎王畿之閒人實勞止輟茲大禮式候元冬切爲踰年改元之制纘承洪業敢廢舊章博採羣公之義乃貞協用之紀其寶應二年改爲廣德元年爰屬履端乃宏肆眚救茲湯火俾雲行而雨施滌其瑕穢將玉振而金聲宜廣更始之恩用明嚮勸之福可大赦天下自廣德元年七月十一日昧爽已前大辟罪無輕重已發覺未發覺已結正未結正繫囚見徒常赦所不免者咸赦除之左降官即量移近處亡官失爵各與收敘諸色流人罰鎮効力安置配隸等一切放還其安祿山史

朝義親族應在諸道一切原免並無所問天下所有諸色結聚羌渾党項但能悔過自陳各歸生業一切並捨其罪其中有頭首能勸率幷束手來歸者幷加官賞仍令本道防禦使幷管刺史縣令分明曉諭所有到者各具名錄奏諸道百姓逋租懸調及一切欠負官物自寶應元年十二月三十日已前並放免一戶之中有三丁放一丁庸調地稅依舊每畝稅二升天下男子宜二十五成丁五十五入老應徵租稅刺史縣令據見在戶徵科其逃亡死絕者不得虛攤隣保河北百姓復三年應是回紇行營經歷處免

今年租稅內外文武三品已上賜爵一級四品已下加一階仍各賜兩轉天下兵馬元帥雍王智謀夙成忠孝純至恭行討伐親統元戎撫外蕃以仁訓羣帥以義班師獻捷勳茂武成宜兼尚書令加實封二千戶迴紇可汗冊爲頡咄登密施合俱錄英義建功毗伽可汗可敦冊爲娑墨光親麗華毗伽可敦可汗及左右內外宰相已下共加實封二萬戶令御史大夫王翊持節就衙帳冊禮左右殺胡祿都督等並封爲王諸部督並封國公河北副元帥懷恩宜兼太保仍與一子二品官一子四品官並階更加實封五百戶河南副元帥光弼與一子三品官並階更加實封三百戶幽州節度使懷仙與一子三品官並階加實封二百戶李抱玉郭英乂辛雲京侯希逸田神功孫志直白孝德令狐彰並各與一子五品官並階加實封二百戶李寶臣薛嵩田承嗣張獻誠等各與一子五品官並階仍加實封二百戶魚朝恩寄崇師律程元振勲高佐命各加實封二百戶仍與一子五品官並階僕固瑒高彥崇渾日進李建義李光逸楊崇光李懷光張如岳白元光溫如雅拓拔澄泌高暉盧欽友成惟良曹楚玉等各與一子五品官加實

封一百戶仍各賜鐵券以名藏太廟畫像於凌烟閣幷寇難已來將相勳業高者其名籍圖畫亦準此子儀與一子四品官幷階加實封二百戶苗晉卿劉晏裴遵慶元載各與一子四品官並階加實封一百戶儀王及彭王已下男未官者並準舊例與官及封永穆並長樂已下長公主及郡縣主嗣王郡王等各與一子官皇親五等已上諸親三等已上各與一子出身二王後各與一子官諸道節度觀察使立功將士其父兄在無官者依子文武與官已歿者追贈陣亡將士襃父官爵河北河南有懷材抱器安身守

節素在邱園不仕爲衆所知委所在長官具名聞薦應授僞官等並已昭洗矜才宥過宜有甄收委所繇勘本官名銜資歷聞奏量才處分文武正員常參官並諸州刺史父母無邑號官者宜與致仕官及邑號贈者更與改贈刺史縣令自今以後改轉刺史三年爲限縣令四年爲限員外及攝試官一切不得釐務諫官每月上封事無所迴避河南河北僞度僧尼道士女冠並與正度天下刑獄須大理正斷刑部詳覆不得中書門下即便處分諸色人中有孝弟力田經術通博文詞雅麗政理優長本州各以名薦

南郊赦文

惟我高祖太宗之有邦罔不昭事於上帝嚴恭敬畏與神合符七聖在天眷命永固朕嗣守鴻業敢忘奉先尚質貴誠聿修盛典頃以四方多難責在朕躬建侯行師日不暇給東擒羯胡之首西禦犬戎之患元元告病社稷阽危內定外攘不遑展禮雖高明未達而精意惟勤克通至誠以錫純嘏番戎即敍弓矢載橐虔奉泰壇鑒寐接神祇之顧永保宗祏歲時結霜露之思近又百辟在庭儼然而進奉請元予以居少陽冊命乃行匕鬯攸主按風雨之清道乘星火之仲春朝於元元格於藝祖躬執珪幣祗見南郊天何言哉神所勞矣敷兆人之戩穀廣四達之聰明式重燔柴之經益申解網之惠可大赦天下自廣德二年二月二十一日昧爽已前大辟罪無輕重已發覺未發覺已結正未結正繫囚見徒常赦所不免者咸赦除之左降官即與量移近處亡官失爵放歸不齒之類並官已復資未得本階者各量與收敍諸色流人及量移人並罰鎮効力配隸等一切放還自兇孽亂常王室多難干戈不息今已十年軍國務繁關輔尤劇念玆疲耗久困徵科其京城諸司諸

使應配彍騎官散官諸色丁匠幕士供膳音聲人執祭齋郎問事掌閑漁師並諸司門僕京兆府騎丁屯丁及諸色納資人每月總八萬四千五十八人數內宜每月共支二千九百四十四人令河東關內諸州府配不得偏出京兆府餘八萬一千一百一十四人並停所須衛役使宜搏節定數官給資錢不得干擾百姓其寶應元年十二月三十日已前諸色欠逋在百姓腹內者並放免天下戶口宜委刺史縣令據見在實戶量貧富作等第差科不得依舊籍帳據其虛額攤及鄰保其天下諸州府長史及縣令有清

白著聞善政稱最能招輯逃亡編附復業戶口增多者具
狀聞奏朕當差人按覆與所舉狀同者超資進改天下所
有諸色結聚及羌渾党項等能悔過自陳各歸生業一切
并捨其罪其中有能率先來降者仍特加官賞征人不息
勤戍斯久丁壯疲弊老弱困窮光武有言頭鬚爲白戢藏
鋒刃牧養元元方面重臣宜悉朕意應諸州團練將士等
委本道節度及諸防禦使等審與州府商議如地非要害
無所防虞其團練人等並放營農休息寇戎以來積有年
歲徵求數廣彫弊轉深自今已後除正租稅及正勅并度

支符外餘一切不在徵科限內外文武官三品已上賜爵
一級四品已下各加一階仍並賜勳兩轉武德元從功臣
勳業特崇子孫沈翳者委所司勘責各與一人官成都靈
武元從普恩之外三品已上更賜一級四品已下更加一
階實應功臣普恩之外三品已上各與一子六品官賜爵
一級四品已下各加兩階更賜勳兩轉五品已上官子爲
父後者賜勳兩轉副元帥光弼子儀各與一子三品官并
階諸道節度使各一子五品官并階都防禦使及經略等
使各與一子六品官并階去歲行幸陝州六軍英武威遠
威武寶應射生衙前射生左右步軍等并內外文武百官
扈從到行在者三品已上與一子官四品已上各加兩階
自陝州至上都已來置頓使及州府長官普恩之外各與
一子出身置頓使判官已下緣路縣令及專知置頓官各
加一階其六軍神策寶應射生衙前射生及左右步軍英
武威遠威武等諸軍左右金吾將士緣大禮扈從及在城
留後者共賜錢五萬貫鴻臚蕃客共賜錢一千貫儀王及
彭王已下諸王男未有官者並準舊例與官其已封爲郡
王國公者及永穆長樂已下長公主及諸郡縣主並嗣王

郡王各與一子官皇親五等已上諸親三等已下各與一
子出身二王之後各與一子官臺省之官事資履歷刺史
縣令任在親人職務所重是爲理本其左右丞侍郎御史
中丞等取曾任刺史者郎官亦取曾任縣令者并所選御
史亦宜於錄事參軍縣令中簡擇仍須資歷稍深者其有
官非累歷才行特堪任用者自布衣已下任所在聞薦委
中書門下尚書省考試堪任者不在此限尚書省政理所
繫左右丞綱轄攸歸比來百司職事皆廢宜令明徵式令
各舉所職百官有論時政得失并任指陳事實具狀進封

必宜切直無諱有司白身人亦宜準此任詣匭使進表朕將親覽必加擢用朕每思素儉敦以淳風必約嚴章以齊侈俗其珠玉器玩寶鈿雜繡等一切禁斷諸道攝官頻有處分一切盡停尚聞因循其弊未革即宜申明舊勅勒停三年之喪謂之達禮自非金革不可從權其文官自今已後并許終制一切不得輒有奏請緣大禮應升壇殿行事者普恩之外更與一子官應在太清宮郊廟諸色職掌者及册皇太子行事官撰册并書文及簡較造册官普恩之外三品已上賜爵一級四品已下加一階仍賜勳一轉天

下耆老九十已上版授刺史七十已上版授上佐縣令孝子順孫義夫節婦旌表門閭終身勿事五嶽四瀆名山大川今古聖帝明王忠臣義士宜令所管致祭

改元永泰赦文

叶五紀者建號以體元受四時者布和而順氣天心可見人欲是從爰立大中之道式受惟新之命朕嗣膺下武獲主多方顧以薄德秉茲艱運戎麾問罪今已十年飲至策勳雖兇渠之授首勞師黷武豈人主之用心況乃軍役屢興干戈靡定茫茫士庶斃於鋒鏑嗷嗷皇穹以朕爲子蒼生以朕爲父至德不能以被物精誠不能以動天俾我生靈擠於溝壑非朕之咎誰之過歟朕所以馭朽懸旌坐而待曙勞懷罪己之念延想安人之策亦惟羣公卿士百辟庶寮咸聽朕命叶宣乃力務履清白之道還興淳素之風率是黎元歸於仁壽君臣一德何以尚茲廼者刑政不修惠化未洽旣盡財力良多抵犯靜惟哀矜實軫於懷今將大振綱維益明懲勸肇舉改元之典宏敷在宥之澤可大赦天下改廣德三年爲永泰元年自永泰元年正月一日昧爽已前大辟已下罪無輕重已發覺未發覺已結正未結

正繫囚見徒常赦所不免者咸赦除之僕固懷恩戰伐有功訏謀任重不終臣節輒肆姦凶妄誘異蕃同爲不軌朕惟務責己情重舊勳如能翻然來歸必從寬宥其下偏裨等因被驅率不獲已者及所在山谷草竊反側未安者如能束手而來一切並無所問自廣德元年已前天下百姓所欠負官物一切放免在官典腹內者不在免限其百姓除正租庸外不得更別有科率刺史縣令與朕分憂彫瘵之人切須撫字一夫不獲情甚納隍有能招輯逃亡平均賦稅增多戶口廣闢田疇清節有聞課效尤著者宜委所

在節度觀察具名聞奏即令按覆超資擢授其有理無能政迹涉贓私必當重加貶奪永爲殿累農政本也食人天也方春之首重於東作除軍興至急餘一切並停令百姓專營農事其逃戶復業及浮客情願編附者仰州縣長吏親就存撫特矜賦役全不濟者量貸種子務令安集孝弟力田懷才抱器遺逸未經薦達者各委州府聞奏親當策試量能敘用應見立仗諸軍將士等宜共賜錢五萬貫書稱咸秩詩美懷柔仰惟衆靈念茲多祐其五嶽四瀆名山大川宜令所管牧宰精誠致祭中外寮吏各揚其職無或

曠官克副朕意

改元大歷赦文

王者欽若昊天誕受丕命莫不協五紀而乘運稽三微以體元上齊璿衡下立人極乃須歷於惟歲更覃恩於率土朕嗣守鴻業恭臨寶位頃以時當寇難運屬干戈誓衆興師爲人除害實賴宗社降福寰宇小康用與淳樸之風庶洽雍熙之化乾坤敷祐大庇生靈文武協心同力王室豈朕薄德而臻於此乃者金革所聚綿歷歲時征賦頗繁人猶彫瘵是用疚心疾首當宁而興懷罪以在予馭朽而貽懼每思宏濟之道用拯黎元之弊月纏星昴律中黃鍾合天正之祚承日至之永祥雲在矚既當伯趙之司惠澤布和宜順一陽之氣建元發號革故維新俾及履長之節用深行慶之典可大赦天下其永泰二年宜改爲大歷元年自大歷元年十一月十二日昧爽已前大辟罪已下已發覺未發覺已結正未結正繫囚見徒罪無輕重常赦所不免者咸赦除之長吏犯贓不在免限夫從簡之道大易至言薄賦之規前王令範朕志遵儉約務欲息人徵斂無期誠爲勞弊天下百姓除正租庸及軍器所須外不承正敕

一切不得輒有科率國以人爲本人以農爲業頃緣師旅征稅殷繁編戶流離田疇荒廢永言牧宰政切親人其刺史縣令宜以招輯戶口墾田多少用爲殿最每年終委本道按察使節度等使案覆聞奏如課績尤異當加超擢或政理無聞必置科貶逃亡失業萍泛無依特宜招撫使安鄉井其逃戶復業者宜給復三年如百姓先貨賣田宅盡者宜委州縣取逃死戶口田宅量丁口充給仍仰縣令親至鄉村安存處置務從樂業以贍資糧王畿之間賦斂尤重百役供億當甚艱辛哀我疲人良深憫念盍徹之稅著

自周經未使於人何必行古其什一稅宜停周徵俊造漢辟賢良垂之典謨永代作則天下有安貧樂道孝弟力田未經薦用者委所在長官具以名聞奏朕當親自策試量才敘用其立仗將士等定賜物五萬匹五嶽四瀆名山大川祀典攸存神理昭著宜以禮致祭

大曆八年夏至大赦文

自古帝王順時行令當北至之炎燠應南風之長嬴必事無刑解網申惠敘麥秋之氣而代天理物矣朕獲奉珪璧虔恭郊廟一紀有餘承累聖之鴻業爲兆人之父母戰戰

兢兢恐不克濟而天地幽贊陰陽化育關輔之內農祥薦臻嘉穀豐衍宿麥滋殖閭閻之閒倉廩皆實百價低賤實曰小康此皆上帝報貺烈祖儲祉卿士存誠黎元盡力之致思與萬方百辟咸共樂之而未能也況或抵常憲纍然就拘辨對官曹幽閉獄戶永惟械繫之慘追復冒犯之繇皆自王化之未醇風教之多闕俾民忘恥格俗虧禮讓陷在刑典久於狴牢當順陽助生之時積冤蔽感傷之氣百姓有過在予一人顧隄欽恤誠切傷痛用申在宥之旨庶洽惟新之令自大曆八年五月二十五日昧爽已前天下繫囚見徒及已發覺未發覺已結正未結正死罪並降徒流已下罪並宜放免敢以赦前事相言告者以其罪罪之亡命山澤挾藏軍器百日不首復罪如初夫承天之敘則三時有成自中形外則四海蒙福嗟爾庶士諒悉予懷

大曆九年夏至大赦文

朕誕膺天命以撫方夏兢兢多惕保祐惟人懼庶獄之未孚俾一夫之不獲思用哀恤與之和寧頃屬夷夏多虞干戈是務徵賦頗重黎元不康內迫艱窮外乘師旅因行盜竊自陷典刑纍然圜土之下佇勤視陰之命永念愚惑惻

焉疚心而寰宇之閒舉類斯衆今火中惟夏長嬴及時鬱然沈繫致傷和氣萬方有罪在予一人將洽至淳之化更布惟新之理其大曆九年四月二十四日昧爽已前大辟罪已下已發覺未發覺已結正未結正罪無輕重一切並宜放免敢以赦前事相言告者以其罪罪之其在軍將士有刀箭所傷久嬰沈疾者勠力疆埸致身鋒刃各委所繇量給藥物厚加優賞其陣亡將士仰本路隨事優恤妻子各申錫賚其百姓鰥寡孤獨不能自存者困窮無主誠可哀傷仰所在州府長官每事以諸色官物量加贈恤令其

得所亡命山澤挾藏軍器。百日不首復罪如初。在宥之典。旣周動植。純嘏之錫。庶延子孫。凡在品類。各宜遷善。宣示中外。諒悉朕懷。

新翻護國仁王般若經序

皇矣至覺。子於元元。截有海以般若之舟。翦稠林以智慧之劒。綿絡六合。羅罩十方。宏宣也深。志廣也大。自權輿天竺。泳沫漢庭。行無緣之慈。納常樂之域。信其博施傾芥城而逾遠。仰夫湛寂超言象之又元。五始不究其初。一得罔根其本。以彼取此。何其遼哉。朕忝嗣鴻休。丕承大寶。軫推

溝以夕惕。方徹枕而假寐。夫其鎮乾坤。遏寇虐。和風雨。著星辰。與物無爲。乂人艱止。不有般若。其能已乎。嘗澡身定泉。宅心祕道。緬尋龍宮之藏。稽合鷲峯之旨。懿夫護國實在茲經。竊景行於波斯。庶闡揚於調御。至若高張五忍。足明惻隱之深。永袪衆難。實惟化淸之本。名假法假。心空色空。推之於無。則境智都寂。引之於有。迺津梁不窮。思與黎烝。共臻實相。而緹紬貝葉。文字參差。東夏西天。言音訛謬。致使古今翻譯。淸濁不同。前後參詳。輕重匪一。其猶大輅終繼事而增華。譬彼堅冰。始積水而非厲。先之所譯。語質未融。披讀之流。臨文三覆。凡諸釋氏。良用慨然。先聖翹誠玉毫。澹慮眞境。發揮滿教。搜綴缺文。詔大德三藏沙門不空。推校詳譯。未周部卷。三藏學究二諦。教傳三密。義了宗極。伊成字圓。褰裳西指。汎杯南海。影與形對。勤將歲深。妙印度之聲明。洞中華之韻曲。甘露沃朕。香風襲予。旣而梵夾遠賚。洪鐘待扣。佇延吹萬之籟。率訓開三之典。朕哀纏蘖棘。悲感霜露。捧戴遺詔。不敢怠遑。延振錫之羣英。終爲山之九仞。開府朝恩許國以身。歸佛以命。弼我眞教。申夫妙門。爰令集京城義學大德良賁等。翰林學士常袞等。於

大明宮南桃園詳譯護國般若畢。並更寫定密嚴等經。握槧含毫。研精賾邃。曩者訛略。刊定較然。昔之沈隱。鉤索煥矣。足可懸諸日月。大燭昏衢。潤之雲雨。横流動植。伏願上資仙駕。飛慧雲於四天。迴出塵勞。躡金蓮於十地。朕理昧幽關。文慚麗則。見推序述。悅撫空懷。聊紀之於首篇。庶克開於厥後。將發皇永永。可推而行之。時旃蒙歲木菫榮月也。

密嚴經序

朕聞西方有大聖人。爲演不言之言。垂無教之教。啟迪權

實發披聾聵遷其善者不疾而速階其益者即聖自凡擊蒙求于娑婆邱陵示達觀于密嚴世界匪染淨在我實是非游而楚越生于念中盈缺頓于目下彼魚藏鳥逝其若是乎欽哉密嚴迹超三有量同乎法界相離于極微非聲聞之所聞豈色見之能見嘗潔己至妙允恭付囑是欲泉靜識浪珠清意原窮賴邪能變之端照自覺湛然之境深詣心極其惟是經夫翻譯之來抑有由矣雖方言有異而本質須存此經梵書並是偈頌先之譯者多作散文蛇化為龍何必變於鱗介家成於國寧即改乎姓氏矧訛略輕

重或有異同再而詳悉可為盡善大興善寺三藏沙門不空像教棟梁愛河舟楫戒珠在握明鏡入懷雪涉雲征窮鹿野之真諦帆飛海宿究馬鳴之奧旨聲該八轉言善兩方足可窺鑒闕如抑揚了義詔令集京城義學沙門飛錫翰林學士柳抗等詳譯斯文及護國經等對執貝多翻諸簡牘憑其本夾依以頌言太羹之味不遺清月之魄恒滿豈不美歟豈不美歟朕詞乏清華文非遒麗志流衍於祕賾將布濩於無窮聊課虛懷序之篇首云爾

欽定全唐文卷五十

德宗皇帝

帝諱适代宗長子天寶元年生至德元年封奉節郡王寶應元年五月進封魯王八月徙封雍王出鎮陝州廣德二年立為皇太子大歷十四年五月即位建中元年正月上尊號曰聖神文武皇帝在位二十一年年六十四謚曰神武孝文皇帝廟號德宗

加郭子儀尚父制

軒皇致治必資力牧虞舜為政實賴皐陶苟無師臣豈登

仁壽故呂望輔已成之業指揮致維師之名伊尹出空桑之中翼贊負阿衡之號司徒兼中書令河中尹靈州大都督單于鎮北大都護充關內河東副元帥朔方節度關內支度鹽池六城水運大使押蕃部及管內及河陽道觀察等使上柱國汾陽郡王山陵使食實封一千九百戶子儀氣膺台輔道佐經綸當乾坤交泰之時正君臣定位之禮我肅宗皇帝龍飛靈武翦滅鯨鯢公則揚旆宣威佐清六合我大行皇帝撫軍鞏洛收復都邑公則摧殄諸寇滌穢兩河而又獫狁犬戎共侵涇略公則挺身鋒刃獨立戰場

叱退窮醜威雄七萃塞垣無警社稷永康朕遭閔凶爰在諒闇公又外釐百揆内舉四維委監山陵克修制度萬樞倚辦庶績其凝凡所詢謀必竭寅亮敬加從話則率土歡心寄以緝熙則彝倫式序宏宣五教訓洽生靈光昭七德威肅禍亂豈周武有尊師之道朕無崇德之名宵衣永歎夕惕增懷雖年耆益明轅門待鎮然復土寄重留籍倚毗可加號尚父兼太尉中書令山陵使勳封如故仍加實封通前滿二千戶每月給一千五百人糧料并給二百匹馬草料有司備禮以時册命

停雜稅制

自艱難已來徵賦名目繁雜委黜陟使與諸道觀察使刺史作年支兩稅徵納比來新舊徵科色目一切停罷兩稅外輒別率一錢四等官準擅興賦以枉法論其軍府支計等數準大歷十四年八月七日勅處分

貶呂渭歙州司馬制

呂渭僭陳章奏爲其本使薄訴官名朕以宋有司城之嫌晉有司曹之諱歎其忠於所事亦謂確以上聞乃加殊恩俾膺厚賞迅聞所陳少宇往歲已任少卿昔是今非罔我何甚豈得謬當朝典更厠周行宜佐遐藩用誡薄俗可歙州司馬同正

授李泌平章事制

自昔元后表正萬邦必兼聽以求聞乃選賢而自輔理亂之本繫乎其任授之以道將在之人朕嗣守丕圖運逢多難每虔心至理思致和平夕惕興懷納隍是慮今干戈甫戢而戎狄爲虞豈誠信所未孚何聲教之不暨是以夢想良佐庶迪前聞云誰之思朕志先定前檢校禮部尚書陝虢觀察使李泌山河粹氣道德清英蔚爲禎祥生我王國

衷簡不雜高明有融深厚以致誠直方而可大識窮化本動會時中讜正居心謀猷允哲自膺分陝累洽嘉聞宜其入掌中樞内司闕袞贊兩儀之化脊貞百度之經綸協和神人參總廊廟咨爾才實惠於邦家往欽哉式佇成績可守中書侍郎同中書門下平章事

襃恤吐蕃盟會使崔漢衡等制

乃者吐蕃犯塞毒我生靈敢擾隴東深入河曲朕以兵戈粗定傷夷未瘳務息戰伐之謀遂從通和之請亦知戎醜志在貪婪重違修睦之辭乃允尋盟之會果爲隱匿變發

遺害縱犬羊兇狡之羣乘文武信誠之衆蒼黄淪陷深用惻然此皆由朕之不明致其至此既無德於萬衆亦有愧於四方宵旰貽憂何嗟而及今兵部尚書崔漢衡等皆國之良士朝之藎臣嬰縶穹廬眇然異域念其家室雖未周於屢空錄以息男庶或資於薄俸漢衡宜與一子七品官司勳員外郎鄭叔矩檢校戶部郎中路泌殿中侍御史韓弇及大將孟日華辛榮李至言范澄王良貴樂演明陽昔權交成等各與一子八品官試左金吾兵曹參軍袁同直揄次尉裴瑗及副兵馬使已下各與一子九品官仍並與正員官餘將士各與一子官仍委本使即具名銜聞奏

授范希朝京西行營節度使制

古之命將帥修封疆在於整軍非以耀武故繕理亭障訓齊車徒以申國威以固王略非誠節茂著無以分統六師非勳績彰明無以弁護諸將副茲重任實在忠賢特進檢校右僕射兼右金吾衛大將軍充右街使成紀男范希朝有貞臣之節有良將之風識達武經學綜兵要臨事能斷好謀而成嘗領元戎鎮於朔野控河上之塞拒漢南之庭修其政刑諭以威德士吏向慕裔夷綏懷入覲京師策勳王府洎司警衞禁旅增嚴直道彌彰嘉庸茂著固可以總統北路節制西陲成魏絳和戎之勳振晁錯備邊之策俾異俗率化穡人成功師乘以和烽堠無警懋昭丕績時乃之休可開府儀同三司檢校左僕射兼右神策京西諸城鎮行營兵馬節度使勳封如故

賑貸百姓制

朕嗣守丕圖於茲七稔每念萬方所奉惟在一人百姓未康豈安終食故所以賑贍優貸思致乂安方鎮牧守誠宜遵奉如有違越委御史臺及出使郎官御史訪察以聞

授齊抗兼修國史制

天工人代緝熙庶績所以達四方之志遂萬物之情王猷以穆在乎宰執君舉必書宏厥史職典領著作允資藎臣中散大夫守中書侍郎同中書門下平章事上柱國賜紫金魚袋齊抗文合大雅行歸中庸宏道而致遠含章而居業稽三王之法志酌千古之獻言積純粹而外發德輝自明誠而居爲國器擢登密勿每竭訏謨察其忠謀多所宏益以序王道之端辨人事之紀勸懲教化在於春秋錯綜裁成必歸良直以中樞之餘力得東觀之全才思革前愆

元賓盛德山甫補闕已彰於匪懈藏文立言佇聞於不朽修明簡策惟爾之依可兼修國史餘並如故主者施行

授嘉王運等檢校司空制

書載堯典首稱睦族詩歌周德實美維城朕嗣統百王憲章三代義雖本於敘族道無愧於尊賢式遵舊章爰舉成命嘉王運循王遹恭王通等皆孝敬恭懿敏裕齊莊播蘭茝之清芬炳珪符之瑞采易淩沛獻詩擁楚元古人素風造次於是師氏典訓周旋以之固可以超金紫之貴膺升台鉉之崇秩策勳詔爵以寵分茅並可金紫光祿大夫檢

校司空賜上柱國仍依百官例給料錢

貶鄭餘慶郴州司馬制

輔弼之臣百辟是憲苟二其行則黷大猷守中書門下平章事鄭餘慶頃謂忠貞擢居台輔仍乖正直有涉比周棄法弄權公行黨比苟徇邪志頗紊彝倫謫佐遐藩以懲不恪朕擢於不次誠冀效忠乃自速辜亦所難逭凡百君子宜悉朕懷可郴州司馬置同正員

罷邕府歲貢奴婢詔

邕府歲貢奴婢使其離父母之鄉絕骨肉之戀非仁也罷之

禫服終制詔

朕聞禮貴緣情因心展孝高宗得諒其代予言今朝有股肱濟爲舟楫出納惟允足以保邦況蓼莪在懷日時猶淺欲遂權奪抑就公除攀號痛心實所未忍朕將從禫服以終喪紀百辟卿士宜悉哀懷

素服練巾聽政詔

昔高宗諒陰三年舜爲堯禹爲舜亦服喪三年故禮曰三年之喪自天子達是知罔極之恩昊天難報朕虔奉遺詔

又迫於羣議將欲從吉未忍割哀其百僚宜以今月十七日釋服朕以素服練巾衛哀聽政凡百在位知朕意焉

即位求賢詔

天下有才藝尤著高蹈邱園及直言極諫之士所在具以名聞諸色人中有孝悌力田經學優深文詞清麗軍謀宏遠武藝殊倫者亦具以名聞能詣闕自陳者亦聽仍限今年十二月內到朕當親試

刪定條格詔

律令格式條目有未折衷者委中書門下簡擇理識通明

官共删定自至德以來制勅或因人奏請或臨事須行差互不同使人疑惑中書門下與删定官詳決取堪久長行用者編入條格

答令狐峘諫厚奉元陵詔

朕頃議山陵心方迷謬忘遵先旨遂有優厚之言卿閒見該通識達宏遠深知不可切以爲言引古援今依經據理非唯中朕之病兼亦成朕之身今所以令朕免不子之名不遺君親於患者皆卿之力也敢不聞義而從收之桑榆奉以始終期無失墜嗟乎古之遺直何以加卿

立宣王爲皇太子詔

主器者莫若長子繼明者必建儲兩既以傳重亦以宗本則君親之大義帝王之宏範無先於此矣朕以眇身纘承丕緒夕惕祗畏惟懷永圖承八葉之耿光居四海而稱大則七鬯之主粢盛之重樹元貴嫡有邦之先宣王誦生知古制既賢且長聰明敏博温恭孝友不自滿假率由憲章慶發高禖兆申甲觀爲子之道惟父能知審其觀志宜承大統固能總戎監撫載乎鼎實不絶馳道謙敬益崇問安必自於因心入學固知其讓齒升茲上嗣庶貞萬國可立爲皇太子宜令所司擇日備禮冊命

定兩稅詔

戶無主客以見居爲簿人無丁中以貧富爲差行商者在郡縣稅三十之一居人之稅秋夏兩徵之各有不便者三之餘征賦悉罷而丁額不廢其田畝之稅率以大歷十四年墾數爲準徵夏稅無過六月秋稅無過十一月違者進退長吏令黜陟使各量風土所宜人戶多少均定其賦尚書度支總統焉

罷尚書左僕射劉晏領使詔

東都河南江淮山南東等道轉運租庸青苗鹽鐵等使尚書左僕射劉晏頃以兵車未息權立使名久勤元老集我庶務悉心瘁力垂二十年朕以征稅多門鄉邑凋耗聽於羣議思有變更將置時和之理宜復有司之制晏所領使宜停天下錢穀委金部倉部中書門下揀兩司郎官準格式調掌

令天下錢穀歸尚書省詔

朕以征稅多門郡邑凋耗聽於羣議思有變更將制時穌宜遵古制其江淮米準旨轉運入京者及諸軍糧儲宜令

庫部郎中崔河圖權領之今年夏稅以前諸道財賦多輸京者及鹽鐵財貨委江州刺史包佶權領之天下錢穀皆歸金部倉部委中書門下簡兩司郎官準格式調理

遣黜陟使分行天下詔

朕聞唐虞聖人之理三載考績黜陟幽明兩漢施教之君亦命八使澄清天下朕纘承大業思服訓彝雖王公卿士內勤夙夜藩岳守將外盡公忠而兵革未寧戎狄未盡紀綱未振法令未敷封圻郡縣賦稅不一師旅上下勞逸不均所以終宵積憂痌瘝增惕爰命羣士往代子言行乎四

方以聽於理舉其百事以歸於正朕之深願可不勤副也

放張涉詔

尊師之道禮有所加議故之法恩有所掩張涉賄賂交通頗駭時聽常所親重良深歎息宜放歸田里

上沈皇太后尊號詔

王者事父孝故事天明事母孝故事地察則事天莫先於嚴父事地莫盛於尊親朕躬承天命以主社稷執珪璧以事上帝祖宗克配園寢永終而內朝虛位闕問安之禮銜悲內恤憂戀終歲思欲歷舟車之路以聽求音問而主茲重器莫匪深衷是用仰稽舊儀敬崇大號舉茲禮命式遵前典宜令公卿大夫稽度前訓上皇太后尊號

定公主郡縣主出降覿見儀文詔

冠婚之義人倫大經昔唐堯降嬪帝乙歸妹迨於漢氏同姓主之爰自近古禮教陵夷公郡法度僭差殊制姻族闕齒序之義舅姑有拜下之禮自家刑國多愧古人今縣主有行將俟嘉命俾親執棗栗以見舅姑敬遵宗婦之儀降就家人之禮事資變革以抑浮華其令禮儀使與禮官博士約古今舊儀及開元禮詳定公主郡縣主出降覿見之

文儀以聞

令舉人指陳事跡詔

常參官及節度觀察防禦軍使城使兵馬使諸州刺史少尹赤令畿令并七品以下清官及大理司直評事等頃者令內外新授官人三日內上表舉一人自代欲於中選才堪者任用比來所舉少有揀實殊乖素來求才之意自今以後每舉人皆令指陳其承前事跡如有政能行義藝業勞効各分析言之

賈全等不必避嫌詔

功烈近臣至親子弟既處繁劇或招過犯寬宥則撓法取責則虧恩不令守官仍爲至當賈全等十人昨緣畿内凋殘親自選擇事非常制不令避嫌

贈郭子儀太師詔

天地以四時成物元首以股肱作輔公台之任鼎足相承上以調三光下以象五岳允釐庶績鎮撫四夷體元和之氣根貞一之德功至大而不伐身處高而更安尚父比呂望之名爲師增周公之位盛業可久殁而彌光故太尉兼中書令柱國汾陽郡王尚父子儀天降人傑生知王佐訓

師如子料敵若神昔天寶多難羯胡作禍咸秦失險河洛爲戎公能扶翼肅宗載造區夏於國有患勞其戡定於邊有寇藉其驅除安社稷必在於絳侯定羌戎無踰於充國絳臺綏四散之衆涇陽降十萬之虜勳高今古名讋夷狄而勞乎征鎮二紀於茲頃以春秋既高疆埸多事罷彼旌鉞寵在台衡以公柱石四朝藩翰萬里忠貞懸於日月寵遇冠於人臣尊其元老加以崇號期壽考之永養勳賢之德膏肓生疾藥石靡功人之云亡梁木斯壞雖賻禮加等輟朝增日悼心流涕曷可弭忘更議追崇名位斯極而尊爲尚父官協太師雖爵秩則同而體望尤重歛以衮冕旌我元臣聖祖園陵所宜陪葬式墓表文終之德象山追去病之勳千載如存九原可作册命之禮有司備焉可贈太師陪葬建陵仍令所司備禮册命賻絹三千匹布三千端米麥三千石

賜李元忠郭昕詔

二庭四鎮統任西夏五十七蕃十姓部落國朝以來相奉率職自關隴失守東西阻絶忠義之徒泣血相守慎固封略奉尊朝法皆侯伯守將交修共理之所致也伊西北庭

節度觀察使李元忠可北庭大都護四鎮節度留後郭昕可安西大都護四鎮節度觀察使其將吏已下敘官可超七資

貶楊炎崖州司馬詔

尚書左僕射楊炎託以文藝累登清貫雖謫居荒服而虛稱猶存朕初臨萬邦思宏大化務擢非次招納時髦拔自郡佐登於鼎司獨委心膂信任無疑而乃不思竭誠敢爲姦蠹進邪醜正既僞且堅黨援因依動涉情故隳法敗度罔上行私苟利其身不顧於國加以内無訓誡外有交通

縱恣詐欺以成贓賄詢其事跡本末乖謬蔑恩棄德負我何深考狀議刑罪在難宥但以朕於將相義切始終顧全大體特有宏貸俾從遠謫以肅具寮可崖州司馬同正仍馳驛發遣

削奪李惟岳官爵詔

李惟岳其父寶臣有忠勞於王室夷險之際猶全誠効而惟岳隳其父業蔑棄國恩縗絰之中擅掌戎務矯陳款狀冀邀爵禄外結兇黨益固奸謀不孝不忠宜肆原野朕尚念其前緒容以自新俾護父喪以其屬歸闕待以好爵遇

之如初告諭既勤罔有悛革蠢爾狂狡自詒滅亡除暴去邪國有恒典惟岳在身官爵並宜削除罪止元凶餘無所問其屬將校能以所部兵馬州縣來降者便授以本職仍加封賞

還馬燧家貲詔

忠臣之事君也願隳家以奉國良將之養士也或均財以周惠爰自古昔其儔益鮮故竇嬰陳金於廊廡趙奢散財於部曲皆受之天府不取私門猶能垂名史冊遺芳千載而況執上將之旗鼓率先登之士卒將行命賞罄乃家財上以彰憂國之誠下以竭奉公之効不有褒美孰旌忠賢河東節度使馬燧誠美夙著宏略載宣克揚經武之規實重安人之寄屬河朔干紀磁邢當寇而能忠義奮發奉辭問罪出師之際宣布明誠誓將資產分給戰士故得三軍之衆相與感激百勝之績於茲競勸朕當遂其懇懷以成厥美殊常之迹古人所難舉而行之用明信賞仍班王府之貨式表忠臣之節宜令度支出錢充給將士其馬燧家資並却還之

令曹濮等州休兵詔

在昔聖王之御寓也常修文德以勝威武故能協和神人撫寧方夏蓋有國之令圖也朕自君臨萬邦於茲三載明發求理中夜靡遑常懼祖宗之威靈顧惟黎元之未洽是用君臣之際推以腹心賞罰之道俾無僭濫每發一詔施一令罔不本之以德義後之以威刑期戢五兵思宏七教庶乎勝殘去殺之理有耻且格之道而眇身薄德肺腑未親四方諸侯義信猶阻近聞曹濮數州知加兵籍司馬採聽飛語容納奸謀交質往來邀結外援雖各在封略言備寇擾而汴郊士庶頗聞驚擾閭井奔散如避寇讎迨茲春

中首種未入朕爲人君父不能以誠明感達股肱之佐不能以慈惠覆育黔黎之類使其骨肉相去情義不通終宵咎責心用震悼亦以社稷之計億兆之命防危慮遠不得不然至於君臣之道進退之理雖以造次顛沛嘗所不忘也是以分命節制及集諸軍於汴宋懷鄭之閒使各屯守發令之日且常言誡非有侵軼不令議戰但田里服業農桑及時下無愁怨外絕師旅偃旗臥鼓朕願斯畢於戲惟天地日月實鑒我心山川鬼神尚弼予志布告中外咸令知悉

禁有司誣搆郭氏詔

故尚父子儀有大勳力保乂於皇家嘗誓以山河琢之金石十世之宥其可忘也其家前時與人爲市以子儀殁後或被誣搆欲論奪之有司無得爲理

贈楊休明等官詔

故河西兼伊西北庭節度觀察使檢校工部尚書兼御史大夫贈太子太保楊休明故河西節度觀察使檢校工部尚書兼侍御史大夫周鼎故西州刺史兼御史中丞李琇璋故瓜州刺史兼御史中丞知河西節度留後張銑或寄崇方鎮或攝總留務時屬殷憂並抗貞節率勵將吏誓一其心固守西陲以俟朝命羌戎乘閒驟逼城池國家方有內虞未遑外救河隴之右化爲虜場俾我忠良殁身異域彌歷年紀以逮於茲旅櫬方旋誠深憫悼故遞加寵贈俾極朝榮式彰茂烈永賁幽壙休明可贈司徒鼎可贈太保琇璋可贈戶部尚書銑可贈兵部侍郎

討李希烈詔

淮陽軍節度使李希烈頃以梁崇義叛逆使之專征即集勳庸大加恩禮名極台輔賞延子孫而乃負德棄身去忠

效逆攻劫道路擅固鄧州而又圖陷汴州攘奪尉氏攻圍鄭圃暴犯汝墳已勅神策汴滑河陽東畿汝州淮南山南荊南湖南劍南江西鄂岳等道十五萬衆尅日齊進弔人靖亂罪止元兇有能斬希烈歸降者四品已上以希烈官爵授之五品已上封異姓王實封四百戶諸軍將士斬獲希烈者亦準此例封賞以軍城降者便以其職授之賜其實封賊平後除供當道外百姓給復三年朕德之不明化有不洽未躋仁壽尚勞用兵中心咎悼無忘鑒寐

優卹郭子儀諸子詔

故尚父太尉中書令汾陽王功格上元道光下土積其善
慶垂裕無窮雖嫡長云殂支宗斯盛汾陽舊邑盍有丕承
其男前左散騎常侍駙馬都尉食實封五百戶曖夙稟義
方居忠履孝儼崇銀牓攄美金章繼撫先封允宜聽復曖
兄檢校工部尚書守太子賓客趙國公晞并弟右金吾將
軍祁國公食實封二百五十戶曙太子左諭德映等並休
有令名保其先業宜允推恩之典以明延嗣之誠其實封
二千戶宜準式減半餘可分襲曖可襲代國公仍通前襲
三百戶晞可二百五十戶曙可五十戶通前三百七十戶

映可二百三十五戶

德宗 二

贈段秀實太尉詔

見危致命之謂忠臨義有勇之謂烈惟爾克勵臣節不憚
殺身惟朕式嘉乃勳懋昭大典曰台不德罔克若天遘茲
殷憂變起都邑惟爾卿士皴然靡依逼畏所加淄澠共混
故開府儀同三司檢校禮部尚書司農卿上柱國張掖郡
王段秀實操行嶽立忠厚精至義形於色勇必有仁頃者
常鎮涇原克著威惠叛卒知訓咨爾以誠賊泚藏姦欺爾
以詐守人臣之大節洞元惡之深情端委國門挺身白刃

誓碎凶渠之首以敵君父之讎視死如歸履虎致啞噫天
未悔禍事乖垂成雄風壯圖振駭羣盜昔王蠋守死以全
節周顗正色而抗詞惟我信臣無愧前哲聲聞寰宇義冠
古今足以激勵人倫光照史冊不有殊等之賞孰表非常
之功爰議疇庸特超簡限著之甲令樹此風聲可贈太尉
諡曰忠烈宣行史官仍賜實封五百戶莊宅各一區長子
與三品正員官諸子並與五品正員官仍廢朝三日收京
城之後以禮葬祭旌表門閭朕承天子人臨馭億兆一夫

不獲則曰時予之辜況誠信不達屢致寇戎使抱義之臣陷於凶逆有臨危致命歿而愈彰有因事成功權以合道苟利社稷存亡一致酬報之典豈限常員並委所司訪其事蹟續具條奏當加褒異錫其井賦圖形雲閣書功鼎彝以彰我有服節死誼之臣傳於不朽

宥李懷光宣諭河中將士詔

間者變興京邑朕播越奉天李懷光仗義帥師自遠赴難逆黨奔潰危城解圍錄其茂勳嘉其明節所以任崇元帥位極上台而祿滿盈慮迴惑信受間諜自生疑貳朕以匡

復大詁藉其成功曉諭將相禮待殊厚而野心不革狂顧逾甚欺誘羣帥襲奪衆軍誣陷信臣拒違詔命與朱泚結固通使往返放肆凶威彰示狂逆務爲劫脅迅發醜言萬情失圖諸將咸憤所以重茲巡狩越次梁岷違奉宗祧淪汙士庶撫心自咎良增愧歎寔由朕格物之誠不至知臣之鑒不精永惟此軍功著王室安祿山之作亂肅宗以朔方之衆復區夏僕固懷恩之縱逆代宗用朔方之師靜關塞洎朕涉此多難露處奉天內則擐甲登陴外則歷險赴難寒不挾纊夜不釋戈邦國不傾寇仇斯屏竭誠致命力衆一心朕方期收復皇都策勳命賞永同休戚大報功勞豈圖餘孽未平叛臣連禍臨制將士莫由自申憤激於中誓不同惡每一念此惻然疚心猶以懷光舊勳務於容貸其副元帥太尉中書令河中尹朔方等諸道節度觀察等使宜並罷免改授太子太保其所管兵馬委本軍自舉一人功高望重者便宜統領速具奏聞當授旌旄以從人欲應朔方及諸軍在行營并奉天兵士春衣等時方暄熱並未支給每想暴露豈遑安居今江淮轉運般次即至續當支遣朕知朔方將士忠順惜朔方將士功名所以殷勤再

三視遠如邇斯言必信毋自棄焉

贈郭雄同州刺史詔

朕越自邦畿至於梁漢而庶尹卿士各勤其職雄以鋒刃之下倉卒遇害親戚阻絕孤魂何依豈不以予一人不德而使子大夫罹其禍也永言憫惻增軫於懷爰申寵贈俾如常典

諭李懷光詔

李懷光往因職任頗著幹能朕嗣位之初首加拔擢託爲心膂授以旌旄頃歲河朔不寧令往征討任兼將相恩極

邠山及朱泚猖狂誘姦作亂擾動京邑逼迫奉天懷光率領全軍奔赴國難凶逆逃遁宗社再寧保安朕躬實有所賴委元帥河中府之權兼太尉中書令之秩廣增戶食實及宗親人臣之盛莫與爲比豈朕於懷光不盡豈朕報懷光不崇京邑未收嫌釁已搆被朱泚潛使姦人說誘又受張佋等惑亂之辭曾不覺知自生疑阻遂與元惡通和往來朕志在推誠事皆掩覆禮遇轉厚委任轉深都不悛心凶惡日甚勅書慰問將士懷光並不令宣三軍咸欲收城懷光並不令出自云已共朱泚定約不能更事國家兼朱

泚所遣來人令見宣慰勅使公言迫脅無復君臣朕以眇身獲承鴻業務全大計遷幸山南蒼黃之間備歷危險賴朔方等軍將士保守忠義恥陷惡名不謀同辭誓守臣節懷光知將士之意不可改移徑往河中偷安朝夕據有罪迹情實難原然以奉天解圍嘗著勳烈昨又遣男璀等謝罪懇請束身歸朝朕憫其改過之誠念其赴難之效以功贖罪務在優容令給事中兼御史大夫孔巢父齎先授懷光太子太保勅牒河中宣慰詔三日內便與懷光同赴上都所在保護不得邀截驚動違者按以軍令仍許懷光將百人已下隨身防援如欲使令家口同行亦聽懷光若至闕庭必保全終始厚恩寵命待之如初仍賜實封五百戶子孫承襲代代無絕信如皦日朕不食言朔方軍素推忠義國家每有危難未嘗不立大功子儀兩收京城皆是此軍之力昨又遠從河北來赴奉天逆賊畏威望風奔遁眷言殊績朕豈暫忘其事將士各竭忠志叶心勠力橫遭迫脅無路自申每一念之痛心自咎比者君臣阻隔只爲懷光一人今懷光自請入朝猶捨其罪況諸將士並是功臣各宜坦然更勿憂慮所有官爵實封並賜名定難功臣一

切如故仍準元勅超五資與改轉

討李希烈詔

朕臨御萬方失於君道兵革不息於今五年閔衆庶之勞悔征伐之事而李希烈蔑義棄德反道虐人朕哀彼生靈陷於塗炭苟存拯物不憚屈身故於首春特布新令赦其殊死待以至誠使臣纔及於郊圻巨猾已聞其僭竊酷烈滋甚吞噬無厭將相大臣咸懷憤激繼陳章疏固請討除朕以所行天誅本去人害兵戈既接玉石難分言念勳臣橫遭脅制雖思改革厥路無由乃受汚終身啣冤沒代淪

胥以遝誠可痛傷豈孽自一夫而毒流萬姓爲人父母寧不愧懷宜令諸道節度使將欲進軍先加曉諭王師致討唯止元凶所有脅從一切勿問如能去逆效順因事建功明設科條以示褒勸

權停來年郊廟詔

朕一經播遷久曠禮儀不唯霜露之感實貽失墜之憂賴先澤在人上帝臨我克平大難載復舊京方欲展禮郊丘請罪宗廟而乃股肱卿士詢謀異同明孝敬之大端陳古今之正義三省章表深體乃誠以義制心允從衆請予之不德愧歎良深其來年告謝郊廟百寮請俟後期者可之其元日御含元殿準式

贈顏眞卿司徒詔

君臣之義生錄其功沒厚其禮況才優任國忠至滅身朕每興歎勞於寤寐故光祿大夫守太子太師上柱國魯郡公顏眞卿器質自天公忠傑出出入四朝堅貞一志屬賊臣擾亂委以存諭拘脅累歲死而不撓稽其盛節實謂猶生朕自貽斯禍慚悼靡及式崇嘉命兼延爾嗣可贈司徒仍賻絹帛五百端米三百石男頵碩等至喪制終後所司聞奏超授官秩

給百姓耕牛詔

諸道節度觀察使所進耕牛委京兆府勘責有地無牛百姓量其產業以所進牛均平給賜其有田五十畝已下人不在給限

許百姓開採瑟瑟詔

瑟瑟之寶中土所無今產於近甸實爲靈貺朕不飾器玩不尚珍奇嘗思返樸之風用明恭儉之節其出瑟瑟處任百姓求採不宜禁止

招撫河中將士詔

朔方及諸軍應在河中將士頃赴奉天濟朕危難皆是功臣懷光脅其妻孥脫身無路朕屬者下詔招諭官爵實封一切如舊雖獲於陣上亦無所傷皦然此心無負忠義今馬燧渾瑊並諸軍勝捷相繼河中將校歸降頗衆皆奉國捐家足以見軍士之心興言感歎宜加優撫宜以馬燧渾瑊充招撫使棄逆歸順一切不問歸順將士仍別建營屋優給任用各盡其才所在誘諭務稱朕意

授韋執誼等官詔

朕祗膺祖宗之業猥臨億兆之上任大守重不敢康寧永懷萬事之統懼有所闕夕惕若厲中夜以興求賢審官期於致理而政化猶鬱太平未臻思得海内忠良竭誠規諫洎經術之士才略之臣以明教化以立武事惟茲三者政之大經慮巖穴之閒尚多遺逸故科別條目廣延異能賢良方正能直言極諫韋執誼等達於理道甚用嘉之位以旌能宜升秩敘其第三等人委中書門下即超資與處分第四等人即優與處分第五等人即與處分嗟乎強學以待問進德以及時昔公孫宏猶闇十上失之正鵠必反諸

身凡爲多士宜各自勉

祀五方配帝不稱臣詔

郊祀之禮本於至誠制禮定名宜從事實五方配帝上古哲王道濟蒸人禮著明祀論善計功則朕德不類統天御極則朕位攸同而祝文稱臣以祭既無益誠敬有黷等威此豈朕禋祀聰明昭格上下之意前京兆府司錄參軍高佩上疏其理精詳朕重變舊儀訪於卿士申明大義是用釋然依從改正以敦至禮自今已後五方配帝祝文勿稱臣餘禮如舊

賜百官錢詔

百辟卿士實惟股肱頃屬艱虞損家殉節累經寇難靡不困窮洎復上京薦遭歉歲官俸既薄公田不收外虧導從之儀内懷凍餒之戚朝列尚爾蒸人何堪軫於深衷良用愧惻應文武常參官等宜共賜錢七萬貫委度支據班秩職事及所損職田多少量等級從今至明年四月以來隨月支給凡厥多士宜悉朕懷

歲歉罷朝賀詔

朕以眇身仰承列聖不能纂修先志以洽昇平馴致寇戎

屢興兵革上元降警蝗旱爲災年不順成人方歉食言念於此實用傷懷是以齋心別宮與人祈穀雖陽和在候而黔首無聊稱慶於予竊所不敢其來年正月一日朝賀宜罷

褒涇陽令韋滌詔

滌有禦災之術有字物之方人不流亡事皆辦集惟是一邑之内獨無愁怨之聲古之循良何以邁此可檢校工部員外郎兼本官賜緋魚袋並賜衣一襲絹一百匹馬一匹凡百君子各宜自勉

加恩被擒將士詔

李希烈負恩作亂刦脅平人朕念生靈無辜務欲息兵捨罪累行赦令皆許自新言必再三事出誠素此朕含垢忍恥屈法爲人之心天下所明知也希烈又固執凶圖驅脅將士違我詔命犯我軍兵今月三日遣僞署申隨唐鄧四州都知兵馬使杜文朝率馬步五千人入襄州北界山南東道節度使樊澤勒兵馬與戰大破其徒斬級擒生盪除略盡又於陣上生擒杜文朝及大將馬坦然等此皆朕德不昭感教未敷行致使平人脅從逆命其帥有罪其人何

辜朕所以省表悼心感事增歎猶冀改過尚可息兵明稱屈己之心式洽好生之義其陣上生擒將士馬坦然等七百九十人宜令樊澤給衣服糧食並却放還并寫前後赦文勅命宣示淮西將士等有能向化者準赦令一切不問官爵如初其傷痍未盡復者並委醫療令其得所其陣上所殺人宜差所繇官於側近埋瘞兼立碑記無使暴露鬱吾春和其杜文朝身領全軍事得繇已不能歸順力屈就擒待到日當有處分

拜風師雨師詔

風雨等師升爲中祀有烈祖成命況在風雨事切蒼生今雖無文朕當屈己再拜以申子育萬姓之意

命舉選人習開元禮詔

開元禮國家盛典列聖增修今則不列學官藏在書府使効官者昧於郊廟之儀治家者不達冠婚之義移風固本合正其源自今已後舉選人有能習開元禮者舉人同一經例選人不限選數許集但問大義一百條試策三道全通者超資與官義通七十條策通二道已上者放及第已下不在放限其有試官能通者亦依正員官例處分其明

經舉人有能習律一部以代爾雅者如帖義俱通於本色減兩選令即日與官其明法舉人有能兼習一經小帖義通者依明經例處分

增置金吾十六衛料錢糧課詔

左右金吾及十六衛將軍故事皆擇勳臣出鎮方隅入居侍從自天寶艱難之後衛兵雖然廢闕將軍品秩尤高此誠文武勳臣出入轉遷之地宜增祿秩以示優崇並宜加給料錢及隨身糧課仍舉故事置武班朝參其廊下食亦宜加給其十六衛各置上將軍一人秩從二品左右金吾

上將軍俸料次於六統軍支給欲求致理必藉兼才文武遞遷不全限隔自今內外文武缺官於文武班中量才望相參敘用仍依故事於本衛量置衛兵所司條件以聞

以吐蕃入寇避正殿詔

昔我皇祖光宅天下底綏四方修德以安邊悅近而來遠朕嗣守丕構姑務息人頃以西蕃載申信約蓋欲惠康庶士協靜封陲而戎狄無厭大棄明義入我河曲害我生靈鹽夏兩州淪陷蕃醜哀此蒸庶家業流離去父母之邦捐骨肉之愛繫朕薄德俾人罹殃興言疚懷若墜焚灼側身

惕慮豈敢遑寧所宜省躬深自咎戒今視朝避正殿十五日百僚奏事悉於延英處分庶答天譴用惕深衷咨爾三事大夫洎於百辟所宜一乃心力共弼予違式佇嘉謀克清寇患宣示中外使悉朕懷

三節賜宴賞錢詔

比者卿士內外朝夕公務今方隅無事蒸民小康其正月晦日三月三日九月九日三節日宜任文武百僚擇勝地追賞每節宰相常參官共賜錢五百貫文翰林學士一百貫文左右神威神策等十軍各賜五百貫金吾英武威遠及諸衛將軍共賜二百貫客省奏事共賜一百貫委度支每節前五日支付永爲常制

令常參官陳奏利害詔

蕃寇雖退疆理猶虞安邊之策必有良算各委常參官具所見封進每坐日三四人陳奏利害

張茂宗尚公主詔

古稱俯就是謂通喪恩之所加禮亦有變銀青光祿大夫前行光祿卿員外置同正員駙馬都尉張茂宗華胄恭仁溫良美茂當申下嫁之命式寵舊勳之家頃屬待年俄聞

在疚以其倚門之訓且在遺言築館之期當從先近俾參秩於環衛以承榮於湯沐可雲麾將軍起復左衛將軍員外置同正員駙馬都尉

欽定全唐文卷五十二

德宗三

訪習天文歷算詔

南正北正司天地之職羲氏和氏統日月之官蓋所以幽贊神明發揮歷象經百王而不易涉千古而無疑慎竈疊跡於前甘石比肩於後莫不仰稽次舍俯察禨祥克窮盈縮之端備極陰陽之際朕臨御區宇多歷歲年睠彼清臺罕聞其妙豈人不逮昔將求之未盡雖天道難知固以不言示教而時君取戒寧可遐棄厥司宜令諸州及諸司訪解占天文及歷算等人務取有景行審密者並以禮發遣遠送所司勿容隱漏

任常參官遣子弟拜掃詔

常參官比來請假東都拜掃多廢曠職事任遣子弟以申情禮

贈張太空謚詔

夫至道無名強假名而崇道至真無謚必求謚以明真惟其可稱實在全德故南嶽元陽宮道士張太空混元育粹元之又元煉骨三清存神八景衡峯養德時近百年依罔象以冥搜挾鴻濛而沖用棲遲浩氣太古真形頃在先皇敷崇道妙望乎元鶴之駕錫以紫霓之裳我有輔臣格言高躅永懷僊子恨不同時聊申嘉尚之情式降昭旌之命策名表德庶永無窮可贈元和先生

命奏舉人材詔

中書門下常參官曾爲牧守理行有聞者具名聞奏與諸厲守宰論政事知所任者具名封進應被舉官等令御史臺及吏部檢校勘資次勿令踰越然後臨試處分仍永爲常式

放免積欠詔

興至化者務積於人故欲薄斂長國家者以義爲利故使以時朕撫臨區夏宵旰忘勞苟可以助化濟人常思大小皆益近以中夏甫寧頗勤經費遂收諸道停減將士糧料用叶權宜言念疲甿重玆供億其貞元四年已徵到及在路者即依前送其在百姓腹内者並放免五年已後每年合收一百萬八十八貫石亦宜放免委本道觀察使各具當管州所放聞奏並曉示百姓

改二月一日爲中和節詔

四序嘉辰歷代增置漢崇上巳晉紀重陽或說禳除雖因舊俗與衆共樂咸合當時朕以春方發生候及仲月勾萌畢達天地和同俾其昭蘇宜助暢茂自今宜以二月一日爲中和節以代正月晦日備三令節數内外官司休假一日

修葺寺觀詔

釋道二教福利羣生館宇經行必資嚴潔自今州府寺觀不得宿客居住屋宇破壞各隨事修葺

爲李懷光立後詔

懷舊念功仁之大也興滅繼絶義之宏也昔蔡叔圮族周公封其子於東土韓信干紀漢后爵其孥以弓高侯君集之不率景化我太宗存其嗣以主祀詳考先王之道洎乎烈祖之訓皆以刑佐德俾人嚮方則斧鉞之誅甲兵之伐蓋不得已而用也曩歲盜臣竊發國步多虞朕狩於近郊指期薄伐將振昆陽之旅以興涿鹿之功徵師未達於諸侯衛士且疲於七萃而李懷光三軍夙駕千里勤王上假雷霆之威下逐虎狼之衆議功方始守節靡終潜構禍胎拒違朝命棄同即異捨順效逆爲臣至此在法必誅猶示綏懷庶其率復而梟音益厲豨突莫遷大戮所加曾無噍類雖自貽伊戚與衆棄之而言念爾勞何嗟及矣以其前効猶在孤魂無歸懷之怳然是用悽軫予欲布陳大惠冀以化成保合太和期於刑措宜以懷光外孫燕八八賜姓李氏名承緒授左衛率府冑曹參軍承懷光之後仍賜錢一千貫任於懷光墓側置立莊園侍養懷光妻王氏并備四時享奠之禮嗚呼朕實不德臨於兆人泣辜宥罪素誠所志爾其保姓受氏宣力承家勉紹乃考之建國庸無若爾父之違王命

明經舉人更習老子詔

明經舉人所習爾雅多是草木鳥獸之名無益理道宜令習老子道德經以代爾雅其進士同大經例帖

令畫中宗以後功臣於凌煙閣詔

昔我烈祖乘乾坤之滌蕩掃隋季之荒屯體元御極作人父母則有熊羆之士不二心之臣左右經綸參翊締構昭文德恢武功威不庭康不乂用端命於上帝俾懷柔於四方宇宙既清日月既正王業既成泰階既平乃圖厥容列於斯閣懋昭績效表式儀形一以無忘於夕朝一以永垂

於來裔君臣之義厚莫重焉貞元己巳歲秋九月我行西宮瞻宏閣崇構見老臣遺像雖然肅然和敬在色想雲龍之叶應感致業之艱難覩彼思今取類非遠且功與時並才為代生苟蘊其材遇其時尊主庇人何代不有在中宗則桓彥範等著匡戴之績在元宗則劉幽求等申翼奉之勳在肅宗代宗則郭子儀等掃殄氛祲今則李晟等保寧朕躬咸盡力肆勤光復宗祐繼之前烈夫豈多謝闕而未錄孰謂旌賢況念功紀德文祖所為也在予曷其敢怠有司宜敘年代先後各圖其像列於舊臣之次仍令皇太子書朕是命紀於壁焉庶永播嘉庸昭示天下俾後之來者尚揖清顏知元勳之不朽

復張孝忠官爵詔

法令者國之典章藩岳者朕之屏翰封域既列疆里有經必守信誠用永終始干紀難虧於常憲念功宜貸於新恩酌於厥中是有茲命義武節度易定觀察等使檢校司空平章事張孝忠受委旌鉞作鎮方夏頃興士旅擅入邊城朝命既臨不遠而復有過能改此誠可嘉是畀左揆之授俾參論道之職懋昭來効勿替舊勳可檢校尚書左僕射同平章事如故於戲君人執信臣人執忠忠信允叶邦家乃乂朕奉祖宗之法期於慎守託王公之上務以存誠畫野分圻皆有定制踰憲章則彼此交惡保封疆則烝庶獲安偃甲息人所存者大咨爾方岳宏宣永圖各守爾典欽承王度勳賢列辟宜體至懷

考選勳賢冑子禁假代詔

本置兩館學士皆選勳賢冑子蓋欲令其講藝紹習家風固非開此倖門墮紊典教且令式之內具有條章考試之時理須精覈比聞此色倖冒頗深或假市門資或變易昭穆殊虧教化之本但長澆漓之風未補者務取闕員已補者自然登第用廕既已乖實試藝又皆假人誘進之方豈當如此自今已後所司宜據式文考試定其升黜如有假代並準法處分

誅崔位詔

崔位素行無良已有容貸忝職州佐殊不知非尚蓄姦謀罪當極法且委王叔邕決重杖一頓處死

定章服詔

頃來賜衣文彩不常非制也朕今思之宜有定制節度使

宜以鶻銜綬帶取武毅以靖封內觀察使宜以鴈銜威儀取其行列有序牧人有威儀也

禁和市詔

百姓困窮弊繇奸吏政苛不擾人皆自安其司農寺供宮內及諸廚冬藏菜並委本寺自供其菜價仍委京兆尹約每年時價支付更不得配京兆府和市其諸陵守當夫宜委京兆府以價直送陵司令自雇召並不得差配百姓應寒食雜差配及樹柴修橋柴木選場棘等便於戶稅錢內剋折不得更令和市天下諸州府應納義倉及諸色斛斗二合耗外切宜禁斷仍委度支鹽鐵分巡院及出使郎官切加訪察

免郭鋼妻孥連坐詔

郭晞男鋼在法叛亡已上道者斬父母妻子皆有連坐朕以先尚父翼戴肆勤安固邦國不忍以子忘其先勞今並原之俾復其位其諸不坐皆釋放

宣慰河南河北詔

惠下恤人先王之政典視年制用有國之常規故有出公粟以賑困窮弛歲征以寬物力迺者諸道水災臨遣宣撫

省覽條奏載懷憫惻其州縣遭水漂損乏絕戶宜共賜三十萬石度支即與本道節度觀察使計處各隨所近支給委本使擇清幹官送米給州縣

答好心表進經帙詔

卿之表弟早悟大乘遠自西方來遊上國宣六根之奧義演雙樹之微言念以精誠所宜欽重是令翻譯俾用流行卿夙慕忠勤職司禁衛省覽表跡具見乃懷所謝知

答趙憬上審官六議詔

朕端拱虛懷精求至理弼違獻可允屬台臣卿道著直方識通今古思振淹滯以敘彝倫罄竭謀猷裁成議列志在裨贊實沃予衷克彰奉職之誠深得大臣之體再三省閱良多嘉重焉

禁私家藏槍甲詔

槍甲之屬不蓄私家令式有聞宜當遵守如聞京城士庶之家所藏器械宜令京兆府宣示俾納官司他如律令

黜于公異詔

前祠部員外郎于公異頃以才名升於省闥其少也爲父母之所不容宜其引慝在躬孝行不匱匿名跡於畎畝候

安否於門閭俾其親之過不彰庶其誠之至必感此閔子騫王休徵所以著名於前古也而公異安於棄斥遊學遠方忘其溫凊之勤竟至存亡之隔爲人子者忍至是乎宜放歸田里俾自循省其舉公異官尚書左丞盧邁宜奪俸兩月

罷九日宴會詔

屬者春秋令節朝野多歡乃與公侯庶寮俾同宴賞今西河吳楚連被水災悼於厥心實未寧息尚軫憂念豈遑偷樂其九日宴會宜罷

遣使宣撫水災詔

王者欽若天道惠綏下人修己以導其和平推心以恤乎災患康時濟理何莫由斯朕以薄德託於人上勵精庶政思致雍熙而誠不動天政或多闕陰氣作沴暴雨薦臻自江淮而及於荆襄歷陳宋而施於河朔其閒郡邑連有水災城郭多傷公私爲害損壞廬舍浸敗田苗或親戚漂淪或資產沈溺爲之父母所不忍聞興言疚疚良深愧懼夙夜祗畏悼於厥心是用寢不獲安食而忘味特加賑恤庶洽幽明宜令中書舍人奚陟往江陵府及襄郢復隨鄂中光蔡等州左庶子姚齊梧往陳許宋亳潁徐泗濠等州祕書少監雷咸往恒冀德棣深趙等州京兆少尹韋武往揚楚廬壽滁潤蘇常湖等州宣撫應諸州百姓因水漂蕩家業湮損田苗交至乏絕不能自存者委宣撫使賑給沈溺死者各加賜物仍並以所在官中兩稅錢物地稅充給其溺死人所在官爲斂收埋葬用申惻隱以慰幽魂其田苗所損委宣撫使與觀察使刺史約所損多少速具聞奏於戲一夫不獲一物失所刑罰不中賦斂不均皆可以失陰陽之和致水旱之沴其州縣應有繫囚及獄訟久未決者

委所在長吏即與疏理務從寬簡俾伸冤滯貪官暴吏倚法害公特加懲肅用明典憲災傷之後切在撫綏洛爾方鎮之臣洎於守宰咸宜悉乃心力設法救人以恤凶災以補傷敗庶令安集式副憂勤宣布朕懷使各知悉

城鹽州詔

設險守國易象垂文有備無患先王令典況修復舊制安固封疆按甲息兵必在於此鹽州地當衝要遠介朔陲東達銀夏西接靈武密邇延慶保捍王畿乃者城池失守制備無據千里亭障烽燧不接三隅要害役戍其勤若非興

集師徒繕修壁壘設攻守之具務耕戰之方則封內多虞諸華屢警由中及外皆靡寧居深惟永圖豈忘終食顧以薄德至化未孚既不能復前古之封致四夷之守與其臨事而重擾豈若先備而即安是用宏久遠之謀修五原之壘使邊城有守中夏克寧不有暫勞孰能永逸宜令左右神策軍及朔方河中絳邠寧慶兵馬副元帥渾瑊朔方靈鹽豐夏綏銀節度都統杜希全邠寧節度使張獻甫左神策行營節度使邢君牙夏綏銀節度使韓潭鄜坊丹延節度使王栖曜振武麟勝節度使范希朝各於所部簡擇馬

步將士合三萬五千人同赴鹽州左神策將軍兼御史中丞張昌宜充右神策軍鹽州行營節度使權知鹽州刺史兼御史大夫杜彥光可鹽州刺史兼御史大夫應所板築及緣修城雜役等宜共取六千人充其餘將士皆列布營陣戒嚴設備明加斥候以警不虞其修城板築功役將士各賜絹布有差其鹽州防秋將士三年滿與代更加給賜仍委杜彥光具名聞奏悉與改轉其防遏將士等畢事便令放歸仍賜布帛有差其諸軍吏士都賜帛七千匹朕情非爲己志在靖人咨爾將相之臣忠良之士輸誠奉國陳力忘勞克茂功勳永安疆場必集兵事實惟衆心各相率勵以副朕意

令應選人習三禮詔

王者設教勸學攸先生徒肄業執禮爲本故孔子曰不學禮無以立又曰安上治人莫善於禮然則禮者蓋務學之本立身之端居安之大猷致治之要道屬辭比事而不裁之以禮則亂疏通知遠而不節之以禮則誣實百行之本源爲五經之戶牖雖聖人設教罔不會通而學者遵行宜有先後自頃有司定議計功記習不量教化淺深義理難

易遂使修傳學者例從冬集習禮經者獨授散官敦本勸人頗乖指要姑務宏獎以廣儒風自今以後明經習禮記及第者亦宜冬集如中經兼習周易若儀禮者量減一選應諸色人中習三禮者前資及出身人依科目例白身人依貢舉例每經問大義三十條試策三道仍令主司於朝官學官中簡選精通經術三五人聞奏主司與同試問質定通否義策全通爲上等轉加超獎大義每經通十五條已上策通兩道已上爲次等依資與官如先是員外試官者聽依正員例其習開元禮人問大義一百條試策三道

全通者爲上等大義通八十條巳上策兩道巳上爲次等餘一切並準習三禮例處分其諸館學士願習三禮及開元禮者並聽仍永爲常式

授狄博濟衛尉少卿詔

前利州刺史狄博濟惟乃曾祖梁文惠公啟佑天后定紹復之策幽贊中興宜錫祚裔垂於無窮矧博濟郡人懷之理有異等可衛尉少卿

答李晟遺表手詔

皇帝遣宮闈令第五守進致誠旨於故太尉兼中書令西

平郡王贈太師之靈曰天祚我邦是生才傑稟陰陽之粹氣實山嶽之降靈宏濟患難保佑王室掃盪氛祲廓清上京忠誠感於人神功業施於社稷匡時定亂實賴元勳洎領上台克諧中外訏謨帝道叶贊皇猷常竭嘉言以匡不逮情所親重義無間然方期與國同休永爲邦翰比嬰疾恙雖歷旬時日冀痊除重期相見弼予在位終致和平豈圖藥餌無徵奄至薨逝喪我賢哲虧我股肱天不慭遺痛惜何極嗚呼大廈方構旋失棟梁巨川未濟遂亡舟楫君臣之義追慟益深循省遺章倍增感切卿一門喬緒朕必終始保持況愿等弟兄承卿教訓朕之志意豈忘平生卿縱不言朕亦存信比者卿在之日卻未見朕深心今卿與朕長乖方冀知朕誠志無以爲念發言涕零是用躬述數行責寫所懷得盡臨紙遣使不能飾詞魂而有知當體朕意

考試冬薦官詔

冬薦官共令諸司尚書左右丞本司侍郎引於都堂訪以理術兼試時務狀考其通否及歷任考第事跡定爲二等並舉主名姓錄奏仍令御史一人監試如授官有課效尤

著及犯贓不任者仍委御史臺及觀察使聞奏以殿最舉使

朝臣薨卒給俸料賻贈詔

君臣之際義莫重焉每聞薨殂深用惻悼宜厚哀榮之禮以申終始之恩文武朝臣有薨卒者自今以後其月俸料宜合給仍更準本官一月俸料以爲賻贈若諸司三品以上官及尚書省四品官仍令有司舉舊令聞奏弔祭之禮務從優厚用稱朕懷

宣慰元誼等詔

元誼李文通等皆有勳庸久於戎旅頃者事因疑誤城守經時自致危懼比獻章表請率師人願赴京西用申誠効亦遣使宣慰待之如初俟至闕庭期於任使而行李之際士衆攜離雖非本圖情亦可恕且處之東夏鎮在西郊皆我王事誠爲一體況田緒任兼將相寄重方州委之撫綏必能加輯言念將士素著勤勞既有申明各宜安堵仍委田緒切加存恤以副朕懷

貶郭煦等詔

先聖忌辰纔經敘慰國里之內固在肅恭而乃遽從宴遊

飲酒作樂既乖禮法須有所懲前汾州長史郭煦宜於袁州安置前南鄭縣尉郭瞻於柳州安置曹自慶配流永州其駙馬郭曖王士平仍令並歸私第

誅李迺詔

干紀挾邪罪在無捨立忠効節賞不踰時善惡之理明懲勸之義著李萬榮男迺包藏奸險違背君親悖慢朝章扇動軍旅縱其豺狼之性徇其梟獍之心迫脅使臣妄有希覬厭蠱其父謀害其兄名教之所不容臣子之所同棄而又恣爲不道虐及無辜伊婁說張伾劉叔向並是忠良橫遭殺戮萬榮臥疾不能制止永言及此深用軫懷李迺稔惡貫盈宜正刑典其伊婁說等三人委中書門下即與追贈仍令與一子八品正員官應在汴州將士等志堅金石節厲冰霜叶奉邦家咸懷憤激不受熒惑問罪奸凶執縛軍中傳獻闕下勳庸特茂遐邇所知宜獎忠勞各加優賞並與進秩仍令董晉三日內具名銜聞奏仍共賜錢三十萬貫委董晉逐便取鹽鐵轉運使錢物分給宣武軍節度都虞候兼御史大夫鄧惟恭都押衙兼御史大夫杜皓大將王應鳳曹元俍楊燕奇劉惟清陳文頍陳沛張庭芬薛

文翰趙藏用李庭光宇文澹李國信並竭忠效誠績用昭著惟恭可檢校左散騎常侍依前兼御史大夫賜實封百二十戶一子七品正員官並賜物四百段杜皓英幹並可右散騎常侍依前兼御史大夫應鳳已下各加官賜賞庭芬同節度副使十將等二百六十五人並優與改官在城將士被李迺脅從邀逼制使者事不由己朕所深知並一切不問宋州刺史兼御史大夫劉逸準亳州刺史兼御史大夫食封五十戶許孝常潁州刺史兼御史大夫高五立等咸竭維城之節各懷奉國之心並可檢校右散騎常侍

各賜實封一百戶其本官並如故仍各賜物二百五十段其三州將士等別賜錢十萬貫亦並委董晉準前逐便收取鹽鐵轉運使錢物分給仍委董晉速具名聞奏當與甄錄

欽定全唐文卷五十三

德宗四

贈趙憬太子太傅詔

翼宣王猷德禮終始蕭何贊清靜之化柳莊爲社稷之臣永念忠勞厚其贈禭舉兹命數以寄哀懷故門下侍郎同平章事趙憬體仁宏義循法守正有絜矩之操有致君之誠素履彰其貞固黄中發於事業文含大雅望重周行暢絕域之恩信整天臺之綱轄啟迪理本勤勞國均奉上見宣孟之忠居室聞晏嬰之儉訏謨左掖盡瘁五年嘗納誨

以沃心每匪躬以經遠感疾未逾於信宿殲良俄即於杳冥震悼之深當宁流嘆禮有旌飾峻其寵章追崇保傅永慰窀穸可贈太子太傅所司備禮冊命賜布絹五百端匹米粟四百石令鴻臚卿王權充冊弔使

給復奉先等八縣詔

京兆府所奏奉先等八縣旱損秋苗一萬頃計三萬六千二百石青苗錢一萬八千二百貫比緣春夏少雨秋稼或傷頃畝雖損非多黎庶猶慮艱食況畿甸之內供應實煩須有優矜以寬疲瘵其所奏損特宜放免

答盧邁請辭官詔

卿職重台衡道存忠諒自嬰所疾每著於懷日冀有瘳宜善將攝遽茲陳請殊曰不然未遂乃誠當悉朕意

修昆明池詔

昆明池俯近都城古之舊制蒲魚所產實利於人宜令京兆尹韓臯充使即勾當修堰漲池

聽朝官伏臘過從詔

比來朝官或諸處過從金吾皆以上聞其間如素是親故或會同僚友伏臘歲序時有還往亦是常禮人情所通自

今已後金吾不須聞

許盧邁辭官詔

卿操履貞方器識淹茂自居台輔益見忠清方藉謀猷遽嬰疾疹歲月滋久章表屢聞陳請再三撝謙難奪且備養賢之禮宜遂優閒之秩告免之誠斯爲懇至俯從來奏良用憮然

罷盧邁平章事詔

任重謀猷道存忠諒辭疾之情既懇優賢之義斯崇中書侍郎平章事盧邁朝序公才操履端敏弼諧庶政夙夜惟寅恭恪之心每思獻納而支體未適固請優閒累表數陳懇誠彌切將遂其志予衷耿然爰舉朝章式加命秩可太子賓客

放免諸道積欠詔

朕臨御兆人爲之父母思厎於道俾安其生然則邦計不可不供封陲且以集事而累經水旱或有流庸積成逋懸寖以凋瘵每念於此惕然疚懷中宵以興思拯其弊將以惻其疾苦致於康寧豈可更擾疲人尚爲徵斂宜宏善貸以惠困窮其諸道州府應欠負貞元八年九年十年兩稅

及榷酒錢總五百六十萬七千餘貫在百姓腹內一切並免如已徵得在官者宜令所司具條疏聞奏嗚呼天生蒸人君爲司牧百姓不足過實在予永思其艱載用祗畏宣示中外令知朕懷

修八陵宮寢詔

八陵宮寢久要修葺此緣日月非便未及興工宜令宗正寺與所司即計料依所擇日速修理

議修八陵宮寢詔

八陵舊寢宮在山上置來多年曾經野火燒爇摧毀略盡

其宮尋移在瑶臺寺左側今屬通年欲議修理緣供水稍遠百姓非常勞弊今欲於見住行宮處修造冀久遠便人又爲改移舊制恐所見未周宜令中書門下及百寮同商量可否聞奏

出官米平糶詔

訪聞蒸庶之間米價稍貴念茲貧乏每用憂懷苟利於人所宜通濟今令度支出官米十萬石於街市東西各五萬石每斗賤較時價糶與百姓

罷趙宗儒平章事詔

任人之道必在無私審官之宜所期適用給事中平章事趙宗儒早以文學累更職任自居樞近頗歷歲時雖夙夜載勤而政理猶鬱式移秩序以叶朝經可太子右庶子

答羣臣賀修八陵畢詔

朕獲主宗祀以奉園陵歲月滋深是有崇飾今修奉既畢感慕增懷所賀知

貶韓皐撫州司馬詔

京邑爲四方之則長吏受親人之寄實繫邦本以分朕憂苟非其才是紊於理正議大夫守京兆尹賜紫金魚袋韓皐比跋清貴頗聞謹恪委之尹正冀効公忠乃者邦畿之閒粟麥不稔朕念黎庶方議蠲除自宜悉心以副勤恤皐奏報失實處理無方致令閭井不安囂然上訴及令覆識皆涉虛詞壅蔽頗深罔惑斯甚宜加懲誡以勖守官可撫州司馬員外置同正員馳驛發遣

命兵禮部留放人就尚書侍郎對定詔

吏部奏選人依前二月三十日以前團奏畢其流外兵部禮部舉人等專委郎官恐不詳審共爲取舍適表公平每至留放之時皆就尚書侍郎對定既上下簡察庶委任得

人

討吳少誠詔

淮西節度使吳少誠非次擢用授以旌旄秩居端揆之榮任總列城之重期申報効奉我典常而秉心匪彝自底不類兇狡成性扇誘多端外肆矯誣內懷疑阻毀忠廢信棄德崇奸擅動甲兵屢越封境壽州茶園輒縱凌奪唐州詔使潛搆殺傷干黷國章已在無赦朕以王者之德在乎好生人君之體務於含垢寧屈己以宥罪不殘人以興師是以上稽宗社之威外抑忠賢之請庶其悛革當議優容今

更幸鄰境之喪逞貪亂之志焚掠縣邑殘暴平人朕猶冀其知非爲之忍恥亟須詔令未許出師至乃遣軍攻逼許州肆其蠆毒恣行殺戮流害黎蒸惡稔禍盈人神同棄與言致討實悼予衷宜令宣武軍河陽三城鄭滑等州節度東都汝州等軍犄角相應同逼申光蔡州常冀幽州淄青魏博易定澤潞太原淮南等州徐泗山南東道鄂岳等軍各發士馬逐便犄角齊進同爲討伐大軍四合計日殲夷嗟我忠良受茲詿誤或心存憤激而力屈兇威玉石俱焚良增憫惻其所收得少誠管內州縣百姓官吏等宜切加

慰撫各示安存淮西將士等夙著勳庸素懷忠義爲其脅制深可哀矜若能因事建功捨逆効順朕當復其職位待以官封其吳少誠在身官爵並宜削奪其有叶心同謀擒斬少誠者先有官未有官者並授御史中丞大夫封異姓王賜實封五百戶賞錢萬貫莊宅各一所子孫永爲功臣先有御史中丞異姓王及刺史者即超轉三資改賜官賞其才器行業爲衆所推者便授節度使如有心懷忠憤謀斬少誠被其屠戮者先無官者追贈三品官賜實封二百戶先有官者贈二品官賜實封三百戶仍各與一子正員五品官已有官者超三資與正員官其所在百姓能團結士衆討除梟斬少誠者準例封賞人臣之所保者忠天地之所助者順報功宥善朕不食言於戲朕司牧黎元爲之宗極化有所未洽信有所未孚致茲興戎增用媿悼然不暫勞無以逸俗不誅暴無以安人咨爾藩鎮方州列辟連帥所宜戡翦大憝永康兆人其勠力一心以副朕意應諸道準勅赴蔡州許州將士等皆竭忠誠盡心奉國並懷感激叶力勤王若能梟斬少誠者亦準前例官賞策勳之典朕所必行如少誠平後應赴行營將士超三資改官其賞

物節級當續有處分其將士月糧在後迴給家口宣示中外咸令知悉

軍健逋欠牒送本司詔

應是功臣先有明勅或有抵犯令送本司不令府縣官吏擅有笞撻自今已後諸軍功臣官健或因買賣諸色逋欠官錢延時不納宜牒送本軍徵收送納如不䟽理收索即具狀奏聞

停正衙奏事詔

朕方勵精庶政博求嘉言比者百官正衙奏事至有多時

者公卿庶僚屬當寒暑爲弊亦深在於朕懷豈謂優禮自今勿正衙奏事如陳奏者宜詣延英門請對

恤水災詔

朕獲主兆人以臨方夏憂勤於政思底康寧然而理化未孚水旱爲沴或傷壞廬舍漂損田疇朕爲人父母用切於衷其諸道應遭水損州縣令委本道觀察使速具條疏聞奏當有處分

聽納青苗錢詔

京畿諸縣百姓應今歲青苗錢其中有便於納粟者計約

時估價納之如便於納錢不便於納粟者宜聽委京兆府專督其務如縣令及主吏違命者懲罰有差國家經訃當有儲蓄百姓徵賦深可優矜所期便人亦冀均濟咨爾長吏宜悉朕懷

祔獻祖懿祖於興聖廟詔

國之大事式在於明禋王者孝饗莫重於殷祭所以尊祖而正昭穆也朕承列聖之休德荷上天之睠命虔奉牲幣二十五年永惟宗廟之位禘嘗之序夙夜祗懷不敢自專是用延訪公卿稽參古禮博考羣議至於再三敬以令辰奉遷獻祖宣皇帝神主懿祖光皇帝神主祔於德明興聖皇帝廟太祖景皇帝正東向之位宜令所司備禮務極精嚴祗肅祀典載深感惕咨爾中外宜悉朕懷

遣宰臣告廟詔

奉遷獻祖懿祖神主正太祖景皇帝東向之位虔告之禮當任重臣宜令檢校司空平章事杜佑攝太尉告太清宮門下侍郎平章事崔損攝太尉告太廟

亢旱令諸司錄囚詔

京師近郊時雨未洽慮囹圄冤滯致傷和氣是用軫於朕

心其御史臺大理寺及京兆府等諸司繫囚中書門下與有司亟議條理冤滯以聞

免京畿積欠詔

去夏迄秋頗愆時雨京畿諸縣稼穡不登朕用軫慮愧爲父母今宿麥未收其逋租宿貸六十五萬貫石宜蠲除之禮化之本繫乎京師副朕憂人屬於長吏宜勉務農桑各安生業以諭朕懷

流崔河圖崖州詔

崔河圖思過之地不能簡身既再抵國章當從放逐宜長

流崖州

授孔述睿太子侍讀詔

卿懷伊摯匡時之道有廣成嘉遁之風養素邱園屢辭命秩朕欲峒山問道渭水求師亦何必堅務勞謙固求退讓無違朕命且啟乃心

答孔述睿辭官詔

朕以卿德重朝端行敦風俗不言之教所賴攸深未依來請想宜悉也

起復張重政詔

前昭義軍泗州行營衙前兵馬使太中大夫試太子賓客兼監察御史張重政門有勳力性推義勇夙聞克家之美常稱撫衆之才近者其父初亡羣小扇惑誘以奇詐俾執軍麾而重政與其母凡號泣固拒遂全懇願奔告元戎不爲利回成其先志於家爲孝子在國爲忠臣軍政乂安行義昭著念茲名節感歎良深宜洽恩榮俾宏激勸禮無避於金革理當由於權奪戎章憲府式示兼崇可起復雲麾將軍守金吾衛大將軍員外置同正員檢校太子詹事兼御史中丞仍委淮南節度使與要職事任使

封張重政母魯國太夫人詔

張重政母高平郡夫人徐氏族茂姻閥行表柔明懷正家之美有擇鄰之識頃當變故曾不詭隨保其門宗訓成忠孝雖圖史所載何以加之念其令子已申獎用特彰母儀之德俾崇封國之榮可封魯國太夫人

允權德輿請緣遷祔令子弟營護奏手詔

省所奏請遷祔事具悉卿移孝爲忠嘗竭弼諧之志慎終追遠每增霜露之思無忘在公載陳誠懇眷言倚屬嘉歎良深所請令子弟專往營護允依來奏想宜知悉春暖卿比平安好遣書指不多及二月十五日

令郊廟從行官吏等自備食物詔

十一月八日有事於南郊太廟行從官吏將士等一切並令自備食物其諸司先無公廚者以本司闕職物充其王府官度支量給廩物其儀仗禮物並仰御史撙節處分

卹葬邢士倫母子詔

子育黎元未能禁暴在予之責用軫於懷宜輟常膳五百千文充葬士倫母子其父既衰耄至無所歸良深矜念委京兆尹厚加存恤

答王眞進道德經論兵要義手詔

尚璀至省所陳獻具悉卿職在藩條誠存裨補本乎道德之旨參以理化之源用究元微有兹述作省閱之際嘉歎良深秋涼卿比平安好遺書指不多及

御望春樓誓師詔

嗚呼東鄙之警事非獲已唯爾將校羣士各以忠節勤於王家南赴蜀門西定涇壘甲冑不解瘡痍未平今載用爾分鎮於周鄭之郊敬聽明命夫王者之師有征無戰稽諸理道用正邦國宜勵乃戈甲保固城池以德和人以義制

事將備其侵軼不用越境攻取戰而後動可謂正矣今外夷來庭方春生植品物資始農桑是時俾爾將士暴露中野我心痛悼鬱如焚灼嗟爾有衆其悉予懷

遺詔

朕承八聖之休德荷上天之眷祐嗣守丕訓不敢荒寧賴宗廟之靈羣后之力戡定大難以康兆人嚴恭寅畏二十有七載今天命降疾不興不瘳是用審訓宜聽朕言皇太子誦元良繼明睿哲齊聖孝友和惠恭敬温文必能覲祖宗之耿光紹邦家之大業宜於柩前即皇帝位嗚呼朕常奉聖祖元元清淨之教勵精至德保合太和每忘己以愛人豈嘉生而惡死咨爾將相卿士方伯連帥其敬保元子永綏萬邦各有叶心同底於道無廢我高祖太宗之休命諸道節度使觀察防禦等使及諸州刺史等膺鎮守之任有軍旅之事所寄尤重不可暫曠不須赴哀以日易月之制宜遵舊典文武官等朝晡哭臨十五舉音朕每覽漢史至孝文薄葬之詔未嘗不歎息嘉尚緬慕其風園陵制度務從儉約百辟卿士孝子忠臣送往事居無違朕意

德宗五

罷邕府金坑勅

朕聞致理之君克勤於德不貴遠物所實惟賢故堯設茅茨禹卑宮室光武捨去寶劍順帝封還大珠朕以眇身獲守丕業仰止前王之德思齊太素之風未嘗緣情於服翫措意於珠玉庶乎捐金抵璧返樸還淳邕州所奉金坑誠爲潤國語人以利非朕素懷方以不貪爲寶惟德其物豈尚玆難得之貨生其可欲之心耶其金坑宜委康澤差擇清強官專勾當任貧下百姓採斸不得令酋豪及官吏影占侵擾聞奏當重科貶俾夫俗臻富壽人識廉隅副朕意也

勘造簿籍勅

內外文武官職田及公廨田準式州縣每年六月三十日勘造白簿申省與諸司文解勘會至十月三十日徵收給付本官近來不守常規多不申報給付之際先付清望要官其閒慢卑官即被延引不付自今後準式各令送付本官又準式職田黃籍每三年一造自天寶九載以後更不造籍宜各委州縣每年差專知官巡覆仍造簿依限申交所司不得隱漏及妄破蒿荒如有違犯專知官及本典準法科罪

改元建中勅

春秋有五色之統蓋王者踰年建號體元居正上以繼業反始下以書事布策示不忍有變於中年也朕以不造銜恤在疚而三事大夫迫至公之命喻大孝之道實奪予哀爲衆所戴恐墜祖宗之遺烈不若先帝之前訓如履薄將陷如乘奔失御濡露之感忽焉歲初罔極之懷瞻天靡及舊物未改常典惟新勉而從之良增感奉其以大歷十五年改爲建中元年所司準式庶協履端於始載符皇極之義也

賜劉晏自盡勅

亂常干紀罪莫大焉除惡去邪刑其無捨忠州刺史劉晏性本姦回志惟凶慝頃司邦賦歷踐朝倫剝削爲功毒痡黎庶按問贓賄不知紀極朕將崇政本必去憸人猶是含垢務全大體俾從降黜尚列藩侯黷亂之辜掩而不問旋乃結聚亡命擅興師徒罔有悛心力行非度播於人聽惡

跡彰聞爰命連率究實其罪而蒐兵補卒遍於鄉閭執銳披堅出於郊境拒捍朝旨威脅使臣人之無良一至於此孽由自作法所不容正其典刑以懲姦慝宜賜自盡仍令庚準差官勾當處置聞奏

行常平法勑

夫常平者常使穀價如一大豐不爲之減大儉不爲之加雖遇災荒人無菜色自今已後忽米價貴時宜量出官米十萬石麥十萬石每日量付兩市行人下價糶貨

授朱巨川中書舍人勑

典掌王言潤色鴻業必資純懿之行以彰課最之績久更其職用得其才朝議郎行尚書司勳員外郎知制誥朱巨川學綜墳史文含風雅貞廉可以勵俗通敏可以成務自司綸翰屢變星霜酌而不竭時謂無對今六官是總百度惟貞才識兼求爾其稱職膺一獎拔是用正名光我禁垣實在斯舉可守中書舍人散官如故

褒贈淮寧軍忠義將吏勑

王者體至公而立極申明賞以垂法旌德表善發揮忠貞其有推丹誠以奉君臨大節而不奪守志明節殺身定難則褒勸之典所宜優異李希烈背天逆物通結羣盜奸謀藏於汴宋罪迹彰於汝鄭傾陷城邑虐毒蒸黎忠義之徒因懷感激故淮寧軍節度都虞候正議大夫試大理卿兼許州別駕占闕兼御史大夫上柱國政和郡王食實封一百戸周曾忿奸邪之亂紀處危逼而思正陰建明義叶謀元兇遂與故許州都督鎮遏兵馬使同淮寧軍節度副使開府儀同三司賜太常卿兼御史中丞上柱國定州郡王食實封五十戸王玢故淮寧軍節度左廂兵馬使兼十將開府儀同三司賜太常卿兼潞州長史占闕兼御史中丞

上柱國常林郡王食實封五十戸呂從賁故十將輔國大將軍行右金吾大將軍員外置同正員兼賜太常卿上柱國合浦郡王食實封五十戸康秀琳故節度監押衙宣德郎監察御史裏行賜緋魚袋姚憺故十將銀青光祿大夫賜太子賓客上柱國梁興朝故十將開府儀同三司太常卿河東縣開國伯賈樂卿故輔國大將軍員外置同正員兼賜太常卿侯仙欽等誓心定志潛結忠謀將臨汝海之郊師於襄城之野方議梟其同惡獻首鎬京率彼戎旗南屯蔡邑傳一檄以定許冀尅日而方就許冀有應殲弭可

期事方垂成爲魁渠之所糾察緬懷義烈悉嬰屠戮無辜殞命萬夫增憤形質委於原野忠魂越於草莽恍惚幽壤茫茫無依朕所以負扆長嘆坐朝興悼念忠良之不造空名在而身歿休德壯志貫於神明而爲元惡矯誣翻欲歸過豈可使義烈之績泯而不彰宜加褒贈以示中外曾可太尉賜食封二百戶通前三百戶玢可司徒賜食封二百戶通前二百五十戶從貴可尚書左僕射賜食封一百戶通前一百五十戶秀琳可贈尚書右僕射賜食封一百戶通前丶百五十戶懵可贈兵部尚書賜食封二百戶興朝

可贈戶部尚書賜食封一百戶樂卿可贈刑部尚書賜食封二百戶仙欽可贈工部尚書賜食封一百戶仍令右散騎常侍蕭昕往汝州界首以禮致祭幷委李勉哥舒曜與州計會訪其家口父子兄弟具其名聞即當類敘別有優奬有子者仍許其同父官爵其子孫三代以來有過犯者得以遞減一等罪論用彰峻節淮寧軍節度押衙中散大夫試殿中監兼唐州別駕占闕上柱國韋清與周曾姚憺始末同志曾等遇害清以智免率其麾下間道歸誠大節可嘉公賞宜茂可銀青光祿大夫守太子賓客兼御史大夫定安郡王食邑三千戶仍賜實封二百戶勳如故朕撫臨億兆於今五年每旰食宵衣勤求政理推誠委下日冀休兵明未燭幽德慚柔遠戎車尚飛大信猶鬱使忠烈之士殞身賊庭靜言興懷一食三歎罪己之責實謂在予其周曾等所賜實封可載於典策傳其子孫永固山河之誓代代無絕自建中以來如有爲國竭誠密圖元惡事或未就翻被誅夷或名氏未彰或休聲未振者既死節於王事宜書勳於竹帛並委諸道招討節度所在博訪明加曉示得其事迹具以奏聞特以褒獎朕方建明義於蠻貊宣大

信於四海申必罰以懲其姦慝施厚賞以報其勳庸宣布天下令知朕意

宣慰兩河百姓勅

朕嗣守大業於今五年承祖宗之成烈受明靈之耿命何嘗不損己求瘼視人如傷思省徭賦以康邦俗納羣生於壽域躋大化於昇平而德固虛薄志不昭感叛人未附戎馬方殷在予之責寤寐多懼自兩河背叛兇逆相因殺害無辜竊盜城邑搖蕩我邊鄙荐食我黎元勞我師徒費我征賦累更時歲未克底寧朕子育萬人務康暴亂棄其細

故待以初誠申之以大信示之以好惡將冀迷乃知復困則能通亦欲先德後刑有征無戰不勞師旅以致和平而包藏禍心自相搆釁侮慢朝旨偷恤甲兵去順効逆曾無悛志謂天可罔謂責可逃緩之則爲患益深逼之則矯闘窮究挾藏詐匿詭毒萬端陷此忠良申雪無路朕爲人父母實所痛心豈可忍此姦回爲之覆燾是以大整師旅肅爾天誅載清寓縣以息黎庶事不得已而至於斯頃以軍興飛輓相次軍供之費餽運之勤屢擾農商或擅其利州縣征賦重及疲人朕心在止戈日冀蠲復先志未就後慮

繼之徵責既加名目猶廣百姓私養無以自贍惟是夙夜不遑晏寧豈不知耕織之艱難轉輸之勞苦每一念至載深憂盱儻上元垂祐烈祖降靈憑將帥之謀股肱之力俾我一戎永清四海則須賦名目悉停兩稅定數亦各減放以便萬姓咸與昭蘇各委節度觀察刺史縣令所在郡邑明加曉諭使知予意朕鬱於大道遠邇未臻必假人力以清多難宣布中外咸使聞知

宣慰平盧軍陷淮西將士勅

勅淮寧軍將士等頃自平盧來赴國難涉溟海不測之險滅兇賊作亂之徒其後分鎮淮西防秋隴上奉我王事久著勳勞或耆老見存子弟相繼舉其誠効並是勳臣頃被李希烈脅從無路申雪永言勳舊實可憫傷邇者已勅諸軍不加征伐冀能相率歸保功名副我念舊之心成其自新之節其陷在淮西將士應有親族在節度觀察使及刺史縣令等切使安存使皆得所如有莊宅店鋪奴婢六畜產業等各任如舊不得輒有侵擾如全家歿在淮西更無親族爲主者即官爲檢校待當主復即時檢付仍分明布告咸使知之

郜國大長公主別館安置勅

妖妄莫甚於巫蠱罪惡莫逾於姦亂迹涉於此刑其捨諸郜國大長公主渫質天潢不慎其德行違禮法志匿回邪信妖孽之虛言求厭勝之非福憫其將老之年從我議親之典置於別館勿謂無恩其子蕭位不思諫正手蹟祝詞其弟蕭佩儒偲及異父兄駙馬都尉裴捥相與知情陷於不義蜀州別駕蕭鼎商州豐陽令韋恪前彭州司馬李萬等謬居清貫輕棄常倫在其門庭多行穢德忝列衣冠之緒豈宜履舄之交宜令京兆府決重杖四十配流賀州裴

掖綿州安置蕭佩儒偲等並配房州安置其蕭位等並馳驛發遣

復先減官員勑

王者建設庶官允釐九有量戶口之衆寡定都邑之等差制其職員約以名數俾吏足成務而下克奉公其有弛張必在通濟朕頃緣蕃戎棄信深犯封疆興師備邊資用日費而黎人困弊難更徵求遂權減天下州縣官員姑務集事皆由朕不明不德以至於斯近聞新受官人皆已隨牒之任扶老攜幼盡室而行俸祿未請歸還無所嗷嗷道路

實疚於懷雖蒸庶之閒供應有省而衣冠之族流寓無依苟便於時豈憚沿革凡百君子所當悉知其先減官員並宜仍舊

定五月朔日御宣政殿朝儀勑

仲夏之時萬物敷暢陽德方茂陰事始承昔者聖賢仰觀法象因天地交會之序爲父子相見之儀沿習成風古今不易王者制事在於因人酌其情而用中順其俗以爲禮咸觀之義既行於父子之閒資事之情豈隔於君臣之際申恩卿士自我爲初自今以後每年五月一日御宣政殿與文武百寮相見京官九品以上外官因朝參在京者並聽就列宜令所司即量定儀注頒示仍編禮式以著恒規

委本道節度使監軍同勾當常平倉勑

諸軍鎮和糴貯備共三十三萬石本價之外更量與優饒其粟及麻據米數準折虛價直委度支以停減江淮運脚錢充並支綾絹絁綿勿令折估其所糴粟等委本道節度使監軍同勾當別貯非承特勑不得給用

水災賑恤勑

惠下卹人先王之政典視年制用有國之恒規故有出公

粟以賑困窮弛歲征以寬物力救患之道何莫由斯頃以諸道水災遣使宣慰中心是屬夕惕彌勤省覽條奏載懷憫惻用加救恤以濟吾人應諸道遭水漂蕩家產淹損田苗乏絕戶宜共賜米三十萬石所司各據州府乏絕戶多少速分配每道合給米數聞奏並以度支見貯米充度支即與本道節度觀察使計會各隨便近支付委本使差清幹官請受分送合賑給州縣仍令縣令及本曹官同付人戶務從簡便無至重擾速分給訖具狀聞奏其州府水損田苗及五六分者今年稅米及諸色官田種子並減放一

半損七分以上一切全放其所減放米如是支用數內應令度支及本道以諸色錢物充填並委度支條件聞奏其兩稅錢所司準舊例處分朕撫臨兆庶思致和平理化未臻良增寅畏方鎮守宰職在親人所宜分憂以救艱食必躬必信副朕意焉

禁欠陌錢勅

陌內欠錢法當禁斷慮因捉搦或亦生姦使人易從切於不擾自今已後有因交關用欠陌錢者宜但令本行頭及居停主人牙人等檢察送官如有容隱兼許賣物領錢人

糾告其行頭主人牙人重加科罪府縣所由祇承人等並不須干擾若非因買賣自將錢於街衢行者一切勿問

令禮官議祔廟勅

于頎等議狀論禘祫事所請各殊理在討論用求精當宜令尚書省會百寮與國子監儒官切磋舊狀定其可否仍委所司具事件奏聞

令二年一造文簿勅

每年造簿事乃近煩三年一申又爲太簡如外官並須勘造一切慮因此擾人宜令應管京官職田等州府所造文簿二年一送餘依

贈權倕尚書禮部郎中勅

代必生賢爰追祖德恩當被遠用示朝章山南西道節度管內支度營田觀察處置等使銀青光祿大夫檢校吏部尚書兼興元尹御史大夫上柱國扶風郡開國公食邑二千戶權德輿亡祖故右羽林軍錄事參軍倕含和體仁克己存道五常佩訓三命滋恭服先儒之大倫知穀也之有後謀孫是慶祚以公台歸葬惟時光乎邱壠佳城再啟縟禮宜申飭彼泉扃寵茲郎位式獎列藩之重且彰漏澤之

榮可贈尚書禮部郎中

許永州司戶蘇衮歸里勅

左降官蘇衮貶官本緣弁連坐矜其年耄加以疾患宜令所在勒回任歸私第

權停貢舉勅

禮部舉人自春以來久愆時雨念其旅食京邑資用屢空其禮部舉人今年宜權停

答百寮請復尊號批

三省來章彌用兢惕再崇大號何以當之前者示懷蓋非

沖讓尚勞敦請豈所宜然卿等博學古今列於朝右思宏猷替共致太和豈以虛名重予不德再三循省增愳於懷想爾深衷勿更陳請

答韋臯謝頒示政刑箴表批

朕以爲理之本繫乎政刑頃因退朝偶有製述用錫人極庶叶時中聊以自規豈能遠意卿道贊元化志宣大猷爰勤貞珉躬自染翰克盡事君之節益嘉將順之心省閱再三歎賞無已

答韋臯謝賜紀功碑表批

卿元臣上宰道贊緝熙貞諒闕彝忠闕之才寅亮中樞懷柔遠俗闕寧息闕列於金石禮亦宜之卿將頤闕心遠闕所謝知

答中書門下進奉和春麟德殿會百寮觀新樂詩狀批

朕思以中和被於風俗旣傳令節載序樂章因會羣寮用申歡宴斐然成韻有媿非工卿等各抒清詞咸推藻麗再三省覽良用嘉焉所獻知

答權德輿謝追贈祖倕禮部郎中表批

省所奏請迴檢校官及兼追贈亡祖事宜具悉卿位更將相委重藩方襃贈自是典章豈必更迴官秩因心志切報本誠深已詔追榮良增嘉歎想宜知悉夏熱卿比平安好遣書指不多及

放免諸道先停放將士資糧德音

勅興理化者務積於人長國家者以義爲利故斂之欲薄而使之以時然後億兆歡心遠邇欣戴政平俗阜必本於茲朕服承天命撫臨區夏憂矜在慮宵旰忘勞苟可以助化寧人便時益下事無大小皆盡其心比以中夏甫寧頗

勤經費遂收諸道停減將士糧斛用叶權宜言念疲甿重茲供億頃雖蹤理轉送猶勞睠彼東南良深矜歎夫崇儉可以足用節事可以豐財所當約己菲躬量宜濟務豈資厚斂方給軍須思息遺黎俾蠲徭賦其貞元二年三年以前所收諸道停減放歸營農將士軍資糧斛錢米等緣送納向畢任依前勅收管其貞元四年已徵到及在路者即依前送其在百姓腹内者並宜令放免其貞元五年已畢每年合收一百七萬八百八十八貫石宜並放免仍委每道觀察使具當管每州都放錢數聞奏並各下本州曉示

百姓令知其悉於戲人惟邦本本固邦寧百姓苟豐君孰不足式敷簡惠俾革煩擾庶其安逸各務農桑布告遐邇明知朕意

上睿文孝武皇帝冊文

維某年月日哀子嗣皇帝臣某伏以聖德之大上與天合人道近暱鮮克究知敢盡其所見泣以敘財成之業伏惟大行皇帝紹休七聖臨照八極以至道御羣有以至化懷遠方登假於上敷聞在下肇加元服頃昇儲闈生知之敏動與神契承順元宗也齊栗之容著奉養肅宗也愛敬之

禮深履蒸蒸躬翼翼不絕馳道日朝寢門此則首冠百王大舜周文之孝也其於崇儒尚齒尊道貴德窮理盡性之學經天緯地之文包荒含垢之量迪哲允恭之善斯又睿聖不測同符乎三五無得而稱也當祿山叛亂陷覆二京以天人之重授元戎之律師之所及狂寇殲夷復宗社之阽危拯生靈於焚燎則乾維重攝宸極以安及史盜閒釁三河屢梗在撫軍之際思明隕命乘踐祚之初朝義授首則梁陳底定朔易從風其或屈強於大梁背誕於南越莫不朝爲梟獍夕爲鯨鯢此高光之功神武之略也自是肅勿羣后賓延萬靈滂潴鬱沒之刑寢焚瘞懸沈之禮備衣冠有淪於脅從者釋而靡問靈祇有闕於禋祀者秩而致享聖謨誕求讜言翕以祥風浸以膏澤九譯奉貢四夷來賓丕冒日出罔不率俾猶復嚴恭寅畏顧省闕遺兢兢業業日昃不暇故得元功廣運協氣旁流靈契畢發元符洊至則瑞璧出於泗清瀾變於河其餘見祉麟羽呈祥草木者不可殫記方議櫜弓偃伯臻於太和告禪於石閭鏤功於金版遽承憑几之命奄遘綴衣之酷號天叩地罔所依歸今龍輴就殯蜃輅將駕採鴻儒碩生之議考公卿百辟

之請僉以盛德大業匪號謚莫宣是用虔奉古訓發揚茂實謹遣攝太尉某奉冊上尊謚曰睿文孝武皇帝廟曰代宗伏惟明靈降格膺茲典禮誕錫純嘏貽宴後昆嗚呼哀哉

遥尊皇太后沈氏冊文

嗣皇帝臣某言恩莫重於顧復禮莫貴於徽號上以展愛敬之道下以正春秋之義則祖宗之所稟命臣子之所盡心尊尊親親此焉而在兩漢而下帝王嗣位崇奉尊稱厥有舊章永惟丕烈敢墜前典臣某謹上尊號曰皇太后

冊李晟司徒文

維年月日甲子皇帝若曰粤惟上天眷佑我唐賚予元輔戡夷逆亂宣振忠貞光昭永圖奮揚丕烈今敬從典禮彰信於朝咨爾開府儀同三司檢校尚書左僕射同中書門下平章事合川郡王李晟希代特生秉時間出高明稟忠厚之禎闕故得擁是旌幢徇於封略旋師中冀討孽上京一鼓而兇魁電竄皇居乃正清廟重安大效展於邦家大惠孚於黎庶武昭七德文洽九歌俾予一人潛復丕業抑聞功懋懋賞義在疇庸德懋懋官理在翊善爾既憂勤勠

力端明一心申之以武功重之以文德是用稽之舊制冊命爾爲司徒宜亮采台庭光融相府敘彝倫於九牧凝庶績於百工祇率典章阜成邦教膺茲景命可不慎歟

冊李晟太尉文

維貞元三年歲次丁卯四月乙卯朔二十四日戊寅皇帝若曰在天成象三辰耀其景在地成形五嶽峻其位古先哲后罔不憲章故則天之明因地之利建官置輔論道經邦配六符於泰階運七政於皇極無其才則禮闕有其德則榮外爰自唐虞率由斯道故久虛上台之坐以俟其人載懷勳賢聿歸元老咨爾奉天定難功臣司徒中書令上柱國西平郡王食實封一千五百戶李晟天授明德爲時棟梁膺期挺生佐理戡難作我英宰保大定功渾忠義以居心等夷險以爲體魏郊伐叛申肅殺之威漢苑摧兇樹廓清之效宮城遂復廟社攸安三輔釋塗炭之憂萬國允朝宗之願及夫藩鎮岐下黎獻昭蘇踔威稜於接境阜農耕於夷壤欽若朝政櫜戢干戈弼予一人永清四裔聿懷丕茂之績式崇寬大之請是用命爾爲太尉惟其敬之哉且德盛故禮殊功高故賞茂崇極九命華貫三台持華歆

養德之規保荀顗清純之道具瞻斯在可不慎歟

冊馬燧司徒文

維年月日甲子皇帝若曰昔有虞之帝天下也契作司徒誕敷邦教五常以遜百姓斯親其在鄭友翊亮於周鄧禹宣猷於漢亦皆以德當國以勳持令天贊我唐允生忠輔出則擁旄定亂重其望以成功入則調鼎登庸資其實而論道再新茲典榮命攸宜咨爾檢校司徒兼侍中北平郡王馬燧岐山粹靈楨我王國明謀炳於蓍蔡雄略極乎韜鈐文武在躬剛柔備體欽崇一德期協阿衡故能受服專

徂作我心膂揚旌仗鉞外鎮雄都正師律以寧邊宣國風而撫俗華夷式穆朔塞無虞崇其大勳謙德彌著懿茲茂範實簡予衷昔貞觀初戡定羣雄拯寧庶類有若趙國公無忌外運夷兇之効內申翼善之謨陟居中台鬱爲時棟今予亦命爾光贊大猷是用册爾爲正司徒宜祗厥位九功丕緒咨爾緝熙五品不昭咨爾寅亮予違汝弼無或面從式宣勵翼之誠允副寵光之命其瞻斯在可不愼歟

命皇太子即位册文

維貞元二十一年歲次乙酉正月辛未朔二十三日癸巳

皇帝若曰於戲天下之大實惟重器祖宗之業允屬元良咨爾皇太子誦睿哲温恭寬仁慈惠文武之道稟自生知孝友之誠發於天性自膺上嗣毓德春闈恪愼於厥躬祗勤於大訓必能誕敷至化安勸庶邦朕寢疾彌留弗興弗瘳是用命爾繼統俾紹前烈宜陟元后永綏兆人其令中書侍郎同中書門下平章事高郢奉册即皇帝位爾惟奉若天道以康四海懋建皇極以熙庶工無忝我高祖太宗之休命

欽定全唐文卷五十五

德宗　六

春令大赦文

朕以菲薄託於王公之上恭承天地之序虔奉祖宗之訓遐想至理思臻太和而誠不感物化不柔遠聲教猶鬱征賦仍繁頃者務於安人不憚屈己與西蕃結好申以齊盟而戎心無厭背義虧信劫脅士庶屢犯封疆元元何辜皆朕之失乃者輦轂之下凶徒結構上帝垂祐悉自伏誅刑以止殺諒非獲已今三陽布和萬物資始思與羣公兆庶

惟新政理宜敷在宥之澤以覃作解之恩可大赦天下大辟罪已下繫囚見徒常赦所不原者咸赦除之官吏犯贓不在免限流人配隸放還左降官量移近處已經量移者更與量移百姓逋欠一切放免諸州遭水旱委長吏貸種子天下兩稅更審定等第仍加三年一定以爲永式涇隴邠寧振武靈鹽夏銀官健常例之外每年加賜兩段軍州官吏寄客能務農業入粟助邊量其多少酬以官秩天下刺史與一子正員官戶口增加田疇廣闢者長吏加一階縣令減選優與處分額內官勿更注擬見任者三考勒停

各官食錢所欲別置本宜令中書門下與百僚議可否奏京九品已上官各上封事極言得失賢良方正直諫者高蹈不仕隱居巖穴孝弟力田聞於鄉里所在長官具名聞薦諸色官有清白政術堪任刺史縣令者常參官各舉所知朕當親自策試之諸軍立仗將士共賜物一萬匹陪位蕃客賜一千匹

南郊赦文

禮稱日至而郊詩美豐年之報然則迎日之始時莫大焉順成之祐慶莫重焉朕承天眷懷俾作神主朝夕祗礪日

月永思惟人安化洽是勤惟歲稔時和是冀上靈降鑒豐祉聿臻展禮郊丘申大報之義祇禋宗廟極追孝之誠四海具瞻百神咸秩古者凡有大澤必與天下樂之慶賜遂行無思不備內外文武及致仕官並諸將士等三品已上賜爵一級四品已下加一階宰相及東都留守六軍統軍諸道節度神策神威金吾六軍及都團練防禦觀察使京兆河南尹正員尚書御史臺長官太常卿各與一子官大禮行事官各加一階立仗將士及守本營者共賜物十八萬端匹故尚父子儀與一子五品正員官如已五品已上量與改轉贈太尉秀實與一子官張巡許遠南霽雲顏真卿顏杲卿各與一子正員官天下見禁囚徒罪至流死者各遞減一等徒罪已下一切放免左降官經三考流人配隸効力之類經三周年者普與量移近日州縣官吏專殺立威杖或踰制自今已後有責情決罰致死者宜令本道觀察使具事繇聞奏並申報刑部御史臺吐蕃比虧信約自絕通和邊鎮之間事資備禦因其犯邊累獻俘囚既切懷歸之心復加幽縶之苦永言覆育豈間華夷應所獲吐蕃生口見在者一切放歸本國仍並遣人送至界首量事

資遣使得自全應諸道自艱難已來戰陣喪殁及荒凶死亡骸骨暴露者長吏各令收瘞奠酹守宰之任弊在數更自今刺史縣令以四考為限嗚呼朕獲主珪璧十有二年於茲天地明察罔敢不祗一日萬幾罔敢不慎遷己之過庶無吝心致人之安實有明志夫祀之馨香在德天之視聽在人惟命不常聖有謨訓慶感既集於茲日儆厲方戒於將來冀勉增修聿懷多福凡百有司所宜同之

南郊赦文

朕以寡德祗膺天命勵精理道十有五年夙夜惟寅罔敢

自邇小大之務莫不祗勤皇靈顧懷宗社垂祐年穀豐草荒服會同遠至邇安中外咸若永惟多祐寔荷元休是用虔奉禮章躬薦郊廟克展因心之敬獲申報本之誠慶感兹深忻惕惟厲可大赦天下自貞元九年十一月十日昧爽已前大辟罪咸赦除之左降官及流人並量移近處內外文武見任及致仕官並諸軍諸使將士等三品已上賜爵一級四品已下加一階將士白身者賜勳兩轉緣大禮職掌行軍法駕南郊後留守副守及太倉左藏庫及陪位官等三品已上更賜爵一級四品已下加一階其郊壇宮

廟行事官仍各賜勳兩轉皇親應陪位者三品已上賜爵一級四品已下加一階及諸色應陪位官等各賜勳兩轉親王大長公主長公主嗣王郡縣主鄫公介公鴻臚蕃客神策神威六軍及諸使應緣大禮宿衛御樓立仗及守本軍本營者諸道節度在京帖仗將士賜物有差宰輔及在方鎮者祖父各與追贈東京留守諸軍節度觀察都防禦都團練經略鹽鐵轉運使左右神策神威六軍等統軍大將軍英武威遠軍使戶部侍郎判度支及京文武三品已上正員官尚書省四品官中書門下省御史臺五品官父在未有官者量授檢校官已有官者加一階母在未有邑號者授邑號已有邑號者更進邑號父母亡歿者各與追贈應諸軍防秋兵馬使及別勅定名充邊地兵馬使等備禦勤勞所宜優異其父在未有官者各授檢校官母在未有邑號者各授邑號邊軍鎮守及諸道諸軍防秋將士經三週年未改轉者宜與甄敍其九廟配享功臣封爵廢絕者宜令紹封以享祀故尚父子儀太尉秀實宜與一子六品正員官天下有才德高遠爲衆所知及隱遯邱園不求聞達者委所在州府長吏具名迹聞薦諸色人中有賢良

方正能直言極諫或博通墳典達於教化或詳明政術可以理人者委常參官及州府長吏各舉所知聞奏朕當親自策試諸司官有陳時政得失各盡所見條流封進人有冤滯事有闕遺悉當極言無所隱避

讓皇太子表

臣性本凡愚識無久遠夙承訓誨未達禮經俾踐元良是輕主鬯顧惟孱懦何以克堪然臣頃總戎麾恭憑睿略在臣何力妄欲貪天且五帝三王立嗣殊制王者家天下以傳子帝者官天下以傳賢胡有居五帝之時行三王之禮

臣雖不敏竊謂非宜乃知古之正統不以年樹後不以嫡明矣若以臣居嫡而廢德在長而捨賢恐大道淳風隱而不見伏以天下之公器不可虛涉宗廟之宏綱不可輕舉伏惟陛下敦三善之本審萬國之貞不可以私授爲心但可以推賢爲慮則陛下享唐虞之德臣蒙伯邑之名乞回聖慈俯寢恩命

大乘理趣六波羅密多經序

大樸既散有爲遂作名利牽乎伐巧智喪乎眞愛惡攻乎性情因緣堅其染習内則百慮無節外則六根競誘天理

滅而莫知道源迷而忘返淪溺苦海劫盡還初惟至人了萬物之宗越三界之表廓獨立而不改偏諸有而常然故能開導羣疑濟拔流品六波羅密多經者衆法之津梁度門之圓極也昔日月燈明如來爲菩薩說歷劫曠遠眞偈寂寥文殊師利於耆闍會中嘗與彌勒菩薩語及其事成一切種智會無量義因唯佛能知惟佛能說教必有主其在茲乎是以釋迦如來爲法而生俟時而現三身不異故處代而常離萬行無修故隨方而自在運慈悲之力開攝護之門因其六塵示之六度導於法分令證法身結習紛綸乘理而悟是眞般若之旨也故有慈氏善問大音讚言天垂寶華雲集仙蓋甘露流液光明燭幽使迷方淺深皆得自然之慧恒沙億衆能通般若之知嘗試論之先儒有言誠者自成而道自道也夫誠己於内則不勉而中不思而得誠物於外則不言而應不爲而成其内者證法之身其外者大悲之力德產之致也密化育之功也大春風發吹萬類咸滋旭日昇晝羣陰盡釋乾坤易簡之道是則大同神明幽贊之情孰云區別殊塗一致其理固然朕虔奉丕圖保乂蒸庶思建皇極以升大猷遐想靈蹤期於叶契

而舍城妙說久祕梵文徒懷瀉缾未啟遺夾微言不昧將或起予於是罽賓沙門般若受旨宣揚光宅沙門利言爲之翻譯時大德則資聖寺道液醴泉寺超悟慈恩寺應眞莊嚴寺圓照光宅寺道岸西明寺圓照晉空良秀等法門領袖人中龍象證明正義輝潤元文知釋迦之寶城識衆尊之滿字以貞元四年歲次戊辰十二月二十八日於西明寺譯成上進凡一部十卷龍神翼衞如從金口之傳梵衆護持無異毫光之現朕齋心滌慮仰味宗源聞所未聞實爲希有然以汲引之旨流布爲先庶憑眞詮永濟浮俗

聊因暇日三復斯經雖法海甚深而波流不讓舉其梗槩昭悟將來

刑政箴并序

朕以南面勵精理道雖及和平之濟未臻元古之風夙夜孜孜勤求不怠夫安人以政輔政以刑蓋爲之立中非使人從欲也是以務兼聽以酌羣情擇庶官以資共理恒勉不足而過其過我欲仁矣尚遠夫意哉然萬務是殷必戒其失聽政之暇常志所存聊綴斯文庶乎自儆爾

大樸既散利欲是生惟辟御時建極作程導以仁政齊以

典刑惠此下人致之和平立政伊何必循道德詳刑伊何必去煩刻不以人從欲不以枉傷直故百度惟貞萬物作式匪陽不生匪陰不成寬則致慢猛亦取怨酌於大猷戒厥偏見罔咈人志罔興人患邇言必察芻蕘必詢奉無私之心以誠其意廣無情之聽思得其眞喜怒有節措置有倫是以令肅如秋化行如春無邇憸人無信側言憸人則敗政側言乃惑聽罔攻異端慎乃出令知人不易在觀其行事實求理法乃因時法非生弊聖哲不爲導物類之情以通其變相天地之道咸盡其宜教必明於順動必慮於違是以天覆之德日用不知六馬並馳在鈞銜策五音並奏在理金石茍去回邪可行蠻貊因人而理自古不易唐堯赭服夏禹泣辜以弼於理冀遷其愚寧漏吞舟豈求噬膚陷之於過是曰毒痡天監孔明無臭無聲罔載而僞必先爾誠蟻壞不防太山可傾患生所忽禍起所輕故作事謀始而戒於未形予臨兆人道存化育祇荷元貺幸清九服闕若履深谷思正其源庶登於樸監於往躅書以自勗

君臣箴

夫惟德惠人惟辟奉天從諫則聖共理惟賢皇立有極駿

命不易總萬機以成務齊六合之殊致一心不能獨鑑一目不能周視敷求哲人式序在位於戲君之任臣必求一德臣之事君咸思正直何啟沃之所宜自古今而未得且以讜言者逆耳讒諛者伺側故下情未通而上聽已惑俾夫忠賢敗於凶慝譬彼輕舟烝徒楫之亦有和羹宰夫膳之孰云理國不自得師覆車之軌予其懲而高以下外和由甘受惟君無良亦臣之咎聞諸辛毗牽裾魏后則有禽息竭忠碎首勉思獻替以平可否勿謂無傷自微而彰勿謂何害積小成大事有隱而必見令既出而焉悔鼓鐘在

宮聲聞於外浩然涉水朕未有艾將負扆以虛心期盡忠
而納誨在昔稷契實匡舜禹近茲魏徵佑我文祖君臣協
德混一區宇肆予寡昧獲纘丕緒臣哉鄰哉爾翼爾輔高
秋始肅我武維揚輟此禁衞殿於大邦戀闕方甚嘉言乃
昌是規是諫金玉其相辭高理要入德知方總彼千慮備
於八章宣父有言起予者商殷有盤銘周有欹器或誡以
辭或警以事披圖演義發於爾志與金鏡而高懸將座右
而同置人皆有初鮮慎厥終汝其夙夜期保朕躬無曰爾
身在外而爾誠不通一言之應千里攸同導彼遐俗達予

四聰華夷仰德時乃之功既往既來懷賢忡忡唱予和汝
式示深衷

宸扆台衡二銘并序

朕每覽上古之書及唐虞之際君臣相得聖賢同時日夕
孜孜講論治道或陳其鑒誡諷以歌詠煥乎典謨百代是
式有以見啟沃之道理化之端意甚慕之而未能逮也頃
靈鹽節度使杜希全著書上獻多所規諫聊爲君臣箴用
答其意河東等道副元帥司徒燧固請勒石貽厥後人朕
以文既非工義又未備垂諸後裔良所愿焉起予者商因
之有作庶乎朝夕自儆且俾後代知我文武殿邦之臣歟

宸扆銘

天生蒸人性命元淳嗜欲交馳利害紛紛無主乃亂樹之
以君九域茫茫萬情紜紜目不備覩耳不備聞覩之聞之
矧又非真事失其源道遠莫覩理得其要化行如神失源
維何不自正身正身之方先誠其意罔縱爾欲罔載爾僞
體道崇德本仁率義必信若寒暑無私象天地感而遂通
百慮一致任人之術各當其器捨短從長理無求備事多
總集衆才咸遂知而必任任而勿貳以天下之目爲鑒我

鑒斯明以天下之心爲謀我謀則智求賢惟廣辨理惟精
逆耳咈心必嘉乃誠順旨苟容亦察其情斥去奸諛全固
忠貞先人立言爲代作程諤諤者昌唯唯者傾繫以興亡
曷云其輕承天子人夫豈不貴伊昔哲王夙夜祗畏馭朽
爲戒納隍爲志神將害盈天匪假易四海爲家夫豈不富
伊昔哲王勤儉固陋土階罔飾露臺罷構遠奇技淫巧放
珍禽異獸敬之慎之天其永佑欲令必行順人之情欲誠
必著清己之慮心無億詐事必忠恕凡將有爲靡不三思
喜怒以節動靜以時毫釐或差禍福亦隨慢易厥初悔其

曷追刑不可長武不可恃作威逞勢厲階斯起垂旒蔽明黈纊塞耳含宏光大是以爲美覆之如天愛之如子仁心感人率土自理嗟予寡昧嗣守丕圖寇戎薦興德化未孚大業兢兢其敢以渝俯察物情仰稽典謨作戒斯言寘於坐隅

台衡銘

天列台星垂象於人聖人則天亦建輔臣以翼以弼爲衡爲鈞如耳目應心如股肱運身是則同體孰云非親陰陽相推四序成歲君臣相得萬邦作乂感同風雲合若符契

以道匡救盡規獻替木必從繩金其作礪帝者之盛時維陶唐乃聞疇咨側陋明揚洎乎有虞二八騰芳爰追伊尹相於成湯載生姜牙涼彼武王道無不行謀無不臧君聖臣賢運泰時康漢高既興蕭曹亦彰烈烈我祖應期而昌剗滅羣凶砥平四方維衡及英啟闢封疆曰房與杜振理維綱亦有魏徵忠謇昂昂偉茲衆林爲國棟梁蕩蕩巍巍邦家有光是知道之興廢係於時主主之得失資於台輔經之以文緯之以武出爲方召入爲申甫絕維載張闕衮斯補惟德是依惟才是求人不易知德亦難周傅說版築夷吾射鉤任之不疑千載垂休體於至公何鄙何讎追維哲王必賴良弼矧予不德昧於理術師旅繁起政刑多失遘茲艱屯夙夜祗慄翊我戴我實維勳賢內熙庶績外繼十連威武載揚謀猷日宣長城壓境巨艦濟川同心同德持危扶顛予嘉爾誠爾相予理惟后失道亦臣之恥自昔格言慎終如始功藏鼎彝道冠圖史無俾伊傳克專厥美作鑒勒銘永世是紀

贈太尉段秀實紀功碑

立人之道曰君與臣爲臣之義曰忠與節忠莫極於衛國

節莫大於忘身存其誠德貫乎天地致其功用施於社稷獨斷剸凶慝之命沈謀安宇宙之危其智勇足以拯時其義烈足以宏教非昊穹錫慶數佑皇家重振紀綱再澂汙俗何遘迍之會而獲見斯人開府儀同三司檢校禮部尚書兼司農卿上柱國張掖郡王段氏名秀實字成公應期降生扶翼唐祚稟陰陽之粹氣備剛柔之全德體正明道從時卷舒蓄爲淳和發爲功烈朕宅帝位之五載孟冬十月賊臣朱泚反天悖人因時多虞乘我無備誘聚叛卒作亂於京師朕深惟罪己之誠遠遵避狄之義駕自中禁狩

於近坰賊陰謀爲姤陽言示順以公嘗任涇帥素得士心採諸衆情引以自助公感時悲憤思定大業謂復國安人由己不可以顧私謂開物變化在權不可以虛死略區夫之褊介蘊曠代之宏規内貞其心外混其跡且探察元惡情狀將因而圖之賊果不疑委以心腹遽發凶黨謀襲我師公詭說以詞止之不可乃竊取官印假爲兵符急追寇軍不遠而復銷禍紓難陰陽若神於時物情危疑忠邪莫判卒乘未輯軍旅未完微公之謀吾幾蔑濟既而密結勇敢誓殲寇讎決策剋期中外發應會賊泚召公計事引入

閤中露其姦情言及僭竊公氣塡胷臆植髮衝冠仰天大呼元鑒何昧孰爲臣子而忍是心語未絶音奮笏前擊凶徒敗面既躓而奔左右愕然初未敢動繼者不至事遂無成逆徒交鋒因而遇害嗟乎天生萬物惟人最靈稟元氣之精鍾五行之秀是宜守正居順移孝資忠君君臣臣父父子子各履於達道同臻於太和天乎不融生彼狂悖神乎不惠喪我忠貞靜言思之輟饋忘寐詳求其理抑有以焉茲朕不明敗德招損故列聖垂祐儆戒於予則泚之亂所以懲既往勗將來禮教陵夷風俗訛弊故上帝元鑒聳動於人則段公之死所以勵當今傳不朽也訪彼前史稽諸昔賢全大節者不必成功建大功者或未立節非節不可以裨教非功不可以持危義實相須事難並備吉甫以文武翼周室宣王中興絳侯以智謀安劉氏文皇紹立茂功著矣而節未可稱董卓脅國以擅威伍孚刺之而不畏王敦擁衆以稱亂周顗折之而無疑奇節偉矣而功竟不就至若屈伸合變進退知機智以遂其謀勇以決其死功與時並節與名偕中古已還無公儔比貞烈之至通於神明桀驁聞之而動心仇讎感之而不怨死於義而義著忘

其家而家全行路與悲懦夫增氣矧予之慟其可弭忘且人之所愛者身也國之所重者位也公能殺身徇國朕得不以重位報之哉乃詔有司册贈太尉謚曰忠烈賜實封五百戶莊宅各一所嗣子授三品正員官諸子各授五品正員官表其閭里護其喪葬官立祠宇史載忠勳哀榮之典備矣君臣之義極矣公始以天寶四載奮筆從戎才爲時生官爲才遠得司馬戰陣之法參將軍帷幄之籌累典方州更踐臺寺出擁旌節入爲卿士位歷十七歲踰三紀封王列於異姓開府比於台司參職六官食賦百室言不

伐善慮常下人恒持順信之規罔居疑悔之地利刃在手
投節皆虛貞松有心老而彌勁吞大憝於方寸之內定危
疑於晷刻之間力可屈而志不可遷身可殺而節不可奪
所謂有始有卒爲臣之極致者歟日月有期宅兆云畢身
歿功在凜然如山勒銘傳芳終古不滅以志吾過且旌善
人銘曰
浩浩上天四序唯均氣或堙鬱過爲災氛否不可終必復
元亨洗以膏雨播之祥雲濟濟蒸人五常是則時或迍難
乃生凶慝亂必有定允歸皇極極以茂勳輔之明德勳德

克崇茲惟段公實天降靈寧保朕躬日月蔽虧宇宙昏蒙
罔然明識獨誓深忠豺狼爲羣狾狾逞志咆哮奔突乘我
未備公飛尺笏橫制醜類變化若神邦家不墜元惡大憝
誘姦作狂竊器僭名反易天常公獨挺身奮擊暴強烈烈
英武歿而彌彰義振名教功存社稷贈極上台賞延眞食
省咎祗畏懷賢憫惻刻銘豐碑昭示萬國

西平王李晟東渭橋紀功碑

天有柱以正其傾地有維以紐其絕皇王有輔佐以濟其
艱難非命曆所歸不得生良弼非君臣相合不能集大勳
非桼亂宏多不足表忠節非奸猾熾焰不克展雄才天與
事肆會然後臣功著而王業興爲高祖太宗拓跡垂統掃
乾坤之沴氣拯生靈之塗炭其受命也正其布澤也寬六
宗丕承克廣前烈雖遇屯否化危成安二百年間五夷大
難由內以正宸極者再自外而復都邑者三山嶽降神雲
龍叶契繼生賢哲保定邦家神龍中諸武擅權基閉王室
則有若扶陽王彥範等推戴中宗紹復洪業景龍末孽韋
窺國瀆紊乾綱則有若徐國公幽求等左右元宗掃除凶
穢天寶之季盜起幽陵翠華南征潼關不守廣德之際戎

軼邠郊皇輿東巡酆宮罷警則有若尚父子儀等殄殪醜
逆冊肅宗於岐攘却蕃夷翊代宗於陝建中四祀寇發上
京暴蔑人神僭稱名器則有若西平王晟等翦滅大憝廓
清中區惟茲數公異時同德道濟於社稷勳書於鼎彝唐
之得人於斯爲盛東渭橋抵王城東北四十里而國之廩
積在焉始晟於此駐孤軍糾羣帥俟時而動一舉成功予
是用揚其美而紀其功以明事之有因謀之有素也粵若
菲德嗣膺大寶化乖柔遠明不燭幽淮右賊臣提兵犯順
憑陵汝服震壓洛師朕憫將吏之受汙哀烝黎之無訴罔

思衞已姑務靖人亟發禁師東征不軌猶慮勝敵之末勇乃徵涇師以繼之賊泚畜姦覷隙乘便餌誘貪卒扇結暴徒伺其不虞謀聚犯闕朕引咎出次薄犯二畿封豕長蛇穴處宫廟磨牙噴毒噬螫害人晟時總偏師遠戍河朔曾不俟召聞難駿奔鼓義勇仗順之師吞敗亡稔惡之寇雄威勝勢疾若飇馳屬賊帥昏迷恃衆貪亂誘我蟊賊連謀内逼朝廷截遏關河長擾豺狼塞路羿澆爭驅人烟絶於井邑陰燐交於田野物情大駭盪然靡依晟乃設會軍門哭而誓衆國讎不滅無以身爲遂發感激嗚咽流涕天地

爲之變色將帥爲之動心軍中較然知有逆順晟乃度公積計私課程賞典定刑章行令自身錄功先下由是勇者奮力智者効謀其氣增倍其心如一屹立堅壁於渭之陽姦逆畏威而震懾忠義奮氣而聳慕分二凶之勢不敢相附爲諸鎭之援俾得自堅晟之力也二月守曁乎夏五月晟知衆心可用乃揀日饗士乙未陳師於東郊如虎如貔如熊如羆凶徒接戰累合皆北倒戈棄甲困敵我師乘而殪之摩壘而止戊戌方旭連營進攻賊衆相驚股戰魄駭登陴而不敢拒闉門而不敢窺晟仗鉞啟行執桴親鼓斂

隍塹排牆垣勝氣兆於風雲威聲振於原野指顧摧靡盪無孑遺布朝旨以寬脅從勵臣節以誅同惡乾軸傾而復紐皇維弛而更張遷皐聲爲好音變祆祲爲和氣然後閑戎律釐軍容不諠不譁有嚴有翼搜苑囿殄遺寇清宫門授彼有司宣言於衆曰恭行天誅將以遏亂略去人害王師所至歌舞從之其或矜勇恃勳作威肆掠是則以暴易暴夫何賴焉懋功有恒賞違禁有常罰惟國之令典不得以贖論敢犯令者殺之無捨爰擇便地引軍出屯馬無錯羣士必成列剋敵彌日都人莫知徐命有地之官同諭鄽

里士庶聞巨猾之殲殄而我師闕 壺觴犒軍如恐不及者若赤子之保慈母涸鱗之赴洪漪或欣而呼或感而泣吾是以知烈祖積德人懷其深賢臣佐時功濟斯美晟有興運之略有匪躬之誠有定亂之勳有禁暴之德俾予從乂垂拱仰成乃册拜司徒兼中書令加實封一千戶錄功第一序位居首事業編乎史册德輝流乎頌聲入爲夔龍出作方召贊贊徽烈中外具瞻而晟居高牧卑辭滿守約崇讓而勳閥彌耀惡盈而福祿攸歸斯又明哲之規慎終如始者也夫制敵在謀不在衆感人以義不以威當天地屯

蒙邦家離析援孤者踣黨勝者強羣心囂囂靡所止戾若
風動中野波騰滄溟從而拯之豈易爲力於時馬不滿百
駟兵不盈萬人無郡邑土田之資無城池險阻之固獨立
不懼氣吞羣凶以盡忠誓心以必死勵己以大順率衆以
至誠動天衆心攸同天意允答故措軍散地而不可拔致
討勍寇而力有餘國危能安軍勝能整古所謂衛社稷者
晟其當之播揚休風篆刻貞石俾厥後嗣無忘乃功銘曰
赫矣我唐受天眷命祖功宗德浸澤儲慶窮海請吏遐荒
稟令寧一九服惠康萬姓三五以還莫之與盛迨予不類

辱守丕圖燭理匪時立誠未孚蠢爾孽臣扇茲潰徒震驚
朕師黷穢皇都宇宙沸騰人神睢盱重以統戎誘姦同貫
播遷斯載歲聿云半未既悔禍人胥厥亂乃錫元臣夷凶
翦叛昏祲茫茫橫流湯湯挺然孤軍在渭之陽我城非完
恃順爲防我旅非衆同心爲強由義率人人皆嚮方萬事
如一爭先啟行拗憤求逞蓄威斯張力足勢全時惟鷹揚
以戰則克以謀則臧指麾之閒羣醜潛亡鯨鯢既平宮室
既清軍伍無聲都人不驚成功禁暴自昔稀有實天生德
彰於厥後洋洋令名茲爲不朽

闕西川節度大使檢校司徒兼中書令上柱國南
康郡王韋皐紀功碑銘幷序

闕以陰陽闕忠賢作弼宣翼贊之力用能致闕則孰闕柔
之略致恢復之勳者焉闕祖太宗受闕握乾符以垂統廓
宇宙而貞觀盛德被於闕宗重光克闕庭禦大災清大難
佐闕閒生才賢斯實我闕垂佑闕謀猷仗忠義之臣以闕
鎮乃命左金吾大將軍韋闕而有謀闕集闕其鎮撫之宜
至則宣闕朝旨揚國威仁義服闕足弃纖闕之闕人知國
家有安撫之闕矣雲南昔在漢爲西域郡闕龍闕大定區

夏闕來朝獻開元中詔以蒙闕爲雲南王天寶巂州將軍
善能闕西川其孫闕歸內附朕嘉其誠節懿闕時值搶攘
而心不變易乃闕爲司空而九土以平契闕五教以敷蕭
何漕運不乏而闕籌帷幄闕朕深惟德化之未遠風闕憫
此元元以圖無疆之休闕於闕以一旅之師闕一闕之闕
徒外牧黎庶一時闕然闕謹財賦以豐其用故得闕慾來
遠人之貢賦闕言前事符響應闕雲南闕以致遐邇尊王
之闕爲純臣輸賝委贄稽顙闕德以闕則闕代之賢忠良
之佐闕豈虛也哉昔秦漢或闕面非闕謂闕臯一心奉國

百闕義之忱集邦家之闕能制闕復王闕建闕言而理此皐之忠勳斯闕檢校司徒兼中闕等使宜闕書蓋詳諸家謨矣茲所闕茂勳紀威績刻闕臣其詞曰闕鴻烈尊主以忠持危以節闕時之傑我有闕惟闕遐闕及此小康實扶忠賢撫綏闕吾事惟臣闕西闕惟一闕前聞異時同致保族承家闕苟能建績功曰不朽闕忠之闕文武之全才道闕實維時傑純誠闕於闕宜刻金石用表忠勳闕股肱闕念忠賢存於夢寐闕諒當體予闕

順宗皇帝

帝諱誦德宗長子上元二年生始封宣城郡王大歷十四年六月進封宣王十二月立爲皇太子貞元二十一年正月即位七月以疾令皇太子監國八月傳位皇太子元和元年正月上尊號曰應乾聖壽太上皇是月崩年四十六謚曰至德大聖大安孝皇帝廟號順宗大中三年加謚至德宏道大聖大安孝皇帝

授韋執誼尚書左丞平章事制

宰相之職寅亮緝熙導陰陽之和贊天地之化裁成百揆總領庶官非道契時中識通理本則何以敷暢皇極阜安羣黎朕以眇身嗣守丕業思立人紀以承天休其代予言允屬良弼朝議郎守吏部郎中騎都尉賜緋魚袋韋執誼孝友忠肅自誠而明茂實本於宗師英華發於事業久參內署動直靜專累踐中臺職修事舉克有公望冠於羣倫以予沖人恭默思道是用命爾納誨弼違必能行四方之風成天下之務祗服乃職厥惟欽哉可守尚書左丞同中書門下平章事賜紫金魚袋

授杜佑諸道鹽鐵等使制

周制國用委於冢鄉漢調軍食資於相府必由中以制外

則政一而事行所以阜安兆人平均九賦弼成富庶之教馴致雍熙之化實仗元老佐予經邦銀青光祿大夫檢校司空同中書門下侍郎平章事充太清宮使上柱國扶風郡開國公食邑三千戶杜佑體貪易直德合宏大事君以道修己以誠寅亮先朝毗贊盛業秉忠直之大節備文武之全才保乂朕躬載申啟沃發揮政本開導化源謨明緝熙三事允理必能綜領經制變而通之權貨幣之宜成軍國之務外均庶土內贍中邦俾予一人恭己而理宏數五典式協於中可檢校司徒充度支及諸道鹽鐵轉運等使

依前同中書門下平章事、太清宮使，散官餘如故。主者施行。

授撫王紘河東節度使制

門下。肇自周漢，至於國朝，莫不建立親賢，以爲藩衞。擇茲賢哲，撫鎮北門，舉是彝章，式協公議。撫王紘智量端平，體識沈遠，毓德早聞於詩禮，成器可比於珪璋，居然岐嶷之姿，雅有信厚之譽。是宜奬其令美，授以旌旄。況全晉雄藩，興王故地，屏護狄塞，統制甲兵，撫循緊將領之才，居守藉公侯之重。一昨師徒擾叛，帥令不遵，用爾遥臨，以綏其衆。

爾宜持嚴而務恕，約法而推誠，戒之愼之，載揚丕績。可開府儀同三司，充河東節度觀察處置等使，兼太原尹、北都留守，封如故。主者施行。

封皇太子大男寧平原郡王等制

王者嗣統，必上尊祖廟，中立人紀，下及孫謀，所以光贊鴻猷，發揮大典者也。皇太子大男寧等，溫敏茂淑，依仁游藝，齠齔之歲，自降其心，詩書之言，夙盈於耳。朕初建儲兩，永固宗祧，既當知子之明，彌稱抱孫之慰。是用依方建邑，籍土疏疆，俾奉邦家，式崇藩屛。本支百代，冀邁於周詩；子弟畢封，更高於漢室。於戲！承紫極之慶，稟青宮之訓，惟師友是敬，惟忠孝是憑，以樂善爲心，好賢爲德，古有成範，爾其欽哉。

授范希朝神策軍節度使制

門下。古之命將帥，修封疆，在於整軍，非以耀武。故繕理亭障，訓齊車徒，以申國威，以固王略。非誠節茂著，無以分統六師；非勲績彰明，無以並護諸將。副茲重任，實在忠賢。特進、檢校右僕射、右金吾衞大將軍、充右街使、成紀男范希朝，有貞臣之節，有良將之風，識達武經，學綜兵要，臨事能斷，好謀而成，嘗領元戎，鎮於朔野，控河上之塞，拒漢南之

庭，修其政刑，諭以威德，士吏向化，裔夷綏懷。入覲京師，策勲王府，洎司警衞，禁旅增嚴。直道彌彰，嘉庸益茂，固可以總統北落，節制西陲，成魏絳和戎之勲，振晁錯備邊之策，俾異俗率化，穡人成功，師乘以和，烽候無警，懋建丕績，時乃之休。可開府儀同三司、檢校左僕射，兼右神策軍京西諸城鎮行營兵馬節度使，如故。

授杜黃裳門下侍郎袁滋中書侍郎並平章事制

輔弼股肱之臣，所與共成天功，左右邦理者也。朕承至尊

之重居羣后之上夙興寅畏不敢康寧思所以統天人之和彰祖宗之烈以行四方之政以遂萬物之宜敷求哲人以輔台德銀青光祿大夫守太常卿充禮儀使上柱國鄭縣開國公杜黃裳宏深易簡資博厚之德朝議郎檢校左散騎常侍兼左金吾大將軍充左街使雲騎尉賜紫金魚袋袁滋沖茂精微體誠明之性咸以器業閎茂服在大僚祗事先朝克荷休命識達道奧文爲國經固可以儀刑具僚參綜庶務寅亮天下毗予一人罔不同心以輔乃辟黃裳可門下侍郎平章事滋可中書侍郎平章事

罷鄭珣瑜高郢平章事制

朕承天眷命獲主兆人思致邕熙用康區夏布和緝化屬在輔臣所謂適宜實爲通典銀青光祿大夫守吏部尚書平章事上柱國鄭珣瑜銀青光祿大夫守刑部尚書平章事上柱國高郢等咸以忠靖累更班列秉彝廉慎植操貞常自參輔中樞皆能勵節祗勤庶務夙夜惟寅歲月滋深嬰纏疾恙衮職有闕無以彌綸況銓綜爲選士之本刑法乃生人之命俾從專掌以盡至公宜輟台司副予所委珣瑜可吏部尚書郢可刑部尚書

封欽王等詔

王者之制子弟畢封所以固藩輔而重社稷古今之通義也第十弟諤等寛簡忠厚生知孝敬行皆由禮志不違仁樂善本於性情好賢宗於師傅朕承天之序稽古展親宜舉徽章俾開土宇第十弟諤封欽王第十一弟諴封珍王男建康郡王渙封鄭王改名經洋川郡王沔封均王改名緯臨淮郡王洵封溆王改名縱宏農郡王浼封莒王改名紓漢東郡王泳封密王改名綢晉陵郡王湜封郇王改名綜高平郡王淑封邵王改名約雲安郡王滋封宋王改名

結宣城郡王淮封冀王改名絿德陽郡王湑封和王改名綺河東郡王浥封福王改名綰洛交郡王浣封珍王改名繙第十三男絢封衡王十四男纁封會王十七男紘封撫王十八男緄封岳王十九男紳封袁王二十男綸封桂王二十一男綽封翼王

放免積欠詔

朕君臨寰海子育兆人思欲阜其財求俾遂生殖然後導之以禮樂齊之以政刑興廉讓之風洽和平之理而比聞官司之内尚有逋懸每念黎蒸用深憂軫永言勤恤宜有

蠲除其莊宅使從興元元年至貞元二十年十月三十日已前畿內及諸州府莊宅店鋪車坊園磑零地等所有百姓及諸色人應欠租課斛㪷見錢絁絲草等共五十二萬餘並放免朕方與人休息致之富壽物有不得其所事有可利於人寤寐求思予無所愛宜加曉示令悉朕懷

命皇太子攝位詔

朕承九聖之烈荷萬邦之重顧以寡德涉道未明虔恭畏懼不克祗荷常恐上墜祖宗之訓下貽卿士之憂夙夜祗勤如臨淵谷而積疚未復至於經時怡神保和嘗所不暇

永惟四方之大萬物之殷不躬不親慮有曠廢加以山陵有日霖潦踰旬是用儆於朕心思荅天戒其軍國政事宜權令皇太子純句當百辟羣后中外庶僚悉心輔翼同底於理宣布朕意咸所知聞

遺誥

朕聞生死者物之大歸修短者人之常分古先哲王明於至道莫不知其終以存義順其變以節哀故存者不至於傷生逝者不至於甚痛謂之達理以貫通喪頃在弱齡即敦清淨遠於近歲又嬰沈痾嘗亦親政益倦於勤以皇帝天資仁孝日躋聖敬爰釋重負委之康濟而能內睦於九族外勤於萬幾問寢益嚴視膳無曠推此至德以安庶邦朕之知子無愧天下今厥疾大漸不寤不興付託得人顧復何恨四海兆庶亦奚所哀但聖人大孝存乎善繼樞機之重軍國之殷纘而承之不可暫闕以日易月抑惟舊章皇帝宜三日而聽政十三日小祥二十五日大祥二十七日釋服方鎮牧岳不得離任赴哀天下吏人誥至後出臨三日皆釋服無禁嫁娶祠祀飲酒食肉宮中當臨者朝晡各十五舉音非臨時禁無得擅哭釋服之後無禁舉樂他

不載誥中皆以類從事伏以崇陵仙寢復土纔施甸邑疲人休功未幾今又重勞營奉朕所哀矜況漢魏二文皆著遺令永言景行常志夙心其山陵制度務從儉約並不得金銀錦綵爲飾朕寢疾歲久以至彌留醫藥伎術之人夙夜無懈念其盡瘁頗謂極誠必在優容務令得所百辟卿士宣力盡忠克申送往之哀宜展事居之禮布告天下明知朕懷

崇陵優勞德音

朕以寡昧嗣膺大業永惟列祖之德肅奉山園之重夕惕

若屬懼有缺遺賴一二元臣公卿庶士叶乃心力克申典禮今九虞既畢永慕惟深爰奉疇勞之義差其異數之命山陵使杜佑若子若孫與一人五品正員官禮儀使杜黃裳特加一階與一子六品官副使李鄘按行山陵地副使李扞賜一級各與一子官鹵簿使鄭雲逵與一子出身儀仗使昇梓宮官各賜爵一階邑爵掌優賜有差三京元高陵高陽縣人夫寒凍近道鄰村坊市屋宇什物田苗被毀損並近陵百姓偏有使役委京兆府勘覆聞奏挽郎挽士量加優恤旬內百姓奉山陵秋冬滯雨供應疲弊所配折納和糴並停

冊廣陵郡王爲皇太子文

維貞元二十一年歲次乙酉四月庚子朔九日戊申皇帝若曰建儲貳者必歸於上嗣固邦本者允屬於元良咨爾元子廣陵郡王純幼挺岐嶷長標恂淑佩詩禮之明訓稟忠孝之宏規居常保謙動必循道識達刑政器含溫文愛敬奉於君親仁德聞於兆庶神祇龜筮罔不協從是用命爾爲皇太子於戲惟我烈祖之有天下也功格於上帝祚流於無窮光纘洪緒逮予十葉虔恭寅畏日愼一日付爾以承祧之重屬爾以主鬯之勤以貞萬國之心以揚三善之德爾其尊師重傅親賢遠佞非道勿履非禮勿行對越天地之耿光丕承祖宗之休烈可不愼歟

皇太子即位冊文

維永貞元年歲次乙酉八月丁酉朔九日乙巳太上皇若曰咨爾皇太子純惟皇上帝降休於我家用集大命克綏厥猷惟后祇率大典茲惟艱哉朕承累聖休德膺守邦之重不蒙天佑降疾在躬上不能昭事郊丘祗見烈祖下不能臨視庶政保綏兆人是用命爾當位嗣統宜陟元后代予憂勤今遣使檢校司徒平章事杜佑副使門下侍郎平

章事杜黃裳持節冊命於戲爾有光大之德敷於萬邦爾有仁孝之誠刑於九族慈和寬簡克享天心元符不可以固違明命不可以不畏爾惟察納忠直子惠困窮咨於正言愼乃儉德臨庶官以敬哀庶獄以情允執其中無忝我祖宗之丕訓

即位赦文

朕纂承天序嗣守鴻業以不敏不明託於萬國兆人之上永惟高祖太宗肇造區夏列聖休德洽於人心肆惟寡昧

膺受多福大懼不克負荷爲宗廟羞若涉大川罔知攸濟思與羣公卿士方伯連帥祗若丕訓惟懷永圖內熙庶績外宏至化以弼予理臻於大中俾懷生之類各遂其性咸得自新導迎休和蕩滌瑕累可大赦天下自貞元二十一年二月二十四日昧爽已前大辟罪已下罪無輕重已發覺未發覺已結正未結正繫囚見徒常赦所不原者咸赦除之左降官量移近處如復資者任依常調赴選如有親故在上都任於所司陳狀便與處分別勅因責授降資正員官者亦與追改亡官失爵放歸不齒者量加收敘流人

放還僧尼道士移隸者罪人已亡歿家口未許歸者一切放歸如自情願住者勿抑令歸如先有勅云縱逢恩赦不在放還之限者及別勅安置者並宜放還其安置之人五品已上奏待進止左降官及流人亡歿有官者各還本官今日已前痕累禁錮及反逆緣坐一切並與洗滌應緣山陵制度及喪儀禮物博詢可否務遵禮度必誠必信副朕衷懷橋道置頓並以內庫錢充諸有費用先給工價仍以見錢更不折物不得輒令科配天下百姓應欠貞元二十一年二月三十日已前榷酒及兩稅錢物諸色逋懸一物已上一切放免京畿諸縣應今年秋夏青苗錢並宜放免天下諸州府應須夫役車牛驢馬腳價之類並以兩稅錢自備不得別有科配仍並依兩稅元勅處分仍永爲常式不得擅有諸色榷稅常貢外不得別進錢物金銀器皿奇文異錦雕文刻鏤之類若已發在路者並納左藏庫清淨者理國之本恭儉者修己之端朕臨御萬邦方宏此道苟可濟物予何愛焉宮掖之中宜先省約其後宮細人子弟音聲人等並宜放歸親族應緣宮市並出正文帖仍依時價買賣不得侵擾百姓所緣宮中要妳母並取食糧戶充

稅不得科配寺觀諸軍先擒吐蕃生口配在諸處者宜資給放還本國天下官吏應行鞭捶本罪不致死者假以責情致令殞斃每念致此良增惻然宜切加察訪內外文武見任及致仕官並諸道將士等賜爵加階賜勳有差二王三恪褒聖侯各與一子官大長公主嗣王等各與一子官及出身有差宗子中有才用者委宗正卿以名聞量才敘用皇五等已上親賜爵加階有差陪位者年十五已上並放出身武德已來配享功臣及張巡許遠南霽雲顏杲卿顏眞卿等子孫中各與一人正員官故尚父子儀贈太師

晟太尉秀實子孫中各與一人正員五品官及諸州府長官及京常參官父見在未有官者並與五品致仕官及階父歿母存者與邑號父母亡歿量與追贈陝州元從寶應功臣興元元從奉天定難功臣賜爵勳有差亡歿者與追贈中書門下節度使東都留守度支鹽鐵等使京兆尹觀察招討等使及神策神威金吾六軍將軍大將軍英武威遠鎮國軍使隴右經略軍使節度留後各與一子官有差其神策神威六軍將軍大將軍英武軍等使並與加官神策神威六軍英武威遠營左右金吾及皇城將士及緣御

樓立仗將士等賜物及爵階有差應東宮官及侍讀侍書教授在正月二十六日已前者國初已來職掌行事及冊命官授顧命撰制詔及修冊文並寫制詔官等賜爵加階勳進改有差蕃客等共賜物一千八百七十匹義武軍節度使下官健在城立仗共賜物三千八百四十五匹立仗將士等量加改轉內侍省及內坊宮正諸道進奏院及奏事官賜爵階勳有差內外五品已上文官及臺省常參官宜至四考滿與改轉中外遞遷量才敘用其中政績尤異須甄升者不在此限常參官及諸州刺史有先得替及假百日經喪去官未授官者並即與進擬百司及在城諸司息利本錢徵放多年積成深弊內外官科錢職田等厚薄不均兩稅及諸色榷稅錢物重輕須有損益並宜委中書門下與逐司商量具利害條件以聞不得擅有閉糴禁錢務令通濟諸色人中有才識兼茂明於體用者經術精深可爲師法者達於吏理可使從政者宜委常參官各舉所知其在外者長吏宜精加訪擇具以名聞仍優禮發遣朕當詢事考言審其才實如無人論薦者即任自詣闕應內外官及諸色人任上封事極言時政得失有可觀者別當

甄獎百姓九十已上版授及賜各有差仍令官吏就家存問順孫孝子義夫節婦旌表門閭重加優恤

欽定全唐文卷五十六

憲宗皇帝

帝諱純順宗長子大歷十三年生貞元四年六月封廣陵郡王名淳二十一年四月立爲皇太子改今名永貞元年八月即位元和三年正月上尊號曰睿聖文武皇帝十四年七月又上尊號曰元和聖文神武法天應道皇帝在位十六年年四十三謚曰聖神章武孝皇帝廟號憲宗加尊昭文章武大聖至仁孝皇帝

貶王伾開州司馬王叔文渝州司戶參軍制

銀青光祿大夫守散騎常侍翰林學士上柱國富陽縣開國男王伾將仕郎前守尚書戶部侍郎充度支及諸道鹽鐵轉運等副使賜紫金魚袋王叔文等夙以薄伎並參近署階緣際會遂洽恩榮驟居左掖之秩超贊中邦之賦曾不自厲以效其誠而乃漏泄密令張皇威福畜姦冒進黷貨彰聞跡其敗類載深驚歎夫去邪厝枉爲國之要懲惡勸善制政之先恭聞上皇之旨俾遠不仁之害宜從貶削猶示優容伾可開州司馬員外置同正員叔文可守渝州司戶參軍員外置同正員並馳驛發遣

授鄭餘慶平章事制

有天下者曷嘗不選賢與能納於輔弼用乂厥辟以和羣生所以敘彝倫平憲度建用皇極底乎雍熙者也朕祗若大訓圖任舊人疇咨庶工用佐予理朝議大夫守尚書左丞輕車都尉賜紫金魚袋鄭餘慶全器茂學蹈中秉直易則可久和而不流嘗踐禁闈亦參變職每盡王臣之節實彰君子之風服於大僚克有休聞洎綜理會府紀綱羣司率繇舊章協於成式固可以儀型庶尹寅亮天工可中書侍郎門下平章事餘並如故

貶韋執誼崖州司馬制

爲臣之道必在盡忠其有朋黨比周挾邪敗度事資懲戒必正典刑正議大夫中書侍郎同中書門下平章事崇文館大學士修國史賜紫金魚袋韋執誼幸以文藝久從任使早居禁署謬列鼎台直諒無聞奸回有素負恩棄德毀信廢忠言必矯誣動皆蒙蔽官由黨進政以賄成朕初臨萬邦務於宏大每存容恕冀有悛心而乃不顧憲章敢行欺罔宜投荒服以儆無良以祗事先朝嘗參近職尚寬極法俾佐遐藩可崖州司馬員外置同正員仍即馳驛發遣

授鄭絪中書侍郎平章事制

朝廷者天下之楨幹宰輔者王化之根源朕夙寤晨興講求爲理之本思所以仰承宗廟之重俯協億兆之心諧和陰陽茂育區宇以貞百度以敘九疇佐予成功實賴良弼具瞻之地公望攸歸朝議大夫守中書舍人翰林學士上柱國賜紫金魚袋鄭絪秉仁迪哲守約居易懿以文德擇乎中庸體元和之淑姿服大雅之明訓累登班序休有令聞羽儀周行黼藻王度洎發揮綸翰典職禁闈以溫文雅麗之才居獻納論思之地從容中節密勿盡規先朝任能

委遇斯重恪恭夙夜爰歷歲年誠節貫於屯夷茂勳參於顧託名書彝鼎心著丹青朕祗膺睿圖誕受明命宏宣大典澤潤鴻猷保乂於一人儀刑於萬國簡於朕志用選厥勞圖任舊人以輔乃辟疇咨四嶽罔不僉同宜膺弼亮之求式懋彌綸之績於戲爲君之難在乎舉而不任爲臣之患在乎知而不言事舉其中政修其本永綏厥位時乃之休可中書侍郎同中書門下平章事兼集賢殿大學士散官勳賜如故

討劉闢制

劒南兩川疆界素定藩鎮守備各有區分頃因元臣薨謝鄰境不睦劉闢乃因虛搆隙以忿結讎遂勞三軍兼害百姓朕志存含垢務欲安人遣使諭宣委以旄鉞如聞道路擁塞未息干戈輒肆攻圍擬圖吞倂爲君之體義在勝殘命將興師蓋非獲已宜令山南西道節度使嚴礪領當道士馬與劒南東川節度使李康掎角應援仍令神策行營節度使高崇文領馬步五千人爲左軍左右神策京西行營兵馬使李元奕領馬步二千人爲次軍並相續繼發仍仰高崇文等各差人先與嚴礪計會齊進朕以三蜀之人

本無過犯征鎮將士各著勳勞迫於威制不能自拔各宜分明曉諭令悉朕懷如劉闢稟奉朝經抽兵却歸本鎮朕務存誠信必當委待如初其效順之誠臨鎮歸款高位重賞當不食言如尚執迷自貽覆滅法既無赦令在必行宜一乃心恭守所職其置頓糧料等仍委度支使差官勾當無令闕失

試制科舉人制

朕以寡薄獲奉睿圖嚴恭寅畏不敢暇逸永惟萬邦之廣庶務之殷而燭理未明體道未至思欲復三代之盛烈覿

十聖之耿光是用詳求正言思繼先志子大夫等藏器斯久賁然而來白駒就縶洪鍾待扣膺茲獻納朕甚嘉之言觀國光宜有廷試本將詢事豈忘臨軒圜邑有期營奉是切永言誠感未暇躬親爰命公相洎於卿士親諭朕意延訪嘉謀至於興化之源才識攸重練達吏理詳明儒術當是三道副朕旁求意或開予靡有所隱條例所問畢志盡規當酌古而參今使文約而意備朕將親覽擇善而行並宜坐食食訖就試

封眞寧公主等制

門下第二女等皆以柔懿備聞風訓知中闈內則之義稟傅姆女史之規禮有待年恩從廣愛徵於舊典俾洽疏封式分湯賦之榮庶承肅雍之德宏我慶澤被於家邦可依前件

封鄧王等制

門下昔周室制法備建宗盟漢氏垂統畢封子弟其盛也二南教化首在國風其詳也九國土疆載於侯表朕嗣守丕業惟懷遠圖永言磐石之固宜本价人之重男平原郡王寧等孝友忠敬溫文惠和稟其樂善之姿強於好古之學君親之教罔敢失墜保傅之言亦惟佩服由是寡悔至於通方庶可膺茲典章列是藩屏疏爵以冠於侯伯分茅以錫於山川用明至公且叶前訓平原郡王寧可封鄧王同安郡王寬可封澧王延安郡王宥可封遂王彭城郡王察可封深王高密郡王寰可封洋王文安郡王寮可封絳王第十男審可封建王宜令有司擇日備禮冊命主者施行

授高崇文劍南西川節度使制

慶賞刑威所以爲國旣用鉞以誅有罪則建侯以報有功

懲綱紀於未然勸事君於已著歷考前載斯爲大章劍南東川節度副大使知節度事管內支度營田觀察處置靜戎軍等使開府儀同三司檢校兵部尚書使持節梓州諸軍事兼梓州刺史大中大夫上柱國渤海郡王高崇文爲時生林緯武成器抱厥沈斷確乎堅剛鷙隼挺淩厲之姿高秋凝肅殺之氣自築壇受命宜社徂征形義色以即戎瀝忠誠而誓衆秉衝以視其重阻怒心如報於私讎令踰風行勢輟電走殲凶邪於未障完危壁於將傾然後總無前之師搏猶鬭之獸仰斷飛鳥高橫戰鋒掩鬼神以用奇

越邱陵以制勝。生致逆豎。洞開金城。引漢將之旗鼓。見蜀川之父老。貞以紀律。弔其傷殘。兵無亂行。市不改肆。上靖井絡。下清岷江。銘而篆之。豈有慚德。乃眷庸部。其惟奥區。畢功以除其禍災。圖勞宜享其土地。滌蕩汙俗。純綏異行。觀風勵韓黃之化。按節修方召之任。爰自六職。俾登三司。仍疏大封。且賜珍食。不踰次以彰殊伐。不踰時以示休秋。敬服嘉命。宏宣壯猷。殿茲坤維。屏我王室。可檢校司空兼成都尹御史大夫充劍南西川節度副大使知節度事管內支度營田觀察處置統押近界諸蠻及西山八國兼雲

南安撫等使。仍改封南平郡王。食邑三千戶。并實封三百戶。

儲穀制

歲時有豐歉。穀價有重輕。將備水旱之虞。在權聚散之術。應天下州府每年所稅地丁數內。宜十分取二分。均充常平倉及義倉。仍各逐穩便收貯。以時出糶。務在救人。賑貸所宜速奏。

授杜黃裳河中晉絳慈隰節度使制

昔周之周召出為二伯。是以宗公而領方任也。鄭之桓武入作三事。是以諸侯而宰邦政也。然則荷中外之寵。享崇高之名。不有盛德。孰膺寵命。金紫光祿大夫門下侍郎同中書門下平章事兼宏文館大學士充太微宮使上柱國南陽郡開國公杜黃裳。道惟無方。才則不器。陋齷齪之廉謹。本誠明而坦夷。澄波納寬。瑞玉凝素。夙以令望。更於達官。議論必通於大經。損益咸酌於中制。代所準的。朝之羽儀。爰授樞衡。俾居左右。所緝者墜典。所陳者格言。色無面從。志不枉撓。宏茲冒遠之化。啟彼夷凶之征。將明則然。忠利斯在。惟股肱之郡。有節制之師。兵威外接於太原。地形

內錯於左輔。是用謀帥。僉歸碩人。籍台庭之素風。執戎鉞以莅衆。示以嚴重。廣其封疆。統平陽之十連。賜元侯之四履。超列鼎足。仍參廟謨。增二象之光輝。濡一方之膏雨。大邦雄屏。羣后所瞻。爾其敬哉。無替舊績。可檢校司空。依前同中書門下平章事。兼河中尹。充河中晉絳慈隰等州節度支度營田觀察處置等使。散官勳封如故。

授李吉甫中書侍郎同平章事制

門下。昔周宣王思宏文武之道。則以申甫代天工。漢宣帝思繼祖宗之風。則以邴魏執邦柄。是以克紹前烈。俱稱中

興朕以眇身託於人上亦思所以纘列聖之緒致太階之平懷柔四夷親附百姓將成莫大之業遂獲非常之才授之釣衡俾作舟楫銀青光祿大夫行中書舍人翰林學士上柱國李吉甫符彩外發清明內融體仁而温抱義而峻識洞精賾知皇王致理之由學該古今窮天人相與之際自擢於綸闈列在禁闥鼓三變之爻潤色王度總五才之用參贊廟謨化俗思邁於成康致君願及於堯舜當注意之所向每罄心而必陳深中不回獨立無懼經綸常見其道遠激切多至於涕零王綱以張蜀寇斯殄左右密勿實

由嘉言降神而生輔朕爲理調三光以序六氣遂物情而熙帝載是爲中樞司我大本命爾俞往其惟勗哉於戲宰相之任安危所繫百辟爲憲萬邦所瞻與其明察以爲公不若嚴重而有制與其將順於甚美不若匡救於纖違審涇渭以序人倫謹繩墨以正天下交泰之運其若斯乎敬聽朕言以踐乃職可守中書侍郎同中書門下平章事散官勳如故主者施行

授武元衡門下侍郎平章事制

惟人代工與物施化財成者元首輔翼者股肱況國之號令本於內史政所關決審於黃樞爰發四方用寧庶績必求同德資以弼予朝議郎尚書戶部侍郎天水縣開國子賜緋魚袋武元衡挺生偉才克振前緒蹈禮合樂謙厚端和居暗室而不欺處巖廊而益重文能合雅吏必立程再司石室之圖遂踐春華之署故事可舉嘉猷日新爰委地征實爲邦本勤於小物宏以大綱一心不移於吐茹衆務必歸於領會鬱此時望稱爲名臣朕祇奉鴻休懼於負荷居則神明之隩位當億兆之尊常恐明不燭幽慮不及遠一物未獲萬方在予書不云乎臣作股肱耳目是用命爾

處玆弼諧爾其慎於將明勉於規誨必思衮闕無或面從直哉惟淸副我明命可朝議大夫守門下侍郎平章事賜紫金魚袋封如故

授武元衡西川節度使制

地有西蜀國之奧區百濮羣蠻外匝於封域雙流重阻內固於襟帶形勝所屬統綏惟艱近者翦其凶魁鎮以勳力實有威惠至於和寧而匪遑寧居累布丹懇激懸闕之深志將執圭而展儀誰其尸之允在能者乃聽僉議輟玆台臣太中大夫守門下侍郎同中書門下平章事宏文館大

學士太微宮使兼戶部事上柱國蕭縣開國伯賜紫金魚袋武元衡器惟宏深行本端厳珪玉不琢雷風有恒夙彰嘉聞亟歷華貫乃司邦憲有遂物之誠乃踐地官有阜財之績益振公望克諧朕心擢於鼎司授以大柄謀由外而不伐慎由衷而自彰展代工之勤宏冒物之化以道則直以心則和丙吉雅通於國體山甫誠補於袞職朝夕有恪毗予一人眷兹西南憂寄方切非寛大無以莅衆非慈惠無以厚生非誠信無以撫蠻夷非忠賢無以殿邦國眷我心膂膺兹重任外分兵符以副於重望中佩相印不離於

具瞻峻秩爰首於六官崇階更登於七命且示加等仍疏大封勉承寵光無替朕命可銀青光祿大夫檢校吏部尚書兼門下侍郎同中書門下平章事成都尹充劒南西川節度使營田觀察處置統近界諸蠻及西山八國雲南安撫等使進封臨淮郡開國公食邑二千戶

賑諸道水旱災制

王者立國本以安人海隅蒼生不忘宏覆天下至廣咸務和寧其或郡國罹災存撫爲重發廩蠲賦時爲舊章獻歲布和前聖高躅朕祗膺眷命纘承洪緒居兆人之上五載於兹推大信以撫萬邦體至仁以蕃庶類夕惕惟厲憂深納隍豈布理猶鬱上帝未感精祲相盪陰陽或愆近者江淮之閒水旱作沴緜亘郡邑自夏徂秋雖誠禱羣神無愛圭璧而災流下土虧我生成道亡靡依凋瘵斯甚疲俗艱食時予之辜當宁疚懷宵衣興歎憫兹求瘼臨遣使臣分命巡行特加存恤往救災患冀安流庸俾免其田租賑以公廩隨便拯給惠此困窮其元和三年諸道應遭水旱所損州府應合放兩稅錢米等損四分已下宜準式處分四分已上者並準元和元年六月十八日勅文放免仍令中

書門下即於朝班中擇人分道存撫其有單貧乏戶轉徙未安便以常平義倉所貯斛㪷量事賑貸務令存濟副朕憂軫嗚呼方岳長吏職居親人永言分憂亦惟善政敬哉有土咸悉予懷

授李藩門下侍郎平章事制

皇王理本繫於輔弼内以熙庶績釐百工外以撫四夷式羣后三五已降崇替繇之朕祗荷丕圖思厎于道夙夜惟厲登延俊賢若涉大川俾作舟楫朝散大夫守給事中上柱國李藩天鍾粹美氣稟清英信在言前行爲人表藴經

邦之識度發自明誠見理道之本根鬱爲公器學探旨奧文以忠貞大玉斯寶於東序朱絃可薦於清廟廣則難拒剛則有容處衆無溷其風標在險嘗推其名節累登華署克贊彌綸擢授左丞專間駮議永惟股肱之任翼亮是資必求其人豈限常次黃樞選重僉曰宜之爰舉朝章式副公望於戲爾惟率正邪罔不懲惟匪躬直誠可以事上惟秉鈞平施可以致和毗予一人允理三事懋乃攸績永孚于休可朝議大夫守門下侍郎同中書門下平章事賜紫金魚袋

授李藩宏文館大學士制

朕思欲恢宏大化登乎治平翔聲朔於鬼區煥日月於黃道士網開而萬寓垂澤太階峻而百神受職叶於夢卜天其賚予朝議大夫守門下侍郎同中書門下平章事上柱國賜紫金魚袋李藩德宇凝粹神襟超曠量寬而不入麗淨理當而不留枝葉行治古之道爲君子之儒溫然玉容流競斯遠絜矩以居正開誠以納忠起文章之廢滯通天下之和惠內則褒美良能塞邪枉之路外則銷鑠災患寧黔首之艱廣予聰明宏益良厚言念報禮發乎深衷爰加書圖之職用飾賢人之光寵靈斯重汝其敬之可兼宏文館大學士餘如故

命李晟家編附屬籍制

夫定社稷濟生人存不朽之名垂可久之業者必報以殊常之寵待以親比之恩與國無疆時惟茂典故奉天定難功臣太尉兼中書令上柱國西平郡王食實封一千五百戶贈太師李晟間代英賢自天忠勇邁濟時之宏算抱經武之長林貫以丹誠協于一德嘗遭屯難之際實著戡定之功鯨鯢既殲宮廟斯復眷茲勳伐則既褒榮永念天步之夷載懷邦傑之力是加崇於往烈爰協比於後昆睦以宗親將予厚意其家宜令編附屬籍

授烏重允河陽節度使制

門下鎮衛甸服控臨河津當五達之要衝主三軍之號令自頃選任多用勳勤必爲忠良乃稱獎擢昭義軍節度右廂都押衙兼馬軍都知兵馬使同州節度副使銀青光祿大夫檢校太子賓客兼潞州大都督府左司馬御史中丞上柱國張掖郡開國公烏重允稟潔白之性抱堅貞之資在涅不緇淩寒益茂承家得孫吳之術許國慕辛李之風

固已業擅戎韜聲滿軍府乃者山東振旅河右致誅守臣習非浸以成過事君不信撫衆無恩言多隱欺政務苛刻孫我委遇自虧功名士心咸怨其驕矜人力頗怨其凋盡雖趣召而有命蓋羣情之不容惟爾跡在轅門屬當此際一言秉禮百衆無譁居常表持重之難臨事見知幾之勇況地當師次營壓虜塵人情素悅而易從軍令既明而自戢眷茲諒實可委藩垣必能同士伍之衣食知黎元之病苦繼前政之風躅爲將來之表儀是用拜之壇場授以旌鉞命副相之崇秩牧覃懷之舊封式佇嘉猷用報明獎夫

行高則名著事舉則功存立政在初爲仁由己無或墜替欽承寵光可使持節懷州刺史御史大夫充河陽三城懷州節度營田等使散官勳並如故主者施行

復王承宗官爵制

夫蓋之如天容之如地王者之盛德叛而伐之服而捨之魯史之明義所患教化之未宏不患威令之不振所患忿懥之不當不患臣妾之不恭逐稔惡以彰典刑納忠誠以滌瑕釁糾慝宥罪其在斯乎朕嗣守丕圖虔奉先訓明有所未燭信有所未孚德罔洽人而徵法度之未一道靡化物而慮風俗之未齊頃者誤於知人因以動衆雖亂是用長俾投於荒而靖以自思敢恡其過故太尉中書令武俊嘗拔艱危有大勳力重以親戚連其子孫壯容圖於綵繢武烈書於鐘鼎十代之後尚延其寵渥四海之內豈利其土田我之初心蓋不如此盧從史首獻章表深陳便宜乃心頗類于向公如流遂昧於進熱乃割二郡別爲一鎮付其密親以示無外而承宗不諭朝旨遂干國章以至於斯事豈得已既而將帥同德干戈四臨幽薊以節制之衆收城池易定以雄猛之師獻俘馘火則方燎天其可逃然而

大兵所罹庶物皆頓農桑遂廢於壠畝老幼咸膏於鋒鏑爲之父母深用憫然王承宗困而能通迷而斯覆冒於白刃貢以赤誠仰日月以激於中腸罄封蔀而誓於後效賦奉其常數官奉其闕員以闔境之性命祈肆赦之恩澤我亦思省至於再三違命而用刑蓋有常憲順命而赦罪是亦前經寰海之饒寧私於數縣之地雨露之溥豈遺於一境之人加恩俾復其土疆改過是還其官秩其王承宗特宜洗雪依前起復雲麾將軍守左金吾衛大將軍員外置同正員檢校工部尚書兼鎮州大都督府長史御史大夫

上柱國充成德軍節度管內支度營田等使鎮冀深趙德棣等州觀察處置使成德軍將士官爵實封等一切如舊待之如初諸道行營將士等皆賈雄心爭輸忠力以戰則勝以攻則摧加以跋涉道途暴露原野各宜賞級仍并歸還宜共賜物二十八萬四百二十端匹並令度支隨便近即時支遣仍令糧料使與本軍計會豐厚宴設於戲帝王作兵以輔文德雷雨施澤亦酌人情況乎忠烈之遺勳親之後每稱破敵嘗用愧懷聞覆衆而增傷覽捷書而興歎一夫不獲尚泣於前王百姓何辜罹禍於茲日雖爲彼制

孰非吾人事苟便時朕寧屈己庶當修政思理推誠致和奉天地之心大祖宗之業姑以濟物豈務申威虞帝之征載示兩階之舞殷王之網式宏三面之仁惠此方隅置於安靜凡百多士宜諒予懷

授權德輿禮部尚書同平章事制

門下夫宰相之任上以代天工輔佐之宜下以立人極燮調之理闕爰得忠正方膺股肱正議大夫守太常卿上柱國襄武縣開國侯賜紫金魚袋權德輿器度端實智資通敏學成師法文爲國華素履常踐於貞方黃中允合於易節自出入清列茂著嘉聲名利無屑於中懷風雨不移其常性驥騄之質常識於遠途鸑鳳之姿宜巢於阿閣期於致理推之至公寵以春卿掌我樞務輔天地之德俾化及清寧導陰陽之和使物靡疵癘予違汝弼言無面從君可臣否事已心同用佇宏美式副虛懷可守禮部尚書同中書門下平章事散官勳封賜如故

授李吉甫中書侍郎平章事制

輔弼之重邦家所屬寄深垣翰則外撫諸侯望切股肱則入熙庶績迭居其任厥惟舊章前淮南節度副大使知節

度事管內支度營田觀察處置等使金紫光祿大夫檢校兵部尚書兼中書侍郎同中書門下平章事揚州大都督府長史上柱國趙國公食邑三千戶李吉甫宏經遠之才研極深之慮脫落細故洞開中懷文稽典墳學升堂室洎司我密命言屢表於獨明參予袞職道每彰於孤直責其誠節竭以公忠墜典載張彝倫攸敍輔予不逮懷之豈忘曩以江淮大都吳楚雄鎮歲屬艱食人多愁聲是假全才用康疲俗下流水利不憚勞心故畫以長塘瀦其天澤變舄鹵爲稻粱之壤致蒸黎有衣食之源吏守成規人無遷

志庶富之教旣宜於封內輔相之宜俾及於天下顧茲重務屬於良臣去其外職之繁專以中樞之任至於別館良史之褒貶內殿集賢之淸祕爰舉舊典式洽新恩無曠厥官往踐乃位可中書侍郎平章事兼集賢殿大學士兼修國史散官勳封如故

李藩守太子詹事制

爰立輔臣以熙庶績聿膺其任是亦難能至於明用捨之宜全始終之道茲惟大體寧忘予懷中散大夫守門下侍郎同中書門下平章事兼宏文館大學士上柱國賜紫金

魚袋李藩早以學行聞於縉紳洎升朝端克愼素履頃者拔於非次列在鈞衡是宜直己以佐時匪躬而納誨用副明獎越於常倫而授任已來再逾年序夙夜之勤雖著弼諧之效未孚將何以允至公之求成天下之務宜輟黃樞之重尚居端尹之崇爾其勉之式謂優禮可守太子詹事散官勳賜如故

貸京畿義倉粟制

朕聞王者之牧黎元也愛之如子視之如傷苟或風雨不時稼穡不稔則必除煩就簡惜力重勞以圖便安以阜生業況邦畿之內百役所叢雖勤卹之令亟行而供億之制猶廣重以經夏炎暵自秋霖霪南畝虧播植之功西成失豐登之望內乏口食外牽王徭豈惟轉輸之虞慮有餒殍之患斯蓋理道猶鬱和氣未通永言於茲良所咨歎宜加惠貸式示誠懷比者每令折糴本以便人爲意今田穀所收其數旣少必恐徵納之後種食不充其京兆府宜放今年所配折糴粟二十五萬石如百姓有粟情願折納卽於時價外特加優饒與納仍令當處收貯委度支逐便支用今春貸百姓義倉斛㪷屬歲旱歉須議優矜宜令所司容

至豐收日徵塡京兆府從元和五年已前諸縣租稅有逋懸錢在百姓腹內者放免其百姓職田數額甚廣近緣水潦道路不通計搬運腳價所費猶倍務令寬濟使其安存其破損外職田粟宜令逐近貯納仍委度支隨便支用其職田粟送城腳價亦宜放免百官今年本分職田粟據損數外宜令於太倉請受其草及水田租旣緣城中無可迴給卽宜據損數外準舊例令今年畿內田苗應水旱損處有無聞至今檢覆未定又屬霖雨所損轉多有妨農收慮致勞擾其諸縣勘覆有未畢處宜令所司據元訴狀便與

破損不必更令檢覆其未經申訴者亦宜與類例處分朕以爲理之本在乎安人咨爾尹京宰邑之臣實惟親人阜俗之寄必當詢其疾苦奉我詔條恤隱爲心無怠於事罔或徇利以尅下吐剛而茹柔使閭井咸安惸嫠獲濟各勉忠效宜悉朕懷

封恩王等女爲縣主制

王者教化本於婚姻由親以理疏自内而型外故詩稱好合所以成子姓也禮有待年明其必及時也恭惟累聖之後子孫衆多教於公宮已知婦順而從人之義重擇配之

才難以玆兢兢久曠嘉禮況時方無事年及有行宜加祿邑之榮以侈御輪之吉言念於此惕然興懷思宏厚恩用協敦敍恩王等女六人可並封縣主仍委中書門下與宗正卿及吏部尚書侍郎計會諸親之内及常選之中精求其人副我誠意

授李絳中書侍郎同平章事制

門下司重柄者允屬於長才熙大猷者固資於端士朕纘承鴻緒撫有萬邦夙夜祗勤懼遠於道故每注意宰輔勞懷夢想誠以得失之效邦家所繫疇若僉論簡于深衷必惟其人是舉成命朝議郎守尚書戶部侍郎驍騎尉賜紫金魚袋李絳質秀珪玉文含釆章抱器挺生居貞特立有史魚秉直之操勵山甫匪懈之誠忠孝兩全學識兼茂清標可以範雅俗正氣可以肅羣倫頃自周行俾參密命動由於義知無不爲蹇蹇懷匡濟之心孜孜陳遠大之略言無隱避居則靜專貫於初終其道一致地卿之貳爰委典司理財先示於簡廉利物每懲於聚斂經通立制器用彌光臺閣之閒彰有公望是宜權衡百度宰理庶工允副具瞻掌我樞密於戲予欲驅人俗以躋富壽感人心而致和

平爾尚修明憲章宣布德澤必寬大其志無徼察爲公恒其道以秉彝裕其體以臨下各任以職無忘陳平之言苟便於人勿憚蕭何之請敬茲寵擢其懋戒哉可朝議大夫守中書侍郎同中書門下平章事勳賜如故主者施行

欽定全唐文卷五十七

憲宗 二

賑貸京畿百姓制

門下王者布德行惠必順天時發廩賑乏蓋循舊典朕君臨寓縣念切黎元思欲咸致其安各阜其業事關恤下政在便人子無愛焉斯爲大本而甸服之内比年豐穰一歲不登遂至艱食豈非轂下賦役經制猶繁物力所資凋耗已甚靖言於此愧歎良深今春陽發生田事具飭苟迫於歉乏不能自存而耕植頓虧秋成何望所以特加恩賚蠲

彼徵求庶農桑之及時俟麰麥之方稔式當和煦之候載示憂勤之心我其永懷俾厚生殖京畿百姓宜共賑給粟三十萬石内八萬石以京兆府常平義倉粟充其餘以太倉粟充支給比者田穀致損芻藁隨之今已過時益難濟辦其弁職田草共一百一十五萬束並宜放免又有常賦錢穀蠲放之餘貧弊者多慮難輸入欲令寬息須有憂矜其京兆府欠去年兩稅青苗等錢二萬一千八百貫欠秋租雜斛斗及職田粟五萬三千三百石並宜放免元和六年春賑貸京畿百姓義倉粟二十四萬石亦宜放免朕誠意靡違黎人未康憂積於衷鑒寐增惕爰自去歲以迄於今存救之恩屢降明詔乃眷長吏職惟親人爾其極慮撫綏指陳利病將我惠澤被於鰥孤叶於便宜無使勞擾故茲示諭當悉朕懷

許杜佑致仕制

宣力濟時爲臣之懿躅辭榮告老行己之高風況乎任重公台義深翼贊秉沖讓之志堅金石之誠敦諭既勤所執彌固則當遂其衷懇進以崇名尚齒優賢斯王化之本也金紫光祿大夫守司徒同中書門下平章事兼充宏文館

大學士充太清宫使上柱國岐國公食邑三千戸杜佑巖廊上才邦國茂器蘊經通之識履温厚之姿寛裕本乎性情謀猷彰乎事業博聞強學知歷代沿革之宜爲政惠人審羣黎利病之要由是再司邦用累歷藩方出總戎麾入和鼎實聿膺重寄歷事先朝左右朕躬夙夜匪懈命以詔冊登之上公肅恭在廷華髮承弁茲可謂國之元老人之具瞻者也朕纘承丕業思宏景化選勞求舊期致時邕方伸引翼之儀遽抗懸車之請而又固辭年疾乞就休閒已而復來星琯屢變有不可抑良用耿然永惟古先哲王君

臣之際臣有耆艾以求其退君有優賜以徇其情乃輟鄧禹敷教之功仍增王祥輔導之秩俾養浩然之氣安於敬止之鄉庶乎頤神葆和永綏福履仍加階級以厚寵章其惟敬哉茲謂全致可光祿大夫守太保致仕宜朝朔望

授田興魏博節度使制

經邦制理先務於安人秉義納忠諒存乎體國其有堅持正性動合衆心才當與能善足垂勸則宜荷推轂之寄爲分閫之臣建侯貞師宣我利澤魏博軍步射都知兵馬使同節度副使檢校祕書監兼御史中丞沂國公田興深明

有融忠孝是力介若金石通乎弛張效用思齊於昔賢潔誠期報於君父生此王國跡淪戎藩逢時乃彰會節有立日者元臣即代裔子幼年小人任事以作威諸將屛息而增懼政理滋紊刑章亟乖羣臣危疑幾致顚越朕用憂閔方圖輯寧而興任在轅門深惟大體義勇斯奮奸雄伏辜士心所歸不令而肅征鎮安固厥庸茂焉既而保貴胄之家將致上國全故帥之續求復中軍表章屢跪情懇備至以勳則特異以義則可觀周旋令圖蓋有餘裕朕高懸爵命以待能賢嘉爾殊勞允宜懋賞晉軍謀帥郤縠嘗學於詩書漢將議功實融冠於名節魏郊巨鎮河上奧區杖鉞可以宣國威觀風可以率彝典習俗至於丕變疲甿徯而汔康佇光冊書用寄心膂榮級繼登於七命顯秩超踐於六卿仍兼副相之雄以重元戎之寄服茲休命其懋戒哉可銀青光祿大夫檢校工部尚書兼魏州大都督府長史御史大夫充魏博等州節度管內支度營田觀察處置等使勳封如故

宣慰魏博制

奉君親竭忠孝人倫之大端也賢智所以盡心賞功勞懋

名節國家之急務也皇王所以致理朕嗣服丕業恭臨萬邦每念政之未孚化有不暨怵惕惟厲載廑於懷嘗以爲肖質稟靈皆思嚮善亦在甄明撫導推示至誠樹績必使其光揚罹患必圖其安緝永言及此終食豈忘魏博大藩東夏雄屛軍戎勇於見義黎庶懷於有仁自中原始兵革之虞河朔爲用武之地抱才器者或感恩而盡力申節効者果因事而彰明時將大寧斯獲予志近田季安薨謝其子幼童姦邪憑依妄肆威福一境危慄懼致覆亡比屋凋傷疲於杼軸田興仗義奮發翦去憸人大安方隅屢獻忠

懇達三軍奉上之志。激千里望闕之誠。誓遵典彝。丕變舊俗。忠諫指切。感於朕心。是用特授旌旄。俾靖封略。言念將士。同德叶謀。守正如金石之堅。凌寒挺松柏之操。垂令名於不朽。示臣節於將來。清風載揚。丹款可鑒。嘉尚歎息。勞於寤興。賞不踰時。式示旌勸。其管內百姓等。身勞耕稼。力竭征徭。每念子懷。用當憂憫。宜令司封郎中知制誥裴度往魏博宣慰。親諭朕意。仍賜錢一百五十萬貫。以河陽院諸道合進內庫綾絹綿等支送。充賞給將士及六州縣百姓。差科宜給復一年。使之蘇息。州縣之中。或有殘破偏甚

者。委田興逐便宜處分。朕以布澤之時。務從人欲。好生之德。期洽衆心。魏博管內。宜赦見禁囚徒。其與田興協心立功大將及判官等。委興具名銜聞奏。當有甄升。如有父母在。別加優恤。當道從前以來官吏將校等。或忠義可嘉。而刑戮濫及。如有此色。委田興條錄奏聞。當加追贈。如有家口見存。宜厚加優恤。管內高年惸獨。或天寶遺人。夙霑皇化。或孤獨廢疾。不能自存。委田興差官存問。仍量給粟帛。管內有清勤奉職。爲衆所知者。委田興具事蹟奏聞。當加進陟。如身在邱園。行義素著。或才兼文武。名節可稱。亦委田興具名聞薦。贈太尉季安。姻戚舊臣。嘗任將相。飾終之典。宜示優崇。其葬事委田興差官勾當。禮物之閒。務從周厚。田懷諫在疚之初。政出羣小。因致軍府騷然不寧。以其幼年。有足矜憫。待其到京之日。一門量加存恤。嗚呼。聳善念功。惟恐不及。卹人厚下。惟恐不豐。庶洽雍熙。遂櫜弓矢。爲仁繇己。其道信然。樹德務滋。在乎終始。凡百多士。宜悉朕懷。

貶楊歸厚國子主簿制

楊歸厚頃以詞藝。擢於諫垣。自屬班行。頗修職業。但列於

清近。當慎威儀。以婚姻之私。假借公館。表章上獻。慢黷則多。俾移秩於國庠。仍分曹於雒邑。可國子主簿分司東洛。

權德輿守禮部尚書制

文昌六官。宗伯掌禮。選授之重。自昔攸難。非夫台袞之臣。分全於終始。縉紳之義。素洽於羣倫。則無以允是優崇。膺茲名秩。正議大夫守禮部尚書同中書門下平章事上柱國扶風郡開國公權德輿。學雄詞。虛襟曠度。稟中和之氣。宏信厚之規。夙彰厥猷。歷踐清貫。乃者徊翔省闥。祗服大僚。咸推鎮俗之風。遂致濟川之望。朕永惟理本。宵旰在

懷嘗期獻納之功深屬弼諧之任爰徵僉論俾列鼎司勤勞亟涉於歲時謙抑每形於造次是用委春卿之職輟樞務之殷任事呈能庶先會府帥屬而理汝往欽哉可守禮部尚書

復授武元衡門下侍郎平章事制

門下邦國之興將相是資選衆而舉思賢俾乂故有台臣外撫宣力已靖於四方袞職迭居懋功復凝於庶績允玆崇踐爰屬上才前劒南西川節度副大使知節度事管內支度營田觀察處置統押近界諸蕃及西山八國雲南安

撫等使銀青光祿大夫檢校吏部尚書兼門下侍郎同中書門下平章事成都尹上柱國臨淮郡開國公食邑二千戶武元衡粹厚端莊簡易常壹有誠明之道以致用有宏茂之略以佐時貞方自得於性術操尚不忒於風雨加以懿文合雅聚學承師通禮樂刑政之源達古今治變之要歷登華貫休聞穆然泊處鈞衡中立不倚致君思堯舜之盛修職以邴魏爲宗翼戴之勤夙夜彌亮彜倫攸敘鼎飪載和益部大藩比仗兼濟而能布宣威惠撫莅蠻髦縣道輯寧疲黎安息推心而下皆率附正己而人自嚮方臨之累年理有殊等朕以出納王命緝熙帝圖總庶官之職業爲百度之局鍵惟此重任屬於黃扉分憂遂輟於殿邦具瞻再歸於碩望爾尚行之以中正煦之以和平毗於一人膏潤天下祇膺禮命無替徽猷可守門下侍郎同中書門下平章事兼崇元館大學士充太清宮使

李絳守禮部尚書制

輔相之任所貴乎納忠進退之宜實重於中禮其有以勞奉國以疾固辭聿懷謙讓之風是舉優崇之典朝議大夫守中書侍郎同中書門下平章事上柱國高邑縣開國男

食邑三百戶賜紫金魚袋李絳端莊秉彜亮直循道抱凌寒之勁節標肅物之貞規嘗以懿文參於內署亦以公望貳於地卿竭其器能茂著官業洎居袞職左右朕躬遠慮必陳讜言無隱竭致君之志宏濟俗之方確然貞心鬱有休問而步履嬰疹趨侍爲難披誠上聞稽首求免乃眷毗倚久之未從星霜屢遷衷懇彌激宗伯秩禮時惟大寮宜從喉舌之班用輟鹽梅之寄庶因清簡俾遂頤貞膺茲寵章敬服爾命可守禮部尚書散官封賜如故

賑給京畿百姓制

善爲國者務蓄於人百姓未康君孰與足其或時逢水旱念切惸嫠於是有已責之恩行散利之典古今通範何莫繇斯朕恭己勵精以臨兆庶永言憂濟終食豈忘思俾萬邦同臻富壽而去歲甸服氣序愆和夏屬驕陽秋多苦雨三農爽候五稼不滋比及收藏曾靡善熟如聞閭井之內儲備罕充產於地者既微出於力者宜困旣牽公上之稅薦迫輸送之期循環歲時固亦勞止況羣司具列軍衛實繁供億之名制備存工役之科條未艾四方楨榦屬在京師念茲矜人良多愧歎今土膏方動東作其勤逋賦未蠲

糧餉何望宜加惠澤式俾厚生趨澤務農庶乎勸化姑示納隍之旨佇寬艱食之虞煦育順時義斯可取應京畿百姓所欠元和八年稅斛𣁾青苗錢稅草等在百姓腹內者並宜放免仍以常平義倉斛斗三十萬石委京兆府條疏賑給務及貧人如常平義倉不足即宜以元和七年諸縣所貯折糴斛斗添給應緣賑給百姓等委京兆差擇清幹官於每縣界逐處給付使無所弊各得自資近歲以來屢宏德澤邦畿千里田號上腴阜安疲黎亦在循政咨爾京邑長吏洎於宰字之官各宜叶心將我詔意戒之以擾授之以仁宣示朕懷咸使知悉

授張宏靖刑部尚書平章事制

門下虞以爲盛猶咨五臣殷之用興亦賴三后朕勵精恭己十載於茲常以國鈞委之公輔務熙庶績敢怠旁求思欲左右有人在廣股肱之任歷選列辟洎於藩維冀獲賢能俾匡正道爰茲所命允屬至懷河中晉絳慈隰等州節度支度營田觀察處置等使正議大夫檢校禮部尚書兼河中尹御史大夫上柱國高平縣開國子食邑五百戶賜紫金魚袋張宏靖德稟精微器含沖用溫恭諒實明允克

誠素推君子之風雅有大臣之體蘊積稽古之學發揮經緯之文嘗司朕言動叶謨訓歷踐清貫具揚淑聲爰統方州載膺節制奉法遵制在公忘私人無不懷績用丕茂予欲正百工之理成太平之階若臨巨川以重舟楫是用命爾列於中台每念臣鄰之規以貞棟崇之吉少翁積慶嗣德漢廷文子勤身繼匡晉室爾惟朝夕納誨以翊朕躬是資袞職之勤式重緇衣之美仍帥司寇之屬俾靖皋陶之刑懋宣厥猷往踐於位可守刑部尚書平章事散官勳封如故

追贈甄濟祕書少監制

存樹風節謂之立名歿加褒飾所以誘善故朝散大夫試祕書省著作郎兼侍御史甄濟昔以文雅見稱當時嘗因辟召亦佐戎府而能保堅貞之正性不履危機覩逆亂之潛萌不從脅汙義聲可傳於竹帛顯贈未賁於松楸藩方上陳允叶彝典追加命秩以獎忠魂可贈祕書少監

授劉敦儒兵曹參軍分司東都制

孝子劉敦儒生於儒門稟此至性王祥篤行起孝敬而不移曾參養志積歲年而罔怠用宏勸獎宜服官常分曹洛

師俾遂私志可守左龍武軍兵曹參軍分司東都

曉諭淮西制

朕嗣膺寶位於茲十年每推至誠以御方夏庶以仁化臻於太和宵衣旰食意屬於此今淮西一道未達朝經擅自繼襲肆行寇掠將士等迫於受制非是本心思去三面之羅庶遵兩階之義宜以山南東道節度使嚴綬兼充申光蔡等州招撫使仍與鄰道將帥等即同糾率共申曉諭其淮西將士官吏等如有歸國者即量其高下便授職任仍具奏聞仰超授官爵縱舊有罪犯一切無問吳元濟如束身歸朝亦當棄瑕錄用其百姓有歸投者仰便給糧食仍與田宅務加存恤使其安堵事平之後淮西將士宜共賜錢二百萬貫百姓給復三年詔書所不該者嚴綬量其所宜條流奏聞庶盡綏懷之義以申生育之恩若尚執迷不能遷善至於問罪自有常刑宜以誠懷使其知悉

加張宏靖中書門下平章事制

門下贊天地之化阜成萬物正邦國之紀康於羣生夢寐旁求精誠上達況乎明誠以久嘉猷日聞股肱之任耳目所注具官宏靖實天生德惟嶽降神端方靜深信厚溫齊

質抱荊山之璞光含魏國之寶錯爾素履穆然清風出備爪牙總近關之紀律入膺喉舌練中臺之法制從容宰輔密勿鼎司誠惟在公慮必經國濟川舟楫人望具瞻和羹鹽梅朕志先定宜登右弼之任用正中台之躔纂乃祖考光於家邦於戲天工人代予違汝翼必當悉乃力同乃心役天下之才以貞百度通天下之志以佐萬幾唯直道是行唯讜言是進內懷親附拯黎元之方困外思鎮撫偃兵甲於將輿勿優養以崇名無逡循而避事對揚成命時乃之休可守中書門下平章事

授韋貫之尚書右丞平章事制

門下弼成大化參敘彝倫克光元首之明其服股肱之任朕所以不自暇逸務求賢能式重舟檝之才以宏經濟之道疇若予志僉諧乃公中大夫守尚書右丞上輕車都尉賜紫金魚袋韋貫之清明在躬禮樂之器蘊珪璋特達之德茂廉正博雅之規靜而知微動必有守凡踐列位備聞嘉猷當官而行臨事能斷道可鎮於風俗望彌積於朝倫是宜和靖陰陽紀綱邦國命作心膂列於台階夫能慮四方揆百事愛利萬物辨論羣材示公忘私時乃之職而況

圖靖藩服繫在廟謨爾惟順下以訓人奉上以宣力因衆功而致用熙衆志以爲心朝夕獻可否之誠經綸底文武之績祗膺厥命勿懈於時可守尚書右丞平章事散官勳如故

討吳元濟制

天地之化由肅殺而成歲功帝王之道以威武而輔文德朕祗荷鴻業撫臨庶邦務先含宏每慎征戰俾懷仁者有恥且格畏罪者見善即遷而或昏迷不恭告命不及固與勃亂之孽自速原野之誅除害正刑國有彝典吳元濟逆絶人理反易天常不居父喪擅領軍事諭以詔旨曾無敬恭熒惑一方之人迫脅三軍之衆以其父少陽常經任使爲之軫悼命申奠祭臨遣使臣凌虐封疆遂致稽阻絶朝廷之禮意忘父子之恩情旋又掩襲舞陽傷殘吏卒焚燒葉縣騷擾閭閻恣行寇攘無所畏忌朕嘗念賞延之義又重傷藩帥之門尚欲納於忠順之途處以顯榮之列未能飭法猶爲包荒再以詔書俾申招撫而蠆毒滋長姦心靡悛壽春西南又陷鎮柵窮凶稔惡縱暴挺災覆載之所不容人神之所共棄良非獲已致此興戎蓋以方伯連帥同

請討除伐罪弔人故茲申命宜令宣武忠武太原武寧淮南宣歙等兵馬合勢山南東道及魏博荊南江西劍南東川等道兵馬與鄂南計會東都防禦使與懷汝鄭節度及劍南義成軍兵馬犄角相應同爲進討吳元濟舊有官秩宜並削除大軍既臨計即殲殄嗟我淮右之衆本爲勤王之師雖是脅從頻已昭洗念此勳力未嘗弭忘適罹狡童又此詿誤心懷忠順迫在兇威苟能率誠即可收効其淮西將士有能梟斬兇渠者先是六品已下官授三品正員官其先授五品已上官者節級昇進仍與實封五百戶莊

宅各一區錢二萬貫如能率所管兵馬以城鎮來降者並超三資與改官仍與實封二百戶錢一萬貫以一身降者亦與改轉仍賜錢帛諸道應赴行營將士如有斬元惡者亦準此處分吳元濟如能束身歸朝並與洗雪若不能改過罪止其身其餘汙脅一切不問接賊界州縣百姓軍興已來供饋繁併言念疲瘵良增憫然元和九年兩稅斛㪷錢物等在百姓腹內者并十年夏稅並宜放免其有城鎮將士百姓守節拒賊身死王事者各委長吏優給其家仍具事跡申奏當加褒贈并賜錢帛仍與一子官三州百姓

莫匪吾人諸軍所至不得妄加殺戮焚燒廬舍掠奪財產并有拘執以爲俘馘事平之後給復二年三州內有自置義營堡柵王師所至能相率來降各加酬獎時當春候務切農桑應緣軍務所須並不得干擾百姓如要車牛夫役及工匠之類並宜和雇情願仍給優價賊平之後應立功將士並與超資改官節級賜物於戲朕率理道靡敢荒寧思致中和以康億兆而德之寡薄化未昭宣爰用甲兵良深媿歎顧非重武其在止戈宣示中外咸令知悉

授裴度中書侍郎平章事制

門下輔相之任重作予股肱經濟之才難注人耳目苟非慮周物表識洞事先則何以出納中樞平章大政詢於時論僉曰汝諧朝議郎守御史中丞兼尚書刑部侍郎飛騎尉賜紫金魚袋裴度勁直循道清通秉彝文融菁華行茂枝葉居然廊廟之器出於領袖之門西掖司言南臺執憲常懷遠略屢告嘉猷實宣力以徇公況外身而憂國霜雪無改雷風有恒朕欲旋觀其能用試於事俾歷戎閫載馳使軒王澤渙汗以遐宣軍情密勿而上達將議抽擢因罹震驚崇道德之藩籬士有致命資忠信之甲冑兵無容刃

人具瞻爾天方賚予昆命於龜爰立作相爾其展四體堅一心廣其道以用賢厚其風以易俗五兵未戢爾惟保定武功百姓未康爾惟勤恤人隱臨事必斷當官而行齊台階於氐平補袞職之有闕光膺慎選其戒之哉可朝議大夫守中書侍郎同中書門下平章事勳賜如故

授張宏靖太原節度使制

門下授鈇鉞之賜其惟爪牙掌管籥之司允歸心腹況乎天兵作鎮王業成都全晉山河陶唐風俗外以威懷七狄內以承衛二京操節制戎帥之權兼澄清列郡之寄訓齊

五校表率一方歷選元僚無逾上相中書令張宏靖高蓋垂慶大珪含章和順在中莊敬發外翼翼有致君之道兢兢懷許國之忠言觀器能早授方任風謠果洽於分陝膏潤實彰於近關洎登爲鼎臣輔我袞職出納萬務清明一心宏宣遠猷慎守成式夢帝所賚伊人是膺朕以龍山之前卒乘殷會鴈塞之上稽胡雜居求明略以撫循資盛名而鎮定是用輟於鈞軸授以節旄崇高超列於天官密勿遙參於台席敬聽後命載揚先聲在貞元初乃考成肅公弼諧德宗以敷景化肆予嗣位惟爾業官匪惟勤勞於我邦茲亦光輝於爾室於戲入而惟輔出而爲藩行思永圖勿替舊服可檢校吏部尚書同中書門下平章事充太原節度使

授韋貫之中書侍郎平章事制

門下地拱宸居任膺宰執宣明大號佐佑丕圖失其道而庶事靡陳得其道而彝倫攸敘成吾柱石在乎鈞衡況今戎役方殷廟謀爲切利用既彰於歷試崇名宜允於僉諧右丞韋貫之代秉廉清天資貞白奇文包於五色茂德體於千鈞含和抱公居易求己徊翔禮闈堅明以辨其妍媸綱轄仙臺密靜克修其班制動有直氣居無流心洎權登袞職參任樞務平章庶事屢入三臺遠猷是經中立不倚元成之慶靈斯集山甫之恭勤日聞俾重輝於相門爰正位於台座於戲宰相者實執人柄以爲國楨化有未孚於休物有不遂其性佇爾高議副予虛懷予欲惠於兆庶爾思均賦之宜庸觀在位式序品物咸亨鼓時風以淳厚吾人流王澤以光昭乃辟服我成命仰而行之可守中書侍郎平章事

憲宗三

討王承宗制

上帝垂象輝弧矢之芒先王取威陳鈇鉞之柄蓋所以昭宣七德保乂兆人故窮陰有助於歲功而大刑無廢於國典朕承累聖之休祉奉昊穹之眷命道思格物心豈佳兵期致俗於和同庶納人於軌度緬窺鍾鼎無忘衛國之勞永惟帶礪每存延代之賞故太尉武俊頃因多難首建大勳懸捧日之明誠遏滔天之逆豎武烈有過於雷霆壯容具紀於丹青餘風凜然雖死不朽是宜子孫襲寵邦國同休而王承宗墜乃箕裘隳其門戶不思祖宗之德忍與梟獍同謀不顧天地之恩敢以豺狼爲性飽則逾悖撫之不馴凶狂屢見於表章戕賊竊加於宰輔四方同駭千古所無朕以思人愛樹投鼠忌器優柔而未斷隱忍而不征屈其憲法唯絕朝貢俾之思過將謂革心而乃先動干戈屢犯城邑焚燒剽掠流毒於人罪惡既不可容誅討蓋非獲已況四面征鎮憤激咸同中朝卿士奏議相繼雖覆以大道欲更含宏而迫於羣情須正刑典宜令河東幽州盧龍

義武橫海魏博昭義等節度兵馬計會進討其承宗在身官爵並從削奪言念廼祖嘗著功庸蠢茲狡童自取覆絕其所襲實封宜迴賜武俊子右金吾衛將軍士平俾之纂承無乏祭祀若承宗翻然改悟束身入朝必議加恩不唯貸法如沈迷自若討伐遂行則罪止一身其餘驅脅之徒一切不問大軍既臨計即殲殄其成德將士等或染汙俗或迫兇威雖效忠誠無階自達但能去逆效順因事立功隨其高下厚其寵錫如有梟斬渠魁及執送京兆以效誠節者王承宗在身官爵土地等便以迴授仍與實封五百戶莊宅各一區錢二萬貫如有能率所管兵馬及以城鎮來降者並超三資與官仍與實封二百戶錢一萬貫其以州降者便與刺史仍賜實封三百戶如本是刺史更超三資與官賜實封三百戶以縣降者超兩資與官賜實封一百戶其以一營一柵降者節級褒陞務從優厚其諸軍行營將士有先登陷陣屠城下邑者亦準此處分其接近賊界諸道應副行營將士如有能梟斬承宗者亦準前例處分其接近賊界州縣自軍興以來供饋繁併嗟我疲瘵良增憫然應元和十年兩稅斛㪷錢物在百姓腹內并十一

年夏稅並宜放免其有城鎮將士百姓守節拒賊身死王事者各委長吏優給其家仍具事跡聞奏當加褒贈其有潛謀誅斬承宗被其屠戮者優加追贈并賜錢帛仍與一子官六州百姓莫匪吾人墜於塗炭深用嗟憫兵之所至不得妄加殺戮及焚燒廬舍掠奪資產并有拘執以爲俘馘事平之後給復三年其六州管內百姓能相率來歸者所在安存各加優獎方當春候務切農桑邊界之人慮妨耕織應緣軍務所須並不得干擾百姓如要車牛夫役工匠之類宜和雇優給價錢賊平之後應立功將士並與超

資改轉節級賜物續有處分於戲朕正位凝命竭誠嚮方勞謙在心慈儉爲寶而化未陶於頑傲澤未浸於隱微蕩興甲兵布在原野中宵愧歎當宁憂懣庶將除姦非曰尚武宣示中外宜體至懷

授李逢吉門下侍郎平章事制

門下朕觀古先哲王興化致理未嘗不選建良弼熙寧庶工俾之敷陳大猷左右乃辟者也朝議郎守中書舍人權知禮部貢舉輕車都尉賜緋魚袋李逢吉疏通而守於經術質厚而輔以文章貞恒自居和易待物體賢人之志業茂端士之風規歷履班行發揮事任厥心匪懈所至有聲自彌綸粉闈駁正瑣闥且司言於右掖嘗納訓於東儲誠明一貫聞望旁洽俾司貢士彌著嘉聞方今外興不得已之師內有不獲安之俗恒忘食於將旰務求衣於未明冀清原野之誅用止干戈之役登爾匡輔代予憂勤爾宜宣至化於吾人告嘉猷於厥后銷弭氛祲導迎和平事有不舉其中正或未孚於下爾惟啟沃無乃面從可朝議大夫守門下侍郎平章事賜紫金魚袋

放免京畿積欠制

疆理宇內必先於京師惠綏四方亦始於中國蓋以千里之壤百役是資俾其不足吾孰與足頃自春及夏時澤未降恐失順成之道或生歉儉之災是以仰瞻昭回俯察田畝喜獲朝隮之潤方寬夕惕之憂思遂康寧盡蠲逋負其京畿百姓所有積欠元和九年十年兩稅及青苗並折糴折納斛㪷及稅草等除在官典所由腹內者並宜放免

韋貫之守尚書吏部侍郎制

朕恭己臨人勵精思理二三執政繇吾股肱念始終之間虧於進退而尤重苟或將明失中輔導不專依違於懷尚

慎斯舉君臣之義。豈不宏乎。中大夫守中書侍郎同中書門下平章事上騎都尉賜紫金魚袋韋貫之。早著淑聲。累更顯貫。潤以文藻。懿其風猷。爰膺選衆之求。式佇弼予之美。而自當鈞軸。屢變星霜。虛襟以聽。未聞至論。非啟沃之道有所不行。何變諧之功蔑爾無效。欲抑浮華之路。在捐朋友之私。人亦具瞻。事將奚鄙。用解樞機之務。俾居銜鏡之職。克允斯任。宜和厥心。可守尚書吏部侍郎。散官勳賜如故。

授王涯中書侍郎平章事制

門下。上宰參職。所以法三台之耀。中樞議政。在乎遂萬邦之宜。朕獲承鴻休。思建皇極。冀沃心而納誨。恒注意以求賢。通議大夫尚書工部侍郎知制誥翰林學士上柱國清源縣開國男食邑三百戶賜紫金魚袋王涯。動直靜專。踐方居易。挺歲寒之勁質。抱夙夜之端誠。言唯守中。慮每經遠。屬者禁垣揮翰。五字曰宣。選部持衡。九流風動。荐居肘腋之地。歷試股肱之才。進嘗伏於青蒲。出不洩其溫樹。牟融得大臣之節。毛玠有古人之風。詢廟算於生知。論兵鈐而暗合。方今戎車尚駕。郊壘猶多。必俟清明。以消氛沴。是用付以機密。陟於崇高。爾惟發號令以端其四方。陳便宜以寬於百姓。行臺閣之故事。宏朝廷之大體。秉德以立。徇公不回。俾予一人。垂拱而理。敬聽朕命。懋哉懋哉。可守中書侍郎平章事。

貶韋楚材澧州司法參軍制

頃因按事。兼舉憲章。閱實繩違。有乖詳審。既薄其責。仍擇大藩。載令研究其端。頗見異同之狀。況誠途祇命。淹駐近郊。苟於造次之閒。靡懷敬慎之義。既茲速戾。豈謂周防。更移遠藩。俾自懲省。

授崔羣中書侍郎平章事制

門下。成萬方之化。通天下之志。緝熙帝載。昭暢元猷。在於股肱之臣。共凝理本。旁求時彥。以敘彝倫。朝散大夫守尚書戶部侍郎上護軍賜紫金魚袋崔羣。粹密由道。端莊保和。本清明之上才。體博厚之重德。學貫通儒之業。詞含大雅之風。居敬有恒。循性能斷。自承我密命。職參內庭。高文煥發於綸言。敏識詳達於國典。伏奏無撓。直躬不回。勤勞八年。始終一致。春闈取士。必後其浮華。地官理財。能制其輕重。儉以約己。忠惟事君。才適而用。深望積而實著。風猷已洽於人聽倚屬方注於朕心乃膺審象之誠以副具瞻之望況奸兇叛逆尚駕戎車未明求衣思戢干櫓爾宜酌古今之要舉刑政之中艱厥位以代天工陳具謨以明皇極敬茲重命往踐台階可守中書侍郎同中書門下平章事散官勳賜如故

賑諸道遭水人戶制

朕爲人君期致豐寧夙夜永思未嘗怠息而庶政猶闕恒雨爲災至今遠近或有墊溺浸敗廬舍漂浸田苗言念疲黎重懷斯弊覽茲奏報嗟悼良深將俾獲安豈忘賑救其

諸道應遭水州府河南澤潞河東幽州江陵府等管內及鄭滑滄景易定陳許晉隰蘇襄復台越唐隨鄧等州人戶宜令本州厚加優恤仍各以當處義倉斛斗據所損多少量事賑給訖具數奏聞

授李逢吉劍南節度使制

蜀門南夾梁部東分地東江山境縣賓濮非志懷端重不可委以察廉非識度宏深不可付以節制聿求公望爰自輔臣朝議大夫守門下侍郎同中書門下平章事輕車都尉賜紫金魚袋李逢吉文以發華行惟居厚忠懇每形於造膝直方斯見於匪躬自處台席載移星琯溫然德器休有素風觀其動本於仁足以敦王澤考其守歸於正足以奉師貞乃眷梓潼茲惟奧壤用去將明之任俾效藩宣之功予欲須正典於一隅故兼以夏卿之位予欲布憲章於列郡故假以副相之權爾其儉節以訓俗澄清以檢吏因土風之剛悍使勇且知方就物產之殷充俾既富而教苟能積實期有遐歸於戲朕於大臣進退示全其恩禮爾之報國始終宜竭其肺肝身雖遠出於山川心豈或忘於夙夜服茲休命俞往欽哉可檢校兵部尚書使持節梓州諸

軍事兼梓州刺史御史大夫充劍南東川節度副大使知節度事管內支度營田觀察處置靜戎軍等使散官勳如故

授李愬山南東道節度使制

門下伐叛除兇必俟乎奇略進封超位允荅於殊庸況四紀逋誅三州竊據積妖遺育縱亂挺災累年徂征一舉生致論功既當於異等議賞豈待於踰時唐隨鄧等州節度觀察處置等使通議大夫檢校左散騎常侍使持節鄧州諸軍事兼鄧州刺史御史大夫賜紫金魚袋李愬宗臣之

允王國克生毅勇蓄深溫良煦外禮樂戰攻之器默識其源詩書義理之府洞窺其室雖早升朝序而未展將材頃以懸弧滔天宿兵既久方城壓境易帥頗頻永懷韜略之家必有弓裘之嗣將執金鼓載持干旄果副眷求克揚威令緝傷夷之後振怯為雄制密邇之鄙保危成固推忠厚以感物本信惠而和人一其鬭心勵厥死力乘虛徑襲負雪兼行風驅如合於百神雷發若出於九地堅城立潰狡豎坐擒遺甿安堵以知歸餘黨釋甲而請命古之良將其孰過焉巳申獻捷之儀當舉策勳之典爰授名部俾愜重

藩自洛而遥惟襄為大綿亘楚服横臨漢津總八郡以澄淸秉三軍之節制式因加地往繼沈碑特遷左揆之尊崇兹天秩仍假南臺之長峻彼霜威表以勳階賜之茅社戶豐眞食門貴延恩洽此寵榮叢於茂烈於戲天鑒非遠不庭者必誅王爵無私有功者是享揚名濟美惟孝著於家聲鍾鼎山河惟忠光於國籍凡曰臣子得無企歟可銀青光祿大夫檢校尚書左僕射使持節襄州諸軍事兼襄州刺史御史大夫充山南東道節度管內支度營田襄鄧唐隨復郢均房等州觀察處置等使仍賜上柱國封涼國公食邑三千戶并賜食實封五百戶與一子五品正員官主者施行

李光顏檢校司空封郡公制

門下授鈇鉞之寄當兵車之會力勦兇險志殄寇讎星霜固難奪之誠始終見師貞之節嘉猷益茂力集休勳宜崇寵光肆於時夏考諸前志斯為大經忠武軍節度使李光顏崆峒秀氣為時生才謙和不流簡厚能斷本忠信以經武閱詩書以理戎首職北垣聲雄大鹵受命既平於朔野懸軍亦翦其巴庸巳積功勞銘在鍾釜朕以淮濆負固歷

紀稽誅自授兵符獨運明略分營先得其地險吞敵壘挫於賊鋒嘗下名城拔其趙幟制勝之術動合鬼神百戰表於忘軀一心注於報國歲月滋久堅誠不回當凶妖就執之初是潰黨乞降之際單騎以入其柵壘免胄而弔其傷殘納之不疑乃見全德今攙槍巳滅申蔡無虞寢興以思用息戎馬則報功顯秩位宜重於三公馭貴殊勳賦亦開於千乘陟論道之優禮奬述職之崇名爾其敬之無替舊服可檢校司空使持節許州諸軍事兼許州刺史御史大夫依前充忠武軍節度管內支度營田陳許等州觀察處

置等使仍賜上柱國封武威郡開國公食邑二千戶散官勳如故主者施行

李鄘守戶部尚書制

夫爲君者求舊以申其用施恕以遂其情爲臣者陳力以効其能奉身以明其志故在上則始終之道備居下則進退之義全玆惟休哉用厚恩禮銀青光祿大夫守門下侍郎同中書門下平章事上柱國江夏縣開國侯食邑一千戶李鄘居潔履方端明審固有沈毅莊重之質有堅剛迅敏之心勁節夙表於屯夷利器久彰於中外朕所以跡其

衆善詢及庶工登之台階授以政柄將欲藉其碩望宏厥壯猷而固辭之誠再疏願切然猶未允其請所冀或副予懷迨此旬時勞於夙夜益願頤養堅稱衰遲宜罷樞軸之殷俾居喉舌之重就閒高秩式示優崇可守戶部尚書

授李夷簡門下侍郎平章事制

門下致理之道王者由其盡心弼成之功輔臣所以宣力皇極是建蒼生乃安敷求實難倚任斯重將付大政必惟僉諧正議大夫守御史大夫上柱國成紀縣開國侯食邑一千戶賜紫金魚袋李夷簡才稱通明性本嚴重守以正直傅之文華羽儀朝端冠耀宗籍早司邦憲爰總地征糾逖無聞於避強經費克均其定制中立不撓孤標出倫聳善激貪法行令肅自鎮漢上洎臨蜀川儉德載彰清規一貫山岳比厚雷風有恒勵貞峻以理心竭忠勞而奉上人望汲黯印歸趙堯俾之持綱萬目皆舉固可以綜參庶務允釐百工燮和陰陽宣發號令是用申命陟於台階於戲說積爾躬夢協朕志虛己將求其宏濟鯁言罔懼於怫違道必舉中位無苟曠膺此寵擢敬哉戒哉可守門下侍郎同中書門下平章事

授李夷簡淮南節度使制

柱石之臣台庭之老積其具瞻之德載有弼諧之功授以土田流邦家之愷悌增其冕服表國器之形容此朕與將佐大寮示中外之一體也況兵戎重事東南實繁輟於廟堂以示其大正議大夫守門下侍郎同中書門下平章事上柱國成紀縣開國侯食邑一千戶賜紫金魚袋李夷簡監以莅政事而守道素風彰於操履浩氣峻於風霜自朕纘承丕圖搜拔下位得文華於宗室升器幹於朝廷而所重者準繩所憂者財賦資倜儻以振起委彊通而演成江

漢之仁風載揚岷峨之美化斯盛既執大憲俄登公台輔予一人凝是庶績忠讜有遭逢之勇奸邪無侵敗之機謂之股肱實爲無愧言念淮海斯爲奧壤走商賈之化賦引舟車之漕輓凡所經理事非一膓控制之難於今尤切是用錫命俾爲藩宣式加師長之名不改平章之務萬邦表率丞相闕之可銀青光祿大夫檢校尚書右僕射同中書門下平章事兼揚州大都督府長史充淮南節度副大使知節度使事管內營田觀察處置押新羅渤海兩番等使

授王涯兵部侍郎制

股肱之任與國同體苟或取容於位啟沃無聞將何以寅亮天工宏宣景化朕嗣膺丕業爰任鈞衡知善必升見否而退兹所以推至公於天下也銀青光祿大夫守中書侍郎同中書門下平章事上柱國清源縣開國男王涯素以藝文早登華貫參我宥密再處內庭位踐公台拔於非次誠宜匪躬峻節納誨盡忠而乃因循自持謙默無補期於進道屢復星霜空勞虛懷未副明奬雖夙夜之勤久著而具瞻之望何從君臣之間義存終始宜解職於樞務俾貳曹於夏官尚謂優崇勉敬斯任可行尚書兵部侍郎

授皇甫鎛戶部侍郎同平章事制

六符成象所以平太階九賦克均所以阜羣物爰資宰執宏贊謨猷達其富庶之源以致雍熙之化用輔台德其允具瞻朝請大夫守尚書戶部侍郎兼御史大夫判度支上護軍賜紫金魚袋皇甫鎛行惟孤貞性本堅直秉仁履義守正持方才適變通辭去枝葉蘊沖用於靈府表公器於士林夙懷經濟之謀早在賢良之選累踐華貫服於大僚端肅有常發揮事任自總邦計貳領地官屬以徵戎車討平淮寇發軔調食制外自中法無過差動有成績山甫彰

勤恪之效志在奉公夷吾識輕重之權誠宜佐國是用命爾俾升台司望以拔心勞乎注意尚興師旅方殄妖氛翼亮是參經費仍屬爾其悉乃心力副予簡求物有未遂其宜望有未洽於道罔或安位必思匪躬酌下土之盛虛闕中樞之政令光昭厥辟時乃之休可守尚書戶部侍郎同中書門下平章事依前判度支

授程异工部侍郎同平章事制

門下昔漢宣帝宏祖宗之業正刑德之本簡求輔相以致中興朕祗荷丕圖思揚聖緒每懷舟楫以涉大川俾人不

迷用匡於道今獲良弼式允僉諧朝散大夫守衛尉卿御史大夫充諸道鹽鐵轉運等使賜紫金魚袋程异厚德外嚴沈機內朗抱精微以致遠本誠明以格物盡瘁事國誠正在公常探化原雅尚學術揚歷斯久公望藹然自位列大僚總諸劇務達榷酤之利適財賦之方贍出納於邦家申績效於官業頃以淮夷未殄師旅在郊有漕輓之勞兼供億之費言念多事恐傷吾人而异法能變通道益明著言無伐善動必由衷蘊夷難致君之心見懷道佐時之略況屬饋軍之事尚倚良能載閱前功宜當大用乃服休命

俾參中樞爰表秩於冬官仍兼綜於舊職膺茲重任用表全林爾宜左右朕躬朝夕啟沃干戈未戢尤佇廟謨敬聽斯言副我明獎可守尚書工部侍郎同中書門下平章事依前充諸道鹽鐵轉運使

放歸蕃使論矩立藏等制

朕臨御萬邦推布誠信西戎納款積有歲時中或虧違亦嘗包貸我有殊德寧不是思重譯貢珍道途相繼申恩示禮曾無闕焉昨者蕃使奏章又至京輦將君長之命陳和好之誠臨軒召見館籞加厚復以信幣諭之簡書亦既言旋纔及郊甸遽聞蟻聚來犯封陲河曲之閒頗為暴擾背惠棄約斯謂無誠公議物情咸請誅絕朕深為德化之未被豈慮夷俗之不賓其國失信其使何罪釋其維縶以遂性示之宏覆以忘懷子衷苟孚庶使知感其蕃使論矩立藏等并後般來使並宜放歸本國仍委鳳翔節度使以此意曉諭

授劉悟義成軍節度使制

門下王者驅大順以道至和不能無狡寇天將廓沴氣以息暴亂則必有忠臣非處迷何以明其勁節非嘉獎何以

表其尤功況討罰之初詔命斯著高懸寵爵獲則當之淄青都知兵馬使金紫光祿大夫試殿中監察御史上柱國劉悟忠孝之後義勇為心久淪跡而未申每蓄謀以思奮屬姦兇負阻將帥徂征宣威已震於河山肆逆猶固其巢窟遂能潛通密款先事指期決策於萬衆之中挺身於重城之內感深而信誓若一氣直而神明為徒梟彼渠魁殲厥醜類乃飛章以馳獻繫大慶之遐聞臨軒載懷是舉斯命眷彼雄鎮惟茲滑臺有二郡察俗之殷其人勁而剛有三軍制節之重其士毅以肅俾膺分閫式委觀風超昇題

劒之名所以崇其望兼假弄印之任所以峻其威疏封廣載其土田眞食爰優其戶賦仍加厚賜用示深恩高門大啟於通衢別墅榮分於沃野凡是賞典稱乎國章於戲在昔天寶季年羯胡首難惟悟之祖職居平虜能戮賊臣竟通朝命賜名以旌其忠授鉞以仗其材今悟又能除奸可謂濟美勉持忠孝以保家邦可檢校工部尚書使持節滑州諸軍事充義成軍節度使勳封如故

授裴度河東節度使制

忠利於國者效積而事彰器周於物者志遠而任重況入

調鼎鼐出鎭藩垣荷中外之寵榮膺文武之重寄將允僉望命茲輔臣金紫光祿大夫門下侍郎同中書門下平章事兼宏文館大學士上柱國晉國公食邑三千戶裴度量惟宏深道在匡濟大玉蘊連城之價長材負構廈之姿言必公忠義本誠懇自居鈞軸叶贊機謀匪躬以務其將明憂國不忘於造次當吳兇淮蔡仗節於師旅之閒及殄寇靑齊運籌於帷幄之內勤勞靡替宏益居多績用是嘉撝冲逾懇東夏雄界實惟晉陽控大鹵之山川司北門之管籥橫制獯虜遠淸疆陲是以輟獻納於沃心撫方隅於注意倚屬攸切勳庸可寶舟楫常賴其弼予鈇鉞載觀其莅衆勵山甫之恪德成方叔之壯猷式副具瞻勉揚休問務既兼於左揆秩仍踐於中台爾其戒哉以服嘉命可檢校尚書左僕射兼門下侍郎同中書門下平章事太原尹北都留守充河東節度觀察處置等使

授皇甫鎛門下侍郎平章事仍兼判度支制

門下選衆舉材俾參大政俟善績丕著嘉謨有成然後進序台階協宣德務乃制輕重謂之盈虛以經用靡虧而戎功克集黃扉之位式示疇勞朝請大夫守尚書戶部侍郎

兼御史大夫判度支上護軍賜紫金魚袋皇甫鎛器識端方性尙孤直文發身而詞去枝葉學爲己而政資本根每脫落於浮榮能優游於劇任志圖經遠心惟徇公自貳中台專總大計外之相府兼贊鴻猷屬問罪二方徵師十萬千金難減於日費百役併華於司存而供億罔差中外咸若泉貨無虞於竭涸干戈遂致於淸寧允茲忠勤副我倚任是宜踐居左輔均賦中邦漸於雍熙期乃成績可守門下侍郎平章事依前判度支

勅皇甫鎛勿兼判度支制

門下古者丞相府不接吏蓋以任重體大地親禮崇苟非征討之時豈伎貨財之事爰俾出納歸諸有司用嚴台庭以輔吾道中大夫守門下侍郎同中書門下平章事判度支上柱國賜紫金魚袋皇甫鎛精明絶倫乾健不息藴是器業發爲英華頃以守位聚人必資大計因其能事委以重權致用之機所以經天下之務重輕之法所以筦天下之賦自淮右不庭東平犯順兵車在野饋食連年而乃庖無折刄御有濡轡既授明命升之股肱軒裳所瞻崖岸益峻請謁自絶其風凜然況贍給之餘謀慮必至平二方之險阻慮載戢之干戈庸非坐籌佐朕而致今則百揆攸敘萬邦保和宜全相府之重勿領計司之劇撫夷夏調陰陽用安元元時乃之職可守門下侍郎依前同中書門下平章事

欽定全唐文卷五十九

憲宗四

命胡証充京西京北巡邊使制

周禮政官之屬掌導王志以巡天下之邦國六郡統臨二庭緜邈居必申儆動當懾懷頃自東夏有虞近郊多壘沙朔之外翦爲寇戎亭障烽櫓之嚴遐張塞下使譯道途之要遠屬湟中今妖氛甫淸師旅方息思欲肅關隴之右地制昆夷於盛秋而慮師無見糧卒有虛籍乏守禦之全備積愁歎之餘音臨軒永懷宜俾宣導非夫忠良練達文武兼資信厚足以得人心恪恭足以奉王事則何以膺茲選任布我憂勞至於問戍役之勤詳山澤之要稽軍實之名數計餽餉之盈虛宿弊有未除衆情有未達兵機虜態一以上聞冀在此行所至循撫宜令左金吾衛大將軍兼御史大夫胡証充京西京北巡邊使所經過州鎮與節度防禦使刺史審量利害具事實聞奏

授令狐楚中書侍郎平章事制

門下贊天工而成光濟叶帝力以致昇平非中和稟氣不能將燮調之道非誠明在躬何以膺弼亮之位況今積祅

巳弭而邊鄙猶虞大化方行而里閭未泰將欲舉百度甄羣材外撫四夷內輯諸夏納之壽域被以仁風代予之勤其孰克任眷求斯得是用命之河陽三城懷州節度使朝議郎使持節懷州諸軍事守懷州刺史兼御史大夫賜紫金魚袋令狐楚根於粹厚著以端明表山立之莊容洞泉渟之精識文高雄富學茂該通自頃揮翰掖垣持囊禁署嘗延造膝屢竭沃心發言有謀臨事無惑藹是公望居然國楨及剖符近郊兼暢牧人之術仗節分閫尤深馭衆之方可謂器適中外效宣文武宜展舟楫之用式登鼎鉉之

司管於中樞持我大柄於戲輔翼之任人臣極崇未至而衆議有歸既處而其名罕副萬務攸託朕何賴焉爾其敬聽此言深思其道行致君之志始終勿渝以報國爲期夙夜益勵無俾厥后有慙知臣可朝議大夫守中書侍郎同中書門下平章事

加韓宏中書令制

納大忠樹嘉績爲臣所以明極節錫殊寵進高秩有國所以待元臣況乎邦教誕敷王言總會百辟攸憲四方式瞻永念於懷久虛其位載揚成命僉曰休哉宣武軍節度副大使知節度事汴宋亳潁等州觀察處置等使開府儀同三司守司徒兼侍中使持節汴州諸軍事汴州刺史上柱國許國公食邑三千戶韓宏降神挺材積厚成器中蘊深宏之量外標嚴重之姿有匡國濟時之心推誠不耀有夷兇禁暴之略仗義益彰自鎮浚郊二十餘載師徒稟訓而咸肅吏士奉法而愈明俗臻和平人用庶富威聲之重隱若山崇屬者淮濆濯征命統羣帥克殄殘孽惟乃有指縱之功及齊境興妖分師進討遂梟元惡惟乃有略地之効既聞旋旆俄請執珪深陳魏闕之誠遠繼韓侯之志朝大

有慶湛露方濃又抗表章固辭戎旅三加敦諭所守彌堅于蕃于宣諒切於注意我弼我輔難違其衷懇式遂良願載兼上司論道之崇因之以齊八政中樞之長昇之以贊萬務元衮赤舄備於寵光不有其人孰膺斯任於戲出總兵柄入參廟謨家國之慶盈門君臣之道交泰爲我柱石古今曷儔服而滋恭以佑乃辟可依前守司徒兼中書令散官勳封如故主者施行

加田宏正侍中制

古之所謂有功諸侯出征不庭入覲王室既展述職之義

必加錫命之恩彤弓所以表其威元衮所以榮其服然後勳烈炤焯寵章榮崇臨於一方示彼四國風雅所載不其美歟我思忠臣是有茲命魏博等州節度觀察處置等使光祿大夫檢校司徒同中書門下平章事兼魏州大都督府長史上柱國沂國公食邑三千戸田宏正受天地之正性明君臣之大節才貫文武識探古今熙百志以立身堅一心而奉主積誠自久遇事乃彰曉於羣情率以大順遂提六郡之地首革兩河之風及負海阻兵徵師問罪又能長驅義旅直抵虜城一鼓而兇徒褫魄再戰而元惡傳首

永清氛沴功實卓然自秉珪來朝鳴玉入侍察其器度詢以謨猷每聞匡國之術彌見致君之道而懇陳戀闕不願守藩朕以將相之權中外一體苟意有攸往則誠難遽從況彼邦之人皆願其至師徒久便其訓令黎庶咸思其惠和鎮方之安倚賴攸切是用命爾式遂其歸且兼八舍之營俾仍五教之重又實其井賦益以土田褒賞之典勸忠斯在往莅乃服厥惟懋哉可檢校司徒兼侍中依前魏州大都督府長史充魏博等州節度觀察處置等使仍賜食實封三百戸

貶崔羣潭州刺史制

致君之道爰在輔臣發揮政經端理教化或彝倫未敘公議不明免其所職蓋常典也正議大夫守中書侍郎同中書門下平章事上柱國賜紫金魚袋崔羣根於温恭發以詞彩踐履臺閣潤色絲綸嘗以敏才列於宥密考能觀行益表謙勤擢處鈞衡用參大政緝熙之績每竭其謀猷翊贊之心亦彰於夙夜朕旰食思理注於話言善而可行無不虛受而顧問之際謂近於至公詳聽之間或違於事實將何以同底於道化洽萬方宜罷印於中樞俾報政於外

服優以顯秩爾其勉之可使持節都督潭州諸軍事守潭州刺史兼御史大夫充湖南都團練觀察處置等使勳賜如故

貶令狐楚宣州刺史制

朕聞爲政以德必推誠而任人爲君以道必存體以立國況乎位崇元輔職總庶寮衆方具瞻時以輕重得不明進退之禮全終始之恩太中大夫守門下侍郎同中書門下平章事上輕車都尉賜紫金魚袋令狐楚夙擅懿文累階清貫先朝特加寵命獎擢内廷出擁旌旄入居鼎鉉朕祇

膺寶位注意舊臣方屬奉陵之時委以復土之務是宜竭心徇慮使下不欺而頗聞工徒之訴累彰官吏之罪遽有章表固求退閒宜歸相印之權往授使符之命仍兼勞於司憲俾奉法以惠人勉率乃心思予洪覆可使持節宣州諸軍事宣州刺史兼御史大夫宣歙池等州都團練觀察處置使勳賜如故

改封永昌公主制

門下普寧公主天泉浴德崇蘭發彩纂組之華每工於經目保阿之訓深得於稚年容禮必中言行無闕從容珩璜

之韻婉娩柔嘉之儀而封疏舊邦禮宜改避是擇美邑再申異恩可改封永昌公主主者施行

禁奏祥瑞及進奇禽異獸詔

朕以寡昧纂承丕業永思理本所寶惟賢至如嘉禾神芝奇禽異獸蓋王化之虛美也所以光武形於詔令春秋不書祥瑞朕誠薄德思及前人自今已後所有祥瑞但令準式申報有司不得上聞其奇禽異獸亦宜停進宣示天下知朕意焉

遣使宣慰江淮詔

理天下者先修其國國命之重寄在方鎮方鎮共理實惟列城列城為政繫乎屬縣然則匹夫之耕匹婦之織積微成著以供國計永念蒸庶厥惟艱哉頃年以江淮租賦爰及榷稅委在藩服使其平均太上皇君臨之初務從省便遂令使務歸在中朝或恐巡院既多職因交替新制未立舊綱已紊況河汴而東瀕海之右名都奧壤疆里接連如或征賦不均徵輸難濟物輕貨重法弊人勞又聞江淮數道比愆時雨深憂黎庶之不足軍國之關供政有所不宜事有所未便牧宰有課績官吏有否臧爰遣使臣申我休

命宜令度支及諸道鹽鐵轉運副使戶部侍郎兼御史大夫潘孟陽專往宣諭慰安疲甿詢訪便宜蠲除疾苦安人利國稱朕意焉

甄錄諸道節度使團練經略防禦等將士詔

諸道節度使團練經略防禦等將士久執干戈式遏封略勤勞王室深用嘉之據其優勞並與甄錄各委本軍本使即具名銜奏聞

遣使宣慰申光蔡等州詔

申光蔡及陳許兩道將卒百姓等比遭旱損多缺糧儲特

宜賑給令其有濟申光蔡等州宜賜米十萬石陳許等州賜米五萬石仍令刑部員外郎薛舟充宣慰使專往存問

招諭劍南諸州詔

門下朕聞皇祖元元之誡曰兵者凶器也不得已而用之恭惟聖謨常所祗服故雖文誥有所不至誠信有所未孚姑務安人必能忍恥朕之此志亦可明徵近者德宗皇帝舉柔遠之規授宰衡之傑宏我廟勝遂康巴庸故得南詔入貢西戎寢患成績始著元臣喪亡劉闢乘此變故坐邀符節朕以枉成命者雖乖於理體從權變者所冀於輯寧

竟違鄉士之謀遂允僥求之志朕之於闢恩亦宏矣曾不知負牛羊之力飽則逾凶畜梟獍之心馴之益悖誑惑士伍圍逼梓州誘陷戎臣塞絕劒路師徒所至燒掠無遺于紀之辜擢髮難數朕爲人司牧育彼黎元如闢之罪非朕敢舍是用叶羣率之謀除百姓之害永清妖孽底定一方伐罪弔人於是乎在其逆賊劉闢在身官爵並宜削除令王師鼓行尋濟天險梓潼城守已解攻圍壓卵注螢坐看撲滅其西川將士如有乘此聲勢翻然改圖梟斬凶魁以效誠節者必當特加爵秩高位重賞朕無愛焉其餘將吏等但能去逆效順以所領歸降者超三資授官以一身降者亦與改轉長行官健歸順者並與敘錄仍加賞給其西川管內刺史等當其阻亂執克靜戈雖章表未通而衷誠可見今能歸款亦仍舊職如或乘機立效因事建功並特加酬賞務極優厚夫皇王之道弔伐所加義在除殘情非樂戰故脅從罔理必誡於徂征焚溺是哀俾興於徯怨禁暴止亂其在兹乎況有跡陷凶徒心非黨惡歸我無路遂至淪胥言念斯流尤深軫惻所以明諭將帥罪止渠魁其餘染汙一切勿問布告遐邇咸懷朕意

處分及第舉人詔

搆大廈者必總於羣材成大川者必資於百谷故思理之主求賢罔遺所以昭宣令圖廣大前緒觀文緝化其在兹乎朕以寡昧獲奉丕業虛己問政實始於兹考言求益敢不祗若故命左右輔弼洎有位之臣會於中臺必究其論閒密以獻省自朕躬果獲賢能副於饑渴才識兼茂明於體用科人第三次等元稹韋惇第四等獨孤郁白居易曹京伯韋慶復第四次等崔韶羅讓崔護元修薛存慶韋珩第五上等蕭俛李蟠沈傳師柴宿達於吏理可使從政科

第五上等陳岵等咸以待問之美觀光而來詢以三道之要復於九變之選得失之監粲然可觀宜膺德茂之異式叶言揚之舉其第三次等人委中書門下優與處分第四等第四次等第五上等中書門下即與處分

平劉闢詔

朕聞去天下之害者受天下之利故陳諸原野非爲樂戰法彼震曜本乎愛人五材不闕於去兵七德必先於禁暴皇王之道豈不然歟逆賊劉闢時之妖孽處肖形之內罔識君親同人代之鬧别爲梟獍因元臣之蓄聚恃庸蜀之

江山誘誤生靈扇充桀逆朕荷祖宗之丕業執邦國之大經人之亂常法所不捨乘兹衆憤爰戒徂征興戈矛於關西發介馬於幷郡五營禁旅七萃神兵合貔武之雄授鷹揚之帥守無絶險進靡堅營麾城而壁壘皆空接刃而欃槍盡掃瓦解冰泮渙焉無餘微盧彭濮從兹底定蕩三蜀之流患除一方之大殘豈予寡德能致於此斯皆宗社降祐啟無疆之休將帥叶謀成永康之福祇若靈貺嘉乃衆心予懷惕然若蹈冰谷其收復成都諸大將並擒獲劉闢軍將等委崇文與都監軍使俱文珍條流等第聞奏即有甄升其賞物等委崇文等節級分賜務令優厚投降將士亦委崇文文珍條流聞奏西川諸州鎮刺史大將及參伍官吏將健百姓等一應被脅從補署職掌一切不問西川百姓久陷兇逆不免傷殘其兩税錢等委本道觀察使量事矜減其東川州縣及山南西道當兇徒焚劫之後王師攻取之辰發輓饋軍繕完補缺一日之費豈止千金三軍所資盡出百姓永言勞弊朕所軫懷其東川元和三年上供錢糧並旋留州留使錢委觀察使量事矜減仍具數奏聞山南西道元和二年上供錢糧放一半官軍陣亡將

士等並委崇文監軍審勘具名銜事跡申奏即與褒贈家口等並委本軍優賞五年不停衣糧並委所在州縣速爲收葬仍量事致祭陷在賊中官吏百姓等應有節義著明無辜受戮者並委節度使具名迹奏聞當與追贈仍優給其家又分疆設都蓋資共理疏域制壤亦在稍均將懲難以銷萌在立防而不紊故賈生之議以楚益梁宋氏之規割荊易郢酌於前事宜有變通其西川資簡陵榮昌瀘等六州宜割屬東川於戲制理經邦必垂意於未亂而養災蓄患固難禁於已然撲彼燎原至於用鉞永言迷復載軫

俱焚咨爾多士體予深志布告天下咸使聞知

誅劉闢等詔

劉闢生於世族敢蓄梟心驅劫蜀人拒扞王命肆其狂逆詿誤一州俾我黎元肝腦塗地賊將崔綱等同惡相扇至死不迴咸宜伏辜以正刑典劉闢男超郎豺狼醜類難議生全務盡之刑同類九人並宜處斬

答杜佑表請致仕詔

卿量包久大器茂中和事君推一德之誠與物全四時之信登於臺閣則萬事問於胡公守在方隅則四國宗於申

伯舉其實行是可專徽頃者殷憂在辰總錄攸重金甌作鎮羣情穆然玉鉉是司庶官咸事朕涉理猶淺惟賢是圖遽陳請老之章將輟弼予之道一一省覽良爲憮然用舍之閒愼重斯在謂雅志之難奪豈余衷之可移是用徵尚德之前經酌優賢之故實去煩就簡免以職業之勤置几乘車優其筋力之體卿宜起今已後每月之內常三兩度入朝便至中書商量軍國事務亦冀延於內殿沃朕虛心如此則居多暇辰退可以吐納頤志入參大政進可以偃息藩寮靈壽將置於上座桑梓豈違於下杜卿仍以朕此

意宣示百寮庶乎君臣作合之期乾坤交泰之義無媿前列永貽後昆致仕之詞即宜斷表

授蘇繫等官詔

朕惟承累聖之業追先正之勞濟於艱難代有勳烈既而本根已遠枝葉稍零詔書屢勤於褒飾有司不忘於遴簡一命宰輔載宏搜揚錄其先功果復良嗣蘇繫等咸以茂學懿行曷於前修皆人之領袖族之孤趙類能而舉各命以官或任以糾繩或參於問列庶乎旌太傅之德將擬南城之封紹酇侯之裔不俟東門之感忠義獲寵古今同之

贈袁高禮部尚書詔

王者旌表通乎異代況音徽未遠名迹可尋風流所傳弊俗興起舉其遺直足勸事君故朝議大夫守給事中襲南陽郡公袁高茂功之後清德冠時貞元初職在論駮常執讜議封還詔書居平蹈常則汎然而無忤會節有立皆卓爾而難踰故能望重朝端行滿天下未踰大任遽歿中身德之不忘久而彌著朕方宏景化寤寐前良用旌尚德之懷俾申加等之贈哀榮所被勸獎斯存可贈禮部尚書

討李錡詔

朕聞好生者天地之仁不在乎肅殺止戈者帝王之武不尚乎誅鋤恭惟至言可謂明誡朕祇荷前訓纘承丕圖每思道以自安豈佳兵而爲念雖朔陲阻命有戡亂之征蜀部興妖獻夷兇之捷而所傷皆及於百姓所費寧止於千金靜言思之往往興歎非不得已豈復用師李錡屬列宗支任居方伯竊赫奕之貴飽綢繆之恩待以親賢報之以逆節授以師旅用之以亂常肖圓首方足之形無五常百行之性頃者累陳章疏勤請會朝姦態不形僞言甚懇朕頗謂誠志久方允從乃降詔書俾修覲禮示以後命委其

深心而梟音驟呼虺毒橫厲初則詐疾後仍縱兵寮屬以獻規受辱使臣以傳命見脅朕務於含垢未忍明言累降中人令遵前旨無輶車之戒路有沴氣之滔天加以日逞淫刑寃痛者無告日興暴賦杼軸者皆空赤子咸罄於餽糧白刃屢膏於頸血朕爲人父母聞甚惻然罪人無狀却有常刑顧惟紀綱豈敢廢墜其討伐之師並已有處分剋期齊進其李錡在身官爵階勳等並宜削除仍令宗正寺削一房屬籍其兩都及諸州府應有李錡莊宅錢物等並委所繇官簿錄聞奏浙西將士素非同惡朕所深知迫於兇威不能自達但王師進討因事立功梟斬渠魁以效誠節必當特加爵秩超異等倫其將吏等以所領歸降者超三資官以一身降者亦超資改轉官健歸順者厚加賞給仍與叙錄明諭將士罪止一夫其餘染汙一切不問

禁厚葬詔

厚葬傷生明勅設禁但官司慢法久不申明愚下相循遂至違越其違制賃葬車人六人各決四十

禁採銀坑戶令採銅助鑄詔

泉貨之法義在通流若錢有所壅貨當益賤故藏錢者得

乘人之急居貨者必損己之資趨利之徒豈知國計斯弊未革人將不堪今欲著錢令以出滯藏加鼓鑄以資流布使商旅知禁農桑獲安義切救時情非欲利若革之無漸恐人或相驚已日之孚在乎消息應天下商賈先蓄見錢者委所在長吏分明曉諭令收市貨物官中不得輒有程限逼迫商人任其貨易以求便利計周歲之後此法遍行朕當別立新規設蓄錢之禁所以先有告示許其方圓意在他時行法不貸朕志久定固無二言又天下有銀之山必有銅鑛銅者有資於鼓鑄銀者無益於生人適開諍好

之端豈救饑寒之患況欲加鑄理須併功得不權其重輕使務專一其天下自五嶺以北見採銀坑並宜禁斷恐所在坑戶不免失業各委本州府長吏勸課令其採銅助官中鑄作仍委鹽鐵使即作法優賞條流聞奏於戲人之求利厥路固殊斯道炳然言之不惑凡百有位明悉朕懷

欽定全唐文卷六十

憲宗五

令覆奏決囚詔

自今以後在京諸司應決死囚者不承正勅並不在行決之限如事迹凶險須速決遣并特勅處分者宜令一度覆奏

立鄧王爲皇太子詔

朕聞君天下者纘承統業何嘗不樹建儲貳安固邦家況長子有主器之義元良貞立國之本上以嚴宗社之重下以順恒久之宜歷考前載率由斯道鄧王寧性與忠敬生

知孝友秉寬明之度體慈愛之心學師訓謨詞尚經雅動皆中禮慮不違仁稽以舊章允膺上嗣朕獲纘丕緒夙夜虔恭常懼神明未歆政理多闕曠茲茂典亟涉歲時今屬方隅甫寧品物咸遂覽皇王之制詢卿士之謀時瞻大猷莫此爲重是用授之匕鬯位以青宮欽惟永圖俾服休命宜冊爲皇太子仍令有司擇日備禮冊命主者施行

貶楊憑臨賀縣尉詔

楊憑頃在先朝委以藩鎮累更選用位列大官近者憲司

奏劾暴揚前事計錢累萬曾不報聞蒙蔽之罪於何逃責又營建居室制度過差侈靡之風傷我儉德以其自尹京邑人頗懷之將議刑書是加愍惻宜從遐譴以誡百僚可守賀州臨賀縣尉同正仍馳驛發遣

命裴冕配享肅宗李晟段秀實配享德宗廟庭詔

朕聞昔之佐時制物者咸有大功是惟五官以配五帝自時厥後有國家者莫不以輔弼之寄社稷之勳名登大烝陪享清廟苟非茂德孰允盛儀贈太尉冕望重巖廊爲時貞幹靈武艱阻首贊經綸宜力股肱平心鼎鉉任戡定之

成業推翼戴之嘉猷贈太師晟識精韜鈐神假雄武建中寇孽躬踐憂虞垂餌虎狼致威樽俎刷宮廟之塵穢迴日月之光輝贈太尉秀實氣全剛柔節固金石凶渠僭逆潛蹶根萌矯命還師東刃決死紓阽危於怵迫挫狂狡之奸謀並材爲時生用當國否感雲龍而應變炳辰象以降靈光復寰區振揚風槩勳庸藏於盟府寵飾備於前朝光陰不追盛烈如在朕頃因郊祀爰舉典常俾差茂勳以配殷祭惟咸有一德允屬乎三臣庶昭示於將來式崇恩於既往冕宜配享肅宗廟庭晟秀實宜配享德宗廟庭

賑貸淮南浙西詔

淮南揚楚滁三州浙西潤蘇常三州今年旱歎尤甚米價殊高言念困窮豈忘存卹宜以江西湖南鄂岳荊南等使折糴米三十萬石賑貸淮南道三州三十萬石貸浙西道三州恐此米來遲不救所切宜委淮南浙西觀察使且各以當道軍糧米據數給旱損人等節級作條件賑貸淮南李吉甫浙西韓皐躬親部署令刺史縣令切加勾當使此米必及饑人以副朕意如賑貸三州之外可及諸州亦聽量便宜處置待江西等道折糴和糴米到各處依數收管

存撫鎮州百姓詔

鎮冀管內諸州百姓等莫匪王人皆同赤子蓋戀生業遂迫凶威暴賦急征既嗟於無告冒鋒觸刃又慮其俱焚言念於茲良深惻惻其應討伐鎮州諸軍所到之處宜先存撫百姓使安其業勿令虜掠傷害以副朕心

停戶部尚書李元素官詔

李元素病中上表懇切披陳云妻王氏禮義殊乖願從離絕初謂素有醜行不能顯言以大官之家所以令自處置訪聞不曾告報妻族亦無明過可書蓋是中情不和遂至

於此脅以王命當日遣歸給送之閒又至單薄豈惟王氏受辱實亦朝情盡驚如此理家合當懲責宜停官仍令與王氏錢物通所奏數滿五千貫

褒裴垍等進德宗實錄詔

朕獲纘丕緒憲章成式永維皇祖之訓巍乎一代之典爰俾撰錄垂之無窮以卿台輔元臣清直正氣博貫程制該通古今載筆之司遂命監領果諧朕志克就厥功縑緗永存風烈盡在祗若遺範感慰良深眷乃勤勞增用嘉歎所進知

停明年耕耤詔

朕以東郊耤田禮之重者爰擇吉亥用祀先農上以供粢盛下以勸稼穡式展三推之義敢辭四體之勤亦既草儀方將肅事載思理本旁采衆詞以江淮水旱之餘河朔師旅之後宜寬物力以濟烝元況當三農休息之時百司供具之費道塗灑掃暴露勤勞惕然在懷是用中止雖前有成命皆已施行而重煩吾民則無固必其來年正月十六日耤田禮宜停於戲夫聖人無心以徇百姓朕亦虛己用圖大中苟事有未宜則改而求當凡百卿士期悉朕懷

置兩稅使詔

兩稅之法悉委郡國初極便人但緣約法之時不定物估今度支鹽鐵泉貨是司各有分巡置於都會爰命帖職周視四方簡而易從庶叶權便政有所弊事有所宜皆得舉聞副我憂寄

旌前集賢殿校書郎丁公著詔

丁公著辭官侍親不顧榮利高行至性人倫所稱今執喪致毀又聞過禮其所請旌表門閭宜依仍委本州刺史親自慰問并量給粟帛

令百官職田權充度支詔

百官職田其數甚廣今緣水潦諸處道路不通宜令所在貯錢充度支支用百官却令據數於太倉請受

停河南陜府水陸運及潤州等使額詔

朕於百執事羣有司方澄源流以責實效轉運重務專委使臣每道有院分督其任今陜路漕引悉歸中都而尹守職名尚仍舊貫又諸道都團練使足修武備以靖一方而別置軍額因加吏祿亦既虛設頗爲浮費思去煩以循本期省事以便人其河南水陸運陜府陸運潤州鎮海軍宜

州采石軍越州義勝軍洪州南昌軍福州寧海軍等使額並宜停所收使巳下俸料一事巳來委本道充代百姓闕額兩稅仍具數奏聞如聞河南陜府兩處比來所給皆是置本利息不破正錢勒便添充兩般錢雜給不要更徵庶我愛人之心不止於惜費立制之意必在於正名

勸種桑詔

農桑切務衣食所資如聞閭里之閒蠶織猶寡所宜勸課以利於人諸道州府有田戶無桑處每檢一畝令種桑兩根勒縣令專勾當每至年終委所在長吏檢察量其功具殿最奏聞兼令兩稅使同訪察其桑仍切禁採伐犯者委長吏重加責科

立遂王爲皇太子詔

門下承廟祧之尊固邦家之本重其緒業貞以元良斯今古之通制也乃者春宮曠位巳涉歲時祼獻缺主鬯之儀膠庠虛齒學之道其何以億寧方夏彰示教源稽諸往冊用舉彝典遂王宥孝敬忠肅寬明惠和遵保傅之言佩經訓之旨友于兄弟睦于宗親博愛而恕已以誠慎行而飭躬以禮載觀所履克茂厥猷宜升儲闈以對休命朕祗若

承憲惟懷永圖法三王垂統之規紹十聖重光之烈致嚴禋酌俾奉粢盛式昭上嗣之崇庶叶明離之吉宜冊爲皇太子改名恆仍令有司擇日備禮冊命主者施行

禁餉遺人口詔

比聞嶺南五管并福建黔中等道多以南口餉遺及於諸處博易骨肉離析良賤難分念茲遠人受抑無告所以去歲處分諸道不令進獻近因賂遺事覺方驗詔旨不行雖量輕重各正刑典猶慮未降明勅尚有因循自今嶺南諸道輒不得以口餉遺及將諸處博易又有求利之徒以口博易關鎮人吏容縱頗多並勒所在長吏嚴加捉搦如更違犯必重科懲如長吏不存勾當委御史臺察訪聞奏

定戍邊遠近詔

減死戍邊前代美政量其遠邇亦有便宜自今巳後兩京及關內河南河東河北淮南山南東西道州府有犯罪繫囚除大逆及殺人外其餘應入死罪並免死配流天德五城諸鎮有妻兒者亦任自隨又緣頃年以來所有配隷或非重辟便至遠邊有司上陳又煩年限向後如有輕犯更不得配流五城

貶路恕田景度等詔

光祿大夫行太子詹事路恕正議大夫泗州刺史田景度僥求非類意望賄成迹既涉於邪佞罪難逃於憲典恕可吉州刺史景度可虔州刺史右武衛將軍薛昌期惑於誑誘通是貨財可丹王府長史右衛將軍趙良金莫能修飭妄有交通可撫州刺史

授李渤祕書省著作郎詔

前左拾遺內供奉李渤隱居求志殫見洽聞嘗致弓旌之招尚懷林壑之戀如聞肄其素業成此新書詞章典雅謀

議深遠獻於闕下良所嘉焉故洽今恩用清舊議可授祕書省著作郎

貶李位建州司馬詔

信州刺史李位心希祕術跡狎匪人謂捕景之可求乃先風之是黜名教之內本無異端典刑之中豈容僻好可守建州司馬

命渾瑊配享德宗廟庭詔

旌勸是先允協念功之義篤修爰舉聿追配享之儀贈太師瑊鍾秀誕靈逢時翼聖銘鏤金石帶礪山河績既著於先朝業宜光於後裔俾之陪祀用光遺勳宜配享德宗廟室

復置宥州詔

天寶中宥州寄理於經略軍實應已來因循遂廢由是昆夷屢擾党項靡依蕃部之人撫懷莫及朕方宏遠略思復舊規宜於經略軍置宥州仍為上州於郭下置延恩縣為上縣屬夏綏銀觀察使

錄李洧等子孫詔

建中以來州軍及軍國歸人李洧李再春田昂李士眞康

日知李澄楊政義符璘李惠登薛翼蘇清沔等王者報功義惟過厚存則加其殊秩歿則恤其遺孤然後忠不徒施人知所勸故徐州觀察使李洧等頃逢艱阻各著款誠或以地來歸或率徒效順名迹昭顯史冊具存先朝念功皆極封賞歲月稍久湮沒日多再有甄明用申激勸宜委中書門下即訪其子孫量材敘用

授康志寧等官詔

君臣運合故徇國以毀家勸賞義明故褒功而顯節存則酬其爵祿歿則錄其子孫然後忠義不遺典章斯在故慈

晉陽等州觀察使檢校兵部尚書康日知故徐州刺史兼
御史大夫李洧等一十家皆有茂功藏於盟府故命搜訪
后嗣光賁前人今志寧等或服戎著績或從官有成或投
迹軍府之中或滯才州縣之職咸加甄錄各茂官榮庶乎
受祿者無忘於聿修懷忠者使知其必報勉膺寵渥無替
前勞

禁捕狐兔詔

如聞比來京兆府每及臘日府縣捕養狐兔以充進獻深
乖道理既違天性又勞人力自今已後宜並停

令御史臺勘覆諸司食料錢詔

諸司食料錢緣初令戶部出放已久散失頗多須有變通
使其均濟其中書門下兩省及尚書省御史臺或務總樞
機或職司彈糾而倍稱息利於體尤乖宜以戶部除陌錢
每貫先收二十文數外更加五文委戶部別收貯計其所
費逐處支給其本利錢先出放者宜各委本司勘會聞奏
其合徵收者便充當司公廨什物添修等用其諸司食利
亦準此勘會其合徵錢便充飯錢若數少不充以其前件
除陌五文錢量所欠添本出放其所收五文錢每歲不關
添本之外合有所餘諸司廨宇破壞者便充修補緣諸司
人吏轉遷不常新舊之間因緣乾沒諸稱走失職此之繇
向後須令本判官勾當勒令一一交割者遞相公付仍委
御史臺一人專知勘覆仍先具條流聞奏

貶潘高陽均王府長史詔

河南少尹潘高陽頃以母老兄患懇求寧覲覽其章奏用
遂私情而乃自求宴安致茲淹緩理裝踰月即路涉旬既
乖人情頗致物議憲司舉劾宜有薄懲可均王府長史

捕殺武元衡盜詔

朕以不德君臨萬邦不敢自逸每懷兢惕而凶狡竊發殲
我股肱是用當宁廢朝通宵忘寐永懷良輔何痛如之宜
極搜擒以攄憤毒天下之惡天下共誅念茲臣庶固同憤
嘆宜令京城及諸道所在同捕逐有能獲賊者賜錢一萬
貫仍與五品官有官超授如本雖同謀或曾停止但能糾
告當舍其罪仍同此科敢有藏匿全家誅戮布告遠近使
明知之

禁捕盜煩擾僧人詔

近緣東都盜賊事連僧徒因此所繇遂有覺察今既各有

名籍不得恐動其已出城者所在安存其外國僧亦任隨便居止

嚴犯贜罪詔

凡在職司必當廉愼苟懷貪汚實紊政經爲理之先固在懲誡其犯贜官本據律文刑名甚重頃者多從寬宥不足懲奸切在申明使其知懼自今以後如錢穀稍多及情狀難恕者宜杖決配流餘並比類節級科處如有此色所在長吏及觀察使不能糾察事發之後並據所犯輕重加責罰庶警貪吏以惠疲人

論鎭州官吏將士詔

門下天地以大德煦物而高秋厲肅殺之威帝王以至道育人而前王設誅討之典於是乎有阪泉之役有丹浦之師情豈佳兵義存禁暴朕嗣膺寶歷於茲五年以惕厲居於人上以仁恕撫於天下恭惟文祖之訓敢以武功爲先昨者吳蜀興妖師徒獻捷朕每念陳原野之衆行鈇鉞之刑雖擧彝章頗懷慚德蓋不獲已豈樂於斯王承宗頃在苫廬潛窺戎鎭而內外以事君之禮將而必誅分土之儀專則有辟朕念其先祖常有茂勳貸以私恩抑於公議使臣勞午以告諭畢童俯伏以陳誠願獻兩州期無二事朕亦欲收其後效用以曲全授節制於舊疆齒勳賢於列位況德棣本非成德所管昌朝又是承宗懿親俾撫近隣斯誠厚澤外雖兩鎭中實一家而承宗象恭懷奸宵貌稔禍欺裴武於得位之後縶昌朝於受命之中豺狼之心飽之而愈發梟獍之性養之而益生加以表疏之閒悖慢斯甚神祇所不捨天地所不容智士所以奮懷義夫所以興憤式遏亂略期於無刑龔行天誅示於有制其諸道諸軍進討兵馬已從別勅處分王承宗在身官爵並宜削奪其鎭

州管下將士官吏等久在戎行未知朝典或陷於邪誑或迫以凶威雖有忠誠無由自達但能效順即是王人豈止惟新當加寵渥其有能回戈殄寇因事立功特有褒崇不拘資次貴爵厚祿設之而高懸實封名藩待之以懋賞其以一州歸順者便與當州刺史仍賜實封二百戶如先是刺史以州歸順者超三資與官仍賜實封三百戶如以一縣歸順者超兩資與官賜實封一百戶其長行官健歸順者當與優厚褒賞如將校內有翻然改圖梟斬元惡者授以不次之位寵以殊常之封王承宗如能革心悔過束身

歸朝待之如初一切不問仍舊賜官爵別加寵授於戲王者之師蓋除於暴亂止戈之武豈願於傷殘而承宗不能負荷舊勳祇承新命自貽其咎寧怨於天亟此興戎至於用鉞固非素意用歎於懷百辟萬方宜諒朕意宣示中外咸使聞知

令楊元卿優恤淮蔡歸順百姓詔

淮蔡近郊久隔皇化本殲凶虐在拯生靈況今賊黨攜離相繼效順思俾阽危之俗盡霑養牧之恩勞來招綏今之所切其新除蔡州刺史楊元卿宜令與李愬商量計會且

於唐州東界選擇要便權置行蔡州如百姓官健有歸順者便準勅優卹存撫令知國恩必使全活

令刺史言事詔

列位選能切於守土分憂求瘼諒在親人言念疲黎載深注意自今已後刺史如有利病可言者不限時節申報節度觀察使

封吳秀琳濮陽郡王詔

刑賞大信國令必行義勇深誠旌答斯在西文城柵歸降都將吳秀琳堅拒逆之詐結勤王之心翻然令圖竟效前款高秩厚賜宜酬爾勞可試祕書監兼御史中丞封濮陽郡王賜實封二百戶賞錢萬貫仍令李愬署以重職以獎忠臣

封鄧懷金新平郡王詔

見機效節誠固於危途秉義懷忠福生於死地挈其全邑誓彼萬心事且超於等倫賞豈限於班次郾城降將殿中監鄧懷金自王師壓境詔命先施識祝網之深恩感投身之有地縲俘以列介士無譁拔於凶墟造我營部聆之者嚮振慕之者風趨銷遏亂源導迎善氣固可勸功王府播

美天衢拜爵當時傳封後裔可檢校太子賓客兼御史大夫封新平郡王并賜實封二百戶賞錢一萬貫

令定州入粟助邊詔

入粟助邊古今通制如聞定州側近秋稼多登屬以軍府虛貧未任收糴將設權宜之制以成儲畜之資念切救人不同常例有人能於定州納粟五百石放同承優出身仍減三選聽集納粟一千石者使授解褐官有官者依資授官納粟二千石者超兩資授官如先有出身及官情願減選者每納三百石以減一選

卻還處州刺史進助軍錢絹等詔

天下戎賦固有常規刺史進錢實非舊典恐為後例弊及疲民言念於茲義在惻隱其苗稷所進助軍錢絹共二萬六千匹端麻鞋一萬量宜卻還本州苗稷將代貧下戶差稅箭一萬隻令付本道都團練使收管

誅吳元濟詔

吳元濟豺狼醜類敢悖天常不知覆露之恩輒肆猖狂之計拒捍成命焚劫鄰封詿誤我平人殘傷我赤子縣邑黎庶號呼屢聞朕為人父母得不興愧亦嘗告諭曾靡悛心

稔慝挺災日滋月甚所以命貔貅之旅致原野之誅雷霆所當巢穴盡覆獲此凶豎正其刑書與眾棄之茲為國典宜準法處斬其餘支黨並從別勑處分

赦王承宗詔

帝者承天子人下臨萬國觀乾坤覆載之施常務其曲全用德刑撫御之方每先有宏貸叛則必伐服而捨之倣於典謨亦尚斯道朕祇符前訓纘嗣丕圖底寧方隅蕩滌氛祲上以攄祖宗之宿憤下以致黎庶之阜康思厚者生務去者殺至於包荒藏慝屈法伸恩苟衷誠之可矜則宥過而無大王承宗頃居喪紀見責於鄰封後領藩城受疑於朝野國恩雖厚時憲不容戚實自貽寵非我絕百辟卿士昌言在廷四方諸侯飛奏盈篋競請致討爭先出軍尚復廣示招懷務存容納至於動眾事豈願然開境慇懼其殺傷退舍為休其士伍取陷救溺能無慘嗟以其先祖武俊有勞王室書於甲令銘在景鍾雖載駕王師再從人欲而十代之宥常切朕懷近以三朝稱慶八表流澤廣此鴻霈開其自新而承宗果能翻然改圖披露忠懇遠遣二子進陳表章緘圖印以上聞獻德棣之名部發囷奉粟並籠貢

鹽地願帥於職方物請歸於司會且天子所臨莫非王土析茲舊服將表爾誠諒申效順之心悉見納忠之志抑而不撫何以示懷朕念此方亦猶赤子一物失所寢興靡寧忍驅樂土之人竟就陳原之戮既克翦暴常思止戈予之此心天地臨鑒況常山師旅舊有功勞將改往以修來誓酬恩而遷善鑒精誠之俱切俾渙汗而再敷曠滌乃愆斷於朕志復此殊渥常懷永圖其承宗所有瑕釁特宜洗雪可依前守銀青光祿大夫檢校吏部尚書鎮州大都督府長史御史大夫上柱國充成德軍管內支度營田鎮冀深

趙等州觀察處置等使應成德軍將士官爵實封等一切仍舊待之如初其管內四州百姓委承宗厚加安慰令守生業官吏以下各守職分於戲禍福無門善敗由己所冀既因於克念易轍因獲其就安行之維艱守在勿失凡百庶士宜知朕懷

罷諸道節度使兼支度營田使詔

事關軍旅並屬節制務係州縣悉歸廉察二使所領實曰管轄諸道支度營田承前各置使自艱虞以後名制因循方鎮除授之時或有兼帶此職遂令綱目所在各殊今日

務修舊章思一法度去煩就理衆心爲宜唯別勅置營田處置使且令仍舊其忠武鳳翔武寧魏博山南東道橫海邠寧義成河陽等道支度營田使及淮南度支近已停省其餘諸道並準此處分

欽定全唐文卷六十一

憲宗 六

討李師道詔

天覆至宏爲惡者每聞於自絕國章具舉干紀者難逭其常刑元言致戒於佳兵丹浦本非其樂戰朕纘承鴻業祗奉睿圖居彰納隍動思濟物仗以大信御茲萬邦省躬靡忘於憂勤宏道必先於撫諭猶以庶政多缺至誠未孚兢兢之心豈自暇逸近者淮右致討宿兵累年宗社降靈妖氛克殄方櫜弓而匣刃期阜俗以息人旋議徂征諒非獲

已李師道代荷寵榮謬居垣翰功不列於勳籍過難逭於簡書尚復潛包禍心果是僞布誠懇屬問罪蔡土徵師合圍助彼寇仇敢爲影援陰通信使密致帛書累抗表章請捨元惡所圖不軌事匪一端遂至伏聚奸兇震驚洛邑焚刼內庫擾動河陰皆欲撓軍旅之深機阻邦國之大計加以擅興兵甲侵軼徐方驅逼戎行淩脅中使惡逾滋蔓志益猖狂乃者盜發京師實啟端本又常賦不入自致愆違凡此罪名皆在不赦朕以新除淮寇務息征師素爲含容豈令獻效而乃懷其積惡懼彼羣言將佐交馳頻疏疊至

闕心首罪請命求哀特降使臣往加宣諭而師道請令長子入侍闕庭願獻三州上歸圖印指期而發飛奏以聞詐爲納地之謀翻稔滔天之逆凡所陳列無非怨妄露其悖慢之詞備在封章之內明示百辟衆怒一心咸請致誅以懲無上猶爲伏念至於旬時又聞遽越封疆寇掠德棣焚蕪村落縱暴挺灾大肆鴟張曾無畏忌斯則人神之所共棄天地之所不容罪惡貫盈理當撲滅宜令宣武魏博義成武寧橫海等軍節度兵馬分路並進同力攻討相爲犄角其李師道在身所有官爵並宜削奪其淄青將士如能

梟斬凶渠者先是六品已下官授三品正員官其先是五品已上官者節級超奬仍與實封五百戶莊宅各一區錢二萬貫於戲動衆興師誠有乖於至理養災蓄患懼流毒於生人敷信未化於窮兇格物深慙於菲德甫平寇難遄務討除宵旰在懷良深愧歎庶將去暴永用止戈宣示中外咸令知悉

追贈高沐吏部尚書詔

圖難忘死爲臣之峻節顯忠旌善有國之令猷日者妖豎反覆侮我朝章而濮州刺史高沐劫在兇威潛輸忠款諷其不庭之咎將冀革心數其煮海之饒聿求利國伏奏必陳其逆節漏師常破其陰謀竟以盜憎遂死王事歿而不朽風聲凜然式表漏泉之澤且彰勁草之節可贈吏部尚書仍委馬總訪其遺骸以禮收葬優恤其家若有子孫具名聞奏

免李宗奭妻子緣坐詔

李宗奭本以凶很自抵誅夷用戒猖狂合從孥戮顧其微細已正刑章特示含容載寬緣坐其妻韋氏及男女等先收在掖庭並宜放出

遺詔

朕以薄德嗣膺寶祚執圭璧以奉九廟垂衣裳以臨萬邦十有六年於茲矣賴天地敷祐宗社降靈內有百辟卿士外有州牧方伯文武並用忠賢叶心以弼予一人以康彼兆庶戢翦羣慝廓清九圍方保和平共登仁壽而萬務所逼六氣或侵遘疾有加至于大漸用申顧命式合典謨皇太子恆天縱睿哲日躋誠敬惟孝惟友克寬克仁必能承祖宗之丕訓守邦家之鴻業宜令所司具禮於柩前即皇帝位仍以司徒兼中書令宏攝冢宰應諸道節度觀察防

衞等使及諸州刺史寄任尤切並不須赴哀皇帝易月之制皆依舊典文武官等朝晡哭臨十五舉音其喪儀及山陵制度務從儉約嗚呼始終常禮奚可甚哀漢文至言朕所遵慕咨爾將相洎中外腹心爪牙之臣其敬保元子惟懷永圖以纘我高祖太宗之耿光無廢朕命

輟朝侍膳敕

敕朕聞爲子之道莫大於寧親順色之方必先於養志此文王之孝曾氏之心每聆遺風常所景行伏以太上皇帝怡神閒館追想大庭將保靜延休滌慮寧體初陽變候舊

恙愆和寢食之間有不安節夙夜憂灼豈遑寧居而內奉庭闈冀承安否嘗藥視膳且不暇於衣冠一日萬幾固有虧於聽覽庶政闕決遂闕躬親恐中外具寮未悉予志起今月十六日以後權不聽政故兹宣示當體朕懷

條貫江淮銅鉛敕

錢貴物賤傷農害工權其輕重須有通變比者銅鉛無禁鼓鑄有妨其江淮諸州府收市銅鉛等先已令諸道知院官勾當緣令初下未盡頒行宜委諸道觀察等使與知院官切共勾當事畢日仍委鹽鐵使據所得數勘會聞奏

誅李錡并男師回敕

李錡幸因宗屬早列方隅德宗藉有土之權委之以泉貨順宗重維城之寄授之以旌旄恩深兩朝榮溢當代朕恭承寶祚首命端儀君臣之分益親天地之恩無盡僞詞三上懇請入覲推以至誠許其重任曾不知居不疑之地懷不測之端有梟獍噬食之心恃牛羊項領之力久蓄亡命敢有亂常謂干戈可得而興江山可得而恃悖言肆口逆狀滔天滅身之辜擢髮難數國有大典與衆棄之爲人除害非朕敢捨致兹用辟終所愧懷李錡并男師回準法處

斬其餘支黨已從別敕處分

嚴定應試人事例敕

自今已後州府所送進士如迹涉疎狂兼虧禮教或曾爲官司科罰或曾任州府小吏有一事不合入清流者雖薄有詞藝並不得申送入如舉送以後事發長吏奏停見任如已停替者殿二年本試官及司功官見任及已停替並量事輕重貶降仍委御史臺常加察訪

訪察薦舉敕

處分委御史臺諸道觀察使嚴加察訪不得容貸其諸司

所奏官屬及有狀論薦人如有贓犯過惡亦請具名聞奏
量加殿罰所冀人知所懼舉不妄行爲官擇人得賢報國

停實估勅

勅所納匹段並依中估明知加價納物務在利及疲人若
更徵剝實錢即是重傷百姓自今已後送省及留使匹段
不得剝徵折估錢但委刺史縣令分明告諭令加意織造
不得濫惡故違節級科貶其供軍醬菜等價直合以留州
使錢充者亦令見錢匹段埸納仍具每州每使合納見錢
數及州縣官俸料納一半見錢數同分析聞奏仍便納入

今年旨條以爲常制餘依

討王承宗招諭勅

自古哲王之有天下者懲其暴亂則法所宜加察其情狀
則罪有不及況故太尉兼中書令武俊忠扶邦國節著艱
難覽視冊書想見風槪而承宗毀棄門戶違悖君親遽肆
姦凶自貽討伐釁盈干紀寧忘武子之勳蕭延紹封無廢
鄭侯之嗣矧忠而見節禮以議賢宜降深恩庶行中典載
明樵採之禁兼茂歸降之制好生之德俾洽人心止殺之
源用孚朕志其王士平士則並宜各守舊官其武俊實封
仍特賜士則承襲鎮州大將昔著茂勳言念其勞每用增
歎其有食實封者並宜依舊不須停給如領兵軍將以所
領歸降者超二資與官賜實封二百戶仍賞錢一萬貫文
其武俊士眞松檟墳墓行營諸軍並不得輒有毀伐除暴
勝殘事非獲已布德施惠仁豈遠乎用彰弔伐之師式示
皇王之道宣布內外宜悉衷懷

定斷獄期限勅

刑部大理決斷罪囚過爲淹遲是長姦倖自今已後大理
寺檢斷不得過二十日刑部覆下不得過十日如刑部覆

有異同寺司重加不得過十五日省司量覆不得過七日
如有牒外州府節目及於京城內勘本推即日以報牒到
後計日數被勘司卻報不得過五日仍令刑部具遣牒及
報牒月日牒報都省及分察使各準勅文勾舉糾訪如有
違越奏聽進止其有獄情可疑須再三詳審非限內可畢
者即別狀分析幷寺司每月已斷未斷囚姓名事由並申
報中書門下

梁悅復讎減死勅

復讎殺人固有彝典以其申冤請罪視死如歸自詣公門

發於天性志在徇節本無求生之心寧失不經特從減死之法宜決一百配流循州

優賜黔府將士勅

黔中水災之後又展激初安如聞軍府之閒每事罄竭俾其存濟須有優矜其涪州緣屬荆南有供荆南節度錢二千四百貫令隨本州割還黔府兼於涪州送省錢三千八萬貫文內更取一千五百貫添賜黔府見在將士軍資

罰盧坦元義方立戟違式俸料勅

立戟官中大夫守京兆尹上柱國臨淄縣開國男賜紫金

魚袋元義方朝議大夫守尚書戶部侍郎判度支護軍賜紫金魚袋盧坦立戟雖令式所著似有闕文而臺閣相承久為定制盧坦元義方如有所見即合上聞造次而行殊乖審慎宜各罰一月俸料其戟仍令所司收納左司郎中陸則勾簡之任發付不精禮部員外郎崔備工部員外郎元禮等或以禮許人或守官假器此於申請其過尤深各罰一季俸料緣兵興以來勳賞超越其所立戟須有明文宜令所司準舊制待官階勳至三品然後申請仍編於格令永為常式

以戶部錢充州縣官課料勅

河東河中鳳翔易定四道州縣久破俸給至微吏曹注官將同北遠在於理體切要均融宜以戶部錢五萬五千貫文充加四道州縣官課料

柳公綽崔芃罰俸勅

公綽崔芃所進絹等所司奏聞各有欠少事緣進獻皆合精詳致使闕遺固非審慎柳公綽宜罰兩季俸料崔芃罰一季俸料

免徵李少和贓錢勅

李少和職奉察廉迹乖周慎除替已後猶取公錢或交換未塡或轉移私費今除已塡納贓數外尚欠三千七百餘貫身已淪沒不可徵收宜放免

貶吳憑等勅

吳憑曾佐史府忝履官途自宜畏法慎身豈得為人掌貨事關非道理合懲懲宜配流韶州其付杜載錢物宰輔之任寵寄實深致茲貨賄不能拒絕已令勘問悉合徵收責全終始之恩俾宏寬大之典其所用錢物特宜矜免杜載等並釋放僧鑒虛付京兆府決重杖一頓處死其財產奴

婢官收

追卹張茂昭勅

張茂昭立功河朔舉族歸朝義烈之風史冊攸載如聞身殁之後家無餘財追懷舊勳特越常典宜歲賜絹二千匹春秋二時支給

罰河南尹等俸料勅

河南尹職在擿發奸盜隱伏無遺今河南府劫殺崔應家賊彰暴若斯收擒不獲致使漏網得非慢官其河南尹及本縣令捕賊官宜各罰一月俸料其捕賊官至較考日仍

書下考其留守下本巡所𨽻宜委權德輿節級科罰

貶李竹海康縣尉勅

竹虐下以慘訊罪違律至使饋餉皆絕瘐死非辜因其壅隔更令殘毀狀人及此良用憮然俾投禦魅之鄉以戒宇氓之長可守雷州海康縣尉

處分諸司食利錢勅

比緣諸司食利錢出舉歲深爲弊頗甚已有釐革別給滄錢其御史臺奏所勘責祕書省等三十二司食利本錢數內有重攤轉保稱甚困窮者據所欠本利並放其本戶中納利如有十倍以上者既緣輸利歲久理亦可矜量準前本利並放其納經五倍以上從今年十二月以前應有欠利並放起元和十年正月以後準前計利徵收其餘人戶等計其倍數納利非多不可一例矜放宜並委本司準前徵納其諸司所徵到錢自今已後仍於五分之中常抽一分留添官本各勒本司以後相承收管其諸司應見徵納及續舉放所收利錢並準今年八月十五日勅充添修當司廨宇什物及令史驅使官廚料等用仍委御史臺勾當每常至年終勘會處分其諸司除疏理外見在本錢據額

更不得破用如有欠失即便勒主掌官典所𨽻等據數填備其中書門下兩省及尚書省御史臺應有食利錢外亦便令準此條流處分其諸司除此食利錢更別有諸色本錢不得妄援此例

誅殺武元衡賊張晏等勅

勅張晏李惠嵩李寔嚴淸受命孽臣害我良弼凶虐之甚古今所無雖奸源不窮而天網難漏擒捕斯獲兵刃具存自相證明遂得情實宜從極法以快衆心弁康少眞造端合謀不可異等宜處斬張公佐李少寧徐良季胡弟奴高

志邈田再興楊日暉華季進胡抱直劉憲生闕奉詮及李惠嵩妻阿馬等並合從坐況乃同情宜付京兆府決痛杖一頓處死蘇表藏蓄兵器衒耀軍謀朋遊悉無賴之徒取受多不軌之物屬當闕索爰得其人京輦之下豈容此輩宜決杖八十配流費州其妻阿康奴綠耳等不識陰情難書罪罰趙環等妻阿樊阿唐張晏女二初則不知終然同惡悉付京兆府各決二十放其鎮州進奏趙環并官健及王承宗行官家人魏昇朝等一十八人並赴京兆府收管待後疏理處分侯倫李英雖言已歸本道欲於何處逃刑

待投獲日準例處分張晏趙環等七人如更有親族並合搜檢準今年八月勅處分其刀劒器械等並付所由準法處分

絕王承宗朝貢勅

勅天地至廣有自絕者不得容皇王至仁有當誅者不敢赦朕纘承丕業虔奉睿圖樂戰佳兵每思聖祖之誡納汚藏垢嘗佩先哲之言罪有難原事非獲已成德軍節度管內支度營田恒冀深趙德棣等州觀察處置等使銀青光祿大夫檢校吏部尚書兼恒州大都督府長史御史大夫上柱國王承宗自滌疵瑕累加獎拔列在維藩之重待以忠正之途謂懷君父之恩克勵人臣之節而動思棄命恣逞非心傲佷反常橫厲無畏以其先祖常立忠勳每爲含容庶聞悛革曾不知陰謀逆狀久則逾彰凶德禍機盈而自覆乃敢輕肆指斥妄陳表章潛遣奸人竊懷兵刃賊殺元輔毒傷憲臣縱其凶殘無所顧忌推窮事跡罪狀彰明周覽讞詞良用驚嘆今罪人咸伏首惡有歸雖當去害之誅猶軫錄功之念宜令絕其朝貢使自懲省冀其翻然改過束身歸朝攻討之宜更俟後命儻或不能遷善即當續

有處分所爲指使蓋自承宗其事不在於三軍其辜闕延於百姓所以但絕朝貢未加討除如不自新止於有罪咨爾成德之衆勉於忠順之機博野樂壽之郊本范陽管界劉總自授朝寄常罄公忠既有繼於能勞則宜仍於舊服其博野樂壽兩縣並卻賜劉總收管大中大夫檢校左散騎常侍兼少府少監駙馬都尉賜紫金魚袋王承系亦由勳伐之後錫以姻戚之榮莫顧寵私用包淫慝交通謀慮叶比奸凶撫兹情狀合正刑典俾居遐遠猶示寬宏宜於黔府安置朝請郎守太子左贊善大夫賜紫金魚袋王承

廸朝請郎守丹王府司馬上柱國賜紫金魚袋王承榮國有彝章亦宜從坐承廸宜於歸州安置承榮宜於通州安置仍並馳驛發遣各委本道具到州府月日奏聞雲麾將軍上護軍王士平忠武將軍守左神武將軍事兼御史大夫賜紫金魚袋王士則並志秉恭德家承茂勳既申　闕惡之議亦以全功臣紹續之慶示朝典旌別之宜委中書門下即加獎授嗚呼朕方以五常之道刑於萬國之風猶有棄德而崇奸興穢以自臭惟訓導之不至顧菲薄而增慙尚欲依違務宏天網而公卿庶尹多士具僚繼有陳論咸

請誅討沈吟軫慮未忍加兵屈法申恩迺茲懲絕迫於公議難徇裏懷宣示中外咸令知悉

停任廸簡等俸料勅

新授右散騎常侍任廸簡祕書少監獨孤郁等如聞疾患日久未在視事其俸料等宜令所司住給

停來年正月朝賀勅

勅淮蔡未賓師人暴露而三朝元會萬國來庭舉樂稱慶有懷愧惕其來年正月朝賀宜權停止諸軍優賜並準例處分

曲宥王遂勅

王遂令私屬吏人請兩池課料有乖慎守合示薄懲但緣頃年出軍南北置使頗聞約身奉國省費相懸每念前勞特寬常憲已從別勅處分其韋從素柳季常各宜決四十其所請鏹物委度支使準法據數徵納

皇太后寢疾權不聽政勅

朕聞事親之禮問安雖限於晨昏爲子之心就養在勤於左右斯實虞帝明訓周王遺風朕率而行之不敢有墜伏以皇太后母臨萬國子惠兆人存神保和養素全道屬韶陽改候濡露感思舊恙有加常膳頓減夙夜惶惕不知所

寧今當專奉庭闈躬嘗藥餌脫冠解帶且無暇於寢興責晨臨軒安能親於聽斷起今月三日以後權不聽政故茲宣示宜體朕懷

莊憲太后山陵修奉事勅

蓋聞天地之德常存煦育之仁皇王之孝克念述遵之義朕纂承丕訓每務躬行而釁禍相延再罹煢疚大行太后慈顏永遠仙馭莫追遺旨丁寧俾親庶政祗奉號咽不知所措緬懷風樹之感俯追龜筮之期以復土方興役車未

已慮失農桑之候。或貽凍餒之憂。惻然憫傷。思獲均濟。緣上陵所要車牛夫役等。除官中自有外。並須和雇。仍先折本戶夏稅錢。訖度支以不折估匹段充填。如本戶所折稅錢已盡。即所司給付。無令損折。仍委山陵使與所司切加勾當。不得輒令侵欺。

內外支錢抽貫備軍需敕

寇賊未平。國用茲廣。若加賦歛。重困黎元。行權取濟。自今已後。應內外支用錢。宜每貫除墊陌外量抽五十文。仍於本道本使據數逐季收計。其諸道錢便差綱部送副度支

收管。隨貯納以備軍需。賊平後則依常例。

停賀冬賀正進奉敕

兩路兵戈尚未寧息。眷言供億。每慮勞煩。將贍軍需。必資省用。其今年賀冬來年賀正進奉。宜並停。

安置淮西歸順百姓敕

敕淮西賊中百姓。窮困相率歸順。其數甚多。言念生人。載懷哀憫。必資綏撫。始獲安存。於許汝行營側近置行郾城。委韓宏計議揀穩便處置。又於唐州側近置行吳房縣。仍令本界節度觀察使擇幹了官知縣事。兼量置兵馬防護。使免憂危。

罰趙宗儒等俸料敕

河中觀察使趙宗儒所收管內諸州錢物等。既有敕文。所宜遵守。縱緣軍用。亦合奏陳。宜罰一月俸料。崔鄯所令勘覆。頗未詳盡。以茲奉職。可謂慢官。宜罰一季俸料。

憲宗七

置遂平縣勅

勅文城柵將士百姓等脅汙之中同心效順率此危疑之俗盡爲忠義之人言念乃誠思加獎異爰圖改邑之制用表移風之美其蔡州行吳房縣宜改爲遂平縣仍於文城柵南新城內置便爲上縣權隸唐州

平泉貨勅

泉貨之設故有常規將使重輕得宜是資斂散有節必通

其變以利於人今繒帛轉賤公私俱弊宜出見錢五十萬貫令京兆府揀擇要便處開場依市價交易選清強官吏切加勾當仍各委本司先作處置條件聞奏必使事堪經久法可通行

禁私貯見錢勅

近日布帛轉輕見錢漸少皆緣所在壅塞不得通流宜令京城內文武官寮不問品秩高下並公郡縣主中使等下至士庶商旅等寺觀坊市所有私貯見錢並不得過五千貫如有過此許從勅出後限一月內任將別物收貯如錢數較多處置未了任便於限內於地界州縣陳狀更請限縱有此色亦不得過兩月若一家內別有宅舍店鋪等所貯錢並須計用此數其兄弟本來異居曾經分析者不在此限如限滿後有違犯者白身人等宜付所司痛杖一頓處死其文武官及公主等並委有司聞奏當重科貶戚屬中使亦具名銜聞奏其賸貯錢不限多少並勒納官數內五分取一分充賞錢數其賞錢止於五千貫此外察獲及有人論告亦重科處並量給告者

定量移左降官勅

左降官等考滿量移先有勅命因循日久都不舉行遂使幽遐之中恩澤不及自今以後左降官及量移未復資官亦宜準此處分如是本犯十惡五逆及指斥乘輿妖言不順假託休咎反逆緣累及贓賄數多情狀稍重者宜具事申奏聞其曾任刺史都督郎官御史并五品以上常參官刑部檢勘具所犯事由聞奏並申中書門下商量處分如未滿五考以前遇恩者準當時節文處分其復資度數準元和二年六月二十七日勅文處分

停諸司道進奉勅

勑伐叛興師久勞於外饋軍給費固已爲煩獻賀之儀諒非朕志務從簡約式表憂勤其今年冬至及來年元日諸司諸道進奉宜停

令史館紀時政勑

記事記言史官是職昭其法誡著在典常如聞近者難得詳實思有釐改用存舊章舉而必書朕所深望自今以後每坐日宰臣及諸司對後如有事可備勸誡合紀述者委其日承旨宰相宣示左右起居令其綴錄仍準舊例每季送史館以爲常例

安置崔祝康州勑

崔祝抵犯刑章宜加貶逐緣其身居憂服未可授官宜且於康州安置待服滿日處分其贓充進助者仍令度支收管本道觀察使覺察不得特宜釋放

令百僚議征李師道勑

李師道潛包禍心僞布誠懇緣自淮西用兵已後徵釁屢彰累有疏陳請捨兇逆當道租稅頻年不送陰通信使數致帛書又逆黨訾嘉珍等蓄聚兇徒謀燒洛邑所圖不軌臨發事彰又使其徒燒劫河陰庫倉沮國大計中使李重秀宣諭到本道又縱官健淩暴況又元和十年六月傷害宰相事之端本實啟潛謀凡此罪名皆當不赦朝廷以新平淮寇貴且息人素爲含容令其獻效師道自知過咎難掩羣言累遣崔承寵王元同自將表陳請令長子入侍兼獻沂密海三州林英續來又獻三州圖印并奏其男發日國家每務宏貸屈法招綏今忽翻然盡變前意應所陳列無非妄言其師道并軍將健兒表共三道詞頗悖慢宜出示百寮議可征可捨以聞

同司官非連判勾簡官不必避嫌勑

應同司官有大功已上親者但非連判及勾簡之官並官長則不在迴避改授之限況國朝故事不少勑令明文具存其官署同職異司雖父子兄弟亦無所嫌起今已後宜準天寶二年七月六日勑處分

宥淄青將士勑

勑魏博及義成軍節度送到擒獲逆賊李師道下都知兵馬使夏侯澄兵馬使朱澄等共四十七人附麗兇黨拒抗王師國有常刑悉合誅戮朕以其久居汚俗皆被脅從況討伐以來時日未幾縱懷轉禍之計未有効款之由情似

可矜朕不忍殺況三軍百姓孰匪吾人詔令頒行罪止師道方欲拯於塗炭是用活其性命誠為屈法庶使知恩並宜特從釋放仍令却遞送至魏博及義成軍各委節度收管驅使如緣父母血屬猶在賊中或羸老疾病情切歸還者仍量事優賞放去務相全貸何所疑留

討淄青禁諸軍擾民勅

寇孽背恩自取誅翦黎元不幸久陷凶殘王師有征義先拯物苟加殘暴諒匪子懷況諸軍討伐已來百姓歸投相繼既足嘉恤尤宜撫存時屬春陽各務農業陶我惠化當

令便安其淄青四面諸道兵馬應入賊界收城邑所至百姓明加曉諭任其營生輒不得妄行傷殺及有拘繫焚燒廬舍掠奪資產開發墳墓等事並宜禁斷詔下之後已有處分令更申勅切在遵行

賜王承宗物勅

王承宗與三軍將士輸忠効力叶志同心恭守典章誓除寇虜俗化丕變風猷特高如聞水旱之餘供費未贍務令優濟保洽恩和宜賜綾絹布共萬端匹

禁官吏替代取置莊宅破除正額勅

如聞諸道州府長吏等或有本任得替後於當處置百姓莊園舍宅或因替代情庇便破除正額兩稅不出差科自今已後有此色並勒依元額為定

放免京兆府夏稅大麥等勅

京畿之內供億所叢雖年穀比登而人食尚寡俾其存濟實在優矜其京兆府及諸縣今年夏稅大麥等共九萬四千六百九十四石並宜放免

令孟簡計會水道勅

江漢分流各有港路兩界但合論此不合勞人築隄今水

潦為虞則慮先及低下其鸕鷀港宜令孟簡即與決開其師子港塞來年月深久更委兩道計會詳盡本末事理

放四蕃歸國勅

劉闢招誘外蕃用資叛亂四蕃顧盟竟無助逆雖使在其間而義無所失其吐蕃並分散送赴本界以其寒沍涉遠各給衣物糧食發遣

貶嚴纂雷州勅

淄青營田副使兼齊州刺史嚴纂頃在賊中頗聞惡迹比於流類自合加刑況昔歲赴官便道潛竄凶狂之狀物議

不容投彼遐荒尚謂宏貸除名配流雷州

答宰臣請上尊號表批

伏以高祖太宗接千載之統垂無疆之休太上皇承九聖之烈傳莫大之慶嗣德纘業允文允武宏帝堯之欽明宗元元之清淨付朕天下顧神保和至道光於唐虞至仁合於天地卿等虔述休德祇獻鴻名循省再三允符朕意朕獲守寶位丕承睿訓雖虔恭寅畏不敢怠遑而澤未洽於羣生理未臻於皇極遽言徽號何以當之雖嘉乃誠難遂

來請其上獻太上皇尊號宜依所奏凡百卿士當體至懷

答宰臣請上尊號第三表批

省表具知朕獲承丕緒以撫萬邦照臨無日月之明膏潤無江漢之浸常恐吉蠲雖備未享於天心教道雖勤未諧於人欲諒歉匪德敢議鴻名而宰臣羣公宗后庶尹上引祖宗之丕矩下述黎獻之誠心誡予以處泰而思勞告予以變名而務實陳以懇迫至於再三先典不可以固違羣情不可以屢阻與其牢讓而繁飾不若納規而徇公遽抑至懷勉從來請顧惟不稱兢惕殊深

答宰相等賀忠諫屏風批

朕以負荷至大惕厲每深常所憂勤豈敢暇逸雖卿等竭忠獻替匡救之益既多而朕亦追想聖明諫諍之規是渴所以列其事迹文以丹青嘉乎匪躬凜然在目庶以發揮寡昧辨察正邪置之坐隅所期於外獎示於卿等但表於衷懷詠之清風企以從政豈惟斯美得在前人卿等道極致君才周濟物弼違義激於金石成務功格於神祇事合公忠言形將順周省陳叙深覽誠明所賀知

答宰臣請上尊號第四表批

省表具知建崇名加大號必自盛德而因全功茍非其時

難以擬議朕紹十聖之統緒尊百代之憲章冕而事天憂懔不暇乃者忠臣敦化良將策勳有寇難而必殄必平用兵戈而不蝗不旱此乃多士叶力成茲小康豈予一人獨運而致卿等四陳章疏每瀝肺肝同士庶之誠心徵朝廷之故實願飾虛美皆為過談諭而復來勢不可止雖重煩典禮殊不自安而深念奏陳亦當從欲勉依所請良用愧懷

豐陵禮成優勞德音

朕聞王者大孝本於無違故由於禮則不替慎於終則歸

厚國有大事付予沖人永言營奉哀惶靡措雖仰遵先旨已從儉於因山而俯徇度荒實載勤於復土況七月之會萬方畢臻有供億之繁有車騎之雜賴上天垂祐庶務肅成文物盡哀敬之容道路無風雨之氣粵自還座至於返虞人之叶從禮無違者此皆一二輔弼洎左右之臣至於庶寮罔不盡力朕所嘉歎不忘於懷宜酬厥庸以序功次其山陵使宜與一子七品正員官山陵禮儀使及陵所攝太尉行事官與一子八品正員官山陵副使兵部侍郎判度支李巽禮部侍郎崔頒按行山陵地使並賜一級挽郎

代哭諸司職掌工巧雜設人夫車牛並詢其勞績秩以等級賜官及出身賜勳爵進階減勞選各有差

平李錡德音

天地之德佐助者忠良鬼神之靈斃踣者盈貫故有無狀之釁顛越以敗常則有不奪之誠感慨以明節易所謂功業見乎變書所謂不善降百殃積惡必至於滅身見幾寧俟於終日應若影響昭然著明李錡受恩三朝授任千里勺水拳石以至高深潤草塗原豈酬亭毒而棄我厚德稔其姦心滔天以肆其逆謀擢髮未窮其醜行乃者式舉戎旆申嚴國刑將鼓雷霆之威以誅梟獍之罪鎮海軍左廂兵馬使兼御史中丞子良等外宏智慮內激精忠擐甲執兵取兇人之柄瀝肝嘗膽懷勁草之風迴戈以掩其羽毛竟夕遂擒其魁首天府無一金之費巳靜江流王師無一戰之勞巳除人害莫大之節卓然無倫非常之功斯謂不朽高位重賞予何愛焉殊加榮寵用顯旌勸其張子良等超異酬賞並從別勅處分其立功將士等並準平西川節度例優賞甄敘其左廂官健等素聞効順亦宜霑賞並從別勅處分王澹趙錡等仗節死義殺身成仁無罪罹辜受

茲殘酷所宜褒表並勸忠良即加追贈仍令州縣致祭收葬其王澹如有子弟服滿日與一子八品正員官如更無辜受戮及脫身効順者亦委元素具事聞奏當有褒贈及加甄錄如受戮之中有長行官健勿停糧賜優給其家浙西管內官吏及職掌人若被逼脅驅使者但情非同惡一切不問每念疲甿久罹虐政而又迫於逆命驅以饋軍攫斂則灌以漏卮傷殘則烈於猛火永言於此如納諸隍宜申蠲貸之恩冀息呻吟之苦其潤州今年秋稅未徵納者一切放免其管內諸州縣如李錡作亂之後橫加徵剝委

元素審加勘責具色目聞奏其榷酒錢亦宜處置聞奏應討伐之師如未出本界者委本道量加賞給如已出界者仰具聞奏朕惟前王之訓欽慎典刑今爲惡者就誅而建勳者已錄庶將櫜弓偃革遂物之生成力穡勸功致人於富壽覆車垂永鑒之轍端扆負扇無爲之風咨爾萬方宜知朕意

亢旱撫恤百姓德音

承天理物莫尚於愛人謝譴弭災必先於咎已朕臨御萬國逮今五年亦常勵精罔敢暇逸誠雖勤而未妥於事澤

雖布而未浹於人吳蜀建功關輔屢稔羣生咸若荒服會同將何以答昊穹之顧懷承宗社之眷祐固宜示以災眚警予增修自去冬以來時雪微降及此春暮積爲愆陽宿麥不滋首種未入東作慮違於農候西成何望於歲儲爲人父母甚可憂憫況江淮之間歉饉相屬物力疲耗人心無聊雖存救之術已行而凋傷之弊猶切是用輟食而嘆中夜以興得非刑獄之冤滯未申貨財之聚斂未息忠鯁之言未盡達不急之務未盡除有一於茲即傷和氣居高莫喻愧悼是懷爰命禱祠豈答神祇之望空勤惕厲豈爲恤隱之方莫若側身推誠循政務實法乾坤易簡之理贊天地茂育之仁將以塞違庶乎於道屬陽和之序品彙敷榮俯念繫縲俾從寬減其京城內見禁囚徒犯死罪非殺人降從流流已下罪遞減一等鹽鐵使下諸鹽院舊招商所由欠貞元二年四月已前鹽稅錢及永貞元年變法後新鹽利經貨折估錢共二十八萬七千七百五十六貫文並宜放免除此錢外諸色所由人戶及保人有積欠錢物或資產蕩盡未免禁身或身已死亡繫其妻子雖始於冒混而終可哀矜宜委鹽鐵轉運使即據狀事跡理具可徵

可放免數聞奏度支京西京北諸院榷鹽使并畿內在城諸色所由人戶欠負從貞元十一年以後至貞元十五年終主保逃亡攤徵保人并保人又逃亡及身在貧窮非家業見存姦滑延引者所欠錢物斛斗柴草等項亦宜放免亦委度支續具合放數聞奏諸道兩稅外據榷率比來創制勅處分非不丁寧如聞或未遵行尚有此弊永言奉法事豈當然申勅長吏明加禁斷如刺史承使牒擅於界內榷率者先加懲責仍委御史臺及出使郎官御史察訪聞奏夫制事立程必根源本末有上敦節儉而下有困窮上

好豐盈而下獲安輯顧財用之所出念耕織之爲勞自中原宿兵調賦尤廣更修無名之貢獻必有無藝之徵求或稱出於羨餘或稱不破正稅相因慕效寖以成風革弊立防何切於此其諸道進獻除降誕端午冬至元正任以土貢修其慶賀其餘雜進除旨條所供及犬馬鷹隼時新滋味之外一切勒停如違越者所進物送納藏庫仍委御史臺具名聞奏如諸道停進奉後尚務因循或有聚斂亦委出使郎官御史察訪聞奏政理之本在於簡約由內及外以示率先昨者六宮內人量已放出猶慮內廏之馬其數稍多委飛龍使等條流減省續具聞奏嶺南黔中福建等道百姓雖處遐俗莫非吾人多罹掠奪之虞豈無親愛之戀以茲興念良用憫然應緣公私買賣奴婢宜令所在長吏切加捉搦并審細勘責委知非良人百姓然許交關有違犯者準法條處分朕理國濟人以義爲利務於當者必舉詢其弊者必除其在卿士叶心方岳宣力勉修爾職以惠黎元慎守彝章咸悉朕意

賑恤百姓德音

勅王者本憂人之心有順時之令故及發生之候必宏利澤之規以此惠人期於阜俗今三陽布和萬物遂性惟人之窮乏者或不能自存朕所以愍然省憂議所賑救如聞京畿之內緣舊穀已盡宿麥未登尚不足於食陳豈有餘於播種勸其耕植固在及時念彼徵求尤資寬貸京兆府宜以常平義倉粟二十四萬石貸借百姓其諸道州府有乏少糧種處亦委所在官長用常平倉米借貸淮南浙西宣歙等三道元和四年賑貸米並宜停徵容至豐年然後塡納編戶之徵既有藝極字甿之要當恤有無苟徵歛之不時則困弊之無日近緣諸州送使錢物回充上供合送使者使司又立程限所以每至歲首給用無資不免量抽夏稅新陳未接營辦尤難委觀察使宜以供軍錢方圖借便輒不得量抽百姓夏種夏貢有差先乎任土周幣殊等實在便人近日所徵布帛並先定物樣一例作中估受納精粗不等退換者多轉將貨賣皆致損折其諸道留使留州錢數內絹帛等但有可用處隨其高下約中估物價優饒與納則私無棄物官靡逋財其所納見錢仍許五分之中量徵二分餘三分兼納實估匹段錢以準貨本約重輕制之不均遂權百物由是競爲蓄聚漸爽流通粟帛轉賤

農桑益廢若無釐革其弊難堪公私交易十貫錢已上即須兼用疋段委度支鹽鐵使及京兆尹即具作分數條流聞奏茶商等公私便換見錢亦須禁斷自定兩稅以來刺史以戶口增減爲其殿最故有折戶以張虛數或分產以繫戶名兼招引浮寄用爲增益至於稅額一無所加徒使人心易搖土著者寡觀察使嚴加訪察必令詣實朕嗣守丕圖於茲七稔每念萬方所奉唯在一人百姓未康豈安終食故所以賑贍優貸思致乂安方鎮牧守誠宜遵奉如有違越委御史臺及出使郎官御史訪察以聞宣示中外明悉朕意

莊憲皇太后祔山陵優勞德音

孝本因心自天子而下達禮當從祔由聖人而設範朕以寡祐夙罹憫凶追攀弓劍閉橋山而未幾永慕禕翟合源陵於此時昊天罔極追感無盡俾竭誠敬用申哀懷而冢臣大僚庶尹羣吏靡不夙夜展其勤勞備物之容既陳嚴奉之敬斯在始終罔替差次宜勞式舉彝章俾新渥澤山陵所攝太尉行事官與一子七品正員官山陵禮儀使與一子八品正員官山陵副使賜爵一級其下優賜各有差園陵所供役爲勞憫茲充奉之勤宜頒施舍之令其富平縣今年夏稅除折諸色價及已徵納青苗錢除捐外並宜放免

平吳元濟德音

朕聞天地之於萬物也道深煦育而雷電震曜時警其不庭帝王之臨九有也德尚撫綏而原野陳師必加於有罪是以將伐而揜義在止姦禍召由人孽固難逭朕嗣膺寶歷恭守丕圖自靖亂已庸除妖海澌戡翦羣慝將期理平全保太和非欲生事逆賊元濟蓄奸稔惡憑固阻兵擅釋父喪悖違君命行虧天性義絕人倫厲殘忍之聲豺狼是

類忘生成之德梟獍爲心大告屢加逆謀轉甚是用宜社至於出軍猶宏弔伐之方必兼討諭之命元臣統護授幃幄之深謀上宰專征運廟堂之成算羣帥畢力萬旅一心戰以力摧襲由奇勝李愬全師直進堅壁洞開兇徒就執於城池餘孽奔降於草莽霧廓冰泮淮濱水清斯皆宗社垂休人神協贊仰荷靈貺俯嘉衆誠共協勤勞予用惕然衷懷載益之屬頒爵授賞予何愛焉其收蔡州擒吳元濟節度及諸大將等宜從別勑處分諸立功將士等委韓宏

裴度行營諸道節度使速條流等第聞奏即有甄外其賞物等已令節級優厚支遣具别勅處分其投降將士亦委韓宏裴度與諸道節度使計會條流聞奏其中有是親差百姓子弟兵便放歸營農仍具數聞奏其淮西諸州縣官吏將健等雖被脅汙皆非本心除同惡巨蠹者一切不問其淮西百姓等陷此兇逆久罹殘傷莫匪吾人寧忘優恤宜準元勅給復二年仍委州縣長吏設法安撫其近賊四州自王師問罪供億實繁頻有優矜放其税賦尚慮人多困極務俾昭蘇其來年夏税亦宜放免比來諸州府供行

營勞役尤甚宜令放免委有司條流聞奏即議優卹自經戰伐所有傷痍至於徇國捐軀效忠立節每加憫歎寤寐是懷官軍陣亡將士並委韓宏裴度與諸軍審勘具名銜事跡申奏即與褒贈其家口等並委本軍優賞仍五年不停衣糧并所在州縣速爲收葬仍量事致祭於其家將士有因戰陣傷損以致殘廢者各委本軍厚致優卹仍勿停衣糧其陷在賊中官吏將士百姓等應有節義著明無辜受戮者宜令州縣府長吏致祭收葬仍委節度使具名跡聞奏當有褒贈仍優賞其家先已褒贈者委長吏訪其子孫聞奏當與甄錄其家亦準例優賞於戲制理垂規每思去殺而亂常作逆多自干誅爰念興師至於殄寇累年之内徵役靡寧除害雖本於愛人敷化終慙於用鉞宵衣永歎良所愧焉咨爾萬方宜諒予志

平李師道德音

門下朕聞三光下燭懷忠秉義者其節必彰四海有君作逆崇奸者其禍必大況乎恩有負於覆載禮自悖於君親罪盈而神怒既加惡稔而人謀乃發衆所共棄誅何可逃逆賊李師道苞慝稔兇背德蔑義動皆干紀言必欺天固

海岳之山川爲虵豕之窟宅忘寵禄於累代恣殘忍於一方阽亂自至於滅身冒戮難窮於擢髪朕祗臨寶位仰奉丕圖除暴本務於好生用武尚慙於耀德肆命羣帥會兵龜蒙旗鼓相望城壘連下淄青都知兵馬使金紫光禄大夫試殿中監兼監察御史劉悟義勇中激沈謀外通摅三軍嚮順之誠申列郡受汙之憤迴戈首唱萬旅響從渠魁就殲梟獍同戮載馳闕駰函首上聞氛祲廓清方隅底定功有卓異理當優崇旌善勸能用昭必信其劉悟所酬官賞並從别勅處分其同立功將士等賞物已處分支遣委

宣撫使楊於陵與本道計會速條流功効等第聞奏續加
甄獎魏博以全軍濟河俯壓賊壘摧攝兇狡導致良闕叶
謀祚爲保授既翦逆豎宜甄茂勲諸道行營咸盡忠力至
於攻取尅捷既聞應緣討伐將還之際合有宴勞賞賜等
並從別勅處分委各本道條流有功將士聞奏當議甄錄
其淄青管內州縣官吏軍鎮將健及諸色職掌人等久罹
脅汚自拔無由撫事量情亦可矜恕除同惡巨蠹者其餘
一切不問其淄青道百姓等陷此兇逆久被殘傷昨因阻
兵尤肆暴虐吾人是念豈忘優矜宜給復一年仍委本道

州縣長吏設法撫綏其管內有高年廢疾并鰥寡惸獨貧
弱尤甚者委觀察到日差官存問並量與粟帛訪聞比者
賊中應有百姓斟斛皆被收納今春農時貧乏者衆恐不
辨耕桑失生業者宜令存問如有此色取所舊貯斛斟量
事給與令充種食俾得存濟其賊中雜差點子弟夫役便
放還本處其中有不能自存者量事優卹百姓商旅諸色
人中有被分外無名賦斂者並當勒停自興討伐言念傷
痍扞患捐軀納忠徇國良深隱惻寧捨寤懷其官軍有陣
亡將士等委本軍審勘具名銜事跡申奏即與褒贈仍令
本軍優賞其家三年不停衣糧并委所在州縣速與收葬
量事致祭其將士有因戰陣傷損尤甚以致殘廢者各委
本軍厚加優卹仍勿停解其陷在賊中官吏百姓等應有
節義著明無辜受戮者宜令州府長吏致祭收葬仍委節
度使到日具名跡聞奏當有褒贈仍優賞其淄青封域歷
稔氛昏管內名山大川在祀典者宜令宣撫使與本鎮計
會差官備禮致祭其祠廟中應緣陳設器服等物是賊中
所置者並宜廢撤特加修換用致虔誠於戲朕恭已嚮明
撫御九有推情以恕出令在寬而叛逆反常自貽天誅迷

於告諭速彼誅鋤轉禍必有忠臣爲亂同於覆轍既除逋
寇庶洽大和偃戰干戈諒從此始布告遐邇咸使聞知主
者施行

欽定全唐文卷六十三

憲宗八

上順宗尊號册文

維永貞二年歲次景戌正月景寅朔皇帝臣某稽首再拜奉册言臣聞上聖元邈獨超乎希夷強名之極猶存乎言象豈足以表無爲之德光不宰之功然稱謂所施簡册攸著涵泳道德感於精誠願奉洪徽有以自竭伏惟太上皇帝陛下道繼元功業纘皇極膺千載之休曆承九聖之耿光昭宣化源發揚大號政有敦本示儉慶有格天漏泉恩

翔春風仁育羣品而功成不處褰裳去之付神器於沖人想汾陽以高蹈體堯之德與神同符其動也天其靜也地巍巍事表無得而言顧茲寡昧屬膺大寶懼忝傳歸之業莫申繼述之志夙夜兢畏惟懷永圖今天下幸安皆睿訓所被而未極徽號孰報君親是以臺臣庶官文武之列抗疏於內方伯藩守億兆之衆同辭於外請因壽曆以播鴻名臣不勝大願謹上尊號曰應乾聖壽太上皇當三朝獻壽之辰應五紀啟元之始光應徽稱允協神休斯天下之慶也

贈高崇文司徒册文

維元和四年歲次己丑十月癸酉朔十三日乙酉皇帝若曰自我有國大諸侯之勳勞者必勒功圖形播於鐘鼎藏於盟府殁則極異等之禮以嘉魂魄使奮乎百代之上百代之下爲臣者莫不興起也咨爾故邠寧慶等州節度支度營田觀察處置等使充京畿諸軍都統開府儀同三司檢校司空同中書門下平章事持節邠州諸軍事兼邠州刺史上柱國南平郡王食邑三千戶高崇文英姿絕羣雄畧神授上通星辰之氣克扶期運之數少事塞門保寧朔

漠千秋之勇常冠軍鋒吳芮之忠早書令甲頃以并絡之下盜臣流毒獸心狼顧誘脅我人遂拜於齋壇授以蕭斧束馬蓐食先命戒塗曾無再籍之役不用一卒之死生致首惡戮屍天街西南晏清按堵如故禮加九命秩尊三事貴列東第壤踰徹侯動盪夷夏煇灼編簡進律遷秩兼制舊疆臥鼓翳扉解甲休卒期以無徂逮乎三垂暗忽生災壽量中輟維屏之嘆瞿然疚懷故命國子祭酒劉宗經副使司勳郎中李直方持節册贈爾爲司徒賻襚命數率禮加等式表無原之功用申不檢之賞將我痛悼告於幽神

冊鄧王爲皇太子文

維元和四年歲次己丑十月癸酉朔十八日庚寅皇帝若曰於戲昔禹有聖予克承父業故三王代襲以天下爲家我唐受天明命垂二百年欽惟十聖虔嗣寶歷亦罔敢越丕子之責傳序相受以及予一人獲奉珪幣事上帝承宗廟夙夜祇懼不敢荒寧永惟負荷思建儲貳須假五載相時一德允屬於爾元子鄧王寧惟爾兩曜分輝五行總秀體資上哲性被至仁粤在幼沖挺然岐嶷寬厚之量匪由師訓溫恭之德稟自生知爰撫藩封式崇磐石河閒之泉

懿決策不窮東海之開明視牘能辨陪厚宗祀贊獻郊禋展禮克誠執事惟敬勤龔子道左右朕志旋觀表識宜踐青宮訊於蓍龜靈命不二謀及卿士人心協同尚膺七鬯允事監撫是用命爾爲皇太子往欽哉莫尊匪君爾爲之臣莫親匪父爾爲之子愛敬誠矣忠孝並焉爾其虛受以下賢齊肅以成德無以崇廣處己無以怠忽臨人繼明四方以貞萬國永言配命可不慎歟

贈吳少誠司徒冊文

維元和四年歲次己丑十二月壬申朔二十七日戊戌皇帝若曰殁加榮號所以勸人示其爵列之差用彰禮命之數咨爾故彰義軍節度支度營田申光蔡等州觀察處置等使光祿大夫檢校司空同中書門下平章事使持節蔡州諸軍事兼蔡州刺史上柱國濮陽郡王吳少誠嘗貫拳勇習知戰陣服上將之號令爲中書之首出及鑿門建牙授以封域稜威以行法制峻文以輯賦輿當先聖之委遇極寵祿之休顯序位列公台之盛茅土有侯王之尊謂終享遐紀策勲功令壽量斯盡軫於予衷今遣使權知宗正卿李詞副使起居舍人裴度持節冊贈爾爲司徒於戲守屏之臣注意斯重昭我寵渥藏於後昆

冊遂王爲皇太子文

維元和七年歲次壬辰十月景戌朔十七日壬寅皇帝若曰於戲建立儲嗣崇嚴國本所以承祧守器所以繼文統業欽若前訓時惟典常越我祖宗克享天祿奄宅九有貽慶億齡肆予一人序承丕構纂武烈祖延洪本支受無疆之休亦無疆惟恤負荷斯重祇勤若厲永懷嗣訓當副君臨咨爾遂王恒體乾降靈襲聖生德教深蘊瑟氣叶吹銅早集大成不屑幼志溫文得於天縱孝友因於自然符采

昭融器業英遠爰膺錫社實寄維城懿河間之不羣慕東平之最樂自頃離明輟曜震位虛宮地德可尊人神攸屬式稽令典載煥徽章是用冊爾爲皇太子往欽哉有國而家有君而父義兼二極重繫萬邦何好非賢何惡非佞何行非道何敬非刑居上勿驕從諫勿咈懋茲乃德惟懷永圖用陪貳朕躬以對揚休命可不慎歟

命皇太子即位冊文

維元和十五年歲次庚子閏正月甲辰朔越三日景午皇帝若曰於戲上天降鑒保乂于我國家十聖丕承光宅四

海鴻休大業以遠予一人嚴恭祗畏懼弗克荷賴宗社垂慶生靈乂安今朕寢疾彌留弗興弗瘳神器所付屬之元良咨爾皇太子恆孝友聰明溫文睿哲自主七鬯日新厥德必能纘序朕志綏靖萬邦是用命爾陟於元后宜令中書侍郎平章事令狐楚奉冊即皇帝位懋建皇極無忝我祖宗之休烈

改元元和赦文

朕聞明王之以孝理也必先之以博愛臨之以莊敬由一人之至德鼓四表之懽心臻於太和以育庶類則下知禁而無犯上措刑而勿用斯道不遠宏之在予朕以寡昧嗣守丕業荷累聖之鴻休稟太上之嚴訓夙夜寅畏不敢荒寧承顏而退省萬幾問寢而下臨四海虔奉惟睠施於兆人皇王以來孰有斯慶端本之化自予躬行總百行之源刑四方之理推恩以覆育廣敬以昭事王者要道朕其庶乎則日月之燭臨可以率俾昆蚑之涵養期於不夭是必家至日見而後化洽刑清圖始所難慎終斯勉猶恐下愚之人因循陷辟官師之長教道未明迫於饑寒遂愆禮節詿誤之網顧失政而多途哀矜之人雖得情而勿喜思與

公卿大夫下及士庶人勵翼循省以圖將來其因體元之始覃此惟新之澤上報於君父下念於蒼生須慶紀年鴻恩斯洽可大赦天下改永貞二年爲元和元年自元和元年正月二日昧爽已前大辟罪已下常赦所不原者咸赦除之京畿諸縣今年十二月青苗錢及榷酒錢並宜放免地稅率於每年斛量放二分江淮荆襄等十州管內水旱所損四十七州減放米六十萬石秋稅錢六十萬貫內外文武見任在官神策六軍諸道將士等各賜爵加勳有差自武德已來功臣子孫與官及出身文武常參官觀察節

度團練經略使刺史六軍大將等父母亡歿與贈官至德以來任宰輔與追贈及謚陝州奉天元從功臣普恩之外更賜勳爵中書門下及外使宰相宜與一子七品官東都留守六軍大將等與一子出身東宮官並與改官其撰冊文官等與一子官及勳爵有差天下百姓高年者賜米帛羊酒國子監祭酒司業及學官並先取朝廷有德望學識者充東都國子監諸館共置學生百員應天下州府每年所稅地丁數內宜十分取二均充常平倉仍各逐當處穩便收貯以時價糶糴務在救人

南郊赦文

朕聞王者大業孝莫盛於配天國之大事禮莫尊乎享帝故二儀合祭知上天所子之仁萬國駿奔觀聖人嚴父之道教之所設禮極於斯我國家祖武宗文繼天撫運聲名所被車書必同承祧而御極業光十聖體元而紀號年將二百朕以微眇纘奉昌圖畏此洪業若臨深谷而大事所屬仙寢維營凶德相挻兩隅皆阻淮湖與壤水旱愆期愁然疚懷懼不克濟既而上天降祐烈祖垂休妖氣盡殄逆節咸伏精祲有以相盪善惡有以相資五兵纔試而復藏四氣應序而咸理物皆滋茂歲亦豐登百姓之心懽然相與是用齋精三日款謁上元明發不寐祇見烈祖周旋在位陟降是依克配之禮既展如在之誠增慕嘉此福祐與物惟新式敷雖若之化俾洽霈然之澤可大赦天下罪無輕重常赦不原者咸赦除之左降官與量移及復資仍聽累敘流移配隸並放還天下應有逋欠在百姓腹內者及京畿今年夏青苗錢並放免官酤酒及雜榷率並同禁斷淮南江南去年已來水旱疾疫其稅租節級蠲放天下兩稅貞元四年制書已令三年一定委有司舉舊勅商量處

置諸道年終勾當宜停刺史錄事參軍並不得擅離州其事類已後制勅速令有司刪定江淮大縣每歲據闕委三省御史臺諸司長官節度觀察使各舉堪任縣令不限選數並許赴集臺省官及刺史亦令有闕先於縣令中揀擇如有能否與元舉人同賞罰復置具員簿以序內外庶官禁郵驛假託乘勢京兆府諸司色役人各令條流簡省天下官吏應行鞭捶責情致死切令察訪王府六品已下官及諸州縣有獄并省處分諸官諸使有要停減者委有司商量廢省天下百姓不得冒為僧尼道士以避徭役其創

造寺觀廣興土木者舉勅處分內外文武見任及致仕官諸軍將士等以品秩節級賜勳爵文宣王及二王三恪公主諸王與一子官仍賜物有差宗子中有才用者委中書門下量才敘用故尚父子儀太師晟太尉秀實顏眞卿顏杲卿張巡許遠南霽雲及配享功臣與一子官及出身有差至德已來功臣未配享者速令詳定文武常參官及諸道節度觀察使等并諸軍使並與父母封及追贈并一子官及出身有差諸軍立仗及在本營節級賜物應緣大禮職事官並賜階爵天下諸色人中有賢良方正能直言極

諫博通墳典達於教化軍謀宏遠堪任將帥詳明政術可以理人委內外官各舉所知當親策試天下百姓高年者賜米帛羊酒物及版授官封名山大川及古聖帝明王忠臣烈士各令以禮致祭

冊皇太子赦文

門下朕丕承寶圖撫有方夏夙夜寅畏不敢荒寧永惟祖宗之鴻業歷考前王之令典思所以垂統立極事神保人推明至公安固大本尊廟祧而主匕鬯嚴社稷而奉粢盛俾開春闈乃命元子斯古今之通誼也皇太子寧淸明體仁莊敬好禮服典謨之誨一君親之誠允諧詢謀用建儲貳爰以吉日冊於明廷鼓鐘載和文物大備盛禮云畢慶感良深是宜布澤申恩自中達外厥有前躅舉而行之自元和四年十月十八日昧爽以前天下應犯死罪非殺人者降從流流罪已下遞減一等左降官未經量移者即與量移文武常參及諸州府長官子爲父後者賜勳兩轉應緣冊禮行事官賜階及勳爵有差鄧王府官量與進改夫輔翼元良教諭成德使目睹正事耳聞正言形於施爲漸於心術非齋莊忠愨之士不在茲選工部侍郎歸登給事

中呂元膺並踐履端方行義修潔通於經訓而得其要達於教化而蹈其中侍講承華師範磐石訪乃公議副予精求並可充皇太子諸王侍讀登宜加一階元膺宜賜紫金魚袋天下孝子順孫先旌表門閭者委所管州縣各加存恤五嶽四瀆名山大川委所在長吏量加祭祀

平淮西大赦文

朕聞王者法天作則與衆守邦奉天無私居兆人上當恭己嚮方之際切臨深馭朽之懷憂勤靡遑今古何遠所重者兵革不試軌度自貞熙仁扇和以至大道朕顧惟菲德

祇奉睿圖承昊天之眷命纘列聖之丕緒旰食以求至理虛心而俟昌言兢兢業業常懼失墜逮今十有四年矣道且希於廣運意常在於包荒推誠則深感物未至頃歲蜀川浙右怙亂阻兵人神共誅翦滅相次姑務偃革期於措刑方籥勺以懲姦庶干羽以成化而淮蔡寇孽稔禍挺災問罪興師蓋非獲已每念征行之暴露軫餽給之煩勞中宵惕然載益祇勵妖凶既殄黎庶用康斯皆宗社垂休中外協力將勤恤於下士冀昭答於上元茲朕所以思與羣公卿士勵精於庶政也屬獻歲發春授時惟敬勾萌盡達

幽蟄咸蘇徽纆可矜鰥恤存念俾踈網之是決與慶澤之惟新可大赦天下元和十三年正月十日昧爽已前大辟罪已下咸赦除之惟官典犯贓不在此限左降官及流人移隸等並與量移近處別勅因責降授正員官所司亦與處分其淮西管內縱有迹同惡逆掛涉流言事在往時一切不問如聞申光蔡溵四州百姓干戈之後餓殍爲病宜委所在長吏設法綏理先入擒吴元濟立功將士委韓宏條疏宜速具功勞等第聞奏待有甄獎處分天下諸州府百姓兩稅之外輒不得更有差率已頻申勅尚恐因循宜委御史加糺察其諸道州府縣用兵已來或慮有權置職名及擅加科配事非永制者一切禁斷淮西側近應緣資給軍用權稅經奏請者各委條疏停省王承宗若束身赴闕捨而不問仍加官爵其度支元和二年已前諸道借假及懸欠錢物斛㪷雜物當四百八十餘萬貫石端匹枚具斤兩等並放鹽鐵戶部諸監院應有欠負亦疏理減放二王三恪及文宣公各賜物五十匹神策六軍威遠金吾及皇城等緣御樓立仗將士等及在城蕃客各賜物有差故尚父子儀贈太師晟贈太尉秀實杲卿眞卿張巡許遠南霽雲與一子官出身有差中書門下及文武常參官諸道節度觀察神策諸軍等使祖父母節級與贈封官存者量與致仕及邑號天下百姓高年賜米帛羊酒有差

上尊號赦文

門下朕聞惟人戴后因事必極於推尊惟辟奉天有善必歸於讓德式敷景化以答元功居有勞謙之思進多滿假之懼緬自邃古何嘗不由是而致理焉朕獲纘睿圖祇膺神器上奉大祭下安羣生恭己臨軒兢懷馭朽志欲周於四海念常切於一夫旰食宵興唯恐失墜運屬休泰時丁

小康方隅廓清氛祲銷盪斯乃上荷乾坤之垂祐宗社之降靈下賴卿士之叶心戎臣之宣力端拱嚮道推誠任能豈予寡昧用集丕績況至化猶鬱勤憂未寧而中外臣僚文武多士累陳懇疏並進昌言願獻鴻名以增虛美拒衆心而率籲轉切顧眇身而內愧靡安乃撰吉辰爰受典冊禋告於清廟虔聞於昊天當兹盛儀夕惕增厲於戲朕自御極再加景號在徽章而孔備諒浮實而多慙宜因行慶之辰誕布惟新之澤與物咸遂永孚於休可大赦天下自元和十四年七月十三日昧爽已前大辟罪已下已發覺

未發覺已結正未結正繫囚見徒罪無輕重咸赦除之唯故殺人及官典犯贓不在此限左降官量移近處已經量移者更與量移如復資者即任赴選集丁憂去任服闋日亦與量移如有親故在上都任於所司陳狀便與處分不必更待本州申請如準前制已合量移有司未注擬者並任累銜并別勅因責授降資正員官所司亦與處分亡官失爵放歸不齒者量加收敘流人移隸等並與量移近處僧尼道士移隸者得罪人已亡歿家口未放歸者一切放歸如有情願住者亦聽住左降官及流人先有官者如有已亡歿各還本土應反逆緣坐配流在遠處身已亡歿者如有親戚任便歸葬棄瑕宥過既咸達於幽明錄善舉才庶無遺於廢滯或中外前資見任官如有因瑕累未經錄用并左降官事情可恕才行足稱者宜委中書門下量加簡拔隨能錄用妖凶久阻汙脅所加今既盪清宜從洗滌其淄青舊管內官吏將士百姓等縱有跡同惡逆掛涉流言事在往時一切不問維新之後仍不得遞相糾告革其弊俗阜彼遺人切在分憂期於共理鄆曹濮淄青沂海等三道百姓久淪寇境皆被傷殘宜委本道觀察使刺史設

法綏撫務令安輯勳籍所著常典必行常恐踰時無忘終食應平淄青諸道立功將士宜委本道速準前勅條疏聞奏當與甄奬自經討伐鋒刃所交言念傷殘每深憫惻其淄青舊管四面官軍陣亡將士等已有前勅處分收葬量事致祭其是賊徒遺骸委在中野者亦委所在州縣速與掩瘞輦轂之下萬邦所瞻封畿之內百役斯集永言凋瘵是用蠲除其京畿諸縣今年秋稅戶青苗及秋冬季榷酒錢每貫量放四百文從元和五年已前諸縣百姓欠負錢物草斛㪷等共一十三萬五千一百一十三貫石速委京

兆府疏理具可放數聞奏天寶已後戎事方殷兩河宿兵戶賦不入軍國費用取資江淮繭絲所收寧免加厚物力有限水旱相因歲月既深凋瘵亦甚眷言及此憫歎良多今上天垂休氛沴清息師旅之後又茲豐穰省事恤人庶乎惠養其淮南浙江東西宣歙江南湖南福建山南東荆南等九道今年秋稅錢合上供者每貫量放三百文度支其今年秋稅留州留使錢幷鄂岳共十道每貫量放一百文度支元和五年已前諸道州府監院送省除前制放免外諸色欠負通縣錢物等共四百二十八萬八千八百

貫石等監院鹽鐵使從貞元五年已後至元和五年已前制疏理量放外應負諸色錢物斛㪷共三百三十二萬二千一百五十一貫石等戶部從建中三年已後至元和九年已前除前制疏理外諸色欠負錢物共計五十三萬九千四百六十四貫石等並委本司疏理具徵可放數聞奏御史臺及祕書省等三十二司公廨及諸色本利錢其主保逃亡者幷正舉納利十倍已上攤徵保人納利五倍已上及展轉攤保者本利並宜放免其正舉未至十倍亦委御史條疏聞奏京城內私債本因富饒之家乘人急切終令貧乏之輩陷死逃亡主保既無資產亦竭徒擾公府無益私家應在城內有私債經十年已上本主及原保人死亡又無資產可徵理者並宜放免比來州縣多不定戶貧富變易遂成不均前後制敕頻有處分如聞長吏不盡遵行宜委觀察使與刺史縣令商量三年一定必使均平其京兆府亦宜準此河隴迥遠風沙早零動切烟塵之虞居勞晝夜之警方加拊勉寤寐在懷緣邊諸軍自今已後所給衣賜及軍糧價直宜委度支稍加優恤展材效用既竭忠勞行慶覃恩所宜優給內外文武見任及致仕官三品

已上賜爵一級四品已下加一階仍賜勳兩轉神策六軍金吾威遠皇城諸道將士等普恩之外賜勳三轉諸道將士經淮西淄青兩度立功者更賜勳兩轉詩歌有客王道攸存禮著先師儒風載闡永懷後嗣寧忘加恩二王三恪及文宣公賜物五十匹仁親爲寶睦族是先霈澤所存用頒慶賜大長公主長公主嗣王各有賜物宸居所拱禁衞斯嚴寄切爪牙效彰忠勇恩榮素厚寵錫宜周神策六軍金吾威遠皇城等諸軍將軍已下各有賜物其將士等長行立仗者并守本營者每人各賜有差四夷來庭萬里觀

禮柔遠之義恩不可遺鴻臚禮賓院應在城內蕃客並節級賜物昭受冊典永垂鴻休皆爲皇臣克贊盛禮崇階高爵任子延恩式永寵章以明酬獎讀冊官侍中韓宏讀寶官戶部侍郎平章事皇甫鎛並加一階已至三品者賜爵二級撰冊文官中書侍郎平章事崔羣與一子正員官奉冊寶綬書玉冊書寶官加兩階進寶綬進冊禮儀贊導押寶綬舉舁寶冊官加一階其餘應職掌行事官寫制書官太常修撰儀注禮官并內侍省行事官三品已上賜爵一級四品已上各加一階仍賜勳兩轉鐫造玉冊并填金字

造寶官等各賜物五十段每懷先正尚想舊勳將以勸忠故茲進錄故尚父子儀贈太師晟贈太尉秀實各與子孫中一人八品官張巡許遠南霽雲顏杲卿眞卿各與子孫中一人出身陝州元從奉天定難功臣三品已上普恩之外賜爵一級四品已上更賜勳三轉身歿未經追贈者宜與追贈太學崇儒教化根本兩都國子監館宇如有隳壞處宜令本司計料聞奏當與修葺官屬師氏委中書門下及所司精慎選擇用賢納諫常所虛心計科求人抑有古典天下諸色人中有賢良方正能直言極諫博通墳典達於教化軍謀宏遠堪任將帥詳明政術可以理人者委中書門下尚書御史臺及諸司四品以上清望官五品以上清望官諸道觀察使刺史各舉所知仍限來年正月內到上都朕當親自策試宗子中如有才行可稱者委宗正寺及所在長吏具以名聞仍委中書門下量才敘用國典舊章墜廢滋久者各委本司條疏奏請當議施行元和元年已來制敕處分有未遵行者委御史臺提舉聞奏大明黜陟著在格言所以考官吏之濁清究黎人之利病敷我化理屬於使臣宜委中書門下選黜陟使分巡天下恤其耆

老必及於州閭表其行義用敦乎風俗天下百姓年百歲以上各賜米五石絹二匹綿一屯羊酒有差九十以上各賜米三石絹兩匹仍令本縣令就家存問孝子順孫義夫節婦旌表門閭終身勿事先已旌表者量加優卹祀典所載朝章是崇或美利在人或遺風可慕必資申敬乃副予誠五岳四瀆宜委本州府長吏備禮致祭名山大川及自古聖帝明王忠臣烈士各令所在以禮致祭亡命山澤挾藏軍器者百日不首復罪如初赦書有所不該者所司具作條例聞奏敢以赦前事相告言者以其罪罪之赦書

日行五百里布告天下咸使知聞

大乘本生心地觀經序

蓋夫物我既殊嗜欲方熾六根陷因緣之境七情奔利害之場蓋纏其真執縛於妄愛惡攻內紛華蕩前心類騰猿身若狂象豈復悟菩提之性息塵埃以自明了眞如之理本空寂而爲樂不有妙覺其孰拯斯溺乎由是至人開法大士傳教濟羣迷於彼岸漸諸妄於此門不滅不生視色空而俱泯無來無去觀性相以皆如然則泯色空者非言無以極其致如性相者非文無以會其歸設此筌蹄納諸

達路此蓋西方神人之大教也大乘本生心地觀經者釋迦如來於耆闍崛山與文殊師利彌勒等諸大菩薩之所說也其梵夾我烈祖高宗之代師子國之所獻也寶之歷年祕於中禁朕嗣守丕業虔奉昌圖聽政之暇澡心於此以爲攝念之旨有輔於時潛道之功或裨於理且大雄以慈悲致化而朕生而不傷法王以清淨爲宗而朕安而不擾敷教於下用符方便之門勵精以思是叶修行之地無爲之益不其至乎夫如是得不演暢眞宗闡宏奧義者也乃出其梵本於醴泉寺詔京師義學大德罽賓三藏般若等八人翻譯其旨命諫議大夫孟簡等四人潤色其文列爲八卷勒成一部如來祕藏歷塵劫而初開大乘眞理超沙界而方謐燭其昏昧示以津梁俾披閱之者甘露灑於心田曉悟之者醍醐流於性境嗟嘆不足披翫豈忘亦既書寫聊爲序引雖離諸文字詎假發揮而啟其宗源式存年代時我唐御天下一百九十有四年也

欽定全唐文卷六十四

穆宗皇帝

帝諱恆憲宗第三子貞元十一年生初名宥封建安郡王元和元年八月進封遂王七年十月立爲皇太子改今名十五年正月即位長慶元年七月上尊號曰文武孝德皇帝在位四年年三十諡曰睿聖文惠孝皇帝廟號穆宗

貶皇甫鎛崖州司戶制

朕顧眇身初膺大寶思有以上諧天意下悅人心將澄理化之源必分邪正之路言念輔弼方俟忠賢其或挾姦容身斂怨歸國罪已暴於天下法宜行於事初不速去之曷

明予志中大夫守門下侍郎同中書門下平章事上柱國賜紫金魚袋皇甫鎛器本凡近性惟險狹行靡所顧文無可觀雖早踐朝倫而素乖分望自掌邦計屬當軍興以剝下爲徇公既鼓衆怒以矯節爲孤立用塞人言洎塵台司益蠹時政不知經國之大體不慮安邊之遠圖三軍多凍餒之憂百姓深凋瘵之弊事皆罔蔽言悉虛誣遠近咸知朝野同怨而又廣稱方士上惑先朝潛通姦人罪在難赦合加寬殛以正刑章俾黜遐荒尚存寬典凡百在位宜悉朕懷

授蕭俛中書侍郎平章事制

廊廟之任萬邦所瞻調一氣之和序五材之用出納王命發揮帝猷簡求賢能宏我理本朝議郎守御史中丞飛騎尉襲徐國公賜緋衣魚袋蕭俛識通化源道契休運有戴君峻節之志秉見義匪躬之誠代襲公台族高軒冕學冠古今之要詞深雅誥之宗嘗事先朝職居宥密奏議無撓忠勞益彰洎執憲南臺肅清朝序休望彌洽直聲日聞朕方臨萬邦思致於理若涉大水浩無津涯將務簡以安人欲息兵而論道審象以授其代予勤爾其端志絕私去末

崇本敘禮樂於邦國正風教於人倫舉其鈞衡明示天下無俾一德專美於殷爾其敬之奉我成命可朝散大夫守中書侍郎平章事仍賜紫金魚袋

貶李景儉建州刺史制

夫士之出處則辨其邪正人之踐修宜勵其終始苟不容於公論誠難逭於國章況其擢自宗枝常探儒術洊歷臺閣亦分郡符而動或違仁行不繇義附權倖以虧節通奸黨之陰謀衆情皆疑羣議難息據因緣之狀當寘嚴科順

長養之時特從寬典免於省過無或徇非可建州刺史

授崔植平章事制

夫宰相者上調元化以亮天工下熙庶績以輔君德未有心不直而能協於道迹不正而能致其君必求斯人乃命以位朝議郎守御史中丞武騎尉賜紫金魚袋崔植氣志凝遠風標粹清率性而行潔己以進周歷臺閣藹然聲猷頃者姦臣未除利權方擅情惟刻下其事將行而植獨能橫抗申以駮議朕每嘉重不忘於懷自膺寶圖俾掌邦憲又能悉心秉執造膝敷陳歸於無私多所宏益爰擢作相

莫能弼予於戲惟爾先太傅當德宗始初清明首居相位克固直道至於今稱之爾其嗣乃家法無廢朕命可朝散大夫守中書侍郎平章事

授蕭俛門下侍郎平章事制

門下天生蒸民樹之司牧非輔弼不能宣其教化非忠賢無以廣其謀猷其履道居貞開物成務才既彰於人望績方著於國均是宜表式周行歷踐樞禁朝議大夫守中書侍郎平章事蕭俛器懷沈正風度夷遠識蘊通人之量文為君子之儒守道易知臨事難奪內庭推謹密之效司憲宏端肅之規所以仗其公忠寄之啟沃嘉乃匡益副予簡求思序德以任賢冀賚忠而致理俾光帷幄再踐台階無替前勞往服休命於戲秉一心者時惟良弼宰萬物者是資化源后德惟臣予既虛心而納誨國家在相爾宜勵節以致誠無媿知人式佇明效可門下侍郎平章事

授李光顏同平章事制

寰宇已清而兵不可失干戈載戢而功不可忘爰升經武之林用輔同文之理具瞻此允注意尤深蓋以獎舊勞而申賞典也李光顏稟忠厚仁信之資服禮樂詩書之訓沈

勇而決剛嚴不殘挺長劍之鋒稜蓄殷雷之氣象以忘身徇節為任以約己率衆為心屬先帝撫運勤人墾菑除害能展七擒之略以成四克之功方夏甫寧凱旋未幾驅仍歲陷堅之士為盛秋乘障之師果逐奔戎載完危壘西絕夷落威名赫然念茲勳庸當極寄任是以徵自堡塞授於明庭亟聞宏遠之規復挹沖深之度固可以內參鈞軸外總麾旗憲彼萬邦叶予一德可不勉歟可檢校司空同中書門下平章事依前邠州節度等使

宣慰鎮州制

朕聞帝王丕宅四海子育羣生如天無不覆如日無不燭其發號施令也如風其行慶布惠也如雨故能上符天道下感人心朕自嗣守寶圖將欲恢宏王略常懼化有所未至恩有所不周乃睠冀方初喪戎帥念乎三軍之士洎於四州之人或懷忠積誠而思用莫展或災荒兵役而望恤何階今則昌運一開誠節咸著王承元首陳章疏願赴闕廷思保父兄之名克固君臣之義已加殊獎別委重藩又念成德軍將士等叶心嚮義丹款載申方欲効其器能各宜列於爵秩大將史重歸牛元翼等已並超授榮寵今復

都加厚賜普示深恩兼以四州貧下百姓當數賑贍之惠俾識含育之仁宜令諫議大夫鄭覃往鎮州宣慰親諭朕意仍共賜賞錢一百萬貫以內庫及戶部見在疋段支送充賞給將士兼貸四州貧下差科州縣之中或有殘破頗甚者委田宏正量便宜優卹務令存濟朕又以王澤所洽天網方恢宥過釋冤與人休泰其管內繫禁囚徒罪無輕重並宜赦免其大將等雖已頒賜官爵或慮有遺并判官等宜委宏正具名銜聞奏如或父母在者別具上聞當加優卹當道從前已來官吏將校等或忠義可嘉而刑戮濫及如有此色亦條錄奏聞當加追贈如子孫見在者厚加優卹仍具聞奏四州之內有高年惸獨或承平遺老咸覩皇風或孤獨廢疾不能自存者差官就問量給粟帛四州之內有奉職清勤惠及百姓者具事跡聞奏當量加進改如有隱居山谷退在邱園行義素高名節可尚或才兼文武卓然可獎者具名薦聞朕以武俊之勲勞光於彝鼎士眞之恭恪繼被節旄承宗感恩亦克立効永言十代之宥俾賜一門之榮承宗兄弟並已授官爵如或未盡霑及亦當具名聞奏其承宗葬事亦差官勾當禮物之間務令周

厚嗚呼錄其遺忠延乎後嗣旌其衆善被於一方國有羙財不吝於卹隱朝有好爵無愛於賞功庶使八表大同五兵永戢宣示中外宜體朕懷

蕭俛守尚書右僕射制

師長庶工總詳六職重任久曠益難其人自非體參股肱位列鈞鼎引義以知退致禮而加恩則授受之間何以允茲任也朝議大夫守門下侍郎同平章事襲徐國公賜紫金魚袋蕭俛門承華衮位列清貫用能周物志在佐時勤內署之論思肅南臺之綱紀朕初承天序擢處台階推一

心獻納之誠贊四方經營之績及此踰歲累陳懇詞徵恙所優堅請難奪朕憂勤庶政親委大臣務厚始終以全進退既謝弼諧之任宜加端揆之崇爾宜戒之服我優秩可守尚書右僕射勳賜如故

授杜元穎平章事制

王者昭宣令德臨視百官必有台臣總其方略況是先朝正姦邪之罪型海內之心既承大勳付朕鴻業思欲述事繼志偃武修文揚其耿光屬在髦傑朝散大夫守尚書戶部侍郎知制誥翰林學士上柱國建安縣開國男食邑三

百戶賜紫金魚袋杜元穎識禀人秀才爲國華器縝密以舍華言清明而體要廉方不雜峻直無徒洞朗鑒而心運陽秋鼓雄詞而氣幹河嶽爰以精粹列於內廷通貫生理亂之言達管氏刑政之本末至高位蔚爲名臣聞者妖孽相挺紛亂南北朝夕機命迅如風霆而翰動若飛神無滯用思戢必盡其心力避榮常執其謙光況虔奉綴衣導揚訓命雅仗忠貞之志實有安定之功本於忘身愛我以德感激無隱切劘盡規既納誨於三篇亦陳戒於六事朕嘗委以大政詢其遠猷研幾必精應變常理布舊章於河朔推大信於昆夷無所不諧實由密贊令器焜燿淑聲流聞升於台階允是瞻望於戲昔爾先正爲時宰衡惟爾傳緘孫有後之慶秉名公是似之德宜纂舊服協於至公乃思貽厥之謀率攸行之道扼制羣動衡平衆流俾人不迷時乃之績可守尚書戶部侍郎平章事散官勳並如故

封諸王制

門下朕獲承天序欽若前訓用建藩輔以明親賢斯古先哲王之令典也弟憬等孝友寬厚溫文肅敬行有枝葉道無緇磷踐君子之中庸究賢人之義理情惟樂善志不近

名慕閒平之令德希曾閔之至行宜分建茅土衞我邦家叶於展親永固磐石是用舉其成命錫以徽章第八弟憬可封鄜王第九弟悅可封瓊王第十弟恂可封沔王第十一弟懌可封婺王第十二弟悟可封茂王第十三弟怡可封光王第十四弟協可封淄王第十五弟憺可封衡王第十六弟忱可封澶王長男湛可封景王第二男涵可封江王第五男瀍可封穎王宜令有司擇日備禮冊命主者施行

定淮蔡山東稅額制

愛人本於省賦雖必在輕國用出於地財又安可闕今淮蔡並山東率三十餘州約數千里須賜可踰於鉅萬給復有至於連年應河南河北等州給復限滿處置宜委所在長吏審詳墾田并桑見定數均輸稅賦兼濟公私每定稅訖具所增加賦申奏其諸道定戶宜委觀察使刺史必加審實務使均平京兆府亦宜準此

令勘會京畿職田制

百司職田在京畿諸縣者訪聞本地多被所繇侵隱抑令貧戶佃食蕩荒百姓流亡半在於此宜委京兆府勘會均

配務使公平

加裴度司空制

懷大忠者必成其茂勳建茂勳者必極其高秩朕虔守鴻業靜思化源固欲表忠節以勵爲臣舉勳籍以勸立志況乎位崇上相遇重先朝首陳宏圖躬率羣帥克定妖孽坐清寰瀛得不再申褒崇昭示倚注河東節度觀察處置等使金紫光祿大夫檢校尚書左僕射兼門下侍郎同中書門下平章事大原尹北都留守上柱國晉國公食邑三千戶裴度材膺啟運道協功偕一心盡忠百志歸正雖量包宏曠靡所不容而節抱孤貞凜然難奪所以特承恩顧專委謀猷堅持其誠獨立不懼在昔有晉厥功平吳惟茂先決策於中惟元凱整旅於外兼能並用度實有之許國忘身勤亦至矣自居重任出入六年及鎮太原聲績一貫朕永懷丕烈乃睠舊臣將副深衷式加新命惟正三公之位在乎九土之司論道再光總戎益重毗我王室永孚於休可守司空依前兼門下侍郎平章事

御宣政殿試制科舉人制

古人有言嘗引一代之人以理一代之務雖雋賢茂彥不

乏於時然亦在敷納以言精覈其實若決川瀆以導其氣考金石以求其音使抱忠義者必盡其誠知古今者必先其慮朕纂承鴻業以撫兆人嘗欲效三代之禮修烈祖之法猶念和氣之未洽休祥之未臻百姓之未安五兵之未戢故詳延修潔之士庶得聞乎未聞將以達天地之心究俗化之變研安危之慮探理亂之言子大夫覃思於六經馳騖於百氏得不講求至論以沃朕心方直者舉朕之闕政術者體時之要慕元遠者畢其論贍文詞者抑其華言經者折衷於聖人以明教化論將者先之以仁誼無效縱

攢於戲子大夫當朕之時必思自達且古之翼戴其君者尚委輅納說荷擔吐奇由壺關之上言自南昌而諷刺況文陛之下負扆親臨若藏器不耀結囊而去顧朕深志復何望焉當體予衷無懼後害宜坐食訖就試

處分賢良方正等科舉人制

朕自郊上元御端門發大號與天下更始思得賢雋標明四科令羣公卿士暨守土之臣詳延下位周於草澤成列待問副予虛求昧爽臨軒俾究其論正辭良術精義宏謀繹之旬時深見忠益言刈其楚列而第之賢良方正能直

言極諫第三等人龐嚴第三次等人呂術第四等人韋曙姚中立李躔第四次等人崔嘏崔龜從任畹第五上等人韋正貫崔知白陳元錫博通墳典達於教化第四等人李思元詳明政術可以理人第四次等人崔郢軍謀宏遠堪任將帥第三等人吳思第五等人李商卿咸以懿學茂識揚於明廷況當短晷之辰頗著論思之美粲然高論深沃朕心永言藏器之規豈忘縶駒之義寵之命秩允答嘉猷其第三等人第三次等人委中書門下優與處分其第四等人第四次等人第五上等人中書門下即與處分

授龐嚴等左右拾遺姚中立等校書正字等官制

昔仲尼之門以四科品第諸生所得十哲今吾徵四海九州之士可登名者十有五人搜羅簡拔非不勤至以今況古可謂才難是用詔爵以嘉獎其忠超擢以光明其道俾巖石之下人思自奮晁董之盛遠以爲隣延登諫垣式佇忠益雖書結綬皆曰顯途循其秩次亦示科等服我休命勗哉遠猷可依前件

授李絳吏部尚書蕭俛兵部尚書制

絳俛皆本朝先後之名相也而吏司爲劇俛固以疾辭兵

務差閒絳處之餘裕各令總理庶謂得宜

崔植刑部尚書制

宰相者朕之腹心和合天下在乎鎮靖藩服附親遠方將宏遂物之宜必有更張之道正議大夫守中書侍郎同中書門下平章事武騎尉賜紫金魚袋崔植往在先朝頗推廉直馴行惟謹保萬石之風清德不渝紹四公之業遂昇左掖實著能名駮正之美稱於朝列朕以孝公太傅代載忠貞擢於相門授以台席顧惟寡昧奉若丕圖每念爲君之難敢忘從諫之義推誠聽納虛己咨詢庶洽羣心以迎

和氣叔敎是期於垂羽汲顯謂致於寢謀宵分以興日旰忘食昔藩國多事平津讓侯陰陽未和石慶辭位惟爾謙遜豈嘗求安稱疾拜章勤亦至矣雖愒日之年未及而寢冰之意尚堅遂輟樞機用成美志崇以大秩長於秋官君臣之間朕無所愧可刑部尚書散官勳賜如故

授元稹平章事制

朕聞御大器者登俊賢以爲輔弼敷大化者擢公忠以施政敎故能成天下之務達天下之情俾三光宣明百度貞正我之倚注方得其人天實賚予允副僉望中散大夫守

尚書工部侍郎元稹珪璋茂器鸞鳳貞姿文涵六義之微學探百氏之奧剛而有斷忠不近名勁氣嘗勵於風霜敏識頗知於今古自恪居朝序休問再揚不自飾以取容不苟安而回慮處直忘屈在屯若夷卓然懷陶鑄之心豁爾見江湖之量閒者司文禁署主朕樞機每因事以立言累披誠而獻詐心惟體國義乃忘身深陳濟物之方雅見經邦之志朕思宏理本用洽生靈式資康濟之材以暢和平之化於戲爾率於正則不正者知愼爾進於善則不善者必懲惟直道可以事君惟至公可以格物具茲數德毗予一人永孚於休以底於道可守尚書工部侍郎同中書門下平章事散官勳封賜如故

授裴度平章事制

涉大川者操巨艦不畏於洪波搆廣廈者揭宏材乃安於棟宇朕祗奉神器尊臨萬邦思弼諧輔相之臣致易簡雍熙之業爰擇舊德委之樞衡冀宏嘉猷以闡元化淮南節度副大使知節度事管內營田觀察等使光祿大夫守司空同中書門下平章事兼揚州大都督府長史上柱國晉國公食邑三千戶裴度氣稟宏廓材優康濟達識高議堅

明不渝儀型可以光巖廊度量可以方海嶽操握政柄張弛化權彝倫典謨合若符契昔我先聖以武略深訏中樞密勿委之廟堂四海咸理朕仄席虛己勞懷宵旰禮命元老聞斯格言衷懷洞然雲霧皆豁是用輟撫淮南舉之台衮換其戎律列自黃扉秩崇上公望積師長寄爾以周召侍爾以蕭曹任爾以埏埴授爾以鈞衡於戲袵席樽俎之內堂室牖戶之間無俟規臨可以觀察達爾宴息期爾折衝庶乎陰陽協和品物昭泰惟言是納爾舉必從使益稷皐陶爾無慚德垂衣南面我獲任賢無易斯言式遵明命

可守司空兼門下侍郎同平章事散官勳封如故

裴度守尚書右僕射制

朕端己推誠資於輔相求人與衆諒在訏謨所以徇公卿之言從庶士之望輟任淮海俾居台階舉先朝勳舊之臣當四海具瞻之位推心委柄期在賢能誠效靡孚余將安望光祿大夫守司空兼門下侍郎同中書門下平章事上柱國晉國公食邑三千戸裴度器本端誠道惟謇諤挺松筠之操蘊珪玉之姿望積巖廊功書竹帛策勳報爵寵極人臣朕恭守睿圖推心輔弼聿求雋彥思致雍熙擢升論

道之司再授樞衡之任虛心有日佇乃嘉猷而鼎飪未調弛張異制誠宜有犯無隱忠讜必陳使余誠懷不惑聞聽何苟容於造次致有閒於笙簧棘木既窮匪辭焉驗昔漢以陰陽不和冊免丞相今訏謨或爽宜罷台司疇勳績以尚功錄忠勞而念舊俾居右揆非謂左遷用崇師長之榮勿以優閒自薄可守尚書右僕射散官勳封如故

授李逢吉同平章事制

門下朕聞天地洪鑪鼓之者橐籥帝王大業成之者股肱故堯舜垂衣禹湯恭己宏道任德惟予輔臣則八表清寧萬邦咸乂故伊尹之舉皋陶之升庶績其凝不仁自遠正議大夫守兵部尚書輕車都尉賜紫金魚袋李逢吉大方比量中正持心貞玉無瑕精金匪礪峻節而高山是仰推誠而止水可觀剛柔所持吐茹無易往以青宮齒學導我典墳儀刑式孚蘭茝馨茂泊升台席翊奉先朝訏謨密聞獻替潛達外順明德中探至言溫恭聿修終始一貫朕嗣守丕業思得賢良將俟和羹期於舊老易之襄漢居以南宮每詢嘉言啟沃惟允今授之相印委以樞衡代天之工爾在專任於戲發號施令選賢任能申於百辟之上行於

四海之內朝無黨比人絕澆淨白黑粲然淄澠不溷使巖廊重位揚我清風宏宣大猷以暢王度可守門下侍郎同中書門下平章事散官勳如故主者施行

命元稹守同州刺史充本州防禦長春宮使制

宰相者位列巖廊權參造化內操政柄上代天工朕嗣守丕圖思興至理每於擢用冀獲雋良爲善有聞必資獎寵罹於僭謗用罷台階通議大夫守尚書工部侍郎同中書門下平章事上柱國賜紫金魚袋元稹遊藝資身明經筮仕累應科選益振芳華茂識宏才登名晁董之列佳辭麗

命馳聲飽謝之閒頃在憲臺嘗推舉職比及遷黜亦以直聞是用擢以周行典斯誥命洎參密近旋委台衡宜竭謀猷盡於毗贊而乃不思宏益之道遂嬰詿誤之嫌察以中情雖非爲己行兹左道豈曰效忠體涉異端理宜借黜朕以君臣之分貴獲始終任使之時亦聞獻懇每思加勝寧忍墜泉猶宏在宥之心俾列專城之寄左郡之大三輔推雄控壓關河連屬宮苑勉於政績副我恩私可使持節同州諸軍事守同州刺史充本州防禦長春宮等使散官勳賜如故

授李源左諫議大夫制

禮著死綏傳稱握節捐生守位取重人倫爲義甚明其風或替言念於此慨然興懷而朝之公卿有上言者稱天寶之季盜起幽陵振蕩生靈噬吞河洛贈司徒忠烈公憕處難居首正色受屠兩河聞風再固危蹙首立殊節到今稱之其子源有曾閔之行可貫於神明有巢由之風可希於太古山林以寄其跡爵祿不入於心泊然無營五十餘載夫褒忠可以勸臣節旌孝可以激人倫尚義可以鎭澆浮敬老可以厚風俗舉兹四者大儆於時是用擢自衡門立於丹陛處以諫職冀聞讜言仍加印紱式示光寵可守左諫議大夫賜緋魚袋仍勑河南尹差官就所居敦諭遣發

復授韓宏中書令制

帝王之理天下也外有方岳所以宣教化內立宰輔所以秉樞衡授任之重莫踰人臣之位斯極至於出分垣翰入作股肱非聞望尊高功庸顯赫則何以允膺僉屬光贊謀猷前忠晉絳隰等州節度觀察處置使開府儀同三司守司徒兼中書令河中尹上柱國許國公食邑三千戶韓宏德器寬宏識度邁遠才資英特學茂韜鈐持蕭何畫一之

心有杜晦立斷之利頃以關河右地藩屏近郊爰輟台臣仗兹戎節以清靜廉平之理牧我黎元通明簡正之方撫我師旅奸盜自息欺詐不生晨無飲羊夜無驚犬五郡富庶已飽仁惠之風三軍訓齊既習嚴明之令寧資借寇是用徵黃今選日來朝乘軒即路宜先極拜光我元臣上宰闕三公崇秩俾復乃位惟其敬之可守司徒兼中書令散官勳封如故

立景王爲皇太子制

朕聞王者敬承宗祧欽若天命必建元子用寧邦家所以

光協繼明嚴當主鬯朕纘承聖緒寅奉丕圖永惟國本之安爰在皇儲之重而青宮久曠望苑未開何以表式元良昭宣鴻業稽於往冊用舉彝章長男景王湛孝愛恭和忠敬誠慤慈惠特稟寬仁夙彰言通典謨動協儀矩睦友宗屬遵承傳道克修令問日茂嘉猷宜踐儲闈以承庥命朕以君尊父嚴每推乾道聞詩學禮用首人倫嘉翼翼於誠心觀烝烝於孝敬克稱知子無讓前修俾奉粢盛式昭元嗣宜冊爲皇太子仍令有司擇日備禮冊命主者施行

授牛僧孺平章事制

舟楫所以濟大川棟梁所以成大廈舟具而湍波不竦材具而廊廟用崇朕若涉之心浩然增畏垂衣端拱期在股肱是用擢彼英髦付以衡石朝議郎守尚書戶部侍郎上柱國賜紫金魚袋牛僧孺方直秉心誠敬由已玉潔持操松貞表姿文著經邦業推匡代中立不倚孤標介然日者選自南宮掌綸西掖昇諸憲府授以人曹典謨訓誥之詞紀綱準繩之度施之必當僉曰汝能朕將寄以台階委之鼎鉉貞我庶績澄諸化源爾宜克念前修聿懷明哲體乾坤易簡之法廣日月無私之照使風化日厚澆浮自泯好惡不競彝倫永清於戲予視以能乃升於位我心慎擇惟賢自求昔公孫宏以射策馳聲名光相府爾以掞天高稱亦踐臺司勉同素闕之風克副皐陶之舉仍加命秩用表新恩可朝散大夫尚書戶部侍郎同平章事勳封如故

委諸軍錄事參軍勾當義倉制

義倉之制其來日久近歲所在盜用沒入致使小有水旱生人坐委溝壑永言其弊職此之由宜令諸州錄事參軍專主勾當苟爲長吏迫制即許驛表上聞考滿之日戶部差官交割如無欠負與減一選如欠少者量加一選欠數

過多戶部奏聞節級科處

授費冠卿右拾遺制

前進士費冠卿常預計偕以文中第祿不及於榮養恨每積於永懷遂乃屏身邱園絕跡仕進守其至性十有五年峻節無虧清飈自遠夫旌孝行舉逸人所以厚風俗而敦名教也宜承高獎以儆澆夫擢參近侍之榮載佇移忠之効可右拾遺

欽定全唐文卷六十五

穆宗二

貶李道古循州司馬詔

左金吾衛將軍兼御史大夫李道古幸以宗枝早參名級出分專面入踐通班誠宜祗慎周行恪居官次而乃利於苟進忘彼慎身持左道以事君將行險以僥倖因緣藥術薦達妄庸上惑先朝俯招物議跡其事狀合正刑章朕以臨御之初務在寬大特緩投荒之典俾從佐郡之名無謂優容而忽宏貸可守循州司馬

誅流方士柳泌等詔

山人柳泌輕懷左道上惑先朝罔求牧人貴欲疑衆自知虛誕仍更遁逃僧大通醫方不精藥術皆妄既延禍釁俱是奸邪邦國固有常刑人神所宜共棄宜付京兆府決痛杖一頓處死翰林醫官董宏景程準山人李元戢田佐元並流嶺南

上皇太后尊號詔

朕光膺寶歷正位宸居大行皇帝貴妃尊冠六宮母臨萬國謹上尊號曰皇太后

京畿盜賊不在赦限詔

御樓勅下遠近已知如聞奸人覬望恩赦城外道路劫奪稍多從御樓勅下至來月五日以前京畿應有姦非盜賊等希恩故犯情不可原並依法處斷不在赦宥之限其犯罪人縱屬諸軍諸使亦委府縣依法科斷

贈郭曖太傅詔

追遠飾終先王令典況積仁累義事已顯於身前祥會慶傳福遂流於天下式光盛典爰舉徽章尊尊親親於是乎在皇太后父贈尚書左僕射曖克荷崇構有勞王家孝友

本於生知英華發於事任實修一德歷任三朝建中末年屬有大難畢力扈駕忘軀即戎忠貞之節國史明備才高望洽是膺沁水之禘德厚流光乃啟塗山之祚肆予小子獲纘大業未展言申之命敢緣褒紀之恩俾繼維師用光縟禮可贈太傅

令內外官量抽陌錢詔

比緣用兵歲久初息干戈百役所資國用多闕不可更加賦稅重擾疲人參酌權宜事貴通濟自今以後通内外支用錢宜於天下收兩稅鹽利榷酒稅茶及職掌人課料等

錢並每貫除舊墊陌外量抽五十文。委本道本司本使據數逐季收訖。其諸道錢使差綱部送。並付度支收管。待一二年後國用稍充。即依舊制。其京百司俸料。文官亦準別勅每月量抽修文宣王廟。不可重有除減。武官所給較薄。亦不在抽取之限。

誕辰令百寮命婦入賀皇太后詔

昔者聖王之法。以孝理天下也。廣愛敬之心。推於四海。盡奉養之志。示於兆人。然後自誠之化。有情思感。朕以眇身祗荷鴻業。皇太后就安長樂。朝夕承顏。慈訓所加。慶感兼

極。伏以今月六日。是朕載誕之辰。奉迎皇太后於宮中上壽。朕既獲申歡慰。亦欲公卿大夫同之。宜以今月六日。平明於光順門集百寮及外命婦進名參賀皇太后。朕御光順門內殿。與百寮相見。永為常式。

淄青朝賀部領不得過五人詔

淄青統押海蕃。每年皆有朝賀。比差部領人數較多。寇盜既夷。典章須守。宜以後差此官。正試相兼不得過五人。

權停河北榷鹽詔

河朔初平。人希德澤。且務寬大。使之獲安。其河北榷鹽法宜權停。仍令度支與鎮冀魏博等道節度審酌商量。如能約計課利錢數。分付榷鹽院。亦任穩便。

宣慰盧龍軍詔

劉總已極上台。仍移重鎮。兄弟子姪。各授官榮。大將賓寮亦宜超擢。百姓復一年。宜賜軍士錢百萬貫。以內庫錢充。仍令宣慰使給事中薛存慶。親諭朝旨。與節度使丞相張宏靖計會大將判官甄獎。未及有父母在者。並具名列上。郡縣中有殘破甚者。量便宜優恤。管內年高惸獨廢疾不能自存者。差官就問給賜粟帛。

覆試鄭朗等詔

國家設文學之科。本求才實。苟容僥倖。則異至公。訪聞近日浮薄之徒。扇為朋黨。謂之關節。干擾主司。每歲策名。無不先定。永言敗俗。深用興懷。鄭朗等昨令重試。意在精覈藝能。不於異書之中。固求深僻題目。貴令所試成就。以觀學藝淺深。孤竹管是祭天之樂。出於周禮正經。閱其呈試之文。都似不知本事。詞律鄙淺。蕪累至多。亦令宣示錢徽。庶其深自懷愧。誠宜盡棄。以警將來。但以四海無虞。人心方泰。用宏寬假。式示殊恩。特掩爾瑕。庶明予志。孔温業趙

存約寶洵直所試粗通與及第盧公亮等十人並落下錢徽從别勅處分自今已後禮部舉人宜準開元二十五年勑及第訖所試雜文并策送中書門下詳覆

罰烏重胤等俸料詔

前刺史烏重胤等並位居守土職在牧人加税縱緣軍須豈得不先聞奏遇赦雖當原宥亦合量有科懲烏重胤令狐楚魏義通等宜各罰三月俸料知州官釋放

贈田布尚書右僕射詔

故魏博節度使起復寧遠將軍檢校工部尚書兼魏州大

都督府長史御史大夫賜紫金魚袋田布朕以寡昧臨御萬邦威刑不能禁干紀之徒道化不能馴多僻之俗致使上公罹禍田氏銜冤爰整旅以徂征每終食而浩歎自兹弔伐驟歷寒暄雖良將鋭師率皆協力而俟時觀釁未即齊驅嗟我誠臣結其哀憤引遷延之咎以自刻責奮決烈之志以謝君親白刃置於肝心鴻毛論其生死忠臣孝子一舉兩全晉稱卞氏之門漢表尸鄉之節比方於布今古爲鄰況其臨命須臾處之不撓載形章表並深衷悃間使發緘悼心疾首從先臣於厚載爾則無愧覩遺像於麟閣予何所堪端拱崇名職垂彝典據斯以報聊攄永懷可贈尚書右僕射

貶李景儉漳州刺史詔

丞相府署國家樞機上法三台下臨百辟若等威可紊則堂陛不嚴諫議大夫李景儉乃因酣醉輒肆叨瀆昏呶侮慢靡所不爲詢其狂態甚用驚聽宜加譴責以守遐荒予非深尅勉自循省可漳州刺史仍馳驛發遣

禁乘驛官格外徵馬詔

如聞官驛遞馬死損轉多欲令提舉所由悉又推注中使

郵驛稱不見券則隨所索盡供既無憑由豈有定數方將革弊責在息詞自今已後中使乘遞如不見券及券外索馬所由輒不得供其常參官出使及諸道幕府軍將等所合乘遞並須依格式如有違越或分外科人夫並宜具名聞奏

停淄青兖鄆等道榷鹽詔

兵革初寧亦資榷筦閭閻重困則可蠲除如聞淄青兖鄆等道往來糴鹽價錢近取七十萬貫軍資給費優贍有餘自鹽鐵使收管以來軍府頓絶其利遂使經行陣者有停

糧之怨。服隴畝者興加稅之嗟。犯鹽禁者困鞭撻之刑。理生業者乏蠶醬之具。雖縣官受利而郡府益空。俾人獲安寧。我能節用。其鹽鐵使先於淄青兗鄆等道管內置小鋪糶鹽。巡院納榷。起今年五月一日已後。一切並停。仍各委本道約校比來節度使自收管充軍府逐急用度。及均減管內貧下百姓兩稅錢數。至年終各具糶鹽所得錢並均減兩稅奏聞。安邑解縣兩池。舊置榷鹽使。仍各別置院官

賜田布葬錢詔

田布頃因戎務。發憤自裁。言念忠誠。豈忘贍卹。宜賜錢一

千貫。絹一千匹。以充葬用。

罰劉遵古俸料詔

遵古官守尹寺。所寄非輕。奏事之閒。先須摭實。闕於詳審。須示薄懲。宜罰一月俸料。

流于方等詔

于方罪犯合處極刑。以其父頔頃在襄陽。頗能幾諫。不陷不義。方實有之。又念其弟季友嘗聯國姻。特宜免死。長流端州。李賞流潮州。郭元覽于啟明王昭以于方既從減論。並放杖。郭元覽配流封州。于啟明配流新州。王昭配流雷州。

免江州逋賦詔

江州所奏。實為懇誠。若更抑為。必難務濟。所訴逋欠。宜令特放。

誅李㝏諸子詔

汴州逆賊李㝏竊據城池。坐邀符節。率其兇黨。敢拒王師。今既梟首於闕下。宜令所司準式。其男道源道樞道瀹道安等。叛逆之子。固不可原。理須正刑。宜集衆處斬。以左右神策兵各三百人防押。即日行刑於京城之西市。

禁要官密戚任京兆等官詔

廣德貞元再有敕旨。要官密戚。並不許任京兆判司畿令兩赤縣丞簿尉等。緣人不遵行。更資提舉。自今已後。一切宜禁斷。

禁百官臨祭出齋詔

郊廟之儀。本乎恭恪。罰輕生慢。須議稍加。自今已後。有臨祭出齋者。宜罰一月俸。仍委監察使每具所罰官名銜聞奏。

令江淮諸州平糶詔

如聞江淮諸州旱損頗甚所在米價不免踊貴眷言疲瘵須議優矜宜委淮南浙東宣歙江西福建等道觀察使各於當道有水旱處以常平義倉斛㪷據時價減一半價出糶不得令豪家幷糴使其必及貧人

清理庶獄詔

自冬以來甚少雨雪農耕方始災旱是虞慮有冤滯感傷和氣宜委御史臺大理寺及府縣長吏自錄囚徒仍速決遣除身犯罪應支證追呼近繫者一切並令放出須辨對者任其責保冀得克消沴氣延致休祥

定寒食假詔

寒食省墓著在令文其塋域在京畿者自今任寒食假内往來不限日數若在外州任準式年限請假

遺詔

朕以眇躬嗣守丕構雖勤求理道不敢荒寧而保慎或乖攝茲厲疾賴上元垂祐宗社降靈洎中外庶臣克輔寡德服餌頤養踰於周星而陽氣熇熵宿恙暴作頃刻之際至於彌留伊死生之理必有其分顧託有所予何恨焉皇太子湛睿哲温恭孝友明敏自膺儲貳休德日新必能嗣於耿光紹我先業宜令所司備禮於柩前即皇帝位咨爾卿士洎方伯連帥敬輔元子永綏萬邦宜叶乃心用底於道宜令門下侍郎平章事李逢吉攝冢宰諸道節度觀察防禦等使及諸州刺史守鎮任重戎旅事殷並不須赴哀易月之制宜遵舊典文武官等朝晡哭臨十五舉音山陵制度務從儉約無禁婚姻祭祀飲酒食肉其醫官等念其勤瘁亦可矜憐並不須加罪宜便釋放將相卿士中外臣寮送往事居無違朕意

欽定全唐文卷六十六

穆宗三

蠲免京畿懸欠勅

京畿二十有二縣欠元和十四年京百司職田二十二萬九十一石束貫等京畿百姓聞甚艱貧頃差搬運軍糧今又修營陵寢雖因緣驅役皆給價錢而屢有牽召頗妨農畝豈可更徵懸欠重使憂愁其所欠並宜蠲免其合受納所欠職田或見在官班各請厚俸或近終考秩稍可餘資宜體朕懷以寛人力

停抽俸錢勅

朕聞帝王所重者國體所切者人情苟得其體必臻於大和如失其情是曲於小利況設官求理須祿責功既有常數寧宜就減近者以每歲經費量入不充外官俸料據數抽貫再三思度終未安穩念彼外方或從卑宦一家所給三載言歸在公常甘於潔廉受祿又苦於減尅待我庶吏豈其然乎雖憂國之誠固須贍助而恤人之慮將起怨咨必若水旱爲虞干戈未戢事非獲已人亦何辭今則幸遇豐登又方寧謐九州之內永絕妖氛三邊之上莫除烽警自宜尅己以足用安可剝下以爲謀臨軒載懷實所增愧其度支所準五月二日勅應給用錢每貫抽五十文都計一百五十萬貫文並宜停抽

責降宗正少卿李子鴻等勅

宗廟之禮嚴肅居先薦告之詞精審爲切方將昇祔安可九室皆同既已祧遷豈宜四昭咸在宗正少卿李子鴻實司祠事誤進祝文罪有根源理難降減宜停見任博士旣失於詳定御史又曠其監臨若不薄懲恐乖至敬王彥威宜罰兩月俸料削一階崔鄲宜罰一季俸料削兩階其後

禮合變文事宜中節者太常博士不得更稱舊制致有差殊

定錢陌勅

泉貨之義所貴通流如聞比來用錢所在除陌不一與其禁人之必犯未若從俗之所宜交易往來務令可守其內外公私給用錢從今以後宜每貫一例除墊八十以九百二十文成貫不得更有加除及陌內欠少

命諸道留使錢減貫勅

諸道州府每年徵納兩稅除送上都外留州留使錢緣草

賦未殄費用滋廣兩稅之外難議加徵然其饋運之閒又須得濟諸道留使錢宜令長吏於諸色給用中每貫量減二百文以資軍用事平之後即任仍舊

減康買德罪勅

買德尚在童年能知子道雖殺人當死而爲父可哀若從沉命之科恐失原情之意可減死罪一等

甚雨日放朝參勅

秋夏之閒嘗多水潦如緣暮夜暴雨道路不通車馬宜便放其日朝參委御史臺勾當仍每日聞奏如雨不至甚不

在此例

褒卹田穎勅

贈工部尚書田穎夙彰忠勇累効勲勤方議獎能遽聞棄代永言嗟悼須有優矜宜賜絹布一百五十匹端度支遂支給仍令所在州縣傳遞送至許州委李光顏官給葬事其男克素待過卒哭亦委本道量與軍中職事收管驅使

流龐驥溪州勅

長吏犯贓其數不少縱寬刑典難免鞭笞但以近逢鴻恩減等雖節文不在免放情理亦要哀矜龐驥量除名流溪州其贓付所司準法

流唐慶崖州勅

唐慶入己贓盈五千貫據罪定刑實難全宥但以惟新之日政務從寬要示含容俾從流竄宜除名長流崖州

命皇太子檢校軍國勅

勅朕獲嗣祖宗祗荷重器常恐失墜若陷泉谷而萬務所繫憂勤是切宿疹在體不遑自安陽氣歊蒸沈恙復作不能日臨庶政親領萬幾皇太子湛睿哲溫文孝敬明敏其軍國政事宜權令檢校百辟卿士中外臣寮宜竭乃心輔我元子同底於道以寧邦家宣布朕意庶使知悉

答宰臣請上尊號表批

朕以菲德初承大寶嚴恭夙夜修己臨人燭理未明舉政多闕雖克展郊禋之禮或未稱瑞應之符而俗尚彫訛人未康乂所患德之未立不患名之不尊至於北狄求和西戎即敘南越投戈而率化東夷繼踵而來王不俟七旬之期自銷積紀之弊此皆祖宗垂祐公卿叶贊之力也朕何有焉遽議虛名深愧未稱卿等志思將順誠切忠君宜體至懷勿徇虛美

景陵禮成優勞德音

勅朕聞孝莫大於愼終仁必先於卹下愼終則勿之有悔卹下固可使忘勞自陵寢戒期郊甸充奉屬春耕肇起宿麥繼登百役所集羣司所備上懼一物之遺缺既懷罔極之誠下恐兆人之疲瘵又思不擾之德方將號從靈駕親至山園情爲事奪竟不獲遂賴一二元輔洎内外庶官嚴敬協心克修典禮永言嘉歎感咽增懷義有必酬式舉勞以申命惠無不浹仍蠲賦以加恩山陵使兼陵所攝太尉行事宜與一子六品正員官山陵禮儀使與一子八品正

員官山陵副使柳公綽按行山陵副使李翺並賜爵一級各與一子出身橋道置頓使賜爵一級仍與一子官内山陵使賜絹一百匹特加一階山陵修築使賜絹七十匹特加一階監修橋道使賜絹七十匹内按行山陵地使賜絹五十匹内山陵副使及修築副使各加一階鹵簿儀仗使並賜一級各與一子出身橋道置頓使各加兩階昇梓宮三品以上賜爵兩級四品五品賜爵一級六品以上各一階其中有合選人前資見任各減兩選神策六軍修築山陵官健各賜絹兩匹其檢校軍使及押當所由四品以上賜爵一級仍加一階五品以下各加兩階陵所造作押當使等三品四品各加兩階仍賜爵一級五品以下各加兩階其中正員六品以下合選人前資見任各減三選白身各賜勳三轉諸司諸使應緣山陵修造及專知修造作并諸色檢校執當官典白身及直司掌上巧兒功匠等五品以上各加兩階六品以下各加一階合選人前資見任各減兩選白身各賜勳兩轉其給直和雇者不在此限吉凶儀仗諸色行從官等五品以下各加一階至三品五品未合敍者賜爵一級六品以下各加一階如其中有合選人

前資見任各減一選諸司諸使押管當官置頓舉幕往來檢校軍將中使等五品以上六品以下並加兩階白身各賜勳兩轉合選人前資見任各減兩選太極宮宿衛官及中使大内皇城留守及押當官等五品以上各加兩階六品以下各加一階白身各賜勳兩轉撰諡册哀册諡議書册文及讀諡册哀册書寶讀寶官等五品以上賜爵一級六品以下各加一階合選人前資見任各減一選鐫造寶册裝册及檢校官五品以上各加一階六品以下各賜勳兩轉合選人前資見任各減一選題木主官加一階昇寶

冊官五品以上各加兩階六品以下各加一階其中合選人前資見任各減一選押鹵簿儀仗挽郎等見任者各加兩階合選人前資見任各減兩選山陵禮儀橋道置頓判官五品以上各賜爵一級仍加一階六品以下各加兩階其山陵使司官與軍將加一階合選其知東渭橋官非時放選仍優與處分知道官前資見任各減三選知頓官前資見任各減兩選按行陵地儀仗鹵簿判官及諸副使判官并諸司諸使監當雜職掌官吏等五品以上各加兩階六品以下各加一階合選人前資見任各減兩選白身各

賜勳兩轉其挽郎放出身後七選許集挽士代哭挽歌等各減三年勞合選者各減兩選無勞可減者各賜勳兩轉京兆府及諸州傴斲元官石匠及宮寢作頭巧兒雖給庸直就中辛苦各賜勳一轉諸色行事官及齋郎禮生并陰陽官三品以上各賜爵一級四品以下各加一階合選人前資見任各減一選白身各減二年勞考滿人并放出身其數處職掌任取穩便從一項處分應緣二仗三衞彍騎及諸色人匠并緣山陵應役人夫車牛等各委本府長官本軍本使本司量事優賞諸道應副山陵參佐軍將等各

加一階諸色職役官吏應或減還可減者宜令所司非時與處分如有諸色流外充者各於本色中量減二年勞考可減者選日優與處分京兆府今年夏青苗錢應合徵共八萬三千五百六十貫文並宜放免仍委令狐楚便以山陵用不盡綾絹依實支付京兆府充代百姓納青苗錢其近迫鄉村坊市屋宇什物田苗等有被損毀并近陵百姓偏有使役理宜節級優賞並委京兆府審細勘覆聞奏應隨靈駕挽郎挽士諸色人夫等泥雨中不免損傷委京兆府審細訪姓名聞奏量加優恤其山陵禮儀鹵簿儀仗使

并諸軍諸使諸司將官吏如執當務重功效尤異委本軍本司本使具名聞奏中書門下商量奏聽進止宣示中外咸使聞知

登極德音

著大明者日也出乎震而見乎離則八紘開朗萬象昭煥孚大號者風也發厚地而鼓羣動則氛蒙蕩滌鬱伏舒散王者如日之照臨故聖躬作而庶類覩如風之號令故德音降而兆人從朕以寡薄方茲嗣服荷天地之眷佑承祖宗之祚運夙夜祗厲懼不克周永惟風教之流弊𣅿俗之

疾苦思布濟時之政宜宏利物之澤庶有以導迎和氣感致懽心宜申在宥之恩用啟自新之路可大赦天下自元和十五年二月五日昧爽已前大辟罪已下罪無輕重咸赦除之唯官典犯贓及故殺人者不在免限左降官量移近處已經量移者更與量移如復資者即任依常調選責授降資正員官者亦與進改亡官失爵不齒者量加收敘流人及僧尼道士移隸者節級放還及移近處諸色得罪人中如先有勑云縱逢恩赦不在放還之限者亦並與量移若曾任五品已上官者奏待進止左降官及流人先有

官者如已亡歿各還本官自今日已前曾有痕累禁錮等一切並與洗滌永惟罔極弓劍不留奉號終天用深哀感應緣山陵制度及喪儀禮物宜委中書門下及諸司長官等博詢故實務遵禮度必誠必信副朕哀懷所緣山陵造作及橋道置頓所須並以內庫錢充不得輒令科配百姓度支諸州府監院從貞元八年已後至元和十年已前共計欠錢一百一萬五千九百餘貫鹽鐵使諸監院應欠元和十三年已前錢物除準前制踈理外共欠一百八萬八千六百餘貫石等戶部諸州府從建中三年已後至元和十三年已前應欠在州貧窮并遭水旱逃亡百姓腹內兼連接淮西河南賊界并燒劫散失及賑貸百姓錢物五十萬九百餘貫石等京兆府從元和五年已後至十三年已前應欠諸色錢物共四十一萬九千六百餘貫石東等州府監院百姓欠負但不在官典所由腹內者一切放免諸州府除京兆河南府外應有官莊宅鋪店碾磑菜園鹽畦車坊等宜割屬所管官府諸道除邊軍營田處其軍糧既取其正稅米分給其所管營田自為軍中資用不合取百姓營田并以瘠薄地迴授百姓濃肥地其軍中如要營田

任取食糧健兒不得輒妄招召天下百姓等自屬艱難棄其鄉井戶部版籍虛繫姓名建中元年以來改革舊制悉歸兩稅法久則弊奸濫益生自今已後宜準例三年一定兩稅非論土著客戶但據資產差率其擇刺史縣令宜委門下中書省御史臺官有所諳知即具聞薦如贓汙賤人當坐舉主榷稅之法雖合同邊瘡痍之餘姑欲寬假其河北稅鹽宜委度支與榷鹽使審細商量具條疏聞奏內外百官食料錢一倍至五倍已上節級放免仍每經十年即內外百官各賜錢一萬貫充本各據司額大小公事閒劇

及當司貧富作等第給付應屬諸軍諸使諸司人等在村鄉及坊市店鋪經紀者宜與百姓一例差科不得妄有影占如有違越所司具所屬司并人名奏聞如聞度支鹽鐵監院等所在影占富商高戶庇入院司不伏州縣差科疲人偏苦事轉不濟如有此色仰當日勒歸諸道州縣除正勑率稅外不得妄託進奉擅有諸色摧率天下州府除兩稅合送上都錢物及所司常貢外輒不得別進錢物并方鎮得替後至城亦不得輒有進獻掖庭籍沒罪人妻子等宜並放歸親族其諸軍先擒獲吐蕃生口配在諸處者並

放歸本國願住者亦聽內外文武見任及致仕官三品以上賜爵一級四品以下加一階諸道軍將士等普恩之外賜階爵有差二王三恪文宣王及公主縣主嗣王節級賜與一子官及出身宗子有才行者悉以名聞奏仍委中書門下量才敘用皇五等已上親皇太后二等已上親並賜階爵武德已來配饗及第一等功臣并張巡許遠南霽雲顏杲卿眞卿等尚父子儀贈太師晟贈太尉秀實子孫中與一子官有差其中有才行堪任臺省者量才敘用中書門下並諸道節度使諸州府長官東都留守及京常參官諸軍使等父母祖父母並節級與追贈父母存者與官封已經追贈者更與改贈與元奉天功臣及蔡鄆立功將士普恩之外更賜勳爵亡歿者與追贈中書門下及節度等使東都留守度支鹽鐵使京兆尹諸州刺史等賜一子官有差在城諸軍將士節級賞賜仍加階爵京西京北及振武天德八道節度都防禦使下及神策一十二鎮將士等共一十八萬六千七百餘人都賜物一百八萬一千八百餘匹東宮官及侍讀普恩之外賜爵加階仍普與進改自國哀及行事職事官普恩之外賜階爵及勳其受顧命撰

制誥及冊文并寫制誥官等特加一階賜爵一級並賜上柱國優與進敘書冊官特加一階尊親之禮既展於徽章廣愛之恩宜申其慶賜皇太后諸親委中書門下量等第節級優賞文武常參官及外官職事五品已上有母者並加邑號如已至郡太夫人者許回授周親應緣皇太后冊禮職事官並節級賜物天下百姓有父母祖父母高年者賜粟帛城內蕃客等並節級賜物今年正月二十八日至閏正月三日宮苑諸門守捉西內立仗將士等量加改轉應內侍省及內坊官正等並加賜勳爵常參官及諸州刺

史少尹赤令有先得替及因病假滿百日解官并終制未授官者及致仕官並與進擬天下諸道州不得擅有閉糴禁錢務令通濟內外文武官及諸色人等任上封事極言時政得失才有可觀別當甄奬應流外色役人等賜勳有差

南郊改元德音

門下朕聞自昔盛王之所以合天地諧神人莫過乎誠敬致其誠展其敬莫重於祭祭之大者莫大於郊廟故必躬行而心奉之然後百靈助慶萬國蒙福此帝王之孝也我

國家祖功宗德立極配天日月所照雨露咸被孝思善繼聖敬允升郊丘歲奉於嚴禋宗廟時修其明薦朕以沖昧自獲纘承仰荷睠命懼不克享幸天多祐俾歲大穰河朔厎寧邊封靖謐及此元日至於上辛式遵典禮有事郊廟當祇見之夕感慕增懷洎大報之辰誠敬彌勵因體元而改號用敷化以覃恩可大赦天下改元和十六年為長慶元年自正月三日昧爽已前大辟罪已下罪無輕重已發覺未發覺已結正未結正繫囚見徒咸赦除之唯故殺人在十惡內者及官典犯贓不在免限左降官量移近處已經量移者更與量移如復資者即任便赴選集丁憂去任服闋日亦與量移如有親故在者都任於所司陳狀便與處分不必更待本州府申請如準前制已合量移有司未注擬者並任累敘并別勅因責授刺史已下降資正員官亦與進改亡官失爵放歸不齒者量加收敘流人未到所在及已到者與量移近處已量移者并放還僧尼道士移隸者亦與量移近處并得罪人已亡歿家口未放歸者一切放歸如有情願住者亦任左降官及流人先有官者如已亡歿各還本所自今日已前所有痕累禁錮及反逆緣

坐等一切並與洗滌其左降官及流人如所坐之罪本因犯贓到任及所配處未經二年者不在量移其天德軍流人滿十年即放迴其糧賜委防禦使便別召人充補營田驅使朕自君臨萬寓常思子惠羣生每念困窮猶勞杼軸宜加恩於寰海用蠲賦於齊甿天下百姓今年夏稅每貫放一百五十文厎貢之宜本於任土阜財之道亦在便人天下州縣應徵科兩稅榷酒錢內舊額須納見錢數者並任百姓隨所有匹段及斛㪷依當處時價送納不得邀索見錢度支鹽鐵戶部應納茶稅及諸色見錢兼糶鹽價中

舊額須納見錢數者亦與納時估匹段及斛㪷其輕貨即充上供雜物當處支用如情願納見錢者亦任穩便永爲常式京城坊市聚貨之地若物無集處即弊生其中宜委度支鹽鐵使於上都任商人納榷糴諸道監令在城匹段各有所入即免物價錢於外州仍委所司具條流聞奏其公私便換錢物先已禁斷宜委京兆府及御史臺切加覺察理財正辭弊必除於既往蠲逋已責禁方絕於將來應度支鹽鐵戶部三司所管諸官吏所由人戶等欠負元和十三年已前諸色錢物斛㪷等各委本司盡理勘實如是

貿易估擡入已隱欺即準條處分如緣收貯年深盤覆欠折水火沈爇保累剝徵并緣用兵之時所在貯備雜物準擬軍需及賊平之後不堪上供勒令迴變因有損折如此之類除檢責家產及攤徵原保外如實無可納空掛簿書連年囚禁者宜令各具色目聞奏並與疏理其諸軍諸使應有欠負亦準此處分天下兩稅外不得別有差率刺史若違越委觀察使舉奏觀察使或有事乖格勑刺史不得接受已有前勑宜重申明仍委御史臺嚴加訪察不得妄稱供應及軍府褊迫捍禦疆陲必先財力使其節用方可實軍訪聞邊上諸鎮比緣使臣所到或私申饋潛耗資儲假此爲辭因而積弊將令完緝功在立程應京西京北邊上諸軍州鎮自今已後如有中使及郎官御史奉使到所管並不得與人事比部令勾諸司錢穀載在格令其事訛謬歲月已深宜令中書門下精擇比部郎官修舉典制勾諸司錢穀仍立時限具條疏聞奏山河之固險易不常疆理之間廢興從便今干戈已戢寰宇大同壤制之宜所資垂久應諸道諸州及諸縣宜委中書門下審量制置其州縣兼委觀察使刺史量閑劇利便可併省者具事宜聞奏

河北諸道管內自艱難以來久無刑法各隨所在徵斂不時色目至多都無藝極宜委本道觀察使勘實據桑產及先各徵配量輕重團定兩稅務令均濟其刺史已下俸料仍據州縣戶口徵科多少并職田祿粟作等第河南諸州府例條疏分析聞奏如聞河南北州縣凋殘戶口未復官員備設曹局至閑或非其才徒費其祿其縣州官各據都邑大小量公事多少留置餘並權停仍先於久經假攝才行彰著人內選擇委觀察使訪察勘實各具前後歷攝勞考約前銜資序便與正授如先無官者以假攝年深課績

尤異各具事績聞奏委中書門下類例如資序或未相當且令權知兩考候有政能即與正授其見在正官多是流外不任公事切宜揀擇堪留者全給課料使其盡心合減省者並勒停罷仍據已得資常選之內與減兩選未得資者任以前銜便放選集仍名銜申牒有司自今已後委吏部切加揀擇量才比擬所冀惠政及於疲人應諸道管內百姓或因水旱兵荒流離死絕見在桑產如無近親承佃各委州縣切加檢實據桑地數具本戶姓名申本道觀察使於官健中取無莊園有人丁者量氣力可及據多少給

付便於公驗任充永業不得令有力職掌人妄為請射其官健仍量借貸種糧分番上下各任營農放三年差稅年限滿後據桑地準例團定合當下番營農者停給月糧其衣物賜及雜賞給並如舊應天下典人莊田園店便合祇承戶稅本主贖日不得更引令式云依私契徵理以組織貧人天下榷酒錢有已分配百姓處又別置酒店官酤及諸色榷率宜切禁斷應亡官失爵及放還流人如有先莊田不經沒官被人請射本主及子孫到並委州縣卻還務令安業州主牧宰職在親人其有徭賦不均流庸未復刑罰不中教化未行必當分命使臣大明黜陟三代致理皆重學官兩漢用人蓋先經術天下諸色人中有能精通一經堪為師法者委國子祭酒訪擇具以名聞將加試用稱成康之盛則舉措刑讀文景之德亦言斷獄況自文祖太宗皇帝親錄囚徒躬省冤滯法官所選豈易其人其大理寺官屬比來吏部所授多非其才宜令精選有志行詞學兼詳明法律注擬其有課績特殊堪任朝獎者臺省官有闕宜先選擇剖符共理按部分憂繫於生人所任最切近日刺史或一歲再遷或累年尚滯勞者不勸否者不懲自

今郡守勤奉詔條清廉可紀者四考與轉其有殊績及久歷外郡者或就加章綬或擢列朝行庶使內外有倫遠邇無異其刺史有闕委中書門下選擇當時進擬不得稽遲其江淮諸道縣戶一萬已上稅錢五萬貫已上皆謂之大縣所擇縣令宜準元和二年赦節文處分其去年二月五日赦書中所薦縣令兼取散試官及白身并見任官者不學而製其弊固甚未操而割所傷則多豈有白身及散試官未經試吏堪任縣令永言及此殊匪朕懷又見任官吏求舉薦亦長僥競不可施行其散試官及白身並見任官

令吏部並停注擬自今已後所舉縣令更不得舉薦此色將致乎理必在官循其方將盡其才必在吏久於政先朝深知積弊首舉具員近日因循更不遵守遂令躁競者不安其位惟望速遷自今已後宜委中書門下所有除授並依元和二年具員勅處分其諸道年終亦宜準承前勒停如刺史於留州數內妄有減削非法破用者委觀察使風聞按舉必當重加科貶以誡列職如刺史不承制勅不得稱有公事請赴本使其錄事參軍亦不得擅離本州將欲化人必先興學苟昇名於俊造宜甄異於鄉閭各委刺史

縣令招延儒學明加訓誘名登科第即免征徭天下所置常平義倉準元和元年正月赦書節文處置未便者委刺史各具事由條件聞奏有司更與商量處分郵傳所置令式有文近年以來多有逾越遂使馬畜損耗供億勞煩宜準元和二年赦節文處分天下諸州府縣官吏應行鞭撻本罪不至死者或假以責情致令殞斃宜委御史臺及出使郎中御史等切加察訪聞奏天下諸道或閉糴禁錢自爲條約自今已後切宜禁斷仍委鹽鐵巡院勾當其內外文武及致仕官三品已上賜爵一級四品已下各加一階

陪位白身人賜勳兩轉故尚父汾陽王贈太師晟贈太尉秀實各與一子八品官顏真卿杲卿張巡許遠南霽雲各與一子出身武德以來功臣子孫量加獎用中書門下及節度帶平章事者各與一子八品正員官祖父母及父母並與官封父歿母存者與邑號已贈已封者更與追贈及邑號禮儀使大禮使度支鹽鐵使京兆尹各與一子出身文武常參官并致仕官及諸道節度觀察經略等使及神策等諸軍使父見存者量與致仕官母存者與邑號父母亡歿與贈官及邑號東都留守及諸道節度觀察經略等

使神策金吾六軍將軍威遠鎮國軍等使各與一子出身陝州奉天興元功臣更賜勳爵有差身歿未經追贈者並與追贈應緣大禮移仗宿衛御樓立仗將士普恩之外賜勳爵有差仍準舊例賜錢物二十萬四千九百六十端匹貫大禮職掌行事官吏及留守等吏賜勳及加階升壇殿行事官更特加一階應在城內蕃客等賜物有差常參官及刺史有停替及病假解官及終制未授官者委中書門下量才進擬其有情願授致仕官者亦聽天下諸色人中有賢良方正能忠言極諫博通墳典達於教化軍謀宏遠

堪任將帥政術詳明可以理人者委有司各舉所知限今年十月到上都天下百姓高年者賜米及綿絹有差其元和十五年二月五日赦節文中有未處置者有司速舉施行庶令大信洽於天下百司之職布在舊章特舉正經必歸理本宜令尚書省應掌閑幕士御士醫工獸醫門僕藥僮御書手楷書手典書流外署等各賜勳兩轉通氣炳靈是資嶽瀆禦災捍患爰想聖賢將達明誠式崇祀典其五嶽四瀆宜委本州府長吏備禮致祭當極豐潔以副如在之誠名山大川及自古聖帝明王忠臣烈士各令所在以

禮致祭亡命山澤挾藏軍器百日不首復罪如初赦書有所不該者所司具作條例聞奏敢以赦前事相告言者以其罪罪之赦書日行五百里布告天下咸使聞知主者施行

欽定全唐文卷六十七

穆宗四

優卹將士德音

勑朕聞昭德示威先王所以用武禁暴夷難後代安能去兵故文德誕敷武備宣耀外以環禦四海內以底靖中原則軍旅之制有經師律之能必表朕纂承鴻業虔奉丕圖宵分永懷何以康濟豈獨鼓鞞有感方思將帥之臣征伐爲心乃寵干戈之士況文武並用古之格言勳舊不酬勞者何勸惟我高祖太宗以晉陽之旅平一海內肅宗以靈

武之衆收復二京代宗有郟郊元從之臣德宗有奉天戡難之士每念勳伐無忘寢懷如聞近日武班之中淹滯頗久雖負材畧無由自明又有諸道薦送大將或隨節度歸朝自今以後宜令神策大將軍軍使及南衙常參武官各具由歷授官年月前後功績牒送中書門下若勳伐素高人才特異者倶有相當用處即具名聞奏量加獎擢其常參武官資考深久未得遷轉者準具員年月與改轉不得令有淹滯其先授文官者亦宜準此使幕賓寮皆有年限改轉軍府大將豈可獨不序遷自今已後諸道節度都團

練經畧等使下各隨本處是大將名目已曾授監察已上官者並限三周年量與改轉如有功效合非時與改轉者不在此限其職名是兵馬使都虞候押衙已上前後並未曾奏官者亦仰量績效奏官轅門委質營壘分師有役于戈無由耕稼況自天寶已後屯兵七十餘年皆成父子之軍不習農桑之業一朝罷歸壠畝頓絕衣糧言念饑寒深用嗟憫應天下節度都團練防禦經畧等軍所置軍數各委本道據守舊額以度定數不得輒有減省其有逃亡病死及過犯解退當時揀擇有武力藝能者添補奮於行陣

決命捐軀不顧危亡每嘉忠烈官健有死王事者三周年不得停本分衣糧如有父兄子弟試其武藝堪在軍中承名請衣糧者先須收補孝本安親深惟養老用敷恩惠以慰耆年應軍將及官健有父母年及九十已上委本道本州每至節歲量與酒麪優養守塞備邊固不可廢煙塵既靖亭障無虞諸道舊有防秋兵馬已在邊上者自依年限替代近者師旅屯集餽餉頗多不免於諸道留州留使錢內每貫量抽二百文以充國用幽鎮既已洗雪供費亦漸有常其河北諸道及山東兗鄆淄青汴宋陳許徐泗澤潞河陽鄭滑等道并邊上諸鎮並不用抽刁斗晨嚴烽煙夜警勤勞沙塞寒苦邊陲其沿邊鎮戍烽子等並委所管節度及城鎮使量與優賞仍與交番上下使其勞逸得均使命往來本於傳達軍期緊急遂至繁多非唯郵傳不供抑亦號令難一自今已後應緣山東行營兵馬未歸本道已來進退事機並宜專委節度使仍仰條疏舊弊一一奏聞除事關迫切須遣專使外其餘書詔文牒一切分付度支入遞發遣制使中使到諸道行營不得輒受人事錢帛及行非理鞭扑當加撿察義不優容榷筦之說誠爲救弊隨

方適變所貴便人其河南河北鹽法宜委鹽鐵使與本道節度使審度會計商量務以便人爲法閱習土宜則通吏理既因試効可驗政能應河北諸道宜委觀察使訪察管內見攝官中或清強有才能課績者具前後所攝年月并事跡聞奏當與正授從政之方必原風俗視人相土乃合所宜弛張在達於無私法令所期於不擾應河北諸道並兗鄆青等州道應有新舊科條有不便於俗者委宣慰使與所在長吏商量廢置務從人欲於戲朕戴天子人操執重器不以四海之富而恃其力每以百姓爲念而兢於心

慮文教之未敷思武畧之多闕所以輟食當宁求衣未明揣摩萬機寧止三省頃以馭宇之歲藩方乂安委於廟謀以輯軍政而有司不達苟以惜費爲心致滋停減之名無裨毫氂之用使軍中老幼愁歎無歸朕博聽羣言用革前弊舉其指要冀叶羣情庶乎侯伯列城典我師旅勵精撫士用副憂勤中外布宣明知朕意

赦鎮州德音

門下仲尼有言詩云執轡如組審此言可以爲天下也蓋爲聖人組修其身而成文於彼故伯益贊禹則曰滿招損

謙受益所以服有苗夏后啟亦云吾德未至教未善故能克有扈苟齊俗有禮化人以躬尚可感於神明柔於蠻貊況累聖遺教昇平舊風堅金在鎔惟人之所鑄猛獸在柙由人之所馴因而撫之敢忘前訓朕以菲德纂承鴻緒屬先皇掃刷中寓康濟兆人八表晏然五兵咸息常兢懷於繼述思致理於和平豈以樂戰爲心佳兵在念而鎮州以承宗云亡自歸誠款幽州以劉總懇志願釋兵符相繼來同無思不服非朕勤於遠畧力以致之亦既綏柔咸加霈澤不愛金帛以惠我戎士不悋爵賞以寵其偏裨復以一二台臣常推謹慤庶將朕志以靖方隅而佚於既安莫能思患曾未累月旋聞叛離朕亦欲因其人心命將擇帥顧念宏正盡忠先朝身嬰陷害家受屠戮爲之元首能不痛心是用下制先申告諭求其凶惡冀釋幽冤仍令四面節制各守封境不欲遽加誅討所望自效忠誠而將士等懼罪以相保王庭湊爲衆之所逼固其封壤捍以兵鋒每聞戰爭永念黎庶爲之君父又何忍乎是用輟食忘寢晝夜萬慮恭惟烈祖之訓必用兼愛之心務以安人爲國本不以窮武爲威力顧予寡昧敢忘遵承爲追念而興師已極

君臣之分爲軫憂而捨罪豈非帝王之道況王庭湊倉卒之際固非始謀接之以恩榮自當展其志義委之以戎鎮必冀效於勳庸禍福無門行之則是弛張在我用亦何常苟推信誠便保忠順苟得其衆孰非吾人擢而任之式示光寵宜特舍雪仍授檢校右散騎常侍兼鎮州大都督府長史御史大夫充成德軍節度鎮冀深趙等州觀察處置等使應成德軍將士官吏一切依舊待之如初仍令兵部侍郎韓愈充宣慰使於戲朕於彼三軍惠非不至於彼闔境恩非不周今宏寬大之典以應陽和之令使離散者見

親愛之樂暴露者歸室家之安各宜感悅以就寧泰布告中外體朕意焉主者施行

平汴宋德音

理天下者務於安遐邇致康濟者資於懷兆人朕統馭萬邦式敷王度任藩方以俾乂冀干戈之載戢虔恭惕厲未始暫忘推予是心布及中外昨乃夷門逐帥逆將興師蒼黃變生士庶無告逆賊李㝏驅掠忍害流離毒痛在浚之郊若鼎將爨逼脅我軍士盜竊我戈鋋驅馳外坰敢肆蜂蠆朕所以不降明命未行天誅容其革心以示迷復蓋以

一方軫念三面開羅將宏愛物之私用表好生之德而梟音恣醜狼顧憑凶危巢已焚禽息猶若光顏韓充曹華智興等感激忠勇揮戈誓師雷奮鼓旗所向風靡逆黨殲殄郊原霧清熊羆之師漸及摩壘夫疾風斯來而勁草方辨熾火將燎而良金益明果聞義烈之臣奮起轅門之內一揮斬首三令無喧嚴城洞開以俟來帥永言忠效是錫寵章其梟斬逆賊李㝏宣武軍都知兵馬使李質已從別敕處分忠武兗海武寧鄭滑等軍將士等感主帥之忠誠忘身赴敵視寇仇而忿嫉決命爭登高承簡以雎陽一郡之師當虵豕奔衝之勢咸能勦其醜類如刈草菅各振軍聲用宣威略其忠武兗海武寧鄭滑應赴行營及宋州將士等並節級各有賞物已別處分支給委本軍據功勞額例給散歸還之時仍加宴勞朕念彼無辜墜此塗炭橫爲凶狡驅脅傷痍其汴州管內州縣官吏軍鎮將健及諸色職掌人等頃罹脅汙自拔無由撫事量情亦可矜恕除同惡巨蠹者其餘一切不問仍加牓示如或妄有恐嚇言告者科其反告之罪干戈暫興里閭必害眷言農畝是廢耕桑其汴宋鄭三州罹此凶逆士馬屯集供億併繁雖事乃徇

時而人亦勞止予懷軫念豈忘優矜其三州管內有兵馬所到州縣百姓或被驚擾處且於今年秋稅三分內量放免一分仍委州縣長吏切加綏撫其賊中雜差點子弟夫役放還鄉里俾安生業其中有不能自存者量事優卹應百姓中有被分外無名賦斂者並當時勒停義士忠臣見危死節賞功褒美冀及殤魂惠卹其孤庶明報效軍有陣亡將士等并李㝏爲亂以來有潛謀効順誠節可嘉并因此遇害者並委本軍審勘具名銜事跡申奏當與甄獎及加褒贈仍令本軍優給其家三年不停衣糧并委所在州

縣速爲收葬量事致祭其將士有因戰陣傷損尤甚以致殘廢者各委本軍厚加優卹仍勿停解掩骼埋胔國之令典迫於凶醜深可傷嗟念其本亦吾人蓋由事非獲已其經戰陣處所有賊中遺骸宜令所在州縣隨事收瘞勿令暴露嗚呼弔伐之道予遵格言靖寇安人豈忘終日朕載櫜弓矢思保黎苗而雨露所均動植所繫一夫竊歎朕每興懷況茲浚郊都邑之會所以慎擇將帥期於乂安今寇孽已清封壤寧息師之所處用軫於中將申宥恤之恩庶息瘡痍之後布告中外咸使聞知

冊立皇太子德音

朕上奉宗祧下臨邦國承烈祖垂鴻之慶當累聖奕葉之尊祗膺寶圖敬守丕業體明離立象之重表青宮建嗣之崇元良以貞國本斯固皇太子湛恭孝温文生知夙稟日者春闈尚曠東序未興朕嘗訓以義方舉明嚴敬匪資調護已達詩書克保承休爰當主鬯膺茲典禮慶感良深踐位少陽允孚明命用宏惠澤庶洽兆人自長慶二年十二月二十日昧爽已前天下應罪合死除犯贓降從流流罪已下遞減一等左降官及流人並與量移亡歿者任歸葬文武常參官及諸州府長官子爲父後者賜勳兩轉緣冊太子攝太尉稱賀攝侍中承旨宣制進中嚴外辦攝中書令讀冊授冊各賜爵一級其行事職掌官及書寶宣冊舁舉冊寶禮儀使禮官等三品已上賜爵一級四品已下加一階撰冊文官特加一階仍並賜物有差導引官各加一階鐫造冊文及禮生等賜勳有差文武常參及陪位官并宗子諸親賜勳一轉景王府官量與進秩夫師賢友善庶發清明習近性遷必資宏道所以慎簡師傅用保賢良其太子侍讀宜委中書門下精選二人具名聞奏

疾愈德音

朕退思三古旁考百王邁德彰仁在於兢慎故詩稱翼翼易美乾乾惟此之格言豈忘於終日況天地之仁莫先於利物朕乃者膳飲非適興居不時風霜所侵遘癘虐疾賴上元降鑒列聖垂祐尋克有瘳至於安節深慙慎德重切貽憂爰因康復之初式表精勤之至況江淮旱歉滑鄆水災方念恤人寧忘約己應緣御服及器用在淮南浙西宣歙等道各供進者并端午降誕常例進獻等一切權停其諸道每年準旨條合貢者委度支商量疏理如非切要涉

於宂費者一切停進夫適情悅目肆巧雕文翫好雖充農桑實蠹朕將齋服應用每念黎元應諸道除常貢外不得別進翫好之物近日諸道多奏祥瑞且休徵所感靈跡所昭必驗祥經應乎元化自今已後除合準式申奏外餘一切不得妄有進獻虛爲煩費卑宮菲食常遵大禹之心馳騁畋遊每奉元元之誡朕勞思惜費恭念好生將欲濟人期於尅己每日供御及供宮內食料等一物已上各委本司商量節減仍具所收費用數速分晰聞奏當付度支管計以添充經用五坊鷹狗之類量留充備蒐狩之外一切

盡放其淮南等道當臨遣使臣別有處分於戲天鑒在上敢不嚴恭人視在下敢不兢畏既驗有喜之兆永懷無逸之規凡在中外宜表朕意

朝元御正殿德音

朕以寡昧獲守重器兢厲畏惕於茲五年皇王之事罔不修備而大典有闕舉而行之粵以元正朝於正殿百辟咸序萬方來庭思欲推至仁以布和奉天時而施令況上蒼貽慶列聖垂休輔於予躬以致寧復思與臣庶同被慶靈俾茲囚隸亦洽流澤自今年正月一日已前犯死罪者並降從流流罪以下遞減一等其故殺官典犯贓犯十惡者並不在降等之列左降官未曾經量移者與量移近處流人各據本年限與減一年如本限只一年者放還朝賀之禮國之盛事肅恭班位數贊威儀俾申慶賀以示宏普其應元日緣朝賀行事官三品以上賜爵一級四品以下加一階文武常參官并六品以下及宗子應陪位者并諸道賀正使各賜勳一轉先已至上柱國者任迴與周親諸藩陪位賜物有差今兵革甫寧典常粗舉雖懃至理可謂小康惟水旱猶虞黎元重困公私蓄積頗有未豐宜令諸道

觀察使刺史各具當處利害其有弊事可革有便於人者并言何術可以漸致富庶附驛以聞亦不用專使詣闕以致煩費其封畿之內百姓利病委京兆河南尹具以條奏於戲東帶立朝必咨忠讜濟時利物式佇謨猷其文武百僚各上封事極言得失無有所隱如有事可施行者便委中書門下量加獎用朕以執契馭時任賢興化孜孜王道期致太和凡在官寮宜悉此意

上郭太后尊號冊文

伏以正坤元母天下符至德以昇大號因景運而飾鴻猷

煥乎前聞，焯彼古訓以極尊尊親親之義明因天事地之經有自來矣伏惟大行皇帝貴妃大虹育慶霽月披祥導靈派於昭回洽殊仁於氣母範圍百行表式六宮粤在中闈流宣陰教輔佐先聖勤勞庶功顧以沖眇遭罹閔凶荷成命於守器之時奉寶圖於鑄鼎之日哀纏易月痛鉅終天而四海無虞萬邦有截仰惟顧復之德敢揚聖善之風謹上尊號曰皇太后

冊景王爲皇太子文

維長慶二年歲次壬寅十二月丁亥朔越二十日景午皇

帝若曰於戲惟辟奉天必建儲位率命上嗣以立人極所以大一統而貞萬邦也粤我祖宗乃聖乃神繼體垂休奄宅四海洎於寡昧祇荷丕緒夙夜兢勵深惟永圖用稽古命嗣以承無疆之慶咨爾元子景王湛粹哲自天温文在躬夙成厚德弗形幼志爰謀表祉克彰孝恭敏事居敬日新其度是用命爾爲皇太子爾其欽哉主善勿懈由禮勿違勉以入德勤以聚業修志罔怠自誠而明則可以刑於邦家對於上下用光我烈祖之休命可不慎歟

命皇太子即位冊文

維長慶四年歲次甲辰正月辛亥朔二十六日景子皇帝若曰惟天輔唐德我祖宗克答天意邁德勤道紹休大業洎予一人嗣守四海祇事天地愛育萬物罔或怠惰於茲五年今寢疾彌留不興不瘳獲以重器付之元良咨爾皇太子湛列祖儲慶自天生德孝友慈惠温良肅恭必能輯寧邦家輝光緒業是用命爾陟於元后宜令中書侍郎平章事牛僧孺奉冊即皇帝位爾有孝敬之志可以奉宗廟爾有廣厚之量可以奉神祇和惠可以撫萬邦仁愛可以親九族任賢尚德遠佞去邪爾惟欽承無忝我祖宗之休

烈

長慶宣明歷序

古者聖人莫不研七精之數以察天道設四時之官以授人事在顓頊之代雖汗漫靡察制度未備然已有重黎二官故可得而述是以欽昊天協時月必首於堯舜之典敘九章用五紀亦冠於周宗之書則知履端受命斯爲本也我國家侔天地以制法統陰陽以立極恭惟烈祖嘗所盡心載誕神人協成律象太史究洛閎之術大慧極容成之妙而體聖創制賾隱窮神順時氣之發斂考星度之疏密

故亦窮變化洞窈冥矣然後陰陽和刑罰清八風之敘立萬物之序成累聖纘序必更紀歷推體元居正之道彰敬授惟新之法斯舊典也曷敢廢乎朕以菲薄未明至理荷祖宗之耿光守聖人之大寶深懼不德獲戾於上元感易象之隨時懷禮經之聽朔又嘗覽漢丞相魏弱翁之奏以爲帝王法天地順四時以理國家奉宗廟安天下之大禮也爰命太史洎乎疇人候望於淸臺論思於別殿究以微妙考其禎祥觀渾儀以見天心視圭景而知日至則八卦之氣不雜百工之職允釐豈必於記威鳳之晨晦明無爽

候仙蓂之莢弦望不愆今勒成三十四卷命之曰長慶宣明歷承唐堯授人之規庶於是矣效軒后合符之驗非所企焉因敘制作之由在乎篇首

南山律師讚

代有覺人爲如來使龍鬼歸降天人奉事聲飛五天辭驚萬里金烏西沉佛日東舉稽首歸依肇律宗主

欽定全唐文卷六十八

敬宗皇帝

帝諱湛穆宗長子元和四年生長慶元年三月封鄂王徙封景王二年十二月立爲皇太子四年正月即位寶歷元年四月上尊號曰文武大聖廣孝皇帝在位三年年十八謚曰睿武昭愍孝皇帝廟號敬宗

授李程平章事制

理多務者必資經遠之能總衆材者實在選舊而任疇咨輿議參詢廟廷果獲誠臣副予虛佇正議大夫尚書吏部

侍郎上柱國渭源縣開國男食邑三百戶賜紫金魚袋李程文含鍾律器挺珪璋行已蹈常與物無吝早以詞翰密侍帷幄開宏顧問發揮訓謨周旋臺閣閱歷中外秀造稱其得俊衡鏡表於無私卑牧難踰深藏不耀朕荷負重構祇守大業自顧寡昧動遵先規委成台司不操匠斲自居無悔之地以馳至正之途而元輔披陳勇於進類常思任人與自任不若因賢以求賢命之僉求以名列上而程爲舉首是必至公爾宜謹繩墨以示諸侯平好惡以待多士秉彝倫以澄躁競覈名實以鎮浮虛協睦乃僚無替朕命

爰因銓品之鑒載佇烹飪之功可尚書吏部侍郎同中書門下平章事散官勳賜如故

授竇易直平章事制

昔周宣王漢宣帝思宏祖業克紹先構用申甫邴魏爲相然後周道重熙漢德累洽朕以沖眇託於億兆之上緬惟文祖元宗之理若涉大水浩無津涯詢於巖廊俾舉髦碩果得才傑副予虛求必惟其人乃命以位朝議郎守尚書戶部侍郎兼御史大夫判度支上柱國賜紫金魚袋竇易直端厚靜慤直方簡廉氣深而和識敏而遠每去華而務

實不爲善以近名早以器能揚歷中外司憲著紀綱之績廉俗垂惻隱之仁輟於天官掌我邦計厎慎財賦均節委輸賙給不窮贍濟皆足國有大柄屬於全才況朕親臨寶圖萬物資始審象而授其代予言爾尚弼予一人用厎於道且漢以丞相調兵食周以冢宰質歲成我國家雜用古制以重其事也爾往欽哉無忝我成命可朝散大夫守尚書戶部侍郎同中書門下平章事判度支

授牛僧孺集賢殿大學士監修國史制

門下寅亮天工弼諧庶務宏我一德撫綏萬邦佐予沖人以厎於理將推恩於天下必首自於輔臣是用極其褒崇增其命數訓正圖書之府裁成義例之條銀青之階光於七命茲所以賞勞而馭貴也正議大夫守中書侍郎同中書門下平章事上柱國奇章縣開國子食邑三百戶賜紫金魚袋牛僧孺大玉不琢喬松挺姿文探典謨學貫流略自綸閣掌誥會府貳卿聲實彰華人德歸厚先朝嘉其器業爰命奮庸秉事君之小心蘊難奪之大節往以聖體違豫潛心保和乃能畫一持平守而不失朕自膺寶歷深仗股肱每申勇退之懷用廣進賢之路損而招益謙乃彌光

實簡朕心克諧僉論必能刊魚魯於往籍垂褒貶於國書可門下平章事兼集賢殿大學士監修國史

授牛僧孺武昌軍節度使制

門下朕恭承大統屬當平寧方委心輔臣釐齊法度垂茂績於百代建休風於一時有深畏滿盈雅懷止足體陰陽迭斂之旨全進退居正之心抗詞不回秉志難奪得不處之安郡益以榮名是用建新軍以統武昌佩相印而兼齊斧文武二柄付於全才金紫光祿大夫中書舍人侍郎同中書門下平章事兼集賢殿大學士監修國史牛僧孺貞

方而和裕慎密而坦夷秀乎文華篤於行實以直筞悟憲宗以忠啟奉先朝積有信誠擢於廊廟法無越制官無及私門無託賓道無偏倚逮玆旬歲亟聞昌言朕嘗惕然虛己以聽旣終園寢之重克修郊廟之儀前志彌堅陳懇益固吾方涉學宏濟斯人耒耜戈矛仁壽鄙夭簡予懷者非爾而誰是用轂中樞圖史之閣開夏口油幢之府典型八座廉問七州往惟休哉無替厥服可檢校禮部尚書同中書門下平章事鄂州刺史武昌軍節度使

處分賢良方正等科舉人制

朕深居法宮高處宸極嘗慮天下多務壅於上聞朝廷大猷闕於中典至於伏陛叩頞造膝犯顏皆驟遷顯榮寵以優錫尤思物不得茂遂道有所鬱堙是用虛衷訪賢側席前殿緘密以獻閱自朕躬切弼予違無所回忌第於上下揚於正朝吾之不忝亦可謂信於海內矣賢良方正能直言極諫科舉人第三等唐伸韋端符舒元褒第四等蕭敞楊魯士楊儉來擇趙柷裴憚第四次等韋繇李昌實嚴荊田邕崔璞第五上等李潼蕭夷中馮球元晦詳閑吏理達於教化科第五上等韋正貫軍謀宏遠材任邊將科第三等裴儔第四次等侯雲章咸以讜言正詞兵符教本應問如響不窮如泉著之於篇爛然盡在宜膺中鵠之選用叶縻爵之經在第三等人委中書門下優與處分第四等第四次等第五上等中書門下即與處分

封皇子普爲晉王制

門下昔周室之興也藩戚並建式資於維城漢氏之制也皇子畢封用固於磐石斯所以載宏丕緒惟懷永圖且茂德於本支遂推恩於嗣息況祗荷眷祐屬當長賢宜承寵章允膺舊典長男普幼稟異質夙應嘉祥旣表岐嶷之資

日慕恭良之性朕以寡昧虔奉宗祧庶明父子之親以及君臣之義命以樂國錫其介珪用敷可久之基爰叶至公之道可封晉王宜令有司擇日備儀冊命主者施行

授裴度司空平章事制

朕周觀帝王之道春秋富則倚附舊老享歷久則簡擢俊髦故我元宗開元之始任宋璟姚元崇之輩以調陰陽東封之後乃用李元紘張九齡之儔以承法度洎予恭守大位於今二年巖廊藩翰逮於左右前後皆皇祖聖父之人固有易置況勳望冠代器業絕倫副予揣論贊此休運凡

百有位敬而聽之山南西道節度觀察處置等使光祿大夫守中書門下平章事兼興元尹上柱國晉國公裴度以忠家捍患協於憲宗以匪躬不撓佐於先帝十拜相詔四登帥壇援士猶布衣之心悲時急戀闕之思價重乎內外名殷乎華夷籍是風猷俾參大柄且滿吾志亦用僉聞於戲君臣合符不可多得千載一遇猶爲比肩爾宜援古以自強垂後以居重文終之畫一平陽之弁容諸葛持衡之公相如引車之意率彼四予足爲成人服茲昌言往踐乃位可守司空同中書門下平章事仍令所司擇日備禮冊命

停鄆州刺史馮定官制

馮定經使臣推問無入已贓私所告罰錢又皆公用然長吏之體頗涉無儀刑賞或乖宴遊不節緣經恩赦難更科書猶持郡符公議不可宜停見任

流劉伉雷州制

劉伉所犯贓私其數至廣恣爲貪猾固抵刑章若據本條合當極法以其大父於國有勞特爲矜量俾從寬宥宜除名流雷州

賜將士錢絹詔

朕以寡昧祗膺寶位載懷悼懼豈所克堪而羽衛爪牙禁營師旅晝巡夜警協力悉心自始銜哀至於踐祚忠勤匪懈誠節用彰將圖錫賚務欲豐厚屬頻年旱薄御府空虛如聞邊上將士至今未給衣賜永言軫慮深切寤懷霑卹之時所期均濟兩軍官健各宜賜絲十匹錢十千畿內諸鎮各賜絹十匹錢五千軍吏及城內諸軍賞物節級有等仍於內庫更出綾絹共二百萬匹度支充邊軍春衣并天下州府賦稅如要蠲放者并委所司約此數均勘取濟凡百將士宜悉朕懷

令京兆府平糶詔

京城米穀翔貴百姓乏食者多夏麥未登須有救卹宜出太倉陳粟四十萬石委度支京兆府類會減時價於東西街置場出糶其價錢仍司府收貯至秋收糴

疏決囚徒詔

近者夏麥垂熟霖雨稍多雖不甚損傷亦是陰陽小沴必慮囚徒之中或有冤濫宜令御史中丞刑部侍郎大理卿同疏理決遣訖聞奏其在內諸軍使囚徒亦委本司疏決

聞奏

令市耕牛詔

農功所切實在耕牛疲甿乏此理須給賜宜委度支於東鎮武靈鹽夏州分市耕牛萬頭交付京兆尹均給畿內貧下百姓其價以戶部綾絹充

清理庶獄詔

近日京城雖已得雨畿甸之內霑灑未周災歉是虞黎元重困救旱之備深所注懷宜令京兆府各勒諸縣令長疏理見禁囚徒除首罪外餘支證並責保放出其有法不得

原情有可恕者府司一一條舉當爲蠲免御史臺大理寺亦委本司長官親自覆視準前處分炎熾方甚狴牢可矜京城及畿內諸獄亦宜並與除放冀得存活

試制舉人勅

朕聞心術順適天下可一言而興聰明壅塗堂上有千里之遠故唐虞而降則考試觀俗漢魏之際則詔策求賢朕纘紹丕圖撫臨方夏實懼誠有所偏信鑒有所未周乃前歲詔六官九卿方岳尹正有位之士遠於庶僚高懸四科博薦羣彥將訪衆政之闕酌至論之中子大夫庭列儼然各應其品是用宵興前殿永日渴求條列坦明咸本經史固子大夫之所講磨矣當竭誠慮無有蘊藏宜坐食訖就試

優恤客戶勅

黔首如有願於所在編附籍帳者宜令州縣優恤給與閑地二周年不得差遣

減奉先縣租役勅

奉先一縣獨奉八陵供辦支持實爲繁併眷言物力須議優矜宜委京兆府減一半租并雜色役等令諸縣均出

賜義成軍節度使高承簡立德政碑勅

得守義奏當道將吏等請爲卿立德政碑卿位崇庶僚寄殷東夏扼洪河之險東當白馬之要津制機於事先銷萌於慮表而能文武參用農戰兼修人俗載安軍政斯理緇黃遂性耆耋樂生瀝懇陳誠飛章上請延覽休績欣然注心今令翰林侍講學士崔郾與卿撰碑文庶使龔黃之美無愧於前修羊杜之風豈慚於後代卿有緝綏之美朕成委寄之功不朽之名上下同有眷言嘉歎無以過茲想宜知悉春寒卿比平安好遣書指不多及

賜高承簡勅

勅承簡卿家傳韜略門襲麾幢累受藩邦皆著勞績黎元安集師旅和寧忠効章明聲猷暢洽頃得守義奏云官吏將校耆老緇黄同請立碑紀卿德政非公方達於事任惠化感於人心豈能致其懇誠固求篆刻眷言嘉歎寤寐在懷昨遣翰林侍講學士崔郾撰述翰林待詔徐幼文書德以庇人政能利物觀其辭理亦頗周詳將垂不朽之名用播一時之美無慚峴首何愧色絲其碑本故今賜往想宜知悉春暄卿比平安好遣書指不多及

罰李方現俸勅

李方現不自謹身有此喧競假如品官淩忽只合具實奏聞輒肆狂跳恣行毆擊傷人見血理在難容但以父有勤勞身叨宗屬特從輕典粗以繩違宜量罰兩月俸

光陵禮成優勞德音

朕孤藐罹疾慈嚴早違靡日不懷終天無逮將欲躬護園寢哀達神明而公卿庶寮瀝懇伏奏迫以重義奪予至情是賴一二鼎臣凡百執事咸懷嚴奉各表哀敬百靈拱衞六合會同終始四時無爽違之憾往復千里免塗潦之虞感歎盈懷是申勞典既加恩以頒錫遂流澤以蠲租山陵使禮儀使兼陵所攝太尉行事官各與一子七品正員官仍特加一階山陵副使按行使並賜爵一級各與一子出身橋道置頓使賜爵一級與一子官出身内山陵使兼修橋道使賜絹一百五十匹銀器二事特加一階修築使賜絹七十匹特加一階按行使賜絹五十匹特加一階修築副使賜絹三十匹加一階鹵簿使儀仗使並賜爵一級各與一子出身橋道置頓副使各加兩階昇梓宫官三品五品賜爵一級六品以下各加一階神策六軍修築官健及

檢校軍使陵所造作押當官吏及中使等并諸司諸使應緣山陵修道造作及專知執當工匠等賜物加階爵減選有差吉凶儀使諸色行從官等五品以上各加一階如已至三品五品未合敘者賜爵一級六品以下各加一階撰哀册書寶讀册官等五品以上賜爵一級六品以下各加一階舁寶册官及橋道置頓官儀仗鹵簿使判官等各賜階級勳改選減有差其挽郎放出身後七選許集南郊及太尉侍中告諭册謚寶靈座前進謚寶奏外辨奠玉幣酌獻等各賜爵兩級餘減勞考有差其數處職掌任所使從

一司處分奉先縣營奉力役勞散極深來年夏青苗錢宜令放免櫟陽美原高陵富平來年夏青苗錢每貫放二百文不滿貫者每百放二十文仍委逢吉與府司計料使以山陵用不盡錢與塡所放錢數其近道鄉村坊市屋宇什物田苗等有被毀損并近陵百姓偏有役使理宜節級優賞並委京兆府審勘聞奏

御丹鳳樓大赦文

自長慶四年三月二日昧爽以前大辟罪已下罪無輕重常赦所不原者咸赦除之左降官縱元勅云終身不齒者

亦與收錄諸色得罪人先有勅云縱逢恩赦不在免限並別勅安置者亦放還京畿諸縣應今年夏青苗錢並宜放免秋青苗錢并河南府夏苗錢每貫放二百文其京兆府路所放青苗錢外更放錢五萬貫斛㪷五萬石河南府除所放青苗錢外亦更量放錢三萬貫斛㪷三萬石其天下常貢之外更不得別有進獻縱節度觀察使入覲亦不得進奉諸道監軍自今後在本道并入奏並不得進天下所貢奇綾異錦雕文刻鏤一事已上有涉踰制者悉斷至於喪葬嫁娶車馬衣服事關制度不合踰越委中書門下明立科條頒示天下有不守者御史臺及出使郎官御史嚴加訪察節級科處其六宅十宅諸王女宜令每年於選人中擇端良者降嫁老宮人及殘病不堪使役並有父母羸老疾病者並委所司選擇放出鷹犬之類本備蒐狩委所司量留多少其餘并解放仍勒州府更不得進來宮禁經費及乘輿服膳委所司起今年三分其本色物價及水陸脚價一半委度支收管一半便任本州收充助貧下戶闕額稅錢其元和已來兩河節度使全家歸闕者如張茂昭王承元程權劉總田宏正等五家在本道日所有債務并

有異於法制之事被人言訴者一切不得爲理仍各與一子正員官天下州府財物有餘羨者委觀察使及所管州郡約舊事費用者條件縣中書門下便差官類例詳定可留可去者聞奏務從寬濟勿使難守其餘羨錢非兩稅外徵率並不用勘問自今已後州府所申戶帳及墾田頃畝宜據見徵稅案爲定後與戶部類會具單數聞奏仍勒五年一定稅如有逃亡死損州縣須隨事均補亦仰年終申戶部如有隱漏委御史臺及所巡院察訪聞奏天下兩稅及諸色榷糧稅等錢幣重輕須有損益亦委中書門下條

踈聞奏諸道除正勅率稅外不得擅有諸色榷稅涉擾人並宜禁斷其軍屯營種有侵占丁田課役稅户者宜委御史臺切加訪察仍限勅到一月內每道各具所還州縣頃畝分析聞奏其諸軍先擒獲吐蕃生口配在諸處者宜委本道資給放還本國天下諸州府縣官吏應行鞭捶本罪不致死者假以責情致令殞斃每念於此良增惻然宜委御史臺及出使郎官御史等切加察訪仍具事由聞奏天下諸色人中有賢良方正能直言極諫經術優深可為人師詳閑吏理達於教化軍謀宏遠堪任邊將者委常參官

並諸道節度觀察使諸州刺史各舉所知限來年正月到上都其所在淫祠不合禮經者並委長吏禁斷

南郊赦文

門下朕以眇薄纂承洪構祗見九廟肇祀二儀外飾備物中惟盡敬昆蟲草木之實致豐於蠲潔哀樂和愉之感庶交乎神明四海駿奔衆祇受職冀下觀而化皆內誠乎心百王之禮樂在陳列聖之聲詩合奏敬極嚴配道備饗親虔奉成式惕然惴懼而今而後不敢滿假庶無大悔以貽祖考之羞因體元以統歷遂頒恩而大宥可大赦天下改長慶五年為寶歷元年自寶歷元年正月七日昧爽已前大辟罪已下罪無輕重已發覺未發覺已結正未結正繫囚見徒常赦所不原者咸赦除之其官典犯贓不在免限左降官自長慶四年三月三日制後未經量移者與量移近處已經量移者更與量移如復資者即任依常調選丁憂去任服闋日亦與量移如有親故在上都任於所司陳狀便與處分不必更待本州府申請別勅因責授降資正員官未經改轉者亦與進改亡官失爵放歸不齒者量加收敘縱元勅云終身不齒者亦量與收敘流人未到所在

及已到者量移近處如已收敘者量才敘用并僧尼道士移隸者亦與量移近處得罪人已亡殁家口未許歸家者一切放歸如自情願住者亦任諸色得罪人中如先有勅云縱逢恩赦不在免限者并別勅安置者亦并宜委中書門下量事狀輕重節級處分左降官及流人先有官者如已亡殁各還本官流貶人所在身亡任其親故收以歸葬仍仰州縣量給棺櫬優當發遣諸色人中有痕累禁錮及反逆緣坐等一切並與洗滌常參官及諸州刺史有先因停替及因病假解官並終制未授官者委中書門下量才

進錄勿令稽滯致仕官未經改轉者量改官依前致仕諸軍先擒獲吐蕃生口配在諸處者宜委本道資給放還本國毋許因循所在停住國家與吐蕃舅甥之好彼此無虞自今已後邊上不得受納投降人並擒獲生口等天下諸州府縣官應行鞭捶本罪不至死者假以責情致令殞斃每念於此良增惻然宜委御史臺及出使郎官御史等切加覺察仍具事由聞奏澄清教化莫尚乎太學惣治心術必本乎六經天下諸色人中有能精通一經堪爲師法者委國子祭酒選擇具以名奏天下州縣各委刺史縣令招

延儒學明加訓誘名登科第即免征徭刑罰不清不足以言理職官不重不足以棲賢開出入之文束上下之手必資慎選庶叶詳平大理寺官屬比來吏部所授多非其才宜令精選有志行文學兼詳明法律者注擬其有課績特殊堪在朝奬者臺省有闕宜先選擢一夫不獲時予之辜苟有向隅之悲遂軫納溝之慮如聞去冬吏部三銓選人駮放者衆或文狀粟錯或書判差池主司守文不得不爾既施惠澤亦在霑恩其長名及雜駮放選人如有未離京城者委吏部今月内檢勘畢除涉踰濫者餘并却收以地遠殘闕量才注擬如不情願受地遠官亦不可強之仍速處分不得出選限内比者法令懸科彰示大信法既無守人何適從赦令不行因循成俗誕告四方爲虛設開施庶政爲虛文豈吾德之未明爲有司之見負永言歎息中夜疚懐朕即位之初已有赦令至如捐徹服御止絶地獻限喪葬以息淫費禁奇靡以專女工隱實版圖謹守儲備及從他徭擅賦閉糴禁錢吏行姦欺人冒依庇僧道踰濫流貶重輕錢帛利害軍屯侵占車馬衣服之制度公私入己之贓私悉令條疏貴欲該備須宣未幾廢格已多或職司

墮慢而不能將明或詰命纔行而下已不守以此求理不亦難乎其元和已來詔書並長慶四年三月三日赦令委廢不行事在朕躬者諫官極言得失無有所隱其系臺閣者左右丞據詔條司額重加分配勿容推倚若因循寢廢無所申明及雖曾宣下不能提舉者具事由聞奏量加沙汰其在有司州郡者委御史臺及分察使出使郎官御史度支鹽鐵巡院準前後詔勅切加訪察各具犯狀移勘奏聞其本判官及刺史已下必加貶責用懲不恪如舉察之司循默自守事狀泄露者亦據容庇量加殿黜仍並委中

書門下重有舉明去年三月三日赦令及今年赦文一事已上切加懲督責據時限量官吏勤惰具科殿輕重聞奏京西京北邊上諸軍州鎮自今年已後如有中使及郎官御史奉使到所管並不得與人事物應天下典人莊園店地便合祗承戶稅本主贖日不得更引令式云依私契徵理組織貧人虞氏建官必明黜陟漢朝置吏皆長子孫政成簡用咸登右職近代遷除過速資給轉繁扇爲時風莫有固志親人之職爲弊尤深甿俗土宜未及周悉迎新送故已聞代換更易雖遷資望如初善否不分升降莫驗徒

爲煩擾無益公私自今已後刺史縣令若無所犯非滿三周年不得除替如理行尤異但議就加其有才宜他職灼然要籍者中書門下先具事由及授上年月奏聽進止滿歲遷代無闕敗者即與進改磐石維城義深麟趾穠華下嫁禮次椒塗縉紳文武之良亦執事恪居之奉職克參裸獻載叶肅雍亞獻嘉王運終獻循王遹等各賜物一百匹夾侍正衣進珪捧珪各賜五十匹亞獻終獻正衣各賜物四十匹大長公主嗣王郡主縣主各有賜物內外文武見任及致仕官三品已上賜爵一級四品已下加一階合入三品五品欠考未合敘者待考足日聽敘斯文未墜降聖克昌道逾三代之英化立百王之範象賢崇德垂裔作賓教儀斯崇憲章無改文宣王二王三恪各與一子官其祠廟委所司量加修飾堯稱敦敘周述本枝收族是先睦親斯在皇五等已上親三品已上賜爵一級五品已上加一階六品已上及前資常選散官簡選日優與處分未有出身陪位者每家放一人出身應陪位者皇儲五等已上親及太皇太后皇太后三等已上親三品已上賜爵一級四品已下加一階諸親四等及諸州賀正官並諸色陪位官

等五品已上加一階六品已下及白身人並賜勳兩轉其前資及有出身者各減一選締構興王弼成昌運勳藏冊府烈冠史編九原推可作之風百代凜如生之氣載懷丕績何日敢忘武德以來配饗功臣及將相名節尤著長慶四年三月三日制未霑甄敘者委中書門下條疏聞奏量加優獎故尚父汾陽王贈太師晟贈太尉秀實子孫中未曾經甄獎者每家與一人正員官元和已來有因戰伐死於王事其名節顯著未有優贈者各委本道節度使條錄聞奏如勘覆詣實當有處分其有骸骨暴露者宜令所在

埋瘞宏教愛之典爰命推恩念追遠之懷用頒徽贈常參官及諸州府長官父母見存未有官封者並量與五品致仕官及階并邑號父母亡歿未經追贈者量與贈官及邑號已經追贈者更與改贈如贈官已至一品邑號已至國夫人者不在此限中書門下及節度使帶平章事者宜與一子正員七品官祖父母父母先亡歿各與追贈經追贈者更與改贈官已至一品邑號已至國夫人者不在此限節度使與一子正員八品官東都留守度支鹽鐵使觀察處置都團練都防禦經略招討等使及神策金吾六軍將

軍大將軍上將軍統軍威遠鎮國軍等使皇城留守各與一子正員九品官京兆尹特加一階父母先亡歿未經追贈者各與追贈職修祀事禮奉嚴禋既洽殊恩宜加異等應郊廟外壝外殿行事官普恩之外宜更加一級如合入三品五品者任待考足日聽敘尚書省三品四品已上中書門下五品已上特加一階便蕃殿省給事郊丘顧以忠勤是宜甄獎內行事官三品已上更賜爵一級四品已下更加一階內侍省及內侍省內坊官四品已上各賜勳五轉五品已下各賜勳三轉應從駕至郊廟者普恩之外三品已上賜爵一級四品已下各加一階品官白身賜勳兩轉環列師營服勞扞衛申威攸屬敷惠是膺神策六軍金吾威遠皇城及諸道將士等三品已上賜爵一級四品已下加一階無官者賜勳三轉在城神策六軍威遠營左右金吾及皇城將士應大禮移仗宿衛御樓立仗等普恩之外三品已上賜爵一級四品已下加一階仍準舊制賜物有差其神衛將士賜加一階仍準舊例賜物有差神策將士應在京畿諸縣者亦各有賜物應緣大禮職掌行事官并修撰儀注及留守副留守倉庫卿等普恩之外三品已

上賜爵一級四品已下各加一階虔奉職貢載覲致仕官及郊禋俾覃錫賚之恩用廣懷來之義鴻臚禮賓院應在城內蕃客等各有賜物翰林待詔供奉及諸色直見任及前資并員外試官三品已上賜爵一級四品已下各加一階無官者賜勳兩轉導藩服之誠承帝庭之命忠勤既著勳賞宜周諸道知上都進奏院官在城者各賜勳兩轉應緣大禮四方進表䟽及賀正官各賜勳三轉敬承禋祀贊執豆籩列庶位以觀光酌多儀而中矩誠在儼肅理叶褒升郊廟行事齋郎減二年勞室長掌座禮生贊者減一年

勞無勞可減者便放出身崇元館行事學生及齋郎禮生
番考巳滿所司緣大禮却追入行事各減一選國子監學
生陪位者賜勳一轉中書門下儀制官各特賜一階應緣
祇供作官直司長上諸州行綱考典兩縣耆壽諸色番役
當上在城幷量留十二月番者各賜勳兩轉飛龍閑廄宮
苑典引掌扇内園總監栽接少府將作内中尚武德軍器
内外弓箭庫等諸司諸使下白身人及無品直司定額長
上雜匠巧兒黃衣長上監門直長雜使三衞七色引駕細
引執扇角手弩手彍騎武士天文觀生歴生漏生典鼓典

鐘工人樂人主衣主膳主酪典食胡食手宰手掌閑幕士
御士醫士獸醫門僕藥僮御書手楷書手典書流外行署
等各賜勳兩轉尚年貴老所以教孝也賞義嘉節所以貞
俗也天下百姓高年者上縣以上每縣十人中縣五人下
縣三人並以縣界年最高者充數幷孝子順孫義夫節婦
先經旌表行義不虧者人各賜米三石絹兩匹仍版授上
佐縣君並委令長賫粟帛就家宣賜訖具名本道一時聞
奏其米及絹仍令上供數内申報神祀峻極德稱靈長秩
既升於王公禮合加於牲幣五嶽四瀆宜委本州府長吏

備禮致祭當極豐潔以副如在之誠書稱望秩禮著不封
仰堯舜之聰明慕文武於方冊遐想忠貞之跡緬懷義烈
之風能禦大災咸申祀典名山大川及自古聖帝明王忠
臣烈士各令所在以禮致祭亡命山澤挾藏軍器百日不
首復罪如初赦書有所不該者所司具作條例聞奏敢以
赦前事相告言者以其罪罪之赦書日行五百里布告天
下咸使聞知主者施行

受尊號赦文

門下朕聞奉天地之大統必酌於人心荷宗祖之成訓必

參於國典顧惟眇身守任重器道未能被物德不足蓄身
賴於宗工碩老輔導丞弼享祧主鬯熏燎告元履歴正元
敷施大號庶方咸若四表穆然皇祖披攘之基列聖焦勞
之業恬焉而存泰焉而居晝以度心夜以省己其何德以
堪之方將法乾以行健體咸而致和執沖以固高守約以
持滿而文武百辟章奏四上以爲人心不可以曲讓國典
不可以矯違亦用懇於太皇太后皇太后之意屈而後命
諒非獲已豈不以予非生知欲以徽稱懿號誘掖勸慕之
乎將使循名而勉其實力實而應其名乎然則予方且以

爲韋弦方且以爲箴誥楙於皇極庶無尤違是宜與物同利惟新大澤可大赦天下自寶歷元年四月二十二日昧爽已前大辟罪已下已發覺未發覺已結正未結正繫囚見徒罪無輕重咸赦除之惟故殺人及官典犯贓不在此限應左降官未經量移者宜與量移近處丁憂去任服闋日亦與量移如準前制已合量移有司未注擬者並任累敍流人未到所在及已到未經量移者並與量移近處僧尼道士移隷未經量移者亦與量移近處中外前資見任官頃因延累未及用者并左降官中有事情可恕名跡素

聞者宜委中書門下量加奬用勿使屈滯授田制祿歲久而弊深留獄要囚期舒而濫屬隱冒啟逃姦之漸倍稱成豪奪之源亟舉舊章猶循宿蠹永言謀始必俟申明在京百司職田散在畿内諸縣舊制配地出子逐畝平攤比量舊制孰爲久便宜委京兆府與屯田審計會條疏奏聞如聞京城諸司捕繫推鞫動經旬時每季御史巡囚罕能察訪舉劾積成冤滯爲弊頗深宜委御史臺重舉用長慶元年七月十八日敕文條件聞奏京畿百姓多屬諸軍諸使或戶内一人在軍其父兄子弟不受府縣差役頃者頻有制敕處分如聞尚未遵行宜委京兆府重舉用長慶元年七月十八日敕文條疏聞奏應京城内有私債經十年已上曾出利過本兩倍本主及原保人死亡並無家產者宜令臺府勿爲徵理應天下典貼得人莊田園店等便合祇承戶稅本主收贖之日不得引令式及言私契組織貧人令煩而政撓積習而弊生欲其適宜須有釐革使人不倦必在變通今年正月七日制敕處分條目中有未經施行者委御史臺令提舉仍條錄聞奏宜委百司官長各具條疏當司利病奏聞擇其善者當議改更宏文崇文館生及

齋郎三衛所用資蔭踰濫頗多澄源清流切在釐革宜委禮部兵部侍郎條疏以久遠可行用者兼每蔭別限年限朔作條例聞奏懋官述職禦侮宣威暨於庶僚咸竭乃力峻其爵秩以極封崇内外文武見任及致仕官三品已上賜爵一級四品已下加一階仍賜勳兩轉神策六軍金吾威遠皇城將士普恩之外各賜勳兩轉列虞賓之位崇褒聖之允所以闡德教而昭前烈也二王三恪及文宣公各賜物三十匹朕上奉兩宮下臨九有庶幾廣愛之道以行教化之風太皇太后皇太后二等已上親委中書門下約

舊例量加優賞二廣分營六師環衞梯航貢奉玉帛會同旣勤勞而可嘉亦懷來之所尚神策及六軍金吾威遠皇城等諸軍將軍統軍以下各有賜給其將士等長行立仗者并守本軍本營者各賜物有差鴻臚禮賓院應在城内蕃客等並節級有賜物宣賛盛禮潤色鴻徽爰錫寵於崇階亦推恩於任子攝侍中讀寶官門下侍郎平章事竇易直攝中書令讀册官中書侍郎平章事李程各賜一子出身撰册文官左僕射平章事李逢吉宜依舊例賜一子出身正員官奉册奉寶綬官書玉册官書寶官各加兩階進

寶綬進册中嚴外辦理儀賛導押册押寶綬舉舁寶册官各加一階合入三品者待考足日聽敘合選人減一選其餘應職掌行事官及寫制書官太常修撰儀注禮官并官内行事官三品已上賜爵一級四品已下加一階仍并賜勳一轉造玉册并塡金字造寶裝官各賜五十匹前王之令政未有遺年先哲之格言實先顧行義存忠厚教裕家邦天下百姓九十已上委所在長吏量加存問孝子順孫義夫節婦旌表門閭終身勿事先已旌表者亦量加優䘏生甫炳靈出圖表異故能發洩雲雨蓄涵風雷望秩之儀必資蠲潔五嶽四瀆宜委本州府長吏備禮致祭名山大川及自古聖帝明王忠臣烈士令所在以禮致祭亡命山澤挾藏軍器百日不首復罪如初赦書有所不該者所司具作條例聞奏敢以赦前事相告言者以其罪罪之赦書日行五百里布告天下咸使聞知

欽定全唐文卷六十九

文宗皇帝

帝諱昂穆宗第二子元和四年生長慶元年封江王名涵寶歷二年十二月即位改今名在位十四年年三十三謚曰元聖昭獻孝皇帝廟號文宗

誅劉克明等教

大行皇帝聰斷英明臨下以法方將致理以一區夏而妖兇構禍矯宣遺言不詢羣臣專斷神器恃近而迫衆倚兵而取威謂天地可欺神明可罔旣而奸謀發洩兇黨彰聞寡人義重君臣毒甚手足拊膺號惋誓清兇徒果有義烈副此誠志遂以宰相定議乃親率左右神策護軍中尉心腹近臣及諸職事官并左右神策六軍使兼諸軍使及飛龍將士等捜摘伏匿大擒諸妖或血刃當辜或赴井自斃其劉克明田務澄蘇佐明王嘉憲石定寬等二十八人並正刑書罔有漏逸歡呼震地抃快聞天此皆宗社威靈文武協力翦盪兇寇克有成算豈伊菲薄敢貪天功想於羣公多士中外藩巌皆累朝勳績先聖寵任致茲刷憤哀慶當同大行皇帝正柩於太極殿前率依光陵故事有司條

上務盡誠信其冢宰司空平章事裴度當攝立功將士節級各有優賞布告遐邇咸使聞知

授韋處厚中書侍郎同平章事制

搆大厦者實先梁棟之材濟巨川者必資舟楫之用朕越自藩邸膺期大統夙夜震兢若蹈泉谷況齊旰思乂艱步甫寧上奉山陵七月之期内佇訏謨庶政之始匡我眇末置之極樞將恢興運之功俾協具瞻之望博閲名實獲茲忠賢實帝賚予其誰與讓正議大夫行尚書兵部侍郎知制誥充翰林學士上柱國賜紫金魚袋韋處厚體道爲徒見義能勇居易以行古至和而不流冰霜挺松柏之姿貞白秉珪璋之德文揮風雅學該儒元器洽而保之以謙識明而用之以晦選自經藝侍於穆宗擢司密命實贊先帝壹彼直操彰其遠猷臨危勵難奪之誠推忠備宏益之道屬者變生宮掖謀俟經綸首參底定之功載竭忠貞之效雪憤橫涕披肝貢詞約我以禹湯罪己之勤博我以古今致理之要聽必感動悉其條陳洪纖靡差夢卜斯協必能式是中外啟玆雍熙俾予沖人克遂垂拱是用擢升鼎鉉式亮帝圖庶無愧於知人且用光於斯道於戲前哲有言

良臣惟堅處殷憂舉衆之任荷濟理沃心之期注四方傾聽之勤在百度維新之際無怠於誨無廢於身無曠於登庸無忽於詢事慎爾初守固其持平協廟廷卿士之和襄復貞觀開元之令政用乂乃辟罔非在中崇易簡久大之規茂庶富阜康之績勿替明戒時惟永圖汝往欽哉無忝我命可中書侍郎同中書門下平章事散官勳賜如故

加王播尚書左僕射制

宰相之任所以撫鎮國家出納王命弼亮刑政燮理陰陽爲一人之股肱注四方之耳目僕射之職在於參贊萬務

統率六官師長百寮總臨臺寺冠中朝之碩望爲多士之具瞻其有久司利權累分閫寄位重邦教任隆臺階爰因入覲之榮再賜登庸之命俾升鼎鉉用輟旌旃淮南節度副大使知節度事管内營田觀察處置臨海監牧等使兼諸道鹽鐵轉運等使銀青光祿大夫檢校司徒同中書門下平章事揚州大都督府長史上柱國太原縣開國男食邑七百戶王播知識精深機神敏達長才適於通變雅量得於寬明亟登將壇仍佩相印休聲早振於全蜀成績近著於維揚山澤之貨無遺輸轉之貲相繼用佐經費克彰忠勞朕獲守宗祧君臨億兆尚賴匡救厎於輯寧於戲爾有嘉謨我求懿德將期納誨以及交修冀霖雨之濡能普施於四海舟楫之利無專美於一方寵以端揆之榮仍兹推筦之重往踐乃位汝其欽哉可尚書左僕射同中書門下平章事依前充諸道鹽鐵轉運等使散官勳封如故

授崔宏禮天平軍節度使制

門下節制師戎考察風俗誠藩方之倚任實朝廷之注意至於簡拔常所重難況齊魯分疆河朔接壤過寇虞而固封守宣德教而按州部付之專柄思得全才是用輟近輔

之循良撫東平之凋瘵式孚成命所爲至公正議大夫崔宏禮文學發身擴之以襟度忠信爲主輔之以誠明累分郡符亦揔戎鎭理行第一奏課連最來必畏晚去常見思挹長者之聲光得大臣之體要屬樂陵未靖戎事方殷上宰憂勞舊恙纏迫念兹易置期在惠安當使恩威並行剛柔適用率之以義則無不化齊之以禮則罔不服恢武略以經務清吏職而約法必有餘地以康吾人大將鼓旗諸侯弓矢文昌顯秩憲府雄班參以命之寵兹俞往承我休德勿替前修可檢校戶部尚書使持節鄆州諸軍事兼鄆

州刺史御史大夫充天平軍節度鄆曹濮等觀察處置使散官勳如故

授路隨中書侍郎同平章事制

綏輯萬邦實資乎元首弼成庶績允屬於股肱將以導宣化源崇固理本立我皇極贊於時邕故任賢著於禹謨納誨彰於說命眷求懿德斯惟僉諧中散大夫守尚書兵部侍郎知制誥充翰林學士上輕車都尉賜紫金魚袋路隨性稟中庸氣含大雅身無擇行學不爲人敏識周通宏才恢博挺然仁者之勇蔚爲君子之儒祗事穆宗侍經内殿

敷堯舜之大典暢周孔之遺風雅言玉音奥義冰釋潤色王度發揮聖聰出入禁闈踐履華貫位彌高而惟謹任愈重而滋恭逮及先朝復參密命雍容侍從早巳賦於甘泉左右便蕃未嘗言及温樹周旋九載始終一心直道匪躬讜言盈耳每訪謨猷之指用陳裨益之誠出不忘於詭辭退必聞於削藁器可經國忠能致君跡其公正之方用弁毗倚之任於戲干戈未息爾其宏智用以靜寇攘役戍尚勤爾其宣柔服以懷戎狄均國賦以安阜百姓振朝綱以綜覈羣才退無後言動必慮善貞爾百度弼予一人寵以峻階委之極務往踐厥位時乃之休可正議大夫守中書侍郎同中書門下平章事勳賜如故

授李宗閔同平章事制

王者祗順天道統理人極茂育品類燮調陰陽必在旁求股肱宣翼機務朕嗣守寶位於今四年屬滄景搆奸河朔未靜兵甲屢釁蒸黎匪寧納隍在予輟食興歎今苗頑既革華夏思安爰登臺臣弼我元化正議大夫尚書吏部侍郎上柱國襄武縣開國侯食邑一千戸賜紫金魚袋李宗閔立德秉彝履道居業文行可以經邦國忠正可以動神

祇周知變通識達今古自望高多士名重四朝奉絲綸於掖垣平銓綜於省闥公直有裕清貞自持固可以相導雍熙光膺夢卜以匡台德用濟巨川宜昇樞軸之尊俾叶鈞衡之政於戲知臣匪易求賢惟勞膺三台之崇贊萬機之重啟沃之義注於予衷爾其舉正去邪以清百辟提綱擧法以肅羣司簡政勤心以安兆姓推誠忠恕以靖四方嚴制度以宏典常信賞罰以旌淑慝有犯無隱進思竭違服兹寵光尚致予理敬戒休命無替嘉猷可守本官同中書門下侍郎平章事散官勳封如故

封皇子永爲魯王制

朕恭承寶位欽若璿衡兢業戒懷懼忝洪構今皇嗣誕秀旣流慶於天枝白茅啟封宜分王於土宇用崇大典式固丕圖長男永植性端莊稟靈聰哲神氣挺於岐嶷和粹精於儀形姿範藹然是用嘉慰將奉聞詩之教冀彰樂善之風俾洽寵恩允膺錫命庶表祥於麟趾爰建社於龜蒙敬哉戒哉無忝我列聖之休德可封魯王仍令有司擇日備禮冊命

授牛僧孺兵部尚書平章事制

昔漢宣帝用邴魏以成中興之業我元宗任姚宋以致開元之理其術無他得賢而已朕猥居大寶首涉五年宵旰靡遑憂勤至切將倚任於國柄宜登進於人傑俾其復運樞極載清化源斷自朕懷允膺僉屬武昌軍節度鄂岳蘄安黃申等州觀察處置等使金紫光祿大夫檢校吏部尚書同中書門下平章事使持節鄂州諸軍事鄂州刺史上柱國奇章郡開國公牛僧孺氣含元精體包大雅識用夷密襟靈沈粹窮聖賢旨奧之學鋪邦國經緯之文蔚爲名臣秀出羣萃長慶御歷登賢濟人廊廟有光臣工得職代天協理時乃之休先朝與能出兼征鎮毗俗丕變師旅大和宣力事君時乃之績朕飽聞器業虛佇風儀會曹參之促裝喜韓侯之來覲便殿延對前席與言通古今理亂之源知教化損益之務其應如響不知所然是宜卿長夏官平章大政康濟四海毗予一人於戲君不能自爲堯舜必待其臣以致之臣不能自爲伊皐必待其君而任之致則期於盡忠任固在於從善然後上下交泰君臣相須爾其使百官得其人萬事得其序邪正之路必判清濁之流必分金堅一心扼制羣類無重否德予皆仰成可兵部尚書同中書門下平章事散官勳封如故

贈李絳司徒制

朝有正人時稱令德入參廟筭出總師干方當寵任之臣橫罹不幸之酷殄瘁興歎搢紳所同故山南西道節度管內觀察處置等使銀青光祿大夫檢校司空兼興元尹御史大夫上柱國趙郡開國公食邑二千戶李絳神授聰明天賦清直抱仁義以希前哲立標準以程後來抑揚時情坐致台輔佐我烈祖格于皇天仗鉞宣風聯居樂土秉軒鳴玉嘗極清班先聲而物議皆歸不約而羣情自許漢中

名部俾遂便安而變起不圖禍生無兆殲良之慟聞訃增傷是極哀榮用優典禮三公正秩品數甚崇式表異恩以攄沈痛可贈司徒仍令所司擇日備禮冊命賻布帛三千段米粟二百石

授宋申錫行尚書右丞平章事制

出納大命宰司元化調四氣以統和天人貞百度以鎮安夷夏必資髦傑用委鈞衡朕嗣守丕圖思宏至理萬物之重屬於台臣仄席勤求冀裨不逮況素效久彰於密勿精才已得於詢謨擢自內庭授以袞職爰立左右斯爲得人

朝議郎守尚書右丞上柱國賜紫金魚袋宋申錫岳降全德天資正性處約居厚蹈中秉彝文每擬其精華學必探其元賾夙播休問拔乎羣倫自選入周行參我內署奉職恭肅率心坦夷蘊沖用以究國經鋪訓詞以潤王度密贊彌久宏益滋多朕累因暇日召於別殿訪以大政觀其立誠而胷襟洞開肝膈無隱識精詞直實契虛求固可以振持化樞參決理本是用升於鼎鉉付以樞機縣仙閣總轄之司當宰輔具瞻之地熙此庶績弼予一人於戲元首以司牧萬方股肱以協贊皇極上推公以馭下臣竭忠以戴君際會交感而臻大化歷視前古何莫繇斯予方率是道以臨兆人爾宜悉乃心以成一德敬戒厥位永孚於休可正議大夫行尚書右丞同中書門下平章事勳賜如故

降漳王湊爲巢縣公制

王者敦先立愛義不遺親豈於同氣之中可致異詞之間如或慎修不至詿誤有聞搆爲厲階犯我邦紀未加極竄尚屈彝章漳王湊手足之親盤石是固居崇寵秩列在戚藩頃多克順之心亦有尚賢之志而滿盈生患敗覆自圖姦宄會同謀議滋及汙我皇化彰於中外初駭予衷載驚羣聽尚以未具獄詞猶資審慎建侯之命姑務從寬於戲

朕嗣守宗祧敦宏至教自家之訓未立掩義之私敢忘是用降封有醜朝典凡百多士宜諒朕懷可降封巢縣開國公

貶宋申錫太子右庶子制

君臣之道義切初終股肱之良任存正直苟涉邪枉自棄憲章既虧恪慎之心難委弼諧之任正議大夫行尚書右丞同中書門下平章事上柱國賜紫金魚袋宋申錫學習儒門職參翰苑備我顧問洽茲寵光謂其啟沃竭忠擢登

鼎鉉而乃踐修不愼自厎愆尤知臣之規俾予增愧欲遏姦回之路宜先懲勸之源豈可猶秉樞機仍司考轄罷居台席列位龍樓誠謂寬恩用全至體朕以事狀之間慮其冤濫鞫驗之際須務詳明當竚得情以申後命可行太子右庶子散官勳封如故

貶宋申錫開州司馬制

勅正議大夫新授太子右庶子上柱國賜紫金魚袋宋申錫頃由藝文擢處近密謂能潔己可以佐時遂越常資超升大任自參樞務驟易寒暄嘉謀蔑聞醜跡斯露致茲獄

訴實駭朝聽俾窮根本亦對詞稱以左驗之間有所漏網正刑之際姑示寬恩於戲朕自君臨推誠宰輔常務仁恕以保和平豈意魚水之期翻貽吳越之慮撫事興歎中宵耿然是用重難親臨鞫問謀及耆德徧於名卿庶其盡忠頗爲審克屈茲彝憲俾佐遐藩凡百具寮宜知朕意

授李德裕平章事制

弼亮鈞衡宣翼統紀明景化以凝庶績啟嘉謨以建大中爰求國楨以輔台德銀青光祿大夫守兵部尚書上柱國贊皇縣開國伯食邑七百戶李德裕元精孕靈和氣毓德堅直成性清明保躬貞規澹夷敏識沖遠學總九流之奧文師六義之宗令聞夙彰僉諧允屬自提綱柏署掌誥禁闈釐紀律詳平之司竭訏謨密勿之節洎廉察浙右總鎮滑臺再委旌旄綏安邛蜀克有殊政咸懷去思諒惟全才茂此聲績朕以疇庸之典彝訓所先入遷司馬之崇彌積濟川之望是宜納誨朝夕擢居股肱勉宏伊呂之勳以嗣良平之美業傳相印門襲戎旃紹絲綸內職之榮繼鼎鉉中樞之重珪紱之盛恩輝罕儔爾宜罄乃忠貞副我毗倚無忝承命服茲寵光可守本官同中書門下平章事散官

勳封如故

授王涯同平章事制

居端揆之任再踐國鈞稽筦榷之功兼司邦計爰崇舊德以緝新規簡自朕心用光僉屬金紫光祿大夫守尚書右僕射充諸道鹽鐵轉運等使上柱國代郡開國公食邑二千戶王涯元精降靈體道秉哲恬智成性清貞保躬文行可以經邦風操可以鎮俗以明用晦處貴滋恭憲宗以禁署竭忠擢登輔弼先帝以台階宿望寵授旌旄陰陽變調藩服寧謐機務允理政經交修洎綜銓九流式序百禮提

釐紀律統明貨泉法必便人事先體國聲績茂暢洽於羣謡朕以邊鄙防微猶存兵戍資儲之備供億尚繁頃者支費轉輸任分兩使量入制用誠患多門俾足食以豐財在省員而簡務是用合此二柄委於元僚正茲通變之初藉我股肱之重勉思率職無忒憚煩敬戒乃心欽承休命可守本官同中書門下平章事充度支及諸道鹽鐵轉運使

答請慶成節表制

省表具知朕以誕生之日延集緇黃式遵常儀用宏二教卿等啓心輔德叶志納忠稽貞觀開元之舊章述慶善千

秋之令範爰崇誕日請號慶成顧予寡昧懼忝彝典今以同歡心於萬國申盛禮於兩宮深嘉誠勤是用依允

封諸王男爲郡王制

王者子弟畢封藩國並建所以式固盤石克茂本枝故澧王大男漢可封東陽郡王第二男源可封安陸郡王第三男演可封臨川郡王故深王大男潭可封河內郡王第二男淑可封吳興郡王故絳王大男洙可封新安郡王第二男滂可封高平郡王故洋王大男沛可封潁川郡王淄王大男澣可封許昌郡王沔王大男瀛可封晉陵郡王祁王大男溥可封平陽郡王仍並賜光祿大夫宜令所司擇日冊命

授李宗閔中書侍郎平章事制

職代天工望歸人傑必資求舊允副僉諧山南西道節度管內觀察處置等使兼興元尹銀青光祿大夫檢校禮部尚書同中書門下平章事上柱國襄武縣開國侯食邑一千戶李宗閔嚴廓正人宗室全德才惟不器道實生知粹茂體陰陽之和周旋成禮樂之用外宏疎朗中實誠明白璧凝溫朱絲秉直文窮三變學洞九流早以忠規契於審

象雅有元略能宣大猷底寧戎蠻協贊郊祀見可而進知難靡回啓心常罄其嘉謀造膝必聞其法語行父事君志存於嫉惡皋陶承弼道遠於不仁康濟而金柅有倫變調而玉燭無爽謇諤勵大臣之節端莊清至化之源修明典章慎選方岳敷我利澤臻於治平自出鎮漢中既周星律巴俗雖歌乎來暮國人頗詠於去思遂用徵還蓋從公望及延召宣室益加前籌是宜再陟中樞直修袞職咨爾良輔其聽朕言夫天地交泰則時和君臣訢合則國治眷求一德出納萬機勉宏如水之心式副濟川之用命官罔及

於私昵詔爵必俟於賢能俾庶績惟凝彝倫攸敘無忝注
意敬之戒之可守中書侍郎同中書門下平章事散官勳
封如故

恤刑制

仍歲水旱黎民艱食其宰牧非才貪殘爲害及承前積弊
須有條流或冤獄留滯速宜疏決者並委觀察使糾察詳
訪具狀聞奏用弭天眚

授賈餗中書侍郎平章事制

寅亮皇猷丹青景化爰從選衆之舉乃得非常之才前浙

西道都團練觀察處置等使朝議大夫檢校禮部尚書持
節潤州諸軍事兼潤州刺史御史大夫上柱國姑臧縣開
國男食邑三百戶賜紫金魚袋賈餗識達韻孤學深行直
貞和自立介特不羣能操至公每契中道聲逸羣聽善諧
朕心自尹京師尤彰望實亟召便殿屢陳嘉謀罄肝膈以
納忠規推誠明而無外飾察言考事深用得之近命列藩
益聞僉論固可以參我大政陟於中樞天啟予懷賚此良
弼爾其守法制平鈞衡貞王度以振國經釐百工以凝庶
績舉直錯枉當官而行於戲爲君之戒在知賢而不任爲
臣之患在保位而不言罔或依違虧吾則哲可守中書侍
郎同中書門下平章事散官勳封如故

貶李德裕袁州長史制

有國之典本於明罰爲君之道必在去邪皇王大政諒無
易此姦宄與比誠敬盡虧無君之心因事輒見豈可尚居
崇秩猶列東朝銀青光祿大夫守太子賓客分司東都上
柱國贊皇縣開國伯食邑七百戶李德裕性本陰狡材則
脆弱因緣薄藝頡頏清途既忝藩鎮旋處鈞軸靡懷愧畏
肆意欺誣廢撓舊章汩亂彝序賢良盡逐當白晝而重關

詭詐是謀遠中宵而萬變朕嘗以寒暑得疾初甚驚人凡
百臣子奔走道路而德裕私室宴然全無憂色王涯駐車
道左絡繹追呼滿朝傾駭竟以不至又在西蜀之日徵逋
縣錢僅三十萬貫使疲羸老弱轉徙溝壑交結異類任用
憸人賄賂流行朱紫無辨是宜處之重典以正刑書猶以
夙經委使載深寬宥俾佐遐服用示寬恩可守袁州長史
馳驛發遣

授李固言門下侍郎同平章事制

惟昔太宗聰明睿聖克致治平惟魏徵左右文祖叶建皇

極矧朕寡薄思紹丕烈旁求魏徵之比寘諸巖廊庶裨不逮用底於道御史大夫李固言生於山東瑞此王國爰在下位早揚直聲介然無朋中立不懼文經邦俗行表人倫和嶠負棟梁之材辛毗有骨鯁之操便蕃華貫光啟令圖日者徵自近郊延於便殿言多方格道不容回嘉謨有倫正色無撓朱紱暢蹠越之韻美玉呈特達之姿洎長憲臺彌彰休問固可以斟酌理本燮調化源疇咨僉同夢卜斯協命爾予翼倚爲股肱登於黃樞參我大政爾當一乃心志罄貫忠貞澄清品流旌別淑慝俾四夷左衽咸寧吾教

侯伯卿士各稱厥官罔曰難理惟其至公罔曰弗能惟其悉力欽哉戒哉無忝前良可門下侍郎平章事

授舒元輿李訓守尚書同平章事制

出納王命流品衆職覃理化於區夏謹法度於巖廊是有文可經邦才惟濟代列於百辟之上俾輝三台之光令我夢勞果獲惟肖爰舉並命以寵非常朝議郎守御史中丞兼刑部侍郎上柱國賜紫金魚袋舒元輿杞梓長材金玉正性道懷邴魏詞擅菁英居然不器之能雅蹈中庸之美自擢領綱紀肅清朝廷碩望允歸於應期讜言莫匪乎體國守兵部郎中知制誥充翰林學士賜緋魚袋李訓軒纓鼎族河岳間賢德茂皐夔文含雅誥窮易悟象繫之表吐論成邦國之經洎參職内庭發揮王度盛業見乎造膝明識藹於伏蒲並沖敏執中端粹不倚咸蘊莫磷之志克宏作礪之規珪璋有聲鸞鳳有采朕常法官高視所寶惟賢方清化源遂得時傑嗚呼君執象以端扆臣推公以秉鈞夙夜一心小大同體則和天地序陰陽臻乎治平吾所寢寤爾宜率匡國之道明理人之方俾其致君無愧往哲咸陟樞柄佇宏大猷秋官禮闈莫非寵任祗厥成命往惟欽

哉往者朕究大易皆訓之義也尚未終卷政事之暇宜三兩日一度入翰林元輿可守尚書刑部侍郎同中書門下平章事訓可守尚書禮部侍郎同中書門下平章事仍賜紫金魚袋

授王涯開府儀同三司充諸道榷茶使制

門下王者峻其禮秩所以報殊庸崇其職業所以歸碩望其竭股肱以宣力抱誠明而戴君調四氣以統和天人貞百度以鎮安夷夏勤彰於山澤德冠於巖廊不舉寵章曷示褒勸金紫光祿大夫守司空兼門下侍郎同中書門下

平章事兼充宏文館大學士太清宮使及諸道鹽鐵轉運等使上柱國代郡開國公食邑二千戶王涯誠貫金石行通神明氣含元精識洞蓍蔡窮聖賢言奧之學擅邦國經緯之文爲時而生作予良弼長才推於精敏雅量得其寬和乃者重升帥壇所至必理載踐台席林昭休勳當險夷之途貞白無染在風雨之晦操尚不衰莅事秉明哲之心臨難有大臣之節執萬機之政柄統四海之利權處劇而神慮益閑在貴而家法愈儉憂國盡瘁罄其訏謨爰自累年江淮水旱貢海之利日用而不虧佐賦之功歲杪而後

顯轉輸之利相繼牢籠之資無遺經費有餘時乃之力況邦計之務總領尤難付之均節克有饒羨朕今以茶法稍弊理須變更凡斯重難悉以責委禮當優異式表至公俾進級於三司仍策勳於八命予皆仰成汝其欽哉往踐厥位可開府儀同三司充諸道鹽鐵轉運榷茶等使餘並如故

欽定全唐文卷七十

文宗二

授李固言崇文館大學士賈餗集賢殿大學士制

闡至業敷大化實賴於忠賢逐奸慝去黨比必資於正直非才推閒代道茂經邦則安能秉是鈞衡贊予鴻業朝散大夫守門下侍郎同中書門下平章事上柱國賜紫金魚袋李固言剛毅自任端嚴不回常懷疾惡之心每負佐時之業頃者奸雄蔽過私黨比連非爾固言孰開予意況面陳至懇章疏繼來辨虞卿宗閔之傾邪明蕭澣李漢之朋

附爰付大任益章器能勵乃公忠副予委遇朝議大夫守中書侍郎同中書門下平章事上柱國姑臧縣開國男食邑三百戶賜紫金魚袋賈餗抱忠與義秉直端誠文包經濟之方學達古人之奧自付以樞柄咨其謀猷瀝懇盡規夙夜匡補竭傅說之啟沃致山甫之將明而又舉善推賢孜孜匪懈苟利於國知無不爲惟嶽降神邦家永賴於戲貞觀之初共推房杜之德開元之際又稱姚宋之賢思得其人常勞寤寐但使固言樹讜直除四凶以肅清餗推至公拔八元以輔弼闕之邦家庶叶斯美是宜榮加書府之

職寵兼文館之任或監綜史氏以潤色大猷仍進崇階用奬忠孝勉服新命無替前勞固言可銀青光祿大夫崇文館大學士兼修國史餗可銀青光祿大夫充集賢殿大學士監修國史餘並如故主者施行

貶李宗閔明州刺史制

夫輔宰之任緝熙庶工苟或政紊彝倫跡涉黨比則何以執是邦柄毗予一人銀青光祿大夫守中書侍郎同中書門下平章事上柱國襄武縣開國侯食邑一千戶李宗閔頃以詞藝列於班行乃藉宗枝驟升顯貫朕嗣膺大寶夢

想勤勞謂其忠厚小心再委樞務每必造膝而問虛己以求將欲俾人不迷致我垂衣而理付之鈞軸斷然不疑而乃事每懷私言非納誨近者別登俊彥與之同列忌賢不悅物論諠譁翼贊之効蔑聞怨嫌之聲屢作前後叨位中外同辭惟進奔競之徒莫修恭慎之道蔽我早聽擅我化權不思急召之恩都忘再擢之寵況且志無報主舉非正人顧其操心乃是速戾則何以式是百辟以維四方尚從屈法之典俾守遐藩之牧所謂全體良愧知臣可明州刺史仍馳驛赴任

貶李宗閔處州長史制

明州刺史李宗閔股肱之臣付以大政所宜竭節以答殊榮事或負予法所難貸雖欲終始其可得乎且細大之愆既暴前詔而交通匪類蹤跡又彰豈可尚領方州牧我黎庶宜謫遐佐以肅朝倫可處州長史馳驛發遣

貶李宗閔潮州司戶制

交結凶邪叨取榮顯奸險陰慝因事盡彰頃爲吏部侍郎令沈蟻於內人宋若憲處密求宰相乃事跡敗露文字猶在閱視之際良深歎駭既專樞柄益附私黨附下罔上廢

義滅公言多矯誣動挾欺詐傷風敗俗負我何深按之刑章法在無赦尚以早經任使賜以全生投之裔夷示我恩貸嗚呼知人則哲朕方自咎爲臣苟進當鑒於斯百爾君子宜體予意

授李石平章事制

朕嗣位君臨精求至道日愼一日於今十年期輔佐之臣爲我致理中立匪懈知無不爲今得其人果副僉屬朝議郎尚書戶部侍郎判度支上柱國賜紫金魚袋李石操履堅貞志業宏茂性合道要識通化源屢佐藩方備聞勳績

用司夕拜之任旋和尹正之榮爰委賦征備宣試效是宜擢膺輔弼俾勵政經爾當勤成務之規率致君之道內貞百度外靖四方參毗萬機課程庶績盡匪躬之節竭宣力之能大振朝綱兼司國計致億兆之富庶成方夏之乂安副予知臣勉茂休烈可朝議大夫守本官同中書門下平章事仍依前判度支勳賜如故

授鄭處誨兼侍御史制

御史中丞有翼上言曰御史府其屬三十八例以中臺郎稽參其事以重風憲如處誨族親冑貴能博文論義理無

不講求朝廷典章飽於聞見乞爲副貳以佐紀綱以爾處誨當居內廷草具密旨自以疾去於今惜之闕俞其言如我得闕有翼爲爾之知己予爲有翼之德鄰上下交舉豈有私受勉修職業所報非一

授李固言門下侍郎平章事制

自昔皇王之有天下也君非臣罔以濟其理臣遇君然後顯其才以調陰陽以承法度雖堯舜不能自聖雖皋夔不能自賢君臣相須今古同體余之夢卜實有慕焉檢校兵部尚書兼興元尹御史大夫山南西道節度管內觀察處置等使李固言稟河洛之上靈孕乾坤之閒氣孤迥獨立公忠自持擅菁英之雄文洞旨要之奧學仁歸信厚動合典謨巖廊正人中外全德官業夙望殷乎華夷歷居大僚咸稱厥職乃者擢自輔相委之樞衡不依違以徇人每精恪以憂國匪躬而謇諤彌勵絕私而節操不渝洎仗鉞漢中須我條詔端嚴以訓齊師律寬惠以綏撫蒸黎遂用徵還俾副公議召至宣室前席與言聽其誠詞皆臻理化是宜再參大柄正位黃樞爲朝廷之股肱聳縉紳之耳目康濟四海毗予一人是非罔及於愛憎任用必分其清濁有

犯無隱進思弼違無忝我知更光爾道可守門下侍郎同中書門下平章事

授高承恭振武麟勝等軍節度使制

門下寓縣乂安戎夷即敘雖亭障無虞於侵軼而卒乘難廢於訓齊況乎保固邊方控臨雜虜將付戎律是擇良才銀青光祿大夫檢校刑部尚書兼右執金吾衛大將軍御史大夫充右街使上柱國渤海郡開國公食邑三千戸高承恭昔爾先父勤勞王室式遏邊陲戡定庸蜀事存竹帛功銘鼎彝惟爾承恭克荷堂構學通奇正業擅機謀寬宏

得大將之風質厚有端人之操早升朝序累踐寵榮擁緹騎以邀巡勤彰夙夜建油幢以鎮撫績著公忠嗣乃家聲爲余爪士朕以單于舊地境接外蕃備紫塞之風烟屏黑山之寇盜是用錫以麾節俾作翰垣於戲張奐守節（一作正）郤酋長之金鑛陳泰惟公絨豪右之寶貨遂得羌戎稽顙種落歸心行之非難勉企前哲罔違訓誡負我知人仍兼八座之崇式重三軍之伍保茲終始懋乃嘉猷可檢校刑部尚書兼安北都護御史大夫充振武麟勝等軍州節度觀察處置等使散官勳封如故主者施行

授陳夷行平章事制

王者任賢能所以緝熙庶績舉正直期乎獻可弼違苟非懋茲四德何以光膺大任翰林學士將仕郎守尚書工部侍郎知制誥兼皇太子侍讀上騎都尉賜紫金魚袋陳夷行元精降靈厚載儲祉聚蓄英粹作時休祥懷道清貞執德謙茂行高嵩華宏包容之偉量明洞水鏡韜妍媸於黙識貞己滋潔遇物能容雖牆岸孤峻而襟抱夷曠孝友爲修己之具文學誠潤身之餘衆推全才時號端士頃在郎署雅有名稱是用擢居禁密俾輔導元良論辨見賢人之業教諭得名臣之體星琯屢改才術彌彰古稱旁求於夢卜曷若選之於言行是用付以政柄登於台階任茲鈞衡之重處以皐夔之秩人所注意予將仰成勉陳啟沃之規以副具瞻之望可守本官同中書門下平章事散官勳賜如故

封梁王休復等制

王者胙土畫疆封建子弟所以承衛帝室蕃茂本枝祖宗成式朕曷敢廢況天付正性夙奉至訓尊賢好善體仁由禮是可舉建侯之命膺分社之榮親親賢賢於是乎在敬

宗皇帝第二子休復第三子執中第四子揚言第六子成美皆氣蘊沖和行推敬慎游泳墳索佩服師言宜開土宇之封用申睦族之典休復可封梁王執中可封襄王揚言可封紀王成美可封陳王宜令有司擇日備禮冊命

封皇第二男宗儉爲蔣王制

周宅土中藩衛並建漢有天下子弟畢封朕承列聖之鴻搆託於兆人之上順考古道用保乂於皇家第二男宗儉孝友齊莊恭肅明懿蹈師氏之典訓佩古人之格言動必有程雅不好弄遵道誠資於積習樂善實本於生知洪量

不矜芳猷自穆是宜光分茅社作我藩翰式發麟趾之祥欽若犬牙之制爰舉成命錫其寵章可封蔣王仍命有司備禮冊命

授楊嗣復李珏平章事制

運行帝載翊贊天工必俟輔臣以宣至化將益秉鈞之重是資並命之求諸道鹽鐵轉運等使正議大夫守戶部侍郎上柱國宏農郡開國伯食邑七百戶賜紫金魚袋楊嗣復動必居正言惟在公峻若孤山清猶止水從政稟詩書之教承家達禮樂之源朝議郎守尚書戶部侍郎判戶部

事上柱國賜紫金魚袋李珏質本溫明才推俊茂智能周物宏本有容守和爲君子之儒可大見賢人之業挺爲國傑秀稟元精生必爲時寶稱希代便蕃清秩操履有常調黃鍾而協諧和朱弦而疏越或總戎重鎮或敷惠字人卒乘有輯睦之功惇釐著昭蘇之詠洎入司邦賦爰掌版圖事未財成公望猶鬱是可以宰領樞務用弼予違敘彝倫而建大中罄訏謨而調元氣乂寧華夏保合神人宜申補袞之規致我垂衣之理於戲孔明相鼎峙之國尚聞魚水之詞夷吾輔霸業之君猶致鴻翼之喻矧予祗荷丕構雖未克紹前修造次之閒不忘遵道宵衣旰食一紀於茲災沴尚生於旱蝗黎元屢困於衣食中夜靜慮若涉大川將求津涯俟爾而濟爾謂是靡以拂吾心而不行爾謂非靡以徇吾志而苟用開物成務俾乂於得時求賢審官寧我以多士則魚水鴻翼夫何足言勉副簡求無忝我休命嗣復可守本官同中書門下平章事依前充諸道鹽鐵轉運使勳賜如故珏可守本官同中書門下平章事依前判戶部事散官勳賜如故

授李石荆南節度使制

翼亮之臣寄任攸重九功未敘則宜立於廟堂百度既貞則兼制於方嶽中外迭處式寵才賢銀青光祿大夫守中書侍郎同中書門下平章事充集賢殿大學士上柱國李石元精降祥河嶽鍾秀文含大雅學茂全經贍智通理亂之源達識究古今之變望鬱人傑居爲國楨頃者嘉其多能俾調鼎實動必循道知無不爲每竭慮於謀猷思致予於堯舜嘗司轉漕仍總征賦盤錯之難錐刃不滯增台輝之光彩揚鳳沼之波瀾墜典咸修遠方畢服夙夜匪懈光我知臣近者情在進賢願辭袞職誠不易奪朕所難違乃

眷荆門東南巨鎮山川重險舟車要衝比罷節符是遵權便台臣往涖宜復前規俾登大將之壇仍持上相之印尹正望邦兼視雄藩增榮峻階無忝朕命可中書侍郎同中書門下平章事兼江陵尹充荆南節度管內觀察處置等使勳如故

贈故齊王湊爲懷懿太子制

褒善飾終王者常典況我友于之愛手足之親永言痛悼之懷用錫元良之命故齊王湊孕靈天宇擢秀本枝孝敬知於孩提惠和洽於親愛將固磐石遂分茅社學探蟻術

之精智有象舟之妙好書樂善造次不失其清規置醴尊師風雨不忘其至誠方期鮐耇以保怡怡天胡不仁殲我同氣念周宣好愛之分長慟莫追覽魏文榮樂之言軫懷無已繇是稽諸前六式展追榮特峻彝章表恩泉壤雖禮命之儀則爾而天倫之恨何據遐想幽魂宜膺寵數可贈懷懿太子有司擇日冊命

命訪長孫無忌裔孫制

朕每覽國史見太尉無忌之事未嘗不廢卷咨嗟遐想其人訪其裔孫用申甄獎

授裴度中書令制

緝熙柄政亮采皇猷宏道德而輔昌圖調陰陽而平景緯我惟求舊人亦與能正位台階實資元老河東節度觀察處置等使開府儀同三司守司徒兼中書令太原尹北都留守上柱國晉國公食邑三千戶實封三百戶裴度星辰稟秀山嶽炳靈文蔚采章量包江海負經邦之遠略懷許國之明誠研幾而識洞蓍龜運籌而道光竹帛風雨一致儀刑四朝萬方所瞻百辟爲憲洎揚旌鴈塞建節龍山謹管籥而戎索烟淸壯襟帶而軍牙氣肅虜絕南牧聲雄北

門懿玆殊庸予所嘉歎是用專授衡軸俾淸化源統和神人茂育區夏夫宰相之任作予股肱外可以懷柔四夷內可以親附百姓大可以贊亭毒阜生成小可以激貪廉正雅俗爾有休躅予不重言至於玉立巖廊風行號令端若植表爲時指南開予智襟廣我視聽實賴人傑代玆天工爰罷麾幢再操舟楫庶展乞言之禮豈唯論道之尊佇竭訏謨無忝毗倚可守司徒兼中書令散官勳封如故

授崔鄲平章事制

朕丕承寶圖思臻古理小大之政皆倚輔臣選衆攸難得

人而授中大夫守太常卿上柱國賜紫金魚袋崔鄲天資正性嶽降瓌林慎楊震之四知邁皐陶之九德抱貞直簡秀發英華動必蹈中言皆體要聚學每探於精賾馳騁九流摛文若奏乎笙簧抑揚三代鴻量難挹懿聲自高乃者入典訓詞出司俊造能用周密靡混妍媸銓總以明允爲先廉察以澄清爲重嘗踐其職顯有休功秩宗之選方登公台之論彌鬱繇是酌其望實付以鈞衡愜予之規模廣予之耳目於戲宰相之任弼諧是資予欲使六氣均調惟爾贊予欲使萬方平乂惟爾讓予欲使臣寮得職惟爾諧

予欲使邪正不亂惟爾翼言罔慮於咈耳進無忘於沃心貞觀開元之法度俱存房魏姚宋之規猷盡在咨爾丞相舉而行之可守本官同中書門下平章事散官勳封如故

立陳王成美爲皇太子制

門下古先哲王之有天下也何嘗不正國本而承天序建儲貳而主重器朕以寡昧祇荷丕圖虔恭寅畏思固鴻業慎擇令懿曠於旬時而卿士獻謀龜筮告吉以爲少陽虛位願舉盛儀列聖垂休俾合予志選賢而立式表無私敬宗皇帝第六男陳王成美天假忠孝日新道德温文合雅謙敬保和裕端明之體度尚詩書之辭訓言皆中禮行不違仁是可以訓考舊章欽若成命授之匕鬯以奉粢盛宜迴朱邸之榮俾踐青宮之重可立爲皇太子宜令所司擇日備禮册命

授魏謩諫議大夫制

朕以邦國之大機務之多惠有所未周化有所未洽不有忠讜之士左右輔益逮暗無燭不其難歟今即高選正人俾居諫省朝政闕失期乎必聞是用簡自朕心特申獎命所期稱職豈限常資可諫議大夫仍兼起居充職

授賈島長江主簿制

比者禮部奏卿風狂遂且養疾關外今却攜卷軸潛至京城遇朕微行聞卿諷詠觀其志業可謂屈人是用顯我特恩賜卿墨制宜從短簿別俟殊科

收葬絳王詔

叔父絳王爲逆賊等援立竊窺大位既無討賊之意遂使忠義銜冤及王師擒奸義旅問罪前驅勇氣以致殲殄伏以太皇后慈仁思以慰解宜令有司量事收葬申恩討賊刑禮之中示於四方以明朕意

即位詔

君天下者莫尚乎崇澹泊子困窮遵道以端本推誠而達下故聖祖之誡以慈儉爲寶大易明訓垂簡易之文未有上約而下不豐欲寡而求不給朕以眇薄遭逢內難刷君父之仇恥攄億兆之哀冤而股肱大臣羣卿庶士引義抗請至於再三以圖宗社之安以答華夷之望俯從衆欲夙夜震兢思所以克己復禮修政安人宵興旰食勞慮夫儉過則酌之以禮文勝則矯之以質庶乎俗登太古道洽生靈儀刑邦家以化天下內庭宮人非職掌者放三千

人任從所適長春宮見在斛㪷及絲草席等依前戶部收管鄠縣渼陂鳳翔府駱谷地還府縣教坊樂官翰林待詔伎術官并總監諸色職事中冗員者共一千二百七十人並宜停廢總監中一百二十四人先屬諸軍並各歸本司餘七百三人勒納牒身放歸本管先供教坊衣糧一百分廂家及諸司新加衣糧三千分並宜停給應緣田獵鷹雛獸犬等並宜放除五坊加配諸道鷹鷂等長慶以來常進外宣索自今已後一切停進其須備蒐狩量留者宜準憲宗朝故事其今年新宣附食度支衣糧小兒一百人並宜停罷應別詔宣索纂組雕鏤不在常貢內者並停度支鹽鐵戶部及州府百司應供宮禁年支一物以上並準貞元額爲定度支撿勘其元和以來加配合停色數二十日內分析聞奏先造供禁中牀榻以金飾瑟瑟雜寶鈿珍珠瑪瑙裝者悉宜停進東頭御馬坊毬場並却還左龍武軍其殿及亭子令所司拆毀餘舍並賜龍武軍收管應行從處張設不得用花蠟結綵華飾今年已來諸道所進音聲女人各賜束帛放還本道應城外墳墓先有開劃道路以備行幸處宜令兩軍及府縣曉示百姓任其修塞其大逆魁

首蘇佐明王嘉憲石定寬閻惟直及因兇賊姦計遂與同謀人劉克明田務成許文端等汙瀦無赦梟首無論已處斬訖家並籍沒妖妄僧惟眞道士趙歸眞等或假於卜筮或託以醫方疑衆挾姦矯誣干禁並從流竄以靖京師其情非姦謀迹涉詿誤者自今已後一切不問兇徒既殄寰宇佇康載舉令猷用宏庶績於戲昔漢文顧十室之產而天下乂安我太宗皇帝勤四海之理而帝業隆盛暨乎列聖罔不承式而歲代滋久訛弊以生仍屬艱故未遑改作朕祗荷重器思臻大寧將正躬以立訓爰取新而革故咨

爾百辟卿士外服侯衞其諭朕意永堅乃心無縱欲而敗度自厎身於不類率是教典用交修焉布告中外咸使知悉

貶張又新李續之詔

朕在億兆人之上不令而人化不言而人信者法也法行則君主重法廢則朝廷輕田伾常挂亡命之章偷請養賢之祿迹在搜捕公行人閒而吏冒選吏曹顯擬郡佐及黃樞覆驗烏府追擒證逮皆明姦狀盡得三移憲牒一無申陳衆狀滿前羣議溢耳終則步健不至鋃鐺空來蔑視紀

綱頗同侮謔顧茲參畫負我上台閱視連名伊爾二子又新可汀州刺史續之可涪州刺史

參酌儀制詔

衣服車乘器用宮室侈儉之制近日頗差宜付所司並準儀制令依品秩勳勞仍約今時所宜撰等級送中書門下參酌奏聞

停奏事監搜詔

元首股肱君臣象類義深同體理在坦懷夫任則不疑疑則不任然自魏晉以降參用霸制虛儀搜索因習尚存朕方推表大信置人心腹庶使諸侯方嶽鼓治道化夷貊飛走暢泳治功況吾台宰又何間焉自今以後紫宸坐朝衆僚既退宰臣復進奏事其監搜宜停

以京畿旱宥囚徒詔

朕聞動人以行不以言應天以實不以文蓋明誠者感通之大本也刑德者陰陽之大倫也故五事陳於洪範時令著於禮經雖堯湯之災或丁於天數而休咎之萌必徵乎人事朕祗荷大統子視兆人宵衣昃食不敢自逸猶慮上心不達於下下志不通於上是以正朝延聽便殿訪求事

之益者罔不行弊之壅者罔不去庶乎交感以致洽和而誠有所未臻信有所未達自春及夏亢陽為害雖麥秋大稔而禾歲未登京畿之閒陰陽小爽齋禱備至膏澤未濡中心惻然思所以濟豈庶獄之未孚將一夫之不獲永用惕戒載懷哀矜其京畿見禁囚徒犯死罪非故殺人者並降流流已下罪遞減一等依令有司約禮禱祠宗廟徧祈山川務盡莊敬以副予志百司庶務有不便於人者各委長吏悉心陳列無使壅於上聞其寶歷二年十二月二十七日敕及今年二月十二日赦條所釐革施行未畢者宜

令中書門下速舉處分朕志唯克己誠在恤人自臨御以來躬行不逮乃者永虞艱食瞻仰昭回幽禱移災蔬食逾月益罷浮費用嚴天譴尚懼明有未燭道有未宣聞於神者無馨香施於理者或繆戾終夕三省履冰在懷內外卿士有規朕以道宜封事條奏宰衡庶尹侯衛守長各勵乃職庶承於天休

更定薦代例詔

諸道諸軍使應奏判官并每年冬薦等所奏判官除新開幕府擬員闕置署外其向後奏請如是元闕即云官某職

今奏某人充如已有令更奏即云某職某人緣某事停奏某人替具前使下臺省官合冬薦者除府使罷外既有薦用當且要籍豈合數月之閒便稱去職自今巳後如帶職掌授臺省未經兩考者不在冬薦限如其中實有事故其他官據品秩合冬薦者則依元勅

討李同捷詔

王者之御天下也推其至誠格以大順臣子之奉君父也効以奔走竭其忠貞故能上下交感家邦用寧其有專上周旋干紀悖戾怠棄彝典矯誣當時固人神之所不容古今未能赦者也朕以菲德祇荷鴻業將躋俗於至厚之域致人於無過之地永用勞慮惻然疚懷李同捷幸席舊勳不思纘緒斬麻未幾私行墨縗毒殺忠良擾惑部校稽之國憲難逭常刑朕以頃在先朝已稽中旨實違成命未議改圖庶乎舞階以服有苗因壘而降崇國使臣旁午優詔指明而又越留務之權授之戎帥拔負海之地置之中華推恩含垢斯亦至矣而同捷益懷迷執閉境練兵大詬鄰封拒捍中使遐邇憤怒中外驚嗟叛命既彰大義當絕事非獲已良用憮然其李同捷在身官爵並削奪朕以滄景

之地兇魁竊據今若怒茲小醜遽至大刑慮金革一揮玉石同碎弔人之義深置未安宜令四面節度使各蓄兵鋒共固疆守絕其窺伺之路撫其離叛之人嚴戈矛之備以待其窮據山川之要以張我武如叛徒驚擾潛有侵軼當隨機禦遏以自保完勿使凌犯爲虞隄防或弛其滄景將士如有能奮揚忠義執戮渠魁者先是六品巳下官者便授三品正員官其先是五品巳上官者節級超獎仍賜莊宅各一區錢二萬貫文並列加寵任如能率所管兵馬以州郡來降者超三資與官便授岳牧賜錢一萬貫以城鎮

來降者超兩資與官仍賜錢五千貫以一身降者亦與改轉仍賜錢帛其同捷如能知義悔過束身歸朝並與洗雪仍加寵獎若不能悛悟自取誅夷罪止一身其餘脅汚一切不問於戲佳兵者聖祖之所誡文德者前哲之所崇肆予寡昧敢忘丕訓然以齊庶方者號令立人紀者君臣斯制苟淪大倫安設是用絕其奔軼誡以申嚴佇無戰於文告庶有瘳於迷復特此來遠諒非初心布告內外咸使知悉

貶熊望漳州司戶詔

孔門高懸百行由至順者其身必榮朝廷廣設衆官踐正途者其道必達前鄉貢進士熊望因緣薄技偷冀褻幸嘗居中之密職擾惑朝經鼓偪下之囂聲因依邪隙及衆議波湧累月不寧司門驗繻累月至四考覆謬妄乃非坦途朕大啟康莊以端羣望俾示投荒之典用正向方之流可漳州司戶

欽定全唐文卷七十一

文宗三

太尉段秀實祔廟詔

秀實忠衛宗社功配廟食義風所激千載凜然閒代勳力須異等夷宜賜綾絹五百匹以度支物充仍令所司供少牢并給鹵簿人夫兼太常博士一人檢校

試制舉人詔

志本於道蓋道以致君爲先代實生材蓋才以濟理爲務不索何以獲其實不言何以知其志故帝堯垂詢衆之訓

殷宗首沃心之術其傳曰嘉言罔攸伏又曰俊人用章漢魏以還詔策時作暨於我唐遵爲故事繇是善政惟乂魁能閒出朕祇荷大寶勤恤兆人明不燭於幽暗惠未流於鰥寡御朽兢慮求賢永圖是以詔命有司會羣材列稽疑延問闕政子大夫達學通識儼然來思操觚濡翰條誨宿滯慰我虛佇必宏嘉猷故臨軒命書策以審訪繼燭俟奏其悉乃辭各宜坐食食畢就試左散騎常侍馮宿太常少卿賈餗庫部郎中龐嚴宜並充考制策官

委中書門下處分制科及第人詔

王者謹天戒酌人言叶時凝命資賢贊理斯爲令典也朕以菲德祗膺大統歲屬凶旱人思厎寧庶察弊以勤理因舉能而詢衆科别條問臨軒致誠載搜尤求果副虛佇賢良方正能直言極諫科舉人第三等裴休裴素第三次等李郃第四等南卓李甘杜牧馬植鄭亞崔瓓第四次等崔讜王式羅紹京崔渠崔慎由苗愔韋昶崔博第五上等崔渙韓賓詳閑吏理達於教化科舉人第四次等宋昆軍謀宏遠堪任將帥科舉人第四次等鄭冠李栻等皆直躬遵道博古知微數其遠猷志在宏益實能攻朕闕紹政經究

天人交際之理極皇王通變之義指切精洽粲然可觀旣校才於試可宜旌能於受禄其第三等第三次等人委中書門下優與處分第四次等第五上等人中書門下即與處分

追贈晉王普爲悼懷太子詔

王者重統紀尊儲兩所以上嚴國本祗叶禮經睦人倫以正邦典崇丕基而昭彝式其或德契元良恩當追命道雖閉於存歿義有表於哀榮仰惟舊章用攄惻志故開府儀同三司晉王普先帝冢嗣閒氣夙鍾孝敬發於岐嶷温仁形於襁緥翦珪分社光祝册於參墟錫土啟藩假威尊於上黨朕頃戡内難謬屬與能以王齒在嬰提事絶推讓方期就傅謂致修齡旣因猶子之義俾膺主鬯之選天不憖遺殲我本枝泣悼永往空餘典禮嗟樂善而莫報顧十起而何追銜悲良慟此誠無極是用稽諸前訓申我宿懷布曩懷於此日告如在於幽靈式備虛儀曷瘳深痛可贈悼懷太子仍令有司擇日備禮追册

賑山東水災詔

朕撫有四方子育兆庶虔恭夕惕罔敢自暇庶乎天地交

感人神洽和如聞山東降災淫雨泛濫豈政理有所未明人情有所未達邪中宵待旦惕然疚懷應是諸州遭水損田苗壞廬舍處宜委所在吏切加訪恤如不能自濟者宜發義倉賑給普令均一以副朕懷

更定權知同正授六考詔

凡權知授官皆緣本資稍優未合便得藉才擢用故且權知若通計五考即便同正授極爲僥倖自今已後應諸州府五品長馬權知正授通計六考滿停其勒留官如有未滿六考停給課料者便準此卻與支給

絶王庭湊進奉詔

朕初撫天下實在便安故委同捷節旄處以華壤顧彼童孽豈宜當之然蔑棄君親不合容覆忠臣義士咸同忿嫉非朕生事至於興戎鎮州王庭湊承累朝恩榮據四郡士衆將爲率先問罪以圖策勳而乃影援逆寇干犯王旅諸道使命縶爲纍囚内兵滄州抗戰四境交支郡之管籥棄鄰好之姻親無恩於家忘義於國而猶特遣中使許其轉禍詞旨堅執曾無少悛近日又令宰臣遺書許以效順王誥一去寂爾無聞朕以成德一軍代建勳力聆風拭目待之實殊豈爲庭湊一人致使傷及百姓今迫藩臣懇請連章繼來朕猶不能獨斷宣示羣公卿士參詳可否以觀衆情義不容誅列狀斯在今亦酌其簡便以適事機亦以嘗在先朝曾效忠懃寵奬逾等驟至三公開其自新以全臣節朕之恩義亦不負矣其諸道與鎮州鄰接處宜並絶其進奉嚴加警備其有突犯及隨指揮併合宜依詔旨處分諸道須有移軍出界並不得焚燒廬舍横加殘害歸投者撫之拒命者禦之如有忠臣義士以一州或城鎮降者並依討滄州例處分其上都進奏院宜令御史臺京兆府切

加守捉禁其出入待後勑處分如庭湊翻然改悔乞效忠勳上表陳誠須有聞奏亦委鄰界當時轉與進上不得停留於戲朕亦帝王至仁以安兆庶以黄老清淨用寧寰宇文誥屢施而不從兵革在郊而未弭德不能洽誠有未孚致此費辭良多愧歎

討王庭湊詔

門下雷霆雪霜上天所以成物明罰勑法聖人垂之易象豈陽春不可以獨化將輔理固在於威刑乎則遏亂禁非法天齊俗諒有爲而然也何則三綱五常王化之正本彰善癉惡國經之大防君人者苟不提此柄以示天下是納人於陷穽道俗於豺狼而欲家固人安上和下順猶北轅而適楚也李同捷罪暴寰宇告之則悖寵之益淩亂君臣父子之紀綱棄覆育生成之恩義則綏討之命蓋不得巳焉而王庭湊爲我藩臣久膺寵命致爵位於擾叛之際齊恩澤於忠義之倫贖過圖功宜百羣帥而首扇同捷使起自墨縗黨惡之心劇於虎兕負德之醜逾於梟獍驅忠義之旅以授兇渠率悅順之人以侵鄰壤藩方統帥飛疏互來朝右公卿懇章繼奏皆期鳴鼓問罪奮戈啟行朕道希

包荒志在含垢多端曲護大開坦途諭之使致奇功告之將酬重位顯招密示抑義降心繼馳信臣累諭深旨而傲很彌甚凶肆不悛飾惡言於布章資盜糧於狡寇拘四鄰忠告之使堅一境代襲之謀與逆豎爲輔車絕舊歡於姻好屢有降卒備驗奸蹤潛軍入援德棣縱燎以焚瀛莫河東易定被毒騷然憲誠從諫見侵相繼加以猜戮無辜安忍逞欲有族坑屋誅之令極削下僭上之圖井邑銜冤道路以目自頃冀其迷復未議加刑但令閉境猶希補過而乃大舉將卒期覆定州取怒人祇迎風瓦解稔慝搆亂前

古罕見若尚爲包容則孰分逆順其王庭湊在身官爵並宜削奪應諸道州鎮接界處各宜逐便攻討其鎮州將士如有梟斬王庭湊者先是六品以下官者便授三品正員官其先是五品以上官者節級超獎仍賜莊田各一區錢二萬貫兼授以土地及賜實封如有能率所管兵馬以州郡來降者超三資與官仍便正授刺史賜錢一萬貫以城鎮來降者超兩資與官仍賜錢五千貫如先未有官者即特授三品四品官如以一身降者亦與改轉仍賜錢帛其諸道將士有因立功能梟斬王庭湊者亦準前例處分成

德一軍山東所賴扼制徑險控東河防武俊之拯橫流承元之變舊俗言念誠節何日可忘知感弟兄見劫妻子爲質愍惻之志朝夕在懷當無疑謀自致恩外昔光武存大信而捨朱鮪魏祖推至誠而納張繡非無故事朕不食言如庭湊自能束身歸朝並與洗雪若執迷安禍罪止其身其餘脅汙一切不問縱有跡涉逆節事出一時劫於凶威並從寬宥四州之內如有謀爲向順屈於垂成家族無辜殘酷所及者宜優加追贈并賜錢帛其有子孫得脫免委四面節度切加搜訪當議與官四州管內百姓久困冤害

橫罹挾制念同赤子莫匪吾人諸軍所次不得妄加殺戮并焚爇廬舍暴掠財產及有拘繫以爲纍囚四州百姓久廢生業如有歸投各宜存撫老幼丁壯量加優恤仍給與空閒田宅使之如歸事平之後願還本貫亦聽於戲原野陳師雖前王之不免干戈屢動諒菲德之所興孤我宿尚良深憮然咨爾輔弼之臣暨於藩守群帥爾尚悉乃忠力匡予寡昧經遠猷以端理本恢上略以速戎功緝庶政以康中邦明大教以昭昧俗宣示內外俾知朕懷

贈欒濛尚書詔

見危致命之死不顧據其義則白刃可蹈得其所則鴻毛猶輕此忠臣烈士所以垂名不朽者也故棣州刺史充本州鎮遏兵馬使欒濛稟受正氣發揮壯猷屬逆豎亂常反形潛具濛於此時密獻成算朕且欲諭以文告革其非心重難興師因寢其奏而沈謀中泄搆兹深冤眷言此心傷恨何已可贈工部尚書仍許歸葬上都令所在路次州縣供熟食兼遞夫等應緣葬事所須並令官給賊平之後仍訪其子孫親屬

授魏徵孫可則等官詔

武德已來輔相之臣以道致君以勞定國若贈司空徵故侍中知古贈太尉晁語其功次皆在第一清風餘祉宜及乎後昆爾等乃其曾孫式叶搜奬俾奉貽謀之慶用覃延賞之恩各命以官勉思祖德

封王智興等詔

王者誅暴亂賞勳勞旣正紀綱式頒爵位朕以菲德理乖勝殘使釁生誨盜刑用戎鉞屬者庭湊用滄州爲輔車以謀專土同捷恃棣州爲屏捍遂成阻命實賴英帥共恢壯圖爰議酬庸式奬宣力武寧軍節度使徐泗濠等州觀察處置等使充滄德行營招撫使光祿大夫守司徒中書門下平章事上柱國太原郡開國公食邑二百戶王智興可特進封代國公食邑三千戶餘如故平盧軍節度使淄青登萊棣等州觀察處置等使兼押新羅渤海兩蕃等使銀青光祿大夫檢校尚書僕射御史大夫上柱國會稽縣開國公食邑一千戶康志睦可檢校尚書左僕射餘如故正議大夫檢校工部尚書使持節鄆州諸軍事兼鄆州刺史御史大夫賜紫金魚袋崔宏禮可檢校尚書右僕射餘如故其棣州城下武寧軍節度使諸道立功將士已甄錄外

委智興條疏聞奏棣州應見在百姓宜復一年其將士有決戰攻壘奮不顧身中刃被瘡遂成癈疾者並賜衣糧終身勿絕其武寧軍及平盧軍浙西宣歙天平等五處兵馬在棣州城下者並宜放歸本道於戲並命申威分疆翦寇界大河之南北委藩守以廓淸立績者旣以勞施圖功者方期盡敵勉宏勝策無至老師共臻輯寧副我勤屬

追錄故中書令褚遂良等裔孫詔

朕詳觀列聖紀冊祖宗盛業粲然在前或道有污崇政有善否未始不繫乎當時輔弼常因便殿言諸宰臣勉其匡

益叶心推戴且以去歲乙巳登應門敷大號俾疇賢相以訪遺裔或血食不繼宗祊已蕪如遂良之委笏面諍名垂史書仁傑之恢復廟社事形先覺宋璟之文吏骨鯁功參理平元紘之守規畫一時成有裕其冑僅存不絕若髮各授邑吏使其自試其故中書令褚遂良五代孫虔可汝州臨汝縣尉內史狄仁傑曾孫元封懷州修武縣尉侍中宋璟曾孫潨岳州沅江縣尉中書侍郎李元紘曾孫侁鄧州向城縣尉

委京兆捕賊詔

輦轂之下法在肅清姦盜竊發理難容舍親仁坊今月五日賊依前委京兆府左右街使鳳翔邠涇金商同華等州切加捕逐如獲頭首準法科斷其餘支黨一切不問於戲唯此凶災是彰非德情敢忘於罪己惠所貴於及人施令布和期於蘇息凡厥臣庶宜體朕懷主者施行

禁奏祥瑞詔

朕以菲德祗膺大寶深求理本將致時雍以慈惠恭儉爲休徵以人和年豐爲上瑞夙夜思省無以過之至於嘉穎連理之祥飛禽走獸之異出於邦國來獻闕庭虛美推功非予所尚歲晏奉陳於清廟元正列上於大朝採討古今亦無明據恭惟靈聖豈俟薦聞事非經通理當釐正庶使溥天之下知予務實之心其諸應有三等祥瑞並不得更有聞奏亦不要申牒所司其臘饗太廟薦獻太清宮并元日受朝奏祥瑞儀注宜停

貶柏耆等詔

頃以德州未下俾宣朝旨慰勉勤瘁詢謀事機計日指程候其速達而所至留滯請兵自隨假勢張皇乘險縱恣奏報蔑聞擅入滄州專殺大將捕置逆校潛送兇渠物議紛

然遠近駭聽滄德宣慰使諫議大夫柏耆可貶循州司戶參軍判官殿中侍御史沈亞之可虔州南康縣尉

令鎮州行營兵馬各守疆界詔

門下聖人之教先德後刑王者之師有征無戰所以體人經遠要終貴實導利天下端由一人情雖獲已務臻斯道朕以寡昧嗣守丕業威不能禁暴叛戢干戈德不能濟生靈完物力以至於起師戎之徒陳原野之刑然謂有功固以多愧始者逆賊李同捷統戎專地弄兵恃寵不受文告不服朝廷本貴清淨惟務含宏常欲安其反側匿其瑕穢

曾不悔禍。是用徂征。賴天地降靈。中外叶力。兇渠就戮。滄海甫安。我本興師。事止於此。言念士衆。以及里閭。並遭脅從。久陷塗炭。殺傷之外。殘瘵可哀。已各有獎錄。及令賑恤。仍委長吏。更加綏輯。王庭湊因緣同捷。遂此沈迷。及交鋒刃。益縱豺豕。今滄德既已平殄。庭湊猶未悛懲。合乘兵威。便圖攻討。然欲更令思省。未忍重有傷殘。又以行營諸軍。久勞於外。憫其暴露。且議旋歸。況兵有可用而不用謂之不武。則失柄。有不假用而用謂之黷武。則興亂。弛張在我。豈止一途。其鎮州四面行營兵馬。並宜各歸本界。且自休

息。使耕農不廢。儲峙有常。見存者苟獲阜安。未來者亦將焉往。朕志已定。姑務保寧。諸道縱有能指期攻取鎮州者。亦非朕意。何者。庭湊一身。負累三軍。百姓皆是吾人。豈忍非辜罹其殺害。朕爲父母。義切生成。每念迫以兇威。不得保其性命。或使役夫遠念家業。或割剝資糧。或朝夕不免於饑寒。或冤濫以致其愁痛。寢食之際。未嘗暫安。其幽州河東易定齊德昭義魏博等道。但要保境。勿相往來。若庭湊以四郡之地。三軍之衆。率誠歸闕。翻然效順。則不獨棄其舊惡。兼亦別議新恩。以至自知計力窮盡。而能束身請

命。亦當待以不死。惟此一事。與達表章。其餘並勿聽信。鎮州四面節將。或功勳已茂。或感憤方深。皆欲乘時以圖盡敵。然國家之本。愛人爲先。縱能翦平。豈免傷殺。今但環境設備。使之不能侵軼。須以歲月。自當誅除。此所謂不戰之功。不勞而定也。其應討滄州行營將士。並已遣使各加賜勞。其死事之後。傷痍之人。及濱河州縣兵戈所聚水潦爲敗者。並有制命。令悉惠養優恤。副我意焉。然猶慮長吏未能將明。或有漏落。委中書門下準五月十三日敕詢訪事實。務令周給。於戲。我理天下。但恐道化未至。不慮寇孽不

平。若宗社之靈。風教所及。則四夷八蠻。猶當梯山航海。慕化而來。豈山東四郡。獨能拒命。夫退修教而降崇。不戮人而克敵。予之所尚。今也其時。凡在中外庶僚羣帥。悉力竭忠。尚弼予理。宣示遐邇。各體朕懷。主者施行。

雪王庭湊詔

帝王之御大器也。上法天意。下順人情。何嘗不欲舞干羽以致懷來。滌舊垢而宏惠貸。朕以寡昧。獲守昌圖。享二百餘年之丕基。纂十三列聖之洪業。而涉道猶淺。燭理不昭。德未洽於生靈。信未孚於微隱。至使河朔殘梗。藩臣阻絕

既多在予之責每軫納隍之念頃者滄州拒命將帥專征有國彝章非朕敢赦諒功成於九伐當事止於一方況成德本軍早列勳籍庭湊初意亦獻嘉謀因緣細隙互搆隙闕且聞朝廷則挂刑書雖欲上陳固難自達及滄德翦定甲兵偃戢拜章辨數納款鄰封爰妄疑台臣俾通王命備聞恭惕延望私恩感激而情動三軍歡呼而聲馳四郡朕猥居兆人之上常懼一物失所雖外示君臣之義實內猶父子之親豈可使覆載之中不沾雨露照臨之下獨隔輝光斷自予衷靡聽輿議既改之而不悋則待之而如初俾

服官榮載膺寄任爵服盡在恩禮用加其王庭湊可依前授金紫光祿大夫檢校司徒兼鎮州大都督府長史御史大夫上柱國太原郡開國公食邑二千戶充成德軍節度鎮冀深趙等州觀察處置等使於戲天道之所助者曰順人倫之所重者曰忠爲君在於不疑爲臣在於不貳然後上下交暢以底泰寧當宏令猷勉收來效凡百卿士宜體朕懷

諭刺史詔

刺史分憂得以專達事有違法觀察使然後奏聞如聞州司常務巨細所裁官吏移攝將士解補占留支用刑獄等動須稟奉不得自專雖有政能無所施設選置長吏將何責成宜委御史臺及出使郎官御史嚴加察訪廉使奏聽進止本判官不能規正及刺史不守朝章並量加貶降若所管州郡控接蕃夷軍戎之間事資節制即不在此限

授溫造山南西道節度等使詔

漢水上游梁山東險控巴岷之道路作咸鎬之藩屏實命長帥必惟全才簡求臣僚僉屬邦彥是用築齋壇以賜鈇鉞登廉車以察風俗一方之事悉以咨之大中大夫守尚

書右丞上護軍祁縣開國子食邑五百戶賜紫金魚袋溫造風度端雅質量閎厚立朝正色直道當官自登周行藹有休稱前在憲府爰持國綱人所未能必已獨至聽言盡主於忠信指事必根於理化豈彼嘗意自謂知人洎南宮提領右轄郎曹承式體要宏通屬聞漢中撫事多故非寬仁不可以理軍旅非廉實不可以輯編甿擇任之時誠異他日繇是命爾尹正褒國節制梁川首列侍從之臣秩遷御史之率至若革故弊以存遠略因其事以定衆心姑務載安勿使告病弛張威惠在爾能之勗哉惟勤無忝我推

轂之命可檢校右散騎常侍兼興元尹御史大夫充山南西道節度管內觀察處置等使

答路隨等上憲宗實錄詔

卿學貫六經究春秋之微旨業精五典得簡冊之精華編年紀述於皇猷記事備陳於王業垂堯言而可法彰禹績而有光極思盡誠宣我祖德閲覽之際虔感彌深賜監修國史路隨及見在史官司封郎中蘇景允起居舍人陳夷行屯田員外郎李漢右拾遺蔣係各錦綵銀器有差

崇儉詔

蓋儉以足用令出惟行著在前經斯爲理本朕自臨四海憫元元之久困日昃忘食宵興疚懷躬絕文繡之飾尚愧茅茨之儉亦喻卿士形於詔條如聞積習流弊餘風未革車服第室相高以華靡之制資用貨寶固啟於貪冒之源有司不禁侈俗滋扇是朕之教導未敷使兆庶昧於恥尚也其何以足用行令臻於至理歟永念慚歎追兹申勅自今內外班列職位之士其各務樸素宏兹國風有僭差尤甚者御史列上主者宣示中外知朕意焉

令御史疏決繫囚詔

如聞時稼甚滋人心望歲近者時雨稍乏憂懷載深慮有留獄致傷和氣應京城諸司見禁囚徒宜令御史臺選清強御史二人各就司疏決處分具輕重以聞

禁弋獵傷田苗詔

春夏之交稼穡方茂永念東作其勤如傷況時屬陽和令禁麛卵所以保兹懷生仁遂物性如聞京畿之內及關輔近地或有豪家特務弋獵放縱鷹犬頗傷田苗宜令長吏切加禁察有敢違令者捕繫以聞

糾舉滯獄詔

如聞御史臺大理寺京兆府及諸縣囚徒近日訊鞫例多停滯自今已後宜令所司速詳決處分其諸司應推獄有稽緩稍甚與奪或乖者仍委尚書左丞及分察御史糾舉以聞

加裴度司徒詔

昔漢以孔光降置几之詔晉以鄭沖申奉冊之命雖優隆耆德顯重元臣而議政不及於咨詢用禮止在於安逸朕勤求至理所寶惟賢顧諟舊勞敢不加嚴繇是委寄制於大政釋參決於繁務時因聽斷誠望弼諧遷秩上公式是

殊寵特進守司徒兼門下侍郎同中書門下平章事充集賢殿大學士上柱國晉國公食邑三千戶食實封三百戶裴度稟河嶽之英靈受乾坤之間氣珪璋特達城府洞開外茂九功內苞一德器爲社稷之鎮才實邦國之楨故能祇事累朝宣融景化在憲宗時掃滌區宇爾則有出軍殄寇之勳在穆宗時混同文軌爾則有參戎入輔之績在敬宗時阜康兆庶爾則有活國庇人之勤追弼朕躬總齊方夏爾則有弔伐底寧之力皆不遺廟算布在簡編功利及人不可悉數而朝論益重我心實知方用臯陶之謨適值

留侯之疾瀝懇牢讓備列於奏章塞詔上言動形於言色果聞勿藥之喜更俟調鼎之功而體力未和音容尚阻不有優崇之命孰彰寵待之恩宜其協贊機衡宏敷教典論道而儀刑卿士宣德而鎮撫華夷嗇養精神保綏福履爲國元老毗予一人可司徒平章軍國重事待疾損日每三日五日一度入中書散官勳封實封如故

答裴度奏辭冊禮詔

裴度上獻表章固辭冊禮沖謙之志發自懇誠嘉歎良深用依來請其冊禮宜權停

令神策軍與府縣協捕寇賊詔

如聞近日京城頻有寇賊府縣所繇至少防制實難須假軍司共爲捕察宜令左右神策各差人與府縣計會如有盜賊同力追擒仍具所差人數姓名幷所配防界牒報京兆府應捕獲賊並先送府縣推問如有諸軍諸使勘驗知情狀如實是殺人及強盜罪跡分明不計贓之多少聞奏訖牒報本司便付京兆府決殺其餘即各牒送本司令準百姓例之罪科決待府司添補所繇人力稍足即別條流其外縣有軍鎮處亦準此處分

勅禮部侍郎高鍇試宗正寺解送人詔

夫宗子維城本枝百代封爵便宜無令廢絕常年宗正寺解送人恐有浮薄以忝科名在卿精揀藝能勿妨賢路其所試賦則準常規詩則依齊梁體格

欽定全唐文卷七十二

文宗四

令節度等使朝覲先行奏聞詔

方面大臣皆吾股肱心膂思與相見無時蹔忘想其戀闕之心願奉修覲之禮其於忠懇悉亦可知但緣兵革初停務先安輯或地隣戎寇須有防虞或鎮重軍雄切於綏撫臨機處分要合便宜自今已後諸道節度團練防禦經略等使有朝覲者但先獻表章候得詔旨允許即任進發使行止之際臨時不失事機故此宣示想各知悉

借粟河東詔

河東兵戈之後亢旱踰年倉廩空虛黎元困乏若無救恤恐至流亡宜借便粟十萬石

令御史疏理冤結詔

方春用事寒氣稍侵京城見禁囚徒慮有冤結宜令御史兩人各就本司疏理以聞

赦宋申錫餘黨詔

朕以菲德奉茲丕構雖虔恭修己不敢暇逸而誠亮格物未能宏敷遂使姦凶懷非覬之端藩戚陷無君之責外註宰臣傍連禁吏怵惕自咎中宵靡寧親臨鞫訊欲寘刑典顧爲大義實愧御家猶慮憸狡之徒忿怨相冒遂至誣引或連非辜載懷靦慙宜諭深旨應緣漳王及宋申錫等被論告事除今月六日已前準勑旨處分並捕捉王師文一人外餘並一切不問宣示中外用體朕懷

委中書門下丞撰錄時政詔

史官記事用戒時常先朝舊制並得隨仗其後宰臣撰時政記因循斯久廢墜實多自今後宰臣奏事有關獻替及臨時處分稍涉政刑者委中書門下丞一人隨時撰錄每

季送史館庶警朕闕且復官常

簡討應修陵寢詔

所修陵寢事至嚴重簡討崇飾須得精實宜令度支郎中盧商將作少監韋長同往諸陵子細簡討具合修與不合處聞奏

禁與蕃客交關詔

如聞頃來京城內衣冠子弟及諸軍使並商人百姓等多有舉諸蕃客本錢歲月稍深徵索不得致蕃客停滯市易不獲及時方務撫安須除舊弊免令受屈要與改更自今

已後應諸色人宜除準勅互市外並不得輒與蕃客錢物交關委御史臺及京兆府切加捉搦仍即作條件聞奏其今日已前所欠負委府縣速與徵理處分

量放駁選人濫行陳訴詔

南曹簡勘廢置詳斷選人倘有屈事足以往覆辨明近年已來不問有理無理多經中書門下接訴致令有司失職莫知所守選人踰分惟望哀矜若無條約恐更滋甚起今已後其被駁選人若已依期限經廢置詳斷不成自謂有屈任經中書門下陳狀狀到吏部後銓曹及廢置之吏更

爲詳斷審其事理可收即收如數至三人已上廢置郎官請牒都省罰直如至十人已上具事狀申中書門下取處分如未經廢置詳斷公然越訴或有已經詳斷不錯輒更有投論者選人量殿兩選當具格文榜示冀無冤濫亦免倖求

答蕭俛乞致仕詔

新除太子少師蕭俛代炳台曜躬茂天爵文可以經緯邦俗行可以感通神祇夷澹粹和精深敏直以忠讜侍從於憲祖以器能弼諧於穆宗皐陶陳九德之謀楊震有四知之慎進退由道周旋令名近以師傅之重疇於舊德俾從優禮冀保頤貞而抗疏辭疾勇退知止嘗亦敦諭確乎難拔遂兹牢讓厚我時風俾進秩於端僚仍加榮於貴綬疊示光寵式彰名臣於戲昔干木偃息猶藩魏君子房喬神亦扶漢嗣無使二皓專美於前始終懿圖敬服休命可銀青光祿大夫守尚書左僕射致仕

令王彥威定鄆曹等州稅務詔

鄆曹濮淄青登齊萊兗海沂密等十二州自頃年收復已來屬中外多故徵賦輕重或未均平今三道守臣無非循

吏百姓安逸流亡盡歸須於此時立一經制宜令諫議大夫王彥威充勘定兩稅使仍與令狐楚等審商量其兩稅榷酒及徵物匹數虛實估價並留州留使上供等錢物斛斗比類諸道一一開項分折平均攤配立一定額使人知常數不可加減迴日具件聞奏

答魏謩諫疏詔

昔在乃祖貞觀中諫疏十上指事直言無所避諱每覽國史未嘗不沈吟伸卷嘉尚久之爾爲拾遺其風不墜屢獻章疏必道其所以至於備灑掃於諸王非自廣其聲伎也

恤骨亂之宗女固無嫌於徵取也雖然疑似之間不可家至而戶曉爾能詞旨深切是博我之意多也噫人能匪躬謇諤似其先祖吾豈不能虛懷延納仰希貞觀之理歟而舊居官日淺未當敘進吾豈限以常典以待直臣可右補闕

拯卹疾疫詔

朕聞王者之理天下一物失所與納隍之咎一夫不獲歎時予之辜雖饑疫凶荒國家代有而陰陽祲沴儆戒朕躬自諸道水旱害人疫疾相繼宵旰罪己興寢疚懷屢降詔

書俾副勤恤發廩蠲賦救患賑貧亦謂至矣今長吏申奏札瘥猶甚蓋教化未感於蒸人精誠未格於天地法令之或爽官吏之或非百姓稱冤稅役多弊姦贓未去農業失時有一於茲皆傷和氣並委內外文武常參官一一條疏各具所見聞奏必當親覽無憚直言其諸道應災荒處疾疫之家有一門盡歿者官給凶具隨事瘞藏一家如有口累疫死一半者量事與本戶稅錢三分中減一分死一半已上者與減一半本戶稅其疫未定處並委長吏差官巡撫量給醫藥詢問救療之術各加拯濟事畢條疏奏來其有一家長大者皆死所餘孩稚十二至襁褓者不能自活必至夭傷長吏勸其近親收養仍官中給兩月糧亦具數聞奏江南諸道既有凶荒賦入上供悉多蠲減國用常限或慮不充其度支鹽鐵戶部及百司除諸軍衣糧布帛及宗廟祭享切急所須並常科用外所有舊例市買貯備雜物一事已上並仰權停待歲熟時和別舉處分於戲朕自臨御於今七年兢兢乾乾不敢自逸而沖昧寡德未能燮調暵旱水災或罹於藩郡夭亡疾苦或害於生人悼於厥心省己自責其州府長吏各奉詔條勉加拯恤凡在中外

宜體朕懷

答王涯奏準勅詳定禮制詔

理道所關制度最切近者風俗踰侈歲月滋甚人隳本業用多費財爰命有司載舉彝制務從簡樸度可久行將使尊卑有倫刑罰少息其喪葬婚嫁吉凶禮物皆有著定尤聞僭差雖不在條件之物亦委所司準令式勾當仍切加捉搦不得輒有容縱軍國異容古今通禮禁軍仗衞雜飾及諸道節度等使應緣軍裝衣服即不在此限或有留令慢法委御史臺彈奏當坐長吏用清頹風

令諸司錄囚詔

秋稼方茂時稍愆亢慮有冤繫致傷和氣應內外諸司見禁囚徒各委本司長吏隨罪疏決務從寬典副我憂懷

立魯王永爲皇太子詔

禮重承祧義存繼體思崇守器必務建儲王者所以固大本而貞萬國也魯王永温仁寬明聰敏孝愛動合至性居無放心樂善承顏曠度容衆恭勤詩書之教率由忠愿之風懿茲徽猷光我上嗣朕纂奉寶位丕寧聖圖欽若舊章用建儲貳爰俾主鬯以率問安統正龍樓之榮昭宣甲觀之兆宜膺茂典允屬元良可冊爲皇太子仍令所司擇日備禮冊命

卻上尊號詔

朕以否德纂承睿圖業業乾乾懼不克荷是用法天地無私之道以成化象日月無私之照以燭幽慕唐堯虞舜之爲君繼貞觀開元之致理朕以夕惕宵興不遑暇逸冀將紹復聖哲保綏華夷至於洪名尤不輕議尚未富庶豈可屬心卿等台鉉重臣翼宣元化宜翊朕志臻於緝熙今陰雪傷和尚資寬宥乃以文武至德加於朕躬省視奏章難從虛美宜斷來表深諒予懷

卹災詔

朕嗣纂聖圖覆育生類兢業寅畏上承天休而陰陽失和膏澤愆候害我稼穡災於黔黎有過在予敢忘咎責是用避殿徹樂減膳省刑思惕慮以覃恩庶薦誠而致雨時澤未降已來朕當避正殿減供膳太常教坊聲樂權停閱習飛龍廄馬量減食粟其百司官署廚饌亦且權減陰陽鬱堙縶繫傷害有素和氣是乖變調今放出宮人一千人其諸道今年合進鷹犬宜數內停減一百頭聯在五坊者宜減放一百頭聯京城囚徒慮有冤滯已委疏決務從寬降宜令鄭覃令狐楚速具條疏聞奏內外諸司先有修造稍非急切者並宜停省公卿百僚及戚里舊將相之家如有僭侈踰制委御史臺糾察聞奏諸州府長吏及縣令有貪縱苛暴者委御史臺訪察聞奏名山大川及能興雲致雨者各委長吏精誠祈禱於戲朕受天眷佑爲人父母暵旱作沴焦勞匪寧徧祀山川靡愛珪璧菲食罪己緩獄消災載深勤雨之心冀警納隍之戒凡百士庶宜諒予懷

令出使郎官御史條奏所歷州縣政績詔

前後制勑應諸道違法徵科及刑政冤濫皆委出使郎官御史訪察聞奏雖有此文未嘗舉職向外生人勞弊朝廷莫得盡知自今已後應出使郎官御史所歷州縣其長吏政績閭閻疾苦及水旱災傷並一一條錄聞奏郎官宜委左右丞勾當法官委大理卿勾當限朝見後五日內聞奏並申中書門下如訪知所奏事不實必加懲責其奏舉稱職者則議優獎

令宣武軍節度使李程兼充亳州太清宮使詔

聖人立極教本奉先王者配天義惟尊祖我太祖元元皇

帝肇開寶運垂祚有唐致六合於大同躋羣生於壽域保茲鴻業實賴貽謀如聞亳州太清宮頻經水潦頗以摧毀永惟誕聖之地敢忘崇本之誠宜令宣武軍節度使李程兼充亳州太清宮使仍委漸加修葺以時致敬稱朕意焉

答殷侑請獻所餘軍賦詔

鄆曹濮等州元和以來地本殷實自分三道十五餘年雖頒詔書竟未入賦殷侑承兵戈之後當歉旱之餘勤力奉公謹身守法纔及周歲以致阜安而又體國輸忠率先入貢成三軍奉上之志陳一境樂輸之心尋有表章良用嘉歎

令百姓收贖男女詔

蘇州大水饑歉之後編戶男女多為諸道富家並虛契質錢父母得錢數百米數斗而已今江南雖豐稔而凋殘未復委淮南浙江東西等道如蘇湖等州百姓願贖男女者官為詳理不得計衣食及虛契徵索如父母已殁任親收贖如父母無資而自安於富家不厭為賤者亦聽

禁鞭背詔

朕比屬暇日周覽國史伏讀太宗因閱明堂孔穴經見五

臟之繫咸附於背乃下制決罪人不得鞭背且人之有生繫於臟腑炙針失所尚致夭傷鞭扑苟施能無枉橫況五刑之內笞最為輕豈可以至輕之刑傷至重之命朕躬承丕業思奉貽謀言念於茲載懷惻隱其天下州府應犯輕重罪人除情關巨蠹法所難原者其他過誤罪愆及尋常公事違法並宜準貞觀四年十一月十七日制處分不得鞭背今年已後每至夏至已後立秋已前犯罪人就州府常條之中亦宜量與矜減速為疏理不得久令禁繫委御史臺切加糾察永為常式

禁逾限勘覆詔

如聞大理寺所覆諸州府刑獄皆盤勘微細節目不早詳斷道路遐遠往返經年非惟囚禁多時有傷和氣兼亦覬望恩澤故涉稽留爲弊頗深須有提舉宜令御史臺切加糾察準勑限較科推狀中有贓數異同及罪人伏款未盡者即許移牒盤問其他煩碎事條不關要節者並不得更令移牒勘覆

增設齋人數詔

忌辰修齋雖出近制斟酌損益貴於得中況在不遷之宗

允資異數之禮五月六日二十六日兩忌設齋人數宜各加至二千人太穆文德皇后忌日亦宜各加倍數其寺觀仍舊十二月八日忌宜於五所寺觀共設四千人宜令所司準式

疏理刑獄詔

近者咎徵所集陽亢成災靡神不宗未獲嘉應豈刑政之尚乖其當將獄犴之未察其冤夙興以思庶答天譴宜令尚書右僕射李逢吉御史大夫鄭覃於尚書省疏理刑獄輕繫者咸從於決遣重條者議所以矜寬小大以情必詳必慎致誠無怠稱朕意焉

令刑官立限決囚詔

時屬亢陽慮有冤繫應諸州府囚徒各委所在長吏疏理處分務從寬降其緣制獄未決遣者委刑部大理寺速立限奏覆稍涉留滯者仍令御史臺糾劾舉奏

答蕭俛辭少師詔

不待年而求謝於理身之道則至矣其如朝廷之望何銀青光祿大夫新授太子太傅上柱國襲徐國公蕭俛朕以肇建元良精求師傅遐思漢朝故事韋元成石慶並當時

名德咸爲此官吾以元子幼沖慎於教諭欲以累汝發明古今冀忠孝之道日聞於耳特輟左右至於林廬而卿高蹈脩然屏絕進趣遠遣令弟還吾詔書天爵自優冥鴻方遠不轉之志堅然若山循省來章致煩爲愧終以呂尚之秩遂其疏廣之心勵俗激貪所補多矣有益於政寄聲以聞亦有望於舊臣也可太子太傅致仕

定輟朝例詔

官至丞郎皆朕所委不幸云亡者宜其爲之廢朝況朝會班列本在諸司三品之上比限近勑或乖通理時因故休

殞喪載深傷惻自今丞郎宜準諸司三品官罷朝一日

委監察御史省視太廟郊社齋事詔

王者受天地之明命纘祖宗之鴻業所以祗服大事致誠嚴禋盡其孝敬之心崇其郊祀之禮必在匪懈不忒粢盛豐潔古今丕訓無易於此朕嗣位十載恭臨萬邦務三時以厚生睦九族以修教每厲薄德汔茲小康中宵內愧懼不克稱實天地之貺佑祖宗之威靈思欲罄其精誠奉以昭報豈聿懷之敢望實如在而齋心如聞近歲有司因循將事不恪牲牷無滌具之躬籩豆乏靜嘉之容鼎俎雖陳

薦羞多闕祠官或怠於齋肅胥吏有至於喧呶虧禮瀆神莫斯爲甚永言重事用懼深衷起今已後太廟郊社齋郎先事前一日委監察御史子細點簡如有替代非正身者當時禁身推問聞奏當重科懲既責躬親須議優獎其齋郎委中書門下商量量與減選應緣祠祭官下至齋郎及太常樂人吏等致齋日有博弈飲酒喧呼爭競者亦委御史臺糾察聞奏其牲牢準禮循行之際合視肥瘠之宜近日相承臨時取辦既乖誠敬頗失舊章委太僕寺準禮令處分如無本色牛羊速具聞奏至於酒醴醯醢簠簋膳羞各委本司準禮令切加提舉凡在廟壖所宜肅敬縱云隙地豈廢修崇如有耕墾藝植者亦委御史臺糾察聞奏攝事公卿雖約官品將朕誠敬必在得人委尚書省差定之時稍加慎選其祭器禮物中如有欠闕及濫惡須慎補改張者委太常宗正光祿太僕寺少府監諸司速具條疏聞奏仍委中書門下即與疏理處分於戲禮崇明祀神享至誠上下苟無其違心虔恭必冀於備物繇是怵惕興感齊莊致詞咨爾庶工各揚厥職式遵禮典稱朕意焉

以太師渾瑊配享德宗廟庭詔

旌勸是先允協念功之義薦羞爰舉聿追配饗之儀贈太師渾瑊鍾秀誕靈逢時翼聖銘鏤金石帶礪山河績既著於先朝業宜光於後嗣俾之從祀用表遺勳宜配享德宗廟庭

除朋黨禁詔

朕承天之序燭理未明勞虛襟以求賢勵寬德以容衆頃者或台輔乖弼亮之道而具僚扇朋附之風翕然相從實斁彝憲致使薰蕕共器賢不肖並馳退跡者成後時之夫登門者有迎吠之客繆盭之氣堙鬱和平而望陰陽順時

疵癘不作朝廷肅清班列和安自古及今未嘗有也今既再申朝典一變澆風掃清朋比之徒整飭貞廉之俗凡百卿士惟新令猷如聞周行之中尚蓄疑懼或有妄相指目令不自安今斯曠然明諭朕意應與宗閔德裕或親或故及門生舊吏等除今日已前黜遠之外一切不問各安職業勿復爲嫌布告中外令其知悉

賞誅鄭注功臣軍士詔

朕以寡德祗荷睿圖於茲十年夙夜惟寅嘗恐至誠不達景化未敷屈己以安四方推信以待百辟豈有患生毗倚

變起姦凶亦以失於任人致此氛沴然朕爲人父母子育生靈憂萬姓之靡寧懼一物之失所況至理之代先德而後刑以上下歡康中外清晏慮有連累即傷太和宜賞不逾時式彰褒勸其今月二十一日排難宣力功成謀議及能應機梟斬鄭注者節級各加官賞其次立功及軍隊將士合在賞級者即有差等處分其將校等合與改轉委本軍條疏具名聞奏謀逆之人已斷腰領子戮家破俾當極誅元惡李訓王涯家族除已處置外妻女奴婢並入官貲貨產業天下所在切加簡責據數聞奏其餘親黨除同居知情外不同謀計者一切不問諸色官吏所繇其受逆長指合欲出力同惡者並已兩軍推問尋捕處斬訖尚慮因緣讎隙妄告平人自今已後縱同官司微涉詿誤者一切不問潛藏疑懼者許三日內各歸本司不得輒相恐動韓約首爲詐惡逆罪滔天雖羅捕未獲終天網不漏宜委御史臺京兆府兩金吾速催促所繇齊出搜索獲日聞奏如輒有人隱藏不告者罪及一門如知處隱藏密來告說者必當厚有賞賜於戲朕求理之心惟才是與聽言信行不慮包藏豈謂邪人負我如此其中誘陷必有脅從須挂刑

名載深冤歎其中節目蹤理未盡須更商量者委中書門下續即條奏宣示遐邇咸使聞知

覈實選人出身詔

中書門下吏部各有甲庫籍天下諸色出身以防踰濫諸道應奏諸色官改轉悉下三庫以稽其實委給事中中書舍人吏部格式郎中各與本甲庫官具有無異同申中書門下然與進擬如諸司使所奏不實或以無爲有各加懲殿以絕奸源

封衛方厚妻程氏武昌縣君詔

故邕州都督府錄事參軍衛方厚妻程氏乃者吏爲不道虐殺爾夫詣闕申冤徒步萬里崎嶇偪畏濱於危亡血誠既昭幽憤果雪雖古之烈婦何以加焉如聞孤孀無依晝哭待盡俾榮祿養仍錫號封可武昌縣君仍賜一子九品正員官

褒賜顏從覽等官爵詔

朕每覽國史見忠烈之臣未嘗不嗟歎久之思有以報如聞從覽宏式實杲卿眞卿之孫永惟九原既不可作旌其嗣續諒協典彝考績已深於宦途者命列於中臺官次未

齒於搢紳者俾佐於左輔庶使天下再新義風

放免安南秋稅詔

遠人征賦每歲徵輸言念辛苦暫爲蠲免其安南今年秋稅悉宜放免委都護田早集百姓曉示恐軍用闕絕宜賜錢二萬貫以嶺南觀察使合送兩稅供錢充

命故信王孫林嗣爵詔

朕因暇日嘗幸戚藩引見諸王爰加錫宴而故信王孫林行列之間皤然白首問其年齒則七十而有七詢其昭穆則元宗之雲孫朕仰思開元之時威明之禮大體承訓迨於朕躬惕然動懷當食興歎況尊祖之義立愛自親尚齒之文繇家刑國觀其威儀甚整視聽不衰載懷愍矜所宜敬異永惟烈祖之德用錫孝孫之慶旌其祚裔特舉徽章遠申開府之秩寵以分茅之貴俾從異等式是殊恩可封信王仍賜開府儀同三司

停私覿官員詔

仕雜工商實因鬻爵尚須命使改以賜財其入蕃使舊例與私覿官十員宜停別與錢五十貫充令度支分付永爲定例

欽定全唐文卷七十三

文宗五

彗星見修省詔

朕嗣守丕構對越上元䖍恭寅畏於今一紀何嘗不宵衣念道昃食思愆師周文之小心慕易乾之夕惕懼德不類貽列聖羞欲致和平時無災咎然誠未感物譴見於天仰愧三靈俯慙衆彙思獲攸濟浩無津涯昔宋景發言星因退舍魯僖納諫饑不害人取鑒往賢深惟自勵載軫在予之責宜布恤辜之恩式表殷憂冀答昭戒應在京城百司

及天下州府見禁囚徒各委長吏親自鞫問罪合死者降從流流已下並釋放惟故殺人及官典犯贓并主掌錢穀之吏計較盜竊者不在免限揚州楚州浙西管内諸郡如聞去年稍旱人懼其災豈可重困黎元更加誅斂爰布蠲除之令用申拯物之情宜委本道觀察使於兩稅戶内不支濟者量議矜減今年夏稅錢物每貫作分數蠲放分析速奏仍於供上及留州使額内相均落下務令蘇息膏澤不愆播種伊始土木興役恐妨農功禁中及百司所有修造並宜權停韶陽御辰生氣方盛思全物類以順天時内外五坊凡有籠養鷹鷂及鷄鴨狐兔等悉宜放之起今月一日至五月三十日禁京師畿内採捕禽獸羅網水蟲以遂生成永爲定制委臺府及本軍本司切加禁止唐州晝劫縣官桂管聚集妖人或始於計窮或迷於誘導嘯聚未散伏藏山林者各委本處長吏遣人宣諭恩旨使令放歸鄉貫田里俾安家業勿更根尋所犯如不從制命不在此限朕今素服避殿命太常徹樂大官減膳一日常膳分爲一旬近者内外臣僚繼獻表章徵引故實請册尊號夫道大爲皇德大爲帝朕膺此稱祇愧已多矧踵星變之災敢

議名揚之美非懲既往且儆將來宰臣百僚及諸道節度觀察等使更不用奏請如表已在道路及到者並宜卻還常參官及諸州府長吏如有規諫者各上封事極言得失陳救災之本明致理之方咸竭乃心以俾厥辟於戲朕明誠未感化理未孚譴告在天丁寧斯甚所宜盡意與我同憂勉進嘉言共凝庶績弼違納誨副茲虛懷宣示内外各令知悉

祈雨詔

自春以來未降甘澤從來但以過時無雨始議祈禱及至

降澍已似後時今雖未旱亦要沾洽各宜差官精誠祈禱

祭終南山詔

每聞京師舊說以爲終南山興雲即必有雨若當晴霽雖密雲他至竟不霑濡況茲山北面闕廷日當恩顧修其望祀寵數宜及今聞都無祠宇巖谷闕湫卻在命祀終南山未備禮秩湫爲山屬捨大崇細深所謂闕於興雲致雨之祀也宜令中書門下且差官設奠宣告恩禮便令擇立廟處所迴日以聞命有司即時建立

命長吏祈雨詔

農人徧野甘澤稍愆眷言時苗未保收穫齋心懇禱猶望有成各宜差長吏所在靈廟禱祈

命宰臣祈雨詔

秋旱未雨慮有幽冤縲禁多時須議疏決京師刑獄宜令右僕射兼門下侍郎平章事鄭覃親往疏理仍分命宰臣祈雨於太廟太社白帝壇

定慶成節宴會常例詔

慶成節朕之生辰天下錫宴庶同歡泰不欲屠宰用表好生非是信尚空門將希無妄之福恐中外臣庶不喻朕懷廣置齋筵大集僧衆非獨凋耗物力兼恐致惑生靈自今宴會蔬食任陳脯醢永爲常例咸使聞知

授嘉王運等金紫光祿大夫檢校司空并給料錢詔

書載堯典首陳睦族詩歌周德實美維城朕嗣統百王憲章二代義雖本於敘族道無愧於尊賢式遵舊章爰舉成命嘉王運循王遹恭王通等孝敬恭恪敏裕齋莊播蘭茝之清芬炳珪玉之符采易淩沛獻詩掩楚元古人素風造次於是師氏典訓周旋以之固可以超金紫之貴階升台

鉉之崇秩策勳詔爵以寵分茅並可金紫光祿大夫檢校司空賜上柱國仍依百官例給料錢敕檢校吏部尚書安王溶檢校兵部尚書潁王瀍宜並從百官例賜料錢

賜令狐楚謚詔

生爲名臣殁有理命終始之分可謂兩全然以鹵簿哀榮之末節難違往意誄謚國家之大典須守彝章鹵簿宜停易名須準舊例

罷童子科詔

諸道應薦萬言童子等朝廷設科取士門目至多有官者

合詣吏曹未仕者即歸禮部此外更或延引則爲冗長起今後不得更有聞薦俾繇正路冀絶倖門

更定駙馬爲公主服制詔

制服輕重必資典禮如聞往者駙馬爲公主行服三年緣情之義殊非故實違經之制今乃聞知宜令朞周永爲定制

賜蕭俛手詔

卿道冠時髦業高儒行著作礪濟川之效宏致君匡國之規留芳巖廊逸老林壑累降褒詔亟加崇秩而志不可奪

情見乎辭鴻飛入冥吟想增歎今賜絹三百匹以備山谷所乏便遣蕭俶過彼宣付想宜知悉

優卹旱蝗諸州詔

門下朕嗣守丕訓恭臨大寶兢兢業業十有三年何嘗不惠下以愛人克己以利物外無畋遊之樂内絶土木之功浣衣菲食宵興夕惕厚於身者無不去便於人者無不行損羣方之厎貢驅時風於樸素將以宏祖宗法度致夷夏雍熙心雖勞於九垓道未進於一服顧惟不德慙歎方深今雖遐邇甫寧忠良叶志五兵戢其鋩刃百姓絶其征行勤求理道日冀平泰而去秋旱蝗所及稼穡卒痒哀此蒸人懼罹艱食是用順時布令助煦育之深仁施惠覃恩法雨露之殊澤其淄青兗海鄆曹濮去秋蟲蝗害物偏甚其三道有去年上供錢及斛斗在百姓腹内者並宜放免今年夏稅上供錢及斛斗亦宜全放仍以當處常平義倉斛斗速加賑救京兆府諸州府應有蝗蟲米穀貴處亦宜以常平義倉及側近官中所貯斛斗量加賑賜災旱之餘撫養尤切眷兹長吏必在得人應遭蝗蟲處刺史委中書門下精加訪察如有煩苛暴虐貪濁懦弱者即須與替邦畿

之内徭役殷繁言念疲人固資矜恤京兆府今年夏青苗錢宜量放一半應遭蝗蟲及旱損州縣鄉村百姓公私債負一切停徵至麥熟即任依前徵理及準私約計會其遭蝗蟲及旱損處準勅添貯義倉每畝九升斛斗去秋合徵在百姓腹内者並宜放免其天下州府貸種糧子在百姓腹内者更不要徵閉糶禁錢爲時之蠹方將革弊尤藉通商其見錢及斛斗所在方鎮州府輒不得擅有壅遏任其交易必使流行仍委出使郎官御史及所在度支鹽鐵巡院切加勾當兼委轉運使設法般運江淮糙米於河陰積

貯以備節級賑濟累時以來水旱時有方隅郡府杼柚屢空厚下所以安人裒多由其稱物至於徵斂亦在寬恤應方鎮州府借便度支鹽鐵戶部錢物斛斗經五年以上者並宜放免天下百姓人吏欠太和九年以前官錢斛斗家業蕩盡無可徵納囚繫囹圄動經數年者亦宜放免刑獄之重人命所懸將絕冤濫必資慎恤京城百司及畿甸見禁囚徒委中書門下差官疏理無使冤濫輦轂之下法在肅清奸盜竊發理難容舍親仁坊今年五日賊依前委京兆府左右街使鳳翔邠涇金商同華等州切加捕逐如獲

頭首準法科斷其餘支黨一切不問於戲惟此凶災是彰菲德情敢忘於罪己惠所貴於及人施令布和期於蘇息凡厥臣庶宜體朕懷主者施行

遣使宣慰諸道詔

大河而南幅員千里楚澤之北連亘數州近以水潦暴至隄防潰溢既壞廬舍復損田苗言念黎元罹此災沴或生業蕩盡或農收索然困餒凋殘豈能自濟是用勤約疚於中懷今故臨遣使臣詳問病害紓其墊溺之苦申以勞來之方勉諭師徒安存孤老將我惠澤冀蘇疲人宜令給事中盧宏宣往陳許鄭滑鄆曹濮等道宣慰刑部郎中崔瑨往山南東道鄂岳蘄黃道宣慰於戲朕自君臨勵求理道常恐一物失所每以萬姓爲心誠無感通時有災害夙夜愧悼不知所然宣示藩方喻茲詔命使寬其徭役禁其侵漁多方輯綏俾速完復布告甿庶知朕意焉

彗星再見修省詔

上天蓋高感應必繇乎人事寰宇雖廣理亂盡繫於君心從古以來必然之義朕嗣膺寶位十有三年常克己以虔恭每推誠於庶衆將以導迎休應漸致雍熙期克荷於宗

祧思保寧於華夏而德有所未至信有所未孚災氣上騰天文謫見再周期月重擾星躔當求衣之時覩垂象之變兢懼惕厲若蹈泉谷是用舉成湯之六事念宋景之一言詳求譴咎之端採聽消禳之術必有精理蘊於衆情冀屈法以安人爰恤刑而原下應京城百司及諸道州府十一月八日巳前見禁囚徒未經勅斷者犯死罪並降從流流巳下遞減一等其十惡及謀殺人劫盜賊幷官典犯贓不在此限諸道今年遭水及蝗蟲州縣人戶等宜委觀察使與州縣長吏計會精加察訪勿憚奏論諸道所有進獻時

新委中書門下更點勘撙減以稱朕意京畿之內百役繁興欲其阜安切在優恤其今年二月二十五日勅賑貸諸縣百姓糧種粟八萬四千九百七十八石如聞數內半是義倉斛斗此乃救災之備豐年自合收積其餘有戶部管係者並且停徵以俟來歲畿內諸縣應有開成元年以前諸道逋欠並宜放免仍委度支與府司同簡勘聞奏如是官吏破用不在此限皇太子葬事卜日稍近但令粗及禮制不必過務虛儀以涉繁冗則須裁減冀無害物夫豈傷恩易定兩州地里深阻近者守臣喪沒軍中初有異圖累

遣詔書申明事理革心遷善章表繼來張元益出定州後應是初扶樹元益有違朝旨者自將校至於官健委節度使安行慰諭並經放釋如或輒相告訐卻以其罪罪之冀使藩方永無疑懼文武百僚及諸色人有能通達刑政之源參考天人之際隨在各上章疏指言得失乃至徹樂減膳抑亦舊章便當內自指揮不復更形綸翰宣示中外宜體至懷

罷軍將兼充文職詔

應諸道奏請軍將兼巡內州別駕長史判司等近日諸色入流人多官途隘窄諸道軍將自有衣糧優厚之處仍兼月俸若更占州縣員闕則文吏無所容身須有申明人知分限起今已後諸道節度團練防禦等使不得更奏大將充巡內上佐等官今日已前見任者且依任前守官應京有司有專知別當及諸色職掌等近日諸司奏請州縣官及六品已下官充本司職掌援引舊例色目漸多致使勾留溢於舊額起今已後各於本司見任官僚之中揀擇差署不得別更奏官如是勅額職名當司無官員相當者即任準舊例奏請

給裴度俸料詔

司徒兼中書令裴度盛有勳烈累任台衡以疾恙未任謝上須加優異用示恩榮其本官俸料宜起今日便付給所司

禁留獄詔

京城百司及府縣禁囚動經歲年推鞫未畢蓋縣官吏因循致此留獄鬱蒸在候冤滯難堪宜付御史臺委中丞高元裕及強明御史三兩人各就本司應見禁囚分閱案牘據理疏決聞奏

許越王貞元孫女元眞請祔葬臨淮公珍以下四喪於舊塋詔

越王事跡。國史著明。枉陷非辜。尋以洗雪。其子珍他事配流。數代漂零。不還京國。元眞弱女。孝節卓然。啟護四喪。綿歷萬里。况是近族。必可加恩。行路猶或嗟稱。朝廷固須卹助。委宗正寺京兆府與訪越王墳墓。報知。如不是陪陵。任祔塋次。卜葬其葬事仍令京兆府接措。必使備禮。葬畢。元眞如願往京城。便配咸宜觀安置。

答滄景節度使劉約請開義倉詔

本置義倉。只防水旱。先給後奏。勅有明文。劉約所奏。已爲遲晚。宜速賑恤。

褒錄王鍔後嗣詔

王鍔累朝宣力。王稷一旦捐軀。須錄遺孤。微申憫念。王叔泰委吏部與九品官。令主祭祀。

流蕭洪詔

蕭洪起自細微。恣爲狡妄。假我外家之族。冒居元舅之尊。累忝重官。再叨雄鎮。作僞無狀。從古未聞。不處極刑。猶爲寬典。宜長流驩州百姓。洪男恪。女壻萬縝。徐國夫人女壻呂璋。並決杖。流嶺南崖象等州。

流蕭本蕭宏詔

恭惟皇太后族望遠承齊梁之後。僑寓流滯。久在閩中。慶靈鍾集。早歸椒掖。終鮮兄弟。常所咨嗟。朕自臨御以來。便遣尋訪。冀得諸舅。以慰慈顏。而姦濫之徒。探我情抱。因緣州里之近。附會祖先之名。覬幸我國恩。假託我外族。蕭洪之惡跡未遠。蕭本之覆轍相尋。宏之本末。尤更乖戾。三司推鞫。曾無似是之蹤。宰臣參驗。見其難容之狀。文款繼入。留中久之。朕當視膳之時。頻有咨稟。恭聞處分。惟在眞實。

丏沐墮桑。旣無可驗。鑿空作僞。豈得更容。據其罪狀。合當極法。尚爲含忍。投之荒裔。凡百庶士。宜體朕懷。蕭本今宜除名長流愛州。蕭宏配流儋州。

罰鄭滑節度使裴宏泰俸料詔

宏泰以慶成令節。擅放繫囚。雖云竭誠。且爲干禁。恐開後例。須示薄懲。宜罰一季俸料。

禁國忌日設齋行香詔

朕以郊廟之禮。嚴奉祖宗。備物盡誠。庶幾昭格。恭惟忌日之感。所謂終身之憂。而近代已來。歸依釋老。徵二教以設食會百辟以行香將以仰助聖靈冥資福祚有異皇王之術頗乖教義之宗昨得崔蠡奏論遂遣討尋本末禮文令式曾不該明習俗因循雅當釐革其兩京天下州府以國忌日於寺觀設齋行香起今已後並宜停罷

令臺司覆勘賀蘭進興黨與詔

軍司所推鞫妖賊賀蘭進興等五十九人昨令宰司詳覆推狀款驗節目並無參差緣是妖逆之徒不同尋常刑獄便令裁斷冀免停留今高元裕及魏謩等論奏請付法司覆問重慎刑辟與衆棄之斯亦舊章雅當依允其妖賊徒

黨除白身及官健四人依前軍中及狀內推勘餘並宜付御史臺重覆限三日內聞奏

立潁王爲皇太弟勾當軍國詔

朕顧以眇身獲承丕構嚴恭寅畏十有五年列聖鴻猷朕豈能荷涉冰匪懼馭朽非難雖宇內小康而大道猶鬱方自砥礪期臻理平天不祐予夙嬰疾疹政慮多闕心靡遑安近者凝冱所侵久而寖劇臣僚愛我內外一心禱祀畢爲藥石備至亟換旬朔有加無瘳懼不能躬總萬幾日釐庶政稽於古訓謀及大臣用建親賢以貳神器親弟潁王瀍朕昔在藩邸常同師訓動成儀矩性秉寬仁俾奉昌圖必諧人欲可立爲皇太弟應軍國政事便令權勾當百辟卿士中外庶臣宜竭乃心輔成予志陳王成美先立爲皇太子以其年尚沖幼未漸師資比每念重難不行冊命迴踐朱邸允叶至公可依前復封爲陳王嗚呼萬務不可以久曠萬方不可以乏統惟義所在朕不敢私宣布中外咸令知悉

贈崔琯尚書左僕射詔

孔氏以顏冉之行首於四科漢代以荀陳之門方之八凱

乃睠時哲得茲令名用舉飾終之恩以抒殲良之歎故山南西道節度使崔琯誠明履正粹密鄰幾有子政之精忠得公綽之不欲禮樂二事以爲身文仁義五常自成家範往以茂器列於大僚屬賢相受誣廟堂議法由長孺之道以佑正人徵京兆之言豈聞非罪既是魏其之直益彰王鳳之邪莊色於朝羣公聳視讜詞不撓淑問攸歸歷踐名藩皆留遺愛居常慎獨清則畏知爰自青衿迄於白首勵翼之志始終不渝未陟台階實尊公論追榮左相式示優崇可贈尚書左僕射

虔奉祀事詔

宗廟之事朕合親奉其禮但以千乘萬騎動費國用每有司行事之日被衣冠坐以俟旦比聞主者不虔祭器勞敝非事神蠲潔之義卿宜嚴勅有司道吾此意

遺詔

朕以寡昧祇承丕業慕貞觀之至化希開元之中興十有五年勤勞宵旰雖俗未臻於仁壽而物或近於乂寧斯乃羣后叶心豈朕獨致自謂勵精未已理平可期誠不感通宿疾重遘藥石無補至於彌留惟懷懿圖宜有顧託是用

審訓其聽予言皇太弟瀍睿哲明裕孝友温文忠正寬仁博達周敏必能篤祖宗之休烈闡皇王之令猷宜於柩前即皇帝位仍以門下侍郎平章事楊嗣復攝冢宰軍國務殷豈可久曠以日易月宜遵舊章皇帝三日而聽政二十七日釋服天下節度觀察防禦等使及監軍諸州刺史職守非輕並不得離任赴哀天下人吏百姓告哀後出臨三日皆釋服無禁婚嫁祠祀飲酒食肉釋服之後無禁舉樂文武官等朝晡臨事皆十五舉音宮中當臨者非時毋得擅哭漢文薄葬朕實慕之奉營山陵務從儉約無以金銀錦綵緣飾喪具醫術之徒夙夜勞苦深可矜念不須加罪仙韶樂官放歸本司五坊鷹犬並宜解放嗚呼生死常期今古無異予素知遠何足甚哀咨爾將相卿士內外腹心爪牙之臣其敬保我太弟輯寧邦家成朕素懷克底于道布告遐邇咸使聞知

欽定全唐文卷七十四

文宗六

定常參官書罰敕

文武常參官承前朝參不到臺司皆據品秩書罰其中班位雖同俸入懸隔一例書罰事未得中宜自今已後檢點不到據所請料錢每貫罰二十五文。其疾病爲衆所知者不在罰限。餘任準臺司往例處分。

令王智興安撫棣州敕

如聞招討棣州計日降下賊收百姓多在城中時方春農必多餒追歸降之後宜委智興據戶口人數節級賑賜使各安生業便以度支供軍斛斗數內充。如失家業者仍以空閒屋居田地逐便安存。

定銓司注擬例敕

都省所執是格銓司所引是例互相陳列頗似紛紜所貴清而能通亦由議事以制今選已滿方此爭論選人可哀難更停滯其三銓已授官都省落下者並依舊注重與團奏仍限五日內畢其中如官超一資半資以今授稍優者至後選日量事降折尚書侍郎注擬不一。致令都省以此興詞鄭絪丁公著各罰一季俸吏銓所落人數較少楊嗣復罰兩月俸其今年選格仍分明標出近例有可行者收入格不可者於格內書破則所司有文可守選人無路倖求。

罷海陵監牧敕

海陵是揚州大縣土田饒沃人戶衆多自置監牧已來或聞有所妨廢又計每年馬數甚少若以所用錢收市則必有餘其臨海監牧宜停令度支每年供送飛龍使見錢八千貫文。仍春秋兩季各送四千貫充市進馬及養馬飼見在馬等用其監牧見在馬仍令飛龍使割付諸羣牧收管訖分析聞奏。

免溫造等罰錢敕

事出非常臺有妖賊官曹備警亦謂慮周即合待罪朝堂候聽處分量罰自許事涉乖儀溫造姚合崔宜等各罰一月俸所請罰錢宜並放。

賜義成軍節度使涼國公李聽立德政碑敕

卿代光棨戟寄重旌麾集勳庸於一門統兵農於四鎭政經允洽智略宏宣勤事累朝忠誠一貫。今滑臺雄郡白馬古津控扼洪河密邇清洛南并鄭圃旁帶潁川田疇之詠繼聞萑蒲之徒已化國僑昔美今則嗣之眷言休嘉每用懷想據守義所奏大將及三軍官吏僧道耆壽百姓等感卿惠政咸請立碑翰林學士宋申錫學識優深文詞雅贍已令撰述必盡功庸刊石旌賢庶諧朕意想當知悉春寒卿比平安好遣書指不多及

賜李聽勅

卿勳德承家麾幢統鎮功宣武略化洽政經軍令肅於藩方吏理惠於黔庶芳猷克茂德業彌彰羣黎三軍上請刊

石聿垂令問以示後來眷言休嘉良多詠歎翰林學士宋申錫文師風雅學洞典謨意欲該詳俾其纂述勳庸具紀政術畢書足慰人心無慚峴首待詔侯丕草隸久工便令繕寫今故賜詔想當知悉秋涼卿比平安好遣書指不多及

暫停嶺南選使勅

嶺南選補雖是舊制遠路行李未免勞人當處若有才能廉使宜委推擇待兵息事簡續舉舊章其南選便可更停一二年

處分楊虞卿勅

三司推勘吏部踰濫官事其間要切節目皆如臺案李賓過狀稱楊虞卿奴受錢三百千勘是前年虞卿察知自送府縣奴已決責錢亦納官又稱送錢并買婢等事悉無證據但虞卿兩年專判曹務僞濫六十餘人連甲圖空近日無例遂令祿位受制胥徒雖能續自舉明終失從前鈐轄況勘官知僞久不公論隱關報銓每將私用公私且乖於較下事理固難於守官宜停見任餘準前勅處分

處分斷裂制勅勅

應中書門下尚書省二十四司制勅及勅甲等近日檢報多稱斷裂無憑勘覆以此之故踰濫大行應從前制勅甲等所有斷裂者宜各委本司並重黏背其中書門下仍取本押舍人給事中及甲庫官本司吏令尚書省委本司郎中甲庫官本行令史同署名印所斷裂縫扶尾後云某甲勘卷若干縫斷裂亦同印署新舊背縫並具年月卷第印署如庫官令史考滿日須據實交點已後檢報稱有斷裂甲庫官及本行令史節級處分

定臺官供奉官道遇儀制勅

憲官之職在指佞觸邪不在行李自大侍臣之職在獻可替否不在道路相高並列通班合知名分如聞喧競亦已再三既招人言甚損朝體其臺官與供奉官同道聽先後而行遇途即祇揖而過其參從人各隨本官之後少相辟避勿信衝突又聞近日已來應合導從官事力多者街衢之中行李太過自今後傳呼前後不得過三百步

誅興元亂兵後加恩將吏勑

乃者蠻寇入犯蜀川令興元召募一千人隨事防遏雲蠻既退賞設放歸事理之間亦爲得所奸臣犯紀戕害元戎

遂擇新帥委之窮竟果副朕意盡誅羣凶八百餘人一時梟斬并諸叛將同日誅夷省狀念功嗟賞何極其衛志忠已下將吏等委溫造節級分付訖聞奏王景延等以李絳遇害時皆能輕身徇節奮不顧生宜委中書門下即與褒贈其王景延仍與一子官兼委溫造優恤家事務令得所宣示中外咸使知聞

錄越王貞子孫勑

越王貞實陷非辜載在國史子孫久廢獎錄所宜宜付宗正寺尋勘譜牒如是後嗣具狀聞奏

專責令史簡點選人文案勑

應選人及冬集人文案門下省簡勘畢後比來更差南曹令史收領卻納門下甲庫在於公事頗甚煩勞自今已後謹勑吏部過選院本令史便自分付甲庫以備他年簡勘仍請門下省勒甲庫令史每過選時常加檢點收拾明立文案據官吏等遞相分付不得妄有破除南曹申請之時如有稱失落欠少本令史及專知官準檢報指改違條例處分

令李踐方充西川宣撫使勑

蓋天人之際相應如響祥祲之來各惟厥事乃者兵革始罷黎庶甫寧而蜀土載罹震驚方務綏輯今又水潦爲沴沉溺實多載省奏章益深軫慮諒以朕澤不逮下誠無感通五事致咎此方何罪夙夜兢愧憫歎良深宜令戶部郎中李踐方充西川宣撫使應遭水人戶委與本道觀察使計會各量稅額所入漂損多少等第分數蠲放今年夏秋稅錢及租子等如上常平義倉有斛斗處亦委德裕遵古開倉賑卹更量加優賞使得生聚禁察苛暴存安老疾以副優屬稱朕意焉

釋鄧晟等禁繫勑

如聞鹽鐵度支兩使此類至多其鄧琬四人資產全以賣納繫禁動經三載死於獄中實傷和氣其鄧晟等四人勒責保放出仍委兩使都勘天下州府監院更有此類但禁經三年已上一切與疏理各具事由聞奏

雨雪賑濟百姓勑

勑朕聞天聽自我人聽天視自我人視朕之菲德涉道未明不能調序四時導迎和氣乃自去冬以來踰月雨雪寒氣尤甚頗傷天和念茲庶甿或罹凍餒無所假貸莫能自

存宵寢載懷旰食興嘆怵惕若厲在余之辜思宏惠澤以順時令其天下犯死罪已下除官吏犯贓及故殺人者餘並特降從流流罪已下遞降一等應京兆府諸縣宜令以常平義倉斛斗量事賑卹仍先從貧下戶起給其京城內鰥寡孤獨不能自濟瘖聾跛躄窮無告者亦委京兆尹兩縣令量加賑卹訖具數聞奏躬自省閱務令均贍其諸道雨雪過多處亦委所在長吏量事優卹於戲天生蒸人君以牧之朕憂勤政經思致於理言念赤子視之如傷天或儆予示此陰沴撫躬夕惕余甚悼焉布告遐邇明悉朕意

賑卹蘇湖兩州勑

浙西諸州皆有水災蘇湖兩州漂泊尤甚須有賑卹以救疲人兩州共賜米二十萬石先從貧下戶給並以本州常平義倉斛斗充

賜李德裕立德政碑勑

勑德裕卿文彰翰苑行振儒風廉察金陵六郡歌惠慈之化統安白馬三州懷思愛之心凡所踐經理行第一昨者段嶷以轅門將校闔境士農懇請立碑以銘德政朕以舉善爲教所以勸不能褒賢示後所以報成績國之彝訓其

善於斯所令禮部侍郎賈餗撰文事實頗周詞藻甚麗故令寫錄專遣賜卿亦別賜段嶷碑本庶慰羣情想當知悉冬寒卿比平安好遣書指不多及

賜段嶷勑

卿鎮理方隅輯寧封略師戎知訓黎庶保安言念事功良深倚重德裕頃臨東郡實著政績所論碑文撰錄已畢故令送往宜便刊立想當知悉冬寒卿比平安好遣書指不多及

又賜段嶷勑

卿統鎮滑臺肅寧封部永言休績眦倚良深先奏請歸融書德裕德政碑文今書畢專令宣賜想當知悉夏熱卿比平安好遣書指不多及

賑卹諸道旱災敕

朕承上天之眷祐荷累聖之丕圖宵旰兢勞不敢暇逸思致康乂八年於今而水旱流行疾疢屢作兆庶艱食札瘥相仍蓋德未動天誠非感物一類失所有過在予載懷罪己之心深軫納隍之歎宜敷惠澤式表憂勤如聞自去年以來河東關輔亢旱爲患秋稼不收百姓之中頗甚困窮

今方春之時須務農事若無賑救恐至流亡其京兆河南河東河中等九州府宜賜粟五十六萬石京兆府賜粟十萬石河南府河中府絳州各賜粟七萬石同華陝虢晉等州各賜粟五萬石並以常平義倉及折糴斛斗充如無本色即與運米折給仍委本州府官長明作等第差清強官吏對面宣賜先從貧下戶起給其京兆府太和六年青苗榷酒錢在百姓腹內者並宜放免京兆河中河南同華陝虢晉絳等九州府自太和六年秋稅以前諸色逋懸除所由車戶已徵得外在百姓腹內者一切放免議獄卹刑前王所重苟有冤滯即傷陽和應在城諸司諸軍諸使應有囚徒速宜疏理限七日處分訖奏聞河南府等八州府敕到後亦宜準此處分諸色工役非灼然急切者並勒停省應久旱處管內名山大川能致風雨者亦委長吏精誠禱請水旱之數雖云常理導化失節亦致咎災顧惟寡昧敢忘克責常參官及外府州長吏如有規諫者各上封事極言得失俟有匡正期於阜安咸啟乃誠用致於理無或有隱以忝在公內外官有貪暴殘虐蠹政害人者憲司宜糾察聞奏朕爲人父母虔奉丕業夕惕若厲夙夜匪寧減膳

徹樂庶答天誡咨爾長吏實分予憂勉加撫綏用副惻隱庶切救災之義爰申爲上之懷中外臣僚宜體朕意

停忌日舉奏刑獄敕

準令國忌日惟禁飲酒舉樂至於科罰人吏部無明文但緣其日不合釐務官曹即不得決斷刑獄大小笞責在禮律固無所妨起今後縱有此類臺府更不要舉奏

禁私請賞設錢物敕

諸道如有兵革水旱州府殘破及不存濟爲遠近所知者除朝廷特有借賜外輒不得自請賞設錢物又諸道戎帥

除替後倉庫便屬後人賞設三軍須待新使近日皆有留别賞給自行私惠頗紊朝章向後諸道節度觀察使除替後並須待新使賞設不得更有留别

追收江淮諸色人經紀本錢勑

中書門下省所將本錢與諸色人給驅使官文牒於江淮諸道經紀每年納利並無元額許置如聞皆是江淮富家大戶納利殊少影庇至多私販茶鹽頗撓文法州縣之弊莫甚於斯宜並勒停兩省先給文牒仍盡追收其去年所減人數雖無挾名尚執兩省文牒亦宜收訖聞奏以後不

承正勑不在更置之限

暫停吏禮兵三部選舉勑

吏部禮部兵部今年選舉並緣秋末蟲旱相因恐致災荒權令停罷及斂藏之後物力且任念彼求名之人必懷觖望之念寧違我令以慰其心宜依常例卻置應緣所納文狀及銓試等期限仍準今年格文遞延一月

聽諸司營造曲江亭館勑

都城勝賞之地惟有曲江承平已前亭館接連近年廢毀思俾葺修已令所司芟除栽植其諸司如有力及要創制亭館者給予閑地任其營造

誅王涯等勑

王涯等身爲宰相委任至重與其徒恣行凶惡潛構姦謀鄭注草萊早末寵遇殊常而乃竊發殿庭同爲扶豎險邪之狀古今未聞賴宗社降靈重臣協力斯須消滅京師晏寧天下之人所同懽快謀惡之罪國有常刑其王涯賈餗舒元輿王璠郭行餘李孝本羅立言等宜令左右神策差兵馬防援準舊例領赴郊廟及兩市令衆訖於獨柳樹下並仰準法處分

以旱停南郊勑

今年郊畿亢旱自夏訖冬以陰陽之久有錯違懼粢盛之未能豐潔祖宗上帝鑒臨左右德馨未達惕焉在懷敢龜薦誠以俟祥歲酌諸典禮亦謂合宜其來年南郊宜停

條流僧尼勑

朕齋居法宮詳念致理思欲建皇極端化源大蘇生靈漸復古道矧伊耗蠹必在澄清而釋氏宗來自西國殷周已前何嘗有此唐虞之際寧匪盛時遠至漢明因夢以言徵傳毅猝詞而臆對遠承象教從此流行蕩然相傳垂七百

祀黎庶信苦空之說衣冠敬方便之門異同之論雖多俗尚之訛未革遂使風驅成俗雲構滿途丁壯苟避於征徭孤窮實困於誘奪永言斯弊宜峻科條自今已後京兆府委功德使外州府委所在長吏嚴加捉搦不得度人爲僧尼累有明勅切在提舉爲我元元務在長育擅有髡削亦宜禁斷比來京城及諸州府三長齋月置講集衆兼戒懺及七月十五日解夏後巡門家提剝割生人妄稱度脫者並宜禁斷且僧尼本律科戒甚嚴苟有違犯便勒還俗若有自願還俗者官司不須立制如聞兩街功德使近有條

約不許僧尼午後行遊雖曰緇徒無非赤子有妨自遂亦軫予懷從今已後午後任行其僧尼在城委功德使其諸州府委本任長吏試經僧尼並須讀得五百紙文字通流免有舛誤兼數內念得三百紙則爲及格京城勅下後諸州府勅到後許三箇月温習然後試練如不及格便勒還俗其有年過五十以上筋力既衰及年齒未至夙嬰痼疾并瘖聾跛躄不能自存者並不在試經限若有戒律清高修持堅苦風塵不雜徒衆共知者亦不在試經限天下更不得創造寺院普通蘭若等如因破壞即任修葺於戲理國之本在正風俗故王化首婚姻之道所以序人倫霸圖著胎養之令所以務生聚況一夫不耕人受其饑一女不織人受其寒安有廢中夏之人習外夷無生之法略期疏滌用潔源流俾爾齊甿去末歸本庶富之漸其在斯乎凡厥司存勉率吾教各勤檢馭稱朕意焉

罰鄜坊節度使蕭洪俸料勅

方鎮班行散官大夫已上者自於有司陳狀請妻封邑本司磨勘然後上陳如妻已亡又無此例蕭洪黷於常典輒自奏章宜罰一月俸

選皇太子妃勅

家嗣元良家國之慶人倫之始在娶元妃雖吉事尚更於待年而嘉偶宜深於善教志於先定冀選義方屬在德門遂成好合在東京委裴度西京委宰臣各申旨諭令本宗家長舉言十歲已來嫡女及妹姪孫女兩月內送中書門下務令宜稱無有不盡

賜尚書省本錢勅

尚書省自長慶三年賜本錢後歲月滋久散失頗多或息利數重經恩放免或人戸逋欠無處徵收如聞尚書丞郎

官入省印每事闕供須議添助除舊賜本錢徵利收及吏部告身錢外宜每月共賜一百貫文委戶部逐月支付其本錢任準前收利添充給用仍委都省納勒舊本及新添錢量多少均配逐行分析聞奏須令占額用度不得妄有破除每至季終委都省磨勘申中書門下

重錄已駁選人乘錯等敕

去冬乘錯及長名駁放選人等如聞經冬在京窮悴頗甚街衢接訴有可哀矜宜委吏部簡勘條流銓轄如非踰濫正身不到欠考欠選大段瑕病之外即與重收以比遠殘

闕注擬不得用平留闕如員闕不相當一唱不伏官者便任冬集不在更論訴限如未經中書門下陳狀勅下後不得續收今年已後不得以爲例

準臺奏國忌日依前例敕

設齋行香近已釐革過密停務自有典常臺司舉奏意在詳密宜依

賜裴度御札

朕詩集中欲得見卿唱和詩故令示此卿疾恙未痊固無心力但異日進來春時俗說難於將攝勉加調護速就和平千百胃懷不具一二藥物所須無憚奏請之煩也

答裴度辭官表批

省表具知夫爵位崇高以酬勳德君臣協契諒在始終斯乃前王之令圖有國之彝典也況卿輔相憲祖逮於朕躬履歷四朝夷險一致服事君之大節推濟物之深誠道光朝倫行滿天下倚注之意豈同他人屬朕纂歷御乾興師伐叛騷動累歲端憂靡遑及河朔戢寧郊丘畢事方欲咨詢元老康靖生靈不虞寒暑所侵勤勞遇疾雖國醫診視中使省臨憂屬之誠頃刻在念忽覽章奏退讓官榮雖知

止之心則思避寵而謀猷之體斯乃爲時寢食之間勉加頤養其所陳乞非朕意焉

答裴度辭官第二表批

省表具知卿勳績崇高誠節忠藎秉心一德宣力四朝訏謨緝熙弼予於理勤勞事國啟沃匪躬功格道光常所嘉尚所疾未瘳勉於善養勿藥之喜佇即痊平台衮之司倚卿爲重乃屢陳退讓殊謂不然宜體朕懷即斷來表

答裴度辭官第三表批

省表具悉謝病之制雖起於昔賢盡瘁之詞亦標於古典

況卿有功於國作相累朝自匡輔眇躬又勤勞數載豈可以微疾去位以重望辭榮章疏徒來延遲彌切至太宗朝許李靖致政高宗遂仁軌乞骸朕非不知事則有異何者時當明聖在上理道已成宰臣優游固得自便今則生物尚困庶工未修言念勳賢方深倚注惟此故事恐難遽行卿宜體是誠懷力更頤養必有多福以扶大忠無至確然復陳表章

答劉禹錫同州刺史謝表批

省表具知卿任居三輔職奉六條累聞問俗之勞載覽勤

人之志言惟顧行深慰朕懷勉宏政經以副優寄所謝知

莊陵禮成優勞德音

禮重飾終義崇敦孝克勤奉卹之志用申罔極之感斯固寅亮輔臣奔走多士效其忠力濟是儀章俾宏加勞之澤庶表必誠之報應緣莊陵營奉其山陵使與一子七品正員官仍特加一階山陵副使按行山陵地使並賜爵一級各與一子出身橋道置頓使賜爵一級仍特加一階內山陵兼監修橋道使賜絹一百五十疋銀器二事特加一階內按行山陵副使賜絹五十疋特加一階山陵修築副使賜三十疋加一階鹵簿儀仗使並宜賜爵一級各與一子出身橋道置頓副使加兩階昇祔官三品已上賜爵二級四品賜一級陵所造作押當官及中使等三品四品各加兩階吉凶儀仗諸色行從官等各加一階太極宮宿衞官及中使大內皇城留守并押當官等五品已上各加一階撰哀冊謚議謚冊官各賜爵一級書冊及讀哀冊書寶讀寶官等五品已上賜爵一級六品已下各加一階鐫造寶冊裝寶冊及檢校官五品已上各賜勳兩轉中書門下儀制官題主官舁寶冊官五品已上各加二階六品已下

各加一階山陵使禮儀使判官各特加一階五品已上仍賜爵一級其專知橋道官考滿日放選其知東渭橋官非時放選仍優與處分知道路官各減兩選知頓官各減三選按行山陵使儀仗鹵簿使判官并諸司諸使監當雜職掌官吏等各加二階挽郎放出身後七選許集南郊及太極殿攝太尉侍中告謚冊寶及靈座前進謚寶奏外辦奠玉幣酌獻等官賜勳兩轉其山陵禮儀鹵簿儀仗等使并諸使諸司軍將官吏如執當務重功效尤異制勑中不該者委本軍本使本司具名聞奏中書門下奏聽進止其三

原縣百姓今年秋青苗錢並放免其高陵縣量放一半。

平李同捷德音

王者誅暴亂弔傷殘明賞報功拯弊綏衆蓋爲邦之大紀也李同捷頃自先朝擅謀專土輒抗成命私行墨縗暨朕臨御實思含垢授之以兗海諭之以詔書使臣相望凶妄自若而更挺妖結黨刦衆阻兵毒流無辜害被闔境由是藩臣瀝懇鄉士獻規至於興戈諒非得已自元戎環壞王旅進攻卵窺危巢飈振槁葉動必乘彼機會退皆扼其咽喉故戴義啓入郛之殊庸李祐展下城之勝略累稔逋寇

一朝削平此誠天人合符中外叶力永言勲效無忘寤思其戴義及李祐應加爵命并幽州及齊德兩道行營將士各有賞賜並已從别勑處分其賜物仍委度支逐便速與支送仍命使臣分往宣慰各於當處厚加宴勞其立功軍將未經寵授者委戴義李祐即差次等第速具聞奏即有甄獎用答勲勤李同捷力屈計窮方圖轉禍朕好生存性初議貸刑而面縛在途陰懷狡詐夜縱火號潛誘家童更謀網漏自速梟獻惆彼凶慝坐沈家族顧兹貽戚載軫予懷其母孫氏妻崔氏幷男及家口等並宜特從寛宥令於湖南管内諸州有空閒處安置其歸降將卒不涉翻覆者委戴義李祐審加勘實各與衣糧分配驅使其滄景等州將士有謀執凶黨竟遭誅夷或雖被刦致能全名節者並委李祐按實條奏量加贈錄其滄景德棣等四州百姓有是近日被賊黠召團結者並放歸營農除非同惡相濟以死拒命者餘一切不問四州百姓久陷汚俗每罹威虐莫非吾人今既脫難當施德令並宜給復一年不能自存者量給種食其刺史縣令仍令中書門下愼擇循良俾加存撫應諸將校自經戰伐或致死亡載念捐軀每深憫歎並

委戴義李祐審加勘定具名銜事跡申奏即與褒贈其長行官健陣亡者並令所在長吏量與收瘞同爲祭酹其家口在者各委本軍優卹仍三年勿絶糧賜其有因中矢石遂至殘廢者各委本軍厚加存養仍給衣糧終身勿絶勑旨有未該者委戴義李祐比類更作條件奏聞其昭義義武等軍行營在賊境者比相犄角皆有功勤各别有處分於戲整師除害義切於安人撫俗策勲道存於布澤爰申彜典且乂新邦咨爾多士宜悉朕意

賑卹諸道水災德音

朕以寡德臨御萬邦宵旰憂勤匪敢自暇然仁未及物誠不動天陰陽失和水潦爲敗致茲災沴害及生靈江淮之閒滁和尤甚當宁軫惕永言疚懷其淮南道滁和兩州應水損縣據所申奏漂溺人戶處宜委本道觀察使與本州刺史子細檢勘全放今年秋稅錢米仍以義倉斛斗逐便據戶賑接其浙西浙東宣歙鄂岳江西鄜坊山南東道並委觀察使與所在長吏據淹損田苗漂壞廬舍及蟲螟所損節級矜減指實奏聞如沒溺甚處亦以義倉量事賑救其京兆府河南府所損縣即據頃畝依常例檢覆分數蠲減州縣牧宰各務撫安必令均濟稱朕意焉

冊立皇太子德音

門下帝者承天地貞邦國法明離之象固鴻業之本必命元子以備儲闈斯皇王之令謨古今之丕典朕祇受眷祐虔恭寶圖欽若彝章光修前緒皇太子永幼稟仁智生知孝愛體溫文以立德資敏哲以保躬寬裕有常貞慎無怠爰膺盛禮俾奉青宮嚴宗廟主鬯之儀遵朝夕視膳之節冊命云畢感悅良深問安既慶於寢門布澤宜覃於天下自太和七年八月七日昧爽已前天下應犯死罪降從流流以下罪遞減一等惟官典犯贓及故殺人劫獄奪囚持仗強盜者不在此限左降官流人並與量移如應流貶及諸色得罪人所在亡歿並任歸葬宗周之盛實在於維城二漢之隆亦由於磐石自開元以後累聖子孫皆長於深宮罔知稼穡並不得習詩書以修禮樂交氣類以敘人倫雖有閒平之材莫施魯衛之政永言淪廢深疚朕懷諸王等宜以今年以後相次出閤且授緊望已上州刺史上佐觀其才能續有序用人倫所先婚禮爲重筭年許嫁別有明文其十六宅諸縣主亦宜選擇良偶以時出適仍委吏部於諸色選人中取情願者揀擇具名聞奏亦當別加優

獎令其就禮漢代用人皆由儒術故能風俗深厚教化興行近日苟尚浮華莫修經藝先聖之道湮鬱不傳況進士之科尤要釐革雖鄉舉里選不可復行然務實抑華必有良術既當甚弊思有改張今寰宇乂寧干戈已戢皇太子方從師傅授傳六經一二年之後當令齒胄國庠以興墜典宜令國子監於諸道搜訪名儒置五經博士各一人其公卿士族子弟明年已後不先入國學習業不在應明經進士之限其進士學宜先試帖經并略問大義取經義精

通者次試議論各一首文理高者便與及第其所試詩賦並停其試帖經官便以國子監學官充禮部不得別更奏請宏文崇文兩館生齋郎並依令式試經畢仍差都省郎中二人覆試須責保任不得輒許替代苟涉情故必加罪責卿大夫者羣下之所視遠方之所傚若非恭儉克己廉貞化人而望其服從固不可得況朕不寶珠玉不御纖華逮於六宮皆務儉薄卿大夫得不叶朕此志率先兆人比年所須制度皆約國家令式去其甚者稍謂得中而士大夫苟自便身安於習俗因循未革以至於令百官士族起

今年十月服冬衣已後其衣服輿馬並宜準太和六年六月十七日勅處分如固違制度九品已上量加黜責其布衣五年不得舉選百姓軍人各委州府長吏漸施教化使自遵行不要便爲禁制令其驚擾惠養疲人本於廉吏阜其生殖在絕貪求其諸道方鎮刺史等有聚斂貨賄潛行餽遺者委御史臺糾察以聞仍委度支鹽鐵分巡院同爲訪察不得容蔽親人之官切在守長久於其道政乃有成方鎮刺史三考已下不得輒議替換如理有異等委中書門下訪察就加寵獎如灼然可錄者別與甄昇其或政理有乖害及百姓者即不在滿三考限易議豐誌傳美甲宮彫刻磨礱先賢有戒近者官纔昇於郎署位始至於郡符莫不高其閈閎廣以池榭非惟僭侈踰制實亦耗蠹傷財其百官第宅已造成者並許仍舊今日已後如更有創立新宅及屋宇高大者並委御史臺糾彈必嚴加黜責御史臺所置六察分糾百司比來因循鮮能舉職起今已後諸司如有身名僞濫盜官錢及違法等事他時發覺者本察御史各並當貶斥考課之法前王所重蓋以總覈吏理勵精政途名實苟違將何勸激宜準故事署內外知考使兼

令中書舍人給事中各一人監考百姓困窮弊由奸吏政苟不擾人皆自安其司農寺供宮內及諸司廚冬藏菜並委本寺自供其菜價仍委京兆府約每年時價支付更不得配京兆府和市其諸陵守當夫宜委京兆府以價值送陵司令自雇召並不得差配百姓寒食杏仁鷄子月進土蘇白麥樹栽選場棘穉修橋梁木等便於本戶稅錢內剋折不得更令和市天下諸州縣應納義倉及諸色斛斗除準式每斗二合耗外切加禁斷仍委度支鹽鐵分巡院及出使郎官御史切加訪察如聞今歲所在豐稔其義倉斛

斗先有借用處委戶部勾當並須及時填足文武常參官
諸州府長官子爲父後者賜勳兩轉緣冊太子攝太尉稱
賀攝侍中承旨宣制進中嚴外辦攝中書令讀冊授冊各
賜爵一級其行事職掌官及書寶引冊寶舁舉冊寶禮儀
使禮官等三品已上賜爵一級四品已下加一階撰冊文
官特加一階仍並賜物有差導引官各加一階造冊寶金
字裝寶人賜勳兩轉行事流外及禮生等各賜勳一轉文
武常參官及陪位官幷宗子諸親各賜勳一轉魯王府官
未經進改者量與進改其皇太子侍讀宜委中書門下精

擇二人具名聞奏天下孝子順孫先經旌表門閭者及年
高廢疾者委所管州縣各加存卹五嶽四瀆名山大川委
所在長吏等量加祭祀布告遐邇咸使聞知

欽定全唐文卷七十五

文宗七

太和八年疾愈德音

門下朕祇若天命纘承睿圖正統紀以清庶方序彝倫以
貞百度慄慄寅畏於茲九年雖儉已飭躬推誠育物懼有
未至不遑宴寧屬節氣交時疾恙嬰體列聖垂佑涉旬復
初既上慶於兩宮宜覃恩於兆姓庶與寰宇同茲福祥自
太和八年二月九日昧爽已前天下應犯死罪降從流流
徒等已下罪遞減一等惟官典犯贓及諸色所由破用官

物故殺人十惡等罪不在此限左降官流人緣近有去年
八月九日勑宜即與處分爲政之要必在去煩厚下之恩
莫先已責應度支戶部鹽鐵積欠錢物或因繫多年資產
已盡或本身淪沒展轉難徵簿書之中虛有名數囹圄之
下常積滯冤言念於斯所當矜恤其度支戶部鹽鐵應有
懸欠各委本司具其可徵可放數條流聞奏不得容有姦
濫在京諸司諸使食利錢其元舉人已納利計數五倍已
上者本利並放其有人戶逃死攤徵保人其保人納利計
兩倍已上者其本利亦並放免其納利未滿此數者待納

利數足徵本停利其諸色私債止於一倍不得利上生利仍委本縣各爲詳理處分京邑之中本無榷酤屬貞元用兵已後費用積廣始定店戶等第令其納榷況萬方所聚私釀至多禁令既不可施榷利自無所入徒立課額殊非惠人其長安萬年兩縣見徵納榷錢一萬五千一十貫八百文若先欠者並宜放免其榷酒錢起今日已後亦宜並停比者滄寇干紀稽誅數年諸道興師屢獻戎捷時方討叛難議釋縲免死戍邊已爲恩貸今滄州一道久被朝章念其懷土之心必有向隅之歎俾之遂性用洽優恩其諸

道所送滄州將健配流及邊鎮營田役使者共一千三百五十九人並委諸道節度觀察使據現在人放歸本管如有已效軍職及自有生業不願去者亦任便住董昌齡自至邕州累平溪洞兵威所向首惡皆擒然每念蒼生無非赤子況在荒徼尤當撫循其溪洞如有未歸附者向後非因侵擾更不用進討仍加存撫使各懷安其所獲黃洞百姓並分配側近州縣令自營生不得沒爲奴婢將充賞給如元是奴婢者即任充賞南海蕃舶本以慕化而來固在接以恩仁使其感悅如聞比年長吏多務徵求嗟怨之聲達於殊俗況朕方寶勤儉豈愛遐琛深慮遠人未安率稅猶重思有矜恤以示綏懷其嶺南福建及揚州蕃客宜委節度觀察使常加存問除舶腳收市進奉外任其來往通流自爲交易不得重加率稅天下諸州府如有冤滯未伸宜委御史臺及出使郎官察訪聞奏於戲朕百靈所祐獲遂痊和虔奉神休敢忘昭報其五岳四瀆天下名山大川各委所在長吏致祭仍加豐潔以副精誠朕以寡德上奉丕構宗社流慶元穹叶靈微恙愆和旋就康復渥澤思及於人癭儆戒先自於朕躬俾我華夷共歡富壽中外臣庶

宜體予懷主者施行

曲赦京畿德音

王者愛人如身推己及物恤其寒燠之苦適其舒慘之宜俾協太和用臻至理朕恭默思道憂勤在懷時屬嚴沴念深徽纆當霜雪之候滯囹圄之中饋餉爲勞逮捕斯擾冱寒所迫愁歎必多惻然疚心思有矜降宜布在寬之令使無留獄之嗟應京百司及畿內諸縣見禁囚徒應犯死罪特降從流流已下者遞減一等如欠官錢情非巨蠹責保填納不要禁繫惟故殺人者及官典犯贓不在此限仍委

京兆府及諸司官長制下日當速疏決聞奏朕司牧黎元存誠寰宇況封甸殷廣京師浩穰憫觸法以罹辜式加恩而宥罪庶亡無告寧失不經宣示中外令知朕意

賑䘏諸道百姓德音

朕以寡德託於兆人之上雖兢兢業業思理不怠而政道多闕和氣用傷仍歲水旱黎人艱食爲之父母斯心鬱陶如聞魏博六州阻饑尤甚野無青草道殣相望及山南東道陳許鄆曹濮淮南浙西等道皆困於饑瘵慮乏糧餉其魏博宜賜粟五萬石山南東道陳許鄆曹濮等三道各賜

糙米三萬石充賑給委度支逐便支遣仍各令本道據饑乏之處賑給淮南浙西兩道委長吏以常平義倉粟賑賜應諸道有饑疫處除出軍糧積蓄之外其屬度支戸部斛斗並令減價出糶以濟貧人其有牧宰非才貪殘爲害及承前積弊須有條流或冤獄留滯速宜疏決者並委觀察使糾察詳訪具狀聞奏用弭天眚以副朕焦勞之慮焉

討鄭注優賞軍士德音

門下王者之御天下也推至誠以格物委大信以任人故能邦家用寧上下交感所以詔爵祿而不悋待臣下而無疑豈謂變起股肱患生眦倚寤寐興歎難弭於懷且負德背恩干紀悖戾古今未有能濟者蓋人神之所不容逆賊鄭注氣本兇狂志懷奸逆害時蠹政卜射張皇行詐而徑術多端黷貨而谿壑難滿情惟黠白口可鑠金罔冒包藏爲惡滋甚朕九重之內不得備聞擢於妄庸驟列華貫入司喉舌出總爪牙惟務廢忘不思報國棄生成之恩義亂君臣之紀綱稔慝興祆前古未有罪同梟獍法在必誅況詔旨既追已離城堞險謀且敗中路遽迴又遙邏使人迎接逆賊李訓稽之國法豈逭常刑其鄭注在身所有官爵

並宜削奪將士如有能奮揚義勇執戮渠魁者先是六品已下官者便授三品正員官其先是五品已上官者節級超奬仍賜莊田各一區錢二萬貫如有能率所管兵馬以州郡來降者超三資與官便正授岳牧仍賜錢帛諸道將士雖各守疆土非爲進攻如被侵掩因事立效者亦準前例節級處分賊如能知義悔過束身歸朝並與洗雪仍加寵奬幽明可鑑朕不食言但有款誠自通即委諸道與奏若不能悛改自取誅夷罪止一身其餘脅從一切不問其有迫於凶威曾著失節顧存家族事出權時待其平寧並

從寬宥將士如有潛謀立功效順被其屠戮並優加追贈并賜錢帛仍與一子官應州縣百姓陷在暴虐莫保性命誠可哀矜諸軍環境不得妄加殺戮并焚毀廬舍掠奪資產及有拘執以爲俘囚如有歸投者委諸道據丁壯老弱量加優卹仍給與空閒田地使就生業事平之後願歸本貫者亦聽鳳翔一軍素著忠義每臨霜雪之際實見松筠之心凜然義風簡在朕志其大將及軍士並宜坦懷自處勿以爲憂兵革既平寵待如故鄭注初到鎮日聞有優賞軍將常事不足爲疑州縣百姓亦當優給復勉於自效以保令圖於戲佳兵者聖祖之所戒文德者前哲之所崇肆予寡昧敢忘丕誡然以齊四方者號令立人紀者君臣斯言苟違大倫安設今則絕其奔軼示以申嚴懷柔誠貴於止戈執惡何慚於用武布告中外咸知朕意

誅王涯鄭注加恩中外德音

朕以翼翼之心孜孜求理十年之內庶政未凝極其焦勞志在博採羣觀奇士冀獲長才取其節焉不顧發迹故李訓鄭注咸得進言望其沃心每許造膝邪人奸色順非而澤信行聽言深心厚貌包藏不怍僞辨無疑梟獍爲心禍亂忽作意欲翦除中外悉去大臣志願非常自謀安泰賴上天垂祐宗社降靈同惡雖多姦謀竟敗忠臣輸力保護朕躬是日弭寧已嘗布告尚聞閭里未悉予心猶有浮言謬相誑惑朕君臣之際疑間不行致此妖妄慚非哲惠前月二十一日王涯賈餗舒元輿李訓鄭注李孝本韓約羅立言王璠郭行餘魏逢等親率金吾兵仗又郭行餘王璠領所部將健持兵上殿叶謀不軌傾覆社稷謀害中外凡此凶徒悉已梟戮絕其遺類以謝忠良內外庶臣卿士百辟體予前志宜即自安無惑浮言尚相恐怖式布維新之慶宜申在宥之恩京百司見禁囚徒死流罪遞減一等未結正者推問畢日準此處分諸色所繇官吏陷於脅從雖有名籍涉於詿誤者一切不用更問仍付左右神策兩金吾京兆府御史臺並準恩赦處分休便追捕其有潛藏迴避限令出三日各歸本司逆人親族已處置外其餘周親已上一切不問所在更不用繫留聞報其先有定名捕捉者所在尋追獲日奏聞不得漏網昨者有擅入逆人之家盜掠財物擁無故之利生怙亂之心尚有縱酒聚徒妖言惑衆志於掠盜恐嚇居人假託軍司輒持兵器及以前月

二十一日事妄相告訐者委御史臺京兆府嚴加伺察擒捉奏聞所在集衆決殺不在恩赦之限於戲齊晉之難桓文是興注訓之姦朕志先定識邪正之路辨消長之端覩衆臣宣力於急難見禁旅摧凶於頃刻當危急之際識臣節之勤藏於予心何日可忘宣示中外宜體朕懷

上皇太后冊文

嗣皇帝臣昂言古先哲王之有天下也必以孝敬奉於上慈惠浹於下極誠意以厚人倫思由近以及遠故自家而刑國以臣奉嚴慈之訓承教撫之仁而長樂尚鬱其鴻名

內朝未崇於正位則率土臣子懃懃懇懇延頸企踵曷以塞其心乎是用特舉彝章式遵舊典稽首再拜謹上穆宗睿聖文惠孝皇帝妃尊號曰皇太后伏惟與天合德義申錫慶允釐陰教祇修內則廣六宮之教參十亂之功頤神保和宏覆萬有

冊魯王永文

維太和四年歲次庚戌二月景午朔十二日丁巳皇帝若曰咨爾元子其敬聽朕命我國家累葉重光詒休昌運奄有區宇垂二百年良以親親無私建立子弟克固磐石作藩王家洎予踐位敢忘丕訓是用酌於舊典謀及台臣擇茲吉日錫以青社惟爾道扶正性天假令儀已彰岐嶷之名載嘉信厚之器持大公之道且不愧於知子舉守藩之命亦將教於事君爰擇樂郊俾王曲阜環以沂水遂荒海邦今用命使兵部尚書平章事牛僧孺副使左散騎常侍吳士矩持節冊命爲魯王於戲爾宜守正閑邪去奢昭儉害於德者不作逆於耳者必聽無昵宵人無遠端士纂東平之樂善師河間之好古日慎一日行之爲難敬爾有國無墜我休命

冊九姓迴鶻愛登里羅汨沒密施合句祿毗伽彰信可汗文

維太和七年歲次癸丑某月日皇帝若曰王者運神功以清九有敷至德以柔四夷雖萬國建邦皆有君長而一時縟禮特厚親鄰用昭絕漠之榮式示徽章之貴克膺盛典允屬雄林咨爾九姓迴鶻愛登里羅汨沒密施合句祿毗伽彰信可汗代濟公忠時推英毅剛明有守信實不渝總北方勁悍之師慕中華清淨之化克昭前訓實懷遠圖慶叶承家願申永好彼無侵軼此務綏安兩國咸歡六姻彌

重事大之義而合志春秋相嚮之誠而皎如日月使臣秀午贊幣交馳詞意綢繆禮貌恭恪是嘉誠款宜錫寵光必能虔受新恩纂乃舊服今遣使寧遠將軍右金吾衛將軍兼御史大夫上柱國賜紫金魚袋唐宏實副使中大夫將作少監兼御史中丞賜紫金魚袋嗣澤王容等持節備禮冊爲九姓迴鶻愛登里羅汩沒蜜施合句祿毗伽彰信可汗於戲海內四極惟唐舊封天下一家與我同軌舉茲典冊布於神明爾其愼固封疆祗守名器罔墜先烈載揚令猷欽承禮文以作來範

冊魯王爲皇太子文

維太和七年歲次癸丑八月甲申朔七日庚寅皇帝若曰王者欽若天道君臨萬方必崇上嗣以固邦本所以尊守器而重承祧也我祖宗受天明命光宅區夏元光被於生靈利澤霈於遐荒逮予寡昧繼纘鴻緒虔畏寅懼不克負荷思崇大典用建元良俾膺主鬯之重式叶奉先之慶咨爾元子魯王永惟哲淑聰明溫文粹和夙表岐嶷生知孝敬洎茸茅分社磐石啟藩蘊東平樂善之心慕河間大雅之操天縱宏量日新令猷人神協志蓍龜獻兆是用命爾爲皇太子往惟欽哉修己有度敬事無違居必思義動必率禮講道勵學親師尚賢則可以正曜於前星配德於重海以承列祖以奉粢盛恢宏懿圖無忝丕命可不愼歟

冊裴度司空文

維年月日甲子皇帝若曰三台羅列以承斗極皇王取象以建三公將以調陰陽乂萬國論道興化與天地參故職官物采不足以昭彰物數於是有明庭冊拜清廟謁見之禮以尊異之咨爾金紫光祿大夫守中書侍郎同中書門下平章事兼淮南節度副大使知節度事晉國公裴度有

文理有武功有直聲有忠節宏深如大浸峭拔如喬岳愛人如慈母宰物如權衡師儒術於素王授兵符於黃石百行九德疊於其躬先王以上聖之資啟中興之運咸有一德時惟汝諧召雲命呂翕受交感翌助神算底綏四方大旆東搖淮夷蕩定長策獨運全齊以平解紛消懸無小無大去權樹善或顯或晦非可以造次詳非可以一二計肆予小子昔當守器休功令問充溢聽聞逮此纘承委重藩鎮達經國之大體有事君之小心知無不爲功多不伐可謂社稷之元老經濟之宏材者也予嘉乃勳懿乃德庸建

爾于上公爾惟省厥初念厥終任天下之安危爲夷夏之表式俾先帝之鴻業休德不墜於地俾予一人實受其福於戲敬哉

太和改元赦文

朕聞古先哲王之爲理也修己以安百姓恤刑而矜庶獄端立政以謹始宏厚澤以體仁推其心以及於物誠其中而化於外和氣斯洽休徵以臻故兵革不試而四海寧疵癘不作而三靈泰我有唐祖武宗文光宅天下列聖承統遂康區中漸濡丕冒掩軼前載宏玆道以騰英聲煥其文

以耀終古惟此鴻業屬予沖人荷無疆之丕構託於兆人之上晝惕宵儆惄焉如疚仰惟宗社儲休神祇協力克靖內難恢復王綱思布和以立極爰正風於更始因體元紀號之典舉肆眚覃恩之命昭我恤隱與人維新可大赦天下改寶歷三年爲太和元年正月十三日昧爽已前大辟罪已下罪無輕重已發覺未發覺已結正未結正見繫囚徒常赦所不免者咸赦除之惟十惡五逆及故殺人官典犯入己贓不在於免限左降官量移近處已經量移者更與量移其合復資者五品已上中書門下速與處分六品已下任從常例選丁憂去任在憂未赴貶所者服闋日亦與量移如有親故在上都任經本司陳狀不必更待州府申請流貶之中縱勅不許量移者及言終身勿齒者亦與依例處分亡官失爵各與收敘痕累禁錮並從洗滌其緣去年十二月八日坐累流隸者不在此限應緣山陵制度及喪儀禮物宜委中書門下及諸司長官博詢故實務遵禮度必誠必信副朕哀懷所緣山陵造作及橋道置頓所資並以內庫錢物充用如不足以度支戶部錢充京兆府今年夏稅青苗量放一半太皇太后第二等已上親大行

皇帝皇太后第一等親委中書門下量才敘用九廟子孫陪位者各加兩階仍據始封每王後與一人出身委宗正卿檢尋圖譜取一房最沈翳者充數具名聞奏內外文武官及諸色人任上封事極言得失無有隱諱天下諸色人中有賢良方正能直言極諫者及經學優深可爲師法詳閑吏理達於教化軍謀宏遠堪任將帥者常參官及方牧郡守各舉所知無人舉者亦聽自舉并限來年正月到上都今年正月十四日上皇太后尊號及朕受冊進寶撰即位冊文承旨宣制等官各與一子正員七品官江王府官

去年十二月已前在任者並與改進其去年十二月九日立功將士普恩之外三品已上更賜爵一級四品已下更加一階其赴難軍使兵馬使都虞候將士等仍各與改轉名銜聞奏

南郊赦文

門下王者祗見宗廟情極於孝思肅事郊丘義崇於嚴配諸侯駿奔以助祭百靈肸蠁而降祥感達神明斯爲茂範朕以沖眇獲嗣丕圖奉累聖之耿光承上天之眷命以簡易宏宣政本以勤儉調順化源宵旰勵心思臻至道兢業

寅畏於今四年屬興伐叛之師未暇燔柴之禮賴祖宗保佑上帝監臨氛慝澄清弓戈櫜戢今因南至有事圓丘薦誠敬於二儀申感慕於九廟羣祀來享至誠必通既陳信以告虔宜覃恩而廣澤可大赦天下自太和三年十一月十八日昧爽已前大辟罪已下罪無輕重已發覺未發覺已結正未結正見繫囚徒常赦所不原者咸赦除之惟犯惡逆已上及故殺人官典犯正入已贓不在免限左降官量移近處已經量移者更與量移如復資者五品已上中書門下速與處分六品已下即任依常調選丁憂去任服闋日亦與量移如有親故在上都任於所司陳狀便與處分不必更待本州府申請別勅因責授降資正員官未經改轉者量與進敍亡官失爵放歸不齒者量加收敍縱元勅云終身不齒者亦量與收敍流人未到所在及已到者並放還惟降死從流者並與移近地如已收敍者量才錄用并僧尼道士移隸者亦與改還得罪人已亡殁家口未許歸者一切放歸如有情願留者亦任諸色得罪人中如先勅云縱逢恩赦不在免限者并別勅安置者亦並委中書門下量事狀輕重節級處分左降官及流人先有官者

如已亡殁各還本官流貶人及諸色得罪人所在身亡任其親故收以歸葬仍仰州縣量給棺櫬優當發遣諸色人中有痕累禁錮及逃匿者一切並與洗滌常參官及諸州刺史有先因停替及以病解免并終制未授官者委中書門下量才進擬勿令稽遲選才命士所貴任賢黷貨鬻官深爲貶法縱思寛宥亦慮惠姦其有僞官出身人近已從流者與移近處未處分者減等處分未發覺者賣官買官人並仰赦書到後一月內於所在納官告陳首得免其罪如不陳首者已後事覺不在免罪限封徼之內供億嘗殷

既渥恩施宜加霑給其京兆府明年夏青苗錢宜放一半財貨之司姦屈皆有切資政理以遏倖門應度支鹽鐵戶部三司所管諸色官吏所由人戶等欠負太和元年已前諸色錢物斛斗等各委本州盡理勘實如是貿易招狀入己隱欺即準條處分如緣收貯年深盤覆欠折水火漂爇事實有憑如此之類除檢責家產及攤徵元保外如實無可納空挂簿書連年囚禁者宜各具色目聞奏河南諸鎮仍歲兵荒百姓困窮宜有蠲免其鄆曹濮淄青兗海及滄德管內齊州明年夏稅錢每貫放二百文其稅子每畝十

分放二分諸道方鎮自兵興以來或緣進奉助軍或緣本道徵發務求濟辦多是權宜今寇賊既平中外無事宜申典法以救傷殘天下除二稅外不得輒有科配其擅加雜榷率一切宜停仍令御史臺及出使郎官御史并所在巡院嚴加訪察自滄景用兵所在逐急須借諸州常平義倉斛斗權充軍糧宜令度支勘詁速遣收糴填數聞奏邊防至重悉宜有素器械倉廩尤須精實比歲有司屢以營屯奏報約計諸鎮儲蓄合支數年尚恐主吏欺罔未加約束宜委度支與本道節度及營田使子細勘會自營田已來所貯糧見在倉者多少支得幾年軍糧具實聞奏又緣邊諸鎮兵額虛實器械色目亦仰聞奏如涉虛謬本判官必加懲責有欠闕當議添置務令據實無挂空文纂組文采貴貨勞人奇技淫巧蕩心喪志將欲導其儉樸必在抑其華飾率化天下先自朕躬應緣乘輿服御宮禁供須一事已上當從儉約自今已後四方並不得輒以新樣難得非常之物為獻其機杼織作有纖麗尤甚若花絲布繚綾之類及幅尺廣狹不中常度者並宜禁斷仍仰天下州府勅到後一月日內所有此色機杼一切焚棄訖聞奏并委觀

察判官嚴加檢察犯者以故違勅論縣令政切親人糾曹職當舉轄命於選部非不擇才比者令常參官得各舉縣令所舉不當雖有明文法既因循遂開僥濫自今後宜令諸州刺史及本道觀察使各舉管內堪任縣令錄事參軍者仍須資考相近并據闕申奏所舉官如才職不稱刺史書下考如至贓犯闕刺史停見任觀察使據事輕重臨時處分如政事修舉課第殊尤亦當明賞以勸能者立法之意使人不移苟私用之有名在公費而何害天下州府兩稅占留錢每年支用各有定額其迴殘羨餘準前後赦文

許充諸色公用長慶四年二月三日制亦具言緣無分明條件可使執守刺史每被舉按即以坐贓論須爲立程俾無甚弊其州府應合公用羨餘物并因循舊例與格令不同者並令尚書省御史臺明立條件散下州府使知所守永可遵行緇黃之衆蠶食生人規避王徭凋耗物力應諸州府度僧尼道士及創造寺觀累有禁令尚或因循自今已後非別勅處分妄有奏請者委憲司彈奏量加罰責其百姓中有苟避徭役冒爲僧道所在長吏量爲科禁古者理戎皆舉成法將卒有制簡閱有時所以籍無虛名軍無

宂食至於符守各奉詔條諸道先發轄屬支郡將士如聞衣糧解補猶繫使司詳其事理頗非簡便宜委本使差官檢元轄名額及賜糧等第文案與刺史勘會除續準詔勅抽停外據所合給錢米並以當州合送使錢米依虛實糙熟分數折計割入留州錢米數勘會訖州使各具分數聞奏應緣解補支給并委本州其使司更不緣得收管諸道諸州所置將吏如非原額周事之外更隨閒劇務從簡省方鎮刺史在京除官所須收補隨從人數有司即爲節限他時替罷仍令隨使停解其方鎮交代之時及知留後官不得輒有補置如違委巡院官具事目申臺司錄奏其違犯官重加科貶所補人并本職停解刺史職在分憂得以專達事有違法觀察使寧不糾繩如聞遠地多未遵守州司常務巨細取裁至使官吏移攝將士解補占留支用刑獄斷結動須稟奉不得自專雖有政能無所施設選置長吏將何責成宜委御史臺及出使郎官御史嚴加察訪觀察奏聽進止本判官不能匡正及刺史不守朝章並量加貶降若所管州郡控接蕃夷軍戎之間事資節制須得使司共爲條理即不在此限邦畿之內物役殷繁事苟不均

人何以濟如聞近年以來京城坊市及畿甸百姓等多屬諸軍諸使諸司占補之時都無旨勅差科之際頓異編甿或一丁有名則一戶合免往年制勅無復遵行宜委本軍本使及京兆府切加提舉準元和二年八月京兆府所奏勅及長慶元年制度節文處分自先朝以來累有赦令防姦除弊條目甚詳至如閉糴禁錢橫徵暴賦兩稅物估之虛實四方進獻之豐省再三處分非不丁寧出令不行名實自爽從元和二年已後所有勅令宜委中書門下及內外百司按事施行勿踵前弊仍令御史臺嚴加糾察諸色

出身三衛最濫假冒官廕妄用優勞補既過多簡亦失實既參選敘命此理人積歲倖門誠宜杜塞其三衛三二年且不得補待簡先補人數盡無如更要補委有司條疏嚴爲限制每所補注挾名替闕如便可停廢亦詣實奏聞禮著從人詩稱下嫁義當選尚俾各有行其六宅十宅諸王女縣主宜令每年於選人中擇其情願者配尚授官之日量加優賞罷秩之後仍減兩選其初婚者更有賜與使備行禮如非士類不在選限其該載未盡處委中書門下別條疏聞奏量能授用允屬於羣材舉善推賢是先乎公族

經學可以宏教本高尚可以觀時風宗子中有才行著明文學優異者委宗正寺具名聞薦比類加獎諸色人中有精究經術洞該今古求志不期聞達委所在長吏具以名聞國家與吐蕃甥舅之好彼此無虞自今巳後邊上不得受納投降人并擒獲生口締構興運翼贊昌期勲鏤鼎彝名光簡冊載懷夙烈何日忘之武德巳來配享功臣及將相名跡尤著節義顯聞而子孫陵替官閥廢墜未經甄錄者委中書門下搜訪允嗣特加優異故尚父汾陽王贈太師晟贈太尉秀實子孫中未經甄獎者每家與一人正員官磐石之親義資敦敘穠華之慶道備肅雍文武庶僚中外執事或欽恭厥位或祗奉嚴禋爰考舊章用申慶澤亞獻循王遹終獻恭王通等各賜物一百匹夾侍正衣進珪捧珪各賜物五十匹亞獻終獻正衣各賜物四十匹大長公主長公主嗣王郡主縣主各賜物有差内外文武見任及致仕官三品巳上賜爵一級四品巳下加一階合入三品五品欠考未合敘者待考足日聽敘素王設教崇儒配於斯文虞賓在庭想遺風於先烈微言不墜令德攸彰文宣王之後及二王三恪各與一子官其祠廟委所在量加

修飾禮重睦親化先合族慈訓克承於椒掖寵光宜首於觀津太皇太后皇太后二等巳上親皇后三等巳上親委中書門下各擇有才行者量與改官無官者各與出身皇五等巳上親三品巳上賜爵一級五品巳上加一階六品巳下及前資常選散官簡選日優與處分未有出身陪位者每家放一人出身應陪位皇五等巳上親及太皇太后皇太后三等巳上親三品巳上賜爵一級四品巳上加一階諸親四等五等并諸色陪位官五品巳上加一階六品巳下及白身人並賜勲兩轉其前資及有出身者各減一

還推恩之令所以申孝愛褒贈之典所以極哀華爰加寵章用舉徽數常參官及諸道州府長官父母見存有官封者並量與五品致仕官及階并邑號如已有者量與進改如官已至五品已上者即與五品階父母亡歿未經追贈者量與贈官及邑號輔弼之臣鈞衡是屬既當大慶爰錫殊恩中書門下及節度使帶平章事者宜特加一階如本階已至正三品已上者與一子正員八品官祖父母先亡歿各與追贈已追贈者更與改贈節度使與一子正員九品官東都留守度支鹽鐵使觀察處置都團練都防禦經

略招討使及神策金吾六軍將軍上軍統軍威遠鎮國軍等使皇城留守各與一子出身父母先亡歿未經追贈者各與追贈禮儀使大禮使京兆尹各與一子正員九品官大祀有嚴殷薦尤重凡在厥職宜特加恩應郊廟升殿行事官普恩之外宜更加一階如合入三品者量減三考入五品者量減兩考仍待考足日聽敘其合選人與減一選禮奉郊禋任親殿省忠勞既竭甄錄宜優內行事官三品已上更賜爵一級四品已下更加一階內侍省及內坊官四品已上各賜勳五轉五品已下各賜勳三轉應從駕至郊廟者普恩之外三品已上賜爵一級四品已下各加一階白身賜勳兩轉陳列威容肅清警衛載加寵錫用示恩私神策六軍威遠營左右金吾及皇城將士應緣大禮儀仗宿衛御樓立仗等普恩之外三品已上賜爵一級四品已下加一階仍依舊例賜物有差其神策將士應在京畿諸縣者亦各有賜物應緣大禮職掌行事官并修撰儀注及留守副留守倉庫卿等普恩之外三品已上賜爵一級四品已下各加一階要荒地遠職貢方來既覩郊禮之盛儀須覃慶賜之殊澤鴻臚禮賓院應在城內蕃客等各有

賜物諸道知上都進奏院在城各賜勳三轉應緣大禮四方進奏疏及賀官各賜勳三轉藝術所資優假宜及況因大賚當給新恩翰林待詔供奉并諸色直見任及前資并員外試官三品已上賜爵一級四品已下各加一階無官者賜勳兩轉爰執豆籩克恭薦饗或贊引叶於義矩或祇飾奉其事功心畢幹勤理當褒獎郊廟行事齋郎減二年勞室長掌座禮生贊者減一年勞無勞可減者便放出身崇元館行事學生及齋郎禮生番考已滿所司緣大禮卻追入行事各減一選國子監學生陪位者賜勳一轉中書

門下儀制官各加一階應緣祇供作官直司長上諸州行綱考典兩縣耆壽諸色番役當上在城弃量留十月番者各賜勳兩轉飛龍閑廄宮苑典引掌扇内園總監栽接少府將作内作中尚武德軍器内外弓箭庫等諸司諸使下白身人及無品直司定額長上雜匠巧兒黄衣長上監門直長雜仗三衛七色引駕細引執扇角手弩手彍騎武士天文觀生歷生漏生典鼓典鐘工人樂人主衣主膳主酪典食胡食手宰手掌閑幕士御士醫工獸醫門僕藥僮御書手楷書手典書流外行署等各賜勳兩轉夫務仁壽莫

若敬者老厚風俗莫若勸名節天下百姓婦人年九十已上各賜米五石絹兩匹綿一屯羊酒有差版授下州刺史郡君八十已上各賜米三石絹兩匹版授上佐縣君孝子順孫義夫節婦旌表門閭終身勿事先已旌表者量加優卹並委令長賚米帛就家宣賜詔具名申本道一時聞奏極天而峻既多鎮定之功赴海不窮且有朝宗之義五岳四瀆宜令本州刺史備禮致祭大報之德咸秩當行常祀雖定於歲時徧祭因宜乎柴燎載慕前王之令德復想古人之義風名山大川自古聖帝明王忠臣烈士各令所在以禮致祭亡命山澤挾藏軍器百日不首復罪如初赦書有所不該者所司具作條例聞奏敢以赦前事相告言者以其罪罪之赦書日行五百里布告天下咸使聞知主者施行

開成改元赦文

朕以寡昧祇奉昌圖兢業爲心不敢自怠庶乎播祖宗之光烈致區宇之康平推誠不疑惟才是用豈謂凶姦背德宗社將危中外叶謀咸加顯戮知人則哲實在帝而猶難罪已興懷誠爲君之不易緬惟古理良用惕然是用因元

正御正殿先明首罪仍布鴻恩王守澄累朝獎任久掌禁軍忠力雖多愆誤難掩交通雜類延進奸邪專弄威權盡害時政鄭注李訓因緣引見忝竊恩榮二三舊臣誣陷非罪成予寡昧抑有其由遂使姦惡搆連竊起前殿王涯賈餗舒元輿李訓宰輔股肱叶謀不軌王璠郭行餘節將在京率兵上殿羅立言李孝本紀綱臺府深入領徒韓約誘金吾衛兵立成嚮背魏逢驛騎來往鄭注自出成師將相通謀情狀咸具上天降祐氛祲已清討其本因已正刑辟王守澄既已云亡難議深責自特進已下官爵及實封並

宜削奪禍已終於旣往恩宜覃於有截可大赦天下宜改太和十年爲開成元年自正月一日昧爽已前大辟罪已下罪無輕重常赦所不原咸赦除之其左降官量移復資及才用有足稱者中書門下處分貶流人中元勅不許量移及終身勿齒者並與量移其去年應緣朋黨連累並十一月二十一日坐罪流貶者不在此限其身亡伏法者委所在州府量給棺殮任所親收葬制服其戶部度支鹽鐵應有諸色欠負太和五年已前者並放免諸道賀正端午降誕賀冬進奉起今權停三年其錢充細放百姓兩稅所

在除藥物口味茶果外不得輒有進獻百司及諸道應宣索制造一物已上者並停三年京畿百姓兩稅已下凡一歲之內徵取者幷百官職田並全放一年其京兆府一年所支用錢物斛斗草等並勒鹽鐵使以開成元年直進綾絹充還同州河中絳州去年旱歉賦斂不登宜放開成元年夏青苗錢同州賜雜穀六萬石河中絳州共賜十萬石委度支戶部以見貯粟麥充賜三省九列御史臺選黜陟使十人視問風俗進賢退不肖興行新制務令通流天下戍鎮文武帶憲官者解補進退並須奏聞其邊州令制譯語學官常令教習以達異意內外文武官及諸色人任上封事極言得失有裨時政者必加升擢待以不次其有藏器候時隱身岩穴奇節獨行可激風俗者委常參官及所在長吏各以名聞文武之道合而兼濟勳臣子弟有能修詞務學應進士明經及通諸科者委有司先加獎引河朔節將以州縣歸國者有張茂昭田宏正程權各與一子官子弟堪任使者委中書門下量加引用應內外文武官進階加爵有差

華嚴四祖清涼國師像贊

朕觀法界曠閒無垠應緣成事允用虛根清涼國師體象啟門奄有法界我祖聿尊教融海嶽恩廓乾坤首相二蹠拔擢幽昏間氣斯來拱承佛日四海光凝九州慶溢敞今仙門奪古賢席大手名曹橫經請益仍師巨休保余遐歷爰抒穎毫式揚茂實眞空罔盡機就而駕白月虛秋清風通夏妙有不遷緣息而化邈爾羽儀煥乎精舍

欽定全唐文卷七十六

武宗皇帝

帝諱炎穆宗第五子元和九年生長慶元年三月封潁王名瀍開成五年正月立為皇太弟其年即位會昌二年四月上尊號仁聖文武至神大孝皇帝五年正月又上尊號仁聖文武章天成功神德明道大孝皇帝六年三月改今名在位六年年三十三謚曰至道昭肅孝皇帝廟號武宗

封婕妤王氏為淑妃劉氏為賢妃制

門下禮重內朝國有彝制德既備於宮壼位宜峻其等威婕妤王氏劉氏並體坤順之德循姆師之訓齊莊之禮淑慎有儀揚懿軌於中闈表柔明於內則惠流宸禁芳靄椒塗慕辭輦之志宏逮下之德宜極寵數以彰徽猷必能重正闈儀助修陰教無愧於女宗之誡國風之詩王氏可淑妃劉氏可賢妃仍並令所司擇日備禮冊命主者施行

授崔珙同平章事制

一日萬機熙帝載者輔相予違爾弼成台德者股肱天將瑞時必有人傑況當出震之日實藉濟川之才諸道鹽鐵轉運等使銀青光祿大夫守刑部尚書上柱國崔珙應期而生希代之寶量涵海岳明並日星懷倜儻之奇姿抱英邁之正氣挺質而珪璋比德影纓而冠蓋盈門立言每見於經邦行己諒先於及物早持旄節再踐崇壇柔獷悍為忠義之心變封疆為禮樂之族信入人腹令行軍矛及尹正神州儀刑郡國剛能嫉惡明可照奸三輔宏取則之風四方稟承流之化洎司莞榷益茂器能精若鑑金利逾淬刃歲以饒羨國用富強懿乃成功允諧選衆是宜亮采皇極陟降臺階調陰陽於至和濟生靈於將泰四維咸舉百度以貞俾時式庸佐朕為理夫周以冢宰制國用漢以丞相調兵食猶怙牢盆之務往居鈞軸之尊后德惟臣良臣惟聖汝其納誨予亦踐言勉符魚水之資永贊文明之化服茲休命敬之敬之可守本官同中書門下平章事依前充諸道鹽鐵轉運等使

條流百官俸料制

諸道承乏官等雖云假攝當責課程但霑一半料錢不獲雜給料例自此手力紙筆特委中書門下條流貴在酌中共為均濟

禁額外徵稅制

租斂有常王制斯在徵率無藝齊人何依內外諸州府百姓所種田苗率稅斛斗素有定額如聞近年長吏不遵條法分外徵求致使力農之夫轉加困弊亦有每年差官巡檢勞擾頗深自今已後州縣每年所徵斛斗一切依元額爲定不得隨年檢責數外如有荒閑陂澤山原百姓或力能墾闢耕種州縣不得輒問所收苗子五年不在收稅限五年之外依例收稅於一鄉之中先塡貧戶欠闕如無欠闕即均減衆戶合徵斛斗但令不失元額不得隨田地頃畝加稅仍委本道觀察使每年秋成之時具管內墾闢田

地頃畝及合徵上供留州使斛斗數分析聞奏數外有剩納人戶斛斗刺史以下並節級重加懲貶觀察使奏聽進止仍令出使郎官御史及度支鹽鐵知院官訪察聞奏

檢校逃戶制

安土重遷黎人之性苟非艱窘豈至流亡將欲招綏必在資產諸道頻遭災沴州縣不爲申奏百姓輸納不辦多有逃移長吏懼在官之時破失人戶或恐務免正稅減剋料錢祇於見在戶中分外攤配亦有破除逃戶桑地以充稅錢逃戶產業已無歸還不得見在戶每年加配流亡轉多自今已後應州縣開成五年已前逃戶並委觀察使刺史差強明官就村鄉詣實簡勘桑田屋宇等仍勒長令切加簡較租佃與人勿令荒廢據所得與納戶內徵稅有餘即官爲收貯待歸還給付如欠少即與收貯至歸還日不須徵理自今年已後二年不歸復者即仰縣司召人給付承佃仍給公驗任爲永業其逃戶錢草斛斗等計留使錢物合十分中三分已上者並仰於當州使雜給用錢內方圓權落下不得剋正員官吏料錢及館驛使料遞乘作人課等錢仍本戶歸復日漸復元額

授陳夷行左僕射制

王者推至公以御天下成庶務以佚羣才況乎寅亮所資安危攸屬顧是進退實惟關其有績懋致君誠深知止則豈可不優其恩禮遂以便安上德尊賢於是乎在銀青光祿大夫守尚書左僕射兼門下侍郎同中書門下平章事監修國史陳夷行受天正性味道至和雅量川渟厚德山峙慮必經遠詞皆摭微舒遲見君子之容端肅得大臣之體文推訓誥學奧泉源膏腴五常枝葉百行早以精懿列侍禁闈溫樹既彰於不言王度每資於密贊洎踐登袞職

左右文宗遇事必陳犯鱗靡憚標揭令範振揚直聲逮余纂承再諧夢卜輔我以中天之道宏我以可久之規匡益居多厥庸甚茂近者寒暑乖候步履或艱嘉猷屢竭於沃心微恙有妨於造膝朕雖深倚賴方樂優崇而獻疏披誠固懷退讓眷言美志難議強煩用是輟夔贊於三台専儀型于百揆庶可資乎頤養且無替其崇高仍加貴勳式表光寵可守尚書左僕射仍賜上柱國

封定安大長公主制

門下我國家制馭戎夷推崇恩義示之以大信重之以和親所以燀聲教於殊隣割骨肉之深愛累聖宏略載於國

章太和公主擢秀天潢聯華宸極智惟周物識可洞微乃者回鶻輸誠願求相好穆宗皇帝義難違拒且務懷柔以鳳樓和淑之姿降龍庭桀驁之俗一辭朝闕二紀於茲常興去國之悲巳絕還鄉之望今可汗自竊名號來依塞垣朕以渥澤久濡飄零可憫齎以粟帛喻之旋歸曾無感激之心益肆貪婪之性遂得忠義同力將帥協謀未揚金鼓之音巳潰犬羊之衆遽收貴主出彼穹廬上以慰太后之深慈下以攄兆人之積憤將修慶覲坐雪幽冤名節自彰歎尚何極茄簫淒怨休傳朔漠之聲環珮鏗鏘再齒平陽之列是用易其舊邑錫以嘉名增沁園湯沐之封釋邊地風沙之思舉茲典禮用表忠勤祇服寵榮永光簡册可封定安大長公主

授杜悰平章事制

朕顧惟眇身纘承大構思有以允釐百事表率萬邦進髦傑於臺階庶緝熙於帝載布誠聽問側席眷求爰於岳牧之中載協著龜之兆乃舉成命以副具瞻淮南節度副大使知節度事充諸道鹽鐵轉運使光祿大夫檢校尚書右

僕射杜悰器宇恢宏襟度夷曠學通九經之要道符百行之源寒松不彫貞玉無玷忠信勵事君之節勤慎得成務之本任歷殷繁志惟匡益泊臨淮海兼掌貨泉開張多濟物之功饒羨指助軍之獻既而積粟應輓馳幣待供師徒無歎食之虞餽給有羸財之備克就戎事在我元臣是用付以國鈞俾司邦計仍兼莞榷之重務藉輸經濟之良能師長百僚亦從舊貫往踐大位爾其欽哉於戲惟理亂在庶官矧乎輔翼之臣寅亮代天之化必在參修政本振起皇綱興禮義以厚人倫竭謀猷以清氛祲期於啟沃以弼

孚違無金玉爾音將孤於虛佇也可檢校尚書右僕射同中書門下平章事充度支兼諸道鹽鐵轉運等使

封延慶公主等制

門下車服之制載美周詩湯沐之閼遵漢典備光內關等並稟慶絳河流芳彤管穠華懿淑雅志靜專柔順之心叶於禮度肅雍之道慶於言容宜錫粉田之榮用昭銀牓之貴可依前件

授杜悰右僕射崔鉉戶部尚書制

君之用臣也進則用其才勞則逸其事況丹青大化左右

朕躬謨明之效已彰歲月之勤亦至俾其宴息用保初終尚書右僕射兼門下侍郎同中書門下平章事杜悰貞莊有容沈厚多敏早歷內外之任備陳經濟之謀剛厲馳聲肅恭推美通議大夫守中書侍郎兼戶部尚書同中書門下平章事充集賢殿大學士上柱國博陵縣開國子食邑五百戶賜紫金魚袋崔鉉誠明挺操溫粹含章擢自禁垣之中列於台司之上獻替不倦沈研益光而皆披袞在廷事君宏道方當注意資爾令猷或趨尚之間時聞於朋比黜陟之際跡涉於依違朕尊禮大臣虛襟庶政將務義唐之化所期伊呂之賢苟曰未諧豈副僉屬臨軒永念能不憮然宜解職三台列官八座揆長天臺之右地居戶版之雄勉思令圖服我成命悰可行尚書右僕射鉉可守戶部尚書

立黠戛斯爲可汗制

我國家光宅四海君臨八荒聲教所覃冊命咸被況乎族稱宗姓地接封疆爰申建立之恩用廣懷柔之道有加常典得不敬承黠戛斯國生窮陰之鄉稟元朔之氣少卿之後胄裔且異於蕃夷大漠之中英傑自雄於種落日者居

於絕徼隔以強隣空馳向化之心莫通事大之體旋能奮其武勇清彼朔陲萬里歸誠重譯而至時旣當於無外義必在於固存是用特降徽章載明深懇加其美號錫以丹書貽厥後昆遂荒有北舉茲盛典章示遠戎祗服寵光永孚恩化可冊爲宗英雄武明誠可汗命右散騎常侍兼御史中丞李拭持節充冊立使仍命有司擇日備禮冊命

授李回同平章事制

我唐之盛實曰貞觀開元則有若姚公宋公彌綸天祿雖二祖之克聖亦良弼之攸賴朕自膺寶祚於茲六年未嘗

一日不忘貞觀開元之至理其命相也敢容易哉是用藎臣冀臻於道戶部侍郎判戶部事李回風雲元感山岳降神蔚爲人寶好道天爵心無適莫惟直是從事不古滯應機輒發靈府可以調元氣宏材可以濟巨川有君子欲訥之言有賢人可大之業掌綸西掖克潤王猷執簡南臺是稱邦直每揚清以激濁嘗持正以照邪凡有敷揚皆稱朕意況副予愛予功機疑和戎掌彼版圖時維舉職歷試皆可實獲我心是宜參務中樞啟揚庶績式光帝載且寵正人敬往欽哉無忘休命可中書侍郎同中書門下平章事

充集賢殿大學士依前判戶部事

毀佛寺勒僧尼還俗制

朕聞三代已前未嘗言佛漢魏之後象教浸興是由季時傳此異俗因緣染習蔓衍滋多以至於蠹耗國風而漸不覺誘惑人意而衆益迷洎於九州山原兩京城闕僧徒日廣佛寺日崇勞人力於土木之功奪人利於金寶之飾遺君親於師資之際違配偶於戒律之間壞法害人無逾此道且一夫不田有受其饑者一婦不蠶有受其寒者今天下僧尼不可勝數皆待農而食待蠶而衣寺宇招提莫知紀極皆雲構藻飾僭擬宮居晉宋齊梁物力凋瘵風俗澆詐莫不由是而致也況我高祖太宗以武定禍亂以文理天下執此二柄用以經邦豈可以區區西方之教與我抗衡哉貞觀開元亦嘗釐革剗除未盡流衍轉滋朕博覽前言旁求輿議弊之可革斷在不疑而中外諸臣協予至意條流至當宜在必行懲千古之蠹源成百王之典法濟人利衆予何讓焉其天下所拆寺四千六百餘所還俗僧尼二十六萬五百人收充兩稅戶拆招提蘭若四萬餘所收膏腴上田數千萬頃收奴婢爲兩稅戶十五萬人隸僧尼

屬主客顯明外國之教勒大秦穆護祓二千餘人還俗不雜中華之風於戲前古未行似將有待及今盡去豈謂無時驅游惰不業之徒已踰十萬廢丹雘無用之室何啻億千自此清淨訓人慕無爲之理簡易齊政成一俗之功將使六合黔黎同歸皇化尚以革弊之始日用不知下制明廷宜體予意宣布中外咸使聞知

修東都太廟制

自古議禮皆酌人情必若稷嗣知幾賈生達識方可發揮大政潤色皇猷其他管窺蓋不足數公卿之議實可施行

德輩所陳最爲淺近豈得苟申獨見妄有異同事貴酌中禮宜從衆宜令有司擇日修崇太廟以留守李石充使勾當

戒官僚宴會詔

州縣官比聞縱情杯酒之間施刑喜怒之際致使簿書停廢獄訟滯冤其縣令每月非暇日不得輒會賓客遊宴其刺史除暇日外有賓客須申宴餞者聽之仍須簡省諸道觀察使任居廉察表率一方宜自勵清規以爲程法

定鹽鐵度支等官贓罪詔

朝廷典刑理當畫一官吏贓坐不宜有殊內外文武官犯入已贓絹三十匹盡處極法惟鹽鐵度支戶部等司官吏破使物數雖多只遣塡納盜使之罪一切不論所以天下官錢悉爲應在姦吏贓汚多則轉安此弊最深切要杜塞自今已後度支鹽鐵戶部等司官吏及行綱腳家等如隱使官錢計贓至三十匹並處極法除估納家產外並不使徵納其取受贓亦準此一條

釐革請留中不出狀詔

近因李延齡告李芳回大逆其狀請留中不出朕親覽之際已得其情及令鞫問果辨欺詐比者朝官論人過失亦請留中且嫉惡除奸人臣明義知其隱慝足得顯陳深務蓋藏必因嫌恨事不由於直道情乃近於讒邪危人者得騁私懷罹謗者何從自辨無裨政理適長冤誣昔漢宣帝時章文必有敢告之字乃下闕前王令典實可遵行宜起今後應有朝官及上封事人進章表論人罪惡並須證驗明白狀中仍言請付御史臺按問不得更云請留中不出如軍國要機事關密切者不在此例推勘後如得事實必獎奉公苟涉加誣當令反坐如此則人知畏法事免搆虛各示中外令知朕意

獎晉陽令狄惟謙詔

狄惟謙劇邑良才忠臣華胄覩此天厲將癉下民當請禱於晉祠類投巫於鄴縣曝山椒之畏景事等焚軀起天際之油雲法同翦爪遂使旱風潛息甘澤旋流昊天猶鑒於克誠余志豈忘於褒善特頒朱紱俾耀銅章勿替令名更昭殊渥續賜章服並錢五十萬

改轉官不許登朝詔

應在京百司官典優成授官人等既云趨吏執舉簿書優

成命官須居散秩近日僭越殊紊舊規累資或至於登朝班序豈容於雜類自今已後如有改轉官宜止於中下州長馬但不能登朝事貴得體永爲常式

遺詔

朕以寡德祗守丕業恭臨萬宇迨兹七年夙夜憂勤聿修大政剗除黠虜通欵堅昆誅稹壺關擒弁弁部去摩尼壞法革釋氏邪風免蠹生人式資正教漸移時俗庶及和平撫育黎元冀成理道行化逾切親政益勤寒暑所侵厥疾斯遘藥石無補以至大漸皇太叔叔父之親賢長之順天

資睿哲聖敬日躋光揚祖宗善繼休烈而能內睦九族外親萬機德可以寧庶邦仁可以安百姓朕之推擇無愧神明付託得人顧復何恨宜令所司具禮柩前即皇帝位仍令太尉平章事德裕攝冢宰軍國事重不可暫闕以日易月抑惟舊章皇帝三日而聽政二十七日而釋服天下節度觀察防禦使監軍諸州刺史職守非輕並不得擅離任赴哀天下人吏百姓告哀後出臨三日皆釋服無禁嫁婚祠祀飲酒食肉釋服之後無禁舉樂文武官朝晡臨事十五舉音宮中當臨者非時無得擅哭漢文薄葬常所慕之

營奉山陵備從儉約勿以金銀錦綵緣飾喪具醫人陸行周奪章服及官與趙全素任從所適醫官郭元已下三人釋放依前翰林收管五坊鷹犬除留備蒐狩外並解放噫生也有歸人之大數修短定分天理惟常雖古聖賢無能免者在乎守其道而知其終全其義而歸其正節哀順變存者不至於傷生委化觀空逝者無勞於哀痛素達此理何足興嗟咨爾元老大臣內外庶位敬奉皇帝保寧邦家布告遐邇咸使知悉

禁妄投匭使狀勅

匭函所設貴達下情近者所投文書煩碎或論列祖曾功業或進獻自己文章無補國經有紊時政極言不諱豈假匿名從今後如知朝廷得失軍國利害實負冤屈有司不爲申明者任投匭進狀所繇畫時引進不得壅滯餘不在投限宜委匭使準此

遣使慰安太和公主勅

緣回紇國中離亂頗甚太和公主恐未安寧須遣文臣專往訪問宜差通使舍人苗縮充使

條析蠲免食錢勅

去年赦書所放食利秖是外百司食錢令戶部共賜錢訖若先假以食利爲名將充公用者並不在放免如聞內諸司息利錢皆以食利爲名百姓因此亦求蠲免宜各委所司不在放免限

問李德裕疾勅

卿昨日所上表陳情緣多疾病請退守周行朕已省覽終不允所奏卿實有疾爲復別有故如要他有備陳宜盡肺肝便進狀來況北虜未歸朝廷事切每有料度皆藉規模且三五年間終未令卿離中書忽有奏章實難允遂如實

有疾但將息候瘥日須強扶持對來仍斷來章

罰宣城公主等勅

定安大長公主自蕃還京莫不哀憫百辟卿士皆出拜迎宣城貞寧臨貞貞源義昌等公主並宗室近親合先慰問晏然私第竟巳不至度於物體稍似非宜各罰封絹一百匹以塞愆違陽安長公主既不與定安光順相見又兩日就宅宣事皆不在家罰封物三百匹

欽定全唐文卷七十七

武宗二

除齋月斷屠勅

齋月斷屠出於釋氏國家創業猶近梁隋卿相大臣或沿茲弊鼓刀者既獲厚利糾察者潛受請求正月以萬物生植之初宜斷三日列聖忌斷一日仍準開元二十二年勅三元日各斷三日餘月不禁

除諫官連名奏事勅

諫官論事所見不同連狀署名事同糾率此後凡論公事

各隨己見不得連署姓名如有大政奏論即可連署

斷獄勅

郊禮日近獄囚數多案款已成多有翻覆其兩京天下州府見繫囚已結正及兩度翻案伏款者並令先事結斷訖申

定義安太后服制勅

朕恭承遺令旣逾易月之文而公卿庶僚願舉酌中之典徵引古義發揮舊章閱茲敷陳良用酸惻朕嗣纘鴻業豈以自私勉副羣情倍深感切所有降服及山陵制度並依

詳議政刑勅

漢魏以來朝廷大政必下公卿詳議博求理道以盡羣情所以政必有經人皆向道此後事關禮法羣情有疑者令本司申尚書都省下禮官參議如是刑獄亦先令法官詳議然後申刑部參覆如郎官御史有能駁難或據經史故事議論精當即擢授遷改以獎之如言涉浮華都無經據不在申聞

議東都立廟勅

段瓌等詳議東都不可立廟李福等狀又有異同國家制

度須合典禮證據未一則難建立並令赴都省對議須歸至當

選耆壽勾當悲田養病坊勅

悲田養病坊僧尼還俗無人主持恐殘疾無以取給兩京量給寺田賑濟諸州府七頃至十頃各於本管選耆壽一人勾當以充粥料

答李德裕讓官勅

卿欲遂頤養辭位閒休今者社稷安謀系在良平況北虜殘孽未殄西戎國內不安除寇靖邊藉卿調鼎遽茲陳退所不忍聞縱累陳情終不允遂

停用舊錢勅

比緣錢重幣輕生人轉困今新加鼓鑄必在流行通變救時莫切於此宜申先甲之令以儆居貨之徒京城諸道宜起來年正月已後公私行用並取新錢其舊錢權停三數年如有違犯同用鉛錫錢例科斷其舊錢並沒納

立光王爲皇太叔勾當軍國勅

朕以微眇獲守宗祧祇荷鴻休懼不克濟乾乾夕惕若涉春冰旰昃忘疲宵分假寐而陽和布候固陰交爭寒暑所

侵乖於攝理忽嬰疾疢茲已經時漸覺衰羸藥餌未效臣僚憂我中外叶心禱祝畢爲針石備至皇子沖幼未經師資軍國事重須選賢德稽於訓典謀及大臣用建明哲以貳神器親叔光王怡宜改名忱植性忠孝翼翼小心禮樂生知聰明天縱溫文敏裕博厚寬仁言必依經雅符於詩禮動不違矩式合於典謨俾奉丕圖必愜人欲可立爲皇太叔應軍國政事便令權勾當百辟卿士中外庶官宜竭乃心輔成予志於戲萬幾不可以久曠兆人不可以乏統惟義是守朕不敢私宣布中外咸令知悉

答宰臣上尊號第五表批

前覽四表報皆一詞可謂君臣之義至矣天人之理盡矣朕辭益固情益堅誠歎可之不移柰虛美而難處山雖崇而降地易象明言海雖王而下川元元深旨文王以小心事帝虞舜以恭己臨人銘盤取勵於殷湯欹器戒盈於周廟皆以畏惕而自警不聞滿足而虛尊卿等以塞北平胡山東殄寇韜兵偃武鑄戟為農郊天之年瑞雪清路冊號之夏嘉雨滅災毀摩尼壞法之邪蕩弁寇亂常之暴此皆上元厭禍宗社儲休至於刑政克明文武具舉年登適臻

其氣順俗阜實自於官修內承宰輔之謀外盡藩侯之力余雖垂拱且有何功況臻鴻徽尤非稱德既頻推美何以當之然禮貴從人事難徇志祗循前訓允遂羣情殊不自安諒非縱欲勉爾所請深用愧懷

答李德裕讓太尉第二表批

省表具知我文祖有文貞房杜左右前後若日照月臨緝熙帝圖肇顯天祿異代同德建勳垂休克相朕躬光集大命功居第一節貫在三神開智謀識洞蓍蔡用夔龍之道振堯舜之風懸衡不欺朗鑑能燭乃者葷狁狂獗參翦伐之權頑童侵虐啟平殄之策贊我獨斷挺身羣疑子房潛運於先機張華堅執於必克制變兵事訏謨國經晝則共議公朝夜多不寐私室揮發綸綍揣摩典章弼亮五年風雨一志剛健不倚謙尊益光見吳芮蕭何之心盡食蘖飲冰之節今邊烽息照凶首已殲允賴疇咨克平夷夏特寵槐庭之拜俾崇鳳沼之榮巍峩三台耀映千古未為寵答繼有讓章體朕至懷宜斷來表所謝知

答李德裕讓太尉第三表批

省表具悉褒德賞功禮經備舉疇庸答效國典攸存昔子

儀以外止軍功所宜牢讓今卿以內匡時政非合固辭況道濟公忠才兼文武弼諧五載始終一心頃以虜寇初平纔息戈甲旋又潞童怙亂須議翦除惟卿竭誠與我同志晉武平吳之計全在張華漢高鎮俗之謀誰先周勃所以舉茲寵秩用答元勳恨更無官以償忠節且三載考績猶進律以甄勞況五兵成功無超位而表異自予遷授非限常程式示恩榮允符公論是宜贊傑用佐經邦王祥之碩德當任楊秉之貞廉稱職未酬萬一無至再三勉服官常宜斷來表

彗星見避正殿德音

天道運行二氣交感著明不息罔有僭差苟或變見是爲至誠朕以寡德祖宗眷佑撫臨四海茂育羣生夙夜祗懼思臻和洽年穀幸豐方期富庶而德有所未至信有所未孚祅星譎見旣望未滅天垂常象咎徵昭然觀占次舍寢興愧惕雖罪己之詞嘗申謝譴而在予之責更示深衷是用側己修身以答天意冀有感召導迎休祥自此未御正殿宰臣與羣官有司且於延英聽命愼刑審獄理滯申恩冀絕冤結以通和氣其天下見禁囚徒京城内宜委宰臣

一人於尚書省詳覆如情狀冤屈疏理訖具錄聞奏諸州府各委長吏親自覆問不得信任官吏令有冤誣不急之務或慮勞役且令休罷亦示卹人應京城内及諸州府公廨寺觀如非要切所有營繕并勒權停救患備災爲政之本言念黎庶彌切憂勤應今年諸道水災蝗蟲州縣或有存卹未及處並委所在長吏與鹽鐵度支巡院同訪問聞奏或恐明年又有水旱蝗蟲其近江州縣令正當農隙各委本道加築隄防及勸課百姓種植五豆以備災患其常平義倉先有收貯米足處切令校料不得信任所由欺隱永思天譴用警畋遊克己省躬損之又損其臘日京兆府及諸司進食並宜權停於戲譴告之徵幽微元遠上天垂耀鑒誠彰明思獲銷禳深用兢勵遐想殷宗之道修德以勝妖緬懷宋景之賢發言而退舍將欲推誠以御物化災而爲祥庶或感通以遂福應宣示中外宜諒至懷主者施行

雨災減放稅錢德音

門下朕恭臨寶位祇嗣丕圖勤卹憂兢夙夜匪怠懼天下之目專專然以覲予動懼天下之耳喁喁然以聽予言何

嘗發一言不遵祖宗之法制動一事不副卿士之羣心雖克己甚勞誠心無逸驅時風於樸素絕進取於爭馳便於人者無不爲厚於身者無不去然而惠化猶闕懲勸未行殘虜在邊尚煩饋餉狂童叛踰猶擾干戈蓋不得已而用之事有違其志者顧惟寡昧慙歎方深今朝野叶心忠良同志共除氛祲日冀清平而秋雨經旬有妨收積雖云苗稼未害亦恐陰沴爲災慮生人之疾苦未蠲刑獄之滯冤未理勵堯舜敬天之志當夕興嗟虔禹湯罪己之心詰朝下詔眾貧國何云富人瘠君安得肥況畿甸差科終年無

已百司取給供億實多其京兆府秋稅及青苗錢共放八百萬便委張賈與諸縣令同商量各據所損多少作等第減放更不用檢苗覆損煩於申奏其合徵納物仍量與寬限容待路通後輸納如聞貧人未及種麥仍委每縣量人戶所要貸與種子寬限至麥熟日塡納如京兆府自無種子即據數聞奏太倉給付其御史臺京兆府所有囚徒委宰臣一人與左僕射王起御史中丞李回就都省疏理如情狀可矜者便與決遣其諸州府囚徒亦委長吏親自疏理勿令寃滯於戲水旱之災陰陽定數適當菲德合恤疲人施令布恩期於蘇息凡厥臣庶宜體朕懷

減放太原及沿邊州郡稅錢德音

門下朕思三五已降誰能去兵文武之道參用爲理況以寡昧獲承丕構環四海九州之大子圓首方足之多一夫之疾痛必軫其憂一士之忠勞必思其報一風一雨之愆候必申其祈禱一事一役之橫費必念其所來業業兢兢如卽深薄雖興兵動衆非予素懷而伐罪弔人有國常憲干戈一舉飛輓是勞緣路徵輸指期調發耕夫不遑於壟畔織婦有輟於機中予之疚懷豈忘終食頃以虜騎犯塞王師戍邊今以潞寇阻兵靈旗指晉始無虞於塞北復有征於山東勞者未安居者寧逸蓋不獲已且多懼焉念其徵發師徒道路供饋地素貧褊物力已窮今欲及徵秋稅之時宜有蠲免用布慈仁之澤冀爲疲瘵之醫勉副曲恩永安生業其太原管內忻雲汾代蔚朔六州振武天德及河中晉絳陝沿路州縣今年秋稅及地頭錢宜放免河南府亦是供頓往來道路比晉絳太原卽免編併其沿路畿縣及河陽汜水縣秋稅地頭錢量放上供一色其合留使留州錢物各委本道觀察使具放欠額數奏聞當與商量於戲朕君臨萬方子育兆庶務將去害豈謂佳兵上天鑒

予元功福善佇聞掃殄共樂清平未聞之心憂愧而已凡百多士宜體朕懷

平潞州德音

門下朕聞覆載之內逆命者必滅其身日月所臨亂常者必覆其族矧有恩孫亭毒禮背君親罪惡貫盈人神共棄咎將自執禍豈能逃逆賊劉稹包祖父之姦謀肆豺狼之狠戾動干紀律力逞凶頑招亡命而爲腹心憑山川而爲險固脅從百姓殘忍一方積惡成殃擢髮難數朕恭承寶

仙祇畏上天每戒佳兵常思去殺然事關除暴理合興師遂命戎臣會兵攻伐鼙鼓闞雷霆之怒戈鋋行原野之誅惡黨既擒元凶就戮載馳驛騎傳首上聞又獻捷音降書繼至是用丕變弊俗洗蕩妖氛式布新恩獲全舊土念彼戰爭之地適當凋瘵之餘租稅且蠲征徭合減其澤潞五州共給復一年河南府當路縣太原府及接昭義界縣河陽懷州陝晉絳及當路州縣今年秋稅並且放免酬忠旌善爵賞宜加其行營立功節度使並別敕處分其大將已下委本道各具功效聞奏續有處分諸道行營咸盡忠力至於攻取尅捷屢聞應緣討伐將士歸還之際並有優賞已從別敕處分離鄉征役固有勤勞臨陣殺傷寧無閔殁行魏祖弔魂之禮施周文葬骨之仁其行營將士陣亡者先已有敕便令子弟填替如無子弟三年不停衣糧有因戰陣傷損手足永廢者終身並不得停衣糧陣歿將士骸骨先令所在埋瘞不許便令將歸今已事平如家口遷取委所在州縣量事應接發遣如無親屬來取者重與改瘞勿令暴露仍與設祭諸道行營陷沒將士見在昭義者各放歸本道其澤潞五州百姓先因用兵逃散在諸處者委

元逵宏敬劉沔元式石雄安存發遣各令歸業仍委盧鈞設法招攜務於綏輯其有劉從諫已後暴賦加徵害於百姓者並且放免用兵以來劉稹所招收團練官健放歸營生五州內百姓如有家事蕩盡交切饑餓者委盧鈞以軍糧賑貸如先有倉窖被賊收管未破用者並還本主其莊田已爲人占奪者亦並卻還今秋猶及種麥如自無麥種子者且以官麥貸借如五州有無麥種子者共借三萬石令供軍院逐便支付其先賢墳墓碑記爲人所知被發掘者卻與掩藏仍量與致祭其諸色人內如有文學節行比來藏避從諫隱跡山林者並令搜訪具以名聞又自劉悟從諫至劉稹逆命以來如有忠義之徒曾謀歸國爲殘害者並具聞奏當有贈卹應五州界內戰處所在骸骨如無主者並與收拾埋瘞今遣吏部侍郎高銖給事中盧宏正專往宣慰存問疾苦撫卹凋殘迴日各宜具利害聞奏於戲朕以四海爲家兆人爲子一夫不獲常所歉然闕不寧每勞軫慮今逆黨已戮內地無虞偃戢干戈謀從此始庶乎元氣保合太和遐邇聞之當體予意主者施行

冊李德裕太尉文

皇帝若曰惟天育生物必極其毒而後臻於和惟君保天祿必登厥德而後底於道我國家建皇圖焯鴻業二百三十祀祖宗儲休俾予嗣厥位予祇若天地紹古之訓惟賢時念乃有家臣光祿大夫守司徒兼門下侍郎同中書門下平章事兼充宏文館大學士太清宮使衛國公李德裕左右予一人撫四夷親萬國文以和政武以寧亂於戲爾有蹈義斷金之操不踰於險易爾有移忠匪石之志可薦於宗社故翦吾欲以康務沃朕心而成德日者弧星耀芒朔漠之人若鑒沸鼎惟爾總合智力撲其氛焰盜萌蠹本

牙角滅息孽豎扇禍壺關搆釁閉險聯絳趙魏淮潞五州之人是莫不憂其生於旦夕惟爾協予一人經是七德決自樽俎發如雷電風后之握機成陣密並軒皇羊祜之沈謀制勝元同晉帝修德刑爲戰器閱禮樂爲身文雖其功不自伐已爲衆所共欽不有殊榮曷酬盛德茲用命爾爲太尉往惟欽哉

命皇太叔即位册文

維會昌六年歲次景寅三月壬寅朔二十六日丁卯皇帝若曰惟元穹降祚啟我唐運奕葉重暉赫曦纂承列聖顧瞻數佑沖昧獲承大寶君臨兆人懼不能任夙夜兢厲祇事九廟於今七年實賴宗社之靈台袞之輔忠良畢力內外協心北翦山戎東殲孽豎不失傳付之業方期仁壽之寧屬頤護或虧寒暑致恙禱神餌藥有加無瘳乃闕親賢而委家國皇太叔權勾當軍國政事忱溫慈睿哲孝友端明蘊東平爲善之心尚河間好學之志必能熹煦天下穆清大中於戲惟敬惟和克敏克寬斥去奇邪親任仁人是用終陟元后宜令某官奉册即皇帝位欽若天道緝熙帝圖懋哉敬哉

欽定全唐文卷七十八

武宗三

即位赦文

朕粤自藩邸來握乾符銜哀受遺當宁興感永惟我高祖太宗艱難創業其後列聖奕葉重光英睿相繼泊於先帝秉文之德光闡皇猷將洽理平甫臻仁壽顧予沖昧叨承大統祇命若臨於泉谷思理未詳於政刑空懷濟物之心將纘已成之業所尚者節儉所寶者忠良肆眚法解網之仁厚生數流澤之惠上憑靈祉下便物情期中外以叶心

冀遐邇而咸乂爰遵典訓特沛鴻恩諒表政於惟新敢忘憂於馭朽可大赦天下自開成五年二月八日昧爽已前大辟罪已下罪無輕重咸赦除之惟十惡叛逆故殺人官典犯贓不在此限

南郊改元赦文

門下古之令主肇建皇極莫不嚴禋郊廟統和神人將以承上天之眷命告下土之率服恪有令典留爲後法是以太陽施光調無私之臨照和風扇物樂有截之生靈明察爲先誠敬攸屬斯道不遠宏之在予朕以寡昧入奉丕構應三靈之協慶祇一德以咸美代邸樂推賴元臣忠力虞琴方鼓冀萬國歡心顧以涉道多闕惕若馭朽凜如蹈冰納隍勤誠勵之懷置器審安危之地苟一物失所時予之深辜粤以獻歲吉辰禋祀上帝烟燎既達牲幣克修百神受職而敬恭六合承休而霈洽禮成而退慶執大焉思與公卿大夫內外臣庶導迎善氣同我休嘉變生人之耳目振大化之綱紀立號垂統自中形外延八表之洪福啟五始之惟新事天之禮既因高以薦誠及物之恩宜順時以布澤可大赦天下改開成六年爲會昌元年

加尊號赦文

門下昔我高祖太宗始造區夏闢乾坤以覆載揭日月以照臨盛德耿光格於上下昊天有成命我二后受之列聖丕圖克大其緒文綏武靖奕葉連枝逮予纘修罔敢失墜誠欲追蹤在昔貽範將來陶末俗於至和返大樸於已散而道不足以居域中之大文不足以成天下之化恭己南面夙興夕惕遐思理古歎然於懷至於嗣歲豐穰寰海康靜祅沴滅息華夷大同茲實監祐自天匡救在下諒非己出安敢自多而三台百辟陳忠懇加我大號其何以堪

謂予守文宜述先志抑而不行者三請確而不拔者羣誠豈貪在己之名姑念從人之欲祗膺典冊良深惕勵於戲顏子匹夫也猶曰舜何人哉矧有其位行其教化而不思齊其道也尚念交修俾克用乂今維夏長養之時動植之物莫不自遂思有以導迎和氣生活吾人是用稽犧經之作解法虞書之肆赦推恩宥過思與同休可大赦天下自會昌二年四月二十三日昧爽已前大辟罪已下已發覺未發覺已結正未結正繫囚見徒罪無輕重咸赦除之惟犯十惡叛逆已上故殺人及官典犯贓不在此限應左降

官恩赦後未經量移者與量移近處丁憂去任服闋日亦與量移如準前制已合量移有司未注擬者速與處分流人未到所在及已到未經量移者並與量移近處僧尼道士移隸未經量移者亦與量移近處中外前資見任官頃因延累未及用者并左降官中有事情可恕名跡素聞者宜委中書門下量加獎用勿使屈滯俗未臻於富庶念每切於黎元衣食寡充旰昃興歎百司田疇地有高低歲有善惡傷於水潦則低田不稔稍遇亢旱即高處無苗近聞州縣長吏掩其災損務求辦集惟於熟苗上加徵將填欠數致使黎元重困惠養全乖自今後州縣百姓有遭水旱苗稼不收處檢驗不虛便準前後敕文破免不得加徵熟田人戶令本配額外重出斛斗商通百貨士奉公程俾無行旅之虞在去萑蒲之聚應州郡連帶江湖常多寇盜結搆羣黨潛蓄弓劍殘害平人剽劫財物道途商賈常患不安方今海內無虞所宜普湊委諸道節度防禦使如界內帶江山淮海處切加警備仍差巡檢更於要害處加置軍鎮捉搦擇有機略軍將鎮守遊奕明立賞罰如能設計擒獲賊黨二十人已上并獲贓物推問行劫蹤跡分明者量

其功續節級優賞仍與遷職如界內有劫殺不能捉獲者亦節級重加懲責仍委出使郎官御史及所在巡檢院切加察訪不得更使因循邊戍禦扞戎夷士卒衣糧最爲切事如聞逃亡浸廣營壘多虛又供給公私皆率官健妻孥困乏不免饑寒委本道節度使與監軍使躬親點閱據逃死欠闕人數便取軍中少壯有武藝子弟填替不得遣有虛名其見在將士衣糧皆須及時給付正身不得輒有減剋別將支用令其凍餒仍委出使郎官訪察聞奏有違當案覆科貶抑強扶弱實王道所先賦役以均則窮人靡怨

度支鹽鐵戶部諸色所由茶油鹽商人準勅例條免戶內差役天下州縣豪宿之家皆名屬倉場鹽院以避徭役或有違犯條法州縣不敢追呼以此富屋皆趨倖門貧者偏當使役其中亦有影庇真僞難分自今已後委本司條疏應屬三司及茶鹽商人各據所在場鹽正額人名牒報本貫州縣準勅文處分其茶鹽商仍定觔石多少以爲限約其有冒名接脚短販零少者不在此限其小鋪所由主人牙郎火夫牛戶父兄子弟幷在任州縣依例使役所冀勞逸稍均疲人蘇息給事郊廟之服奉祠稱絲之稅蠶桑是

繫封植攸資宜設科條用絕違犯勸課種桑比有勅令每年奏聞如聞都不遵行恣爲翦伐列於市肆鬻爲柴薪州縣宜禁斷不得輒許更賣犯者科違勅罪理貴便人事存可久苟非據實則昧適時州府兩稅物斛斗每年各有定額徵科之日皆申省司除上供之外留後留州任於額內方圓給用縱有餘羨亦許州使留備水旱其留使錢物更令諸道分析破用去處所立文帳皆是構虛文百姓墾田承前已申頃畝及斛斗單數近年又令其人戶稅錢等第墾田水陸頃畝挾縣鄉分析徒爲繁弊無益政途今年已後並宜停送州縣攝官假名求食尚懷苟且不䘏疲人其闕少官員處並委本州刺史於當州諸縣見任官中量閒劇分配公事勾當如官員數少力實不逮處即於前資官中選擇清謹幹用者差攝不得取散試官充職制祿授田著於定制貪猾利己不修舊章應畿內在京百司職田方聞本地多被狡吏及豪強平直隱蔽迴換遙指荒閒增薄田地即配與浮客佃食免被豪吏欺隱如或因循不存勾當官吏等必當節級處分使命經行供備夫役既懸額例事頗姦欺須議舉明以全物力江淮兩浙每驛供使水夫

價錢舊例約十五千已來使過元額須別供船夫近日相承取索無度從蘇常已南每驛便供四十餘千或界內或四五驛往來須破四五百千宜依往例不得數外妄供如更有違長吏已下節級書罪立政之本所務均平設法之源在絕僥倖京畿諸縣太常樂人及金吾角子皆是富饒之戶其數至多今一身屬太常金吾一門盡免雜差役今日已後只放正身一人差使其家下並不在影庇限涉歷吏事蓋崇理本自因近制卻啟倖門太和九年十二月十八日勅進士初合格並令授諸州府參軍及緊縣簿尉未

經兩考不許奏職蓋以科第之人必宏理化黎元之弊欲使語諳非惟可塞倖門實亦用懲澆俗近者諸州長吏漸不遵承雖注縣僚多縻使職苟從知己不顧蒸人流例寖成侵費不少況去年選格更改新條許本郡奏官便當府充職一人從事兩請料錢虛占吏曹正員不親本任公事其進士宜至合選年諸道依資奏授州縣官即不在兼職之限武官選用本求才藝近日入仕多門虛僞轉甚就中兵部武選其弊尤深都無本根妄兼甲歷但求遷轉莫可討尋其武選且停見任武官即仰依前守職仍差官量與

修甲歷得甲歷定然後許前資赴集輦轂之下諸色人中非吏非商閒行遊手總名趨事潛得容奸自今後有自謀職任私用貨賄詭計多端經過朝貴者委御史臺京兆府嚴加察訪捉搦畿甸賦繁園陵至重先事立制冀免虛勞親陵柏栽每歲添補約力計費役用至多歲久而不見其功人勞而未除其弊蓋由栽植動土須先奏聞待敕下有司及擇日到縣已過期限豈盡施功空閱數以計備皆朝種而夕朽自今已後每至歲首委有司於正月二月三月八月四箇月內擇動土利便之日先下奉陵諸縣分明榜示百姓至時與設法栽植畢日縣司與守管使同點檢據數牒報與折本戶稅錢高秩峻級榮蔭子孫蓋寵勞能著存令式近者漸寡廉樸多補名身不獨假蔭近房兼有規求厚利選曹既闕磨勘長吏不聞糾繩此弊公行吏途太濫自今後並須準格用蔭人數年限不得逾越委吏部及御史臺嚴加覺察據其選授官到本道本州須審磨勘稍疑踰濫及察知冒賣資蔭便收禁牒報有司懲官述職禦侮中威暨於庶僚咸竭乃力峻其爵級以極封崇內外文武見任及致仕官三品已上賜爵一級四品已下加一階

仍賜勳兩轉神策六軍金吾威遠皇城將士普恩之外各賜勳兩轉位列虞賓冑崇褒聖所以闡德教而昭前烈也二王三恪及文宣公各賜物五十匹二廣拱辰五營列衞明庭執玉航海會朝念申力以賞勞示懷柔而優寵神策及六軍金吾威遠皇城等諸軍將軍統軍已下各賜物有差鴻臚禮賓院應在城內蕃客等并節級有賜物光贊典冊發揮鴻名實賴重臣共揚休烈爰推恩以廣愛亦峻給以崇階攝侍中讀寶官中書侍郎平章事李紳攝中書令讀冊官右僕射兼中書侍郎平章事崔珙各賜一子出身

撰册文官司空兼門下侍郎平章事李德裕賜一子出身正員官奉寶綬官書玉册官書寶官各加兩階進寶綬進中嚴外辦禮儀贊導押寶册官各加一階其應職掌行事官三品及寫制官太常修儀注禮官并內行事官三品已上賜爵一級四品已下加一階仍并賜勳一轉鐫造寶册并填金字造寶裝玉册官各賜物五十段養老引年旌閭表行冀宏忠厚之俗以振節義之風天下百姓年九十已上委所在長吏量加存問孝子順孫義夫節婦旌表門閭終身勿事先已旌表者亦量加優卹降神表峻出寶應圖

秩視公侯德禳災患式崇明祀咸薦吉蠲五岳四瀆宜委本州長吏備禮致祭名山大川自古聖帝明王忠臣烈士各令所在以禮致祭亡命山澤挾藏軍器百日不首復罪如初赦書有所不該者所司具作條例奏聞敢以赦前事相告言者以其罪罪之赦書日行五百里布告天下咸使聞知主者施行

加尊號後郊天赦文

門下王者事帝必嚴禋祀之容臣下歸功爰極推崇之義既膺鴻號式展盛儀因時布和順歲更始前聖垂範後人是遵矧以眇身幸逢昌運雖履冰惟懼而涉道未周繫我輔臣洎茲列岳內盡交修之志外分共理之憂乃者虜衆乖離部族款附救帝子於氈裘之所致名王爲冠帶之臣堅昆來朝不遠萬里夷貊嚮化克同九州重以上黨狂童竊襲叛跡問罪之師既集元凶之首遂梟廓清亂風洗滌汙俗翦逆弁而故都底定竄摩尼而壞法永除由是退惡進賢化行令舉刑姦贓之吏破贖貨之家此皆宗社降靈助成時政豈朕涼德獨擅厥功而中外誠臣文武多士累陳懇疏再舉鴻名辭不獲從被此虛美是用虔告清廟明

禋上元烟燎所升靈貺如答既展郊禮重申國經宜因行慶之辰誕布惟新之令同我景福永孚於休可大赦天下自會昌五年正月三日昧爽已前大辟罪已下罪無輕重已發覺未發覺已結正未結正繫囚見徒常赦所不原者咸赦除之惟犯十惡反逆已上及故殺人官典犯入己贓持仗行劫縱不殺人並不在免限左降官量移近處已經量移者更與量移如已在近處未復資者有司別條聞奏如復資者五品已上中書門下速與處分六品已下依常調選丁憂去任服闋日亦與量移如有親故在上都任於

所司陳狀便與處分不必更待本州府申請從九月二十九日降郊禮勅後流貶人不在此例兼比來與劉稹楊弁同謀惡逆配流及伏法身死有父兄子弟及諸親族等配流者並不在放還及量移之限別勅因責授降資正員官未經轉者量與進敘亡官失爵放歸不齒者量加收敘縱元勅云終身不齒者亦量與收敘流人未到所在及已到者並放還惟降死從流者與移近地如收敘者量才錄用弁僧尼道士移隸者亦放還其情狀難容者不在量移及放還之限得罪人已亡歿家口未許歸者一切放歸如自

情願住者亦任諸色得罪人中如先有勅云縱逢恩赦不在免限者弁別勅安置者亦委中書門下量事狀輕重節級處分左降官及流人先有官者如已亡歿各還本官流貶及諸色等罪人所有在任身亡任其親故收以歸葬仍仰州縣量給棺櫬優當發遣近年將相及任事之臣如因事貶降身已淪没情理屈者並量與追贈諸色人中有痕累禁錮及逃匿者一切並與洗滌應昭義逆黨親族除已處置外其他素不同謀者並一切不問常參官及諸色刺史先因停替及以病解免終制未授官者委中書門下量

才進擬勿令稽遲國家與吐蕃甥舅之好彼此無虞自今後邊上不得受納投降人並擒捉生口功蓋本朝賞延後嗣是加恩禮用勸臣心故尚父汾陽王贈太師晟贈太尉秀實贈司徒顏杲卿贈太師顏真卿許遠張巡南霽雲子孫中未經甄奬者每家與一人出身耕桑豐約上應徵租泉貨輕重宜均物力丁徭若絕其影占組織又去其纖奇則農桑無荒女工斯勸京畿百姓應兩稅及青苗地頭納見錢等充給府縣官吏及諸色支用今天下諸州所納兩稅皆據分數納見錢除納省估疋段給用之日錢貨並行

其京畿應納諸色錢等許納諸州及本土上色絹每疋與折八百文充官吏料錢及諸色給用京畿今年夏稅麥數內每斗放五勝京兆府諸縣應欠開成五年終已前青苗榷酒秋夏品送府倉正稅地租百官職田資百姓種糧戶部和糴變色粟驛蓄科稈草麴麩並放免畿內條稅百姓準元和二年八月二十五日勅及會昌元年正月九日赦節文計戶內丁數多少充諸司盡稱子弟致令鄉縣所由無人差役各委諸軍諸使司準前後勅文收補仍具姓名奏聞勅下京兆府重磨勘如有人戶違越妄託屬諸軍諸

使不準勅文影占收補者並準前後勅文處分諸使諸軍諸司人在鄉村及坊市店舍經紀準前後赦文收與百姓一例差科不得妄有影占應屬官莊宅使司人戶在店內及店門外經紀求利承前不復隨百姓例差科者從今後並與諸軍諸使一例準百姓例供應差科畿內諸縣百姓祖佃百官職田地訪聞其中有承虛名配佃多時縣司但據額徵收租子或無本地及被形勢莊園將墝薄田地迴換令人戶虛頭納子歲月既久無因申明各委縣令子細磨勘別立簿書具明段四至申報仍委當司審字闕一勘會

分析奏聞畿內諸縣鄉村及城內坊市人戶不是正額食糧官健及非工巧之徒假以他名諸司諸使影占納課其數至多各本司釐革凡是納課人戶並停解送歸本縣收入色役京畿內近日足陌用錢惟益富室匹帛苦賤反害疲人宜卻令依前行墊陌錢每墊八十文其公私交關五貫已上令一半折用匹帛武功既暢經術是修宜闡儒風以宏教化應公卿百僚子弟及京畿內土人寄客修明經進士業者並隸名太學每一季一度據名籍分番於國子監試帖三度帖經全通者即是經藝已熟向後更不用帖

試如三度全不通及三度託事故不就試者便落下名籍至貢舉時不在送省之限其外寄居及土著人修進士明經業者並隸名所在官學仍委長吏於見任官及本土著學行人中選一人充試官亦委每季一試餘並準前處分如無經藝雖有文章不在送省之限所冀人皆嚮道學務通經職局官常各宜歸正詳刑決獄豈可容姦在京諸司典吏考滿合赴選者官成後皆作計勾留不肯赴任今日已後官成後便勒赴任本司不至各令本司釐正不得奏請勾留如一年選不成者且勒依舊執行文案至二年選

不成者勒停守選諸州府有遣攝官及職掌人推案刑獄比及刑部詳斷其間或節目不盡或予奪用情將有勘尋便稱停罷向後諸州府推事並須差見任官仍在兩考內者其刑部大理法直並以明法出身人充據律已去任者公罪流已下勿論公罪之條情有輕重苟涉欺詐豈得勿論向後公罪有情狀難恕者並不在勿論之限上柱國前代烈勳謂之八柱品居第一宜峻寵章向後非特恩不在累敘之限近日諸道奏官其數至廣非惟有侵選部實亦頗啟倖門向後淮南兩浙宣鄂洪潭荆襄等道並不得更

有奏請其三川邊鎮河南北地遠官無選人肯去闕員稍多處即任量要切奏請仍每道一歲不得過七員應諸道軍將昨緣酬獎戰功多授正秩今日已後非因戰功不得請正官其已有正官者或因停替亦須待三五年後方得奏請比來山劍湖嶺閒刺史多居周行散位日久而選縣佐率是諸曹胥徒年滿則授生人舒慘屬在此流朝廷典章罕能具舉自今已後每除湖嶺山劍南閒刺史取其流品稍高兼曾歷三四任已上州官者如有政績委本道觀察使具以名聞其遠處縣邑多是中下縣其縣丞簿尉等

例是入流令史苟求自利豈知官業其中下縣丞中縣簿等自今已後有衣冠士流經業出身經五選如願授者每年便許吏部投牒依當選人例下文書磨勘注擬如到任清白幹能刺史申本道觀察使每年至終使司都為一狀申中書門下得替已後許使上縣簿尉選數赴選與第二任好官三衛官中名本於宿衛當番就役其事甚微疑每年兵部選時號為文簡合選之數全淺於明經齋郎注擬之時爭先於諸親宗子其於踰濫莫甚於斯入仕之門此途最弊自今已後但令武簡其文簡並停宗子每因恩澤

皆賜出身自幼授官多不求學未詳典法頗有愆違委宗正寺收補明經每年許參三十人出身同兩館例與補各搜圖籍精驗源流明為保舉不得容有踰濫仍一季一度試帖經餘並進士明經條例處分京師佛剎相望其數已多既臨康莊足壯都邑近緣疏理僧尼訪聞大寺房院半已空閒其坊內小寺或產業素貧或殿宇摧毀僧數既少不足住持併合同居事從簡當委功德使條疏各具去著名額奏聞其所拆寺僧尼如行迹非違不守佛之禁戒者亦宜揀選勒令還俗仍依前勑處分兼具數聞奏其餘僧

尼即令移入側近大寺有房院居住又京城諸市亦不盡有產業就中即有富寺今既疏理僧尼兼停修造所入厚利恐皆枉破委功德使檢責富寺邸店多處除計料供常住外賸者便勒貨賣不得廣占求利侵奪疲人所去不均之患冀合裒多之義又諸州府所申還俗僧尼已有定額若無私度日當減耗諸道每至年終各具見在僧尼數申省其續有死亡及犯事還俗并分析申報本司磨勘奏聞如聞兩浙宣鄂潭洪福三川等道緣地稍僻姑務寬容僧尼之中尚多踰濫委長吏更加揀其有年少無戒行者雖

先在保內亦須沙汰古者受祿之家食祿而已不與人爭業然後利可均布人可家足如聞朝列衣冠或代承華冑或在清途私置質庫樓店與人爭利今日已後並禁斷仍委御史臺察訪聞奏如聞兩川稅租盡納見錢蓋緣人多伎巧物皆纖麗凡所織作不任軍資所以人轉困窮俗增侈靡然以風土所習頓革稍難委刺史與縣令商量勸課有機杼之家依果閬州且織重絹仍與作三等估上估一貫一百下估九百待此法行後每年兩稅一半與折納重絹即冀人少蘇息軍用不虧或因官遊遂輕土著戶籍既

滅征徭難均江淮客戶及逃移規避戶稅等人比來皆係兩稅並無差役或本州百姓子弟纔霑一官及官滿後移住鄰州兼於諸軍諸使假職便稱衣冠戶廣置資產輸稅全輕便免諸色差役其本鄉家業漸自典賣以破戶籍所以正稅百姓日減州縣色役漸少從今已後江淮百姓非前進士及登科有名聞者縱因官罷職居別州寄住亦不稱爲衣冠戶其差科色役並同當處百姓流例處分除盜懲姦在去其枝葉校功責課必削其根本如聞江淮諸道私鹽賊盜多結群黨兼持兵仗劫盜及販賣私鹽因緣便爲大劫江賊有仗者雖未殺人不在該恩之限又逃還復業戶雖先有格令近來多因刺史縣令務虛名者招攜逃戶侵奪已成產業轉令居者不安姦人得計苟求非時考課虛申招復逃亡及至定稅徵科依前逃散稅錢緣已申省使即須攤配疲人從今已後應諸州縣逃戶經二百日不歸復者其桑產居業便招收承佃戶輸納其逃戶縱歸復者不在論理之限其有稱未逃之時典貼錢數未當本價者便於所典買人戶下據戶加稅亦不在卻收索及徵錢之限義重維城慶流多葉敘睦之道寵渥惟宜中外群

僚文武多士或郊禋奉職或局署業官各洽恩澤以類申典亞獻攝王紘等各賜物一百匹夾侍正衣進珪捧珪各賜物五十匹亞獻終獻正衣各賜物四十匹大長公主公主嗣王郡主縣主各有賜物內外文武見任及致仕官三品已上賜爵一級四品已下加一階合入三品五品欠考未合敘者待考足日聽敘孔氏行教折中於百王虞賓展敬不廢於千古敢怠咨稟爰用褒明文宣王之後及二王三恪與一子出身各賜物五十匹其祠廟委所司量加修飾堯稱睦族漢貴推恩在明廣敬之義式展奉親之孝太

皇太后二等已上親皇三等已上親委中書門下各擇有
才行者量與改官如無堪奬用者即不必與改皇五等已
下親及三品已上賜爵一級五品已上加一階六品已下
及前資常選散官簡選日優與處分應陪位皇五等已上
親及太皇太后皇太后三等已上親三品已上賜爵一級
四品已下加一階四等五等親幷諸色陪位官五品已上
加一階六品已下及白身並賜勳兩轉其前資及有出身
各減一選前聖立言教人以孝慶覃存沒禮洽閨門俾奉
高堂之榮用霑漏泉之澤常參官及諸州府長官父母見

存未有官封者並量與三品致仕官及階幷邑號如已有
官封者並量與進改如官已至五品已上者即與五品階
父母已歿未經追贈者量與贈官及邑號公台輔弼柱石
列藩俾宏追飾之恩仍昭賞延之典加於存沒用洽寵章
中書門下及節度使帶平章事者宜與一子正員八品官
祖父母先亡歿各與追贈已經贈者更與改贈破迴鶻及
攻討昭義立功節度使不帶平章事者及劉沔李思忠各
與一子正員九品官節度使東都留守度支鹽鐵觀察處
置諸防禦經略招討使及神策金吾六軍將大將軍威遠

鎮國等使皇城留守各與一子出身父母先亡歿未經追
贈者各與追贈禮儀使京兆尹各與一子出身寅奉典冊
肅恭明禋或勤贊相之義或專扈從之禮時當慶澤豈恡
恩華應郊廟升壇升殿行事官普恩之外中書門下尚書
省御史臺三品已上特加一階四品已下各賜一階如合
入三品者量減三考入五品者量減二考仍待考足日聽
敘其合選人與減一選內行事官三品已上更賜爵一級
四品已下更加一階內侍省及內坊官四品已上各賜勳
五轉應從駕至郊廟者普恩之外三品已上賜爵一級四

品已下各加一階白身賜勳兩轉攝侍中讀寶官攝中書
令讀冊官各賜一子出身撰冊文官賜一子正員官奉冊
奉寶綬官書玉冊官書寶官各加二階進寶綬進冊進中
嚴外辦禮儀贊導押冊押寶綬舉昇寶冊官各加一階合
選人減一選其餘應職掌行事官及寫制書官太常修撰
儀注禮官幷內行事官三品已上賜爵一級四品已下加
一階仍幷賜勳一轉鐫造玉冊幷填金字造裝玉冊官各
賜物五十段禁營軍師信宿警衞宜須慶賚以奬勳勞神
策六軍威遠營左右金吾及皇城將士應緣大禮儀仗宿

衛御樓立仗等普恩之外三品已上賜爵一級四品已下加一階仍準舊例賜物有差其神策將士應在京畿諸縣者亦各有賜應緣大禮職掌行事官幷修撰儀注及留守副留守守倉庫卿等普恩之外三品已上賜爵一級四品已下各加一階梯航奔走慕化在庭藩岳奏陳不虧奉職勤勞禁署已積歲時鴻臚禮賓院應在城內蕃客等各有賜物諸道知上都進奏院官在城者各賜勳三轉應緣大禮四方進表䟽及賀正官各賜勳三轉翰林待詔供奉幷諸色直見任及前資幷員外試官三品已上賜爵一級四

品已下各加一階無官者賜勳兩轉祠薦展儀掌贊供事恪勤無怠甄獎宜申郊廟行事齋郎減兩年勞至室長掌座禮生贊者便放出身崇元館行事學生及齋郎禮生番考已滿所司緣大禮卻追入行事各減一選國子監學生陪位者賜勳一轉中書門下專知儀制官各特加一階應緣祇供作官直司長上諸州行綱考典兩縣耆壽諸色番役當上在城幷量留十二月番者各賜勳兩轉飛龍閑廄宮苑典引掌扇內園總監栽接少府將作內中尚武德軍器內外弓箭庫等諸司諸使下白身及無品直司定額長上雜匠巧兒黃衣長上監門直長雜仗三衛七色引駕細引執扇手角手弩手彍騎武士天文觀生漏生典鼓典鐘工人樂人主衣主膳主酪典食胡食手宰手掌閑幕士御士醫工獸醫門僕藥僮御書手楷書手典書外行署等各賜勳一轉耆老加惠著在前經節義所褒用明古道天下百姓年九十已上委所在長吏以留州物量加存恤孝子順孫義夫節婦旌表門閭終身勿事先已旌表者亦量加優恤公卿視秩靈瑞降祥生植所資導利庶物五岳四瀆宜委本州府長吏備禮獻祭助宣和氣福我黎人將達精

誠在嚴祀事名山大川及自古聖帝明王忠臣烈士各令所在以禮致祭亡命山澤挾藏軍器百日不首復罪如初赦書有所不該者所司具條例聞奏敢以赦前事相告言者以其罪罪之赦書日行五百里布告天下咸使聞知主者施行

九天生神保命齋詞

維大唐會昌五年歲次乙丑十月乙亥朔十四日戊子仁聖文武章天成功神德明道大孝皇帝臣某謹稽首再拜虔誠上啟至真無極大道元始天尊太上大道玉晨君大

聖祖高上大道金闕元元天皇大帝太上老君玉清大有天寶君上清元妙靈寶君太清太極神寶君三寶尊神三寶丈人元都紫微九天太帝君東華南極西靈北真四天君三十六天帝三十二天君十方靈寶至極天尊五老上帝三景君道德衆聖三元君太帝天帝天師君元洞至極明皇道君三十六部尊經元中大法師三光衆聖八景靈君三十六地嶽瀆正神河海川澤名洞靈山諸化福地得道神仙三界應感一切眞靈臣聞萬化之初總之者妙道羣靈之表冠之者至眞剖判元黄裁成品彙幽明旣辨主宰有倫九皇司牧以無爲八帝統臨而有虞泊乎清源斯壅元澤不流舜禹達揖讓之風湯武起干戈之役禮樂寖於大樸俎豆矜其小成玉帛徒美於爭馳世道亦悲於交喪斯所謂時君忘本至理莫追悠悠含生眇然何怙是知凝旒負扆非道無以寧至理垂裳非德無以立我國家元元錫祐仙李標華承德明興聖之基紹高祖太宗之業庭除六合膺廡九圍扇之以薰和沐之以渥澤致之以聲教正之以詩書惠露洽於幽陰百神咸秩仁照周於萌蘖大樂同和越二百年一臻於道顧惟涼德祇嗣洪圖思宏清淨之規以布寰瀛之福冥心丹簡屬想元經披太上九天之文得元洞生神之旨將膺寶籙首備齋壇錦幣華繒金龍白璧普萬天而展禮極三境而告虔所期肸蠁咸通昭彰會祉鶴林鰈水咸歸仁壽之鄉海外域中一變華胥之俗豈使燕昭臺上獨寧三素之雲漢武殿前嘗降九靈之駕蓋保綏於億兆非企慕於騫騰列聖衆眞鑒茲沖懇謹遣道士東嶽先生修九天寶齋三日四夜稽首以聞謹詞

欽定全唐文卷七十九

宣宗皇帝

帝諱忱憲宗第十三子元和五年生長慶元年三月封光王名怡會昌六年三月立爲皇太叔翌日即位改今名大中二年正月上尊號聖敬文思和武光孝皇帝在位十三年年五十諡曰聖武獻文孝皇帝咸通十三年加諡元聖至明成武獻文睿智章仁神聰懿道大孝皇帝廟號宣宗

授李德裕荆南節度平章事制

將相之任中外攸屬入則揚緝熙以正百度出則布威令以靖一方易以才難委寄咸重爰設齋壇之禮仍合台席

之榮式示酬勞允諧僉望特進守太尉兼門下侍郎同中書門下平章事充宏文館大學士太清宮使上柱國衛國公食邑三千戶李德裕嶽瀆閒氣鍾磬正音葆粹孕和本仁叶義道蘊賢人之業正爲王者之師詞鋒莫當學海難測自入膺大任克搆崇庸王猷國經契合彝矩丙吉罄安邊之術虜寇殄夷張華興伐叛之謀壺關洞啟克荷先朝之旨弼成厎定之功布在冊書輝映前古而能處劇不懈久次彌勤朕以嗣位之初懋勤在念宜先碩望以表優恩荆部雄藩地惟西楚總五都之要會包七澤之奧區兵賦殷繁居旅甚衆必藉舊德作鎮尹臨載崇五教之名俾賦十連之貴勉宏化理以續前勞可檢校司徒同中書門下平章事兼江陵尹充荆南節度觀察處置等使

刺史以戶口增減定賞罰制

刺史交代之時非因災沴大郡走失七百戶已上小郡走失百戶已上者三年不得錄使兼不得更與理人官增加一千戶已上者與超資遷改仍令觀察使審勘詣實聞奏如涉虛妄本判官重加懲責

委觀察選擇縣令制

縣令員數至廣朝廷難悉諳知吏部三銓秪憑資考訪於近日多不得人委觀察使於前資攝官內精加選擇當具薦論如後犯贓連坐所舉人及判官重加懲責

封吳氏等爲昭儀等制

吳氏可封昭儀張氏可封婕妤晁氏梁氏並可封美人羅氏史氏並可封才人錢氏可封長城郡夫人曹氏可封武威郡夫人敕位亞長秋道毗內理必資懿範方被寵章吳氏等佩服禮經周旋法度有柔婉之行既表於天資有恭

儉之儀可施於嬪則慕班氏之辭輦偉馮媛之當熊思在進賢義高前史是用列於紫殿冠彼後宮俾洽彤管之榮式侯金環之慶可依前件

封長女等爲公主制

長女可封萬壽公主第二女可封永福公主第三女可封西華公主第四女可封廣德公主第五女可封和義公主第六女可封饒安公主門下諸女之封始資漢制疏邑之典今爲國章長女等坤道秉柔條風育德莊敬柔順受粹氣於靈源言容法度穆昭徽於內則祥降北渚教襲南薰

克茂天和更承姆訓雖年方齠齔而體備肅雍用洽寵私俾開井賦可依前件

貶李德裕潮州司馬制

録其自效則付以國權懲彼保姦則舉玆朝憲此王者所以本人情而張法理也特進行太子少保分司東都上柱國衛國公食邑三千戸李德裕憑藉鎡基累塵台袞不能盡心奉國竭節匡君事必徇情政多任己愛憎頗乖於公道升黜或在於私門遂使冤塞之徒日聞騰口積嫌之下得以恣心豈可尚居保傅之榮猶列清崇之地宜加竄斥以戒僻違嗚呼朕臨御萬方推誠庶物顧彼纖瑣皆欲保安豈於將相舊臣獨遺恩顧而羣議不息謗書盈篋爰舉典章事非獲已凡百寮庶宜體朕懷可潮州司馬員外置同正員仍所在馳驛發遣縱逢恩赦不在量移之限

召募閑田制

君以人爲本人以食爲天有國有家捨此無急如聞州府之內皆有閑田空長蒿萊無人墾闢與其虛棄曷若濟人宜令所在長吏設法召募貧人課勵耕種所收苗子以備水旱及當處軍糧

貶李回太子賓客分司東都制

王者懸賞罰以示萬方況乎臣子若奮其良術則宜擢處重位或挾彼邪謀固合稍加懲沮惟此二柄我何敢私湖南都團練觀察處置等使光禄大夫行潭州刺史兼御史大夫上柱國隴西郡開國公食邑二千戸李回早以藝學科名累登華貫謂爾奉公約己旋升大寮因緣獎遷遂陟台輔而不能竭誠以盡忠益枉道而求庇交通財賄導達姦邪昨因推鞫凶徒皆得發明事跡朕務宏體貌特免研窮論既喧騰理須移奪況又聞頃司政柄每欲除授咸取

決於德裕不自行其至公物議所興以斯爲重豈可猶委澄清之任復領湘潭是宜輟從調護之班俾分洛邑勉莅寵秩幸予寬恩可行太子賓客分司東都

貶李回賀州刺史制

爲臣竭公忠之誠朝尊爵賞事君乖毗倚之望國有典章惟是二道理所不廢湖南都團練觀察處置等使光祿大夫行潭州刺史兼御史大夫上柱國隴西郡開國公食邑二千戶李回始以才術升於台階作予股肱亦援星律寄長兼於授鉞道甚異於匪躬亦既左遷俾居廉問而跡乖

檢慎事足端倪秉鈞之勢已移枉道之蹤乃見負我非淺叨榮故深況又聞頃司政柄應欲除授咸取決於德裕不自行其至公人皆有言孽亦何逭朕匿瑕含垢思全進退之宜爾則同力協心且易樞機之任合居嚴譴猶示寬恩故前制命爾爲太子賓客給事中封還我勑且曰責坐之詞至重降移之秩太輕物論喧然以爲未當爾實自搆予何敢私是用移謫臨賀冀厭羣議勉於三省勿謂無恩可持節賀州諸軍事賀州刺史仍所在馳驛赴任

收復河湟制

自昔皇王之有國也曷嘗不文以守成武以集事參諸二柄歸乎大寧朕猥荷丕圖思宏景業憂勤戚惕四載于茲每念河湟土疆綿亘遐闊自天寶末犬戎乘我多難無力禦姦遂縱腥羶不遠京邑事更十葉時近百年進士試能靡不竭其長策朝廷下議皆亦聽其直詞盡以不生邊事爲永圖且守舊地爲明理荏苒於是收復無由今者天地儲祥祖宗垂佑左衽輸款邊壘連降剛恥建功所謀必克實賴樞衡妙算將帥雄稜副元元不爭之文絕漢武遠征之悔甌脫頓空於內地斥堠全據於新封莫大之休指期

而就況將士等櫛風沐雨暴露郊原披荊棘而刁斗夜嚴逐豺狼而穹廬曉破動皆如意古無與京念此誠勤宜加寵賞涇原宜賜絹六萬匹靈武宜賜絹五萬匹鳳翔邠寧宜各賜絹四萬匹並以戶部產業物色充仍待季榮叔明李玭君緒各回戈到鎮度支差脚支送四道立功將士各具名銜聞奏當議甄酬其秦威原三州幷七關側近訪聞田土肥沃水草豐美如百姓能耕墾種蒔五年內不加稅賦五年以後量定戶籍便任爲永業其京城有犯事合流役囚徒自今已後一切配十處收管溫池鹽利可贍邊陲

委度支制置聞奏鳳翔邠寧靈武涇原四道長吏能各於鎮守處遣官健耕墾營田即度支給賜牛糧子種每年量得斛斗多少便充軍糧亦不限約定數三州七關鎮守官健每人給衣糧兩分一分依常年例支給一分度支加給仍二年一替換其家口委長吏切加安存官健有莊田戶籍者仰州縣放免差役秦州至隴州以來道路要置堡柵與秦州應接委李玭與劉皐即便度計聞奏如商旅往來興販貨物任擇利潤一切聽從關鎮不得邀詰其官健父兄子弟通傳家信關司並亦不得邀詰阻滯如要墾闢種

田依百姓例處分三州七關如少器械長吏與量據所申聞奏由除刺史關鎮使後三五月內差人巡檢如有修築部署課績尤深并訓練有序者其刺史關鎮使雖新除官爵亦更與超昇其官健節級更與優賞山南西道劍南山川邊界有沒蕃州縣量力收復其兵士委本道差遣如要錢物接借亦具聞奏三州七關創置戍卒且要務靜如有羌戎潛來博易輒不得容納委刺史切加禁斷或有投降吐蕃到邊上收取本道令長吏奏取進止嗚呼七關要害三郡膏腴候館之殘址可尋唐人之遺風尚在追懷往事良用興嗟夫取不在廣貴保其金湯得必有時詎計於遲速今則便務修築不進干戈必使足食足兵有備無患載協亭育之道永致生靈之安中外臣寮宜體朕意

再貶李德裕崖州司戶參軍制

朕祇荷丕業思平泰階將分邪正之源冀使華夷胥悅其有常登元輔久奉武宗深包禍心盜弄國柄雖已行譴斥之典而未塞億兆之言是議再舉朝章式遵彝憲守潮州司馬員外置同正員李德裕早藉門第叨踐清華累居將相之榮唯以姦傾爲業當會昌之際極公台之榮騁諛佞

而得君遂恣橫而持政專權生事妬賢害忠動多詭異之謀潛懷僭越之志秉直者必棄向善者盡排誣貞良造朋黨之名肆讒構生加諸之釁計有踰於指鹿罪實見其欺天屬者方處鈞衡曾無嫌避委國史於愛壻之手寵祕文於弱子之身洎參信書亦引親昵恭惟元和實錄乃不刊之書擅敢改張罔有畏忌奪他人之懿績爲私門之令猷又附會李紳之曲情斷成吳湘之冤獄凡彼簪纓之士遏其進取之途驕倨自夸狡蠹無對擢爾之髮數罪未窮載闚罔上之由益驗無君之意使天下之士重足一迹皆讐

懼奉爾而慢易在公爲臣若斯於法何逭於戲朕務全大體久爲含容雖黜降其官榮尚蓋藏其醜狀而睥睨未已兢惕無聞積惡既彰公議難抑是宜移投荒服以謝萬邦中外臣寮當知予意可崖州司戶參軍所在馳驛發遣雖逢恩赦不在量移之限

貶崔珙太子少師分司東都制

將相大臣與國同體誠欲自便豈宜不從苟非其時涉於避事前鳳翔隴州節度觀察處置等使光祿大夫檢校尚書左僕射兼鳳翔尹御史大夫上柱國安平郡開國公食

邑二千戶崔珙早以器能周歷顯重行己每稱其友悌在公亦竭其精忠自貿譴前朝遠移南徼及我嗣守頗聞嘉名由是剖竹近關揚旌右輔爲國垣翰適資謀猷近者犬戎輸誠歸我故地下議納款且籌開疆宜其率先啟行副此寵待忽覽退閒之請頗乖毗倚之誠陳力之方豈無其道匪躬之故或異於是以其故老特爲優容俾居青宮之輔仍從分洛之命君臣禮分予無愧焉可太子少師分司東都

授濮王澤成德軍節度使制

門下錫珪立社疏戚有倫畫野分疆親賢並建所以左右王室保乂邦家乃眷冀方實爲雄鎮上垂昴宿下接岳靈控井陘之要衝當邯鄲之故地用是稽諸古訓考以國章俾崇尚德之規式叶至公之選濮王澤延慶金枝疏流天派資忠孝以植性本仁義以立躬文掇菁英敏有逾於七步學探旨要對必詳於三雍刻舟志邁於蒼舒占雨識高於沛獻而沖謙自處矜伐不萌所宜作我翰垣副茲毗寄爲臣之道爾既克修知子之言予復何愧築齋壇以拜命仗武節以遙臨爾其宏樽俎之善謀念折衝之遠略寵膺

十乘位列三台勉服新恩慎守厥職可開府儀同三司守鎮州大都督充成德軍節度鎮冀深趙等州觀察處置等使封如故

授唐技虔州刺史裴紳申州刺史制

朝議郎守尚書刑部郎中柱國賜緋魚袋唐技將仕郎守尚書職方員外郎裴紳早以科名薦由臺閣聲猷素履亦有可嘉昨者吏部以爾秉心精專請委考覈而臨事或乖於公當物議遂至於沸騰豈可尚列彌綸是宜並分符竹善綏凋瘵以補悔尤技可虔州刺史散官勳封如故紳可

申州刺史散官如故。

授鄭涯義武軍節度使制

門下。鮮虞舊國。上谷雄藩。總中山之甲兵。接薊門之封壤。睠求良帥。允屬碩臣。銀青光祿大夫守太子賓客分司東都上柱國滎陽縣開國男食邑三百戶鄭涯。洪廓宏才。易簡正性。雅量溟廣。貞標嶽孤。通鈐匱之奇書。負珪璋之雅器。自發揚術業。歷踐清途。懿聞淑聲。推爲茂德。日者常膺奬任。屢鎮方隅。惠愛洽於轅門。謳歌溢於閭井。洎謫居遐徼。旋處洛師。惕厲日聞。屯夷一貫。是命載圖來效。復議寵

遷。於戲。選將之難。古今爲重。而況易水之上。尤藉謀猷。爰求惟舊之賢。式重作藩之寄。爾其勉思鎮馭。益念訓齊。惟克己可以愛人。惟推恩可以撫衆。壞帳豈專於仁祖。褰帷宜嗣於賈琮。俾升秩於春卿。更增榮於亞相。往承休命。無忝新恩。可檢校禮部尚書使持節定州諸軍事兼定州刺史御史大夫充義武軍節度易定等州觀察處置北平軍等使。散官勳封如故。主者施行。

加盧鈞尚書左僕射制

河東軍節度使盧鈞。長才博達。敏識宏深。藹山河之靈。抱瑚璉之器。多能不耀。用晦而彰。由嶺表而至太原。五換節鉞。仁聲載路。公論彌高。藩垣之和氣不衰。臺閣之清風常在。宜升揆路。以表羣寮。可尚書左僕射。

授崔鉉淮南節度使平章事制

周用召公爲楨幹之臣。以正天下。故入調鼎鼐。則弼亮之道尊。出撫方國。則藩宣之功著。我有上相。天實閒生。文武之用。並高於昔賢。中外之寄。允資於碩德。爰舉旌鉞。仗於股肱。光祿大夫守尚書左僕射兼門下侍郎同中書門下平章事兼宏文館大學士充太清宮使上柱國魏郡開國

公食邑二千戶崔鉉。瑞玉凝姿。春林發秀。貞諒實德。謙虛葆光。沖用既臻於化源。達實每宏於理本。擅松桂後凋之色。勁節自高。含金石希代之音。正聲特異。洎發揚令聞。輝藹公朝。道無緇磷。言符體要。比相如之麗藻。夙侍禁林。嗣傳說之旁求。早膺台席。日者歷居廉鎮。嘗總朝綱。令肅方隅。風行憲署。及膺我寵擢。復司化權。每正惟公。持平不撓。暢緝熙之茂典。宏經緯之明謨。功勤旂常。道光夷貉。勵山甫匡周之操。竭子房佐漢之志。終始一心。周旋七年。富人斯久。僞緝（疑）愈勤。是宜載圖爾庸。優爾恩寵。乃睠淮海。號

爲通都控扼實據其咽喉封部適罹其災患子所注意爾其往哉於戲居則秉鴻鈞紹阿衡之業動則駕長轂圖方叔之勳苟非全才孰膺重任若撫封之長術阜俗之嘉謀一部之慘舒三軍之政令我屬良弼則又何規勉登將壇敬佩相印副是寵寄其惟戒哉可檢校尚書左僕射同中書門下平章事兼揚州刺史大都督長史充淮南節度副大使知節度事管內營田觀察處置等使

授令狐綯太清宮使魏謩監修國史裴休集賢殿大學士制

門下太宮之崇嚴史閣之要重書殿之清祕近代以來率命相臣總統其務寵擢遷轉允諧舊規金紫光祿大夫門下侍郎兼兵部尚書門下平章事監修國史上柱國彭陽縣開國男食邑三百戶令狐綯上才經邦正德宰物瑚璉重器宜升清廟之中銀青光祿大夫守中書侍郎兼禮部尚書同中書門下平章事集賢殿大學士上柱國魏謩直道事主宏國佐時珪璋瑞姿早耀泰壇之上金紫光祿大夫中書侍郎兼戶部尚書同中書門下平章事上柱國河東縣開國子食邑五百戶裴休忠力許國清規立朝鸞鳳異儀高舉重霄之外並富有天爵深於人文早懷匡濟之資素蘊生靈之望洎處台位俾陳嗣謨能肩一心以暢萬務識我憂勤之旨罄其弼亮之誠邊疆寢寧風雨咸若念此丕績懷於深衷今則各新寵章迭領重職所宜闡清淨元默之化正褒貶刪詳之業因此嘉命啟吾規詞夫獻忠言則君受益秉公心則人無怨除吏當則衆職舉下令一則百度美乃吾三后前所施爲也余尚憂勵事重切磨終始不虧乃曰良相綯可守本官充太清宮使謩可守本官監修國史休可守本官充集賢殿大學士散官勳封各如故主者施行

授令狐綯宏文館大學士制

門下夫茂育羣生動資良弼緝熙庶績表正萬邦非竭力戴君推誠憂國則何以光膺鼎鉉高步瀛洲十載於茲四方無侮昭文講德屬自台臣金紫光祿大夫門下侍郎兼兵部尚書中書門下平章事充太清宮使上柱國彭陽縣開國男食邑三百戶令狐綯保合太和從容中道左右王化清夷國風輔相盡天地之宜啟沃見忠貞之節直氣能斷嘉猷日新納誨之心義形於色於戲發號出令表率寰

區妙運機樞式宏敷暢山甫補袞夷吾佐時勉極殊勳書於太室朕以虛懷委遇於道始終佩服斯言敬承嘉命可充宏文館大學士餘並如故主者施行

授鄭涯山南東道節度使制

門下王者之於元老碩臣優敬爲大苟有繫（一作煩）於庶務則思尊以寵章中外迭居眷惟僉屬文武二柄揭而授之況弄印之威望已行淚碑之風流未遠將疇茂績以繼昔賢金紫光祿大夫御史大夫上柱國滎陽郡開國公食邑三千戶鄭涯鵷鷺瑞時璵璠希代鑒澈止水氣融冬曦聲塵獨邁於軒裳符彩迥高於倫列多士程準大朝羽儀禮容全備於身文和易雅彰於心術自承明曉對建禮晨趨參密命於北門演綸言於西掖相如雄麗咸推視草之工孔光莊重空聞言樹之誠屢解交（疑）於都座兼尹正於二原會府功著於彌綸神州政傳於表則洎登車按部仗節總戎移風有佩犢之謠潔己有挂魚之操輕裘緩帶而師律以貞投壺雅歌而氓俗自泰屬者干旄入覲宣室對敭掌地征而天府既饒執邦憲而朝綱載肅朕以漢皐巨屏峴首名都將鎮上游必資全德是命輟於副相委以專征

仍兼揆路之榮以示啟行之責敬踐乃位時惟懋哉可檢校尚書右僕射守襄州刺史御史大夫充山南東道節度使管內觀察處置等使散官勳封如故主者施行

除鄭朗工部尚書同平章事制

門下雲因龍興龍非雲無以施膏澤臣由君用君非臣無以播皇猷信乎際會相須以康天下永念良弼常切寤思詳求國楨乃獲時傑通議大夫守御史大夫上柱國賜紫金魚袋鄭朗間代應期稟靈作瑞王室髦彥士林菁英溫華凝珪玉之姿磊落負棟梁之任諫垣蘭省常推讜正之風廉俗登壇克懋撫循之績洎領劇務益見盡忠杜邪徑而啟公途懲奸吏而絕私託饋軍無闕贍國有經委以憲綱尤彰直道是宜毗贊大業翊宣景化朕以區區齊晉取霸諸侯率由三賢叶心五臣同德況今四海爲宅百辟盈庭未能寇靖塞陲人歸壽域豈無長策俾及升平惕然疚懷莫知攸措肆予命汝往踐台階勉宏濟代之功罔致曠官之誚善調兵食以備我邊虞慎舉典章以貞我庶品敬戒於位惟其有終可工部尚書同中書門下平章事散官勳賜如故主者施行

授畢諴昭義節度使制

門下築壇申命推轂就途受幢節之榮分藩閫之寄膺茲重任允屬良臣邠寧鹽慶武等州節度管內營田觀察處置兼充慶州南路救援鹽州及當道沿途鎮寨糧料等使朝散大夫檢校工部尚書使持節寧州諸軍事兼寧州刺史御史大夫上柱國平陰縣開國男食邑三百戶賜紫金魚袋畢諴宇量凝曠業履端修抱不器之才懷盡忠之節聲馳文圃學茂儒林擢芳桂於月中擅嘉名於日下自外朝籍累踐清班屢鎮邠郊頗彰績效得營平屯田之術有

伏波備寇之謀曠土多棲畝之糧窮塞無晏開之壘是宜進律以勸將來尹於神州能安疲瘵畀張敞擒姦之稱鄙廣漢摘伏之奇衢路絕赭衣之人閭井稀桴鼓之響用錫武節明余無私乃眷壺關方擇良帥顧惟郇邑思繼成功副我旁求俾爾俞往陟以五兵之秩升於八座之榮服茲寵光佇聞報政可檢校兵部尚書兼潞州大都督府長史御史大夫充昭義節度副大使知節度事充潞慈邢洺等州觀察處置等使散官勳賜如故

授崔慎由平章事制

朕恭守睿圖勵精理道祇勤萬務靡不經心緬思垂拱以化成莫若得賢而共濟載勞夢卜果獲貞良太中大夫守尚書戶部侍郎判戶部事上柱國賜紫金魚袋崔慎由山岳降靈和粹毓德儀標鸞鳳識洞蓍龜文爲國華行冠人表朱絃含清越之呂良玉凝縝密之姿播英聲於士林彰美望於公器洎擢參內署潤色王猷忠讜盡規誠明納誨旣而廉問南服宣暢皇風盪寇銷災人安政集康一方之疲俗復二職於中臺議論必本於古今趣尚自歸其雅正淛河之右仍歲艱荒一自鎮臨載聞惠化俾司征賦益覩

公忠固可以升於臺階秉我大柄爰授相印用參樞務於戲天地之道成歲功者陰陽帝王之基保鴻業者輔相念茲匡贊之大宜竭啟沃之道必使貞百度以振國經凝庶績以宏理本茂育區夏統和神人允資魚水之賢克致休明之運永綏厥位無忝知臣可守工部侍郎同中書門下平章事

授魏謩西川節度使平章事制

股肱之臣與君上而合體心腹之寄雖中外而同途入則付之鈞衡出則委其藩翰苟非望隆碩德道備全才則何

以克副具瞻久膺重寄銀青光祿大夫守門下侍郎兼戶部尚書同中書門下平章事監修國史上柱國魏謩天生賢傑嶽降英靈深沈莫究其澄波和裕可羣於愛景自踐揚華貫備著徽猷故事播於三臺讜論留於兩掖而式資重用任以地征簡於朕心爰立作相惟爾列祖佐佑太宗輔弼之光號爲人鏡代濟其美厥生令孫蘊致君匡國之謀見奉上竭忠之志勤勞匪懈夙夜在公動關典彝言成啟沃闢我皇化由其赤誠星霜七年風雨一貫朕以九折巨屏三川奧區控臨百城統馭羣彥眷茲慎擇不其才難

爾宜往踐將壇仍持相印舉武侯之籌策底定遠戎繼叔度之謳歌載康遐俗勉服休命恭惟有初可檢校戶部尚書同中書門下平章事兼成都尹充劍南西川節度副大使知節度事管內觀察處置統押近界諸蠻及西山八國雲南安撫等使

授鄭朗監修國史崔慎由集賢殿大學士制

門下二相股肱與我同體致吏率化致俗清刑致戢干戈致調風雨垂衣無事良有愧焉得不資刊削之能佇討論之妙振揚史職開啟儒風予非敢私膺此並命通議大夫守中書侍郎兼吏部尚書同中書門下平章事充集賢殿大學士上柱國賜紫金魚袋鄭朗道苞時傑性蘊天和得中庸之隱微合大雅之明哲太中大夫守工部侍郎同中書門下平章事上柱國賜紫金魚袋崔慎由器稟人秀材爲國楨達智者之變通有良臣之規矩皆學窮閫奧文擅精華辨理必造於事機吐論同歸於根本松筠挺色莫畏嚴霜鵰鶚淩空自有俊氣況協贊大政允釐萬方沃心克聞舉直無隱圖是懿效彰其茂功斯用迭升俾洽嘉命主張儆勸總領典墳必使書法彌精動契春秋之旨化成爲

重豈惟魚魯之文勉宏大猷罔俟沖騖朗可監修國史慎由可充集賢殿大學士餘各如故主者施行

封衛王灌等制

門下朕聞先王建萬國親諸侯也周漢藩樹屏我國家以錫土分茅沖人敢易彝制爰稽典禮式固邦家第三男灌等生則岐嶷幼而徇齊忠厚實見其天資才識若符於神授敦詩聞禮不假其師嚴踐義由仁罔勞於庭訓術通六藝之妙學奧百代之書是宜敷桐葉之篆舉梓材之誥胙以土宇誓以河山我圖爾居以謹王度無懈其位永孚於

休第三男濯可封衛王第十一男濰可封廣王宜令有司
擇日備禮冊命主者施行

欽定全唐文卷八十

宣宗二

授蕭鄴平章事制

輔相之任也調陰陽而撫夷夏貞百度而康兆人代天爲
工持國之柄殷夢周卜竭誠待賢彼何人哉予獨不可寘
于精懇果得髦傑朝散大夫守尚書兵部侍郎判度支上
柱國彭城縣開國男食邑三百戶賜紫金魚袋蕭鄴天實
佑朕生此令人星辰降祥珪玉含瑞蘊通明經遠之識抱
宰割利用之才載居禁垣重參宥密資委既至忠讜愈陽
爰付地征仍司邦計善爲均節益茂事功道惟剛明人無
侵撓風望彌峻遐邇具瞻思致昌期必資俊德是以簡自
朕心叶於僉諧擢登中樞持平庶政爾其體太和而順元
氣推至心以序彝倫短長之才罔有所廢細大之務一以
居心扶皇極而作國楨庇蒼生而遂物性雖堯舜比聖朕
何敢言而夔龍致君爾無多讓周以冢宰致國用漢任丞
相調兵食斯舊典也毋謂其煩懋建嘉庸對此崇寵可守
本官同中書門下平章事仍判度支

授昭王汭成德軍節度使制

門下近制諸侯薨歿朝廷或命其子弟嗣守爵者且慮職卑望輕未能彈壓軍行乃詔親王爲帥以統臨焉蓋尚體行權之旨也昭王汭貞祥所聚姿質幼茂孝敬天擾温文日宣寧勞保傅之規自識君親之道學禮不倦發言有章式光維城宜假分閫朕以趙地名服常山奥區人多忠樸俗尚義勇少長有禮里閭自康屬帥臣云亡戎府無長中權劇務已委諸甥上將崇名允歸愛子顧梁園以雄處秉漢節以遥臨光撫舊封式膺新命歡不阻於膝下詔榮宣於廷中邦家有光藩屏斯盛九命俾尊於開府一方遠奉

於建牙實惟至公勉服丕訓可開府儀同三司守鎮州大都督充成德軍節度鎮冀深趙等州觀察處置等使封如故主者施行

授鄭朗太子少師制

相輔之臣賢傑是膺苟或道茂台階功宣時柄洪化方深於倚注微痾遽告其退休宜降寵私俾安頤攝庶得君臣之義實全終始之恩通議大夫守中書侍郎兼禮部尚書同中書門下平章事監修國史上柱國賜紫金魚袋鄭朗靈鳳耀儀非熊表德貞厚可以鎮風俗謙恭可以和神人量合澄波氣凝金璞論議必根於王化文章雅叶於國經起於卑寮積乃重望自周旋臺閣總領藩方故事盡著於典章仁聲藹流於謡詠頃司邦計國用以殷逮領憲闈朝綱載肅洎乎克符夢卜遂委鈞衡理庶政而百度惟貞調元氣而三光增耀而久勤獻納稍失節宣屢陳謝病之辭特舉優賢之命是用釋兹機務允乃至誠爾其專一精神輔助藥石將圖有閒務在無營往參六傅之榮仍加貳令之職用爲羽翼爰輟股肱嘉猷永播於事功深睠豈忘於興寢慎爾多福祇承恩寵可檢校尚書右僕射兼太子少

師

授崔慎由監修國史蕭鄴集賢殿學士制

門下惟政之難非賢勿乂用熙庶績實仗羣材頃所以旰食宵衣勤求機衡之寄咸得時哲副予虚懷太中大夫守工部尚書同中書門下平章事集賢殿大學士上柱國賜紫金魚袋崔慎由器識淹通風鑒明秀黄香之祗勤彌切壺遂之深衷足稱朝散大夫守尚書兵部侍郎同中書門下平章事判度支上柱國彭城縣開國男食邑三百戶賜紫金魚袋蕭鄴操履清方詞調凝遠孔光之慎密早著山

甫之將明可嘉而並宏覽典墳博通理道亟更顯重雅有風教允副僉諧當茲鈞軸延謀時務稽參政途盡心力以經邦宏禮樂而緯俗舉善必舉庶官乃和可以勒美太常書忠甲令者矣今則三秋式稔四境無虞乃眷股肱厥有成績至於總史官之微婉備帷幄之講求繼美皐夔比良遷董顧茲茂典式示褒優敬爾在公服我休命慎由可監修國史鄭可充集賢殿學士餘如故主者施行

贈鄭朗司空制

故通議大夫檢校尚書右僕射兼太子少師上柱國賜紫

金魚袋鄭朗植操端方稟氣莊重藹若瑞玉澹如澄川智略合乎蓍龜誠信服於僚友自膺寵寄頗負全才竭匪躬於諫垣彰盡瘁於瑣闥載踐方嶽亟登師壇觀風推惠愛之心訓士得撫循之術政溢聞聽念茲徵還位冠冬卿職重邦計經費有節財用不虧緊彼休功明我推擇爰嘉峭峻俾總紀綱公望益隆典彝具舉式諧注意且沃深衷俄參化源以提政柄三事仰清廉之節百度見損益之能近煦和風遠浹膏雨方俟坐鎮雅俗表率庶官頤養或乖縢理生疾屢陳章疏乞遂退閑既堅乃誠式允其請每圖懿績唯冀有瘳何竟至於彌留而遽聞於捐代閱奏興悼臨軒載懷將輟視朝之儀兼列上公之秩慰茲幽壤期爾有知可贈司空

授劉瑑平章事制

闡大化以建皇極敷至德以乂黔首百度惟允八荒用寧倚於輔臣副以邦柄求之夢獵協於蓍龜克諧明謨允屬僉議稽能必思於廟略疇德佇煥其國經朝議大夫守尚書戶部侍郎判度支上柱國賜紫金魚袋劉瑑岳彩舒輝鸞姿降靈馭煙霄而六轡齊外布雲和而九成合奏行居

人表文著國華潤色詞林早參宥密彩筆既符於宿夢温樹不漏於私言再秉絲綸貳於刑讞振藻益茂聽詞無冤洎尹正洛師擁旄梁苑咸能變風俗而求人瘼和號令以肅軍威重委北門輯茲王業既聞報政果叶予懷是用付以煩難慎司邦計彌月探執繫時功成已洽咎夔之風宜膺台鼎之命爾其平章百姓敬敷五教使羣職必舉四夷率賓杜回邪之迹開讜正之門大道必寘其沃心忠信無懼於逆耳於戲大小之政既已咨之成務且輟於司存均節尚煩於廟算祗我明訓服茲休嘉可守本官同中書門

下平章事依前判度支。

授崔慎由劍南東川節度使制

夫尊任輔相之道也。入則秉鈞衡以臨羣辟，出則賜弓矢以長諸侯。寵光不渝，寄屬咸重。將求良翰，乃命台臣。太中大夫守中書侍郎兼禮部尚書同中書門下平章事監修國史上柱國賜紫金魚袋崔慎由，繼美德門，承家貴仕，縉紳偉望，禮樂上流。挺松筠之貞姿，服蘭蓀之懿行。自居多器，累歷清華。禁林才擅於多能，綸閣詞推於巨麗。物情愈茂，廷譽甚高。再列貳卿之崇，亟闡六條之化。爰加獎任，益委重難。屢啟嘉謀，俄參大柄。而周涉寒暑，備見器能。道已著於始終，恩豈殊於中外。睠茲東蜀，實曰奧區。俾授旌旄，以彰優重。昔叔子望高於峴首，次公聲振於潁川，孰有後先，率是爲理。勉宏風教，期懋厥庸。可檢校禮部尚書，使持節梓州諸軍事兼梓州刺史御史大夫充劍南東川節度副大使知節度事管內觀察處置等使。

授蕭鄴監修國史劉瑑集賢殿大學士制

門下：康濟生靈，必在陶甄之化；稽參政事，允歸王佐之才。況乎元首股肱，義均一體；叶心同德，予懷所嘉。式兼刊綜之榮，用舉褒隆之典。朝散大夫守工部尚書同中書門下平章事充集賢殿大學士上柱國彭城縣開國男食邑三百戶賜紫金魚袋蕭鄴，襟神清肅，器鑒精通，敷贊大猷，孫宏有慎厚之行。朝議大夫尚書戶部侍郎同中書門下平章事判度支上柱國賜紫金魚袋劉瑑，業履清方，風標峻整，彌綸庶務，安國乃任職之臣；而皆詞煥丹青，道潤金璧。匡衡貢禹，經術該明；孔光師丹，議論寬博。或頃司邦計，茂氐慎之規；或嘗擁節旌，著繕完之績。洎膺樞近，益暢謀猷。每見沃心，實諧注意。俾厥后爲堯舜，納百姓於休和。即竭乃誠，期於予理。子長子駿之職，石渠天祿之書，稽合異同，裁成褒貶，儒雅之任，迭選攸宜。式表茂勳，用榮兼領。永綏寵渥，往孚於休。鄴可監修國史，瑑可兼充集賢殿大學士，餘各如故。主者施行。

授夏侯孜平章事制

自古有天下，得列聖帝哲王之科者，必由良臣以就景化。故君非輔弼，無以啟昌期；時未清平，不得稱賢相。契合交感，相須而成，苟非其人，豈副斯舉。朝議大夫尚書兵部侍郎充諸道鹽鐵轉運等使上柱國賜紫金魚袋夏侯孜，禮集重德簪裾上流才可兼人智可周物藴範時之行義富經國之文章識探奥微器抱沖粹早踐清列克彰令名關當七月匡諫無隱再歴三獨糾繩不回廉風俗而政濤提紀綱而望振旋領版籍亦司牢盆推公秉持息力完緝法得其倫要吏憚其威稜國財可豐官事具舉是用陟此邦傑付之廟謨既諧朕心且洽僉論於戲宰輔巨任羣倫共瞻政乖其宜則四海罹弊事叶其理則萬人以蘇副吾拔擢之恩勵爾變諧之道朝廷聳望爾其戒之可守本官同中書門下平章事依前充諸道鹽鐵轉運等使

罷蔣伸判戸部制

門下輔弼之任陶鈞爲重所以導陰陽而施化相天地以成功宣亮皇猷藻飾王度苟或嬰以他務兼拘利權則異乎代天佐理之道矣通議大夫尚書兵部侍郎同中書門下平章事判戸部事護軍賜紫金魚袋蔣伸紫微上才清廟雅品潔如寒玉峻若孤峯既高絶俗之姿能履中和之道秉吉士之操時然後言學君子之儒仁而且勇洎寵承内旨擢處禁垣嘉言屢沃於朕心密贊深知其忠懇委司版籍益彰器能遂踐台階頗洽公望澄源以正本循名而責實豈以司存尚煩丞相去兹劇務俾專緝熙所宜竭爾一心開予四目推至公而平庶政也依前兵部侍郎同中書門下平章事散官勳如故

授夏侯孜集賢殿大學士制

門下朕居兆人之上當萬機之廣戎夷式敘陰陽克調實宗社降靈輔弼宣力臻彼富庶至於洽平既彰大明益佇化成之妙載煩台席用盛儒林之選朝議大夫守尚書兵部侍郎同中書門下平章事充諸道鹽鐵轉運等使上柱國賜紫金魚袋夏侯孜材協國楨道稱王佐以孝友爲家

行以禮樂爲身文瀆陂納寬澗松挺節雄詞擅雅奥學洞微利刃發硎而肯綮無滯代天宰物而埏埴有餘薰然至和霈若潛潤況精列圖籍煥開禁垣高列雋髦翔集近署雅歸清重方在專總演暢事功顯揚懿美是宜更一乃志愈專乃衷吐辭雖酌於當今正學必思於稽古俾密勿之際啟沃之閒無忘我以三墳五典更光丕績永孚於休可充集賢殿大學士餘並如故主者施行

答百僚請加尊號第三表詔

朕獲承丕緒奄有萬方憂物之心常懷惕厲荷天之力漸

至厎寧此中外元僚文武庶職咸有一德以匡沖人而卿等猥以鴻名加於菲薄拜章懇懇至於再三伏念自列聖以來何嘗無今日之請然率不能讓者上慰宗廟之靈下迫羣臣之願與予小子豈敢久勞卿士之心哉敬允乃誠良深自愧所乞宜依

以杜黃裳裴度配享憲宗廟廷詔

朕以憲宗皇帝道叶中興威加寰海開啟聖意則有杜黃裳弼成功業則有裴度著在國史時無比倫宜以杜黃裳裴度同配享禮

令議武臣配享憲宗廟廷詔

論功配食文武宜兼元和一朝武臣功力最高者定一人與杜黃裳裴度同配享憲宗皇帝室頃李愬有平蔡之績高崇文有收蜀之功校其二人功勳爲重宜令尚書省議奏

焚埋匿名文狀詔

比來多有無良之徒妄於街衢投置無名文狀及箭上幷旗旛上肆爲奸言欲以惑聽自今已後如有此色宜準寶應二年正月十八日敕令所在地界於當處焚毀埋藏不要聞奏

敕州縣條奏利弊詔

應天下州縣或土風各異或物產不同或制置乖宜或章條舛謬或云施之歲久或緣礙於敕文有利於人而可舉行者有害於物而可革去者並委所在縣令錄事參軍備論列於刺史具以上聞委中書門下據事件下觀察使詳言列奏當與改更各從便安自當蘇息如或在官因循不舉後來者無以申明利害較然違慢可見當重加懲罰仍更不得授縣令錄事參軍刺史委中書門下具名奏聞別議殿責

兩稅外不許更徵詔

食力之徒須令自濟天下倉場所納斛斗如聞廣索耗物別置一倉斛斗又隨斗納耗物率以爲常致疲人轉困職此之由自今委長吏切加提舉一切依倉部格如有違犯專知官停見任仍殿兩選所由決脊杖二十準法處分所貴利歸農畝耕者不饑其天下諸州府百姓兩稅之外輒不許更有差率已頻申飭尚恐因循宜委御史臺切加糾察如有違犯縣令錄事參軍判官節級科責長吏不存勾

當亦委臺司察訪聞奏其諸道州府應所征兩稅匹段等物並留州留使錢物納匹段等虛實估價及見錢從來皆有定額如聞近日或有於虛估匹段數內實徵估物及其分數亦不盡依勅條宜委長吏切加遵守苟有違越必議科繩本判及專知官當重懲責又青苗兩稅本繫田土地既屬人稅合隨去從前赦令累有申明豪富之家尚不恭守以後州縣覺察如有此比須議痛懲地勒還主不理價直

飭獄吏推斷不平詔

刑獄之內吏得使情推斷不平因成寃濫無問有贓無贓並不在原免之限

令詳定盜賊贓罪詔

攘竊之興起於不足近日刑罰頗峻盜賊益煩贓至一千便處極法輕人性命重彼貨財既多殺傷且乖教化況非舊制須議改更其會昌元年二月二十六日勅宜委所司重詳定條流聞奏

諭州縣上佐丞簿詔

每思前賢設官分職豈徒然哉今州有上佐縣有丞簿俗謂閒官不領公事殊乖制作之本意也自今後州縣公事上佐丞簿得失須共參詳如有敗闕或不遵法理及百姓流亡不先舉明並須連坐冀得人展其才官無冗食

萬壽公主出降詔

女人之德雅合慎修嚴奉舅姑夙夜勤事此婦之節也先王制禮貴賤同遵既以下嫁臣寮儀則須依古典萬壽公主婦禮宜依士庶

禁奸吏舞文詔

法司使法或持巧詐分律兩端遂成其罪既奸吏得計則

黎庶何安自今已後應書罪定刑宜令直指其事不得舞文妄有援引頒示天下長吏嚴加覺察不得輒使奸吏如有此色當議停解

委京兆府捉獲奸人詔

如聞近日多有閒人不務家業嘗懷凶惡肆意行非專於坊市之間恐脅取人財物又其中亦有曾爲趨吏依倚門欄自恐愆尤遂致停解不思己過卻務怨讎妄搆虛辭恣行恐嚇要懲此弊以靜奸源自今已後宜委京兆府切加訪察如有此色便捉獲痛加刑斷

以夏令疏理滯獄詔

此後除巨蠹所不原外每立夏至立秋節犯罪人就州府常條之中量與減貸速爲疏理無令淹繫

答兩省諫幸華清宮詔

朕以驪山近宮眞聖廟貌未嘗修謁自謂闕然今屬陽和氣清中外事簡聽政之暇或議一行蓋崇禮敬之心非以盤遊爲事雖申勑命兼慮勞人卿等職備禁闈志勤奉上援經據古列狀獻章載陳懇到之辭深睹盡忠之節已允來請所奏咸知

議立回鶻可汗詔

朕聞王者立德必本於念功天下歸仁莫先於興滅回鶻久爲與國常建太勳累申式配之儀兼展稱藩之禮天寶末興兵之後國步未夷釁起凶妖率其忠勇控弦而至革車之會增威止戈而歸犀毗之賜甚寵殊庸盛禮煥烈繼姻是爲親鄰成其邊衞牧馬遠迹於朔野烽火罷照於甘泉雖云華夷歡若親戚會昌中遠方喪亂可汗淪亡狼顧既困於歲饑鼠竊或行於邊候時屬姦臣作軸懦將操戈因樂禍以乘危遂興戎而生事不念救災之義盡爲助順之功驅彼流離寘爲徒隸情關懷土自比南冠之悲跡則亂華未免北風之思舊國空瞻其茂草名王猶困於旅人相彼窮危寧無慨歎朕君臨九有子育兆人雨露之所霑濡日月之所照燭欲令自遂必念好還乃眷朔易之雄況當勳力之後每思報德實用疚懷所以頻遣詔書俾勤尋訪穹廬莫覩甌脫已平萬騎豈無其忠臣六角冀存其貴種頗勞寤寐屢閱歲時沙漠既空井邑猶在近有回鶻來款朔方帥臣得之送至闕下又有回鶻隨黠戛斯李兼至朝廷各令象胥徵其要領音塵可訪詞旨必同願復本邦

仍懷化育皆云龐特勤今爲可汗尚寓安西衆所悅附颺穹相以忠事上誓復龍庭雜虜等以義向風頗聞麕至闕契素願慰悅良多俟其歸還衙帳當議特舉册命今遣使臣且往慰諭況情深振撫道既切於懷來而功濟艱難義豈忘於繼絕至如待呼韓以殊禮約冒頓以和親止於嘉其來朝亦或慮其爲患今則因此離散追彼功勳俾立國於狼居稍聚人於烏合再尋舊好宜舉良圖報告天下咸知朕意

遣使册回鶻可汗詔

夫興滅繼絕有國之懿圖推亡固存先王之茂典在春秋時齊秦列國之諸侯也秦穆尚存於晉嗣齊桓猶繼於莒土況我國家超邁皇王弁包宇宙昔者回鶻可汗在武德之初始畢效力於太宗在天寶時葉護有功於京洛乾元至德之際與子儀叶心大破西虜自時以降誼爲舅甥歲有通和情無詭詐會昌中其國實遇天災莫能地著盡皆散徙遂至滅亡朕自纂承丕圖常多軫惻爰命使者將遠撫之訊厥存亡俾求嗣立輶車甫至於靈武蕃使已及於塞垣迨至闕庭深陳血懇稱可汗已立諸部賓歸實資神

祇之衞乃藉忠勲之力果能克紹叶纂舊圖頗協人願深契朕志尚恐未爲諸蕃所信猶疑新造之邦是用特命使臣遵行册禮於戲布德茂功柔遠祇遹前代之所以稱禮也使若敖氏之無後何以勸善須布中外咸使聞知表朕中懷不問夷夏可册爲嗢祿登里邏汨沒密施合俱錄毗伽懷建可汗命檢校秘書監兼御史中丞王端章持節册使仍令所司擇日備禮册命

答諫迎道士軒轅集詔

朕以萬機事繁躬親庶務訪聞羅浮山處士軒轅集善能攝生延齡益壽乃遣使迎之或冀有少保理也朕每觀前史見秦皇漢武爲方士所惑常以之爲誡卿等位當論列職在諫諍閱視來章深納誠意

答河東軍民乞留節度使崔彥昭詔

彥昭早著令名累更劇任入司邦計開張用經緯之文出統藩維撫馭得韜鈐之術自臨并部殷若長城但先和衆安人不欲恃險與馬遂致三軍百姓瀝懇同詞備述政能惟恐罷去顧茲重鎭方委長林既獲便安未議移替想當知悉

遺詔

生死之理修短之期古往今來是其常也爰以宗祧所繫嗣續有歸眷彼臣寮宜申顧託我先朝憲宗昭文章武大聖孝皇帝承十聖之基構翼翼爲心平五道之寇讎孜孜不怠雖長慶促運寶歷生姸文宗揚其耿光武宗付朕鴻業自臨億兆十有四年每思偃武修文庶幾至德要道賴諸良弼罄乎嘉猷或陳無逸之篇或進勿休之說東后畢覲西旅繼來克復河湟拓疆三千里外告成宗廟雪恥二百年閒僅稱太平咸曰丕變顧朕寡昧何以堪之今也天

命靡常冥數先定與我之齡雖盡卜世之年甚長趣彼若遇歸之命而非夭釋然何慮眙厥孫而有謀皇太子漼羽翼早成春秋已盛既膺主鬯克荷承祧宜於柩前即位仍以門下侍郎平章事令狐綯攝冢宰軍國務殷豈可久曠以日易月宜遵舊制皇帝三日而聽政二十七日而釋服天下節度觀察防禦等使及監軍諸州刺史職守非輕並不得離任赴哀天下人吏百姓告哀後出臨三日。皆釋服無禁婚嫁祠祀飲酒食肉釋服之後無禁舉樂文武官等朝晡臨事皆十五舉音宮中當臨者非時無得擅哭前漢

與後魏孝文俱從薄葬朕甚慕之營奉山陵稍減常制勿以金銀錦綵緣飾葬具醫術之徒夙夜勞苦深可矜念不須理問五坊鷹犬並令解放咨爾內外將相爪牙腹心之臣其敬保我令子輯寧我邦家成朕素懷克底於道布告遐邇咸使聞知

欽定全唐文卷八十一

宣宗三

給夏州等四道節度以下官俸勅

夏州等四道土無絲蠶地絕征賦自節度使以下俸料賞設皆剋官健衣糧所以兵占虛名軍無戰士緩急寇至無以支敵將欲責課又皆有詞須有商量用革前弊夏州靈武振武節度使宜每月各給料錢廚錢共三百貫文監軍每月一百五十貫文別勅判官每月五十貫文節度副使每月七十貫文判官掌書記觀察判官每月各五十貫文

推官四十貫文賞設每道每年給五千貫文修器械每道給二千貫文天德軍使料錢廚錢每月共給二百貫文監軍每月二百貫文都防禦副使每月五十貫文判官每月四十貫文巡官每月三十貫文賞設每年給三千貫文修器仗每年一千貫文如以後依前兵額不實器仗不修其本判官重加貶降主帥別舉處分其所給料錢等並以戶部錢物充起十月支給一年以後仍每秋一度差御史一人點簡兵士器仗聞奏

寬私酤禁勅

揚州等八道州府置榷麯并置官店酤酒代百姓納榷酒錢并充資助軍用各有權許限揚州陳許汴州襄州河東五處榷麯浙西浙東鄂岳三處置官店酤酒如聞禁止私酤過於嚴酷一人違犯連累數家閭里之閒不免咨怨宜從今以後如有人私酤酒及置私麯者但許罪止一身并所由容縱任據罪處分鄉井之內如不知情並不得追擾其所犯之人任用重典兼不得没入家產

命南郊前遠議庶獄敕

聖人嚴配圜丘將以孝理天下而歷代因之務行大赦寃

滯者可從昭洗險慝者宜示澄清所有大禮前據有罪已結者亦在遠令詳議無至惠姦

復廢寺敕

會昌季年併省寺宇雖云異方之教無損致理之源中國之人久行其道釐革過當事體未宏其靈山勝境天下州府應會昌五年四月所廢寺宇有宿舊名僧復能修創一任住持所司不得禁止

權停聽政敕

門下朕聞恭順之道人倫大經省奉之儀臣節攸重況發自誠悃稽諸典謨庶叶禮文式遵前憲伏以積慶殿皇太后坤元降秀皇極居尊道冠母臨訓彰壼職屬時當濡露感切於孝思氣爽保和恙生於寒暑自春歷夏有加無瘳焦思匪遑旦夕增灼豈尚安於聽斷且欲專於候問恐中外具僚未諒予意起今月十四日以後權不聽政故茲宣示宜體朕懷

答屯田奏交替職田合計閏月敕

五歲再閏固在不刊二稔職田須有定制自此已後宜依屯田所奏永爲常式

科吳湘獄敕

李回鄭亞元壽魏鉶已從別敕處分李紳起此寃訴本由不眞今既身殁無以加刑粗塞衆情量行削奪宜追奪三任官告送刑部注毀其子孫稽於經義罰不及嗣並釋放李德裕先朝委以重權不務絶其黨庇致使寃苦直到於今職爾之由能無恨歎昨以李威所訴已經遠貶俯全事體特爲從寬宜準去年敕令處分張宏思李公佐卑吏守官制不由己不能守正曲附權臣各削兩任官崔元藻曾受無辜之貶合從洗雪之條委中書門下商量處分李恪

詳驗款狀。盡害最深。以其多時須議減等。委京兆府決脊杖十五。配流天德。李克勲欲收阿顏。決脊杖二十。配流硤州。劉羣據其款狀。合議痛刑。曾効職官。不欲決脊。決臂杖五十。配流岳州。其盧行立及諸典吏。委三司使量罪科放。訖聞奏。

禁加徵熟田勅

朕以俗未臻於富庶。念每切於黎元。衣食罕充。旰昃興歎。夫百姓田疇。地有高低。歲有善惡。偶有水潦。即低田不稔。稍遇亢旱。即高處無苗。近聞州縣長吏。掩其水旱傷損。務

求辦集。唯於熟苗上加徵。將塡欠數。致使黎元重困。惠養全乖。自今後州縣百姓。有遭水旱。苗稼不收處。簡驗不虛。便準前後勅文破免。不得加徵熟田人戶。令本配額外重出斛斗。

權停聽政勅

朕聞禮發乎因心。服勤於遺體。周典著問安之範。戴經存就養之文。垂爲格言。式示達禮。惟朕小子。敢廢前修。伏以太皇太后母臨六宮。子育羣品。淸淨養性。恬和保神。屬時暑小侵。違豫不開。寢膳未復。憂灼靡寧。日欲親於藥餌。情豈安於聽斷。凡有事務。且委司存。恐中外具僚未悉予意。起今月二十日以後。權不聽政。故玆宣示。宜體朕懷。

答崔珙奏勅

省所奏。當府周公祠。舊有泉水枯竭。十月中因風。泉水五處一時湧出。又有七處見出。幷圖畫進上事具悉。朕聞致理之代。地出醴泉。蓋以澤可濟時。德推上善。徵諸傳記。最爲休祥。朕以虛薄。敢膺元貺。披圖見瑞。省表增慙。豈惟菲德致之。亦卿循良所感。臨軒嘉歎。至於再三。今賜名潤德泉。想宜知悉。冬寒。卿比平安好。遣書指不多及。

獲賊支給賞錢勅

兩軍及諸軍巡捉得劫賊。京兆府先牓懸賞。近日捉獲得賊。都不給付。既違公勸。何以勵人。宜令京兆府所有軍巡捉獲劫賊。便須支給賞錢。

許罪人歸葬勅

先經流貶罪人。不幸歿於貶所。有情非惡逆。任經刑部陳牒。許令歸葬。絕遠之處。仍量事官給棺櫝。

允宰臣請御丹鳳樓上尊號勅

沒陷河湟百有餘歲。中原封界。咫尺戎疆。累聖含容。久勞

征戍伏思元和中將攄宿憤常欲經營屬誅鋤叛臣未暇收復今則恭行先志克就前功不遠徵兵不勞財力二州之外兼得七關又取維州粗成邊業尚以息人解甲未收山外諸州且以肆眚申恩所以頒示天下其御樓依所乞

定州縣官請假勅

設官分局各有主張其於在公責辦斯切諸州府及縣官到任已後多請遠假或稱周親疾病或言將赴婚姻令式既有假名長吏難爲止遏遂使本曹公事併委北廳手力俸錢盡爲己有勤勞責罰則在他人須有條流俾其兼濟

其諸州府縣官如請公廨假故一月已下即任權差諸廳判官一月已上即準勾留例其課料等據數每剋二百文與見判案官添給

定諸縣主壻官秩勅

諸縣主壻選尚之初多無官緒或正員初秩授檢校朝官從前條流都未詳備自今以後縣主壻如先有官宜超資與進改如未有官者且授檢校官待三周年後與第二任正員官仍委宗正卿檢勘聞奏

公主縣主有子女者不得再降勅

夫婦之際教化之端人倫所先王猷爲大況枝連帝戚事繫國風苟失常儀即紊彜典其有節義乖常須責立制如或情有可愍即務從權俾協通規必惟中道起自今以後先降嫁公主縣主如有兒女者並不得再請從人如無兒女者即任陳奏宜委宗正寺準此處分如有兒女妄稱無有輒請再從人者仍委所司察獲奏聞別議處分並宣付命婦院永爲常式

簡勘官健等勅

如聞諸道軍將及官健等近日所在將帥多務因循當召

募之時已不選擇及收補之後曾莫教招遂使名在戎行少能知其弓矢職居列校罕見識於韜鈐緩急忽有徵差便取見在應數惟憂就役豈暇圖功虛費資糧莫克讎敵爲弊頗久須有舉明自今已後委諸道觀察節度都防禦團練經略等使每道慎擇會兵法及能弓馬解槍弩及筒射等軍將兩人充教練使每年至合教習時分番各以本藝閱試其間或有技藝超異者量加優賞仍作等第節級與進改職名每至年終都具所教習馬步及各執所藝人數申兵部及中書門下仍委兵部簡勘都開件聞奏所冀

各盡伎能自成勁銳其支郡有兵處亦委本道點簡訓練準詔處分

禁公主家邑司擅行文牒勑

應公主家有莊宅邸店宜依百姓例差役征課如邑司擅行文牒隱庇兼藏匿要人便委諸軍諸使及府縣當時捕捉收禁聞奏其邑司官吏及印本緣徵封須行文牒今即便因他事攪撓府縣自今以後除徵封外如緣公事並令邑司申宗正寺寺司與酌量公事行牒其邑司並不得擅行文牒

刺史交代勑

條疏刺史交代須一一交割公事與知州官方得離任準會昌元年勑刺史只禁科率由抑配人戶至於使州公廨及雜利潤天下州府皆有規制不敢違越緣未有明勑處分多被無良之吏致使恐嚇或致言訟起今後應刺史下擔什物及除替後資送錢物但不率斂官吏不科配百姓一任各守州縣舊例色目支給如無公廨不在資送之限若輒有率配以入己贓論

停稅茶勑

裴休條疏茶法事極精詳制置之初理須畫一並宜準今年正月勑處分

答考功條陳勑

考功所條流較考功事頗爲詳悉唯一件難便允從近日俗尚矜能人少廉恥若榜門許其論告則自此必長紛爭當否之間固有公議其一件宜落下餘依奏

禁勞耳稱冤勑

勑準開元十三年八月十四日及太和八年二月十三日勑文勞耳稱冤先決四十然後依法勘當近日無良之徒

等聞詣闕勞耳每驚物聽皆謂抱冤及令推窮多是虛妄若不止絕轉恣凶狂宜自今以後應有人欲論訴事自審看必有道理即任自詣闕及經臺府披訴當爲盡理推勘不令受冤更不得輒有自臥階前勞耳有犯者便準前勑處分後配流遠處縱有道理亦不爲申明

禁嶺南貨賣男女勑

朕自臨御以來常恐一物失所以傷陰陽之和致災厲之變而重困吾民故推教化之源務率先之道減服御絕玩好苟利於民者無不行阻撓於政者無不改而郡縣災疫

相繼屢奏流亡慘怛之懷疚於寤寐將何以臻於富庶哉苟害生民豈憚釐革如聞嶺外諸州居人與夷獠同俗火耕水耨晝乏暮飢迫於征稅則貨賣男女姦人乘之倍討其利以齒之幼壯定估之高下窘急求售號哭踰時爲吏者謂南方之俗夙習爲常適然不怪因亦自利遂使居人男女與犀象雜物俱爲貨財放闕四方鰥寡高年無以養活豈理之所安法之所許乎縱有令式廢而不舉爲長吏者何以副吾志自今已後無問公私土客一切禁斷勅諸州刺史各於界內設法鈐制不得容姦依前販市如敢更

有假託事由以販賣爲業或虜劫谿洞或典買平民潛出券書暗過州縣所在捜獲據贓狀依強盜論縱逢恩赦不在原宥之限仍仰所在切加把捉如違節級科斷其方鎮及監軍使命並州府寮吏等自當謹守詔條率身奉法儻有踰犯當重科繩其白身除準勅常數進送外亦準此處分其百姓兩稅定額各據土地所出方圓收納不得豎色目妄配亂徵致令艱愁莫相保守如有貧窮不能存濟者欲以男女傭雇與人貴分口食任其行止當立年限爲約不得將出外界還同交關各委本道長吏專加糾察仍先具條流聞奏其餘州縣更有積弊深害百姓而因循未革者亦具分析聞奏當酌量處分粗安黎庶稱朕意焉

遣宋涯宣慰安南邕管勅

四海九州莫非吾之赤子念茲遠俗尤用軫懷如聞日南自郭細爲亂之後溪洞頻有不安朗寧去歲已來屢爲南蠻侵軼遠思裔俗載想疲黎有枉莫伸無辜受戮者多矣想思朝廷之弔問若大旱之望膏澤也是用申詔執事聿求使臣內外通班文武多士爰擇敏達副吾選求銀青光祿大夫檢校太子賓客兼右千牛衛大將軍侍御史上柱

國宋涯早列和門夙通軍志公忠有素文武是經信義彰美於禁營政績茂宣於汧隴吾所求者爾其人乎昔司馬相如奉漢廷之命通西南夷路飛檄曉諭不勞師征夜郎牂牁等皆生梗之俗猶能永奉漢法於今稱之而況安南邕管皆吾藩方雖遠朝廷咸遵法理爾其將我憫憐之意深訪疾苦之源貧者撫之富者利之老者安之少者懷之盡爾公廉究茲利病因宜制變臨事合權能安遠方克致寧謐豈無崇秩以獎勤勞俾增石室之榮以盛軺車之貴無憚遐役佇立厥功可守本官兼御史中丞充安南邕管

等道宣慰使

重建總持寺勅

朕以政閑賞景幸於莊嚴其寺複殿重廊連甍比棟幽房祕宇窈窕疏通密竹翠松垂陰擢秀行而迷道闕天下梵宮高明寡匹當建之時以京城西昆明池勢微下乃建木浮圖高三百尺藩邸之時遊此伽藍覩斯勝事其總持寺大業中立規制與莊嚴寺正同今容像則毀忍草隨荒香徑蕪侵尚存基址其寺宜許重建以副予心

立鄆王爲皇太子勾當軍國勅

朕以寡昧獲承丕構潔誠以奉九廟恭己以臨兆人宵旰在懷罔敢暇逸而憂勞所迫蒸暑或加疾恙未瘳旣逾旬朔萬幾繁重不能躬親詢於大臣稽以古訓永惟負荷之重思建儲貳之賢用舉徽章式固大本長子鄆王溫宜攸名濬濬哲天縱孝敬日躋秉德不回出言可法英姿齊聖粹厚而恭道叶繼明義符立長可以貳於神器增輝前星宜立爲皇太子權勾當軍國政事咨爾三事百辟內外臣僚宜協乃心敬輔元子罔違於道俾致時雍布告遐邇咸令知悉

平党項德音

門下冒法干紀豈限於華夷伐罪弔人固資於典訓朕端拱御寓六年於茲兢兢業業不敢荒怠常恐一物失所羣心靡寧旰食宵衣思底於道屬者以党羌恣爲侵叛尤苦農商朕爲人父母豈無憫惻雖傷財害物非朕躬之願而禁暴定功實武經之要是以爰興師旅龔行天誅而凶渠稔惡稽曠歲時師宿旣勤物力將屈賴宗社儲祉中外叶心大搜妖巢盪定關隴誠殫財而凋力亦暫費而永寧今則軍功已成制置將就息戈解甲固在及時捨罪緩刑所

宜布澤南山党項爲惡多年化諭不悛頗爲邊患近興兵士經歲討除拒官軍者悉就誅擒懼法令者皆從逃竄大開湯網已施去殺之仁遠並堯年寧限可封之屋今聞殘寇無所依歸皆是王人豈忘憫惻其南山党項已出山者或聞逼於饑乏猶行劫奪平夏不容無處居住今委李福且先遣蕃官安存招誘令就夏銀界內指一空閑田地居住所有從前掛涉惡跡者今一切不問惟再犯疆界却入山林或不從指揮即召募平夏党項精銳者討逐議不容捨如能革心向化願同平夏即須投誠獻款跡效分明撫

馭之閒便同赤子如有屈事即任於本鎮投狀論理仍各令本鎮遣了事軍將安存平夏党項素聞爲善自旬月以來發使撫安尤見忠順一如指揮便不猖狂各守生業自玆必令永戴恩信長被華風或聞從前帥臣多懷貪剋部落好馬悉被誅求無故殺傷致令怨恨從今已後必當精選清廉將帥撫馭羌戎明下詔條漸令知悉靈鹽夏州邠寧鄜坊四道官吏自用兵以來責辦公事亦甚辛勤軍將皆已得官文吏未酬勞績宜令每道揀選公勤有勞效官吏具名聞奏有官者與依資轉遷無官差攝者當與正官

仍具差攝年月申奏直須公當不得轉授囑託如是將帥親情亦須具言四道百姓徵斂不時差役至多疲瘵亦甚或聞屋宇被賊焚燒至於桑麻亦遭砍伐生業既失須加安存宜各優給三年其有無屋可居無牛可種者委長吏量事接借一一奏聞仍須早設法招攜令各歸復勿令豪富便占產業爲生自用兵以來諸道應徵發之處所有將健或沒於鋒刃或存被瘡痍雖經褒贈及曾優恤委本道更加存撫或自因廢疾不任在公者終身不停衣糧如情愿回與子孫兄弟甥姪者便與補替應討伐党項諸道在

行營將士已頒賞賜邊上制置有敍績節級放還仍委本道敍錄具名聞奏當加甄獎自用兵已來京師與鄜坊邠寧兩道接界及當路諸縣差役繁併物力凋殘若無優矜必難存立其今年夏稅錢及青苗錢每貫量放三百文其斛斗糧量放一半仍委京兆尹差官子細磨勘其或雖在鄉村不曾經供應者不在準例放限仍一一條件等第聞奏如是分路處就中更校便併者量加優恤必使均平其所放錢及斛斗委戶部以實錢支填仍令京兆府各下諸縣散榜鄉村要路曉示百姓務令知悉用兵以來城鎮曾

遭陷沒官健百姓因被殺傷親戚既無遺骸在野委所在長吏差人爲收拾如法埋瘞仍量事致祭應有增修城鎮添置堡候委所在將帥擇其要害絕彼窺覦切務堅完令可固守邊上不許以兵器於部落博易從前累有制勑約勒非不丁寧近年因循却不遵守自今已後委所在關津鎮鋪切加捉搦不得輒有透漏其有犯者推勘得實所在便處極法其所經過州縣關津鎮鋪節級痛加懲責義無容貸其閒或情涉隱欺準所犯人處分党項本是邊甿只合州縣撫馭致令一朝侵叛由於處理乖方既往不可加

刑從今必行法令自此之後邊上逐界皆已有制置把捉如或更有羌寇侵盜即是將帥依前貪求當先加罪於本界邊將然後翦逐寇賊通商之法自古明規但使處處流行自然不煩饋運委邊鎮宜切招引商旅盡使如歸除禁斷兵器外任以他物於部落往來博易應緣徵兵處士馬皆效勤勞亦已各有賞賜其本道將帥當續議量加酬獎京畿及鄜坊靈鹽邠寧夏州并涇州鳳翔振武天德等道自用兵以來人頗勞苦今須德澤須令曲恩應見禁囚徒據罪遞減一等惟官典枉法犯贓及賊中有持杖劫人故

殺人等不在此限如有積年逋賦必加徵督不得者委長吏條流聞奏準格律大功已上親及女壻外甥不許連任自用兵已來諸道節將及長吏權宜差親表主持公事兵罷之後理當不然其三族內親並不得令主兵權及充要職如是元在本軍先充職掌者亦須具名聞奏自用兵以來科配百姓事取濟辦多出權宜今既罷兵諸道節度防禦刺史及鎮使等不得更依前妄有科配仍令各具本管侵害百姓事須釐革者作條件聞奏自党項擾亂以來所在多被攻劫白刃之下必有孝子順孫義夫節婦事跡有可稱者委所在長吏察訪優恤其家仍具名聞奏將加旌異於戲蠻夷猾夏固有用於常刑撫馭乖方遂致興於薄伐傷夷暴露朕實愧焉是用覃恩以慰勞瘁布告中外咸使聞知主者施行

洗雪南山平夏德音

平夏南山雖云有異源流風俗本實不殊我國家累聖以來許居內地久奉聲教亦立功勞朝廷撫綏常布恩信近者邊陲之帥制御乖方遂有凶悍之徒不率父兄之教或侵暴州鎮或攻掠道途告諭罔悛猖狂頗甚朕君臨區寓

深念黎元凡曰含生皆同赤子但欲爲人除害固非黷武佳兵每覩殺傷深多憫惻是以去年洗雪平夏驅除南山及聞窮困無歸復有懷來之意遂令白敏中李安業分統諸軍先示招攜仍加訓練但知非則赦免不得已則誅鋤王者之師義實在此近得敏中狀申南山盡願歸降瀝懇輸誠惟思展效請般運糧料乞保護封疆閱其奏章深愜朕意比者或有剽劫必推南山南山或有寇擾亦指平夏既相非斥互說短長終難辨明祇益仇怨今則並從洗雪咸許自新但能各務安全遞相勸勉保其生業絕彼侵踰

從前所有愆違自此一切不問惟鹽州深居沙塞土乏農桑軍士運糧須通商旅沿路堡柵事須修營今委李安業依朝廷制置差兵建築防守尤恐部落心懷疑慮委令李安業駐軍塞門朕之屈法從人斯爲極矣若執迷不返干犯國章後悔難追深宜自省

洗滌長慶亂臣支黨德音

門下皇王之令凶逆必寘於嚴誅天地之仁含育亦存乎在宥除惡務絶其根本原情必諒於親疎慮興詿誤之嫌用安反側時舉寬宏之典盡滌瑕痕追維長慶之初亂臣

賊子之輩人神共憤覆盡不容頃以論刑是從流竄而東宮親昵之黨亦參帷幄之謀顧偷冒以取愚陷君父於不義必資懲創以遏奸源議法當然非朕敢赦而曾不知過交搆流言興謗道途扇惑人聽蓋以從前捜捕未盡巢穴猶存再令根尋果獲支黨無非近戚咸伏其辜在臣節而旣虧於國章而難逭幷已從别勅處分除竄逐遐荒及配諸陵守當外應諸惡黨從祖兄弟子壻妻族内外親戚門生故吏及比來别居幷從疎遠等降德音後一切不問諸司諸使更不用尋勘務從寬恕俾絶憂疑惟先推鞫得姓名合流者雖已逃竄如獲日準前勅處分頃者屢降明詔以順人心重此究尋蓋非獲已今則更無餘蘖永絶猜嫌攄憤之志旣申懲惡之刑亦至乘春布澤大與惟新明示中外咸知予意主者施行

賑恤江淮百姓德音

門下朕以寡昧嗣守睿圖奉列聖之丕訓撫寧四海受一作膺上天之景命司牧兆人敢忘勵志勤身虔恭寅畏雖動思罪己而陰陽屢愆每念惠人而蒸黎尚困是由政教無素王澤不流精誠未達於穹蒼災沴遂痡於下土是用中

宵輟寐未明求衣言念及此良深愧惕近者江淮數道因之以水旱加之以疾癘流亡轉徙十室九空爲人父母寧不震悼此乃天之垂誡咎實在予焚灼於懷夙夜增懼當宁興嘆遂命使臣乘驛撫巡便宜救恤減上供饋運發諸道倉儲免積歲之逋租蠲逐年之常貢尚思災疫之後閭里未安須更申明用示優軫應揚潤廬壽滁和宣楚濠泗光宿等州其間或貞元以來舊欠逃移後闕額錢物均攤見在人户頻年災荒無可徵納宜特放三年待稍完復却即令依舊或逋懸錢物斛斗數内先已放免度支却徵收

者宜委本司細詳元勑磨勘如合放免不得追徵或先因水旱賑貸欠常平義倉斛斗若終不可徵收亦宜放免或今年合徵兩稅錢物量百姓疾疫處各委逐州準分數於上供留州留使三色錢內均攤放免或收管諸色逋懸錢物等年月深遠但挂簿書空務追徵益生勞擾宜委有司速勘會了絕蠲放不得留爲應在以資奸蠹之徒其濠泗宿三州大中六年以前所在逋懸宜亦放免或以常平義倉斛斗賑恤者宜委本司收破其賑貸者即待秋熟塡納所減上供運米及州縣諸色斛斗等已令減價糶貸救接

百姓用止翔貴以濟周貧或每年進奉茜草藥物紵練貢布等亦已條流節級停減以前諸色應蠲免節目等或已行勑令或見勒條流並委中書門下各令本州及本司速準此處分仍具各分析聞奏所有諸道放免事例宜委州縣於鄉村要路一一榜示遍令閭閻分明知悉又以數道疾疫百姓流亡永言宵旰之勤豈務珍華之貢其淮南宣歙浙西三道今年賀冬及來年賀正所進奉金銀錢帛宜特放免均融仍各委本道觀察使據所放均融貸貧下戶塡納稅租其逃亡戶如賑恤使有所不該者亦以此便宜濟助務令蘇息又江淮數州水旱相繼安南一境寇擾初寧公用之間必當虛竭但緣及時錫賚須遣使臣其淮南宣潤安南等四道今年冬衣使本道合與常例人事物等亦宜權停於戲天災流行自古未免屬在牧宰爲吾撫安豈無惠育之方以濟凋殘之弊如或守法不謹吏緣爲奸紀律乖訛刑法踰濫重繫者因循不省逮捕者追擾滋多或征賦不均或徵科無算有一於此重困吾人即何以消弭災譴用康疲瘵宜委所在長吏愼恤刑獄疎決囚徒必務躬親俾無冤滯撿轄暴吏懲殿慢官寬常賦之征罷不

急之務詳求病利悉以奏陳恭佇良規用副憂寄苟不遵詔旨尚務侵欺必正刑書義無容貸宣示中外宜諒予懷主者施行

欽定全唐文卷八十二

宣宗四

冊回鶻可汗文

皇帝若曰我國家誕膺天命光宅中土君臨九有包舉八荒聲教所加冊命咸及而況回鶻北方之強代濟其烈惠行隣境俗慕華風立國以來嘗効臣節代爲甥舅每歲通和推誠不疑爲我與國當會昌之際自屬天災人罕粒食上下離散牙帳爲墟地多種落所侵國甚黍離之歎朕自登寶祚每軫素懷爰發使臣訪其後嗣軺車既出蕃使爰

來咨爾回鶻可汗挺此雄材生於貴族能收既絶之燼常存再振之心願嗣天驕載歸地著發使請命誠辭可哀夫親仁善隣國家之寶興滅繼絶王者之宜況朕布德滂仁施於海外爾乃堅誠勵節行乎域中所以公侯子孫道在必復華夏屛衞理宜長存旣將還定舊封式承墜緒克紹崇構允膺鴻休今遣使臣朝議郎檢校祕書監兼衞尉少卿御史中丞上柱國賜紫金魚袋王端章副使臣朝議郎檢校尚書工部郎中兼國子禮記博士御史賜緋魚袋李潯持節備禮冊命爲九姓回鶻嗢祿登里囉汨沒密施合俱録毗伽懷建可汗爾其服我恩榮膺茲位號勉修前好恢復故疆宜克己於蹛林長歸心於魏闕無忘爾志永孚於休

命皇太子即位冊文

維大中十三年歲次己卯八月甲申朔十三日景申皇帝若曰眷彼羣生必有司牧纘承丕構允屬元良故命嗣惟賢立長則順夏禹惟公於聖子漢文終守其成規茲乃萬國攸同百王不易之道也朕以菲薄獲奉宗祧十有四年未臻至理惟天示譴降疢於躬藥石無功彌留斯迫歷數

云在天命有歸咨爾皇太子朕之元子幼有聖質孝敬温文宏博愼敏稟天地之仁厚合日月之貞明承訓嚮方秉禮抱義是用命爾陟於元后宜令攝中書令中書侍郎兼禮部尚書平章事蕭鄴奉冊即皇帝位邦家以寧統緒以正惟嚴恭祇畏可以事天地惟寬明睿哲可以御臣下惟慈惠欽和可以撫黎庶惟道罔咈惟賢必親實爾生知豈俟訓誨著於典冊文事無詞懋昭耿光紹休前駕於戲敬之於戲戒之

即位赦文

天分四時必始發生之德帝臨九有是先蕩滌之恩故雷雨作而萬物滋榮慶澤行而兆人悅服皇王之典今古所遵朕以眇身獲纂丕業上承宗社之眷佑下繫生靈之安危夙夜祗勤庶臻於理永惟黎元之困賦役之繁干戈未寧輸發尚急流移未復冤滯猶多刑獄未平姦詐斯起進獻無度淫巧競生思與蠲除俾從開泰將以導迎和氣咸致歡心載因大慶之晨式舉惟新之令可大赦天下

大中改元南郊赦文

門下執大象者導陰陽之和帝率土者茂生植之化粵自

軒昊暨於唐虞側身皇階虛己大位懸金鑑之朗耀致玉燭之融明惠中國以綏四方欽上元而育兆庶所謂至德勞深企懷朕荷先帝之眷求奉祖宗之成憲獲撫萬國統和三靈兢嚴丕構惕勵神器實賴昊穹嘉饗神祇降休蠻夷戎狄之聿來鳥獸草木之咸若眞宰潛運元功啟光麥禾豐登兵革偃息物不疵癘人無夭亡發揚氤氳敷祐寰昧夙夜祗戴訏謨經紀尚懼德教之未宣黎元之未泰貪虐之害政朋邪之敗風永念困窮思臻富庶每與赤子之歎不知黃屋之尊爰因首正克舉彝典告受命之纂緒展嚴配之盛儀柴燎升聞馨香殷薦羣祀昭答百神來享精誠既達感慶良深是用肆眚恤刑改元建號利時者不廢便人者必行俾覃在宥之恩以順發生之氣與之更始咸使維新可大赦天下改會昌七年爲大中元年自大中元年正月十七日昧爽已前大辟罪已下罪無輕重已發覺未發覺已結正未結正繫囚見徒常赦所不原者咸赦除之唯犯十惡五逆已上及故殺人並不在免限官典犯入己贓兼情涉巨蠹及持仗行劫縱不殺人並不在免限左降官量移近處已經量移者更與量移如已至刺史者準

刺史月限例處分諸色官未復資者有司條疏聞奏如復資者五品已上中書門下速與處分六品已下依常調選丁憂去任服闋日亦與量移如有親故在上都任所司陳狀便與處分不必更待本州府申請從九月二十二日降郊禮勅後流貶及引決妄稱冤人等并重推覆囚徒並不在此例別勅因責授降資正員官及曾因痕累停免未經引用者並與進改流人及降死從流者與移近地如有收敘者量才錄用并僧尼道士移隸者亦與放還其情狀難容者更不在量移及放還之限流貶人如已亡歿家口欲

還及須歸葬者聽隨所便如緣葬事幼弱饑窮不能自濟者委所在長吏量給棺櫬優恤發遣左降官流人先有官者如已亡歿各還本官亡官失爵痕累禁錮者並從洗滌諸色流貶人元勅內云雖逢恩赦不在量移限者自去年五月五日赦文後已經量移者五千里外更與量移千里三千里外者更與量移五百里情狀難容者不在此限常參官及諸色刺史先停替及以病解免并終制未授官者委中書門下量才進擬勿令稽滯國家與吐蕃舅甥之好彼此無虞自今後邊上不得受納投降人并擒捉生口誓

著山河勳銘鼎鼐恩延後裔義在勸人故尚父汾陽王贈太師晟太尉秀實司徒顏杲卿贈太師顏眞卿許遠張巡南霽雲子孫中未經甄奬者每家與一人正員官元和以來河朔節制以土地朝者各與其家一子正員官回鶻殘寇尚處窺邊諸道防秋固是常例如或別有徵發久未放還念其辛勤須議存恤應緣迴鶻別徵集防戍人等宜令中書門下節級量事賜物仍即具數聞奏歎沴頗甚已議賑恤蠲免流亡自今已後所在時雨稍愆有傷農畝即仰長吏當時聞奏如涉隱蔽必節級處分古者郎官出爲邑

宰公卿外領郡符所以重親人之官急爲政之本自澆風興扇此道稍消頡頏清途便至顯貴理人之術未嘗經心欲使救百姓之艱危通天下之利病不可得也朕爲政之始思厚時風軒墀近臣蓋備顧問如不周疾苦何以膺朕訪求自今已後諫議大夫給事中中書舍人未曾任刺史縣令及縱曾任有敗累者並不在進擬限守宰親人職當撫字三載考績著在格言貞元元和頻有詔縣令五考方得改移近者因循都不遵守雖諸州縣令或得三考兩府畿內亦罕及二年以此字人望其成化轉書案牘寧免姦

欺道路有迎送之勞鄉里無蘇息之望自今以後刺史縣令除授後一例須滿三十六個月方得替換其責授遷擢即不在此限其受替後量其在任課效作三等聞奏其在第一等委中書門下及吏曹優與處分第二等依資改轉第三等量加降黜其受替後委刺史錄事參軍比驗等第申觀察使與觀察判官勘驗詣實申奏後因事考覈有不如所奏觀察判官刺史錄事參軍據人節級懲罰觀察使奏聽進止其刺史委觀察使判官具考課聞奏雖去任已久但因事發露合懲合奬並準元勅處分其合拔擢貶黜

者則不拘此限長吏舉薦縣令錄事參軍雖有近勅如涉
請託是啟倖門其諸州府縣令錄事參軍吏部所注之官
雖與替亦須具所替人罪犯及不勝任事狀聞奏所舉之
人須前任曾有殊考不然課績尤異分明有據者方得論
請此外中書門下不得與進擬河東振武易定京西北等
道官吏料錢過聞寡薄省司注擬罔不固辭承乏之由其
新收闕官料錢戶部不用收管便令本府少尹與司錄參
軍勾當并舊給課料數額添給見錢在官無少尹即仰觀
察判官與錄事參軍同勾當使司輒不敢妄有借貸支用

如違本州官量加貶責長吏別議處分仍委所在鹽鐵度
支院判官參訪中書門下如違院官準本州官例處分諸
色入仕近者轉多內外官員無不填塞蓋因州府論請多
用虛銜軍師論功或未摭實自今已後無正官及無出身
者並不在奏州府縣官限縱有出身亦須去避稍近方得
奏請諸軍將非有殊功者不在奏兼州縣官限素非吏部
注擬之處即不在此限仍委中書門下準此處分京畿之
內荊南數州或頻歲辛勤或遭罹歉沴須免租賦以慰疲
人京兆府今年夏青苗錢及元和十五年已後至會昌三
年終已前應有諸縣欠日掌闕並宜放免荊南管內應遭
旱損農戶赦書下後新年夏隨地稅錢宜並放免塞上置
兵本防戎虜苦寒之地尤要撫綏如聞軍中小有所須舊
例不無科率或有逋欠必載簿書給衣散糧之時剋折略
盡永言此弊積有歲年爰因慶澤須使蠲除自今已後邊
上兵士除本分差役外輒不得妄有科配春冬給衣及每
月糧米並須當時分付如依前剋折本判官本將並重加
貶責長吏別議處分仍從前應有此色欠負不問多少更
不得科校徵索所在鹽鐵度支院切加訪察申中書門下

如違院官與判官同議貶責榷酤之例諸道權宜如聞所
設科條過有嚴酷一分抵罪連坐數家或沒入資財或身
處極刑里閭之內遂至無聊豈有疲人堪此陷穽宜令中
書門下商量停罷續作條疏聞奏州府折寺瓦木堆積多
時風雨所侵朽蠹將盡所在出賣雖有勅文百姓畏懼嚴
刑莫敢投狀巡檢防護豈免勞人自今已後百姓要買者
任二年續徵納價錢州縣輒不得暴有校科私茶鹽雖要
止絕法或連坐則害平人自今已後但科犯茶鹽闕要人
罪其買茶糴鹽及經過食宿之處並不要勘問差役不時

妨農爲甚古者用人之力歲不過三日蓋爲此也如聞所在修築動踰數月事非甚切所妨即多自今已後所在州縣如要修理者任和僱諸色人役使仍須據時價給錢關方今就使農戶輒不得追擾遇忙時五月六月九月事非切時屋宇城壘不在修築限如違官吏並節級貶責仍令御史臺及所在度支鹽鐵院檢舉申中書門下如涉隱蔽本御史及本院官並準前處分君以人爲國人以食爲天有國有家捨此無急如聞州府之內皆有閒田空長蒿萊無人墾闢與其虛棄曷若濟人宜令所在長吏設法召募

貧人課勵耕種所收苗子以備水旱及當處軍糧其初建置或鎮小力微不辦營備任量常平義倉粟充糧食種子及耕農具仍各任本道自詳軍便條疏處分訖申奏每年所收營田苗子除給耕種人牛量事塡補所借常平義倉本物所冀野無荒田災有儲備觀察使刺史起營田二年已後據見穀爲殿最泉重貨輕當今最甚甿庶捐瘠莫不由斯輸納租征須從利便應天下百姓所出土貨幸是官中每年收市之物即所在州府具色目先下文帖指揮令據官中收市價輸納不得一一徵納見錢切不得令所由

妄納耗剩如違本判官錄事參軍重加貶責鹽鐵度支院官不加檢舉亦準此處分諸道藩方牙門將校不獨資以武略亦在拔其幹能近門下商量停罷續作條疏聞奏近年隨使人多冗食要職傾奪占位勳舊無依慮不均平例有停解如聞或有自遠招收或因其投募人材武藝要籍韜鈐或因類能擢處右職軍中已著勞績選衆又合甄昇一例勒停實乖至當其應隨使軍將及驍勇官健等有超軼華流者並許待使到後選驗處分設法施禁固在長人訪姦去邪尤繫胥吏若紀綱不漏上下相同雖損益懸殊

功利百倍度支戶部鹽鐵三司吏人皆主錢穀去留之際切在類能若一槩節以年勞衆職從何條舉必資獎誘明示勸懲其中如有才用智識昭然獨見自期展效建立事功或剔抉疵瑕或糾正案牘發明已往之咎條理將來之規宜委本司便與奏論特有選擢仍與勾當依前本司驅使如守職多年無事可稱但循默自容者一例準舊年限勒赴選不得妄訴事故留在本司其案牘中或有過犯並不用追理貴許自新以示宏貸磐石維城本支祚慶親賢之義寵渥宜申文武庶官中外執事皆肅恭職任祗奉郊

禋俾洽推恩同沾霈澤亞獻福王綰終獻撫王紘等各賜物百匹夾侍正衣進珪捧珪各賜物五十匹亞獻正衣各賜物四十匹內外文武見任及致仕官三品以上賜爵一級四品已下加一階合入三品及五品欠考未敘者考足日聽敘魯聖儒風虞賓前典必須展敬允叶國章文宣王之後及二王三恪各與一子官其祠廟委所司量加修飾孝惟資愛禮著事親屬當布澤之辰用覃睦族之慶太皇太后皇太后二等已上親皇三等已上親委中書門下合擇有才行者量與改官無官者與出身皇五等已上親三

品已上賜爵一級五品已上加一階六品已下及前資常選散官簡選日優與處分未有出身陪位者準會昌五年正月三日赦文處分應陪位皇五等已上親及太皇太后皇太后三等已上親三品已上賜爵一級四品已下加一階諸親四等五等幷諸色人陪位官五品已上加一階六品已下及白身並賜勳兩轉其前資及有出身各減一選孝弟之道王教所先哀慶之禮人倫所重常參官及諸州府長官父母見存未有官封者並量與五品致仕官及階幷邑號如有官者量與進敘如官已至五品已上即與五

品階父母亡歿未經追贈者量與追贈官及邑號義深心膂寄重藩垣俾命追崇延恩存歿用酬勳效豈恡寵私中書門下及節度使帶平章事宜與一子正員八品官祖父母先亡歿各與追贈已經追贈者更與改贈節度使各與一子正員九品官東都留守度支鹽鐵觀察處置都團練都防禦經略招討使及神策金吾六軍將軍大將軍上將軍統軍威遠營鎮國軍等使皇城留守各與一子出身父母先亡歿未經追贈者各與追贈禮儀使京兆尹各與一子正員九品官昭宣典册寅奉郊禋宜普恩光以答公幹

應郊廟升壇升殿行事官普恩之外中書門下尚書省御史臺三品已上特加一階四品已下各賜一階如合入三品者量減三考入五品者減兩考仍待考足日聽敘其合選人與減一選內行事官三品已上賜爵一級四品已下加一階內侍省及內坊官四品已上各賜勳五轉五品已下各賜勳三轉應從駕上郊廟者普恩之外三品已上各賜爵一級四品已下各加一階白身賜勳兩轉禁營兵使列衛爪牙言念勤勞宜頒慶賚神策六軍威遠營左右金吾及皇城將士應緣大禮移仗宿衛御樓立仗等普恩之

外三品已上賜爵一級四品已下各加一階仍準舊例賜物有差其神策將士應在京畿內諸縣者亦各有賜物應緣大禮職掌行事官并修撰儀注及留守副留守守倉庫卿等普恩之外三品已上賜爵一級四品已下各加一階琛賚來朝梯航入貢蕃方陳奏職業無虧或禁署策名或官司效用俾同沾渥各示加恩鴻臚禮賓院應在城內蕃客等各有賜物諸道知上都進奏院官在城者各賜勳三轉應緣大禮四方進表疏及賀正官各賜勳三轉翰林待詔供奉并諸色直見任及前資并員外試官三品已上賜

爵一級四品已下各加一階無官者賜勳兩轉掌贊禮儀祇奉郊廟理宜優奬用洽恩華郊廟行事齋郎減二年勞室長掌座禮生贊者減一年勞無勞可減者便放出身崇文館行事學生及齋郎禮生番考已滿所司緣大禮卻遣入行事各減一選國子監學生陪位者賜勳一轉中書門下專知儀制官各特加一階應緣祇奉供作官直司長上諸州行綱考典兩縣耆壽諸色番役當上在城并量留十二月番者各賜勳兩轉飛龍閑廄宮苑典引掌扇內園掌總監栽接少府將作內作中尚武德軍內外弓箭庫等諸司使下白身及無品直司定額長上雜匠巧兒黃衣長上監門直長雜仗三衛七色引駕細行執扇角手弩手彍騎武士天文觀生漏生典鼓典鐘工人樂人主衣主膳主酪典食胡食手宰手閑幕士御士醫士獸醫門僕藥僮御書手楷書手流外行署等各賜勳兩轉立敬之本在敦於耆老勸俗之道莫先於節義天下百姓九十已上各賜絹三匹八十已上各賜絹兩匹仍委長吏齎帛就家宣賜孝子順孫義夫節婦旌表門閭終身勿事先已旌表者量加優恤嶽瀆孕靈公侯列位助宣景化利及含生宜委本州府

長吏備禮致祭皇王應斯賢哲濟代式遵令德用達明誠名山大川及自古聖帝明王忠臣烈士各令所在以禮致祭自會昌元年後赦文及諸色條疏有不便於人者委有司及外州府長吏條疏聞奏亡命山澤挾藏軍器百日不首復罪如初赦書有所不該者所司具條疏聞奏敢以赦前事相告言者以其罪罪之赦書日行五百里布告天下咸使聞知主者施行

受尊號赦文

門下我國家披皇圖以立極執大象以升中睿父嗣孫重

熙累盛遠予稽古聖孝紹復中興洗滌宿氛廓開昌運天命不易賜予元符荷宗社之耿光致寰瀛之小泰干戈載戢風雨順時北狄來賓西戎效職豈予菲薄汔此肅清皆中外元僚文武多士同心協贊而使之然益用兢慙以戒盈滿而乃累陳丹懇願上鴻名牢讓不從瀝誠彌切於戲昔賢有云舜何人也我何人也苟或讓之不遂予亦敢不思齊今百執事謂予曰聖敬敢忘湯武日躋之詩謂予曰文思敢忘放勳欽明之典謂予曰和武敢忘保大之功謂予曰光孝敢忘繼志之義以是自勗庶無悔焉浮實之名

既不獲已乘春之澤當務惟新可大赦天下自大中二年正月三日昧爽已前大辟罪以下已發覺未發覺已結正未結正繫囚見徒罪無輕重咸赦除之惟正犯十惡五逆以上故殺人及官典犯贓不在此限持仗行劫必欲害人苟遇支敵即行殺戮捍逆追捕肆意奸凶不懲此流無以除惡并故殺人者雖已傷未死已死更生欺冒老小以取財物者意欲殺傷偶得免者並以殺人法處分不在赦原之限闕自今以後稍更廣求如有未曾任刺史縣令居然有誠略才術爲衆所推者亦任於諸色人中選擇爲兩省官周之宗盟實惟封建漢之子弟亦謂犬牙廣磐石之宗增維城之固當今源流遠大枝葉蕃昌王室子孫不合布素宜令本司檢尋譜牒明驗房從貧窮不濟未有身名者每房放一人出身如有父見在朝門蔭可自補身名者即不在此限應諸州府縣等納稅只合先差車牛優長戶近者多是權要及豪富之家悉留諸縣輸納致使單貧之人卻須僱脚般載從今已後須令有車牛豪富人戶送太倉及州府輸納其留縣並須先饒貧下不濟戶如有違越節級官吏重加科殿所在逃戶見在桑田屋宇等多是暫時

東西便被鄰人與所由等計會推云代納稅錢悉將砍伐毀拆及欲歸復多已蕩盡因致荒廢遂成閒田從今已後如有此色勒鄉村老人與所由并鄰近等同點檢分明分析作狀送縣入案任鄰人及無田產人且爲佃事與納稅錢如五年內不來復業者任便租佃人爲主逃戶不在論理之限其屋宇桑田樹木等佃人逃戶未歸五年內不得輒有毀除砍伐如有違犯據根口量事情科責并科所由等不檢校之罪諸道州府應欠開成三年終已前因水旱不熟貸借百姓及軍用欠闕借便度支戶部鹽鐵錢物斛

斗積欠相承。日月既久。百姓或無本戶。長吏累又改更。全無本色可以支塡。所司徒有徵索之名。終無送納之日。虛繫簿書。宜並放免。三公僕射不常除官。每至上時。須有聚會。委以府縣。即須擾人。宜令度支戶部勾當局席。便取京兆府本色錢充。不得令府司差配百姓。吏部去年冬選人。如聞多緣文字差錯。所司駁放。既添員闕。亦可矜容。若非身名踰濫。及欠選欠考。并準格不合收外。其餘委吏部與重磨勘。量收待殘闕比遠注擬。上巳重陽曲江宴會。自有本色五百貫錢。費用之閒。不合欠闕。每聞差配百姓。不免

擾人。從今已後。宜令京兆府先與度支鹽鐵計料。據所用一物已上。除以本色錢物外。如有欠少。即委度支鹽鐵據數均給。府縣不得輒配百姓。其所市易。並須先給付價錢。如有妄配百姓買物。不給價錢。官吏等並準此同枉法贓例處分。仍令御史臺切加察訪。天下州府有官吏犯贓。皆遞相蒙蔽。不肯發明。縱有申聞。百無一二。自今已後。管內縣令有犯贓事發。州司不舉者。連坐錄事參軍。有贓犯刺史不舉者。坐刺史。其刺史有贓事發。觀察使不舉者。連坐廉使。則遞相檢轄。功過可明。各務清廉。悉心爲政。度支鹽鐵戶部三司茶綱。欠負多年。積弊斯久。家業蕩盡。無可徵索。虛繫簿籍。勞於囚繫者。復委本司各條流疏理聞奏。如先將茶賒賣與人。及借貸人錢物。若文帖分明。的知詣實。即與帖州縣徵理。如組織平人。妄有指射。推勘了後。重加決責。釋氏之教。淸淨爲宗。將悟昏迷。實資善誘。上都除先置寺外。每街更各添置寺五所。東都除先置寺外。更添置寺五所。每寺各度五十人。每處僧寺三所。尼寺二所。西川荆南揚州潤州汴州太原河中襄州已上八道。除先置寺外。更各添置寺二所。每處置僧寺一所。尼寺一所。諸道節

度觀察使府除先置寺外。更各添置寺一所。其所置僧寺。各度三十人。諸道管內州未置寺處。宜各置寺二所。僧寺一所。尼寺一所。每寺各度三十人。五臺山置寺五所。如有見存寺。便令修飾充數。每寺度五十人。數內置尼寺一所。已前添置寺。宜並先度僧尼。漸漸教化。建造寺宇。不得遽有勞役。其僧尼年幾限約。幷諸條流。準會昌六年五月五日赦條事例處分。道濟生靈。功成克伐。晦明雖隔。禮敬宜加。唐功臣墳墓無子孫者。不許砍伐。委所在長吏差人巡檢。爰念農耕。是資牛力。絕其屠宰。須峻科條。天下諸州屠

牛訪聞近日都不遵守自今巳後切宜禁斷內外文武任及致仕官三品巳上賜爵一級四品巳下加一階仍賜勳兩轉神策六軍金吾威遠皇城將士普恩之外各賜勳兩轉道宗魯聖禮洽虞賓式舉舊章以榮後嗣二王三恪及文宣公各賜物五十疋環衛星陳華夷雲集眷茲勞効俾示恩華神策六軍金吾威遠皇城等諸軍將統軍以下各有賜物其將士等長行立仗幷守營者各賜物有差鴻臚禮賓院應在城內蕃客等幷節級有賜物澤貴流根宜須祿秩義隆追遠用慰孝思常參官及諸州府長吏父母見

存未有官封者幷量與五品致仕官及階幷邑號父母亡歿未經追贈者量與追贈官及邑號攝侍中讀寶官攝中書令讀冊官各賜一子出身撰冊文官賜一子正員官奉寶綬官書玉冊官書寶官各加兩階進寶綬進冊進中嚴外辦禮儀贊導押冊押寶綬舉舁寶冊官各加一階其餘應職掌行事官太常修撰儀注禮官幷內行事官三品巳上賜爵一級四品巳下加一階仍並賜勳一轉鐫造玉冊官各賜物五十段中書門下儀制官特加一階禮崇養老道貴旌賢爰示優恩以宏教化天下百姓年九十巳上委所在長吏量加存問孝子順孫義夫節婦旌表門閭終身勿事先巳旌表者亦量加優恤川岳元功聖賢幽贊宜因霈澤用薦馨香五岳四瀆宜委本州長吏備禮致祭名山大川自古聖帝明王忠臣烈士委所在以禮致祭亡命山澤挾藏軍器百日不首復罪如初赦書有所不該者所司具作條例聞奏敢以赦前事相言告者以其罪罪之赦書日行五百里布告天下咸使聞知主者施行

上順宗憲宗諡號赦文

王者之御天下也莫不懋建皇極惟懷永圖先德禮以導

人用政刑以佐理順四時者並施其化育萬物而各遂其宜然後闢土開邊遠柔邇悅衆享美利斯爲大寧我國家以仁義有乾坤以道德撫夷夏其高祖太宗經綸之列聖繼體守文之重光累洽延 闕 景鑠及於憲考文明武英剡粮莠於甫田振威靈於殊俗肅清澄廓庶績其凝實推中興歷十五年今予小子大構是承祇奉宗祧敬若天命遐慕唐堯恭讓之德常勵漢文菲薄之躬懍乎憂勤懼忝負荷每念河湟之壤陷爲戎虜之疆百有餘年一失莫復元和中將雪前憤嘗振睿思方除孽臣未就成業永懷道訓

明發疚心近者祖禰降靈中外協一不煩攻伐不費財儲六郡連收七關盡復削袵解辮樹領乞降犬羊竄亡億兆鼓舞厥庸有功繼志克成仰襲丕休聊用無愧臣下欲歸美譽強我鴻名斯實先聖神功因顧追尊加謚牢讓乃遂孝思獲申頒告寰區同茲嬓慶且慮蒸黎之困猶疑獄犴之冤是用獻歲之辰乃行在宥之典可大赦天下自大中四年正月一日昧爽已前大辟罪以下已發覺未發覺已結正未結正繫囚見徒罪無輕重咸赦除之惟犯十惡官典犯入已贓不在赦限

大赦文

天將發生萬物也則必假以暄妍潤以風雨王者之在宥四海也期必滌其瑕穢施以渥恩固頻啟於倖門豈無彰於皇澤朕以菲德獲纘丕圖常慕唐堯之無爲漢文之恭儉旰不暇食乙夜觀書萬務靡有不親一夫尤慮失所兢兢業業不敢荒寧十有四年至於茲矣每懼風俗之未厚賦役之尚繁政令之未明刑獄之多濫思用克濟浩無津涯上荷昊穹垂休宗社深祐下賴股肱翊化岳牧懋功五稼屢登四夷內附懷仁庶同於行葦納諫無愧於從繩疵癘不生飛翔遂性日月所燭庶爲小康顧予寡昧何以臻此近者藩方之任撫理或乖潭廣宣歙擾相次雖興師殄寇本於爲人而惡殺好生良多愍納而又緣河數郡暴水成災念其蕩飄深自憂軫乘此三元之慶宜宏肆眚之恩可大赦天下自大中十三年正月一日昧爽以前大辟罪以下罪無輕重咸赦除之唯十惡叛逆故殺人官典犯贓不在此限

欽定全唐文卷八十三

懿宗皇帝

帝諱漼宣宗長子太和七年生會昌六年封鄆王名温十三年八月立爲皇太子改今名翌日即位咸通三年正月上尊號睿文明聖孝德皇帝十二年正月又上尊號睿文英武明德至仁大聖廣孝皇帝在位十四年年四十一謚曰睿文昭聖恭惠孝皇帝廟號懿宗

授蕭鄴荆南節度使制

入調鼎鼐作我股肱出鎮藩垣爲予心膂分命雖殊於中

外倚才皆屬於安危將相迭居文武兼用允兹遇者厥惟艱哉況地控南荆土連全蜀扼五嶺之通道當七澤之要津統馭所難撫理爲重須斯渥命爰輟重臣銀青光祿大夫守門下侍郎兼工部尚書同中書門下平章事監修國史上柱國彭城縣開國男食邑三百戶蕭鄴昴宿垂芒山庭表異膺明誕德佐理生賢開濟洞達其泉源進退率由於律度端亮秉志寬和待人而累踐華資克流芳問儷卿雲之詞藻煥發皇猷邁管樂之智謀掌司邦賦臺閣備詳其政事朝野咸推其上才由是道觀明成夢叶先帝爰立作相陟於台階果能經緯嚴廊鎮安夷夏罄乃一心凝其庶績逮予纂承亟獲匡輔疇庸任舊宜乎加恩是用擇其巨藩委之碩德尚執中樞之柄仍加右揆之崇相閤良規豈忘蕭曹之業戎垣寵寄更隆羊杜之功勉服殊榮佇宏懿烈可檢校右僕射同中書門下平章事兼江陵尹充荆南節度管內觀察處置等使

授杜審權平章事制

天設四序運寒暑而成歲功國有三台仰弼諧以助君道安危是繫選任攸難況朕涉道未明纂圖方始詳求英彥

思付洪鈞至誠感通果獲良輔翰林學士承旨通議大夫守尚書兵部侍郎知制誥上柱國賜紫金魚袋杜審權喬岳埒崇澄波量度稟五行之秀氣挺百仞之貞林虹玉潛輝龍泉蘊利文窮騷雅學洞元儒毛玠有古人之風邴吉得大臣之體自便蕃華貫踐歷清途南宮推起草之工西掖茂掌綸之業洎司文柄俾以掄才全任至公號爲得士甘棠廉問衆著謳謡秋卿恤刑事無枉橈先皇帝藉其令譽擢處禁林振藻屬詞發揮神化道一貫於終始器兼適於圓方逮余建統屢承密旨每多宏益彌見愼修既彰巳

試之能宜懋殊常之寵是用委茲大政列在中樞爲朝廷之表儀實人臣之極地爾尚竭乃心力作吾股肱借箸必罄其嘉謨推局罔遺於善策用無黨之道行惟一之心使爵位功名並光竹帛垂於不朽豈不務乎可守本官同中書門下平章事

授白敏中宏文館大學士等制

門下朕初承天序方崇政源屬在輔臣兼領重職況仙宮至嚴專總尤切儒林之盛分列掖垣良史之能必歸懲勸將欲比肩上古耀美一時克副旁求允膺茂典特進守司

徒兼門下侍郎同中書門下平章事上柱國太原郡開國公食邑二千戶白敏中氣稟岳靈道洽王佐致君之志發於深誠銀青光祿大夫守中書侍郎兼刑部尚書同中書門下平章事充集賢殿大學士上柱國譙縣開國男食邑三百戶夏侯孜材爲國楨望貫人表濟物之用彰於重任金紫光祿大夫守中書侍郎兼工部尚書同中書門下平章事上護軍樂安縣開國男食邑三百戶蔣伸識蘊生知衆推邦傑徇公之操本乎進思並詞峯峭拔高蹈列岫學海深奧遠含百川遂彼巖廊付以衡軸動有宏益居然矩儀叶心而和平造膝而啟沃式諧僉議能弼予違闕乃知功信無與讓是用思闡元化冀揚清靜之規彌在立言更佇刊削之妙愈疑其討論闕必以化成爲先副我虛襟咸佩嘉命敏中可兼充太清宮使宏文館大學士闕餘各如故主者施行

勾弁年終賦租委御史郎官論奏制

舊以天下賦租年終勾弁或刺史入府或縣令上州所科羣胥盡出百姓且官有理所安可擅離物犯贓條何須枉法從今委知彈御史出使郎官凡繫抵違明具論奏仍委

預爲條目各遣聞知

贈何武檢校左散騎常侍制

地連山藪境有逋逃武能首率郡兵身殁王事既嘉忠藎宜示褒贈不惟慰彼漏泉將亦激其羣校

授夏侯孜平章事制

門下篙檝克修航艦以之濟海羽翮可厲鶤鵬於是摩天朕恭已寰瀛勞誠夢獵將以篙檝賢輔羽翮寶臣摩三代至理之英濟羣生普洽之欲載佇舊德期獲我心劍南西川節度副大使知節度使事管內度支營田觀察處置統

押近界諸蠻及西山八國雲南安撫等使光祿大夫檢校尚書右僕射同中書門下平章事兼成都尹上柱國譙郡開國公食邑三千戶夏侯孜大昴分精維嵩挺秀擅四海之賢俊作中朝之表儀禮樂詩書資其懿範温恭孝愛輔以多才服道以致身含章而厎力經國之用貫百川而不改其清應物之明體萬象而莫窮其照周踐華列多識舊章郎署諫垣休聲夙振東陽故絳惠愛洽聞洎甘棠政成會府徵命兼領臺轄之任再居邦憲之尊正色無私當官必舉總征賦以贍國幹山澤而富人美利無遺嘉猷益覩

積是朝著昇於台司內竭謨明外宏體理馳咎夔之極摯陋周漢之遐蹤克彰爲輔之聲允叶有開之契屬者以西南重鎮邊徼多虞爰賴專征以隆外閫福星時雨既惠巴庸景化元和須歸鼎鉉是用召於驛騎待以天工重開集鳳之池再仰問牛之化弼諧萬務師長庶僚亟付機衡俾康區夏於戲刀非礪不剖魚非水不行爲君誠難得中甚易決疑定計我以爾爲神龜肥國救人吾以爾爲上藥盡布四體懋堅一心勉哉勿疑對揚我休命可尚書左僕射同中書門下平章事散官勳封如故

授温璋王式節度使制

門下齒土名藩懿門奧壤理公劉之故國接煬帝之通津控地數千帶甲逾萬非威能肅物勇可貞師則何以備天子之爪牙建上將之旗鼓斷自朕志果叶僉諧武寧軍節度徐泗宿濠等州觀察處置等使朝議大夫檢校左散騎常侍兼徐州刺史御史大夫賜紫金魚袋温璋稟慶德門騰輝儒苑節峻大玉氣敷早春立言鏘韶濩之音行已植松筠之操嘗以懿問列於通班佳聲克著於埋輪善價益彰於題柱累換符竹頗洽謳謠前歲問俗苑溪分麾沛邑

禍息萑蒲之盜風行鈇鉞之權前浙江東道都團練觀察處置等使銀青光祿大夫檢校左散騎常侍兼越州刺史御史大夫上柱國襲魏郡開國公食邑二千戶王式文動星芒學通奧旨早以殊藝射策明廷孫宏之條奏甚精晁錯之鋪陳無闕既升高第亟踐清途臨事不回當官有守邇者擢自交阯授以淛東果能清越水之波瀾掃稽山之祲氣暫舉十連之化全蘇一境之人而並樂鏡貞明黃陂澹泞風雨不渝於達節機謀自契於生知爰命疇庸是加懋賞乃眷巨屏宜委宏材三禮百工俱榮於題劒鑿門推

轂共貴於登壇疊是恩光我無愛惜爾宜壯轅門之號令恤閭井之疲羸務農訓兵俾先南牧之備興利除害永絶東顧之憂更樹奇功以酬劇寵璋可檢校禮部尚書兼邠州刺史御史大夫充邠寧節度營田觀察處置等使式可檢校工部尚書徐州刺史御史大夫充武寧軍節度徐泗宿濠等州觀察處置等使主者施行

授蔡京嶺南西道節度使制

門下天賦全才所以登將壇而衞王室國有令典所以舉能吏而懲慢官其有術業優長理行彰著則宜錫殊常之

命行不次之恩乃崇德報功之旨也朝散大夫權知太僕卿充荆襄巴南宣慰安撫使上柱國賜紫金魚袋蔡京學富縑緗文含組繡識略甚遠智能出羣本於孤貞濟以勤恪驊騮躞蹀向天路以無疑鵰鶚騰淩入雲程而不返早以豐藝陟於高科周旋宦途振舉官業簪白筆而獲聞峻節擁朱輪而克播清風班資既崇聞望彌重去歲藩臣失守蠻寇犯邊永令遐長莫窮根本用爾奇事申予至懷目前而情僞皆分言下而安危可決運深謀而禦敵寧遠裔以成勳適及回車召於便殿敷陳之際備得機宜浣吾憂勤賴爾忠藎遂以月卿之秩俾酬星使之勞爰藉變通更資宣撫載圖嘉績用洽優恩朕惟濱海而南邕爲重地城臨甌駱俗本剽輕居常則委經略之權有事則付節制之任是用改其舊號建以新軍一時之榮千古無對爾其須惠養以馭衆示寬嚴以訓兵濟活鄉閭保安谿洞貂冠近侍之首烏府亞相之尊當此寵位宜何如哉於戲特舉徽章直謂殊渥苟或失職吾何望焉勉於奉公勿以爲喜可檢校左散騎常侍兼邕州刺史御史大夫充嶺南西道節度觀察處置等使散官勳封如故

授裴休荆南節度使制

門下王者分職設官所以理天下外建州牧侯伯內置公卿大夫故野無遺賢朝無闕政俾率土絶愁嘆之音接畛有富庶之泰當是選也豈可易乎具官裴休巖廊重德文學宗師才爲代生智尚物表發言所以興家國修己可以服華夷自奮藻儒林射策藝圃迴處顔冉之列疊昇晁董之科濟代之心已彰於事業奉君之志皆推於友朋抗疏七人之官正色三署之內縉紳多士慕高韻以指南貝錦巧詞自退身於有北遂金玉王度丹青憲章三領廉車一

剖符竹(作)皆著去思之稱共興(一作歌)來暮之謠宏圖豈滯於割鷄令問果還於振鷺委茲文柄任之春闈大呈公鑒之明備傳德(疑作得)人之美版籍繁務筦榷劇權成富國之奇謀施安邊之大略先皇帝夢想髦彥勵精理道採以公論付以化權致百度之惟貞覺三台之益重羌戎擾叛調發時雨之師農畝廢荒申明作霖之旨凡所經濟知無不爲四鎮入境而獲安三軍推誠而俱感整(疑)盡臣節何愧古人朕以全楚奧區荆衡重地湊舟車之都會控湖嶺之要衝藉爾分憂施吾惠澤蘇彼疲瘵勿倦殷繁玉帳兵符既

榮冠於今日文場武庫當繼蹤於昔賢(一作時)祇服典章無替徽烈可檢校尚書右僕射兼江陵尹御史大夫充荆南節度觀察處置等使散官勳封如故主者施行

授楊收平章事制

門下古先聖哲之御天下也莫不勞於擇賢逸於恭己是以嚴求匪易殷代稱宗旼獲甚難周王膺命肆朕在位天授正人於言語侍從之閒得亮采惠疇之儁固亦高邁前烈垂休當朝敬遵用汝之文爰舉弼予之典雅符不讓斷自無私翰林學士承旨朝議大夫守尚書兵部侍郎知制誥上柱國賜紫金魚袋楊收器茂渾金寶欽大玉瑩清冰於溽暑挺綠桂於嚴霜行過曾顏道兼夷惠文冠一時而若非游藝學該千古而似不能言自鴻飛名場鷺振班列憲署每聞其守法曲臺咸著於推公所蒞有聲歷試皆可才彰簡要已洽譽於含香業擅精微遂騰輝於視草戒慎攸至初終莫渝常懷造膝之忠備見沃心之旨謝安體識王儉精能動爲僉論所諧居益具瞻之望由是擢於禁苑升以台階俾申匡輔之勤用(闕)燮和之重爾其慕伊周之志宏皐益之謨九流既分百辟斯正嘉猷可舒於前席妙

略尚在於止戈式序三才允歸一德懋乃致主副予知臣無使載筆之褒獨稱於姚宋也可守本官同中書門下平章事散官勳賜如故主者施行

授杜審權鎮海軍節度使制

朕垂衣嚮明負扆成化內則委輔弼之重論道於巖廊外則寄垣翰之崇分憂於撫馭是以入掌鈞軸出擁麾幢必仗兼才乃膺迭任況軍稱鎮海地亘長江建置既殊寵劇斯在駕戎車而佩相印持廟算以統全軍非我誠臣豈行茂典特進行門下侍郎兼吏部尚書同中書門下平章事

兼修國史上柱國建平縣開國男食邑七百戶杜審權獨鶴依松孤鸞上漢聳三峯之峭壁澄萬頃之清瀾早以重名洽於時華擅讜言於諫署留正範於南宮史筆弛而更張憲綱紊而復正由是如綸不絕刈楚無遺紹蔽芾於謳謠盡佣成於法理先皇帝知其可用召入內庭果能新耳目之見聞備肺腑之待遇朕初登寶位素挹嘉猷遽行制書首列台席故得彝倫攸敘庶政惟和舉去無差於激揚流品並分於涇渭出入五載初終一途每念鴻勳布在青簡近者固辭機務動啟懇誠雖懷好德之言難抑好謙之

智是用輟鹽梅於調鼎賜斧鉞於專征金陵大藩正張新幄式兼啟事載踐中樞不移注意之榮無替沃心之道勉服休命厥惟懋哉可檢校吏部尚書同中書門下平章事使持節潤州諸軍事兼潤州刺史充鎮海軍節度使浙江西道觀察處置等使

授蔣伸畢諴節度使制

門下入則持大政以調化源出則建高牙以主兵柄安危所屬選任尤難況地壓夷門鎮雄全晉藉機籌以分閫資紀律以臨戎爰得上才乃申並命河中節度使金紫光祿大夫檢校兵部尚書平章事河中尹上護軍樂安郡開國公食邑二千戶蔣伸道惟天縱氣實間生靈芝茂三秀之姿威鳳富九苞之彩銀青光祿大夫守兵部尚書平章事上柱國河東縣開國男食邑三百戶畢諴峻同嶽立注若川渟祥雲煥五色之章甘雨灑四時之澤而皆備更華貫周歷清途文飛藻麗之詞位蘊名卿之望或互參禁署咸稱染翰之工或繼秉國鈞俱播和羹之美以伸輟於台鼎委以旌旄虞城興禮讓之風蒲阪肅關河之禁馳聲甚遠奏課居高嘉乃懿圖俾遷巨屏以諴萬機所繫微恙忽嬰

願辭傅說之舟却曳鄭崇之履今則復佩相印載陟齋壇用光推轂之勞式示彝章之重是咨爾德作於藩垣總梁國三郡之雄控侯衛中條之險於戲代天理物允屬英奇撫俗貞師豈勞戒厲服我嘉命往孚於休伸可檢校工部尚書平章事充宣武軍節度汴宋亳等州觀察處置等使諴可檢校兵部尚書平章事兼河中尹充河中節度觀察處置等使散官勳封如故主者施行

授徐商崔璵節度使制

門下建牙訓戎登車問俗分山河之委寄授旄鉞之寵榮

非夫試可之才難膺俞往之命河中晉絳慈隰等州節度觀察處置等使正議大夫檢校戶部尚書兼河中尹御史大夫上柱國東莞縣開國子食邑五百戶賜紫金魚袋徐商植性忠厚接物通和愛日可觀澄波莫測前宣州都團練觀察處置等使正議大夫檢校禮部尚書兼宣州刺史御史大夫上柱國博陵縣開國子食邑五百戶賜紫金魚袋崔璵守道堅固行己端方良玉齊貞霜松比操並以才業優茂累踐清華或視草於內庭或司言於右掖專一時之美價擅五字之雄詞既彰東里之能周歷南宮之秩洎

築壇作鎮按部化人竭爾忠勤副余倚屬進律當升於重地酬勞宜處於近關乃眷漢濱扼東荆郢顧茲蒲阪俯邇郊畿錫以麾幢俾之長理於戲惟惠可以安百姓惟威可以整三軍推誠而人必歸心尚廉而吏將自化謹是四者以綏一方服我新恩勉宏善政商可檢校戶部尚書兼襄州刺史御史大夫充山南東道節度管內觀察處置等使璵可檢校禮部尚書兼河中尹御史大夫充河中晉絳慈隰等州節度觀察處置等使散官勳封如故主者施行

恤民通商制

安南寇陷之初流人多寄溪洞其安南將吏官健走至海門者人數不少宜令宋式李良瑍察訪人數量事救恤安南管內被蠻賊驅劫處本戶兩稅丁錢等量放二年候收復後別有指揮其安南溪洞首領素推誠節雖蠻寇竊據城壁而酋豪各守土疆如聞溪洞之間悉藉嶺北茶藥宜令諸道一任商人興販不得禁止往來廉州珠池與人共利近聞本道禁斷遂絕通商宜令本州任百姓採取不得止約其徐州銀刀官健其中先有逃竄者累降勅旨不令捕逐其今年四月十八日草賊頭首已抵極法其餘徒黨

各自奔逃所在更勿捕逐

以南蠻用兵特恩優恤制

朕以寡昧獲承高祖太宗之丕構六載於茲矣罔敢遊是娛罔聲色是縱罔刑戮是濫罔邪佞是惑夙夜悚惕以憂以勤庶幾乎八表用康兆人以泰而西戎款附北狄懷柔獨惟南蠻姦宄不率侵陷交阯突犯朗寧爰及巂州亦用擾寇勞我士卒興吾甲兵騷動黎元役力飛輓每一軫念閔然疚懷顧惟生人罹此愁苦宜布自天之澤俾垂及物之仁如聞湖南桂州是嶺路係口諸道兵馬綱運無不經

遏頓遞供承動多差配凋傷轉甚宜有特恩潭桂兩道各賜錢三萬貫文以助軍錢亦以充館驛息利本錢其江陵江西鄂州三道比於潭桂徭配稍簡宜令本道觀察使詳其閒劇準此例與置本錢邕州巳西黎巂界內昨因蠻寇互有殺傷宜令本道收拾埋瘞量設祭酹徐州風土雄勁甲士精強比以制馭乖方頻致騷擾近者再置使額却領四州勞逸既均人心甚泰但聞比因罷節之曰或有被罪奔逃雖朝廷頻下詔書並令一切不問猶恐尚懷疑懼未委招攜結聚山林終成詿誤況邊方未靜深藉人才宜令

徐泗團練使選揀召募官健三千人赴邕管防戍待嶺外事寧之後即與替代歸還仍令每召滿五百人即差軍將押送其糧料賞給所司準例處分淮南兩浙海運虜隔舟船訪聞商徒失業頗甚所由縱捨爲弊實深亦有般闕貨財委於水次無人看守多至散亡嗟怨之聲盈於道路宜令三道據所般米石數牒報所在鹽鐵巡院令和雇入海舡船分付所司通計載米數足外輒不更有隔奪妄稱貯備其小舡短般到江口使司自有船不在更取商人舟船之限如官吏妄行威福必議痛刑於戲萬方靡安寧忘於罪已百姓不足敢怠於責躬用伸欽恤之懷式表憂勤之旨

授于琮平章事制

在天垂象常星既列於三台惟國建官庶政必歸於四輔朕每思致理益慕無爲苟非正人莫付大柄爰得非熊之兆乃遵審象之求契予知臣命爾作相銀青光祿大夫尚書兵部侍郎充諸道鹽鐵轉運使駙馬都尉上柱國于琮識洞蓍蔡文窮典謨居然國華蔚爲人瑞自策名筮仕淑問益高伏蒲彰正直之名起草著經綸之績由是道光獨

立業擅自強勇退無儔謙光有裕朕早聞博雅堪備論思擢於南宮置之內署果能恪慎相勵端貞闕益實多緊賴闕切泊出貳司寇亟居版圖見君子之盡心表才人之果決鹺府任重爰命專之積弊潛閒其日除嘉庸大彰於歲計咨爾全美爲予誠臣歷試如斯僉諧所至是宜升於輔翊付以燮和惟賢式契於周官懋德雅符於殷誥且有成訓爾其聽焉夫舉直則百度可貞推公則彝倫攸敘進善則孤寒不棄用才則滯屈自伸克勉斯言是爲良弼敬承休命往其欽哉可守尚書兵部侍郎中書門下平章事駙

馬都尉

授孔温裕忠武軍節度使制

門下朕欲考名實以臨八表明賞罰以正萬機爲官擇人不可廢闕謁郊廟禮之重也設壇場旨之深也稱此劇選屬於僉諧朝散大夫守尚書戶部侍郎上柱國賜紫金魚袋孔温裕才爲國華德擅邦傑心勁而行密神清而氣和飛文淩邁於曹劉潔己庶幾於顔閔高標跂望迥立正途鳳彩葳蕤棲止碧梧之月鶴情瀟洒徊翔紫蓋之煙自步武中朝馳聲内署甘泉侍從宣室對敭相如之工爾實無

愧河洛神明之政關防惠養之風授以版圖防於蘭省奉二卿之班列司九典之征徭時論益高官業彌舉宜申茂典式叶至公朕以長葛故城潁州重地兵甲甚銳賦輿至殷爰委材能俾膺統馭洎於訓齊師旅潤澤蒸黎導（一作追）爾前功何煩教令知臣之道不亦至乎玉節彤弓已極儒生之貴儀曹憲印用彰賢帥之威勿替令圖往祇休命可檢校禮部尚書兼許州刺史御史大夫充忠武軍節度陳許蔡州觀察處置等使散官勳賜如故主者施行

貶楊收端州司馬制

人臣之節莫重於忠良氏族所修無外於清順二者不立何以正身況乎居常伯之崇應藩侯之寄雖顧初終之體當明懲勸之端宣歙觀察使檢校工部尚書宣州刺史兼御史大夫楊收始以文章選在宥密纔歷二歲擢升台衡謂其發自寒門必有操守行孤貞之道報國用恭儉之理化時夙夜勵精以酬恩遇而乃貪黷爲業溝壑難盈逞其私懷盜我名器以官常爲貨利之逕持僭侈爲暴橫之資田產遍於四海臺榭擬於中禁而又結連奸黨聽任憸人險詐千端回邪萬狀欺罔彌甚顧慮蔑聞謂日月之照臨

或所隱漏意天地之姦慝可以包容殊不知過既不悛孽無以逭去歲驗其事跡未忍揭揚委以察廉冀塞愆咎時聞縉紳之内物論喧然班列之中怨讟未息朕以寛恕馭下仁閔爲心中外臣寮悉明此志負我既甚其法何如竄於遐陬式示嚴憲爾惟自棄無或尤人可守端州司馬員外置同正員仍馳驛發遣

楊收長流驩州制

敕端州司馬楊收起自孤寒猥承委任罔思報效惟恣姦欺心每挾邪言常近利江西置節制之額務在虛兵浙右

創造船之名便其盜用兩地推覆按驗分明豈可尚佐專城猶居仕籍俾投荒裔用塞愆尤中外臣寮各體朕意宜除名配驩州充長流百姓縱逢恩赦不在量移之限仍錮身所在防押遞送至彼具到日申聞仍路次縣給遞驢一頭並熟食

授蜀王佶西川節度使制

自古聖帝明王莫不封建子弟錫以茅土寵以珪符俾藩屏王家翰維天邑朕每讀麟趾識詩人之意念犬牙知漢祖之心眷乃坤維實推奧壤甲車雄盛貨殖殷繁鈐越巂

則南詔憚嚴鍵松維則西戎畏懾是用授親賢而統制命良將以經邦維彼遠方稱茲公共蜀王佶宇量宏廣風神粹和承顏於日域之中稟訓於大庭之內弱不好弄居無愠容語言皆質於詩書造次不離於孝敬蟻封占雨嗣沛獻之明規象艦知斤繼蒼舒之敏智屬者南蠻入寇西蜀纏兵瘡痍生縣道之間荆棘繁師徒之役雖英儒鎮禦火即撲於燎原而權道改張瑟難遵於膠柱由是假爾英略光予翰垣分玉葉之清陰覆銅梁之重地遥資算畫密受韜鈐必使萬井歡聲三軍懷德致蕃夷之稽顙革蠻貊之非心將陟永圖在舉長策對揚休命爾其敬之可開府儀同三司兼成都尹劒南西道節度副大使知節度事管內觀察處置統押近界諸蠻及西山八國雲南安撫等使

平徐州推恩制

朕以眇身獲承丕業虔恭惕厲十一載於茲況荷十七聖之鴻休紹三百年之慶祚將求理本敢忘宵衣雖誠信未孚而寅畏不怠既絶意於苑囿固無心於畋遊業業兢兢日慎一日休徵罔應沴氣潛生南蠻將罷於戰爭徐寇忽孫於惠養招諭不至虐暴滋深竊弄干戈擅攻州鎮將邀

符印輒恣凶殘不畏神祇自詒覆滅股肱之臣以罪惡之難捨腹心之衆謂悖逆之可誅爰集甲兵用救塗炭上將宣力內臣協心選用皆得於良材掃蕩纔及於周歲絶干紀反常之噍類懲亂臣賊子之姦謀今則已及偃戈重康黎庶疇庸之典在絲髮以無私懋賞之時貴纖毫之必當其四面行營立功節度使既成茂勳宜加酬獎並取別勑處分應諸道行營都將以下節級軍將各委本道具功勞名銜分析聞奏當續有處分如有功效高者仍別具歸本道以後銜節級與遷改職名及向後本軍有職掌員闕先

於行營軍將中選揀任使以獎勤勞被堅執銳冒涉寒暄解甲櫜弓還鄉復業須繒帛之賜免差役之徵應四面行營將士今既平寧宜令次第放歸本道其賞賜匹段已從別勑處分至本道後仍令節度使各加犒宴放歸私第便令歇泊未用差使如行營人並免差科色役如本廂本將自今後有節級員闕且先以行營軍健量材遞相差署用酬征伐之勞迴戈將士賞給匹段各已支給發遣訖各令中使押領到軍前仍委四面將帥及本都大將於本道軍營內與中使對面給付不得輒令下吏所由致刻剝一尺

一寸應迴戈將士經歷州縣令供頓遞朝廷並各有處分宜令長吏切加勾當準備供給不得令有欠闕臨敵用命力屈殞身須慰殤魂以彰忠節超與職事仍加任使如無父兄子弟只有妻女者即委州使厚加贈恤常令存撫如是都將至都虞候陣亡者具名銜聞奏當與贈官應陣歿將士有父兄子弟願從軍者便令本道填替如無父兄子弟仍且與給衣糧三年不得停給因戰陣傷損手足永廢者終身並不停給應陣歿將士及百姓衣冠爲賊殺害者其骸骨平寧之後如有家口親屬取歸本道收葬仍委所在州縣量事應接發遣如無親屬來取者即令所在州縣重與瘞殯勿令暴露兼仰與設祭王者以仁恕爲本拯濟是謀元惡既已誅鋤脅從理宜寬宥除龐勛親屬及桂州迴戈逆黨爲賊脅從及縱因戰陣拒敵官軍招諭不悛懼法逃走皆非本惡蓋鋒刃所驅今並釋放一切不問委四面將帥州縣鎮戍所在要路分明牓示四散招攜仍許兩月內所在陳首并令長吏便放歸本管任自營生不得妄有攪擾其中如有才藝超異者便收錄驅使應徐宿三州城內收復之後見在軍人百姓除龐勛及桂州逆黨親屬

并爲龐勛腹心謀議凶徒須加刑戮外餘並一切不問應舊軍將官吏節級所由既已釋放並令却還本職驅使用示殊恩地經戰伐人率流亡閭里既已歸還征賦先宜蠲免其徐宿濠泗等州應合徵秋夏兩稅及諸色差科色役一事已上並從十年蠲放三年州縣所由輒不得妄入鄉村攪擾百姓待三年已後量其事力續議條流處分餘側近州縣爲賊燒劫者令本道檢勘傷殘甚處分析聞奏待奏到續議放免編甿失業邱井無人桑柘枌榆鞠爲茂草應行營處百姓田宅產業爲賊殘毀燒爇者今平寧之後

百姓旣已招攜並許識認各本主便自收管州縣及官吏權要並不得妄有侵奪如百姓有家業爲賊虜劫蕩盡交切飢餓者委所在長吏牒逐便供軍使量加給恤如百姓先有倉窖被賊收管者並還本主應行營處鎮砦曾爲打劫占據收復之後須令官吏主將除見在投降將吏官寮及先是本官勾當外餘委所在州縣選擇良吏委之緝理俾令百姓有所歸投舍逆從順臣節旣著須祿冊勳官常斯切應有效順投降軍將官吏節級立功勞雖有酬淺者及有未沾恩者委四面將帥更子細重分析聞奏待到處分應募征行已從犒賞還鄉休役務令優容應諸道差赴行營將士其中本非舊額官健因緣征討召募差行者迴戈之後如有不願食糧聽從其便亦準前項除兩稅外放三年雜役九原可作千載不忘尚禁樵蘇寧傷邱壠應有先賢墳墓碑記爲人所知被賊發掘卽却與掩藏仍量致祭十室之邑尚有所師遁跡閭門獨行高節拒不義之召非無厭之求熏穴莫尋焚林可取徐宿濠泗等州縣管內有素忠義不助凶徒樹謀歸國爲賊殘害者具名聞奏當與贈卹如諸色人內有文學節行因用兵藏避隱跡山林並令搜訪存撫自用兵以來郡邑皆罹攻劫遠念驚撓尤在慰安今遣左散騎常侍劉異兵部郎中薛崇等專往宣撫軍人百姓卹問閭里疾苦回日具利害分析聞奏於戲朕以四海爲家兆人爲子一物失所每軫納隍之憂一方未寧常負阽危之戒今元凶就戮逆黨誅夷載戢干戈永銷氛祲庶平妖氣允洽嘉祥遐邇知聞當體予意

授杜審權河中晉絳節度使制

開府儀同三司檢校司空守尚書左僕射上柱國襄陽郡開國公食邑二千戶杜審權韻合黃鐘行貞白璧沖粹孕靈嶽之秀精明涵列宿之光塵外孤標雲間獨步踐歷華貫餘二十年鑒裁名流凡幾百輩清切之任無不試重難之務無不經靜而立名嚴以肅物絕分毫徇己之意秉尺寸度量之懷貞方飾躬溫茂繕性儉不偪下畏以居高語默適時喜慍莫覩頃罷機務鎮於金陵值淮夷猖狂干戈悖起累發猛士挫彼賊鋒廣備糗糧助茲軍食深惟將相之大體頗覩文武之全才王導以蕭灑之名不忘戎事謝安以恬澹之德亦在兵間及駟馬來朝擢居端揆嚴重自處恬曠不渝虞芮之故都前蹤尚爾郇瑕之舊地往事依

然兼以股肱之良爲吾腹心之寄改佩相印更握兵符仍五教之崇名極一時之盛禮可檢校司徒同平章事河中尹充河中晉絳節度觀察等使

貶康承訓蜀王傅制

河東節度使康承訓將門瑣質戎壘微才曾不知兵謬膺重祿竊韜鈐以效任畜姦惡以事君幾授鉞於戎藩嘗執金以邀道謂其盡節委以專征屬者徐部匪寧敢干紀律俾護諸將坐覆危巢罄國幣以佐軍頒王爵而賞士而玩寇莫戰按甲不前立法未學於穰苴申令頓虧於孫子況

部伍不戰逼撓無謀人數空多軍威何振使農夫釋耒工女下機始凝望於天誅翻有思於賊至洎元凶自潰元稔效忠彭門洞開爾功何有而負恩已甚黷貨是求叨榮苟幸於一時遺患遂逾於積歲爰行國典俾傳戎藩可蜀王傅分司東都再貶恩州司馬同正馳驛發遣

立普王儇爲皇太子勾當軍國制

朕守大器之重居兆人之上日慎一日如履如臨旰昃勞懷寢興思理涉道猶淺導化未孚而攝養乖方寒暑嬰癘實有慮於闕政且無暇於怡神蓋未少瘳日加寖劇萬務緐綜須有主張考之舊章謀於列辟思闡鴻業式建皇儲第五男普王儼改名儇孝敬温恭寬和博厚日新令德天假英姿言皆中規動必由禮俾崇邦本允協人心宜立爲皇太子權勾當軍國政事咨爾中外卿士洎於腹心之臣敬保予子輔成予志各竭乃心以安黎庶布告中外知朕意焉

授高璩劍南東川節度使制

門下南荆舊俗政美劉公西陝芳陰勳傳召伯我用時傑思齊昔人況梓潼奥區賢彦徊翔之地也稽玉堂之顯效

授黃鉞之殊榮輟諸禁林允叶令典翰林學士承旨朝議大夫守尚書金部侍郎知制誥上柱國賜紫金魚袋高璩潘陸重價曾顔上流機神粹和道業堅白星瑞質而鳳離丹穴聳孤標而鶚翥青天合珪璧之寒輝咸資逸韻聚雲霞之秀色併在高文光映古今羽儀中外頃者名場頡頏早振詞科桐閣從容長專奏記乃升華貫爰近赤墀青瑣闈中封章不屈紫微天上詔令無雙王褒真侍從之才徐邈擅文儒之譽親提史筆首列諫垣俄參起部之榮遂陟夏官之貴鬱有公望稱於朕心雖密贊大猷誠資敏識而

將圖善政亦藉長材眷彼左綿實爲雄鎮旁控巴峽高抗蜀門前以幢蓋劇權委任巖廊舊德歲久而功懋軍嚴而吏安改命廷臣俾嗣仁化按節而去自春徂秋既以疾聞則宜代用爾之俞往得於僉言勉竭公忠用酬倚注予欲成爾美志故授以儀曹八座之尊予欲壯爾威聲故帖以憲闈亞相之秩紅旌啟路紫綬登壇當年得之別是殊寵勉務勳業副予意焉可檢校禮部尚書兼梓州刺史御史大夫充劍南東川節度副使知節度事管內觀察處置等使散官勳如故

欽定全唐文卷八十四

懿宗二

疏理滯獄詔

至道所先刑柄最切向聞鞫斷動隔炎涼不惟理且未伸多致疾而成夭冤霾既聚和氣乃傷日月星辰繫此失度水旱蟊賊所以爲災自此委刑法官條示天下州府長吏旋即疏理無致淹延

求言詔

濟濟多士邦國賴之以取寧蹇蹇匪躬王臣急之以行義故內懸諫鼓外設匭函思廣謨猷用宏風教自此在朝行者勿韜利國之謀居草澤者但貢安人之策必當開納擇彼所長勿慮依違翻成自滯旌揚之道無所悋焉

令常參官舉人自代詔

建中元年已有明勑常參官上後舉一人自代編諸式令實廣聞見既開推讓之途將致雍熙之化聞其近者多廢舊規從今後百官凡有除移切遵典故無取掩賢之誚當明舉直之心我得其人國無不理

停壽安公主入朝詔

志興奏。汝以景崇未降恩命。欲來朝覲事具悉。景崇素聞孝弟。頗有義方。洽三軍愛戴之情。荷千里折衝之寄。纘迺舊服。綽有令猷。朝廷獎能。續有處分。緣孝明太后園寢有日。庶事且停。俟祔廟禮成。當允誠請。

貶夏侯孜太子少保分司東都詔

河中晉絳慈隰節度使開府儀同三司檢校司徒同中書門下平章事河中尹上柱國譙郡開國公食邑二千戶夏侯孜。早以文詞。遂登科第。累更清貫。亦有能名。東陽推撫俗之能。故絳著臨人之稱。其後用司風憲。寵領藩條。皆以公才。不辜時選。洎掌於經費。備歷重難。居然要會之權。頗得均平之道。錄其績效。擢處鈞衡。造膝之時。亦聞其籌畫。沃心之際。備見其謀猷。於是念彼邊隅。控臨巴蜀。藉其才術。再靜蠻陬。翻致帑廩空虛。軍資窘竭。冤流闔境。寇逼連甍。雖易帥已來。頗移星琯。而無備之後。歲有干戈。昨者徼障初安。瘡痍復釁。數尋事實。果驗根由。既乖經濟之源。益昧君臣之義。出於物議。非獨予懷。是議難處近藩。爰更散秩。可太子少保分司東都。

罪己詔

動天地者莫若精誠。致和平者莫若修政。朕顧惟庸昧。託於王公之上。於茲十一年矣。祗荷丕構。寅畏小心。慕唐堯之欽若昊天。遵周王之昭事上帝。念茲夙夜。靡替虔恭。同馭朽之憂勤。思納隍之軫慮。內戒奢靡。外罷畋遊。匪敢期於雍熙。所自得於清淨。止望寰區無事。稼穡有年。然而燭理不明。涉道唯淺。氣多堙鬱。誠未感通。旱暵是虞。蟲螟爲害。蠻蜑未賓於遐裔。寇盜復蠹於中原。尚駕戎車。益調兵食。俾黎元之重困。每宵旰而忘安。今盛夏驕陽。時雨久曠。憂勤兆庶。旦夕焦勞。內修香火以虔祈。外罄牲玉以精禱。仰俟元貺。必致甘滋。而油雲未興。秋稼闕望。因茲愆亢。軫於誠懷。矧復暴政煩刑。強官酷吏。侵漁蠹耗。陷害孤煢。致有冤抑之人。構成災沴之氣。主守長吏無忘奉公。伐叛興師。蓋非獲已。除姦討逆。必使當辜。苟或陷及平人。自然風雨愆候。凡行營將帥。切在審詳。昭示惻憫之心。敬聽勤卹之旨。應京城天下諸州府見禁囚徒。除十惡忤逆。官典犯贓。故意殺人。合造毒藥。放火持仗。開劫墳墓。及關連徐州逆黨外。並宜量罪輕重。速令決遣。無久繫留。雷雨不周。田疇方瘁。誠宜愍物。以示好生。其京城未降雨閒。宜令坊市權斷屠宰昨陝虢中使迴方知蝗旱有損處諸道長吏分憂共理宜各推公共思濟物內有饑歉切在慰安哀此蒸人毋俾艱食徐方寇孽未殄師旅有征凡合誅鋤審分淑慝無令脅從橫死元惡偷生宜申告伐之文使知逆順之理於戲每思禹湯之罪己其庶成康之措刑孰謂德信未孚教化猶梗咨爾多士毗予一人既引過在躬亦漸幾於理布告中外稱朕意焉

賜張元稔詔

去歲災興分野毒起徐方蕞爾庸夫稱兵犯命招諭不復

猖狂罔悛脅從三州之人汙染萬姓之俗逆順之理邪正坐分果有忠臣悉殲逆黨再清郡邑不舉干戈此皆衆人協心闔州受福但以首尾周歲取制凶威里閭不安農桑失業言念於此倍積憂懷已有詔指揮令授元稔銀青光祿大夫檢校右散騎常侍兼右驍衛大將軍御史大夫賜分帛五千匹金榼一枚蓋碗一具金腰帶一條軍將張皇已下二十人等第優給令差高品李志承押領宣賜

責授鄭畋梧州刺史詔

畋頃以行蹟玷穢爲時棄捐朝籍周行無階踐歷竟因由徑遂致叨居塵忝既多狡蠹尤甚且居承旨合體朕懷一昨劉瞻出藩朕豈無意爾次當視草過爲美詞呈譎詭於筆端寵愛憎於形內徒知報瞻眦睚之惠誰思蔑我拔擢之恩載詳言僞而堅果明同惡相濟人之多僻一至於斯宜行竄逐之科用屏回邪之黨可梧州刺史

答宰臣曹確等請加尊號第四表詔

夫功合天者稱皇德合地者稱帝皇帝二者朕已享之況孤寡不穀之名靡遵於元祖明聖孝德之號久忝於沖人業業兢兢惟懼不稱南蠻未讋師旅尤屯東寇雖平瘡痍

尚大方將罪己曷敢矜功卿等修德銳於皋陶恥君不如堯舜鋪陳故事增飾洪名謙恭愈堅表章疊至對揚之際忠懇彌彰私我以奉先勉我以從衆亦念乙酉之歲堅請不渝今復固違似矜小讓名實未副朕當不敢荒寧始終相成卿亦勤於獻替勉俞來請深用愧懷

答亳州太清宮使李蔚表進老君靈應詔

我國家系承混元教遵清淨苦縣舊里聖祖故鄉宮宇具嚴廟貌斯設昨者餘妖奔突縱火將欲焚燒陰霧覆閉於晴空狂寇顛迷於道路散逸原野遂至誅夷緬維元功申

茲靈貺內出青詞又委李蔚虔申告謝布示中外仍付史官

以天臺山獲石函冊文付史館詔

上天降祉厚地呈祥爰有白簡靈書出於混元寶殿告國祚延洪之兆示坤珍啟迪之符顧此殊休宜爲上瑞宣付史館頒示四方

遣盧簡方諭李國昌詔

李國昌久懷忠赤明著功勞朝廷亦三授土疆兩移旄節其爲寵遇實寡比倫昨者徵發兵師又令克讓將領惟嘉

節義同絕嫌疑近知大同軍不安殺害段文楚推國昌小男克用主領兵權事雖出於一時心豈忘於長久段文楚若實剋剝自結怨嫌但可申論必行朝典遽至傷殘性命刳剔肌膚慘毒憑陵殊可驚駭況忠烈之後節義之門致茲橫亡尤悚觀聽若克用暫勿主兵務束手待朝廷除人則事出權宜不足猜慮若便圖軍柄欲奄有大同則患繫久長故難依允料國昌輸忠效節必當已有指揮知卿兩任雲中恩及國昌父子敬憚懷感不同常人宜速與書題深陳禍福殷勤曉喻劈析指宜切令大節無虧勿使前功併棄

答給事中李湯封還制書詔

朕少失所親若非楚國夫人鞠養則無朕此身雖迂朝典望卿放下仍令後不得援以爲例

遺詔

朕祗事九廟君臨四海夕惕如厲宵分靡寧必求政化之原思建大中之道至於懷柔夷貊偃戢干戈皆以德綏亦自馭致冀清淨之爲理庶洽平之可臻自秋以來忽爾嬰疹坐朝既闕踰旬未瘳六疾斯侵萬幾多曠毉和無騐以

至彌留嗚呼數之有窮聖賢所同明於斯言是爲達節載申顧命式叶典謨皇太子權勾當軍國事儼性稟寬和生知忠孝德包睿哲聖表徇齊必能揚祖宗之重光荷邦家之丕構宜令所司具禮於柩前即皇帝位以司空門下侍郎平章事韋保衡攝冢宰軍國務殷豈可久曠況易月之制行之自古皇帝宜三日而聽政二十七日而釋服諸道節度觀察團練防禦等使及監軍諸州刺史受寄至重並不得離任赴哀文武常參官朝晡之臨十五舉音宮中當臨者非時無得擅哭天下人吏百姓告哀後出臨三日皆

釋服勿禁食肉飲酒婚姻祭祀釋服之後無禁舉樂薄葬之禮宜遵漢魏之文其山陵制度切在儉約並不得以金銀錦繡文飾喪具五坊鷹犬等除蒐狩外餘並解放其醫官段璲趙玘符虔休馬伋等並釋放咨爾將相卿士中外臣寮竭力盡忠匡予令嗣送往事居無違朕志布告遐邇咸使聞知

許令狐滈應制舉科勅

令狐滈多時舉人極有文學流輩所許合得科名比以父綯職在樞衡避嫌不赴今因出鎮卻就舉場況諳通規合

試至藝宜令主司準大中六年勅考試只在至公如涉徇情自有刑典從今已後但依常例放榜本司取士責在得人去留之間惟理所在

分嶺南爲東西道勅

嶺南分爲五管誠已多年居常之時同資禦捍有事之際要别改張邕州西接南蠻深據黄洞控兩江之獷俗居數道之游民比以委人太輕軍威不振境連内地不並海南宜分嶺南爲東西道節度觀察處置等使以廣州爲嶺南東道邕州爲嶺南西道别擇良吏付以節旄其所管八州俗無耕桑地極邊遠近罹盜擾尤甚凋殘將盛藩垣宜添州縣宜割桂州管内龔州象州容州管内藤州巖州並隷嶺南西道收管

降徐州爲團練使勅

徐州本貫支郡先隷東平建中初李洧以畏忌歸降遂創徐海使額貞元初張建封以威名寵任特貼濠泗兩州當時縁拒捍淄青犄角光蔡務張形勢廣樹藩垣自寇孽冰消區域無事武寧一道翻長亂階曾靡悛心殆成逋藪須爲置制以削驍鋒徐州宜改爲本州團練使除當州諸縣

鎮外别更留兵二千人隷屬兗海節度使收管濠州本屬淮南節度收管宿州地居埇口路阨彭門北接睢陽南臨淮甸當漕運之要蓋水陸之衝宜置全師以臨列郡仍置宿泗等州都團練觀察處置等使便以宿州爲理所王式且充武寧軍節度使兼徐泗濠宿等州制置使其兵馬除留在徐州外仍令王式與元質量其多少分配宿州團練使及泗州兵馬留後濠州渦口城使下如人數猶多即分隷屬淮南浙西天平兗海淄青等道逐便收管各給本分衣糧其家一任相隨官中接借發遣令其存濟其割配諸

道將士緣皆有家屬須令裝束每人各賜絹兩匹以戶部物充其徐州諸縣先有鎮堡處亦量利害輕重差配人數守捉武寧軍大將如素有軍功及官已至中丞大夫以上者各具名薦聞別加委用其餘割送兗宿兩道軍前收管如情願住徐州者亦聽穩便王式元質一切共爲置制待公事分配總畢必知寧帖無事即令王式與崇憲等自領兩道兵馬直到汴州分付仲齊及滑州都將各押領送歸本道王式元質放許滑將士歸後既無公事便赴闕廷別加勞獎其衙内銀刀等將官健有逃匿未捉獲者若能束

身自首所在歸投者一切不問仍準前勅割配諸道與衣糧并家口任去勅到後一月内不出陳首者即不在此限餘準詔旨處分

太皇太后寢疾權不聽政勅

門下朕聞孝養之道發於因心誠敬之文著在前典平時以問安自慰寢疾則省侍宜專太皇太后玉衣兆祥瑤齋啟聖母儀天下德被寰中春秋既高飲膳微減朕親自迎奉移居永安期速就平勿藥有喜而精誠未感良醫無徵情方切於焦憂政豈遑於聽斷須躬問視以冀平和恐中外具寮未諒予意起今月三十日以後權不聽政故茲宣示宜體朕懷

疾愈推恩勅

朕比寒暑致疾綿滯經時今旬朔之閒寢膳已復蒙天地保祐宗社寵靈既疾痛之有瘳念疲羸之無告爲之父母得不憫傷慮赦令之或頻則姦人之得計倘恩惠之遠布冀窮氓之稍蘇應天下百姓僧尼道士女冠等有年七十以上疾病癃痼委頓牀榻者宜各賜絹兩匹在軍旅行陣經敵傷害手足眼目不能營生亦各賜絹兩匹應州縣病

坊貧兒多處賜米十石或數少處即七石五石三石其病坊據元勅各有本利錢委所在刺史錄事參軍縣令糾勘兼差有道行僧人專勾當三年一替如遇風雪之時病者不能求丐即取本坊利錢市米爲粥均給饑乏如疾病可救即與市藥理療其所用絹米等且以戶部屬省錢物充速具申奏候知定數即以藩鎮所進賀疾愈物支還所司此勅到仰所在州縣寫錄勅牓於州縣門并坊市村閭要路其州縣所給卹絹米恐下吏之所隱欺仍委刺史縣令設法須布不得令不到本身所在給卹之後一一分析聞

奏俾令速濟疾病稱朕意焉

賜楊收自盡勅

驩州流人楊收謬承獎擢任以台衡志每搆其貪吻迹頗章於黷貨欺天罔上罪不可赦俾其全生是爲妄貸宜令內養郭全穆所在賜自盡

賜嚴譔自盡勅

前鎭南軍節度使檢校工部尚書嚴譔器本瑣微志惟凶險廣用賄貨交結奸邪致楊收不顧刑章恣爲威福以桂林江西之重舉爾爲名納陳珍奇寶之私竊我良守所令

按復不欲追窮頃聞海隅多難調發爲備蠻寇未息餽餉方繁或擅納衣糧或廣補戍卒剋剝求取知無不爲罔地欺天何嘗自愧而又因權使罔奏闕庭欲以資財用爲排御楊收既當極典闕嚴刑將令肅振朝綱貴免紊亂邦憲中外臣庶當體子懷宜令所在賜自盡

收崔雍勅

臣子之節無如盡忠士人之風宜當遠恥崔雍任居牧守賊犯州城禦捍曾不發言從容乃與命酒況石瓊未脫衣甲志在當鋒不能獎其赤誠翻令擒送賊所原其深意與賊通和臣節全虧情狀可見將行朝典更要推窮其崔雍家口並在宣州宜令宣歙觀察使追崔雍收禁勘責速具事繇申奏

賜崔雍自盡勅

當崔雍守郡之日是龐勛肆逆之初屬狂寇奔衝望風和好置酒以邀賊將啟關而納凶徒城內不許持兵皆令解甲致使三軍百姓抆血相視連頭受誅初聞奏陳深駭觀聽錫望守城而死已有追榮杜慆孤壘獲全尋加殊獎既褒忠節難赦罪人玉石固分懲勸斯在將垂誡於四海當

何愛於一夫其崔雍宜差內養孟公度專往宣州賜自盡

遣使宣慰徐宿二州勅

徐宿二州將士百姓等去歲徐州戍卒專擅迴戈殺戮都頭剽奪器仗當時遠近言論朝廷便欲誅鋤朕以好生爲心懷土可恕不令究詰但任歸還將及本州又自疑阻俄興悖亂遽恣猖狂囚辱廉使監軍戕害小使大將邀求符節專擁城池朕再三招懷丁寧慰諭啟自新之路垂宥過之言奸計逾堅慢辭彌犯塗炭百姓虐毒四封近年以來劇賊無比爰思止殺乃命興戎稽緩靈誅殆將周歲然而

凶黨之外平人甚多皆被脅從遭其驅使每聞勝捷倍所歎傷今既底寧專令宣撫繼申明之深委使臣除弊利人蠲稅節用軍士衣賜俾其計量種麥是時已令給䘏仍遣臨時裁處唯務便安皆負周才以展良術軍人百姓罹此横禍災數致然勉於營生安茲樂土其餘事件並在德音指揮使臣專臨重此須述今遣左散騎常侍劉異兵部郎中薛崇宣慰想宜知悉

命備邊勑

荊南節度使杜悰據司天奏有小孛星氣經歷分野恐有

外夷兵水之患緣邊藩鎮最要隄防宜訓習師徒增築城堡凡關制置具事以聞

增制舉及第勑

去年屬以用軍之際權停貢舉一年今既偃戈卻宜仍舊來年宜别許三十人及第進士十人明經二十人已後不得援例

改徐州爲感化軍勑

徐州地當沛野軍本驍雄實爲壯國之都固協建侯之制況山河素異土俗甚殷豈欲削畢挫其繇盛蓋緣比因稔禍或至亂常罪由己招孽非天作桂林叛卒繼有逆謀塗炭生靈首尾周歲殺傷黎庶污染忠良所不忍言尋加翦滅是以畢其鎮額隷彼藩方近屬大兵已來饑年荐至且聞軍人百姓深恥前非願行舊規卻希建節朕每深軫念思致雍熙欲示渥恩特議改易既崇軍額要備供須宜賜宣徽庫内綾絹一十萬匹助其宴犒必獲周豐累歲用兵甚費國力特與借助功在節量如初有脅從後成亡命或未還鄉里或逃匿諸州加意招攜各歸本業若稱自樂所止亦可徇其私情貴衆士獲安恐一物失所用期昭泰必

在均平典故具存廢興不昧仍更鎮額盛彼軍威冀覩封疆永保寧謐其徐州都團練使仍改爲感化軍節度徐宿濠泗等州觀察處置等使

恤刑勑

慎恤刑獄大易格言語曰如得其情即哀矜而勿喜而獄吏苛刻務在舞文守臣因循罕聞親事以此械繫之輩溢於狴牢追捕之徒繁於簡牘實傷和氣因致沴氛況時屬熇蒸化先茂育並赦罪戾式順生成應天下所禁繫罪人除十惡忤逆及故意殺人合造毒藥持仗行劫開發墳墓

外餘並宜疏理釋放如或信任人吏多有生情繫留續察
訪得知本道觀察使判官州府本曹官必加懲譴以誡慢
易到後十日內速疏理分析聞奏

欽定全唐文卷八十五

懿宗三

孝明太皇太后山陵優勞德音

門下園陵之重典禮是崇故憲章既盡於舊儀嚴奉式遵
於古訓載深追感用切哀懷公卿大臣洎百執事竭忠體
國宣力叶心誠敬有加恭恪無懈永告勤瘁宜洽優恩山
陵使所攝大行事官與一子九品正員官山陵禮儀使與
一子出身內山陵副使昨者責辦事重與一子出身山陵
使加一階仍賜物四十匹副使二十匹判官各十匹山陵

監修橋道使賜物四十匹判官各十匹內山陵副使加一
階仍賜物四十匹判官各十匹山陵置頓橋道使與一子
出身副使加兩階判官巡官巡檢專知官各加兩階合選
人前資見任各減兩選鹵簿使賜爵一級儀仗使加一階
陵所造作押當官及中使等三品已上賜爵一級四品已
下各加一階其中正員六品已下合選人前資後任各減
兩選白身各賜勳兩轉諸司諸使應緣山陵修造及專知
造作諸色檢校執事當官白身及直司掌上巧兒工匠等
五品已上賜一階六品已下各賜勳兩轉合選人前資見

任各減一選白身各賜勳一轉其給直和雇者不在此限吉凶儀仗諸色行從官等五品已上各加一階如已至三品未合敘者賜勳兩轉四品已下各加一階諸司諸使押當官置頓營幕往來檢校軍將中使等五品已上六品已下並各加兩階白身各賜勳一轉合選人前資見任各減一選兩儀衛官及中使大內皇城留守並押當官等五品已上六品已下各加一階白身賜勳兩轉撰謚冊哀冊謚議書冊及讀謚冊書寶讀寶官等三品已上賜爵一級四品已下各加一階鐫造冊寶裝寶及檢校官五品已上各

加一階六品已下各賜勳兩轉合選人前資見任各減一選題神主官加一階舁寶冊官及舉寶官五品已上各加一階六品已下各賜勳兩轉其中合選人前資見任各減一選押鹵簿儀仗挽郎各加一階合選人前資見任各減一選山陵禮儀置頓使判官各加兩階合選人前資見任各減兩選儀仗鹵簿使判官及諸副使判官并省諸使諸司監當雜職掌官吏等各加一階白身各賜勳兩轉挽郎放出身後七選許集挽士挽歌等各減一年勞合選人前資見任各減一選無勞可減者各賜勳兩轉諸色行事官及齋郎禮生并陰陽生三品已上各賜爵一級四品已下各加一階合選人前資見任各減一選白身各減二年勞考滿人放出身其數處職任取穩便從一頭處分應緣儀仗三衛彍騎及諸色夫匠代選并緣山陵應役人夫車牛等各委本府長官本軍大使本司量事優賞太常禮直官及中書門下儀制官主務皆重事無遺缺特加一階如先已加階者委中書優與進擬諸道應奉使赴山陵幕府軍將等各加一階諸色職長官吏中應合減選人如無選可減者令所司非時與處分如有諸司流外充者各與本色

中量減一年勞無可減者優與處分充奉陵寢勞役實繁新澤所沾異渥斯及其奉先縣宜放今年夏稅青苗錢如已有諸色折納者即放於秋稅斛斗據數矜免布告中外稱朕意焉

夏令推恩德音

門下朕聞惟天爲大惟堯則之施及文王昭事上帝朕遐思古訓順考前聞仰止於皇王之開規範於堯文之際始如徒涉而望超溟渤中若策蹇而求躡雲霄思逮於三希之則至由是力於恭已銳以濟人九載於茲一致不怠然

而德未甚腆信未甚孚雖懷汔可之詩敢企康哉之詠尚賴社稷降祐祖宗垂休兵革向寧朝野斯乂自頃誕施渥澤冀獲霶流猶慮莫及昭蘇愈多乏困今則夏田豐稔倍於常時不足之憂暫免興慮又以西成未保蟲蝗是虞永惟惠恤之宜庶叶消禳之要苟能利於百姓賴於四方可使稼穡有年邊疆無事則惟恐不及豈憚於必行是用更理闕遺載新提舉一陽斯始爰開蕩滌之恩晏陰將成式繼矜蠲之令副我誠切在爾司存應京畿及天下見禁囚徒暑毒之時要令疏理牢獄之內慮有滯冤宜令臺府及

諸軍司并所在州縣長吏據見禁囚徒限德音到後七日內親詳罪名疏理訖聞奏不得更延引時日除非巨蠹有礙去年赦條外餘並節級遞減一等從輕處分左降官及諸色流人近雖累有赦令皆已沾恩欲其悔過自新豈悋頻施霈澤經去年赦條已得量移者更與量移合復資者準前例處分其去年十一月十日後至今年五月以前續有左降官及流人亦便與量移如合放還者所司速與處分內人久在深宮常膺役使不惟勤勞可憫固亦親愛是思宜令揀選宮人五百人放出各歸其家屬俾無離怨用叶推恩現在宮人尚令揀放諸節進奉宜有指揮應諸親及公郡主等每年端午及延慶并妃嬪生日所進女口自今已後宜並停進鷹鷂之設本資畋遊朕端居穆清不好馳騁所宜解放以遂物情左右神策軍各放二十聯五坊放三十九聯飛龍放一十一聯其左右神策軍每年進鷹鷂於數內停減春秋二社兩進九月十五日各停進鷹二聯共停一十四聯應租莊宅使司產業莊磑店鋪所欠租斛斗草及舍課地頭等錢所由人戶貧窮無可徵納年歲既遠虛繫簿書緣咸通七年赦條不該今宜從大中三年

已後至大中十三年已前並令放免京兆府奏雲陽等一十二縣百姓論去年宿種麥苗下子後旋被蝗蟲食損今年盡不滋生雖京畿之間去冬蠲放不少但以疲人懇訴須務哀矜已令府司差官巡檢如有損處即時特與減放令府司具合放數指實聞奏戍役辛勤道途綿歷將還鄉土在贍供須安南邕州已奏放回北軍其於頓遞經過本州縣界並須如法先自備辦排比切不得臨時差配百姓及借索擾人仍錄前後德音赦條於鄉村分明榜示不得違越仍委所在長吏嚴立條制專加覺察栅禁所施在防

奸盡舉便欠負未涉重條如聞府縣禁人或緣私債及錮身監禁遂無計營生須有條流俾其存濟自今日已前應百姓舉欠人債如無物產抵當及身無職任請俸所在州縣及諸軍司須寬與期限切不得禁錮校料令其失業又輒不得許利上生利及迴利作本重重徵收如有違越勘實奏聞去年德音赦令條流事件極多貴其普及生靈惠沾寰宇尚聞所在未盡施行今重舉明俾無留滯宜令天下長吏差清強判官專勾當切更分明檢舉一一據事節施行訖奏聞如更因循必行朝典其所差判官仍速具名

銜分析聞奏好生之德宜及禽魚卵育之時須加條制舊勅每年起三月一日至五月末不許採捕水蟲禽鳥雖有勅禁尚恐因循宜令臺府并諸軍司每及時禁之月更嚴提撕勿使違犯儉德之修聖賢所重近日俗多澆靡時尚矜誇朕常慕素風斯遵儉制去年赦文之內已曾明有指揮所宜克副朕心用誡奢僭東川每年進蜜浸荔枝道路遥遠勞費至多自今已後宜令停進布告中外稱朕意焉主者施行

安卹天下德音

自累年以來四方多故雖已寧謐尚切防虞居安不忘於慮危有備可期於無患況海隅封略猶集戎兵天下租庸半資軍食而又徐泗戰爭之地瘡痍僅平江淮災沴之鄉流亡未占遂使物力凋耗人情艱危言念蒸黎良深憫惻朕臨寶位十有四年憂勤無一日之安怵惕居兆人之上紹先王之遺訓守列聖之丕圖所以未明求衣分夜方寢靜思致理罔敢怠荒顧臣寮而委以腹心視寰宇而同於掌握管弦娛樂不替於萬幾稼穡艱難每臨於千畝今又物惟豐茂歲獲順成宜宏覆燾之恩用作生靈之福應諸

道州府軍人百姓委所在長吏各承詔令切務慰安瘡痏僅平者尤在撫綏流亡未占者倚深招諭物力凋耗之處速致安全人情艱危之時無更侵擾遠年逋欠且緩併徵近日歸還勿更加稅勸農重穀以備饑荒訓卒練兵用防寇盜但躬行儉約政不煩苛省宴樂則務贍軍需絕餉遺則盡資公用漸使疲羸蘇息帑藏充盈減朕之憂勤寬朕之怵惕雖臣子之分必竭其忠誠而君父之心寧忘其誡勵我有爵賞以訓有勞我有憲令以懲不一凡在方鎮岳牧邑宰僚佐各揚爾職克副予懷

冊魏王佾文

維咸通三年歲次月日皇帝若曰夫翦珪分器事炳周經裂地疏封道光漢冊莫不克隆盤石作固本枝並建親賢以崇藩翰朝有定制朕安得私爰稽盛時俾榮錫社咨爾長男佾通暉日月稟慶霄漢蔭若木之凝華派璿源之積潤天姿岐嶷神授聰明早彰樂善之規夙有辨犢之智卓爾器度藹然徽猷宜荷寵章以開土宇今遣使門下侍郎兼吏部尚書平章事杜悰副使左散騎常侍趙格等持節冊爾爲魏王於戲河外名都漳滏奧宅爾其竭奉上之孝

敬愼臨下之儀刑守道宜鑒於遠名尊賢無忘於置醴用新魯衛之政以昭開平之德服我休命可不愼歟

冊涼王侹文

維某年月日皇帝若曰夫維城作扞實隆定鼎之業犬牙列國以盛建瓴之功故廣樹戚藩畢王子弟歷朝茂典列聖宏規舉而行之朕不敢廢咨爾第二男侹分暉紫極託質丹宮器度沈詳姿容端粹藹有成人之量形乎佩韘之年志翫楚詩情通沛易不勞師傅之訓動形忠孝之規爰嘉令猷俾建侯社今遣使門下侍郎兼吏部尚書平章事杜悰副使左散騎常侍趙格等持節冊爾爲涼王爾其奄長洪河大啟西土紹於前烈恢我舊疆敬愼於朱邸之閒謹睦於玳筵之上靖恭其位克廣其心無從匪彝服我休命

冊蜀王佶文

維某年月日皇帝若曰夫堯序九族周列五等事高維翰道在睦親況居帝子之尊宜荷封王之典用彰慶羡以固洪基咨爾第三男佶符彩昭融姿容朗悟騰英日域儲秀星樞巳多秤象之能纔是勝衣之歲靜不好弄言必成文

曾無紈綺之心每服詩書之訓嘉其幼智錫以大封今遣使門下侍郎兼吏部尚書平章事杜悰副使左散騎常侍趙格等持節冊爾爲蜀王爾其宅於坤維建茲赤社疏以江漢鎮以岷嶓列爲侯王邇我宮禁以謹恭而接下秉忠孝以律身服是寵光終於戒愼

即位赦文

門下朕聞龍之騰天漢也則必乘風雲鼓雷電以震六合君之踐大寶也則必敷仁惠渙號令以煦萬方是以地不閒於幽遐事罔論於輕重洪聖興而皇渥溥德音振而庶

類蘇故愆咎咸除枯沈盡起斯皆前代令典國朝成規委轡諒戒於惠奸凝命始懷於布澤肆予寡德嗣纘丕圖夙夜乾兢若俯泉谷永惟我高祖太宗之艱難締構又惟我列聖之慈儉統承思所以克紹休明宏濟億兆剗甿俗之弊清理化之源肇祥導和應天順物致懽心於率土知恭己以臨人爰申在宥之恩用洽惟新之慶可大赦天下自大中十三年十月九日昧爽已前大辟罪已下罪無輕重已發覺未發覺已結正未結正繫囚見徒常赦所不免者咸赦除之惟犯十惡叛逆及故殺人官典犯贓及持仗行

劫並不在此限其故殺人者已傷未死已死更生意欲殺傷偶得免者並同已殺人法處分又刑獄之內官吏用情推斷不平因成冤獄無問有贓無贓不在原免之限左降官量移近處已經量移者更與量移其合復資者五品已上中書門下即與處分六品已下仍依常例選集丁憂去任及在憂制受貶者服闋日亦與量移如有親故在上都任經所司陳狀便與處分不必更待本州府申請其別勅因責受降資正官及曾因忤累停免未經引用者並與進改流人配隸及別勅安置不問道路及已到未到者並與

量移近處先已再經量移者仍並放還流貶人中縱元勅云雖逢恩赦不在量移之限或長流及充百姓終身勿齒者並與中書門下量與收敘處分及量移近處如已亡歿家口欲還及須歸葬者聽隨所在便如緣葬事幼弱饑窮不能自濟者委所在長吏量給棺櫬優恤發遣坐累歲深加刑已衆累經赦令久未該恩用宏開網之仁俾釋向隅之慼應元和末惡黨前後處斷人數已多自今已後宜一切不問先有勅令追捕未獲者亦更不復追尋應先關連上件配流人并家口等縱元勅云長流充百姓雖逢恩赦

不在量移及放還限者並與量移近處如到流所經六載仍並放還如已亡歿家口欲還並準前流人等例處分天德五城流人負罪素重元勅未經十載不得放還今屬鴻恩須令沾及宜減三年如年已滿便放還如情願便住者亦聽左降官及流人先有官者如已亡歿各還本官亡官失爵痕累禁錮者並從洗滌惟自今年八月九日已後坐事流貶並不該此新恩之限營奉園陵所資發未備慮其科率困撓黎元應緣山陵制及喪儀禮物宜委中書門下及諸官之長講求故實必誠必信務遵遺旨用副朕懷所

緣山陵用度近已出內庫及戶部錢物充給應緣人夫工價宜各速令所司以不折估匹段兼見錢分數支給不得令侵屈百姓山陵未畢情禮有異其降誕進奉宜且權停志方思於遂物心匪樂於從禽止備蒐畋所宜節減諸道進鷹鷂每年共許進二百聯仍選擇堪處進奉餘悉放免貢獻無藝物力難充華靡不除時風豈厚諸道節度觀察使除大例合貢獻外不得別有進奉雕文刻鏤及異色綾錦難得寶貨一皆禁絕京畿賦役煩繁河洛凋瘵亦甚欲其綜息當在蠲除京兆府今年秋青苗錢宜每貫量放五

百文所放錢如是府司占留色目即委戶部準舊例據數支填不得令有虛折其大中七年已前百姓積欠兩稅斛斗及青苗榷酒並稅草職田麵麩棘等徵收不得空繫簿書亦並放免如在官典所由腹內不在此限河南府今年秋青苗錢宜每貫量放三百文如是府司占額錢數亦委戶部準例支填應人戶積欠府司及度支戶部鹽鐵諸司大中七年已前諸色錢物斛斗銀錫草等如身已逃亡及身在貧窮家業蕩盡頻經校料終無可徵納者宜並放免如在主掌人吏所由腹內者不在此限逋負年多徵攤力竭咸令已責庶可惠貧度支戶部鹽鐵三司應收管在城及在府州並諸色場鹽大中七年已前欠負諸色錢物斛斗等除官典所由請領官錢和糴市及在場官招商所由腹內外其餘人戶所欠錢物如身家已亡歿或在貧窮家業蕩盡無可徵納並逃竄捕捉未獲囚繫妻男攤徵保人等如此之類虛挂簿書終無填納之日宜並放免如聞後赦令蠲免放欠負所司不及時處分元係簿書徒有蠲免之名卻為分外攪擾今所放錢物宜各令本司差辦事官典據年額人戶姓名所欠錢物色目檢勘便下文帳不得

更起條樣勘逐所徵可放生事擾人仍令所在場鹽院及州縣於要路分明懸榜示人戶俾令知悉仍仰所司各限月日處分訖具所放錢物單數分析聞奏災沴流行黎甿困窮免其租稅漸冀輯寧諸道州府有遭水損甚處其今年合納苗稅錢等委長吏酌量蠲放如大中十二年已前欠負兩稅米在百姓腹內徵收不上者亦宜特放其實遭災沴處仍具分析聞奏抱器逢時諒思展用卑棲疏迹能不懷嗟如聞中外官僚或有滯屈雖限以員闕致此因循而念其考歷孰非勤舊宜令中書門下各量才分漸與遷

攺廣我四聰在於多士才宏景化思拜昌言諸色人若上封事極言時政得失有官司者官吏長收狀聞奏無祿位者任自投匭進狀當必親覽須務體國公言不得用情誘訕每想俟封歲闕思於荒稔莫非王土物合通其有無諸道州府閉糴禁錢頗爲弊事前後赦勑累有條具尚恐因循依前壅塞宜委出使郎官御史切加察訪如有違越即具奏聞叛徒相扇既已翦除屬類潛逃宜從寬宥湖南江西嶺南宣歙等處去年所遭狂寇擾亂尚恐軍人百姓至今未安如先有爲患者關連親族或逃竄尚未復歸今一

切不問仍各委本道長吏分明曉諭切加招誘安存勿令疑懼如百姓曾經被賊俘劫錢物官與收獲得者仰分明勘認本主給還勿使曖昧欺隱仍具分析聞奏如聞京城內富饒之徒不守公法厚利放債損陷饑貧前後累有勑文約勒非不丁寧無良者都不遵守致貧乏之人日受其弊宜令京兆府準寶歷三年四月二十日及開成二年八月二日勑文切加提舉曉諭嚴切約勒處分凶險之輩情狀難容如聞將吏傭保奴僕之徒或因愆過發遣之後輒生怨謗掊拾本使及郎主細微之事意在僥求苟無所得便成恐脅或闇投無主文字或擅進文狀此若不絕交害平人自今巳後宜準律文及大中二年九月十日及大中六年八月二日勑便於當處焚燒所由不得收領及與聞奏其擅進文狀宜勘責重加科誡如所由固違勑文不焚燒所投文書尚敢將出當與告訴者同罪其容修文狀挾奸蠹者委臺府及諸軍諸使切加察訪如有此色便捉獲送府縣推問須令痛懲天下州郡於所公用之餘收糴年穀自備水旱以救疲人賑絕及時免待奏請採聞惠物頗謂通規今年正月一日赦文但令不別置倉慮煩別差官

吏主當所以令寄常平義倉任自分別支用如聞所在州郡未能盡喻詔旨衮入常平義倉縱遇年豐不務糴斂謬爲廢闕切在舉明令所在州郡細詳今年正月一日赦條處分其刺史去任日仍委本道觀察使便以在任日所收貯斛斗多少支數以爲考課言念士子祿以代耕選人側迫饑寒遠赴調集頻年被駐情實可矜宜令吏部準今年正月一日赦文處分廣敬坤儀當舉推恩之典垂仁磐石在霑霈澤之榮太皇太后及元昭皇太后第二等以上親委中書門下量才敍用大長公主嗣王各與一子出身九

廟子孫陪位者普恩之外各加兩階無官者各賜勳兩轉仍據始封主後與一人出身委宗正寺卿檢詳圖譜一房最沈翳者充數具名奏聞宗子中有行義可稱才幹足用者亦委搜採具名銜事狀送中書門下量才敘用內外文武見任及致仕官三品已上賜爵一級四品已下加一階仍賜勳兩轉應入三品欠一考未足者考足日聽敘致仕官量與改轉依前致仕弼諧萬物鎮靖四方洎於文武具寮咸宣忠力並秉義方之訓宜推錫賚之恩追飾寵光式彰孝理中書門下及諸道節度使帶平章事祖父母亡歿

未經追贈者並與追贈已經追贈者更與改贈東都留守諸州府長守在京及分司常參官神策衛金吾六軍統軍將軍四衛十二衛將軍威遠營鎮國軍等使父母歿亡未經追贈者並與追贈品秩已崇請迴贈祖父母者亦聽父在無官者量與致仕官父歿母存量與邑號已有邑號者量與進敘竭力扶危捨生取義不旌後嗣曷表遺忠故尚父汾陽王贈太師晟贈太尉秀實子孫中各與一人正員官張巡許遠南霽雲顏真卿杲卿子孫中各與一人出身祇奉典冊誠禮無違宜被優恩以酬厥效即位日攝太尉

奏詞中書令讀冊侍中進寶承旨宣制奏外辦禮畢各與一子正員七品官奉寶書綬讀冊及書玉冊官各特加一階書寶押寶綬舉舁寶冊官溥恩之外各加兩階合選人減一選其餘應職掌人行事及寫制令太常條選儀注等官三品已上更賜爵一級四品加一階仍並賜勳兩轉中書門下儀制官內侍省內教各特加一階鐫造玉冊並填金字造寶裝寶冊人等各賜物五十段承顧命撰制冊文及寫制誥官並已有昇其餘自八月九日至十三日諸寫制誥官各加二階大明宮留守及緣國慶告郊廟太清宮

行事官三品已上賜爵一級四品已下加一階應緣崇冊太皇太后及追諡元昭皇后冊禮職掌行事官及鐫造冊寶填金字人等節級賜物周詩歌白馬之客魯國闡素王之風尚德崇儒宜旌胄裔二王三恪文宣王子孫各與一子出身藩邸臣僚誠勤久著各加優獎用示恩榮鄆王府官今年八月九日已前在任者五品已上並與進改六品已下所司非時與分流外番考已足未足並放入流內侍省及鄆王府官三品已上賜爵一級四品已下加一階五品已下賜勳兩轉八月九日至十三日北內當上及從駕

者四品已下溥恩之外賜爵一級五品已下更加一階白身更賜勳兩轉神策六軍金吾威遠皇城將士三品已上賜爵一級四品已下加一階仍並賜勳兩轉馳奉章奏分居職役冊勳進級甄彼勤勞諸道進奏官及緣國慶奏表到京者溥恩之外各加一階仍賜勳兩轉翰林待詔並諸色直長及供奉人等三品已上賜爵一級四品已下加一階無階者賜勳兩轉飛龍閑廄宮苑典引掌扇內園總監栽接少府將作中尚書武德軍器內外弓箭庫等諸司諸使下白身及無品直司定額長者雜匠巧兒黃衣長上監

門直長雜仗二衛七色引執駕細引執扇角手弩手彍騎武士天文觀生歷生漏生典鼓工人樂人主膳主酪典食手宰手掌閑幕士駕士御醫工獸醫門僕藥童御書手流外行署等賜勳兩轉宿陳仗衞師旅有勞委質蕃方偏裨著效咸加獎賚庶洽恩榮應赴御樓立仗神策六軍金吾威遠及皇城等將士宜準舊制量賜錢帛其神策軍應在畿內鎮將亦各賜物有差應諸道將校三品已上賜一級四品已下加一階無階者賜勳兩轉遠人慕義上國貢獻將表懷柔俾霑寵錫鴻臚禮賓院蕃客等各賜物有差禮經重於問年宜加廩餼王化存於勸善用激里閭天下耆老八十已上者各賜絹兩匹粟二石九十已上各賜絹三匹粟米五石並以上供錢常平義倉粟充給仍令令長親致縣庭宣詔頒賜不得委人吏致有欺隱其九十已上者仍加板授孝子順孫義夫節婦旌表門閭終身勿事先有旌表者準耆老例優賜除弊安人由於制命寢而不用致理良難大中以來頻有赦令有司廢閣多不遵行宜委中書門下檢尋提舉有便於人者次第施行或有事理未盡不便於人者仍委中書門下及所在長吏條具聞奏其守

法詳斷刑獄今年正月一日赦書已有條具處分仍本司切加提舉遵守施行不得輒有隳紊峻極靈長效祥興利俾申祀典以達明誠五嶽四瀆名山大川各委本道長吏以禮致祭亡命山澤挾藏軍器百日不首復罪如初赦書有所不該載者所司明作條具聞奏敢以赦前事相告言者以其罪罪之赦書日行五百里布告遐邇咸使聞知主者施行

大赦文

我國家膺天明命光宅萬方二百有五十載矣梯航所及

昭顯於夏殷文軌攸同夐逾於漢晉朕承十六聖之業居億兆人之上猥惟眇身欽荷丕構遠奉貞觀開元之至理近宗憲祖宣考之宏規常慕雖休勿休豈敢自暇自逸然而仁不遂於百姓德不參於二儀莫致感通更延災沴近者兵革未弭蟲蝗相仍方懷徵發之勞復起饑饉之歎雖頻加錫賚累有蠲除尚慮澤未遍通信未旁及是用連宵假寐每食忘飡思所以拯我黎元臻其壽考或多方以革弊盡慮以鼎新庶或上下欲從人欲況善爲國者以好生爲首行王道者惟憫物是先苟可勝殘去殺亦冀止戈爲

武於戲誠明之志既悉於斯渙汗之恩夫何所愛可大赦天下自咸通七年十一月十日昧爽以前大辟罪已下已發覺未發覺已結正未結正繫囚見徒罪無輕重咸赦除之惟犯十惡叛逆以上故殺人官典犯贓不在此限持仗打劫必欲害人苟遇支敵必行殺戮拒敵追捕肆意奸凶并故殺人者雖已傷未死已死更生意欲殺傷偶得免者並同殺人法處分其賣毒藥開劫墳墓及刑獄之內官吏用情推斷不平因成冤濫無問有贓無贓不在原宥之限朕君臨四海子育兆人常恐萬類之中一物失所況雲南

素推誠節久慕華風顧帥臣撫御乖失不諭朝旨遂令滋擾邊隅初陷交邕旋侵越嶲屢移星歲彌縱干戈靡思量力之言曾無事大之禮軼我疆理勞我隄防爰用徵兵諒非獲已鋒刃之下多有殺傷每念於懷良深惻悼寧屈己以徇衆不窮兵以害人斷自予懷更宏招諭應安南邕州西川等道諸軍兵士各守疆界不用進師仍委劉潼審詳事機明加曉諭如能重修和好信使如初朕當虛懷一切不問雲南先差專使昨已有詔旨處分其先配隸習讀質子各本道供給續當指揮安南邕管西川三道軍士皆踰

山越海擐甲荷戈志切勤王誠深報國固內侵之封域收已失之城池盡欲捐軀咸思賈勇亘淪歷歲終始一心言念忠勤誠用嘉歎今南蠻已加招撫冀就弭寧日下但嚴守封疆且備要害雖未用更圖攻討亦未可便絕訓齊其將士等義感風雲志諧金石屯營既久立效已多大功將成懇節無奪候其歸款別有指揮仍委劉潼高駢李躭等具此慰勞以副予懷其三道軍糧地界懸遠致其盡力當令充腸如諸道戍兵未免饑餒因之殞命尤用傷懷宜令常宙劉潼嚴加條流丁寧期限無使供饋更闕失時其府

赴三道行營兵有親老及妻子在家者各委本道切加存恤勿使凍餒恓惶俾無迴顧之憂以勵當鋒之志其諸將士勇敢用命當鋒殁身義節可嘉孤弱是念並委本道節度使據所申報各須安存如血屬單弱不能自存者即厚加給邺遺骸在野深可憫嗟今春已降德音盡令優給收葬尚慮暴露未契幽陰今更舉明用慰泉壤宜令所在長吏訪尋收斂如法瘞葬仍以酒醪殷勤奠酹應三道兵士經過累路州縣供應頓遞徵配里閭水程船夫陸路車役勞弊斯甚疲瘵可哀其岳州湖南桂廣邕容管内沿路州

縣今年二月一日德音已蠲放今年夏秋兩稅各一半尚恐鄉村未普更要加恩宜於今年夏稅正錢每貫量放三百文沿路州縣亦甚凋傷先未沾恩今須優假宜於來年夏稅正錢量放一半仍各委本處長吏親自點檢明閲簿書勿使恩不布於疲羸幸或生於桀黠副予深意必及遠人誠信之道蠻貊可行苟或未孚其肯懷惠應安南邕州容州黔南西川諸溪洞酋長首領務加優恤喻以恩信若須節級賜官秩賞給者委當管速具分析聞奏京畿之内蝗旱爲災稼穡不收凋殘可憫其京兆府今年青苗地頭及秋稅錢悉從放免仍並出内庫錢二十四萬五千三百六十餘貫賜官府司充填諸色費用河南及同華陝虢等州遭蝗蟲食損田苗奏報最甚除合放免本色苗子外仍於本戸稅錢上每貫量放三百文如今年秋稅已納即放來年夏稅其諸道有蝗蟲甚處並具奏聞亦議蠲減其河南府水災之後仍歲飛蝗想彼蒸黎尤多凋瘵宜别賜鹽鐵河陰人運米三萬石委崔璆充諸色用其諸道州縣應有逋懸兩稅斛斗青苗地頭榷酒等錢既存簿書不免徵剝咸通三年以前者並一時放免從四年至七年其中有

準勅蠲者亦不得因此重徵京畿之内供億事繁色役差科曾無虚日黎人困苦深可憫傷更有逋懸日久徵迫無由收斂徒繫簿書應京兆府諸縣從大中八年後至咸通六年應欠諸司稅草斛斗糖棘番匠知食使玉蘇及府司欠延資并度支戸部錢物及賑貸折糴粟并諸縣欠填省修堰壞等錢匹莊宅監察使拆寺並佛堂材木樹等價及欠左右神策軍捉賊賞錢及諸縣應欠咸通三年至六年合送府夏秋稅錢物斛斗並麴麫莊田地租及諸縣咸通三年至五年賑貸粟并長安縣大中八年先借太倉粟充

賑貸除已納外餘欠斛斗等並從放免兼簿書一時毀廢從今年以後別立帳內庫一年支旋費用雖廣有司積久追呼固多虛繫簿書頗爲煩弊朕方宏儉約深軫凋殘特示優矜用蠲逋責應度支積欠大盈庫年支匹段絲錢從太和八年以後至咸通元年以前幷宜放免及欠瓊林庫年支金銀錫器錦綾器皿雜物等自開成五年以後至咸通元年以前幷宜放免左降官量移近處已經量移者更與量移如復資者任取本官選數聽集丁憂放還者服闋日各與量移並別敕因責降除正員官所司亦與處分其

左降官及流人先有官者如已亡歿各還本官失爵痕累禁錮者並從洗滌左降官幷流人元敕令終身勿齒及長流遠惡幷云縱逢恩赦不在量移者並與量移如已亡歿者並許歸葬如緣葬事困窮不能自濟者委所在官吏量給棺櫬優恤發遣中外前資見任官中其有頃因瑕累未階錄用者幷左降官如事情可恕才行足稱者委中書門下量加簡拔隨能錄用戎狄款塞邊陲無虞或使臣因循制弛慢切在搜訪利病濟便兵農勿以久安遽忘遠慮所宜常加備境每切訓戎將宏安撫之功須爲經久之計其

邊上方鎭本軍兵數節度使皆位崇元帥誓立殊功必能閱軍實以靜邊撫單寒以和衆素有定額固非空文然亦慮或因犯死亡停解不便招募闕額遂多並須檢勘分明仍委御史三司監院並加察訪即時聞奏江淮諸州百姓只合輸本分苗稅不合分外差科多爲所在長吏權立條流臨時差配或強名和市都不給錢自今除納本分苗稅外一切禁斷牧守之任慈惠爲先欲安遠人須求廉吏如聞邕容桂廣等道管內刺史每州皆管三縣人戶不少其間選用尤要得人訪聞本道觀察使所奏監州官多是本

土富豪百姓兼雜色人例皆署爲本道軍職或作試銜便奏司馬權知軍州事既不諳熟文法又皆縱恣侵欺多取良家以爲奴婢遂使豪酋構怨溪洞不安若不條流生人轉困其邕容桂廣等道管內自今以後刺史必須精選賢良久歷官途不越資序者始許奏請其軍職試銜並不在奏署限藩條之例刺舉是資郡政之方邑宰是選斯紀綱共設次第相臨苟皆推公必無敗政如聞近者廉車殊無刺舉牧守率務幷容邑宰非才疲人罹弊必在懲革以惠惸嫠自今以後委觀察使專刺舉之職如郡守不理或臨

財不廉酬飲是營獄訟靡息以時奏劾按罪定刑如藩方不謹察廉或致下人上訴推覆得實觀察使別候勅旨本判官遠加譴罰其郡守亦仰察訪縣令如或有過不舉停任後別有處分錄事參軍重加削罰如刺史縣令有異政灼然可舉者仰具錄奏必議超昇人命至重在慎典刑國章苟隳必多枉撓近日執法之吏罕得其人或制勅不行曾無提舉或奸巧爲患莫能辨明遂使可死者生可生者死而又縲絏繁纍斷決淹延乃致怨嗟或成災沴予懷惻怛寢食靡寧宜委御史臺刑部大理寺愼擇官吏皆須素

能折獄俾務盡心則人必闕法當畫一其天下州縣官等皆罕悉律令莫知重輕唯任胥徒因多枉濫委本道觀察使覺察聞奏又刺史縣令多務遊宴不思官常決遣既妨囹圄自滿永言冤滯豈不由斯委觀察使表率條流以懲深弊度支鹽鐵戶部三司欠負錢物頻有赦令據年額節級矜蠲如聞所司尚有徵追妄豎可徵可放多因奸吏恣情遂使恩不及夫窮危事無補於經費其諸色人戶所由等應欠三司錢物自大中十二年以前並宜放免縣道之間郵亭具列行李供億格勅著明如聞節度觀察刺史等

所經過不遵品式公券之外私費至多或在道途有六百七百人行李所在地主務求交歡別差吏人號爲置頓必皆率配弊及疲人自今以後所在長吏切加遵守格文不得違越赦令所在闕蘇疲瘵如聞遠處州縣告示不得分明今要條流永爲定制赦書到後各委本道全寫錄於縣門牓示但緣事理煩細紙數頗多減放矜蠲頭項理沒鄉村百姓無因得知宜令所在長吏細詳各據本處百姓合得免科陡一一豎項作小牓於要路曉諭令百姓知悉宗室子孫不合淩替班列之內人數至稀宜令宗正寺揀擇

宗子有行義文學吏事堪有清實者具名聞奏委中書門下量才敘用如在郡縣年巳蹉跎士行可獎困於寒餒宜委所在長吏隨分驅策優假如聞編戶之中素非宗室因緣識故寫錄諸書投入宗枝妄認房籍恃憑攪擾侵害鄉林近日此徒敗露非一雖巳行法未絕根源從今巳後委所在長吏切加收獲如涉疑妄即收錄聞奏當加痛懲用安里閭前代爲賓素闕德理合須恩二王三恪及文宣公各賜物五十匹衛珝拱衛執玉會同俾申懷遠之恩用展酬勞之錫神策六軍威遠營金吾及皇城應緣御樓立仗

將士等各賜物有差鴻臚禮賓院應在城內蕃客等并節級賜物功播一時名流千古念其後代觀以將來故尚父子儀贈太師晟贈太尉秀實各與子孫中二人八品官顏杲卿張巡許遠南霽雲子孫中各與一子出身中書門下儀制官及內侍省內教并特加一階勲著燮和道彰鎮撫牧守宣力卿士叶心永言盡瘁之誠宜給追榮之典中書門下及節度使帶平章者祖父母父母并與贈官封已經追贈者更與改贈京文武常參官東都留守度支鹽鐵等使諸道節度觀察都防禦經略等使及神策金吾六軍將

軍大將軍威遠營鎮國軍等使父母已歿未經追贈者與贈已追贈者亦與改贈父歿母存未封邑號者關父見存未有官者量與致仕官其曾任常參官出為刺史縣令分司等官今已得替兼前資郎官以上官其父母並準有見任常參官例與追贈冠冕相先懸車自遂紀綱之僕軒陛攸陳宜升階級之榮式進勲封之寵內外文武及見任及致仕官三品已上贈賜爵一級四品已下加一階神策六軍金吾威遠營皇城等將士普恩之外各賜勲兩轉天下百姓年九十已上各贈米五石絹兩匹綿一屯羊酒有差仍令本縣令就家存問今州府方員多不給仗所用無幾係體則深宜令以上供餘錢物充給訖各具分析聞奏

迎佛骨赦文

朕以寡德纘承鴻業十有四年頃屬蠻寇猖狂王師未息朕憂勤在位愛育生靈遂乃尊崇釋教志重元門迎請真身為萬姓祈福今觀覩之衆隘塞路岐載念狴牢寢興在慮嗟我黎人陷於刑辟況漸當暑毒繫於縲絏或積幽冤有傷和氣關連追擾有妨農務京畿及天下州府見禁囚徒除十惡五逆故意殺人官典犯贓合造毒藥光火持仗

開發墳墓外餘罪輕重節級遞減一等其京城軍鎮限兩日疏理訖聞奏天下州府勅到三日內疏理聞奏

欽定全唐文卷八十六

僖宗皇帝

帝諱儇懿宗第五子咸通三年生六年封普王名儼十四年七月立爲皇太子改今名是月即位乾符二年正月上尊號聖神聰睿仁哲明孝皇帝光啟元年五月再上尊號至德光烈孝皇帝文德元年五月又上尊號聖文睿德光武宏孝皇帝在位十六年年二十七謚曰惠聖恭定孝皇帝廟號僖宗

授李鈞靈武節度使制

朕以沙陀驍勇重累戰功六州蕃渾沐浴王化念其出於猜貳互有傷殘而克璋報仇其意未已被我君臨之德軫吾子育之心爰擇良能俾之宣撫惟爾先正嘗鎮北門待國昌以雄傑之才置國昌於濟活之地既藉奕葉之舊又懷任土之觀是用付以封疆委之軍旅必集王事無墜家聲

授崔彥昭中書侍郎判度支制

彥昭歷試有勞僉諧無媿涉於六月秉是一心修乃文可以興文教勵乃武可以成武功重整前規兩司大計清能壁立政乃風行姦欺屛絕於多岐請託銷摧於正議不煩內庫有助涓毫不假外藩有進絲髮軍食所入餘剩於明年郊廟所供克辦於今歲頗符神化眞謂廟謀不有良臣安能富國宜酬勳於黃閣俾正位於紫垣敬服誠詞永堅茂業嗚呼秉均之道何所難哉覆車之塗近已多矣與其樹黨不若修身與其收恩不如秉直買暫勝者貽其永貶沽小智者囊其大愚不貴及人唯爭自我初誠潤屋尋以危家金玉滿堂莫之能守縱經營而得位用枉撓而當辜唯爾選自朕心採於人望宣詔既畢閉門未知來遂奔車

退無私謁獨推元老曾請急徵以守道而自臻實榮親之最重爾其堅持正直允執規程但畏幽陰必歸公當甘言可憚敘往可嗤獎善須明懲姦須銳利於人者雖難必舉利於己者雖易勿爲頻念孤寒每思耕織常自勤於數事便有望於中興彰朕知臣在卿匡國必使恩從下布法自上行但立直標終無曲影苟致我於堯舜亦比爾於臯夔可中書侍郎依前判度支事

授鄭畋同平章事制

頃者時鬱正途權歸邪幸爾畋執心無惑秉節被讒徵復

鸞行愈洽人望既負彌綸之業宜居輔弼之司可本官同
平章事

貶鄭畋太子少傅分司東都制

門下將相之權安危所係注專戎律秉持國鈞謂成靖亂
之謀以著匡時之績方期功就俄以疾辭仍乖撫字之方
且異毗予之道尚居崇秩猶念初心諸軍四面行營都統
鳳翔隴等州節度觀察處置等使開府儀同三司守司空
兼門下侍郎同中書門下平章事鳳翔尹上柱國滎陽縣
開國子食邑二千戶鄭畋藝高冊府譽動詞林禮樂在躬

衣簪奕代虹玉動連城之價朱絃含清廟之音才無不周
識無不綜踐歷既久聞望時稱禁林傳麗藻之工鳳沼著
經綸之業洎凶徒犯順上國罹災駕當出於全蜀鎮方臨
於右輔因時建策遂首興師上寬焦灼之懷下慰烝黎之
望念其竭節頻降殊恩任三事之優崇授四面之節制許
於除授皆俾遵行則朕於施功之臣可謂無有愛惜而不
能傾心養士盡力惜人致興半菽之嗟竟起多寒之怨既
乖撫馭幾誤權宜賴仗義之徒叶心王事主善暗符於朕
意摧姦必建於勲庸尚保傳於承華仍優游於東洛未妨
頤養猶示渥恩凡百庶寮宜體朕意可太子少傅分司東
都散官勲封如故仍且於興元管内逐便將養候疾損日
赴任主者施行

授鄭從讜河東節度使制

古者公卿在朝則輔主致理有事則統衆出征是以郤縠
行師爰求說禮祭遵推轂不廢雅歌今者羌寇未寧烽煙
尚警慎擇鎮安之路尤資柱石之功若非文武兼才將相
全業夙蘊峻望爲吾鼎臣豈傾丹赤之懷以授股肱之任
開府儀同三司門下侍郎兼兵部尚書同中書門下平章

事充太清宮使宏文館大學士延資庫使上柱國滎陽郡
開國公食邑二千戶鄭從讜秀稟岳靈操含冰潔趙衰冬
日樂廣青天端操而峭壁寧偕曠度而澄波未測周密得
大臣之體誠明宏君子之儒許月品題人倫自警膺門步
武明彥知歸奮飛早踐於修途育德邁高於輿論仗節三
光於侯府題劒累涉於崇班洎擢處鈞衡若來麟鳳才惟
應物動必研幾屹若嵩巒炳符台曜嵇松磊落長標構廈
之姿和璧溫良克表如虹之氣朕以北門重鎮興王故都
披全晉之山河有陶唐之風俗以爾曾施惠化尚有去思

方當用武之時暫輟調元之職爾其厚撫戰士謹備糧儲必使黠虜革心征師賈勇善守訓齊之令以圖台鼎之勳帖以上公式光元輔佇殲凶醜副我憂勤往惟欽哉可檢校司徒同中書門下平章事行太原尹充北都留守河東節度管內觀察處置兼行營招討等使

授鄭畋平章事依前都統制

門下朕聞天下安注意於相天下危注意於將爾今應吾內外之委任也朕以塵昏寓縣血染生靈乘輿播越於道途巡幸奔馳於巴蜀夙夜思咎寢食不遑期早殄於羣妖

冀速清於國步今則重煩台德再秉鈞衡碧幢不離於岐山黃閣暫移於隴坻安危倚望中外具瞻諸軍四面行營都統鳳翔隴等州節度觀察處置等使開府儀同三司檢校司空同中書門下平章事兼鳳翔尹上柱國滎陽郡開國侯食邑三千戶鄭畋岳瀆炳靈星辰煥發雅裁既揚於冰玉沖襟咸契於神明達古今理亂之源識文武經綸之道作時柱石爲國棟梁洎周旋闕榮出入將相功業每留於史冊懿範允播於縉紳昨鎮近藩首摧巨盜今雖狼心漸革蠆尾將攻干戈尚遍於咸秦虵豕猶侵於宮闕運雖至此天實齎予況誓掃寇讎志收社稷蘊沈機而愈勁奮獨斷而不回激諭軍行倡率義旅下韝必中傳檄無疑指呼而方面悅隨慷慨而懦夫請命風生貔武川湧熊羆期繫頸於逡巡佇舂喉於旦夕朕且念用兵汧隴駐蹕坤維指揮而遠在一隅請急而動聞踰月於以舉疇庸之典於以圖必勝之謀在乎盛以軍戎任其陶鑄使統制並遵於麾下討謨皆在於轂中將俟凱還佇其冊命於戲簪裾禮樂儼然丞相之風旗幟鼓鼙蔚爾將軍之貴裴度以出征淮蔡敏中以招討羌戎皆仗以節旄付之樞柄期樹功業

固不同年勉圖大勳同酬殊渥位正台階之重官崇水土之榮敬之哉無忝我重命可守司空兼門下侍郎同中書門下平章事依前充四面行營都統鳳翔隴等州節度觀察處置等使兼鳳翔尹散官勳賜如故仍令所司候收復京城後備冊命主者施行

授王鐸兼判戶部制

夫足食足兵古之善政故趙充國以屯田爲上策諸葛亮用祁連作奇謀皆前代伐叛之良規兵家聚衆之急務也況乎命我元老平彼羣凶必兼才力之司方濟軍師之用

賴茲一舉以保萬全諸道行營都統指揮收復京城兼租庸等使權知義成軍節度使鄭滑等州管內觀察等使開府儀同三司守司徒兼中書令判延資庫使上柱國晉國公食邑三千戶王鐸偉望宏材宏襟遠慮三登台輔久領樞機蔚爲社稷之臣實重巖廊之器近以京都未克寇孽尚存妙算屢陳忠誠奮發思登壇以糾合誓建旆以掃除朕由是暫輟陶鎔俾專統制五侯九伯盡列戎行猛將謀臣皆瞻馬首得不分其國柄委以地征收租賦於四方從便宜於萬里軍須無闕天討必行副予倚注之懷全仗廟

廊之力敬承休命佇策大勳可兼判戶部事餘如故

授王鐸義成軍節度使兼中書令制

門下朕以煙塵犯闕士庶貽災思九廟以懷慚顧萬邦而是愧危同馭朽誠甚履冰遂乃虔祝上元冀平積憤勞於宵旰實貫神明其有搢元輔之崇副大朝之切拜章瀝懇面奏請行者得不超茲爵秩盛以統臨今則釐旆經時駐軍未進宜更戎號以煥寵光諸道行營都統指揮諸軍兵馬收復京城租庸等使兼判延資庫戶部事權知義成軍節度鄭滑潁州觀察處置等使兼開府儀同三司守司徒兼中書令上柱國晉國公食邑三千戶王鐸碩德名門清風直道爲一時之圭表作百行之源流騏驥絕塵方知逸勢松篁犯雪更耀寒光洎中第從軍昇朝擅價掌綸業茂選士功高進必流芳勞惟可則專銅鹽之任副舟楫之權雅有令名不誣信史爾後再持鈞軸重領藩維智識愈精始終無替旋屬省方之際犯難而來首冒鋒鋩忠貫天地由是將我大柄答爾明誠當其危阽之時實有整持之訏沈機累獻祕畫頻聞漸理綱條儼予班序致使簪裾復盛禮樂重興克念爾勞諒洽人聽而又忿茲國難期以身先

懇望統師力求專伐既佇平於狡穴貴獨耀於將星宸命登壇俾之仗鉞及之白馬疊降紫泥雖嘉將就之勳尚滯進軍之策而諸軍觀望相顧遷延將謀盪定之期因有改更之制在吾優賢之道求舊之心俾循和嶠之榮敷其五教更假郤縠之用惠此一方爾宜振彼宏圖聳於東夏式資論道共贊中興體我深懷敬承休命可檢校司徒守中書令使持節滑州諸軍事守滑州刺史充義成軍節度使滑潁等州觀察處置等使散官勳封如故主者施行

授王鐸蕭遘平章事制

門下五帝垂衣本資乎輔弼三王御宇必藉其謀猷誠聖哲之規章實邦家之軌範然則得其人則天下致理輕其任則海內多虞興廢之端古今斯在開府儀同三司行太子少師上柱國晉國公食邑三千戶王鐸台階降瑞鼎位呈祥峻極承天清暉助日保道德而立性因文章而飾身良玉重礲貞金百煉道惟經濟自西號以安人術本匡時辭東山而爲國洎歷揚中外出入班行栖息鸞臺優游鳳沼榮膺三事冠絕羣寮致君之業彌深及物之功益著朝散大夫守尚書兵部侍郎判度支上柱國賜紫金魚袋蕭

遘紫庭鍾律元圃琳瑯韻協金莖光昭袞黻自精通藝行履歷清崇逸翰摩雲高踪絕地近者臺綱稱職歲計成功霜威已戢其奸邪日用無虧於饋輓昨以東隅寇盜嘯聚爲羣俶擾關防奔衝畿甸朕巡遊梁益將復京都欲救生靈必資賢相鐸乃朝廷碩德社稷誠臣戴君之力無窮許國之心益勵是使重敷五教爰總萬端勿弃前修無忘厚獎遘乃孫標特立潔白不渝利可剸犀清能鑒髮輔成乾道兼領冬曹各副憂勤可安宵旰鐸可門下侍郎兼司徒同中書門下平章事散官勳賜如故仍令所司擇日備禮冊命遘可銀青光祿大夫守工部侍郎門下平章事仍落下判度支事主者施行

蕭遘罷判度支制

門下夫宰相之任本於佐理陰陽節宣風雨允釐百工康濟萬邦豈可以經費之煩勞弼諧之重比以戎車方駕國用未充將欲定其準繩遂兼委於衡軸今則立事有制成規可遵既陳堅確之誠益尚執持之節宜加懋寵用示渥恩特進行中書侍郎兼戶部尚書同中書門下平章事監修國史上柱國蕭遘功高作礪業茂秉鈞韻同戛玉之淸

應作鏗鍾之響九流百氏供筆下之波瀾五色六章集人間之光彩眞爲王佐衆號國楨射策詞高曳裾望重優游華貫黼黻明庭和符律呂之音邁合鸞皇之影譽洽多士聲振天朝負嚴樂之才華既司天語將徐庾之事業尤潤帝謨爰執憲綱搢紳自肅及專邦計饋餉無虧倚注之期朝昏是屬旋以塵侵羽衛寇犯郊畿保於患難之中不改始終之節首奔行在備竭忠謀明知管葛之才足副臯夔之選朕念茲士庶深痛傷痍授以鹽梅拯其塗炭及總機務大庇生靈盟厲之道益光奉上之心尤著藉其敏果委

臯繁難果能窮利病之源去奸欺之弊事皆條貫法以彰明特進退讓之誠益重燮調之任爾宜潛施祕略益進昌言激猛將以弭羣凶召和風而銷戾氣焚巢盪穴促其獻捷之音定賞策勳乃是銘鐘之日則更加峻秩別示寵章宜升黃閣之尊式表納言之貴可門下侍郎兼吏部尚書門下平章事監修國史散官勳如故仍落判度支

授蕭遘監修國史韋昭度集賢殿大學士制

門下宰相之任調元氣以作輔執大柄以匡君況狂寇未平戎車尚駕顧我勤勞之意在茲籌畫之功雖循舊規式

加新寵光祿大夫行中書侍郎兼禮部尚書同中書門下平章事充集賢殿大學士上柱國蕭遘琮璜上瑞韶頀正音灑落襟靈品流多士有仲山補袞之助抱子房借箸之謀銀青光祿大夫行兵部侍郎同中書門下平章事上柱國韋昭度山岳蘊靈星辰耀彩澄澹不撓端莊自持懇懇常務於變諧孜孜不忘於贊理而皆便蕃顯貫履歷清華爲宗廟之棟梁作邦家之柱石言成損益知合著龜彌彰及霤之誠盡著匪躬之節每聽爾嘉話寬我殷憂所宜縱掌上之奇兵弭茲寇孽啟胷中之利器翦彼妖狂佇見中興之期須茲輔臣之力安危是注倚仗彌深地官既示其加恩大儀式彰其峻秩掌東觀陽秋之重總石渠刊校之權茂勳增榮崇階示貴久處黃閣宜正紫垣庶其更運籌謀速見平蕩佇丹青垂美鼎鼐勳高永茲魚水之歡用契雲龍之會承我茂寵爾其勉之遘可特進行中書侍郎兼戶部尚書同中書門下平章事監修國史勳如故昭度可光祿大夫行中書侍郎兼禮部尚書同中書門下平章事充集賢殿大學士上柱國勳如故主者施行

授韋昭度平章事制

門下朕聞先王之道相者調燮陰陽則四時順其序均和品彙則萬物適其宜然後扶危持顛易亂成理俾生植咸遂邦家克康故周卜帝師得諸渭水殷夢賢佐求之傅巖我擇股肱獲之侍從翰林學士承旨銀青光祿大夫行尚書兵部侍郎知制誥上柱國韋昭度誠貫金石行通神明氣含元精識洞蓍蔡窮文武弛張之道作棟梁舟楫之資爲時間生作我良輔洎昇名俊造歷官清華鴻翥九霄驥逸千里旋召宥密備著聲猷使我語言追三代之風使我典則符百王之法當風雨之如晦勵節敬恭念艱難之在

途夙勤晨夜臨難得近臣之體效忠彰明哲之心是用總以萬機納於百揆作邦之楨秉國之均若魚水之相歡諒雲龍之合應君臣之道今古攸同於戲竊逆滔天兵戈散地宮朝未復宗社靡寧爾宜動察安危居圖匡濟設六奇之祕策發三略之沈機定元凶於一戎振頹綱於四裔紹貞觀太平之業啟開元中興之期光贊一人永阜羣庶勉集盛烈勒功盤彝往欽哉敬服休命可守本官同中書門下平章事勲賜如故主者施行

授建王震魏博節度使制

門下玉斗七星降作帝王之子金枝百代生爲列聖之孫冬夏敎以詩書春秋訓以禮樂然後封其茅土示以寵光建王震天賦明哲氣稟粹和含日月之英華蘊山河之瑞秀心懸壽鏡腹貯學川智燭不稟而自明德車非駕而引重信逾翦葉名掩刻舟九苞之鳳儀赤霄五色之麟行丹地瑤池仙派非百水之同流銀漢靈源自三天而別注況幼稟師訓生知義方洊雷之象克明元良之名益著四教咸備三善永全喻葛藟之延長表瓜瓞之昌熾仁義道振孝忠聲聞似覩卿雲如觀景宿堪膺寵擢可賜爵封列國之榮暫領雄藩宜遵故事可授開府儀同三司守太保充魏博節度管內觀察處置等使兼魏州大都督府長史仍令所司擇日備禮册命主者施行

授鄭畋平章事制

門下任賢勿貳有國之令圖惟帝念功昔人之善訓朕遐觀往代每慎厥終其有道濟邦家任巳崇於屏翰忠存宗社義可貫於神明宜徵帷幄之謀重委廟堂之筭冀清大難以啟中興開府儀同三司守太子少傅分司東都上柱國滎陽縣開國侯食邑二千戶鄭畋八柱比崇三階垂耀

繁露演先儒之學高風追大雅之文外標威鳳之儀內貯函牛之量煥如綸之旨共許才高被貝錦之辭彌彰道直體茲全德歷試崇資變贊中樞極致君之事業鎮臨三輔標坐樹之威名洎虜犯封畿塵飛象魏避狄之謀既決微管之賴誠深而能竭預慮之機用安君父舉從權之詐以誤奸凶當代之勳格天莫比此際雖咸思義舉盡蘊忠謀且聞盟主臧洪登壇有誓將軍祖逖擊楫忘身致蕃漢之齊驅由懷柔之有術今則不從人望內斷于衷罷列岳而登三公自金壇而昇玉鉉魚水之歡盡在君臣之契可知

於戲寰宇未淸予則仗綏懷之眺園陵失守予則佇收克之功次則揚惠化以拯窮人宏無私而敘羣品山河有誓金石豈渝更俟殊庸以膺極寵可守司空兼門下侍郎同中書門下平章事充太淸宮使宏文館大學士餘如故仍命所司擇日備禮册命主者施行

封徐州節度使時溥鉅鹿郡王制

天用日月司之以晦明帝賴股肱寄之以休戚念其功則報無所悋厚其賞則誡在可危爾勿徇於驕盈吾靡勞於姑息也時溥爲時傑出臨難慨然用禮樂爲身基知德刑爲戰器文惟附衆武足取威萬旅無譁一方底定朕以彭門人兼倉楚地控淮河因命專征果聞善訓公忠所化氣俗自平極將相之崇高作藩宣之軌則噫成功未易持祿尤難倚伏相循安危是繫朕嘗覽祖宗之紀每欽兼濟之圖尚父汾陽王太尉武穆王皆道合中興勳高往烈然子儀以恢宏體國保富貴於永年而光弼雖剛正奉公積猜嫌於晚節蓋坦懷未至則全美或虧言念大臣足爲前鑒惟爾竭誠保奉著節始終疇咨雖顯於上台制爵宜加於異姓彼邦遺事故老當傳勿勞銘鼎之恭用永紳河之誓

服玆休寵愼乃令圖庶俾君臣永於竹帛

授鄭愚嶺南節度使制

門下朕推轂求才登壇命將每於邊遠尤屬賢能況邕南地界蠻鄉甫新戎號外虞連歲創痍焚劫之餘上將開藩兵甲繕完之始中權所寄愼固尤難（一作愼東固難）用迴攘接之仁往整律竭之旅某官鄭愚價高東序氣茂南薰挺超卓之奇名蘊精剛之利器詞源獨濬其波瀾經笥莫窮其軸略佇自郄堂褰秀儉府增華霜署諫垣聯翩羽翰郎曹史館洋溢聲光益部播戎率之功商嶺著條刺之跡博洽強志居無流心遠略精能動有餘地日者熟其業用委以察廉果能宣布惠和講求利病纔報下車之政巳蘇闔境之人發爲歌謠流滿道路朕以朗寧地分零桂共控夷蠻將以重城鎭於兩江壯服領於西道俾崇旌節用固疆陲而屬統馭有乖拊循生變戎章既失城守巳離宜得通敏之材以敷勞來之旨是用輟於隣部授以軍麾載覩易地之能俾服揚旌之貴既懋師節仍長憲臺勉承顧遇之榮佇觀輯柔之績可守邕州刺史兼御史大夫充嶺南西道節度觀察處置等使散官勳封如故主者施行

諭秦宗權制

我國家天歷自歸君臨無外十七聖滂流元澤積潤山靈三百年保定鴻基方延運祚其閒數纏災運禍起凶狂纔聞竊命之稱已觸震雷之怒或腹心生變或骨肉相圖近事可明靈誅不漏蓋人祇之共憤乃宗社之儲休亦賴中外重臣佐佑薄德大恥既雪小康可期須申誥諭之勤用致綏懷之旨爾宗權藩垣攸屬倚仗特深雖章表繼來至誠可驗而兵戈未戢物論猶疑是生交搆之端益惑親隣之聽況位崇將相爵極侯王圖功則國禍可平快志而家

冤已雪勸忠貞於部伍莫若率先鑒成敗於古今當思釋禍猶冒屬厭之誡適搖怙亂之機且患難雖繫封疆有制各圖侵軼自掇悔尤高濤之下澤州將攻僞帥周岌之窺臨汝本利危邦翻爲致寇之資蓋昧啟讎之釁得土地爲他人所有得貨財亦他人所資勢敵則相傾力均則相忌害莫深於歸怨利莫厚於圖安況井邑皆空耕桑盡廢歎瘡痍而未復軫哀痛而難忘且雒邑通都非列蕃之所係河陽要地亦諸夏之必爭若不制自本朝豈可公然竊據節旄寵授須俟王人賦稅均輸合資國用至於封疆隣接續可商議指揮但將還舊京尤藉近鎮繼聞蒲陜已受攻圍河外既事於枝梧關中自妨於漕轉迴車或阻奉國逾虧今者先在息兵各令守境爵位幸非愛惜君臣足保初終尚或執迷方知誤計若法制不行於一處即征伐須徇於衆情人亦有言理難爲黨雖萬方之罪當責朕躬而九廟之威更憑天力縱以黃巢頃盜宮闕曾會師徒既戮元凶須遵後命所以寢興念慮詔示殷勤猶期遠保宿心不欲便乘衆怒山河著誓當明指日之心聖哲好生必用舞干之德佇披深欵勉蹈良圖

修奉太廟制

朕以涼德祇膺寶圖不能上承天庥下正人紀兵革競興於寓縣車輿再越於藩垣宗廟震驚烝嘗廢闕敬承典禮倍切哀摧宜付所司

欽定全唐文卷八十七

僖宗二

答高駢請停差發三道兵士詔

蠻蛋如尚憑陵固須倍兵禦敵若已奔退即要併力追擒方藉北軍助平南寇其三處兵士宜委高駢候到蜀日分布驅使且務多多之辦寧辭整整之師其河東一千二百人令實滯不要差發

討王郢詔

王郢江鄉賤卒營伍微材忽撫御之小乖敢憑陵而搆亂

廹脅將相恣竊干戈劫資財於建鄴之城聚徒黨於狼山之戍尋則浮江泛海掠鎮攻城摽掠三州傷殘萬戶又於福建管內毒害生靈凌犯紀綱悖違天地朕爲人屈法惡殺好生累降敕書曲存招諭王郢包藏奸慝誑惑軍師詐示歸降密爲抗拒昨者拘留曾實已驗凶狂今聞再犯溫州顯與官軍抵敵曾實陷在舟檝王師敗於鋒鏃兩浙震驚百姓憂擾滔天之罪擢髮難書然以分野興災雖關定數神祇助順必翦羣凶既違雨露之恩寧逭雷霆之殛是以別銓名將更益雄師兼福建之精兵雜番禺之戰士水陸俱發腹背齊攻須剋旬時必破妖孽除先徵諸道五千一百人及福建南海并虔吉衢婺等州兵士外今更抽忠武軍一千五百人感化軍五百人泗州五百人宣州五百人都計一萬五千以上前左武軍大將軍宋皓負關張勇智有韓白英雄累著戰功再居環衛思豺狼之未滅恥荆棘之猶存誓願長驅速清羣醜今除授檢校左散騎常侍守右龍武大將軍兼御史大夫充江南諸道招討使應新舊行營兵士悉取指揮各宜憤激忠誠淬厲戈鋋識機翦撲取勢芟夷速立殊勳迎俟超獎其王郢部下徒黨等或

本同謀議或偶被脅從或因窮餓依投或遭俘縲指使所宜舍逆取順去暗趨明勉圖富貴榮華勿受驅除翦戮如生擒及斫得王郢頭歸順者當授四品正員官并賞錢一萬貫賜莊宅一區如能率衆於所在解甲歸降者亦當厚與爵賞明垂信誓必不欺渝凡在忠烈之徒皆宜賈勇增氣

獎高駢築成都羅城詔

省所奏修築羅城畢功并進畫圖事具悉卿天平急召并絡專征臨卭夢叶於三刀按部恩覃於兩劒上言大鎮空

有子城殊百雉之環迴是千年之曠闕便依陳奏未隔寒暄每日一十萬夫分築四十三里皆施廣廈又砌長磚城角曲收逸迭攻而勢勝甕門直截容拒守之兵多利及後人智高前古繼孔明於掌內坐張儀於腹中是以輕笑木牛感通金馬增上頭之睥睨架裏面之闌干橋象七星不移舊岸錦逢三月可濯新濠役徒九百六十萬工計錢一百五十萬貫卓哉懋績固我雄藩罄府庫之資儲捨陰陽之拘忌但爲國計總忘身謀並無黎庶之怨嗟不請朝廷之接借忽聞進奏言已畢功見圖寫之甚明舉神化而急

速方念處身廉潔報國忠貞始終能協於一心清美久聞於萬口欲人檢驗具見公忠朕已知臣何勞請使便欲寵渥恐卿自往雅州既發師徒方勞館驛且留賞典專俟迴軍蜀川既及於春風蠻寇盡離於河岸便酬勲績各進官階勉效七擒佇聞三捷故茲詔示想宜知悉冬寒卿比平安好遣書指不多及

招討王仙芝等詔

亂常干紀天地所不容伐罪弔人帝王之大典歷觀往代遍數前朝其有怙衆稱兵憑凶搆孽或疑迷於郡縣或殘害於生靈初則狐假鴟張自謂驍雄莫敵旋則鳥焚魚爛無非破敗而終蓋以逆順相懸幽明共怒近者龐勛拒命王郢挺災結聚至多猖狂頗甚尋則身膏原野喉斃僕姑資財分散於他人親戚誅夷於利刃亦有方從叛亂忽悟歸降回吉凶於反掌之間變禍福於立談之際諸葛爽今爲刺史朱實見作將軍宏伯郎任職於禁營宋再雄策名於淮海莫不身名光顯家族輝榮近者諸道奏報草賊稍多江西淮南宋亳曹潁或攻劫郡縣抗拒官軍或窘厄商徒俘掠進奉出彼入此鳥逝風驅雖云俊利於一時豈不

憂危於終日以有限之逆黨敵無數之王師寧論歲時必自殲滅朕以寬宏致理慈愍居心每念蒼生同爲赤子恨不均其衣食各致豐肥寧忍迫於鋒鋩斷其身首是以誕敷文誥且務招攜如或不共用兵無悔其王仙芝及諸道賊頭領等見制勅後各宜洗心悔過解甲收兵詣所在州府投降便令申奏必當超授官爵厚賞資財永作忠臣常居祿位其節級自補職掌等亦於大藩鎮內量材與職額衣糧其拋棄田園脅從隊伍者並當撫綏慰勞各令歸業營農是謂捨暗從明得生逃死依朕命者豈不休哉如或

頑傲不悛凶強自恃猶事兵甲尚困鄉閭使田者不耕蠶者不織則須爲人除害非曰黷武佳兵宜令諸道帥臣選練驍勇將卒分兵截道併力合威必務翦除不得縱翫其主兵大將若全擒戮得一火草賊數至三百人已上者超授將軍仍賞見錢一千貫文如斬首級移兵攻徒黨收奪資財器械覆驗摭實者據其功績高下授官賞賜如逢寇不追臨陣不戰貪瀆逗撓敗失師徒宜令本州道勘尋準軍法處分應鄉縣田園之內有材傑敢勇之人若能糾率丁夫捍禦寇賊搴旗斬將破陣成功者委所在長吏速具

奏聞亦與官職優賞如鄭溢湯羣之輩皆已分領郡符朝廷必不食言鄉黨所宜助順於戲宿麥將實秋苗正滋漸及蒸燠之時豈是戰爭之日惟願務農偃甲布德行恩遍告州閭各宜知悉

諭河南方鎭詔

王仙芝本爲鹽賊自號草軍南至壽廬北經曹宋半年燒劫僅十五州兩火轉鬬踰七千衆諸道發遣將士同共討除日月漸深煙塵未息蓋以遞相觀望虛費餱糧州縣罄於供承鄉村泣於侵暴今平盧軍節度使宋威深憤萑蒲請行誅討朕以威前時蜀部破南詔之全軍比歲徐州摧龐勛之大陣官階甚貴可以統諸道之都頭驍勇素彰足以破伏戎之草寇今已授指揮諸道兵馬招討草賊使候宋威到本道日供給犒設並取上供錢支給仍命指揮都頭凡攻討進退取宋威處分

改元廣明詔

朕祇膺寶祚嗣守宗祧夙夜一心勤勞八載實欲驅黎元於仁壽致華夏之昇平而國步猶艱羣生寡遂災眚荐起寇孽仍臻竊弄干戈連攻郡邑雖輸降欵未息狂謀江左

海南瘡痍既甚湖湘荆漢耕織屢空言念疲羸良深軫惻我心未濟天道如何賴近者嚴勅師徒稍聞勝捷皆列聖之潛祐寧菲德以言功屬節變三陽日當首歲乃御正殿爰命改元況及發生是宜在宥自古繼業守文之主握圖御宇之君必自正月吉辰發號施令所以垂千年之懿範固百代之洪基莫不繇斯道也可改乾符七年爲廣明元年近日東南州府頻奏草賊結連本是平人迫於饑饉驅之爲盜情不願爲委所在長吏子細曉諭如自首歸降保非詐僞便須撫納不要勘問如未倒戈即時翦撲東南州

府遭賊之處農桑失業耕種不時就中廣州荆南湖南盜賊留駐人戸逃亡傷痍最甚自廣明巳前諸色稅賦宜令十分減四其河中府太原府遭賊寇掠處亦宜準此吏部擢選人衆錯及長名駮放者除身名踰濫欠選考外並以比遠殘闕收注入仕之門兵部最濫全無根本頗壞紀綱近者武臣多轉入文臣依資除授宜懲僭幸以辨品流自今後武官不得轉入文臣選改所冀輪轅各適秩序區分其內司不在此限

命京兆府修郭子儀墓詔

漢祖護信陵之冢厥有前聞晉朝修子房之墓垂有故事況本朝元老功冠鼎彝屬允嗣凋零墟域摧毀雖古無修墓孔子有言而義存掩骼周王是命斷從朕意適表念功宜減賜御膳錢三千貫文雇丁匠即日修築仍令所司明年春仲以太牢祭子儀廟

賜鄭從讜詔

卿志安封域權總戎麾夷夏具瞻社稷全賴今月五日草賊黃巢奔衝十六日駐蹕梁漢上慙九廟下媿萬方藩閫乍聞痛憤應切專差供奉官劉全及往彼慰喻卿宜差點本道兵士酌量多少付北面副招討使諸葛爽俾令入援

賜薛應辭詔

卿等素挺至誠克彰奇節舉靈旗而誓衆顧狡穴以生威每振軍聲實揚我武今者煙塵未息羽檄尚飛相彼交鋒終宵疚慮況踰年稔禍連歲興師念其戰陣之勞深究拊循之意將士等皆爭功用命悉力摧凶唯堅抵捍之心共雪宗祧之恥哀兹瘡痏不捨朝昏爾宜各勵始終速收城闕殊功上賞延子及孫帶礪之言神明不昧

賜薛應辭詔

卿等淬礪戈鋋激揚志氣決戰而誓平賊壘爭雄而遠鎮軍麾久歷辛勤繼當矢石念其報國惟佇酬功所宜早復都城速擒巨猾唯懸信賞以獎殊庸

賜薛應辭詔

朕自違奉寢園播越梁蜀日往月來首尾三年比元宗避難之期校德祖蒙塵之數星霜巳過收克未期每北望山河東瞻陵廟想豺狼汙辱宮殿荒涼士庶黔黎悉遭塗炭松楸桑梓半作蒸薪未嘗不當寢震驚臨食吁歎氣塡胸臆淚灑衣襟蜀國素號繁華朕不覩綺豔教坊樂官繼到

朕不聽笙歌思將帥闕乏衣裝朕服踈布大練憫兵士欠少糧食朕進糲飯素飡言必告天心惟罪己祇待還京之後永期修德覃恩爰自二年以來累與卿等書詔無不殫詞瀝懇實貴感動卿心其於超擢官資遷轉階級存則毋妻邑號歿則考妣封榮幽明之間無所愛惜將士等離親別愛冒鏑當鋒有修城下寨之勞逐北追亡之役最爲辛苦尤所憫傷正當窮蹙之秋若不合力齊心一時進逼此時不了更待何時卿宜乘發使人密持書札與諸將帥類會約一兩日佳辰四面進軍諸門齊入以二十萬忠勇之

衆討三二萬殘逆之兇用正擊邪破之必矣最忌者不和不叶相嫉相爭論位妬功彼進我退用軍之弊莫過於斯實希七月以來刷朕三年之恥向上極有官爵酬報功臣勿更因循以孤倚注垂淚修語宜體朕心

賜杜光庭詔

勑光庭昔得郭遵大奏青城山齋醮祥異事具悉夫宗元道觀靈寶齋場星官上奏於殊庭驛騎初傳於詔命光摛五鳳狀列宿於空中聲吼長鯨若飛霞於豐嶺祥鱗忽現稜榦分榮神仙難期陰陽不測驗茲祥應自帥精虔追蹤於五利文成事美於文皇漢武嘉歎所至寤寐不忘故茲詔示想宜知悉秋冷師皆好否遣書指不多及其修齋道士等一十七人各賜有差

改元中觀爲青羊宮詔

太上元元大帝與弟子文始先生講眞經於樓觀之臺約後會於青羊之肆便乘雲駕俱入流沙仙記傳聞地圖標載自周昭至於此日歷數約二千餘年景象寂寥基蹤牢落今因巡幸靈貺昭彰殊光跳躑於庭前靈篆申明於樹下甎含古色字驗休徵中和之災害欲平厚地之禎符乃

見足表元穹降祐聖祖垂祥將殲大盜之兵戈永耀中興之事業須傳簡冊兼示寰區以付史官備令編錄仍模勒文字告示諸道及軍前其觀可改號青羊宮仍置殿堂屋宇側近屬觀田地約有兩頃近來散屬黎甿多植葱蒜清虛之地難使熏蒸已賜錢二百貫便令收贖仍給公驗永歸精廬宗子特立除官道士李無爲已賜紫所宜昇獎用慶靈休敬瑄位冠公台風行郡國效節於延洪之代修心於道德之鄉遂令境內銷兵地中呈寶其如休美倍可嘉稱

令諸道修紫極宮詔

太上垂祥，青羊應現，禮宜崇飾，用答殊休。諸道州府紫極宮宜委長吏量事修飾，仍選差有科儀道士祭醮。

討楊師立詔

朕以眇身恭臨大寶唯思克相上帝寵綏四方而況於垣翰之中臣僚之内豈不能掩其瑕釁而欲肆之法網乎其包藏禍心違拒君命罪惡已彰其悖亂誅鋤難逭於彝章迫於羣情蓋非獲已光祿大夫檢校司空兼尚書右僕射上柱國中山縣開國公食邑二千戶楊師立本實庸材曾

無遠慮幸因薄伎久列禁軍遂委節旄蓋循事例必謂保其富貴勵乃忠貞況自朕出狩巴庸頻加渥澤進水土之劇任兼輔相之殊榮不能上報國恩而乃敢虧臣節昨因制置防遏不肯發兵遂有替移尋昇端揆罔思寵待輒恣凶謀鼓潼水之驚波作左緜之祅氣不遵詔命偷固戎藩動衆興師欲收其郡邑重門守險顯絕於朝廷據緜州奏聞楊師立已於涪城屯兵下寨又差都將郝蠲等占奪緜州帶甲數千去州十里賴有奉國兵士禦敵殺戮大挫鋒鋩城池方遂保全士庶免罹塗炭續據劒州申報楊師立與刺史姚卓文欲領兵士直赴西川兼署姚卓文充指揮應使仍與鎮縣書板反狀具明況聞廣集庸下教習武藝稅外恣行掊斂支郡無處完全別制親軍用爲心膂及令捍寇莫整鼓旗大校阻謀延頸被戮而又致害監庫家累骨肉洎於判官元從無不罹殃又殺送官告内使更無噍類深用驚歎此固天地之所不容人神之所共棄其楊師立在身官爵及先父所贈官兼母所封邑號等並削奪西川節度使太尉兼中書令陳敬瑄以義事君擁銳敏之師徒擅訓齊之政令必能勦除逆豎鎮定蜀川已兼諸州都

指揮等使宜令差兵攻討處分應楊師立叛官及將校官吏等如或不同謀議及衣冠僧道百姓等臨事脅從者宜各審詳情狀切務安存無令誤有殺傷致其冤濫其將校等如有梟擒楊師立歸順者朝廷別議獎酬其立功將校等委敬瑄等第聞奏亟行賞典嗚呼作孽者誠自投於法網矣亦由吾理化之道未信於人焉負扆凝思良深自咎布告天下咸使聞知

平楊師立詔

楊師立趨走庸流瓴甓殘品因緣禁旅忝冒藩方迷天地

覆載之恩虧臣子忠孝之道積禍既久懷奸已彰爰自左川擢居右揆蓋亦全君臣之分益亭育之仁殊不知梟獍逾凶豺狼難養敢違勅命賊害使臣據蛙井以睢盱固牛涔而旅拒敬瑄開張武略弁奉睿謀選將果得於雄才練兵莫非於教士舞梯衝而將平雉堞整旗鼓而已挫蟲沙付高仁厚攻心之謀授鄭君雄反掌之策果梟逆首盡戮凶徒捷音纔奏於九天喜氣自孚於四海殊勳盛烈前古無儔已賜詔命獎示詑其首級宜令西川節度使準例處分

平楊師立宣示中外詔

朕子育萬方爲人父母常欲含哺四海均養九州去三面之網羅惟一心於教化共躋仁壽永使洽平豈於將帥之間勳舊之內不思終始遽及誅鋤但楊師立本無汗馬之勞擢取建牙之任年纔五十位及於公侯恩被一門榮沾於骨肉有弟與子皆列朝班自母及妻畢開邑號師立之愛君體國未見一毫唯朕之優遇寵私實爲異等而不知逆順但使貫盈初則寢廢詔書扇動軍伍後又容縱盜賊殘害鄉里且巡使是朝廷官員有除移則不許交代監務是庶邦公事遣區分則堅拒勅文本道不屯甲兵妄占上供錢物命使尋究虛有支分害監軍使於本城殺官告使於近驛干紀之謀有素不臣之跡轉彰中外臣寮共知狂悖包含掩慝未忍疵瑕竟迫於多難之時須明國法止殺之義難顧私恩遂命西川節度使兼太尉中書令潁川王敬瑄點校土軍仍委行在都指揮使十軍軍容令孜量抽三兩道迎駕兵士指期齊進同議討除三令五申止擒元惡戢兵禁暴不損平人整王師而易若建瓴殲叛卒而勢同破竹初雖閉壘旋乃下城果見支黨離心魁渠付首不

假別令將帥不勞遠取干戈磬欬之餘遂夷梟獍代宗朝同華節度使周智光亦因國家多難敢逞凶心擅殺杜冕一家以報私憾及逆節萌露又劫諸道供獻及掠剽行路衣冠將謂朝廷力不能制亦是未煩征討已爲帳下所戮師立之事頗類智光猰貐磨牙豺狼當道若存凶逆必長亂階朕知人不明爵賞踰量盈茲小器煩我大刑況善陣不交曾無大枉未勞一矢便戮元凶諸道節度觀察防禦等使位重藩寄義均休戚未覩平戎之奏常深許國之誠副我分憂固同慶快鄭君雄能分逆順卓有功名拂秋水

以捐軀向錦川而獻節姜膺遽剖衷顱遂梟須議加恩以激忠節已從別勑超受官資仍賜莊宅錦綵銀器寶帶法服等餘準詔宜處分

欽定全唐文卷八十八

僖宗三

委使臣徵訪兵術賢才詔

朕每念艱難之本思拯濟之圖理少亂多古猶今也蓋搜揚之未至非爵賞之不行況自鄉里沽名物情貫怨朝市有爭先之黨山林多獨往之人彼豈自窮而莫知返其有文苞經緯道貫儒元貞遁自肥浮名不染豈無加等之命以待非常之流今委使臣遠近徵訪必行備禮以聳羣方且幾貴研深用惟體要運當無事固垂拱而可持時屬多

虞非拔奇而不振或有材優將略業洞兵鈐辨勝負於風雲計長短於主客妙得神傳之決恥成兒戲之名不俟臨機方期制變或銷聲於屠釣或屈志於風塵勿媿自媒當期致用至乃旁規國病動適時宜深探貨殖之源備得富強之術排於浮議鬱彼良圖又有志擅縱橫久潛緇褐材雖超異見辱儕流苟全一藝之工不必萬夫之敵亦有推研歷象按步星辰言必效於機先術豈疑於億中是資奇器孰曰異端亦在勸來佇加殊賞噫功名可慕少壯幾何在君親則忠孝相資念國家則安危同切勿甘流落猶徇

宴安並委使臣牓示訪求長吏津置發遣同心體國無使淹延懸賞俟能必期外擢朕雖鍾艱否亦謂憂勤高祖太宗之在天固當垂祐社稷生靈之有主夫豈乏賢達我敷求咨爾將命勿孤翹矚苟自因循其間儒學優游軍謀宏遠密陳時務願應制科者已從別勅處分跡遺才沈淪末位不礙文武並須外聞布告天下咸使知悉

命相度河渠詔

食乃人天農惟國本兵荒益久漕輓不通關中鄭白兩渠古今同利四萬頃沃饒之業億兆人衣食之源比者權豪

競相占奪堰高磑下足明棄水之由稻浸稑澆乃見侵田之害今因流散尚可經營宜委京兆尹選強幹僚屬巡行鄉里逐便相度兼利公私或署職特置使名假之權寵或力田遞外科級許免征徭因務勸分冀能兼蓄亦宜速具聞奏

求言詔

古者進善翹旌蔽賢削地苟異至公之選適開浮黨之門要在拔奇方資濟理昔貞觀戡亂既久理具畢張而馬周徒步獻書上猶前席魏徵直言替否下得竭誠況朕久致履危實惟懵道欲新庶政益賴羣才已詔中外臣僚必使搜羅淹滯仍令文武各陳所見冀有可裨苟申籌國之謀是濟同舟之患非無上賞佇稱勤求布告遠近咸使知悉

優卹扈駕兵士并訓飭神策諸軍詔

政在有經動惟可久事能師古安則易持今者初復舊京須申定制大漢之術兼王霸先儒之權有弛張重舉綱條且務輯睦未遑改作尤貴適時夫萬乘抗威四方從令雖資強幹是切安人迎駕諸軍都士等扈從經年鄉關積念永言忠力合假恩優節級議功爵秩無悋其情願住京邑

者便充填兩軍欲歸本道者即仰所司各與公牒到本道後遞加糧賜別立名額給復終身如諸都中人數稍多優賞未徧即令所司計其積欠指揮某郡某縣或各逐將校任去處上供財賦令自差人請領神策軍自經亂離久未訓整孤兒漸散壯騎多亡羽林之垂象空存天陣而疾雷不震雖言無戰豈忘有虞宜委中書門下與本軍商量案舊籍裁減冗數惟務摭實仍令三司資助各修營壘責使繕完又金吾諸衛等城禁日嚴徼巡務切須令集事不可闕人亦宜條錄修補

議鹽法錢法詔

近京贍國之資榷鹽爲本法禁久廢姦蠹實繁陷誤藩方依憑城社須知根柢乃可改張委本司選周衕通財庶期革弊其江淮食貨利害亦須詳究指揮沿路占留遣使親諭兵革之後銅鉛至多折納鑄錢尚資興利亦要議其可否不令旁撓農商

答宰臣蕭遘等上尊號詔

朕猥以寡德丕承耿光宵旰雖勤干戈繼作困生靈於豺豕委宮闕於榛蕪罪已則深噬臍何及尚賴天地悔禍祖

宗降靈內之則公卿大臣外之則方伯元老上憑眷祐下憫蒸黎允叶一心克濟四海靖妖氛於寓縣剗戎壘於郊圻雖復舊都匪遑高枕於戲大恥才雪羣生未蘇文武典章墜無半在威權法制行亦幾何土疆徒繫於地官征賦罕歸於國帑肅恭常祀尤在正辭昭格上元寧容溢美卿等同匡艱運當識深衷加以虛名斯爲不急步驟錙銖之際自有至公照臨明晦之間寧貪外獎當勤納誨宜斷來章

允宰臣蕭遘等上尊號詔

朕以寡昧嗣守丕圖思臻太和不敢寧處干戈載戢稼穡少登禮樂中興聲教遂被是用郊上元以報本解密網以綏刑豈非九廟降靈羣賢叶力共贊薄德致茲小康永惟眇躬實懼虛飾卿等上稽天意下採人謠旁訪典謨仰奉明訓以爲天地之道既不讓於強名皇王之心宜屈已而從物累貢殷勤至於再四雖鑿井耕田未及勳華之理而樂推欣服難違億兆之情既徇衆詞疑終溢美勉俞來請深用愧懷

立壽王傑爲皇太弟知軍國事詔

門下朕幼荷丕構夙夜不遑蓋以三百年之鴻基十七聖之大業守文重事偃武貞期惟懼冲人不克負荷果致干戈四處寇盜連年再省藩維兩違陵廟上媿高祖太宗之締構下慙中外羣后之匡扶既積殷憂俄成疾疹而上天降祐中道獲痊萬乘還宮六龍挽駕御端門而肆赦閱諸夏而駿奔雖有愧中興而克全舊物繄爾中外方事報功寧期瘥疾未瘳尚嬰沈痼徒思勿藥詎報有徵腠理是加連綿莫療永惟八方之大萬務之殷既不躬親固當擁滯朕親弟壽王傑天資永悟生稟溫文孝友通於神明仁愛

格於上下必能體我憂惕濟我艱難用叶和平得就頤養宜冊爲皇太弟知軍國政事咨爾內外大臣羣方庶尹悉宜聽監國處分盡心輔戴寧國安人酌變從宜同底於理布告天下咸使聞知

遺詔

門下朕以沖眇祇荷鴻基每惟祖宗之締構艱難念中外之始終匡輔常同馭朽豈忘納隍而乃重去廟朝兩違陵寢始則黃巢犯闕後則朱玫干天險阻道塗蒼黃播越唯思罪己但念勞人宗社降靈妖氛尋盪六龍回鑾萬乘還

宮方將陳玉帛以充庭會蠻夷而向闕寧期殷憂成疹宵旰奪神走羣望而靡徵希勿藥而罔效臣僚愛我攻療無遺曾未小瘳以至大漸於戲修短定分古今常期著在格言斯爲達理是用降茲訓誓祇聽朕言皇太弟知軍國事敏聽政明敏孝友天資聰明神助龍顏表異日角標奇居大麓而風雨不迷輔中興而山河備歷寬宏及物清明在躬必能保守宗祧奉承天地內撫百姓外鎮四夷實億兆之念同固威靈而是屬付託無悵予復何憂宜令所司備禮於柩前即皇帝位仍以太保兼侍郎韋昭度攝冢宰軍國事重不可暫闕以日易月抑惟舊章皇帝三日而聽政十三日小祥二十五日大祥二十七日釋服天下節度觀察防禦等使及監軍諸州刺史職守非輕並不得離任赴哀應天下人吏百姓告哀後出臨三日皆釋服無禁婚嫁祠祀飲酒食肉釋服之後無禁舉樂文武官朝晡臨時十五舉音宮中當臨者非時不得擅哭五坊鷹犬除備蒐狩外餘並解放醫官及伎術人等晝夜勞苦知無不爲宜各安存勿或加罪噫朕念兵革以來耕農久廢尤傷饑甸莫不流亡豈堪復土之規獨昧弔人之旨且累朝遺制畢及

山陵以漢文薄葬之詞爲列聖循常之命約錦繡金銀之飾禁奢華雕麗之工皆例作空文而並違先旨今者流離若是痛毒堪悲仗百姓即百姓一空捐國用則國用無取不可踵從前之計度困此日之生靈俾朕厚顏下見先帝應緣山陵事務宜令中外商量比從來每事十分各減六七桐棺瓦器朕所慕之況在今晨勿欺大夜咨爾股肱重臣內外文武爪牙之士腹心之徒合志同心輔予令弟布告天下咸使聞知

戒約新及第進士宴遊敕

進士策名向來所重由此從宦第一出身誠宜行止端莊宴遊儉約事務率醵動合兢修保他日之令名成在此之愼靜豈宜縱逸唯切追歡近年以來澆風大扇一春所費萬餘貫錢況在麻衣從何而出力足者樂於書罰家貧者苦於成名將革弊訛實在中道宜令禮部切加戒約每年有名宴會一春罰錢及鋪地等相許每人不得一百千其勾當分手不得過五十人其開試開宴並須在四月內稍有違越必舉朝章仍委御史臺當加糾察

宣撫東都官吏勅

勅東都留守王渢河南尹劉允章及分司御史官僚皇城將吏府縣官僧道耆壽百姓等朕端居上京默念東洛常恐宗廟不得嚴肅宮闕或至蕭條省寺荒涼井鄽凋耗府縣有疲羸之苦郊原貽蝗旱之災雖鑾輅翠華未期巡幸而臨軒負扆常注憂勤昨者草寇憑陵王師討伐勤勞車甲綿歷星霜巡環於十二郡間塗炭於數千里內方聞翦滅又致猖狂王仙芝等縱脅生靈聯攻縣邑纔收陽翟又破郡城不日復陷汝州兼擄郡守監軍使凶黨旣盛人心易搖尋聞洛邑震驚都城紛擾舊相護几筵迴避羣官挈妻子奔逃工商失業以無依黎庶捨家而竟出朕每聞奏報彌切驚憂心如納隍手若馭索便罷重陽內宴以示焦怛之懷而宗社降靈神祇助順尋聞寇盜不敢侵踰吹燎火以南旋却洪波於北注今則官兵漸集王室頓安公卿可以還舊居閭巷足得復生業況聞秋田大稔物價稍低雖暫履於艱危必終成於康濟今差左諫議大夫楊授工部員外郎李巢專往宣慰凡居長吏官僚等切在條理安存必令減節征徭均平賦稅無使虐吏重困疲人諸道師徒多已屯集累勅有司官吏不令供餽闕遺亦委使臣勞

諭將卒專俟凱旋之日當行慶賜之恩

停福建觀察使李播等任勅

福建觀察使李播荆州刺史楊權古蔚州刺史王龜範壁州刺史張贊濮州刺史韋滻施州刺史婁傳會邢州刺史王回撫州刺史崔理黃州刺史計信卿等刺史親人之官苟不詳謂豈宜除授比爲朕養百姓非獨榮爾一身每念疲羸實所傷歎李播等九人授官之時衆詞不可王回等三人到郡無政惟務貪求實污方州並宜停任

遣使宣慰蘄黃等州勅

君后惻隱之心必先於濟物朝廷發生之澤本務於弔人納隍雖軫於四維滅燎尚延於數月朕每念愁毒良增震嗟王仙芝尚君長等跡自椎埋結成嘯聚呼澤而豺狼相應掠地而雞犬無遺是以所寇州城便爲荊棘黔首盡逃於山谷遺骸徧於邱墟皆由時平不務於講兵歲久遂至於忘戰以至望風喪敗迎刃殲夷縣道皆空人靈胥怨嘆凶徒之未服念赤子之無辜蓋朕誠信未能感昭慰曉莫能通達須漸資於完復俾稍慰於流離爰命腹心往詢疾苦今故遣國子司業李夷遇將我惠渥卹彼荒殘拯塗

炭之沈淪解瘡痍之呻痛應汝隨申安蘄黃等州凡經王仙芝尚君長所攻劫處悉加撫育徧問存亡其有已歸復人戶仰所在州縣各酌量遭罹重輕減放租稅其今年并至來年春季內所有差役並宜放免其田苗如經軍馬踐踏兼人戶有戰陣死亡者全與放免其有衣冠士族經亂兵橫罹殺戮者仰於屬省錢內量給衣衾櫘櫝速與葬送并爲設祭慰其營魂衆暴骨遺骸委在城郭郊野無親故收認者宜作大塚以瘞之將校常主牙旗新曾加戰折股斷臂解脛陷胸進不念身誓思報國亡歿者當與褒贈見在者終身不停衣糧仍令本州縣官吏闕遇難不撓臨危向公枉陷兵鋒合嘉名節仰所在錄名奏聞當與追贈其有道路郵館之所傳遞警急之時或驛吏驚奔賊徒焚爇仰宣慰使量所在物力重爲經營冀備追風免妨乘馹其衣冠將吏軍人百姓遭焚劫甚者委州縣審細檢勘以義倉斛斗賑救且令粗濟饑危所在府庫囷倉亦有不經劫盜或恐奸吏乾沒隱欺切仰勘驗虛實分析申奏其有留州留使錢物皆是十月已前秋賦之初須仗循良漸自收斂節其橫費酌彼軍須講於耕戰之餘用濟公私之急其

須添器械更峻城隍猶防烏合之徒重有鯨衝之勢推我隱憂之意俾觀急病之能況十室之中必有忠信數郡之內漸復人煙所宜互佩韋弦重張琴瑟全由良吏善撫疲人應有緩急之閒便宜所切州縣之利病奏請之未行仰宣慰使與所在刺史縣令細詳事由逐件聞奏兼期知我萬機之重俟黎元而共安九重之深顧風俗而常泰委是將命以布朕心

賜亳州太清宮勅

亳州太清宮是混元降聖之地名高道祖福蔭皇基九龍

之瑞井涵空一塵之仙蹤在木累代之祺祥可紀近年之感應尤彰所宜嚴盛於福庭安可荒涼於淨宇潘稠能施善政久染眞風廣出俸錢備修宮觀垣墻棟桷無不精新像設丹靑彌加煥麗觀圖考事深可慰嘉其住宮威儀道士吳重元可賜紫仍號凝元先生道士馬含彰孫棲梧並賜紫潘稠加金紫光祿大夫檢校工部尚書餘如故

封丈人山爲希夷公勅

元氣斯訥維山結成孕雲雨於林巒乃神仙之窟宅丈人卽天闢紫府鎭於蜀郡青城方象外之崑邱狀海邊之蓬

島南巡鶴廓軒皇與元祖俱來少駐鑾車展敬則封崇宜及俾使琅函署德常傳萬歲之聲玉檢銘功速建太平之業其山宜封希夷公仍令本州刺史親備香齋冀申虔祝供奉官袁易簡刺史王玆縣令崔正規等入山致醮行禮

釐革選人勅

朝廷懸爵賞之科設掄才之政言其藻鑒在乎淸通況當求理之時方切任賢之術將宣至化實賴平衡宜於取捨之間必叶公忠之論如聞羈棲旅食貧苦選人守數考而方及選期望一官而時希寸祿注唱纔畢旋又更移多被逗遛莫遂便穩脂膏之地須因有賄而昇遷避之官卽是孤寒所受言斯猥弊乃積歲年縱有條流尋亦廢改況今行在宜溥渥恩不欲使歎惋栖遲吁嗟屈滯歸乎允當倚在有司宜令中書門下切在條流如選人實有考課堪理繁劇者臨時注擬可以甄昇繫生民之慘舒任銓衡之推擇勿令留滯切速指揮仍將朕意宣示百寮及吏部三銓并選人等各令知悉

誅蕭遘等勅

逆賊僞宰相蕭遘鄭昌圖裴澈皆代荷國恩身極人爵或

兩府鈞衡之任或六官兵賦之權所宜罄竭丹誠祇膺茂寵而遽乖臣節輒肆逆謀挾扶疏屬之人遂成篡奪驅脅端良之士大恣猖狂扇惑藩方馳書邊徼妄徵故事欲動人情並居僞廷同干相位事主之道何以爲心賴遠近輸誠祖宗垂祐忠臣發憤妖孽就誅今則興復有期廟朝重正顧惟涼德益所兢慙然則刑賞之科所以示天下而申懲勸也其於用舍朕不敢私撫事論辜難逃極典宜令所在集衆斬訖聞奏宣示天下宜體朕懷

賜潘稠勅

移縣就宮必多穢濁縣依舊所宜準萬年例昇爲赤縣仍

降青詞修齋告盟

冊尊號德音

天地運無私之道以遂羣生帝王宏在宥之仁是章含垢得不廣沾沛澤昭洽寰區爰施解網之恩用忻垂衣之化朕叨臨大寶子育含靈前歲中外臣僚藩方將帥獻我徽號詢於典章雖云前赦不遑既受鴻名咸施慶澤稟列聖之法嗣致兆人之歡康然以赦宥恐頻變通宜審權停舊典再及新春每念貶降遐荒遷流裔土傾心望闕延頸祈哀繫於朕懷常深惻憫宜順陽和之候追行盪滌之恩自乾符四年正月五日已前京畿及天下州府大辟罪巳下見禁囚徒各委長吏遞減二等限五日決遣唯十惡五逆故殺人及官典犯入巳贓持刀行劫合造毒藥不在此限於戲朕居億兆之上於今四年業業兢兢如履冰馭朽苟有闕敎道何致時雍未嘗不更自勞心尤思致理況允契羣臣之望欽承列聖之規特降鴻恩獲遵彝典今則巳覃惠澤俾洽生成復遇陽春同均煦育宣布中外深體朕懷

僖宗四

車駕還京師德音

朕聞天以陽居大夏地以陰居元冬是明任德而不任刑也在帝舜則舉兩階之干羽在成湯則開三面之網羅是明好生而不好殺也朕以眇身嗣膺大寶垂三百年之宗祏奉十七聖之威靈夕惕朝乾不忘寤寐豈謂釁生於地禍見於天氛塵暴起於兩京虵豕交横於四野宗廟之饗于戈日尋蓋獲戾於上元俾流災於下土前歲才歸大國又及播遷信由倚任之非良有愧精誠之未至貶衣損食庶塞乎愆違履薄臨深每增於戰懼方修郊廟且復京畿而駐驛才安還宮可俟虔誠罔通於穹昊兵革又起於藩維蓋以朕不敏不明君臨兆庶仁不能叶生成之旨義不能符斷割之幾智無周物之明信寡應時之用陷蒸黎於塗炭致王室之險艱綿歷歲時於茲八稔顧茲頹紊職朕之由且朕深宮九重跬步千里目雖視而不見耳雖聽而不聞罪在朕躬痛入骨髓但仰天而投泣恨無地以容身撫几興言何嗟及矣今則敬行避殿減膳徹縣食無海陸

之珍耳絕管絃之樂唯加惕勵冀遂感通將宏及物之恩在布惟新之令應天下見禁囚徒除十惡忤逆官典犯贓持仗劫殺合造毒藥開發墳墓其餘罪輕重遞減一等左降官各與詳所犯量移如已經兩度量移者宜並放還仍仰所在州府限德音到日準勑處分訖分析聞奏左降官及流人身有死者并許歸葬其鳳翔府所管吏軍百姓等切令招葺務令歸安縱與李昌符關連情非巨蠹及父兄在隴州城內事出脅從者一切不問其隴州城內軍吏百姓不得輒令損傷戴禮之文務先掩骼應有未葬骸骨及

橫尸在路委所在長吏速與收斂藏瘞其自兵荒以來殺傷之處委所在州縣以孟冬賞死事之日於北郭除地用鷄豚設祭所貴以導和氣且慰幽魂前年冬未出京之時如聞文武朝臣愴惶奔竄或因凍餒或遭鋒刃遂致斃踣深可憫傷自累年來朝臣有因謫官遂致殞身或制使遽聞枉橫宜令中書門下尋訪各與贈官孝弟承家忠貞奉國既顯揚名之道宜加布澤之榮應內外文武臣及諸道節度觀察防禦使隨駕諸軍頭亡父母并準舊例各與追贈追封如有母親見存者各與進封左右神策及隨駕諸

部兵士等荷戈負弩侍衛勤勞既效節以輸誠實竭忠而排難永言勳績宜有甄酬其隨駕諸都頭宜各與勳爵未有功臣名號具將士次第填補不得虛被衣賜有紊典章如覆視不實節度使奏取進止本判官重加貶責其邊地沃壤極多歲收可望如聞耕牛素少戍卒苟安唯長蒿萊俱乏衣食委節度使良田之處更議添人均配膏腴令其耕種制置利便務令酌中其南山及平夏党項盡是百姓須令保安長吏若能撫綏蕃人自然寧息切不得妄有侵擾致其怨嗟常須使商旅往來部落不得阻塞致理必先

於尚儉傷風莫甚於窮奢朕苑囿不修珠玉不寶所思敦素每務去華如聞卿大夫庶士近者競崇侈靡莫辨等威服翫車輿皆越制度盡於教化朕甚憫焉卿大夫當助我紀綱為人表則宜修儉約以變囂風其京師應有奢僭違令式者聞之當行朝典應諸道申奏有草賊州縣本皆齊人迫於凍餒召聚徒侶遂肆猖狂並仰所在長吏明加曉諭有能自新首罪一切不問如稔惡不悛事狀難恕委所在長吏設法擒捕不得漏網上京諸司及天下州府負犯逃走罪人今春已降德音除本罪合至死者從咸通五年

以前並停追捕歸還故土其數至多慮被奸人遞相恐動悉委所在告諭令其樂業無致驚惶如歸復者惡跡貫盈不能改過更有違犯尋勘不虛便仰併舉前愆一時痛斷不得容隱侵害良善江淮商賈業在舟船如聞近日官中擄借甚苦或傾奪以充運米或題關以備載軍非理滯留散失財貨州縣雖云和雇商人焉敢請錢本求錐刀翻成損折縱有冤屈豈能申論道路怨嗟莫甚於此自今以後委所在長吏切加禁斷其所合供過軍等舟船唯許空載航船便給見錢雇召如見裝貨物者切不得強令騰倒其

州縣所合雇船脚多無本色錢物皆是率配疲人起今以後并仰以上供錢充給如有茶鹽舟船關係三司榷課者任準元勅處分自蠻寇侵擾連歲用兵耗蠹生靈海運爲甚驅我赤子深入滄波覩駭浪而魂飛汎洪濤而心死繼有覆溺多不上聞仍遣賠填急於風火哀其已死之衆不可復追念茲將斃之徒用延餘息應江淮四道運糧所有沈覆米損船綱官所由船戶及元發州縣合賠填者並從放免更不得校料追徵應闕海運留繫勘者并一時釋放唯造船官吏須有勘覆者不在此限近日蟲蝗米穀翔貴

所在州府須使通流況閉糴之條著在格令近關州府通舟船處不得約勒商人固違勅旨等候江淮錢物到各宜優賞以身許國致命捐軀慮茲盡瘁之誠宜飾始終之典應自兵興以來所在都頭大將身歿王事未經贈官者仰本道各與分析聞奏量功勞優與贈官如有子孫仰本道各與補職務令存濟行營將士如身歿王事者其衣糧并仰給與兄弟男姪如有父母無給養者切在安存勿令凍餒雖累有處分可一切施行或有義士忠臣圖功立事力當國難身歿賊鋒者宜委中書門下優與贈官兼訪子孫

俾沾祿仕用伸激勸冀洽恩榮扈從之勞辛勤備履若無外進何以獎酬其到興元宮文武官等宜令優與遷陟如已經獎擢者特與量加階爵自貞觀開元之後建中元和以來翊戴皇家扶持宗社勳績已銘於鼎彝謀猷實在於冊書如聞子孫或多淩替贈太師汾陽王子儀臨淮王光弼西平王李晟咸寧王渾瑊贈太尉秀實顏真卿顏杲卿以下子孫宜各與一子九品正員官其子孫有才術可稱委中書門下量才敘用以勸勳賢律有驅率之科所宜原宥人無險詖之路固可矜寬其陷僞庭官寮多因迫脅旋

宜敘用勿使棲遲左右神策軍及沿邊諸鎮將士或隄防蕃寇或控扼封陲戴甲荷戈眠沙臥磧無抱子弄孫之樂有離鄉去里之嗟自亂離以來衣糧多闕顧茲疲弊深軫朕懷蓋緣諸道賦稅未來致使如此宜委度支戶部及鹽鐵使各委官吏催促江淮及三川上供錢物充給兩軍及邊鎮將士衣賜如催勘有序其官吏各與優奨如全無次第必議懲責於戲朕以寡昧託億兆之上不能克相上帝寵綏四方履地戴天痛心疾首是在股肱叶力藩翰同心保列聖之洪基佐沖人之薄德共成興運以副殷憂爲政

之方實資共理且一邑之政由乎令長一郡之政由乎牧守一方之政由乎藩翰之臣夫政修於上則化行於下可以安人理國可以阜俗康時此古今之通理也自乾符之後廣明以前節制廉問之臣州牧縣宰之吏或掄擬不當或銓擇非良鎮藩翰者則惠養撫綏之術蔑聞居牧宰者則貪惏苛虐之風益甚或淫刑濫殺或剝衣及膚失業亡家父南子北多使饑者不得食寒者不得衣奔竄道途跧藏山谷耕桑甚廢旱沴相仍結爲仇讎聚爲盜賊冤憤之氣上達於九天激怒之威橫行於千里虔劉郡邑屠戮生

靈懷逆節者得以逞其凶殘恣爲暴擾蘊忠誠者雖欲平其禍亂益費機謀既往難追將來可保切在遴加激諭漸致和平倘或刺史知惠養之方縣令有撫綏之術公清克己廉慎當官績效彰聞當與遷擢如或貪殘不理害我疲人委中書門下重加懲殿仍令諸道長吏觀察判官切加察訪每歲具善惡奏聞自屬兵戈全妨耕稼遂令壠畝盡變汙萊蓋以殺傷之餘流亡益甚宜加招撫漸復農桑如有刺史縣令招收戶口開墾荒田置買耕牛修置農具者委所在觀察使精加點勘具數聞奏當據課效高低優加

升奬朕端拱穆清思宏理道用憂勤而補過守慈儉以律身上展孝思下康庶務其於祀事尤在精崇常憂多難以來有乖敬慎至於牲幣之數醯醢之宜必盡吉蠲或免簡易宜委所司切加鈐轄不得因循夫儉者德之恭侈者惡之大唐堯土階三尺夏禹菲食卑宮先聖遺風後王軌範其有司合進常膳三分宜減一分六宮嬪御見在者人數不多此外不令更有添置或有因緣寇盜流落外方宜委所在長吏便與嫁遣任自營生不用送到駕前冀免虛有勞費自此諸道更不用進聲樂及女弟子歌舞衣服綺繒

組繡雕鏤珠璣傾害女工實妨農事奇技淫巧往哲所譏況遇艱難尤宜儉素其諸道不得進奉紋繡宮錦雕鏤輕靡彰施之物五坊鷹犬以備時蒐方當勤恤之時寧有畋遊之樂其鷹犬并令解放不用更置諸道亦不須進送艱難已久增修未知屢瑞披圖良多内愧且以爲白烏丹鵲不如孝子忠臣甘露醴泉未若風調雨順自今以後諸道所有祥瑞並不要圖畫及進輔成教化實在賢良用副旁求必資博採宜令文武常參官舉刺史縣令有異政殊績者淪滯山林有奇文異行者所期表異無或面欺孝子順

孫義夫節婦各加旌表以示鄉閭父老有年九十以上者賜帛二匹粟五石仍令所在以上供物支付瘖聾跛躄鰥寡孤獨者委所在切加存恤無使悽惶名山大川興雲致雨冀保順成之歲宜申望祀之儀太清宮及驪山華岳南山廣惠公巖谷湫鳳翔啟聖宮邠州要冊湫宜各差官禱謝其諸道應有祠廟標於祀典及先聖靈跡各委長吏差官精誠啟告凡關百姓安危風土利病俾其蘇息切在撫綏諷弊既多固難徧舉仰所在長吏審詳利害一一條奏所冀凋殘漸成完輯勿辜委遇副我憂勤於戲朕爲人君父累屬亂離一發言未嘗不兢憂一舉足未嘗不愧悼徒思罪己安敢尤人中外臣寮宜悉朕意

冊王景崇常山郡王文

維乾符五年歲次戊戌十二月壬戌朔三日甲子皇帝若曰朕聞尚德尊賢九命有專征之寄論功誥道四履標列國之榮睠惟碩臣統茲巨屏茂勳克樹殊寵未弘爰增疏土之恩式表類能之重成德軍節度使鎮冀深趙等州觀察處置等使開府儀同三司檢校太尉兼中書令鎮州大都督府長史上柱國趙國公食邑三千戶食實封二百戶

襲實封一百戶王景崇德星垂耀嵩嶽降神抱匡君濟俗之宏才蘊武庫文房之重器智逾炙輠利比決雲運協祥符懷茂先之博識道高時傑同季野之陽秋臨戎克布其恩威命代榮彰乎經濟惟乃祖禰名光簡書正氣沖霄忠誠貫日永言勳績著美華夷承家得馭衆之方共理契無爲之化成吾心膂藉乃棟梁加以政洽兵農惠分黎庶俾貔貅之衆敬若神明襁褓之徒愛如父母況位升台鼎績著翰垣華資復異於陳蕃顯秩尤光於朱寵更舉封齊之典冀同繼越之尊於戲啟金縢於周公剪桐圭於康叔皆

昭彰前史蔚著殊庸況今榮耀八紘富居千乘式茲優異尚此渥恩往惟欽哉敬服厥命今遣使給事中柳韜副使吏部郎中趙祕持節冊爾爲常山郡王

南郊赦文

元化序時日月啟貞明之照神功宰物乾坤垂覆燾之仁萬物仰而遂生百王體以爲用朕虔膺曆命恭守丕圖懼忝所承慮違厥道每馭朽以思戒若涉川而靡寧自臨御以來夙宵增勵幸而文修政簡歲稔人安賞罰惟公忠厚成俗道漸臻於清淨理將致於雍熙由是禮上帝用答天

休御端門以崇皇極是彰報本式叶體元尚念盡於政事者未除害於時宜者未革盡施條制以絕根源更表申恩仍行肆眚昔殷湯解網實謂至仁漢文措刑永稱聖理在宥乃爲君之德好生實有國之規今復承以陽春之時布其渙汗之典上符天意旁契人心大禮備陳彝章克畢謀猷廣備聲教遐宣期昭泰於寰區亦涵濡於動植溥天率土既樂元風四海九州宜覃慶澤可大赦天下自乾符二年正月七日昧爽以前大辟罪以下罪無輕重已發覺未發覺已結正未結正繫囚見徒常赦所不原者咸赦除之

惟犯十惡叛逆以上及故殺人官典犯入已贓兼情涉巨蠹及持仗行劫幷故殺人者雖已傷未死更生意欲殺傷偶時死者幷同已殺人法處分買賣毒藥開劫墳墓及刑獄之內官吏用情推勘不平因成寃濫無問有贓並不在原免之限敦本睦親古今典制永惟負荷常切憂兢應宗室有材行可升淪落在外並委宗正卿專加察訪旋申尚書門下量材處分惠安皇太后凡有緦麻已上親各委所在搜訪聞奏仰酬顧復何擇親疏爰念播遷重命牽復至於殂謝亦使愍綏用表深仁以彰元化左降官量移近處

已經移者更與量移如官至刺史準刺史月限例處分諸色官未復資者有司別條流聞奏如合復資者五品已上中書門下便與處分六品已下任依常例選集丁憂去任及在憂制貶官者服闋日亦與量移緣責除降資正員官及緣累停免未經引用者幷量與進改流人及降死從流者移近地如已收敘者量材錄用並僧尼道士移隸者亦放還勸善懲違朝廷大典苟或隳紊何以聳人其流貶人中或有情狀巨蠹物議不容者不在該恩流貶人如已亡歿家口欲還及須歸葬者聽隨所便如緣葬事幼弱饑寒

不能自濟者委所在長吏量給棺櫬優恤發遣左降官及流人等有官者如已殁各還本官亡官失爵痕累禁錮者並從洗滌諸色流貶人元勅内云雖逢恩赦不在量移之限有自前年十月十二日赦書後已經量移者五千里更與量移一千里三千里外與量移五百里情狀難容者不在此限天德五城流人負罪素重元勅未經十載不得放還今屬洪恩須令沾及宜減三年如年已滿便放還從九月四日降郊禮勅後流貶及引決妄稱冤人等弁重推覆囚徒弁不在此限近日奸險之徒多造無名文狀或張懸

文榜或譔造童謡此爲弊源合處極法應捉獲此色者準持仗劫人合造毒藥例經赦不原其所得文狀準律文於所在焚毁不得徵逋賊以利疲人是叶政經期爲理本京兆府去年夏青苗錢每貫放三百文所放錢如是有司占留色目委戸部準舊例據數支塡其咸通十一年以前百姓積欠兩稅斛斗及青苗榷酒錢弁稅草職田𪎊麵䴷𪌉等徵收不得空繁簿書前年十一月十二日赦令已蠲放至今尚未了絶宜令所司速具放免錢物數目分析奏聞如在官典所由腹内者不在此限從咸通十三年夏以前京兆府所欠諸陵園及諸軍諸使錢草斛斗弁諸雜物一物以上宜並放免其諸縣所欠府司錢草斛斗一物以上亦並放免從咸通十三年夏以前京兆府所欠諸陵掌閑彍騎丁資三衛等資錢亦並放免甸内逃亡人戸尚徵稅物切要條流以安疲瘵委京兆府差官逐縣勘覆其逃亡人戸産業田地未有人承佃者其隨田地苗稅除陌榷酒錢及斛斗等並權放三年勸常切招召人戸三年後再差官勘覆據歸復續却收稅從咸通十三年以前甸内所欠延資庫戸部度支榷酒除陌及和糴賑貸錢物斛斗一物

以上並宜放免内莊宅使巡官及人戸等應欠大中十三年以前至咸通八年以前諸色錢六萬二千三百八十貫三百文斛一十萬三千七十四石九斗絲二十二萬七千五百八兩麻二千四百七十觔草二十六萬五千八百五十五束念其累歲不稔人戸貧窮徒有鞭笞終難徵納並宜放免三司所欠錢物已遣不徵必慮依違尚猶追擾度支戸部鹽鐵三司應收管在城及諸州府諸場監院所欠咸通十年以前諸色錢物斛斗等前年十月十二日赦文弁令放免所司不得更生節目妄有進取如聞所司官吏

緣循至今尚有盤勘都非公事但務生情歲月轉深奸弊頗甚各委本司差定官一人專勾當但據現在文帳檢勘除官典所由請領官錢和糴和市及在場官供官招商所由帳內正身見在外其身已亡殁曾經檢責及身見在貧窮家業蕩盡無可徵納者并逃竄捕捉未獲因繫妻男攤徵保人等仰便據年額請免除去簿書不得更行文牒妄有盤問赦書下後限一箇月內具放免錢物單數分析聞奏如更稽遲本勾當郎官當議貶黜典吏等痛加懲斷停解天下州縣官銓司注擬便是選自朝廷何故三司監院

官索州縣承迎云是制院恐嚇州縣影占富豪從今後有監院處亦仰州縣常加聽察如監院官有不公不進各申本州行牒本司便如狀事稍重仰專差使送申狀本司事大則任聞奏兼申中書門下御史臺以憑推勘所冀遞相檢察不敢侵淩諸司更換素有定規近日苟且緣循漸至虛折商徒則獲利倍於往日所司則侵損轉難任持若不條疏積成蠹弊其三司更換宜令準咸通十五年閏四月二十一日度支所奏處分如尚躔前必舉朝典制置新歲酒錢其戶貧破者州縣不令破戶或賣柴備力以納稅令

所由司條流聞奏其河南府界蒿荒地委河南尹於稅錢三分內量與免二分勿令無路營生聚爲草賊其天下州縣除已準元勅徵收兩稅榷酒錢茶鹽利旨支米價等分外餘額外加徵別配及販柴炭之人納稅等元無勅文緣本道奏請降勅并仰勅內便皆停罷仍限勅到後二十日內分析聞奏并不罪今日已前之事如又不已必舉明刑曾經水旱已放徵科或慮緣循須更提舉諸道州府或有遭水旱甚處去年夏稅合納苗稅等錢委本州府長吏酌量蠲放其咸通十年以前所欠負兩稅錢米等在百姓腹

內徵收不上者前年十一月十二日赦書已放免仍委州府速檢勘蠲放分析聞奏所在州縣除前資寄住實是衣冠之外便各將攝官文牒及軍職賂遺全免科差多是豪富之家致苦貧下準會昌中勅家有進士及第方免差徭其餘只庇一身就中江南富人多一武官便庇一戶致使貧者轉更流亡從今後並依百姓一例差遣仍委方鎮各下諸州準此檢點江淮運米本實關中只緣徐州用軍發遣全無次第運脚價妄被占射本色米空存簿書遂使倉廩漸虛支備有闕緣循弛慢全自職司宜令轉運使速具

條流分析聞奏纔及春綏便須差清強官吏節級催驅嚴立科條須及舊額苟或踵前容易必舉朝章郵傳供須遞馬數目素有定制合守前規河南館驛錢物至多本來別庫收貯近日被府司奏請衮同支用遂使遞馬欠闕料糧不充憲司又但務緣循都不提舉宜令東臺館驛使速具條流分析聞奏東都留守所管兵數不少無非市肆之人緩急抽差全不堪用防衛官闕尤非所宜須有條流以革前弊宜令速分析見在闕額幷老弱人數聞奏應緣州府經費悉有舊規近者不務在公惟思潤己或聯遇豐稔亦

欽定全唐文　卷八十九　僖宗　十六

不貢羨餘若小有水旱即競有論請致朝廷事力轉困在臣下誠敬何乖自今以後如輒將上供一錢物支用者幷當加譴責不在原貸之限如本道實有災荒積歉爲甚衆所知者不在限例朝廷徵發兵士固非獲已道途頓遞費勞至多又聞節級須得人事裨補每縣不下五千文盡配疲人深可哀憫自今後但供備無闕輒不得踵前率配如或違犯縣令本曹官重加貶降人吏決杖配流其都知兵馬使以下並以枉法贓論立法之始當在必行諸處本置作坊只合制造干戈兵甲及進獻供須昨徐方用軍諸道

多無兵器內庫般送填塞道途如聞作坊惟使雜伎弓甲之匠十無一人打築即惟務精新器甲則惣忘修整自節察至刺史皆爲信臣不能委曲條流各宜自知改革諸道兵士非惟闕額不堪兼又軍將數多一員敵官健數分又占官健當直遣納課錢其弊數重深要除蕩仰諸道各自檢點如或本自書題又無功效非軍中子弟空請職名幷皆疏理其軍將等各遣納課錢者並準入己贓結罪科斷東畿之內留守影占最多稍富者不揀城外村中盡有一虛名文牒亦犯罪者亦稱此名府縣若追但行牒却取事

欽定全唐文　卷八十九　僖宗　十七

小則推勘了牒送事重者則與勒停委留切不得遮奪免致鬬傷其在京諸司亦仰各依此例如被抑屈但具奏聞且徵兩稅自有常期苟或先自催驅必致齊人凋弊蓋緣機織未畢庤錢未終便須零賣縑繒賤糶斛斗致使豪首迫蹙富戶吞侵須更申明俾其通濟諸州府如有不依旨限先期徵稅者長吏聽奏進止縣令錄事參軍並停見任書下考不在矜恕之限關要之外聲教至遙每念疲人尤多橫役訪聞五嶺諸郡修補廨舍城池材石人工並配百姓至於糧用皆自齎持既不折稅錢又全無優恤永言凋

察實可憫傷自此委節度觀察使擭借本錢并刺史百計收拾運轉別立修造案名額遣幹濟官主持常令急遂修營勿遣大段摧毀永放百姓額外差科已責卹人斯爲盛美退荒賤吏尤可哀矜先於咸通五年梧州糴十萬石米停貯數載之後方令盤送邕交如聞早濕損傷雀鼠耗折計其所言六萬石餘累載以來亦頗校料徵納主持軍將十餘輩攤保累數百家或科決不輕或資財蕩盡典男鬻女力竭計窮盡虛挂簿書徒爲羈縶宜從寬宥用釋人憂其所欠米委度支一時放免邕管交趾屯駐兵士全無運

糧俾其足食湖南江西管內諸郡出米至多豐熟之時價亦極賤綱官若得錢收糴每斗必有盈餘道途既可經營輸納自無敗闕緣於官倉領米刮鐵平量既潤資陪便致吞侵耗折所以經年累月舳艫相交江路多有沈溺軍食常憂欠闕自今仰所在長吏切須饒潤綱官並令交付腳錢仍與善價糴買嚴示刑賞不使稽遲邕州安南晏州見屯諸道行營兵士合食米錢等三處兵數近四萬日食錢米費用極多全在諸道州使巡院饋運相繼免失支持近日以南中爲警急抽差皆務循將相同常事蓋緣地遠差綱無利皆託以鹽鐵戶部指揮未得分明申報逗遛圖延界分或有未有本色皆云額望收錢及綱官進發之時欠腳錢途路侵盜錢米所至稽停每發一綱便逾星歲致令供軍使頻申三處月限不相接續所司前後申奏行牒督責非不丁寧蓋緣只有科貶之名曾無必行之令遂致全無稟懼但務緣循若不嚴立科條必恐轉成敗失其諸道州使巡場監院所合般送南中供軍錢米各委所在長吏併發綱船以濟軍用仍委逐道節度觀察防禦經略刺史差最大判官一人專判校料其巡場監院官場官自專催

促各令設法勾當克濟軍需如依前逗遛不早送申遂使邊軍糧儲久闕供奉不得相續便據所欠錢米處勘還重加貶責如州使官吏巡場監院官能罄誠節慎選行綱支遣及至舟船繼至即重議酬獎河東向管廷資庫斛斗五十萬石每歲出陳入新之際勞擾州縣百姓至多未有用時積爲深弊宜令本道節度使檢點除道路與邊鎮接近緩急堪般充軍糧者即且準前其餘深僻州縣并速條流分析聞奏義倉斛斗本防災年所貯積歲多翻成侵害又差重丁大戶充倉督子弟主管凡節察及監軍使刺史縣

令到任仍須一一毫釐差役鄉夫數重勞擾每一釐覆欠折轉多主掌之人貼家竭產生靈塗炭州縣困窮從今後宜五年一度變換便糴貨收錢入冬却糴仍委本道監使常加訪察如有上下蒙蔽欺隱破除聞奏但不要初上之日須重覆釐每度擾人朝廷大弊在於令不行只如經水旱州三降勅命不許將逃亡規攤見在人戶遭災水旱處有於見在戶兩倍徵或至三倍又近年以來節度觀察使或初到任或欲除移是正二月百姓饑餓之時公遣二日條先抽徵見錢每一千文令納三四百此時無不兩倍三

倍生生舉債至典賣男女以充納官行彼貪心殘我赤子從今後有如此者必舉極法以謝生靈諸道事例差使結懽法信出於官中答幣歸於私室駐留供備迎送優豐進獻不副常程結好却爲公事惟奏欠闕不思本源且隣境結懽何必事須厚幣來者若爲私物去者何必官錢道慕空門名爲釋子若非精進何以住持應城及諸州府僧尼元勅人數外不得轉令私度如有死亡等闕即任據人數填補年終聞奏待五年限滿時每收補皆須選擇有戒行事業者勿令濫雜之輩於此容身天下刑獄申到法寺及刑部有經數年不得了絶省寺人吏競邀賂出入律文大理寺及刑部官僚不親公事致使一案之內半死獄中從今後委中書門下每日點檢如停滯者大則貶降小則勒停其刑部郎中員外切須選擇亦不得輒冀奉使以望賄賂有文案則併送對廳行貨財則獨收私第準咸通十一年條流諸州刺史三千里外限三十箇月二千里外限二十七箇月近者勒刺史到郡交代則可以計到郡月滿便且除移如新除者則須待月限滿除替其餘內外諸官並依咸通十一年條流如有限未滿錯替者任經中書門下

過狀便與追勅有過失須替則不在此限兩省官本令先任四赤令責欲知人疾苦近者纔三五月則替何殊罔生空倍擾人從今後宜以十五月爲限兩畿令府判司從前吏部注擬頃年或除三人兩人近者乃至除望縣令及部尉等中書自不存體百司何以仰瞻其進馬千牛本限五年方滿近者旋替年深致使入仕多門三銓無闕從今後如或用年深闕補人兵部郎官必議貶降詞科出身士林所重本實踐歷漸至顯榮近者惟扇澆風皆務躁進麻衣纔脫結綬王畿是能十年宦途今來半歲遷授頗爲譌弊

須舉重明自今以後進士及第並須滿二周年後諸道藩鎮及戶部度支鹽鐵及在京諸司方得奏請如未及奏官限內有攝職處一任隨牒攝其宏文館集賢院奏請直館校理並依此月限如出身後諸道奏已請初銜未得兩考者輒便奏職內尉充在職兩考方得依資除官改轉其授使下官先自有月限資序一一須守舊規不得超越比擬準咸通十四年十月九日勅文處分關節取受本身值財素來貧無亦多舉債秖緣從來赦文未甚分明賞罰若行必當止絕自今以後如有人錢買官納銀求職敗露之後

言告之初取與同罪卜射無擇其錢物等并令沒官送御史臺以贓罰收管如是波斯番人錢亦準此處分其櫃坊人戶明知事情不來陳告所有物業並不納官嚴加懲斷決流邊遠庶絕此類用其清平樂官乞託本自人情既越舊規過於債負雖累有明勅尚不遵行兩巡不切追擒教場又不鈐轄從來上於方鎮近日方鎮與樂官人事轉多別有遷除例皆乞覓喧呼門戶擁塞階庭以此得官人不願除授自今以後除方鎮外兩巡使及諸司外巡切加擒捉如有此色具送本司枷禁勘責痛加懲斷以絕此風近歲以來風俗奢侈不管根本各務誇張及第登科傾資靖塵屋（闕一字）竟踰於制度喪葬皆越於禮儀為冊使弔贈之臣或爭財貨乞賜章服之類不畏慚羞致使兒童或輕朝列念茲靡慍常行歎嗟委中書門下次第條流稍為改革輸其常賦尚慮不充更或加徵其何以濟近年百姓流散稅錢已多如聞自朝廷用軍有終百姓正稅外每貫紐四十五十文已是數年至今不矜族黎甿冤抑腿脊瘡疾所徵錢則將充諸色支分所添兵則逐月銷減每思此事深可嘆傷其天下緣用軍奏加紐貫之外更有敢徵一文其

長吏及判官錄事參軍並準入已贓仍不在以官贖之限其鄭州庚道尉在任日加徵稅錢如或卻徵亦依此例衡鏡之司去留雖切念其羈寓須與商量吏部選人如聞累年駮放至多或文狀粟錯或書判差違有司守文不得不爾況選人例迫饑寒遠來調集頻年被駮情實可矜既遇鴻恩合與優假委吏部檢勘去冬選人若有此色除非身名渝濫及欠選欠考外並以比遠殘闕取其情願者特與卻收注擬諸道奏官奏者緣要闕舊人不理從今後並須分明具不理罪愆先加懲責有罪空替則是惠姦其奏前

資及見任多有虛豎頭銜用錢計會從今以後有官吏奏
者便仰兼遞告身進奏院以憑點檢如告身不到不在奏
行其虛銜所奏只與九品初任仍奏狀內須是三代官諱
及鄉貫戶頭年幾餘各依資奏請河北三道不在此限守
土長人切資士族品流混雜必害生靈刺史縣令如是本
州百姓及商人等準元勑不令任當處官不繫高下蓋以
事體不可兼又十室九親多有憎愛一切阻礙公事難行
近年此色至多各仰本道遞相檢察當日勒停百姓商人
亦不合爲本縣鎮將若有違越必舉典刑裨補除任實在

獎勞奏請繁多則爲過濫咸通七年赦書條流諸州府奏
軍將官不許除上佐如有功須獎即於本管內除授仍不
得占優厚處近日諸道不守條章或分兩三度奏來所貴
前後不相見但行會計貴得人多從今以後諸道軍將官
並限七月表到京令之初行宜武臣之敘進據所合奏人
數一表令如有別勞效者即待明年七月不得兩度貴行
欺隱忠在社稷誓著山河或盟府書勳或閟宮配食宜舉
賞延之典式彰義烈之名故尚父汾陽王贈太師晟贈太
尉秀實贈司徒顏杲卿太師眞卿張巡許遠南霽雲子孫
中未甄獎者每家與一人正員官安金藏頃申忠節實異
等倫合爲疇庸以勸義士如有子孫與一人正員官武德
以來配享功臣名迹尤著節義顯聞子孫淩替官閥廢墜
未經甄錄者委中書門下搜訪嗣人量加優獎慶連宗室
義重維城洎文武羣僚恪恭事務用酬勞績宜降恩私亞
獻撫王紘榮王憤等各賜物一百匹夾侍正衣進珪捧珪
各賜物五十匹亞獻終獻正衣各賜物四十匹大長公主
嗣王郡主縣主各賜物內外文武見任及致仕官三品已
上賜爵一級四品已下加一階合入三品五品欠考未合

敘者待考足日聽敍封孔聖之後加虞賓之恩式表崇儒
以明繼絕文宣王後及二王三恪各與一子官其祠廟委
所司量加修飾義在奉親道惟睦族將申孝敬合示恩榮
皇五等已上親三品已上賜爵一級五品已上加一階六
品已下及前資常選散官簡選日優與處分未有出身陪
位者準會昌五年正月三日赦書處分應陪位皇五等已
上親三品已上賜爵一級四品已下加一階四等親並諸
色陪位者五品已上加一階六品已下各白衣弁賜勳兩
轉其前資及後出身各減一選皆懷追養之願盡有榮終

之心授任封崇式光存殁常參官及諸州府長官父母見
在未有追封者并量與五品致仕官及階并邑號如有官
者量與進改如官已至五品已上者即與五品階父母亡
殁未經追贈者量與追贈及邑號任榮輔相寄重藩方洎
於親軍咸秉忠節俾令追贈以顯榮名中書門下及節度
使帶平章事各與一子八品正員官祖父母父母亡殁各
與追贈已經追贈者更與追贈節度使與一子正員九品
官東都留守度支鹽鐵使觀察處置都團練防禦經略招
討使皇城留守各與一子出身先亡殁未追贈者各與追

贈虞奉典章肅供祀事宜覃渥澤以獎勞能禮儀使大禮
使京兆府尹各與一子正員九品官應郊廟外壇行事官
溥恩外中書門下尚書省御史臺三品已上特加一級四
品已下各加一階如入三品者量減三考入四品者量減
三考入五品者量減兩考仍待考足日聽敘其合選人與
減一選內行事者官三品已上賜爵一級四品已下更加
一階內侍省及內坊官四品已上各賜勳五轉五品已下
各賜勳三轉應從駕至郊廟者溥恩之外三品已上賜爵
一級四品已下各加一階白衣賜勳兩轉位列牙爪職掌
警衛念其宣力宜加疇勞 闕

祭丈人山文

維中和元年歲次辛丑七月丁未朔十八日甲子皇帝遣
將仕郎內侍省內府局令員外置同正員上柱國賜紫金
魚袋袁易簡賜紫道士杜光庭等備香火之奠封丈人山
爲希夷公惟山高極太淸下蟠厚地含雪霜於陰谷吐日
月於陽崖助銅柱以標雄齊玉壘而增固本大末小諒千
載而不傾布澤施雲實萬物而斯植雖郡祠豐潔山廟肅
淸未聞崇建之名徒有丈人之說朕以黃巢干紀翠輦蒙

塵火未滅於燎原書每煩於揮羽竊思冥助冀仗靈功俾
資千仞之崇式示三公之秩況希夷懿號蘋藻佳羞齋誠
宣室之中虔祝雲衢之外陰兵俟役孽豎期消重新日月
之光再奉宗祧之祀別申明命永鎮坤維尚饗

靈寶道場設周天醮詞

嗣皇帝臣某以流星謫見分野處災謹遣賜紫道士杜光
庭等於宗元觀修靈寶道場丈人觀設周天大醮伏以至
道無形時符於人事元天垂戒必見於星文非憑悔謝之
門豈格修禳之念是用齋心宣室稽首名山爲百姓希恩

設周天大酺臣自壓鶩闕輔駕出褒梁九廟靡依羣生失庇致祖宗之大業危若綴旒念士庶之求生勢同累卵省過敢忘於罪己恤人深切於救焚布服蔬飡贖愆尤於既往祈天悔過希保助於將來大道以慈惠爲基高明以廣大爲本降福必歸於有德除災當務於庇人使沴氣潛消飛星暗逝蜀郡士庶永絕於札瘥京國黔黎早離於霾曀誓將仁育以答元功仰望靈恩不任懇悃之至

欽定全唐文卷九十

昭宗皇帝

帝諱曄懿宗第七子咸通八年生十三年四月封壽王名傑乾符四年遥鎮幽州文德元年立爲皇太弟改名敏翌日即位改今名大順元年正月上尊號聖文睿德光武宏孝皇帝天祐元年朱全忠逼遷於洛陽遂被弒在位十六年年三十八謚曰聖穆景文孝皇帝廟號昭宗

削奪陳敬瑄官爵制

朕以賞罰二柄不可廢也助順誅逆自古行之陳敬瑄出身屠沽驟竊旄鉞包藏奸逆侮慢朝廷敢行專殺之威尤顯不臣之跡惡昭圖之直筆溺闞瞻於中流傲狠之心惟思殘害猖狂之志日甚沈迷先皇帝再幸梁洋方當艱否廣張形勢欲脅乘輿全蜀賦租不共天府百城牧守皆出私人近者爰命台臣往持戎律冀因交代亦許罷歸而又結黨連羣以拒王命深溝高壘輒恣兵威罪既滔天誠宜共棄其陳敬瑄在身官爵并宜削奪兒姪等委中書門下商量處分

削奪李罕之官爵制

朕聞君天下者先賞而後罰立教化者貴德而賤刑其或道之以爵而不勸是稟匪人之性豈悛不救之誅雖軍旅屢興有慙區宇而干戈勿用何去頑嚚邢磁洺等州節度觀察處置使金紫光祿大夫檢校司徒同中書門下平章事守邢州刺史上柱國隴西郡王食邑三千戶李罕之閭閻下品窟穴微生憑厲氣以感時依凶徒而干紀剽劫郡縣攘害蒸黎水絕安流陸無砥道先皇帝捨於斧鑕委以招修唯聞屠伯之名寧有字人之稱而又擅離河內竊據東郊谿壑貪心涸伊瀍而不潤烏鳶利觜啗郟鄏以成空

旋逃原野之誅還聚萑蒲之衆時以上京初復羣情未安宥十死之正刑委三城之重地仍加相印俾耀兵權冀懷再造之恩永戢無厭之暴而乃復招逋逸輒留貢輸始則結王友遇而寇攘終則投李克用而侵軼且山北以邢洺爲要害爾則引戎馬以屠攻洛京以懷孟爲咽喉爾則肆爪牙而搏噬謂其當路終可欺天不知祖宗垂休祐予纘繼中外陳懇成我蕩平專攻之令纔行同德之捷已獻度其鼎斧無一安存降以絲綸用彰攻伐其李罕之在身官爵并宜削奪注毀委招討使宰臣張濬關駱全雍悉加存卹嗚呼禍福無門惟人自召爾爲將相而不能全身爾授旌旗而翻行起亂罪在册府朕安敢私凡百同盟共懲始禍布告中外咸使聞知

貶張濬鄂岳觀察使制

昔漢武因恭儉富庶之後建置朔方孫宏沮之十不得一良史以宏有宰相之體誠以愛人理國爲先拓境開邊爲末及孝宣帝值雄才削平之餘將議北伐魏相爭之五將旋罷果致中興號爲賢輔況朕值天厭干戈之際人思休息之時敢望皐夔共成堯日庶幾孫魏粗及漢年苟異於

斯知何倚注光祿大夫守尚書右僕射兼中書侍郎同中書門下平章事集賢殿大學士判度支兼京畿諸道營田修葺太廟使充河東諸道行營兵馬招討指揮制置等使河東節度觀察處置等使上柱國河閒郡開國公食邑二千戶食實封二百戶張濬早以盛名稱爲奇士由是再加召用委以鈞衡謂其必致小康克勝大任而乃罔思守道但欲邀功是不詢之計謀起無名之兵甲自云一舉止在旬時妄請抗論勢莫能奪輕葛亮渭濱之役小裴度淮右之行而經歷寒暄糜費百萬虛誕彰於朝野詐詭布於華

夷橫草菝開燎原愈急俾擁旄乘驛之使囚於虜庭致勤王奉國之軍懷歸本土忘廊廟之威重結藩屏之寇讎是使海内生靈竭於貢賦豈獨河中郡邑蕩爲邱墟生此厲階欲誰歸咎嗚呼徵鼂錯之故事仍王恢之舊章固有明文爾當何逭尚以愛人以禮理體宜然廉鎮極權武昌善地宜罷樞軸之任仍停支度之司勉自深惟以逃後命可檢校尚書右僕射充鄂岳等州都團練觀察等使

貶孔緯荊南節度使制

朕垂衣嚮明負扆成化内則委輔翼之任外則寄藩屏之

臣比用股肱是爲心膂況荊衡巨屏禹貢古封南制百蠻西控三蜀或受統臨之命爰崇迭處之榮持危啟運保乂功臣開府儀同三司守太保兼門下侍郎同中書門下平章事國子祭酒充太清宮使宏文館大學士延資庫使諸道鹽鐵轉運等使上柱國魯國公食邑四千戶食實封五百戶孔緯闕里傳宗儒林植操出入累更於華貫超升遂陟於鼎司宜成我無爲歌我有截豈可但崇朋助罕究否臧昨者張濬首請興師親求伐叛且陳謀畫累贊征行決言旬朔之閒克著殊常之效延英互奏幾宜朕言文字繼

來固違朕志以至干戈一舉星紀將周并汾之寇孽未除蒲晉之生靈已盡搆茲紛擾職爾披陳罔思惑亂之由堅執比周之計詢於輿論曷副簡求今則止罷中樞俾安外閫尚顧始終之念用成進退之宜勉服明恩往祗休命可檢校太保兼御史大夫荊南節度觀察使

貶杜讓能梧州刺史制

輔弼之事安危所屬大則調陰陽以期昭泰次則撫夷夏以務洽平俾比屋之可封致乃后於無事兆人允賴百辟具瞻茍異於斯則將安用扶危啟運保乂功臣開府儀同

三司守太尉兼門下侍郎同中書門下平章事充太清宮使宏文館大學士延資庫使兼諸道鹽鐵轉運等使上柱國晉國公杜讓能軒裳貴胄禮樂清門蹈姬孔之康莊邁韋平之閥閱夙推重望早歷華資洎陟台司亟更年籥方謂偉儒克承大任而乃首居帷幄輕議干戈棄卿士之臧謀搆藩垣之深釁啟詢之際證執彌堅果致兵集甸畿人散都邑尚賴祖宗垂祐賢智叶謀頓悟朕心别施制命詢彼輿人之論咸推上相之尤須示典章用息騰沸尚居列郡式重大臣可貶梧州刺史

討董昌制

夫雷霆雪霜上天降以成物明罰勅法哲王垂以理人是則陽春不可以獨爲歲功仁恕不可以專爲君德刑威之作其在斯乎朕以眇身祇膺大寶奉祖宗之丕訓荷天地之洪休八年於茲一日無怠遜於志者必本於情苟懲誡之不明懼典章之斯廢威勝軍節度使檢校太尉同中書門下平章事隴西郡王董昌出於行伍屬遇艱難權握兵戎位崇將相器將盈而自覆鼎必折而遂傾因憑生禍輒有狂詐假陳妖異惑亂邪巫鼓噪危樓僞爲建國不思理

代徒生犬吠之音欲就蕞祠妄舉狐鳴之兆賴浙西節度使錢鏐與諸州等皆忠誠憤激壯志堅高始以逆順之理飛章諭之而不悟次以攻伐之謀與約會之而不迴至於率兵直以劘壘雖假言誘惑止過凶邪終爲閉壁偷安不使東身歸罪是其陰詐猶欲張皇魚戲鼎而雖亦可哀蜋怒轍而終爲不率天討有罪鬼得而誅其董昌在身官爵幷宜削奪仍委錢鏐進兵攻討越城之內士庶且多寧無勇敢之徒善以功名自許如梟戮生擒董昌者授三品正員官賞錢一萬貫如有官者超三資酬獎如是董昌威制曾助妖謀翻然改過圖功轉禍爲福有所自效者罪並不問賞即與之於戲惡殺好生人君令德仗順伐逆武夫令猷鳴鼓而攻蓋非獲已奮戈而起亦宜憤諸勿發勿焚無誤無失罔俾觀聽者謂我黷武而佳兵也

貶孫偓南州司馬制

金紫光祿大夫守禮部尚書安樂郡開國侯食邑一千戶孫偓夙通朝籍累踐華資竊顧多岐遽墮直道秉彌諧之大政附伎術之小人罔畏公言自爲良策處嫌疑而不愧謂寵利之可安而屬我艱危匪能匡救頃因丕變亦貸彝

章雖罷萬機尚分六職是惟循省俾息沸騰觀諫臣所上之章陳取戾不已之狀則正卿之位非爾宜居將儆後來遂投荒服行當罪己無或尤人可貶南州司馬員外置同正員仍令所在馳驛發遣

昭雪杜讓能等制 節文

其有任崇柱石位重台衡或委以軍權或參諸宥密竟因連謗終至禍名鬱我好生嗟乎強死應大順已來有非罪而加削奪者並復官資其杜讓能西門君遂李周潼已下並與昭雪還其爵秩韋昭度頃處台司每伸相業王行瑜

求尚書令獨能抑之致於沈冤諒由此事李磎文章宏贍迴出輩流竟以朋黨之閒擠於死地凡在有識孰不咨嗟宜並與昭洗仍復官爵

授薛王知柔戶部尚書判鹽鐵度支制

國家自盜盤中原兵纏九縣支度牢籠之務施張經制之宜率煩台臣旁綜使務綱條既正豐阜可期宜擇通才俾繼成績僉曰叔父膺予簡求詢謀協同毗賴惟允即以虛位弁而授之匪私吾宗示張王室惟爾嗣薛王知柔我之近屬國之材人識大體以立朝蘊嘉謀而致用粵自典司

宗祏尹正神皋庇本枝而敦序有倫臨帝甸而汙萊盡闢政惟務本生靈懷衣食之源令著先威豪右屛椎埋之迹人懷其惠吏不敢欺封畿新轉置之規園寢備薦羞之禮府署完葺京師底寧疇茲多能孰可加爾朕言念銅鹽之重賦輿之殷勞於鈞衡多歷年所今將授爾用展其材矧乃司存此專郎吏乾元多難方委公卿離之合之各繫緩急今我用爾思復舊章惟簡身可以律人惟奉公可以御下取舍勿因於私任使惟其所知無以公務結私恩無以公方樹私怨惟是六者竭乃一心副吾超拔之恩濟我艱難之運悉仍舊貫別示殊恩於戲朝廷之本軍國之用佇爾康濟紓吾焦勞往佩寵光勉施才術苟不稱是又何敢以叔父私於天下哉

授大理卿李坰黔中宣慰使制

將我詔命使於四方必惟其人矧乃舊服咨於輔相僉曰汝諧用之不疑行矣思濟李坰國朝名相之令嗣也文行器業雅有家風政事規爲克紹先志踐履亟更於中外練達深得其本根頃鎮黔江洽聞善政四年問俗五郡懷仁恩信被於昆夷盛名振於縣道尋移旌蓋往理桂林載揚

休聲屢著嘉績兩地遺愛萬人去思今聞黔巫易帥之時頗失睦鄰之道慮成閒隙又動干戈念遠俗之無辜向中宵而不寐昇爾揆路爲吾使星尚念漢地人情必懷襲遂河內風俗未忘寇恂宜其宣我憂勤導予宵旰強者抑之弱者撫之無俾黔人又墮塗炭用爾專達膺予簡求佇其嚮風聞爾稱職殊恩好爵無所悋焉

授崔允崔遠平章事制

門下擇股肱良臣爲社稷大計斯實安危之本必資經濟之才應星象而踐三台平陰陽而調六氣成彼非熊之兆

叶茲審象之求既偶通賢爰申並命扶危匡國致理功臣新授武定軍節度湖南管內觀察處置等使金紫光祿大夫檢校禮部尚書同中書門下平章事持節都督潭州諸軍事兼潭州刺史上柱國清河郡開國侯食邑一千戶崔允公台貴冑禮樂名門秉直道以匡時挺貞觀以華國玉山孤峭迥出千峯冰鏡澄明能涵萬象翰林學士承旨銀青光祿大夫行尚書兵部侍郎知制誥上柱國博陵縣開國男食邑三百戶崔遠珪璋蘊德鸞鶴呈姿持偉望以標奇蘊神鋒而匿耀朱絃逸韻既可禮天寶劒雄鋩宜乎折滯或繼膺倚注屢執鈞衡或亟處深嚴嘗司詔誥變調茂績敏嘿嘉名昭布朝倫洋溢休稱而體國勵志問牛之美早傳致君載誠吐鳳之名夙著宜陟重任詳觀厥能外諸喉舌之司寵以鑪錘之用專秘殿之圖籍度會府之財征俾操化鈞仍綰邦職當此艱難之運爰繫輔弼之功噫未復神州尚茲多壘仍歲有征巡之役兆人懷蘇息之期予心浩然罔知克濟咨爾良弼共成懿圖勉膺三事之榮恪奉一時之寵允可守中書侍郎兼戶部尚書同中書門下平章事集賢殿大學士判度支遠可守本官同中書門下平章事判戶部散官勳封如故

授孫偓判度支兼諸道鹽鐵使陸扆判戶部制

門下朕聞天所以運行不息維之者星辰地所以載厚無疆紀之者海岳故尹說相殷而帝道盛旦奭佐周而王業昌時之替興事繫輔弼朕勵精理道夢卜披賢繼叶旁求並膺爰立皆號人傑實爲國華銀青光祿大夫守中書侍郎同中書門下平章事充集賢殿大學士判戶部事上柱國安樂縣開國子食邑五百戶孫偓大昴分輝維嵩孕秀直如金矢潔若冰壺處諫諍之司言無畏忌守駁正之任道不依違當官而行遇事必立自擢居台席兼領地征蘊持危扶傾之心負憂國忘家之志卓爾孤邁超然不羣稽於衆多僉曰名相銀青光祿大夫行尚書戶部侍郎同中書門下平章事上柱國嘉興縣開國男食邑三百戶陸扆清廟升歌朱干象舞內健外順動直靜專早踐清華旁流休問既登禁密潤暢皇猷言有準繩心無吝悔爰從近侍委以化鈞目無全牛刃有餘地不斯須而離道不造次以違仁考於羣詞咸稱良輔而皆道符夔益業冠蕭曹楷式一時儀刑四海和松磊落鬱爲大厦之材賜璉晶熒宛是

揆神之器今朕以運丁艱否時未洽平賊臣尚恐其跳梁國計未臻於豐羨煮海之利多失於舊規量地之征未登於貢式須分重務屬我名臣冀大振於頹綱俾漸昌於衰歷是用遷皇極紫微之位總簡書刊集之司兼以利權盡付全德爾宜振提百度蕩定九圍勉服寵光以綏夷夏偓可門下侍郎同中書門下平章事監修國史判度支兼諸道鹽鐵轉運使展可中書門下平章事中書侍郎充集賢殿大學士判戶部事散官勳封如故

立德王爲皇太子制

我國家尚法夏殷遠遵漢魏爰設儲貳式固宗祧旣明兩而作離在立嫡而惟長矧玆沖眇獲嗣丕基將宏永圖宜舉令典德王祐朕之元子孝敬日躋早茂溫文克將岐嶷屬者朝廷多故兵革尚興懷柔方務於舞干典禮未行於主器而忠臣獻議百辟上言請建元良至於三四以奉祖宗之彝教必在前星係億兆之人心宜崇嗣體由是考彼史冊詢於著龜厥惟舊章乃建嘉命爾其嚴奉師傅敬慎威儀必使流慶萬邦垂芳三善稟教諭之道作圖牒之祥勿怠令猷克光帝軌服我明訓永孚於休可冊爲皇太子仍改名裕令所司擇日備禮冊命

貶朱朴郴州司戶制

夔州司馬員外置同正員朱朴本在寒微偶升科第復塵簪組且列膠庠不爲自審之謀但務夤緣之計實因姦幸潛致顯榮亦謂術可弭兵學能理國叨半歲容身之貴無一朝輔政之功惟辱中台頗興羣論斥於散外未絕他腸越法制以有圖信愆尤之自作封章所指竄逐尚輕據彼方州亦云寬典非我好黜惟爾深思可貶郴州司戶參軍

授太子賓客王犢諸王侍讀制

王者之子在襁褓中置三師訓之繇古道也我思成人已來遘此多難師訓之義翦焉闕聞南面稱尊愧於寡昧繇是言念諸子疚於厥心宜擇正人爲之傅導今丞相言爾犢老於大學雅有德行明君臣父子之道知禮樂詩書之源可使高步承華大參望苑琢磨羽翼朕有冀焉爰授正卿以加峻級且旌優異往爲傅師邪蒿鮑魚勿俾登俎胄筵講肄爲惜分陰使其知東平爲善之規喜王褒洞簫之賦承萬代之業固磐石之基斯實賴於老成人也

授崔允吏部尚書制

門下天地廣運寒暑所以推遷帝王任人理亂係於周稔故叔敖三相往道闕胡廣七爲前功斯在因詳文冊爰示徽章扶危匡國致理功臣光祿大夫守中書侍郎兼吏部尚書同中書門下平章事判度支上柱國清河郡開國公食邑二千戶崔允金莖擢用玉燭資和朱紘含理代之音蒼璧是禮天之器自付政柄累遇時艱或已去而復還每勤官而莅事雖務直道終失中庸朕昨者初復上京方安庶品且期靜理貴保和光而於敷奏之間獨有去留之議徒妨事體俾長紛爭是用輟乃鈞衡專茲銓鏡亦將示朝

廷之典制保君臣之始終更茂前功永孚於道可守吏部尚書

貶王摶工部侍郎制

天地之數寒暑有推遷輔弼之臣任用有進退蓋以其宣力斯久克修是虧俾夫退列貳卿式示朝典以禮之使其在茲乎扶危匡國致理功臣開府儀同三司守司空兼門下侍郎同中書門下平章事監修國史判度支上柱國魯國公食邑三千戶食實封一百戶王摶始以菲才擢升重位亟移星律薦效公忠惟務回邪罔思致正紊朝廷之綱紀致經費之空虛而又朋附近臣隳弛大典豈可尚持國柄所宜降處周行猶念含宏勉爲循省可特進尚書工部侍郎

貶王摶溪州刺史制

工部侍郎王摶久司邦計復掌國鈞致帑藏之不豐則材謀而安在曾無讜正但務回邪盡非燮理之心惟是貪婪之志今則罷其大柄復列貳卿雖優宏之制已行在問俗之司俾伍可謫授溪州刺史所在馳驛發遣

再貶王摶崖州司戶制

溪州刺史王摶久居重位罔著嘉猷掌邦計而罕致豐盈顧私室而惟多貪積雖示朝黜未塞羣情俾從行使之權許履掾曹之職可貶崖州司戶參軍員外置同正員

授樂仁規兵部尚書制

兵部司馬之職尚書法從之官古不輕授今難其人蓋戎務之出入馬政之弛張莫不攸繫非有奮勵之材練達之智不足以奉揚威武毗贊機密者矣爾光祿大夫兵部尚書樂仁規粤自蚤歲有志事功自北而南在朕左右及其給事內廷論思獻替之益亦時有焉夏官之選唯爾之能

然以八座之官朕非輕以畀人者也爾尚一乃心力以報朕所以見知之意於戲惟秉義守禮則可以謹科條惟趨事赴功則可以行邦正尚思自勉服我訓詞

賜御史大夫史賓制

古置御史繩愆糾察爲朕耳目董正朝綱厥任非輕必惟其人爾御史大夫史賓風裁嚴毅學識淵源勁正之氣足以配昔人之賢明敏之才足以周當世之務今朕丕承鴻緒值造多艱外有侵侮之虞內賴修攘之略特簡命爾爾宜益勵初心毋荒朕命

特勅新進士授官制

念爾登科之際當予反正之年宜降異恩各膺寵命

封成汭上谷郡王制

門下朕聞賞有功則勞者勸考其績則政事彰能否既分黜陟斯在其有勳已銘於簡冊化復被於謳謠表率公侯澄清土宇靜夢澤於千里盡闢汙萊曜軫宿於九霄光生芒角行爵繼禄顯忠遂良式副僉諧爰登寵寄具官成汭氣合冬日志烈秋霜蘊雄特之標中能抑畏抱介潔之操外富通明自節制衡巫統臨荆楚承匪人之貪虐屬生聚之流離比衡文之革車兼無三百同魏相之版戶略不盈千曾未踰時俄成樂國井閭富庶人物殷繁璣組之賦聿修苞茅之貢常入砮丹靡闕箘簵咸臻睦隣而四境風行蕩寇而三峽浪息況蔓聯湖嶺輻湊梯航既水陸之靡艱致賦輸之罔滯積兹功緒實謂忠勞苟無舉善之文是廢疇庸之典今則移紫微之尊秩疏異姓之殊封位冠三台爵踰五等用奬分憂之績乃申進律之恩勉力在公傾心報國服我休命無忘恪恭

授李踐由安州別駕李惟可鄂州別駕制

門下朝議大夫前使持節房州諸軍事守房州刺史上輕車都尉李踐由朝議大夫行蘄州司馬護軍李惟可等出自士林頻遷官序或方圓異用道有變通或昆友官同法宜迴避俾從新令用協舊章踐由可守安州都督府別駕散官如故惟可可鄂州別駕官勳如故

命皇太子監國制

門下朕以眇身祗膺大寶十有三載懼不克勝上荷祖宗之靈托於兆人之上虛受謙益每勵於恭勤示儉守文靡忘其宵旰而乃兩經播越屢興兵革生類莫躋於仁壽理

道未致於治平尚賴左右大臣尊獎侯伯共戡多難歸復
神州豈我眇沖拯此艱運恭念高祖睿宗元宗順宗或經
多難或苦沈痾遂厭萬幾授於令嗣是使進退無爽孝慈
兩全人心盡服其至公天性克彰於具美近者忽嬰疾疹
旦夕未瘳雖思養襟靈而亦循典故皇太子裕溫恭有立
和粹積中蘊孝悌以闕稟聰知而夙賦動惟樂義進則思
賢必能廣繼絕之心副傳歸之命萬機至重不可暫曠宜
令皇太子裕監軍國事咨爾中外臣僚將相卿士輔朕元
子永孚於休凡有庶務悉宜聽監國處分布告遐邇當體

朕意主者施行

欽定全唐文卷九十一

昭宗二

修葺國學詔

有國之規無先學校理官之要莫尚儒宗故前王設塾庠
陳齒胄所以敦揚至道宏闡大猷者也國學自朝廷喪亂
已來棟宇摧殘之後歲月斯久榛蕪可知宜令諸道觀察
使刺史與賓幕州縣文吏等同於俸料內量力分抽以助
修葺

復陳敬瑄官爵詔

大海所以長百川者下流必納大地所以載萬物者有質
皆容哲后體之事無常勢弔人拯溺則龔發王師錄舊棄
瑕則大開法網斷自朕志又何愧焉陳敬瑄發跡禁軍遂
居大鎮因緣遭遇窮極寵榮先皇帝頃屬艱難遂至巡狩
敬瑄當鎮都會頗罄忠誠大則有天下赴難之師皆求宿
衞次則有官司奔走之吏重創朝廷玉帛波輸梯航露集
實竭勇智備極經營度支日費而未省告勞供饋星煩而
竟無橫歛全由盡節果叶中興朕初奉宗祧未熟政理遽
忘前績俄至興師責楚子之包茅爾雖曠職忘公孫之豆

粥予亦無恩致我勞臣莫明素志近者視朝無事乙夜觀書則盧綰之在四夷尚堅宿衞周勃之居一縣足表厚誣前史具存殷鑒何遠矧朕沖眇敢忘勳勞相印兵符高爵顯位既從昭雪寵宜如初勉思禍福之門重契君臣之分抑人情而遵天道既已無疑思福善而誡禍盈便當自省王建顧彥朗等久屯師旅頗罄忠勤盡懷頗牧之謀俱奉及瓜之戍眷言勳效常所歎嘉今則大布寬仁永安註誤在棄垂櫜之令勿辜偃革之恩便令部領師徒各歸所任其迴戈將士等仰彥朗王建以奉本道上供錢物量事優

賞訖奏兼聞楊晟等深知逆順首率歸投陳勁草之心備輿櫬之禮書之信史永播忠規敬瑄重作藩侯列牧復爲州將勉思和叶以保初終無搆厲階重貽伊戚敬瑄可開府儀同三司太師兼中書令成都尹上柱國潁川郡王食邑四千戶食實封八百戶充劒南西川節度副大使知節度事管內觀察處置統押近界諸蠻及西山八國雲南安撫制置營田供軍糧料等使於戲刻舟求劒取笑古人膠柱調瑟故難忘理茲以通變冀息干戈苟有利於蒼生又何辭乎改作布告遐邇咸使聞知

誅杜讓能宣示天下詔

夫賞有功而刑有罪饗國明規邪務去而任無私君人大節其有顯犯典憲謀危宗祧難貸大刑式謝四海崖州流人李周潼驩州流人段詡儋州流人西門君遂雷州司戶參軍杜讓能等結爲奸黨請發禁軍假言防託山南心乃攻伐近鎭傾危宗社讒搆忠良包藏禍心附會狂訐昊穹降監宗廟炳靈大臣繼有封章列藩瀝懇論奏朕親鞫問罪狀顯然須行憲章諒非獲已於戲朕以沖眇嗣膺丕圖任用之閒固無疑事而讓能一居台鼎八換星霜必謂能

罄忠誠不辜所倚殊不知手操國柄身作亂階政以賄行化由財進舉枉錯直愛憎繫於一時鬻爵賣官聚斂逾於巨萬仍復舉倍息之利恣兼并之心市肆貨財曰歸私第隣伍店宅旋入所居政事決於胥吏奢華縱於婦女邸某一家杖殺曾不奏聞湖外二年兵戈曾闕敗闕或以闕益藏或以狂誤交通朕以久務含容未能決譴一旦彰露萬口咨嗟君遂等始終同謀表裏相濟納貨則更相問遺謀人即放還闕至於烟塵四郊紛被九陌擁兵而固請巡幸差人而縱火宮中頃刻之閒警蹕無禁綴旒累卵未足爲

危四罪既誅中禁立定國法斯在朕何敢私尚慮道途傳聞遠近誤謬四海之內未委事端故降命書明示天下凡在臣庶宜體朕懷

賜李克用詔

朕以景宣全璀行實繼鵬爲表裏之奸謀縱干戈於雙闕烟塵倏忽劫殺縱橫朕偶脫鋒鋩遂移輦輅所爲巡幸止在近郊蓋知卿統領雄師駐臨蒲坂累飛書詔繼遣使人期卿以社稷爲憂君親在念必思響應速議龔行豈謂將涉兩旬未有來表憂虞是切寢食不遑豈忠義不切疚懷

而道途或有阻滯今則專令親信懇託勳賢故遣延王戒丕丹王允與供奉官王魯紆等宣示卿宜便董貔貅徑臨邠鳳蕩平妖穴以拯阽危是所望也

答李克用請車駕還宮詔

昨延王迴言卿憂時體國執禮輸忠接遇之間周旋盡節備知肺腑識我恩榮靜惟尊主之心果契知臣之分朕欲取今月二十四日卻復都城冀寧兆庶倚我勳德有若長城速伸翦盪之謀以慰黔黎之望

賜邠州行營都統詔

邠州節度副使崔鋋破城之時勿令漏網鋋與崔昭緯去年朋黨交結王行瑜搆合禍胎原縣此賊付四面行營知悉

誅崔昭緯詔

朕猥以眇身恭臨大寶修前王之法度奉列聖之紀綱未嘗以喜怒之心行其賞罰唯務以誠信之道示於寰區有功有勞既不悋於爵祿負恩負法寧可貸其誅夷是謂至公庶臻理道左降官崔昭緯頃居內署粗著微勞擢於侍從之司委以燮調之任不能忠貞報國端慎處身潛交結

於姦臣致漏泄於機事星霜累換匡輔蔑聞其罪一也又快其私忿輒恣陰謀託崔鋋之險巇連行瑜之計畫遂至稱兵向闕怙衆脅君故宰臣韋昭度李谿並以無辜見害幾危宗社顯辱君親其罪二也及行瑜敗滅京國甫安而乃自懼欺誣別謀託附又於藩閫潛請薦論不唯苟免罪愆兼亦再希任用貪榮冒寵僭濫無厭敗俗傷風賢愚共鄙其罪三也又將厚賂欲結諸王輕侮我憲章玷瀆我骨肉貨財之數文字具存賴諸王作朕腹心嫉其蠹害盡將昭緯情款兼其親吏姓名直具奏聞拒其求託昭緯曾居

宰輔久歷清崇但欲逞其回邪都不顧其事體觀其識見實駭聽聞其罪四也自姦邪既露情狀難容尚示寬恩未行嚴憲投於荒裔冀其自新而不能退省過尤恭承制命速赴貶所用守常規而猶自務宴安尋聞所在留駐擾擾藩鎮侮慢朝章曾無懍畏之心可驗包藏之詐罔知僭咎唯謗朝廷其罪五也朕以恩澤者帝王之雨露刑法者邦國之雷霆無雨露則庶物不榮無雷霆則萬邦不肅體天道以化育遵王度以澄清罪既昭彰理難含垢凡百多士宜體予懷其崔昭緯宜差使往所在賜自盡

答韓建表請車駕幸華州詔

鎮國軍節度使韓建忠貫雪霜義堅金石十陳章表備竭憂國之誠一詣行宮愈驗愛君之志況華州城壘牢固糧儲贍豐兵士又免遠行車輿且絕他慮

賜韓建詔

卿武抱七德瑞應四靈挺生德門佐我丕祚綵衣就養深知百行之原布被奉家不以三公之貴朕聞卿高節奬卿崇勳遷幸已來社稷是託卿宜每關朝政莫惜揣摩既位列大臣亦不爲越分至於道路警候晨夜隄防皆佇良籌用致高枕無令奔軼以慰焦勞諸道節度使知卿至忠服卿威望卿宜各移書檄告以安危使有兵者陳勤王赴難之謀豐財者展急病上供之效合成忠孝同濟艱難啟我中興允屬上將山河爲誓不在他人

答韓建讓封昌黎郡王詔

卿始以勤儉鎮關輔爲列嶽準繩近以忠赤匡和鑾立大朝綱紀誠恪備盡豐省中規下有慰於孝思上無累於供億創行廟之功也羣后在廷盛典咸舉復累朝之廢墜崇萬代之本根建儲宮之效也而又請散兵甲大斥奸邪忠

言屢聞成績可數以身許國其心動天雖仲尼興微管之言漢祖有必勃之謂方用經濟殊曰寂寥永言茂恩詎非異數但念成人之美君子所先執德不回格言斯尚是用寢美號重封之澤就謙光崇讓之規足以警勵貪夫教化疲俗已議依允尤切歎嘉

答韓建讓兼輔國軍節度使長春宮使詔

卿才本濟時道惟師古致君不欺於辱市憂國每至於忘家自朕薄狩近關倏踰周歲備見忠勤之效莫非傾盡之心允謂良臣宜膺重寄會同州元戎失職軍旅不安況接

行朝尤思得帥是用資爾兼領鎮乎危邦冀瘠瘵之漸蘇而烟塵之徼警何乃遽陳章表過有撝沖方藉當仁豈宜多讓固難依允無至再三

貶崔允工部尚書詔

食君之祿合務於盡忠秉國之鈞宜思於致理其有疊膺異渥繼執重權遽萌狂悖之心忽構傾危之計人知不可天固難容扶危定亂致理功臣開府儀同三司守司空兼門下侍郎同平章事充太清宮使宏文館大學士延資庫使諸道鹽鐵轉運等使判度支上柱國魏國公食邑五千

戶崔允奕葉公台蟬聯珪組冠歲名升於甲乙壯年位列於公卿趣向有聞行藏可尚朕採於羣議詢彼輿情有冀小康遂登大用殊不知漏卮難滿小器易盈曾無報國之心但作危邦之計四居極位一無可稱豈有都城合聚兵甲暗養死士將亂國經聚貔武以保其一坊致刁斗遠連於右輔始則將京兆府官錢委元規召卒後則用度支使權利令陳班聚兵事去公朝權歸私室百辟休戚由其顧盼之間四方是非繫彼指呼之際令狐渙姦纖有素操守無堪用作腹心共張聲勢遂令濫居深密日在禁闈罔感朕躬僞行書詔致茲播越職爾之由豈有權重位崇恩深獎厚曾無惕厲轉恣睢盱顯構外兵將圖不軌朕以士庶流散兵革繁多遂命宰臣與之商議五降內使一貢表章堅臥不來拒召如此況又拘留庶吏廢闕晨趨人既奔驚朕須巡幸果見兵纏輦轂火照宮闈烟塵漲天干戈匝野致朕奔迫及於岐陽翠輦未安鐵騎旋至圍逼行在焚燒屋廬覩此阽危咎將誰執近省全忠章表兼遣幕吏敷陳言宰臣繼飛密緘促其兵士西上靜詳構扇孰測包藏無功及人爲國生事於戲君人之道委之宰衡庶務殷繁豈

能親理盡將機事付爾主張負我何多構亂至此仍存大體不謂無恩可責授朝散大夫守工部尚書

誅宦官詔

宦官之興肇於秦漢趙高閻樂竟滅嬴宗張讓段珪遂傾劉祚肆其志則國必受禍悟其事則運可延長朕所以斷在不疑祈天永命者也先皇帝嗣位之始年在幼沖羣豎相推奄專大政於是毒流宇內兵起山東遷幸三川幾淪神器迴鑾之始率土思安而田令孜妒能忌功遷摇近鎮陳倉播越患難相仍洎朕纂承益相侮慢復恭重遂逞其

禍道彌季述繼其凶幽辱朕躬淩脅孺子天復返正罪已求安兩軍內樞一切假借韓全誨等每懷憤惋曾務報讐視將相若血仇輕君上如木偶未周星歲竟致播遷及在岐陽過於羈紲上憂宗社傾墜下痛人庶流離茫然孤居無所控告全忠位兼二柄深識朕心駐兵近及於三年獨斷方誅於元惡今謝罪郊廟即宅宮闈正刑當在於事初除惡宜絕其根本先朝及朕五致播遷王畿之甿減耗太半父不能庇子夫不能妻室言念於茲痛深骨髓其誰之罪爾輩之由帝王之為治也內有宰輔卿士外有藩翰大

臣豈可令刑餘之人參預大政況此輩皆朕之家臣也比於人臣之家則奴隸之流恣橫如此罪惡貫盈天命誅之罪豈能捨橫屍伏法固不足矜含容久之亦所多愧其第五可範已下宜並賜死其在畿甸同華河中並盡底處置訖諸道監軍使已下及管內經過并居停內使敕到並仰隨處誅夷訖聞奏已令準國朝故事量留三十人各賜黃絹衫一領以備宮內指使仍不得輒有養男其左右神策軍並令停廢

賜王建詔

朕以眇身託於人上皇天不佑寇難薦興外無桓文內無平勃每一念至芒刺在懷卿忠義貫日至誠許國三川不寧一麾已定清淨中原再造我國家朕有望於卿也

賜王建詔

朕去年在鳳翔與茂貞熟計誅韓全誨等以謝全忠崔允固請廢兩軍盡去北司朕止欲誅有罪之人全忠允必欲盡殺朕方危迫不得不從而允與鄭元規朋助全忠間諜誘惑欲起兵收鳳翔次及西川天人助順崔鄭就誅昨正月二十日朕御樓撫慰軍民具告允等罪狀宰臣裴樞等

受全忠密旨亟奏鳳翔川軍已及咸陽脅朕遷洛後二日東兵擁朕出長安朕與后妃宗室吏人匍匐就道艱苦萬狀六軍偕廢朕益孤危再賜茂貞密詔使告卿糾合諸鎮共迎朕西歸偵知全忠遷朕至洛盡斥內外侍衛雖有書詔不可復通藩鎮諸侯或信偽語彊者歸之則賊勢轉盛卿自先帝時立功數助朕征討受賊誣構寧不冤憤計此賊必先討鳳翔次及卿與河東然後取天下卿安忍負高祖太宗三百年德澤而束手黃巢餘黨宜亟告茂貞繼徵克用行密及襄幽鎮魏同舉勤王之師迎朕還京朕兵盡

力窮危及宗社臨軒西望灑血告卿

遺詔

我國家化隋爲唐奄有天下三百年之盛業十八葉之耿光朕自纘丕圖垂將二紀雖恭勤無怠屬運數多艱致寰宇之未寧覩兵戈之屢起賴勳賢協力宗社再安豈意宮闈之間禍亂忽作昭儀李漸榮河東夫人裴貞一潛懷逆節輒肆狂謀傷疾既深已及危革萬機不可以久曠四海不可以乏君神鼎所歸須有纘繼輝王祚幼彰岐嶷長實端良褒然不羣予所鍾愛必能克奉丕訓以安兆人宜立

爲皇太子仍改名柷監軍國事於戲孝愛可以承九廟恭儉可以安萬邦無樂逸遊志康寰宇百辟卿士佑兹沖人載揚我高祖太宗之休烈

授張實段逸兼御史中丞勅

張實等忠勇冠時韜鈐出衆俊輕鵰鶚氣激風雲六奇之妙術難儔三略之英謀有素拔山背水曾不遜於昔賢左馬右人已無慙於今日但以中興啟運舉善從宜將激勸於功庸合甄陞於義烈豈可尚淹憲省未副陟明宜進霜威勉承光寵更觀後效勿替前勞

賜錢鏐勅

朕惟兵興以來人情厭苦苟有預備多免侵傷錢鏐能於本鄉建築城壘況聞不擾蒸庶盡出軍行省閱奏章良用嘉歎宜依所奏者

賜錢鏐安衆營額勅

未息兵戈須依營寨錢鏐安人撫衆爰建危牆累有奏陳須賜營額宜以安衆爲務仍不致妨耕農牒至準勅者

平楊守亮等勅

夫勝殘去殺古聖之格言阜俗安人前王之令典逆賊楊

守亮楊復恭楊守信等結於黨援聚作奸邪謂天可欺謂神可罔言惟訕上既驗於無君動即謀人非因其有道枉殺元舅沈溺一家關節旌阻留恩命隔西川之貢奉絕數鎮之綱商欲使朝廷支費不充又遣藩方資糧有闕擢髮不足以數罪糜軀未足以當辜萬姓脂膏苛斂作奉身之具一方丁壯盡驅爲不軌之兵以至夫不得耕婦不得織愁歎尋盈於道路瘡痍僅遍於鄉閭每切焦勞不忘頃刻昨者幸賴股肱重寄心膂元臣共興貔武之師盡破豺狼之窟今則烟塵頓息戈甲以寧成關堵之期用遂息肩之

泰得不去其前弊示以新恩爰興惻隱之心乃降優宏之命應興元界內及洋州金商等州兵火傷殘之後各委長吏切加安存至於賦稅並宜酌量矜減其雜色差役悉仰權停如有百姓軍人前資見任凡百詿誤一切不問其京畿界內有兵馬屯駐之處亦委京兆府量宜蠲免俾令通濟無令重傷疲瘵其鳳翔邠寧秦州東川華商等道將士等二年于役苦戰摧凶竟於蕩平寧忘酬獎應立功大將節級等各委本道節度使定其功狀具名銜聞奏當議處分又飛輓之勞宴賞之費盡出方面不在朝廷誠曰嘉謀

亦由協力應用軍已來本判官并主掌官吏各仰分析奏聞各與獎拔於戲王者爲心不忍一物失所君人御宇豈忘四海爲家全資有土之臣共廣無私之化布告中外咸使聞知

答錢鏐奏進安衆營圖勅

錢鏐押衙王高至省所進版築茆山安衆營圖一面事具悉卿茂績勤王功深守土動惟有備居必思危以數邑之地里稍遙慮外寇之窺覦爲患爰興版築式固金湯況力役自盡於介夫勞擾豈問於黔首尋則隣封充斥果使衆庶保安既彰先見之明復有及人之利閱其繪事實驗長才豈惟列在縑緗固可垂於簡素嘉歎之極寤興不忘想宜知悉冬寒卿比平安否遣書指不多及

賜新及第進士勅

高宗夢傅說周文遇子牙列位則三公弼諧則四輔朕纂承鴻緒克紹寶圖思致理平未臻至化今大朝方興文物須擇賢良冀於僉選之閒以觀廊廟之器今年新及第進士張貽憲等二十五人並指揮取今月九日於武德殿祗候委中書門下準此處分仍付所司

覆試進士勅

朕自君臨寰海八載於茲夢寐英賢物色巖野思名實相符之士藝文具美之人用立於朝庶裨於理且令每歲鄉里貢士考覈求才必在學貫典墳詞窮教化然後升於賢良之籍登諸俊造之科如聞近年已來玆道寖壞驟多披於隼翼羊或服於武虎未聞一卷之師已在遷喬之列永言其弊得不以懲昨者崔凝所考定進士張貽憲等二十五人觀其所進文書雖合程度必慮或容請託莫致精研朕是以召至前軒觀其實藝爰於經史自擇篇題今則比

南郭之竽音果分一一慕西漢之辭彩無愧彬彬既鑒妍媸須有升黜其趙觀文程晏崔賞崔仁寶等四人才藻優贍義理昭宣深窮體物之能曲盡緣情之妙所試詩賦辭藝精通皆合本意其盧贍韋說封渭韋希震張蠙黃滔盧鼎王貞白沈崧陳曉李龜禎等十一人所試詩賦義理精通用振儒風且躡異級其趙觀文等四人并盧贍等十一人並與及第其張貽憲孫溥李光序李樞李途等五人所試詩賦不副題目兼句稍次且令落下許後再舉其崔礪蘇楷杜承昭鄭稼等四人詩賦最下不及格式蕪類頗甚

曾無學業敢竊科名浼我至公難從濫進宜令所司落下不令再舉其崔凝爵秩已崇委寄殊重司吾取士之柄且乖慎選之圖辜朕明恩自貽伊咎委中書門下行勅處分奏來其進士張貽憲等二十四人名準此處分賜陸扆馮渥銀器分物其落下舉人並賜絹三匹

貶崔凝合州刺史勅

國家文學之科以革隋弊歲登俊造委之春官蓋欲華實相符爲第一用近寖訛謬虛聲相高朕所以思得貞正之儒以掌其事而間刑部尚書知貢舉崔凝百行有常中年無黨學窺典奧文贍菁英洎遍踐清華多歷年數累更顯重積爲休聲遂輟其憲綱任之文柄宜求精當稍異平常朕昨者以聽政之餘偶思觀閱臨軒比試冀盡其才及覽成文頗多蕪類豈宜假我公器成彼私榮既觀一一之吹盡乏彬彬之美且乖朕志宜示朝章尚遵含垢之恩俾就專城之任勉加自省勿謂無恩可貶合州刺史

升華州爲興德府勅

有虞氏之爲君始言省狩周襄王之告難乃曰出居或肆覲於他邦或播遷於近服然則地圖之內車轍所臨備庶

官而取象拱辰入九貢而以時述職是云守宇皆可建都昔者德祖省方平戎服國升漢中之列郡同諸府以正名藩翰之光典章實重朕越在關輔屢經歲時苟寬失馭之憂蓋獲視朝之所鎭國軍節度使韓建始者星馳感憤雪涕奉迎邀天力以來同激人情而共固以茲駐蹕安類覆盂邑無夜犬之驚野有春耕之樂今則元龜告吉六馬將還望山河而信是金湯顧宮室而若無風雨眷言至此我實懷之俾慰衆心爰遵故事宜改爲興德府其所置官員資望一切與五府同鄭縣升爲次赤諸縣爲次畿其將校

等並賜華州安置功臣

賜鎮東軍押衙樂仁厚勅

鎮東軍節度使左押衙充明州都押衙銀青光祿大夫檢校刑部尚書兼御史大夫上柱國持節辯州軍事樂仁厚居總大藩之萬里出揚阜俗之雙旌況辯州昭五嶺之衝南浦控三峽之要俾爾勳忠列於奏薦隼飛萬里熊耀雙旛右副爾知同安疆域故勅

答錢鏐奏重修天柱觀勅

省所奏進重修建天柱觀圖一面事具悉我國家襲慶仙源遊神道域普天之下靈跡甚多然自兵革薦興基址多毀況茲幽邃豈暇修營卿考一境圖經知列聖崇奉親臨勝概重葺仙居仍選精慤之流虔備焚修之禮冀承元貺來佑昌期豈惟觀好事之方抑亦驗愛君之節既陳章奏披翫再三嘉歎無已想宜知悉冬寒卿比平安好遺書指不多及

誅王摶勅

王摶村類蕭華器劣瓶筲秉鈞無數於時情畜志常多於姦計結朋豎黨蠹物害公包聚貨賄肥濃私室管領官職

瞻濟一門雖行降黜之寬恩未塞衆心之忿怨須歸極典方正朝章宜令所在賜自盡

昭宗 三

誅李師虔徐彥回勅

朕臨御以來十有四載常慕好生之德固無樂殺之心昨季述等幽辱朕躬迫脅太子李師虔是逆賊親厚選來東內主持動息之間俾其偵伺每有須索皆不供承要紙筆則恐作詔書索錐刀則慮爲利器淩辱萬狀出入搜羅朕所御之衣晝服夜濯凝冽之際寒苦難勝嬪御公主衾裯皆闕緡錢則貫百不入繒帛則尺寸難求六軍同其主張

五人權其威勢若言罪狀翰墨難窮若許生全是爲貸法宜並處斬

賜錢鏐奏取淮南勅

省所奏差節度副使錢傳瓘馬步都虞候傳球部領馬步兵士樓船取二月十日進發各赴水陸攻取淮南卿自到常潤界築牆一所指揮兵士請天軍往廬壽等州應援并請詔示湖南荊襄速入洪鄂應副事具悉卿天贊忠貞神扶正直萬里限江山之遠雖隔儀形一心推金石之堅益明尊戴匡佐無渝於臣節操持遂峻於戎權威望彌高功業居最欲海內之干戈漸戢憤淮南之梟獍未除每賴韜鈐用舒宵旰凡覩陳奏愈念勤勞輟過庭而分總師徒離所部而自施制畫況繼覽東南探報備聞卿水陸訓齊累挫凶妖頻知勝捷征伐方推於重柄施張克建於殊庸將寘昇平彌深瞻倚但以未誅殘孽尚屬分兵只俟纔殪犬戎便當併集貔武用爲應副庶叶機謀欽重獎稱再三無已王延嗣回日已有詔旨必體予懷想宜知悉秋涼卿比平安好遣書指多不及

封錢鏐吳王勅

朕嗣登大寶統理萬方有推誠待人之心少撥亂反正之略京畿叛亂宗廟震驚采周公宅洛之謀定商王遷殷之業當玆更始式表殊勳檢校太師守侍中兼中書令上柱國越王錢鏐一代偉人三朝元老定襄救亂素存忠義之心濟世經邦夙擅英雄之志鄉兵一起義聲四馳黃鉞初麾江表大定包茅時登乎天府版籍歲貢於有司日月塵昏牛女尋常拱北淮河鼎沸浙江日夜朝東用徙於越之封大畀句踐之境爾其糾率侯服翼戴中朝選將練兵務農積粟進可參桓文之烈退可守吳越之區寧俾古人專

美前史。於戲。夫差遇顛沛之際。罔替尊周。仲謀方爭據之時。猶知有漢。況爾名德。殿此大邦。必能宏濟艱難。一匡天下。予一人實有賴焉。詩不云乎。幹不庭方。以佐戎辟。爾尚勉旃。可徙封吳王。加食邑二千戶。實封二百戶。餘如故。

賜王建勅

朕罹此多難。播遷無常。旦夕慄慄。不能自保。而況保天下事。爲朕藩護。有望於卿也。

平孫儒德音

朕以沖眇。嗣守丕圖。思我高祖太宗創業之勞。憲宗宣宗

理平之道。何嘗不兢兢業業。旰食宵衣。上冀紹於耿光。次期臻於無事。不懈一日。於茲五年。然近者藩翰未寧。兵戈屢動。復以星辰乖忒。運行斯愆。每推變物之誠。深軫納隍之念。銷兵罷戰。前古之佳猷。宥過滌瑕。當今之令典。將數霈澤。以遂羣倫。淮南浙西宣州三道。自孫儒結釁以來。塗炭益甚。井邑多成灰燼。里閭變以邱墟。父母妻孥。不得相保。田園第宅。無以自安。如聞州府急於征徭。官吏切於課績。徵科闕罕有完膚。禁繫狴犴。更無生路。苟縱如此。何以和元氣。何以致太平。須示優勤。將闕富庶。其淮南三道管

內州縣。自大順二年以前諸色逋懸。並宜放免。自景福元年以後。夏秋兩稅。委長吏斟酌鄉縣戶人厚薄。其有凋殘甚處。别議矜放。縱有稍可任持。亦在薄其徵斂。所冀逋逃漸復。封境乂安。不惟減九重之焦勞。抑且顯諸侯之風化。又孫儒未平之日。兵力方強。側近專城。固難支敵。當不免與之來往。時有供須。蓋是脅從。豈皆情願。淮南節度使楊行密。位冠侯藩之右。名兼卿相之崇。自當推厚下之規。修睦隣之好。無乘時以兼微弱。無恃大而結仇讎。應與孫儒蹤跡交涉者。並宜免罪。不在究尋。各保封疆。用蘇疲瘵。易稱作解。史載泣辜。庶將罪己之典。亦冀從人之欲。應京畿

及關輔內見禁囚徒。除官典犯贓及殺人外。並宜遞減。勅命分析。限赦文到後三日疎放聞奏。被褐懷玉。固逸代之奇才。灌園鬻蔬。亦超時之獨行。將期致理。豈可遺賢。應天下山林之中。衡泌之際。或懸頭刺股。枕石漱流。有志未言。無媒自達者。委所在長吏速以名聞。仍接借入京。委中書門下量才獎用。其鄉閭父老八十以上。及鰥寡孤獨幷痼聾跛躄者。委所在長吏量加優恤。庶使棲遲。於戲。闕天子也。如手足之奉軀。左右上下。動須保持。本或不寧。亦難知

濟凡曰股肱宜體朕意宣布内外咸使聞知

賜錢鏐鐵券文

維乾寧四年歲次丁巳八月甲辰朔四日丁未皇帝若曰咨爾鎮海鎮東等軍節度浙江東西等道觀察處置營田招討等使兼兩浙鹽鐵制置發運等使開府儀同三司檢校太尉兼中書令使持節潤越等州諸軍事兼潤越等州刺史上柱國彭城郡王食邑五千戶食實封一百戶錢鏐朕聞銘鄧騭之勳言垂漢典載孔悝之德事美魯經則知襃德策勳古今一致頃者董昌僭僞爲昏鏡水狂謀惡貫漼染齊人而爾披攘凶渠盪定江表忠以衛社稷惠以福生靈其機也氛祲清其化也疲羸泰拯於粤於塗炭之上師無私焉保餘杭成金湯之固政有經矣志奬王室績冠侯藩溢於旂常流在丹素雖鍾繇刊五熟之釜竇憲勒燕然之山未足顯功抑有異數是用錫其金版申以誓辭長河有似帶之期泰華有如拳之日惟我念功之旨永將延祚子孫使卿長襲寵榮克保富貴卿恕九死子孫三死或犯常刑有司不得加責承我信誓往惟欽哉宜付史館頒示天下

改元天復赦文

門下三階彗孛暫移宸極之尊兩曜晴昏始表忠正之救朕臨御寡德妖孽殊常蒙塵於便殿之中受制於逆臣之手奪璽挾指備肆侵淩挾刃揕胸幾罹酷毒閉關行僞則公卿不在其謀懸牓見誣則黎庶不堪其詐害我骨肉殺我嬪嬙悖惡滔天古今未有側陋嘗膽幽憂下宮皇穹降悔禍之靈將相竭同心之德鳳翔節度使尚書令岐王茂貞鎮於右輔首激剛腸有食失匕筯之驚有車及蒲胥之怒關內之沈幾貫日剛納衛兵夷門之忠憤淩雲顯懲邸吏三藩唱義四海協詞咸以密謀咨於上相於是禁軍之內三傑挺生上元假以良時高廟付其英斷月正元日新正吉辰質明而逆首梟懸中旦而凶渠剖裂共申匡復皆著功庸尋下詔書遽行賞典而茂貞既平國難來覲天庭驅武旅而簞食爭迎駐皇都而秋毫不犯推殊功以薦同志留愛姪而董雄師繼鈞能稟規程肅清輦轂人神洽慶華裔偕來亦既十旬曁於初夏朕以脫於幽辱復正宸嚴重守寶圖不改舊物上媿於列聖下慙於兆人思宏蕩穢之恩仍革紀年之號庶明有罪皆在朕躬可大赦天下改

光化四年爲天復元年四月十五日昧爽已前大辟罪巳下罪無輕重已發覺未發覺已結正未結正繫囚見徒常赦所不原者咸赦除之惟十惡五逆屠牛鑄錢合造毒藥謀故殺人及持仗行劫官典犯入已贓兼以踰濫身名冒優官秩及刑獄之内官吏用情致成冤濫不問有贓無贓並不在原免之限其劉季述王仲先王彦範薛齊偓同謀凶逆徒黨支屬追究未到者不在赦原之例其疎遠親屬素不通連衆知良善一切不問其左降官非與十一月五日交涉者並與量移元勅不在量移者亦與量移已經量

移者更與量移近處其情非蠹政心不挾邪曾經兩度量移者便與復資委中書門下酌量處分流人及降流者與移近處如已收敘者量才敘用其左降官與流人已達貶所者或至亡歿家口欲還及須歸葬者任從所便如孀幼孤窮不能自濟者則委所在州府量與優恤發遣先有官者各還本官上帝降靈將安丕祚中朝多難爰有誠臣登好爵以報殊庸尋行令典錫嘉名而溥大慶用表洪勳靜海軍節度使檢校太保平章事李繼昭嶺南西道節度使檢校司徒平章事李繼誨寧遠軍節度使檢校司徒平章事李彦弼並早參禁衛累著勳勤生知忠孝之源洞識君臣之義齊心瀝血果成復國之功左袒一呼遂定安劉之業叔姪繼先臣之烈彦弼稟大父之規據其大勲曠古難比宜加美稱以播無窮繼昭繼誨彦弼宜賜號扶傾濟難忠烈功臣各加實封一百戶六軍將士並賜號懷忠定難功臣應樓前左右神策及諸軍并鳳翔興德兩道立仗兵士等各委所司準例各與優賞以報勤勞宰臣司空崔允揮涕入朝含酸莅事防竊發於趨翔之際阻凶謀於譚議之閒明大直若屈之機見反經合道之旨忠惟愛我奮不

顧家始則裂帛爲誓合契禁軍班列之臣忠良景附再安宗社寧愧古賢雖已疇庸未爲報德宜賜回天興祚平難功臣并加實封一百戶仍圖形淩煙閣功著定傾名高死難永言風烈詎廢賞延故尚父子儀贈太師晟贈太尉秀實贈太保瑊贈司徒杲卿贈太師真卿張巡許遠南霽雲等家有主祭祀本房子孫中每家各與一子九品正員官功格一時賞延後嗣旣配廟廷之享仍傳棨戟之門所以勵仗節於千秋勸能臣於百代況新誅叛黨尤景英風武德貞觀以來歷朝配享功臣及安金藏等宜委中書門下

各搜訪本房主祭子孫第其勳蔭量其人才各與敘用其有進狀敘陳者委所司磨勘不得令有僭濫闕𢧐不守先帝西巡惟我輔臣首圖義計故收復京城西面行營諸軍都統鄜夏節度使李思恭揚威北鄙決勝東橋佐鄭畋匡復之謀倅岐陽統制之命提戈奮勇運策摧凶終成逐雀之功顯就回鑾之詐遽予初位尚洽嘉謀追矚崇勳宜膺廟食其鄭畋已有別勑處分其思恭宜委中書門下特與加贈仍配享僖宗皇帝廟廷故西面行營副都統涇原節度使程宗楚故收復京城行營都統行軍司馬前朔方軍

節度使唐宏夫各持將節來佐台旌爭鋒而深入王城力屈而銜冤寇壘莫覩歸元之貌空留不朽之勳言念竭忠更隆茂典宜委中書門下並與追贈故南面招討使天平軍節度使曹全晸頃當強敵大振奇勳彎弧百戰於陣前奪槊橫飛於馬上天時莫救壯氣空存宜從超等之褒用勸百夫之特委中書門下優與嘉贈有客之詩前經具載繼絕之義歷代所先言念於此豈忘舊典介公酅公各與一子九品正員官其二王三恪後各委有司準舊制修建夫匡國之臣殁身無悔所祈後代雪彼沈冤太和七年故宰相王涯已下二十七家並見陷逆名本蒙密旨遂令忠憤終被冤誣六十餘年幽枉無訴宜加恩霈用慰泉扃宜並與洗雪各復官資如有子孫在人家隱藏者任自詣闕及州府投狀如非虛謬則與量才敘用故鎮海軍節度使李順節頃歲姦邪亂政慨慷不平偶洩藏謀遂罹橫禍仍遭誣搆被以罪名雖已行昭雪之文未降褒崇之命宜申縟禮以慰忠魂委中書門下優與追贈寢園之內充奉之需夙夜兢憂慮有遺闕其諸陵臺令委中書門下切加選用仍令所司給與優料段丁柏子不得別有役使切須優

料以時栽殖其每年奉陵諸縣差配芟刈人夫不少殊不切用徒為勞擾自今已後但每年芟薙之時委京兆府於本縣苗稅錢數內酌量功價支付陵令遣自和雇人夫委拜陵官常加點檢其下宮宇舍委宗正卿京兆尹差官縣司同加點檢修飾務致尊嚴維城之重本枝之良敘敦是先渥恩當厚其宗室子孫自興德行在及光化元年所放出身及合許非時而參選者並委本司準舊例處分施行切令詳實不得致令踰濫仍令吏部切加磨勘修集之人辛勤可閔訪聞旅食動必逾年皆是吏曹及門下省因循

致茲留滯始於磨勘遠至進黃自冬涉春不得了絕自今委中書門下切加提舉吏部一事以上並須準舊例程限不得致有淹延自兵興以來吏道全消辦已者或衆恤人者幾希遂使桑柘日摧荆榛歲茂將救黎元之命宜求撫字之仁應兩京畿赤縣委中書門下切加選擇務在得人諸州府縣令錄宜三選不得輕有注受切須當以人秩畿內編人久罹兵革雖連年豐稔而尚困艱貧念彼瘡痍宜加惻隱應光化元年二年三年秋夏稅合輸納屬府州縣及諸州斛斗草錢等所有逋懸並宜放免不得輒令官吏

尚有追徵其去年秋所欠即不在此限郊圻之內兵革以來言念凋殘固宜矜憫差徭人役須羅撓人在司局中之人又宜集事其京兆府每月合差赴飛龍掌閑雖是輪差諸縣不免長撓疲人宜令府司於苗稅錢內每月據所差人數日每人支錢送付飛龍司仰自和雇人夫充役途路所先通商是切開畿之地橫賦非宜致物價之益高自商徒之難濟令鹽鐵司及兩神策軍先有兩市雜稅並令停罷自今已後畿內軍鎮不得擅於要路及市井津渡妄置率稅雜物及牛馬猪羊之類其有違犯者有人糾告以枉法贓論諸鎮縣節度及諸津渡訪聞每年興販百姓廣有邀求致令滯停切令兩軍京兆府差人覺察痛斷都市之內屋宇未多聞浮造之人常須更出地課將期招葺宜有指揮應諸坊於公私地內浮造屋宇每月地課不得更有收徵甸服生靈正當凋瘵太倉輸納務在均平儻容厚斂之姦頗失憂人之意自今後太倉所納斛斗仰司農卿準舊例主掌校量之際切在奉公不得先任吏人抑屈百姓朝廷向來舊例止有榷酒喪亂以來遂行賣麴本自度支營利近年兼借兩軍畿甸之人皆言不便所宜徇衆不廢

贍軍起今年五月已後京畿內任自制造私麴仰度支京兆府依舊例於酒店量戶大小逐月納榷沽酒仍酌量隨月依前借軍諸司充諸色支用其兩軍元造麴制下後便勒逐斤減價六月三十日已前貨賣官麴其私麴不得更貨賣至七月一日已後不得更賣官麴之限爰自亂離殆將二紀閑畿之內掠奪頗多遂令黔首之徒或被丹書之辱睠茲冤抑須杜姦訛舊格買賣奴婢皆須兩市署出公券仍經本縣長吏引檢正身謂之過賤及問父母見在處分明立文券并關牒太府寺兵戈以來條法廢壞良家血

屬。流落他門。既遠家鄉。或遭典賣。州府曾不尋勘。豪猾得恣欺淩。自此準京兆府並依往例處分。兩市立正印。委所司追納毀棄。改給朱記行用。其傳典賣奴婢。如勘問本非賤人。見有骨肉證驗不虛。其賣主并牙人等節級科決。其被抑壓之人。便還於本家。委御史臺切加察定。天下州府如有此色。亦仰本道觀察防禦刺史各行條制。務絕沈冤。堯懸諫鼓。禹拜昌言。在明哲之尚然。實古今之所重。況乍袪蒙昧。希致和平。思謇諤而若療朝飢。雖激訐而亦不加罪。諫官舉職。須務濟時。其文武常參官素懷術業者。任上

封事。極言得失。必當召見。親問所陳。其有才識幽深。事裨時政者。即職外擢。或藏器俟時。隱於巖谷者。委文武朝官所在州縣。以行實聞薦。舉衆目者。實資於綱領。總庶務者必究乎本根。將尋沿革之宜。諒繫張弛之道。其有事不稽古。官不易方。欲正濫原。須遵故實。應有諸司法制。廢墜多時。未復舊規者。自今後宜委諸司各檢舉條錄聞奏。委中書門下詳酌處分。漢徵極諫。晁董陳理亂之端。晉策能言。詵元貢闕遺之政。乃登道廣。請舉公平。誠在得人。以匡不逮。應天下諸色人中。有賢良方正。能直言極諫。博通墳典。

達於教化。軍謀宏遠。政術詳明者。文武常參官及諸道節度觀察等使。具姓名聞薦。至十一月到京。朕當親臨策試。擇其可否施行。駘背燕毛。禮經所重。即驗須繫。漢詔所矜。克存尚齒之規。免致遺年之誚。天下高年鰥寡八十已上。委所在長吏切加安恤。其有不幸者。量與葬送。仍存撫孤藐。於戲。文王羑里。克建周邦。大甲桐宮。用興殷道。朕不敢忘六旬之辱。公侯宜奬成萬代之功。進忠賢以啟政途。黜邪佞以懲覆轍。庶乎上下共保我高祖太宗之洪基。

改元天祐赦文

乃睠中州。便侯伯會朝之路。爰逢百六。順古今禳避之宜。況建鼎舊京。我家二宅。轘轅通其左。郟鄏引其前。周平王之東遷。更延姬姓。漢光武之定業。克茂劉宗。肇葺新都。祈天永命。皆因否運。復啟昌期。或西避於戎狄。或載殲於妖孽。朕遭家不造。布德弗明。十載以來。三罹播越。亦屬災纏秦雍。叛起邠岐。始幸石門。以避衞兵之亂。載遷華嶽。仍驚畿邑之侵。憂危則矢及車輿。淩脅則火延宮廟。迫至逆連宦豎。搆結姦凶。致劉季述幽朕於下宮。韓全誨劫予於右輔。莫匪兵圍內殿。焰亘九重。皆思假武以容身。唯效指鹿

而威衆矯宣天憲。欺蔑外藩。行書詔以任情。欲忠良而獲罪。雖羣方嶽牧協力扶持。拘戎律於阻修。報朝恩而隔越。獨有副元帥梁王全忠。以兼鎮近輔。總兵四藩。遠赴岐陽。躬迎大駕。辛勤百戰。盡剿凶渠。營野三年。竟迴鑾輅。咸鎬載新其宮闕。讓珪絕類於閻徒。方崇再造之功。以正中興之運。而又邠延結釁。岐蜀連兵。上負國恩。下驟鄰好。焚宮烈火。更延爇於親鄰。卻駕凶鋒。復近侵於禁苑。抑又太乙游處。併集六宮。罰星熒惑。久躔東井。元象薦災於秦分。地形無過於雒師。爰有一二藎臣。洎四方同志。竭心王室。共

誓嘉謀。魏鎮定燕。航大河而畢至。陳徐潞蔡。輦巨軸以偕來。披荆棘而立朝廷。刻爨爐而光輪奐。左郊兆而右社稷。肅爾崇嚴。前廣殿而後重廊。藹然華邃。公卿僉議。龜筮叶從。甲子令年。孟夏初吉。備法駕而離陝。分列百官而幸雒郊。都此殷繁。良多嘉慰。謝罪太廟。憂惕驚懷。登御端門。軫惻興感。蓋以一人寡祐。而萬姓靡寧。工役艱疲。忠良盡瘁。克建再遷之業。冀延八百之基。宜覃渙汗之恩。克俟雍熙之慶。滌瑕蕩垢。咸與維新。可大赦天下。改天復四年為天祐元年。應依天祐元年閏四月十一日昧爽已前所犯罪

輕重。已發覺未發覺。已結正未結正。見繫囚徒。常赦所不原者咸赦除之。唯十惡五逆。故殺人命。合造毒藥。持仗行劫。官典犯贓。不在此限。長流人罪無輕重。一切放免。左降官與量移。已經量移者更與量移。經兩度量移者便與復資。縱元勅云逢恩赦不在量移者。今亦與洗滌。一例施行。如所在亡歿者。便許歸葬。朝貶官前資官及父母喪服闋。委中書門下先與敘用。存樹勳庸。歿留義烈。宜錫子孫之澤。永流苗裔之恩。庶邀英風。以光壯魄。武德以來。立功效節著在史策。兼與搜訪子孫。繼嗣量才敘用。其近年隨全

忠鳳翔迎駕及青州討伐。身歿王事者。委全忠錄奏。如未經追贈者與追贈。已與追贈者更與加贈。有子及妻在者優與存恤。用表始終。土木之工。辛勤斯極。樸斲既刊於斤斧。結構悉冒於梯登。轉石如生。翦茨就坦。或簡差於軍伍。或徵役於他州。下不告勞。吏皆戮力。言念於此。先布爾恩。應修都邑工匠人夫軍將節級軍人百姓等。共賜錢一十萬貫。以見在東都諸道上供物充。委全忠分給。其軍將仍委具名銜聞奏。量材酬獎。天旋日轉。取象神明。雷震電昇。蓋資儀衞。稱警前導。清蹕至都。楯帳赫奕。於行宮旗纛披

靡於長路。建茲班仗。整肅無虧。稟教揚威。宜膺賞賚。應自陝州執掌儀仗隨駕馬軍及樓下立仗將士等。共賜錢五萬貫。以見在東都錢充。委全忠分給。文修紀律。武靜難氛。當於建國之辰。體爾榮家之志。大須蠟印。用慰泉扃。應內外文武常參官已上及節度觀察防禦刺史。並與追贈。追封。先已有者更加封贈。務表哀榮。漢宗蕭何周師呂望。不有人傑。孰拯屯危。況茲定鼎之初。甫爾建侯之所。嘉其勳德。一何巍峩。迴天再造竭忠守正功臣守太尉中書令宣武護國宣義天平等軍節度使諸道兵馬副元帥知府事

判六軍諸衛事梁王全忠。四溟偉量。五嶽奇姿。挺將相之兼才。行公侯之全孝。迎鑾岐邑。忠貫於神祇。作輔鳳池。智周於今昔。副予愛子。仍董衛兵。既久久而稱勞。見多多而益辦。一昨痛思國難。首建良謀。追周官卜雒之規。述殷后遷都之策。故得會盟咸萃。遐邇遄臻。分功盡稟於指蹤。表位悉歸於心匠。躬勤巡撫。頻散財糧。荷畚鍤以駢羅。執斧斤而翕習。千門萬戶。化雒宅之新宮。三署六軍。踰西京之舊制。人謀既叶。天祐相扶。俾我眇躬。享茲垂拱。策勳之典。別降麻制處分。睠惟良帥。活濟疲人。果因富庶之基。遂創繕修之事。表得人之斯理。見有開而必先。叶節元勳。賚爾同德。東都留守祐國軍節度使檢校太師兼中書令河南尹張全義。保釐東雒。二十餘年。惠行而藹若春和。令簡而煦猶愛日。珪璋特達。桃李無言。勸勤靡憚於身先。敬善每聞於國事。宮商迭應。杞梓相扶。誅茅棘為平坦之田。變黍離為垣墉之峻。役均甸服。莫不子來。夙駕而勤陝宮。戴星而營新殿。講論勳績。實為亞焉。報功之典。別降麻制處分。國有大慶。先及輔臣。僉同既賴於經綸。夙夜頗勤於扈從。道途久次。已聞啟沃之言。朝闔方新。更佇謀猷之力。裴樞

等宜與進改。別降麻制處分。凡營都邑。宗廟為先。非託良臣。孰能盡禮。魏博節度使羅紹威。經文緯武。本孝資忠。奉三百年之威靈。構十二堂之棟宇。將親禘祫。式畏崇嚴。獲展烝嘗。預懷悽感。天屬所蔭。百代無踈。矧我居新。尤宜共樂。鎮冀節度使王鎔。代延勳戚。躬尚禮儀。採常嶽之瓌櫞。製棠華之廣第。內列雍和之殿。外開朱戟之扉。用宏友愛之風。切慰睦親之思。行鑾所駐。供億攸難。淹留將及於十旬。忠敬備傾其任土。陝州節度使朱謙。驊騮得路。雕鶚逢秋。識將臣事君之儀。導季父扶天之業。仲春迎蹕。西自於

閭鄉閏夏撰行東及於都界饋獻有豐於國制贍濟盡費其家財卓立茂功宜膺異賞並別降麻制處分伏思明祖之幸蜀都旋闕則恩施父老代祖之駐陝服迴鑾乃澤布州閭德祖之巡梁州沖人之省華郡前則以興元列號後則以興德標名矧乃甘棠抑惟右鎮俾新稱謂用慰藩方宜追列聖之舊文兼循往年之近事宜改陝州爲興唐府長史爲尹其所置官屬一準興元等例其將士等仍賜錢三萬貫充優賞委所司逐便支給其潞州節度使丁會左創文昌之省右新執憲之臺軍令嚴明興功迅速河陽節

度使張漢瑜宵程來覲兩舍不歸問彼春芳躬巡板築宮庭馳鞠蓋閱驍才王處直遠罄規模備周場殿則有留陽上相獻嵐谷之瓌材浙右元侯貢夏金之三品咸鎬緝繕完之政荆襄開水陸之途豫章傾尊奬之心鄂渚竭忠貞之懇潭桂守弭兵之略甌閩勤納貢之儀夏川孤立以安邊朗陵兩州而效悃嶺表則番禺盡節海濱則青社自新交馳陝澠之途並集澗瀍之闕嗟朕菲德何以致茲履薄臨深莫申兢畏其諸道藩鎮牧守並委中書門下等其功績進改處分禮儀使御營使各與進階執政乖方自罹衆

怒任使斯久忍忘舊恩故太子少傅崔允頃者朕在下宮實輸忠節後全忠迎奉又罄裨謀不慎滿盈遽投於覆餗今逢曠蕩興念於遺簪宜復本官階爵準天復四年正月十四日巳前從別勅處分夫爲下不二爲上不疑適當樹鷄之辰將陳刑馬之誓咨爾藩岳敬聽朕言敦好睦隣諸侯大義興兵動衆有土深災居人不保家室戰士身膏草野爲人上者何所忍焉恃安者危逞欲者敗齊桓葵邱之會但整衣裳晉文踐土之盟唯論職貢古賢雖遠仰止何殊如有隣境自相攻訐情理不容者先具奏聞朝廷爲平

其事理若有不用王命擅舉兵者委諸道共伐之含垢匿瑕國君所尚雷驚雨洗域內斯同乾坤盡欲其包容日月不私於照耀其有負江山之固納奸謟之謀雖恣猖狂或思改革禹誅後至予不忍爲舜用舞干竊所景慕如其執迷不悟長惡不悛國有刑章非朕能捨禍福二事審自擇焉李茂貞楊崇本頃朋闔孽罪已貫盈近抑強鋒謂知大德喘息纔緩飜覆如初嘗懷梟獍之心欲恣豺狼之噬劫脅羣下安忍不臣此而可容是隳王法即宜經略進討然念彼一境獨困凶殘罪止二人之身其下並許立功自贖

俟續處分人倫之閒天性或異特起因心之孝獨堅匪石之貞方遷國於土中責廣教於區內應天下有孝子順孫義夫節婦事績彰顯爲衆所知者仰所在長吏標錄聞奏當與旌表門閭將安疲瘵須委循良共理者太守之能親人者縣宰之任戈鋋稍戢政術爲先刺史縣令有勸課農桑招復戶口一倍已上於前者委本道觀察使條件奏聞當加進陟如貪墮不理害及於人者速使停替務加葺養稱朕意焉思拯艱難實資材幹尚慮非常之士猶懷自進之嫌苟或失人焉能致理倘有懷才抱德隱遁山林武藝

絕倫湮沈卑賤者仰所在處長吏察訪奏薦如得才實當待以不次之位於戲肆眚閭闔即安宮闈雖九廟几筵已開於新室而諸陵松柏遥隔於舊都將務乂寧難申顧慕文武百辟執事具僚從我千里而來竭爾一心莅政恩覃既往效責從新方當開國之初必舉慢官之罰分茅邦國外相大官愍茲多難之時無爽勤王之業協告元輔毗予一人礪山帶河敬守漢高之誓卜年與代希同穆滿之言永安新京無忝我高祖太宗之景命赦書日行五百里布告天下咸使聞知

欽定全唐文卷九十三

哀帝

帝諱柷昭宗第九子景福元年生乾寧四年封輝王名祚天復三年二月拜開府儀同三司充諸道兵馬元帥天祐元年八月朱全忠矯昭宗遺詔立爲皇太子改今名尋即位四年三月禪位於梁梁奉帝爲濟陰王遷於曹州開平二年二月遇害在位四年年十七謚曰哀後唐明宗追謚曰昭宣光烈孝皇帝

授楊涉平章事制

門下持鈞軸以燮陰陽是資至德掌地征而富邦國必仗通才難虛作礪之求式叶爲霖之望金紫光祿大夫守尚書吏部侍郎上柱國宏農縣開國伯食邑七百戶楊涉代襲軒裳業通墳典踐履華胄周旋大寮陳太邱雅尚清貧葛稚川不貪榮祿綽有休問喧在羣言往典貢闈則文行兼採近司銓管則清濁咸分至必可稱動皆垂範朕嗣守丕祚虔思小康是用授以鈞衡委之征賦爾其克申蘊蓄用副旁求使干戈速偃於四郊玉帛繼歸於內帑仍司仙殿更重化源勉輔沖人臻於理道可尚書吏部侍郎同中

書門下平章事充集賢殿大學士判戶部事散官勳封並如故

授裴樞崔遠左右僕射制

門下入則秉鈞衡而凝庶政出則正冠冕以長百寮式資夙舊之臣咸謂重難之地銀青光祿大夫守尚書右僕射兼門下侍郎同中書門下平章事充太清宮使宏文館大學士延資庫使諸道鹽鐵轉運等使上柱國河東郡開國侯食邑一千戶裴樞周事四朝慎守三紀再持國柄屢竭訏謨光祿大夫門下侍郎兼兵部尚書同中書門下平章

事監修國史上柱國博陵郡開國公食邑二千戶崔遠語默有程得喪無擾中樞洊屢盡瘁克彰俱宣夙夜之勤備罄匡扶之業是用均其勞逸顯爾便蕃燮調暫輟於劇權師長並資於碩望無虧懿效式使當仁或增疏爵之榮更表優賢之禮樞可光祿大夫守尚書左僕射仍進封開國公加食邑一千戶勳如故遠可守尚書右僕射散官勳封並如故

貶陸扆王溥制

朕以涼德獲嗣丕圖將宏至公以凝庶績憲章不濫賞罰惟宜俾恢理政之風用正紀綱之典其有常居宰輔但協姦邪苟玉石之未分則稂莠而將茂須行黜責用致澄清吏部尚書陸扆早以文儒亟揚華顯自先皇帝議征岐隴而扆確有救論果犯雷霆旋經遷貶其後託茂貞之勢援憑閹監之梯媒尋復舊官再升重位惟知周比寧務燮和邇來多難罔不由此工部尚書王溥亦茂貞奧主崔允門人驟歷禁闈俄塵袞職但恣詭隨之志曾無匪懈之稱崔允既寘嚴誅而溥獨居清列況朕恭承大寶思拯彝倫非爲洗垢求瑕但冀懲惡勸善兼宜斥於外據不可容在中

臺尚謂寬恩勉當省過扆可濮州司戶參軍溥可淄州司戶參軍

責授柳璨密州司戶制

明罰飭法固有彝章懲惡除邪用攄衆怒責授官登州刺史柳璨素矜憸巧每務回邪幸以庸才驟持重柄曾無微效顯負明恩詭譎多端包藏莫測但結連於凶險獨傾陷於賢良罪既貫盈理宜竄殛尚處一麾之獨任虧三尺之常刑將塞羣言須行重典自貽顛覆無或怨尤可貶密州司戶參軍

允羣臣請停親送山陵詔

朕以痛深創鉅園陵有期冀當復土之辰以慰終天之報而公卿大臣敷陳典故援引今古以爲一日萬幾不可斯須而曠旣執禮而愈切難順情而有違深抑荼蓼之哀懷俯徇股肱之讜議爰因晨省已啟慈顔倍極哀摧勉從來請

許宰臣巳下遊宴詔

朕以宰臣巳下常拘官局罕獲歡娛今膏澤不愆豐年有望將臻上瑞宜示優恩及此芳辰當玆麗景稍令暇逸俾

務遊從宜令自今月十二日至十六日各令遂便選勝遊宴

修省詔

朕以宿麥未登時陽久亢慮闕粢盛之備軫予宵旰之憂所宜避正位於寢居減珍羞於常膳諒惟眇質深合罪躬庶期昭感之祥以致滂沱之澤今月八日巳後不坐正殿及減常膳

改上清宮爲太清宮詔

元元皇帝肇基聖緒敷佑神孫璿派靈長共乾坤而莫極瑤圖堅固與日月而無窮是以我朝追崇奕葉昭祀禮因尊祖爰陳恭敬之文事惟求真且異虛無之旨比者當如九廟別置一宮東遷以來欲修奉而未暇北觀之內遂薦享以從宜每備粢盛靡稽古實祝史正辭而追遠雖屬猶龍宰臣肅拜於當陽如求罔象徒陳玉帛莫對瓊彝璪練達舊章振舉重職爰思改作頗謂協宜庶不愆而不忘致來顧而來享又尋元圃如得瀨鄉古殿閟清喬木陰翳可以仰規紫府便號清宮捨短從長斯爲智士尋源正始實賴賢臣合議允俞殊可嘉獎

注擬專委三銓詔

設官分職各有司存銓衡旣任於吏曹除授寧煩於宰執但所司注擬申到中書過驗酌量苟或差殊難可盡定近年除授其徒實繁占選部之闕員擇切當之優便遂使三銓注擬之閒皆曠職務且以宰臣所任提舉百辟唯務公平將致無私克臻有道應天下州府令錄並委吏部三銓注擬中書門下自天祐二年四月十九日後並不除授或有諸道薦奏量留據狀詳度可否施行庶幾各司其局免致繁聽宰相提綱永存事體

常朝改東上閤門詔

東上西上二閤門制置各別至於常事則以東上居先或大忌進名遂用西閤爲便同於禮式何表區分頃緣閹豎擅權乃以陰陽取位不思南面但啟西門邇來相承未議更改詳其稱謂似爽規儀自五月一日已後常朝取東上閤門或遇忌日奉慰即開西上閤門永爲定制

改雒都諸門與西京門同名者詔

法駕遷都之日雒京再建之初慮懷土有類於新豐惟更門以合於舊制今則妖星既出於雍分高閎難倣於秦餘

宜復別門之名以壯卜年之永是用分疆畫界實顯驗於否臧東雒西京靡互參於制度其京都見在門同西京門名者並宜改復雒京舊門名

答河南尹張全義進嘉禾合穗詔

多稼如雲已稱大稔異畝同穎益表殊祥張全義尹正邦畿從容廊廟動必垂於惠化靜每著於燮調佐時之略彌彰阜俗之風益顯爰昭元貺可卜豐年訓農退掩於衛文獻瑞迥同於唐叔載觀禎異尤切歎嘉仍付史館

百官逐月支半俸詔

所有百官俸料實繫國用盈虛昨自去冬頒給全俸及支遣之後公帑不充蓋道途初通綱運未集徒挂憂勤之念尚牽經費之資若不議均分則必至懸絕量其物用須有指揮其百官逐月料錢宜令左藏庫自今年正月支半俸

允吏部請諸道申送員闕詔

比者吏部注官只憑格式送闕近以諸州不申闕解且從權指揮選人指射之時既不詳審銓司注唱之際遂使交加頗屬弊訛頻起論訟所司釐革合議允從

新除官不得停住詔

朝廷命官量能授職中書奏擬旋已施行掄才既備於班員立政兼伸於沈滯況遷都之後制度聿興新授官者翔於外藩不議赴闕前資任者蟄於列屏自謂安時矧爾代受國恩身榮朝請養高保性既不能解印挂冠論級嗜名又不能擘肌分理況新羅渤海外國遠戎奔程已至於新都入貢不虧於舊典復於朝士有愧夷人既除官者尚不歸班則前任者良難戀主宜令諸道節度觀察防禦刺史等如部內有新除朝官前資朝官敕到後三日內發遣赴闕仍差人監送所在州縣不得停住苟或稽違必議貶黜

付所司

允朱全忠請注擬準舊式處分詔

應合赴吏部常調選人等三銓公事素有條流近年多不公平遂致授任重疊既聞爭競須暫停留今者元帥梁王動靜推公周旋陳理或慮選人羇旅特請準式施行兼緣已及深冬所司未有起請若或稽滯必緩程期功在考詳務令精當今年冬常調選人宜委三銓並準舊例處分如或踰濫輒違格文罪在官曹非止猾吏其四鎮管內官員須候本道申闕到省方可注擬

罷柳遜詔

遜嘗爲張濬租庸判官又王溥監修日奏充判官授工部侍郎又與趙崇裴贄爲刎頸之交昨裴樞等得罪之時合當連坐尚矜暮齒且俾懸車可本官致仕

貶李延古衛尉寺主簿詔

司勳員外郎李延古世荷國恩兩葉相位幸從筮仕累忝寵榮多歷歲時不趨玏列而自遷都卜洛紀律載張去明庭而非遥處别墅而無懼罔思報效姑務便安爲臣之節如斯貽厥之謀何在須加懲責以肅朝倫九寺勾稽尚謂寬典可責授衛尉寺主簿

答中書門下表賀朱全忠進白兔詔

上天眷祐靈貺效珍道既協於坤慈祥乃彰於月窟雪霜是比皎晶可觀全忠道貫神明功高鼎鼐果因嘉瑞歸善天庭俾須示於有司冀流光於不朽再三嘉玩歎注良深

復排廊飡詔

百寮入朝兩廊賜食遷都之後所司闕供元帥梁王欲整大綱復行故事罔思勞費悉自再圖是使端簡在廷咸思感悅峩冠就列益任優隆備覩寵規彌增欽歎宜賜詔奬

飭仍付所司

誅孫祕詔

祕是故崖州司户參軍孫乘親弟其兄既處極典其弟難貸餘生宜除名配流愛州充長流百姓仍委御史臺差人所在賜自盡

禪位梁王詔

宰臣文武百辟藩岳庶尹明聽朕言夫大寶之尊神器之重儻非德充宇宙功濟黔黎著重華納麓之功彰文命導川之績允熙帝載克代天工則何以統御萬邦照臨八極

元帥梁王龍顏瑞質玉理奇文以英謀睿武定寰瀛以厚澤深仁撫華夏神功至德絕後光前緹油罕紀其鴻勳謳誦顯歸於至化二十年之功業億兆衆之推崇邇無異言遠無異望朕惟王聖德光被八紘宜順元穹膺茲寶命況天文符瑞雜沓宣明虞夏昌期顯於圖籙萬幾不可以久曠天命不可以久違神祇叶心歸於有德朕敬以天下傳禪聖君退居舊藩以備三恪今勅宰臣張文蔚楊涉等率文武百僚備法駕奉迎梁朝勉勵肅恭尊戴明主沖人釋茲重負永爲虞賓獲奉新朝慶泰兼極中外列辟宜體朕懷

發內庫銀充文武常參官救援勅

朕奉太后慈旨以兩司綱運未來百官事力多闕旦夕霜冷深軫所懷令於內庫方圓銀二千一百七十二兩充見任文武常參官救接委御史臺依品秩分俵

停嘉會節勅

三月二十三日嘉會節伏以大行皇帝仙駕上升靈山將卜神既遊於天際節宜輟於人間準故事嘉會節宜停

封屈原勅

楚三閭大夫屈原正直事君文章飾己當椒蘭之是佞俾蕙茝之不香顯比干之赤心躡彭咸於綠水雖楚烟荆雨隨強魄於故鄉而福善禍淫播明靈於巨昴名早流於竹素功有益於州閭爰表厥封用旌良美宜封爲昭靈侯

誅李彥威等勅

彥威等主典禁兵妄爲扇動既有彰於物論兼亦繫於軍情謫掾遐方安能塞責宜配充本州長流百姓仍令所在賜自盡

皇太后冊禮改期勅

據太常禮院奏於十二月內擇日冊太后者朕近奉慈旨以山陵未畢哀感方纏凡百有司且虔充奉吉凶之禮難以並施太后冊禮宜俟山陵畢日庶得橋山攀慕彰盡節於羣臣蘭殿承榮展盛儀於朕志情既獲遂禮實宜之付所司

親送山陵勅

朕祇荷丕圖仰惟先訓方追號弓之痛俯臨同軌之期將展孝思宜親營護皇太后義深鳴鳳情極攀龍亦欲專奉靈輿躬及園陵寢廟冀盡追摧之道用終哀敬之儀其大

行皇帝發引日朕當從皇太后親至陵所宜令中書門下準此指揮

欽定全唐文卷九十四

哀帝二

均文武俸料勅

文武二柄國家大綱東西兩班官職同體咸匡聖運共列明廷品秩相對於高卑祿俸皆均於厚薄不論前代秖考本朝太宗皇帝以中外臣寮文武參用或自軍衛而居臺省亦由衣冠而秉節旄足明於武列文班不令分清濁優劣近代浮薄相尚凌蔑舊章假偃武以修文競棄本而逐末雖藍衫魚簡當一見而便許升堂縱拖紫腰金若非類

而無令接席以是顯揚榮辱分別重輕遽失人心盡隳朝體致有今日實此之由須議改更漸期通濟文武百官自一品以下逐月所給料錢並須均勻數目多少一般支給兼差使諸道亦依輪次差遣既就公平必期開泰叶羣情於天下崇故事於國初凡百臣庶宜體朕懷

皇太后冊禮再改期勅

朕獲荷丕圖仰遵慈訓爰崇徽號已定禮儀冀申為子之心以展奉親之敬昨所司定今月二十五日行皇太后冊禮再奉慈旨以宮殿未停工作蒸暑不欲勞人宜改吉辰

罔難違命冊禮俟修大內畢功日所司以聞

彗星見避正殿勅

朕以沖幼克嗣丕基業業兢兢勤恭夕惕彗星謫見罪在朕躬雖已降赦文特行恩宥起今月二十四日後避正殿減常膳以明思過付所司

貶裴樞崔遠勅

朕謬將眇質叨荷丕圖常懷馭朽之心每軫泣辜之念諒於黜責豈易施行左僕射裴樞右僕射崔遠雖罷機衡尚居揆路既處優崇之任未傷進退之規不能秉志安家但

恣流言謗國頗興物論難抑朝章須離八座之榮尚付六條之政勉思咎己無至尤人樞可責授朝散大夫登州刺史遠可責授朝散大夫萊州刺史並委御史臺催促出京所在馳驛發遣

妖星不見勅

上天譴見下土震驚致夙夜之沈憂恐生靈之多難不居正殿盡輟常羞益務齋虔以申禳禱果致元穹覆祐孛彗消除豈罪己之感通免貽人於災沴式觀陳奏深慰誠懷

誅裴樞等勅

責授隴州司戶裴樞瓊州司戶獨孤損白州司戶崔遠濮州司戶陸扆淄州司戶王溥曹州司戶趙崇濮州司戶王贊等皆受國恩咸當重任罔思罄竭唯貯姦邪雖已謫於遐方尚難寬於國典委御史臺差人所在州縣各賜自盡

貶裴贄李煦勅

君臣之間進退以禮矧於求舊欲保初終苟自掇於悔尤亦須行於黜責特進守司空致仕上柱國河東縣開國公食邑二千戶裴贄早以公望常踐台司靡聞竭力以匡時每務養恬而避事洎從請老不謂無恩合慎樞機動循規

矩雖云勇退乃有後言自爲籌從之師頗失人臣之禮謫居郡掾用正朝綱尚謂從輕所宜自咎可責授青州司戶刑部郎中李煦可萊州司戶

貶敬沼勅

衛尉少卿敬沼是裴贄之甥常累於舅或以明經撓文柄或以私事竊化權贊已左遷爾又何逭可貶徐州蕭縣尉

停貢橄欖勅

禹別九州秦分百郡勉務隨方之職須資利物之源朕所以鄙蒟醬於漢朝慕菁茅於周室用爲儆戒以省征徭福

建一道遠在海隅嘗勤土貢每年所進橄欖子頗甚勞役往來本因閹豎生長甌閩自爲躭愛率令供進以爲定規況非薦熟之珍仍異厥包之禮雖彰忠藎無濟闕如每年但供進臘面茶外不要進奉橄欖子永爲常例

令張全義攝行太尉中書令勑

漢代元勳鄧禹冠諸侯之上晉朝重臣王導居百辟之先皆道著匡扶功宣寰宇其於崇寵迥異等倫朕獲以眇躬重興丕運凡關制度必法舊章實仗勳賢永安宗社副元帥梁王正守太尉中書令忠武軍節度使河南尹張全義

亦正守中書令俱深倚注咸正台衡其朝廷册禮告祀天地宗廟其司空則差官攝行太尉侍中中書令即宰臣攝行今太尉副元帥任冠藩垣每遇行禮之時或不在京國即事須差攝太尉行事全義見居闕下任正中樞不可更差别官又攝中書令事其太尉官如梁王朝覲在京便委行事如却赴鎮即依前攝行所合差中書令便委全義以本官行禮其侍中司空司徒即臨時差官付所司

放司空圖還山勑

前大中大夫尚書兵部侍郎賜紫金魚袋司空圖俊造登科朱紫昇籍既養高以傲代類移山而釣名志樂漱流心輕食祿匪夷匪惠難居公正之朝載省載思當徇幽棲之志宜放還中條山

獎朱全忠收荆襄勑

梁王躬臨貔武收復荆襄拔峴首若轉丸平荆門如沃雪連收兩鎮併走二凶乃睠勳庸載深嘉注宜賜詔獎飾

禁論認洛陽田宅勑

洛城坊曲内舊有朝臣諸司宅舍經亂荒榛張全義葺理已來皆已耕墾既供軍賦即係公田或恐每有披論認爲

世業須煩按驗遂啟倖門其都内坊曲及畿内已耕植田土諸色人並不得論認如要業田一任買置凡論認者不在給還之限如有本主元自差人勾當不在此限如荒田無主即許識認付河南府

改卜郊勑

先定此月十九日親禮南郊雖定吉辰改卜亦有故事宜改取來年正月上辛付所司

五日聽朝勑

漢宣帝中興五日一聽朝歷代通規永爲常式近代不循

舊儀輒隳制度旣姦邪之得計致臨視之失常須守舊規以循定制宜每月只許一五九日開延英計九度其入閤日仍於延英日一度指揮如有大段公事中書門下具牓子奏請開延英不計日數付所司

禁宫人擅出内門勅

宫嬪女職本備内任近年以來稍失儀制宫人出内宣命寀御參隨視朝乃失舊規須爲永制今後每遇延英坐朝日只令小黄門祗候引從宫人不得擅出内門庶循典儀免致紛雜

追戮蔣元暉勅

蔣元暉身居密近擅弄威權鬻爵賣官聚財營第而包藏悖逆稔浸姦邪雖都市已處於極刑而屈法尚慊於衆怒更示焚棄之典以懲顯負之蹤宜追削爲凶逆百姓仍委河南府揭屍於都門外聚衆焚燒

追廢皇太后何氏勅

皇太后位承坤德有愧母儀近者凶逆誅夷宫闈詞連醜狀尋自崩變以謝萬方朕以幼沖君臨區宇雖情深號慕而法難徇私勉循秦漢之規須示追降之典其遺黄門收所上皇太后寶冊追廢爲庶人宜差官告郊廟

停郊祀勅

朕以謬荷丕圖禮合親謁郊廟先定來年正月上辛用事今以宫闈内亂播於醜聲難以慙恧之容入於祖宗之廟其明年上辛親謁郊廟宜停

責授張廷範等勅

太常卿張廷範太常少卿裴磵温鑾祠部郎中知制誥張茂樞等蔣元暉在樞密之時與柳璨張廷範共爲朋扇日相往來假其遊宴之名別貯傾危之計苟安重位酷陷朝

臣旣比陰謀難寬大辟柳璨已從別勅處分廷範可責授萊州司戸裴磵等常同聚會固共包藏磵可青州北海尉鑾臨淄尉茂樞博昌尉並員外置

誅張廷範等勅

張廷範性惟庸妄志在回邪不能保慎寵榮而乃包藏凶險密交柳璨深結元暉畫議宵行欺天負地神祇共怒罪狀難原宜除名委河南府於都市集衆以五車分裂温鑾裴磵張茂樞並除名委於御史臺所在賜自盡柳璨弟瑀瑊送河南府決殺

賜柳璨自盡勅

密州司戶柳璨交通悖逆背負明恩每稔禍於偷安欲危人而自固罔知畏憚惟肆奸回既凶惡以貫盈實朝野而共怒況復聚貪爵秩恣逞威權據其狡猾之端須降誅鋤之命宜除名配崖州長流百姓委御史臺差人所在賜自盡

冊吳王錢鏐勅

定亂安國功臣鎮海鎮東軍節度浙江東西道觀察處置等使淮南東面行營招討營田安撫兩浙鹽鐵制置發運

等使開府儀同三司守侍中兼中書令杭越兩州刺史上柱國吳王食邑九千戶實封五百戶錢鏐總臨兩鎮早立殊功撫制三吳久聞異政一榮封爵再換星霜蓋緣道路阻艱遂致冊書留滯近者潭洪水陸並已通流元勳舉議請行典禮冀免稽於制命俾速達於朝恩須議施行實爲允當明甄酬之寵諧僉屬之情其所封吳王策禮宜令所司擇日備禮冊命

明經科準常例送禮部勅

取士之科明經極重每年人數已有舊規去夏雖舉條流蓋慮所司踰濫今者國子監既有聞奏河南府亦具陳論不念遠人何以誘進只在乎外降之際切務公平又何必解送之時便爲沙汰將免遺才之嘆須開積善之門特改舊條俾循往例國子監河南府所試明經並依準常例解送禮部所放人數亦許酌量施行但不得苟徇屬求遂致僥倖兼下諸道準此

允增貢舉額數勅

朝廷取士之科每歲擇才之重必資藝實以副勤求或來自遠途或久稽鄉薦今年就試多有屈人所司奏論是宜

俞允苟叶無私之道俾開振滯之門切在精詳佇觀公當其禮部所放進士於舊年人數外宜令更添兩人

停戎昭軍額勅

天祐二年九月二十二日於金州置戎昭軍割均房二州爲屬郡比因馮行襲叶贊元勳克宣丕績用獎濟師之效遂行割地之權今命帥得人疇庸有秩其戎昭軍額宜停其均房二州却還山南東道收管

停忠義軍額勅

襄州近因趙匡凝作帥請別立忠義軍額既非往制固是

從權忠義軍額宜停廢依舊爲山南東道節度使

令崇勳殿候對勅

貞觀大殿朝廷正衙遇正至之辰受羣臣朝賀比來視朔未正規儀其入閤自今後宜令宰臣文武百寮於崇勳殿候對付所司

黜邠王震勅

震就列朝行守官宗寺俄從私便久去上京旣稍失於規程宜特示於黜免勒停見任幷落下襲封

停河南監牧諸司勅

牛羊司牧管御廚羊幷乳牛等御廚物料元是河南府供進其肉便在物料數內續以諸處送到羊且令牛羊司逐日送納今知舊數已盡官吏所繇多總逃去其諸處續進到羊並舊管乳牛並送河南府牧管其牛羊司官吏並宜停廢

獎王茂章勅

王茂章能分逆順捨彼狂迷弃楊渥之亂邦不同奸險投錢鏐之巨鎭思託賢良旣明向國之心頗見立身之道元戎所薦義節昭然須行激勸之規用示獎酬之寵宜授金紫光祿大夫檢校太保兼御史大夫

禪位册文

皇帝若曰咨爾天下兵馬元帥相國總百揆梁王朕每觀上古之書以堯舜爲始者蓋以禪讓之典垂於無窮故封泰山禪梁父畧可道者七十二君則知天下至公非一姓獨有自古明王聖帝焦思勞神惴若納隍坐以待旦莫不居之則兢畏去之則逸安且軒轅非不明放勳非不聖尚欲遊於姑射休彼太庭矧乎歷數尋終期運久謝屬於孤藐統御萬方者哉況自懿祖之後嬖幸亂朝禍起有階政

漸無象天綱幅裂海水横流四紀於茲羣生無庇洎乎喪亂誰其底綏洎於小子粤以幼年繼茲衰緒豈茲沖昧能守洪基惟王明聖在躬體於上哲奮揚神武戡定區夏大功二十光著册書北越陰山南踰瘴海東至碣石西暨流沙懷生之倫罔不悅附矧予寡昧危而獲存今則上察天文下觀人願是土德終極之際乃金行兆應之辰況十載之間彗星三見布新除舊厥有明徵謳歌所歸屬在睿德今遣持節銀青光祿大夫守中書侍郎同中書門下平章事張文蔚等齎皇帝寶綬敬遜於位於戲天之歷數在爾

躬允執其中天祿永終王其祗顯大禮享茲萬國以肅膺
天命

欽定全唐文卷九十五

太宗徐賢妃

賢妃名惠湖州長城人八歲自曉屬文太宗召爲才人再遷充容帝崩哀慕成疾永徽元年卒年二十四贈賢妃

奉和御製小山賦

惟聖皇之御寓鑒敗德於前規裁廣知以從狹抑高心而就卑懼逸情之有泰欣靜慮於無爲於時季春移序初光入暑露溽池臺煙霏林籞睿情悒以無歡懷仁智而延佇思寓賞以登臨非騁麗於茅宇殊華嶽之削成異羅浮之

移所爾其表玩宸衷故作離宮含仁自下帶嶮非崇分上林之卉木點重巒之翠紅葉新抽而不樹花散植而無叢雜當窗之帶柳交約砌之珪桐纖塵集兮朝嶺峻宵露晞兮夕澗空影促圓峯三寸日聲低疊嶂一尋風風輕兮拂蘭蕙日斜兮蔭階砌蝶留粉於巖端蜂尋香於嶺際草臨波而側影石瑩流而倒勢雖蓬瀛之蘊奇故未留於神睞彼崑閬之稱美詎有述於天製豈若數簣之形託於掖庭俯依綺檻仰映朱楹恥巖崖之鄙薄荷睠矚之恩榮期保終於一國奉天睠於千齡

諫太宗息兵罷役疏

自貞觀以來二十有二載風雨調順年登歲稔人無水旱之弊國無饑饉之災昔漢武守文之常主猶登刻玉之符齊桓小國之庸君尚圖泥金之事陛下推功損己讓德不居億兆傾心猶闕告成之禮云亭佇謁未展升中之儀此之功德足以咀嚼百王網羅千代者矣然古人有言雖休勿休良有以也守初保末聖哲罕兼是知業大者易驕願陛下難之善始者難終願陛下易之竊見頃年以來力役兼總東有遼海之軍西有崑邱之役士馬疲於甲胄舟車

倦於轉輸且召募役戍去留懷死生之痛因風阻浪往來有漂溺之危一夫力耕卒無數十之獲一船致損則傾數百之糧是猶運有盡之農工塡無窮之巨浪圖未獲之他衆喪已成之我軍雖除凶伐暴有國常規然黷武翫兵先哲所戒昔秦王并吞六國反速危亡之兆晉武奄有三方翻成覆敗之業豈非矜功恃大棄德而傾邦圖利忘害肆情而縱欲遂使悠悠六合雖廣不救其亡嗷嗷黎庶因弊以成其禍是知地廣非常安之術人勞乃易亂之源願陛下布澤流仁矜弊恤乏減行役之煩增湛露之惠妾又聞爲政之本貴在無爲竊見土木之功不可兼遂北闕初建南營翠微曾未踰時玉華創制雖復因山藉水非無架築之勞損之又損頗有工力之費終以茅茨示約猶興木石之疲假使和雇取人不無煩擾之弊是以卑宮菲食聖王之所安金屋瑤臺驕主之爲麗故有道之君以逸逸人無道之君以樂樂身願陛下使之以時則力無竭矣用而息之則人斯悅矣夫珍翫伎巧乃喪國之斧斤珠玉錦繡實迷心之酖毒竊見服翫纖靡如變化於自然職貢珍奇若神仙之所製雖馳華於季俗實敗素於淳風是知漆器非

延叛之方桀造之而人叛玉杯豈招亡之術紂用之而國亡方驗侈麗之源不可不遏作法於儉猶恐其奢作法於奢何以制後伏惟陛下明鑒未形智周無際窮奧祕於麟閣盡探賾於儒林千王治亂之蹤百代安危之跡興衰禍福之數得失成敗之機固亦包吞心府之中循環目圍之內乃宸衷之久察無假一二言焉唯恐知之非難行之不易志驕於業泰體逸於時安伏惟抑意裁心愼終如始削輕過以滋重德擇後是以替前非則鴻名與日月無窮盛德與乾坤永大

高宗武皇后

后名曌并州文水人工部尚書荆州都督封應國公士彠之女高宗立爲昭儀進號宸妃永徽六年立爲皇后上元元年進號天后中宗即位尊爲皇太后臨朝稱制尋自稱皇帝改國號曰周在位二十二年中宗反正諡曰大聖則天皇后天寶八載定諡則天順聖皇后

勞韋安石手制

聞卿在彼庶事存心善政表於能官仁明彰於鎮撫如此稱職深慰朕懷

褒廣州都督王方慶制

朕以卿歷職著稱故授此官既美化遠聞實副朝寄今賜卿雜綵六十段并瑞錦等物以彰善政也

釋教在道法上制

朕先蒙金口之記又承寶偈之文歷教表於當今本願標於曩劫大雲闡奧明王國之禎符方等發揚顯自在之丕業馭一境而敦化宏五戒以訓人爰開革命之階方啟惟新之運宜叶隨時之義以申自我之規雖實際如如理忘於先後翹心懇懇畏展於勤誠自今已後釋教宜在道法之上緇服處黃冠之前庶得道有識以皈依極羣生於迴向布告遐邇知朕意焉

置鴻宜鼎稷等州制

鸞臺朕聞先王疆理天下也莫不料其土宇相其地宜分五服以應財成宅三川而適通變辨方樹辟協和之道以隆置郡罷侯經始之圖載遠而區分或異制度罕同連率法於在鎬牧守儀於起沛官稀則政毀地狹則人勞義在隨時期於致乂我大周席籙闡化夢梓登期通三授元扈之濱得一昇翠嬀之汭維嵩設險聳危峯於少室在河稱

防導洪波於太史卜茲洛食是曰奧區物產孔殷形勝斯在朕仰膺睠命俯叶樂推即瀍澗之基恢鼎革之運珍符寶貺賁發郊畿佳氣榮光照煥川澤建明堂而陟配立清廟以嚴禋方闡隆周之業以光卜年之兆況成王定鼎此則餘基永言朝貢寔歸中壤是霜露之所均當水陸之交會庶齊勞逸無隔遐邇作制王畿雖憲章於故實緬維帝邑未折衷於新規宜宏自我之典式廣來蘇之澤但京兆之地舊號秦中迺睠編甿最爲繁殖一州獨理事多擁滯宜令雍州管內析置五州其間於雍州以西安置潼關即

宜廢省然以千里之內舊制通畿征賦所出事資廣遠又王侯設險以固其國若無襟帶何以爲守雍州并所析州同州太州並通入畿內洛州南面東面北面仍各置關庶食采之地自分湯沐之邑弃繻之客更從軒蓋之遊其雍州舊管及同太等州土狹人稠營種辛苦有情願向神都編貫者宜聽仍給復三年百姓無田業者任其所欲即各差清強官押領并許將家口自隨便於水次量給船乘作般次進發至都分付洛州受領支配安置訖申司錄奏聞朕聞人惟邦本本固邦寧將以不肅而成既庶而富欲令

率土黔黎咸得遂性勞來安堵人不失業其有諸州人或先緣饑歲流宕忘歸或父兄去官因循寄住爲籍貫屬恐陷刑名荏苒多時未經首出衛士雜色人等并限百日內首盡任於神都及畿內懷鄭汴許汝等州附貫給復一年復滿便依本番上下其官人百姓有情願於洛懷等七州附貫者亦聽應須交割及發遣受領並委本貫共新附州分明計會不得因茲隱漏戶口虛蠲賦役并新析五州三面及雍州以西置關處所司具爲條例務從省便奏聞

以鄭汴等州爲王畿制

鸞臺朕聞上圖列宿垂七紀而環紫微下料物土制八紘而尊赤縣是以帝猷方盛開甸服於平陽王業肇基創神郊於景亳雖政或沿革道有汙隆強幹弱枝率由茲典用能體國經野阜俗安人法天險之崇高顯宸居之壯觀朕膺此符命大庇黎元俯順謳歌君臨區夏紹隆周之睿業因丕洛之鴻基相彼土中實惟新邑五方入貢兼水陸之駿奔六氣運行均霜露而調序山川形勝祥祉荐臻遠宿乾心近收甿欲式建宗社大啟神都知王者之無外明在德之可久闕一字自夏殷分土列爵爰及秦漢置守罷侯所

以東姬握圖王畿存千里之制西京御歷帝里據三輔之饒否泰既殊損益且異務歸於適物義尚於隨時朕以鼎業惟初寶祚伊始斟酌今古申畫封疆征賦科徭實資寬簡沃塉勞逸宜有平分緬懷習武之規載隆辨方之術可以洛東鄭州汴州南汝州許州西陜州虢州北懷州澤州潞州東北衛州西北蒲州爲王畿內鄭州汴州許州可置八府汝州可置二府衛州可置五府別兵皆一千五百人所司詳依格式明爲條例庶使固本之道轥轢於前修足兵之義牢籠於振古主者施行

禁喪葬踰禮制

喪葬禮儀蓋惟恒式如致乖越深蠹公私乃有富族豪家競相踰濫窮奢極侈不遵典法至於送終之具著在條令明器之徒皆有色數遂敢妄施隊伍假設幡旗兼復創造園宅彫翦花樹或桐闌木馬功用尤多或吉轝凶闕綵飾殊貴諸如此類不可勝言貴賤既無等差資產爲其損耗既失歸靈之義殊乖朴素之儀此之愆違先已禁斷州牧縣宰不能存心御史金吾曾無糾察積習成俗頗紊彝章即宜各令所司重更申明處分自今已後勿使更然

暴來俊臣罪狀制

來俊臣閭巷小人奸險有素以其頗申糾擿將謂微效款誠遂拔自泥塗齒於簪紱歲月滋久涓埃莫施專擅凶邪每相朋扇隱逆賊之婢尤深嬖寵逼良家之女以爲妾媵作威作福無禮無義剝奪甚萑蒲之盜贓賄踰邱山之積諸王等盤石宗枝必期毁敗南北衙文武將相咸將傾危冀得竊弄機權方擬潛爲悖逆無君之心已著不臣之迹顯然天下側目含靈切齒擢其髮不足以數罪粉其骨不足以塞愆棄市之刑嚴酷未極汙官之辟輿議所歸宜加赤族之誅以雪蒼生之憤

改定閏月制

頃所司造歷以蜡月爲閏稽考史籍便紊舊章遂令去歲之中晦仍見月但恐寒暑未節有爽天經用深欽若之懷式陳敬授之典重更尋討果差一日履端舉正屬在於茲宜改歷惟新革非於既往可以十月爲閏十月一日甲子朔旦冬至

定伎術官進轉制

量才授職自有條流常秩清班非無差等比來諸色伎術

因營得官及其升遷改從餘任遂使器用紕繆職務乖違不合禮經事須改轍自今本色出身解天文者進轉官不得過太史令音樂者不得過太樂鼓吹署令醫術者不得過尚藥奉御陰陽卜筮者不得過司膳寺諸署令有從勲官品子流外國官參佐視品等出身者自今以後不得任京清要等官若累限應至三品不須進階每一階酬勲兩轉

禁僧道毁謗制

佛道二教同歸於善無爲究竟皆是一宗比有淺識之徒

競生物我或因懟怒各出醜言僧既排斥老君道士乃誹謗佛法更相訾毀務在加諸人而無良一至於此且出家之人須崇業行非聖犯義豈是法門自今僧及道士敢毀謗佛道者先決杖即令還俗

却置潼關制

鸞臺山河作固肇自往圖關梁是修抑惟前典朕情存太朴志在無外成皐姬陝勿用咽喉函谷秦封解其衿帶欲使鴈行靡拾鶉居不擾而吪俗澆弊浮情者多非所以禁絕末游作限中外事資權變理貴從宜便可率由舊章安

置應須修補及官典兵防一事已上所司速準例處分其神都四面應須置關之處宜令檢校文昌虞部郎中王元珪即往檢行詳擇要害務在省功斟酌古今必令折衷還日具圖樣奏聞

誅唐波若制

故趙州刺史高叡狂賊既至死節不降長史唐波若不能固城相率歸賊高叡已加褒贈波若等身死破家賞罰既行須敦懲勸宜須示天下咸使知聞

答王方慶諫孟春講武手制

比爲久屬太平多歷年載人皆廢戰並悉學文今者用整兵威故令教習卿以春行冬令則水潦爲敗舉金傷木則便害發生循覽所陳深合典禮若違此請乃月令虛行佇啟直言用依來表

授狄仁傑內史制

鸞臺訏謀房帷秉鈞之任爲重典綜絲綸揮翰之才是屬銀青光祿大夫守納言上柱國汝陽縣開國男狄仁傑地華簪組材標棟幹城府凝深宮牆峻邈有八龍之藝術兼三冬之文史雅達政方早膺朝寄出移節傳播良守之風

入踐臺閣得名臣之體豈惟懷道佐明見期於管樂故以竭誠匡主思致於堯舜九重肅侍則深陳可否百辟在庭則顯言得失雖從容顧問禮被於皇闈而斟酌輕重事隆於紫誥宜遷掌闈之秩式懋專車之寵可守內史散官勳封如故主者施行

禁葬舍利骨制

釋氏垂教本離死生示滅之儀固非正法如聞天中寺僧徒今年七月十五日下舍利骨素服哭泣不達妙理輕徇常情恐學者有疑曾不謗毀宜令所管州縣即加禁斷

停楊素子孫京官侍衛制

隋尚書令楊素昔在本朝早荷殊遇稟凶邪之德有諂佞之才惑亂君上離間骨肉搖動冢嫡寧惟掘蠱之禍誘扇後主卒成請蹯之釁隋室喪亡蓋惟多僻究其萌兆職此之由生爲不忠之人死爲不義之鬼身雖幸免子竟族誅斯則姦逆之謀是爲庭訓險薄之行遂成門風刑戮雖加支允仍在何得肩隨近侍齒列朝行朕接統百王恭臨四海上嘉賢佐下惡賊臣常欲從容於萬機之餘褒貶於千載之外況年代未遠耳目所存者乎其楊素及兄弟子孫已下並不得令任京官及侍衛

令韋叔夏等刊定司禮儀注制

吉凶禮儀國家所重司禮博士未甚詳明成均司業韋叔夏太子率更令祝欽明等博涉禮經多所該練委以參掌冀得精詳自今司禮所修儀注並令叔夏等刊定訖然後奏進

授唐休璟左庶子同三品制

鸞臺獻替儲闈管綜王職聿求多士必在正人夏官尚書同鳳閣鸞臺三品上柱國酒泉縣開國公唐休璟業履清

醇恭肅忠亮言必從行學以知道居八座之重握四嶽之要出將入相允文允武謀猷是屬宏益以深頃以暮年固辭退位就閒去劇優賢尚齒巨源請老仍參翼贊之榮叔子養德還預朝國之議宜輟五曹之務俾同三令之班可金紫光祿大夫行太子左庶子依舊同鳳閣鸞臺三品勳封如故主者施行

授相王并州牧制

鸞臺神畿緝化咨牧所難天府屯兵命將爲重惟賢是擇非親勿居太子左千牛衛率安北都護相王旦黃道承輝紫庭趨訓儀表瓌傑識量虛明資忠孝以立身仗經書而致德勇高衛霍詞優楊史必能外振威聲內清戎政宜膺夾輔之寄兼司羽翼之重可并州牧餘如故

授相王雍州牧制

鸞臺京輔才難神畿化首四方取則萬邦承流自非明德懿親何以宣風翊政并州牧太子左千牛衛率相王旦紫庭趨訓青社疏封雅度沖深瓌資秀傑忠孝天假禮樂日宣闕朔掌望隆前率北野莅戎聲高臥護懷共理之幹有兼辦之能宜紆朝綍用清都輦可雍州牧

授韋嗣立鳳閣侍郎平章事制

鸞臺鳳池清切鸞渚便蕃諷納兩闈允資一德中散大夫天官侍郎韋嗣立當朝人望奕代相門道周性全才高識遠誠以待物寬而容衆往自綸翰五字見推洎處提衡九流式序懷宗廟之掌有社稷之能宜竭忠賢翊宣政化可守鳳閣侍郎同鳳閣鸞臺平章事散官如故主者施行

許姚元之解職制

忠爲令德孝乃天經義著君親道存愛敬其或兼者可不美歟銀青光祿大夫行鳳閣侍郎兼檢校相王府長史同

鳳閣鸞臺三品姚元之自掖垣趨侍廊廟謀猷竭節盡誠讜言正議始終無替宏益以多近以母氏衰老情兼喜懼在休沐之期闕晨昏之禮乞解所職以就閒養外奏内請志到詞勤宜遂懇情用敦孝道睠彼藩邸高選經佐俾從梁苑之游以致潘園之樂可行相王府長史一事已上并同三品

求賢制

鸞臺朕聞璧月珠星實爲麗天之像蒼波翠岳爰標紀地之形是知正位辨方體元建極不憑羣彥孰贊皇猷事總萬機心覃億兆恒靡遑於寢食誠罔憚於憂勤佇賢良則終宵失寢詢政道則竟日停餐豈直未明求衣昃晷忘食而已比者屢垂旌帛頻訪邱園雖志切於旁求然未逢於俊乂待舟航而涉水思羽翼而淩虛今者更啟搜揚庶得不遺草澤其有文可以經邦國武可以定邊疆蘊梁棟之宏才堪將相之重任無隔士庶具以名聞若舉得其人必當擢以不次如妄相推薦亦寘科繩所冀多士襲於隆周得人踰於盛漢布告遐邇知朕意焉

諸王男等加封邑制

鸞臺昔子弟咸建姬祚以隆支體畢侯漢國斯永某王男某等普谷分彩天池演派金相比映玉樹聯芳垂髫欽愛敬之風總角聞詩禮之訓三雍肇建萬品維新褒德敘勞式遵行慶之典疏藩樹屏允叶推恩之令可封襄陽縣開國男闕

加嗣陳王延暉實封制

鸞臺睦親之道推恩之義家國所同古今無異雲麾將軍行太子左鶴禁率嗣陳王延暉地承枝葉戚在葭莩幼聞詩禮躬踐名教賞勸未酬井邑猶虛宜申優典用光近族

延暉兄弟可別令實封一百五十戶

新都郡主出降制

鸞臺皇太子長女新都郡主資靈玉裕比價瑤臺發艷天庭仰儷星辰之象承徽儲禁內稟河洲之德惠心明婉柔範端莊始踰待年之期甫及有行之歲通事舍人楊沚門擅槐鼎地連姻戚箕裘克隆才質兼茂可以膺合姓之典奉御輪之躅摽梅興詠方邀六禮之歡在楚言歸宜迨三星之夕郡主可出適楊沚

樂安郡主出降制

鸞臺皇太子第八女樂安郡主承規銀牓毓彩銅樓寶婺連暉瓊娥比艷貞明發於閨訓窈窕齊於國風固已儀範不僁柔閑有裕蘋蘩入薦既成四教之德桃李方春宜用三周之禮可出適符節郎宏農楊承烈男守文

新都郡主等出降制

鸞臺皇太子第二女新都郡主相王長女壽昌縣主第二女安興縣主等並毓靈天漢稟訓皇闈惠性早成淑德克茂粉澤四教針縷七篇笄年在時令月有典宜穆三從之禮式光百兩之迓新都郡主可出適左衞翊盧威壽昌縣主可出適太子右奉御楊尚一安興縣主可出適梁王府參軍薛琳所司準式

義安郡主出降制

鸞臺皇太子第二女義安郡主重月降輝發春揚彩四德淳茂六行恭修歲在結纓時方納幣均州司倉裴巽門胄清顯風範昭明既諧委鴈之祥宜縟盤螭之禮郡主可出適巽仍以今月十四日成禮所司準式

壽昌仙源縣主出降制

鸞臺相王長女壽昌縣主第五女仙源縣主並稟靈天漢

漸訓王門質耀桃李性芬蘭蕙帝孫將降甫及笄年國人所承允歸時望清廟齋郎崔珍太子左奉御薛伯陽並地襲衣冠躬履名教風猷美茂才藝紛綸飛鳳之占既合其吉乘龍之背宜膺雙舉壽昌縣主可出適珍仙源縣主可出適伯陽仍令所司準式

命皇太子監國制

鸞臺多難興王殷憂啟聖蕭牆之禍自古有之朕以虛寡宿承先顧社稷宗廟寄在朕躬親理萬幾年逾二紀幸得九元垂祐四海乂安何嘗不日昃忘食夜分輟寢戰戰而

臨寶位乾乾而握聖圖憂百姓之不寧懼一物之失所但以久親庶政勤倦成勞頃日以來微加風疾逆豎張易之昌宗兄弟比緣薄解調鍊久在園苑驅馳錫以殊恩加以顯秩不謂豺狼之性潛起梟獍之心積日包藏一朝發露皇太子顯元良守器純孝奉親知此釁萌奔衞宸極與北軍諸將戮力同心勦撲凶渠咸就梟斬斯乃天地之大德幽明所賛叶者乎豈惟朕躬之幸抑亦兆庶之福朕方資藥餌冀保痊和幾務既繁有妨攝理監臨之寄屬在元良宜令皇太子顯監國百官總已以聽朕當養閒高枕庶獲

延齡可大赦天下

高宗武皇后二

令禮官詳定享明堂禮儀詔

黃軒御歷朝萬方於合宮丹陵握符咨四岳於衢室有虞輯瑞總章之號既存大禹錫珪重屋之名攸建殷人受命置陽館以辨方周室凝圖立明堂以經野用能範圍三極幽賛五神展尊祖之懷申宗祀之典爰從漢魏迨及周隋經始之制雖興修廣之規未備朕以庸昧虔膺厚託受寄於綴衣之夕荷顧於仍几之前伏以高宗往年已屬意於

陽館故宗輔之縣預紀明堂之名改元之期先著總章之號朕於乾封之際已奉表上塵雖簡宸心未遑營構今以鼎郊勝壤圭邑奧區處天地之中順陰陽之序舟車是湊貢賦攸均爰藉子來之功式遵奉先之旨夫明堂者天子宗祀之堂朝諸侯之位也開乾坤之奧策法氣象之運行故能使災害不生禍亂不作眷言盛烈豈不美歟比者鴻儒禮官所執各異咸以爲明堂者置之三里之外七里之內在國陽明之地今既俯邇宮掖恐黷靈祇誠乃布政之居未爲宗祀之所朕以爲丙巳之地去宮室遥遠每月所

居因時饗祭常備文物動有煩勞在於朕懷殊非所謂今故裁基紫掖闢宇彤闈經始肇興成之匪日但敬事天地神明之德乃彰尊祀祖宗嚴恭之志方展若使惟云布政負扆臨人則茅宇土階取適而已豈必勞百姓之力制九筵而御哉誠以獲執蘋蘩虔奉宗廟故也時既沿革莫或相遵自我作古用適於事今以上堂爲嚴配之所下堂爲布政之居光敷禮訓式展誠敬來年正月一日可於明堂宗祀三聖以配上帝宜令禮官博士學士內外明禮者詳定儀禮務從典要速以奏聞

明堂災手詔

朕君臨紫極撫育蒼生普該有識之流爲啟無疆之福神宮之後式建尊容頃緣內作工徒宿火誤燒麻主遂涉明堂朕昧旦憂勤不遑寢食慮虧至道未副天心內省厥躬伏增寅畏槐省棘署衆僚庶尹宜竭迺誠各揚其職內作工匠可即放還刺史縣令風化之首宜矜恤鰥寡敦勸農桑均平賦役省察姦盜里閈妖訛尤當禁止遠近冤訟令早決斷見禁囚徒速爲處分老病之色征鎮之家亦令州縣加意撫存諸作非要切者量事宜停所司供進之物並宜節減其長才廣度沈跡下僚據德依仁韜聲幽閈懷輔佐之器乏知己之容宜令京官職事五品以下及刺史上佐縣令量各準狀薦舉仍遣內外文武百官九品以上各上封事極言正議無有所隱

封古元應妻爲徇忠縣君詔

頃屬默啜攻城咸憂陷沒丈夫固守猶不能堅婦人懷忠不憚流矢由茲感激危城重安如不褒升何以獎勸古元應妻可封爲徇忠縣君

授王元感太子司議郎詔

王元感質性溫敏博聞強記手不釋卷老而彌篤掎前達之失究先聖之旨是謂儒宗不可多得可授太子司議郎兼崇賢館學士

搜訪賢良詔

鸞臺朕聞文武之道憑經緯而開國春秋之功藉生殺而成歲雖復車書混一中黃之雄氣諒存溫煦方滋太白之高星必應事既不昧理乃固然朕自臨御天下憂勞兆庶宵衣佇旦望調東戶之風旰食忘眠希緝南薰之化故得中外禔福遐邇乂安控蟠桃於滋穴之墟通細柳於炎洲

之域楚鋒越刃俱鑠大農之冶俠客雄兒皆服鴻都之肆今若循其至理任彼無爲則取史之道有餘止戈之義不足況金方起暴玉河未靖偷安榆鬼之鄉竊險麻奴之地然而北幽嚮化已事和親之禮而西璟負恩不習用師之備隨時之義寧可自然當土宇曠修人物繁富三門九地之祕豈謝前規白猿蒼兕之奇何慙曩烈或英謀冠代雄略過人總韓白以先驅掩孫吳而得隽或力能拔距勇絕蒙輪冒白刃其如歸搶蒼壁而不顧或迹隱鄽肆身託村閭行雖犯於流俗器乃堪於拯難或捷如迅雷走若追風

彎弧則七札洞開奔陳則重圍自潰並有思於制命俱未遇於時須可令文武內外官五品及七品已上清官及外官刺史都督等於當管部內即令具舉且十室之邑忠信尚存三人同行我師猶在會須搜訪不得稱無薦若不虛自從褒異之典舉非其士豈漏貶責之科所司明爲條例布告遠近知朕意焉

求訪賢良詔

鸞臺上之臨下道莫貴於求賢臣之事君功豈踰於進善所以允凝庶績式靜羣方成大厦之凌雲濟巨川之沃日故周稱多士著美風謠漢號得人垂芳竹素歷觀前代罔不由茲朕雖宵分輟寢日旰忘食勉思政術不憚劬勞而九域之至廣豈一人之獨化必佇材能共成羽翼雖復羣龍在位振鷺充庭仍恐屠釣或遺薖軸尚隱未殫巖穴之美或委邱園之秀所以屢迴旌帛頻遣搜揚推薦之道相尋而虛佇之懷未愜永言於此寤寐以之宜令文武官五品以上各舉所知其有抱梁棟之才可以丹青神化蘊韜鈐之略可以振耀天威資道德之方可以獎訓風俗踐孝友之行可以勸率生靈抱儒素之業可以師範國胄蓄文

藻之思可以方駕詞人守貞亮之節可以直言無隱履清白之操可以守職不渝凡此八科實該三道取人以器求才務適所司仍具爲限程副朕意焉主者施行

五帝皆稱帝勅

天無二稱帝是通名承前諸儒互生同異乃以五方之帝亦謂天假有經傳互文終是名實未當稱號不別尊卑相混自今郊祀之禮唯昊天上帝稱天自餘五帝皆稱帝

僧道並重勅

老君化胡典誥攸著豈容僧輩妄請削除故知偏辭難以

憑據當依對定僉議惟允儻若史籍無據俗官何忍虛承明知化胡是眞作佛非謬道能方便設教佛本因道而生老釋既自元同道佛亦合齊重自今後僧入觀不禮拜天尊道士入寺不瞻仰佛像各勒還俗仍科違勅之罪

停試糊名考判勅

品藻人物銓綜士流委之選曹責成斯在且人無求備用非一途理宜才地並昇輪轅兼採或收其履歷或取其學行糊名考判合格注官既乖委任之方頗異銓衡之術朕勵精思化仄席求賢必使草澤無遺方圓曲盡改弦易調

革故鼎新載想緝熙之崇式佇清通之效其常選人自今已後宜委所司依常例銓注其糊名入試及令學士考判宜停

減大理丞廢秋官獄勅

鸞臺崇德簡刑列辟之彝範弁官省事有國之良圖聖人執契以乘時道苞乾大善政改絃而馭俗義叶鼎新朕虔荷先基恭臨下土運一心之淺慮憂四海之羣生馭朽載兢踐冰惟惕幸賴九元垂祐七廟宣靈天地以清風雨咸若菽粟登稔疆徼無虞茂祉日繁殊祥歲集答昊穹之睠命順億兆之誠祈蒼壁靈壇展嚴禋於上帝黃金秘牒追顯號於前王大典聿申鴻符允暢斯實祖宗之遐慶函夏之多福豈朕虛薄能臻此乎但萬歲初元肇開昌歷九章恒憲甫釋嚴科遠近無縲紲之寃老幼有歌謠之樂人皆遷善政在維新丹筆刑官已絕埋梧之聽黃沙獄戶將爲鞫草之場而法禁之曹寮案斯衆司刑一局便有八丞既罕囚徒靜無推案豈煩多士虛習夏書宜減二員俾從他職文昌國府建禮天闈庶政是歸具寮攸仰諒青綠之美地非赭服之攸居雖復時有申讞頗須聽斷兩造之文必

具五詞之理易窮詎假狴犴方甄枉直仙臺置獄甚爲非宜今欲總撤疏羅寧可別施囹圄其秋官獄即宜除毀朕既深居祕宇不能遍覽縣區唯仗時賢共康天下州牧縣宰寄重親人僚守勾曹任惟綱紀百姓或有愆犯必須盡理推尋審知罪狀分明方可禁身科斷不得才聞小過遽繫圜扉高下其心同叔魚之鬻獄輕重其手爽定國之平刑黠吏崇奸恣其乾沒要因多滯積以炎涼有一於此當加重譴幸悉心而愼罰同底績於勝殘佇宏勿辟之規用闡無爲之化將使三千之罪永絕於當年豈惟數百之刑

僅寬於昔代布告天下識朕意焉

令武三思等修史勅

勅宜令三思與納言李嶠正諫大夫朱敬則司農少卿徐彥伯鳳閣舍人魏知古崔融司封郎中徐堅左史劉知幾直史館吳兢修唐史採四方之志成一家之言長懸楷則以貽勸誡

褒監察御史解琬勅

解琬孝性淳厚言詞哀切固辭強奪之榮乞就終憂之典足以激揚風俗敦獎名教宜遂雅懷仍其祈請仍俟服闋後赴上

高宗天皇大帝哀冊文

維宏道元年歲次癸未十二月甲寅朔四日丁巳大行天皇崩於洛陽宮之貞觀殿殯於乾元殿之西階粵以文明元年五月壬午朔十五日景申發自瀍洛旋於鎬京以其年八月庚辰朔十一日庚寅將遷座於乾陵禮也曉霧收碧晨霞泛丹庭分羽衛肂啟龍攢哀子嗣皇帝輪攀訴容車崩號辰殿悲蜃輅之空嚴感鳳樽之虛薦擗摽槃潰充窮殞裂剗思攀而還迷羸喘興而復絕俯惟煢懇荼毒交侵瞻白雲而茹泣望蒼野而摧心愴遊冠之日遠哀墜劒之年深淚有變於湘竹恨方纏於穀林念茲孤幼哽咽荒襟腸與肝而共斷憂與痛而相尋顧慕丹楹迴環紫掖撫眇嗣而傷今想宸顏而慟昔寄柔情於簡素播天聲於金石其詞曰

月瑤誕慶雲邱降祥仙源漢遠聖緒天長繞樞飛電麗室騰光鳥庭開象龍德含章六藝生知四聰神授晦迹登庠韜光齒胄綴玉詞條緝瓊文囿發揮緑錯牢籠紫宙鑑符敦敏量本疏通賓門表譽納麓彰功始潛朱邸或躍青宮

夏余欽德周誦傾風粵自銅闈虔膺寶命惠露動植信洎翔泳淳化有斁至仁無競教溢璇寓道光金鏡五龍開運六羽昇年西雲應呂南風散絃晷符羲日蔭廣堯天賁園旌士焚林葦賢濬明上格財成下濟問寢承親在原申悌戒盈茅宇弼奢土砌衢室禋宗雲門饗帝以聖承聖資明嗣明禮崇殷夏樂盛咸英時和俗泰天平地成永同文軌長垂頌聲德動乾符威清地紀澄氛燧穴掃沴濛汜推轂六師坐知千里亭毒寰縣瑩鏡圖史霜戟林聳月旗雲亘疊鼓蕭關鳴笳松嶠追涼水殿避暑山楹霞翻浪井樹響

層城務簡通三神凝得一元池肆賞青邱佇逸訪道順風
養眞乘日拜牧襄野尊師石室寶獻河宗責歸王會浮黿
交影飛輪繫軑雲封薦款日觀申虔告成七廟歸功九天
無事無爲爰遊爰豫胥域延想汾川滌慮儀鳳巢阿飛麟
在馭火林歸朔燭鄉移曙所冀元壽齊年紫皇祲興旅館
災纏未央遽脫屣於宸極奄乘雲於帝鄉亘天維而落構
匝日寓而沈光殉百身而靡贖積萬古而徒傷魂銷志殞
裂骨抽腸受玉几之遺顧託寶業於窮荒嗣君孝切諒闇
居喪集大務於殘喘積眾憂於未亡所以割深哀而克勵

力迷衿而自強嗚呼哀哉泱埏遏密縣區縞素恨鈞天之
不歸贍鼎湖以凝慕嗚呼哀哉攀聖滋遠戀德滋深訴昊
穹而雨泗擗厚載而崩心泣人靈而灑悲霰晦宇宙而起
愁陰嗚呼哀哉緹琯移序朱明應律蛩窾方營龜謀獻吉
背九洛而移馭儀八川而從蹕列壁羽之透迤動鍾挽之
蕭瑟顧園邑之蒼翠望巖燧之紆鬱喬陽之舄不追茂陵
之書方出嗚呼哀哉跡圖懸圃神降長流去重陽之奕奕
襲大夜之悠悠同霸塋之薄窆契紀壓而莫修思門山於
夕月悲隴樹於新秋嗚呼哀哉想軒駕之攀龍思崙山之
戀鳳刋承眷於先房誓牽毀而哀送豈謂務切至慕事違
深慥仍徇公而抑己遂奪情以從眾悲千罔極之悲痛萬
終天之痛嗚呼哀哉恭惟聖烈實鏤徽衷敬因形管載撰
元功業彌遥而道彌著時益遠而聲益隆播二儀而不極
橫四海而焉窮嗚呼哀哉

改元光宅赦文

鸞臺朕聞上皇建極體元氣以育羣生大聖承天法開陽
而陶庶類與時舒卷叶三正而推移隨道汚隆應五鈐以
通變故能牢籠宇宙埏埴人靈符景運而財成契休期以

光宅昔有隋標季率土淪胥豺狼肆吞噬之災億兆被虔
劉之酷高祖神堯皇帝披圖汾水仗鉞參墟廓氛祲而安
四維掃欃槍而清六合太宗文武聖皇帝負日月而膺運
鼓雷霆以震威蕩海夷山功浹八荒之外救災拯溺仁霑
萬域之表樂和禮洽天平地成茂績光於遂初鴻名冠於
開闢高宗天皇大帝雲房誕睿虹渚降靈受籙錯之禎符
應朱緋之景命飛車乘黿臣軒頊之不臣浸羽浮金服禹
湯之未服所以開邊服遠更闡寓於先基富貴寧人重增
輝於前烈撫璇當宁調五氣於明堂考瑞升中朝百神於

日觀茫茫衆俗寧知覆燾之恩蠢蠢庶氓孰辨陶甄之力固已千年啟旦三聖重光歷選前書無聞往載豈謂道隆金鏡運迫鼎湖方延翠渚之祥遽託白雲之駕以社稷之大任屬荒眇之微躬欽奉遺言載深悲懼遂以茲菲德開導嗣王式綜萬幾載宣風化所賴王公卿士各竭乃誠若濟巨川實資舟檝然自恭臨朝序已積炎涼敎靡致於易風道尚慚於變俗良以哀迷在疚荼棘纏心陵廟未安匪遑專慮今者屬京遙踐龍馭上升既因大禮之終宜更中區之始朕居臨赤縣求瘼之志每盈子育蒼生恤隱之懷

鎭切惟欲勵精爲政克己化人使宗社固北辰之安區寓致南風之泰以斯酬眷命用此報先恩冀上不負於尊靈下微申於至懇夫五行遞用列代相承欲崇其德先遵所尚故夏以金運乘驪而尚元周以火行貴騂而尚赤將隆母德必欲子抉近者地不藏珍山無祕寶皇家土德勝氣彌彰宜從白賁之象以輔黃中之運自今以後旗幟皆從金色仍飾之以紫畫以雜文其應合改者所司詳依典故供奉帷幙咸用紫色自錄府衞所旗並改以皁八品已下舊服青者並改以碧其在京諸司文武職事五品已上清官并六品七品清官並每日入朝之時常服袴褶諸州縣長官在公衙亦準此自餘官朔望朝參皆依舊其色皆依本品又鎭星之在太微已歷年載著土精之美應表坤祚之元符宜同感帝以時薦享又東都改爲神都宮名太初宮但列署分司各因時而立號建官置職咸適事以標名而今曹僚之中稱謂多爽宜改尚書省爲文昌臺左僕射爲文昌左相右僕射爲文昌右相吏部尚書爲天官尚書戶部尚書爲地官尚書禮部尚書爲春官尚書兵部尚書爲夏官尚書刑部尚書爲秋官尚書工部尚書爲冬官尚

書門下省改爲鸞臺中書省改爲鳳閣侍中改爲納言中書令改爲內史太常寺改爲司禮寺鴻臚寺改爲司賓寺宗正寺改爲司屬寺光祿寺改爲司膳寺太府寺改爲司府寺太僕寺改爲司僕寺衞尉寺改爲司衞寺大理寺改爲司刑寺農寺依舊左右衞亦依舊左右驍衞爲左右武衞左右武衞爲左右鷹揚衞左右威衞爲左右豹韜衞左右領軍衞爲左右玉鈐衞左右金吾衞依舊其餘曹司及官僚名未改者所司速制名奏聞又司隸之官監郡之職所以巡省風俗刺舉愆違今人物殷煩區宇遐曠而所在

州縣未能澄肅可制右肅政御史臺一司其職員一準御史臺專知諸州按察其舊御史臺改左肅政御史臺專知在京有司及監諸軍旅并出使其諸州縣事參軍宜依舊令在京五品已上清官每日章善顯福等門各一人待詔朕當親訪政道詳求得失又元元者皇室之源蘊道德而無爲冠靈仙而不測業光衆妙仁覃庶品豈使寶允見御宸居先母竟無尊位可上尊號曰先天太后宜於老君廟所敬立尊像以申誠薦又洛州界内所有帝王之陵及自古清直之臣忠廉之佐並令州縣就其塋域一申致享又

自武德以來元勳佐命或以忠鯁事主或以道德匡君非身在有犯緣子孫絶封者前詔雖已處分或恐仍有關遺宜降霈澤重申前命又往日先朝聖武蕩定遐方日月照臨咸爲郡縣皆荷生成之惠無復遠近之殊朕矜撫之懷豈隔中外每念其後嗣愍愴良深繼絶興亡實爲本志各宜求其後允立之以承享獻其諸都護漢官及鎮兵等並悉放還其營奉山陵使及鹵簿使等並依別勅處分又兩京之所徭賦實繁亦令所司作優量法使勞逸得所靈駕所涉千里斯遙在路黎甿莫不哀奉念其勞弊情增感惻

其緣供頓及山陵者並免今年課稅又比來諸道軍行敘勳多濫或端居不出以貨買勳眞僞相蒙深爲巨蠹自今以後所司宜明具條例務令禁斷責成斯在可不勉歟如更有違必越法科處分又比命放出宮女已降詔書然以在內多時咸悉願住但念其各有親屬豈可久致分離宜準前恩即令放出又隆平日久戶口滋多物務既煩欺隱斯衆其上州三萬戶已上大縣萬戶已上各宜析出別置州縣惟雍洛二州不在此限又濟時之道求賢是務其官人及百姓等或器標瑚璉材堪棟幹或在職清慎或抱德

幽棲或武藝馳聲或文藻流譽宜令京官九品已上諸州長官各舉一人咸以名薦務取得賢之實無貽濫吹之譏又前者有詔具述內外官寮備陳行事以申勸沮但恐百官在職尚有虧違今欲重降深恩更垂寬宥棄瑕錄用罔責於前非滌罪論功必期於後善若又不悛已過重掛踈羅當使置以嚴刑倍加其罰思與士庶共此維新可大赦天下改文明元年爲光宅元年自九月五日昧爽已前大辟罪已下罪無輕重已發覺未發覺已結正未結正見繫囚徒皆赦除之流人未達前所者放還其犯十惡官人枉

法受賕監臨主守自盜所監臨劫賊殺人故殺人謀殺人反逆緣坐并軍將臨戎挫威喪律鎮遏失所虧損師徒及常赦所不免者並不在赦內亡官失爵量加收敘諸年八十已上各賜粟二石綿帛二段九十已上賜粟三石綿帛三段百歲已上賜粟五石綿帛五段並依舊例版授孝子順孫義夫節婦咸表門閭鰥寡惸獨篤疾之徒不能自存者並加賑恤亡命山澤挾藏軍器百日不首復罪如初敢以赦前事相告言者以其罪罪之布告天下咸使聞知其詔書內事有未盡者仍令所司作條例處分

改元載初赦文

朕聞元皇纂歷則天地以裁規大聖握圖法陰陽以施化故能牢籠品類陶鑄生靈敷景運於休期闡宏基於光宅昔有隋失馭率土分裂赤縣爲禾黍之場蒼生遇塗炭之酷我高祖神堯皇帝龍興汾晉鳳起寰區除梟獍而安八荒翦鯨鯢而清四海太宗文武聖皇帝膺昊穹之歷數鼓雷電之雄威服遠冠巢燧之前開邊越羲農之際鴻名邁於三五茂績隆於往初高宗天皇大帝稟雷澤之禎符降天縱之神器湛恩所被匝乾坤覆載之鄉至化所覃盡舟車所通之境撫璇丹極輯瑞蒼巖天平地成淳風啟千年之運樂和禮備寶祚隆三聖之基逖聽王猷熙開帝載朕以虛薄虔奉睿圖夙懷兢業不遑暇食幸穹昊貽佑宗社延祥河薦合天之符洛出永昌之籙時和歲稔遠肅邇安斯皆先德所延屢彰嘉貺自恭臨億兆已積炎涼尚想希風未臻於至道顧循菲德媿切於深衷思宏顧託之恩再闡混元之始夫以元穹列象三辰所以麗天厚載含章五行於焉紀地易曰三五以變錯綜其數通其變遂成天下之文極其數遂定天下之象火水相變其卦爲革彖曰天

地革而四時成言五德更相生變革萬象故帝者改政施教明受之於天不定之於人者也仲尼曰其或繼周者雖百代可知蓋以文質相因法度相改故矣是以伏羲高陽有周皆以建子之月爲正神農少昊陶唐有殷皆以建丑之月爲正軒轅高辛夏后漢氏皆以建寅之月爲正後雖百代可知者以此雖遭遇不同步驟殊致未有不表明物以章靈命之符者也我國家創業嘗有意改正朔矣所未改者蓋有由焉高祖草創百度因循隋氏太宗緯地經天日不暇給高宗嗣歷將宏丕訓改作之事屢發聖謨言

猶在耳永懷無及自五帝纘統三王馭宇或父子相承同體異德或金木迭跂應天順人故納麓登庸粤受終於文祖干戈革命必理歷於明時然則開元配永肇自陽來之旦統歷履端基於朔易之首孳萌發內氣律由中品物任而昭蘇生類蕩而敷革是知夏之人統不逮殷之地正殷之地正有殊周之天統元命所苞實在茲矣周公稽古制禮於成王之日漢高握德改元於武皇之代則知文物大備未遑於上業損益之道諒屬於中平朕所以式遵禮經奉成先志今推三統之次國家得天統當以建子月為正

考之羣藝厥義昭矣宜以永昌元年十有一月為載初元年正月十有二月改臘月來年正月改為一月自載初元年正月一日子時已前大辟罪已下罪無輕重已發覺未發覺已結正未結正見繫囚徒皆赦除之其叛逆緣坐及子孫殺祖父母父母部曲容姦奴婢殺主不在赦限其與敬業虺沖并諸虺友往還其魁首已伏誅其支黨事未發者特從原免不得更相告言內外見任文武九品已上職事官並賜爵一級天下百歲已上老人版授下州刺史米粟五石帛十段九十已上版授上州司馬米粟四石帛七段八十已上版授縣令道懸調并丁夫雜匠衛士及有番第等違番及逃走應陪番及徵課調者並特宜免放其欠負官物及盜詐三庫物並不在赦限鰥寡孤獨篤疾等不能存立者量加賑恤孝子順孫義夫節婦旌表門閭終身勿事天下百姓年二十一身為戶頭者各賜爵一級女子百戶賜以牛酒明堂役工人未被恩者付所司即類例定等級奏聞十五日內使了緣供明堂致死人其有未霑勳賜者亦宜準例酬給今年麥不熟處及遭霜澇之處並量放庸課州縣好加檢校勿使饑饉及新平軍差科百姓稍

有辛苦宜亦量加優恤蠲其徭役所司類例處分供象州軍百姓艱辛處未得復者宜給復一年洛州輦轂徭役繁多代朔并忻等州行軍及諸州供明堂木及銅處所司各類例節級給復皇親諸陪位未出身者量材處分已出身者賜勳一轉富商大賈衣服過制喪葬奢侈損廢生業州縣相知捉搦兩京兼委金吾檢校天下百姓皆須嫁娶以時勿使外有曠夫內有寡女戰亡人格外贈勳兩轉迴授朞親其子孫憚者州縣給糧安養征鎮人家口州縣存恤勸課殷有之家助其營種勿使外人侵欺仍令所司刊正

禮樂刪定律令格式不便於時者內外官五品已上各舉所知九經文字集學士詳正草其訛舛亡官失爵量加敘錄長流人別勅流人移貫人降授官人及後緣逆人用當及造罪過特處分者雖未至前所並不在敘限西府功臣及晉府子孫屈滯者量加收敘所司奏聞亡命山澤挾藏軍器百日不首復罪如初敢以赦前事相告言者以其罪罪之率土之內賜酺三日赦書日行五百里朕又聞之人必有名者所以吐情自紀尊事天人是故以甲以乙成湯爲子孫之制有類有象申孺明德義之由朕今懷柔百神

對揚上帝三靈眷祐萬國來庭宜膺正名之典式敷行政之方朕宜以曌爲名自卦演龍圖文開鳥跡萬人以察百工以乂所以宏敷政道宣明禮樂指事會意改易異塗轉注象形屈伸殊制周宣博雅史籀興古篆之文尼父溫良邱明述春秋之傳自諸侯力爭姬室寖微離爲二周分成七國律法異令田疇異畝言語異聲衣冠異制秦兼天下剗滅古文隸卒屢興兵車歲動官獄繁騖爰創隸書自著秦文肇興八體刻符兼於大篆摹印逮於殳書兩漢因之九千餘字張敞杜鄴講學於前揚雄甄豐校理於後魏晉以降代乏名儒穿鑿多門形聲轉繆結造新字附會其情古今訛舛稍益繁布畫規無端平之體魚鳥增奔放之容轉相倣效日滋日甚遂使後生學徒罔知所據先王載籍從此湮沈言念澆漓情深憫悼思返上皇之化佇移季葉之風但習俗多時良難頓改特創制一十二字率先百辟上有依於古體下有改於新文庶保可久之基方表還淳之意昔在包犧開木德之運軒轅應土行之序循環終始布在方策莫不績著帝猷功宣皇道方列三微之統乃膺五行之歷雖則盛比共工強踰嬴政齊桓晉文之業大彭

豕韋之美纔爲霸者豈登帝籙自炎精蕩覆王風哀思漢氏蒙塵中原離析當塗逆取但肆兵威典午專權無聞德化故三國鼎峙五胡幅裂或道乖嗣德或業匪孫謀良由取之不以樂推失之在乎虐用者也及齊梁竊據僻在江淮周魏勃興奄宅咸洛雖變夷從夏號令惟行於境內而智小謀大聲教不通於天下隋之御極陳氏猶存開皇之中纔聞混一嗣主失道俄至分崩七八年間生人泯絕秦項之酷猶未之半開闢已來蓋未之有我國家祖宗積德文武重光仁風被於四表英猷冠於三代易不云乎天地

之道恒久而不易者也仲尼曰善人爲邦百年可以勝殘去殺則知聖王久於其道而天下化成矣自魏至隋年將四百稱皇僭帝數十餘家莫不廢王道而立私權先詐力而後仁義勳未踰於列國德不慚於霸圖雖復時合諸侯一匡區域晉武踐祚茂烈多慚於水官隋帝乘時雄圖不逮於秦氏惟彼二君閏位況區區者豈宜當三統之數者乎朕逖聽皇綱幽求帝典定王霸之眞僞洗生人之耳目庶叶三推之美光宣五帝之次況當布政景化維新太初開歷上元伊始宜以發揮大寶申明歷數恢皇家正土之

符繼炎劉眞火之序摛之罔極垂之無窮以周漢之後爲二王仍封舜禹成湯之裔爲三恪所司求其苗裔即加封建其周隋宜同列國其嗣使主祭焉布告遐邇咸知朕意主者施行

欽定全唐文卷九十七

高宗武皇后 三

請親祭地祇表

伏尋登封之禮遠邁古先而降禪之儀竊爲未允其祭地祇之日以太后昭配至於行事皆以公卿以妾愚誠恐未周備何者乾坤定位剛柔之義已殊經義載陳中外之儀斯別瑤壇作配既合於方祇玉豆薦芳實歸於內職況推尊先后親饗瓊筵豈有外命宰臣內參禋祭詳於至理有紊徽章但禮節之源雖興於昔典而升降之制尚缺於遙

圖且往代封嶽雖云顯號或因時省俗意在尋仙或以情覲名事深爲己豈如化被乎四表推美於神宗道冠乎二儀歸功於先德寧可仍遵舊軌靡創彝章妾謬處椒闈叨居蘭掖但以職惟中饋道屬於烝嘗義切奉先理光於蘋藻罔極之思載結於因心祇肅之懷實深於明祀但妾早乖定省已闕侍於晨昏今屬崇禋豈敢安於帷幕是故馳情夕寢睠嬴里而翹魂叠慮宵興仰梁郊而聳念伏望展禮之日總率六宮內外命婦以親奉奠冀申如在之敬式展虔拜之儀積此微忱已淹氣序既屬鑾輿將警奠璧非

賒輒效丹心庶裨大禮冀聖朝垂則永播於芳規螢燭末光增輝於日月

請父在爲母終三年服表

夫禮緣人情而立制因時事而爲範變古者未必是循舊者不足多也至如父在爲母服止一朞雖心喪三年服由尊降竊謂子之於母慈愛特深非母不生非母不育推燥居濕咽苦吐甘生養勞瘁恩斯極矣所以禽獸之情猶知其母三年在懷理宜崇報若父在爲母服止一朞尊父之敬雖周報母之慈有闕且齊衰之制足爲差減更令周以

一朞恐傷人子之志今請父在爲母終三年之服

勞姚璹璽書

夫嚴霜之下識貞松之擅奇疾風之前知勁草之爲貴物既有此人亦宜哉卿早荷朝恩委任斯重居中作相宏益已多防邊訓兵心力俱盡歲寒無改終始不渝洒眷蜀中吡俗殷雜久缺良守徼於侵漁政以賄成人無厝足是用命卿出鎮寄茲存養果能攬轡澄清下車整肅吏不敢犯姦無所容前後糾擿蓋非一緒貪殘之伍屛跡於列城剽奪之儔遁形於外境詎勞朞月康此黎元言念德聲良深嘉尚宜布瑯邪之化當以豫州爲法

喻劉仁軌璽書

今以皇帝諒闇不言眇身且代親政遠勞勸誡復表辭衰疾怪望既衰徊徨失據又云呂后見嗤於後代祿產貽禍於漢朝引喻良深愧慰交集公忠貞之操終始不渝勁直之風古今罕比初聞此語能不惘然靜而思之是爲龜鏡且端揆之任儀刑百辟況公先朝舊德遐邇具瞻願以匡救爲懷無以暮年致請

勞婁師德書

卿素積忠勤兼懷武略朕所以寄之襟要授以甲兵自卿受委北陲總司軍任往還靈夏檢校屯田收率既多京坻遽積不煩和糴之費無復轉輸之艱兩軍及北鎮兵數年咸得支給勤勞之誠久而彌著覽以嘉尚欣悅良深

賜少林寺僧書

暑候將闌炎序彌澹山林靜寂梵宇清虛宴坐經行想當休愈弟子前隨鳳駕過謁鷲巖觀寶塔以徘徊覩先妣之淨業薰修之所猶未畢功一見悲驚萬感兼集攀光寶樹載深風樹之哀弔影珠泉更積寒泉之思弟子自惟薄祜

鎮切煢懷每屆秋期倍軫摧心之痛炎涼遞運逾添切骨之哀未極三旬頻鍾二忌恨乘時而更恨悲踐露而逾悲惟託福田少申荒思今欲續成先志重置莊嚴故遣三思賫金絹等物往彼就師平章幸識斯意即務修營望及諱辰終此功德所冀罄斯誠懇以奉津梁稍宣資助之懷微慰煢迷之緒略書示意指不多云

賜胡洞眞天師書

先生道位高尚早出塵俗如軒歷之廣成漢朝之河上遂能不遠千里來赴三川日御先開望霓裳之漸遠天津後

淩瞻鶴蓋以方遙空睇風雲惆悵無已儻蒙九轉之餘希遺一丸之藥

方廣大莊嚴經序

朕聞眞空無象非象教無以譯其眞實際無言非言緒無以詮其實是以龍宮法鏡圓照匝於三千鷲嶺元門方廣周於百億師無師之智必藉修多學無學之宗終資祇夜自金人感夢寶偈方傳貝葉靈文北天之訓逾遠貫華微旨西秦之譯更新大乘小乘逗根機而演教半字滿字逐權實而相曉叡唐御寓載叶昌期代傳三聖年將七十舜河與定水俱淸堯燭與慈燈並照緇衣西上寧惟法顯之流白馬東來豈直摩騰之輩大宏釋教諒屬茲辰朕爰自幼齡歸心彼岸務廣三明之路思崇八正之門往者夙搆閔凶遽違嚴蔭近以孝誠無感復背慈顏露草之恨日深風樹之悲鎮切凡是二親之所蓄用兩京之所舊居莫不總結招提之宇咸充無盡之藏仍集京城大德等凡有十人共中天竺國三藏法師地婆訶羅於西太原寺同譯經論法師等並業隣初地道駕彌天爲佛法之棟梁乃慧海之舟檝前後翻譯凡有十部以垂拱元年歲次大梁月旅

夷則汗青方就裝縹畢功甘露之旨既深大雲之喻方遠庶永垂沙劫廣濟塵區傳火之義自明瀉瓶之辯逾潤朕以虛昧欽承顧託常願紹隆三寶安大寶之鴻基發揮八聖固先聖之丕業所以四句微言極提河之深致一音妙義盡庵園之奧旨擊大法鼓響振於無聞吹大法螺聲通於有頂爲闇室之明炬實昏衢之慧月菩提了義其在茲乎部帙條流列之於後

大周新譯大方廣佛華嚴經序

蓋聞造化權輿之首天道未分龜龍繫象之初人文始著

雖萬八千歲同臨有截之區七十二君詎識無邊之義由是人迷四忍輪迴於六趣之中家纏五蓋沒溺於三途之下及夫鷲巖西峙象駕東驅慧日法王超四大而高視中天調御越十地以居尊包括鐵圍延促沙劫其爲體也則不生不滅其爲相也則無去無來念處正勤三十七品爲其行慈悲喜捨四無量法運其心方便之力難思圓對之機多緒混太空而爲量豈算數之能窮入纖芥之微區匪名言之可述無得而稱者其唯大覺歟朕曩劫植因叨承佛記金山降旨大雲之偈先彰玉扆披祥寶雨之文後及

加以積善餘慶俯集微躬遂得地平天成河清海晏殊祥絕瑞既日至而月書貝牒靈文亦時臻而歲洽踰海越漠獻賝之禮備焉架險航深重譯之詞罄矣大方廣佛華嚴經者斯乃諸佛之密藏如來之性海視之者莫識其指歸挹之者罕測其涯際有學無學志絕窺覦二乘三乘寧希聽受最勝種智莊嚴之跡既隆普賢文殊願行之因斯滿一句之內包法界之無邊一毫之中置剎土而非隘摩竭陀國肇興妙會之緣普光法堂爰敷寂滅之理緬惟奧義譯在晉朝時踰六代年將四百然一部之典纔獲三萬餘言唯啟半珠未窺全寶朕聞其梵本先在于闐國中遣使奉迎近方至此既覩百千之妙頌乃披十萬之正文粵以證聖元年歲次乙未月旅姑洗朔惟戊申以其十四日辛酉於大徧空寺親受筆削敬譯斯經遂得甘露流津預夢庚申之夕膏雨灑潤後覃壬戌之辰式開實相之門還符一味之澤以聖歷二年歲次己亥十月壬午朔八日己丑繕寫畢功添性海之波瀾廓法界之疆域大乘頓教普被於無窮方廣真詮遐該於有識豈謂後五百歲忽奉金口之言娑婆界中俄啟珠函之祕所冀闡揚沙界宣暢塵區

並兩曜而長懸彌十方而永布一窺寶偈慶溢心靈三復幽宗喜盈身意雖則無說無示理符不二之門然因言顯言方闡大千之意輒申鄙作爰題序云

三藏聖教序

蓋聞大乘奧典光祕賾於瓊編三藏元樞著靈文於寶偈斯乃牢籠繫象演暢幽深雖第一義空名言之路雙絕諸法無相聽說之理兼忘然則發啟善根實資開導宏宣妙旨終寄顯揚至若鹿野初開儼尊容於常住龍宮載歸緘舍利於將來所以地涌全身爲證說經之兆空懸寶殿爰

標闡法之微八萬四千分布閻浮之境三十六億莊嚴平等之居數演一音則隨類而解廣陳三句則劫壽難窮自夜掩周星宵通漢夢玉毫流彩式彰東漸之風金口傳芳遂覩後秦之譯修多祇夜之秘躅因緣譬喻之要宗授記之與本生方廣之與論議雖立名差别而究理不殊同歸實相之源並湊涅槃之會朕幼崇釋教夙慕歸依思欲運六道於慈舟迴超苦海驅四生於彼岸永離蓋纏窮貝牒之遺文集蜂臺之秘籙今於大福先寺翻譯院所更譯斯經所言入定不定印經者此明退不退之心前二後三雖

有遲速如來設教同趣菩提既顯神咒之功莊嚴最上爰述下生之記說法度人三藏法師義淨等並緇俗之綱維紺坊之龍象德包初地道轥彌天光我紹隆之基更峻住持之業以久視元年歲次庚子五月五日繕寫畢功重開甘露之門方布大雲之蔭所冀芥城數極鳥筆猶傳拂石年窮樹經無泯宏濟覃於百億還拔被於恒沙部帙條流列之於左

夏日遊石淙詩序

若夫圓嶠方壺涉滄波而靡際金臺玉闕陟懸圃而無階唯聞山海之經空覽神仙之記爰有石淙者即平樂澗也爾其近接嵩嶺俯届箕峯瞻少室兮若蓮睇潁川兮如帶旣而躡崎嶇之山徑蔭蒙密之藤蘿淘湧洪湍落虛潭而送響高低翠壁列幽澗而開筵密葉舒帷屏梅氛而蕩燠踈松引吹清麥候以含涼就林藪而王心神對煙霞而滌塵累森沈邱壑即是桃源淼漫平流還浮竹箭紉薜荔而成帳聳蓮石而如樓洞口全開溜千年之芳髓山腰半坼吐十里之香粳無煩崑閬之游自然形勝之所當使人題綠翰各寫瓊篇庶無滯於幽棲冀不孤於泉石各題四韻

咸賦七言

新譯大乘入楞伽經序

蓋聞摩羅山頂旣最崇而最嚴楞伽城中實難往而難入先佛宏宣之地曩聖修行之所爰有城主號羅婆那乘宮殿以謁尊顏奏樂音而祈妙法因蓋峯以表興指藏海以明宗所言入楞伽經者斯乃諸佛心量之元樞羣經理窟之妙鍵廣喻幽旨洞明深意不生不滅非有非無絶去來之二途離斷常之雙執以第一義諦得最上妙珍體諸法之皆虛知前境之如幻混假名之分别等生死於涅槃大

慧之問初承法王之旨斯發一百八義應實相而離世間三十九門破邪見而宣正法曉名相之並假祛妄想之迷衿依正智以會如如悟緣起而歸妙理境風既息識浪方澄三自性皆空二無我俱泯入如來之藏遊解脫之門原此經文來自西國至若元嘉建號跋陀之譯未弘延昌紀年流支之義多舛朕虔思付囑情切紹隆以久視元年歲次庚子林鐘紀律炎帝司辰於時避暑箕峯觀風潁水三陽宮內重出斯經討三本之要詮成七卷之了教三藏沙門于闐國僧實叉難陀大德大福先寺僧復禮等並名追

安遠德契騰蘭襲龍樹之芳猷探馬鳴之秘府戒香與覺花齊馥意珠共性月同圓故能了達沖微發揮奧賾以長安四年正月十五日繕寫云畢自惟菲薄言謝珪璋顧四辯而多慙瞻一乘而罔測難違緇俗之請強申翰墨之文詞拙理乖彌增愧恧伏以此經微妙最爲希有所冀破重昏之闇傳燈之句不窮演流注之功湧泉之義無盡題目品次列於後云

臣軌序　軌一作範

蓋聞惟天著象庶品同於照臨惟地含章羣生等於亭育朕以庸昧忝位坤元思齊厚載之仁式罄普覃之惠迺中迺外思養之志靡殊惟子惟臣慈誘之情無隔願申殫懇上翊紫機爰洎衆僚聿匡元化伏以天皇明逾則哲志切旁求簪裾總川岳之靈珩珮聚星辰之秀羣英莅職衆彥分司足以廣扇淳風長隆寶祚但母之於子慈愛特深雖復已積忠良猶且思垂勸勵昔文伯既達仍加喻軸之言孟軻已賢更益斷機之誨良以情隆撫字心欲助成比者太子及王已撰修身之訓羣公列辟未敷忠告之規近以暇辰遊心文府聊因煒管用寫虛襟故綴敘所聞以爲臣

軌一部想周朝之十亂爰著十章思殷室之兩臣分爲兩卷所以發揮德行鎔範身心爲事上之軌模作臣下之繩準若乃遐想緜載眇鑒前修莫不元首居尊股肱宣力資棟梁而成大廈憑舟楫而濟巨川唱和相依同功共體然則君親既立忠孝形焉奉國奉家率由之道寧二事君事父資敬之途斯一臣主之義其至矣乎休戚是均可不深鑒夫麗容雖麗猶待鏡以端形明德雖明終假言而榮行今故以茲所撰普錫具僚誠非筆削之工貴申裨道之益何則正言斯重元珠比而尚輕巽語爲珍蒼璧喻而非寶

是知贈人以財者唯申即目之歡贈人以言者能致終身之福若使佩茲箴戒同彼韋弦修己必顧其規立行每觀其則自然榮隨歲積慶與時新家將國而共安下與上而俱泰察微之士所宜三思庶照鄙誠敬終高德凡諸章目列於後云

乾陵述聖記

朕聞陽耀陰凝混元所以闕二字天覆地闕十一字高宗見之矣粤若稽古帝唐神闕俱爲薙草之場喙喙齊萌同變亂麻之域高祖神堯皇帝晦電凝禎流虹降祉鍾昊穹之眷命闕三字之闕二字太宗文武聖皇帝資靈寶緯挺睿金英稟赤帝於南宮闕地而殪封狶殲蝟結而殄鴟張疇野裂而阪泉囊白波靜而闕展臨明臺而養正坐衢室以居尊宵衣兢若厲之懷旰食闕三字之闕高宗大帝焉爰初在孕及乎載誕見龍登寢其宵有夢象之符休闕大帝之懷紫翼錦鱗與常有異排黼帷而莫懼依繡闕一字而無闕二字聖后曰烏爲慈孝之鳥復是太陽之精天意若曰此兒其以愛闕化方流初涉藝門生知自遠若砥金之含彩同瑩玉之開闕不充行莫能正履衣未嘗解帶暨陰明落照柔範韜儀

闕埋璽於相思殿前因告天地明祇及山川羣望曰當璽而立闕在庭分陝聿諧其望執金按道闕一字宛闕一字慕其榮於是式降闕之計不謀同發一旦闕一字收是知殷憂以啟聖明多難以闕試之功文武斯極又嘗監和御藥手持入進屬太闕以情職廢農基以觸璽驚仗天威震怒立命斬之闕戈戰闕一字戎夏克清獨有涓水虧風丸山阻順皇赫斯怒闕戰之氣闕一字居百步之中大帝莫能自安魂膽飛闕而以遠涉之勞時有不豫令大帝總知軍國間日闕太宗命大帝承旨玉階即令敷暢闕貎太宗撫大帝頰而言曰吾聞闕流闕集紫庭地含梧野之哀山起祚宮闕之物豈余闕二字而闕二字哉侍臣銜涕敦勸扶而闕先忌則潸泣累晨澤奉遺圖則凝哀永曰因闕之鏡歟好生惡煞之闕一字財成有截兩施雲行之惠沐浴闕其源而春賞秋罰闕二字攀檻思聞逆耳之言輕說狂詞闕煥乎天文架丹一闕一字而首出矣闕一字材兼運杖仁義以明威闕官貽後昆而作範劉臺罷構姬沼弗營寶駟咸歸闕畜而闕二字皇之神務爲想空谷以載懷望中林而式闕刑不怒而威不言而信去罰寔由於一德勝殘無闕凝甘闕三字而湛夜瑞蓮薦

搖風之影祥闕萬騎字闕二披月候於云崙轉星闉闕謀臣若雨猛將如雲競獻九攻之能爭闕九天偏將暫動戎麾俄清十角闕逍遙而訪道思窅眇以尋眞或轉旆蕭關或闕巳崩字闕三貞字闕二抱字闕一烏而凝哀捧遺弓而闕仁況又神聖文武並字闕一謚今故因仍舊闕文字闕一之詞英豈能字闕一聖海之源敘闕始字闕一敬養允副因心近者一闕字遠之紛塋兆闕自古聖皇咸遵菲葬穀林稽嶺唯聞簡素闕因天造無待人功微將所習之書以示不忘闕而一闕字符隱翠柏而成象石呈永固闕將歸上京崩訴穹旻志期攀闕易字闕一茹荼之恨字闕一盡唯思贊述少慰抽摧但闕

織錦迴文記

前秦苻堅時秦州刺史扶風竇滔妻蘇氏陳留令武功道質第三女也名蕙字若蘭識知精明儀容秀麗謙默自守不求顯揚行年十六歸於竇氏滔甚敬之然蘇性近於急頗傷嫉妒滔字連波右將軍子眞之孫朗之第二子也風神秀偉該通經史允文允武時論高之苻堅委以心膂之任備歷顯職皆有政聞遷秦州刺史以忤旨謫戍燉煌會堅寇晉襄陽慮有危逼藉滔才略乃拜安南將軍留鎮襄陽焉初滔有寵姬趙陽臺歌舞之妙無出其右滔置之別所蘇氏知之求而獲焉苦加捶辱滔深以爲憾陽臺又專形蘇氏之短諂毀交至滔益忿焉蘇氏時年二十一及滔將鎮襄陽邀其同往蘇氏忿之不與偕行滔遂攜陽臺之任斷其音問蘇氏悔恨自傷因織錦迴文五綵相宣瑩心耀目其錦縱橫八寸題詩二百餘首計八百餘言縱橫反覆皆成章句其文點畫無缺才情之妙超今邁古名曰璇璣圖然讀者不能盡通蘇氏笑而謂人曰徘徊宛轉自成

文章非我佳人莫之能解遂發蒼頭齎致襄陽焉滔省覽錦字感其妙絕因送陽臺之關中而具車徒盛禮邀迎蘇氏歸於漢南恩好愈重蘇氏著文詞五千餘言屬隋季喪亂文字散落追求不獲而錦字迴文盛見傳寫是近代閨怨之宗旨屬文士咸龜鏡焉朕聽政之暇留心墳典散帙之次偶見斯圖因述若蘭之才復美連波之悔過遂製此記聊以示將來也如意元年五月一日大周天冊金輪皇帝御製

欽定全唐文卷九十八

高宗武皇后 四

賜新除都督刺史繡袍回文銘

德政惟明職令思平清慎忠勤榮進躬親

賜三品以下官繡袍回文銘

忠貞正直崇慶榮職文昌翊政勳彰慶陟懿沖順彰義忠慎光廉正躬奉謙感忠勇

豫州鼎銘

羲農首出軒昊膺期唐虞繼踵湯禹乘時天下光宅域內

雍熙上元降祉方建隆基

昇仙太子碑 并序

朕聞天地權輿混元黃於元氣陰陽草昧徵造化於洪鑪萬品於是資生三才以之肇建然則春榮秋落四時變寒暑之機玉兔金烏兩曜遞行藏之運是知乾坤至大不能無傾缺之形日月至明不能免盈虧之數豈若混成爲質先二儀以開元兆道標名母萬物而爲稱惟怳惟惚窈冥超言象之端無去無來寥廓出寰區之外驂鸞馭鳳昇八景而戲仙庭駕月乘雲驅百靈而朝上帝元都迴闢玉京爲不死之鄉紫府旁開金闕乃長生之地吸朝霞而飲甘露控白鹿而化青龍魚腹神符已效徵於涓子管中靈藥方演術於封君從壺公而見玉堂召盧敖而赴元闕炎皇少女剩往仙家貿局先生來過吳市或排煙而長往或御風而不旋既化飯以成蜂亦變枯而生葉費長房之縮地目覽遐荒趙簡子之賓天親聆廣樂懷中設餌標許彥之奇方座上釣魚呈左慈之妙技遂昇閶道遠睇平衢鼓琴瑟而駕輜軿出西關而遊北海登崐崘而一息期汗漫於九垓湘東遺鳥跡之書濟北致魚山之會拂虹旌於日路

飛羽蓋於煙郊既入無窮之門遂游無極之野青虬吐甲爰披五岳之文丹鳳銜符式受三皇之訣瀨鄉九井漾德水而澄漪淮南八仙著眞圖而闡祕自非天姿拔俗靈骨超凡豈能訪金籙於元門尋玉皇於碧落者矣昇仙太子者字子喬周靈王之太子也原夫補天益地之崇基三分有二之洪業神宗啟胄先承履帝之祥聖考興源幼表靈頵之相白魚標於瑞典赤雀降於禎符屈叔譽於三窮錫師曠以四馬穀洛之鬬嚴父申欲壅之規而匡救之誠仙儲切犯顏之諫播臣子之懿範顯圖史之芳聲而靈應難

窺冥徵罕測紫雲爲蓋見嘉貺於張陵白蜺成質遺神丹
於崔子鳳笙流響恒居伊洛之閒鶴駕騰鑣俄陟神仙之
路嵩高嶺上雖藉浮邱之迎緱氏峯前終待桓良之告儔
稽素篆仰叩元經時將玉帝之游乍洽琳宮之宴仙冠岌
岌表嘉稱於芙蓉右弼巍巍效靈官於桐柏九丹可挹仍
標延壽之誠千載方傳尚紀仙人之祀辭青宮而歸九府
棄蒼震而纂重元無勞羽翼之功坐致雲霄之賞雖黃庭
衆聖未接於末塵紫洞羣靈豈驂於後乘斯乃騰芳萬古
擅美千齡豈與夫松子陶公同年而語者也我國家先天

纂業闢地裁基正八柱於乾綱紐四維於坤載山鳴鸑鷟
爰彰受命之祥洛出圖書式兆興王之運廓提封於百億
聲教洽於無垠被正朔於三千文軌同於有截茫茫宇宙
掩沙界以疏疆眇眇寰區籠鐵圍而劃境坐明堂以崇嚴
祀大禮攸陳謁清廟而展因心洪規更闡文山西峙上聳
於圓清武井東流下凝於方濁駢柯連理恒騁異於彤墀
九穗兩岐每呈祥於翠畝神芝吐秀宛成輪蓋之形歷草
抽英還司朔望之候山車澤馬充仞於郊畿瑞表祥圖洋
溢於中外乾坤交泰陰陽和而風雨調遠肅邇安兵戈戢

而爟烽靜西鶼東鰈已告太平之符鄗黍江茅屢薦昇中
之應而王公卿士百辟羣僚咸詣闕以披陳請登封而告
禪敬陳嚴配之典用展禋宗之儀泥金而叶於告成瘞玉
而騰於茂實千齡盛禮一旦咸申爾乃鳳輦排虛旣造雲
霞之路龍旗拂迥方馳日月之扃後殿縈山先鋒蔽野千
乘萬騎鉤陳指靈岳之前谷邃川停羽駕陟仙壇之所旣
而馳情煙路係想元門遥臨松寢之前近瞰桂巖之下重
巒絶磴空留落景之暉複廟連甍徒見浮雲之影山扉半
毀纔覩昔年之規礀牖全傾更創今辰之製乃爲子晉重

立廟焉仍改號爲昇仙太子之廟方依福地肇啟仙居開
廟後之新基獲藏中之古劍昆吾挺質巨闕標名白虹將
紫電爭鋒飛景共流星競彩去夜驚而除衆毒輕百戶而
却三軍空勞望氣之人自遇象天之寶巖巖石室紀黃老
五千之文赫赫靈壇披碧洞三元之籙爰於去歲嘗遣內
史往祠雖人祇有路隔之言而冥契著潛通之兆遂於此
日頻感殊禎迢遞雲間聞鳳笙之度響徘徊空裏瞻鶴駕
之來儀瑞氣氤氳異香芬馥欽承景貺目擊休徵爾其近
對緱岑遥臨嵩嶺變維城之往廟建儲后之今祠窮工匠

之奇精傍臨絕壑建山川之體勢上冠雲霓其地則測景名都交風勝壤仰觀元緯星文當太室之邦俯矚黃輿地理處均霜之境膏腴宇宙通百越之樓船穴險山原控八方之車騎危峯切漢德水橫川實天下之樞機極域中之壯觀於是捫危鑿阯越壑裁基命般爾而開筵召公輸而綴思梅梁瞰迥近架煙霞桂棟臨虛上連日月窻明雲母將曙景而同暉戶挂琉璃共晴天而合色曲閣乘九霄之表重檐架八景之中湛休水於天池發祥花於奇樹珠闕據巖峯之外瑤壇接嵩嶠之隈素女乘雲窺步檐而不遠

青童駕羽仰層檻而何階茂躅鬱兮若生靈儀肅兮如在昔峴山靈液猶見鉅平之碑襄水沈波尚有當陽之碣況乎上賓天帝搖山之風樂不歸下接浮邱洛浦之笙歌斯遠豈可使芳猷懿躅與歲月而推遷霞宇星壇共風煙而歇滅迺刊碑勒頌用紀徽音庶億載而惟新齊兩儀而配久方佇乘龍使者爲降還齡之符駕羽仙人曲垂駐壽之藥使璇璣叶度玉燭調時百穀喜於豐年兆庶安於泰俗虔敷短製乃作銘云

邈矣元始悠哉渾成傍該萬類仰契三精至神不測大象難名出入太素驅馳上淸其一黃庭仙室丹闕靈臺銀宮雪合玉樹花開夕游雲路朝挹霞杯霓旌髣髴羽駕徘徊其二樹基創業遷朝立市四險天中三川地紀白魚呈貺丹烏薦祉靈骨仙才芳猷不已其三遐瞻帝系仰睠仙儲遥馳月域高步煙墟名超紫府職邁玉虛飄颻芝蓋容與雲車其四遠集崐崘遥期汗漫金漿玉液霧官霞館瑤草扶疎珠林璀璨萬劫非久二儀何算其五棲心大道託迹長生三山可陟九轉方成鳧飛舃影鳳引歌聲永昇金闕恒遊玉京其六青童素女浮邱赤松位稱桐柏冠號芙蓉壽眞御辯控鶴

乘龍高排雲霧輕舉遐蹤其七歲往年移天長地久霄漢爲室煙霞作友舞鶴飛蓋歌鸞送酒絕迹氛埃芳名不朽其八粤我大周上膺元命補天立極重光累聖嘉瑞屢臻殊祥疊映歸功蒼昊昇中表慶其九爰因展禮途接靈居年載超忽庭宇凋疎更安珠欵重開玉虛方依翠壁敬勒丹書其十新基建趾古劒騰文鳳笙飛韻鶴駕淩雲休符雜沓嘉瑞氤氳仙儀靡覓逸響空聞其十一仰聖思元求眞懷昔霞軒月殿星宮霧驛萬歲須臾千齡朝夕紀盛德於芳翰勒鴻名於貞石其十二

大福先寺浮圖碑

朕聞圓蓋上騰元氣創乾坤之始方輿下闢太極分造化之初象帝膺期彈壓陰陽之表風皇馭歷牢籠宇宙之先然而迹昧洪荒聲沈朴略豈如法王法力迴超生滅之區勝躅勝緣高拔去來之境淨身圓對赴機感而現金容覺智虛融隨慧應而流寶句普霑法雨等蔭慈雲引六趣而託神居招四生而登覺域即色非色湛實相而載山河因空示空就法性而懸日月道分四攝廣開邊拔之源理極一乘潛申究竟之路禪波湛鏡登彼岸而出四流慧日昇

輪光九天而燭三界含識戴能仁之力懷生仰調御之功諸相皆無神獨超於解脫即心爲有道深會於慈悲誘悟羣迷昭宣景福故乘因喻筏證果中天汲引被於含生濟度該於庶品無來不應有感斯通轉十二之法輪除億兆之疑網爲出塵之妙境乃化俗之良因大庇含靈其惟正覺者矣伏惟皇考太祖無上孝明高皇帝負日標靈膺雲誕秀神凝繫表思韞機初瑞叶珠衡祥開玉斗允文允武名光百代之前乃聖乃神功冠千齡之表仁覃覆載總天地之無私化洽財成貫陰陽之不測皇妣無上孝明高皇后習禮凝規依仁成性柔輝允穆播蘭畹之清芬媛範惟新激林飈之逸韻玉雞貽貺沙麓降祥邁附寶以居尊軼女登而表德功高十亂視天之業彌隆化漸六宮偃月之符載遠然以孝誠無感夙遘閔凶怙恃之蔭俱傾攀號之志恒切銅渾變序鎮增荼蓼之悲銀箭移年伏深松檟之慕露草有長摧之感風枝無再靜之期思奠謁而增悽想靈筵而倍咽白雲馳戀蒼野凝哀上仙之歲方遙攀聖之哀轉積然則金谷湛寂常住之體逾隆寶相騰輝善逝之因彌洽式駐輪迴之境係想青蓮佇開方便之門運心丹

枕故知報慈恩於畢地善權之願斯宏竭孝享於終天波若之資攸重所以虔心勝祐肅奉明因迺建香城虔興淨域大福先寺者先聖之舊居也爾其途臨測景地處交風樓臺鬱而煙霧深山川曠而原野淨前瞻太室控紫岳之三花却鏡伊瀍帶黃河之千里龍門右闢通梵宇之清輝龜浦橫流激禪池之逸派途開八政門閱九逵萬國交會之區四海朝宗之所崇軒四敞邃宇千重複道周流危階邐迤霜鐘月磬聲參洛浦之笙玉女仙人影接緱山之鶴東西日月行藏靈鷲之峯朝夕煙霞隱映猴池之水地積

吉祥之草鹿苑含芳庭敷覺意之花雞林絢色清風振響韻諧天樂之音弄鳥和鳴聲雜魚山之梵雕宮曉闢綺殿宵開疑觀帝釋之居似覩燈王之座珠樓曜景苑如兜率之天寶樹吟風事符安養之國虹梁天矯上出漢而疑懸虬棟參差下臨空而畏落曾軒峻宇猶昔日之餘基珠閣銀宮諒今辰之新葺桂吐連拳之影氣藴秋窻蓮舒菡萏之輝香浮夏沼雲纓霧縠與道樹而交陰寶蓋珠幡共流霞而合色柰園敷蘂香雜天花竹苑來風聲喧地籟危樓複道之峻何必醍醐之山福地聖泉之流豈獨僧伽之水

雕甍錯落似布龍鱗繡宇岧嶤如培羊角飛檐畫栱迴騰雲閣之前藻井披蓮高出星河之上璇題切漢陰兔以之停輪寶刹干霄陽烏爲之迴翼珠髻力士金色善神依寶界以資祥對仙庭而護法鑪積六銖之氣幡摇五色之虹讚梵之響風傳雕飾之資霧積所謂嚴持淨域建立招提非百常之可奇何九層之能擬竹陰藏日藴虛白而生寒松氣含煙鬱青霞而似暝臨三休之窈窕對雙闕之崢嶸窮壯觀於周原極雕鐫於郢匠討論形勝眺覽盡於無邊推出因緣利涉該於有截爾乃崇梵宇選名僧或杖錫而

來臻或乘杯而戾止莫不情塵久謝性月恒明遠蹈四禪迥超三界談高象外激揚金口之詞思逸幽元敷讚琅函之典雖復戴馮重席比雅論而多慚惠子聯環擬清談而有愧十地盡禪門之侶四天爲法會之賓肅肅焉惶惶焉誠紺宇之棟梁實緇徒之領袖者也故能使天龍恭敬道俗歸依息火宅而清炎洗塵勞而滌想宏大慈而廣濟爲曠劫之洪津方標六度之功實啟一乘之路所以憑善權之妙業廣元聖之隆基仰竭深衷敬申宏願聿懷多福式建浮圖恭記勝緣敬資先佑爰初制造逮至畢功嘉覞駢

闐休符雜沓靈龕告曙匠者候以興功仙鶴呈姿僧徒仰而咸躍或瑞雲騰彩遶蓮塔以成文或祥龍見奇俯花臺而曜影寶梯攝迥平臨善視之天香蓋排空高出多羅之樹毗婆山上七葉數石室之中無量佛前百花散善提之下真人羅漢超化闍以遊神菩薩聲聞入仙宫而締賞文殊師利疑問疾於淨名薩陁波崘似請經於無竭十六丈屋豈惟須達之功千二百房詎假祇陁之勢雖復寶塔踊出無以匹此精奇花臺傑起不足擬其神妙千變萬化六彩五彰隱隱冠於虹蜺迢迢入於雲漢珠交夕映綴星月

之仙輝寶鐸晨吟韻宮商之逸響于闐香像盡寫龍龕舍利全身咸昇鴈塔經綸畢備制度咸修既欣冥力之資理藉神功之助巍如地踊邈若天開齊壯觀於鐵圍得規模於梓匠靈機不測發揮宇宙之精神道無方盤薄陰陽之氣當願莊嚴聖辰奉翊尊容七淨澄神三明啟慮登花臺而縱賞俯葉座而宣 闕 天駕彝星皇之表財成十地凝圖日帝之先 闕 宗廟逾隆與金山而等峻寰區益廣並沙劫而常寧景運休明乾坤交泰龍駕與高穹共遠鳳歷將 闕 九瀛塵清四表元良則道光貳極識朗重明孝 闕

元宗江妃

妃名采蘋莆田人開元初高力士選入侍元宗甚見寵幸所居悉植梅花帝因其好名爲梅妃

樓東賦

玉鑑塵生鳳奩香殄懶蟬鬢之巧梳閑縷衣之輕練苦寂寞於蕙宮但凝思乎蘭殿信飄落之梅花隔長門而不見況乃花心颺恨柳眼弄愁暖風習習春鳥啾啾樓上黃昏兮聽鳳吹而回首碧雲日暮兮對素月而凝眸溫泉不到憶拾翠之舊遊長門深閉嗟青鸞之信修憶昔太液清波水光蕩浮笙歌燕賞陪從宸旒奏舞鸞之妙曲乘畫鷁之仙舟君情繾綣深敘綢繆誓山海而長在似日月而無休奈何嫉色庸庸妬氣沖沖奪我之愛幸斥我於幽宮思舊歡之莫得夢想著乎朦朧度花朝與月夕羞懶對乎春風欲相如之奏賦奈代才之不工屬愁吟之未盡已響動乎疎鍾空長嘆而掩袂躊躇步於樓東

宋尚宮

尚宮名若昭貝州清陽人警慧善屬文德宗召入禁中試文章并問經史大義呼爲學士穆宗立拜尚宮歷憲穆敬

三朝皆呼爲先生寶歷初卒贈梁國夫人

牛應貞傳

牛肅長女曰應貞適宏農楊唐源少而聰穎經耳必誦年十三凡誦佛經二百餘卷儒書子史又數百餘卷親族驚異之初應貞未讀左傳方擬授之而夜初眠中忽誦春秋起惠公元妃孟子卒終智伯貪而愎故韓魏反而喪之凡三十卷一字無遺天曉而畢當誦時有教之者或相酬和其父驚駭數呼之都不答誦已而覺問何故亦不知試令開卷則已精熟矣著文章百餘首後遂學窮三教博涉多

能每夜中眠熟與文人談論文人皆古之知名者往來答難或稱王弼鄭元王衍陸機辯論鋒起或論文章談名理往往數夜不已年二十四而卒今採其文魍魎問影賦著於篇其序曰庚辰歲予嬰沈痛之疾不起者十旬毀頓精神羸瘁形體藥物救療有加無瘳感莊子有魍魎責影之義故假之為賦庶解疾焉魍魎問於予影曰君英達之人聰明之子學包六藝文兼百氏頤道家之祕言探釋部之幽旨既虔恭於中饋又希慕於前史不矯枉以干名不毀物而成己伊淑德之如此即精神之足恃何故羸厥姿貌

沮其精神煩冤枕席憔悴衣巾予惟形兮是寄形與予兮相親何不誨之以崇德而教之以自倫異萊妻之樂道殊鴻婦之安貧豈痼疾而無生賴將微賤而欲忘身今節變歲移臘終春首照晴光於郊甸動暄氣於梅栁水解凍而繞軒風扇和而入牖固可蠲憂釋疾怡神養壽何黙爾無營自貽伊咎僕於是勃然而應曰子居於無人之域遊乎魑魅之鄉形既圖於夏鼎名又著於蒙莊何所見之不博何所談之不長夫影依日而生像因人而見豈言談之足曉何節物之能辨隨晦明以興滅逐形體以遷變以愚夫畏影而蒙鄙之性以彰智者視險而遲暮之心可見伊美惡兮由己影何辜而遇譴且予聞至道之精窈兮冥至道之極昏兮黙達人委性命之修短君子任時運之通塞悔吝不能纏榮耀不能惑喪之不以為喪得之不以為得君子何乃怒予之不賞芳春責予之不貴華飾且吾之秉操奚子智之能測言未卒魍魎惕然而驚歎而起曰僕生於絕域之外長於荒遐之境未曉智者之處身是以造君而問影既談元之至妙請終身以藏屏初應貞夢製書而食之每夢食數十卷則文體一變如是非一遂工為賦頌文

名曰遺芳也

順宗王皇后

后瑯邪人祖難得封郡公父顏衛尉卿代宗時以良家選入宮為才人順宗在藩帝以才人幼故賜為王孺人是生憲宗順宗即位將立后會病棘而止憲宗内禪尊為太上皇后元和元年上尊號曰皇太后崩年五十四謚莊憲

遺令

皇太后敬問具位萬物之理必歸於有極未亡人嬰霜露疾日以衰頓幸終天年得奉陵寢志願獲矣其何所哀易

月之典古今所共皇帝宜三日聽政服二十七日釋天下吏民令到臨三日止宮中非朝暮臨無輒哭無禁婚嫁祠祀飲酒食肉已釋服聽舉樂侍醫無加罪陪祔如舊例

憲宗郭皇后

后爲贈左僕射駙馬都尉曖之女憲宗爲廣陵王時納爲妃元和元年八月冊爲貴妃穆宗即位冊爲皇太后敬宗即位尊爲太皇太后謚懿安

命江王即位冊文

維寶曆二年歲次景午十二月甲午朔十二日乙巳太皇

太后若曰大行皇帝睿哲英能對天明命方夏底績夷蠻貢庭罔有不端大康有截宜荷九廟之靈永享億年之祿豈虞奸妖竊發矯專神器蠱惑中外扇誘羣朋駭動神人釁深梟獍咨爾江王昂聰姿孕粹清明毓和智算機關元謀電發躬率義勇大靖凶徒且膺當璧之符爰攄枕戈之憤既殲巨害當享豐福是用命爾陟於元后宜令司空平章事裴度奉冊即皇帝位永惟高祖太宗之翦定隋亂元宗之浸漬利澤憲宗之堅除蠹孽艱難險阻曷乃負荷小心以事上帝儉德以刑邦家懋於令聞持久如始敬之休哉

昭宗何皇后

后梓州人族系不顯昭宗即位封淑妃從狩華州詔冊爲皇后哀帝即位尊爲皇太后徙居積善宮號積善太后爲朱全忠所弒

命皇太子即位令

予遭家不造急變爰臻禍生女職之徒事起宮奚之輩皇帝自罹鋒刃已至彌留不及顧遺號慟徒切定大計者安社稷纂丕圖者擇賢明議屬未亡人須示建長策承高祖

之寶運繄元勳之忠規仗爾股肱以匡沖昧皇太子柷宜於柩前即皇帝位其哀制並依祖宗故事中書門下準前處分於戲送往事居古人令範行今報舊前哲格言收淚敷宣言不能喻

命皇太子即位冊文

維天祐元年歲次甲子八月壬辰朔十五日景午皇后若曰高祖太宗撥亂返正奄有天下垂三百年重熙累聖莫不功光祖業克紹丕圖予遭家不造變起宮奚雖號慟期至於終天而負荷實先於立嗣咨爾皇太子監國事天資

岐嶷神授英明孝比東平之蒼學富陳留之植恭謙守政和順稱仁友愛聞於弟兄令譽播於區宇比則隆元帥深暢戎機今乃位儲宮益歸羣望是用爰循舊典上纂鴻基旣允集於天人當欽承於宗社宜即皇帝位於戲萬幾不可以久曠四海不可以乏君膺紹寶圖光踐皇阼節儉以勵戎夏文德以戢干戈無怠無荒克慈克悌永保厥躬用揚祖宗之丕緒休命可不敬哉

欽定全唐文卷九十九

隴西王博乂

博乂高祖兄蜀王湛子武德元年封隴西王高宗時歷宗正卿禮部尚書加特進咸亨二年薨贈開府儀同三司荊州都督謚曰恭

服制議

緬尋喪服母名斯定嫡繼慈養皆在其中惟出母之制特言出妻之子明非生巳則皆無服是以令著母嫁之夫又云出妻之子出言其子以著所生嫁則言母通包養嫡俱當解任並合心喪其不解者惟有繼母之嫁繼母爲名正據前妻之子嫡於諸孽禮無繼母之文甲令今既見行嗣業理申心制然奉勅議定方垂永則今有不安亦須釐正竊以嫡繼慈養皆非所生出之與嫁並同行路嫁雖比出稍輕於父終爲義絕繼母之嫁既殊親母慈嫡義絕豈合心喪望請凡非所生父卒而嫁爲父後者無服非承重者杖朞並不心喪一同繼母有符情禮無玷舊章又心喪之制惟施厭降杖朞之服不悉解官而令文三年齊斬亦入心喪之例杖朞解官又有妻喪之外又依禮庶子爲其母

緦麻三月。既是所生母服。準例亦合解官。令文漏而不言。於事終須修附。既與嫡母等嫁同一條。總議請改。理為允愜。

荆王元景

元景高祖第六子。武德三年封趙王。八年授安州都督。貞觀初歷雍州牧、右驍衛大將軍。十年徙封荆。授荆州都督。轉鄜州刺史。永徽初進位司徒。坐與房遺愛謀反賜死。國除。後追封沅黎王。神龍初追復爵土。

請封禪表

夫功成道合。古今以為隆平。登封降禪。聖賢謂之大典。是以出震則天之后。革夏變商之君。繼韶夏而施尊名。崇號謚而廣符瑞。顧遲遲焉。羣臣區區。誠為此也。原夫大始云構。生靈厥萌。黎庶布乎穹壤。皇王司其右契。邈哉上古。以迄於茲。歷選休徵。未有如今日之盛也。所以敢罄窺管。無懼觸鱗。瀝膽披肝。言亦備矣。援天引聖。辭亦殫矣。幸蒙亭育之澤。降以聽覽之恩。大賚雖敷。猶申後命。未便渙汗。方事逡巡。懷生之徒。不遑寧處。伏乞皇帝陛下則天成務。應物為心。協三才之會昌。乃沛然而動色。遂萬姓之延首。俯凝旒而改容。雖復龍圖告徵。龜書襲吉。尚諮諏於四嶽。建明謨於兆人。欲使六合之中。沃心通於朝野。八紘之內。下問浹於華戎。凡在人靈。疇無抃躍。今茲百辟咸集。九有攸同。並執玉以來庭。俱式歌而且舞。遠則重譯僉議。近則端笏參謀。欣覩增天之高。願逢加地之厚。絕域忘生而越險。華髮忍死而爭趨。中外之心克諧。愚智之情允睦。掌故事者草登封而待期。執羈靮者儼車徒而俟命。庶官率職。三事夙興。遠邇昌言。明靈幽贊。莫不傾視俯聽。希陪肆覲之禮。效祉呈祥。欽承告成之慶。山稱萬歲。企和鑾而發。奇雲

浮五彩。佇華蓋而交藹。兩儀之情。轉迫萬國之望。愈深臣又聞之。屈己從衆。至人所以稱仁。絲言顯發。哲王所以敷信。昨奉明詔。許以試之。實降皇情。俯同人欲。寬人之利。斯博示信之道。宜宏即日。庶尹馳心。咸奉章而守闕。列藩翹足。各伏地以祈恩。所冀天慈深加照察。制可羣僚之奏。尅以發軫之期。須示普天。申明絕典。使夫一時之士。欣獨高於萬代。八荒之酋。荷周露於再造。則臣等死日。猶生之年。不任誠懇之至。謹與違率方牧等奉表詣闕。固請以聞。

恒山王承乾

承乾字高明太宗長子武德三年封恒山王七年徙封中山太宗即位爲皇太子甫八歲特敏惠太宗使裁決庶政有大體每行幸令監國及長好聲色慢遊過惡寖聞時魏王泰有美名謀奪嫡而承乾病足不良行懼廢與泰交惡陰召左衛副率封師進及刺客張師政紇干承基謀殺泰不克遂與漢王元昌及侯君集等嚙臂血盟謀以兵入西宫貞觀十七年齊王祐反事連承基繫獄當死因上變治之事皆明驗廢爲庶人徙黔州十九年死開元中贈還爵土

答元琬法師書

辱師所示妙法四科循覽周環用深銘佩法師早袪塵累遊神物表闡鷲嶺之微言探龍宫之祕藏洞開靈府凝照元門固以高步彌天隣幾初地遂能留情博施開導蒙心理實義周詞華致遠包括今古網羅内外訓誘之至審諭之方縱聖達立言師傳宏道亦未足髣髴要津擬議高論但行慈滅殺順氣奉齋斯乃仁人之心以成大慈之行謹當緘諸心府奉以周旋永藉勝因用期冥祐

濮王泰

泰字惠褒太宗第四子武德三年封宜都王四年進封衛繼懷王霸後貞觀二年改封越授揚州大都督再遷雍州牧左武候大將軍轉鄜州大都督十年徙封魏遥領相州都督時太子承乾病蹇泰潛圖奪嫡承乾懼陰使人上書言泰罪狀既而承乾敗太宗詢知其謀詔廢之幽泰將作監尋改王順陽徙居均州之鄖鄉縣二十一年進封濮高宗立爲泰開府置僚屬永徽三年薨年三十五贈太尉雍州牧謚曰恭

請釋法恭爲戒師書

昔道安晦迹襄陽聲馳秦闕慧遠棲心廬岳名振晉京故知善言之應非徒千里明月所照不隔九重法師笠澤上仁震維高德律行淨於青眼威儀整於赤髭傳燈之智不窮法施之財無盡弟子攝此心馬每渴仰於調御墾此身田常戴懷於法雨若得師資有託冀以袪此六塵善導啟行庶無迷於八正謹遣諮祈佇承慈誘

蔣王惲

惲太宗第七子始王郯徙王蔣拜安州都督永徽三年徙梁州上元中遷箕州刺史錄事參軍張君徹誣以反懼自

殺高宗知其枉贈司空荆州大都督

五色卿雲賦 以題爲韻

惟皇建極兮憲章前古於穆文明兮保乂寰宇御時得一兮臨人以五法天無私兮承天之祐至矣哉衆兆融朗山川出雲叶千年之休裕垂五色之氤氳蕭索離披狀虹輝之貫日徘徊摇曳疑鼎氣之歊汾散作霞彩聚成錦文匪騰華於觸石信呈瑞於明君其靜也專其動也直既無散漫亦無消息遠而可視高未能逼乘輕吹之霏微映朝陽而翕赩稟造化之元氣挺自然之奇色英倏倏也祗可以

理求紛溶溶兮固難乎智測若霧非霧有始有極轉空不待於扶摇動日豈資於羽翼有道斯見無德匪呈庶物皆覩應天之卿體鵠振而超越候龍吟而化成則需爲大矣可謂乎元亨利貞

皇太子宏

宏高宗第五子永徽六年封代王顯慶元年立爲皇太子咸亨二年高宗幸東都令監國宏仁孝未嘗有過武后將騁志宏奏請數怫旨上元二年從幸合璧宫遇酖薨年二十四謚曰孝敬皇帝中宗踐祚祔於太廟號義宗開元六年建廟東都停義宗號以謚名廟

諫逃軍配沒家口疏

竊聞所司以背軍之人身久不出家口皆擬沒官亦有限外出首未經斷罪諸州囚禁人數至多或臨時遇病不及軍伍緣兹怖懼遂即逃亡或因樵採被賊抄掠或渡海來去漂沒滄波或深入賊庭有被傷殺軍法嚴重皆須相傔若不給傔及不因戰亡即同隊之人兼合有罪遂有無故死失多注爲逃軍旅之中不暇勘當直據隊司通狀將作眞逃家口令總沒官論情實可哀愍書曰與其殺不辜寧失不經伏願逃亡之家免其配沒

請樹孔子廟碑疏

臣聞周師東邁商閭延降軾之榮漢蹕西施夷門致抱關之想況泣麟曾躅歌鳳遺芬被縟禮於昌辰飾殊榮於窮壤者哉伏惟皇帝陛下資靈統極稟粹登樞乃聖乃神體陰陽而不宰無爲無事均雨露之莫私六符薦而泰階平百寶臻而天祚永靈臺所以偃伯延閣由其增絢尚齒尊賢邁鴻名於萬古興亡繼絶騰峻軌於千齡大矣哉茂實英聲固無得而稱矣日者封金岱畎會玉梁陰路指沂川

途經闕里回鑾駐罕式鑑堯禹之姿關纘凝旒載想溫良之德於是特紆宸渙贈以太師爰命重臣申其奠醊廟堂卑陋重遣修營褒聖侯德倫子孫咸蠲賦役臣恩均扈從迹濫撫軍舊烈遺塵躬陪瞻眺雩壇相圃欣覿前聞又昔歲承恩齒冑膠塾歷觀軒屏具列門徒想仁孝於顏曾彌深景慕採風猷於竹帛冀啟顓蒙所以輕敢陳聞庶加褒贈天慈下濟無隔異時咸登師保式光泉夜敢以前恩重茲干請竊謂宣尼之廟重闡規模桂奠蘭羞永傳終古崇班峻禮式賁幽埏而翠玉莫題言猷靡暢詢諸故實有所

未周且將聖自天惟幾應物拯人倫於已墜甄禮樂於既傾祖述勳華三千勵其鑽仰憲章文武億兆遵其藏用豈可使汾川遺碣獨擅於無慚峴岫餘文孤標於墮淚伏見前件孔廟營構畢功峻業增徽事資刊勒敢希鴻澤令樹一碑且遂海清夷久無徵發山東豐稔時踰恒歲況鄒魯舊邦儒教所起刊勒之費未足爲多許其子來不日便就乞特矜照遂此愚誠臣識昧常規言慚通理塵瀆聽覽追增竦戰

章懷太子賢

賢字明允高宗第六子永徽六年封潞王授岐州刺史加雍州牧龍朔元年徙封沛累進揚州大都督右衛大將軍更名德徙封雍授涼州大都督上元元年復名賢立爲皇太子監國時明崇儼以左道爲武后所信密稱英王類太宗又言相王相最貴宮人潛議賢乃后姊韓國夫人生賢聞之疑懼后數以書讓愈不自安調露中崇儼爲盜所殺后疑出賢謀遣人發其陰事詔薛元超等雜治之獲甲首數百於東宮乃廢爲庶人遷於巴州武后得政詔左金吾將軍邱神勣檢衛賢第迫令自殺年三十二后貶神勣疊州刺史復爵雍王神龍初贈司徒睿宗立追贈皇太子謚曰章懷

西明寺鐘銘

維大唐麟德二年歲躔星紀月次降婁二月癸酉朔八日庚辰皇太子奉爲二聖於西明寺造銅鐘一口可一萬斤發漢水之奇珍採蜀山之祕寶虞倕練火晉曠飛鑪帶龍虞而騰規應鯨桴而寫製聲流九地遐宣厚載之恩韻徹三天遠播曾旻之德寤羣生於覺路警庶類於迷塗業擅香垣功齊塵劫式旌高躅敢勒貞金頌其銘曰

青祇薦祉黃離降精渦川毓德瑶嶺飛英吹銅表性問寢登情興言淨業載啟香城七珍交鑄九乳圖形翔龍若動偃獸疑驚制陵周室規踰漢庭風飄旦響霜傳夜鳴仰延皇祚俯導蒼生聲騰億劫慶溢千齡

譙王重福

重福中宗第二子初封唐昌王聖歷三年徙封平恩長安四年進封譙神龍初韋庶人譖與張易之兄弟陷太子重潤貶濮州員外刺史徙合均二州不領事睿宗立徙集州未行用張靈均謀潛募勇敢士詐乘驛趨東都欲襲殺留

守劫左右屯營兵爲亂事敗投漕渠死年三十一詔以三品禮葬

在均州自陳表

臣聞功同賞異則勞臣疑罪均刑殊則百姓惑伏惟陛下德侔造化明齊日月恩及飛鳥惠加走獸近者焚柴展禮郊祀上元萬物霑愷悌之仁六合承曠蕩之澤事無輕重咸赦除之蒼生並得赦除赤子偏加擯棄皇天平分之道固若此乎天下之人聞者爲臣流涕況陛下慈念豈不愍臣栖惶伏望捨臣罪愆許臣朝謁儻得一仰雲陛再覲聖顏雖沒九泉實爲萬足重投荒徼亦所甘心

襄王重茂

重茂中宗第四子聖歷三年封北海王神龍初進封溫王授右衛大將軍兼遥領并州大都督未出閤景龍四年韋庶人臨朝稱制立王爲帝韋氏敗遜位於睿宗景雲二年改封襄王遷於集州開元二年轉房州刺史薨年十七謚曰殤帝

誅韋氏制

天未悔禍王室多難大行皇帝升遐之際事起倉卒朕以

沖藐嗣守丕圖銜恤問故遂窮凶黨逆賊馬秦客等潛通宮禁敢行鴆毒而宗楚客紀處訥武延秀趙履溫韋播高嵩韋捷葉靜能韋建楊均王哲等遂扇太后干朕家事凡有處分政繇韋氏楚客又妄說妖言務欲勸進連結中外將危宗社又頃者王慶之李珣張嘉福前麟遊縣令杜無二越州長史宋之問潛行表狀請立武承嗣爲皇太子則天皇后斬慶之一人之問以附託三思獲免今之問李珣又託楚客晉卿與將作少匠李守質日夜潛圖令延秀起事朕之微眇危若綴旒安國相王鎮國太平公主朕之親

叔親姑同憂共戚楚客韋溫等又附會安樂公主妄欲翦除相王第三子臨淄郡王隆基家國情深君親義切乃與太平公主第二子薛崇簡及總監鍾紹京前同州朝邑縣尉劉幽求利仁府折衝麻嗣宗太平公主府典籤王師虔尚衣奉御王崇曅東明觀道士馮處澄寶昌寺僧普潤前商州司馬崔謂之山人劉承祖等僉符人望考以時宜叶契建謀重安李氏兵戈不動氛祲廓清瞬息之閒還自屠滅朕以山陵未畢變故相仍情緒荒迷益深摧憒士庶等代承景化累荷國恩今得宗社乂安人祇交泰當同玆感

悒各效忠貞如更朋黨比周輒生異議朕當加嚴憲必所不容即宜宣示令知朕意

大赦詔

大盜移國朝有賊臣見危授命家多義士朕以凶閔纏諸糜潰姦豎搆扇傾陷宗社潛圖竊發機兆未萌相王第三子臨淄郡王隆基糾合同盟忠勇奮怒志除凶黨保護邦家逆賊韋溫馬秦客葉靜能宗楚客紀處訥武延秀趙履溫楊均等密行鴆毒先聖暴終朕志不圖全枕戈泣血風雲元感情計陰通太平公主男衛尉卿薛崇簡與前同州朝邑縣尉劉幽求總監鍾紹京日夜共謀誓誅逆黨凶徒驚惡投竄無所今天衢交泰氛祲廓清宜申作解之恩以洽外平之化自唐隆元年六月二十一日昧爽已前大辟罪已下常赦所不免者咸赦除之其逆賊頭首咸已斬決自餘支黨一無所問內外官三品已上賜爵一等四品已下加一階隆基可封平王食實封一千戶賜物五千段薛崇簡封立節郡王食實封五百戶賜物三千段鍾紹京可銀青光祿大夫守中書侍郎潁川郡開國公食實封二百戶賜物一千段前同州朝邑縣尉劉幽求可朝議大夫守

中書舍人仍參知機務中山郡開國男食實封二百戶利仁府折衝麻嗣宗可雲麾將軍行左金吾衛中郎將賜物一千段追貶皇后韋氏為庶人安樂公主為悖逆庶人

讓位詔

自古帝王必有符命兄弟相及存諸典禮朕以孤藐遭家艱難顧茲蒙識未洽理途茫茫四海將何所屬累聖丕基若墜於地王室多難宜擇長君思與羣公推崇明聖叔父相王高宗之子昔以天下讓於先帝孝友寬簡彰信兆人神龍之初已有明旨將立太弟以為副君為王懇辭未行

冊命所以東宮虛位於今歷年徽綴在辰禍變倉卒後拔稱制討立沖人欽奉前懷願遵理命上申天聖之旨下遂蒼生之心俯稽圖緯之文仰政祖宗之烈擇今日請叔父相王即皇帝位朕退守本藩歸於舊邸凡百卿士敬承朕言克贊我天人之休期以光我有唐之勳業布告遐邇咸使聞知

答相王讓位詔

皇極大寶天下至公王者臨之蓋非獲已王先聖舊意蒼生推仰龍光紫宸貴允係望請遵前旨勿或推讓

寧王憲

憲睿宗長子本名成器避昭成皇后尊號改焉初封永平郡王文明元年立爲皇太子及睿宗降爲皇嗣更冊授皇孫出閤開府置官屬長壽二年改封壽春郡王復詔入閤長安中累轉左贊善大夫加銀青光祿大夫中宗立改封蔡固辭唐隆元年進封宋睿宗踐祚拜左衛大將軍時帝將建儲以憲嫡長而元宗有大功意久不定憲涕泣固辭帝嘉其讓以爲雍州牧揚州大都督太子太師進尚書右僕射兼司徒改太子賓客以司徒兼蒲州刺史進司空拜太尉開府儀同三司歷岐州刺史開元四年徙封寧又歷澤涇等刺史兼太常卿復爲太尉二十九年薨年六十三帝以憲實推天下有高世之行非大號不稱乃追謚讓皇帝

讓兼領太常卿表

臣聞選賢任職量能授官苟非其才坐貽厥咎臣本愚劣累忝榮任叨居禮樂之司實乖河海之任吹庭鐘鼓克諧謝於昔人蹕署威儀爲政慚於往哲僶俛從事於茲六年詩稱素餐於是乎在伏惟開元神武皇帝陛下繼業昭暢

仁化清和秉暇奏薰風之琴追賞聚雲和之曲典章斯備雅量攸歸遠美咸英獨冠區宇臣幸膺國戚久亞台階兼管寺卿實黷朝憲惡盈之戒列在前經過寵之談復開斯日願矜其庸昧授以良能人無異言官無曠位伏使晨趨北闕奉漢幄之龍顏夕赴西園飛魏庭之華蓋則臣之念畢矣聖主之恩深矣不任悚望翹勤之至謹詣朝堂奉表陳謝以聞

邠王守禮

守禮章懷太子次子始名光仁垂拱初改今名授太子洗

馬嗣爵雍王武后革命畏疾宗室守禮以父得罪與睿宗諸子閉處宮中十餘年聖歷元年睿宗自皇嗣封相王許出外邸守禮等始居外改司議郎中中宗立復故封拜光祿卿唐隆元年進封邠王睿宗立檢校左金吾衛大將軍出爲幽州刺史遥兼單于大都護遷司空開元初累爲州刺史皆擇僚首持綱紀惟弋獵酣樂未嘗領事後還京師二十九年薨年七十餘贈太尉

賀馴雉見齋宮表

臣謹按舊典雌來者霸雄來者王又聖誕酉年雞主於酉

斯蓋王道遐布天命休禎請宣付史官以彰靈貺

欽定全唐文卷一百

滕王湛然

湛然滕王涉子嗣爵官殿中監貞元五年爲太子賓客充回紇使

太子少傅竇希瓘神道碑

若夫懸象著明保傅繫三台之位厚德載物公侯分五嶽之尊環耀魄而布陰陽佐林蒸而平水土斯所以寅亮天地寧濟寰區自匪器稟英靈藝兼文武發揮成務之本模楷具寮之德則何以弼諧邦教調護元良粵惟纂懿前修

追蹤上哲總淳粹以秀出偶會昌而挺生賢戚載彰寵光崇貴者其在我司空豳國公乎公諱希瓘字美玉扶風平陵人也昭成皇太后之介弟開元神武皇帝之元舅即隋工部侍郎左右武候大將軍納言司空上柱國陳國公抗之曾孫皇朝駙馬都尉工部禮部二尚書右領軍大將軍殿中監光祿大夫上柱國莘國公誕之孫太常卿潤州刺史贈太尉荊州大都督上柱國豳國公孝湛之元子也而自祥生石紐祚啟金刀盛業與塗山比崇長發將觀津方永文昭武穆帝載矢之於典謨累將重侯后族布在於方

冊故得國華人傑踊振古以騰芳服冕乘軒迨昌辰而益茂莫不歌鍾繼響喧連北里之音邸館相望藹藹並東都之盛歷代之所推揖豈可一二談哉公鼎胄標華公門孕秀仰庇軒星之曜傍吞閒氣之英天生仁智之姿日用溫恭之性弱齡志尚卓爾多奇阮瑀之朗朗無雙黃憲之汪汪不測豈可同年而語也年十有五補修文館學生鼓篋上庠橫經太學中年考校僉我大成屬穹昊降災高皇厭代白雲方馭攀鳳駕而無追素幘爲郎翊龍輴而暫往既調授潞州參軍尋遷常州司兵參軍事上黨關山毘陵

郡邑既承君子之命又參從事之班夫惟濫觴蓋茲而始秩滿入拜安國相王府功曹參軍久之遷爲屬時睿宗之藩潛龍德在田猿岩尚啟累接曳裾之侶屢陪飛蓋之遊樂善載歡承恩莫二唐景雲元年睿宗登極加朝散大夫除殿中尚食奉御黃金兼錫朱紱增榮調九沸於宸羞薦八珍於帝膳景龍元年又遷爲太府少卿兼知尚食事司帑藏之珍賚奉雲天之宴樂幾承恩獎增峻寵章二年加銀青光祿大夫殿中監乘輿服物御府斯殿纂慎日宣爪牙尤寄曾未踰朔又拜左右千牛衛將軍而帝謂公曰朕昔在藩嘗居此職而其宿衛親近今故授卿其承寵私有若是也衛鈎陳於北極應上將於南蕃榮冠等夷地兼勳戚雖古之位踰九卿班同三府者亦無以方焉先天元年遷金紫光祿大夫右散騎常侍兼檢校光祿卿無何又正除光祿侍中同掌即珥貂蟬郎中改名攸司殿掖豈有高堂擅青龍之跡張湛推白馬之名兼而有之不其榮矣開元二年遷太子少傅襲爵嗣國公加賜食實封二百戶以六行之姿翼千鈞之務琢磨光乎玉裕輔導整於銅樓有華廙之清簡富匡衡之法義庶常儀刑八座通籍二宮福

履有綏降年惟永而過隙之影背閶闔以言旋但閱川之波辭少海而無返開元五年歲在丁巳冬十月丁巳朔二十日丙子暴薨於東都章善里之私第春秋五十有四嗚呼哀哉慟感宸旒有切渭陽之念哀纏士庶逾深鄭國之悲粵翌日聖上舉哀於洛城南門輟朝三日贈司空荊州大都督賻物八百段米粟八百石及東園祕器凶事葬事官給務令優厚仍令將作大匠韋湊充使監護河南少尹秦守一爲副鴻臚少卿李禺持節齎璽書弔祭儀仗送至墓所并爲立碑發引之日令工部尚書劉知柔祖祭有司

考行謚曰某禮也渥命優洽事越彝典惟公降靈純嘏稟秀中原風範自高衣冠甚偉雖地稱金穴外家之寵克崇位翊瑤山儲輔之尊斯在而謙以約己德以潤身九列重其章明百寮仰其忠儉夫所謂貴而不驕志明而晦者無迺於公乎名命雖臨瀁暉莫駐佳城鬱鬱遠開京兆之阡詔葬紛紛即赴畢原之路旌旐飛翻而笳鼓噎思容御動而行路悲嗣子朝散大夫行太子典設郎鍊次子太子內直郎鋼等銜恤哀毀退而不及粤以開元六年夏四月九日癸酉歸葬於京兆咸陽縣洪瀆川之北原八水分流五

陵交對星辰照爛於東井煙景寥迴於西岳龜言筮告此地攸安萬古千春德音何託惟披文與相質恪奉絲綸冀地久而天長永昭徽範下才不敏敢述銘曰

昭昭茂族赫赫崇庸石紐疏系金刀建封軒星代稟閒氣時鍾鳴陰必嗣嘯谷相從越洎我公秉心貞吉肇遊庠序驟委章紱增榮既典六尚俄昇九卿鉤陳任切武衛姿英歷登天秩東郡勞人西都賦質龍飛偶運鵬圖匪日絲綸左右惟允於斯作程獻替嘉猷載司光祿琢磨儲範方調鼎餗憯矣神心宜哉倚伏曾不遐壽奄焉薨殞帝念元舅情深渭陽輟朝興慟詔葬哀傷丞峻典禮逾崇寵章鼎門南出畢陌西長旐引轊軒笳隨魂輅容衛哀咽山川迴互秦塞從指漢原已暮紀盛烈於豐碑庶有旌於武庫

許王瓘

瓘許王素節子神龍初襲爵開元十一年爲衛尉卿下遷鄂州別駕除邠州刺史祕書監守太子詹事天寶六載卒贈蜀郡大都督

樂九成賦

唐在六葉將修封禪想與靈接乃冠顥色佩朝陽瑱瑤碧

之明潤屑桂椒之芳香曰予意夫放勳光明重華風聲髣髴兮陽靈之宇嬋娟兮介邱之平先大樂緝正聲更協五變親和九成均鳴絲於金竹參雲門與咸英使子野奪意伶倫喪精帝於是搖翠竿於東國翳華芝而遂行然猶左却宓妃右屏西子寵罷金屋歡辭瑤水豈修蛾之敢迴匪清嚧之能䰠飛燕心折毛嬙色沮朝雲之姣兮不能呈其姸絕代之冶兮無所施其美況肯選無限情未央將與昭陽比盛傾宮相望仍復斥鄭衛捐倡優靡曼無恥淫哇不留淮南兮激楚荊歌兮趙舞長袖更進新聲自許嬌彩雲

之徘徊拂錦茵而容與能使秦帝熒惑漢皇延佇度曲東城橫態北渚莫不卷韝而索無處所庚疑射兕之騁騖役誇胡之豫遊去翠被與豹舄戰鳥唬疑及驊騮復想像雲夢彷徨青邱槃亹熊羆之藪灌莽陵岡之幽於中爲樂驕矜未休荒淫震蕩其誠不修將穆然儲思粹清高想意授招搖兮往若而疑至乃建玉旂之光耀動金根之逶迤丹虯翊輦白武銜鑣後舞元鶴前鳴長離清壇下藹高烟上馳故能決地閶開天維降青元兮來斯登黃靈兮遲遲江畔之茅抽三脊北里之禾滿芳席睢上之黃龍兮瑞以多

願持朱鳳兮薦天歌明德旣享靈心每和宜其日炷中峯雲煙上帝光五色聲萬歲氣非煙風若蕙勳侔成山碣石澤比漲海洪波茲所以庶高宗之美豈七十二君之足多孰與雄奢驕貴遑欲矜意貪靈好奇恃力誇資惑方士之詭邀羨門之期果爲風雨所中神仙見期歷琅邪兮徒遠望蓬萊兮幾時者哉

信安郡王禕

禕吳王恪孫嗣江王囂封嗣江王爲太子僕兼徐州別駕加銀青光祿大夫歷蔡衢等州刺史開元後累轉蜀濮等州刺史入爲光祿卿遷將作大匠十二年改封信安郡王拜左金吾衛大將軍遷禮部尚書充朔方節度使拔吐蕃石堡城拓地千里元宗喜更號其城曰振武軍契丹衙官可突干叛勅禕副忠王爲河北道行軍元帥王不行禕率諸將分道出范陽北大破多蕃擒酋長以還加開府儀同三司兼關內支度營田採訪處置等使久之擢兵部尚書爲朔方節度大使坐事下除衢州刺史歷滑懷二州天寶初以太子少師致仕二年遷太師未拜薨年八十餘

請宣示御製華岳碑文表

臣伏見御製西嶽碑文來從上元光照下土羣臣捧戴遊聖難名臣聞天作高山氣雄茲嶽壓洪河而傑起凌蒼昊而孤標近當國門用固京邑自巨靈開拓往帝巡遊精意嘗聞頌聲則未非勝賞難就蓋詞翰無能不遇非常之君孰覩非常之事陛下知其若此金聲而玉振之乃發揮睿詞幽贊神化廣大極天地光明融日月至理動清微至功含造化合而成體散而成章巍乎煥乎不可得而稱也又復親紆彩筆寫在香牋隨手生姿入神變態勢如飛動妙絕古今諒得之自然豈因之外物對揚天休臣子之常也

美而無述過莫大焉請以御製碑文頒示四海使伊昔之后自愧不才率土之臣咸知所謂則雖死之日猶生之年

彭王志暕

志暕彭思王元則曾孫嗣爵開元中官宗正卿加上柱國歷左千牛衛上將軍

興聖寺主尼法澄塔銘 并序

法師諱法澄字无所得俗姓孫氏樂安人也吳帝權之後祖榮涪州刺史父同同州馮翊縣令法師第二女降精粹之氣含宏量之誠大惠宿持靈心早啟鑒浮生不住知常

樂可依託事蔣王求爲離俗遂於上元二年出家威儀戒行覺觀禪思跡履眞如空用恒捨遂持瓶鉢一十八事頭陁山林有豹隨行逢神擁護於至相寺康藏師處聽法探微洞悟同彼善才調伏堅持寧殊海意康藏師每指法師謂師徒曰住持佛法者即此師也如意之歲淫刑肆逞誣及法師將扶汝南謀其義舉坐入宮掖故法師於是大開聖教宣揚正法歸投者如羽翮趨林藪若鱗介赴江海昔菩薩化爲女身於王後宮說法今古雖殊利人一也中宗和帝知名放出中使供承朝夕不絕景龍二年大德三藏等奏請法師爲紹唐寺主勅依所請今上在春宮幸興聖寺施錢一千貫充修理寺以法師德望崇高勅補爲興聖寺法師修緝畢功不逾旬月又於寺內畫華嚴海藏變造八角浮圖馬頭空起舍利塔皆法師指授規模及造自餘功德不可稱數融心濟物遍法界以馳神廣運冥功滿虛空而遇化不能秖理事塗請解寺主遂抄華嚴疏義三卷及翻盂蘭盆經溫室經等尊精博思日起異聞疲厭不生誦經行道視同居士風疾現身乃臥經二旬飲食絕口起謂弟子曰我欲捨壽不知死亦大難爲當因緣未盡後月

餘儼然坐繩牀七日不動惟聞齋時鐘聲即喫水忽謂弟子曰扶我臥我不能坐死臥訖遷神春秋九十開元十七年十一月三日也以其月廿三日安神於龍首山馬頭空塔所門人師徒弟子等未登證果豈知鶴林非永滅之場鷲嶺是安禪之所號慕之情有如雙樹法師仁孝幼懷容儀美麗講經論義應對如流王公等所施悉爲功德弟子嗣彭王女尼彌多羅等恐人事隨化陵谷遷移紀德鐫功乃爲不朽銘曰

易高惟一道尊自然大法雄振豈曰同年優陁花色曇彌

稱賢錯落倫次師在其間濟彼愛河拯斯苦海導引羣類將離纏蓋不虛不溢常住三昧是相無定隨現去來雙林言滅金棺復開有緣既盡歸向蓮臺衆生戀慕今古同哀

皇太子瑛

瑛元宗第二子本名嗣謙景雲元年九月封眞定郡王先天元年八月進封郢開元三年正月立為皇太子十年加元服十三年改名鴻二十五年改今名武惠妃有寵譖瑛楊洄希旨譖瑛將為亂惠妃證成之廢為庶人俄賜死城東驛

請宣付耕耤祥瑞奏

一昨正月二十七日伏見陛下於興慶宮親耕三百餘步既而青光紫氣覆地臣等聞舜在歷山之下人微之事也漢有鉤盾之間兒童戲之猶正經所尚良史稱多況陛下運德協靈聖情遠物上為宗廟下預黔黎躬耕耤田天下幸甚較其盛禮百倍於三推考其嘉瑞獨高於千古而九霄四遠中外阻絕冢司莫繇見直筆所未聞使帝跡不激揚聖美不昭晰皆臣子之過也是以臣等冒昧上陳伏乞恩慈令宣示朝廷錄付史館則罄天率土殊情同幸

潁王璬

璬元宗第十三子初名澐開元十三年封潁王遙領安東都護平盧軍節度大使加開府儀同三司改今名安祿山反除蜀郡大都督劍南節度大使歸京師建中四年薨年六十六

請改修龍池聖德頌表

臣等伏以龍池肇慶寶祚攸章聖德動天禎符薦至臣等憤深家國志願光揚去開元二十二年於東京朝堂上表請建龍池聖德頌曲蒙天聰俯遂微誠其時修營已就刻

石所為頌文未備敘事多遺述聖談天萬不舉一既乖士庶之望莫展宗臣之心尋請改修冀昭聖德斐然雖竭於愚思翰墨未絕於貞石今屬靈符降祉景命維新天寶之號再加郊廟之儀式展誠合書其實錄光闡徽猷綴集前文以存不朽特望天恩更許編錄則聖德鴻業紀而無遺聖美形容於茲允備無任勤懇之至謹奉表陳情以聞

永王璘

璘元宗第十六子開元十三年封永王遙領荊州大都督加開府儀同三司安祿山反詔璘赴鎮又領山南江西嶺

南黔中四道節度使璘至江陵募士得數萬遂有窺江左意會吴郡採訪使李希言平牒璘璘怒乃襲希言肅宗遣宦者啖廷瑶等招諭之璘懼奔嶺外至大庾嶺爲江西採訪使皇甫侁所殺

報吴郡採訪使李希言牒

寡人上皇天屬皇帝友于地尊侯王禮絶寮品而簡書來往應有常儀今乃平牒抗威落筆署字漢儀隳紊一至於斯

澤王湛

湛澤王上金孫嗣爵大歷中官秘書監遷光禄卿

光禄卿王公墓誌銘 并序

公諱訓字訓瑯琊臨沂人也永穆大長公主之中子昔周文授圖靈王纂曆誕我太子晉晉有儀鳳之瑞瑞流子孫粤王氏焉爲異姓首曾祖知道皇贈魏州刺史祖同晈皇光禄卿駙馬都尉贈太子少保尚定安長公主父繇皇特進太子詹事駙馬都尉贈太傅尚永穆長公主龍種鳳雛長淮積潤文武間出衣冠實繁譜牒稱之豪族鐘鼎傳於不朽公文備四教學通六藝博聞雅量厚德高明三歲尚輦奉御四轉至光禄卿早年娶嗣紀王鐵城之季女也夫人尋逝有女方笄生人之哀孫遺之極後尚博平郡主癸卯歲居鄧州别業因中風疾遂還京師公主罄兹上藥竭以秦醫千禳萬療月衰日羸若使經方有徵公亦保合於永年矣嗚呼春秋卌一大歷二年巳月癸巳奄終鳳樓之右中使弔賵度僧尼以追福公主崩心震悼哀過禮經孝子郱柴毀骨立古今未聞其年八月七日遷厝萬年縣滻川鄉滻川之原禮也嗚呼生涯畢矣龜兆始安青門始啟朱輅方引返哺之聲絶矣倚門之望休焉銘曰

龍渠之右鳳城之東岡原夾輔卜宅叶同山開黄壤地列青松萬古已矣千年實封多才多藝惟聰惟惠如松之盛如川之逝陵谷將平石記爰旌長懷令德永頌英聲

建寧郡王倓

倓肅宗第三子天寶中封建寧郡王授太常卿同正員元宗幸蜀百姓遮留太子倓因勸趣河西收河朔軍謀興復遂從肅宗北上渡渭日數十戰常身先三軍屬旦至靈武肅宗即位議以倓爲天下兵馬元帥左右固請廣平王乃更詔倓典親兵張良娣與李輔國交構圖危皇嗣倓忠謇

數言之反譖其有異志遂賜死代宗立追贈齊王大歷三年詔以倓當艱難首創大謀中興有功進謚承天皇帝

請收兵討賊啟

逆胡犯闕四海分崩不因人情何以興復今殿下從至尊入蜀若賊兵燒絕棧道則中原之地拱手授賊矣人情既離不可復合雖欲復至此其可得乎不如收西北守邊之兵召郭李於河北與之併力東討逆賊克復兩京削平四海使社稷危而復安宗廟毀而更存掃除宮禁以迎至尊豈非孝之大者乎何必區區溫凊爲兒女之戀乎

金城公主

公主邠王守禮女出降吐蕃棄緒縮贊太和中歸國薨

謝恩賜錦帛器物表

金城公主奴奴言仲夏盛熱伏惟皇帝兄起居萬福御膳勝常奴奴奉見舅甥平章書云還依舊日重爲和好既奉如此進止奴奴還同再生下情不勝喜躍伏蒙皇帝兄所賜信物並依數奉領謹獻金盞羚羊衫段青長毛氈各一

奉表以聞

乞許贊普請和表

金城公主奴奴言季夏極熱伏惟皇帝兄御膳勝常奴奴甚平安願皇帝兄勿憂此閒宰相向奴奴道贊普甚欲得和好亦宜親署誓文往者皇帝兄不許親署誓文奴奴降番事緣和好今乃騷動實將不安和矜憐奴奴遠在他國皇帝兄親署誓文亦非常事即得兩國久長安穩伏惟念之

請置府表

妹奴奴言李行褘至奉皇帝兄正月勑書伏承皇帝萬福奴惟加喜躍今得舅甥和好永無改張天下黔庶並加安

樂然去年崔琳迴日請置府李行褘至及尚他辟迴其府事不蒙進止望皇帝兄商量矜奴所請